A sociedade
de gênero

Dados Internacionais de Catalogação na Publicação (CIP)
(Câmara Brasileira do Livro, SP, Brasil)

Kimmel, Michael

A sociedade de gênero / Michael Kimmel ; tradução de Fábio Roberto Lucas. – Petrópolis, RJ : Vozes, 2022.

Título original: The Gendered society.

Bibliografia.

ISBN 978-65-5713-474-0

1. Discriminação sexual 2. Diferenças sexuais (Psicologia) 3. Identidade de gênero 4. Igualdade social 5. Papel sexual I. Título.

21-90156 CDD-305.3

Índices para catálogo sistemático:

1. Identidade de gênero : Sociologia   305.3

Eliete Marques da Silva – Bibliotecária – CRB-8/9380

Michael Kimmel

A sociedade de gênero

Tradução de Fábio Roberto Lucas

EDITORA VOZES

Petrópolis

© 2017, 2013, 2011, 2008, 2004, 2000 by Michael Kimmel
Esta obra foi baseada na sexta edição publicada no ano de 2017. A presente tradução é publicada mediante acordo com a Oxford University Press. A Editora Vozes é a única responsável por esta tradução e a Oxford University Press não se responsabiliza por qualquer erro, omissão ou informações imprecisas ou ambíguas eventualmente encontradas ou por qualquer perda causada pela confiança nela depositada.

Tradução realizada a partir do original em inglês intitulado *The Gendered Society*

Direitos de publicação em língua portuguesa – Brasil.
2022, Editora Vozes Ltda.
Rua Frei Luís, 100
25689-900 Petrópolis, RJ
www.vozes.com.br
Brasil

Todos os direitos reservados. Nenhuma parte desta obra poderá ser reproduzida ou transmitida por qualquer forma e/ou quaisquer meios (eletrônico ou mecânico, incluindo fotocópia e gravação) ou arquivada em qualquer sistema ou banco de dados sem permissão escrita da editora.

CONSELHO EDITORIAL

Diretor
Gilberto Gonçalves Garcia

Editores
Aline dos Santos Carneiro
Edrian Josué Pasini
Marilac Loraine Oleniki
Welder Lancieri Marchini

Conselheiros
Francisco Morás
Ludovico Garmus
Teobaldo Heidemann
Volney J. Berkenbrock

Secretário executivo
Leonardo A.R.T. dos Santos

Editoração: Maria da Conceição B. de Sousa
Diagramação: Sheilandre Desenv. Gráfico
Revisão gráfica: Nilton Braz da Rocha/Fernando Sergio Olivetti da Rocha
Capa: Rafael Nicolaevsky

ISBN 978-65-5713-474-0 (Brasil)
ISBN 978-0-19-026031-6 (Reino Unido)

Este livro foi composto e impresso pela Editora Vozes Ltda.

Sumário

Prefácio, 7

1 Introdução – Seres humanos: uma espécie com gêneros, 11
   Notas, 27

Parte I – Explanações de gênero, 29

2 Ordenado pela natureza – A biologia constrói os sexos, 31

3 Estendendo o mundo – A cultura constrói a diferença de gêneros, 69

4 "Então essa é a explicação" – Perspectivas da psicanálise e do desenvolvimento sobre gênero, 95

5 A construção social das relações de gênero, 121
   Notas, 151

Parte II – Identidades de gênero, instituições de gênero, 163

6 A família constituída por gêneros, 165

7 A sala de aula constituída por gêneros, 217

8 Gênero e religião, 249

9 Separado e desigual – O mundo do trabalho constituído por gêneros, 271

10 O gênero da política e a política de gênero, 321

11 A mídia constituída por gêneros, 347
   Notas, 375

Parte III – Interações de gênero, 391

12 Intimidades de gênero – Amizade e amor, 393

13 O corpo constituído pelo gênero, 415

14 O gênero da violência, 463
   Notas, 496

Epílogo – "Uma sociedade sem gênero?", 507
   Notas, 512

Índice, 513

Prefácio

Ao entrar em sua sexta edição, este livro se encontra amplamente adotado ao redor do país e traduzido em diversas línguas. Por certo, isso é pessoalmente gratificante; porém, mais gratificante é o acolhimento da visão do livro na direção de um mundo no qual a desigualdade de gênero é apenas um anacronismo distante, a visão de que uma confrontação intelectual séria com tal desigualdade de gênero – e com as diferenças que essa desigualdade produz – é parte central da luta para a concretização desse mundo. Tenho orgulho de contribuir com essa luta.

Nesta sexta edição procurei incorporar sugestões e responder a críticas oferecidas por diversos revisores e leitores. Continuei a expandir e atualizar o livro, buscando levar em conta novos materiais, novos argumentos, novos dados. Na última edição, adicionei um capítulo sobre gênero e política, e dei uma atenção maior e mais detalhada a questões ao redor da bissexualidade e da experiência transgênero. Esta edição apresenta uma nova seção sobre indivíduos transgênero. Também inclui caixas explicativas ao longo do livro. "É mesmo?" desfaz alguns mitos sobre o que chamo de "teoria interplanetária de gênero" – segundo a qual homens são de Marte e as mulheres são de Vênus – com algumas questões críticas a respeito de especulações muitas vezes tolas. "Comparado a quê?" oferece um contexto mais amplo para alguns fenômenos empíricos observados nos Estados Unidos, sob a premissa de que a análise de como estamos em comparação com outras nações mostrará variações paralelas nas experiências de gênero e, ao fazê-lo, destacará ainda mais a oposição "binária" de marcianos e venusianas. Uma nova caixa explicativa chamada "Leia tudo a respeito" interliga diretamente o texto com o capítulo correspondente do livro *The Gendered Society Reader* (*Antologia sobre a sociedade de gênero*). Desse modo, os leitores ainda podem usar este texto e a *Antologia* separadamente, mas quem quiser adotar ambos terá um tecido de interligação entre eles distribuído ao longo desta obra.

Esse cenário sugere certos modos de como este livro é um trabalho em andamento. Não se passa uma semana sem que eu ouça um colega ou estudante leitor deste texto e possuidor de uma questão, comentário, sugestão ou crítica. Gostaria de ter incorporado as sugestões de todos (bem, nem *todos!*); cada um deles me leva a uma conversa infinita sobre gênero e desigualdade de gênero, da qual este livro é apenas uma pequena parte.

É irônico que minhas identidades como escritor e como pai ganhem relevos mais nítidos conforme cada edição se aproxime de seu acabamento. Quando completei a segunda edição, percebi que as pessoas estavam constantemente me perguntando se ter um filho me havia forçado a mudar minhas visões sobre diferença biológica (não mudou; se algo mudou, foi que, com o bombardeio diário de mensagens sobre gênero ao qual meu filho é constantemente submetido, minhas ideias construtivistas se tornaram mais fortes; nada que fosse tão biologicamente "natural" precisaria de uma reafirmação tão incessante – e incessantemente frenética).

Permitam-me compartilhar uma experiência para ilustrá-lo. Quando o aniversário de oito anos de meu filho Zachary estava se aproximando, sua mãe e eu perguntamos-lhe que tipo de tema ele queria para sua festa. Nos dois anos anteriores, havíamos feito uma festa de patinação na pista local – a pista onde o time dele de *hockey* patinava cedinho nas manhãs de sábado. Ele rejeitou a ideia. "Já estive lá e já fiz isso, papai" concluiu a questão. "Além disso, eu patino lá o tempo todo."

Outros temas que outros meninos em sua classe haviam escolhido recentemente – atividades esportivas em ambiente fechado, um jogo de futebol da Red Bull, uma caça ao tesouro com agentes secretos – também foram sumariamente rejeitados. Do que ele talvez gostaria? "Uma festa dançante", ele disse finalmente, "e com uma bola de espelhos".

A mãe dele e eu olhamos um para o outro. "Uma festa dançante?", perguntamos. "Mas, Zachary, você só tem oito anos."

"Ah, não, não uma festa 'dançante' desse tipo", ele disse, fazendo sinal de aspas no ar. "Mais do tipo dança *country*, dança de quadrilha, dança do passinho e jogos de dança."

Então fomos de festa dançante – para vinte e quatro de seus amigos mais próximos (a escola dele encorajava convidar todo mundo para a festa). Uma divisão pela metade de meninos e meninas. Todas as doze garotas dançaram até se acabar. "Esta é a melhor festa de todas!", gritava Grace. As outras pulavam de alegria. Quatro garotos, incluindo Zachary, dançavam junto com as meninas. Eles aproveitaram bastante.

Outros quatro meninos chegaram, observaram a cena e imediatamente caminharam até uma parede, onde cruzaram os braços e se apoiaram. "Eu não danço", disse um. "Eca", disse outro. Eles assistiram, periodicamente tentaram perturbar a dança, pareciam zombar dos dançarinos, entupiram-se de salgadinhos e viveram horas tediosas.

Os outros quatro meninos começaram a tarde dançando alegremente sem nenhuma pitada de autoconsciência. Mas quando viram os outros na parede, apoiaram-se nela também. Um por um, esses dançarinos pararam, foram até lá e começaram a assistir.

Mas não conseguiam ficar lá por muito tempo. Permaneciam olhando as crianças dançando suas coreografias hilárias, em linha ou como estátuas, e esboçavam voltar, dançando compulsivamente, apenas para parar, perceber novamente os garotos passivos de braços cruzados e retornar para a parede. Esse grupo ficou a tarde inteira indo e voltando, alternadamente entusiasmados e exasperados, dançando alegremente ou assistindo tristemente. Meu coração doía por eles, conforme os observava divididos entre serem crianças e serem "os caras".

Ou seria entre serem *pessoas* e serem *caras*? Pessoas capazes de toda a diversidade de prazeres – desde esmagar um patinador adversário nas placas e comemorar balançando o punho na altura do joelho depois de fazer um gol até girar de costas com seu parceiro dançarino e fazer aquele entrelaçamento ilusório e maluco da dança *country*. Ou caras, para quem o prazer agora se transforma em zombar da alegria de outras pessoas.

Posicionados entre a infância e a masculinidade adulta, esses meninos estavam escolhendo, e era possível ver quão agonizante isso era. Eles odiavam ficar à margem, porém permaneciam impermeáveis até não poder mais. Contudo, uma vez de volta à pista de dança, mostravam-se estridentemente cientes de que se tornavam agora objetos de ridicularização.

Este é o preço que pagamos para sermos homens: a supressão da alegria, da sensualidade e da exuberância. É uma compensação irrisória sentir-se superior aos outros, palermas que têm a audácia de se divertir. Eu orei para que meu filho, dançarino bobo, resista à atração daquela parede. Sua dança era a dança da infância.

Esse é o "outro" lado da vida dos meninos – não que eles se tornarão homens – mas que eles são meninos, crianças, e assistimos diariamente o que também são inclinações tão *naturais* e óbvias serem sistematicamente removidas da vida deles. As demandas da juventude masculina, que não têm nada a ver com imperativos evolutivos ou química cerebral, mutilam os meninos, forçando-os a renunciar a esses sentimentos e a suprimir e negar o instinto do afeto. Aqueles que se desviam serão ferozmente punidos.

Essa anedota ilustra algumas das questões deste livro, postas em miniatura familiar – questões de *ideologia*, *desigualdade* e *identidade*. Espero que ele contribua para expor e explorar o leque completo dessas questões. E que possamos nos divertir ao longo do caminho.

Agradecimentos

À equipe editorial e de *marketing* da Oxford University Press, especialmente Sherith Pankratz, Katy Albis, Meredith Keffer e Micheline Frederick, com quem, como sempre, tem sido incrível trabalhar. Contei com revisões críticas de colegas que adotaram o livro (e também de quem não o adotou) para me ajudar a tentar dizer as coisas de modo nítido e correto. Também gostaria de agradecer aos revisores da sexta edição, que me deram respostas e sugestões proveitosas:

- Nena Sechler Craven, Delaware State University.
- Kathryn Keller, Montclair State University.
- Janet Lever, California State University, Los Angeles.
- Gregory Maddox, Southern Illinois University Carbondale.
- Kathleen O'Reilly, Three Rivers Community College.
- Erin A. Smith, University of Texas at Dallas.
- Gretta Stanger, Tennessee Technological University.
- Michelle Tellez, Northern Arizona University.

Também gostaria de agradecer a Bethany Coston, Helana Darwin, Lisa Cox Hall, Julie Hartman-Linck e Michelle Deming por seus comentários em partes específicas do manuscrito.

Sou grato a Robert Cserni pela assistência de pesquisa.

Contei também constantemente com o apoio de meus colegas e amigos, e com o amor de minha família.

Tive o privilégio de passar uma boa parte do tempo na Escandinávia. O compromisso com uma maior igualdade de gênero parece codificado no DNA nórdico. Sou grato a muitos colegas que encontrei ao longo do caminho, muitos dos quais se tornaram amigos queridos. Agradeço por seu carinho, hospitalidade e pela convicção de que a expressão "acadêmico-ativista" não precisa ser um oxímoro. Como professor-visitante na Universidade de Oslo, aguardo ansiosamente pela continuidade das conversas. Helan Går!

Introdução
Seres humanos: uma espécie com gêneros

> *Em nenhum país se tomou tanto cuidado quanto na América para traçar duas linhas de ação nitidamente distintas para os dois sexos, e para fazê-los se manter no ritmo do outro, mas em dois percursos que são sempre diferentes.*
> Alexis de Tocqueville. *Da democracia na América* (1835).

DIARIAMENTE, ouvimos o quanto homens e mulheres são diferentes. Ouvimos que viemos de planetas diferentes. Dizem que temos diferentes químicas cerebrais, diferentes organizações mentais, diferentes hormônios. Dizem que nossas anatomias diferentes levam a diferentes destinos. Dizem que temos diferentes modos de pensar, que ouvimos diferentes vozes morais, que temos diferentes modos de falar e de ouvir um ao outro. Você pensaria que somos espécies diferentes como, digamos, lagostas e girafas, ou marcianos e venusianas. Em seu livro *best-seller*, o psicólogo *pop* John Gray nos informa que homens e mulheres não apenas se comunicam diferentemente, mas também "pensam, sentem, percebem, reagem, respondem, amam, carecem e apreciam diferentemente"[1]. É um milagre de proporções cósmicas que cheguemos a nos entender!

Contudo, apesar dessas supostas diferenças interplanetárias, estamos todos juntos nos mesmos locais de trabalho, onde somos avaliados pelos mesmos critérios para aumentos, promoções, bônus e nomeações. Sentamos nas mesmas salas de aula, comemos nos mesmos refeitórios, lemos os mesmos livros, preparamos e comemos as mesmas refeições, lemos os mesmos jornais e sintonizamos nos mesmos programas de televisão.

Essa teoria, que passei a chamar de teoria "interplanetária" da **diferença de gênero** completa e universal, é também geralmente o modo como explicamos outro fenômeno universal: a **desigualdade de gênero**. O gênero não é apenas um sistema de classificação, pelo qual homens biológicos e mulheres biológicas são classificados, separados e socializados em funções sexuais equivalentes. O gênero também exprime uma desigualdade universal entre mulheres e homens. Quando falamos de gênero, também falamos sobre hierarquia, poder e desigualdade, e não somente de diferença.

Assim, as duas tarefas de quem quer que estude gêneros, ao que me parece, são explicar a diferença e explicar a desigualdade, ou, para fazer uma aliteração, explicar tanto a *dife-*

rença quanto a *dominação*. Toda explicação geral de gênero deve tratar dessas duas questões centrais e de suas derivações auxiliares.

Primeira tarefa: *Por que praticamente todas as sociedades diferenciam as pessoas com base no gênero?* Por que mulheres e homens são percebidos diferentemente em cada uma das sociedades conhecidas? Quais são as diferenças que são percebidas? Por que o gênero é pelo menos uma das bases – se não for a principal – para a divisão do trabalho?

Segunda tarefa: *Por que praticamente todas as sociedades conhecidas também são baseadas na dominação masculina?* Por que praticamente todas as sociedades dividem desigualmente os recursos sociais, políticos e econômicos entre os gêneros? Por que os homens sempre recebem mais? Por que a divisão do trabalho baseada no gênero é uma divisão desigual de trabalho? Por que as tarefas das mulheres e as dos homens são valorizadas diferentemente?

É evidente, como veremos, que há diferenças dramáticas entre as sociedades no que diz respeito ao tipo de diferenças de gênero, aos níveis de desigualdade de gênero e ao volume de violência (implícita ou real) que são necessários para manter tanto o sistema da diferença quanto o da dominação. Mas o fato básico persiste: *praticamente toda sociedade que nos é conhecida está fundada sobre pressupostos acerca da diferença de gênero e sobre uma política de desigualdade de gênero*.

A respeito dessas questões axiomáticas, as duas principais escolas de pensamento que prevalecem são: **determinismo biológico** e **socialização diferencial**. Nós as conhecemos como "natureza" e "nutrição", e o eixo de debate dominante entre elas tem sido discutido há um século em salas de aula, jantares festivos, em meio a adversários políticos e entre amigos e família. Homens e mulheres são diferentes porque eles estão "fisicamente projetados" para sê-lo, ou são diferentes porque foram ensinados a sê-lo? A biologia é um destino ou os seres humanos são mais flexíveis e, portanto, sujeitos a mudança?

Boa parte dos argumentos sobre diferença de gênero começa, como este livro, com a biologia (cap. 2). Afinal de contas, mulheres e homens são biologicamente diferentes. Nossas anatomias reprodutivas são diferentes, e assim são nossos destinos reprodutivos. Nossas estruturas cerebrais diferem, nossas químicas cerebrais diferem. Nossa musculatura é diferente. Níveis desiguais de hormônio circulam por nossos corpos diferentes. Certamente, esses fatores compõem diferenças fundamentais, irredutíveis e universais, que constituem a fundação da dominação masculina, não é?

A resposta é um talvez inequívoco. Ou, talvez mais precisamente, sim e não. Há pouquíssimas pessoas que sugeririam não haver diferenças entre homens e mulheres. Eu, pelo menos, não digo isso. O que cientistas sociais chamam de *diferenças sexuais* se refere precisamente ao catálogo de diferenças anatômicas, hormonais, químicas e físicas entre mulheres e homens. Mas mesmo aqui, como veremos, há variedades enormes de masculinidade e de feminilidade. Embora nossa musculatura difira, muitas mulheres são fisicamente mais fortes do que muitos homens. Embora, na média, nossas químicas sejam diferentes, não se trata de uma proposição do tipo tudo ou nada – as mulheres, com efeito, têm níveis variados de androgênio, e homens efetivamente têm níveis variados de estrogênio em seus sistemas. E embora nossa estrutura cerebral possa ser diferentemente lateralizada, tanto homens e quanto mulheres tendem a usar os dois lados do cérebro. E não é nada evidente que essas diferenças biológicas levem automática e inevitavelmente os homens a dominar as mulheres. Não poderíamos imaginar, como alguns escritores já o fizeram, uma cultura na qual as habilidades biológicas das mulheres em parir e cuidar das crianças fossem consideradas a expressão de um poder tão inefável – a capacidade de criar vida – que deixariam os homens fortes murchando em inveja impotente?

De fato, para destacar essa questão, muitos cientistas sociais e comportamentais usam atualmente o termo "gênero" de um modo diferente do que usamos o termo "sexo". "Sexo" se refere ao aparato biológico, o masculino e o feminino – nossa organização cromossômica, química e anatômica. "Gênero" se refere aos sentidos que são vinculados a essas diferenças dentro de uma cultura. "Sexo" é masculino e feminino; "gênero" é masculinidade e feminilidade – o que significa ser um homem ou uma mulher. Até mesmo a Suprema Corte dos Estados Unidos compreende essa distinção. Em um caso de 1994, o Juiz Antonin Scalia escreveu:

> A palavra "gênero" adquiriu uma conotação nova e útil relativa a características culturais ou atitudinais (em oposição a características físicas) que distinguem os sexos. Ou seja, gênero está para o sexo assim como feminino está para fêmea e masculino para macho[2].

E se o sexo biológico varia pouco, o gênero varia enormemente. Possuir a configuração anatômica do macho ou da fêmea significa coisas muito diferentes dependendo de onde você está, quem você é e em que tempo você está vivendo.

Coube aos antropólogos detalhar algumas dessas diferenças nos sentidos de masculinidade e feminilidade. O que eles documentaram é que gênero significa diferentes coisas para diferentes povos – que ele varia transculturalmente (discutirei e revisarei as evidências antropológicas no capítulo 3). Algumas culturas, como a nossa, encorajam os homens a serem estoicos e a provar sua masculinidade. Em outras culturas, os homens parecem mais preocupados em demonstrar suas proezas sexuais do que nos Estados Unidos. Outras culturas ainda prescrevem uma definição mais relaxada de masculinidade, baseada na atividade como cidadão, na receptividade emotiva e na provisão coletiva das necessidades da comunidade. Certas culturas encorajam as mulheres a serem decisivas e competitivas, ao passo que outras insistem em defini-las como naturalmente passivas, impotentes e dependentes. O que significa ser homem ou mulher na França do século XVII e o que isso significa entre os povos aborígenes do deserto australiano do século XXI são duas coisas tão distantes que a comparação é difícil, se não impossível. As diferenças entre duas culturas são muitas vezes maiores do que as diferenças entre os dois gêneros. Se os significados de gênero variam de uma cultura para outra, e variam dentro de uma cultura ao longo da história, então, para entender o gênero, devemos empregar os instrumentos das ciências e da história social e comportamental.

A outra escola de pensamento hegemônica que explica tanto a diferença quanto a dominação de gênero é a da *socialização diferencial* – o lado "nutrição" dessa equação. Homens e mulheres são diferentes porque somos ensinados a ser diferente. Desde o momento do nascimento, meninos e meninas são tratados diferentemente. Gradualmente, adquirimos os traços, comportamentos e atitudes que nossa cultura define como "masculinos" ou "femininos". Não nascemos necessariamente diferentes: nós nos tornamos diferentes por meio desse processo de socialização.

Nem nascemos biologicamente predispostos à desigualdade de gênero. A dominação não é um traço carregado no cromossomo Y; é o resultado da diferente valorização cultural dada à experiência de homens e mulheres. Assim, a adoção da masculinidade e da feminilidade implica a adoção de ideias "políticas" segundo as quais o que as mulheres fazem não é tão culturalmente importante quanto o que os homens fazem.

Psicólogos desenvolvimentistas também examinaram os modos como o sentido de masculinidade e de feminilidade mudam ao longo da vida de uma pessoa. As questões confrontadas por um homem ao buscar se provar e se sentir bem-sucedido mudarão, tal como as instituições sociais nas quais ele tentará concretizar aquelas experiências. Os sentidos de feminilidade estão sujeitos a mudanças similares, por exemplo, dentre meninas prepubescentes, mulheres em idade fértil e na pós-menopausa, uma vez que elas são diferentes das mulheres entrando no mercado de trabalho ou daquelas que estão se aposentando dele.

Embora geralmente coloquemos o debate em termos *seja* de determinismo biológico, *seja* de socialização diferencial – natureza *versus* nutrição – pode ser útil parar por um momento para observar quais características eles têm em comum. Ambas as escolas de pensamento partilham dois pressupostos fundamentais. Primeiro, tanto os "amantes da natureza" quanto os "nutricionistas" veem mulheres e homens como marcadamente diferentes uns dos outros – verdadeira, profunda e irreversivelmente diferentes (o lado da nutrição dá margem, de fato, para algumas possibilidades de mudança, mas ainda assim argumenta que o processo de socialização é um processo que fabrica homens e mulheres diferentes uns dos outros – diferenças que são normativas, culturalmente necessárias e "naturais"). E as duas escolas de pensamento assumem que as *diferenças* entre mulheres e homens são muito maiores e mais decisivas (e dignas de análise) do que as diferenças que podem ser observadas *entre* os homens ou *entre* as mulheres. Assim, tanto os amantes da natureza quanto os nutricionistas admitem alguma versão da **teoria interplanetária da diferença de gênero**.

Em segundo lugar, as duas escolas de pensamento assumem que a dominação de gênero é o resultado inevitável da diferença de gênero, que a diferença causa a dominação. Para os biologistas, é assim talvez porque a gravidez e a lactação tornam as mulheres mais vulneráveis e carentes de proteção, ou porque a musculatura masculina torna os homens caçadores mais aptos, ou porque a testosterona os faz mais agressivos com outros homens e outras mulheres, também. Ou talvez seja assim porque os homens precisam dominar as mulheres para maximizar as chances de transmitir os seus genes. Psicólogos dos "papéis de gênero" nos contam que, dentre outras coisas, homens e mulheres são ensinados a desvalorizar as experiências, percepções e habilidades delas, sobrevalorizando as deles.

Defendo neste livro que essas duas proposições são inadequadas. Primeiro ponto: espero mostrar que as diferenças entre mulheres e homens não são assim tão grandes quanto as diferenças entre as mulheres ou entre os homens. Muitas diferenças perceptíveis acabam se mostrando baseadas menos no gênero do que nas posições sociais que as pessoas ocupam. Segundo ponto: argumentarei que a diferença de gênero é o produto da desigualdade de gênero e não o contrário. De fato, a diferença de gênero é o principal resultado da desigualdade de gênero porque é por meio da ideia de diferença que a desigualdade é legitimada. Como um sociólogo afirmou recentemente, "a própria criação da diferença é a fundação sobre o qual se ergue a desigualdade"[3].

Usando o que cientistas sociais passaram a chamar de abordagem do "construtivismo social" – que explicarei no capítulo 5 –, defenderei que nem a diferença de gênero nem a desigualdade de gênero são inevitáveis na natureza das coisas ou, mais especificamente, na natureza de nossos corpos. Nem a diferença – e a dominação – são explicáveis somente pela referência à socialização diferencial de meninos e meninas em funções sexuais típicas de homens e mulheres.

Quando proponentes das posições tanto da natureza quanto da nutrição afirmam que a desigualdade de gênero é o resultado inevitável da diferença de gênero, eles assumem, talvez inadvertidamente, uma posição política segundo a qual a desigualdade, embora possa ser diminuída ou ter seus efeitos negativos melhorados, não pode ser eliminada – precisamente porque tem por base diferenças irredutíveis. Por outro lado, afirmar, como faço, que as diferenças de gênero exageradas que vemos não são tão grandes quanto parecem e que elas são o resultado da desigualdade permite uma maior amplitude política. Ao eliminar a desigualdade de gênero, removeremos a fundação sobre o qual todo o edifício da diferença de gênero está construído.

O que permanecerá, acredito, não é uma papa andrógina e sem gênero, na qual as diferenças entre mulheres e homens são misturadas e todo mundo age e pensa exatamente do mesmo modo. Muito pelo contrário. Acredito que, conforme a desigualdade de gênero diminuir, as diferenças entre as pessoas – diferenças baseadas em raça, classe, etnia, idade, sexualidade, *tanto quanto* em gênero – emergirão, em um contexto no qual todos nós poderemos ser apreciados por nossa singularidade individual bem como por nossos aspectos comunitários.

Tornando o gênero visível tanto para mulheres quanto para homens

Para construir minha argumentação partirei de uma drástica transformação na reflexão sobre gênero ocorrida nos últimos trinta anos. Três décadas de trabalho pioneiro de intelectuais feministas, tanto nas disciplinas tradicionais quanto em estudos sobre a mulher, tornaram-nos especialmente cientes da centralidade do gênero na formação da vida social. Agora sabemos que o gênero é um dos princípios organizadores principais ao redor dos quais gira a vida social. Até a década de 1970, os cientistas sociais listariam apenas classe e raça como os pilares mestres que definem e restringem a vida social. Se você quisesse estudar gênero nas ciências sociais durante a década de 1960, por exemplo, encontraria apenas um curso designado para tratar de suas necessidades – Casamento e Família – que era meio que a "secretaria" das ciências sociais. Não havia cursos sobre gênero. Hoje, porém, o gênero se juntou à raça e à classe em nossa compreensão dos fundamentos de uma identidade individual. Gênero, agora sabemos, é um dos eixos fundamentais ao redor dos quais a vida social é organizada e por meio do qual compreendemos nossas próprias experiências.

Nos últimos trinta anos, intelectuais feministas focaram a maior parte de sua atenção nas mulheres – no que Catharine Stimpson chamou de "omissões, distorções e trivializações" sobre a experiência das mulheres – e nas esferas às quais elas foram historicamente consignadas, como a vida privada e a família[4]. A história feminina busca resgatar da obscuridade a vida de mulheres importantes que foram ignoradas ou cujo trabalho foi minimizado pelo academismo androcêntrico tradicional, e examinar as vidas cotidianas de mulheres do passado – os esforços, por exemplo, de lavandeiras, operárias, lavradoras e posseiras pioneiras ou donas de casa para esculpir vidas de sentido e dignidade em um mundo controlado pelos homens. Todavia, esteja o foco no exemplar ou no ordinário, a reflexão feminista deixou claro que gênero é um eixo central na vida das mulheres.

Mas, quando pensamos na palavra "gênero", o que ela traz à mente? Não é incomum encontrar, em cursos de história do gênero, da psicologia do gênero ou da sociologia do gênero, salas de aula quase inteiramente formadas por mulheres. É como se apenas elas tivessem gênero e se mostrassem, portanto, interessadas em estudá-lo. De vez em quando, por certo, algum rapaz corajoso se matricula na classe de estudos da mulher. Você geralmente o encontrará se encolhendo no canto, antecipando-se ao sentimento de culpa por todos os pecados de milênios de opressão patriarcal.

É minha intenção, neste livro, partir das abordagens feministas sobre gênero para também tornar a masculinidade visível. Precisamos, creio eu, integrar os homens em nosso currículo. Pois são os *homens* – ou melhor, a masculinidade – que são invisíveis.

"O que!?", posso ouvir o leitor dizendo. "Ele realmente disse 'integrar os homens em nosso currículo?', e 'homens são invisíveis?' Do que ele está falando? Os homens não são invisíveis. Eles estão em toda parte".

E isso certamente é verdade. Os homens são onipresentes nas universidades e nas escolas professionais, bem como na esfera pública em geral. E é verdade que se você olhar para o currículo universitário, todos os cursos que não têm a palavra "mulher" no título são sobre os homens. Todos os cursos que não estão associados aos "estudos da mulher" são, de fato, cursos associados aos "estudos do homem", a diferença que é geralmente o chamamos de "história", "ciência política", "literatura", "química".

Mas, quando estudamos os homens, eles são estudados como líderes políticos, heróis militares, cientistas, escritores, artistas. Os homens em si são invisíveis como *homens*. Raramente, ou nunca, vemos um curso que examina a vida dos homens como homens. Qual é o impacto do gênero na vida desses homens célebres? Como a masculinidade cumpre seu papel na vida dos grandes artistas, escritores, presidentes e assim por diante? Como a masculinidade se desdobra na vida de homens "medianos" – nas fábricas e nas fazendas, nas salas do sindicato ou em grandes corporações? Nesse domínio, o currículo tradicional subitamente expõe uma grande lacuna. Para onde quer que se olhe há cursos sobre homens, mas praticamente nenhuma informação sobre a masculinidade.

Muitos anos atrás, esse imenso hiato me inspirou a empreender uma história cultural da ideia de masculinidade nos Estados Unidos, para traçar o desenvolvimento e os deslocamentos do que significou ser homem ao longo de nossa história[5]. O que encontrei foi que os homens norte-americanos são muito articulados para descrever o que isso significa e para observar tudo o que eles fazem como meio de provar sua hombridade, mas que não havíamos descoberto como ouvi-los.

Integrar o gênero em nossos cursos é um modo de cumprir a promessa dos estudos da mulher – compreendendo os homens como pessoas que também têm um gênero. Na minha universidade, por exemplo, o curso sobre literatura inglesa do século XIX inclui uma leitura das Brontës fortemente "baseada em gênero", que discute o sentimento delas a respeito de feminilidade, casamento e relações entre os sexos. Porém, nem uma palavra é dito sobre Dickens e masculinidade, especialmente a respeito dos sentimentos dele sobre paternidade e família. Dickens é compreendido como um romancista do "problema social", e sua questão são as relações de classe – isso, apesar do fato de muitos dos mais celebrados personagens desse autor serem meninos que não tiveram pais e estão em busca de famílias autênticas. Também não há uma palavra sobre as ideias ambivalentes de Thomas Hardy de masculinidade e casamento em, por exemplo, *Jude the Obscure* (*Judas o Obscuro*). O que discutimos é o embate do autor com concepções pré-modernistas a respeito de um universo apático. Minha esposa me diz que em sua turma de literatura norte-americana do século XIX em Princeton, o gênero era o tópico principal da conversa quando o assunto era Edith Wharton, mas que a palavra jamais era pronunciada quando discutiam Henry James, em cuja obra a ansiedade de gênero irrompe de vários modos, como desprezo cavalheiresco, fúria misógina e ambivalência sexual. O que nos dizem é que James "tem a ver" com a forma do romance, técnicas narrativas e poderes estilísticos de descrição e caracterização. Certamente não tem nada de gênero.

Então continuamos a agir como se gênero se aplicasse apenas às mulheres. Por certo, chegou o momento de tornar visível o gênero dos homens. Como diz o provérbio chinês, o peixe é o último a descobrir o oceano.

Isso ficou evidente para mim em um seminário sobre feminismo do qual participei no começo dos anos de 1980[6]. Nessa oportunidade, em uma discussão entre duas mulheres, deu-se a primeira vez em que confrontei a invisibilidade de gêneros dos homens. Durante um encontro, uma mulher branca e uma mulher negra estavam discutindo se todas as mulheres são, por definição, "irmãs", por terem essencialmente as mesmas experiências e por todas elas enfrentarem uma opressão comum por parte dos homens. A mulher branca afirmava que o fato de ambas serem mulher as ligava, apesar das diferenças raciais. A mulher negra discordava.

"Quando você acorda de manhã e olha no espelho, o que vê?", ela perguntou.

"Vejo uma mulher", respondeu a mulher branca.

"Este é justamente o problema", respondeu a mulher negra. "Eu vejo uma mulher *negra*. Para mim, a raça é visível todos os dias, porque a raça é como eu *não* sou privilegiada em nossa cultura. A raça é invisível para você, pois é como você é privilegiada. É por isso que sempre haverá diferenças em nossa experiência."

Nesse ponto da conversa, eu grunhi – mais alto, talvez, do que pretendia. Uma vez que eu era o único homem na sala, alguém perguntou o que minha reação significara.

"Bem", eu disse, "quando eu olho no espelho, vejo um ser humano. Sou universalmente generalizável. Como homem branco de classe média não tenho classe, nem raça, nem gênero. Eu sou a pessoa genérica!"

Às vezes gosto de pensar que naquele dia me *tornei* um homem branco de classe média. Certamente, eu já havia sido tudo isso antes, mas sem que tivesse muita importância para mim. Até aquele dia eu havia me concebido de modo genérico, universalmente generalizável. Desde então comecei a entender que raça, classe e gênero não se referem apenas às outras pessoas, que estão marginalizadas dos privilégios estabelecidos em torno destes eixos. Esses termos também me descrevem. Eu gozara do privilégio da invisibilidade. O próprio processo que privilegia um grupo e não outro é frequentemente invisível para aqueles que são privilegiados. O que nos torna marginais ou impotentes são os processos que vemos. A invisibilidade é um privilégio em outro sentido – como um luxo. Apenas as pessoas brancas em nossa sociedade têm o luxo de não pensar sobre raça a cada minuto de suas vidas. E apenas os homens têm o luxo de fingir que gênero não importa.

Considere-se outro exemplo de como o poder é tantas vezes invisível para aqueles que o detêm. Muitos de vocês têm endereços de e-mail e enviam mensagens de e-mail para pessoas ao redor do mundo. Vocês provavelmente já notaram que há uma grande diferença entre os endereços de e-mail dos Estados Unidos e os das pessoas de outros países. O endereço dessas termina com um "código do país". Assim, por exemplo, se você estiver escrevendo para alguém na África do Sul, colocará um "za" no final, ou "jp" para o Japão, ou "uk" para Inglaterra (*United Kingdom*, Reino Unido) ou "de" para Alemanha (Deutschland). Mas quando escreve para pessoas nos Estados Unidos, o endereço de e-mail termina com "edu" para uma instituição educacional, "org" para uma organização, "gov" para instituições do governo federal e "com" ou "net" para provedores de internet comerciais. Por que os Estados Unidos não têm um código de país?

É porque quando se é o poder dominante no mundo, são todos os outros que precisam ser nomeados. Quando você está "no poder" não precisa chamar atenção para si como uma entidade específica, mas, pelo contrário, pode fingir ser o genérico, o universal, o generalizável. Do ponto de vista dos Estados Unidos, todos os outros países são "os outros", e, portanto, precisam ser nomeados, marcados, notados. Uma vez mais, o privilégio é invisível. No mundo da internet, como cantou Michael Jackson, "Nós somos o mundo".

Há consequências para esta invisibilidade: o privilégio, assim como o gênero, permanece invisível. E é difícil criar uma política de inclusão a partir do não visível. **A invisibilidade do privilégio** faz com que muitos homens, assim como muitas pessoas brancas, se tornem defensivos e fiquem nervosos quando confrontados com realidades estatísticas ou com as consequências humanas do racismo ou do sexismo. Dado que nosso privilégio é invisível, podemos nos tornar defensivos. Ah, podemos até mesmo nos sentir uma vítima nós mesmos. Essa invisibilidade "cria uma oscilação neurótica entre uma sensação de ter direito e uma sensação de privilégio desmerecido", como disse o jornalista Edward Ball logo depois de explorar a história de sua própria família, uma das maiores proprietárias de escravas da Carolina do Sul[7].

A invisibilidade contínua da masculinidade também significa que os padrões de gênero que são mantidos como norma aparecem para nós como neutros, sem gênero. A ilusão dessa neutralidade tem séries consequências tanto para mulheres quanto para homens. Ela também indica que esses podem conservar a ficção de que são avaliados por padrões "objetivos"; para as mulheres, isso significa que elas estão sendo julgadas pelo parâmetro de outra pessoa. Na virada para o século XX, o grande sociólogo Georg Simmel ressaltou essa questão quando escreveu:

> Medimos as realizações e os compromissos... de homens e mulheres nos termos de normas e valores específicos; mas tais normais não são neutras, pairando acima do contraste dos sexos; elas próprias têm um aspecto masculino... Os padrões da arte e as exigências do patriotismo, os modos gerais e ideias sociais específicas, a equidade dos juízos práticos e a objetividade do conhecimento teórico.... todas essas categorias são formal e genericamente humanas, mas, de fato, são masculinas nos termos de sua formação histórica efetiva. Se chamamos as ideias que reivindicam validade absoluta de objetivamente necessárias, então é um fato que, na vida histórica de nossa espécie opera a equação: objetivo = masculino[8].

A formulação teórica de Simmel ecoa em nossas interações diárias. Recentemente, fui convidado para dar uma palestra em um curso sobre sociologia do gênero ministrado por uma de minhas colegas mulheres. Quando entrei no auditório de conferências, uma estudante tirou os olhos de suas anotações e exclamou: "Finalmente, uma opinião objetiva". Ora, eu não sou nem menos, nem mais "objetivo" do que minhas colegas, mas aos olhos daquela estudante eu era visto como uma pessoa objetiva – a voz da objetividade científica e racional, desconectada, descorporificada, desenraizada, desprovida de gênero. Eu sou aquilo com que a objetividade se parece! (Um resultado irônico é que eu provavelmente poderia dizer mais coisas esdrúxulas do que minhas colegas mulheres. Se uma mulher ou um professor afro-americano fizesse uma declaração do tipo "homens brancos são privilegiados na sociedade americana", nossos estudantes provavelmente responderiam dizendo, "claro que você diz isso, você está enviesado". Eles consideram tal afirmação normativa como reveladora dos enviesamentos inerentes de gênero ou raça, um caso especial de alegação. Mas quando eu o digo? Um fato objetivo, transmitido por um professor objetivo, eles provavelmente tomariam notas.)

Essa equação, segundo a qual "objetivo = masculino", tem consequências práticas enormes em todas as arenas de nossas vidas, desde a sala de aula da pré-escola até as faculdades técnicas e de bacharelado, bem como em todos os locais de trabalho no qual entramos. Como escreve Simmel, "a *posição de poder* do homem não apenas garante sua superioridade relativa sobre as mulheres, mas também garante que seus padrões serão generalizados como os padrões genericamente humanos que devem governar o comportamento tanto dos homens quanto das mulheres[9].

O debate atual

Acredito que estamos, nesse momento, passando por um debate nacional acerca da masculinidade neste país – mas não sabemos disso. Por exemplo, que gênero vem à mente quando evoco os seguintes problemas atuais dos Estados Unidos: "violência na adolescência", "violência de gangues", "violência nas periferias", "violência relacionada às drogas", "violência nas escolas"? E que gênero vem à mente quando menciono as palavras "bomba suicida" ou "sequestrador terrorista"?

Por certo, você imaginou homens. E não apenas homens, mas jovens, em idade adolescente ou na casa dos vinte anos, relativamente pobres, oriundos da classe operária ou da classe média baixa.

Mas como nossos comentaristas sociais discutem essas questões? Eles notam que os problemas da juventude e da violência são, com efeito, problemas da juventude *masculina* e da violência? Eles chegam a mencionar que, em todos os lugares onde o nacionalismo étnico surge, são homens jovens que são os lojistas? Eles sequer chegam a mencionar a masculinidade de algum modo?

Agora, imaginem se todas essas pessoas fossem mulheres – as pessoas por trás do nacionalismo étnico, das milícias, da perseguição contra os *gays*. Não seria essa *a* história, a *única* história? A análise de gênero não estaria no centro de cada história particular? Não ouviríamos de *experts* da socialização feminina, de sua frustração, raiva, síndromes pré-menstruais e tudo mais sob o sol? Mas o fato de esses jovens serem homens não merece uma só palavra.

Considere um último exemplo. E se fossem jovens garotas que tivessem atirado em seus colegas de classe em West Paducah, Kentucky; em Pearl, Mississipi; em Jonesborgo, Arkansas; ou em Springfield, Oregon? E se quase todas as crianças que morreram fossem meninos? Você acha que o clamor social exigiria que investigássemos a "violência inerente da cultura sulista"? Ou simplesmente expressaria desalento por "pessoas" jovens terem muito acesso às armas? E, mesmo assim, ninguém pareceu mencionar que os jovens garotos que efetivamente cometeram esses crimes estavam simplesmente fazendo – ainda que de uma forma dramática e com pouca idade – o que os homens norte-americanos foram ensinados a fazer por séculos quando estão desapontados e nervosos. Homens não se zangam, eles se vingam (exploro o gênero da violência no capítulo 14).

Acredito que, antes de tornarmos o gênero visível tanto para as mulheres quanto para os homens, nós, como uma cultura, não saberemos como lidar adequadamente com essas questões. Isso não quer dizer que tudo que temos de fazer é tratar da masculinidade. Essas questões são complexas, requerem análises da economia política da integração econômica global, da transformação das classes sociais, da pobreza e da desesperança nas cidades, do racismo. Mas se ignorarmos a masculinidade – se deixarmos que ela continue invisível – nunca compreenderemos tais problemas completamente, muito menos resolvê-los.

O plural e o poderoso

Quando uso o termo "gênero", então, é com a intenção explícita de discutir tanto a masculinidade quanto a feminilidade. Mas até mesmo esses termos são imprecisos porque implicam haver uma definição simples tanto de uma quanto de outra. Um dos elementos importantes de uma abordagem construtivista social – especialmente se pretendemos abandonar a noção de que as diferenças de gêneros são decisivas por si sós – é explorar as diferenças *entre* homens e *entre* mulheres, afinal, como termina acontecendo, essas são muitas vezes mais decisivas do que as diferenças entre mulheres e homens.

Dentro de qualquer sociedade, em algum momento, coexistem diversos sentidos de masculinidade e de feminilidade. Em resumo, nem todos os homens e nem todas as mulheres estadunidenses são os mesmos. Nossas experiências também são estruturadas por classe, raça, etnia, idade, sexualidade, região. Cada um desses eixos modifica os outros. Só porque tornamos o gênero visível, isso não significa que tornamos esses outros princípios organizadores da vida social invisíveis. Imagine, por exemplo, um homem idoso, negro e homossexual em Chicago, e um fazendeiro jovem, branco, heterossexual em Iowa. Não teriam eles diferentes definições de masculinidade? Ou imagine uma mulher de vinde dois anos, rica, sino-americana em São Francisco e uma mulher pobre, branca, de família católica irlandesa, lésbica em Boston. As ideias delas sobre o que significa ser mulher não seriam de algum modo diferentes?

Se o gênero varia através das culturas, através do tempo histórico, entre homens e entre mulheres dentro de uma cultura, e ao longo do curso da vida, podemos realmente falar de masculinidade e de feminilidade como se, apesar disso, eles fossem constantes, essências universais, comuns a todas as mulheres e a todos os homens? Se a resposta for não, o gênero deve ser visto como uma montagem fluida e constantemente mutável de significados e comportamentos. Nesse sentido, devemos falar de **masculinidades** e de **feminilidades**, e assim reconhecer as diferentes definições que construímos de umas e de outras. Ao pluralizar os termos, reconhecemos que masculino e feminino significam coisas diferentes para diferentes grupos de pessoas em diferentes tempos.

Ao mesmo tempo, não podemos esquecer que todas as masculinidades e feminilidades não são criadas igualmente. Homens e mulheres dos Estados Unidos também devem enfrentar uma definição particular que é mantida como o modelo a partir do qual se espera que nos mensuremos. Assim chegamos a saber o que significa ser um homem ou uma mulher em nossa cultura ao estabelecer nossas definições em oposição a um conjunto de "outros" – minorias raciais, minorias sexuais. Para os homens, o "outro" clássico é, obviamente, a mulher. Muitos homens sentem como algo imperativo afirmar nitidamente – eternamente, compulsivamente, decididamente – que eles não são como as mulheres.

Para muitos homens, essa é a definição "hegemônica" – aquela que é mantida como modelo para todos nós. O conceito hegemônico de masculinidade é "construído em relação a várias masculinidades subordinadas, bem como em relação às mulheres", escreve a socióloga R.W. Connel. O sociólogo Erving Goffman descreveu certa vez essa definição hegemônica de masculinidade do seguinte modo:

> Em um sentido importante, há apenas um único homem completo não enrubescido nos Estados Unidos: ele é jovem, casado, branco, mora na cidade, vem do Norte, heterossexual, protestante, pai, com educação universitária, plenamente empregado, de boa compleição, peso, altura e tem um recorde recente nos esportes... Qualquer homem que falhar em qualquer um desses aspectos provavelmente verá a si mesmo – durante certos momentos, pelo menos – como indigno, incompleto e inferior[10].

As mulheres também lidam com um ideal de feminilidade igualmente exagerado, que Connell chama de "feminilidade enfatizada". A **feminilidade enfatizada** se organiza em torno da aceitação da desigualdade de gênero e é "orientada para acomodar os interesses e desejos dos homens". Vê-se a feminilidade enfatizada na "exibição de sociabilidade em vez de competência técnica, na fragilidade em cenas íntimas, na obediência ao desejo dos homens por flertes e afagos ao ego no dia a dia do escritório, na aceitação do casamento e da criação dos filhos como resposta à discriminação do mercado de trabalho contra as mulheres"[11]. A feminilidade enfatizada ressalta a diferença de gênero como uma estratégia de "adaptação ao poder dos homens", sublinhando a empatia e a afetividade; a feminilidade "real" é descrita como "fascinante", e as mulheres são informadas de que poderão embrulhar os homens com seus dedos se conhecerem e jogarem de acordo com as "regras". Em uma pesquisa, um menino de oito anos capturou eloquentemente essa feminilidade enfatizada ao escrever o poema:

> Se eu fosse uma menina, teria de atrair um menino
> usar maquiagem; às vezes.
> Vestir a última moda de roupas e tentar ser agradável.
> Provavelmente não jogaria nenhum esporte físico como futebol ou futebol americano.
> Não acho que gostaria de ficar ao redor dos homens
> com medo de rejeição
> ou sob a opressão de atraí-los[12].

Diferenças de gênero como "distinções enganosas"

A existência de múltiplas masculinidades e feminilidades prejudica dramaticamente a ideia de que as diferenças de gênero que observamos se devem somente ao fato de pessoas com diferentes gêneros ocuparem posições neutras em termos de gênero. Além disso, o fato de essas masculinidades e feminilidades serem estruturadas ao longo de uma hierarquia, e medidas umas contra as outras, reforça o argumento de que a dominação cria e exagera a diferença.

A teoria interplanetária de gênero afirma, seja pela biologia, seja pela socialização, que mulheres agem como mulheres, não importa onde elas estejam, e que homens agem como homens, não importa onde eles estejam. A psicóloga Carol Tavris afirma que esse pensamento binário conduz àquilo que os filósofos chamam a "lei do terceiro excluído", que, como ela nos lembra, "é onde a maioria dos homens e mulheres se classificam nos termos de suas qualidades psicológicas, crenças, habilidades, traços e valores"[13]. Ocorre que muitas das diferenças entre mulheres e homens que observamos em nossa vida cotidiana não são efetivamente diferenças de *gênero* de modo algum, mas sim diferenças que são o resultado de ocupar diferentes posições ou estar em diferentes arenas. Não é que indivíduos com diferentes gêneros ocupem essas posições de gênero neutro, mas sim que as próprias posições suscitam comportamentos que consideramos ser próprias a um gênero específico. A socióloga Cynthia Fuchs Epstein chama tais diferenças de **distinções enganosas** porque, embora pareçam ser baseadas no gênero, elas efetivamente se baseiam em outra coisa[14].

Eis um bom exemplo. Veja a matemática. Diferenças agregadas no desempenho de meninas e meninos em provas padronizadas de matemática levaram pessoas a especular que os homens têm uma propensão natural para as figuras aritméticas, ao passo que as mulheres têm "medo de matemática". Junte isso com o "medo do sucesso" que elas teriam no local de trabalho e você poderá achar que as mulheres gerenciam o dinheiro de modo menos eficiente – com menos previsão, menos cálculo, menos cuidado. A famosa escritora Colette Dowling, autora do livro *best-seller* de 1981 *The Cinderella Complex* (*O complexo de Cinderela*, um livro que afirmou que, por trás de suas ambições, competências e realizações aparentes, as mulheres "na verdade" estão esperando que o Príncipe Encantado venha resgatá-las e carregá-las até um pôr do sol romântico, um futuro no qual elas possam ser tão passivas e indefesas quanto secretamente desejam ser), entrevistou sessenta e cinco mulheres próximas de seus sessenta anos acerca de questões relativas a dinheiro e descobriu que apenas duas tinham *algum* plano de investimento para suas aposentadorias. Quebrada e falida depois de muitos *best-sellers*, e solteira novamente, Dowling argumenta que isso se relaciona a "conflitos com a dependência. A inteligência financeira está conectada com a masculinidade em nossa cultura", ela afirmou em uma entrevista. "Isso deixa as mulheres com a sensação de que se desejam cuidar de si mesmas, e se elas são boas nisso, a contrapartida é a de que elas nunca engatarão um relacionamento." Por conta da feminilidade enraizada, as mulheres acabam atirando no próprio pé[15].

Porém, tais afirmações ignoram frontalmente toda a pesquisa disponível, argumenta a *expert* em finanças Jane Bryant Quinn, ela própria autora de um *best-seller* sobre mulheres e dinheiro. "É mais socialmente aceitável para as mulheres não gerenciar seu dinheiro", ela diz ao mesmo entrevistador, "mas o cromossomo Y não é um cromossomo gerenciador de dinheiro. Em todos os nossos estudos, se for levado em conta os ganhos, a idade e a experiência, as mulheres são iguais aos homens. Aos vinte e três anos, recém-chegado ao mundo do trabalho, diante de um plano de previdência privada, todos ficam igualmente confusos. Mas se essas mulheres deixam de trabalhar, elas saberão cada vez menos sobre finanças, enquanto o homem, que continua trabalhando, saberá mais e mais"[16]. Portanto, é nossa experiência, não nosso gênero, que prediz como lidaremos com nossos investimentos previdenciários.

E aquelas enormes diferenças de gênero que alguns observadores encontraram no local de trabalho (tema do cap. 9)? Os homens, assim ouvimos, são alpinistas sociais competitivos, que buscam progredir em cada oportunidade; as mulheres são formadores de equipe cooperativas, que evitam a competição e até mesmo podem sofrer de "medo do sucesso". Mas o estudo pioneiro de Rosabeth Moss Kanter, reportado em *Men and Women of the Corporation* (*Homens e mulheres da corporação*), indicou que o gênero importa muito menos do que a oportunidade. Quando tiveram as mesmas chances, redes de contato, mentores e possibilidades de progresso, as mulheres se comportaram da mesma forma que os homens. As mulheres não são bem-sucedidas porque carecem de oportunidades, não porque temem o sucesso; quando os homens carecem de chances, eles se comportam de acordo com o estereótipo "feminino"[17].

Por fim, considerem-se nossas experiências familiares, que examinarei no capítulo 6. Nelas, novamente, presumimos que as mulheres são socializadas para serem afetivas e maternais, enquanto os homens devem ser fortes e silenciosos, árbitros de justiça relativamente inexpressivos em suas emoções – ou seja, presumimos que as mulheres fazem o trabalho de "ser mãe" porque elas são socializadas para fazê-lo. E, uma vez mais, a pesquisa sociológica sugere que nosso comportamento na família tem, de certa forma, menos a ver com a socialização de gênero do que com as situações familiares nas quais nos encontramos.

A pesquisa da socióloga Kathleen Gerson, por exemplo, verificou que a socialização de gênero não era muito útil para prever as experiências familiares das mulheres. Apenas pouco mais da metade das mulheres que estavam primariamente interessadas na maternidade em tempo integral eram, de fato, mães em tempo integral; e apenas pouco mais da metade das mulheres que estavam primariamente interessadas em carreiras de tempo integral viviam assim. Revelou-se que a estabilidade conjugal, a renda do marido, a experiência das mulheres nos locais de trabalho e as redes de apoio eram muito mais importantes do que a socialização de gênero na determinação de quais mulheres acabavam sendo mães em tempo integral ou não[18].

No outro lado desse livro de registro, a pesquisa da socióloga Barbara Risman verificou que, apesar de uma socialização de gênero que minimiza a reatividade emotiva e afetiva, a maioria dos pais solteiros é perfeitamente capaz de "ser maternal". Pais solteiros não contratam funcionárias mulheres para fazer as tarefas tipicamente femininas ao redor da casa: eles próprios fazem essas tarefas. De fato, Risman percebeu poucas diferenças entre pais solteiros e mães (solteiras ou casadas) quando se tratava de verificar o que fazem em casa, como agem com seus filhos ou mesmo no que diz respeito ao desenvolvimento emocional e intelectual das crianças. O estilo masculino de cuidar dos filhos era praticamente indiscernível do estilo das mulheres, um achado que levou Risman a afirmar que "os homens podem ser mães e as crianças não são necessariamente mais bem-cuidadas por mulheres do que por homens"[19].

Esses achados também lançaram uma luz muito diferente sobre outra pesquisa. Por exemplo, alguns pesquisadores recentes encontraram diferenças significativas no volume de *stress* que mulheres e homens experimentam diariamente. De acordo com esses estudiosos, elas demonstram níveis mais altos de *stress* e números menores de dias "sem *stress*" do que eles. David Almeida e Ronald Kessler sensatamente concluíram que isso não era uma diferença biologicamente fundada, um sinal de inferioridade da mulher ao lidar com *stress*, mas, sim, uma indicação de que as mulheres têm mais *stress* em suas vidas, pois elas têm de lidar com mais questões familiares e profissionais do que os homens[20].

Os resultados da pesquisa de Almeida e Kessler foram relatados com certo alarde nos jornais, os quais, com poucas exceções, reportaram novas diferenças de gênero significativas. Mas o que esses pesquisadores realmente verificaram foi que as mulheres, como observou Kessler, "cuidam da casa, do encanamento, da carreira do marido, de seus empregos e, ah sim, das crianças". Em contraste, com os homens, ouve-se "Como estão as coisas? Fim"[21]. E eles viram essa dinâmica em entrevistas com casais, tanto maridos quanto esposas, fazendo perguntas sobre suas reações a esses fatores "estressantes". O que você acha que eles encontrariam se eles perguntassem a mães solteiras e a pais solteiros as mesmas questões? Você acredita que eles teriam encontrado alguma diferença de gênero significativa que seja? Provavelmente, eles observariam que tentar lidar com as muitas demandas de um pai ou mãe trabalhador deve gerar um *stress* enorme tanto para homens quanto para mulheres. Uma vez mais, é a estrutura, não o gênero, que cria a diferença estatística.

Com base em toda essa pesquisa, pode-se concluir, como faz Risman, que "se mulheres e homens vivessem condições estruturais e expectativas funcionais idênticas, as diferenças de gênero empiricamente observáveis se dissipariam"[22]. Não estou totalmente convencido. *Existem* algumas diferenças entre mulheres e homens, afinal. Talvez, como essa pesquisa sugere, tais diferenças não são tão grandes, decisivas e impermeáveis às mudanças sociais como outrora pensamos. Mas há algumas diferenças. Será meu trabalho neste livro explorar tanto essas áreas onde parece haver diferenças de gênero, mas onde, com efeito, há pouca ou nenhuma diferença, bem como as áreas onde as diferenças de gênero são importantes e decisivas.

A magnitude das diferenças médias

Dentre as diferenças entre mulheres e homens, poucas estão "irreversivelmente embutidas" em todos os homens e excluídas de todas as mulheres ou vice-versa. Embora possamos prontamente observar diferenças entre eles e elas em taxas de agressão, força física, feitos matemáticos ou discursivos, cuidado e afeto, ou expressão emocional, não é verdade que todos os homens e nenhuma mulher são agressivos, fisicamente fortes, aptos para a matemática e a ciência, enquanto todas as mulheres e nenhum homem são afetivos e cuidadosos, aptos discursivamente ou emocionalmente expressivos. O que queremos dizer quando falamos de diferenças de gênero são diferenças médias, diferenças no resultado médio obtido por mulheres e homens.

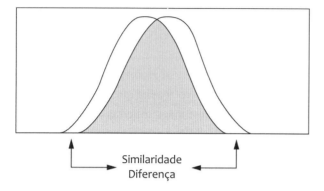

Figura 1.1 Uma exposição esquemática das distribuições sobrepostas de traços, atitudes, comportamentos por gênero. Embora diferenças médias possam ser evidentes em muitas características, esta distribuição sugere uma similaridade muito maior entre mulheres e homens, e uma variabilidade muito maior dentre os homens e dentre as mulheres.

Esses resultados médios nos dizem alguma coisa sobre as diferenças entre os dois grupos, mas não dizem nada sobre as próprias distribuições, as diferenças *dentre* os homens e *dentre* as mulheres. Às vezes, tais distribuições podem ser enormes: há grandes números de homens afetivos e emocionalmente expressivos e de mulheres agressivas e fisicamente fortes (cf. figura 1.1). Com efeito, em praticamente toda a pesquisa que foi feita sobre atributos associados à masculinidade e à feminilidade, as diferenças dentre as mulheres e dentre os homens são muito maiores do que as diferenças médias entre mulheres e homens. Tendemos a focar nessas médias, mas elas possivelmente nos dizem muito menos coisas do que pensamos.

Pensamos que elas nos dizem, obviamente, que mulheres e homens são diferentes, oriundos de diferentes planetas. É o que chamarei de "teoria interplanetária da diferença de gênero" – segundo a qual as diferenças médias observadas entre mulheres e homens são decisivas e derivam do fato de eles serem biológica e fisicamente diferentes.

Por exemplo, mesmo a ideia de que viemos de planetas diferentes, de que nossas diferenças são profundas e irredutíveis, tem uma dimensão política. Chamar o "outro" sexo de sexo "oposto" obscurece os muitos modos pelos quais somos parecidos. Como a antropóloga Gayle Rubin destaca:

> Mulheres e homens são, obviamente, diferentes. Mas eles não são tão diferentes quanto dia e noite, terra e céu, yin e yang, vida e morte. Com efeito, da perspectiva da natureza, homens e mulheres estão mais próximos um do outro do que um ou outro estão próximos a qualquer outra coisa – por exemplo, montanhas, cangurus e palmas de coqueiro... Longe de ser a expressão de diferenças naturais, a identidade exclusiva de gênero é a supressão de similaridades naturais[23].

A teoria interplanetária da diferença de gênero é importante não porque ela está certa – com efeito, ela é muito mais errada do que correta –, mas porque, culturalmente, parecemos *desejar* desesperadamente que ela seja verdade. Ou seja, a verdadeira questão sociológica sobre o gênero não é a sociologia das diferenças de gênero – explicando as origens fisiológicas de tais diferenças –, mas, sim, a sociologia da questão cognitiva que explora o motivo de essa diferença ser tão importante para nós, o motivo de nos agarrarmos tão tenazmente à ideia dessa diferença, o motivo de, suponho eu, gastarmos milhões de dólares em livros que "revelam" as profundas diferenças entre mulheres e homens, mas provavelmente jamais comprarmos um livro que diga "ei, somos todos terráqueos!"

Contudo, essa é a mensagem deste livro. Praticamente toda a pesquisa disponível feita pelas ciências sociais e comportamentais sugere que mulheres e homens não vêm de Vênus e Marte, mas, sim, que ambos são do Planeta Terra. Não somos sexos opostos, mas sexos vizinhos – temos muito mais em comum uns com os outros do que diferenças. Em grande parte, temos as mesmas habilidades e praticamente desejamos as mesmas coisas em nossas vidas.

A política da diferença e dominação

Quer acreditemos que a diferença de gênero é biologicamente determinada ou que ela é uma formação cultural, a teoria interplanetária da diferença de gênero presume que tal diferença é uma propriedade de indivíduos, ou seja, que o gênero é um componente da identidade da pessoa. Mas isso é apenas metade da história. Creio que meninos e meninas individualmente adquirem um gênero – ou seja, aprendemos os comportamentos e traços "apropriados" que se associam com a masculinidade hegemônica e com a feminilidade enfatizada e, então, cada um de nós, individualmente, negocia nosso próprio caminho do jeito que nos pareça correto. Em certo sentido, cada um de nós "faz um acordo próprio" com as definições dominantes de masculinidade e de feminilidade. É por este motivo que ficamos tão avidamente atentos – e resistimos tão vigorosamente – aos estereótipos de gênero, porque acreditamos que eles não abrangem efetivamente nossas experiências.

Mas não fazemos nosso próprio acordo por nós mesmos em instituições e arenas neutras em termos de gênero. As instituições sociais de nosso mundo – local de trabalho, família, escola, política – também são instituições de gêneros específicos, lugares onde definições dominantes são reforçadas e reproduzidas, e os "divergentes", disciplinados. Nós nos tornamos pessoas com gêneros em uma sociedade de gêneros.

Falar de uma sociedade de gêneros não é a mesma coisa que ressaltar que foguetes espaciais e arranha-céus têm uma relação simbólica com certa parte da anatomia masculina. Às vezes a função tem precedência sobre a forma simbólica. (Você realmente acha que as mulheres explorariam o espaço sideral em uma máquina com a forma de uma rosquinha?) Isso também é apenas parcialmente relacionado com o modo como usamos metáforas de gênero para falar de outras esferas de atividade – o modo, por exemplo, como os mundos do esporte, do sexo, da guerra e do trabalho individualmente se apropriam da linguagem das outras esferas.

Quando dizemos que vivemos uma sociedade de gêneros, queremos também dizer que as organizações de nossa sociedade se desenvolveram de modo a reproduzir tanto as diferenças entre mulheres e homens quanto a dominação dos homens sobre as mulheres. Institucionalmente, podemos ver como a estrutura dos locais de trabalho é organizada para demonstrar e reproduzir a masculinidade: tanto a organização temporal quanto a organização espacial do trabalho dependem da separação das esferas (distância entre trabalho e lar e o fato de as mulheres serem as provedoras primárias de cuidado para as crianças).

Como ocorre com respeito à invisibilidade da identidade de gênero, assumir uma neutralidade institucional de gênero serve efetivamente para manter a política de gênero dessas instituições. Isso também ressalta o modo como frequentemente presumimos que a permissão para os indivíduos expressarem uma maior variedade de comportamentos de gênero os tornará capazes de ser bem-sucedidos em tais instituições de gênero neutro. Assim, presumimos que o melhor modo de eliminar a desigualdade de gênero na educação superior ou no local de trabalho é promover a equidade – em outras palavras, nós somos desiguais apenas porque somos diferentes.

Isso, porém, cria um dilema político e pessoal para as mulheres em instituições que não são neutras em gênero. Trata-se de uma proposição sem nenhuma vantagem para as mulheres, quando elas entram em locais de trabalho, em arenas militares, políticas ou esportivas que já são constituídas para reproduzir e sustentar a masculinidade. Na medida em que se tornam "iguais aos homens" para serem bem-sucedidas, considera-se que sacrificaram sua feminilidade. Porém, na medida em que se recusam a sacrificar essa sua feminilidade, considera-se que elas são diferentes e, assim, a discriminação de gênero se torna tão legítima quanto classificar pessoas diferentes em diferentes compartimentos[24]. As mulheres bem-sucedidas são punidas por abandonar sua feminilidade – rejeitadas como parceiras potenciais, rotuladas como "sapatão", abandonadas pelas listas de convidados. As primeiras mulheres que entraram no exército ou nas academias militares, ou mesmo em Princeton ou Yale, quando essas instituições se tornaram mistas no final dos anos de 1960, foram consideradas como "menos" femininas, como malsucedidas como mulheres. Porém, se elas tivessem sido "bem-sucedidas" como mulheres, elas teriam sido consideradas soldados ou estudantes menos capazes[25]. Assim, a desigualdade de gênero cria uma pressão dupla para as mulheres – uma pressão dupla baseada no pressuposto da diferença de gênero e no pressuposto de uma neutralidade institucional de gênero.

Há um lado mais pessoal nessa dupla pressão. Muitas vezes, os homens ficam perplexos por suas esposas possuírem armários cheios de roupas e, ainda assim, reclamarem constantemente por não terem "nada para vestir". Eles frequentemente acham esse comportamento estranho, provavelmente o de alguém que deve ter vindo de outro planeta. Afinal, nós homens geralmente alternamos entre três ou quatro cores diferentes de camisas e ternos, que combinamos talvez com cinco ou seis diferentes gravatas. Azul-marinho, cinza-carvão, preto – o que poderia ser tão difícil em se vestir?

Mas as mulheres que trabalham entram em uma instituição de gênero na qual tudo o que elas vestem "significa" alguma coisa. Então elas olham para um vestido de tipo mais escritório e falam a si mesmas, "não, esse é muito sem graça. Ninguém me levará a sério como mulher nesse vestido!" Então elas pegam uma roupa mais justa e colada, e pensam: "nesse número pequeno, tudo que verão em mim é uma mulher e nunca me levarão a sério como funcionária". Seja como for – como corporativa sem graça ou moça *sexy* – as mulheres perdem, pois seu local de trabalho tem, ele próprio, um gênero específico, e seus padrões de sucesso, incluindo o que se espera para vestuário, são adaptados para o outro sexo.

Tanto a diferença quanto a dominação são produzidas e reproduzidas em nossas interações sociais, nas instituições em que vivemos e trabalhamos. Embora as diferenças entre nós não sejam tão grandes quanto frequentemente presumimos, elas se tornam importantes em nossas expectativas e observações. Será meu trabalho neste livro examinar essas diferenças – as que são reais e importantes –, bem como revelar aquelas que não são nem reais nem importantes. Explorarei os modos como a desigualdade de gênero fornece um fundamento para as presunções da diferença de gênero. E, por fim, farei esforços para mostrar o impacto do gênero sobre nossas vidas – como nos tornamos pessoas com gêneros vivendo vidas com gênero em uma sociedade de gênero.

TERMOS-CHAVE		
Desigualdade de gênero	Enfatização da feminilidade	Masculinidades
Determinismo biológico		Socialização diferencial
Diferença de gênero	Feminilidades	Teoria interplanetária da diferença de gênero
Distinções enganosas	Invisibilidade do privilégio	

Notas

Capítulo 1

1. John Gray. *Men Are from Mars, Women Are from Venus* (Nova York: HarperCollins, 1992), p. 5.

2. *J.E.B. v. Alabama*, 114 S. Ct., 1436 (1994).

3. Barbara Risman. *Gender Vertigo* (New Haven: Yale University Press, 1998), p. 25. Cf. tb. Judith Lorber. *Paradoxes of Gender* (New Haven, CT: Yale University Press, 1994).

4. Catharine Stimpson. *Where the Meanings Are* (Nova York: Methuen, 1988).

5. Cf. Michael Kimmel. *Manhood in America: A Cultural History* (Nova York: Free Press, 1996).

6. Essa história também aparece em Kimmel. *Manhood in America*.

7. Torri Minton. "Search for What It Means to Be White". In: *San Francisco Chronicle*, 08/05/1998.

8. Simmel, apud Lewis Coser. "Georg Simmel's Neglected Contributions to the Sociology of Women". In: *Signs*, 2(4), 1977, p. 872.

9. Ibid.

10. R.W. Connell. *Gender and Power* (Stanford, CA: Stanford University Press, 1987), p. 183. • Erving Goffman. *Stigma* (Englewood Cliffs, NJ: Prentice-Hall, 1963), p. 128.

11. Connell. *Gender and Power*, p. 183, 188, 187.

12. Apud Risman. *Gender Vertigo*, p. 141.

13. Carol Tavris. "The Mismeasure of Woman". In: *Feminism and Psychology*, 1993, p. 153.

14. Cynthia Fuchs Epstein. *Deceptive Distinctions* (New Haven, CT: Yale University Press, 1988).

15. Alex Witchel. "Our Finances, Ourselves". In: *New York Times*, 04/06/1998, p. 13.

16. Ibid.

17. Rosabeth M. Kanter. *Men and Women of the Corporation* (Nova York: Harper and Row, 1977).

18. Kathleen Gerson. *Hard Choices* (Berkeley: University of California Press, 1985). • Kathleen Gerson. *No Man's Land* (Nova York: Basic Books, 1993).

19. Risman. *Gender Vertigo*, p. 70.

20. David Almeida e Ronald Kessler. "Everyday Stressors and Gender Differences in Daily Distress". In: *Journal of Personality and Social Psychology*, 75(3), 1998, p. 670-680.

21. Cf. Nancy Stedman. "In a Bad Mood – for a Good Reason". In: *New York Times*, 24/10/1998, para um exemplo de jornalista que realmente compreendeu a história.

22. Risman. *Gender Vertigo*, p. 21.

23. Gayle Rubin. "The Traffic in Women". In: *Toward an Anthropology of Women*. R.R. Reiter, ed. (Nova York: Monthly Review Press, 1975), p. 179-180.

24. Catharine MacKinnon. *Towards a Feminist Theory of the State* (Cambridge: Harvard University Press, 1989), p. 218-219.

25. Michael Kimmel, Diane Diamond e Kirby Schroeder. "'What's This About a Few Good Men?' Negotiating Sameness and Difference in Military Education from the 1970s to the Present". In: *Masculinities and Education*. N. Lesko, ed. (Thousand Oaks, CA: Sage Publications, 1999), p. 231-252.

PARTE I

Explanações de gênero

2

Ordenado pela natureza
A biologia constrói os sexos

> *Um diabo de nascença, cuja natureza*
> *não assimila o cuidado, a quem dei esforços*
> *humanos, que foram todos, todos perdidos!*
> William Shakespeare. A tempestade (Ato IV, Cena 1).

> *Oprah: "Você acredita que a sociedade mudará se for provado sem uma sombra de dúvida que você nasceu desse jeito?"*
>
> *Gêmeo gay: "Seria mais fácil... a aceitação, mas você compreende que as pessoas ainda não aceitam negros e hispânicos e indivíduos com deficiência... Os gays estão exatamente juntos com esses... as pessoas não aceitam obesos".*
>
> *Oprah (com desapontamento): "Eu me esqueci disso. Vamos para o intervalo".*

DEIXANDO de lado seu clamor exasperado dizendo "mulheres – o que elas querem", a frase mais conhecida de Sigmund Freud provavelmente é "A anatomia é o destino". Embora não seja certo que Freud efetivamente quisesse que a frase fosse compreendida literalmente, um grande número de pessoas acredita que as diferenças na anatomia dos homens e das mulheres são decisivas e fornecem a base para as distinções da experiência masculina e feminina. Uma pesquisadora recentemente afirmou sua crença de que "as diferenças entre homens e mulheres de nossa espécie acabarão sendo encontradas no arranjo celular e na anatomia do humano"[1]. Para os biólogos, a fonte do comportamento humano não reside nem em nossas estrelas, nem em nosso caráter, como César sugerira a Brutus – mas, sim, em nossas células.

Explanações biológicas mantêm um lugar de proeminência em nossas explicações tanto da *diferença* de gênero quanto da *desigualdade* de gênero. Em primeiro lugar, esse tipo de razão dá um toque de ciência "verdadeira" para elas: por suas teorias terem base em "fatos científicos objetivos", os argumentos de cientistas da natureza são extraordinariamente persuasivos. Em segundo lugar, explanações biológicas parecem estar de acordo com nossas próprias observações: mulheres e homens *parecem* tão diferentes para nós a maior parte do tempo – tão diferentes, de fato, que frequentemente parecemos vir de planetas diferentes.

Também há certa arrumação conceitual para tais explanações, pois os arranjos sociais entre mulheres e homens (desigualdade de gênero) parecem derivar direta e inevitavelmente das diferenças entre nós. Argumentos biológicos nos resseguram de que as coisas *são* o que deveriam ser, de que o social é natural. Por fim, tais asseguramentos nos dizem que essas desigualdades existentes não são nossa culpa, que não há nenhum culpado, realmente. Não podemos nos responsabilizar pelo modo como agimos – ei, é biológico! (Declarações como essa são feitas por conservadores e liberais, por feministas e misóginos, por homofóbicos e por ativistas *gays*.) Além disso, se essas explicações são verdadeiras, nenhum conjunto de iniciativas políticas, nenhum conjunto de dispêndio social, nenhuma grande convulsão política transformará os relacionamentos entre mulheres e homens.

Este capítulo explorará algumas das evidências biológicas que são apresentadas para demonstrar as diferenças natural e biologicamente fundadas entre os sexos, bem como os modos como os arranjos sociais e políticos (desigualdade) fluem diretamente dessas diferenças. As variações biológicas podem nos dizer muitas coisas acerca do modo como homens e mulheres se comportam. A busca por tais diferenças também pode nos dizer muito sobre nossa cultura – sobre aquilo em que queremos tão desesperadamente acreditar e o porquê de querermos acreditar nisso.

Diferenças biológicas, ontem e hoje

A busca pelas origens biológicas das diferenças entre mulheres e homens não é nova. O que é novo, ao menos há alguns séculos agora, é que os cientistas passaram a cumprir um papel central na exploração das diferenças naturais entre homens e mulheres.

Antes do século XIX, a maioria das explanações sobre diferença de gênero havia se originado na província dos teólogos. Deus fizera o homem e a mulher para diferentes propósitos, e essas diferenças reprodutivas eram decisivas. Assim, por exemplo, o Reverendo John Todd prevenia contra o voto feminino, que "reverteria as próprias leis de Deus", e contra suas apoiadoras, que tentavam convencer a mulher de que ela "encontraria independência, prosperidade e renome na esfera masculina, quando sua única segurança e felicidade é realizar paciente, amorosa e fielmente as tarefas e cumprir as funções de sua própria esfera"[2].

No final do século XIX, sob a influência de Darwin e da emergente ciência da biologia evolutiva, os cientistas pularam para dentro do debate, empunhando suas últimas descobertas. Alguns argumentaram que o processo biológico normal de uma mulher a tornava inadequada para o mundo público do trabalho e da escola. Por exemplo, no seu livro *A Physician's Counsels to Woman in Health and Disease* (*Os conselhos de um médico para a mulher na saúde e na doença*, 1871), o Dr. W.C. Taylor precavia as mulheres a ficar em casa e descansar por ao menos cinco ou seis dias por mês:

> Não podemos ser excessivamente enfáticos ao exortar a importância de considerar esses ciclos mensais como períodos de saúde precária, como dias nos quais as ocupações cotidianas devem ser suspensas ou modificadas... Caminhadas longas, dançar, fazer compras, cavalgar, festejar são ações que devem ser evitadas nesse período do mês, invariavelmente e em todas as circunstâncias[3].

Em sua obra revolucionária *On the Origin of Species* (*A origem das espécies*, 1859), Darwin colocou diversas questões. Como certas espécies vêm a ser do jeito que são? Por que há uma variedade tão surpreendente dentre tais espécies? Por que algumas diferem de outras de certo modo e permanecem similares de outro? Ele respondeu a essas perguntas com a lei da **seleção natural**. As espécies se adaptam em relação ao seu ambiente mutável. Aquelas que se adaptam bem ao ambiente são reprodutivamente bem-sucedidas, ou seja, suas características adaptativas são passadas para a próxima geração, ao passo que as espécies menos adaptativas não transmitem suas características. Dentro de uma espécie ocorre um processo similar, e os indivíduos mais bem-adequados para seu ambiente passam os seus genes para a próxima geração. As espécies estão sempre mudando, sempre se adaptando.

Tal ideia foi teologicamente herética para aqueles que acreditavam que Deus havia criado todas as espécies, incluindo os seres humanos, de modo intacto e imutável. E Darwin de fato acreditava que, tal como as espécies do mundo animal inferior evidenciam diferenças entre machos e fêmeas, os seres humanos também o fazem. "A mulher parece diferir do homem na disposição mental, principalmente por ter mais ternura e menos egoísmo", ele escreveu em *The Descent of Man* (*A descendência do homem*). A competitividade, ambição e egoísmo do homem "parecem ser seu direito de nascença infeliz e natural. A distinção central nos poderes intelectuais dos dois sexos é exposta pela obtenção de uma maior eminência, por parte do homem em comparação com o que pode a mulher, em tudo aquilo que ele assume – quer isso requeira profunda reflexão, razão ou imaginação, ou meramente o uso dos sentidos e das mãos"[4].

Tão logo as diferenças biológicas entre mulheres e homens foram estabelecidas como fato científico, escritores e críticos declararam todos os esforços para questionar a desigualdade e a discriminação social contra as mulheres como uma violação das **leis da natureza**. Muitos escritores afirmaram que os esforços da mulher para entrar na esfera pública – buscar emprego, votar, entrar na universidade – eram inadequados porque colocavam as aspirações sociais e políticas femininas acima dos propósitos para os quais seus corpos haviam sido designados. Não é que as mulheres deveriam ser *excluídas* do direito de votar, da força de trabalho ou de uma educação em nível superior, mas sim que, como dizia o Reverendo Todd, "elas deveriam ser poupadas de algumas coisas que os homens devem suportar"[5]. Esse posicionamento pode ser mais bem resumido por tal participante de um debate sobre voto feminino em Sacramento, Califórnia, em 1880:

> Sou contra o voto feminino por conta do fardo que isso colocará sobre a mulher. A sua natureza delicada já tem muito que carregar. Sua forma esguia, naturalmente enfraquecida pela constante pressão exercida sobre sua natureza, é muito frequentemente devastada por doenças que são causadas por um tributo muito severo contra sua mente. A presença da paixão, do amor, da ambição é potente demais para a sua fragilizada condição, e a saúde aniquilada e a morte prematura são muito comuns[6].

Os cientistas sociais rapidamente saltaram para o comboio biológico – especialmente os darwinistas sociais, que encurtaram o intervalo de tempo necessário para a evolução de milênios para uma ou duas gerações e que despreocupadamente estenderam o âmbito da teoria de Darwin dos ornitorrincos para os seres humanos. Em seus esforços para legitimar as ciências sociais aliando-a com a lei natural, os darwinistas sociais aplicaram a teoria de Darwin de modos que seu criador jamais havia imaginado, distorcendo suas ideias sobre a seleção natural para afirmar diferenças biológicas decisivas entre raças, nações, famílias e, obviamente, entre mulheres e homens. Por exemplo, o eminente sociólogo francês Gustav Lebon, que mais tarde se tornaria famoso por sua teoria acerca da mente coletiva e da irracionalidade da multidão, acreditava que as diferenças entre mulheres e homens poderiam ser explicadas por suas estruturas cerebrais diferentes. Em 1879, ele escreveu:

> Dentre as raças mais inteligentes, como entre parisienses, há um grande número de mulheres cujos cérebros estão mais próximos em tamanho àquele dos gorilas do que ao dos

mais desenvolvidos dentre os cérebros masculinos... Todos os psicólogos que estudaram a inteligência das mulheres... reconhecem hoje que elas representam a forma mais inferior de evolução humana e que elas estão mais próximas das crianças e dos selvagens do que de um homem adulto civilizado. Elas excedem em volubilidade, inconstância, ausência de pensamento e lógica, e incapacidade de raciocínio. Sem dúvida, há certas mulheres notáveis, muito superiores ao homem médio, mas essas são tão excepcionais quanto o nascimento de qualquer monstruosidade, como, por exemplo, o de um gorila com duas cabeças...[7]

Muito desse debate dedicou-se a saber se as mulheres poderiam ou não ser educadas, especialmente em faculdades e universidades. Um escritor sugeriu que uma mulher "de cérebro médio" poderia obter os mesmos resultados do que um homem com cérebro médio "apenas às custas de sua saúde, de suas emoções ou de sua moral". Outro profetizou que elas desenvolveriam cérebros maiores e mais pesados, e que seus úteros diminuiriam se elas fossem para a universidade. Talvez o cientista social mais famoso a entrar nessa discussão foi Edward C. Clarke, eminente professor de educação em Harvard. Em seu livro best-seller *Sex in Education: or; A Fair Chance for the Girls* (*Sexo na educação, ou Uma chance justa para as garotas*, 1873), ele argumentou que as mulheres deveriam ser eximidas da educação superior por causa da tremenda carga que a reprodução impõe aos seus corpos. Se fossem para a universidade, previa Clarke, elas falhariam em reproduzir, e não seria preciso "nenhum profeta para predizer que as esposas a se tornarem mães em nossa república deveriam assim ser trazidas de lares transatlânticos"[8]. (A evocação, feita por Clarke, de uma ameaça à civilização representada pelos imigrantes reproduzindo-se mais rápido do que os brancos de nascença é comum à convergência entre racismo e sexismo nessa época.)

A evidência para declarações biológicas absurdas como essas? Simples. Ocorre que as mulheres com educação universitária estavam casando menos e tendo menos filhos do que as mulheres sem educação superior. Devia ser por causa daqueles úteros encolhidos e cérebros pesados. Além disso, aparentemente, 42% de todas as mulheres admitidas em instituições mentais tinham educação universitária, comparado com apenas 16% de homens. Certamente a universidade estava deixando as mulheres loucas. Por óbvio, hoje podemos atribuir essa diferença em fertilidade ou em doenças mentais dentre as mulheres universitárias respectivamente a maiores oportunidades e ambições frustradas, e não ao encolhimento de úteros. As afirmações de Clarke ficaram marcadas como um exemplo espantoso de uso de dados científico-sociais correlacionais agregados para propósitos decididamente políticos.

O conservadorismo implícito de tais argumentos era tão evidente no começo do século XX quanto é agora. "Como a mulher primeiramente se tornou submissa ao homem tal como ela é agora ao redor do mundo?", perguntou James Long. "Por sua natureza, seu sexo, tal como o negro é e sempre será, até o fim dos tempos, inferior à raça branca e, portanto, está condenado à sujeição; porém mais feliz do que ela em qualquer outra condição, apenas porque essa é a lei da natureza feminina"[9]. Tais sentimentos ecoam ao longo de séculos no passado, quando líderes políticos evocavam as diferenças biológicas como fundamento para a **discriminação sexual**. Quando Newt Gingrich se tornou presidente da Câmara dos Deputados em 1995, ele argumentou contra a participação das mulheres no exército, dizendo que elas "têm problemas biológicos para permanecer em um fosso por trinta dias, dado que pegam infecções e não têm força corporal superior", ao passo que os homens "são basicamente pequenos leitões, você os joga em um fosso e eles rolam para cima e para baixo, não importa... Os homens são biologicamente impulsionados a sair e caçar girafas"[10].

> **LEIA TUDO A RESPEITO!**
>
> **Natureza e nutrição: Não é ou/ou, mas tanto/quanto...**
>
> Tendemos a achar que a "natureza" está contra a "nutrição" – ou nascemos inteiramente desse jeito ou fomos inteiramente nutridos pela socialização e pela criação. Em seu breve ensaio "De onde vem o gênero?", a eminente bióloga Anne Fausto-Sterling deixa explícito que desde os primeiros momentos da vida, a natureza e a nutrição interagem para produzir as condições nas quais criamos e expressamos nossas personalidades de gênero.

Hoje, argumentos biológicos sérios retiram suas evidências de três áreas de pesquisa: (1) **teoria da evolução**, da sociobiologia à "psicologia evolutiva", (2) **estudos sobre o cérebro** e (3) **estudos endocrinológicos** sobre os hormônios sexuais, antes do nascimento e depois na puberdade. As duas últimas áreas de pesquisa também são usadas para descrever as diferenças biologicamente fundadas entre hétero e homossexuais, diferenças que são, como veremos, frequentemente expressas em termos de gênero[11].

> **É MESMO?**
>
> Por que a meninos e meninas se atribuem cores? Por que rosa para meninas, e azul para meninos? Você sabia que isso é biológico? Depois de perguntar a 171 mulheres e homens adultos britânicos em um experimento de escolha forçada, dois biólogos propuseram essa grande explicação evolucionista: que as mulheres, como coletoras, desenvolveram uma preferência por tonalidades avermelhadas, como o rosa, pois precisavam identificar pomos e frutas maduras. Ademais, as mulheres "precisavam discriminar mudanças sutis na cor da pele devido aos estados emocionais e aos sinais sociossexuais" em "seus papéis de cuidadoras e 'simpatizadoras'" (p. R625).
>
> Não só isso é uma história péssima – por séculos, meninos e meninas se vestiram identicamente e quando as roupas foram codificadas por gênero pela primeira vez, nos Estados Unidos, entre 1870 e 1880, a preferência era rosa e vermelho para *meninos*, e azul para *meninas* – mas também é uma ciência evolutiva inacreditavelmente ruim. Que tipo de "mudanças sutis na cor da pele" provavelmente encontraríamos na savana africana, onde os primeiros seres humanos caçavam e colhiam? Será que esses biólogos pensaram que esses seres humanos ancestrais eram homens e mulheres ingleses brancos, que ruborizavam quando ficavam envergonhados?
>
> Fonte: Anya Hurlbert e Yazhu Ling. "Biological Components of Sex Differences in Color Preference" (Componentes biológicos das diferenças sexuais na preferência por cores"). In: *Current Biology* (Biologia Atual), 17(16), 21/08/2007.

O imperativo evolucionista: do darwinismo social à sociobiologia e à psicologia evolutiva

Biólogos evolutivos desde Darwin abandonaram as intenções mais obviamente políticas dos darwinistas sociais, mas o desenvolvimento de um novo campo de **sociobiologia** nos anos de 1970 reviveu os argumentos evolutivos. Edward Wilson, um professor de Entomologia em Harvard, ajudou a fundar essa escola de pensamento, expandindo seu campo original de expertise para incluir o comportamento humano junto com o de insetos. Todas as criaturas, Wilson argumentava, "obedecem" ao **princípio biológico**, e todas as diferenças de temperamento (personalidades, culturas) derivam do desenvolvimento biológico das criaturas que passam pela pressão da seleção evolutiva. As diferenças naturais que resultam são a fonte dos arranjos sociais e políticos que observamos hoje. Em certo momento, predizia ele confiantemente, as ciências sociais e as humanidades "se reduziriam a ramos especializados da biologia"[12].

Uma área importante que os sociobiólogos ressaltaram é o das diferenças na sexualidade masculina e feminina, que eles acreditam ser o resultado natural de séculos de desenvolvimento evolutivo. O sucesso dessa evolução requer que todos os membros de uma espécie consciente ou inconscientemente desejem passar os seus genes. Assim, homens e mulheres desenvolvem "estratégias" reprodutivas para garantir que seu próprio código genético passe para a próxima geração. Os sociobiólogos frequentemente usam uma linguagem de intenções e de escolhas, referindo-se a tais "estratégias" de um modo que faz parecer que nossos genes são dotados de racionalidade instrumental e que cada uma de nossas células agem de uma maneira feminina ou masculina. Assim, eles sugerem aparentemente que as diferenças observadas entre mulheres e homens hoje vieram de séculos de escolhas evolutivas vantajosas. Como Wilson e o colega sociobiólogo Richard Dawkins afirmam, "a exploração feminina começa aqui". A cultura pouco tem a ver com isso, como argumenta Wilson, porque "os genes mantêm a cultura na coleira"[13].

Tome, por exemplo, o tamanho e o próprio número de células reprodutivas. Adicione o custo relativo, para o homem e para a mulher, de produzir uma descendência saudável e – pronto! – você tem as diferenças entre o comportamento sexual masculino e feminino em uma típica festa universitária neste fim de semana. "Ele" produz bilhões de pequenos espermas; "ela" produz um óvulo gigante. Para o homem, o **sucesso reprodutivo** depende de sua habilidade de fertilizar o maior número de ovos. Para este fim, ele procura fertilizar quantos óvulos puder. Assim, os homens teriam uma propensão "natural" à promiscuidade. Por contraste, as mulheres demandam apenas uma relação bem-sucedida antes de seu ovo ser fertilizado, e, portanto, tendem a ser extremamente seletivas sobre qual homem será seu companheiro sortudo. Ademais, mulheres precisam investir uma quantidade muito maior de energia na gestação e na amamentação, tendo um "custo" reprodutivo muito maior, algo que suas estratégias reprodutivas refletiriam. Assim, elas tendem a ser monogâmicas, a escolher o homem que será o melhor pai. "Uma mulher busca o casamento para monopolizar não a sexualidade de um homem, mas, sim, seus recursos políticos e econômicos para garantir que seus filhos (com os genes dela) serão bem-cuidados", escreve o jornalista Anthony Layng. Como o sociobiólogo Donald Symons afirma, mulheres e homem têm diferentes **psicologias sexuais**:

> Uma vez que fêmeas humanas, como as da maioria das espécies, fazem um investimento relativamente grande na produção e na sobrevivência de cada filho – e os machos podem se livrar da tarefa investindo relativamente menos –, elas abordaram o sexo e a reprodução, tal como os animais, de modos bem diferentes em relação aos homens... As mulheres devem ser mais seletivas e mais hesitantes, porque elas estão mais submetidas ao risco das consequências de uma má escolha. E os homens devem ser menos exigentes, mais agressivos e ter mais gosto pela variedade de parceiras, pois eles têm *menos* riscos.

De modo nada surpreendente, Symons observa, é isso "o que encontramos":

> A seleção favorece a tendência masculina básica de ficar estimulado pela visão das mulheres. Uma fêmea humana, por outro lado, incorre em risco imenso, em termos de tempo e energia, ao ficar grávida, donde a seleção favorecer a tendência feminina básica de discriminar tanto os parceiros sexuais quanto as circunstâncias na qual a copulação ocorre[14].

O dilema para essas mulheres monogâmicas, assim, é como obter um compromisso parental desses homens persistentemente vadios, que prefeririam estar lá fora fertilizando outras mulheres do que em casa com a esposa e os filhos. A estratégia feminina é "esperar" por compromissos emocionais e, portanto, parentais *antes* de se envolver em relações sexuais. Assim, não só as mulheres são predeterminadas a monogamia, mas também vinculam o comportamento sexual ao compromisso emocional, obtendo daqueles homens promíscuos todos os tipos de promessas de amor e devoção antes de finalmente "se expor". Assim, os machos são intrínseca e geneticamente projetados para se tornarem predadores sexuais promíscuos, sempre à espreita de novas conquistas sexuais possíveis, ao passo que as mulheres têm uma tendência biológica intrínseca para a monogamia, as fantasias românticas de amor e compromisso casados com o comportamento sexual, e certa reticência sexual que só pode ser superada por promessas masculinas cavalheirescas de dedicação e fidelidade.

LEIA TUDO A RESPEITO!

Milênios de evolução criaram as diferenças de gênero que vemos hoje

Depois de milênios, pensamos que está incutido no homem ser agressivo e competitivo, e na mulher, o cuidado e a modéstia. Em seu ensaio, "Caveman Masculinity" ("Masculinidade do homem das cavernas"), a socióloga Martha McCaughey afirma que tais declarações, na verdade, leem a história de trás para frente, fazendo com que as observações contemporâneas pareçam inevitáveis – pois ignoram toda a miríade de mudanças e reviravoltas históricas, bem como a gama de variações atuais acerca da questão. Esse gesto, todavia, também desrespeita nossos ancestrais habitantes das cavernas, etiquetando-os em estereótipos grosseiros e desconsiderando toda informação que não se encaixe com nossas teorias prontas. Ocorre que Fred e Wilma tinham uma estrutura social mais complexa do que lhes creditamos.

Outros argumentos evolutivos examinam outros aspectos da biologia reprodutiva para destrinchar as diferenças entre homens e mulheres, explicando assim a desigualdade social entre eles. Por exemplo, a separação das esferas parece ter um fundamento muito antigo no tempo evolutivo. "Em sociedades de caça e coleta, homens caçam e mulheres ficam em casa. Esse forte viés persiste na maioria das sociedades agrícolas e industriais e, por esse único motivo, parece ter uma origem genética", escreve Edward Wilson. "Minha opinião é a de que o viés genético é suficientemente intenso para causar uma divisão substancial de trabalho na maioria das sociedades livres e mais igualitárias do futuro"[15]. Lionel Tiger e Robin Fox enfatizam as exigências sociais para a transição evolutiva para uma sociedade de caça e coleta. Primeiro, o grupo de caça deve ter solidariedade e cooperação, o que requer vínculos entre os caçadores. A biologia da mulher – especialmente o seu ciclo menstrual – a coloca em desvantagem significativa para tal cooperação consistente, e a presença das mulheres quebraria a cooperação necessária entre os homens e insinuaria a competição e a agressão. Elas também são portadoras de um "instinto maternal". Por isso, faria sentido que os homens caçassem e as mulheres ficassem em casa cuidando das crianças[16].

A partir de tais estratégias reprodutivas e imperativos evolutivos diferentes derivam diferentes temperamentos, as diferentes personalidades que observamos nas mulheres e nos homens. A mais nova encarnação da sociobiologia é chamada de **psicologia evolutiva**. Ela declara ter a habilidade de explicar diferenças psicológicas entre mulheres e homens por meio de suas trajetórias de evolução. Os homens são compreendidos como mais agressivos, controladores e dirigentes – capacidades que foram aperfeiçoadas por séculos de evolução como caçadores e lutadores. Depois de uma quantidade similar de tempo criando os filhos e realizando tarefas domésticas, as mulheres são vistas como mais reativas, mais emocionais, "programadas para serem passivas"[17].

Essas diferenças nos levam a estratégias contemporâneas de acasalamento totalmente diferentes também. O psicólogo David Buss inspecionou mais de dez mil pessoas de trinta e sete culturas diferentes ao redor do mundo e verificou elementos notadamente similares sobre o que mulheres e homens desejam de um parceiro. Não pode ser especificamente cultural se todos concordam, certo? Em todas as sociedades, as mulheres têm em alta conta sinais de prosperidade econômica, ao passo que os homens valorizam a idade e a beleza, cujos traços sinalizadores são seios grandes e quadris amplos – em outras palavras, sinais de fertilidade. A seleção sexual maximiza o sucesso reprodutivo, certo? Bem, talvez. Na verdade, *homens* indianos estimam uma boa providência financeira mais do que as mulheres o fazem na Finlândia, Grã-Bretanha, Noruega, Espanha e Austrália (que estão, a propósito, dentre os países mais "neutros de gênero" do mundo). Não chama a sua atenção, leitor, que, embora tais características fossem importantes, o único traço mais altamente valorizados por mulheres tanto quanto por homens fosse amor e bondade? Amor, harmonia e carinho poderiam ser ainda mais importantes para nosso sucesso reprodutivo do que a conquista sexual por parte dele ou a reticência monogâmica por parte dela? Ou seja, em essência, **o sucesso evolutivo** dependeria mais de nossas similaridades do que de nossas diferenças?[18]

É MESMO?

Todos nós sabemos que as mulheres são mais seletivas do que os homens. E como evidência basta olhar o mundo dos "encontros rápidos" – sessões onde é possível ter uma dúzia de "encontros" com mais ou menos cinco minutos cada. Nessas sessões, as mulheres sentam em mesas, aguardando ser abordadas, e os homens circulam (ou "rodam"), buscando uma potencial parceira. Os homens são muito menos seletivos, listam muito mais mulheres em sua lista potencial de encontros do que elas os listam. Quando os psicólogos Eli Finkel e Paul Eastwick reverteram os papéis, de modo que eles ficaram sentados e elas circularam, os resultados foram exatamente o oposto. Revelou-se, afirmaram Finkel e Eastwick, que o mero fato de se aproximar fisicamente de alguém para um encontro potencial o tornará menos seletivo e mais inclinado a ter uma impressão favorável da pessoa que se aborda.

Fonte: E.J. Finkel e P.W. Eastwick. "Arbitrary Social Norms and Sex Differences in Romantic Selectivity" ("Normas sociais arbitrárias e diferenças sexuais na seletividade romântica") *Psychological Science* (*Ciência Psicológica*), 20, 2009, p. 1.290-1.295.

Por fim, tais diferenças também permitem aos cientistas tentar explicar alguns comportamentos como a violência e agressão interespécie. No seu livro *A Natural History of Rape* (*Uma história natural do estupro*), Thornhill e Craig Palmer amplificam esses argumentos e fazem afirmações extremamente infundadas no processo. O estupro, dizem eles, "é um fenômeno natural, biológico que é um produto da herança evolutiva humana"[19]. A disposição biológica dos homens é reproduzir, e seu sucesso reprodutivo vem da difusão de sua semente o mais amplamente possível; as mulheres são, na verdade, aquelas que têm o poder, porque elas podem escolher quais homens terão sucesso. "Mas ser escolhido não é a única forma de ganhar acesso sexual às mulheres", dizem eles, "no estupro, os homens contornam a escolha feminina"[20]. O estupro é a estratégia de acasalamento dos perdedores, homens que não conseguiriam arrumar um encontro de outro jeito. É uma alternativa ao romance; se você não pode ter sempre o que quer, tome aquilo que precisa.

Não culpe os homens, porém – ou mesmo seus imperativos genéticos. Na verdade, é culpa das mulheres. "Conforme elas evoluíram para negar aos homens a oportunidade para competir pelo tempo de ovulação, copular com mulheres sem o consentimento delas se tornou estratégia factível para conquistar o acasalamento", escreve Richard Alexander e K.M. Noonan. As mulheres, portanto, são biologicamente programadas para "esperar" – mas é melhor não fazer isso por muito tempo. Se elas fossem só um pouco mais transigentes, os homens não teriam de ser forçados a recorrer ao estupro como tática reprodutiva[21].

Psicologia evolutiva, uma história do tipo "foi assim porque sim"

Esses argumentos evolutivos fazem sentido? A evidência a que recorrem converge com as diferenças irreconciliáveis entre mulheres e homens, que se tornaram necessárias por demandas da adaptação evolutiva? Embora haja certo apelo intuitivo a esses argumentos – pois eles dão a experiências contemporâneas o peso da história e da ciência –, há realmente muitos lapsos convenientes nessa argumentação para que estejamos convencidos.

A teoria pode descrever ordenadamente os intrincados rituais de acasalamento de moscas-das-frutas ou pássaros marrons ou *parecer* aplicável a um bar de solteiros da cidade ou a dinâmica de encontros do colégio e da universidade, mas está baseada em uma interpretação das evidências que é seletiva e se conforma a ideias preconcebidas. É como se esses sociobiólogos observassem o que é normativo – que homens são mais propensos do que as mulheres a separar amor e sexo, que os homens se sentem no direito de ter contato sexual com as mulheres, que os homens tendem a ser mais promíscuos – e o projetasse sobre nosso código genético. Esse tipo de explicação sempre cai em armadilhas teleológicas, raciocinando retrospectivamente para preencher as lacunas teóricas existentes. É assim porque se supõe ser assim. Ademais, o intervalo de tempo é muito curto. Podemos explicar cada encontro sexual com grandes desígnios evolutivos? Eu apostaria que a maioria de nossas "estratégias" conscientes nas festas do colégio tem objetivos mais imediatos do que garantir nosso sucesso reprodutivo.

Alguns argumentos vão muito além do que os dados conseguem explicar e adentram áreas que são empiricamente inverificáveis. O biologista Richard Lewontin, um crítico incisivo da sociobiologia, argumenta que "nenhuma evidência sequer é apresentada para a base genética dessas características [religião, belicosidade, cooperação] e os argumentos para seu estabelecimento por seleção natural não podem ser verificados, uma vez que postulam situações hipotéticas na pré-história humana impossíveis de confirmar". Seu colega biólogo evolutivo Stephen Jay Gould nega haver "qualquer evidência direta de um controle genético do comportamento social humano específico"[22]. "Os genes não causam comportamentos", escreve o neuroprimatologista Robert Sapolsky. "Às vezes, eles os influenciam"[23]. Certos argumentos sociobiológicos parecem presumir que apenas uma interpretação das evidências é possível, mas pode haver outras. As psicólogas Carol Travis e Carole Wade, por exemplo, perguntam por que os pais – mulheres ou homens – "investiriam" tanto tempo e energia em seus filhos quando poderiam estar vivendo bons momentos. Embora os sociobiólogos afirmem que somos "intrinsecamente projetados" para esse comportamento altruísta, já que nossos filhos são o repositório de nosso material genético, Travis e Wade sugerem que isso pode ser um simples cálculo econômico: em compensação, por tomarmos conta de nossos filhos quando são pequenos e dependentes, esperamos que eles tomem conta de nós quando estivermos idosos e dependentes – uma explanação muito mais compacta e direta[24].

Alguns argumentos da sociobiologia estão baseados em um emprego seletivo dos dados, que ignora aqueles que podem ser inconvenientes. Que espécies deveríamos usar como padrão de medida? Entre os chimpanzés e gorilas, por exemplo, as fêmeas geralmente deixam o lar e se transferem para novas tribos, abandonando os machos em casa com suas mães; entre os babuínos, micos e langures, porém, são os machos que deixam o lar para buscar sua sorte em outros lugares. Então que sexo tem o anseio por viajar? Os sociobiólogos tendem a favorecer as espécies com machos dominantes para demonstrar a ubiquidade do domínio masculino, mas há espécies diferentes. Por exemplo, babuínos parecem ser dominados por fêmeas, que determinam a estabilidade do grupo e decidem quais machos são confiáveis o suficiente para serem seus "amigos". E há a chimpanzé fêmea.

Ela faz sexo com vários machos diferentes, chegando muitas vezes a cinquenta vezes por dia, durante o auge do cio. Ela flerta, seduz e faz tudo que pode para atrair os machos, a quem ela abandona, seguindo para o próximo freguês. Nós diríamos que essa evidência mostra que as mulheres estão geneticamente programadas para a promiscuidade e os homens para a monogamia? Bonobos, nossos parentes primatas mais próximos, são notavelmente comunais, generosos e igualitários – e muito *sexys*[25]. E os sociobiólogos tendem a ignorar outros comportamentos dentre os primatas. Por exemplo, relações com parceiros do mesmo sexo é "parte do repertório sexual normal de todos os animais, exposto de diversas formas ao longo do tempo de vida de um indivíduo"[26]. Com efeito, relações com o mesmo sexo são algo onipresente no reino animal – desde carneiros selvagens e girafas, ambos praticantes do que só poderia ser descrito como orgia *gay*, a golfinhos, baleias, peixes-boi, macacos japoneses e bonobos, que se vinculam por meio de escolhas sexuais "lésbicas"[27]. Mas poucos postulam uma predisposição natural para a homossexualidade. "Analogias simplistas entre o comportamento humano e o comportamento animal são, na melhor das hipóteses, arriscadas, irresponsavelmente tolas no pior dos casos", escreve o neurobiólogo Simon LeVay, ele próprio autor de um estudo bastante arriscado, para dizer o mínimo, sobre o cérebro de *gays* (discutido posteriormente[28]).

Falando de babuínos, considere o seguinte: todos nós "sabemos que o assim chamado macho alfa é o cabeça do bando, o cara que recebe deferências dos outros machos e acesso sexual à mais desejada das fêmeas. Presume-se que esta seja a melhor estratégia evolutiva: vencer todos os machos e dançar com a fêmea mais reprodutivamente capaz. Mas, com efeito, isso também é receita para grande *stress* e perigo de morte iminente. O biólogo evolutivo Laurence Gesquiere e seus colegas estudaram aqueles que, dentre os babuínos, são chamados de machos beta, os caras que ficavam um pouquinho mais abaixo no poste totêmico. Eles não desafiam os alfas (isso seria suicídio), mas eles têm algum *status*. Como resultado, eles têm muito menos *stress*, não lutam tanto e não perdem tempo vigiando parceiras sexuais possíveis. Afinal, como escreveu um jornalista, "quando o alfa se envolve numa briga com outro babuíno no bar, quem vai levar a garota para casa?" Consequentemente, esses têm vidas mais longas e saudáveis – eles "se dão razoavelmente bem por um bom tempo", em vez de "muito bem por pouco tempo". Talvez uma antiga propaganda – segundo a qual, tal empresa, por ser a agência na vice-liderança em aluguel de carros, "esforçava-se mais" – não fosse necessária. Talvez ser o segundo colocado ofereça uma vida mais longa e com menos *stress*[29].

É MESMO?

Sociobiólogos e psicólogos evolutivos usam uma linguagem de motivações, cognições e até mesmo de atividades muito antropomórfica e marcada por gênero para descrever a menor de nossas células. Você provavelmente se vê imaginando o esperma como um guerreiro valente nadando rio acima cheio de propósito, contra a corrente, em uma missão suicida para fertilizar aquele ovo ou morrer. Eis como a situação *realmente* se parece:

> Um enorme e dispendioso enxame de espermas fragilmente naufraga, seus membros se chocando contra paredes e vagueando sem direção através de correntes viscosas de muco. Por fim, ao acaso puro de ziguezagues como o de um *pinball*... alguns espermas terminam próximos de um ovo. Conforme se aglomeram, o ovo seleciona um esperma e o absorve, isolando-o apesar dos esforços deste para escapar. Não há disputa, de fato. O ovo gigante e robusto puxa o pequeno esperma para dentro, destila os cromossomos e se estabelece como um embrião.

Fonte: David Freedman. "The Agressive Egg" ("O ovo agressivo"). In: *Discover*, 01/06/1992.

Alguns argumentos são apenas simplesmente falsos à luz de evidências empíricas. Considere o argumento sobre como o ciclo menstrual das mulheres as debilita de modo a deixá-las inevitável e acertadamente para trás na transição para a caça e coleta. A pesquisa de Katherine Dalton com alunas de escolas inglesas mostrou que 27% tinham resultados em testes antes da menstruação piores do que na ovulação (ela não diz quão piores elas foram). Mas 56% não exibiram variação no resultado dos testes e 17% efetivamente tiveram uma *performance* melhor durante a pré-menstruação. E o **instinto maternal**? Como podemos explicar a enorme popularidade do **infanticídio** como um método de controle de natalidade ao longo da história do Ocidente e o fato de que eram as mulheres que realizavam a maior parte das mortes? O infanticídio foi provavelmente o método de controle de natalidade mais comumente praticado ao redor do mundo. Um historiador relatou que o infanticídio era comum na Grécia antiga e em Roma, e que "todo rio, monte de esterco ou fossa costumavam estar cheios de crianças mortas". Em 1527, um padre comentou que "as latrinas ressoavam com o grito das crianças que eram ali afogadas"[30].

E, por fim, o que se deve fazer do argumento de que o estupro é simplesmente sexo por outros meios, praticado por homens malsucedidos reprodutivamente? Tais argumentos ignoram o fato de a maioria dos estupradores não estar interessada no sexo, mas sim na humilhação e na violência, motivados mais por fúria do que por luxúria. A maioria dos estupradores tem parceiras sexuais regulares, alguns inclusive são casados. Muitas mulheres plenamente fora da idade reprodutiva, muito jovens ou muito idosas, são estupradas. E por que alguns estupradores machucam e até mesmo matam suas vítimas, evitando assim a sobrevivência do próprio material genético que supostamente tentam passar por meio do estupro? E por que alguns estupradores fazem vítimas homossexuais, procurando transmitir seu material genético para quem não poderia reproduzi-lo? E o estupro na prisão? Usar teorias de genes egoístas ou de imperativos evolutivos para explicar o comportamento humano não nos leva muito longe.

"A seleção favorece os machos que acasalam frequentemente", argumenta Thornhill e Palmer, portanto, o "estupro aumenta o sucesso reprodutivo"[31]. Mas por que isso seria verdade? Também não seria o caso de o desígnio profundo para se tornar bons amantes e pais devotados nos capacitar para sermos reprodutivamente bem-sucedidos? É possível argumentar que a seleção favorece os homens que acasalam *bem*, pois um acasalamento bem-sucedido é mais que espalhar sementes. Afinal, machos humanos são os únicos primatas para os quais as habilidades na relação sexual e a otimização do prazer da mulher são normativos, ao menos em muitas sociedades. Ser um pai dedicado provavelmente garante o sucesso reprodutivo muito mais do que o estupro. Afinal, bebês são tão preciosos e tão frágeis que precisam de cuidado e devoção extraordinários – e extraordinariamente longos! Crianças concebidas por estupro teriam chances menores de sobrevivência, que é provavelmente uma razão de termos inventado o amor. É bem possível que filhos de estupro tenham sido submetidos ao infanticídio – historicamente a forma mais comum de controle de natalidade antes da era moderna.

A ideia absurda de que o estupro é uma estratégia de acasalamento evolutivo para os perdedores do mercado sexual é desmentida pela forma mais comum de estupro nos Estados Unidos. Você sabia que a maioria dos estupros neste país não tem nenhuma ligação que seja com a reprodução? Você sabe por quê? As vítimas são homens. Em janeiro de 2012, o departamento de justiça dos Estados Unidos publicou uma avaliação sobre a existência de abusos sexuais nas penitenciárias: 216 mil. São 216 mil *vítimas* não incidentes. Essas são frequentemente violentadas múltiplas vezes ao longo de um ano, o que significa que o número real de estupros é significativamente maior. Esses índices fazem dos Estados Unidos o primeiro país na história do mundo a contar mais homens do que mulheres entre as vítimas de estupro. Isso expõe o evolucionismo fácil de Thornhill e Palmer como mera ideologia.

Mas podemos adicionar um elemento à equação que nos permite explicar melhor por que os Estados Unidos têm as taxas mais altas de estupro *tanto* para mulheres quanto para homens. O psicólogo Roy Baumeister e seus colegas sugerem que um modelo simplista de frustração-agressão (ele quer, não pode ter, por isso toma) é inadequado para explicar as taxas de estupro. Deve haver uma permissividade cultural – uma sensação de posse – que permite a ocorrência do estupro. O estudo que eles fizeram sobre homens sexualmente coercitivos mostrou que essa sensação inflada de posse, pouca empatia e uma visão de heterossexualidade como algo explorador e competitivo tornavam possível a agressão. Homens que pudessem estar igualmente frustrados, mas sem ter essa sensação de posse, provavelmente não estuprariam. Essa sensação de posse não é encontrada na natureza. Ela é cuidadosamente "nutrida" pela cultura. Assim, natureza e nutrição devem interagir para produzir as condições e motivação da agressão sexual[32].

É "natural" o estupro? Óbvio que sim. Tal como é *qualquer* comportamento ou característica encontrada entre primatas humanos. Se ele existe na natureza, é natural. Algumas bebidas "naturais" contêm aditivos artificiais – "sociais" – que lhes dão cor, textura, gosto, "sentido" ou "importância". Isso é igualmente verdade para o estupro. Dizer-nos que ele é natural não nos diz nada dele, exceto que é encontrado na natureza.

A sociobiologia e a psicologia evolutiva nos fornecem aquilo que Rudyard Kipling chamava de histórias "foi assim porque sim" – narrativas que usam alguma evidência para nos contar, por exemplo, como o elefante achou sua tromba, ou um tigre, suas listras. Esse tipo de história lida com fábulas infantis, concebidas pelo leitor como ficções; ficções que são, todavia, convenientes, prazerosas e, no fim das contas, úteis.

Não poderíamos usar a mesma evidência e construir uma história "foi assim porque sim" bem diferente? Experimente esse pequeno experimento mental. Consideremos a mesma evidência sobre espermas e óvulos, estratégias reprodutivas e diferentes níveis de investimento parental utilizadas pelos sociobiólogos, e acrescentemos outras. Lembremos também que as fêmeas humanas são as únicas fêmeas primatas que não têm períodos específicos de cio, ou seja, que elas podem estar sexualmente receptivas a qualquer momento de seu ciclo reprodutivo, incluindo quando são incapazes de reproduzir. Como ficaria a **"estratégia" reprodutiva** evolutiva nesse caso? Lembremos também que o clítoris humano não desempenha nenhuma única função na reprodução humana, mas é exclusivamente orientado para o prazer sexual. E não nos esqueçamos de que, na verdade, a maioria das mulheres não experimenta picos de desejo sexual durante a ovulação (que é o previsto por biólogos evolutivos, dado que as mulheres devem aí garantir o sucesso reprodutivo), mas, sim, pouco antes e pouco depois da menstruação (quando elas estão quase invariavelmente inférteis, embora a média de hormônios das mulheres para os homens seja a menor)[33]. Por fim, não nos esqueçamos de que, com o nascimento de um bebê, a identidade da mãe é óbvia, mas não a do pai. Até muito recentemente, com o advento dos testes de DNA, pais não poderiam jamais estar totalmente seguros de que os filhos eram seus; afinal, como saberiam que sua parceira não teve contato sexual com outro homem?

A partir dessas evidências, seria possível concluir que as fêmeas humanas estão, em termos biológicos, exclusivamente equipadas – com efeito, trata-se de sua estratégia sexual – para desfrutar do sexo meramente por seu prazer físico e não por seu potencial reprodutivo. E se a reprodução e sobrevivência de seus descendentes é um objetivo da mulher, então faria sentido para ela enganar tantos homens quanto possível e os levar a crer que tal descendente é filho deles também. Com isso, ela poderia se assegurar de que todos eles protegeriam e sustentariam o bebê, pois nenhum deles arriscaria a possibilidade de levar à morte sua descendência e à obliteração seu material genético. Sendo assim, a promiscuidade não seria a melhor "estratégia" evolutiva das mulheres?[34]

Encontramos mais algumas evidências na diferença entre o orgasmo masculino e feminino? Enquanto o dos homens é nitidamente vinculado ao sucesso reprodutivo, o das mulheres parece estar projetado somente para o prazer; ele não cumpre nenhuma função reprodutiva. Segundo Elisabeth Lloyd, uma filósofa da ciência da Indiana University, a capacidade feminina para o orgasmo pode ser remanescente de um desenvolvimento fetal paralelo nas primeiras oito ou nove semanas de vida. Sua persistência poderia indicar que o orgasmo é uma estratégia reprodutiva de fêmeas promíscuas. Prazer sexual e orgasmos poderiam encorajar as mulheres a acasalar frequentemente e com múltiplos parceiros até conseguirem prazer. Os homens, por outro lado, não poderiam ter certeza de que o filho *não* seria deles, logo se esforçariam para protegê-lo e sustentá-lo. Assim, o orgasmo feminino poderia ser parte da estratégia evolutiva das mulheres – e garantir que elas *não* possam desfrutar de muitas relações sexuais seria a resposta evolutiva dos homens[35]!

Algumas dessas questões parecem estar presentes entre o Povo Bari da Venezuela, onde a promiscuidade feminina garante à descendência de uma mulher melhores chances de sobrevivência. Dentre os Bari, o homem que engravida uma mulher é considerado o pai primário, mas outros homens com quem a mãe fez sexo durante sua gravidez se consideram como pais secundários e gastam boa parte de seu tempo com cuidados para garantir que a criança tenha bastante peixe e carne para comer[36]. E isso talvez não seja tão diferente assim do que fizemos também. Um estudo recente verificou que, segundo o relato de muitas mulheres, a atenção e a postura "monopolizadora" de seus parceiros – chamadas frequentes para confirmar o paradeiro delas, por exemplo – aumentam quando elas começam a ovular. Por outro lado, as mulheres acreditam que elas fantasiam muito mais em trair seus parceiros durante esse mesmo período (elas não apresentam nenhum crescimento sequer de pensamentos sexuais acerca de seus parceiros – isso mostra até onde vai a predisposição evolutiva das mulheres para a fidelidade...). Embora isso sugira que os homens tiveram bons motivos para serem mais possessivos e ciumentos, também sugere que as mulheres "instintivamente querem fazer sexo com tantos homens quanto possível para garantir a qualidade genética de sua descendência, ao passo que os homens querem se assegurar de que seus próprios genes são reprodutivos", segundo uma matéria jornalística relatando essa história. Há igualdade no egoísmo dos genes e em uma "guerra entre os sexos" – mas uma guerra com uma interpretação completamente diferente[37].

Outro fator biológico sobre as mulheres pode tornar a vida ainda mais confusa para os homens que buscam certificar sua paternidade. A pesquisa de Martha McClintock sobre o ciclo menstrual das mulheres indicou que, em ambientes fechados, tais ciclos tendem a se tornar cada vez mais sincrônicos; ou seja, com o tempo, a menstruação de uma mulher passa a convergir com a de vizinhas e amigas (McClintock percebeu essa dinâmica entre suas companheiras de quarto e amigas quando estava na graduação em Wellesley, no fim dos anos de 1960[38]). Ademais, em culturas onde a luz artificial não é usada, todas as mulheres tendem a ovular na lua cheia e a menstruar na lua nova. Embora isso possa ser um método eficiente de controle de natalidade em sociedades ancestrais (para evitar a gravidez, você deve se abster do sexo quando a lua se aproxima da cheia), também sugere que, se as mulheres não forem controladas, não se poderá estabelecer a paternidade definitivamente[39].

Se os homens fossem tão promíscuos quanto as mulheres, eles acabariam plenamente exaustos e extenuados de tanto correr para todo lado caçando e coletando o necessário para tantos bebês que poderiam ser *ou não ser* seus filhos. Como eles saberiam, afinal? Para garantir que não morram de exaustão, os homens poderiam tender "naturalmente" para a monogamia, obtendo das mulheres promessas de fidelidade antes de oferecer uma vida de apoio e proteção para potenciais descendentes dessa união. Tais homens talvez inventassem ideais de castidade feminina, recusassem o casamento (compromisso sexual) com mulheres que não fossem virgens e desenvolveriam ideologias de domesticidade que manteriam a mulher presa às tarefas do lar e às crianças, prevenindo que elas cedessem à sua disposição "natural" à promiscuidade.

Com efeito, há algumas evidências persuasivas nesse sentido. Dado que engravidar é muitas vezes difícil (o casal médio precisa de três ou quatro meses de relações sexuais regulares para que se alcance a gravidez), ser um parceiro fiel e consistente seria uma estratégia reprodutiva muito melhor para um homem. "Vigiar a parceira" lhe permitiria maximizar suas chances de engravidá-la e minimizar as oportunidades para outros potenciais portadores de esperma[40].

É óbvio que não estou sugerindo que esta interpretação suplante aquela oferecida por psicólogos evolutivos. Mas o fato de se poder utilizar facilmente a mesmíssima evidência biológica para construir uma narrativa inteiramente antitética sugere que devemos ser muito cuidadosos quando os *experts* nos dizem que há uma única interpretação possível para esses fatos. "Os genes não nos gritam ordens a respeito de nosso comportamento", escreve o célebre ecologista Paul Ehrlich. "No máximo, eles sussurram sugestões"[41].

É MESMO?

Por que os homens querem que as mulheres tenham orgasmo quando fazem sexo? Eis um bom exemplo de como basear-se na teoria evolutiva leva a um argumento circular. O psicólogo William McKibbin e seus colegas perceberam que o risco da "competição de espermas" – quando a semente de vários homens "competem" dentro da mulher para fertilizar seu óvulo – leva homens que estão felizes em seu relacionamento a ficarem mais preocupados com o orgasmo de sua parceira (uma vez que o prazer feminino "pode facilitar a assimilação seletiva" – ou seja, as contrações orgásticas da mulher podem aumentar a possibilidade de fertilização). Sejamos diretos então: uma vez que o prazer feminino *talvez* facilite a assimilação seletiva, e dado que o homem *talvez* se preocupe com a competição de espermas (afinal, reconheçamos, os próprios espermas não experenciam ansiedade, competição ou qualquer outra emoção, pois são *células*, pelo amor de Deus!), logo, se ele investe emocionalmente no relacionamento, ele está mais preocupado com o prazer sexual dela do que estaria se apenas a tivesse encontrado em um bar.

Na ciência, buscamos pela explanação mais parcimoniosa de certos fenômenos empíricos, ou seja, a mais simples e menos complicada. A pseudociência evolutiva pode nos levar a girar em círculos, mas creio que todos nós sabemos que um homem tende a ser mais cuidadoso com o orgasmo de sua parceira se ele realmente *gostar* dela, e não se ele se preocupa com alguma competição imaginária de corrida entre espermas.

Fonte: William F. McKibbin, Vincent M. Bates, Todd Shackelford, Christopher A. Hafen e Craig W. LaMunyon. "Risk of Sperm Competition Moderates the Relationship Between Men's Satisfaction with Their Partner and Men's Interest in Their Partner's Copulatory Orgasm" ("Risco de competição de espermas modera a relação entre a satisfação dos homens com suas parceiras e o interesse do homem no orgasmo copulativo de sua parceira"). In: *Personality and Individual Differences* (Personalidade e Diferenças Individuais), 49, 2010, p. 961-966.

O cérebro "dele" e o cérebro "dela"

Os biólogos também focaram no cérebro para explicar as diferenças entre mulheres e homens. Essa abordagem também tem uma longa história. No século XVIII, estudiosos mediram o cérebro feminino e o masculino, e disseram que o das mulheres era menor e mais leve, sendo, portanto, inferiores. Obviamente, percebeu-se mais tarde que o cérebro delas não era nem menor nem mais leve em relação ao tamanho e o peso do corpo feminino, não sendo assim prognóstico de nenhuma diferença cognitiva. O final do século XIX viu o primeiro auge da pesquisa cerebral, com pesquisadores explorando aquela bolha esponjosa e gelatinosa de 1,5 quilos no intuito de descobrir as diferenças entre brancos e negros, judeus e não judeus, imigrantes e norte-americanos "normais" ou "reais", cidadãos criminosos e cidadãos que cumprem as leis. Como exemplo, o grande sociólogo Émile Durkheim sucumbiu a tais noções quando escreveu: "com o avanço da civilização, o cérebro dos dois sexos se desenvolveu cada vez mais diferentemente... Esse hiato progressivo entre os dois pode ter ocorrido tanto por causa do desenvolvimento considerável do crânio masculino quanto por uma cessação ou mesmo regressão do crescimento do crânio feminino". Outro pesquisador afirmou que o cérebro do "adulto negro médio converge, no que diz respeito a suas faculdades intelectuais, com a natureza da criança, da mulher e do branco senil" (só se pode especular onde tal afirmação coloca a mulher negra). Mas, apesar do fato de nenhuma dessas diferenças hipostasiadas no fim das contas ter qualquer tipo de mérito científico, todas elas satisfaziam preconceitos políticos e racistas[42].

A pesquisa cerebral continua sendo um campo particularmente fértil de estudos, e os cientistas prosseguem suas pesquisas em busca de distinções entre mulheres e homens inscritas em seus cérebros. Um deles escreveu que "muitas das diferenças na função cerebral entre os sexos são inatas, determinadas biologicamente, e relativamente resistentes à mudança por influência da cultura". Livros populares proclamam até que ponto tais diferenças são decisivas. O cérebro masculino "não é facilmente distraído por informações supérfluas"; ele é um "caso mais ordenado" do que o cérebro feminino, que parece "ser menos capaz de separar a emoção da razão"[43] (note-se que tais declarações não dizem – embora pudessem facilmente dizê-lo, com base nas mesmas evidências – que o cérebro feminino seria capaz de integrar *mais* fontes diversas de informação e de sintetizar *melhor* os sentimentos e o pensamento).

Que os estudos cerebrais se adaptem exatamente às ideias preconcebidas sobre os papéis do homem e da mulher dificilmente seria uma coincidência. Na maioria dos casos, os pesquisadores do cérebro (como muitos outros) encontram exatamente o que estão procurando, e o que eles procuram são diferenças cerebralmente fundadas que expliquem as diferenças comportamentais observáveis entre homens e mulheres adultos. Um ou dois exemplos históricos bastam para mostrá-lo. A "ciência da **craniologia**" foi desenvolvida no final do século XIX para registrar e medir o efeito das diferenças cerebrais entre diferentes grupos. Mas os cientistas não conseguiam nunca concordar exatamente sobre as medidas cerebrais a utilizar. Eles *sabiam* que o cérebro dos homens tinha de resultar como superior, mas os diferentes testes produziam diferentes resultados. Por exemplo, se fosse utilizada a proporção entre peso cerebral e peso corporal, então o cérebro das mulheres pareceria superior. Nenhum cientista poderia confiar em tal ambiguidade: métodos mais decisivos tinham de ser encontrados para demonstrar que o cérebro dos homens era superior[44].

Os resultados de avaliações também não eram indicadores melhores. Na virada para o século XX, descobriu-se que as mulheres pontuavam mais em exames abrangentes da Universidade de Nova York. Uma vez que os cientistas "sabiam" que as mulheres não eram tão espertas quanto os homens, era preciso buscar alguma outra explicação. "Afinal, homens são mais intelectuais que as mulheres, com ou sem avaliações", comentava o reitor da universidade, R. Turner. "As mulheres têm memórias melhores e estudam mais, é só isso. Em tarefas que exigem paciência e dedicação, elas vencem. Mas quando um homem é paciente e também dedicado, ele vence uma mulher em qualquer dia" (é interessante ver que o foco, ambição e dedicação das mulheres foram usados contra elas, mas que os homens não eram acusados de impulsividade, impaciência e preguiça). Nos anos de 1920, quando testes de QI foram inventados, as mulheres também tiveram resultados melhores neles também. Então os investigadores mudaram as questões[45].

Pesquisas cerebrais contemporâneas têm focado em três áreas: (1) as diferenças entre o hemisfério direito e o hemisfério esquerdo; (2) as diferenças no tecido que conecta esses hemisférios; e (3) os modos como homens e mulheres usam as diferentes partes de seus cérebros para funções similares[46].

Alguns cientistas notaram que os hemisférios direito e esquerdo do cérebro parecem estar associados com funções e habilidades cognitivas diferentes. O domínio do lado direito estaria ligado a capacidades visuais e espaciais, como ser capaz de conceber objetos no espaço. O domínio do lado esquerdo estaria ligado com funções mais práticas, como linguagem e leitura. Norman Geschwind e Peter Behan, por exemplo, observaram que as diferenças sexuais começam no útero quando o feto masculino começa a secretar testosterona, que passa pelo cérebro e ataca seletivamente partes do hemisfério esquerdo, atrasando seu desenvolvimento. Assim, de acordo com Geschwind, os homens tendem a desenvolver "dons superiores ligados ao hemisfério direito, como o talento artístico, musical ou matemático". Tal cientista acredita que cérebros masculinos seriam mais lateralizados, com uma metade dominando a outra metade, ao passo que as mulheres teriam cérebros menos lateralizados, com ambas as partes interagindo mais do que o fazem nos homens[47].

Um pequeno problema com essa pesquisa, porém, é que os cientistas não parecem concordar a respeito de qual desses cérebros seria "melhor" e, não por acaso, qual lado cerebral seria o dominante para cada sexo. Com efeito, eles ficam mudando de opinião sobre qual hemisfério seria superior e, então, obviamente, atribuem esse lado superior ao homem. Originalmente, era o hemisfério esquerdo que supostamente era o repositório da razão e do intelecto, ao passo que o direito seria o local das doenças mentais, da paixão e do instinto. Por isso, pensava-se que os homens tinham cérebros esmagadoramente mais esquerdeados do que endireitados. Nos anos de 1970, contudo, os cientistas determinaram que a verdade residia alhures e que o hemisfério direito era a fonte do gênio, do talento, da criatividade e da inspiração, ao passo que o lado esquerdo seria o lugar do raciocínio e do cálculo corriqueiro, bem como das funções cognitivas básicas. Subitamente os homens foram saudados por sua singular predisposição para o endireitamento cerebral. Uma neurocientista, Ruth Bleier, reanalisou os dados de Geschwind e Behan e verificou que, em mais de quinhentos cérebros fetais entre dez e quarenta semanas de gestação, os autores não encontraram nenhuma diferença significativa entre os sexos – e isso apesar do tão propalado banho de testosterona[48].

LEIA TUDO A RESPEITO!

Os cérebros de homens e mulheres estão conectados tão diferentemente que realmente há um cérebro "dele" e um cérebro "dela". Em "The Truth About Boys and Girls" ("A verdade sobre meninos e meninas"), o neurocientista Lise Eliot mostra que diferenças ínfimas no cérebro podem se tornar maiores ou menores, dependendo de como cada sociedade decide tratar meninos e meninas. Ecoando o trabalho de Fausto-Sterling, Eliot expõe como, na sociedade contemporânea, algumas dessas ínfimas diferenças são exageradas e outras, minimizadas.

Talvez as diferenças sexuais tenham sido determinadas não pela metade dominante do cérebro, mas sim por seu grau de lateralização – ou seja, o nível de maior diferenciação entre os dois hemisférios cerebrais. Buffery e Gray verificaram que os cérebros femininos eram mais lateralizados do que os masculinos, algo que, diziam eles, interferia em funções espaciais e tornava as mulheres menos capazes de tarefas no espaço. No mesmo ano, Levy descobriu que os cérebros das mulheres eram *menos* lateralizados do que o dos homens, e então concluiu que *menos* lateralização interferia nas funções espaciais (praticamente não há evidências correntes para nenhuma dessas posições, mas isso não impediu muitos escritores de acreditar no argumento de Levy[49]). Um experimento recente mostrou como o impulso desesperado para demonstrar diferenças leva efetivamente os cientistas a fazer más interpretações de suas próprias descobertas. Em 1997, um pesquisador francês, Jean Christophe Labarthe, tentou demonstrar as diferenças sexuais em habilidades visuais e espaciais. Pedia-se a meninos e meninas de dois anos que construíssem uma torre ou uma ponte. Para aqueles com peso de nascimento médio ou maior (do que 2.500 gramas), não havia uma diferença sequer na capacidade para construir uma torre, embora 21% dos meninos e apenas 8% das meninas conseguissem construir uma ponte. Para crianças cujo peso de nascimento era menor do que 2.500 gramas, porém, não havia diferenças em nenhuma das habilidades. A partir desses pouquíssimos dados, Labarthe concluiu que os meninos eram melhores construtores de ponte do que as meninas – em vez de afirmar, de modo muito mais convincente (embora menos midiático) que o peso de nascimento afeta as funções visuais e espaciais[50].

Alguns pesquisadores sugerem que os homens usam apenas metade de seus cérebros ao realizar algumas tarefas verbais, como ler ou rimar, ao passo que as mulheres agenciam seus dois lados cerebrais. Um experimento recente revela tanto sobre nosso desejo de se diferenciar quanto acerca dessa própria diferença. Pesquisadores da escola de medicina da Indiana University mediram a atividade cerebral de dez homens e de dez mulheres, conforme cada um ouvia alguém ler em voz alta um romance de suspense de John Grisham. A maioria dos homens demonstrou atividades exclusivas no lado esquerdo do cérebro, ao passo que a maioria das mulheres revelou atividades nos dois hemisférios cerebrais. Embora alguns possam sugerir que isso fornece provas para as mulheres que reclamam que seus maridos ouvem "apenas metade" do que elas dizem, o estudo diz pouca coisa sobre o que a minoria de homens e mulheres estava fazendo – especialmente considerando que o número total era de apenas dez pessoas, para começar. Ademais, e se o grupo estivesse escutando um romance de Jane Austen? Será que os homens teriam "precisado" dos dois lados de seu cérebro para descobrir uma trama que era um pouco menos aventureira? Será que as mulheres teriam sido mais capazes de relaxar aquele lado de seu cérebro que tem de processar intrigas criminais e assassinatos?[51] Se tais opções não foram convincentes é porque talvez tanto homens quanto mulheres utilizem as duas metades de seus cérebros, mas as utilizem *diferentemente*. Em seu livro *best-seller*, que detalha essas diferenças cerebrais, Jo Durden-Smith e Diane deSimone sugerem que no hemisfério esquerdo do cérebro feminino a linguagem tende a servir como um veículo para comunicação, ao passo que, para os homens, esse hemisfério é uma ferramenta para tarefas mais visuais e espaciais, como o raciocínio analítico. Do mesmo modo, dizem elas, no hemisfério direito, os homens reservam mais espaço neural para tarefas visuais e espaciais, ao passo que as mulheres deixam mais espaço para outros tipos de habilidade comunicativa não verbal, como sensibilidade e intuição emocional[52].

Mas as diferenças em habilidades matemáticas e de compreensão e leitura não dão evidências de diferentes lados do cérebro sendo mais dominantes entre mulheres e homens? Embora poucos contestem que os distintos lados cerebrais indicam diferentes habilidades, praticamente todos os seres humanos, tanto homens quanto mulheres, usam os dois lados de seus cérebros em razoável medida. Se é assim, detende o neuropsiquiatria Jerre Levy, "então os homens podem ter uma desvantagem dupla em sua vida emocional. Eles devem ser emocionalmente menos sofisticados. E por causa da dificuldade que eles têm para fazer comunicar seus dois hemisférios, eles devem ter acesso verbal restrito para acessar seu mundo emocional"[53].

É verdade que os homens são amplamente mais numerosos do que as mulheres no topo de gênios do espectro matemático. Mas isso significa que os homens são, em média, mais capazes matematicamente e as mulheres, mais verbalmente? Janet Hyde, psicóloga da Universidade de Wisconsin, conduziu uma grande quantidade de pesquisas sobre essa questão. Ela revisou 165 estudos de habilidade verbal que incluíram informações sobre 1,4 milhão de pessoas e incluíram atividades de escrita, vocabulário e leitura. Ela não verificou nenhuma diferença de gênero em habilidades verbais. Mas ao analisar 100 estudos de habilidade matemática, representando testes de quase 4 milhões de estudantes, ela descobriu algumas diferenças de gênero modestas. Em estudos gerais, as mulheres superaram os homens em matemática, a exceção foram os estudos designados apenas para os indivíduos mais precoces[54]. O que Hyde, seus colegas – e praticamente qualquer outro pesquisador – descobriram é que há uma gama de diferenças muito maior *entre* os homens e *entre* as mulheres do que *entre* homens e mulheres. Ou seja, a variação dentro do grupo ultrapassa de longe a variação entre os grupos, apesar das eventuais diferenças entre o resultado médio dos dois grupos.

Mas e se não são as diferenças entre os hemisférios ou mesmo o fato de homens e mulheres usarem diferentemente os mesmos hemisférios? Talvez sejam as *conexões* entre os lados. Alguns pesquisadores exploraram o emaranhado de fibras conhecido como "corpo caloso", que conecta os dois hemisférios e carrega a informação entre eles. Uma pesquisa descobriu que certa sub-região dessa rede de conexões, conhecida como "esplênio", seria significativamente mais larga e com formato mais bulboso nas mulheres. Esse estudo realizado a partir da autópsia de quatorze cérebros sugeriu que essa diferença de tamanho refletiria uma lateralização hemisférica menor no cérebro feminino do que no masculino, o que afetaria funções visuais e espaciais. Mas pesquisas subsequentes não conseguiram confirmar esse achado. Outra pesquisa não verificou nenhuma diferença de tamanho no corpo caloso masculino e feminino. Além disso, nos testes de imagem de ressonância magnética feitos com mulheres e homens vivos, também não se encontrou nenhuma diferença[55].

Contudo, isso não evitou extrapolações dramáticas e simplistas feitas por escritores badalados. Eis Robert Pool, em seu célebre livro *Eve's Rib* (*A costela de Eva*): "Mulheres têm na média habilidades verbais melhores; o esplênio parece ser diferente na mulher e no homem, em formato, se não em tamanho; e o tamanho do esplênio está relacionado à habilidade verbal, ao menos nas mulheres". E outro livro recentemente em voga, escrito pelo psicólogo Michael Gurian, afirma que apenas mulheres com "cérebros de 'menino'" podem se desenvolver e se tornarem arquitetas, pois o cérebro das meninas é organizado para nutrir, amar e cuidar dos filhos. Tal declaração é não somente um insulto às mulheres – como se raciocínio matemático e habilidade espacial estivessem de algum modo "fora do alcance" delas –, mas também é um insulto aos homens, principalmente aos pais que parecem ser plenamente capazes de cuidar de seus filhos[56].

Mas isso é mais ou menos típico. Esse tipo de diferença aparente suscita algumas afirmações muito esquisitas, especialmente a respeito da química cerebral. Por exemplo, em razão de os cérebros dos meninos, na média, secretar um pouco menos de serotonina do que o das meninas, Michael Gurian declara que eles são "mais impulsivos" e "menos calmos" do que elas em grandes salas de aula. Embora a variação entre garotos e garotas seja significativamente maior do que qualquer pequena distinção entre meninos e meninas, Gurian não vê problemas em recomendar políticas educacionais que "honrassem" essa impulsividade. Ainda mais assombrosa é sua afirmação, muitas vezes ecoada por John Gray, de que, durante o sexo, os homens têm um pico de ocitocina, um elemento químico que estaria ligado aos sentimentos de prazer. No ápice desse "hormônio unificador", é bem possível que homem desabafe um "amo você", mas isso é apenas o efeito dessa química. Se você está se perguntando por que ele não liga no dia seguinte, é porque os efeitos desse hormônio passaram, não porque, depois de ter aproveitado, está procurando se safar[57].

Na verdade, a evidência científica aponta para outra direção. Nos homens, a amígdala – uma parte do cérebro em forma de amêndoa, que reage às informações emocionalmente excitantes – é um pouco maior do que nas mulheres. Neurônios, nessa região, associados com as emoções, estabelecem conexões mais numerosas no homem do que na mulher, o que produz algumas diferenças no modo como um e outra reagem ao *stress*. Em um experimento, pesquisadores alemães separaram os filhotes recém-nascidos de degus – uma espécie de roedor sul-americano parente dos cães-de-pradaria norte-americanos – em uma experiência bastante perturbadora. Os estudiosos mediram o nível de serotonina nos filhos (a serotonina, um neurotransmissor, é um elemento químico-chave na mediação do comportamento emocional. O prozac e outros antidepressivos inibidores seletivos de recaptação de serotonina aumentam a funcionalidade deste elemento químico inibindo sua reabsorção). Quando os pesquisadores permitiram aos filhotes ouvir o chamado de suas mães durante a separação, os níveis de serotonina dos machos cresceram, ao passo que o das fêmeas declinaram – ou seja, elas sentiram mais ansiedade, seu comportamento foi menos calmo e ordenado durante este período de separação[58].

Embora este experimento possa ser interpretado de modo a justificar por que as mulheres são mais frequentemente diagnosticadas com depressão do que os homens – menos serotonina para começo de conversa, e uma maior reabsorção dela no cérebro –, ele não dá nenhuma atenção às diferentes maneiras de exprimir ansiedade e de lidar com *stress* que nossa cultura prescreve a homens e mulheres. Se você diz a um grupo, desde o primeiro dia, que o modo de enfrentar o *stress* e a ansiedade é recolher-se calmamente, e se você diz a outro grupo que o único modo de fazê-lo é falar alto e ser incontrolavelmente agressivo, pode apostar que eles irão, de modo geral, seguir as ordens. Isso talvez explique por que é mais provável que a depressão seja diagnosticada entre as meninas, e ansiedade e distúrbios de agressão são mais prováveis entre os meninos.

Ademais, os próprios cientistas ainda não concordam. Por exemplo, estudo cerebral recente da Universidade da California Irvine encontrou diferenças na substância cinzenta (que constitui centros de processamento de informação) e na substância branca (que constitui as conexões entre esses centros) em homens e mulheres. Eles tinham aproximadamente 6,5 vezes mais substância cinzenta do que elas, e elas tinham aproximadamente 10 vezes mais substância branca do que eles. Por outro lado, o britânico Simon Baron-Cohen, um pesquisador do cérebro, observa que 9% da diferença do tamanho cerebral se deve "ao maior volume total da substância branca nos homens". Porém, ninguém faz nenhuma afirmação de que tais diferenças implicam diferenças na inteligência em geral; com efeito, os cientistas da Irvine insistem que não há nenhuma. As substâncias cinzenta e branca podem ser diferentes, mas tal diferença efetivamente não faz muita diferença[59]. Mesmo a neuropsicóloga Doreen Kimura compreende que, "no contexto comparativo mais amplo, as similaridades entre machos e fêmeas humanos supera de longe as diferenças". E Jonathan Beckwith, professor de Microbiologia e Genética Molecular na Escola de Medicina de Harvard, afirma que, "mesmo se diferenças são encontradas, a essa altura, não há absolutamente nenhuma maneira de fazer uma ligação entre uma diferença da estrutura cerebral qualquer e um padrão de comportamento ou aptidão qualquer"[60].

Lise Eliot, que é realmente uma neurocientista, faz um excelente desmantelamento dessa pseudociência cerebral e aponta para um modo ainda mais "insidioso" de mau uso da verdadeira neurociência. Todo pesquisador confiável sabe que o cérebro muda ao longo da vida de uma pessoa, pois responde a estímulos sociais para efetivamente mudar os caminhos neurais. Assim, com o tempo, cérebros – masculinos e femininos – diferem por causa das atividades que nossas sociedades lhes demandam. Mas as pesquisas que postulam essas grandes diferenças inatas são feitas em cérebros de adultos, até mesmo *idosos* (ou *post-mortem*), quando as diferenças socialmente produzidas estariam em seu máximo ponto – e então a leitura dos dados é eventual e acriticamente "projetada" para o cérebro das crianças, "ignorando assim a plasticidade fundamental pela qual ocorre todo o aprendizado cerebral"[61].

Se não há nenhuma evidência para esses argumentos, por que eles persistem? Um pesquisador do cérebro, Marcel Kinsbourne, sugere que isso ocorre "porque o estudo das diferenças sexuais não é como o restante da psicologia. Sob pressão do *ímpeto aglutinador do feminismo*, e talvez em reação a ele, muitos investigadores parecem determinados a descobrir que homens e mulheres são 'realmente' diferentes. Parece que, se as diferenças sexuais não existirem, então elas terão de ser inventadas"[62].

O cérebro *gay*

Um dos esforços mais interessantes e controversos dos cientistas que estudam as origens biológicas do comportamento é a pesquisa pelas origens da **orientação sexual**. Pesquisas recentes acerca da estrutura cerebral e estudos endocrinológicos a respeito dos hormônios sugeriram uma "essência" especificamente homossexual, que emergiria não importam as condições culturais que moldam suas oportunidades e experiências. Essa pesquisa sobre as origens da *orientação* sexual está relacionada à pesquisa sobre a base das diferenças sexuais entre mulheres e homens, pois, culturalmente, tendemos a conceber a sexualidade em termos de gênero. Estereótipos de gênero dominam a discussão sobre orientação sexual; podemos presumir, por exemplo, que homens *gays não são homens* "de verdade", em outras palavras, não são suficientemente masculinos, identificam-se com as mulheres e até mesmo adotam afetos e traços femininos. Do mesmo modo, podemos presumir que lésbicas são insuficientemente femininas, identificam-se com e imitam o comportamento dos homens, e assim por diante. A homossexualidade, dizem nossos estereótipos, é um "distúrbio" de gênero[63].

Temos um legado de séculos de onde tais ideias estereotipadas são obtidas. A homossexualidade emergiu como uma identidade distinta no final do século XIX, quando era considerada como um "impulso inato e, portanto, irreprimível", de acordo com um médico húngaro. Antes disso, obviamente que existiam comportamentos homossexuais, mas a partir deles não emergia nem se encontrava, inerente, uma identidade. Na virada para o século XX, porém, "o homossexual" era caracterizado por uma forma de "androginia interior, um hermafroditismo da alma", escreve Foucault. "O sodomita foi uma aberração temporária; o homossexual era agora uma espécie". Desde a época de Freud assumimos que a homossexualidade masculina, manifestada pela efeminação, e o lesbianismo, manifestado pelo afeto masculino, podem não ser inatos, mas são, ainda assim, produtos complicados da socialização infantil inicial e que as diferenças entre *gays* e héteros, uma vez estabelecidas, revelam-se como uma das mais eloquentes da trajetória de vida das pessoas[64].

Em décadas recentes, a pesquisa biológica surgiu como fator central na demonstração das diferenças fundamentais e irredutíveis entre homossexuais e heterossexuais. E não deveria nos surpreender que os pesquisadores encontrassem o que esperavam encontrar – que o cérebro de homens homossexuais e os seus níveis de hormônio se assemelham de perto mais ao das mulheres do que ao dos homens heterossexuais. A ciência, uma vez mais, tentou provar que os estereótipos de *gays* e lésbicas estão baseados não no medo e nos preconceitos culturais, mas em fatos biológicos. Por exemplo, nos anos de 1970, Dorner e seus colaboradores afirmaram que o homem homossexual possui "um cérebro com uma diferenciação feminina predominante", o que seria causado por uma "deficiência" de andrógeno durante a fase de organização do hipotálamo durante a vida pré-natal e que pode ser acionada pelo comportamento homossexual por níveis de andrógeno normais ou acima do normal durante a vida adulta[65].

Mais recentemente, Simon LeVay focou na estrutura do cérebro em um esforço para descobrir a etiologia da homossexualidade. Esperando que a ciência demonstrasse "as origens da orientação sexual em nível celular", LeVay não deu crédito nenhum ao papel do ambiente na determinação da sexualidade. "Se há influências do ambiente, elas operam muito no começo da vida, em estágios pré-natais ou da primeira infância, quando o cérebro ainda está se juntando", ele afirma. "Sou muito cético à ideia de que a orientação sexual é algo cultural". LeVay observou que, entre os primatas, lesões experimentais na zona mediana do hipotálamo dos macacos não prejudicava a função sexual, mas suprimia as tentativas de acasalamento dos machos com as fêmeas. Ele também observou que o tamanho dessa região do cérebro é diferente em homens e mulheres. No seu experimento, LeVay examinou os tecidos cerebrais de 41 pessoas mortas. 19 delas haviam morrido de Aids e eram identificadas como parte do grupo de risco de "homens homossexuais ou bissexuais"; presumia-se que outros 16 homens eram heterossexuais porque não havia evidência em contrário (seis haviam morrido de Aids e ou outros dez, por outras causas); e seis eram mulheres presumivelmente heterossexuais (uma havia morrido por Aids). Esses cérebros foram tratados e comparados. Três de quatro seções não revelaram diferenças, mas uma quarta seção, o hipotálamo anterior, uma região com o tamanho de um grão de areia, revelou diferenças entre os grupos. LeVay verificou que o tamanho dessa área entre os homens presumivelmente heterossexuais era aproximadamente o dobro do tamanho dessa região entre as mulheres e os homens presumivelmente *gays*[66].

Mas muitos problemas em seus experimentos nos fazem parar. LeVay e seus colaboradores falharam ao medir o número ou a densidade de células por causa "da dificuldade de definir precisamente os neurônios pertencentes ao Inah 3", a área do cérebro envolvida. Parte dos homens "homossexuais" (cinco de 19) e das mulheres (dois de seis) aparentemente tem áreas do cérebro tão grandes quanto a dos homens presumivelmente heterossexuais. E, em três desses homens supostamente heterossexuais, essa área do cérebro era na verdade muito pequena. Ademais, as fontes de dados deste estudo eram amplamente dispersas. Todos os homens *gays* em sua amostragem morreram de Aids, uma doença conhecida por afetar o cérebro (testosterona reduzida é uma ocorrência entre pacientes de Aids, e isso basta para explicar os diferentes tamanhos). E todos os cérebros de homens *gays* foram preservados em uma solução de formaldeído, com resistência diferente do que a da solução em que foi preservado o cérebro dos homens heterossexuais, por conta do medo de transmissão de HIV, embora não houvesse esforço para controlar o efeito do formaldeído sobre os órgãos. É possível que LeVay estivesse medindo, na verdade, o efeito combinado entre infecção de HIV e preservação em altas densidades de solução de formaldeído sobre a estrutura cerebral *post-mortem*, e não as diferenças estruturais do cérebro de homossexuais e heterossexuais vivos. Um esforço recente para replicar os achados de LeVay fracassou, e um pesquisador foi mais longe, sugerindo que o "Inah-3 não é necessariamente ligado ao comportamento sexual dos homens, quer eles escolham homens ou mulheres como seus parceiros"[67].

Mais recentemente, alguns pesquisadores notaram que o cérebro dos transexuais se assemelha de perto mais com o cérebro de mulheres do que com o de homens hétero "normais". Cientistas holandeses do Instituto de Pesquisa Cerebral da Holanda examinaram as seções do hipotálamo de 42 homens e mulheres, seis deles sabidamente transexuais e nove deles, *gays*, ao passo que o restante se presumia serem heterossexuais. Novamente, eles verificaram que o hipotálamo nos homens e mulheres transexuais era menor do que o de homens hétero ou homossexuais. Embora tenham tido cuidado para *não* interpretar seus achados em termos de orientação sexual, uma vez que esses cérebros masculinos de héteros e homossexuais eram similares, os pesquisadores terminaram por fazer seu estudo sinalizar diferenças sexuais, dado que os homens transexuais se sentiam como mulheres. Porém, isso também pode ser efeito da cirurgia de mudança de sexo e da quantidade massiva de hormônios femininos que os homens transexuais tomam, o que pode ter tido como consequência a diminuição do hipotálamo, assim como a cirurgia e os hormônios também provocam outras mudanças anatômicas (perda de cabelo facial e corporal, crescimento dos seios etc.)[68].

Outro estudo recente sugere que os homens *gays* são diferentes dos heterossexuais e mais parecidos com mulheres heterossexuais. Um grupo de pesquisadores suecos expôs tanto *gays* quanto homens e mulheres heterossexuais a produtos químicos derivados de hormônios sexuais masculinos e femininos (extraídos das glândulas sudoríparas axilares para os homens e da urina para as mulheres) e registrou quais partes do cérebro eram mais visivelmente estimuladas em uma tomografia de emissão de pósitrons. O cérebro de todos os três grupos reagiu similarmente a diversos aromas normais, como lavanda ou cedro: todos registraram a informação na parte cerebral que responde apenas às sensações do olfato. Mas quando tais cérebros foram expostos à testosterona, a parte cerebral mais intimamente associada com a atividade sexual (o hipotálamo) foi acionada, mas permaneceu adormecida entre os homens heterossexuais; esses responderam apenas em sua região olfatória. Quando os três grupos foram expostos ao estrogênio, em contraste, foram as mulheres e os homens *gays* que registraram movimentos na área do olfato, ao passo que os homens responderam fortemente no hipotálamo[69]. Ainda que a reação entre os jornalistas tenha sido um clamor coletivo de "Eureka! Eis o cérebro *gay*", os próprios pesquisadores foram muito mais cautelosos acerca do significado de seus resultados. Os diferentes padrões de atividade poderiam ser a causa da orientação sexual – ou uma consequência, como disse o Dr. Savic a um repórter. "Não podemos dizer se o padrão diferente é causa ou efeito. O estudo não dá nenhuma resposta a essas questões cruciais"[70]. Além disso, a pesquisa não avaliava nada a respeito das lésbicas, então não sabemos que tipo de fragrâncias axilares despertariam o hipotálamo delas com desejos desvairados.

Outro estudo recente examinou, com efeito, a química cerebral de lésbicas e verificou que o som emitido por seus ouvidos internos fica entre o som emitido pelo ouvido interno dos homens e o das mulheres heterossexuais, formando uma espécie de zona "intermediária" entre os dois grupos (a emissão das lésbicas era mais forte que a dos homens, porém mais fraca que a das mulheres heterossexuais). Antes de nos deixarmos convencer, porém, devo mencionar que a pesquisa não encontrou nenhuma diferença qualquer entre homens *gays* e heterossexuais em tais emissões[71]. "Não se pode presumir que, se uma diferença estrutural é encontrada no cérebro, então ela foi causada por genes", diz o pesquisador Marc Breedlove, "não se sabe como a diferença chegou aqui". Outro pesquisador acrescentou que "ainda não temos certeza se esses sinais são causas ou efeitos"[72]. Pessoalmente, estou mais preocupado com os sons do enviesamento e da falsa diferença que fluem *para dentro* de nossos ouvidos do que com os sons que fluem *a partir* deles.

A busca pelo gene *gay*

Outra pesquisa biológica tentou isolar o gene *gay* e assim mostrar que a orientação sexual tem base na biologia. Por exemplo, a pesquisa em pares de gêmeos monozigóticos (nascidos de um único ovo fertilizado que se divide no útero) sugere que gêmeos idênticos têm estatisticamente uma probabilidade muito maior de possuir sexualidades similares (ambos sendo hétero ou homossexuais) do que dizigóticos (gêmeos nascidos de dois ovos fertilizados distintos). Um estudo genético envolveu 85 pares de gêmeos nos anos de 1940 e de 1950. Todos os pares de gêmeos monozigóticos partilhavam a mesma orientação sexual; se um deles era heterossexual, o outro era também; se um deles era homossexual, então, igualmente era o outro. Esses dados eram tão perfeitos que cientistas subsequentes duvidaram de sua validade[73].

Mais recentemente, Eckert e seus colegas observaram que, em 55 pares de gêmeos, cinco tinham ao menos um *gay*, e que, em um sexto par, um gêmeo era bissexual. Bailey e Pillard coletaram dados sobre homens *gays* que eram gêmeos, bem como sobre homens *gays* que tiveram irmãos adotivos vivendo no mesmo lar antes de dois anos. Os 161 participantes da pesquisa foram obtidos de respostas a anúncios feitos em periódicos *gays* e incluíram 56 gêmeos monozigóticos, 54 gêmeos dizigóticos e 57 irmãos adotivos. Pediu-se aos participantes que respondessem questões acerca da sexualidade de seus irmãos e que dessem permissão para contatá-los. Cerca de três quartos desses irmãos então participaram do estudo. Bailey e Pillard descobriram que, em 52% dos pares monozigóticos, em 22% dos pares dizigóticos e em 11% dos pares adotivos, os dois irmãos eram homossexuais ou bissexuais[74].

Tais descobertas foram amplamente interpretadas no sentido de que haveria alguma fundação biológica para o contato sexual de um homem com outro homem. Mas restam muitos problemas. O estudo foi feito com pessoas que se identificam como homossexuais, não a partir de uma amostra de gêmeos[75]. Além disso, não há um parâmetro independente acerca do ambiente no qual esses garotos cresceram, então o que Bailey e Pillard podem ter medido foi a predisposição desses ambientes a produzir resultados similares entre os gêmeos. Afinal, a predisposição biológica deveria ser mais determinante do que em uma metade. E o fato de gêmeos fraternais de homens homossexuais serem duas vezes mais propensos do que outros irmãos biológicos indicariam que fatores ambientais *devem* estar presentes, uma vez que gêmeos dizigóticos não partilham mais material genético do que irmãos biológicos comuns. O aumento na concordância poderia, assim, ser explicado de modo igualmente convincente por uma sequência de similaridades no tratamento dos irmãos – tanto para os adotivos quanto para os biológicos, dizigóticos e monozigóticos – sem referência a nenhum componente genético que seja.

Na verdade, o que é mais interessante no estudo sobre gêmeos é ver como há pouca concordância efetiva nele. Afinal, ter um material genético idêntico, a mesma família e as mesmas condições ambientais deveria produzir uma concordância maior do que, no máximo, metade. Há, porém, alguma evidência de que orientações homossexuais tendem a ocorrer mais frequentemente em constelações familiares. O psiquiatra Richard Pillard e o psicólogo James Weinrich questionaram 50 homens heterossexuais, 51 homossexuais e os irmãos de todos eles. Apenas 4% do primeiro grupo tinha irmãos homossexuais (a mesma porcentagem que foi verificada pelos estudos de Kinsey nos anos de 1940), ao passo que cerca de 22% dos homens homossexuais tinham irmãos *gays* ou bissexuais. "Essa é mesmo uma forte evidência de que a homossexualidade masculina se junta em famílias", diz Weinrich, embora não haja indicações de origem biológica ou genética dessa relação. E essa correlação, a propósito, não se mantém verdadeira para as mulheres, uma vez que a mesma porcentagem de mulheres dos dois grupos disse ter irmãs que eram lésbicas. Ninguém, nem homens nem mulheres, disse que seus pais eram *gays*. Essa disparidade de gênero pode sugerir que não só a biologia está em ação aqui e que a **identidade de gênero** pode ter mais influência sobre a desigualdade do que a genética[76].

Recentemente, os sociólogos Peter Bearman e Hannah Bruckner examinaram todos os estudos com alegações de que gêmeos de sexo oposto teriam mais probabilidade de serem *gays* do que gêmeos do mesmo sexo. Eles concluíram que não há nenhuma conexão hormonal que seja e que o nível de estereotipia na socialização da primeira infância é um indicador de efeitos comportamentais muito melhor do que ter ou não um gêmeo do sexo oposto[77].

Estrogênio e testosterona: bases hormonais das diferenças de gênero

A diferenciação sexual lida com seus acontecimentos mais críticos em duas distintas fases da vida: (1) o desenvolvimento fetal, quando as características sexuais primárias são determinadas por uma combinação de heranças genéticas e do desenvolvimento biológico do embrião, que se tornará um menino ou uma menina; e (2) a puberdade, quando o corpo desses meninos e meninas são transformados por um dilúvio de hormônios sexuais que causam o desenvolvimento das características sexuais secundárias. O crescimento dos seios para as garotas, engrossamento da voz e crescimento dos pelos faciais para os garotos e aumento dos pelos pubianos para ambos os sexos estão entre os sinais mais evidentes da puberdade.

Uma quantidade significativa de pesquisa biológica examinou cada uma dessas duas fases em uma tentativa de cartografar as bases hormonais da diferenciação sexual. Boa parte desses estudos focou nos elos entre hormônios sexuais e agressividade em meninos adolescentes e mulheres, bem como nos problemas do desenvolvimento hormonal comum e seus efeitos para a construção da identidade de gênero. Ao resumir sua leitura das informações desse estudo, o sociólogo Steven Goldberg escreve que, por "homens e mulheres terem sistemas hormonais diferentes" e por "toda sociedade demonstrar-se patriarcal, dominada por homens e focada na realização dos homens", é lógico concluir que "o hormonal torna o social inevitável"[78].

Anteriormente, vimos como Geschwind e Behan notaram que, durante o desenvolvimento fetal, é o "banho de testosterona" secretado por pouco mais do que metade de todos os fetos que inicia a diferenciação sexual no útero (lembremos que todos os embriões começam "femininos"). Geshwind e Behan observaram que esse banho de testosterona ataca seletivamente o hemisfério esquerdo do cérebro, razão pela qual os homens favorecem o hemisfério direito. Mas a implicação da pesquisa hormonal nos fetos é que a secreção dos hormônios sexuais tem um efeito decisivo sobre o desenvolvimento da identidade de gênero e sobre as expressões de masculinidade e feminilidade. Todos nós ouvimos os argumentos sobre como a testosterona, o hormônio sexual masculino, é não só a força motriz da formação da masculinidade nos homens, mas é também a base biológica da agressão humana, a razão de os homens serem mais inclinados à violência do que as mulheres. Devemos lembrar que ambos têm tanto testosterona *quanto* estrogênio, embora geralmente em quantidades dramaticamente diferentes. Na média, os homens têm um nível de testosterona dez vezes maior do que o das mulheres, mas o nível entre elas varia enormemente, e algumas mulheres chegam a ter uma quantidade maior do que alguns homens.

Nos dias atuais, pesquisas sugeriram algumas correlações entre níveis de testosterona e massa corporal, calvície, autoconfiança e até mesmo habilidade e disposição para sorrir. Mas um estudo recente não encontrou nenhuma correlação entre níveis de testosterona e competitividade[79]. Com efeito, a situação pode ser outra. Depois de administrar uma dose de testosterona em mulheres, Christoph Eisenegger e seus colegas em Zurique notaram que isso aumentou o nível de cooperação, não de competição, entre elas. Mas – e isso é realmente interessante – as mulheres que acreditaram ter recebido testosterona tornaram-se mais competitivas do que aquelas que acreditaram ter recebido um placebo. Eisenegger e seus colegas concluíram que o efeito desse hormônio nas competições é uma sabedoria popular profundamente enraizada, segundo a qual ele aumenta a competitividade – apesar da evidência de que ele tem, na verdade, o efeito *contrário*[80]. Certas afirmações altamente infladas sobre os efeitos da testosterona levaram tanto a concepções populares equivocadas quanto a uma variedade de intervenções médicas para fornecer tratamentos. Em um livro recente, por exemplo, a psicóloga James Dabbs proclama que a "testosterona aumenta a masculinidade", frase que foi traduzida por um jornalista com a equação "a luxúria é um produto químico", durante uma espera ansiosa por seu "encontro quinzenal com uma seringa cheia de virilidade"[81]. Obviamente, hoje os homens podem comprar adesivos de testosterona para alavancar seu nível diário desse hormônio ou AndroGel, um produto que parece prometer a masculinidade em um tubo[82].

LEIA TUDO A RESPEITO!

Todos nós sabemos que a testosterona causa agressão, certo? E uma vez que os homens têm um nível tão maior desse hormônio, eles tendem a ser muito mais agressivos. Não exatamente. Em "Testosterone Rules" ("As regras dadas pela testosterona"), o neuroprimatologista Robert Sapolsky narra suas experiências com as hierarquias entre os macacos, onde descobriu que o elo perdido dos estudos sobre testosterona é a permissão social: para usar a agressão abastecida por ela é necessário acreditar que o alvo da agressão é um alvo legítimo. Não importa quão abastecido de testosterona se esteja, provavelmente ninguém atacará seu instrutor. (Observação: essa não é uma hipótese a ser empiricamente testada!)

Embora as alegações feitas em favor da testosterona sejam frequentemente ridículas, importando-se menos com a ciência do que com o medo masculino de declínio da virilidade, há alguns experimentos acerca do elo entre esse hormônio e a agressividade que parecem convincentes. Os homens têm níveis maiores de testosterona e índices maiores de comportamento agressivo do que as mulheres. Ademais, se você aumenta o nível desse hormônio em um homem mediano, seu índice de agressividade aumentará. Se ele for castrado – ou melhor, se seu representante roedor nos experimentos for castrado – seu comportamento agressivo cessará inteiramente. Embora isso possa levar uma pessoa a pensar que a testosterona é a causa da agressão, o neuroprimatologista de Stanford Robert Sapolsky adverte contra essas precipitações *lógic*as. Ele explica que em um grupo de cinco macacos machos disposto em uma hierarquia de dominação de 1 para 5 é possível fazer uma boa previsão de como todos se comportarão uns com os outros (o nível de testosterona do macaco líder será mais alto do que o daqueles abaixo dele, e os índices declinarão conforme a linha hierárquica). O número 3, por exemplo, puxará brigas com os números 4 e 5, mas evitará lutar e fugirá da briga com o número 1 ou 2. Se uma infusão volumosa de testosterona for dada ao número 3, ele provavelmente se tornará mais agressivo – mas apenas em relação ao número 4 e 5, para os quais ele agora se tornou um tormento absolutamente violento. Ele ainda evitará os números 1 e 2, demonstrando assim que a "testosterona não está causando a agressão, ela está exagerando a agressão que já está lá"[83].

Revela-se assim que tal hormônio tem o que os cientistas chamam de um "efeito permissivo" sobre a agressividade: ele não causa, mas, com efeito, facilita e habilita a agressão que já está lá. Além disso, a testosterona é produzida *pela* agressividade, de modo que a correlação entre as duas pode estar, na verdade, na direção posta à concebida previamente. Em seu ponderado livro *Testosterone and Social Structure* (*Testosterona e estrutura social*), Theodore Kemper observa diversos estudos nos quais os níveis desse hormônio estavam ligados à experiência dos homens. Em pesquisas com jogadores de tênis, estudantes de medicina, lutadores, velejadores, paraquedistas e aspirantes a oficial, vencer ou perder era determinante para os níveis de testosterona, de modo que o índice dos vencedores aumentava dramaticamente, ao passo que o dos perdedores diminuía ou permanecia o mesmo. Kemper sugere que os níveis de testosterona variam dependendo da experiência do homem, seja com a dominação – "posição social elevada obtida ao superar outros em uma confrontação competitiva" –, seja com o destaque, quando essa posição eminente "é conquistada por meio de realizações socialmente valorizadas e aprovadas". É significativo que os níveis de testosterona dos homens antes da dominação ou da posição de destaque não poderiam prever o resultado; foi a experiência de passar pela elevação do *status* em razão do sucesso que levou ao aumento do nível hormonal (essas mesmas experiências fizeram o mesmo hormônio crescer nas mulheres também)[84].

Diversos estudos recentes fizeram a fácil correlação anterior bem mais interessante. Um estudo finlandês não encontrou nenhuma diferença nos níveis de testosterona de homens violentos e não violentos. Porém, entre os violentos, os níveis de testosterona realmente se correlacionavam com os níveis de hostilidade: aqueles com maior índice desse hormônio foram diagnosticados com distúrbio de personalidade antissocial. Isso sustenta a ideia de que a testosterona tem um efeito permissivo sobre a agressividade, dado que ela converge com esse comportamento *apenas* entre os homens violentos. Um pesquisador da Ucla (Universidade da Califórnia em Los Angeles) descobriu que os homens com *pouca* testosterona tinham mais probabilidade de ficar com raiva, irritados e agressivos com homens com níveis normais ou altos do mesmo hormônio. Embora a afirmação de Sapolsky de que "a testosterona é provavelmente um hormônio amplamente superestimado" possa subestimar o problema, esses últimos estudos levantam algumas questões problemáticas, especialmente quando comparadas com as questões sobre orientação sexual e níveis hormonais (cf. a seguir)[85].

Outras pesquisas recentes abordam a relação entre testosterona e agressão de outro ângulo. Ocorre que o casamento e a paternidade tendem a fazer declinar a quantidade de testosterona no corpo de um homem. Em um estudo com 58 homens da região de Boston (quase todos eles eram estudantes de graduação ou pós-graduação em Harvard), aqueles não casados tinham níveis maiores do que os casados, e essa diferença aumentava apenas um pouco mais quando os casados tinham um filho. Aqueles que eram casados, tinham mais de um filho e gastavam um bom tempo cuidando das crianças apresentavam níveis ainda mais baixos. Com efeito, os índices de testosterona diferiam apenas levemente, e somente de noite; amostras retiradas na parte da manhã, com a pessoa descansada, não indicavam nenhuma diferença que seja. Contudo, a partir desses resultados, enormes precipitações lógicas se seguiram. Uma vez que a testosterona facilita a competição e agressão, pais com filhos estariam escolhendo sair dessa atividade tipicamente masculina. "Talvez seja bastante conveniente para os homens suprimir a irritabilidade", comentava Peter Ellison, um dos autores do estudo. "Talvez a falha em fazer isso coloque a criança em risco." Talvez. Ou talvez os estudantes de pós-graduação em Harvard têm níveis de testosterona menores do que outros homens em Boston. Ou talvez, no fim do dia, tentando equilibrar o trabalho com a vida familiar, um pai compromissado está simplesmente esgotado (o *stress* reduz os níveis de testosterona). Com essas diferenças pequenas e inconsistentes, nenhuma conclusão deveria ser precipitada[86].

Alguns terapeutas, porém, vão muito mais longe e prescrevem testosterona para os homens como uma espécie de tônico químico, projetado para fornecer o mesmo tipo de viço, "valia e vigor" que os tonificantes e panaceias prometeram na virada do século XX. Consumidores felizes juram pelos resultados e alguns terapeutas até mesmo diagnosticaram uma doença tratável (pois ela precisava ser coberta pelos planos de saúde) chamada **andropausa** ou **menopausa masculina**, curável por meio de terapias de reposição hormonal para os homens[87].

Boa parte da pesquisa sobre hormônios e identidade de gênero foi feita por inferência – ou seja, examinando casos em que a dinâmica hormonal não funcionava adequadamente ou em que o sexo biológico recebia o hormônio "errado" em excesso[88]. Em um dos estudos mais celebrados sobre desenvolvimento hormônico-fetal, Money e Ehrhardt observaram garotas que tinham síndrome androgenital (também chamada de hiperplasia adrenal congênita, HAC) – uma preponderância de hormônios masculinos (androgênio) em seus sistemas hormonais no nascimento – e outro grupo de garotas cujas mães haviam tomado progestina durante a gravidez. Todas as 25 meninas apresentavam genitálias de aparência masculina e haviam operado para "corrigi-las". As garotas com HAC também recebiam constantes tratamentos de cortisona para habilitar suas glândulas adrenais a funcionar apropriadamente[89].

A COMIDA PODE NOS FAZER VIRAR GAY?

Isso pode não ser tão doido quanto parece, ao menos segundo o pastor evangélico Jim Rutz. Ele afirma que a homossexualidade é causada por quantidades insuficientes do hormônio sexual adequado e que, portanto, homens *gays são mais* "femininos" do que homens hétero. Assim, ele alega, produtos de soja, como tofu, contêm grandes quantidades de estrogênio, assim "quando você alimenta seu menino bebê com fórmula infantil, está lhe dando o equivalente *a cinco pílulas anticoncepcionais por dia*". Comer tofu pode fazer com que você vire *gay*. "A soja é feminizante", diz ele, "e geralmente leva a diminuir o tamanho do pênis, à confusão sexual e à homossexualidade". Essa ideia foi recentemente traduzida no comercial de uma famosa camionete, a derradeira compensação para identidades de gênero inseguras.

Apesar do fato de essas declarações serem biologicamente absurdas (e, no caso do tamanho do pênis, simplesmente falsas, como se verá algumas páginas adiante), há uma implicação fascinante de tudo isso para quem estuda gênero. Observe-se que a soja deve ser evitada porque ela contém hormônios femininos, que, por sua vez, podem fazer com que você vire *gay*. Pois bem, quem é o "você" nessa frase? Um homem! Se a homossexualidade é um distúrbio de gênero (homens que são afeminados, mulheres que são masculinizadas), por que o probo Reverendo Rutz não *prescreve* produtos de soja para as meninas, de modo a garantir que elas não se tornem lésbicas? Existem apenas *homens gays*?

Essa preocupação com a homossexualidade acaba revelando ser mais uma instância da desigualdade de gênero. E embora todos nós devamos vigiar o que comemos por razões de saúde, é improvável que haja alguma comida que possa fazer com que você vire *gay* – ou hétero.

Fonte: Jim Rutz. "Soy is Making Kids '*Gay*'" ("A soja está fazendo crianças virarem '*gays*'"). In: *World Net Daily* (*Diário da Rede Mundial*), 12/12/2006.

As descobertas de Money e Ehrhardt foram interessantes. As meninas e suas mães relataram uma maior frequência de comportamento masculino no grupo. Elas gostavam de jogos e esportes de intensidade ao ar livre, preferiam carrinhos de brinquedo e armas em vez de bonecas, e atribuíam mais importância a planos de carreira do que ao casamento. Porém, elas não demonstravam mais agressividade ou combatividade do que as outras garotas. Pesquisas posteriores pareceram confirmar a noção de que "androgênio pré-natal é um dos fatores que contribuem para o desenvolvimento de diferenças de temperamento entre homens e mulheres"[90].

As aparências, porém, podem ser enganosas. A pesquisadora médica Anne Fausto-Sterling argumenta que diversos problemas tornam o estudo de Ehrhardt e seus colegas menos convincentes do que pode parecer à primeira vista, pois apresenta controles "insuficientes e inapropriados": a cortisona é uma droga poderosa, e as garotas com HAC passaram por cirurgias traumáticas (incluindo cliterodectomia) e não havia parâmetros de medida independentes sobre os efeitos. Ademais, o "método de obtenção dos dados é inadequado", pois foi inteiramente baseado em entrevistas com os pais e os filhos, sem observação imparcial direta sobre os comportamentos relatados. Por fim, "os autores não exploram adequadamente as explicações alternativas de seus resultados", como aquelas baseadas na expectativa parental e no tratamento diferenciado de seus filhos tão "diferentes"[91].

Outro conjunto de experimentos examinou o outro lado da equação – meninos que receberam uma dosagem de estrogênio pré-natal maior do que a média, pois suas mães estavam sob tratamento de estrogênio durante a gravidez. Yalom, Green e Fisk notaram que os meninos que receberam hormônios "femininos" no útero eram menos ativos e menos atléticos do que outros garotos. Porém, todas as mães desses meninos estavam crônica e seriamente doentes durante a infância e a meninice deles (e não era assim para a amostra do grupo de controle dos garotos normais). Talvez os meninos haviam sido simplesmente advertidos contra ruídos e brincadeiras barulhentas em sua casa, para não perturbarem sua mãe e haviam simplesmente *aprendido* a se contentar quando brincavam ou liam em silêncio[92].

"COMO A NATUREZA O FEZ"?

Um dos casos mais famosos que pretende provar como o sexo biológico é a única fundação para a identidade de gênero foi o de um menino canadense, Bruce Reimer. Em 1966, Bruce e seu irmão gêmeo idêntico Brian passaram por circuncisões comuns em um hospital. A circuncisão de Brian ocorreu normalmente, mas na de Bruce tudo deu terrivelmente errado, e seu pênis foi cortado. Desesperados, seus pais o levaram para o centro médico da Universidade John Hopkins, onde, sob a tutela do Dr. John Money, ele foi cirurgicamente "transformado" em uma menina. Nas décadas seguintes, "Brenda" lidou com muitos outros procedimentos cirúrgicos, visitas anuais à clínica do Dr. Money e doses massivas de hormônio sexual feminino, enquanto seus pais lutavam para criá-la como uma menina. E não só "uma" menina – mas uma garota bem delicada, feminina e frágil nesse sentido (embora ela descrevesse a si mesma como uma criança de hábitos masculinos, a mãe de Brenda estava determinada a fazer sua "filha" ficar "quieta e comportada", "como uma dama").

Apesar de ela ter se tornado a garota propaganda para as declarações de Money de que a identidade de gênero era mais maleável do que originalmente pensado e de que, com efeito, ela pode ser mudada, os dois gêmeos cresceram deprimidos e infelizes nos campos canadenses, com seus pais, ambos ingênuos, silenciosos e profundamente envergonhados do que acontecera. Por fim, a situação de Brenda foi revelada para um sexólogo, Dr. Milton Diamond da Universidade do Havaí, um rival de longa data das ideias e práticas pouco ortodoxas de John Money.

Sob a supervisão de Diamond, Brenda reivindicou sua identidade de gênero masculina, renomeou-se "David" e se tornou o homem que sempre disse ter se sentido. "De repente, tudo fez sentido acerca do modo como eu me sentia", ele disse a um jornalista que depois escreveu um livro *best-seller* sobre sua vida. *Eu não era nenhum tipo de aberração – Eu não estava maluco*". David acabou se casando e adotando três filhos[93].

Sua história, contada apaixonadamente pelo jornalista John Colapinto, transformou-se em livro, *As Nature Made Him: The Boy Who Was Raised as Girl* (*Como a natureza o fez: o menino que foi criado como uma menina*), e também em um documentário de TV. Colapinto afirma vigorosamente que o caso de David demonstra como a natureza supera a nutrição, que a biologia é destino e que mexer com a Mãe Natureza é sempre desastroso. Esse exemplo "prové uma evidência nítida de que o cérebro de uma pessoa predetermina a identidade sexual – e não a anatomia ou o ambiente social", foi como um escritor do Los Angeles Times resumiu a história[94].

Mas seria o caso tão simples assim, então não importa quantos remendos se faz, a natureza sempre supera a nutrição? Todo cientista deveria ser cauteloso ao generalizar a partir de um único caso – especialmente uma experiência com tantos outros fatores que podem ter influenciado o resultado. Como você se sentiria acerca de si mesmo e de sua identidade de gênero se fosse constantemente arrastado até um hospital a cada dois ou três meses ao longo de toda sua primeira infância, tivesse suas genitais cutucadas, acossadas e cirurgicamente "reparadas", e se todos dessem uma quantidade sem dúvida perceptivelmente incomum de atenção a sua genitália? Mudaria sua opinião, por exemplo, se eu também lhe dissesse que o pai de David se tornou um alcoólatra isolado, que sua mãe tentou se suicidar e que foi clinicamente diagnosticada com depressão, que seu irmão gêmeo, Brian, tornou-se viciado em drogas, entrou no crime e acabou ele mesmo cometendo suicídio? E que o próprio David igualmente se matou, em parte porque, apesar de suas esperanças, ele também nunca se sentiu plenamente confortável como homem? Confuso e deprimido, quem não gostaria de uma explicação mágica para toda a dor e sofrimento, um único "Aha! Eis a razão pela qual me sinto tão estranho!"

Não é tão simples. Para começar, as alegações desse caso residem sobre premissas duvidosas de que uma criança sem pênis jamais poderia ser um menino e de que uma menina deve ser feminina – modesta, contida e vestida em roupas com babados. Se nossos papéis de gênero fossem mais elásticos, não tentaríamos tão obsessivamente coagir tais comportamentos em nossos filhos, que exprimem uma variabilidade muito maior do que nossas normas acerca de comportamento de gênero adequado. Por certo, nossa identidade de gênero é o resultado de uma complexa interação entre genética, química cerebral, hormônios e nosso ambiente familiar imediato, aninhados dentro de um meio social e cultural mais amplo. Nenhuma causa de algo tão complexo e variável quanto a identidade de gênero poderia de algum modo ser extraída, especialmente de um caso tão problemático[95].

Sobre a relação entre o hormônio e o comportamento das mulheres, temos a pesquisa sobre síndrome pré-menstrual (SPM). Durante os dias pouco antes da menstruação, algumas mulheres parecem exibir sintomas de mudança de humor dramáticas e imprevisíveis, surtos de violência, raiva e acessos de choro. Alec Coppen e Neil Kessel estudaram 465 mulheres e observaram que elas eram mais irritáveis e deprimidas durante a fase pré-menstrual do que no decorrer do ciclo. Tais comportamentos levaram os médicos a rotular esse período de "síndrome pré-menstrual". Com efeito, a SPM foi listada como uma doença no *Diagnostic and Statistical Manual of Mental Disorders* (Manual Diagnóstico e Estatístico de Transtornos Mentais, DSM-5) da Associação Psiquiátrica Americana, que orienta os médicos (e os planos de saúde) no tratamento das doenças. E o SPM tem sido eficientemente utilizado como uma estratégia de defesa criminal para mulheres acusadas de surtos de violência. Duas britânicas, afirmando que a SPM é uma forma de insanidade temporária, usaram esse argumento como uma defesa bem-sucedida em seus julgamentos de assassinato de seus parceiros homens.

A política da SPM cria um paralelo com a política da testosterona. "Se você tinha um investimento num banco, não gostaria que a presidência dessa instituição fizesse um empréstimo sob essas influências hormonais furiosas nesse período em particular", notou um médico. "Simplesmente há fatores físicos e psicológicos que limitam o potencial de uma mulher". Felizmente, a SPM ocorre somente alguns dias do mês, ao passo que os níveis imprevisíveis de testosterona nos homens podem durar o mês inteiro. Talvez esses supostos investidores do banco queiram repensar suas estratégias de investimento. Ou considerar as observações feitas pela escritora feminista Gloria Steinem: durante esses dias que precedem imediatamente o período menstrual de uma mulher (os dias de SPM), seu nível de estrogênio cai para seu índice mais baixo no ciclo mensal. Assim, pouco antes da menstruação, as mulheres, ao menos em termos hormonais, parecem mais pormenorizadamente com os homens do que em qualquer outro momento do ciclo[96]! Talvez então a única solução puramente biológica sensata seria fazer com que todas as operações corporativas, governamentais, empresariais e, principalmente, militares fossem dirigidas por homens *gays*, cujos níveis de testosterona estariam supostamente baixos o suficiente para compensar a propulsão de hormônios para a agressão, ao mesmo tempo em que também estariam imunes às "influências hormonais furiosas" da SPM.

Hormônios e homossexualidade

A pesquisa sobre a relação entre hormônios e homossexualidade pode nos levar nessa direção, caso estejamos politicamente dispostos a acompanhá-la. Porém, a maior parte dos estudos sobre o elo entre hormônios pré-natais e orientação sexual teve exatamente a agenda política oposta. Na virada do século XX, muitos teóricos sustentavam que os homossexuais eram "invertidos", criaturas de um sexo (o "verdadeiro" sexo deles) presas em um corpo com outro sexo. Alguns afirmaram que a homossexualidade era "causada" por desequilíbrios hormonais no útero que deixavam os homens efeminados e, portanto, atraídos por outros homens, bem como deixavam as mulheres masculinas e, portanto, atraídas por outras mulheres. Nos anos de 1970, o pesquisador alemão Gunter Dorner, diretor do Instituto de Endocrinologia Experimental da Universidade Humboldt em Berlim, afirmou junto com seus colegas que níveis baixos de testosterona durante o desenvolvimento do feto, com um banho hormonal mais tépido, predisporia os homens para a homossexualidade. Se ratos não recebessem o suficiente de seu hormônio sexual apropriado durante a constituição fetal, "então algo daria errado com a formação dos centros e com o comportamento sexual posterior", reportaram dois jornalistas. "Ratos adultos se comportariam de forma semelhante ao sexo oposto. Eles se tornariam, em certo sentido, 'homossexuais'"[97].

Essa pesquisa se encaixava perfeitamente na agenda política *antigay* da época, pois sugeria que a homossexualidade masculina resultava de hormônios pré-natais masculinos insuficientes ou de uma masculinidade inadequada. O tratamento dessa condição – com efeito, talvez, sua cura – deveria ser efetuado simplesmente por meio de injeções de doses maiores de testosterona nesses homens, cuja virilidade recarregada os transformaria em heterossexuais com impulsos sexuais mais intensos. Quando se tentou esse experimento, os pesquisadores descobriram que o apetite dos homens por sexo realmente aumentou como resultado das injeções de testosterona. Porém, o objeto de desejo deles não mudou: eles simplesmente queriam mais sexo com outros homens! Os níveis de hormônio podem afetar a volúpia sexual, especialmente a intensidade ou frequência da atividade sexual, mas elas são empírica e logicamente irrelevantes para o estudo das escolhas do objeto sexual.

Será que o *stress* pré-natal poderia explicar certa predisposição à homossexualidade? Em outra série de estudos, Dorner e seus colegas argumentaram que nascem mais homens homossexuais durante tempos de guerra do que em tempos de paz. A evidência para sustentar essa afirmação era o fato de, dentre os 865 homens tratados de "doença venérea" nas seis regiões da República Democrática da Alemanha, a maior proporção ter nascido entre 1941 e 1947. Os estudiosos teorizaram que, se o *stress* pré-natal leva à "diminuição significativa nos níveis de plasma de testosterona" entre fetos de ratos, o que também leva ao aumento do comportamento bissexual ou homossexual entre os roedores adultos, por que não entre os humanos? Segundo a teoria de Dorner, a guerra leva ao *stress*, que leva à diminuição de androgênios nos fetos masculinos, que encoraja o desenvolvimento de uma orientação homossexual. Baseado nessa trajetória, o cientista chegou à conclusão de que a prevenção da guerra "pode produzir uma prevenção parcial do desenvolvimento da anomalia sexual"[98] (bem, talvez – mas apenas porque tempos de guerra tendem a colocar homens juntos em trincheiras sem a companhia de mulheres, onde eles podem se envolver com atividades homossexuais mais frequentemente do que durante tempos de paz[99]).

Mesmo se esses dados fossem convincentes, a explicação puramente endocrinológica não conseguiria ser satisfatória. Por exemplo, seria igualmente fácil construir a partir daí uma teoria psicodinâmica, ou seja: em tempos de guerra, as crianças tendem a crescer mais frequentemente sem o pai ou separados de outros membros da família. Se realmente a homossexualidade ocorre mais frequentemente em tempos de guerra, seria igualmente razoável utilizar essa situação como "prova" de certas teorias psicodinâmicas acerca da homossexualidade, por exemplo, a falta do pai ou um elo particularmente íntimo entre mãe e filho. É outra história "foi assim porque sim"? Talvez. Mas, então, também o são as explicações sobre níveis acumulados de testosterona durante tempos de guerra. Embora esses argumentos não sejam convincentes, eles continuam a exercer forte influência sobre as explicações da diferença de gênero presentes no senso comum.

Outro conjunto de pesquisas sobre hormônio pré--natal examina anomalias hormonais como uma pista para o desenvolvimento normal. Considere-se, por exemplo, a hiperplasia adrenal congênita (HAC), um defeito genético que leva os fetos femininos a serem expostos a níveis extremamente altos de testosterona no útero. As meninas com HAC realmente gostam de brincar com brinquedos de meninos e demonstram nitidamente afecções de estilo masculino. Mas isso significa que há "algo nelas que é inatamente masculino", como pensa John Stossel, celebridade televisiva e defensor do determinismo biológico?[100] Dificilmente.

A pesquisa recente mais interessante sobre a relação entre hormônios pré-natais e orientação sexual foi realizada pelo psicólogo Marc Breedlove e seus estudantes. Breedlove é um pesquisador muito mais cuidadoso do que a maioria dos cientistas, e é também muito mais cauteloso nas alegações que faz. Ele mediu a distância dos dedos indicadores e anelares (o segundo e o quarto dígito) e calculou a proporção entre eles tanto para mulheres heterossexuais e lésbicas quanto para *gays* e homens heterossexuais. É bem sabido que, para a mulher mediana, os dois dedos geralmente têm o mesmo tamanho, ao passo que, para o homem mediano, o indicador tem mais frequentemente um tamanho significativamente menor do que o anelar. Supostamente isso é efeito dos androgênios pré-natais sobre os fetos masculinos. Breedlove descobriu que a proporção entre os dois dedos era mais "masculina" entre as lésbicas do que entre as mulheres heterossexuais; ou seja, o dedo indicador das lésbicas era significativamente menor do que seus dedos anelares. Breedlove não encontrou nenhuma diferença entre homens *gays* e héteros (ambos eram igualmente "masculinos"), embora outro estudo tenha encontrado diferenças significativas entre eles, com a proporção digital dos homens homossexuais sendo de certo modo mais "masculina" do que a dos homens heterossexuais[101].

Breedlove acreditava que a diferença entre lésbicas e mulheres heterossexuais decorria de efeitos do aumento de androgênios pré-natais entre as primeiras – o que as tornava mais "masculinas". Ora, isso concorda com os estereótipos tradicionais sugerindo que a homossexualidade se vincula a uma inconformidade de gênero. Mas é preciso ter cuidado para não sobrevalorizar esses estereótipos, pois Breedlove descobriu exatamente o oposto entre os homens. Ele também observou uma relação entre a ordem de nascimento e a orientação sexual para os homens. Quanto maior o número de irmãos mais velhos um homem tinha, maior a probabilidade de que ele seria homossexual. Com efeito, pesquisadores posteriores sugeriram que cada irmão mais velho adicional de um homem aumenta a probabilidade de esse ser *gay* em 30%. Breedlove adotou a hipótese de que isso também era resultado de androgenização pré-natal de crianças subsequentes.

Embora isso possa parecer controverso, está de acordo com outros estudos registrando níveis de testosterona entre homens *gays* significativamente *maiores* do que o índice dos homens heterossexuais. Ou seja, homens *gays são mais* "homens de verdade" do que os homens hétero (outra pesquisa sustentando o argumento de *gays* serem "hipermasculinos" inclui estudos que registraram quantidades significativamente maiores de comportamento sexual e um tamanho de pênis maior entre eles do que entre os héteros, apesar do fato de os *gays* passarem pela puberdade mais cedo e serem, portanto, ligeiramente menores do que os homens hétero). "Isso coloca em questão todas as nossas presunções culturais de que os homens *gays são femininos*", diz Breedlove em uma entrevista – um pensamento que os deterministas biológicos e seus aliados políticos não acharão especialmente reconfortante[102].

Esse tipo de pesquisa realmente nos faz parar. Anthony Bogaert fez um estudo similar no qual descobriu que ter irmãos de criação na mesma casa não tem nenhum efeito sobre a orientação sexual (eles precisam ser biológicos), mas que irmãos mais velhos que não vivem com a pessoa influencia efetivamente as chances de ela ser *gay*. Isso parece descartar efeitos de socialização (irmãos sem parentesco de sangue "recrutando" os mais jovens por meio de coerção sexual) ou o resultado de brincadeiras sexuais aparentemente inofensivas. Bogaert não faz especulações sobre o motivo de isso ser assim nem mesmo acerca dos tipos de mecanismo psicológicos que causaram exatamente essa situação. Pode ser o jeito da natureza de reduzir o número de homens competindo por mulheres cada vez mais escassas (em razão do grande número de meninos). Se é assim, isso não só sinaliza certos elementos biológicos nas origens da orientação sexual, mas também estabelece um forte argumento para a naturalidade da homossexualidade[103]. Ao menos para a homossexualidade masculina. Nenhum fenômeno relativo à ordem de nascimento foi postulado como indicador de lesbianismo.

A pesquisa sobre intersexualidade

Um dos testes mais intrigantes em pesquisas hormonais foi realizado com pessoas intersexo. Aqui, na fronteira do sexo biológico, podemos observar mais nitidamente os processos que também são muitas vezes difíceis de ver no desenvolvimento biológico "normal". Pessoas intersexuais têm organismos com características tanto masculinas e femininas. Indivíduos verdadeiramente intersexuais têm seja um ovário e um testículo, seja um único órgão com os dois tipos de tecido reprodutivo. Eles são extremamente raros. Menos raros, porém, são aqueles cujo sexo biológico é ambíguo[104].

Considere-se um caso bastante conhecido: dois vilarejos relativamente isolados na República Dominicana parecem ter produzido um conjunto maior do que o esperado de homens geneticamente intersexuais durante pelo menos três gerações. Eram bebês que nasciam com estruturas internas masculinas, mas com órgãos sexuais assemelhados mais a um clítoris do que a um pênis. Ademais, os testículos não haviam descido de modo nenhum, resultando no que parecia ser um escroto que lembrava os lábios, bem como uma cavidade vaginal aparentemente fechada. Essa condição foi o resultado de uma deficiência extremamente rara de um esteroide, o 5-alfa redutase. Dezoito desses bebês foram criados como meninas e foram estudados por uma equipe de pesquisadores da Cornell University[105].

Depois de essas crianças terem tido infâncias relativamente sem complicações, durante as quais elas brincaram e agiram como outras meninas, a adolescência delas se tornou um tanto mais traumática. Elas não desenvolveram seios e notaram uma massa de tecido na virilha que, no fim das contas, eram os testículos começando a descer. Na puberdade, o corpo delas começou a produzir quantidades significativas de testosterona, o que engrossou suas vozes, desenvolveu seus músculos e fez aparecer pelos faciais. De repente, essas jovens não eram mais como as outras garotas! Então todas, exceto uma, trocaram de sexo e viraram homens. Uma continuou sendo mulher, determinada a casar e ter uma operação de mudança de sexo (outra decidiu que era homem, mas continuou a se vestir e a agir como mulher). Todas as outras foram bem-sucedidas ao fazer a transição; elas se tornaram homens, acharam empregos tipicamente masculinos (lenhadores, fazendeiros, mineiros) e se casaram com mulheres.

Imperato-McGinley e sua equipe interpretaram tais eventos como uma demonstração dos efeitos de hormônios sexuais da fase pré-natal e da puberdade. Sua pesquisa afirmou que uma dose pré-natal de testosterona havia criado cérebros "masculinos", que então permaneceram dormentes dentro de corpos ambíguos e de aparência fisiológica feminina. Na puberdade, uma segunda secreção de testosterona ativou esses cérebros geneticamente masculinos, e as jovens fizeram a transição sem muito trauma psicológico.

Porém, elas não fizeram isso sozinhas. Os outros habitantes do vilarejo caçoavam delas, chamando-as de *guevadoches* ("ovos [testículos] às doze") ou *machihembra* ("primeiro mulher, depois homem"). Contudo, depois de as crianças terem feito a ação para se tornarem homens, seus vizinhos deram mais apoio e ofereceram conselhos e presentes para facilitar a transição. Ademais, pode-se argumentar que essas crianças tinham uma relação menos fixa entre o desenvolvimento de gênero na infância e os padrões de gênero na adolescência justamente por causa de sua formação genital ambígua. Depois de três gerações, elas podem ter aceitado que uma menina nem sempre cresce para virar uma mulher. O antropólogo Gilbert Herdt afirma que essas culturas "de gêneros polimórficos" têm a habilidade de lidar com mudanças de gênero radicais durante um ciclo de vida muito mais facilmente do que culturas "de gênero dimórfico", como a dos Estados Unidos, onde se espera que todos sejam ou homens ou mulheres durante toda a sua vida[106]. Também é possível perguntar o que teria acontecido se essas crianças fossem pequenos garotos que, no fim das contas, revelassem ter sido, na verdade, meninas e, assim, fossem convidados a se tornarem mulheres adultas. Quem escolheria permanecer menina se ela poderia acabar se tornando um menino, especialmente em uma cultura na qual os sexos são altamente diferenciados e os homens gozam de privilégios que as mulheres não têm? Será que os meninos achariam a transição para se tornarem meninas tão fácil?

A política do essencialismo biológico

Os argumentos biológicos da diferença de sexo historicamente tenderam a ser politicamente conservadores, e a sugerir que os arranjos sociais entre mulheres e homens – incluindo a discriminação social, econômica e política baseada no sexo – são, na verdade, a consequência inevitável da natureza trabalhando de modos misteriosos. Tentativas políticas de legislar mudanças na ordem de gênero ou esforços para obter direitos civis para as mulheres ou para *gays* e lésbicas sempre se confrontaram com o **essencialismo biológico**: Não brinque com a Mãe Natureza! James Dobson, um antigo professor de pediatria e fundador do Focus on the Family (Foco na família), um grupo de ativistas de direita, apresenta o caso categoricamente:

> Sinto que é um equívoco mexer com a relação, aprimorada pelo tempo, do marido como protetor amoroso e da esposa como receptora dessa proteção... Dado que dois capitães naufragam o navio e dois cozinheiros estragam a sopa, sinto que uma família deve ter um líder cujas decisões prevaleçam em tempos de opiniões divergentes... Esse papel foi designado para o homem da casa[107].

Cientistas sociais também embarcaram no trem biológico. Por exemplo, o sociólogo Steven Goldberg, em seu livro, *The Inevitability of Patriarchy* (*A inevitabilidade do patriarcado*), afirma que, sendo o domínio masculino ubíquo e eterno, ele simplesmente tem de estar baseado em origens biológicas. Há realmente muita coincidência para que isso seja social. O feminismo, argumenta Goldberg, é, portanto, uma guerra contra a natureza:

> As mulheres seguem seus próprios imperativos fisiológicos... Nessa e em todas as outras sociedades, [os homens] olham para as mulheres em busca de gentileza, doçura e amor, de refúgio em relação a um mundo de dor e força... Em toda sociedade, a motivação masculina básica é o sentimento de que mulheres e crianças devem ser protegidas... A feminista não pode ter as duas coisas: se ela deseja sacrificar tudo isso, tudo o que ela conseguirá de volta é o direito de confrontar os homens em termos masculinos. Ela vai perder[108].

Politicamente, arranjos sociais desiguais são, no fim, ordenados pela natureza[109].

Mas a evidência – de vez em quando impressionante, muitas vezes irregular – está longe de ser convincente. Se a dominação masculina é natural, fundada em imperativos biológicos, por que, interroga a socióloga Cynthia Fuchs Epstein, ela deva ser coerciva, mantida em vigor por leis, tradições, costumes e a constante ameaça de violência contra as mulheres que ousam sair da linha? Por que as mulheres desejariam entrar em esferas masculinas, como faculdades e universidades, a política e a força de trabalho, as profissões e as forças armadas, esferas para as quais elas nitidamente seriam biologicamente inadequadas?

Ironicamente, na década passada, aos conservadores que afirmavam bases biológicas como explicação tanto para as diferenças entre sexos quanto para as diferenças de sexualidade se juntaram algumas mulheres, homens *gays* e lésbicas que adotaram o seu próprio essencialismo. Algumas feministas, por exemplo, argumentaram que as mulheres deveriam se contentar por reivindicar "as forças intuitivas e emocionais dadas por seu hemisfério direito, em oposição à natureza masculina excessivamente cognitiva dominada pelo hemisfério esquerdo"[110]. O essencialismo feminista usa muitas vezes a experiência das mulheres como mães para descrever as diferenças fundamentais e irredutíveis entre os sexos, em vez da evolução, da organização ou química cerebral. A socióloga Alice Rossi afirma que, por causa de seus corpos, "as mulheres têm uma vantagem inicial em uma leitura mais fácil das expressões faciais infantis, suavidade na mobilidade do corpo, mais facilidade ao lidar com uma pequena criatura com sua gentileza tátil"[111].

Do mesmo modo, a pesquisa sobre as bases biológicas da homossexualidade sugere alguns aliados políticos improváveis e uma mudança dramática de posições. O estudo sobre o cérebro *gay* pode ter jogado pouca luz sobre a etiologia da orientação sexual, mas certamente aumentou significativamente a temperatura política. De certo modo, a promoção do essencialismo *gay* é uma estratégia política para normalizar a homossexualidade masculina. "Isso indica que pessoas *gays são criadas desse jeito pela natureza*", observa Robert Bray, diretor da assessoria de comunicação da National Gay and Lesbian Task Force (Força-tarefa Gay e Lésbica Norte-Americana). "E toca o coração das pessoas que se opõem aos direitos homoafetivos e pensam que nós não os merecemos porque escolhemos ser do jeito que somos." Michael Bailey e Richard Pillard, os autores do estudo sobre gêmeos *gays*, opinaram em um ensaio publicado como editorial opinativo do *New York Times* que uma "explicação biológica é uma boa notícia para homossexuais e seus defensores". "Se, no fim das contas, com efeito, os homossexuais nascem desse jeito, essa descoberta pode reduzir a animosidade que os *gays* tiveram de enfrentar por séculos", acrescentou uma reportagem de capa da *Newsweek*. Tal entendimento "reduziria ser *gay* a algo como ser canhoto, que é, com efeito, simples

assim", comentou o jornalista *gay* e escritor Randy Shilts nessa revista. Simon LeVay, cuja pesquisa disparou o debate recente, esperava que a homofobia desaparecesse como resultado de seu estudo, dado que ele dissiparia a base do preconceito que alega a inaturalidade dos atos homossexuais. Os *gays* se tornariam "apenas outra minoria", somente mais um grupo étnico, com uma identidade baseada em características primordiais[112].

A implicação política não escapou aos conservadores, que agora estão reivindicando o construtivismo social que "nutri" e a teoria da orientação social tão firmemente quanto defendem as diferenças biologicamente fundadas entre mulheres e homens. Há mais de uma década, o então vice-presidente Dan Quayle afirmou que a homossexualidade é uma questão de escolha – "a escolha errada", ele acrescentou logo em seguida. O antigo procurador-geral Johan Ashcroft concordou que se trata "de uma escolha que pode ser feita e desfeita". Tal pensamento leva a um movimento politicamente volátil, embora cientificamente dúbio, chamado "conversão", para o qual, por meio de terapia intensiva, homens *gays* e lésbicas podem se tornar heterossexuais felizes e "saudáveis"[113].

Outros estão menos convencidos. O historiador *gay* John D'Emilio questiona se "nós realmente esperamos obter poder real de uma posição do tipo 'não posso fazer fada'"[114]. Mesmo se nós, como canta Lady Gaga, "nascemos desse jeito", tais esforços de naturalização são vulneráveis à subversão política das mesmas forças políticas que eles pretendem enfrentar. As forças *antigay* poderiam apontar um defeito cerebral e sugerir possíveis modificações pré-natais como prevenção ou "curas" depois do nascimento. A manchete do *Washington Times* anunciando a pesquisa de LeVay bradava: "Cientistas ligam anormalidade cerebral, homossexualidade". O próprio LeVay reconhece esse perigo e comenta que "o lado negativo disso é que, com a conversa sobre características imutáveis, posso então ser interpretado como se indicasse um defeito ou um distúrbio congênito. Podem dizer que ser *gay* é como ter uma fibrose cística ou algo assim, algo que deveria ser abortado ou corrigido no útero". E tão logo ele disse isso, James Watson, Prêmio Nobel por descobrir a dupla hélice na genética, sugeriu que as mulheres nas quais se descobrisse a presença do gene da homossexualidade deveriam ser autorizadas a abortar a criança. "Se é possível encontrar o gene que determina a sexualidade e uma mulher decide que não quer uma criança homossexual, bem, deixe-a fazer como quer", ele disse em uma entrevista.

O que esse debate ignora é o que podemos chamar de *sociologia* do essencialismo *gay*: os modos como o gênero continua a ser o princípio organizador da essência homossexual. Percebam como a pesquisa essencialista vincula a homossexualidade à **inversão de gênero**, como se as mulheres fossem o ponto de referência a partir do qual os homens *gays* e héteros deveriam ser medidos. Homossexuais masculinos, no fim das contas, têm estruturas cerebrais "femininas", o que os transforma em **hermafroditas** – cérebro de mulher em corpo de homem – uma espécie de terceiro sexo neurológico. Mas se os homens *gays* e as mulheres tivessem estruturas cerebrais similares, então a manchete do *Washington Times*, citada anteriormente, deveria ser mais precisa e problematizar o homem heterossexual, que seria então a minoria numérica, como o grupo desviante com anormalidades cerebrais.

Porém, o mais importante é que esses estudos não percebem a organização social do sexo *gay* – os modos pelos quais as normas de gênero governam o quê, onde, quando, como e quantos. Em suas atividades sexuais, índices de relacionamento e variações, homens *gays* e lésbicas são muito mais *conformistas* de gênero do que não conformistas. A sexualidade dos homens *gays* assemelha-se impressionantemente com a sexualidade de homens hétero – exceto pelo detalhe não totalmente casual do gênero do seu objeto de escolha. Não importa a orientação sexual, praticamente todas as pesquisas sobre sexo apontam para uma conclusão: É o gênero, *não a orientação sexual*, que é o princípio organizador do comportamento sexual. Homens *gays* e héteros buscam sexo masculino; o sexo é uma confirmação da masculinidade. Mulheres lésbicas e héteros vivenciam o sexo feminino; o sexo é uma confirmação da feminilidade[115].

A organização da sexualidade pelo gênero também explica quem acredita nela. Pesquisas recentes mostraram que, esmagadoramente, são os *homens gays* que creem ser sua homossexualidade natural, biológica e inata. As lésbicas tendem mais a acreditar que sua homossexualidade é socialmente construída[116]. Os homens homossexuais se inclinam para explicações essencialistas, diz Vera Whisman, porque o privilégio de gênero lhes dá a possibilidade de acessar posições de maior *status*; se a homossexualidade deles é biológica, então ela pode ser deixada de lado para que eles possam reivindicar seu *status* "de direito" (ou seja: masculino). A sexualidade lésbica é considerada pelas mulheres homossexuais como mais social e historicamente contingente porque as lésbicas são duplamente marginalizadas. A sexualidade e a identidade de gênero delas são muitas vezes, embora nem sempre, condicionada pela conexão ideológica como feminismo. Como afirma a escritora lésbica Charlotte Bunch:

> O lesbianismo identificado com a mulher é, portanto, mais do que uma preferência sexual, é uma escolha política, isso porque as relações entre homens e mulheres são essencialmente políticas, elas envolvem poder e dominação. Uma vez que a lésbica rejeita ativamente essa relação e escolhe as mulheres, ela desafia o sistema político estabelecido[117].

Para as lésbicas, o comportamento sexual implica uma declaração política acerca da vida fora das tendências dominantes; os homens *gays* o veriam como um acidente de nascimento a ser desmantelado por ser desconsiderado.

Conclusão

A pesquisa biológica mantém influências importantes sobre nosso pensamento a respeito de duas questões fundamentais no estudo de gênero: a *diferença* entre mulheres e homens e a *desigualdade* entre os gêneros são evidentes em nossa vida social. Mas, da perspectiva de um cientista social, os biólogos leram as coisas pelo avesso. As diferenças de gênero inatas não produzem automaticamente as óbvias desigualdades sociais, políticas e econômicas que observamos na sociedade contemporânea. Com efeito, a verdade parece ser o contrário: a desigualdade de gênero, com o tempo, ossificou-se em diferenças observáveis nos comportamentos, atitudes e características. Se uma pessoa teve dificuldades para se ajustar à luz, não se concluiria que ela teve problemas genéticos no olho em comparação com a população que tem vivido sob essa luz o tempo todo?

Há muitos problemas com a pesquisa sobre bases biológicas da diferença de gênero e problemas adicionais, e ainda maiores com a extrapolação dessas diferenças para o mundo social da desigualdade de gênero. Considere-se o problema do que podemos chamar de **hipérbole antropomórfica**. O neurobiólogo Simon LeVay escreve que "os genes exigem gratificação instantânea"[118]. O que devemos fazer com uma afirmação tão obviamente falsa? Os genes não "exigem" nada. E, seja como for, de quais genes eles está falando? Alguns genes controlam apenas coisas aparentemente desimportantes e desinteressantes, como a cor dos olhos ou a capacidade de diferenciar entre sabores doces e azedos. Outros esperam pacientemente por décadas antes de poder instruir o cabelo de um homem a começar a cair. Outros ainda são tão pouco exigentes que podem esperar serenamente por muitas gerações até que outro par recessivo seja encontrado depois de múltiplas tentativas de reprodução. Os genes podem desempenhar um papel nas tomadas de decisão sexual da espécie ou mesmo de um membro individual de uma espécie em particular. Eles provavelmente não podem controlar nenhuma decisão particular feita por dado indivíduo particular em dado momento específico. Com quem você decide fazer sexo neste final de semana – ou mesmo se você quer *fazer* sexo – não é uma decisão determinada por seus genes, mas sim por você.

Outro problema na pesquisa biológica tem sido a presunção casual de que a causa sempre vem da fisiologia para a psicologia. Só porque se encontra uma correlação entre duas variáveis não é motivo para permitir que se especule sobre direção causal. Como a bióloga Ruth Hubbard argumenta:

> Se a sociedade põe metade de suas crianças de saias curtas e as alerta para não se mover de modo a revelar suas calcinhas, enquanto põe a outra metade de *jeans* e macacão e a estimula a subir em árvores, jogar bola e participar de vigorosas brincadeiras na rua; se, mais tarde, durante a adolescência, as crianças que vestem calças são instigadas a "comer como meninos em fase de crescimento" enquanto as crianças de saia são alertadas para vigiar seu peso e não engordar; se a metade de *jeans* corre por todo lado usando tênis e botas, enquanto a metade de saia cambaleia sobre sapatos de salto alto, então esses dois grupos de pessoas serão diferentes tanto biológica quanto socialmente[119].

Sabemos, então, o que *não podemos* dizer sobre as bases biológicas da diferença de gênero e da desigualdade de gênero. Mas o que *podemos* dizer? Podemos dizer que as diferenças biológicas fornecem a matéria-prima a partir da qual começamos a criar nossas identidades dentro da cultura, dentro da sociedade. "A sexualidade biológica é a precondição necessária para a sexualidade humana", escreve o historiador Robert Padgug. "Mas a sexualidade biológica é apenas uma precondição, um conjunto de potencialidades, que *é sempre mediada pela* realidade humana e que se mostra transformada de modos qualitativamente novos na sociedade humana"[120].

Na conclusão de seu vigoroso indiciamento contra o **darwinismo social**, publicado primeiramente em 1944, o eminente historiador Richard Hofstadter apontou que ideias biológicas como a sobrevivência do mais forte,

> qualquer que seja seu duvidoso valor na ciência natural, são totalmente inúteis na tentativa de compreender a sociedade; a vida do homem em sociedade, sendo incidentalmente um fato biológico, tem características que não são redutíveis à biologia e devem ser explicadas nos termos específicos de uma análise cultural; o bem-estar físico dos homens é resultado de sua organização social e não o contrário; a melhoria social é produto de avanços na tecnologia e na estrutura social, não da procriação ou da eliminação seletiva; os julgamentos de valor da competição entre os homens ou empresas ou nações devem se basear não em consequências supostamente biológicas, mas sim sociais[121].

Em seu discurso presidencial feito à American Sociological Association (Associação Sociológica Norte-americana), Troy Duster alertou sobre a "autoridade crescente da ciência reducionista" informando conversações públicas. Um artigo recente da psicóloga Deena Skolnick Weisberg e seus colegas sugere quão profético foi o comentário de Duster. O estudo liderado por Weisberg deu a três grupos – adultos medianos, estudantes em curso de neurociência e *experts* em neurociência – um conjunto de descrições de fenômenos psicológicos, seguido de tipos distintos de explicação para eles. Algumas dessas explicações eram boas, outras, ruins, porém, uma de cada tipo também continha informações neurocientíficas totalmente irrelevantes inseridas ali ao acaso.

Todos consideraram as boas explicações melhores do que as ruins. Mas os grupos de não especialistas também acharam as explicações – boas e ruins – misturadas com as informações impertinentes de neurociência mais satisfatórias do que aquelas sem esse complemento, mesmo que fosse plenamente inútil. Tais informações eram especialmente prestativas para fazer com que as más explicações soassem mais razoáveis[122] (suponho que os estudantes atrapalhados pensaram que acrescentar uma dose de jargão científico irrelevante a uma resposta em uma avaliação poderia obscurecer o fato de eles realmente não terem conhecimento do que estão falando, mas isso funcionaria apenas em uma classe que não estivesse usando este livro. Sinto muito).

Os cientistas ainda precisam descobrir o gene que carrega a crença na natureza e não na nutrição; não é evidente qual metade do cérebro escamoteia as evidências da variação cultural ou individual dos imperativos evolutivos. A credulidade humana em explicações pseudocientíficas estaria presente um cromossomo particular? Os cientistas – sociais, comportamentais, naturais, biológicos – continuarão a discordar em sua busca pelas origens do comportamento humano. O que todos eles devem reconhecer é que as pessoas se comportam diferentemente em diferentes culturas e que até mesmo comportamentos similares podem significar coisas diferentes em diferentes contextos.

Os norte-americanos parecem querer desesperadamente acreditar que as diferenças entre mulheres e homens são significativas e que elas podem ser remetidas a origens biológicas. Uma reportagem de capa da *Newsweek* prometeu explicar "por que homens e mulheres pensam diferentemente", embora a história revelasse problemas em cada uma das frações de evidência e concluísse que "a pesquisa mostrará que nossas identidades como homens e mulheres são criações tanto da natureza quanto da nutrição. E que não importa o que a natureza nos dá, somos nós – nossas escolhas, nosso senso de identidade, nossas experiências na vida – que fazemos nós mesmos o que somos"[123].

Como fazemos isso, como criamos nossas identidades a partir de nossas experiências, como compreendemos tais experiências e as escolhas que fazemos – eis aí a província da ciência social, que tenta explorar a notável diversidade da experiência humana. Embora os estudos biológicos possam nos sugerir os blocos primordiais de construção da experiência e da identidade, é dentro de nossas culturas, nossas sociedades e nossas famílias que tais blocos de construção são montados na arquitetura espantosamente variável que constitui nossas vidas.

TERMOS-CHAVE		
Andropausa	Infanticídio	Psicologias sexuais
Craniologia	Instinto maternal	Princípio biológico
Darwinismo social	Inversão de gênero	Seleção natural
Discriminação sexual	Leis da natureza	Sociobiologia
Essencialismo biológico	Menopausa masculina	Sucesso evolutivo
Estratégias reprodutivas	Orientação sexual	Sucesso reprodutivo
Hermafroditas	Pesquisa endocrinológica	Teoria evolutiva
Hipérbole antropomórfica	Pesquisa sobre cérebro	
Identidade de gênero	Psicologia evolutiva	

3

Estendendo o mundo
A cultura constrói a diferença de gêneros

> *Se um teste de civilização fosse procurado, nenhum seria tão seguro quanto a condição daquela metade da sociedade sobre a qual a outra metade tem poder.*
> Harriet Martineau. Society in America (1837).

MODELOS BIOLÓGICOS presumem que o sexo biológico determina o gênero, que diferenças biológicas inatas conduzem a diferenças de comportamento, que, por sua vez, conduzem a arranjos sociais. Por essa explicação, as desigualdades sociais estão codificadas em nossa constituição fisiológica. Somente as anomalias biológicas devem explicar as variações. Mas as evidências sugerem outra situação. Quando crianças como aquelas **pseudo-hermafroditas** dominicanas são criadas de acordo com o *gênero* outro, elas conseguem facilmente fazer a transição para o outro *sexo*. E como explicamos as diferenças dramáticas nas definições de masculinidade e de feminilidade ao redor do mundo? E como pode que algumas sociedades têm níveis de desigualdade muito maiores do que outras? Sobre essas questões, o registro biológico permanece mudo.

Além disso, a biologia não é desprovida de enviesamentos, embora sejam difíceis de detectar. Alguns antropólogos afirmam que os modelos biológicos projetam valores ocidentais contemporâneos sobre outras culturas. Tais projeções levam evolucionistas como Steven Goldberg a ignorar o papel das mulheres e o papel do colonialismo no estabelecimento de diferenças de gênero em culturas tradicionais. Antropólogas como Karen Brodkin sugerem que os pesquisadores em biologia sempre pressupõem que a *diferença* de gênero implica uma *desigualdade* de gênero, pois as noções ocidentais de diferença, com efeito, geralmente levam à desigualdade e a justificam. Em outras palavras, a diferença de gênero é o *resultado* da desigualdade de gênero – e não o contrário[124].

As pesquisas antropológicas sobre variações culturais no desenvolvimento das definições de gênero surgem, em parte, em resposta a tal determinismo biológico fortuito. Quanto mais descobrimos sobre outras culturas, mais padrões seguros emergem. O mundo evolutivo e o mundo etnográfico oferecem uma diversidade fascinante de construções culturais de gênero. Porém, alguns temas são efetivamente constantes. Quase todas as sociedades manifestam alguma porção de diferença entre mulheres e homens, e praticamente todas as culturas exibem alguma forma de dominação masculina, apesar das variações na definição de gênero. Assim, os antropólogos têm buscado explorar o elo entre as afirmações quase-universais da diferença de gênero e da desigualdade de gênero. Alguns buscam essas poucas sociedades nas quais são as mulheres que detêm posições de poder; outros examinam rituais, crenças, costumes e práticas que tendem a aumentar a desigualdade e aquelas que tendem a diminuí-la.

As variações na definição de gênero

Quando antropólogos começaram a explorar o panorama cultural, uma das primeiras coisas que encontraram foi uma variação muito maior nas definições de masculinidade e de feminilidade do que qualquer biólogo teria previsto. Os homens possuíam níveis relativamente similares de testosterona, com estruturas cerebrais e lateralização similares, pareciam demonstrar índices dramaticamente diferentes de agressão, violência e, principalmente, de agressão contra as mulheres. Já a parte feminina da população, com cérebros e hormônios similares, com imperativos evolutivos ostensivamente semelhantes, apresentavam experiências de passividade, SPM e coordenação espacial amplamente variáveis.

Uma das antropólogas mais célebres a explorar essas diferenças foi Margaret Mead, cuja pesquisa nos Mares do Sul (Samoa, Polinésia, Indonésia) permanece, apesar de algumas críticas importantes, um exemplo de trabalho acadêmico dedicado, com escrita cristalina e ideias importantes. Mead afirmou nitidamente que as diferenças sexuais "não são algo fundamentalmente biológico", mas que, pelo contrário, são aprendidas e, uma vez aprendidas, tornam-se parte da ideologia que continua a perpetuá-las. Eis como ela o afirma:

> Eu sugeri que certos traços humanos foram socialmente especificados como atitudes e comportamentos apropriados apenas para um sexo, enquanto outros traços humanos foram especificados para o sexo oposto. Essa especificação social é então justificada em uma teoria, que diz ser o comportamento socialmente instituído natural para um sexo e desnaturalizado para o outro, e também diz que o anormal é assim por causa de um defeito glandular ou de um acidente no desenvolvimento[125].

Em *Sex and Temperament in Three Primitive Societies* (*Sexo e temperamento em três sociedades primitivas*), 1935, Mead explorou as diferenças nessas definições, ao passo que em muitos outros livros, tais como *Male and Female* (*Macho e fêmea*), 1949 e *Coming of Age in Samoa* (*A adolescência em Samoa*), 1928, ela explorou os processos pelos quais machos e fêmeas se tornam os homens e as mulheres que suas culturas prescrevem. Não importa o assunto sobre o qual ela parecia estar escrevendo, porém, Mead sempre teve um olhar especial para os Estados Unidos. Ao gerar comparações implícitas entre nossa cultura e outras, ela nos desafiava a manter a ficção de que, por ser assim aqui, então deve ser o certo e não pode ser mudado.

Em *Sex and Temperament*, Mead confronta diretamente as afirmações de inevitabilidade biológica. Ao examinar três culturas muito diferentes na Nova Guiné, ela buscou mostrar a enorme variação cultural possível nas definições de masculinidade e de feminilidade e, ao fazê-lo, permitir aos norte-americanos uma melhor compreensão tanto das origens culturais quanto da maleabilidade de suas próprias ideias. As duas primeiras culturas demonstravam similaridades notáveis entre mulheres e homens. Masculinidade e feminilidade não eram as linhas em torno das quais as diferenças de personalidade pareciam se organizar. Mulheres e homens não eram sexos "opostos". Por exemplo, todos os membros da cultura Arapesh pareciam gentis, passivos e emocionalmente calorosos. Machos e fêmeas eram igualmente "felizes, confiantes, confidentes" e o individualismo era relativamente ausente. Homens e mulheres partilhavam a criação dos filhos; ambos eram "maternais", e ambos desestimulavam a agressividade entre os meninos e entre as meninas. Tanto eles quanto elas se concebiam como relativamente iguais sexualmente, embora o relacionamento sexual entre os dois tendia a ser "doméstico" e não "romântico" ou, aparentemente, o que poderíamos chamar de apaixonado. Embora o infanticídio feminino e a poligamia masculina não fossem desconhecidos, o casamento era "equilibrado e disputado". Com efeito, Mead pronunciou que tais arranjos políticos eram "utópicos". Ela resumiu a vida dos Arapesh do seguinte modo:

> É vida de cooperação calma e rotineira, de cantos na fria aurora, cantos e risadas à noite, homens que, felizes, sentam para tocar tambores entre si, mulheres segurando crianças que amamentam em seu peito, jovens garotas caminhando facilmente pelo centro do vilarejo, com o passo de quem é benquista por todos ao redor[126].

Por outro lado, Mead descreve os Mundugumor, uma tribo de guerreiros e canibais, que também concebiam mulheres e homens como similares, mas esperavam que ambos os sexos fossem igualmente agressivos e violentos. As primeiras demonstravam pouco "instinto maternal"; elas odiavam a gravidez e a amamentação, e mal conseguiam esperar para voltar ao trabalho de verdade dos negócios e da guerra. "As mulheres Mundugumor detestam energicamente a gestação, e elas não gostam de crianças", Mead escreve. "Os filhos são carregados em cestos rústicos ásperos que arranham a pele das crianças, que depois sobem no alto dos ombros de suas mães, bem longe dos seios". No seio dessa tribo havia uma rivalidade violenta entre pais e filhos (com mais infanticídio entre os meninos do que entre as meninas), e todas as pessoas viviam com medo de que estavam sendo enganadas pelos outros. Bastante ricos (parcialmente graças a seus métodos de controle populacional), os Mundugumor eram, como Mead conclui, "violentos, competitivos, agressivamente sexuais, invejosos, prontos para se ofender e vingar a ofensa, adorando se exibir, entrar em ação e lutar"[127].

Ali estavam, portanto, duas tribos que viam as diferenças de gênero como quase inexistentes. A terceira cultura que Mead descreve era a do Povo Tchambuli, onde, como nos Estados Unidos, mulheres e homens eram vistos como extremamente diferentes. Essa era uma cultura patrilinear, na qual a poliginia era aceita. Aqui, um sexo era constituído primariamente de pessoas carinhosas, que fofocavam e consumiam bastante, passando o dia todo se vestindo e indo ao *shopping*. Essas pessoas faziam cachos no cabelo, usavam muitas joias e, como Mead as descreve, tinham muito "charme, graça e delicadeza". Essas pessoas, por acaso, eram os homens e, para eles, nada era melhor do que "sair com penas resplandecentes e ornamentos de conchas para passar alguns dias agradáveis" indo às compras. As mulheres eram dominantes, enérgicas, as provedoras econômicas. Eram elas que pescavam, atividade da qual toda aquela cultura dependia, e eram elas "que detinham as posições reais de poder na sociedade". Completamente desprovidas de adornos, elas eram eficientes, prontas para fazer negócio, controlavam todo o comércio e a diplomacia da cultura, eram as iniciadoras das relações sexuais. Mead observa que o Povo Tchambuli era a única cultura que ela havia conhecido "onde as garotinhas de dez ou onze anos eram mais atentamente inteligentes e mais empreendedoras do que os meninos". Segundo os escritos de

Mead, "o que a mulher pensará, o que a mulher dirá, o que a mulher fará reside no fundo da mente de cada homem conforme ele tece sua rede tênue e incerta de relações frágeis com outros homens". Por outro lado, "as mulheres são um grupo sólido, que não é confundido por rivalidades, é vigoroso, paternalista e jovial"[128].

O que Mead encontrou, portanto, foram duas culturas nas quais mulheres e homens eram vistos como similares uns aos outros, e uma cultura na qual ambos eram vistos como extremamente diferentes uns dos outros – mas da maneira exatamente oposta ao modelo que nos é familiar. Cada cultura, obviamente, acreditava que mulheres e homens eram do jeito que eram porque o seu sexo biológico *determinava* a sua personalidade. Nenhuma delas pensava que mulheres e homens eram o resultado de arranjos relativos à escassez econômica, ao sucesso militar ou à cultura (figura 3.1).

Mead urgiu seus leitores a "admitir que homens e mulheres são capazes de ser moldados segundo um único modelo tão facilmente quanto segundo modelos diversos"[129]. Ela demonstrou que mulheres e homens são *capazes* de temperamentos similares ou diferentes, mas não explicou adequadamente *por que* elas e eles acabam sendo diferentes ou iguais. Essas, portanto, são as questões para os antropólogos: quais são os definidores da experiência de mulheres e homens? Por que a dominação masculina seria quase universal? Tais perguntas foram abordadas por outros antropólogos.

A centralidade da divisão do trabalho por gênero

Em quase todas as sociedades, o trabalho é dividido por gênero (bem como por idade). Certas tarefas são reservadas para as mulheres, outras para os homens. Como explicamos esse tipo de divisão senão por algum imperativo biologicamente fundado?

	Fêmeas	
	Masculino	Feminino
Machos Masculino	Mundugumor	Estados Unidos
Machos Feminino	Tchambuli	Arapesh

Figura 3.1 Extraída do livro *Sex and Temperament in Three Primitive Societies* (*Sexo e temperamento em três sociedades primitivas*. Nova York: William Morrow, 1935) (mais o quarto caso implícito em seu trabalho).

Uma escola de pensamento, o funcionalismo sustenta que uma divisão do trabalho baseada no sexo foi necessária para a preservação da sociedade. Conforme a vida social se tornou cada vez mais complexa, surgiu a necessidade de dois tipos de trabalho: a caça e a coleta. Os pensadores funcionalistas discordam a respeito da existência ou não de algum componente *moral* nessa divisão de trabalho, a respeito da maior valorização ou não do trabalho de um dos sexos em relação ao trabalho do outro. Mas eles concordam que a divisão de tarefas por sexo foi funcionalmente necessária para essas sociedades. Tais modelos frequentemente presumem que, em razão de seu surgimento ter ocorrido para satisfazer certas necessidades sociais em um dado momento, a preservação dessa partilha de trabalhos por sexo é um imperativo evolutivo, ou ao menos um arranjo com o qual não se pode brincar descontraidamente.

Por outro lado, por ter uma história, a partilha de tarefas por sexos não é inevitável biologicamente; as sociedades se transformaram e continuarão a se transformar. E elas têm uma história muito recente nesse sentido. "A divisão de trabalho baseada no sexo, tal como a conhecemos hoje, provavelmente desenvolveu-se muito recentemente na evolução humana", escreve o antropólogo Adrienne Zihlman[130]. Além disso, tal divisão é muito mais variável do que poderíamos pressupor. Em algumas culturas, as mulheres constroem a casa, em outras, elas cozinham. Mas, em algumas poucas, é o contrário. Na maioria das culturas, as mulheres são responsáveis por cuidar das crianças. Mas não em todas elas, e as mulheres certamente não fazem tudo. Em algumas culturas, as tarefas são dramaticamente desequilibradas e o trabalho é rigidamente dividido; outras oferecem uma flexibilidade e fluidez muito maior. Atualmente, a divisão do trabalho baseada no sexo é funcionalmente anacrônica e há muito tempo ruíram as bases biológicas para assinalar tarefas sociais especificamente só para os homens ou só para as mulheres. No lugar de tais fundações, porém, permanecem séculos de costumes e tradições sociais que hoje contribuem para as ideologias de gênero acerca do que é apropriado para um sexo e não para o outro. A divisão do trabalho fundada no gênero se tornou parte de nossa cultura, não de nossas constituições físicas.

Com efeito, nossas constituições físicas se tornaram menos determinantes na atribuição de tarefas e na escolha de carreiras. Pode até mesmo ser verdade que, quanto menos importância resta às diferenças físicas reais, mais ênfase ideológica colocamos nelas. Por exemplo, os homens não mais precisam ter força física para serem poderosos e dominadores. O homem mais amplamente musculoso, com efeito, aparece em exposições culturais de competições de musculação, mas eles não realizam mais trabalhos físicos do que o marido suburbano cortando a grama ou escavando a neve. Quanto às mulheres, as tecnologias de planejamento familiar e a autonomia sexual – técnicas de controle de natalidade, legalização do aborto e assistência infantil institucionalizada – as libertaram do monopólio das atividades de cuidado dos filhos e lhes permitiram participar das instituições na esfera pública.

Uma vez livres, as mulheres entraram em todas as áreas do mundo público. Um século atrás, elas fizeram campanhas para entrar nas salas da universidade, na seção de votação, em diversas profissões e no mundo do trabalho. Mais recentemente, o exército e as academias militares abriram suas portas para elas, no último caso por decisão judicial. Hoje, existem pouquíssimas ocupações para quais apenas mulheres ou apenas homens são biologicamente preparados, estritamente falando. Pergunte a si mesmo: Você conhece quantos empregos que podem ser desempenhados *biologicamente* apenas por mulheres ou apenas por homens? A princípio, só consigo pensar em três: para as mulheres, ama de leite e barriga de aluguel; para os homens, doador de esperma profissional. Nenhum deles constitui exatamente uma carreira desejada para a maioria de nós.

Se a divisão de trabalho baseada no sexo sobreviveu a sua utilidade social ou a seus imperativos físicos, ela deve ser mantida por alguma outra coisa: o poder de um sexo sobre o outro. De onde veio esse poder? Como ele se desenvolveu? Como ele varia de uma cultura para outra? Quais fatores o exageram, quais fatores o diminuem? Essas são algumas das questões que os antropólogos se esforçaram para responder.

Teorias da diferenciação de gênero e da dominação masculina

Muitos teóricos tentaram explicar **a divisão sexual do trabalho** e a desigualdade de gênero referindo-se a forças gerais e estruturais que transformam os princípios organizadores das sociedades. Eles apontaram para o impacto da propriedade privada, para as demandas da guerra e para a importância da união masculina na caça e na coleta como explicações possíveis.

A propriedade privada e o materialismo da dominação masculina

No final do século XIX, Friedrich Engels aplicou as ideias que desenvolveu com seu colaborador, Karl Marx, e concedeu à propriedade privada o papel de agente central na determinação da divisão de trabalho por sexos. Em *Der Ursprung der Familie, des Privateigenthums und des Staats* (*A origem da família, da propriedade privada e do Estado*), Engels sugeriu que as três instituições supremas da sociedade ocidental moderna – a economia capitalista, o Estado-nação e a família nuclear – surgiram aproximadamente no mesmo momento histórico – e todas resultaram do desenvolvimento da propriedade privada. Antes disso, Engels afirma, as famílias eram organizadas em uma base comunal, com casamentos grupais, igualdade entre homens e mulheres e uma divisão sexual do trabalho sem qualquer recompensa política ou moral indo para homens ou mulheres. O nascimento da economia capitalista criou a riqueza que era móvel e transferível – ao contrário da terra, que permanece no mesmo lugar. Capitalismo significava propriedade privada, o que exigia o estabelecimento de linhas nítidas de herança. Essa exigência, por sua vez, criou novos problemas para fidelidade sexual. Se a um homem cabia passar sua propriedade para seu filho, ele precisava ter certeza de que o filho era, de fato, *seu*. Como ele poderia ter certeza disso no casamento coletivo comunal das famílias pré-capitalistas?

A família nuclear surgiu dessa necessidade de transmitir a herança através de gerações de homens, com casamento monogâmico e controle sexual das mulheres exercido pelos maridos. E como a herança tinha de ser mantida, esses novos patriarcas precisavam de leis nítidas e coercivas, vigorosamente aplicadas, que lhes permitiria transmitir seus legados para os filhos sem a interferência de outros. Isso exigia um aparato político centralizado (o Estado-nação) para exercer a soberania sobre poderes locais e regionais que pudessem desafiá-los[131].

Alguns antropólogos contemporâneos continuam nessa linha de pensamento. Eleanor Leacock, por exemplo, afirma que, antes da ascensão da propriedade privada e das classes sociais, as mulheres e os homens eram considerados indivíduos autônomos que detinham posições diferentes concebidos com estima relativamen-

---

É MESMO?

As origens da desigualdade de gênero remontam ao tempo do homem das cavernas.

Gostamos de pensar que a desigualdade de gênero foi encontrada entre nossos ancestrais mais primordiais, como se isso de alguma forma justificasse a desigualdade contemporânea. Imagens de homens da caverna arrastando as mulheres pelos cabelos, ou de Fred Flinstone saindo para o trabalho no aterro de entulhos enquanto Wilma fica em casa, em Bedrock, com Pedrita e Dino, dominam nossa consciência.

Ocorre que isso tudo está errado. Com efeito, esses primeiros caçadores-coletores eram muito mais igualitários em termos de gênero. A igualdade entre os sexos dava aos bandos de caça e coleta uma vantagem evolutiva, de acordo com a pesquisa de Mark Dyble e seus colegas. Redes sociais mais amplas suscitavam uma cooperação mais estreita entre pessoas sem parentesco e uma maior probabilidade de inovação. Também indicava menos endogamia.

A desigualdade de gênero começou mais propriamente quando as pessoas se sedentarizaram. Com a agricultura sedentária, as pessoas podiam acumular recursos e economizá-los, o que levou a hierarquias e desequilíbrios. Os homens buscaram solidificar seus ganhos tomando múltiplas esposas. Sendo assim, foram os fazendeiros, e não homens das cavernas, que introduziram o patriarcado.

Fonte: M. Dyble, G.D. Salini, N. Chaudhary, A. Page, D. Smith, J. Thompson, L. Vinicius, R. Mace e A.B. Migliano. "Sex Equality Can Explain the Unique Social Structure of Hunter-Gatherer Bands" ("A igualdade sexual pode explicar a estrutura social única dos bandos de caça e coleta"). In: *Science*, 348 (6.236), 15/05/2015, p. 796-798.

te igual. "Quando a série de decisões tomadas pelas mulheres é considerada", escreve ela, "sua autonomia e seu papel público emerge. O *status* da mulher não era então literalmente 'igual' ao dos homens... mas se adequava ao que elas eram – pessoas femininas, com seus próprios direitos, deveres e responsabilidades, que eram complementares e, de modo nenhum, secundários em comparação com os do homem". O trabalho etnográfico de Leacock na Península de Labrador demonstrou a transformação dramática da antiga autonomia das mulheres ocorrida com a introdução do comércio de peles. O surgimento de uma economia comercial fez com que mulheres poderosas se tornassem esposas presas ao lar. Aqui, uma vez mais, a desigualdade de gênero, trazida por mudanças econômicas, resultou no aumento das diferenças de significação da masculinidade e da feminilidade[132].

Karen Sacks (hoje Karen Brodkin) examinou quatro culturas africanas e descobriu que a introdução da **economia de mercado** fez papéis fundamentalmente igualitários se tornarem dominados pelos homens. Enquanto a cultura esteve envolvida na produção de bens para seu próprio uso, tanto o homem quanto a mulher foram relativamente iguais. Mas, quanto mais implicada uma tribo ficava com a economia de trocas do mercado, maior era o nível de desigualdade de gênero e mais baixa a posição da mulher. Por outro lado, quando mulheres e homens partilhavam o acesso aos elementos produtivos da sociedade, o resultado era um nível maior de igualitarismo sexual[133].

Guerra, união e desigualdade

Outra escola de pensamento antropológico faz as origens da dominação masculina remontarem aos imperativos da guerra na sociedade primitiva. Como uma cultura cria guerreiros que são ferozes e fortes? O antropólogo Marvin Harris sugeriu duas possibilidades: A cultura pode fornecer diferentes recompensas para os lutadores, com base na sua destreza ou habilidade. Mas isso limitaria a solidariedade no seio da força de combate e plantaria sementes de dissenso e inimizade entre os soldados. Talvez fosse mais eficiente recompensar praticamente todos os homens com o serviço das mulheres, excluindo apenas os mais despreparados ou covardes. As sociedades guerreiras tendem a praticar infanticídio feminino, observa Harris, assegurando que a população de mulheres permaneça nitidamente menor do que a de homens (com isso, esses continuarão a competir por aquelas). Tais sociedades também tendem a excluir as mulheres da força de combate, pois a presença delas reduziria a motivação dos soldados e afetaria a hierarquia sexual. Desse modo, guerrear leva à subordinação feminina, bem como à patrilinearidade, pois a cultura precisará de um núcleo permanente de pais e filhos para cumprir suas tarefas militares. Os homens vêm a controlar os recursos da sociedade e, como justificativa para isso, desenvolvem uma religião patriarcal como a ideologia que legitima sua dominação sobre as mulheres[134].

Dois outros grupos de acadêmicos usam variáveis diferentes para explicar as diferenças entre mulheres e homens. **Teóricos da descendência**, como Lionel Tiger e Robin Fox, sublinham a invariância do elo entre mãe e filho. Os homens, por definição, carecem do laço que as mães têm com sua prole. Como, então, eles conseguem obter a conexão com a próxima geração, a conexão com a história e a sociedade? Eles a formam junto com outros homens dentro do bando de caçadores. É por esse motivo, dizem Tiger e Fox, que as mulheres devem ser excluídas da caça. Em todas as sociedades, os homens devem, de algum modo, vincular-se socialmente às próximas gerações, às quais eles não estão intrínseca nem biologicamente conectados. A solidariedade masculina e a monogamia são o resultado direto da necessidade dos homens de se conectar com a vida social[135]. **Teóricos da aliança**, como Claude Lévi-Strauss, estão menos preocupados com a necessidade de ligar os homens à próxima geração do que com os modos como as relações entre os homens organizam a vida social. Lévi-Strauss diz que os homens transformam as mulheres em objetos sexuais cuja troca (como esposas) cimenta as alianças entre eles. Tanto os teóricos da descendência quanto os da aliança tratam esses temas como invariantes e naturais, e não como resultados de relações históricas que dramaticamente variam não apenas com o tempo, mas através de diferentes culturas[136].

Determinantes da condição da mulher

Praticamente todas as sociedades das quais temos conhecimento afirmam alguma diferenciação entre mulheres e homens, e praticamente todas elas exigem padrões de desigualdade de gênero e de dominação masculina. Porém, a variação dentro desses universais ainda é impressionante. As diferenças e as desigualdades de gênero podem ser mais ou menos salientadas. Não é simplesmente o caso de tal desigualdade ser maior quanto maior for o nível de diferenciação de gênero, embora esse seja geralmente o padrão. Seria possível, teoricamente, imaginar quatro possibilidades: índices maiores ou menores de diferenciação de gênero acompanhados de índices maiores ou menores de desigualdade de gênero.

Quais, então, são os fatores que parecem determinar a condição da mulher na sociedade? Sob quais condições a condição feminina é melhorada, e sob quais condições ela é minimizada? Variáveis econômicas, políticas e sociais tendem a produzir diferentes configurações culturais. Por exemplo, uma pesquisa de larga escala em diferentes culturas descobriu que, quanto mais uma sociedade precisa de força física e habilidades motoras altamente desenvolvidas, maior serão as diferenças de socialização entre homens e mulheres. Também parece verdade que, quanto maior o grupo familiar, maiores as diferenças entre elas e eles. Em parte, isso se dá porque o isolamento do núcleo familiar implica homens e mulheres precisando ocasionalmente assumir as funções uns dos outros, de modo que uma separação estrita raramente é imposta[137].

Um dos determinantes principais da condição das mulheres é a divisão do trabalho relativo ao cuidado das crianças. O papel delas na reprodução historicamente limitou sua participação social e econômica. Embora nenhuma sociedade assinale todas as funções de criação dos filhos para os homens, quanto mais eles participam desse tipo de trabalho e mais livres as mulheres ficam dessa responsabilidade, melhor tende a ser a condição delas. Há muitos modos de livrar a mulher da exclusividade desse encargo. Em sociedades não ocidentais, diversos costumes se desenvolveram, incluindo empregar babás infantis que cuidam de diversas crianças de uma vez, dividir esse trabalho com os maridos ou com os vizinhos e designar o papel de cuidar das crianças aos anciões da tribo, cuja produtividade econômica foi reduzida pela idade[138].

Relações entre as crianças e seus pais também foram vistas como chave para a condição das mulheres. O sociólogo Scott Coltrane descobriu que, quanto mais próxima a ligação entre pai e filho, provavelmente melhor é a condição feminina. Coltrane notou que, nas culturas onde os pais são relativamente distantes, os meninos se definem *em oposição* às suas mães e outras mulheres, sendo, portanto, inclinados a demonstrar traços de **hipermasculinidade**, a temer e denigrir mulheres como modo de exibir masculinidade. Quanto mais mães e pais partilham a criação dos filhos, menos os homens depreciam as mulheres. Margaret Mead também enfatizou a importância da paternidade. A maioria das culturas concebe o papel das mulheres no cuidado das crianças como algo dado, ao passo que os homens deveriam aprender a se tornar provedores. Há muita coisa em jogo, mas nada é inevitável: "Todas as sociedades humanas conhecidas se baseiam firmemente no aprendizado masculino do comportamento provedor"[139].

Que os homens devam aprender a ser provedores levanta a questão da masculinidade em geral. O que significa ser um homem varia enormemente de uma cultura para outra, e essas definições têm muito a ver com a quantidade de tempo e energia que os pais gastam com seus filhos. Essas questões também não são simplesmente casuais para a vida das mulheres; no fim das contas, quanto mais tempo os homens passam com as crianças, menos presente se torna a desigualdade de gênero nessa cultura. Por outro lado, quanto mais elas se encontram livres do cuidado com os filhos, quanto mais tal responsabilidade é parcelada com outros grupos, quanto mais elas controlam sua fertilidade – melhor é a condição feminina. Coltrane também observou que a situação das mulheres depende de seu controle sobre a propriedade, sobretudo depois do casamento. O *status* de uma mulher é invariavelmente maior quando ela retém o controle de suas posses depois do casamento.

É interessante que pesquisas recentes sobre vínculos masculinos, tão necessários para essas teorias que sublinham a prática da guerra e a necessidade de ligar o homem à ordem social, também pareçam corroborar essa tendência. A socióloga e geógrafa Daphne Spain argumenta que as mesmas culturas onde os homens desenvolviam os rituais sexualmente segregados mais elaborados eram aquelas onde a condição das mulheres era a pior. Spain mapeou espacialmente numerosas culturas e notou que, quanto maior a distância entre a cabana dos homens e o centro do vilarejo, mais tempo eles passam nessa cabana, mais culturalmente importante se tornam os rituais masculinos e menor se torna o *status* da mulher. "Sociedades com cabanas masculinas são aquelas nas quais as mulheres têm menos poder", ela escreve. Se você gasta seu tempo longe da sua cabana, se sai para ficar na cabana dos homens com outros homens, logo terá muito pouco tempo e ainda menos inclinação para ficar com sua família e participar da criação dos filhos![140]

Do mesmo modo, o antropólogo Thomas Gregor descobriu que todas as formas de segregação espacial entre homens e mulheres são associadas a desigualdade de gênero. O Povo Mehinaku, no Brasil central, por exemplo, possui cabanas masculinas muito bem institucionalizadas, onde os segredos da tribo são guardados e os instrumentos sagrados são tocados e armazenados. As mulheres são proibidas de entrar. Como um dos membros da tribo disse a Gregor, "essa casa é apenas dos homens. Elas não podem ver nada daqui. Se uma mulher entra aqui, então todos os homens a levam para a floresta e a estupram"[141].

É MESMO?

Todo mundo sabe que o homem e a mulher das cavernas eram, respectivamente, caçadores e coletoras, e que ela era completamente responsável pelo cuidado dos filhos. Exceto que isso pode não ser verdade. O antropólogo Lee Gettler observou que os pais, nas espécies humanas ancestrais, participavam do banho, da alimentação, das brincadeiras e do ensino das crianças (apenas cerca de 10% de todos mamíferos têm homens contribuindo com tarefas relativas ao "lar"). O envolvimento dos homens em condições de vida tão duras também ajuda a assegurar as chances de sobrevivência, ao passo que uma divisão cerrada do trabalho provavelmente configurava uma estratégia muito mais arriscada (e, com pais ajudando, as mães não tinham de gastar tanta energia e podiam, portanto, engravidar novamente mais cedo, resultando em mais filhos). Até mesmo naquela época, os papais vinham abraçar, e não só iam caçar.

Fonte: L.T. Gettler. "Direct Male Care and Hominin Evolution: Why Male-Child Interaction Is More Than a Nice Social Idea" (Cuidado masculino direto e evolução hominídea: Por que a interação entre homens e crianças é mais do que uma boa ideia social"). In: *American Anthropologist* (Antropólogo Americano) 112(1), 2010, p. 7-21.

Essas duas variáveis – o envolvimento do pai na criação dos filhos (geralmente medido pela segregação espacial) e o controle da mulher sobre a propriedade depois do casamento – constituem parte dos determinantes fundamentais da condição das mulheres e da desigualdade de gênero. Não é de se admirar que eles sejam também determinantes da violência contra as mulheres, pois quanto pior a condição feminina em uma sociedade, maior a probabilidade de estupro e de violência contra elas. Em um dos estudos comparativos mais abrangentes acerca da situação das mulheres, Peggy Reeves Sanday observou diversas correlações importantes. O contato era uma. A **segregação sexual** se associava fortemente com um *status* feminino rebaixado, como se a separação fosse "necessária para o desenvolvimento da desigualdade sexual e da dominação masculina" (inversamente, o estudo sobre uma sociedade sexualmente igualitária não descobriu ali nenhum desejo de segregação sexual). Obviamente, o poder econômico das mulheres, outro determinante crucial, é "o resultado de uma divisão sexual do trabalho na qual elas conquistam a autossuficiência e estabelecem uma esfera de controle independente". Ademais, em culturas que veem o ambiente como relativamente amigável, a condição das mulheres era significativamente melhor; culturas que consideram o ambiente hostil têm maior probabilidade de desenvolver padrões de dominação masculina[142].

Por fim, Sanday descobriu que as mulheres tinham os maiores níveis de igualdade e, portanto, a menor frequência de estupro, quando ambos os gêneros contribuíam com a mesma proporção para o suprimento de comida. Quando as mulheres davam uma contribuição igual, os homens tendiam a se envolver mais com a criação dos filhos. Quando, ironicamente, as mulheres contribuíam demais, seu *status* também era baixo. Assim, a condição delas tende a ser menor quando elas contribuem seja com muito pouco seja com uma porção muito grande, e tende a ser igual quando sua contribuição é relativamente igual. Podemos assim resumir os achados da pesquisa transcultural sobre a condição das mulheres e a dominação masculina:

1) A dominação masculina é menor quando homens e mulheres trabalham juntos e há pouca divisão sexual do trabalho. A segregação sexual no trabalho é o mais forte indicador da condição da mulher.

2) A dominação masculina é mais saliente quando os homens controlam os recursos ideológicos e políticos que são necessários para cumprir os propósitos da cultura e quando eles controlam toda a propriedade.

3) A dominação masculina é "exacerbada sob **colonização**" – tanto a penetração capitalista nas áreas rurais quanto a industrialização geralmente rebaixam a condição feminina. O domínio dos homens também está associado com desequilíbrios demográficos entre os sexos. Quanto maior a porcentagem de homens matrimoniáveis em comparação com as mulheres matrimoniáveis, pior é a condição das mulheres.

4) Pressões ambientais tendem a reforçar a dominação masculina[143].

As explicações transculturais do estupro

A citação anterior, feita por Gregor, e a pesquisa de Peggy Reeves Sanday e outros sugerem que o estupro não é uma estratégia de reprodução evolutiva adotada por homens malsucedidos, como foi sugerido por alguns psicólogos evolutivos. Pelo contrário, o estupro é um fenômeno cultural que cimenta as relações entre os homens, sendo talvez um método para garantir a continuação da dominação masculina ou um meio pelo qual os homens esperam ocultar a dependência materna, de acordo com os etnógrafos, mas que certamente não é uma técnica alternativa de namoro.

Considere-se, por exemplo, o modo como o estupro é usado na guerra. O estupro em massa de mulheres bósnias ou os atuais estupros coletivos de mulheres no Sudão ou no Congo não são algum produto ou expressão problemática de estratégias evolutivas de acasalamento, mas sim um esforço direto e sistemático da parte de um grupo militarizado de homens para exprimir e sustentar a submissão de um grupo derrotado de outros homens. O estupro em massa na guerra tem a ver com a humilhante apropriação final das propriedades do grupo conquistado. É como se isso dissesse: "Nós queimamos suas casas, comemos suas galinhas e estupramos suas mulheres. Nós o conquistamos totalmente, completamente".

E o estupro pensado não como crime a ser punido, mas como *restituição* por um crime que foi cometido? Em junho de 2002, uma mulher paquistanesa, Mukhtar Mai, foi estuprada por uma gangue em um pequeno vilarejo ao sul de Punjab. Ela foi estuprada por ordem do conselho jurídico local como punição por sexo não matrimonial. Exceto que não foi ela a realmente ter feito sexo fora do casamento, mas sim seu irmão. Ou então era nisso que se acreditava. O estupro de Mukhtar foi ordenado por causa de um crime que diziam ter sido cometido por seu irmão (posteriormente foi revelado que ele, um menino de doze anos, havia sido abduzido e sodomizado por três integrantes mais velhos da tribo, que inventaram a história do sexo para ocultar a verdade). Será que esses anciãos seriam julgados e condenados pelo estupro de um garoto de doze anos? Não. Será que os homens que sentenciaram Muktar para ser estuprada coletivamente seriam eles próprios levados à justiça? Eventualmente, sim, depois de um clamor mundial contra essa óbvia injustiça. Certamente nenhum desses dois estupros poderia ser nem de longe vinculado a alguma estratégia evolutiva para uma reprodução bem-sucedida, contudo, juntos eles revelam o modo como o estupro serve para reproduzir a dominação masculina. Tanto as hierarquias de dominação entre os homens quanto as hierarquias que colocam os homens acima das mulheres se revelaram nesse episódio horrível[144].

Em seu estudo etnográfico sobre um estupro coletivo cometido na Universidade da Pensilvânia, Peggy Reeves Sanday sublinha como o bando de estupradores universitários se parece surpreendentemente com esse conselho jurídico paquistanês. Ela sugere que o estupro coletivo tem suas origens tanto na desigualdade de gênero, que permite aos homens ver as mulheres como pedaços de carne, quanto na necessidade dos homens de demonstrar sua masculinidade uns para os outros. O bando estuprador cimenta as relações entre eles. Porém, mais do que isso, ele permite certo contato homoerótico entre os homens. Quando um participante relatou que, ao estuprar a mulher, teve prazer ao sentir o sêmen de seu amigo dentro dela, Sanday percebeu um componente distintamente erótico. A mulher era o receptáculo, o veículo pelo qual esses homens poderiam ter sexo uns com os outros e ainda assim reivindicar a heterossexualidade. Somente em uma cultura que degrada e desvaloriza a mulher tal comportamento pode ocorrer. O estupro, assim, não é de modo nenhum uma estratégia evolutiva com a qual os homens menos exitosos conseguem transmitir sua herança reprodutiva. É um ato que ocorre apenas nas sociedades onde há desigualdade de gênero e que é feito por homens que podem ser até mesmo bastante "prósperos" em outras formas de acasalamento, mas que acreditam ter o direito eles próprios a violar as mulheres. Tem a ver com gênero, não com sexo, e é sempre de um modo no qual a desigualdade de gênero produz a diferença de gênero[145].

Rituais de gênero

Uma forma de explorar a construção cultural do gênero adotada pelos antropólogos é examinar rituais específicos relativos a essa questão. Suas pesquisas sugerem que as origens desses rituais residem em um âmbito não biológico. Dado que as questões sobre reprodução e criação dos filhos aparecem bastante na determinação da desigualdade de gênero, faz sentido que muitos desses ritos tratem disso. E uma vez que a segregação espacial parece estar fortemente associada coma a diferença e com a desigualdade de gênero, a segregação ritual – seja no tempo ou no espaço – também pode ser um foco de atenção. Por exemplo, a iniciação de jovens rapazes tem sido uma preocupação particular, em parte por causa do desaparecimento relativo de tais ritos culturais formais na vida contemporânea dos Estados Unidos. **Rituais de iniciação** proveem um senso de identidade e de pertencimento coletivo aos homens que participam deles. Muitas culturas, especialmente em sociedades agrícolas sedentárias e pastorais, incluem a **circuncisão**, a **excisão** do prepúcio do pênis de um menino, em um ritual que incorpora um homem à comunidade. A idade dessa cerimônia varia; uma pesquisa em 21 culturas que a praticam observou que quatro a realizam na infância, dez, quando o menino tem cerca de dez anos (antes da puberdade), seis a performam na pubescência e uma espera até a adolescência tardia.

Por que tantas culturas determinam que a participação no mundo da masculinidade adulta requer a **mutilação genital**? Com efeito, a circuncisão é o procedimento médico mais comum nos Estados Unidos. As justificativas teóricas, obviamente, abundam. Na Bíblia judaica, a circuncisão é um sinal visível do elo entre Deus e homem, um símbolo da obediência deste à lei daquele (em Gn 17,10–11,14, Deus ordena a Abraão que faça a circuncisão em Isaque, como parte da aliança). Mas tal ato também parece ter sido visto como um modo de adquirir um troféu. Guerreiros bem-sucedidos cortariam o prepúcio de seus inimigos para simbolizar sua vitória e para desfigurar e humilhar permanentemente os rivais derrotados (em 1Sm 18,25, o Rei Saul ordena a David que mate cem inimigos e traga de volta o prepúcio de cada um deles como dote de casamento para uma noiva. David, um tanto mais impulsivo, lhe traz duzentos).

Em outras culturas, os etnógrafos sugerem que a circuncisão cria uma cicatriz visível que vincula os homens uns aos outros e serve como rito de passagem para a masculinidade adulta. Whiting, Kluckhohn e Anthony afirmam que tal gesto simboliza um rompimento dos elos emocionais do menino com sua mãe e, portanto, assegura uma identificação masculina apropriada. Outros escritores dizem que culturas onde se enfatiza a circuncisão de meninos tendem a ser aquelas em que a diferenciação e a desigualdade de gêneros são as maiores. Tal gesto, que é sempre uma cerimônia pública, ao mesmo tempo cimenta o elo entre pai (a geração paterna) e filho (a nova geração), vincula os homens entre si e exclui as mulheres, de modo visível e ostensivo. Assim, a circuncisão tende a se associar com a dominação masculina[146], tal como outras formas de mutilação genital masculina. Em pouquíssimas culturas, por exemplo, o pênis é ritualmente sangrado pelo corte. Essas acreditam ainda no sangramento como cura para enfermidades – nesse caso, doenças causadas pelo contato sexual com as mulheres, que são tidas por impuras e infecciosas. Conhecemos também quatro culturas que praticam a semicastração, ou seja, remoção de um testículo. Em uma delas, as pessoas acreditam que isso evita nascimento de gêmeos[147].

A **circuncisão feminina** também é praticada em diversas culturas, embora sejam bem menos numerosas do que as que circuncisam as genitais masculinas. A prática de circuncisar as mulheres consiste seja na **clitorectomia**, operação que remove o clítoris, ou na infibulação, que costura os lábios maiores da vagina entre si, deixando apenas uma abertura bem pequena para permitir a urinação. É interessante notar que a circuncisão feminina é frequentemente realizada por homens adultos. Em outras culturas, ela é executada pelo irmão do pai da menina. A clitorectomia está disseminada na África e em alguns outros locais, ocorrendo invariavelmente em sociedades que também praticam a circuncisão masculina. A infibulação parece estar mais difundida na África Ocidental e na Somália. Seu propósito é prevenir relações sexuais, ao passo que a clitorectomia tem por objetivo simplesmente impedir o prazer sexual e, com isso, a promiscuidade. A Organização Mundial da Saúde estima que 130 milhões de meninas e mulheres sofreram alguma forma de mutilação do clítoris (figura 3.2)[148].

Estendendo o mundo – A cultura constrói a diferença de gêneros 81

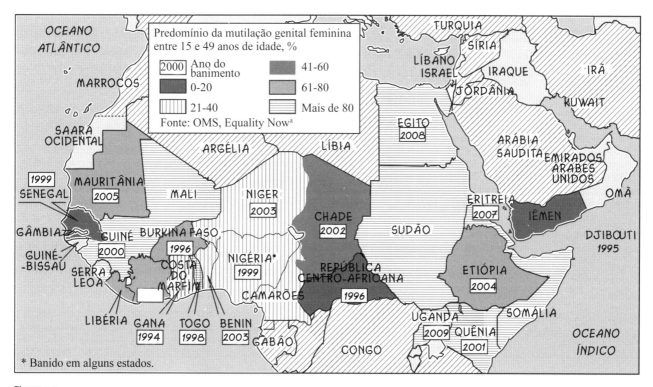

Figura 3.2

LEIA TUDO A RESPEITO!

A mutilação genital feminina (MGF) está se tornando uma questão global de saúde pública e de direitos humanos. Contudo, o que parece inicialmente ser uma questão ligada às sociedades muçulmanas, nas quais a condição das mulheres é notavelmente rebaixada, é, na verdade, um problema cuja disseminação vai muito além dessa cultura. Com efeito, de acordo com Thomas von der Osten-Sacken e Thomas Uwer, ambos diretores de uma organização de direitos humanos sediada na Alemanha, a variedade de formas de organização da MGF torna impossível lidar com ela a partir de uma única política geral para todas. Um esforço coordenado para promover os direitos humanos, tal como eles defendem, é necessário para tratar plenamente dessa questão.

É interessante que tanto as culturas que circuncisam os homens quanto as que circuncisam as mulheres tendem a ser aquelas onde o *status* dos primeiros é o mais alto. O propósito desses rituais revela a razão para parte dessa diferença de condição. Para os homens, o rito é um marco que demonstra simultaneamente a semelhança *biológica e cultural* de todos os membros do sexo masculino e sua diferença em relação às mulheres. Assim, a cerimônia pode ser considerada um reforço da dominação masculina. Historicamente, houve algumas evidências de que a circuncisão masculina era benéfica para a saúde, pois, ao remover o prepúcio, um local de possível ajuntamento de bactérias, ela reduziria as possibilidades de infecção peniana.

[a] *Equality Now* (Igualdade Agora) é uma organização não governamental que trabalha pela promoção dos direitos humanos e da igualdade de gênero no mundo todo, envolvendo-se em parcerias com órgãos internacionais como a Organização Mundial da Saúde (OMS) [N.T.].

> ## CIRCUNCISÃO FEMININA
>
> Eis uma descrição da circuncisão feminina feita por quem passou por ela, uma mulher sudanesa que atualmente trabalha como professora no Oriente Médio:
>
> > Nunca esquecerei o dia de minha circuncisão, que ocorreu quarenta anos atrás. Eu tinha seis anos de idade. Uma manhã, durante as férias de verão da minha escola, minha mãe me disse que eu tinha de ir com ela até a casa da irmã dela, e depois visitar um parente doente em Halfayat El Mulook [na região norte de Khartoum, no Sudão]. Nós realmente fomos até a casa de minha tia, e de lá todas nós fomos diretamente para [uma] casa de tijolos vermelhos [que eu nunca tinha visto].
> >
> > Enquanto minha mãe batia na porta, tentei pronunciar o nome que estava na porta. Rapidamente, percebi que era a casa de Haija Alamin. Ela era a parteira [que fazia circuncisão das meninas na minha vizinhança]. Fiquei petrificada e tentei sair correndo. Mas fui capturada e dominada por minha mãe e duas tias. Elas começaram a me dizer que Haija ia me purificar.
> >
> > A parteira era a pessoa mais cruel que eu conhecia... [Ela] ordenou a sua jovem auxiliar que fosse comprar navalhas no mercado iemenita ao lado. Ainda me lembro de quando ela voltou com as navalhas, que estavam embrulhadas em embalagens roxas com desenho de crocodilo nelas.
> >
> > A mulher mandou eu me deitar em uma cama [feita de cordas] com um pequeno buraco no meio. Elas me seguraram enquanto a parteira começou a cortar minha carne sem anestesia. Gritei até perder a minha voz. A parteira ficava me falando: "Você quer eu fique sob custódia policial?" Depois de o trabalho ter sido finalizado, não pude comer, beber nem mesmo urinar por três dias. Lembro-me que um de meus tios, ao descobrir o que elas haviam feito comigo, ameaçou fazer uma denúncia contra as suas irmãs. Elas ficaram com medo dele e decidiram me levar de volta para a parteira. Com sua voz mais severa, ela me ordenou agachar no chão e urinar. Parecia ser a coisa mais difícil a se fazer naquela hora, mas eu fiz. Urinei por um bom tempo e estava tremendo de dor.
> >
> > Precisei de muito tempo [antes de] voltar a ficar normal. Entendo os motivos de minha mãe, que ela queria que eu ficasse purificada, mas sofri muito[149].

Esse não é mais o caso; índices de infecção peniana ou câncer da uretra mostram apenas diferenças minúsculas entre homens que foram ou não circuncidados. Há certa evidência, porém, de que na África a circuncisão masculina está associada com um menor risco de infecção de HIV sendo, portanto, recomendada para diminuí-la tanto entre homens quanto entre mulheres. Mas não há justificativa médica para a circuncisão masculina nos Estados Unidos, que é o único país onde a maioria dos bebês masculinos ainda são circuncidados por fatores médicos (e não por crenças religiosas). Os índices nesse país diminuíram de 85% nos anos de 1960 para cerca de 58% hoje. Assim, é possível que as organizações de saúde estejam na posição irônica de desencorajar a circuncisão médica rotineira em algumas regiões e de encorajá-la em outras[150].

Para as mulheres, a circuncisão nunca foi justificada por benefícios médicos; ela impede diretamente o funcionamento sexual adequado e tem por desígnio restringir o prazer sexual. A circuncisão feminina quase sempre é realizada quando as mulheres atingem a puberdade, ou seja, quando são capazes de experimentar o prazer sexual, o que se associaria com o controle masculino sobre a sexualidade feminina. Atualmente, campanhas políticas estão sendo promovidas para proibir a circuncisão de mulheres, por ser uma violação contra os direitos humanos femininos. No Quênia, algumas mulheres desenvolveram rituais alternativos para possibilitar que as meninas amadurecessem sem nenhuma forma de mutilação genital. Por exemplo, "Cortando com palavras" é um rito que estimula uma celebração da maioridade honrada para a menina e sua família. "Nós precisamos andar com cuidado, uma vez que a mutilação genital feminina está fortemente enraizada em nossa cultura", diz a diretora de um colégio interno para meninas sustentado pela Igreja, Priscilla Nangurai, que tem sido uma das advogadas da mudança. "Podemos acabar com isso por meio da educação, dos direitos legais e da religião"[151].

Porém, muitos defensores da circuncisão feminina sugerem que tais campanhas são motivadas por valores ocidentais. Tais defensores insistem que depois desse ritual as mulheres são reverenciadas e respeitadas como membros da cultura (não há campanhas políticas disseminadas contra a circuncisão masculina, embora alguns indivíduos tenham recentemente começado a repensar esse rito como uma forma de mutilação genital, sendo que alguns poucos homens chegam até mesmo a passar por um procedimento cirúrgico que substitui o prepúcio perdido[152]). Outros contra-argumentam que o direito pelo controle do próprio corpo é um direito humano fundamental e que as culturas praticantes desse comportamento devem se conformar aos padrões universais.

Uma das teorias mais interessantes sobre o predomínio desses rituais reprodutivos e sexuais foi fornecida por Jeffrey e Karen Paige em seu livro *The Politics of Reproductive Ritual* (*A política do ritual reprodutivo*). Os dois pesquisadores oferecem uma leitura materialista dessas cerimônias, localizando as origens da circuncisão masculina, da couvade e da purdá no relacionamento da cultura com seu ambiente material imediato. A **couvade**, por exemplo. Esse é um ritual que os homens realizam durante a gravidez das mulheres. Em geral, eles respeitam os mesmos interditos alimentares de suas esposas, limitam suas atividades cotidianas e até mesmo se isolam durante o trabalho de parição de suas esposas e por um período pós-parto. Qual poderia ser o motivo disso? Alguns podem pensar que é antropologicamente "bonitinho", pois os homens muitas vezes até mesmo imitam os sintomas da gravidez, aparentando empatia com suas esposas. Mas o estudo dos Paige mostra que não é assim. Os pesquisadores afirmam que a couvade é importante em culturas onde não há mecanismos legais para manter o casal junto e para assegurar a paternidade. Assim, tal ritual seria um modo de os homens reivindicarem plenamente a paternidade, de saberem que o bebê é deles. Também é um veículo pelo qual os homens podem controlar a sexualidade das mulheres, apropriando-se do controle sobre a paternidade[153].

É MESMO?

Em todo lugar, as mulheres se enfeitam com joias, maquiagem e outros acessórios da moda, com o propósito de ficar mais atraente para os homens. Porém, com efeito, há muitas culturas nas quais são os *homens* que se enfeitam e se exibem em busca da aprovação das mulheres. Em uma cultura, os Wodaabe de Níger, a cada ano os homens se vestem com trajes cerimoniais, pintam seus rostos e lábios e desfilam em frente de mulheres não enfeitadas, que, sentadas, julgam-nos e decidem com quem irão dormir. As Wodaabe prezam altura, dentes brancos e olhos brancos – todos sinais de saúde. Por isso, os homens tentam desesperadamente esconder seus dentes (tingindo seus lábios de preto), subir na ponta dos pés e abrir seus olhos o máximo possível.

A pesquisa dos Paige também examina a política da **purdá**, a exigência islâmica de que as mulheres se escondam o tempo todo. Supostamente, essa norma existe para proteger a castidade das mulheres e a honra dos homens – elas devem ficar totalmente cobertas porque "são tão atraentes, tão tentadoras, tão incapazes de controlar suas emoções e sua sexualidade, dizem os homens, que elas se tornam um perigo para a ordem social". É como se, ao esconder as mulheres, os homens pudessem controlar a sexualidade feminina. Mas isso é apenas metade da história. Pois a situação também sugere que os *homens* são tão suscetíveis à perdição, tão incapazes de resistência, são presas tão fáceis que eles provavelmente cairão em tentação a qualquer momento. Para proteger as mulheres da ganância sexual dos *homens*, esses devem controlar aquelas e afastar a fonte de tentação[154].

Quantos gêneros existem?

Exploramos a relação entre os níveis de diferença e os níveis de desigualdade de gênero. Mas, em algumas culturas, o gênero mesmo não parece ser assim tão importante, e certamente não é o princípio organizador central da vida em sociedade. Com efeito, dificilmente ele chega a ter alguma importância. O que explica essa diferença?

A discussão sobre diferenças de gênero muitas vezes presume que elas se baseiam em algumas realidades biológicas que classificam determinadas cria-

---

LEIA TUDO A RESPEITO!

Tendemos a acreditar que somos ou homens ou mulheres (e que, biologicamente, isso corresponde a ser macho ou fêmea). Porém, o registro transcultural demonstra que o gênero não é tão fixo e categórico quanto talvez acreditemos. Pelo contrário, é fluido; e não só as pessoas se movem entre os polos, mas as sociedades também podem usar o gênero para responder a crises ecológicas ou políticas. Quando uma sociedade perde um número significativo de homens (p. ex., em uma guerra) ou de mulheres (p. ex., em alguma calamidade ambiental), não é incomum que membros de um sexo passem a viver como o outro sexo, tendo plena aprovação social para isso, como mostra a socióloga Judith Lorber em seu ensaio "Men as Women and Women as Men" ("Homens como mulheres e mulheres como homens"). Com efeito, isso não é um conceito tão estranho quanto talvez pensemos. Basta lembrar de Joana D'Arc ou de Molly Pitcher (que lutou bravamente contra os britânicos na Revolução Americana).

---

turas físicas em suas categorias apropriadas. Assim, presumimos que, por haver dois sexos biológicos (machos e fêmeas), deve haver apenas dois gêneros (homens e mulheres). Mas algumas pesquisas questionam esses pressupostos bipolares. Algumas sociedades reconhecem mais do que dois gêneros – às vezes três ou quatro. Estudos sobre culturas americanas autóctones são particularmente fascinantes e provocativos a esse respeito. Os Navajo, por exemplo, têm aparentemente três categorias de gênero – uma para os homens masculinos, outra para as mulheres femininas e uma terceira, chamada de **nadle**, para os indivíduos cujo sexo é ambíguo no nascimento. A pessoa pode nascer *nadle* ou decidir se tornar um; seja como for, essa terceira categoria realiza tarefas designadas tanto para as mulheres quanto para os homens, vestindo-se de acordo com o gênero associado ao trabalho que está realizando no momento, embora seja geralmente tratada como mulher e chamada por expressões de parentesco feminino. Mas não adiantemos nossas conclusões: ser tratado como mulher é uma promoção, não um rebaixamento, pois, na sociedade Navajo, são elas que tiveram historicamente maior *status* do que os homens e que receberam direitos e privilégios especiais, incluindo liberdade sexual, controle sobre a propriedade e autoridade para mediar disputas.

Nadles são livres para se casar seja com homens, seja com mulheres, sem perda de *status*[155]. Outro costume entre certas culturas nativas americanas é a da **pessoa de dois espíritos**, que também é observada no Sudeste Asiático e no Pacífico Sul. (Pessoas de dois espíritos foram historicamente chamadas de *berdache*, mas elas preferem o novo termo, pois "berdache" era a palavra que os colonos franceses usavam.) Pessoas de dois espíritos são membros de um sexo biológico que adotam a identidade de gênero do outro sexo, embora tal prática seja muito mais comum para os homens do que para as mulheres. Em seu estudo inovador *The Spirit and the Flesh* (*O espírito e a carne*), o antropólogo Walter Williams explorou o mundo das pessoas de dois espíritos detalhadamente. Esses homens se vestem, trabalham e geralmente agem como mulheres – embora todos saibam que eles são biologicamente masculinos. No Povo Crow na América do Norte, as pessoas de dois espíritos são simplesmente o grupo de homens que não quiseram se tornar guerreiros[156].

No sul do México, comunidades indígenas do estado de Oaxaca dão margem à existência de um **terceiro gênero**, chamado *muxe* (uma palavra Zapotec derivada do termo espanhol para mulher, *mujer*). Como nas outras culturas, trata-se de homens que se sentem, desde a infância, mais como mulheres. Não só a comunidade os aceita, mas eles são acolhidos como pessoas especialmente talentosas, artísticas e inteligentes[157].

Alguns crescem para se tornarem *gays*, outros héteros. O que é nítido – e mais importante para nós aqui – é que o *muxe* representa um *gênero* distinto, não necessariamente uma masculinidade *gay*. Nesse sentido, eles podem ser considerados transgêneros, mas não necessariamente homossexuais. Considere-se agora como tratamos os homens que se vestem e que agem como mulheres. Nós os tratamos como anormais ou aberrações, ou pressupomos que devem ser homossexuais. Eles são banidos; agir como uma pessoa de dois espíritos nessa cultura não é recomendável caso se valorize a própria saúde e a própria vida. Entre as culturas autóctones norte-americanas das grandes planícies, porém, as pessoas de dois espíritos são reverenciadas como portadoras de poderes especiais, gozam de *status* econômico e social elevado e geralmente controlam a vida ritual da tribo. O raciocínio por trás disso é simples e lógico: por serem homens que agem como mulheres, os indivíduos de espírito duplo são sexualmente indiferentes às mulheres, algo de que os outros homens não são capazes. Por certo, eles devem possuir algum poder sobrenatural para que possam resistir aos charmes femininos! Apenas a uma pessoa de dois espíritos se pode confiar uma administração justa, que não busca avançar sua própria reivindicação sobre determinada mulher de quem ele possa gostar.

E o caminho inverso? A poeta e escritora indígena-americana Paula Gunn Allen afirmou que, entre os Sioux, havia mulheres guerreiras que se casavam com outras e eram conhecidas como "mulheres de coração másculo". Os Cherokee as chamavam de "amadas mulheres", elas eram "guerreiras, líderes e integrantes influentes dos concílios"[158].

Os Mohave aparentemente tinham quatro gêneros e permitiam que tanto mulheres quanto homens cruzassem gêneros para demarcar cuidadosamente suas funções. Um menino que demonstrasse preferências por trajes ou brinquedos femininos passaria por uma iniciação diferente na puberdade e se tornaria uma *alyha*. Ele então adotaria um nome de mulher, pintaria seu rosto como uma mulher, desempenharia papéis femininos e se casaria com um homem. Quando se casasse, a *alyha* cortaria a parte superior da coxa todo mês para simbolizar o período menstrual "dele" e aprenderia a simular a gravidez e o parto de uma criança. Marin e Voorhies sugerem como isso era feito:

> Dores do parto, induzidas ao ingerir uma droga severamente constipada no nascimento de um filho fictício e natimorto. As crianças Mohave natimortas eram costumeiramente enterradas pela mãe, de modo que a falha de uma *alyha* em voltar para a casa "dela" com um bebê vivo é explicada de um modo culturalmente aceitável[159].

Se uma mulher Mohave quisesse mudar de gêneros, ela passaria por uma cerimônia de iniciação para se tornar um **hwame**. Os *hwame* viviam vidas de homens – caçando, plantando e outras tarefas do tipo – e assumiam responsabilidade paternal por crianças, embora fossem proibidos de assumir posições de liderança política. Nem um *hwame* ou uma *alyha* era considerado anormal.

No Oriente Médio achamos um grupo de homens Omani chamados **xanith**, que são biologicamente masculinos, mas cuja identidade social é feminina. Eles trabalham como empregados domésticos, vestem-se com túnicas de homem (mas em tons pastéis mais associados com as cores femininas) e se vendem em relacionamentos homossexuais passivos. Eles têm permissão para falar com as mulheres nas ruas (outros homens são proibidos de fazê-lo). Em eventos públicos sexualmente segregados, eles se sentam com outras mulheres. Porém, eles podem mudar de postura – e de experiências de gênero. Se eles querem ser vistos como homens, têm permissão para agir assim e então podem se envolver em relações sexuais heterossexuais. Outros simplesmente envelhecem e deixam eventualmente a prostituição homossexual; então eles ganham permissão para virarem "homens sociais". Alguns "se tornam" mulheres, chegando mesmo até a se casar com homens. E ainda outros ocupam alternadamente essas posições ao longo de suas vidas, o que sugere uma fluidez da identidade de gênero que seria impensável para aqueles que acreditam no determinismo biológico.

A fluidez de gênero pode ser associada com maior igualdade de gênero se as pessoas acreditam que a relação entre o sexo biológico e o gênero socialmente construído é mais porosa e que uma pessoa pode se deslocar abertamente por eles. Ou pode ser associada com menos igualdade de gênero, como se qualquer variante em relação à norma esperada pudesse ser causa para inventar toda uma nova categoria de gênero. No Afeganistão, os meninos são tão altamente prestigiados e a desigualdade de gênero é tão extrema que não é incomum uma família sem filhos criar uma de suas filhas como se ela fosse um garoto. Elas então não são chamadas nem de filha nem de filho, mas de *bacha posh*, que significa "vestida como um menino", uma identidade específica que permanece com ela até que atinja a puberdade. Isso não é uma má ideia para a filha, dado que a vida de uma menina é bastante circunscrita. "Você quer se parecer com um menino, vestir-se como um menino e fazer mais coisas divertidas como um menino, por exemplo, andar de bicicleta, jogar futebol e críquete?", perguntava-se a uma garotinha. Ela respondeu "sim" imediatamente. Você não aceitaria?[160]

Diversidade sexual

Estudos sobre **fluidez de gênero** são complementados por estudos de variação sexual. Tomados em conjunto, eles fornecem fortes argumentos sobre a construção cultural tanto do gênero quanto da sexualidade. Antropólogos têm explorado uma diversidade sexual notável e, portanto, sugerem que as justificativas biológicas para algumas atividades e organizações podem estar dramaticamente exageradas. Considere-se a homossexualidade, considerada por biólogos evolutivos uma "aberração biológica" – se é que pode existir uma –, dado que ela não é reprodutiva, e o propósito de toda atividade sexual é transmitir o código genético para a próxima geração. Não só a atividade homossexual é ubíqua no reino animal, mas também é extraordinariamente comum nas culturas humanas – tão comum, com efeito, que ela pareceria "natural". O que varia não é a presença ou ausência da homossexualidade – ela é bastante constante –, mas os modos como os homossexuais são tratados nessas culturas. Já observamos que muitas culturas honram e respeitam as pessoas que transgridem as definições de gênero e adotam aquele que é associado ao outro sexo. Algumas delas podem ser consideradas "homossexuais", se a definição desse termo tiver relação apenas com o sexo biológico do parceiro sexual.

Mesmo por essa definição, porém, observamos variações impressionantes nas maneiras como os homossexuais são considerados. Em 1948, o antropólogo Clyde Kluckhohn estudou tribos nativas norte-americanas e verificou que 120 delas aceitavam a homossexualidade e que 54 a rejeitavam. Algumas culturas (os povos Lango na África Ocidental, Koniag no Alasca e Tanala em Madagascar) permitem casamentos de homens com homossexuais. Outras culturas definiram abertamente funções homossexuais para homens e mulheres, com expectativas explicitamente definidas[161].

> **LEIA TUDO A RESPEITO!**
>
> Muitas sociedades constroem rituais elaborados por meio dos quais meninos *se tornam* homens e meninas *se tornam* mulheres. Mesmo quando elas acreditam que identidades de gênero são fundadas biologicamente, vê-se que a cultura ainda tem responsabilidade de garantir uma passagem segura entre essas duas fases da vida. Tais rituais variam enormemente, como o antropólogo Gilbert Herdt mostra em seu ensaio "Coming of Age and Coming Out Ceremonies Across Cultures" ("Cerimônias para chegar à vida adulta e para sair do armário através das culturas"). O pesquisador fez sua pesquisa inicial com o Povo Sambia, que discutiremos mais adiante. Aqui, ele nos leva para dentro do mundo dessa comunidade – e de outras culturas, incluindo a nossa – para discutir a rica diversidade de rituais de iniciação.

Em uma notável etnografia, Gilbert Herdt descreve os ritos sexuais do Povo Sambia, um grupo que vive nas montanhas da Papua-Nova Guiné. Essa cultura pratica um **ritual homossexual** como forma de iniciar os meninos na plena masculinidade adulta. Os garotos mais jovens diariamente praticam felação cerimonial nos garotos mais velhos e nos homens, de modo que os mais novos possam receber o fluido vital (sêmen) dos mais adultos e assim se tornarem homens. "Todo garoto deve ser iniciado e [oralmente] inseminado, se não a menina casada com ele irá ultrapassá-lo e fugirá para ficar com outro homem", era assim que um ancião do Povo Sambia descrevia o processo. "Se o menino não comer o sêmen, ele ficará pequeno e fraco." Quando atingem a puberdade, esses garotos recebem então a felação de uma nova geração de meninos mais novos. Ao longo dessa iniciação, os garotos evitam cuidadosamente as meninas e não têm conhecimento nenhum da heterossexualidade até que se casem. Nem os meninos nem os homens mais velhos se veem envolvidos em um comportamento homossexual. Os adultos são casados com mulheres e os mais novos também desejam integralmente a mesma coisa. Não há homossexualidade adulta entre os Sambia. Mas esses jovens garotos devem se tornar, como diz Herdt, "guerreiros relutantes". De que outro modo eles poderiam receber a força vital que lhes permitirá se tornarem homens e guerreiros de verdade?[162]

Perto dali, também na Melanésia, está o Povo Keraki, que se envolve em uma prática similar. Lá, os meninos são sodomizados pelos homens mais velhos, pois também se acredita que, sem o sêmen dos adultos, os garotos não crescerão para se tornarem homens. Essa prática ritual ocorre até que o menino entre na puberdade e as características sexuais secundárias apareçam – pelo facial, voz grave – momento em que o ritual terá cumprido sua tarefa. Quando o antropólogo perguntou aos homens Keraki se eles haviam sido sodomizados, muitos responderam dizendo "Ora, sim! De que outro modo poderia eu ter crescido?" Práticas homossexuais ritualizadas também foram relatadas em outras culturas[163]. Curiosamente, tais práticas cerimoniais, como as dos povos Sambia e Keraki, são mais evidentes em culturas nas quais a segregação sexual é alta e o *status* da mulher é baixo. Isso se conforma com outras evidências etnográficas sugerindo que elaborar ritos de vínculo entre os homens tem por efeito excluir as mulheres da vida cerimonial e, assim, associá-las a uma condição mais rebaixada. A segregação sexual está quase sempre ligada a um rebaixamento da situação feminina – seja entre os Sambia ou entre os cadetes no quartel[164].

Se tudo isso soa extraordinariamente exótico, eis algo que deve ser lembrado: em todas as grandes cidades dos Estados Unidos há um grupo de jovens, muitos dos quais são casados, praticamente todos eles considerando-se heterossexuais, que fazem sexo com outros homens por dinheiro. Esses prostitutos *gays* realizam apenas certos atos (penetração anal) ou permitem apenas certos atos (deixam que seus clientes pratiquem felação neles, mas não fazem o inverso). Por permanecerem como "penetradores" em práticas homossexuais, tais homens não se identificam como *gays*, mas sim como héteros. Homens são penetradores, seja com as mulheres ou com outros homens e, enquanto eles continuarem sendo assim, acreditarão que sua masculinidade não está comprometida. "Objetivamente", é possível argumentar, eles estão se envolvendo com sexo *gay*. Mas, pela definição deles, a homossexualidade equivale à passividade no contato sexual, a fazer sexo como uma mulher. E, por tal definição, eles não estão sendo *gays*. O que quer que se pense disso, porém, vê-se subitamente que os Sambia não parecem completamente estranhos; eles se assemelham mais a primos distantes.

Algumas culturas levam a permissividade relativa à homossexualidade até níveis impressionantes. Entre os Aranda da Austrália, os Siwans do Norte da África e os Keraki da Nova Guiné, já descritos aqui, todos os homens são homossexuais durante a adolescência e bissexuais depois do casamento. O propósito disso é desviar o sexo adolescente das garotas e prevenir a gravidez precoce, assim mantendo baixa a taxa de nascimento em culturas que têm recursos muito escassos. Os Ianomâmi, um povo bastante estudado, têm uma forma institucionalizada de homossexualidade masculina e também de infanticídio feminino. Essa cultura guerreira teme a explosão populacional e a exaustão de recursos para as mulheres[165].

Os povos Etero e Marind-anim, ambos da Nova Guiné, preferem a homossexualidade e não a heterossexualidade, muito embora mantenham casamentos heterossexuais. Como, é possível perguntar, eles resolvem o problema da reprodução? Os Etero instituem um tabu contra a prática heterossexual durante a maior parte do ano, mas proíbem o sexo *gay* quando a lua está cheia (e, portanto, quando todas as mulheres estão ovulando). Para os Marind-anim, mesmo esse pouco contato com o sexo oposto é indesejável. A taxa de nascimento nesta cultura guerreira é tão baixa que ela organiza ataques todos os anos, durante os quais ela sequestra os bebês de outros povos, para depois criá-los como integrantes felizes, saudáveis – e, obviamente, homossexuais – do Povo Marind-anim[166].

Uma sociedade melanésia, chamada de "Ilhéus da Baía Oriental", no estudo etnográfico de William Davenport, pratica a bissexualidade entre os adultos plenos. Quase todos os homens têm contato homossexual extensivo ao longo de sua vida, embora todos sejam também heterossexuais casados com mulheres (ninguém é exclusivamente homossexual, e apenas alguns poucos são exclusivamente heterossexuais). Mulheres e homens são vistos como relativamente iguais em termos de desejo sexual, e não há tabus contra a relação com mulheres[167].

Costumes sexuais como diversidade de gênero

Os costumes sexuais demonstram uma vertiginosa variedade, o que, reunindo todos os seus elementos, implica a constatação de que o comportamento sexual não é de modo nenhum organizado apenas em torno da reprodução. Onde, quando, como e com quem fazemos sexo varia enormemente de cultura para cultura. Ernestine Friedel, por exemplo, observou diferentes dramáticas nos costumes sexuais de duas tribos vizinhas na Nova Guiné. Uma, que vivia em terras montanhosas, acreditava que a relação sexual deixa os homens mais fracos e que as mulheres têm naturalmente propensão para tentá-los e para ameaçá-los com sua poderosa sexualidade. Esse povo também achava o sangramento menstrual aterrorizante. Tal ideologia sexual coloca as mulheres contra os homens, muitos deles preferem permanecer solteiros a arriscar contato com elas. Como resultado, a população permanece relativamente pequena, situação que essa cultura precisa manter, pois ela não tem novas terras ou recursos para cultivar. Não muito longe dali, porém, há uma cultura muito diferente. Lá, tanto homens quanto mulheres gozam do sexo e das preliminares sexuais. Eles se preocupam com a satisfação sexual delas e ambos se dão relativamente bem. Há taxas maiores de nascimento, o que é viável pois eles vivem em uma região abundante e relativamente não cultivada, onde tal povo pode usar todas as mãos para semear seus campos e para se defender[168].

Estudiosos do sexo exploraram a notável diversidade cultural de comportamentos sexuais e, ao fazê-lo, expuseram o **etnocentrismo** daqueles argumentos insistindo na inevitabilidade e naturalidade de nossos próprios comportamentos. Considere-se o casal americano típico, o Sr. e a Sra. Média Estatística. Eles são brancos, de meia-idade, casados e fazem sexo cerca de duas vezes por semana, de noite, em seu quarto, sozinhos, com as luzes apagadas, na "posição papai e mamãe" – a mulher deitada de costas, de frente para o homem, que fica em cima dela. O encontro – desde o "você está a fim?", passando pelos beijos, preliminares, penetração (sempre nesta ordem) até chegar, por fim, ao "boa noite, querida" – dura cerca de quinze minutos. Agora considere outras culturas: em algumas, nunca se faz sexo fora de casa. Outras acreditam que o ato sexual dentro de casa contamina o suprimento de comida (geralmente na mesma cabana). E os índices de contato sexual? O Povo Zande faz sexo duas ou três vezes por noite, e depois novamente ao acordar. Os homens Chaga têm por volta de dez orgasmos por noite, enquanto os Thonga tentam fazer sexo todas as noites com cada uma de suas três ou quatro esposas. Mas poucas culturas ganham do Povo Marquesa: embora não seja incomum que um homem Marquesa tenha trinta ou mais orgasmos por noite, é normal ter pelo menos dez. Os casados mais velhos são poupados: eles precisam ter somente três ou quatro por noite. Em contraste, os Yapese fazem sexo apenas uma vez por mês mais ou menos. Durante tal encontro, o homem senta com suas costas apoiadas na lateral da cabana e suas pernas retas. A mulher monta sobre ele, que insere seu pênis na vagina dela apenas um pouquinho e então co-meça a estimulá-la por muitas horas, durante as quais ela tem dúzias de orgasmos[169].

Enquanto, para nós, o beijo é praticamente uma iniciação universal para o contato sexual – "a primeira etapa", por assim dizer –, outras culturas acham que isso é nojento por causa da possibilidade de trocar saliva. "Juntar os seus lábios?", dizem os povos Thonga e Siriono, "mas é onde se põe a comida!" Algumas culturas quase não praticam nenhuma preliminar, procedem diretamente à penetração; outras prescrevem inúmeras horas de toques e carícias que tornam a penetração um fim necessário, mas triste, para os procedimentos. Algumas culturas incluem a felação na relação sexual; outras nunca nem mesmo a consideraram. Alfred Kinsey observou que 70% dos homens norte-americanos em 1948 haviam feito sexo na posição "papai e mamãe", e que 85% haviam tido orgasmo em até dois minutos de penetração. Em sua pesquisa com 131 culturas nativas americanas, Clyde Kluckhohn observou que a mesma posição era a preferida em apenas 17 povos[170].

Em nossa cultura, é o homem quem deve supostamente ser o iniciador sexual e a mulher quem deve supostamente ser resistente ao sexo. Todos nós ouvimos histórias sobre homens dando afrodisíacos às mulheres visando deixá-las mais sexualmente desinibidas. A última moda é o **Rohypnol**, a "droga do estupro", que eles aparentemente colocam em bebidas insuspeitas para elas, para deixá-las mais "submissas" ou ao menos inconscientes (algo que, na cabeça desses homens, pode significar a mesma coisa). Quão diferente são os ilhéus do Povo Trobriand, que veem as mulheres como sexualmente insaciáveis e como aquelas que devem tomar a iniciativa. Ou a cultura Tukano-Kubeo no Brasil. Ali, as mulheres são predadores sexuais e podem até mesmo evitar ficar grávida ou abortar uma gravidez, pois isso significaria renunciar ao sexo. As mulheres, não os homens, cometem adultério, mas elas o justificam dizendo que foi "apenas sexo". Entre os Tukano-Kubeo, os homens secretamente dão às mulheres anafrodisíacos para deixá-las mais sossegadas[171].

Esses são apenas alguns exemplos. Quando questionadas a respeito de suas práticas, as pessoas nessas culturas dão a mesma resposta que nós daríamos: "É normal", dirão. E elas desenvolveram os mesmos tipos de argumento autoindulgente que nós criamos. Os Bambara, por exemplo, acreditam que fazer sexo durante o dia produzirá crianças albinas, ao passo que os Masai creem que o sexo diurno pode ser fatal. Assim, membros dessas culturas têm relações sexuais apenas de noite, e, aparentemente, albinos não nascem nem há fatalidades durante o sexo. Os Chenchu, por outro lado, acreditam que sexo à noite levará à concepção de bebês cegos. Por isso, suas relações sexuais ocorrem somente de dia, evitando-se assim o nascimento de crianças cegas. Os Yurok creem que a prática de cunilíngua impedirá a pesca de salmão. Sem sexo oral, não há falta de salmão. Essa variedade sexual sugere que os imperativos biológicos em relação à reprodução podem assumir muitas formas, mas nenhuma delas é mais "natural" do que outra.

Antropologia como história

A pesquisa antropológica tem ajudado a expor a lógica deficiente de quem defende a universalidade da diferença de gênero ou da dominação masculina como fatores de certo modo naturais e inevitáveis. Ao explorar a variedade de sentidos que tem acompanhado as definições culturais de masculinidade ou de feminilidade, e ao examinar configurações culturais que ou ampliam ou diminuem a desigualdade de gênero, a pesquisa transcultural nos levou para além de imperativos aparentemente biológicos. Em outro sentido, estudos antropológicos sobre nossos ancestrais humanos também fornecerão uma réplica histórica para a inevitabilidade biológica. Considere-se, por exemplo, os argumentos que vimos anteriormente a respeito da dominação masculina como um desenvolvimento natural na mudança para o modelo das sociedades de caça e coleta. Lembremos da narrativa: a força física superior dos homens os levou naturalmente para caça, ao passo que as mulheres, mais fracas, ficaram em casa e se ocuparam do jardim e da criação dos filhos. Eis uma explicação simples e pura – mas parece que também é historicamente errada.

Ocorre que essas narrativas efetivamente leem a história de trás para frente, partindo do presente em direção ao passado, buscando as origens históricas dos padrões que hoje encontramos. Mas pesquisas crescentes sugerem que a carne constituía somente uma pequena porção da dieta humana diária. Isso indica que toda aquela celebrada caça não contava tanto assim. E as armas que o homem inventou, as grandes inovações técnicas que permitiram às culturas se desenvolverem, colocando o progresso social diretamente sobre as costas masculinas? No fim das contas, o grande salto tecnológico se deu mais provavelmente com tipoias que mulheres com bebês inventaram para poderem carregar tanto a criança quanto a comida. Talvez seja até mesmo verdade que a postura ereta dos seres humanos deriva não das exigências da caça, mas sim da transição entre a atividade de rastrear alimentos e a prática de coletá-los e armazená-los. Embora os celebradores da evolução "masculinista" creditem as demandas da caça por criar a necessidade do elo social (masculino) pela sobrevivência comunitária, certamente é o elo entre mãe e filho que literal e materialmente garantiu que a comunidade sobrevivesse. Pintar um retrato antropológico mais preciso exigiria reconhecer que as mulheres não foram simplesmente dependentes e portadoras passivas de crianças, mas sim participantes ativas da dinâmica tecnológica e social da vida[172].

Outro modo de considerar essa situação é sugerido por Helen Fisher. Ela observa similaridades impressionantes entre a cultura contemporânea dos Estados Unidos e as primeiras culturas humanas. Os elementos que herdamos como se fosse um sistema biologicamente natural – família nuclear, casamentos com um parceiro para a vida toda, a dramática separação do lar e do local de trabalho – parecem todos ter sido invenções culturais relativamente recentes, que acompanham as sociedades sedentárias agrícolas. Por outro lado, o divórcio e o segundo casamento, deixar os filhos na creche, ter mulheres e homens trabalhando igualmente tanto em casa quanto fora dela, tudo isso é mais típico das sociedades de caça e coleta que precederam a nossa – e duraram milhões de anos. É possível, sugere Fisher, que depois de um breve descanso evolutivo na era da agricultura sedentária (durante a qual a dominação masculina, a prática das guerras e o monoteísmo foram todos inventados), estejamos voltando para nossas "verdadeiras" origens humanas evolutivas. "Conforme caminhamos de volta para o futuro", ela diz, "há todas as razões para acreditar que os sexos gozarão do tipo de igualdade que é uma função de nosso direito de nascença"[173].

Se isso soa um pouco mítico demais, há uma vertente da antropologia feminista que vai muito além. A maioria dos antropólogos concorda com Michelle Rosaldo, em sua conclusão de que "as formas culturais e sociais humanas sempre foram dominadas por homens", ou com Bonnie Nardi, que não vê "nenhuma evidência de sociedades realmente igualitárias. Em nenhuma sociedade as mulheres participam em pé de igualdade com os homens nas atividades às quais se atribui o mais alto prestígio"[174]. Mas uma corrente de antropólogas feministas considera tal universalidade como "uma ilusão etnológica", e argumenta que existiram e ainda existem sociedades nas quais mulheres e homens foram, e são, iguais. Além disso, também podem ter existido culturas nas quais as mulheres eram o sexo dominante. Com base em escavações arqueológicas em Creta e outros locais, Marija Gimbutas, Riane Eisler e demais colegas afirmaram que as sociedades neolíticas adoravam deusas, eram igualitárias em gênero e viviam praticamente em um Jardim do Éden onde mulheres e homens podem até ter ocupado esferas distintas, mas sendo iguais e mutuamente respeitados. Simbolizados, escreve Eisler, pelo cálice – um símbolo de abundância partilhada –, esses povos antigos evidenciariam um modelo "de parceria" nas interações humanas[175].

Então, a história continua, os bárbaros invadiram, instituindo a dominação masculina, introduzindo um único Deus masculino onipotente e liberando "o poder letal da espada" – um mundo violento e hierárquico encharcado no sangue da guerra e do assassinato. Estaríamos vivendo sob este modelo brutal dominador – "no qual a dominação masculina, a violência do homem e uma estrutura social geralmente hierárquica e autoritária era a norma" – desde então. Nesse mundo, "após despojar violentamente a Deusa, as mulheres e metade da humanidade de todo poder, deuses e homens de guerra dominaram", escreve Eisler, assim "paz e harmonia seriam encontradas apenas nos mitos e lendas de um passado longínquo"[176].

Outra história do tipo "foi assim porque sim"? Talvez. Sou sempre cético a respeito de argumentos que apontam para um passado histórico mal-iluminado como modelo para nossas transformações sociais futuras, pois eles se baseiam frequentemente em evidências seletivas e geralmente promovem uma política retrógrada. Também não fico à vontade com categorizações arrebatadoras sobre culturas "femininas" amantes da paz que teriam sido arrebatadas por culturas "masculinas" brutalmente violentas. Afinal, o mundo contemporâneo, com toda sua prevalência de assassinatos, cobiça e sede de sangue, é *muito* menos violento do que as sociedades de caça e coleta. Os dados etnográficos sugerem que apenas 10% das sociedades raramente se envolvem em guerras; a maioria das culturas está em conflito bélico continuamente ou ao menos uma vez por ano. A comunidade bosquímana !kung, celebrada por Eisler como "o povo inofensivo", tem uma taxa de assassinato maior do que a de Detroit ou de Washington DC. "A triste evidência arqueológica", escreve Francis Fukuyama, "indica que o assassinato sistemático de homens, mulheres e crianças ocorria nos tempos neolíticos. Não houve nenhuma era da inocência"[177].

Por outro lado, por que preferiríamos acreditar que a dominação masculina é, de algum modo, natural e inevitável? Alguns argumentos de Eisler se enraízam firmemente em princípios evolutivos: é provável, por exemplo, que originalmente a descendência tenha sido traçada por **matrilinearidade**. Isso daria muito mais certeza à determinação dos descendentes em culturas que não compreendessem a relação entre acasalamento sexual e nascimento nove meses depois. E é possível crer em evidências confiáveis de que as mulheres desempenharam um papel muito maior nas primeiras sociedades humanas, sem presumir um momento calamitoso de invasão quando o mundo edênico teria se perdido para sempre.

Há ainda mais evidências de culturas que, apesar de não serem totalmente dominadas pelo sexo feminino, exibiam o poder da mulher em todas as arenas públicas e privadas. A impressionante etnografia de Maria Lepowsky acerca do Povo Vanatinai, uma cultura matrilinear descentralizada na Nova Guiné, não encontrou nenhuma evidência de dominação masculina – não há cabanas só de homens, nem cultos cerimoniais especiais. Tanto meninas quanto meninos cuidam de seus irmãos mais novos. Os homens também tomam conta das crianças. E ambos, mulheres e homens, exercitam a liberdade sexual. Elas têm, escreve Lepowsky, "oportunidades iguais de acesso ao capital simbólico de prestígio derivado do sucesso nas trocas". Ou seja, a participação econômica da mulher e do homem dá a todos possibilidades iguais de prestígio e honra. Isso depende do que a pessoa fizer, não do sexo biológico dela[178].

O estudo fascinante de Peggy Sanday sobre o povo matrilinear Minangkabau, da Sumatra Ocidental, um dos maiores grupos étnicos da Indonésia, é um caso em questão. Em vez de procurar um mundo inversamente espelhado, no qual as mulheres exerceriam o poder tal como os homens o fazem, Sanday encontra, em vez disso, uma cultura na qual o modo de governar delas corre em paralelo com o modo de governar deles e até mesmo chega a suplantar a maneira masculina. Aqui, as mulheres têm autoconfiança e são independentes de seus maridos, e embora os homens conservem muitos dos cargos políticos formais, as mulheres "é que mandam sem governar". Elas "facilitam os elos sociais fora das maquinações do poder político", o que possibilita "o trabalho masculino de adjudicar as disputas de acordo com as normas do adat (costumes) e de tomar decisões consensuais"[179].

O *status* das mulheres varia amplamente, dependendo de muitos fatores culturais. E só isso basta para evidenciar que a dominação masculina não é inevitável.

Os valores da pesquisa transcultural

Se os antropólogos demonstraram alguma coisa, é a rica diversidade dos arranjos culturais humanos e das definições mais variadas de gênero e sexualidade que produzimos dentro de nossas culturas. Muitas teorias explicam as origens históricas desses modelos e sugerem meios de modificar ou de abandonar algumas práticas historicamente coercivas ou exploradoras sem causar danos para nosso legado evolutivo. O relativismo cultural também sugere que, na enorme variação etnológica e evolução histórica de costumes e de cultura, nós eliminamos os hábitos dos quais não mais precisamos, mesmo se outrora eles serviram a algum propósito social. "Afirmações de inferioridade pretérita para as mulheres deveriam, portanto, ser irrelevantes para o presente e para os desenvolvimentos futuros", escreve Eleanor Leacock[180]. Ainda assim, as questões perduram. Dada tamanha diversidade de sexualidade e gênero, por que a dominação masculina é tão universal? Se ela não é inevitável, como explicamos a sua persistência? Aqui, as respostas podem estar um pouco mais perto de casa.

TERMOS-CHAVE		
Circuncisão	Fluidez de gênero	Pessoas de dois espíritos
Circuncisão feminina	Gêneros de terceiro tipo	Pseudo-hermafrodita
Cliterodectomia	Hipermasculinidade	Purdá
Colonização	Homossexualidade ritual	Rituais de iniciação
Couvade	*Hwame*	*Rohypnol*
Divisão sexual do trabalho	Matrilinearidade	Segregação sexual
Economia de mercado	Mutilação genital	Teoria da aliança
Etnocentrismo	*Muxe*	Teoria da descendência
Excisão	*Nadle*	*Xanith*

4

"Então essa é a explicação"
Perspectivas da psicanálise e do desenvolvimento sobre gênero

> *Sobre nenhum tema houve tantas declarações dogmáticas baseadas em tão poucas evidências científicas quanto as feitas a respeito do tipo de mente do homem e da mulher.*
>
> John Dewey. *Is Coeducation Injurious to Girls?* (A coeducação é injuriosa para as meninas?, 1911).

HÁ UMA IDEIA POPULAR acerca das teorias de Sigmund Freud, o fundador da psicanálise. Ele acreditava que as diferenças anatômicas entre homens e mulheres os levavam a diferentes personalidades, que o sexo efetivamente determinava o temperamento. Porém, ele não acreditava que tais diferenças eram biologicamente programadas no sexo masculino e feminino desde o nascimento. Pelo contrário, Freud via seu trabalho como um questionamento àqueles que declaravam o corpo como portador inato de toda informação necessária para se tornar um homem ou uma mulher adulta. Ele afirmava que as diferenças observadas entre eles e elas eram rastreáveis até nossas diferentes experiências desde a infância, sobretudo no que diz respeito ao modo como fomos tratados em nossas famílias.

A identidade de gênero, sustentava Freud, era uma parte crucial do desenvolvimento da personalidade – talvez *a* parte mais crucial. O gênero era adquirido, moldado por meio de interações com membros da família e com a sociedade em geral. E não se tratava de uma aquisição fácil; a rota para a identidade de gênero apropriada era perigosa e incluía a possibilidade constante de falha, experiência que se manifestava mais nitidamente na inconformidade sexual, especialmente na homossexualidade. Obviamente, a biologia desempenhava, efetivamente, algum papel aqui: Freud e seus seguidores acreditavam que as diferenças anatômicas visíveis eram decisivas no desenvolvimento da criança e, em especial, julgavam que a energia sexual, localizada no corpo, propelia as experiências da criança que determinavam sua identidade de gênero. Mas a essência do desenvolvimento psicológico não era "baseada em nenhuma premissa de diferenças inerentes entre os sexos, mas somente na natureza diferente de suas experiências"[181].

A teoria freudiana sobre o desenvolvimento psicossexual

Freud propôs uma teoria de fases a respeito do desenvolvimento individual de gênero, segundo a qual cada indivíduo passava por um número de fases em seu caminho para a identidade de gênero adulta. Tais fases eram postas em movimento por dois fatores: a composição da estrutura da psiquê e as realidades da vida. Quatro elementos constituem o modelo freudiano da psiquê: o id, o ego, o superego e o mundo externo. Juntos, esses elementos formam a arquitetura básica do eu, e cada um tem um papel decisivo a ser cumprido na formação da personalidade. O id representa nosso desejo para satisfazer nossas carências animais básicas por comida, abrigo e prazer. Id é energia, impulso, anseio. Ele "sabe" apenas que quer gratificação, mas não tem nem moralidade nem meios para adquirir o que quer. Freud o chama de "caldeirão cheio de excitações em ebulição"[182].

Infelizmente, o mundo externo apresenta possibilidades limitadas para a gratificação instintiva; os desejos do id são constantemente contrariados. Como lidamos com essas frustrações determina o desenvolvimento da personalidade. E ego, a porção racional e solucionadora de problemas em nossa personalidade, toma os impulsos do id e os traduz em estratégias de gratificação que serão efetivas. O ego deve disciplinar o id, domá-lo e procurar possíveis fontes de gratificação para ele. Outra parte da psiquê, o superego, é um efeito dos esforços do ego em buscar escapes socialmente efetivos e apropriados para a satisfação dos desejos do id. Freud chama o superego de "exterioridade internalizada" – ele vê as possibilidades limitadas de gratificação oferecidas pela sociedade como algo legítimo. O superego é o assento da moralidade, ele auxilia o ego na escolha de estratégias efetivas para atingir objetivos socialmente aprovados.

Esses componentes diferentes do eu emergem gradualmente ao longo do desenvolvimento da criança, conforme o ego procura encontrar seu caminho navegando pelos apertados estreitos abertos entre as demandas incessantes do id e as reivindicações imperiosas do superego. De certo modo, a teoria freudiana do desenvolvimento é, na verdade, uma história triste, pois cada fase sucessiva não provê nem de longe os prazeres da etapa que substitui – crescemos à medida que desistimos das coisas que nos dão prazer –, e, uma vez que o ego geralmente não é forte o suficiente para sustentar esse combate, há perigos onipresentes de regressão temporária para as fases iniciais em nossas fantasias (neuroses) ou uma ruptura dramática com a realidade e uma tentativa de viver dentro dessas primeiras etapas (psicose).

Antes do nascimento, acreditava Freud, todos os desejos da criança eram satisfeitos; no útero somos sensorialmente contentes. Mas o nascimento nos expulsa desse Éden envolvente; faminto e sozinhos, não podemos dar nada como garantido. Agora, a criança transfere a gratificação para o seio da mãe, buscando prazer por meio da ingestão de comida. Essa é a etapa que Freud chama de "fase oral". Mas assim que o ego se acomoda a essa fonte de satisfação, ela é removida com o desmame. Na próxima etapa, "a fase anal", a gratificação é obtida não pela ingestão de comida, mas sim por devolvê-la, como na urinação ou na defecação. Essas funções corporais são agora a fonte de prazer, mas tão logo descobrimos a alegria da recreação excretora, capaz de compensar pela perda do seio, somos treinados para usar a privada, forçados a reprimir aquela fonte de satisfação até que seja socialmente apropriado dar vazão a ela, ou seja, até que ela seja conveniente para os adultos. Por fim, depois da denegação oral e da repressão oral, chegamos à etapa que Freud chama de "fase fálica". E é nela que o gênero aparece.

Até agora, tanto meninos quanto meninas vivem praticamente as mesmas coisas. Mas depois da resolução da crise anal, nossos caminhos se diferenciam nitidamente. Nessa fase, nossa tarefa é nos "tornarmos" ou masculinos ou femininos. Freud acreditava que esse processo é mais difícil para os meninos do que para as meninas, pois desde o início elas aprendem a identificar sua mãe como feminina, e tal identificação permanece contínua até a fase adulta. Em contraste, o garoto deve se desligar de sua identificação com sua mãe, *desidentificar-se* com ela, e identificar-se com seu pai, um processo que requer desaprender um vínculo e formar um novo. Isso se torna mais difícil porque as mães geralmente oferecem uma boa dose de afecção e carinho, ao passo que os pais são geralmente menos afetivos e mais autoritários.

Esse momento crítico para o menino é chamado de **crise edípica**, nome retirado da peça de Sófocles, *Édipo Rei*. A resolução de tal crise é vital – o garoto aprende a desejar sexo com mulheres e a se identificar como um homem. Isso é crucial na teoria freudiana: *o menino adquire sua identidade de gênero e sua orientação sexual ao mesmo tempo*. Durante a fase edípica, o garoto deseja a união sexual com sua mãe, mas também percebe que compete com seu pai pelas afeições dela. Com seu desejo sexual pela mãe bloqueado pelo pai, o pequeno rapaz sexualiza seu medo pela figura paterna, acreditando que, se disputasse sexualmente com ele, seu pai o castraria. O ego do menino resolve esse estado de terror da castração transferindo sua identificação da mãe para o pai, de modo que, simbolicamente, ele possa ter acesso sexual à figura materna. Assim, o garoto deve romper a identificação com sua mãe, repudiá-la e identificar-se com seu pai. Esse é um grande choque – a mãe é fonte de calor e amor e é o objeto de seu desejo; o pai é uma fonte mais distante de poder autoritário e é a fonte do seu terror. Mas ao se identificar com esse último, o pequeno garoto deixa de ser "feminino" (identificado com a mãe) e se torna masculino, tornando-se simultaneamente heterossexual, simbolicamente capaz de relações sexuais com substitutas da figura de sua mãe. Quase literalmente, como diz uma música popular dos anos de 1930, ele vai "querer uma garota igual àquela garota que se casou com seu querido velho papai".

Para as meninas, acreditava Freud, o caminho era complementar, mas muito menos traumático. As garotas retêm sua identificação com a mãe, mas devem renunciar ao seu desejo sexual por ela. Elas o fazem reconhecendo que são incapazes de relações sexuais com a mãe, pois elas carecem do equipamento biológico que as possibilita. É por isso que Freud acreditava que as mulheres têm **inveja do pênis**. A garota compreende que sua única chance de gratificação sexual é manter sua identificação com a mãe e ser possuída sexualmente por um homem. Esse poderá satisfazê-la de modo a levá-la a ter um bebê, que será, por sua vez, sua fonte de gratificação feminina. No processo, ela transfere o local da satisfação sexual, deslocando-o do clítoris (um "pênis atrofiado", nos termos de Freud) para a vagina, em outras palavras, ela desenvolve uma sexualidade feminina, passiva. Uma vez mais, a identidade de gênero e a orientação sexual caminham de mãos dadas (Freud, com efeito, reconhece que sua "concepção sobre esses processos de desenvolvimento nas garotas é insatisfatória, incompleta e vaga" – dado o modo como ela, na verdade, era um esforço para derivar algumas comparações complementares com o desenvolvimento dos meninos, e não uma teoria própria do desenvolvimento das meninas[183]).

Três questões merecem ser observadas nessa explicação sobre identidade de gênero e sexualidade. Primeiro, Freud retira esses conceitos do domínio da biologia. Não há nada de inevitável em homens se tornando masculinos, ou mulheres se tornando femininas. A identidade de gênero e a sexualidade são realizações psicológicas – difíceis, precárias e repletas de armadilhas potenciais (um garoto pode não transferir sua identificação com a mãe para um pai ausente, p. ex.). Sexualidade e gênero são constituídos dentro da família, argumenta Freud, não são ativadas por relógios biológicos internos.

Segundo, Freud vincula a identidade de gênero à orientação sexual, tornando a homossexualidade uma questão de desenvolvimento do *gênero*, não um problema de moralidade, pecado ou anomalia biológica. Os homossexuais são simplesmente aqueles que ou falharam em renunciar à identificação com a mãe em favor da identificação com o pai (homens *gays*) ou aquelas que falharam em reter seus elos de identificação com a mãe (lésbicas) (essa ideia também serviu como base para as intervenções terapêuticas concebidas para "curar" os homossexuais encorajando-os a ter comportamentos de gênero adequados). A homossexualidade é um tipo de prova de que algo deu errado no caminho para a aquisição da identidade de gênero.

Terceiro, Freud reafirma com renovado vigor os **estereótipos de gênero** tradicionais, como se eles fossem crachás de uma negociação bem-sucedida nessa jornada perigosa. O menino deve ser o iniciador sexual e evitar escrupulosamente todos os comportamentos femininos, para não ser visto como alguém que falhou em se identificar com o pai. A menina deve se tornar sexualmente passiva, esperar que um homem seja atraído por ela, para que possa se realizar como mulher. A feminilidade significa a realização não como amante, mas como mãe.

É importante lembrar que, embora Freud tenha postulado a homossexualidade como uma falha da criança em se identificar adequadamente com o genitor do mesmo sexo, portanto, como um problema no desenvolvimento da identidade de gênero, ele não acreditava nem na perseguição criminal nem em tratamentos psiquiátricos da homossexualidade. Com efeito, quando Freud foi contactado por uma mulher cujo filho era homossexual, ele pacientemente explicou por que não achava que seu filho precisava ser "curado":

> A homossexualidade certamente não é nenhuma vantagem, mas não é nada de que se deva ter vergonha, não é vício, nem degradação; não pode ser classificada como uma doença; nós a consideramos como uma variação da função sexual... Muitos indivíduos altamente respeitáveis dos tempos antigos e modernos foram homossexuais, muitos dos maiores homens dentre eles... É uma grande injustiça perseguir a homossexualidade como um crime – e uma crueldade também... O que a análise pode fazer por seu filho vai em uma linha diferente. Se ele é infeliz, neurótico, dilacerado por conflitos, inibido em sua vida social, a análise pode lhe trazer harmonia, paz de espírito, eficiência plena, quer ele permaneça homossexual ou se transforme[184].

Ainda demorou mais quarenta anos para que a Associação Psiquiátrica Americana desclassificasse a homossexualidade como doença mental.

Hoje, muitos estereótipos populares sobre a homossexualidade continuam a se basear nas teorias freudianas sobre o desenvolvimento de gênero. Muitas pessoas acreditam que ser homossexual é uma forma de inconformidade de gênero, ou seja, homens efeminados e mulheres masculinizadas são vistos pela opinião popular como prováveis homossexuais – ao passo que o comportamento conforme ao gênero de homens masculinos e mulheres femininas sustenta a expectativa geral de que eles sejam heterossexuais. Com efeito, nós frequentemente acreditamos que podemos "ler" a orientação sexual de uma pessoa ao observar o seu comportamento de gênero estereotipado, como se verdadeiros homens masculinos ou verdadeiras mulheres femininas não pudessem de modo nenhum serem *gays* ou lésbicas.

As teorias de Freud foram submetidas a debates e controvérsias consideráveis. Ele baseou suas teorias sobre a sexualidade feminina em uma amostra muita pequena de mulheres da classe média alta de Viena, dentre as quais todas, em primeiro lugar, estavam sofrendo dificuldades psicológicas que as haviam levado a se tratar com ele (Freud rejeitava a ideia de que elas haviam sido vítimas de abuso sexual e de incesto, embora muitas declarassem tê-lo sido). As teorias freudianas sobre o desenvolvimento masculino eram fundadas a partir de casos clínicos ainda menos numerosos e das próprias memórias que Freud tinha de sua infância e de seus sonhos. Esses não são os métodos científicos mais confiáveis, e a tendência freudiana de fazer da sexualidade a força impulsionadora de todo o desenvolvimento individual e de todos os processos sociais e coletivos talvez nos diga mais da própria vida dele, e talvez da Viena de seu tempo, do que sobre outras sociedades e culturas. Alguns pesquisadores afirmaram que muitas das pacientes de Freud estavam realmente falando a verdade sobre sua vitimização sexual e não fantasiando sobre isso, o que mostra, portanto, não as fantasias infantis, mas, sim, o comportamento efetivo dos adultos como elemento constitutivo da visão sexual que as crianças têm do mundo[185].

Embora muitos hoje questionem as teorias de Freud sobre os fundamentos teóricos, políticos e metodológicos, é questionável que essas ideias tiveram um impacto notável sobre os estudos contemporâneos e sobre as crenças populares acerca da relação entre a identidade de gênero, comportamento sexual e orientação sexual. Se as duas primeiras eram *alcançadas*, e não inerentes ao indivíduo, então era culpa dos pais se as coisas não dessem "certo". Artigos de revista, manuais de criação dos filhos e inventários psicológicos encorajavam os pais a fazer as coisas certas e a desenvolver as atitudes, características e comportamentos adequados em seus filhos; assim, a criança alcançaria a identidade de gênero apropriada e, com isso, garantiria uma aquisição bem-sucedida da heterossexualidade.

O teste M-F

No começo dos anos de 1930, apenas três décadas depois de Freud desenvolver suas teorias, Lewis Terman, um professor de Psicologia em Stanford, e sua colega, Catherine Cox Miles, tentaram codificar a masculinidade e a feminilidade desmembrando-as em partes – características, atitudes e comportamentos. Ordenando todos os métodos de diagnóstico disponíveis naquele tempo, eles produziram um estudo, publicado em 1936, chamado *Sex and Personality* (*Sexo e personalidade*). Esse livro apresentava um inventário de condutas, hábitos e atributos que permitia aos pais e professores monitorar a aquisição efetiva da masculinidade ou da feminilidade em uma criança[186].

Terman e Miles utilizaram uma ampla gama de mensurações empíricas para testar a identidade de gênero e construíram um gradiente da masculinidade à feminilidade, ao longo do qual todo indivíduo poderia ser classificado de acordo com as respostas dadas a uma série de questões. (A iniciativa sistemática, até mesmo obsessiva, de encontrar todas as medidas possíveis de identidade de gênero é, ela própria, um indicativo da importância atribuída à obtenção bem-sucedida de tal identificação.) O efeito dos inventários, como o teste M-F, foi a associação dessa identidade com um agrupamento particular de atitudes, características e comportamentos, conjunto que, uma vez adquirido, poderia ser visto como indicativo de uma aquisição de gênero bem-sucedida. Adotados pela ciência social nos anos de 1940, esses inventários se tornaram a base para a teoria do papel sexual.

O **teste M-F** foi talvez o único meio mais amplamente utilizado para verificar uma aquisição bem-sucedida de gênero e ainda estava em uso até os anos de 1960. A avaliação era bastante abrangente, incluindo interpretações de manchas de tinta do tipo Rorschach, que eram codificadas para a conformidade de gênero, bem como identificações, sentenças a se completar e algumas questões empíricas. Eis uma pequena amostra das perguntas do teste M-F (se você quiser registrar o seu resultado nesses poucos itens – para se assegurar de que sua própria identidade de gênero está progredindo "normalmente" – deve registrar do jeito sugerido por Terman e Miles em 1936: se a resposta for "masculina", fique com "1"; se for "feminina", registre um "2". É interessante como esses pequenos julgamentos de valor se embrenham na pesquisa científica!).

Conhecimento de gênero: nos itens do questionário a seguir há respostas certas e erradas. Presumia-se que os mais "meninos" saberiam as respostas dos itens 2, 3 e 5, e que as mais "meninas" saberiam as respostas dos itens 1 e 4. As garotas que soubessem a resposta dos itens 2, 3 e 5 seriam computadas como mais "masculinas".

1) Coisas cozinhadas na gordura são: fervidas (+), grelhadas (+), fritas (-), assadas (+).

2) A maior parte de nosso carvão antracito vem: do Alabama (-), do Colorado (-), de Ohio (-), da Pensilvânia (+).

3) O regimento de soldados "Rough Riders" foi liderado por: Funston (-), Pershing (-), Roosevelt (+), Sheridan (-).

4) O vermelho combina melhor com: preto (-), lavanda (+), rosa (+), roxo (+).

5) A proporção do globo coberta por água é cerca de: 1/8 (-), 1/4 (-), 1/2 (-), 3/4 (+).

Sentimentos de gênero: o teste também incluía uma variedade de estímulos que supostamente provocariam certas emoções. Os interrogados deveriam responder se tais estímulos lhes causavam (a) muito, (b) algum, (c) pouco ou (d) nenhum sentimento da emoção esperada. Por exemplo:

• Ser chamado de preguiçoso; ver garotos zombando de idosos; ver alguém trapacear em um exame; isso lhe deixa NERVOSO?

• Ficar perdido; águas profundas; cemitérios de noite; pessoas negras [isso estava mesmo na lista!]; isso lhe deixa COM MEDO?

• Um inseto grudado em um papel de prender insetos; um homem covarde que não consegue deixar de ser; um cervo machucado; isso lhe deixa COM PENA?

• Meninos mexendo com meninas; entregar-se a "cafunés"; não escovar os dentes; ser um bolchevique; isso lhe faz pensar que uma pessoa é PERVERSA?

Para ganhar pontos nessa seção, fique com menos (2) para cada resposta na qual disser que o fator mencionado lhe causava muita emoção, exceto para a questão a respeito do bolchevismo, que obviamente era suficientemente grave para que os homens ficassem bastante emocionados. Entretanto, em todas as outras, incluindo aquela sobre ter medo de pessoas negras, altos níveis de emoção eram registrados como femininos.

Ocupações, aparências, livros de gênero: o teste também incluía carreiras possíveis e suas tipificações obviamente sexuais, como trabalhar na biblioteca, piloto de corrida, guarda florestal, florista, soldado e educação musical. Havia uma lista de traços de caráter (voz alta, homens com barbas, mulheres altas) que os interrogados deveriam dizer se gostavam ou desgostavam, e uma lista de livros infantis (*Robinson Crusoe* [Robinson Crusoé], *Rebecca of Sunnybrook Farm* [Rebeca da Fazenda Sunnybrook[b]], *Little Women* [Pequenas mulheres], *Biography of a Grizzly* [Biografia de um urso pardo]) que haviam ou não sido lidos e dos quais a pessoa gostava ou não gostava.

Pessoas de gênero: havia uma lista de pessoas famosas de quem os interrogados ou gostavam ou não gostavam ou não tinham conhecimento (Bismarck, Lenin, Florence Nightingale, Jane Addams) (obviamente, não ler um livro ou não conhecer uma pessoa famosa poderia ser visto como um traço de conformidade ou de inconformidade com o gênero).

Também havia questões sobre o que a pessoa gostaria de desenhar caso fosse artista (navios ou flores), o que ela gostaria de escrever se fosse repórter de jornal (acidentes ou teatro) e para onde ela gostaria de viajar se tivesse muito dinheiro (caçar leões na África ou estudar costumes sociais; aprender sobre as diver-

---

[b] Na primeira metade do século XX, o livro foi adaptado diversas vezes para o cinema, tendo sua versão mais conhecida na adaptação de 1938, protagonizada por Shirley Temple e lançada em português com o título *A garota da rádio* [N.T.].

sas religiões ou ver como criminosos são tratados). Por fim, o teste incluía algumas autodescrições que os interrogados faziam a respeito de seus próprios comportamentos e atitudes. As questões de resposta sim ou não (aqui listadas com a pontuação dada para quem respondesse "sim") incluíam:

- Você prefere não tomar banho? (+)
- Você é extremamente cuidadoso com o jeito de se vestir? (-)
- As pessoas sempre dizem que você fala demais? (+)
- Você já recebeu punição injustamente (+)
- Você já manteve um diário? (-)

A pesquisa de Terman e Miles permitiu que uma nova geração de psicólogos construísse um gradiente entre masculinidade e feminilidade, dentro do qual todos os indivíduos poderiam ser localizados, cartografando assim a aquisição da identidade de gênero pelo exame de posturas, condutas e hábitos apropriados para cada gênero. Se um menino ou menina exibisse os traços e atitudes adequados, os pais poderiam ficar tranquilos de que seu filho estava se desenvolvendo normalmente. Se, porém, a criança tivesse resultados muito altos no lado "inapropriado" do gradiente, então estratégias de intervenção deveriam ser elaboradas para facilitar a adoção de comportamentos mais apropriados. Meninos com dotes artísticos seriam empurrados para brincadeiras mais rudes e cambalhotadas; meninas moleca seriam obrigadas a vestir roupas de renda e a ler em silêncio livros como *Rebecca of Sunnybrook Farm* em vez de subir em árvores. Por trás dessas intervenções rondava o espectro do homem mariquinha, homossexual, que, segundo Terman, Miles e outros psicólogos achavam, tinham problemas de identidade de gênero. Seguindo Freud, eles acreditavam que a homossexualidade era um distúrbio de gênero. Como outro psicólogo, George W. Henry, escreveu em 1937:

> Na grande maioria dos... casos as tendências para a homossexualidade tal como exibidas por atitudes e comportamentos podem ser observadas logo cedo na infância... À medida que os interesses, posturas e hábitos estão fora de harmonia com seu sexo de fato, é provável que a criança se depare com circunstâncias que acen-

---

COMO OS PAIS PODEM SABER...

A organização evangélica cristã Focus on the Family (Foco na família) apresenta aos pais diversos sinais de alerta que podem indicar "confusão de gênero" e que, se não forem cuidados, podem levar as crianças para o caminho da homossexualidade. Para meninos entre 5 e 11 anos, isso pode incluir:

1) Forte sensação de que são "diferentes" de outros garotos.

2) Tendência a chorar facilmente, a ser menos atlético e a não gostar de brincadeiras de luta.

3) Preferência persistente por fazer papéis femininos em brincadeiras de faz de conta.

4) Forte preferência por passar tempo na companhia de meninas e por participar das brincadeiras e passatempos que elas fazem.

5) Susceptibilidade a sofrer *bullying* de outros meninos, que podem zombar dele impiedosamente e chamá-lo de "*gay*", "bicha" e "frutinha".

6) Tendência a andar, falar, vestir e até mesmo "pensar" femininamente.

7) Desejo repetidamente declarado de ser – ou a insistência de que ele é – menina.

Se o seu filho apresenta esses sintomas, a organização pede que você busque ajuda profissional.

Fonte: www.focusonyourchild.com/develop/artl/A0000684.html

tuarão seu desvio. Os meninos parecem ser, de algum modo, mais vulneráveis do que as meninas, e se eles demonstram tendências femininas indevidas, cuidados especiais devem ser exercidos para lhes dar oportunidade para desenvolver características masculinas[187].

Essa noção de que a inconformidade de gênero é um indicador da orientação sexual continua sendo uma presunção muito comum. Se um garoto age "femininamente", ou se uma garota age "masculinamente", pressupomos que isso revela a sexualidade dele ou dela – e não uma expressão da identidade de gênero em questão. Por décadas isso serviu como base para os alertas de psicólogos *pop* a respeito do "crescimento hétero" e sobre como evitar que seu filho "virasse *gay*" (tais psicólogos *pop* parecem muito menos preocupados com as garotas que se tornam lésbicas). Hoje, geralmente é a direita religiosa que faz esses alertas neofreudianos[188].

Teorias pós-freudianas sobre desenvolvimento de gênero

A teoria psicanalítica freudiana gerou diversas tradições diferentes na psicologia. Alguns psicólogos do desenvolvimento buscaram cartografar as sequências de estágios do crescimento sexual e de gênero, conforme as crianças passassem pelas fases psicológicas que correspondem com as mudanças físicas. Outros psicólogos usaram variados testes estatísticos para medir com mais precisão as diferenças entre homens e mulheres em certas idades. Psicanalistas feministas puseram Freud e seus seguidores à prova, pelo uso implícito ou implícito que esses faziam da masculinidade como referência normativa frente à qual todos os estágios de desenvolvimentos deveriam ser grafados e compreendidos. E, por fim, alguns psicólogos buscaram especificar as exigências sociais para os papéis sexuais tanto masculinos quanto femininos.

Teorias do desenvolvimento cognitivo localizam o gatilho da aquisição de gênero e da formação da identidade de gênero em um período da vida posterior à primeira infância. Psicólogos dessa escola argumentam que as crianças nascem com um gênero mais ou menos neutro; ou seja, não há, no nascimento, diferenças biológicas importantes entre meninos e meninas que expliquem as diferenças de gênero posteriores. Conforme crescem, as crianças processam novos dados por meio de "filtros cognitivos", que as capacitam para interpretar as informações sobre gênero. O psicólogo suíço Jean Piaget examinou as sequências de desenvolvimento na autopercepção das crianças e a visão que elas tinham do mundo. Segundo Piaget, meninos e meninas participam ativamente de sua própria socialização, não são simplesmente objetos passivos da influência social. Esse psicólogo aplicou esse modelo para o desenvolvimento cognitivo, destacando as séries de tarefas e de processos mentais apropriados para as crianças de várias idades[189].

Lawrence Kohlberg aplicou o modelo piagetiano de desenvolvimento cognitivo sequencial para pensar uma aquisição de identidade de gênero estável. Uma das tarefas centrais desse desenvolvimento, afirmou Kohlberg, é rotular-se seja como homem, seja como mulher. O momento em que a criança aprende "ser um menino" ou "ser uma menina" é um ponto no tempo depois do qual a autoidenficação parece ter se fixado. A decisão é *cognitiva*, parte do padrão de crescimento mental no organismo. Cedo na vida, a criança desenvolve um filtro mental de gênero, depois do qual as novas informações do mundo social são interpretadas e agenciadas nos termos de sua adequação à identidade de gênero dela. Ainda com dois anos, os bebês têm compreensões relativamente estáveis e fixas de si mesmos segundo um gênero, e essa categorização, argumenta Kolhberg, "é basicamente um julgamento da realidade cognitiva mais do que produto de recompensas sociais, justificações parentais ou fantasias sexuais". Coisas, pessoas e atividades são rotuladas como "isso é apropriado para quem sou" ou como "isso não é apropriado para quem sou". Mensagens codificadas de certos modos chegam até os meninos; aquelas codificadas de outros modos chegam até as meninas[190].

De acordo com essa teoria, as primeiras identidades de gênero das crianças dependem de pistas físicas concretas, como vestido, corte de cabelo e tamanho do corpo, para que categorizem o mundo em dois gêneros. Meninos nunca usam vestidos e têm cabelo curto; meninas usam vestidos e têm cabelo comprido. Muitas crianças acreditam que podem mudar seu gênero cortando o cabelo ou mudando de trajes, pois creem que a identidade de gênero é algo concreto, vinculada a atributos físicos. Há meninos e meninas que ficam decepcionados se seus pais demonstram uma conduta inapropriada ao seu gênero (se o papai carrega a bolsa da mamãe, se a mamãe troca o pneu). É apenas depois de cinco ou seis anos de idade que a maioria das crianças têm o maquinário cognitivo para reconhecer o gênero como um atributo da pessoa e não como resultado de suportes materiais usados para demonstrar o gênero.

Por essa visão, a aquisição de uma identidade de gênero é um ponto de inflexão na vida de uma criança. A partir de seis anos de idade, ela vê o mundo em termos de *gênero*. A criança não pode voltar, pois o processo de identificação em um gênero é irreversível depois dos três ou quatro anos de idade. Todas as *performances* das funções de gênero que são socialmente codificadas como apropriadas para homens ou mulheres se tornam, a partir de então, mais facilmente adquiridas pela criança que possui o filtro "correto". Uma vez que muitos aspectos do comportamento dependem da identidade de gênero, a aquisição de um filtro irreversível é necessária para o desenvolvimento humano e deve ser esperada em todas as sociedades.

O aprendizado social do gênero não acaba na infância. A aquisição da identidade de gênero pode começar cedo, mas ela continua ao longo do ciclo da vida. Crianças pequenas se rotulam como "menino" ou "menina" com uma idade precoce, depois da qual elas começam ativamente a empregar esse rótulo para dar sentido ao seu mundo. Porém, tal etiqueta, demonstrada pela capacidade de exprimir a frase "sou menino (ou menina)" de vários modos e em várias situações, não exaure o conteúdo dos papéis de gênero nem seleciona infalivelmente os estímulos apropriados tipificados por gênero. Uma criança não conhece a maioria das coisas que um adulto conhece, acredita, gosta ou sente. A menina de dois ou três anos de idade não sabe que é improvável uma mulher se tornar presidente. Ela sabe apenas que usa a palavra "menina" para se rotular e que ela está confortável com isso. A identidade de gênero é mais fluida do que as crianças pequenas acreditam, e nossa socialização de gênero continua ao longo de nossas vidas. Além disso, igualmente importante, somos agentes ativos de nossa própria socialização, e não simplesmente receptores passivos dos esquemas culturais para comportamentos de gênero apropriados.

Por não haver relação "natural" entre uma identidade de gênero e as *performances* de uma função de gênero, a criança pequena que "sabe" seu gênero possui um rótulo com muito pouco conteúdo. Porém, tal rótulo é usado para organizar as novas coisas que são vividas. Isso é feito pela observação de quem (em termos de gênero) deixa a casa para ir ao trabalho, quem está encarregado das tarefas domésticas e quem brinca de carros ou de bonecas (ou ao menos quem a criança vê brincando com esses brinquedos na mídia). Todas essas atividades são mais ou menos tipificadas por gênero, na maioria das vezes por quem as realiza e não pelo que é realizado. Além disso, todas as crianças ouvem exortações verbais acerca do que garotos fazem ou não fazem e do que garotas fazem ou não fazem. Meninos e meninas tendem naturalmente a imitar modelos de comportamento, mesmo se a imitação não é reforçada, e isso inclui uma grande porção de condutas tipicamente masculinas ou femininas realizadas na frente deles. As crianças nadam em um oceano de posturas de gênero e é terrivelmente difícil nadar contra a corrente[191].

Para esse ponto de vista, a estabilidade do sentido de uma personalidade com gênero definido não depende de diferenças biológicas do nascimento, nem das experiências da primeira infância ou de um filtro cognitivo. Ela depende do modo como as situações cotidianas de uma criança continuamente estabilizam o sentido que essa tem a respeito de ser um menino ou uma menina. Dado que cada homem e cada mulher tem histórias de aprendizado social diferentes, encontramos diferenças de gênero nos comportamentos e valores das crianças e dos adultos. Para compreender nossa própria sexualidade, devemos primeiro olhar os tipos de arranjo que fazemos para as formas como homens e mulheres devem supostamente se comportar em nossa sociedade e para os modos como eles veem a si mesmos. Se você se vê como uma mulher e está inserida em circunstâncias nas quais a expectativa social é a de que as mulheres tenham certos tipos de reação, o fato de você se ver como mulher molda a forma como você reagirá a essas situações. Assim, em uma sociedade, há sempre dois fatores que afetam o comportamento de gênero: as demandas da situação social e as experiências prévias que uma pessoa tem a respeito do que significa ser uma menina ou um menino, uma mulher ou um homem.

Questionamentos feministas da psicanálise e da psicologia do desenvolvimento

A teoria de Freud a respeito do **desenvolvimento psicossexual** oferece um tipo muito diferente de questionamento contra as presunções da inevitabilidade biológica. Em vez de focar na variação, como faziam os antropólogos, Freud destacou a universalidade das diferenças sexuais, mas afirmou que tais diferenças eram produzidas – aprendidas pelas crianças em interações com sua família e com a sociedade em geral. O psicanalista não achava nada de inevitável no que diz respeito a se tornar ou masculino ou feminino, ou a se tornar um homossexual. A orientação sexual e a identidade de gênero eram aquisições.

Muitas mulheres têm rejeitado os argumentos de Freud por suas afirmações de que o desenvolvimento feminino era o resultado de um acerto de contas das mulheres com a vergonha que naturalmente se seguiria da descoberta de que elas não têm pênis. Não só esses argumentos colocavam uma ênfase absurda em uma pequena aba de tecido, mas, além disso, a inveja do pênis indicava que as mulheres sempre se sentiriam inferiores aos homens. Ademais, Freud declarou que o desenvolvimento da mulher requer o repúdio do clítoris, a fonte da atividade e do prazer sexual, em favor de sexualidade mais "madura" da receptividade vaginal.

Tão logo Freud publicou suas teorias, as mulheres questionaram a centralidade da inveja do pênis no desenvolvimento das garotas. O ensaio de Karen Horney, escrito em 1922, "On the Genesis of the **Castration Complex** in Women" ("Sobre a gênese do **Complexo da Castração** nas mulheres"), sugere ser intrinsecamente problemática uma teoria cuja postulação é a de que metade da raça humana é insatisfeita. Em vez disso, seria "a subordinação social concreta das mulheres" que forneceria o contexto para o desenvolvimento feminino. Desde então, as mulheres têm pacientemente explicado que são os homens, não elas, que veem a posse do pênis como uma questão importante. Afinal, como as mulheres poderiam saber como é ter um pênis se nunca tiveram um? Como diz uma psicanalista:

> É o homem que vivencia o pênis como um órgão valioso, e ele presume que as mulheres também devem se sentir desse jeito sobre isso. Mas uma mulher não pode realmente imaginar o prazer sexual de um pênis – ela pode apenas apreciar as vantagens sociais que seu possuidor tem[192].

> ### É MESMO?
>
> Meninos vestem azul e meninas vestem rosa – e é assim que as diferenças biológicas naturais entre os dois são nitidamente marcadas para todo mundo ver.
>
> Você acha que sempre foi desse jeito, certo – com meninos e meninas sendo codificados por cor a partir da infância? Mas a realidade histórica do código de cores está longe de ser algo simples e evidente. Antes do século XX, os norte-americanos acreditavam que os garotos e garotas eram basicamente iguais, e por isso todos eram vestidos da mesma maneira: em vestidos brancos e fluidos.
>
> Em um estudo histórico sobre códigos de vestuários para crianças e bebês, a historiadora Jo Paoletti descobriu que, quando a codificação de cores entrou em voga pela primeira vez, ocorria exatamente o contrário de nosso estilo atual. Em 1890, o *Ladies Home Journal* (*Revista da Casa das Senhoras*) recomendava rosa para meninos, pois era uma cor mais forte! Outras achavam que o rosa era uma cor mais lisonjeira para as crianças de cabelo escuro, e o azul, para as crianças loiras, não importa qual fosse o seu sexo biológico. Foi apenas nos anos de 1920 que se estabeleceu a moda atual de que rosa = feminino e azul = masculino.
>
> Fonte: Jo Paoletti. *Pink and Blue: Telling the Boys from the Girls in America* (*Rosa e azul: separando os meninos das meninas nos Estados Unidos*). Bloomington: Indiana University Press, 2012.

Talvez as mulheres tenham mais "inveja de privilégios" políticos e sociais do que alguma inveja relativa ao corpo.

Com efeito, afirmam algumas pessoas, Freud viu o problema do avesso. Não eram as mulheres que tinham inveja do pênis, mas os homens que tinham **inveja do útero**. Afinal, elas podem produzir bebês, aparentemente (ao menos naquelas culturas em que um momento bastante rotineiro nove meses antes não é lembrado ou considerado como significativo) sem precisar de ajuda! Não importa o que os homens venham a fazer, eles não conseguem criar vida. Bruno Bettelheim e muitos outros sugeriram que as origens da subordinação das mulheres derivam do medo que os homens têm do poder reprodutivo da mulher. Esses pesquisadores apontaram para os rituais de iniciação masculina que imitavam as dores do parto, vendo-os como indicativo de uma apropriação ritual que mascarara uma inveja significativa[193].

Outra linha de crítica foi reverter a proposição inicial de Freud. Em vez de perguntar como e por que as mulheres acabam por se considerar inferiores aos homens, por que não perguntar como os homens terminam por se achar superiores às mulheres? Muitas escritoras feministas como Nancy Chodorow, Lillian Rubin, Dorothy Dinnerstein e Jessica Benjamin colocaram essa questão[194]. Inspiradas pela escola de pensamento psicanalítico das relações de objeto, essas teóricas apontaram os enviesamentos masculinos mais profundamente enraizados na formulação freudiana. Freud argumentava que a aquisição final do desenvolvimento de gênero era a autonomia individual – livrar-se da dependência em relação à mãe e, portanto, libertar-se da necessidade de uma identificação com o grupo. A autonomia era conquistada pela recusa do menino em se identificar com sua mãe e por sua identificação subsequente com seu pai. Porém, no livro *The Reproduction of Mothering*, Chodorow afirma que Freud inadvertidamente revelou a origem do senso masculino de superioridade e, portanto, da dominação masculina[195].

E se, afirma Chodorow, nós sugeríssemos que a capacidade de intimidade, conexão e comunidade são experiências adultas saudáveis? Isso significaria que a fase anterior à crise edípica – quando tanto meninos quanto meninas estão profundamente ligados com sua mãe – é crucial. Ocorre que os meninos perdem essa habilidade de se conectar e de se fazer íntimos com a quebra de contato com a mãe e com o deslocamento da identificação para o pai, ao passo que as meninas retêm essa capacidade. Ademais, essa transição é tão traumática para os garotos – e, porém, tão necessária para nossa cultura – que eles devem demonstrar constantemente que a realizaram adequadamente. A masculinidade torna-se assim definida pela distância entre o menino e sua mãe, entre ele próprio e ser visto como "filhinho da mamãe" ou um maricas. Por isso, o garoto precisa perder uma significativa parte de seu tempo e de sua energia demonstrando que conseguiu realmente se distanciar, o que ele faz desvalorizando todas as coisas femininas – incluindo meninas, sua mãe, a feminilidade e, obviamente, todas as emoções associadas com a feminilidade. O domínio masculino requer a desvalorização masculina do feminino. Como afirma Chodorow:

> Um menino, em sua tentativa de obter uma identificação masculina imprecisa, geralmente acaba por definir sua masculinidade amplamente por termos negativos, como aquilo que não é feminino ou não envolve mulheres. Há um aspecto interno e outro externo aí. Internamente, o garoto tenta rejeitar sua mãe e negar seu vínculo com ela, com a forte dependência que ainda sente por ela. Ele também tenta negar a profunda identificação pessoal com a mãe, desenvolvida durante seus primeiros anos. Ele o faz reprimindo o que quer que considere ser feminino dentro de si mesmo e, principalmente, difamando tudo o que considera ser feminino no mundo exterior.

Assim, Freud forneceu uma leitura decididamente "feminista" sobre a dominação masculina. Ele apenas não o percebeu, tão fixado que estava em considerar a ruptura com a mãe o momento crucial do *desenvolvimento* humano[196].

As ideais de Kohlberg sobre as fases do desenvolvimento cognitivo e moral também foram postas sob escrutínio crítico de intelectuais feministas. As etapas kohlberguianas vão de regras muito concretas e práticas até a aplicação de princípios éticos universais. Mas quando meninas e meninos são avaliados, elas parecem ficar "detidas" na terceira fase da evolução moral, uma etapa que reforça as expectativas e relacionamentos mútuos interpessoais (Kohlberg afirmava que essa diferença decorria logicamente da natureza mais remota e abstrata da ligação entre o garoto e pai, em comparação com o elo mais interdependente da garota com sua mãe). Carol Gilligan, uma das estudantes de Kohlberg, não se convenceu disso e acreditou que os diferentes tipos de raciocínio moral não deveriam ser hierarquicamente classificados. Em seu livro pioneiro, *In a Different Voice* (*Uma voz diferente*), ela sugeriu que essas etapas aparecem apenas quando a vida dos homens é considerada a norma. Nas entrevistas que ela fez com mulheres graduandas em Harvard, Gilligan descobriu critérios muito diferentes para a tomada de decisões morais. Ela ouviu outras vozes morais por trás da "ética da justiça" – o paradigma ético abstrato e universal proposto por Kolhberg como último estágio do desenvolvimento moral. Há também uma "ética do cuidado", reforçando a intimidade e a conexão, que parece ser adotada mais frequentemente pelas mulheres. A partir daí, Gilligan sugeriu que as origens da agressão podem ser diferentes para mulheres e homens. Para os homens, a ética da justiça exige a aplicação cega e indiferente de sanções; a agressão deriva de restrições à autonomia individual. As mulheres, escreve Gilligan, ouvem uma voz diferente, na qual "reside a verdade de uma ética do cuidado, o elo entre relação e responsabilidade e as origens da agressão na falha de conexão"[197].

O trabalho de Gilligan despertou uma ampla controvérsia entre psicólogas feministas e continuou a se espalhar na cultura em geral. Seu trabalho *parecia* concordar com argumentos de que mulheres e homens são diferentes fundamental, irreversível e irreconciliavelmente. Outros trabalhos construídos com essa premissa se seguiram muito rapidamente, incluindo reflexões sobre cognição e epistemologia. Livros populares foram lançados enfatizando as diferenças entre mulheres e homens em suas esferas linguísticas e míticas[198]. Ironicamente, grupos que buscavam excluir a mulher de diversas arenas tentaram utilizar os argumentos de Gilligan para legitimar a discriminação. Se elas são tão obviamente diferentes dos homens, incluindo sua razão, então excluí-las de certas posições não seria discriminá-las, mas simplesmente uma forma de honrar e respeitar tais diferenças. Historicamente, homens que argumentaram contra o voto feminino utilizaram exatamente a mesma ideia de Gilligan. Leia, por exemplo, o escrito de uma pessoa contra o sufrágio feminino em 1914:

> Devemos falar sem rodeios de uma dificuldade prática da participação das mulheres nas questões públicas: elas não aparentam ser capazes intelectualmente para isso... [É] muito raro encontrar uma mulher que tenha uma mente de estadista. A moça comum está interessada em pessoas, não em princípios. Apenas quando um princípio se corporifica em uma pessoa é que nela desperta algum entusiasmo. Ela observa os aspectos pitorescos de um caso, mas não segue prontamente um processo econômico... Ela provavelmente ficará interessada em coisas pequenas, que tocam sua própria vida e não nas grandes coisas que determinam o destino das nações.

Mais recentemente, o Instituto Militar de Virgínia citou as diferenças entre mulheres e homens como justificativa para a exclusão delas de seu corpo de cadetes financiado pelo Estado, e corpos de bombeiros quiseram impedi-las de entrar em suas fileiras (dado que o código legal exige a aplicação indiferente da lei e a adesão a princípios abstratos, alguém poderia ter também prescrito uma mudança para retirar as mulheres do ofício de juízas)[199].

A própria Gilligan era mais ponderada e deplorava os esforços para utilizar suas descobertas "para justificar a opressão". O que ela descobriu é que "homens norte-americanos educacionalmente privilegiados têm a forte tendência de enfatizar questões de justiça quando descrevem uma experiência de conflito e de escolha moral; dois terços dos homens em nossos estudos apresentaram tal 'foco na justiça'. Um terço das mulheres que estudamos também demonstraram esse mesmo enfoque. Mas outro terço delas focava no cuidado, em contraste com apenas um dentre 46 homens". Ademais, "um terço tanto das mulheres quanto dos homens articula preocupações com a justiça e com o cuidado com uma frequência praticamente igual". Os padrões psicológicos observados por Gilligan, ela notou, "não são baseados em nenhuma premissa de diferenças inatas entre os sexos, mas somente na natureza distinta de suas experiências". Extrapolar essas informações para reivindicar que *homens* e *mulheres* diferem nas vozes morais seria distorcer suas descobertas, transformando-as em estereótipos. Gilligan escreve:

> O título de meu livro era deliberado; nele se lê "uma voz *diferente*", não "uma voz de *mulher*". Na minha introdução, explico que essa voz não é identificada por gênero, mas por tema. Notando como observação empírica a associação dessa voz com as mulheres, precavi o leitor de que "essa associação não é absoluta, e os contrastes entre as vozes dos homens e das mulheres são apresentadas aqui para sublinhar uma distinção entre dois modos de pensar e para focar em um problema de interpretação, e não para representar uma generalização a respeito de nenhum sexo". Ao rastrear o desenvolvimento, "aponto para a interação entre essas vozes dentro de cada sexo e sugiro que sua convergência marca períodos de crise e mudança". Nenhuma afirmação, eu insisto, é feita sobre as origens dessas vozes ou sua distribuição na população como um todo, através das culturas e dos tempos [...]. Assim, em minha concepção, a perspectiva do cuidado não é biologicamente determinada nem algo único das mulheres. Ela é, porém, uma perspectiva moral diferente daquela atualmente embutida nas teorias psicológicas e suas medidas. Tal perspectiva foi definida pela escuta tanto de mulheres quanto de homens descrevendo sua própria experiência[200].

Pesquisas subsequentes falharam em replicar as diferenças binárias de gênero em questões éticas; a maior parte dos pesquisadores "relata não haver, em média, diferenças de tipo de raciocínio que homens e mulheres usam para avaliar dilemas morais, sejam eles questões de cuidado ou de justiça"[201].

As psicólogas feministas, porém, expuseram um viés androcêntrico na literatura psicológica sobre identidade e desenvolvimento de gênero. Com o homem sendo o padrão normativo frente ao qual tanto eles quanto elas são avaliados, as mulheres sempre parecem ficar para trás. Como Gilligan demonstrou, quando a psicologia começou a mudar seu enquadramento de trabalho e a ouvir mais atentamente a voz das mulheres, novos padrões de desenvolvimento emergiram. Esse viés também tinha consequências na vida das pessoas reais. Por exemplo, o **Manual Diagnóstico e Estatístico de Transtornos Mentais (DSM)**, publicado pela Associação Psiquiátrica Americana, é a bíblia de diagnósticos dos profissionais das enfermidades mentais. Por algum tempo, o *DSM* listou como problema mental algo como "distúrbio pré-menstrual disfórico", que é a sua versão da *SPM*. Assim, toda mulher sofre potencialmente de uma doença mental específica por até uma semana a cada mês – o que soma aproximadamente 25% de toda sua vida adulta (a homossexualidade foi retirada do manual). A psicóloga Paula Caplan sugeriu que a DSM, em vez disso, considerasse acrescentar um novo conjunto de diagnósticos, incluindo o "Distúrbio de Personalidade Dominante Delirante" (DPDD) para classificar comportamentos sexistas como algo igualmente sintomático de doenças mentais. E por que não "Síndrome de John Wayne" ou um "Distúrbio de Personalidade Machona?", ela pergunta. Seu questionário para identificar a DPDD vai fundo na exposição dos enviesamentos de gênero desses manuais supostamente neutros (figura 4.1).

Diferenças de desenvolvimento

Então, quais são as diferenças psicológicas reais – não as imaginadas ou produzidas – entre mulheres e homens? Os psicólogos do desenvolvimento apontaram para algumas diferenças importantes entre elas e eles, que emergem conforme crescemos. Porém, até mesmo essas são dissemelhanças entre os meios de duas distribuições, nas quais há mais variação *entre* os homens e *entre* as mulheres do que *entre* mulheres e homens. Quando a psicóloga Janet Hyde revisou quarenta e seis meta-análises – estudos que revisam todos os estudos disponíveis sobre certo tópico, o que faz do gesto de Hyde uma espécie de "meta-meta-análise" –, ela descobriu que o tamanho da diferença de gênero para 78% de todas as características, atitudes e comportamentos medido por tais pesquisas era "pequeno ou perto de zero"[202]. E quando os psicólogos Eleanor Maccoby e Carol Jacklin analisaram 1.600 estudos empíricos entre 1966 e 1973, perceberam apenas quatro áreas com diferenças de sexo significativas e consistentes: (1) As garotas têm habilidade verbal relativamente maior; (2) Os garotos têm mais habilidade visual e espacial; (3) eles têm melhores resultados em avaliações de matemática; (4) e são consistentemente mais agressivos do que elas. Com efeito, Maccoby e Jacklin concluíram que seu trabalho...

> revelou um nível surpreendente de similaridade na criação de meninos e meninas. Os dois sexos parecem ser tratados com igual afeição, ao menos nos primeiros cinco anos de vida (o período para o qual a maior parte da informação está disponível); eles são igualmente autorizados e encorajados a ser independentes, igualmente desencorajados de exibir comportamentos de dependência... curiosamente, não há nem mesmo evidências de reações parentais distintas diante de comportamentos agressivos dos dois sexos. Há diferenças, porém.

VOCÊ RECONHECE ESSE HOMEM?*

Uma enquete que você nunca encontrará na *Nova* nem na *Marie Claire*

Homens que apresentam seis características dentre as listadas abaixo podem ter Distúrbio de Personalidade Dominante Delirante! Aviso: a DPDD é uma organização difusa, profunda e mal-adaptada da personalidade como um todo! (Marque todas as opções que se aplicam ao caso).

1) Ele se mostra...

☐ incapaz de estabelecer e manter relacionamentos interpessoais significativos?

☐ incapaz de identificar e exprimir uma série de sentimentos nele mesmo (geralmente acompanhada da incapacidade de identificar de modo preciso os sentimentos de outros)?

☐ incapaz de responder de modo apropriado e empático aos sentimentos e necessidades de pessoas próximas e íntimas (o que muitas vezes o leva a interpretar erradamente os sinais dos outros)?

☐ incapaz de sentir prazer em fazer coisas pelos outros?

2) Ele...

☐ usa poder, silêncio, abstenção e/ou evasão em vez de negociação em conflitos ou dificuldades interpessoais?

☐ acredita que as mulheres são responsáveis pelas coisas ruins que acontecem com ele, ao passo que as coisas boas só se devem às habilidades, realizações e esforços dele?

☐ infla a importância e as conquistas de si mesmo, dos homens em geral ou ambos?

☐ categoriza áreas de funcionamento e conjuntos de comportamento em termos rigidamente sexuais (como acreditar que o trabalho doméstico é responsabilidade das mulheres?)

☐ usa padrões enviesados baseados no gênero para interpretar ou avaliar situações ou atitudes (p. ex., dizer que um homem que ocasionalmente faz o café da manhã é extremamente bom, mas considerar deficiente uma mulher que de vez em quando não faz a mesma coisa)?

☐ sente-se indevidamente ameaçado por mulheres que não conseguem disfarçar a própria inteligência?

☐ Exibe, dentre as listadas baixo, a ilusão de que:
  • os homens têm direito aos serviços de qualquer mulher com quem estão pessoalmente associados;
  • as mulheres gostam de sofrer e de receberem ordens;
  • a força física é o melhor método para resolver questões interpessoais;
  • os impulsos sexuais e agressivos dos homens são incontroláveis;

☐ pornografia e erotismo são a mesma coisa;

☐ as mulheres controlam a maior parte da riqueza e/ou do poder do mundo, mas fazem pouco trabalho para isso;

☐ as desigualdades existentes na distribuição de poder e riqueza são produto da sobrevivência do mais forte e que, portanto, a alocação de maior prestígio social e econômico aos já privilegiados é merecida.

3) Ele tem uma...

☐ necessidade patológica de afirmar sua importância social ao se exibir na companhia de mulheres que apresentam três das seguintes características:
  • são fisicamente atraentes, em termos convencionais;
  • são mais jovens;
  • são mais baixas;
  • pesam menos;
  • parecem estar mais baixas nos padrões socioeconômicos;
  • são mais submissas... do que ele?

☐ abordagem distorcida sobre a sexualidade, exibindo-se em uma ou mais das seguintes maneiras:
  • necessidade patológica de elogio a respeito de sua *performance* sexual e/ou tamanho de sua genitália;
  • tendência infantil a identificar seios grandes nas mulheres com sua atratividade sexual.

☐ resistência emocionalmente descontrolada a fazer esforços em direção à igualdade de gênero?

A tendência a se considerar um "novo homem" nem prova nem refuta que o sujeito se enquadra dentro dessa categoria diagnóstica.

* Algumas mulheres também podem se enquadrar nessas características seja porque querem ser tão dominadoras quanto os homens ou porque elas acham que os homens deveriam mesmo ser os dominantes.

Livremente adaptado, com permissão, de *They Say You're Crazy: How the World's Most Powerful Psychiatrists Decide Who's Normal* (Eles dizem que você é louco: Como os psiquiatras mais poderosos do mundo decidem quem é normal. Addison-Wesley, 1995) por Paula J. Caplan.

Figura 4.1 Hypothetical Diagnostic Tool for Delusional Dominating Personality Disorder (Instrumento de Diagnóstico para o Distúrbio de Personalidade Dominante Delirante [DPDD]), de Paula J. Caplan.

Reproduzido com permissão.

Tratam-se os meninos e suas brincadeiras de modo um tanto mais bruto. Eles recebem mais punições físicas. Em diversos estudos, nota-se que os garotos recebem tanto mais elogios quanto mais críticas de seus cuidadores – a pressão pela socialização é, em outras palavras, mais intensa para os meninos –, mas a evidência nesse ponto é inconsistente. A área de maior diferenciação incide sobre comportamentos muito específicos em sua tipificação sexual. Os pais têm uma preocupação consideravelmente maior com um menino que é "maricas" do que com uma garota que é "joãozinho". Isso é especialmente verdadeiro para os pais, que parecem tomar a iniciativa de desencorajar ativamente qualquer interesse que um menino tenha em brinquedos, atividades ou trajes femininos[203].

Confiar nos sinais que os pais dão a respeito do que é apropriado se mostra, no fim das contas, mais decisivo do que o sexo da criança. Em um experimento, afirmou-se à metade de sessenta meninos e meninas em idade pré-escolar que um jogo de ferramentas era para os garotos e um jogo de cozinha para as garotas. As crianças também foram indagadas a respeito do que suas mães e seus pais diriam se elas brincassem com aqueles brinquedos: elas diriam que é bom, ruim ou que não importava?

Quanto tempo brincaram com cada um dos brinquedos (figura 4.2)? Os resultados do experimento foram interessantes. Para os meninos, dependia menos do tipo de brinquedo e mais do que lhes era dito a respeito dele – e o que eles pensavam que seus pais diriam.

Quando não se disse nada sobre os brinquedos para os meninos, eles gastaram a mesma quantidade de tempo brincando com o jogo de ferramentas e com o de cozinha. Quando o primeiro foi rotulado "para garotos", aqueles com o pensamento de que seus pais considerariam a brincadeira de outro gênero "ruim" passaram muito mais tempo com as ferramentas. E quando o jogo de cozinha foi rotulado "para garotas", nenhum um único menino com a percepção de que seu pai acharia tal brinquedo "ruim" sequer o tocou.

Agora, deve ser lembrado que, quando os brinquedos não foram rotulados, os meninos passaram a mesma quantidade de tempo com os dois jogos. Nitidamente não havia nada intrínseco acerca de ferramentas ou cozinhas que fosse mais ou menos atrativo para os garotos. O que importava é como eles eram rotulados – e o que eles pensavam que seus pais diriam (é igualmente interessante que as crianças não achassem que os pais se importariam com os brinquedos utilizados por suas filhas ou que suas mães não se importariam com os brinquedos *nem* de meninos, *nem* de meninas. Apenas os filhos, e apenas os pais)[204].

Dada a quantidade de atenção que temos dado ao gênero dos brinquedos infantis, é talvez irônico que eles, com efeito, tenham se tornado *mais* tipificados por gênero nos anos recentes, não menos. Ou, talvez, não tão irônico no fim das contas (lembremos que as roupas de bebês meninos e de bebês meninas também são cada vez mais categorizadas nesse sentido). O gráfico na figura 4.3 mostra a proporção de brinquedos anunciados como sendo especialmente para meninos ou particularmente para meninas em relação com o número total de brinquedos para crianças. Duas coisas se destacam. Primeiro, nota-se que entre 1910 e 1940, mais brinquedos para meninas tinham especificação de gênero do que brinquedos para meninos. Isso coincide com as campanhas feministas para as mulheres trabalharem, entrarem em sindicatos, participarem de júris, frequentarem universidades e, por certo, votarem (o sufrágio foi conquistado em 1920). Talvez houvesse mais inquietação acerca dos papéis da mulher naquele tempo, e os brinquedos tipificados por gênero eram um modo de suprimir esse interesse em romper com esses papéis? Segundo, nota-se que, após um período relativamente estável entre 1940 e 1970, durante o qual as proporções ficaram relativamente baixas, os brinquedos começaram a divergir novamente, com os

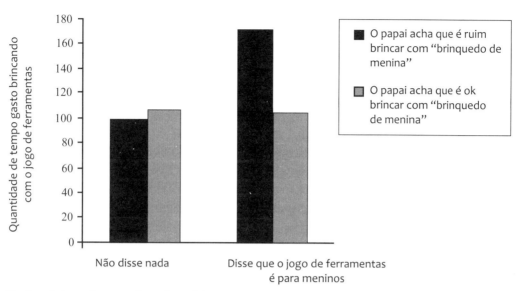

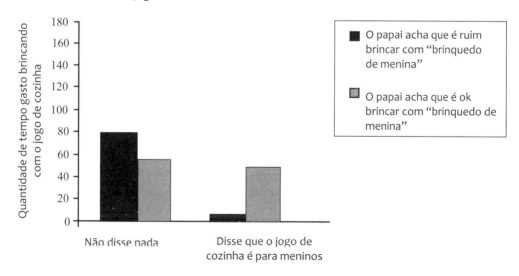

Figura 4.2 Gráfico "Meninos brincando com jogo de ferramentas" e "Meninos Brincando com o jogo de cozinha". *Sex Roles* (*Papéis sexuais*) – "Preschoolers' Awareness of Social Expectations of Gender: Relationships to Toy Choices" ("Consciência dos pré-escolares sobre as expectativas sociais de gênero: relação com as escolhas de brinquedos"), vol. 38, n. 9, 1998, p. 695-696. Tarja Raag e Christine L. Rackliff.

Fonte: © 1998 Plenum Publishing Corporation. Com permissão de Springer.

LEIA TUDO A RESPEITO!

Esqueça Marte e Vênus, diz a psicóloga Janet Hyde. Somos todos terráqueos! Em seu artigo "Gender Similarities Hypothesis" ("Hipóteses de similaridades de gênero"), ela revisa todas as evidências empíricas de que as mulheres e homens são muito mais similares do que somos diferentes. Ocorre que há muito mais evidências de similaridade do que de diferença – exceto, obviamente, para os estereótipos antiquados.

garotos e as garotas recebendo igualmente uma porcentagem maior de brinquedos codificados por gênero do que jamais anteriormente. Além disso, se é verdade que as duas codificações estão crescendo, a tipificação dos brinquedos para os meninos é significativamente maior do que para as meninas, indicando, talvez, uma crescente ansiedade para garantir que os garotos não "se desviem" de seus papéis prescritos.

Homens e mulheres podem ser treinados para uma vasta gama de características, e variações individuais ao longo dessa série se sobrepõem extensivamente. Uma vez que apenas pequenas diferenças efetivas são encontradas entre meninas e meninos, como explicamos a relativa ineficiência de atividades de socialização (brinquedos, jogos, televisão, escola) na formação do comportamento infantil em experimentos psicológicos, e, apesar disso, a atribuição contínua de funções tipificadas por gênero para crianças e adultos? Nossa resposta só pode ser especulativa. Parece que a maior parte dos experimentos psicológicos oferecem aos meninos e meninas uma oportunidade de realizar tarefas similares sem rotulá-las como apropriadas ao gênero.

Nesses contextos, garotos e garotas apresentam *performances* praticamente iguais. Aparentemente, o poder real da tipificação de gênero reside menos na criança do que nos ambientes em que a criança – ele ou ela – se encontra. O meio social é preenchido com mensagens e atividades de gênero. Mesmo se a criança não possuir nenhum papel de gênero fixo e permanente, os arranjos sociais continuamente reforçarão as diferenças. Em um experimento neutro nesse sentido, as exigências sociais são removidas e então a criança não se comporta de acordo com os estereótipos de gênero. Talvez não sejam crenças internalizadas que nos mantêm no lugar como homens ou mulheres, mas, sim, nossos ambientes interpessoais e sociais. Dado que há considerável variação no que homens e mulheres efetivamente fazem, talvez seja necessário o peso da organização social e uma constante insistência para manter as diferenças das funções de gênero.

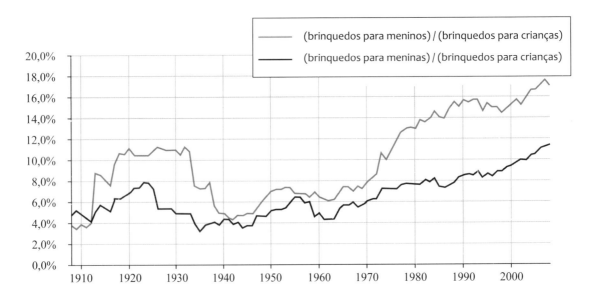

Figura 4.3 A frequência de "brinquedos para meninos" e de "brinquedos para meninas" em relação a "brinquedos para crianças", cartografado pelo sociólogo Philip Cohen.

Fonte: Google Books Ngram Viewer. Disponívelem http://books.google.com/ngrams • http://socimages.tumblr.com/ post/105142152260/gender-segregation-of-boys-and-girls-toys-in

> **LEIA TUDO A RESPEITO!**
>
> Conforme crescemos, passamos por diferentes fases, nas quais a expressão de gênero é mais ou menos rígida – e mais ou menos incessantemente aplicada. Se geralmente começamos nossa infância vestidos mais ou menos da mesma forma – macacões, tênis de correr –, não passa muito tempo antes de se dizer que o sexo oposto tem "piolho" e nos tornarmos rigidamente insistentes nas formas estereotípicas exageradas de vestuário. Algumas garotas passam totalmente para o jeito "menina delicada" – um súbito desejo de usar roupas de balé para ir à escola – e alguns garotos se voltam completamente para badernas e piruetas, evitando qualquer traje que possa mesmo que remotamente se associar com as meninas. Em "Pink Frilly Dresses and the Avoidance of All Things 'Girly'…" ("Vestidos rosas de renda e o distanciamento de todas as coisas 'de menina'…"), a psicóloga May Ling Halim e seus colegas cartografam essa rigidez e examinam quão comprometidas as crianças estão com essas noções estritas de identidade de gênero. Você acha que o gênero de meninos e meninas é mais inflexível? Por quê?

> **É MESMO?**
>
> Meninos gostam de brincar com armas, e meninas gostam de brincar de casinha.
>
> Na verdade, depende. Meninos e meninas, com idade entre 3 e 7, foram introduzidos a três brinquedos possíveis para brincar: uma arma e um coldre (tradicionalmente masculinos), um jogo de chá (tradicionalmente feminino) e uma bola (neutro). Depois de estabelecer que certas características eram tipificadas por gênero – duro, áspero e afiado (masculino), leve e suave (feminino) – os pesquisadores alteraram os brinquedos. A arma foi enfeitada com bijuterias em um coldre roxo. O jogo de chá coloridamente camuflado foi coberto com estacas afiadas.
>
> Então, os meninos e as meninas tiveram igualmente certeza de que o jogo de chá era para eles e a arma com o coldre era para elas.
>
> Fonte: Rosalind Chait Barnett. "Understanding the Role of Pervasive Negative Gender Stereotypes: What Can Be Done?" ("Compreendendo o papel de estereótipos negativos de gênero disseminados: O que pode ser feito?") Comunicação apresentada em The Way Forward (O caminho para frente). Heidelberg, mai./2007.

A resistência contra esses arranjos de gênero cheios de restrições aparece de muitos modos e tamanhos. Considere-se Riley, uma garotinha que ficou frustrada com a divisão de cores de brinquedos para meninos e meninas. Em um vídeo de YouTube bastante assistido (com quatro milhões de visualizações), ela diz, plenamente exasperada: "Por que todas as garotas têm de comprar coisas rosas e todos os meninos têm de comprar coisas de cores diferentes?" (Cf. o vídeo dela, de um minuto, em: http://www.youtube.com/watch?v=-CU04OHqbas)

E então temos os pais de Sasha, Beck Laxton e Kieran Cooper, em Cambridge, Inglaterra. Por cinco anos eles mantiveram em segredo o sexo biológico da filha, referindo-se a ela como "a criança" ou "o infante, deixando-a se vestir como quisesse – em geral, roupas de segunda mão dos irmãos e irmãs mais velhos –, a brincar com bonecas, caminhões e o que quer que ela preferisse. Isso deixou outras pessoas fora de si, mas Sasha é uma criança plenamente feliz, que, com cinco anos, teve seu sexo revelado para o mundo por conta de uma exigência das autoridades escolares.

Um casal de Toronto recentemente fez a mesma coisa com seu bebê. Apesar de todas as previsões terríveis, as crianças parecem estar indo muito bem. "Enquanto ela estiver em bons relacionamentos e com bons amigos", diz Laxton, "então nada mais importa, certo?"[205]

> **LEIA TUDO A RESPEITO!**
>
> Muito de nossa socialização infantil – desde a infância até a idade adulta, com efeito – é uma forma de policiamento de gênero, um modo de nossos pares, famílias e a cultura em geral nos lembrar, o tempo todo, o que é esperado de nós como mulheres ou como homens. Pise fora da linha e você provavelmente ouvirá broncas – e ruidosas. "Cara, você é uma bicha!", é o que o sociólogo C.J. Pascoe ouviu de estudantes do ensino médio em uma escola da Califórnia. Isso capta muito perfeitamente a maneira como os jovens rapazes policiam as *performances* de gênero uns dos outros, extraindo delas uma conformidade que não deixa nenhuma possibilidade de se ter ideias erradas a respeito de uma pessoa.

A psicologia social das papéis sexuais

Em seu esforço para entender a constelação de atitudes, características e comportamentos que constituem a **identidade de gênero** apropriada, alguns psicólogos sociais aperfeiçoaram e ampliaram as classificações originais da escala M-F oferecida por Terman e Miles.

CRIANDO PEQUENOS MARCIANOS E PEQUENAS VENUSIANAS	
O objetivo da socialização de gênero não é tornar menininhos e menininhas capazes de exprimir suas diferenças naturais de gênero, mas, em primeiro lugar, criar tais diferenças e então fazê-las ter a aparência de algo natural. E como seria possível ter mais certeza de que os garotos e as garotas recebem a mensagem do que por meio da moda?	Eis um bom exemplo. Em 2013, depois de anos de Lara Croft e Dora a Aventureira, a Marvel Comics veio com uma nova camiseta dos Vingadores para meninos e meninas. Para eles, em azul real; para elas, vermelho brilhante e silhueta afilada. *Fonte:* http://www.huffingtonpost.com/2013/04/11/sexistavengers-t-shirts-n_3063942.html.
 SEJA UM HERÓI	 PRECISO DE UM HERÓI
Fonte: Loja Disney (esquerda); SuperHeroStuff.com (direita).	

Se a masculinidade e a feminilidade pudessem ser compreendidas como pontos em um contínuo, a variedade de comportamentos anormais poderia ser pensada como exemplos de comportamento de gênero inapropriado[206]. Nos anos depois da Segunda Grande Guerra, por exemplo, alguns psicólogos formularam a hipótese de a propensão para o fascismo e para o nazismo derivar de alegações distorcidas de identidade de gênero. Os autores do livro *The Authoritarian Personality* (*A personalidade autoritária*) postularam uma tipologia de comportamentos baseada na escala M-F, instrumento que sugere ser possível descrever a feminilidade e a masculinidade tanto como uma identificação psicológica interna quanto como uma manifestação comportamental externa. Tal tipologia criava quatro combinações possíveis, em vez de duas:

		Organização psicológica interna	
		Masculino	Feminino
Manifestação comportamental externa	Masculino	MM	MF
	Feminino	FM	FF

Duas células, a superior esquerda e a inferior direita, seriam consideradas "apropriadas ao gênero" – homens e mulheres cuja identificação psicológica interna bate com seus comportamentos externos. Os homens cujos resultados o colocavam na célula superior direita – internamente feminino, externamente masculino – também tinham uma alta pontuação em racismo, autoritarismo e hipermasculinidade. Os autores propuseram que tais atitudes eram meios utilizados por quem se sente inseguro com sua masculinidade para esconder suas inseguranças – adotando uma aderência mais rígida às normas mais tradicionais[207].

Essa noção se tornou um saber comum nos Estados Unidos da década de 1950 e foi usada para estudar a delinquência juvenil, a resistência sulista à integração e aos direitos civis e a resistência masculina ao feminismo. Um estudo mais recente inclui a homofobia. Ele convergia com a sabedoria popular acerca de valentões na escola – a percepção de que esses eram *menos* seguros de sua masculinidade, que é o motivo de tentarem prová-la o tempo todo. A resposta clássica para um valentão – "Por que você não pega alguém do seu tamanho?" – sempre encontrará ouvidos surdos, pois o objetivo não é competir, mas, sim, ganhar, de modo que a masculinidade insegura possa ser (ainda que só por um tempo) *reafirmada*. Obviamente, isso não funciona, pois o oponente não é um verdadeiro páreo, então o valentão precisa fazer tudo de novo.

Curiosamente, Sanford e seus colegas notaram que os homens com resultados na célula inferior esquerda – externamente femininos e internamente masculinos – eram os mais criativos, artísticos e inteligentes. É preciso um homem muito seguro, com efeito, para se desviar das normas comportamentais da masculinidade, sugeriu esse estudo. E uma pesquisa recente confirma essa tendência. O biólogo cognitivista Qazi Rahman e seus colegas da Universidade de Londres realizaram uma série de testes com homens e mulheres heterossexuais. Eles descobriram níveis maiores de inconformidade de gênero na infância associados com QI mais alto e habilidades de leitura tanto em homens quanto em mulheres. Ou seja, maiores índices de feminilidade infantil nos meninos e menores níveis nas meninas se correlacionavam com níveis mais altos de inteligência e conquistas acadêmicas[208].

LEIA TUDO A RESPEITO!

Se você é percebido como "feminino", pode estar bastante vulnerável a policiamento de gênero, a *bullying* e coisas semelhantes. Como Robb Willer e seus colaboradores argumentam em "Overdoing Gender" ("Exagerando o gênero"), isso é o que leva alguns rapazes a se excederem completamente para provar sua masculinidade. Tal pesquisa argumenta que, quando rapazes sentem que sua condição masculina está vulnerável, sendo questionada ou mesmo ameaçada, eles tentam compensá-la de modo descomedido e adotam uma postura mais homofóbica, belicosa e, bem, mais inclinada a comprar uma caminhonete esportiva. O estudo de Willer dá algum crédito à ideia de que esses veículos musculosos, picapes velozes e jipes não são expressões de uma masculinidade segura, mas exatamente o oposto – uma das muitas maneiras de os homens poderem compensar por não se sentirem suficientemente masculinos.

Um esforço recente para revisitar essa tese percebeu que homens com o sentimento de que sua masculinidade era mais "ameaçada" tentariam compensá-la exageradamente; eles apresentavam maiores níveis de apoio à guerra do Iraque, mais atitudes negativas em relação aos homossexuais e um maior interesse na compra de um veículo utilitário esportivo. O velho adágio de que quanto maior o carro, menor o... bem, você sabe, pode acabar tendo alguma validade empírica[209].

Enquanto Sanford e seus colegas desenvolveram uma tipologia de identidades internas e comportamentos externos, Miller e Swanson observaram um desenvolvimento sequencial. Todas as crianças, tanto masculinas quanto femininas, começam suas vidas como "FF" – totalmente identificadas com a mãe e se comportando como ela. Os meninos então passam pela fase edípica, ou "FM", durante a qual continuam a se identificar com a mãe, mas começam a fazer a ruptura com tal identificação, ao mesmo tempo em que adquirem características e comportamentos superficialmente masculinos. Por fim, os garotos chegam na fase "MM", em que tanto identificação interna quanto comportamento externo são apropriados ao gênero masculino. Assim, autoritarismo, racismo, sexismo e homofobia poderiam ser considerados como exemplos de imaturidade psicológica, um tipo de desenvolvimento interrompido (o quarto estágio potencial, "MF", foi retirado do estudo)[210].

Uma trajetória secundária que coincidiu com esses estudos é a obra de Talcott Parsons e outros sociólogos, que buscaram definir a necessidade sociológica para a masculinidade e a feminilidade. Parsons afirmou que a sociedade teria dois tipos de funções majoritárias – produção e reprodução –, e que elas requereriam dois sistemas institucionais separados – o sistema ocupacional e o sistema de parentesco – que, por sua vez, requereriam dois tipos de função que precisariam ser exercidas para que tudo funcionasse adequadamente. **Funções instrumentais** demandariam racionalidade, autonomia e competividade; **funções expressivas** demandariam sensibilidade e afeto, para que a próxima geração pudesse ser socializada. Desse modo, Parsons retirou a ênfase no desenvolvimento da identidade da função sexual da "necessidade" de a criança se tornar de gênero masculino ou feminino e a deslocou para a necessidade da sociedade por indivíduos que preencham encaixes específicos. Felizmente, Parsons afirmou, tínhamos dois tipos diferentes de pessoas que eram socializadas para assumir essas duas funções diferentes.

Parsons sugeriu, porém, que a alocação de funções para homens e mulheres nem sempre ocorria suavemente. Por exemplo, nas sociedades ocidentais, o isolamento da família nuclear e o período estendido da infância implicava o fato de os meninos se manterem identificados com a mãe por muito tempo. Ademais, a separação das esferas indicava que as meninas tinham um exemplo apropriado a seguir imediatamente diante delas, ao passo que os garotos não possuíam tal modelo de conduta. Assim, ele afirmava, a ruptura do menino com a mãe e a necessidade deles em estabelecer sua individualidade e masculinidade muitas vezes vinham juntas de protestos violentos contra a feminilidade, e um repúdio raivoso do feminino se tornava uma forma de o menino purgar-se da identificação feminina. "Ele se revolta contra a identificação com sua mãe em nome da masculinidade", escreve Parsons, criando uma equivalência entre bondade e feminilidade, de modo que virar um *bad boy* se torna um objetivo positivo. O pesquisador sugere que isso tem consequências negativas, incluindo um "culto da **masculinidade compulsiva**":

> Homens ocidentais são peculiarmente suscetíveis ao apelo de um tipo adolescente de comportamento e atitudes assertivamente masculinos, que podem tomar várias formas. Eles têm em comum a tendência de se revoltar contra os aspectos rotineiros do papel masculino primariamente institucionalizado de responsabilidade sóbria, respeito meticuloso pelo direito dos outros e a afeição terna pelas mulheres. A afirmação por meio de proezas físicas, com uma tendência endêmica para a violência e, portanto, para o ideal militar, é inerente a esse complexo e a possibilidade mais perigosa[211].

Para a menina, o processo é, em certa medida, diferente. Ela tem uma vida mais fácil por se manter identificada com a mãe. Sua rebelião e raiva vêm do reconhecimento da "superioridade masculina" – "o fato de sua própria segurança, como a de outras mulheres, ser dependente do favor – ou mesmo do 'capricho' de um homem". De repente, ela nota que as qualidades valorizadas por ela são as qualidades que podem prejudicá-la. Ela pode exprimir a agressão que invariavelmente se seguiria de tal frustração rebelando-se contra o papel feminino como um todo: ela pode se tornar uma feminista.

Por volta dos anos de 1970, a própria teoria dos papéis sexuais estava enfrentando um escrutínio crítico importante. Intelectuais notaram que o modelo binário entre os papéis, as necessidades sistêmicas e a dicotomia homens-mulheres era um tanto conveniente e fácil demais, bem como politicamente conservador – como se mudar os papéis implicasse arruinar as necessidades que a *sociedade* tinha. Outros sublinharam a natureza coerciva desses papéis: se eles fossem naturais e satisfizessem prontamente as necessidades, por que tantas pessoas se rebelavam contra eles, e por que eles precisavam ser reforçados tão vigorosamente?

Dois questionamentos importantes foram feitos pela própria psicologia social. Sandra Bem e outros exploraram o *conteúdo* dos papéis sexuais. O **Inventário de papéis sexuais de Bem** perguntava às pessoas qual sua percepção acerca de sessenta diferentes atributos, vinte dos quais eram codificados como "femininos", vinte como "masculinos" e outros vinte como "preenchimentos" (tabela 4.1). Embora isso substituísse um gradiente com papéis sexuais categóricos, Bem notou que as pessoas mais psicologicamente ajustadas e inteligentes eram aquelas cujos resultados se localizavam entre os polos opostos da masculinidade e da feminilidade. Era, dizia ela, a

Tabela 4.1 Itens da escala de masculinidade, feminilidade e desejabilidade social do Inventário de papéis sexuais de Bem

Itens masculinos	Itens femininos	Itens neutros
49) Agir como um líder	11) Carinhosa	51) Adaptável
46) Agressivo	5) Alegre	36) Convencido(a)
58) Ambicioso	50) Gosta de crianças	9) Consciente
22) Analítico	32) Compassiva	60) Convencional
13) Assertivo	53) Não usa palavras rudes	45) Amigável
10) Atlético	35) Motivada para acalmar sentimentos machucados	15) Feliz
55) Competitivo		3) Útil
4) Defende as próprias crenças	20) Feminina	48) Ineficiente
37) Dominante	14) Bajulável	24) Invejoso(a)
19) Contundente	59) Gentil	39) Amável
25) Tem habilidades de liderança	47) Ingênua	6) Temperamental
7) Independente	56) Ama crianças	21) Confiável
52) Individualista	17) Leal	30) Reservado(a)
31) Toma decisões com facilidade	26) Sensível à necessidade dos outros	33) Sincero(a)
40) Masculino	8) Tímida	42) Solene
1) Autoconfiante	38) Com fala mansa	57) Prudente
34) Autossuficiente	23) Simpática	12) Teatral
16) Personalidade forte	44) Terna	27) Verdadeiro(a)
43) Disposto a tomar uma posição	29) Compreensiva	18) Imprevisível
28) Disposto a correr riscos	41) Calorosa	54) Não sistemático(a)
	2) Flexível	

Nota: O número de itens que precedem cada item reflete a posição de cada adjetivo tal como ele efetivamente aparece no inventário.

androginia, "a presença combinada de características femininas e masculinas socialmente valorizadas e estereotípicas" que melhor descreviam o indivíduo sadiamente adaptado. Ademais, argumentava Bem, é no meio desse gradiente que a maioria de nós efetivamente se localiza, a masculinidade e a feminilidade dificilmente são opostos.

Diversos estudos empíricos parecem corroborar uma preferência pela constelação da personalidade andrógina e não por estereótipos femininos ou masculinos. Mas estudos subsequentes não conseguiram confirmar a validade dessas avaliações, e a androginia foi descreditada como uma espécie de caráter frouxo e sem individualidade, e não como a síntese do melhor dos dois mundos[212]. Ademais, conceitualmente, dividir características masculinas e femininas em duas categorias torna impossível integrar a desigualdade de gênero e de poder na discussão; vinte anos depois de seus estudos iniciais, Bem observa que a escala "reproduz... a mesma polarização de gênero que ela busca quebrar"[213].

Enquanto proponentes da androginia questionavam o conteúdo da teoria dos papéis sexuais, Joseph Pleck questionava a forma. Em uma série de artigos que culminaram em seu livro *The Myth of Masculinity*, Pleck propõe a ideia de que o problema não era os homens terem dificuldades para se adaptar a uma noção racional de masculinidade, mas sim que o próprio papel era internamente contraditório e inconsistente. Em vez de aceitar simplesmente os papéis sexuais como um pacote, Pleck operacionalizou o que ele chamou de modelo da "Identidade do papel sexual masculino" em um conjunto determinado de proposições testáveis, que incluíam:

1) A identidade do papel sexual é operacionalmente definida por medidas da tipificação sexual psicológica, concebida em termos de dimensão da feminilidade e/ou masculinidade psicológica.

2) A identidade do papel sexual deriva da modelagem por identificação e, em menor medida, aprendizados de reforço e cognição das características sexuais típicas, especialmente entre os homens.

3) O desenvolvimento da identidade do papel sexual apropriado é arriscado, um processo propenso ao fracasso, sobretudo para os homens.

4) A homossexualidade reflete um distúrbio na identidade do papel sexual.

5) A identidade do papel sexual apropriado é necessária para uma boa adaptação psicológica, por conta da necessidade psicológica interna de que isso ocorra.

6) A hipermasculinidade indica insegurança nas identidades de papel sexual.

7) Problemas da identidade de papel sexual explicam as atitudes e comportamentos negativos dos homens em relação às mulheres.

8) Problemas da identidade do papel sexual explicam as dificuldades dos meninos na *performance* e na adaptação escolar.

9) Homens negros são particularmente vulneráveis a problemas de identificação do papel sexual.

10) Os ritos de iniciação dos adolescentes masculinos são uma resposta para os problemas de identificação do papel sexual.

11) Mudanças históricas no caráter do trabalho e na organização da família tornaram mais difícil para os homens desenvolver e conservar a identidade de seu papel sexual.

Quando praticamente todas essas proposições acabaram se revelando empiricamente falsas, Pleck afirmou que o papel sexual masculino era, ele próprio, a fonte de pressão, ansiedade e problemas da masculinidade. A psicologia, de veículo que ajudaria os homens problemáticos a se adaptar ao papel sexual racional, transformava-se assim na própria origem desses problemas, o veículo que alimentou os homens com um pacote de mentiras sobre a masculinidade. O próprio sistema do papel sexual era a fonte de muitas das dores e ansiedades dos homens. Em seu lugar, Pleck propôs o modelo da Pressão do Papel Sexual Masculino:

1) Papéis sexuais são operacionalmente definidos pelos estereótipos e normas do papel sexual.

2) Papéis sexuais são contraditórios e inconsistentes.

3) A proporção de indivíduos que violam os papéis sexuais é alta.

4) Violar papéis sexuais leva à condenação social.

5) Violar papéis sexuais leva a consequências psicológicas negativas.

6) A violação concreta ou imaginada dos papéis sexuais leva os indivíduos a se conformarem excessivamente a eles.

7) Violar os papéis sexuais tem consequências mais severas para os homens do que para as mulheres.

8) Certas características prescritas pelos papéis sexuais são psicologicamente disfuncionais.

9) Cada gênero vivencia as pressões do papel sexual em seus trabalhos e papéis familiares.

10) Mudanças estruturais podem pressionar os papéis sexuais.

O efeito de rede desse novo modelo existe para tomar a compreensão acerca desses problemas e deslocá-las dos próprios homens para os papéis que eles são forçados a desempenhar[214]. Uma pesquisa subsequente explorou o embate com as especificações contraditórias de tais papéis, tal como é realizado por diferentes grupos de homens, e com os comportamentos problemáticos (como ceder a riscos sexuais) que são expressões do esforço masculino para se reconciliar com as demandas contraditórias de suas funções[215].

Mas ainda restam problemas com a teoria do papel sexual que mesmo esses dois esforços ambiciosos não resolvem. Para começar, quando psicólogos discutem o papel sexual "masculino" ou "feminino", eles postulam uma entidade singular e monolítica, um "papel", sob o qual todos os meninos e todas as meninas são colocados. Por meio de um processo de socialização, eles adquirem o papel sexual de homens, elas, o de mulheres. Imagine dois tanques enormes, nos quais todos os homens e mulheres biológicos são colocados. Mas todos os homens e todas as mulheres não são iguais. Há uma variedade de "masculinidades" e de "feminilidades", dependendo da classe, raça, etnia, idade, sexualidade e região. Se todos os meninos ou todas as meninas devessem receber a mesma socialização para o mesmo papel sexual, as diferenças na construção da masculinidade negra, da feminilidade latina, da masculinidade *gay* de meia-idade, da feminilidade branca dos mais idosos no meio-oeste americano e assim por diante seriam todas apagadas. A teoria do papel sexual é incapaz de explicar as diferenças *entre* homens ou *entre* as mulheres, pois ela sempre começa com prescrições normativas acerca dos *papéis* sexuais, em vez de começar com as experiências das próprias pessoas, homens e mulheres (deve ser lembrado que as diferenças entre homens e entre mulheres – não as diferenças entre mulheres e homens – constituem a maioria das variações nas atitudes, características e comportamentos que observamos).

Um segundo problema com a teoria do papel sexual é que os tanques separados nos quais homens e mulheres são classificados parecem muito similares um ao outro. Quando dizemos que os meninos se tornam masculinos e as meninas se tornam femininas de um jeito praticamente igual, postulamos uma falsa equivalência entre os dois. Se ignoramos o diferencial de poder entre os dois tanques, então tanto o privilégio quanto a opressão desaparecem. "Os homens não têm poder", escreve o terapeuta *pop* Warren Farrell: "os homens e as mulheres têm papéis"[216]. Apesar do que um homem ou uma mulher possa talvez *sentir* a respeito de sua situação, em nossa sociedade, homens como um grupo têm poder sobre as mulheres como um grupo. Ademais, alguns homens – privilegiados em virtude da raça, classe, etnia, sexualidade e assim por diante – têm poder sobre outros homens. Uma explicação adequada a respeito do gênero deve lidar não apenas com a diferença de gênero, mas também com a dominação masculina. Teorias a respeito do papel sexual são inadequadas para esta tarefa[217].

Essa inadequação teórica deriva primordialmente do processo de classificação. Os teóricos do papel sexual veem meninos e meninas classificados naquelas duas categorias separadas. Mas o que sabemos sobre ser um homem tem tudo a ver com o que significa ser uma mulher; e o que sabemos sobre ser uma mulher tem tudo a ver com o que significa ser um homem. As construções de gênero são *relacionais* – nós compreendemos o que significa ser um homem ou mulher tanto em relação com os modelos dominantes quanto em relação um com o outro. E aqueles que são marginalizados por raça, classe, etnia, idade, sexualidade e outros fatores também medem suas identidades de gênero a partir da identidade do grupo dominante.

Por fim, a teoria do papel sexual assume que apenas indivíduos têm gênero, que indivíduos com gênero ocupam posições de gênero neutro e habitam instituições de gênero neutro. Mas o gênero é mais do que um atributo individual; ele organiza e constitui o campo no qual as pessoas se movem. As instituições de nossas vidas – famílias, locais de trabalho, escola – são elas próprias instituições de gênero, organizadas para reproduzir as diferenças e as desigualdades entre mulheres e homens. Se uma pessoa quer entender as vidas de alguém nessa situação, o filósofo francês Jean-Paul Sartre certa vez escreveu: "deve-se investigar primeiro a situação em torno [delas]"[218]. A teoria dos papéis sexuais e a androginia nos ajudam a ir além da análise estritamente psicológica do gênero. Mas a incapacidade de teorizar a dimensão da diferença, do poder, da relacionalidade e das instituições de gênero implica que precisaremos construir outros elementos dentro dessa discussão. As explicações sociológicas sobre gênero começam a partir desses princípios.

TERMOS-CHAVE		
Androginia	Funções Instrumentais	*Manual Diagnóstico e Estatístico de Transtornos Mentais (DSM)*
Complexo da castração	Identidade de gênero	
Crise edípica	Inveja do pênis	Masculinidade compulsiva
Desenvolvimento psicossexual	Inveja do útero	Teste M-F
Estereótipos de gênero	Inventário de papéis sexuais de Bem	Teorias do desenvolvimento cognitivo
Funções expressivas		

5

A construção social das relações de gênero

A sociedade é um baile de máscaras, onde todo mundo esconde seu verdadeiro caráter e o revela escondendo-o.
Ralph Waldo Emerson. "Worship" ("Adoração", 1860).

EM UMA PONDERADÍSSIMA DEFINIÇÃO, C. Wright Mills define a sociologia como a intersecção entre biografia e história. Na sua visão, o objetivo da perspectiva sociológica seria localizar um indivíduo tanto no tempo quanto no espaço, para fornecer os contextos sociais e históricos nos quais uma pessoa constrói a sua identidade. Nesse sentido, o pressuposto básico da sociologia, sobre o qual se sustentam suas análises de estruturas e instituições, é o de que os indivíduos moldam suas vidas dentro de contextos que são tanto históricos quanto sociais. Não fazemos isso simplesmente porque somos biologicamente programados para agir de certos modos, nem porque temos tarefas inevitavelmente humanas para resolver conforme envelhecemos. O que fazemos é responder a problemas do mundo que encontramos, moldando, modificando e criando nossas identidades por meio desses encontros com outras pessoas e dentro das instituições sociais.

A sociologia toma como seu ponto de partida muitos dos temas levantados nos capítulos anteriores. Perspectivas sociológicas assumem a variabilidade das identidades de gênero que a pesquisa antropológica tem explorado, os "imperativos" biológicos que levam à identificação e à diferenciação (embora a sociologia localize a fonte desses imperativos menos em nossos corpos e mais em nossos ambientes) e os imperativos psicológicos conduzindo tanto à autonomia quanto à conexão exigida dos indivíduos pela sociedade moderna no mundo moderno. Para o sociólogo, nossas biografias (identidades), assim como nossas histórias (estruturas sociais circundantes), têm marcas de gênero.

Como outras ciências sociais, a sociológica começa com uma crítica do determinismo biológico. Em vez de observar nossas experiências como expressões de diferenças inatas e interplanetárias, ciências sociais examinam as variações entre homens e entre mulheres, tanto quanto as diferenças entre eles. Assim, tais saberes começam com uma origem explicitamente social de nossos padrões de desenvolvimento.

Nossas vidas dependem da interação social. Literalmente, parece. No século XIII, Frederico II, imperador do Sacro Império Romano, decidiu realizar um experimento para ver se poderia descobrir "a linguagem natural do homem". Que língua falaríamos se ninguém nos ensinasse as palavras? Ele escolheu alguns bebês recém-nascidos e decretou que ninguém falasse com eles. As crianças foram amamentadas, nutridas e cuidadas como de costume, mas palavras, canções e cantigas de ninar eram estritamente proibidas. Todos os bebês morreram. E é provável que todos conheçam alguma história sobre "crianças selvagens" – bebês que foram abandonados e criados por animais, passaram a desconfiar das pessoas e não conseguiam ser socializados para viver com outros humanos depois de seis anos de idade ou próximo. Em todas essas histórias, a criança morre jovem, como praticamente todos os "isolados", filhos que foram trancados em armários e porões por pais insanos ou sádicos[219].

O que essas históricas nos contam? Verdadeiras ou apócrifas, elas sugerem que, sozinha, a biologia – ou seja, nossa composição anatômica – não determina nosso desenvolvimento, tal como poderíamos pensar. Precisamos interagir, socializar, ser parte da sociedade. É a interação, não os nossos corpos, que nos fazem ser quem somos.

CRIANÇAS ISOLADAS

Algumas crianças foram isoladas de quase todo contato humano por responsáveis abusivos. Um dos casos mais bem documentados de criança isolada foi o de "Isabelle", que nasceu de uma adolescente solteira, surda e muda. Os pais da menina estavam com tanto medo do escândalo que mantinham mãe e filha trancadas em uma sala escura, onde elas não tinham contato com o mundo exterior. Em 1938, quando tinha seis anos, Isabelle escapou de seu confinamento. Ela não conseguia falar, fazia apenas sons de rosnado, tinha medo demais de estranhos e reagia a estímulos com o instinto de um animal selvagem. Aos poucos, ela se acostumou a ficar rodeada de pessoas, mas ela não exprimia nenhuma curiosidade sobre elas: era como se ela não se visse como uma pessoa. Porém, médicos e cientistas sociais começaram um treinamento longo e sistemático. Em um ano, ela se tornou capaz de falar frases completas, e logo pôde frequentar a escola com outras crianças. Com quatorze anos, estava na sexta série, feliz e adaptada. Ela conseguiu superar a falta de socialização na primeira infância, mas apenas porque se esforçou excepcionalmente.

Estudos sobre outras crianças isoladas revelaram que algumas conseguem se recuperar, com esforço e cuidado especial, mas que outras têm danos permanentes. Não é evidente o motivo exato disso, mas sem dúvida alguns fatores que contribuem são a duração do isolamento, a idade da criança quando começa a ficar isolada, a presença de algum contato humano (como a mãe de Isabelle), outros abusos que acompanham o isolamento e a inteligência da criança. O filme *Nell* de 1994 mostrava Jodie Foster como alguém quase isolada, que aprende a linguagem e as interações sociais pouco a pouco, o suficiente para se apaixonar por seu médico (interpretado por Liam Neeson).

Geralmente, a primeira vez em que ouvimos que o gênero é construído socialmente, entendemos que, como indivíduos, não somos responsáveis pelo que fazemos. A "sociedade me fez assim", talvez digamos. "Não é minha culpa" (isso é muitas vezes o reverso de outra resposta que ouvimos bastante: "Nos Estados Unidos, um indivíduo pode fazer tudo o que ele ou ela quiser", ou "esse é um país livre, e todo mundo tem direito à própria opinião"). Essas duas estratégias retóricas – que eu chamarei de **passividade reflexiva** e de **hiperindividualismo impulsivo** – são dispositivos que usamos para evitar a responsabilidade e a imputabilidade individual. Ambas são, portanto, más leituras das atribuições sociológicas. Quando dizemos que a identidade de gênero é construída socialmente, queremos dizer que nossas identidades são uma conjunção fluida de sentidos e de comportamentos que construímos a partir dos valores, imagens e prescrições que encontramos no mundo a nossa volta. Nossas identidades de gênero são tão voluntárias – escolhemos nos tornar quem somos – quanto coercivas – somos pressionados, forçados, sancionados e muitas vezes fisicamente agredidos para que nos submetam a alguma norma. Nós não fazemos as regras conforme progredimos nem nos ajustamos a funções predeterminadas de modo casual e sem conflito.

Para alguns de nós, tornar-se homens e mulheres adultos em nossa sociedade é um deslize suave e quase espontâneo para comportamentos e atitudes que sentimos como tão familiares a nós quanto nossas peles. Para outros, tornar-se masculino ou feminino é uma tortura interminável, um pesadelo no qual devemos brutalmente suprimir algumas partes de nós mesmos para agradar os outros – ou, simplesmente, para sobreviver. Para a maioria de nós, porém, a experiência recai em algum lugar no meio: há momentos que amamos e dos quais não desistiríamos e há outros momentos em que sentimos sermos forçados a exagerar um lado à custa dos outros. A tarefa da perspectiva sociológica é especificar os modos como nossas próprias experiências, nossas interações com outros e as instituições se combinam para moldar a percepção que temos de quem somos. A biologia fornece a matéria-prima, ao passo que a sociedade e a história fornecem o contexto, o manual de instrução que seguimos para construir nossas identidades.

A perspectiva do construtivismo social

No primeiro capítulo, identifiquei os quatro elementos da perspectiva do construtivismo social sobre o gênero. Definições de masculinidade e feminilidade variam, primeiro, de uma cultura a outra, segundo, dentro de uma cultura, através do tempo. Assim, os construtivistas sociais se baseiam no trabalho de antropólogos e historiadores para identificar aspectos comuns e diferenças atravessando os significados de masculinidade e de feminilidade de uma cultura a outra, e para descrever como essas diferenças mudam com o tempo.

Definições de gênero também variam ao longo do curso da vida de uma pessoa. As questões que confrontam as mulheres quando elas são jovens – sua comercialidade tanto no mercado de trabalho quanto no de casamento, por exemplo – serão geralmente muito diferentes dos dilemas que elas enfrentam na menopausa ou na aposentadoria. E as questões com as quais homens jovens lidam – relativas à sua autoaprovação e à conquista do que eles chamam de sucesso –, bem como as instituições nas quais eles tentarão realizar essas experiências mudarão no decorrer de suas vidas. Por exemplo, os homens geralmente relatam um "abrandamento", o desenvolvimento de maior interesse em tarefas de cuidado e de nutrição, quando se tornam avôs do que quando se tornam pais – muitas vezes para a perplexidade e consternação de seus filhos. Mas na casa dos sessenta ou setenta anos, quando seus filhos estão tendo filhos, esses homens não sentem mais a mesma pressão para conquistar, deixar uma marca, provar o próprio valor. As batalhas terminaram e eles podem relaxar, aproveitar o fruto de seus esforços. Assim, nós nos baseamos nos psicólogos do desenvolvimento para especificar as "tarefas" normativas que todo indivíduo deve realizar com sucesso conforme ele ou ela amadurece e se desenvolve. Também precisamos de acadêmicos na área de humanidades para explorar os registros simbólicos que tais homens e mulheres deixaram para nós como evidência de suas experiências.

Por fim, definições de masculinidade e de feminilidades variam dentro de uma cultura e em um dado tempo – variações por raça, classe, etnia, idade, sexualidade, educação, região do país e assim por diante. Lembremos a obviedade de que um homem negro, idoso e *gay* de Chicago terá uma ideia diferente do que significa ser homem do que um adolescente branco e heterossexual da zona rural de Iowa.

O construtivismo social, portanto, desenvolve-se a partir de outras ciências sociais e comportamentais, acrescentando dimensões específicas para a exploração do gênero. A contribuição da sociologia está nos elementos que a psicologia social dos papéis sexuais não consegue explicar adequadamente: a diferença, o poder e as dimensões institucionais do gênero. Para explicar a diferença, o construtivismo social oferece uma análise da pluralidade de definições de gênero; para explicar o poder, enfatiza-se o modo como algumas definições se tornam normativas, por meio da luta de diferentes grupos em busca de poder – aí incluído o poder de definir; por fim, para explicar a dimensão institucional, o construtivismo social concebe não uma socialização de indivíduos de gênero específico ocupando instituições de gêneros neutro, mas o estudo de uma interação entre indivíduos e instituições na qual ambos são marcados por gênero.

Para além da teoria do papel sexual

Como vimos no último capítulo, os psicólogos sociais localizavam o processo de aquisição da identidade de gênero nos padrões de desenvolvimento dos indivíduos em suas famílias e nas interações da primeira infância. Especificamente, a teoria dos papéis sexuais explorava o modo como os indivíduos se tornam marcados por um gênero e o modo como eles negociam seus trajetos em direção a algum senso de consistência e coerência interna, apesar das definições contraditórias de seu papel. Ainda assim, porém, a ênfase está na aquisição individual de gêneros e ocasionalmente nos esquemas culturais inconsistentes com os quais esses indivíduos devem se debater. Concepções sociológicas de gênero, começam, historicamente, com uma crítica da teoria dos papéis sexuais, com sociólogos argumentando que tal teoria é inadequada para compreender integralmente as complexidades do gênero como instituição social. Os sociólogos identificaram quatro problemas importantes na teoria dos papéis sexuais – problemas que requerem sua modificação.

Primeiro, o uso da ideia de "papéis" tem o efeito curioso de minimizar efetivamente a importância do gênero. A teoria dos papéis usa o drama como metáfora – aprendemos nossos papéis por meio da socialização e então os encenamos para os outros. Mas, falar de um papel de gênero produz a impressão de que ele é algo quase teatral e, portanto, excessivamente fácil de mudar. O gênero, como Helena Lopata e Barrie Thorne escrevem, "não é um papel no mesmo sentido em que ser um professor, uma irmã, uma amiga é um papel. O gênero, como a raça ou a idade, é algo mais profundo, menos mutável, e infunde os papéis mais específicos que uma pessoa interpreta; assim, uma professora difere de um professor em aspectos sociologicamente importantes (p. ex., ela provavelmente ganha salário, *status* e prestígio menores)". *Fazer do gênero um papel como qualquer outro é diminuir seu poder na estruturação de nossas vidas*[220].

Segundo ponto: a teoria dos papéis sexuais postula definições singulares normativas de masculinidade e feminilidade. Se os sentidos de uma e de outra variam através das culturas e do tempo histórico, entre pessoas dentro de uma cultura e no curso da vida de um indivíduo, não podemos falar do masculino e do feminino como se eles fossem uma essência constante, singular e universal. Pessoalmente, quando leio o que psicólogos sociais escreveram sobre o "papel sexual masculino", sempre me pergunto sobre quem eles estavam escrevendo. "Quem, eu?", era meu pensamento. Há mesmo apenas *um* papel sexual masculino e *um* papel sexual feminino?

Um tema-chave sobre identidade de gênero diz respeito aos modos como todas as outras diferenças – de raça, classe, etnia, sexualidade, idade, região – informam, moldam e modificam nossas definições de gênero. Falar do papel sexual de um homem ou de uma mulher é comprimir uma variedade enorme de ideais de nossa cultura em um único ideal e arriscar-se a ignorar os outros fatores que formam nossas identidades. Com efeito, naqueles estudos iniciais a respeito dos papéis sexuais, os psicólogos sociais fizeram justamente isso, ao sugerir que, por exemplo, homens e mulheres negros, *gays* e lésbicas evidenciavam uma aderência "excessiva" ou "insuficiente" ao seu papel sexual adequado. Desse modo, homossexuais ou pessoas de outras etnias eram vistos como portadoras de problemas relacionados ao papel sexual; por diferirem da norma, concluía-se que eram eles os problemáticos (como vimos antes, os estudiosos mais sofisticados da teoria dos papéis sexuais entendem que tais definições normativas são internamente contraditórias, mas ainda assim confundem o normativo com o "normal").

Ao postular esse falso universalismo, a teoria dos papéis sexuais presume o que ainda precisaria ser explicado – como a definição normativa é estabelecida e reproduzida – e oferece pretextos para ignorar todas as diferenças entre homens e entre mulheres. Essa teoria não consegue acomodar plenamente as variações existentes dentro do primeiro e dentro do segundo grupo. Uma investigação mais satisfatória deve levar em consideração essas diferentes definições de masculinidade e de feminilidade construídas e exprimidas por grupos distintos de mulheres e de homens. Por isso, falamos de *masculinidades* e de *feminilidades*. Além disso, os sociólogos veem as variações dentro desses grupos como expressões de algo que é exatamente o oposto do que viam os teóricos dos papéis sexuais. Esses, se conseguem acomodar alguma diferença que seja, enxergam-na como uma aberração, como uma falha em se conformar ao papel sexual normal. Os sociólogos, por outro lado, creem que as diferenças entre definições de masculinidade e de feminilidade são, elas próprias, resultado dos modos de interação entre esses grupos e seus ambientes. Assim, a sociologia defende que não se pode compreender as diferenças na masculinidade ou na feminilidade ligadas à raça ou etnia sem primeiro considerar os modos como a desigualdade racial institucional e interpessoal estrutura o caminho ao longo do qual os membros desses grupos constroem ativamente suas identidades. Teóricos do papel sexual podem dizer, por exemplo, que homens negros, lésbicas ou latinas idosas vivenciam uma discriminação porque suas definições de masculinidade ou feminilidade são "diferentes" da norma. Para um sociólogo, isso está apenas meio-certo. Um sociólogo acrescentaria que esses grupos desenvolvem noções diferentes do masculino e do feminino por um envolvimento ativo com um ambiente social no qual eles são discriminados. Assim, suas diferenças são mais o produto do que a causa de tal discriminação.

Isso nos leva à terceira arena na qual os sociólogos questionam a teoria dos papéis sexuais. O gênero não só é plural, ele também é relacional. Um problema ligado à ideia de papel sexual é que ela postula duas esferas separadas, como se a diferenciação entre elas fosse mais uma questão de como classificar um rebanho de gado nos dois cercados adequados para então marcá-los a ferro. A manada de meninos é tocada para o curral masculino, a de meninas, para o curral feminino. Mas um modelo estático como esse sugere que os dois currais praticamente não têm nada a ver um com o outro. "O resultado de se utilizar o modelo de trabalho dos papéis sexuais é uma visão abstrata das *diferenças* entre os sexos e de suas situações, não uma visão concreta das *relações* entre eles"[221]. Ora, as pesquisas indicam que os homens constroem suas ideias do que significa ser homem *em referência constante* às definições de feminilidade. Ser homem significa não ser como uma mulher; com efeito, os psicólogos sociais enfatizaram que, embora diferentes grupos masculinos possam discordar a respeito de outras características e da importância delas nas definições de gênero, o componente da "antifeminilidade" para o ser masculino é talvez o traço dominante e universal.

Quarto, por ser plural e relacional, o gênero é também situacional. O que significa ser um homem ou uma mulher varia em contextos diferentes. Conjunturas institucionais diferentes demandam e produzem formas diferentes de masculinidade e de feminilidade. "Meninos podem ser meninos", comenta com perspicácia a jurista feminista Deborah Rhode, "mas eles exprimem essa identidade em festas universitárias de modo diferente do que o fazem em entrevistas de emprego com uma gerente mulher"[222]. O gênero, assim, não é uma propriedade dos indivíduos, "algo" que uma pessoa tem, mas sim um conjunto específico de comportamentos que é produzido por situações sociais específicas. Logo, o gênero muda conforme a situação muda.

A teoria do papel sexual não consegue explicar adequadamente nem as diferenças entre mulheres e homens, nem as diferentes definições de masculinidade e feminilidade em situações distintas sem presumir implicitamente alguma teoria do desvio. Ela também não consegue exprimir o caráter relacional dessas definições. Ademais, a teoria do papel sexual não consegue explicar totalmente as relações de poder entre mulheres e homens, bem como entre diferentes grupos de homens e diferentes grupos de mulheres. Portanto, o quarto problema, talvez o mais importante entre eles, é que a teoria dos papéis sexuais *despolitiza* o gênero, torna-o um conjunto de atributos individuais e não um aspecto da estrutura social. "A noção de 'papel' foca sua atenção mais nos indivíduos do que nas instituições da sociedade, sugerindo que o 'papel feminino' e o 'papel masculino' são complementares (i. é, separados e específicos, mas paritários)", escrevem as sociólogas Judith Stacey e Barrie Thorne. "Os termos levam à despolitização; eles retiram a experiência de seu contexto histórico e político, e negligenciam as questões relativas a poder e conflito"[223].

Mas como se pode falar de gênero sem falar de poder? Como pontuei na introdução do livro, uma teoria plural e relacional de gênero não pode fingir que todas as masculinidades e todas as feminilidades são criadas iguais. Todas as mulheres norte-americanas e todos os homens norte-americanos devem também se debater com uma visão singular tanto de masculinidade quanto de feminilidade, definições específicas que são mantidas como modelos frente aos quais nós todos nos medimos uns aos outros. É isso que o sociólogo R.W. Connel chama de definição "hegemônica" do ser masculino e de versão "enfatizada" do ser feminino. Essas construções são normativas, aquelas a partir das quais os outros são avaliados e, quase invariavelmente, vistos como insatisfatórios. (A crítica incisiva de Connell à teoria dos papéis sexuais, portanto, incide na afirmação de que os psicólogos do papel sexual não questionam, mas, com efeito, reproduzem a versão hegemônica como a versão "normal".) A **masculinidade hegemônica** é uma "variedade particular de masculinidade à qual estão subordinadas as outras – dentre elas, a de homens jovens e efeminados, bem como a dos homossexuais"[224]. Assim, passamos a saber o que significa ser um homem ou uma mulher na cultura norte-americana constituindo nossas definições em oposição a um conjunto de "outros" – minorias raciais, minorias sexuais e assim por diante. Uma das áreas de pesquisa mais frutíferas da sociologia hoje está na tentativa de especificar exatamente como essas versões hegemônicas são estabelecidas e como os diferentes grupos negociam seu trajeto através de definições problematizadas.

A teoria dos papéis sexuais revelou-se inadequada para explorar as variações nas definições de gênero, o que exige uma teorização apropriada das diferenciações *dentro* da categoria dos homens e das mulheres. Essa teorização torna possível ver as relações entre homens e mulheres tanto quanto dentro do grupo de homens e de mulheres como relações estruturadas. A tensão relativa ao gênero foi anteriormente concebida pela teoria dos papéis sexuais como uma tensão entre um indivíduo e as expectativas estabelecidas pelo papel sexual – ou seja, entre dinâmicas individuais e um conjunto abstrato de demandas.

Isso leva ao quinto e último problema com a teoria dos papéis sexuais, qual seja, sua inadequação para compreender as dinâmicas de mudança. Movimentos por transformação social, como o **feminismo** ou a **libertação** *gay*, tornam-se mobilizações para expandir as definições dos papéis e mudar suas expectativas. O objetivo desses movimentos é ampliar as opções funcionais disponíveis para mulheres e homens, cujas vidas são constrangidas por estereótipos. Mas mobilizações sociais e políticas não existem apenas para expandir as oportunidades que os indivíduos têm para se libertar das restrições impostas por papéis sexuais inibidores, para que deixem vir à tona sua "verdadeira" personalidade: existem também para redistribuir o poder na sociedade. Elas demandam a realocação de recursos e o encerramento de formas de desigualdade que estão enraizadas nas instituições sociais, bem como nos papéis sexuais estereotípicos. Apenas uma perspectiva que parte de uma análise do poder pode compreender adequadamente esses movimentos sociais. O tipo de abordagem do construtivismo social busca ser mais concreto, especificar as tensões e os conflitos não apenas entre indivíduos e expectativas, mas sim entre e dentro de grupos de pessoas integrando as instituições sociais. Assim, o construtivismo social inevitavelmente diz respeito a poder. O que há de errado com a teoria dos papéis sexuais pode, por fim, ser compreendido por uma analogia. Por que você acha que não existe nenhum acadêmico de respeito hoje usando termos como "papéis raciais" ou "papéis de classe" para descrever as diferenças agregadas observáveis entre membros de diferentes raças ou classes? Tais "papéis de raça" seriam características de postura e comportamento específicos, que são socializados em todos os integrantes das diferentes raças? Dificilmente. Esses termos não só achatariam todas as distinções e diferenças entre membros do mesmo grupo racial, mas também ignoraria os modos como o comportamento das diferentes raças – à medida que podem ser considerados diferentes, em primeiro lugar – são produtos da desigualdade e da opressão racial, e não a expressão exterior de uma essência interna.

As posições de mulheres e de pessoas negras têm muito em comum, como pontua a socióloga Helen Hacker em seu decisivo artigo "Women as a Minority Group" ("Mulheres como um grupo minoritário"), escrito há mais de meio século. Hacker argumentou que a desigualdade estrutural sistemática produz uma "cultura de ódio a si" no seio do grupo-alvo. Ainda assim, não falamos de "papéis raciais". Essa ideia seria absurda porque (1) as diferenças dentro de cada raça são muito maiores do que as diferenças entre as raças; (2) o que significa ser branco ou negro é algo sempre construído em relação um com o outro; e (3) essas definições não fazem sentido fora do contexto do poder racialmente constituído que as pessoas brancas como um grupo mantêm sobre as pessoas negras como um grupo. Movimentos por igualdade racial existem para mais propósitos do que expandir as opções de papéis disponíveis para as pessoas negras.

No fim das contas, usar a teoria dos papéis para explicar raça ou gênero é culpar a vítima. Se nossos comportamentos de gênero "derivam das diferenças fundamentais de personalidade, socializadas muito cedo na vida", sugere o psicólogo David Tresemer, então a responsabilidade deve recair sobre nossos próprios pés. Isso é o que R. Stephen Warner e seus colegas chamam de "teoria da opressão Sambo" – "as vítimas internalizam o conjunto mal-adaptado de valores do sistema opressor. Assim, o comportamento que aparece como incompetente, servil e que menospreza a si mesmo é concebido como algo que reflete as capacidades prejudicadas da personalidade"[225]. Nessa visão de mundo, as mudanças sociais devem ser deixadas para o futuro, quando uma forma mais igualitária de socialização infantil puder produzir crianças mais capazes de funcionar de acordo com padrões hegemônicos. As transformações da sociedade vêm à tona quando os oprimidos aprendem melhor os modos de seus opressores. Se eles se recusam a fazer isso e nenhum progresso acontece, bem, então de quem é a culpa por isso?

Uma observação sobre poder

Um dos temas centrais deste livro é afirmar que o gênero diz respeito à diferença e também à desigualdade, ao poder. No nível das relações de gênero, trata-se do poder que os homens como grupo têm sobre as mulheres como grupo; também se trata do poder que alguns homens têm sobre outros homens (ou que algumas mulheres têm sobre outras mulheres). É impossível explicar o gênero sem compreender adequadamente o poder – não porque o poder é consequência da diferença de gênero, mas, sim, porque esse poder é o que produz aquelas diferenças de gênero, em primeiro lugar.

Dizer que o gênero é uma relação de poder – o poder dos homens sobre as mulheres e o de alguns homens ou mulheres sobre outros homens ou mulheres – é um argumento dentre os mais controversos integrando a perspectiva do construtivismo social. Com efeito, a questão do poder é um dos elementos mais polêmicos dentre todas as explicações de gênero. Ainda assim, ela é central; todas as teorias de gênero devem explicar tanto a diferença quanto a dominação. Enquanto outras teses concebem a dominação masculina como um resultado das diferenças sexuais, o construtivismo elucida tais diferenças como um resultado daquela dominação.

Porém, a discussão sobre poder invariavelmente deixa os homens, em particular, ou desconfortáveis ou na defensiva. Quantas vezes ouvimos um homem, ao ser confrontado com a ira de uma mulher diante da desigualdade e discriminação baseadas no gênero, dizer "ei, não me culpe! Eu nunca estuprei ninguém!" (Essa frase é análoga àquela reação defensiva de pessoas brancas que, sendo confrontadas com a realidade contemporânea da opressão racial, negam que a família delas tenha tido escravos no passado ou continuado a tê-los.) Quando questionados pela ideia de que a ordem de gênero indica que homens têm poder sobre mulheres, os primeiros geralmente respondem com perplexidade. "O que você está dizendo, homens têm todo poder? Do que você está falando? Não tenho nenhum poder que seja. Sou completamente impotente. Minha esposa vive me cobrando as coisas, meus filhos ficam me cobrando, meu chefe me cobra. Não tenho poder nenhum!" Muitos homens, assim parece, não se sentem poderosos.

Aqui, em certo sentido, é onde o feminismo não conseguiu impactar muitos homens. Boa parte da teoria feminista a respeito do poder masculino deriva de uma simetria entre a estrutura das relações de gênero e a experiência individual das mulheres. Elas, como grupo, não estão *no* poder. Isso é evidente para qualquer um que tiver o cuidado de notar a diretoria de uma corporação, o conselho fiduciário de uma universidade ou um corpo legislativo de qualquer nível em qualquer lugar do mundo. Nem individualmente as mulheres *se sentem* poderosas. Na verdade, elas se sentem presas, pela desigualdade de gênero, a atividades estereotípicas que as impedem de se sentirem confortáveis, seguras e competentes. Assim, as mulheres nem estão no poder, nem se sentem poderosas.

Essa simetria se rompe quando tentamos aplicá-la aos homens. Pois, embora eles possam estar *no* poder onde quer que se tenha o cuidado de olhar, individualmente, os homens não estão "no poder" e não se sentem poderosos. Eles frequentemente se sentem igualmente presos a um sistema de convenções estereotípicas que lhes deixa incapazes de viver a vida à qual eles acreditam ter direito. Como grupo, os homens estão no poder (se comparado às mulheres), mas eles não se sentem poderosos. A sensação de impotência é uma das razões por que tantos homens acreditam ser vítimas de discriminação reversa e se opõem às ações afirmativas. Ou a razão pela qual os líderes de alguns movimentos masculinos vasculham as culturas do mundo em busca de mitos e rituais para capacitar os homens a reivindicar o poder que querem, mas não sentem possuir. Ou o motivo para tantos *yuppies* passarem a usar "gravatas poderosas" enquanto saboreavam seus "almoços poderosos" durante os anos de 1980 e início dos anos de 1990 – como se o poder fosse um acessório da moda para aqueles que se sentem impotentes.

O psicólogo *pop* Warren Farrell chamou o poder masculino de "mito", pois homens e mulheres têm papéis complementares e estereótipos igualmente difamatórios de "objeto sexual" e "objeto de sucesso". Farrell geralmente usa a analogia do chofer para ilustrar seu argumento. O chofer está no assento do motorista. Ele sabe para onde está indo. Ele veste um uniforme. Seria considerado, portanto, que ele está no poder. Mas, do ponto de vista do chofer, outra pessoa está dando as ordens; ele não é nada poderoso. Essa analogia tem efetivamente um valor limitado: homens individualmente não são poderosos, ao menos a maioria deles, à exceção de uma pequena parcela de indivíduos. Mas e se uma pergunta for feita a nosso chofer e o contexto for um pouco deslocado, e se lhe fizermos a seguinte questão: Qual é o gênero da pessoa que *está* dando as ordens? (Afinal, a maior fatia dos passageiros em limosines conduzidas por chofer é de homens brancos ricos.) Quando passamos da análise da experiência individual para um contexto diferente, as relações entre os homens e no interior de seu grupo emergem como relações de poder – poder baseado na classe, raça, etnia, sexualidade, idade e similares. "É um grupo particular de homens, não os homens em geral, que é oprimido dentro das relações sexuais patriarcais, grupo cujas situações estão relacionadas de diferentes modos com a lógica geral de submissão das mulheres aos homens"[226].

Como o gênero, o poder não é propriedade de indivíduos – uma posse que uma pessoa tem ou não tem – mas, sim, a propriedade da vida de um grupo, ou de uma vida social. O poder *existe*. Ele não pode ser nem descartado nem ignorado. Eis como a filósofa Hannah Arendt o concebe:

> O poder corresponde à habilidade humana não apenas de agir, mas de agir em concerto. Ele nunca é propriedade de um indivíduo; pertence a um grupo e permanece existindo apenas enquanto o grupo se mantém unido. Quando dizemos a alguém que ele está "no poder", na verdade estamos nos referindo ao empoderamento que recebeu de certo número de pessoas para agir em nome delas. No momento em que esse grupo, do qual o poder se originou para começar... desaparece, "o poder dele" também se esvai[227].

Para um sociólogo, o poder não é uma atitude ou uma posse; não é, na verdade, uma "coisa" enquanto tal. Não é algo de que se pode "desistir" como uma ideologia que foi superada. O poder cria tanto quanto destrói. Ele está profundamente entrelaçado no tecido de nossas vidas – é a urdidura de nossas interações e a trama de nossas instituições. E está tão intimamente emaranhado em nossas vidas que se torna mais invisível para aqueles que estão mais empoderados.

Em geral, a sociologia acrescenta três dimensões cruciais para o estudo do gênero: (1) a perspectiva sobre o curso de vida; (2) a análise de nível geral e institucional; e (3) a abordagem das interações no nível particular.

O gênero ao longo do curso de vida

Sugeri que a teoria dos papéis é mal-equipada para explicar as diferenças importantes entre os diversos grupos de mulheres ou de homens – diferenças de classe, raça, etnia, sexualidade e assim por diante. As identidades e expressões de gênero variam muito mais do que os papéis prescritivos para os quais estamos presumivelmente assinalados. A teoria dos papéis também não consegue abranger plenamente as mudanças da identidade de gênero ao longo de nossas vidas. Essa teoria enfatiza excessivamente o caráter decisivo que a primeira infância teria para o desenvolvimento, como momento em que acontece a socialização de gênero. Os psicólogos do desenvolvimento forneceram evidências convincentes relativas à aquisição da identidade de gênero na primeira infância. Por meio da socialização, especialmente em famílias e escolas, os elementos básicos da identidade de gênero são estabelecidos, as fundações são lançadas para as elaborações e expressões futuras.

Mas a história não para aqui. No que é menos convincente, algumas psicologias do desenvolvimento propõem que, uma vez adquirida, a identidade de gênero se torna fixa e permanente a partir dos cinco ou seis anos. Os sociólogos abraçaram parte desta ideia, embora geralmente empurrem a idade-limite até aquele período tumultuoso chamado de "adolescência". Certamente, porém, a identidade de gênero seria fixada indelevelmente na puberdade, que é marcada, afinal de contas, por todas as mudanças físicas que apontam a plena presunção da masculinidade ou feminilidade adulta.

Os sociólogos costumavam pensar que as três instituições primárias da socialização eram a família, a escola e a Igreja; os três portadores principais de socialização dessas instituições eram os pais, professores e líderes religiosos (padres, ministros, rabinos, imãs e similares). Esse modelo se mostrou inapropriado por duas razões. Primeiro, ele presume que a socialização é um processo tranquilo que é finalizado com o fim da infância, quando a família, a escola e a Igreja têm sua importância diminuída na vida de uma pessoa. Em segundo lugar, tal modelo vê o processo de socialização a partir do ponto de vista do socializador, não do socializado. Ou seja, da perspectiva da criança, os principais **agentes de socialização** – pais, professores e líderes religiosos – são traduzidos por gente grande, gente grande e mais gente grande.

As crianças sabem mais. Elas também sabem que o agente primário da socialização delas é seu grupo de pares – os outros meninos e meninas, posteriormente homens e mulheres – com quem elas interagem. Elas também sabem que as imagens e mensagens que as circundam diariamente na mídia estão constantemente lhes avisando a respeito de como homens e mulheres supostamente devem ser, parecer e agir. A mídia e o grupo de colegas são, hoje, parte do pentagrama de instituições de socialização.

A mídia e os pares, contudo, não perdem importância depois da primeira infância; com efeito, é possível dizer que eles assumem ali onde família, Igreja e escola terminam. Algumas dessas mensagens midiáticas e grupais reforçam aquilo que aprendemos; outras contradizem diretamente nosso aprendizado anterior. E cabe a nós resolver essa situação.

A **socialização de gênero** continua ao longo do curso de vida. O processo não é nem tranquilo nem finito – é turbulento, irregular e continua por toda a vida. O que significa a masculinidade ou a feminilidade para nós aos vinte anos significará algo dramaticamente diferente quando tivermos quarenta ou sessenta anos. E, embora uma pequena parte dessa explicação tenha relação com estágios biológicos do desenvolvimento – puberdade, anos reprodutivos, menopausa, declínio físico – tais fases variam tão significativamente entre uma cultura e outra que os sociólogos buscam o sentido dessas mudanças biológicas no modo como corpos amadurecendo interagem com seu contexto social. As instituições nas quais nos encontramos mudam, e com essas mudanças surgem diferentes sentidos de masculinidade e feminilidade.

Tome-se, por exemplo, um "factoide" bem conhecido sobre as diferenças entre a sexualidade dos homens e das mulheres. Ouvimos que os homens atingem seu pico sexual com cerca de dezoito anos, ao passo que as mulheres o fazem um pouco mais tarde, talvez no final ou no meio de seus trinta anos. Essa disparidade biológica na caminhada de nosso percurso sexual é geralmente atribuída a trajetórias de maturação diferentes ou a distintas estratégias evolutivas. Ele atinge o pico sexual quando é capaz de produzir a quantidade maior de esperma e, portanto, quando está apto a fertilizar o maior número de mulheres. Ela atinge o pico sexual ao deixar para trás a fertilidade e, com toda probabilidade, já ter tido todos os filhos que terá.

Por certo, esses diferentes momentos correspondem a certas mudanças hormonais, especialmente para as mulheres, à medida que elas encerram seus anos de fertilidade e adentram a menopausa. Mas podemos explicar essa divergência somente a partir dos diferentes corpos, hormônios e índices de maturação? Eu acho que não. Essa divergência nas sexualidades é muito mais fácil e convincentemente explicável ao se contextualizar a dimensão sexual de homens e mulheres. E essa contextualização está na ligação com o casamento e a vida familiar. Para os homens, o que é vivido como sexual é desconhecido, misterioso e até mesmo um pouco perigoso. Os homens atingem seu pico sexual mais cedo porque é quando sua vida sexual não está restrita pelo casamento. Em contraste, as mulheres geralmente sentem que precisam da segurança de um relacionamento estável para realmente se permitirem a exploração da própria sexualidade: elas tingem seu pico porque o casamento fornece aquela confiança e intimidade que ativam o prazer feminino. Ademais, a fertilidade das mulheres é geralmente acompanhada de certo "perigo" – a gravidez indesejada – que dificilmente é um afrodisíaco. Não poderia ser o caso de as mulheres atingirem seu pico sexual quando estão em uma relação estável e segura com alguém em quem confiam o suficiente para dar plena voz aos seus desejos e não ter de se preocupar com a possibilidade de gravidez indesejada como resultado?

Ou considere-se aquele item básico dos programas de entrevistas de autoajuda: a **crise de meia-idade**. Nos anos de 1970, dois livros *best-sellers*, *Seasons of a Man's Life* (*Estações da vida de um homem*, de D.J. Levinson, Darrow, Klein, M.H. Levinson e McKee, 1978) e *Passages* (*Passagens*, Sheehy, 1976), popularizaram a crença de que homens de meia-idade (e, em menor medida, as mulheres) enfrentavam uma "crise" de desenvolvimento caracterizada pela pressão para fazer mudanças generalizadas em seu trabalho, nos seus relacionamentos e formas de lazer. Para os homens, as respostas mais estereotipadas a essa pressão poderiam incluir: divorciar-se de suas esposas, namorar com mulheres mais jovens, perseguir ambições que marcaram toda a vida, mudar de emprego, comprar um carro esportivo, deixar crescer um rabo de cavalo no cabelo, furar a orelha para usar brinco ou adotar *hobbies* aventureiros e arriscados, ou ainda professar um amor recém-descoberto por *hip-hop*.

A ideia de crise de meia-idade foi abraçada por um grande segmento da cultura norte-americana hegemônica. Pessoas nessa fase acharam o conceito intuitivamente convincente, pois era um modo de compreender as mudanças de seus próprios sentimentos e comportamentos. Outros empregaram essa ideia como uma explicação útil para a postura errática de seus pais ou amigos de meia-idade. Trinta anos depois, continua sendo um conceito popular, tema de livros de psicologia e de websites populares que oferecem conselhos para pessoas que se debatem com sintomas da "crise": depressão, angústia, atitudes irracionais e desejos urgentes de buscar por novos parceiros.

Pesquisas cuidadosas demonstram nitidamente que essa suposta crise não é comum. A maioria dos homens não vivencia nenhuma fase crítica em seus anos adultos médios. Estudos mostrando a falsidade dessa ideia se tornaram disponíveis logo após ela ter sido introduzida, e investigações mais recentes não encontraram nenhum suporte empírico para o conceito de crise de meia-idade como experiência universal seja para homens, seja para mulheres. O meio da vida traz mesmo uma série de desafios de desenvolvimento, e alguns homens de meia-idade de fato reagem de maneiras que cabem nesse estereótipo. Porém, as pessoas cruzam com desafios e crises em todos os estágios da vida. Os gatilhos geralmente são mudanças no trabalho, na saúde ou nos relacionamentos, e não uma mera acumulação de aniversários[228].

No maior estudo feito até hoje sobre a meia-idade, Elaine Wethington demonstrou que a crise dessa fase está longe de ser inevitável. Porém, mais de 25% das pessoas acima de 35 anos interrogadas (todas residindo nos Estados Unidos) acreditavam passar por esse momento crítico. Aprofundando as investigações, cerca de metade desses relatos refletem apenas um tempo de eventos estressantes da vida, não um período contínuo de perda de equilíbrio e de busca[229].

A crença na crise de meia-idade pode em parte depender do que é chamado **viés de confirmação**, ou seja, quando um caso singular ou alguns casos do comportamento esperado confirmam a crença, especialmente quando tal postura chama a atenção ou é amplamente comentada. Os comportamentos que não confirmam o esperado são menos óbvios e mais fáceis de ignorar. Em outras palavras, se ocorre de conhecermos um homem que passou o ano depois de seu 45º aniversário se divorciando, namorando uma moça de 22 anos, comprando um carro esporte e praticando paraquedismo, provavelmente vamos acreditar na crise de meia-idade, ainda que conheçamos uma dúzia de outros homens na mesma fase que não fizeram nada disso.

Gênero e amadurecimento

O gênero é um projeto de longo prazo. Conforme as pessoas amadurecem no mundo ocidental contemporâneo, os homens vivenciam uma dose bem menor de estigmas do que as mulheres. Neles, os cabelos grisalhos e as rugas são sinais de maturidade; nelas, são sinais de "envelhecimento". Não é incomum para um homem namorar ou casar com uma mulher vinte anos mais nova, mas é raro – e rotulado como bizarro – quando uma mulher mais velha namora ou se casa com um homem mais jovem. Em 1991, a comediante Martha Raye, com 75 anos, casou-se com Mark Harris, com 42 anos, e a mídia ficou escandalizada. As especulações correram soltas a respeito dos motivos escondidos de Mark; ele certamente estava atrás apenas do dinheiro dela. Como poderia um homem de 42 anos achar uma mulher de 75 anos atraente? Mas quando Tony Randall, também com 75 anos de idade, casou-se com Heather Harlan, exatamente cinquenta anos mais jovem, ele foi universalmente elogiado por seu vigor, e ninguém questionou os motivos de Heather (os dois casais permaneceram casados até a morte do parceiro mais velho).

Na mídia, homens muito mais velhos fazem várias vezes par romântico com mulheres muito mais novas. Michael Douglas tinha 54 quando fez o papel do marido de Gwyneth Paltrow, de 26 anos, em *A Perfect Murder* (*Um crime perfeito*, 1998). Harrison Ford tinha 57 anos no romance com Kristin Scott Thomas, de 39 anos, em *Random Hearts* (*Destinos cruzados*, 1999). No filme *Entrapment* (*A armadilha*, 1999), Catherina Zeta-Jones, com trinta anos, faz o papel de uma agente de seguros que se apaixona por um ladrão de joias interpretado por Sean Connery. Ele tinha 69 anos, o suficiente para ser o avô dela.

Mas as mulheres quase nunca fazem par romântico com homens mais jovens no cinema (exceto se elas têm por volta de 23 e o "homem mais jovem" tem quinze, como em *Private Lessons* [*Uma professora muito especial*], *Tadpole* [*Um jovem sedutor*] e *Summer of '42* [*Verão de 42*]). Com efeito, muitas atrizes têm dificuldade para encontrar algum trabalho que seja depois dos quarenta anos. No documentário de 2002 *Searching for Debra Winger* (*Procurando Debra Winger*), Rosanna Arquette entrevista muitas atrizes sobre problemas que vivenciam sendo "velhas" em Hollywood. Debra Winger se aposentou por um tempo da carreira de atriz no final de seus trinta anos, quando as propostas de trabalho pararam de vir, apesar de ter três indicações ao Oscar. Daryl Hannah estava no meio de seus trinta anos quando recebeu o papel de mãe de adolescente de dezesseis anos. Mesmo superestrelas como Jane Fonda e Cher agora se encontram relegadas a papéis coadjuvantes como mães e avós, enquanto mulheres com menos de trinta anos interpretam a maioria dos papéis românticos. Decidir quem é velho e quem é muito velho parece ser uma questão de expectativas culturais, não de biologia.

Uma vez que o sentido da idade varia por gênero, logo, isso também ocorre com a experiência do amadurecimento. Os sentidos de masculinidade e de feminilidade que levamos à idade adulta e além dela ressoam de formas diferente à medida que ficamos mais velhos. Por exemplo, homens e mulheres lidam com a aposentadoria diferentemente. Eles valorizam a independência e a determinação estoica, assim, estando aposentados, talvez acabem com amizades e rede de suporte mais atenuadas, menos amigos e um maior sentido de isolamento – o que, por sua vez, pode levar a uma morte mais prematura, dado que a condição solitária e reclusa é um fator de risco para pessoas idosas. Com mulheres, é mais provável que elas tenham mantido contato próximo com os filhos, com os colegas do local de trabalho e com os amigos, partindo para a aposentadoria com suas amizades mais abrangentes e com sua rede de auxílio intacta. Escoradas por esse suporte, as mulheres ficarão menos isoladas e solitárias, tendo, portanto, probabilidade de viver mais. Poderia essa expressão das diferentes ideologias de gênero explicar parcialmente a diferença entre a expectativa de vida das mulheres e dos homens? Por certo, não completamente. Mas provavelmente influencia um pouco.

E, assim como o gênero molda nosso viver, ele também deve estruturar nossa morte. Afinal, é tão saliente no final de nossa vida quanto é em seu transcorrer. Considere, por exemplo, quando morremos. Os mais velhos têm mais probabilidade de serem mulheres, dado que elas vivem mais do que os homens. Nos Estados Unidos, a proporção de mulheres para homens é cerca de 10 para 8 entre quem tem entre 65 e 75 anos, decrescendo e chegando, por volta de 85 anos, a 10 para 4[230].

Mas por que as mulheres vivem mais? Anteriormente, especulei que uma pequena parte da razão tinha a ver com o modo como a ideologia de gênero estrutura nossas redes auxiliadoras de amigos e parentes. Mas uma parte é certamente física: os médicos há muito especulam que as mulheres têm constituições mais fortes e mais imunidade a doenças. Elas têm menos chance de serem vítimas de infarto, pois a testosterona aumenta o nível de colesterol "ruim" (lipoproteína de baixa densidade), enquanto o estrogênio aumenta o índice de colesterol "bom" (lipoproteína de alta densidade). O pesquisador britânico David Goldspink (2005) descobriu que o coração dos homens enfraquece muito mais rápido conforme ele envelhece: entre as idades de dezoito e setenta, o coração masculino perde um quarto de seu poder (mas não se preocupe, exercícios cardiovasculares regulares podem diminuir ou interromper o declínio), mas mulheres de setenta anos de idade têm um coração praticamente tão forte quanto meninas de vinte anos.

A defasagem está caindo e, por isso, não é possível atribuí-la apenas à biologia. Quais razões sociológicas podem explicar por que as mulheres vivem mais? Entre 18 e 24 anos de idade, homens têm uma chance de quatro a cinco vezes maior de morrer do que as mulheres, na maioria das vezes por causa de acidentes: durante este período entre o fim da adolescência e a primeira fase adulta, os homens provam sua masculinidade por meio de comportamentos imprudentes e arriscados, ao passo que as mulheres não fazem isso. Em todas as idades, eles passam mais tempo na esfera pública, onde é mais possível que se envolvam em acidentes, cometam crimes violentos, sejam vítimas desses crimes ou se exponham a doenças e materiais insalubres. Enquanto isso, as mulheres passam a maior parte do tempo em casa. Assim, conforme a desigualdade de gênero diminui e mais mulheres começam a trabalhar fora de casa, seria previsível que essa diferença na expectativa de vida decrescesse.

O problema é que ela está caindo em todos os lugares, tanto nos países igualitários quanto nos polarizados por gênero: agora são cinco anos de defasagem entre homens e mulheres na Noruega, oito anos no Sri Lanka, sete anos na França e sete anos na Mongólia. Com efeito, parece que está decaindo mais rápido em nações com gênero polarizado: dois anos de diferença na Etiópia, um ano no Paquistão e, na Suíça, os homens vivem mais do que as mulheres[231].

Os sociólogos explicam tal situação apontando que a diferença entre países ricos e pobres é muito maior do que entre mulheres e homens vivendo nesses países. Nas nações mais necessitadas, ambos os gêneros estão cada vez mais suscetíveis à nutrição precária, à falta de assistência médica, HIV, violência, guerras e gravidez problemática no caso das mulheres. Nas nações desenvolvidas, serviços de saúde e alimentação melhores indicam que tanto a população masculina quanto a feminina estão vivendo mais. Por volta de 2040, as mulheres europeias e norte-americanas viverão cerca de 100 anos, e os homens, 99[232].

Gênero como instituição

Meu argumento anterior de que o poder é propriedade de um grupo, não de um indivíduo, está relacionado a meu argumento de que o gênero é tanto uma propriedade de instituições quanto de nossas identidades individuais. Um dos pontos de ruptura mais importantes entre a sociologia e a teoria dos papéis sexuais diz respeito ao nível institucional de análise. Como observamos, essa última teoria sustenta que o gênero é um predicado de indivíduos – que as pessoas adquirem identidades de gênero e depois saem pela sociedade, habitando instituições de gênero neutro. Para um sociólogo, porém, essas mesmas instituições têm, elas próprias, um gênero específico. Elas criam padrões de gênero normativos, exprimem uma lógica institucional segundo um gênero específico e são fatores importantes na reprodução da desigualdade de gênero. A identidade dos indivíduos, marcada por um gênero, molda essas instituições de acordo com este gênero, e as instituições, então marcadas por esse mesmo gênero, exprimem e reproduzem as desigualdades que compõem a identificação com este gênero.

Para ilustrar essa situação, permita-me fazer um breve experimento de pensamento. Para começar, vamos pressupor (1) que os homens são mais violentos do que as mulheres (seja por conta da biologia ou da socialização, esse fato é facilmente mensurável pelos índices de crimes violentos); (2) que os homens ocupam praticamente todas as posições de poder político no mundo (novamente, isso é facilmente verificável ao se olhar para todas as instituições políticas); (3) e que há um risco considerável de violência e de guerra a qualquer momento.

Agora, imagine que, quando acordar amanhã de manhã, cada uma dessas posições de poder em todas essas instituições políticas – cada presidente e primeiro-ministro; cada prefeito e governador; cada autoridade estadual, federal ou local; cada membro de todas as casas legislativas; e todos os parlamentos ao redor do mundo – estivesse preenchida por uma mulher. Você acha que o mundo seria mais seguro do risco de violência e guerra? Você acha que dormiria melhor à noite?

Os partidários do determinismo biológico e da psicologia dos papéis sexuais diriam provavelmente sim. Seja por causa das diferenças biológicas fundamentais nos níveis de testosterona, química cerebral ou imperativos evolutivos, a perspectiva da biologia provavelmente concluiria que, sendo as mulheres menos violentas e agressivas do que os homens, o mundo seria mais seguro (é irônico, portanto, ver as mesmas pessoas que creem nessas diferenças biológicas entre aquelas menos inclinadas a apoiar candidatas femininas para cargos políticos). Também deveriam respirar coletivamente aliviados aqueles para os quais a socialização diferente que produz as mulheres é mais propensa a evitar hierarquia e competição, buscando em vez disso soluções pacíficas por meio de outro sistema de valores de gênero.

"Mas", ouço alguns de vocês dizendo, "e aquelas mulheres que já *foram* chefes de Estado? E Golda Meir, Indira Gandhi e Margaret Thatcher? Elas não eram exatamente garotas-propaganda de uma ética pacífica do cuidado, eram?"

Realmente não eram. E parte da razão para que elas fossem mulheres tão atípicas no cargo político é o fato de o próprio cargo demandar certo tipo de comportamento, não importa o gênero da pessoa que o ocupa. Muitas vezes, parece não importar muito quem preenche essas posições, pois ele – ou ela – não pode fazer muito para transformá-las.

Essa observação é o começo de uma perspectiva sociológica – o reconhecimento de que as próprias instituições exprimem uma lógica – uma dinâmica – que reproduz as relações entre mulheres e homens e a ordem de hierarquia e poder de gênero. Homens *e* mulheres devem exibir certas características para ocupar um cargo público, e sua falha em demonstrá-las fará o ocupando do cargo parecer ineficiente ou incompetente (que esses critérios também se aplicam aos homens é algo que pode ser testemunhado por qualquer um que acompanhou as críticas, marcadas por questões de gênero, lançadas contra Jimmy Carter por ele ter se assustado com um coelho acelerado ou por sua falha em invadir o Irã durante a crise dos reféns entre 1979 e 1980).

Afirmar que tais instituições são marcadas por gênero é *apenas* a outra metade da história. Dizer que os indivíduos ocupando essas posições não têm gênero é tão simplista quanto dizer que a posição que eles ocupam tem gênero neutro. Pessoas com um gênero específico ocupam lugares dentro de instituições marcadas por gênero. É bem provável, portanto, que, se todas as posições fossem preenchidas por um gênero criado para buscar negociações pacíficas e não pelo gênero acostumado a cravar fronteiras na terra, os mandatos dessas instituições, e o gênero que pressupõem, seriam afetados, modificados e razoavelmente transformados. Em resumo, se todos esses cargos fossem ocupados por mulheres, poderíamos dormir mais tranquilamente à noite – ao menos um pouco mais tranquilamente.

Outro exemplo ilustrará esse ponto de um jeito diferente. Tome-se o trabalho de Barbara McClintock, uma citogeneticista ganhadora do Prêmio Nobel. A cientista chegou à sua notável descoberta acerca do comportamento das moléculas por meio de uma rota muito diferente daquela usada por seus colegas homens. Enquanto os modelos anteriores sempre haviam presumido uma relação hierarquicamente ordenada, McClintock, usando o que ela chamava de "métodos femininos" e baseando-se em seu "sentimento pelo organismo", descobriu que, em vez ser governada por uma "molécula mestre", cada célula é impulsionada por um complexo de interações entre moléculas. Nesse caso, o gênero da pessoa colidiu com a lógica de gênero da pesquisa científica e produziu uma percepção revolucionária – digna de um Prêmio Nobel[233].

Dizer, então que o gênero é construído socialmente requer que localizemos a identidade individual dentro do espaço-tempo tão histórica e socialmente específico quanto marcado por um gênero singular. Requer também que situemos o indivíduo dentro da complexa matriz integrando nossas vidas, nossos corpos e nossos ambientes sociais e culturais. Uma perspectiva sociológica examina os modos pelos quais os indivíduos com seus gêneros interagem com outros indivíduos e seus gêneros em instituições marcadas por gêneros específicos. Como tal, a sociologia analisa a inter-relação destas duas forças – identidades e estruturas – pelo prisma da diferença e da dominação socialmente criadas.

O gênero circula em torno desses temas – identidade, interação, instituição – na produção da diferença entre homens e mulheres na reprodução da desigualdade entre eles. Esses temas são bastante complexos, e a relação entre esses dois polos, bem como no interior de cada um deles também é intrincada. Esses são os processos e experiências que formam os elementos nucleares de nossas personalidades, nossas interações com outros e as instituições que moldam nossas vidas. Essas experiências são formadas por nossa sociedade, e nós devolvemos o favor, ajudando-a a reformá-la. Somos pessoas de gênero específico vivendo em sociedades marcadas por gêneros.

A perspectiva do construtivismo social, porém, ainda assim dá um passo a mais em relação a esse ponto. Não só indivíduos com gênero negociam suas identidades dentro de instituições com gênero, mas essas também produzem as próprias diferenças que presumimos ser propriedade dos indivíduos. Logo, "à medida que mulheres e homens realizam tarefas diferentes e desempenham papéis sociais concretos amplamente diversos influencia fortemente na maneira em que ambos os sexos desenvolvem – ou são alvos da expectativa de que manifestem – comportamentos e características pessoais amplamente diversas". Experiências diferentemente estruturadas produzem as diferenças de gênero que geralmente atribuímos às pessoas[234].

Deixe-me ilustrar esse fenômeno primeiro com um exemplo mundano e depois com outro mais analiticamente complexo. No nível mais cotidiano, consideremos os banheiros públicos.

Em um artigo muito perspicaz sobre o "arranjo entre os sexos", o falecido sociólogo Erving Goffman sugere ludicamente por quais modos tais instituições públicas produzem as próprias diferenças de gênero que elas supostamente refletem. Embora homens e mulheres sejam "de certo modo semelhantes na questão dos produtos residuais e de sua eliminação", observa Goffman, na esfera pública, homens e mulheres usam banheiros segregados por sexo e nitidamente marcados com as palavras "senhores" e "senhoras". Esses banheiros têm arranjos especiais bem diferentes, como urinóis para os homens e, para as mulheres, "penteadeiras" mais elaboradas, com outras facilidades para se arrumar. Pensamos nisso com um justificável "separados, mas iguais".

Mas, na privacidade de nossos próprios lares, usamos os mesmos banheiros e não sentimos nenhuma necessidade por espaços separados. Ademais, praticamente não existe casa particular com urinóis para os homens e poucas têm penteadeiras separadas e exclusivas para as mulheres. (Por certo, em algumas culturas, essas funções são realizadas em público, sem nenhuma privacidade que seja.) Se todas essas necessidades têm base biológica, por que, pergunta Goffman, elas são tão diferentes no mundo público e na vida privada? A resposta, obviamente, é que elas não têm fundamentação biológica nenhuma:

> O *funcionamento* dos órgãos sexualmente diferenciados está implicado, mas não há nada nesse funcionamento que recomenda biologicamente a segregação; *esse* arranjo é uma questão totalmente cultural... A segregação de banheiros é apresentada como uma consequência natural da diferença entre as classes sexuais quando, de fato, é um meio de honrar, se não de produzir, essa diferença[235].

Em outras palavras, ao usar instalações separadas, nós "nos tornamos" senhores e senhoras que supostamente devem usar essas salas distintas. A separação física dos homens e das mulheres cria a justificação para separá-los – e não o inverso.

Em um nível menos mundano, mas certamente não menos importante, há o exemplo do local de trabalho. Em seu trabalho agora clássico *Men and Women of the Corporation* (*Homens e mulheres da corporação*), Rosabeth Moss Kanter demonstrou que diferenças de comportamento de homens e mulheres nas organizações tinham muito menos a ver com as características de uns e de outras como indivíduos do que com as estruturas organizacionais. Os cargos do mundo do trabalho "carregam imagens características do tipo de pessoas que deveriam ocupá-los", ela afirmou, e quem os ocupa, sejam mulheres ou homens, exibem esses comportamentos necessários. Embora critérios para avaliação de *performance*, para promoções e eficiência pareçam ser neutros em termos de gênero, eles são, com efeito, profundamente marcados por ele. "Enquanto as organizações eram definidas como máquinas de gênero neutro", ela escreve, "princípios masculinos estavam dominando suas estruturas de autoridade". Uma vez mais, a masculinidade – a norma – ficava invisível[236].

Em uma série de ensaios astuciosos, a socióloga Joan Acker expandiu as descobertas iniciais de Kanter e detalhou a interação entre estrutura e gênero. É por meio de nossas experiências no mundo do trabalho, sustenta Acker, que as diferenças entre mulheres e homens são reproduzidas e é por meio delas que a desigualdade de gênero é legitimada. Instituições são como fábricas, e o que elas produzem é diferença de gênero. O efeito geral dessa lógica é a reprodução da ordem de gênero como um todo. Assim, um nível institucional não pode ser deixado de fora de nenhuma explicação sobre gênero, uma vez que as instituições estão fundamentalmente envolvidas tanto na sua diferença quanto na sua dominação. "O gênero não é um acréscimo feito a um processo contínuo, concebido como neutro", ela argumenta. "Em vez disso, ele é parte integral desses processos"[237].

As instituições perfazem a criação da diferença e a reprodução da ordem de gênero, afirma Acker, por meio de diversos "processos orientados por gênero". Tais processos indicam que "vantagem e desvantagem, exploração e controle, ação e emoção, sentido e identidade são modelados por meio de e em termos de uma distinção entre homem e mulher, masculino e feminino". Ela observa cinco desses processos:

1) A produção de divisões de gênero – os modos como "práticas organizacionais cotidianas produzem os modelos de gênero para cargos, salários e hierarquias, poder e subordinação". Em toda organização de trabalho, as divisões de gênero são produzidas e reforçadas, e as hierarquias são mantidas – geralmente apesar das intenções de gerentes e supervisores com boa vontade.

2) A construção de símbolos e imagens "que explicam, exprimem, reforçam ou às vezes se opõem a essas divisões". As imagens de gênero, como em propagandas, reproduzem as posições de gênero de modo que a imagem de um gerente ou executivo de negócios bem-sucedido é quase sempre a de um homem bem-vestido e poderoso.

3) As interações entre indivíduos – mulheres e homens, mulheres e mulheres, homens e homens, em todas as formas e modelos que exprimem a dominação e a submissão. Por exemplo, conversas entre supervisores e subordinados geralmente envolvem dinâmicas de poder, como interromper o outro, completar a frase do outro ou definir o tema da conversa, experiências que, dada as posições de gênero dentro da organização, reproduzirão diferenças de gênero observáveis na conversação.

4) O trabalho mental interno dos indivíduos, "conforme eles conscientemente constroem suas concepções a respeito do gênero na estrutura organizacional do trabalho, das oportunidades e das demandas por posturas e atitudes consideradas apropriadas". Isso pode incluir modelos para o vestuário, para o discurso e para a apresentação geral de si.

5) A lógica contínua das próprias organizações – como teorias, aparentemente de gênero neutro, sobre a dinâmica organizacional, a burocracia, os critérios corporativos de avaliação e progresso são efetivamente critérios marcados por um gênero específico mascarando-se como "objetivas" e neutras[238].

Como vimos, a teoria dos papéis sexuais presumia que indivíduos com gêneros específicos ocupavam espaços de gênero neutro, sustentando assim a invisibilidade da hierarquia masculino-feminino, especificamente a lógica organizacional masculina invisível. Por outro lado, muitas teorias organizacionais pressupõem que "pessoas" sem gênero ocupam esses locais supostamente neutros. O problema é que esses indivíduos sem gênero devem presumivelmente ser capazes de se dedicar exclusivamente a seus empregos, não ter filhos nem responsabilidades familiares, talvez até mesmo contar com o apoio familiar para manter essa devoção exclusiva ao trabalho. Desse jeito, as pessoas sem gênero que ocupam esses cargos acabam tendo um gênero específico, o masculino. Uma vez mais, a invisibilidade da masculinidade como a norma irrefletida termina por reproduzir as diferenças de poder entre mulheres e homens.

Alguns exemplos adicionais devem bastar. Muitos médicos terminam a graduação básica com 21 ou 22 anos, a escola de medicina entre 25 e 27 e depois passam por mais três anos de estágio e residência, tempo durante o qual ocasionalmente ficam de plantão por períodos bem estendidos, às vezes dois ou três dias direto. Assim, a fase da residência termina no fim de seus vinte ou no começo de seus trinta anos. Um programa como esse foi desenhado para um médico homem – alguém que não é pressionado pelo tique-taque de um relógio biológico, para quem o nascimento de um filho não prejudicará essas exigências de tempo e que pode até mesmo ter alguém em casa tomando conta das crianças enquanto dorme no hospital. Não é de se espantar que as mulheres nas faculdades médicas – cujo número é o de quase metade do total de estudantes de medicina hoje – começaram a reclamar que não tinham como equilibrar a gravidez e a maternidade com seu treinamento médico. (O verdadeiro espanto é os estudantes homens das escolas de medicina não terem percebido esse problema antes!)

Do mesmo modo, espera-se que advogados recém-saídos da faculdade de direito e iniciando sua carreira em escritórios corporativos de advocacia faturem entre cinquenta e sessenta horas de serviços jurídicos por semana – um processo que provavelmente exige algo entre oitenta e noventa horas de trabalho semanalmente. Supondo um mínimo de seis horas de sono por noite, uma hora no trânsito para ir e voltar do trabalho e metade de um dia para descansar na semana, esses jovens advogados terão um total de cerca de 17 horas semanais para comer, cozinhar, limpar a casa, conversar e fazer sexo com seu esposo ou esposa (ou namorar se forem solteiros) e passar um tempo com seus filhos. Sem aquelas doze horas de descanso no final de semana, eles têm cerca de uma hora por dia para todo o resto. A falha em se submeter a esse regime coloca esse advogado ou advogada na "faixa das mamães"[c] ou na **faixa dos papais**, o que significa ter a aprovação de todos por ser tão envolvido como pai ou mãe, mas certamente nunca ser promovido a sócio, juntar-se ao restante dos advogados que fizeram enormes sacrifícios por suas carreiras.

Ou ainda, por fim, consideremos a magistratura acadêmica. Em uma típica carreira universitária, um acadêmico completa seu doutorado entre seis e sete anos depois do bacharelado, ou seja, basicamente no começo de seus trinta anos. Então ele ou ela começa uma carreira como professor-assistente e tem mais seis anos para obter um cargo e uma promoção. Esse é geralmente o período mais intenso de trabalho acadêmico na vida de um professor universitário – trabalhando dia e noite para publicar o volume necessário de pesquisas acadêmicas, preparar e ministrar cursos. O início dos trinta anos é também o mais provável para a gravidez, no caso de profissionais mulheres. A magistratura acadêmica tem, portanto, seu relógio sincronizado com o ritmo do homem, e não qualquer homem, mas um que tenha esposa e mais apoio da família para aliviá-lo de obrigações familiares enquanto trabalha para estabelecer suas credenciais. Lembremos do adágio "publique ou pereça". Muitas vezes, para os acadêmicos lutando para obter um cargo universitário, é como se publicar exigisse que a vida familiar perecesse.

Observar a dimensão institucional também oferece a possibilidade de observar ajustes e reajustes dentro das instituições conforme elas são questionadas. Às vezes, as fronteiras se mostram mais permeáveis do que o originalmente esperado. Por exemplo, o que acontece quando os limites entre casa e trabalho se tornam porosos, quando mulheres deixam o lar para entrar em locais de trabalho marcados por gênero? Judith Gerson e Kathy Peiss sugerem que fronteiras "*dentro* do local de trabalho (p. ex., segregação ocupacional) e as fronteiras das interações subjacentes assumiram uma importância maior na definição da posição subordinada da mulher". Segregar ocupações, assim, reproduz a diferença *e* a desigualdade de gênero por atribuir às mulheres um *status* secundário dentro das organizações. Para aquelas que conseguem ocupar cargos não tradicio-

---

[c] *Mummy track* é uma expressão utilizada para se referir seja à escolha que uma mulher faz de se dedicar apenas à maternidade, seja ao momento em que uma mulher decide desacelerar sua vida profissional para se tornar mãe. Daí a metáfora: sair da faixa acelerada da vida profissional e pegar a *mummy track*, a faixa das mamães, que seria mais devagar [N.T.].

nais, contudo, entra em ação uma fronteira mantida no nível subjacente de interações – "a persistência de comportamentos grupais informais entre os homens (p. ex., socialização depois do trabalho, os hábitos do humor masculino, modos da indumentária corporativa) agem para definir quem está do lado de dentro e quem está do lado de fora, assim mantendo as distinções baseadas no gênero"[239].

Enraizadas nas estruturas organizacionais que têm um gênero específico, são sujeitas a processos de organização de um gênero específico e são avaliadas por critérios de um gênero específico, as diferenças entre mulheres e homens, então, parecem ser apenas as diferenças entre indivíduos com gêneros diferentes. Quando as fronteiras entre eles parecem ser permeáveis, outras dinâmicas e processos podem ainda reproduzir a mesma ordem. Quando mulheres não cumprem esses critérios (ou, talvez, mais precisamente, quando os critérios não atendem as necessidades específicas das mulheres), observamos a segregação de gênero na força de trabalho e nas remunerações, bem como a disparidade nas contrações e promoções como efeito "natural" de distinções entre mulheres e homens que já estão presentes. É desse modo que tais diferenças são geradas e as desigualdades entre os gêneros é legitimada e reproduzida.

(Alguém deve, por certo, notar que é por meio desses mesmos processos que também se produzem as "diferenças" entre homens da classe operária e de cargos executivos, entre pessoas brancas e de outras etnias, e entre héteros e homossexuais. As desigualdades de classe, raça ou sexualidade são legitimadas e reproduzidas da mesma maneira. Tornar o gênero visível nesses processos organizacionais não deve nos cegar para as interações complexas com outros padrões de diferenciação e outros princípios de desigualdade. Assim como um modelo masculino se torna uma norma irrefletida, também o paradigma branco, heterossexual e de classe média se torna um padrão inconsciente a partir do qual as experiências e realizações dos outros são avaliadas.)

A ideia de **neutralidade de gênero** nas organizações é, portanto, o veículo pelo qual a hierarquia masculino-feminino é reproduzida. "A teoria e a prática da neutralidade de gênero", escreve Acker, "esconde e obscurece a estrutura subjacente marcada por um gênero específico, permitindo às práticas que a perpetuam continuar vigentes mesmo quando esforços para reduzir a desigualdade de gênero também estão a caminho"[240]. As organizações refletem e produzem diferenças de gênero; instituições marcadas por um gênero reproduzem a ordem masculino-feminino na qual os homens são privilegiados em relação as mulheres e na qual alguns homens – brancos, de classe média, heterossexuais – são privilegiados em relação a outros homens.

"Fazendo" o gênero

Ainda há um elemento adicional na explicação sociológica sobre gênero. De acordo com a **teoria dos papéis sexuais**, adquirimos nossa identidade de gênero por meio da socialização, e posteriormente somos socializados para se comportar ou masculina ou femininamente. É, portanto, tarefa da sociedade assegurar-se de que os homens atuem de maneira masculina, e as mulheres, de maneira feminina. Nossa identidade é fixa, estável e – agora – inerente a nossas personalidades. Não podemos deixar de ser homens ou de ser mulheres tanto quanto não podemos deixar de sermos pessoas humanas.

Em uma importante contribuição para a perspectiva do construtivismo social, os sociólogos Candace West e Don Zimmerman afirmaram que o gênero é menos um componente da identidade – fixo e estático – que levamos conosco para nossas interações e mais um produto *dessas* interações. Eles declararam que "o gênero de uma pessoa não é simplesmente um aspecto do que ela, pois se trata, mais fundamentalmente, de

> **LEIA TUDO A RESPEITO!**
>
> Temos a tendência de conceber a identidade de gênero como uma coisa que alguém "tem". A pessoa a "adquire" por meio da socialização e, então, em certo momento determinado culturalmente, ela "se torna" uma mulher ou um homem. Não é verdade, escrevem os sociólogos Candace West e Donald Zimmerman no seu artigo clássico "Doing Gender" ("Fazendo gênero"). Não se trata de algo que a pessoa "tem"; é algo que nós "fazemos" – em cada interação com outros, sempre que nos envolvemos com alguma instituição e sempre que nos olhamos no espelho. O gênero é um processo que dura a vida inteira, baseia-se em relações e, nele, somos constantemente solicitados a avalizar as *performances* de gênero dos outros, bem como solicitamos que os outros avalizem as nossas.

algo que a pessoa *faz*, e faz recorrentemente em interação com outras pessoas". Constantemente estamos **"fazendo" gênero**, realizando atividades e exibindo posturas que nos são prescritas[241].

Se a identidade de nosso papel sexual fosse inerente, West e Zimmerman poderiam perguntar, a que ela ineriria? Quais são os critérios pelos quais classificamos as pessoas nesses papéis sexuais para começo de conversa? Tipicamente, nossas respostas nos voltam para a biologia e, mais especificamente, para as características sexuais primárias que, segundo o que acreditamos, determinam o gênero no qual uma pessoa se transformará. O sexo biológico – as genitálias externamente visíveis – se tornam o papel de gênero socializado. As pessoas com órgãos sexuais masculinos serão classificadas de um jeito; as pessoas com órgãos sexuais femininos serão classificadas de outro jeito. Os dois sexos passam a ser gêneros diferentes, que presumivelmente têm personalidades diferentes e exigem arranjos sociais e institucionais distintos para acomodar suas diferenças naturais – e agora socialmente adquiridas.

A maior parte do tempo sustentamos essas concepções do senso comum. Vemos as **características sexuais primárias** (aquelas presentes no nascimento) como muito mais decisivas do que as **características sexuais secundárias** (desenvolvidas na puberdade) para a atribuição da identidade do papel de gênero. Mas como sabemos disso? Quando observamos alguém na rua, são suas características *secundárias* que vemos – crescimento dos seios, pelo facial, musculatura. Mais do que isso, é a apresentação comportamental da personalidade – como a pessoa se veste, se movimenta, conversa – que nos sinaliza se tal indivíduo é um homem ou uma mulher. Seria um mundo realmente estranho se nós tivéssemos de constantemente pedir para ver as genitálias de alguém para termos certeza de que elas são quem aparentam ser!

Um método que os sociólogos desenvolveram para questionar essa presunção foi imaginar que as marcas sexuais da infância e da puberdade não convergissem. Em muitos casos, crianças "intersexo" ou hermafroditas – cujas características sexuais primárias não são facilmente discernidas pela visão – têm suas genitais cirurgicamente reconstruídas, dependendo do tamanho do pênis ou da presença ou ausência de cromossomos Y. Para esses cirurgiões, os "cromossomos são menos relevantes na determinação do gênero do que o tamanho do pênis". Portanto, ser rotulado de "masculino" não necessariamente depende de ter um cromossomo Y e um cromossomo X, nem na produção de esperma, mas sim na "condição estética de possuir um pênis de tamanho apropriado". Os cirurgiões presumem que nenhum "homem" gostaria de viver com uma genitália tão diminuta, e assim eles "corrigem" o que certamente seria percebido como um problema (as mulheres cirurgicamente construídas, por sua vez, saem para viver suas vidas como mulheres). Assim, aparentemente, tamanho realmente é documento – ao menos para os médicos![242]

Esse procedimento passou a receber críticas cada vez mais severas de cientistas, feministas e das próprias pessoas intersexo, que estão mais interessadas em serem felizes com seus corpos do que em terem alguém "refazendo-as" por causa de uma ideia social segundo a qual só pode haver dois sexos. A **intersexualidade**, que afeta cerca de mil bebês por ano, nos induz a reconsiderar a ideia de que as genitálias são a característica determinante do sexo biológico. O gênero, como William Reiner – urologista e psiquiatra que trata de crianças intersexo – diz, "tem muito mais a ver com outras estruturas importantes do que com os órgãos sexuais externos"[243].

Talvez, mas as genitálias continuam sendo, para o senso comum, o "local" do sexo biológico. Em estudo brilhantemente desconcertante, *Gender: An Ethnomethodological Approach* (*Gênero: uma abordagem etnometodológica*), Suzanne Kessler e Wendy McKenna propõem duas imagens, nas quais as características sexuais primárias e secundárias não se correspondem. Qual delas é o "homem" e qual delas é a "mulher"? Como você sabe? Se a decisão for baseada nas características sexuais primárias, os órgãos sexuais, a conclusão terá de admitir que muitas pessoas com quem interagimos na vida cotidiana podem estar escondendo suas "verdadeiras" identidades. Mas, se a decisão for baseada naquilo que se vê "acima da cintura", o que é mais visível no cotidiano, a conclusão terá de aceitar que muitas pessoas podem ser efetivamente de um sexo diferente do que parecem.

Olhando essas imagens, é possível ficar tentado a desconsiderá-las como matéria de fantasia. Afinal, na vida real, a genitália das pessoas corresponde a suas características sexuais secundárias, e podemos sempre facilmente detectar a diferença, certo? Bem, talvez nem sempre. Lembremos da consternação no filme popular *The Crying Game* (*Traídos pelo desejo*) quando se revelou, ao mesmo tempo para a audiência tanto quanto para o protagonista do filme, que Dill, a mulher pela qual o primeiro estava apaixonado, era efetivamente um homem. E lembremos da reação de todos quando Dustin Hoffmann revelou que Emily Kimberly era, na verdade, Edward Kimberly em *Tootsie*; ou a peça da Broadway *M. Butterfly* (Srta. Borboleta), sobre um homem que viveu com uma mulher por mais de trinta anos *sem jamais perceber que ela era, com efeito, um homem*. Podemos pensar também na comoção e na confusão em torno de Marilyn Manson em anos recentes. E a consternação e desgosto exprimido por homens que pagam prostitutas **transformistas** para receber sexo oral e então descobrem que "ela" é, na verdade, "ele"? Tal confusão é muitas vezes material para comédia. Saber se alguém é homem ou mulher é muito mais importante para o observador do que geralmente é para o observado, como se lembram os fãs do programa televisivo *Saturday Night Live* (*Sábado a noite ao vivo*), por causa do ambíguo personagem "Pat". As pessoas interagindo com Pat tentavam constantemente enganá-lo para que ele/ela revelasse o que ele/ela "realmente" era, enquanto Pat respondia despreocupadamente as perguntas e desviava de todas as armadilhas retóricas.

Obviamente, todas essas menções são produtos da mídia, na vida real, "passar-se por outro gênero" é muito mais difícil e muito menos comum. Mas uma razão que nos faz aproveitar esse desfile de personagens tão ambíguos é o fato de a certeza de gênero ser muito importante para nós. Sem ela, sentimos como se perdêssemos os sustentos sociais do mundo

---

LEIA TUDO A RESPEITO!

Não só estamos constantemente "fazendo" o gênero por meio de todas as nossas interações, mas também estamos constantemente classificando e ordenando as pessoas, garantindo que haja dois – e apenas dois – gêneros lá fora. Em "Doing Gender, Determining Gender" ("Fazendo o gênero, determinando o gênero"), as sociólogas Laurel Westbrook e Kristen Schilt nos levam para dentro desses momentos em que não há certeza – e em que nos sentimos desconfortáveis com essa incerteza – sobre quem é homem e quem é mulher – e como se pode saber para começo de conversa! Não é surpresa que nos deixem tão desconfortáveis as áreas onde o gênero é questionado como uma construção simplista, binária e sexualmente baseada. Qual é o "sexo" na sua carteira de motorista? Que banheiro você utiliza? São esses tipos de pergunta que nos deixam inquietos.

e somos ameaçados por uma espécie de "vertigem de gênero", na qual as concepções dualistas que seriam, para as nossas crenças, as fundações da realidade social acabavam se mostrando mais fluidas do que acreditávamos ou esperávamos[244]. É como se nossas noções de gênero estivessem ancoradas em areia movediça. Uma socióloga relatou como ficou perturbada pela **ambiguidade sexual** de uma pessoa que trabalha com venda de computadores:

> A pessoa que respondeu minhas questões era verdadeiramente alguém de vendas. Eu não conseguiria categorizá-la como mulher ou homem. O que eu procurava? (1) Pelo fácil: ela/ele tinha pele suave, mas alguns homens têm pouco ou nenhum pelo fácil (isso varia de acordo com raça, os indígenas americanos e os negros muitas vezes não têm nenhum); (2) Seios: ela/ele estava vestindo uma camiseta larga, estendida desde os ombros. E, como muitas mulheres que sofreram sua adolescência nos anos de 1950 sabem, para sua vergonha, temos peitos achatados muitas vezes; (3) Ombros: os dele/dela eram pequenos e redondos para um homem, mas extensos para uma mulher; (4) Mãos: dedos longos e delgados, com juntas um pouco largas para uma mulher, mas pequenas para um homem; (5) Voz: na faixa média, inexpressiva para uma mulher e sem nada daqueles tons exagerados e afetados de alguns homens *gays*; (6) O tratamento que ela/ele me deu: não deu nenhum sinal que me permitisse saber se eu e aquela pessoa tínhamos o sexo igual ou diferente. Não houve nem mesmo sinais de que ele/ela sabia que seu sexo seria difícil de categorizar, e fiquei refletindo sobre isso mesmo enquanto tentava esconder essas questões o melhor que podia, para não deixar aquela pessoa constrangida enquanto falávamos dos documentos do computador. Eu saí sem saber o sexo de quem me vendeu o produto e estava perturbada com essa questão não respondida (filha de minha cultura que sou)[245].

É MESMO?

Ok, você me convenceu no capítulo 3 de que há mais do que apenas dois gêneros. Mas certamente há dois, *e apenas dois*, sexos biológicos, certo? Homens e mulheres. Bem, não. Os *institutos norte-americanos de saúde* têm quatro categorias de pessoas "intersexo":

Intersexo XX: alguém com cromossomos e ovários de uma mulher, mas com órgãos sexuais externos aparentemente masculinos (geralmente resultado da exposição a hormônios masculinos no útero ou hiperplasia adrenal congênita). A pessoa tem um útero normal, mas os lábios vaginais se fundem e o clítoris é largo, assemelhando-se a um pênis.

Intersexo XY: uma pessoa com cromossomos XY, mas com genitálias ambíguas ou nitidamente femininas. Internamente, os testículos podem estar ausentes, malformados ou normais. No caso mais conhecido dos homens pseudo-hermafroditas na República Dominicana, isso foi causado por uma deficiência específica de 5-alfarreductase. As crianças parecem femininas até a puberdade, quando seus corpos "se transformam" em corpos masculinos.

Intersexo gonadal verdadeiro: uma pessoa que tem ao mesmo tempo ovários e tecido testicular em uma ou nas duas gônadas. A causa da intersexualidade gonadal verdadeira é desconhecida.

Intersexo complexo ou indeterminado: outras combinações cromossômicas, como XXY, XXX ou XO (com apenas um cromossomo) também podem resultar em um desenvolvimento sexual ambíguo.

Travestis e transformistas revelam o artifício do gênero. Trata-se de *performance*, uma espécie de transformismo, pelo qual, por meio da manipulação bem-sucedida de adereços, sinais, símbolos, comportamentos e emoções, tentamos convencer os outros de nossa aquisição efetiva da masculinidade ou da feminilidade.

Por outro lado, há quase um milhão de indivíduos **transgênero** nos Estados Unidos – indivíduos cuja identidade de gênero não corresponde com o sexo para qual eles foram atribuídos no nascimento[246]. Tal identidade é a sensação interna e pessoal de um indivíduo a respeito de ser homem ou mulher (ou, como discutiremos posteriormente, de existir fora dessa dicotomia). Tentar mudar a identidade de gênero de uma pessoa é tão infrutífero quanto tentar mudar a orientação sexual de uma pessoa – isso não funciona! Como tal, às vezes as pessoas transgênero buscam deixar seus corpos – ou seja, seu "sexo" – mais em alinhamento com sua identidade de gênero. Isso pode ser feito por meio de uma variedade de opções médicas e não médicas: terapia vocal, cirurgias peitorais, maquiagem, terapia hormonal, vaginoplastia, tatuagens, reposição capilar, fixação, faloplastia, implantes de seios, *piercing*, metoidioplastia, implantes mamários, pelos faciais artificiais, mudança de nome e/ou pronome, psicoterapia, mudança de designação sexual, remoção de pelos, trajes de gênero... obviamente, essa é uma lista parcial![247]

Pessoas sob a categorização transgênero são incrivelmente diversas. Termos como não binário (NB) e gênero *queer* (GQ) intentam abranger indivíduos que sentem as categorias "homem" e "mulher – e/ou "masculino" e "feminino" – como insuficientes para descrever o modo como eles vivenciam seu gênero e/ou o modo como eles o apresentam externamente. Alguns indivíduos NBGQ passam por transições médicas/cirúrgicas ou continuam a se identificar parcialmente com um gênero, mas muitos outros acreditam que seus corpos não definem ou ditam aquilo que são. O que eles compartilham é uma compreensão de que os sistemas binários de sexo e gênero são problemáticos, limitadores e não alinhados com seu sentimento pessoal de identidade. Assim como ocorre com homens e mulheres trans, há um terreno em contínua expansão de identidades sob as categorias NBGQ: agênero, bigênero, neutrois[d], gênero-fluido, transmasculino/feminino, masculino de centro, boi[e], semimenino/menina e andrógino, para nomear apenas alguns[248].

O fato de alguns indivíduos transgênero, discordantes de gênero, não binários e de gêneros *queer* serem ardorosos deterministas biológicos e outros serem construtivistas sociais sugere que há algo imperfeito e vago a respeito da "escolha" entre biologia e construtivismo social. Embora uma literatura prolífica em estudos femininos, feministas e antropológicos demonstrem a natureza socialmente construída do sexo e do gênero, a nossa sociedade tende a concebê-los em termos de categorias hierárquicas mutuamente exclusivas. Com isso, muitos homens e mulheres transgênero são obrigados a jogar "o jogo das categorias" com o resto de nós. Mas, para além da rígida dualidade de sexo e gênero, existe efetivamente grande diversidade de identidades e experiências. Talvez o sexo e o gênero binários funcionem bem para a maioria das pessoas, mas quem somos nós para impô-los às pessoas para as quais eles não funcionam?

A maioria de nós acha as paredes dessas caixas enormemente reconfortantes. Nós aprendemos a *performance* de gênero na primeira infância e ela permanece conosco praticamente durante toda nossa vida. Quando nossas identidades de gênero se mostram ameaçadas, geralmente recuamos para exibir uma masculinidade ou feminilidade exageradas. E quando nosso senso sobre a identidade de gênero dos outros é perturbada ou deslocada, ficamos ansiosos, até mesmo violentos. "Estamos tão investidos na ideia de ser homem ou mulher que se uma pessoa fica fora da definição fácil do que significa ser um ou outra, muitos a veem como uma espécie de monstro", comentou Susan Stryker, uma transexual que deixou de ser homem para virar mulher. Muitos transexuais são assassinados ou atacados anualmente[249].

O caso fascinante de "Agnes", relatado por Harold Garfinkle também demonstra esses temas. Quem primeiro se deparou com esse caso foi o psiquiatra Robert Stoller e o próprio Garfinkle, um sociólogo, no final

---

[d] Identidade de gênero formada pela junção dos termos *neutral* (neutro em inglês) + *trois* (três em francês), concebendo um gênero não binário como um terceiro gênero [N.T.].

[e] Gíria que flexiona levemente a escrita e a pronúncia da palavra *boy* (em inglês, menino), utilizada pela comunidade LGBT com diversos significados (lésbica com trejeitos de menino, jovem trans nas primeiras etapas de transição e outros sentidos) [N.T.].

A "CONSTRUÇÃO SOCIAL" DA BIOLOGIA: O CASO DE CASTER SEMENYA

Somos levados a acreditar que homens e mulheres são biologicamente diferentes – marcianos e venusianas – e que essas diferenças são fixas, permanentes e categóricas. Afinal, marcianos não podem sobreviver em Vênus e vice-versa. Mas como sabemos – realmente sabemos – quem pertence a que lugar?

Para a maioria de nós, é simplesmente uma questão de olhar anatômico seja para as características sexuais primárias ou secundárias. Marcas reveladoras de traços sexuais secundários: pomo de Adão, seios, pelo facial. Não é perfeito, eu lhe garanto, mas quase sempre correspondem com o que se toma por biologicamente feminino ou masculino.

Mas e se uma pessoa não recai de modo pleno dentro dessas categorias? Em 2009, o mundo dos esportes ficou chocado com uma corredora de 18 anos sul-africana, de nome Caster Semenya. Ela terminou em primeiro lugar a corrida de 800 metros no Campeonato Mundial de Atletismo que naquele ano ocorreu em Berlim – ganhou com muita diferença. Tanta diferença que, com efeito, as pessoas se perguntaram se ela não seria, talvez, um "ele" no fim das contas. Uma competidora italiana, que terminou em sexto lugar na corrida, disse "esse[s] tipo[s] de pessoa não deveria[m] correr com a gente. Para mim, ela não é uma mulher, ela é um homem".

Vamos considerar a última frase por um momento? "Ela é um homem".

Como vimos anteriormente, cerca de um norte-americano em 1.600 nasce clinicamente "intersexo", ou seja, com condições genéticas, anatômicas ou outras que tornam impossível a classificação simples. Isso é cerca de 200 mil de nós. Mas um especialista médico acredita que esse número cobre somente quem está nas pontas extremas e no meio exato do contínuo. "Para 99% da população, é fácil dizer", declara o Dr. Richard Auchus. "Mas para 1% não é assim tão simples". Trata-se de uma pessoa em cem, não uma em 1.600 – três milhões de norte-americanos.

Caster Semenya foi forçada a passar por uma série de testes para determinar seu sexo biológico. Um anatomista, um endocrinologista, um neurocientista, um ginecologista e um psicoterapeuta, no fim, deliberaram por muitas semanas antes de chegar a uma resposta. Ou seja, todos os cinco cientistas tiveram de concordar a respeito da biologia dela. Raramente o sexo biológico foi "socialmente construído" de modo tão óbvio!

Em 2012, Caster Semenya portou a bandeira da África do Sul na abertura dos Jogos Olímpicos de Verão. Ela ganhou a medalha de prata na corrida de oitocentos metros rasos.

Caster Semenya é uma medalhista de ouro e prata da África do Sul, cujas conquistas foram questionadas por testes revelando que ela carregava cromossomos XY como atleta feminina. Afirmou-se que isso lhe dava uma vantagem "injusta" em relação às atletas cisgênero feminina.

Fonte: AP Photo/Mark Allan.

---

dos anos de 1950. Embora Agnes parecesse no dia a dia ser uma mulher muito feminina, ela também tinha um pênis, que ela considerava ser um equívoco biológico. Agnes "sabia" que era uma mulher e agia (exigindo ser tratada) como uma mulher. "Eu sempre fui uma garota", ela proclamava para seus entrevistadores. Para ela, a socialização de sua primeira infância fora um trauma persistente de ser obrigado a participar de atividades de meninos, como esportes. Dado que as genitálias não eram "sinais essenciais de feminilidade", Agnes não se orientava por elas, mas sim por seus seios proeminentes e por seu senso duradouro de que era, com efeito, mulher. "Os sentimentos, comportamentos, escolhas de companhia e demais características femininas que ela autodescrevia nunca eram retratadas como uma questão de decisão ou escolha, mas eram tratadas como *dadas* por um fato natural", escreve Garfinkle (de modo revelador, o sociólogo se refere a Agnes, como faço agora, com um pronome feminino, mesmo que biologicamente ela tivesse órgãos sexuais masculinos)[250].

Compreender como fazemos o gênero, portanto, requer que tornemos visíveis os elementos performativos da identidade, bem como a audiência dessas *performances*. É também um gesto que abre possibilidades inimagináveis para transformações sociais; como Suzanne Kessler aponta em um estudo sobre "pessoas intersexo" (hermafroditas):

> Se a autenticidade de gênero reside não em uma natureza encontrável, mas na proclamação que uma pessoa faz a respeito dela, então o poder de proclamar outra coisa está disponível. Se os médicos reconhecessem que seu modo de lidar com o gênero carrega implicitamente uma noção – a de que, no final das contas, as pessoas sempre constroem tanto o gênero quanto os sistemas sociais baseados em conceitos de gênero – as possibilidades de transformação social real seriam ilimitadas[251].

O utopismo de gênero afirmado por Kessler levanta efetivamente uma questão importante para a perspectiva sociológica. Ao dizer que nós "fazemos" o gênero, estamos dizendo que ele não é somente algo feito a nós. Criamos e recriamos nossas próprias identidades de gênero dentro do contexto de nossas interações com outros e dentro das instituições que habitamos.

Comunicação de gênero

A abordagem de múltiplas camadas oferecida pelo construtivismo social enfatiza três níveis de análise: individual, institucional e interativo. Primeiro, por meio da socialização, o indivíduo adquire uma identidade de gênero, que ele então passa a adaptar ao longo de toda sua vida. Segundo, as instituições nas quais nos encontramos são, elas mesmas, marcadas por um gênero, de modo que regras, regulamentos e procedimentos operatórios aparentemente "objetivos" e de "gênero neutro" reproduzem as relações de gênero e reforçam suas identidades. E, terceiro, nossas próprias interações não apenas refletem identidades de gênero, mas efetivamente as produzem.

Assim, interações e instituições de gênero não refletem as diferenças, mas geralmente as criam. E o material com o qual tais distinções são criadas, lembremos, é a desigualdade. Assim, os arranjos institucionais muitas vezes resultam, sem qualquer intenção maligna, no favorecimento de homens em detrimento de mulheres. Isso significa que, às vezes, o que percebemos como diferenças entre os gêneros de determinados indivíduos podem ser, na verdade, diferenças em sua posição institucional.

Em nenhum outro lugar isso é mais evidente do que na maneira como nos comunicamos. Geralmente pensamos que mulheres e homens se comunicam diferentemente – e, por comunicar, quero dizer mais do que simplesmente como falamos, mas também como usamos a linguagem, como empregamos tipos não verbais de comunicação, quando falamos, onde falamos e sob que circunstâncias.

Homens e mulheres jovens se comunicam diferentemente? Certamente que sim. Andrew Schwartz e seus colegas analisaram setecentos milhões de palavras, frases e tópicos coletados de mensagens do Facebook de 75 mil voluntários. A figura 5.1 retrata as duas nuvens linguísticas – deles e delas – com as palavras e frases mais comumente usadas. Mas estas diferenças existem porque homens e mulheres se comunicam de modo diferente ou porque as pessoas ocupando posições diferentes se comunicam de modo diferente?

Considerem-se, por exemplo, as célebres diferenças nos padrões de comunicação observadas por Deborah Tannen em seu livro *best-seller... You Just Don't Understand* (*Você simplesmente não me entende*). A autora afirma que mulheres e homens comunicam com a linguagem de seus respectivos planetas – eles empregam um discurso competitivo de hierarquia e

146 A sociedade de gênero

Figura 5.1 H.A. Schwartz, J.C. Eichstaedt, M.L. Kern, L., Dziurzynski, S.M. Ramones, M. Agrawal al. (2013) "Personality, Gender, and Age in the Language of Social Media: The Open-Vocabulary Approach" ("Personalidade, gênero e idade na linguagem da mídia social: A abordagem de vocabulário aberto"). PLoS ONE 8(9): e73791. doi:10.1371/journal.pone.0073791

dominação para ficar na frente; elas criam redes de inclusão com discursos mais suaves e acolhedores, que se certificam de que todos se sintam bem. Em casa, eles são tipos fortes e silenciosos, grunhindo monossílabas para suas esposas, que desejam conversar para criar intimidade. Os homens, diz ela, usam a linguagem para estabelecer a posição deles em uma hierarquia. Para eles, conversas "são negociações nas quais as pessoas, se puderem, irão buscar, obter e conservar a hegemonia, bem como se proteger de algumas outras pessoas que tentarão derrubá-las e arrastá-las". Homens interrompem muito mais a conversa, ignoram os comentários dos outros e fazem mais declarações de fatos e opiniões. As mulheres, inversamente, usam a conversa para estabelecer e manter relacionamentos. Para elas, conversar é "negociar a proximidade na qual as pessoas irão experimentar, buscar e dar confirmações e apoios, buscando consensos". As mulheres negociam privadamente, fazem mais questão para manter o fluxo da conversa, usam mais pronomes pessoais. Muitas vezes, quando elas falam, terminam uma sentença declarativa com uma ligeira elevação de tom, como se as encerrassem com um sinal de interrogação[252].

Como Gilligan, Tannen declara que simplesmente identificou dois padrões distintos e que um não é "melhor" do que o outro. Diferente de Gilligan, porém, Tannen atribui a diferença entre esses dois modelos inteiramente ao gênero. Ela também não esconde seu enviesamento, como pode ter pensado. Por exemplo, Tannen escreve que a necessidade dos homens por autonomia e independência pode ser um "estorvo", porque "há momentos nos quais eles não têm toda a informação necessária para tomar uma decisão". Por outro lado, as mulheres "se tornam gerentes melhores porque são mais inclinadas a consultar os outros e a envolver os empregados na tomada de decisão"[253].

Mas tais diferenças observadas entre mulheres e homens são reais? Aqui, a evidência é menos conclusiva. Estudos sobre interrupção nas conversas sugerem um quadro muito mais complicado, no qual mulheres interrompem mulheres, e homens interrompem homens, com índices praticamente idênticos, ao passo que os homens interrompem as mulheres muito mais do que essas, aqueles – uma descoberta que levou os pesquisadores a concluir que não é o gênero do falante que faz a diferença. Esse também parece ser o caso com o silêncio – o mesmo homem, quieto e não comunicativo em casa, é bastante falador no trabalho, onde ele usa a conversação para se assegurar de que todos estão se sentindo bem. Uma vez mais, não é o gênero que o torna silencioso, mas o poder que ele ou ela tem em uma situação. O argumento de Tannen, segundo o qual homens e mulheres usam a linguagem diferentemente, é outra versão da psicologia *pop* a respeito de marcianos e venusianas – e tão repleta de atribuições errôneas quanto ela. No local de trabalho, por exemplo, empregadores e empregados usam a linguagem diferentemente, não importa se são mulheres ou homens. Será que chefes são de Marte e assistentes, de Vênus? Quando nós realmente olhamos as interações, a posição social da pessoa é muito mais importante do que seu gênero.

É possível pensar também nas diferenças de padrões de comunicação entre mulheres e homens nos hospitais. Eles tendem a ser fortes e silenciosos, dando ordens, mas não são particularmente cuidadosos ou emocionalmente sensitivos. As mulheres, em contraste, são muito empáticas, ouvem cuidadosamente, falam mais suave e gentilmente. Exceto, obviamente, quando essas mulheres são as médicas e aqueles homens, os enfermeiros. Do ponto de vista médico, é importante que os médicos não se mostrem emocionalmente muito expressivos, pois, tal como a escola de medicina os ensina, fazê-lo pode prejudicar a qualidade do tratamento (um conceito estranho, e marcado por gênero, o de que cuidar adequadamente depende de um despojamento, ou seja, de esquecer ou ignorar que tanto o paciente quanto o cuidador são seres humanos com emoções reais). Também é parte da qualidade do atendimento dos enfermeiros que eles estejam mais emocionalmente sintonizados (talvez para proteger os médicos de sentimentos confusos). Então tais ideias de que "homens" e "mulheres" comunicam diferentemente termina falando de pessoas em posições diferentes – e temos visto essa dinâmica conforme o "gênero" de profissões se rompe e as mulheres começam a se tornar médicas e os homens, enfermeiros. Essas são qualidades de posições de gênero, não expressões de pessoas de gênero, que mulheres e homens estão ocupando. Ou será que médicos e médicas são de Marte e os enfermeiros e enfermeiras, de Vênus[254]?

Ou tome-se mais um exemplo: quando examinou as transcrições registradas dos testemunhos de mulheres e homens nos tribunais, o antropólogo William O'Barr concluiu que a ocupação da testemunha era um critério muito mais preciso do uso que ela fazia do discurso do que seu gênero. "A assim chamada linguagem da mulher nem é característica de todas as mulheres, nem é limitada apenas às mulheres", escreve O'Barr. Se elas usam uma língua "sem poder", isso pode ser devido "à tendência crescente de as mulheres ocuparem posições sociais relativamente desprovidas de poder" na sociedade[255]. As diferenças de comunicação acabam se revelando como "distinções enganosas" porque raramente observamos padrões de comunicação de homens dependentes e de mulheres executivas.

Uma sociologia do estupro

Em capítulos prévios, ilustramos algumas perspectivas teóricas observando como cada uma delas lida com um fenômeno específico relativo a gênero – o estupro. Vimos, por exemplo, como alguns biólogos evolutivos concebem-no como estratégia reprodutiva evolutiva para os "perdedores", que são incapazes de transmitir sua herança genética pela boa e velha sedução. (São biólogos evolutivos, e não feministas influentes, que insistem que estupro e sexo são a mesma coisa!) E vimos também como antropólogos abalam tais argumentos biológicos, sugerindo, em vez disso, que o estupro varia dramaticamente de uma cultura para outra e que a causa da diferença entre as sociedades com tendência ao estupro e as sociedades que se livram dela é o *status* das mulheres. Lá onde elas são valorizadas e honradas, os índices de estupro são excepcionalmente baixos. Nos lugares em que elas são degradadas e desvalorizadas, o número de estupros é alto.

Os psicólogos nos permitem diferenciar entre estupradores e não estupradores ao compreender os processos psicodinâmicos que levam um indivíduo do sexo masculino a esse comportamento aberrante. Seja por trauma infantil, por raiva não resolvida de sua mãe ou por uma identidade de gênero inadequada, estupradores são caracterizados por seu desvio em relação à norma. "O estupro é sempre sintoma de alguma disfunção psicológica, seja ela temporária e fugaz ou crônica e repetitiva". Na opinião popular, estupradores são "indivíduos doentes"[256].

LEIA TUDO A RESPEITO!

A linguista Deborah Tannen causou grande alvoroço com seu livro best-seller *You Just Don't Understand* (*Você simplesmente não me entende*). Mulheres e homens utilizam a linguagem diferentemente, afirma Tannen: elas, para fazer conexões, eles, para definir e manter hierarquias competitivas. Não surpreende que homens e mulheres terminem em posições diferentes no trabalho, com elas em segundo plano enquanto eles ficam com todas as promoções. Exceto que isso não é verdade, mas sim uma confusão entre as posições efetivas e o gênero das pessoas. Em "Men and Women Are from Earth" ("Homens e mulheres são da terra"), com a crítica devastadora que fazem de Tannen e de outros, Rosalind Barnett e Caryl Rivers desmontam toda essa teoria interplanetária acerca do uso da linguagem e oferecem uma ideia muito bem mais fundamentada, segundo a qual o estilo da linguagem das pessoas também depende de suas posições: pais – homens ou mulheres – com seus filhos crianças tendem a usar um discurso de paz, não o que impõe barreiras. Executivos do mundo corporativo – sejam homens ou mulheres, de novo – usarão uma linguagem que leva todos a sentirem que a conversa está progredindo suavemente.

Como temos visto, a construção das perspectivas sociológicas se aproveita dessas outras perspectivas. Mas também se desvia radicalmente delas. O estupro é especialmente ilustrativo disso porque é algo performado quase exclusivamente por um gênero – o masculino –, embora seja cometido tanto contra as mulheres quanto contra os homens. Isso é particularmente útil para sondar a dinâmica tanto da diferença (pois apenas homens praticam o estupro) quanto da dominação (pois a função primária de tal gesto é dominar, sejam pessoas do sexo masculino ou do feminino). Em vez de considerar uma coleção de indivíduos doentes, os sociólogos atentam o quão ordinário, quão normal podem ser os estupradores – e focam também na cultura que legitima tais atitudes. A sociologia também avalia os processos e dinâmicas que forçam todas as mulheres a confrontar a possibilidade de vitimização sexual, um processo que reproduz tanto a divisão quanto a desigualdade de gênero.

Os estudos sociológicos sobre os estupradores descobriram que muitos são casados ou têm parceiros sexuais estáveis e regulares. Estudos sobre estupro coletivo revelam um homem muito mais "típico", que enxerga a si mesmo simplesmente como alguém que entra na onda do que fazem seus amigos. Estupradores consideram suas ações em termos que exprimem diferenciais de poder entre mulheres e homens. Eles enxergam o que fazem às mulheres como seu "direito", como se tivessem a propriedade do corpo das mulheres. E eles geralmente veem seu comportamento à luz da relação que têm com outros homens. Por exemplo, os membros do Spur Posse, um grupo de meninos adolescentes no sul da Califórnia acusados de inúmeros atos de estupro em encontros e com pessoas conhecidas[f], mantinham as estatísticas de suas "conquistas" usando números em uniformes atléticos – que apenas os membros do grupo compreenderiam. E durante a guerra, o estupro de mulheres do povo derrotado se torna uma forma de comunicação entre vencedores e vencidos, o corpo delas se tornando um "espólio de batalha".

Embora o estupro seja um ato de agressão cometido por um indivíduo homem ou por um grupo de homens, também é um problema social que as mulheres, como grupo, enfrentam. Elas podem lidar com isso como indivíduos – mudando suas roupas, seus modos de caminhar e de falar, sua disposição para ir a certos lugares em certos horários –, mas o estupro afeta todas as mulheres. Ele é uma forma de **terrorismo sexual**, escreve a jurista Carol Sheffield, um "sistema de lembrete constante de que as mulheres são vulneráveis, alvos pelo mero motivo de nosso gênero. Saber que tais coisas podem ocorrer e efetivamente ocorrem serve para manter todas as mulheres na condição psicológica de estar consciente de que são vítimas potenciais"[257].

Para o sociólogo, portanto, o estupro exprime tanto uma estrutura de relações quanto um acontecimento específico. Nesse nível específico, trata-se de ação de um homem (ou grupo de homens) contra a mulher. Ela é sustentada por um aparato cultural que a concebe como algo legítimo e justificado. O estupro mantém as mulheres em uma posição de vulnerabilidade, como alvos potenciais. Desse modo, ele reproduz tanto a diferença de (elas são vulneráveis e dependem dos homens para proteção, também têm medo de entrar em espaços masculinos como a rua por medo de vitimização) quanto a desigualdade de gênero[258].

---

[f] *Date rape* e *acquaintance rape* designam dois tipos de estupro suficientemente comuns para terem sido categorizados: o primeiro se refere à violência sexual praticada depois de um encontro ou até mesmo dentro de um relacionamento romântico e sexual estável. O segundo caso diz respeito ao estupro em que o criminoso e a vítima se conhecem; seja no trabalho, no bairro, no *campus* universitário etc. [N.T.]

Em direção à explanação da construção social das relações de gênero

Então como devemos pensar o gênero a partir de uma **perspectiva sociológica**? Os elementos de uma definição parecem suficientemente evidentes. Devemos explorar três níveis relacionados – (1) identidade, (2) interação e (3) instituição – e, por certo, os elos entre eles, de modo a explicar fenômenos associados entre si – a diferença de gênero e a desigualdade de gênero.

Primeiro, compreendemos que gênero não é uma "coisa" que alguém possui, mas, sim, um conjunto de atividades que uma pessoa *faz*. Quando fazemos o gênero, nós o fazemos na frente de outras pessoas; ele é validado e legitimado por uma avaliação dos outros. O gênero é menos uma propriedade de um indivíduo do que um produto de nossas interações com outrem. West e Zimmerman chamam o gênero de uma "propriedade gerenciada", que é "tramada com respeito ao fato de que outros julgarão e responderão para nós de modos particulares". Mulheres e homens são grupos sociais distintos, constituídos em "relacionamentos sociais concretos, historicamente mutáveis – geralmente desiguais". O que o grande historiador britânico E.P. Thompson escreveu certa vez sobre classe se aplica igualmente a gênero. "É uma relação, não uma coisa" – e, como em todas as relações, somos ativos em sua construção. Nós não herdamos simplesmente um papel sexual masculino ou feminino, mas ativa – interativa – e constantemente definimos e redefinimos o que significa ser homem ou mulher em nossos encontros diários uns com os outros. O gênero é algo que uma pessoa *faz*, não uma coisa que uma pessoa *tem*[259].

Em segundo lugar, compreendemos que realizamos o gênero em cada interação, em cada situação, em cada instituição na qual nos encontramos. O gênero é uma realização situada, sendo um aspecto tanto da interação quanto da identidade. Como Messerschmidt afirma, trata-se de uma "realização situada na qual produzimos formas de comportamento vistas pelos outros nas mesmas situações imediatas como masculinas ou femininas". Gênero é o que levamos para essas interações e que é nelas produzido também[260].

Também não fazemos o gênero em um vácuo sem gênero, mas, na verdade, em um mundo e em instituições marcadas por essa questão. Nosso mundo social está construído sobre uma desigualdade sistêmica e estrutural baseada no gênero; a vida social reproduz tanto a diferença quanto a desigualdade entre homens e mulheres. Precisamos pensar na masculinidade e na feminilidade "não como um objeto singular com sua própria história, mas como elementos constantemente construídos dentro da história de uma estrutura social circundante". Como define Karen Pyke, o gênero é:

> Uma propriedade emergente de interações situadas mais do que uma função ou atributo. Crenças profundamente conservadas e tipicamente inconscientes sobre a natureza essencial de homens e mulheres moldam como o gênero é realizado em interações cotidianas. Uma vez que essas crenças são moldadas por relações de poder macroestruturais, os modos culturalmente apropriados de produzir o gênero favorece os interesses dos homens em detrimento dos das mulheres. Dessa forma, relações de poder constituídas por gênero são reproduzidas[261].

Em resumo, a sociologia está singularmente equipada para compreender tanto o que realmente é diferente entre mulheres e homens quanto o que só parece ser diferença, mas, com efeito, não é. Ela também consegue compreender os modos como a variação de gênero é um produto – e não uma causa – da desigualdade entre homens e mulheres. Nós somos pessoas de gênero vivendo vidas com certo gênero em uma sociedade marcada pelo gênero – mas vivemos, na verdade, no mesmo planeta (de fato, é possível que apenas neste planeta tais diferenças façam diferença).

No restante deste livro, observaremos algumas das instituições que criam a diferença dos gêneros e reproduzem a desigualdade entre eles – famílias, escolas, locais de trabalho –, e observaremos certos modos como tais diferenças e essa desigualdade são expressas por meio de nossas interações uns com os outros – no amor, no sexo, na amizade e na violência.

TERMOS-CHAVE

Agentes de socialização	Feminismo	Passividade reflexiva
Ambiguidade sexual	Hiperindividualismo impulsivo	Perspectiva sociológica
Características sexuais primárias	Intersexualidade	Socialização de gênero
Características sexuais secundárias	Libertação *gay*	Teoria dos papéis sexuais
Crise de meia-idade	Masculinidade hegemônica	Terrorismo sexual
Faixa dos papéis	Neutralidade de gênero	Transformismo
"Fazendo" gênero		Transgênero
		Travestis
		Viés de confirmação

Notas

Capítulo 2

[1] Jerre Levy, apud Jo Durden-Smith e Diane DeSimone. *Sex and the Brain* (Nova York: Warner Books, 1983), p. 61.

[2] Rev. John Todd. *Woman's Rights* (Boston: Lee and Shepard, 1867), p. 26.

[3] Barbara Ehrenreich e Deirdre English. *For Her Own Good: 150 Years of the Experts' Advice to Women* (Nova York: Doubleday, 1979), p. 111.

[4] Apud Carl Degler. *Search of Human Nature: The Decline and Revival of Darwinism in American Social Thought* (Nova York: Oxford University Press, 1991), p. 107.

[5] Todd, *Woman's Rights*, p. 25.

[6] Biblioteca da Sociedade Histórica do Estado da Califórnia, ms. #2334. Para um resumo do modo como argumentos biológicos foram usados para excluir as mulheres da participação pública, cf. Michael Kimmel. "Introduction". In: *Against the Tide: Pro-Feminist Men in the United States, 1776-1990, a Documentary History*. M. Kimmel e T. Mosmiller, eds. (Boston: Beacon, 1992).

[7] Apud Stephen Jay Gould. *The Mismeasure of Man* (Nova York: W.W. Norton, 1981), p. 104-105.

[8] Edward C. Clarke. *Sex in Education; or A Fair Chance for the Girls* (Boston: Osgood and Co., 1873), p. 152.

[9] Cf. Cynthia Eagle Russet. *Sexual Science: The Victorian Construction of Womanhood* (Cambridge: Harvard University Press, 1989).

[10] Newt Gingrich. Comentários em seu curso "Renewing American Civilization" no Reinhardt College, 07/01/2005. Disponível em http://lists.asu.edu/cgi-bin/wa?A2=ind9503e&L=christia&D=0&T=0&P=15988 – Acesso em 24/05/2006.

[11] Há muitos textos importantes que provêm boas respostas contra os argumentos biológicos. Dentre eles estão Ruth Bleir, ed. *Feminist Approaches to Science* (Nova York: Pergamon, 1986). • Lynda Birke. *Women, Feminism and Biology: The Feminist Challenge* (Nova York: Methuen, 1986). O livro de Anne Fausto-Sterling (*Myths of Gender: Biological Theories About Women and Men* (Nova York: Basic Books, 1985)) é indispensável. O trabalho de Deborah Blum (*Sex on the Brain: The Biological Differences Between Men and Women* (Nova York: Viking, 1997)) fornece um bom resumo. O livro de Robert Nadeau (*S/He Brain: Science, Sexual Politics and the Myths of Feminism* (Nova York: Praeger, 1996)) ilustra os fins conservadores e os fins feministas para os quais esta pesquisa pôde, sem esforço, ser mobilizada.

[12] E.O. Wilson. *Sociobiology: The New Synthesis*, 2ª ed. (Cambridge: Harvard University Press, 1977).

[13] Richard Dawkins. *The Selfish Gene* (Nova York: Oxford University Press, 1976), p. 152. • Edward O. Wilson. *On Human Nature* (Cambridge: Harvard University Press, 1978), p. 167.

[14] Anthony Layng. "Why Don't We Act Like the Opposite Sex?" In: *USA Today*, jan./1993. • Donald Symons. "Darwinism and Contemporary Marriage". In: *Contemporary Marriage: Comparative Perspectives on a Changing Institution*. K. Davis, ed. (Nova York: Russell Sage Foundation, 1985). Apud Carl Degler. "Darwinians Confront Gender; or, There Is More to It Than History". In: *Theoretical Perspectives on Sexual Difference*. D. Rhode, ed. (New Haven, CT: Yale University Press, 1990), p. 39.

[15] Edward Wilson. *Sociobiology: The New Synthesis* (Cambridge: Harvard University Press, 1974).

[16] Lionel Tiger. "Male Dominance?" In: *New York Times Magazine*, 25/10/1970.

[17] Cf., p. ex., Judy Stamps. "Sociobiology: Its Evolution and Intellectual Descendents". In: *Politics and Life Science*, 14(2), 1995, p. 191-193.

[18] David Buss. *The Evolution of Desire: Strategies of Human Mating* (Nova York: Basic Books, 1994). Cf. tb. Robert Sapolsky. *Monkeyluv* (Nova York: Scribner, 2006), p. 175. • Martha McCaughey. *The Caveman Mystique: Pop-Darwinism and the Debates over Sex, Violence, and Science* (Nova York: Routledge, 2007), p. 117.

[19] Randy Thornhill e Craig T. Palmer. "Why Men Rape". In: *New York Academy of Sciences*, jan./2000, p. 30.

[20] Randy Thornhill e Craig T. Palmer. *A Natural History of Rape* (Cambridge: MIT Press, 2000), p. 53.

[21] Richard Alexander e K.M. Noonan. "Concealment of Ovulation, Parental Care and Human Social Evolution". In: *Evolutionary Biology and Human Social Behavior*. N. Chagnon e W. Irons, eds. (North Scituate, MA: Duxbury, 1979), p. 449.

[22] Richard Lewontin. "Biological Determinism as a Social Weapon". In: *Biology as a Social Weapon*. Ann Arbor Science for the People Editorial Collective, ed. (Mineápolis: Burgess, 1977), p. 15. • Stephen Jay Gould. *Ever Since Darwin: Reflections in Natural History* (Nova York: W.W. Norton, 1977), p. 254.

[23] Sapolsky. *Monkeyluv*, p. 30.

[24] Carol Tavris e Carole Wade. *The Longest War* (Nova York: Harcourt, Brace, 1984).

[25] Cf., p. ex., Frans de Waal. *Our Inner Ape: A Leading Primatologist Explains Why We Are Who We Are* (Nova York: Riverhead Books, 2005). De Waal nos previne contra a explicação de *qualquer* comportamento humano a partir estritamente da observação dos comportamentos de primatas, uma vez que eles são muito variáveis e diversos, mais ou menos como os humanos.

[26] Mary McDonald Pavelka. "Sexual Nature: What Can We Learn from a Cross-Species Perspective?" In: *Sexual Nature, Sexual Culture*. P. Abrahamson e S. Pinkerton, eds. (Chicago: University of Chicago Press, 1995), p. 22.

[27] Cf. Jonah Lehrer. "The Effeminate Sheep – and Other Problems with Darwinian Sexual Selection". In: *Seed*, jun./2006.

[28] Simon LeVay. "Survival of the Sluttiest". In: Nerve.com, 2000. Disponível em www.nerve.com

[29] Laurence Gesquiere, Niki Leam, M. Carolina M. Simao, Patrick Onyango, Susan Alberts e Jeanne Altmann. "Life at the Top: Rank and Stress in Wild Male Baboons". In: *Science*, 333(6.040), 15/07/2011, p. 357-360. Cf. tb. James Gorman. "Baboon Study Shows Benefits for Nice Guys, Who Finish 2nd". In: *New York Times*, 14/07/2011.

[30] Lloyd DeMause. "Our Forbears Made Childhood a Nightmare". In: *Psychology Today*, abr./1975.

[31] Thornhill e Palmer. "Why Men Rape", p. 32, 34. • Thornhill e Palmer. *A Natural History of Rape*. Cf. tb. minha crítica sobre o livro deles em "An Unnatural History of Rape". In: Cheryl Travis, ed. *Evolution, Gender, and Rape* (Cambridge: MIT Press, 2003). Até mesmo outros psicólogos evolucionistas descartaram as defesas de Thornhill e Palmer. Cf. Michael Gard e Benjamin Bradley. "Getting Away with Rape". In: *Psychology, Evolution and Gender*, 2(3), dez./2000, p. 313-319.

[32] Cf. Roy Baumeister, Kathleen Catanese e Harry Wallace. "Conquest by Force: A Narcissistic Reactance Theory of Rape and Sexual Coercion". In: *Review of General Psychology*, 6(10), 2002, p. 92-135.

[33] I. Singer e J. Singer. "Periodicity of Sexual Desire in Relation to Time of Ovulation in Women". In: *Journal of Biosocial Science*, 4, 1972, p. 471-481. Cf. tb. Elisabeth A. Lloyd. "Pre-theoretical Assumptions in Evolutionary Explanations of Female Sexuality". In: *Feminism and Science*. E.F. Keller e H.E. Longino, eds. (Nova York: Oxford University Press, 1996). • Suzanne Franks. "They Blinded Me with Science: Misuse and Misunderstanding of Biological Theory". In: *Fundamental Differences: Feminists Talk Back to Social Conservatives*. C. Burack e J.J. Josephson, eds. (Lanham, MD: Rowman and Littlefield, 2005).

[34] N. Burley. "The Evolution of Concealed Ovulation". In: *American Naturalist*, 114, 1979. • Mary McDonald Pavelka. "Sexual Nature", p. 19. Cf. tb. Sarah Blaffer Hardy. *The Woman That Never Evolved* (Cambridge: Harvard University Press, 1981).

[35] Elisabeth Lloyd. *The Case of the Female Orgasm: Bias in the Science of Evolution* (Cambridge: Harvard University Press, 2005).

[36] S. Beckerman, R. Lizzarralde, C. Ballew, S. Schroeder, C. Fingelton, A. Garrison e H. Smith. "The Bari Partible Paternity Project: Preliminary Results". In: *Current Anthropology*, 39(1), 1998, p. 164-167.

[37] Steven Gangestad, Randy Thornhill e Christine Garver. "Changes in Women's Sexual Interests and Their Partners' Mate-Retention Tactics Across the Menstrual Cycle: Evidence for Shifting Conflicts of Interest". In: *Proceedings of the Royal Society*, 2002. Como esperado, Gangestad repudiou a interpretação do jornalista, pois ela basicamente espelha seu argumento de que estaria mais no interesse dos homens à promiscuidade e no das mulheres à monogamia. Comunicação pessoal, 16/12/2002.

[38] Cf. Evelyn Fox Keller. *A Feeling for the Organism: The Life and Work of Barbara McClintock* (São Francisco: W.H. Freeman, 1983).

[39] Martha McClintock. "Menstrual Synchrony and Suppression". In: *Nature*, 229, 22/01/1971.

[40] Cf. Natalie Angier. "Men, Women, Sex, and Darwin". In: *New York Times*, 21/02/1999. Cf. tb. seu livro *Women: An Intimate Geography* (Boston: Houghton, Mifflin, 1999).

[41] Paul Ehrlich. *Human Natures: Genes, Cultures, and the Human Prospect* (Nova York: Penguin, 2002).

[42] Émile Durkheim. *The Division of Labor in Society* (Nova York: Free Press, 1984 [1893]), p. 21. Cf. tb. Ehrenreich e English. *For Her Own Good*, p. 117. Por óbvio, a afirmação de Durkheim acerca da divergência histórica progressiva poderia derivar não da evolução, mas sim do crescimento confinamento e restrição impostos sobre as mulheres.

[43] James C. Dobson. *Straight Talk to Men and Their Wives* (Dallas: Word Publishing, 1991), p. 177. • Adam Begley. "Why Men and Women Think Differently". In: *Newsweek*, 12/05/1995, p. 51.

[44] Cf. Elizabeth Fee. "Nineteenth Century Craniology: The Study of the Female Skull". In: *Bulletin of the History of Medicine*, 53, 1979.

[45] Turner, apud *South Side Observer*, 29/04/1896. • C.A. Dwyer. "The Role of Tests and Their Construction in Producing Apparent Sex-Related Differences". In: *Sex-Related Differences in Cognitive Functioning*. M. Wittig e A. Peterson, eds. (Nova York: Academic Press, 1979), p. 342.

[46] O resumo de Doreen Kimura acerca dessas diferenças cerebrais (*Sex and Cognition* (Cambridge, MA: MIT Press, 1999)) cataloga uma grande variedade de diferenças cerebrais nos raciocínios espaciais, verbais e de outros tipos. Ela se sente confortável em afirmar: "podemos dizer com certeza que existem diferenças substanciais estáveis de sexo nas funções cognitivas como capacidade de rotação espacial, raciocínio matemático e memória verbal, e em habilidades motoras que requerem precisão na mira e destreza dos dedos" (p. 181). Como ela nunca diz ao leitor qual a forma da distribuição destas características, não temos ideia se tais diferenças realmente significam alguma coisa, se são categóricas ou se a distribuição é maior dentro do grupo de mulheres e do grupo de homens do que entre mulheres e homens – o que é o caso em praticamente todos estes estudos. Este é geralmente o caso quando os autores argumentam a partir da ideologia, e não das evidências. Uma fonte melhor é Lesley Rogers. *Sexing the Brain* (Nova York: Columbia University Press, 2001), que ao menos é honesta intelectualmente e não esconde ou obscurece informações conflitantes.

[47] Norman Geschwind, apud Durden-Smith e DeSimone. *Sex and the Brain*, p. 171. Outros estudos influentes sobre pesquisa de hormônios incluem G.W. Harris. "Sex Hormones, Brain Development and Brain Function". In: *Endocrinology*, 75, 1965.

[48] Ruth Bleier. *Science and Gender: A Critique of Biology and Its Theory on Women* (Nova York: Pantheon, 1984).

[49] A.W.H. Buffery e J. Gray. "Sex Differences in the Development of Spacial and Linguistic Skills". In: *Gender Differences: Their Ontogeny and Significance*. C. Ounsted e D.C. Taylor, eds. (Londres: Churchill Livingston, 1972). • Jerre Levy. "Lateral Specialization of the Human Brain: Behavioral Manifestation and Possible Evolutionary Basis". In: *The Biology of Behavior*. J.A. Kiger, ed. (Corvallis, Eugene: University of Oregon Press, 1972). Cf. tb. Fausto-Sterling. *Myths of Gender*, p. 40.

[50] Jean Christophe Labarthe. "Are Boys Better Than Girls at Building a Tower or a Bridge at 2 Years of Age?" In: *Archives of Disease in Childhood*, 77, 1997, p. 140-144.

[51] Joseph Lurito, apud Robert Lee Hotz. "Women Use More of Brain When Listening, Study Says". In: *Los Angeles Times*, 29/11/2000.

[52] Durden-Smith e DeSimone. *Sex and the Brain*, p. 60.

[53] Levy. "Lateral Specialization".

[54] Janet Hyde. "How Large Are Cognitive Differences? A Metanalysis". In: *American Psychologist*, 26, 1981. • Janet Hyde. Elizabeth Fennema e S.J. Laman. "Gender Differences in Mathematics Performance: A Meta-Analysis". In: *Psychological Bulletin*, 107, 1990.

[55] Michael Peters. "The Size of the Corpus Callosum in Males and Females: Implications of a Lack of Ailometry". In: *Canadian Journal of Psychology*, 42(3), 1988. • Christine de Lacoste-Utamsing e Ralph Holloway. "Sexual Dimorphism in the Human Corpus Callosum". In: *Science*, 25/06/1982. Cf. tb. William Byne, Ruth Bleier e Lanning Houston. "Variations in Human Corpus Callosum Do Not Predict Gender: A Study Using Magnetic Resonance Imaging". In: *Behavioral Neuroscience*, 102(2), 1988.

[56] Cf. Michael Gurian. *The Wonder of Girls* (Nova York: Pocket Books, 2002). Cf. tb. Caryl Rivers. "Pop Science Book Claims Girls Hardwired for Love". In: *Women's E-News*, 29/06/2002.

[57] Cf. "The Merrow Report", 08/01/2000. • "Are Boys in Trouble?" Transcrição, p. 11.

[58] Cf. Larry Cahill. "His Brain, Her Brain". In: *Scientific American*, mai./2005, p. 22-29.

[59] Simon Baron-Cohen et al. "Sex Differences in the Brain: Implications for Explaining Autism". In: *Science*, 310, 2005, p. 819-823. • "Intelligence in Men and Women Is a Gray and White Matter". In: *ScienceDaily*. Disponível em http://www.sciencedaily.com/releases/2005/01/050121100142.htm – Acesso em 14/08/2009.

[60] Apud Le Anne Schreiber. "The Search for His and Her Brains". In: *Glamour*, abr./1993. • Kimura, apud Rivers. "Pop Science Book".

[61] Lise Eliot. *Pink Brain, Blue Brain* (Boston: Houghton/Mifflin, 2009), p. 9.

[62] Marcel Kinsbourne. "The Development of Lateralization". In: *Biological and Neurological Mechanisms*. H.W. Reese e M.D. Franzen, eds. (Mahwah, NJ: Erlbaum, 1996).

[63] Diversos livros trazem um resumo útil dessa pesquisa, incluindo Dean Hamer e Peter Copeland. *The Science of Desire* (Nova York: Simon & Schuster, 1994). • Simon LeVay. *Queer Science: The Use and Abuse of Research into Homosexuality* (Cambridge: MIT Press, 1996). • Lee Ellis e Linda Ebertz, eds. *Sexual Orientation: Toward Biological Understanding* (Nova York: Praeger, 1997). Muitas outras obras fornecem réplicas valiosas para a pesquisa científica. Cf., p. ex., Vernon Rosario, ed. *Science and Homosexualities* (Nova York: Routledge, 1997). • Timothy Murphy. *Gay Science: The Ethics of Sexual Orientation Research* (Nova York: Columbia University Press, 1997). •John Corvino, ed. *Same Sex: Debating the Ethics, Science and Culture of Homosexuality* (Lanham, MD: Rowman and Littlefield, 1997). Uma edição dupla do *Journal of Homosexuality*, 28(1-2), 1995 foi dedicada a esse tema. Para uma opinião fortemente discordante, cf. William Byne. "Why We Cannot Conclude That Sexual Orientation Is Primarily a Biological Phenomenon". In: *Journal of Homosexuality*, 34(1), 1997. • William Byne. "Science and Belief: Psychobiological Research on Sexual Orientation". In: *Journal of Homosexuality*, 28(2), 1995.

[64] Michel Foucault. *The History of Sexuality* (Nova York: Pantheon, 1978). Cf. tb. Jonathan Ned Katz. *The Invention of Heterosexuality* (Nova York: E.P. Dutton, 1993).

[65] Gunter Dorner, W. Rohde, F. Stahl, L. Krell e W. Masius. "A Neuroendocrine Predisposition for Homosexuality in Men". In: *Archives of Sexual Behavior*, 4(1), 1975, p. 6.

[66] Simon LeVay. *The "Gay Brain" Revisited*. Disponível em www.nerve.com/Regulars/Science of Sex/09-05-00/ – Acesso em 14/08/2009. • LeVay. "A Difference in Hypothalamic Structure Between Homosexual and Heterosexual Men". In: *Science*, 253, 30/08/1991. • Simon LeVay. *The Sexual Brain* (Cambridge: MIT Press, 1994). • Simon LeVay e Dean Hamer. "Evidence for a Biological Influence in Male Homosexuality". In: *Scientific American*, 270, 1994. • "Born or Bred?" In: *Newsweek*, 24/02/1992.

[67] P. Yahr. "Sexually Dimorphic Hypothalamic Cell Groups and a Related Pathway That Are Essential for Masculine Copulatory Behavior". In: *The Development of Sex Differences and Similarities in Behavior*. M. Haug, R. Whalen, C. Aron e K. Olsen, eds. (Dordrecht, Netherlands: Kluwer Academic Publishers, 1993), p. 416.

[68] Cf. *Chronicle of Higher Education*, 10/11/1995.

[69] Ivanka Savic, Hans Berglund e Per Lindstrom. "Brain Response to Putative Pheromones in Homosexual Men". In: *Proceedings of the National Academy of Sciences*, 102(20), 17/05/2005, p. 7.356-7.361.

[70] Apud Nicholas Wade. "For *Gay* Men, an Attraction to a Different Kind of Scent". In: *New York Times*, 10/05/2005. Disponível

em http://www.nytimes.com/2005/05/10/science/10smell.html – Acesso em 10/05/2005.

[71] Cf., p. ex., Dennis McFadden e Edward G. Pasanen. "Comparison of the Auditory Systems of Heterosexuals and Homosexuals: Click- Evoked Otoacoustic Emissions". In: *Proceedings of the National Academy of Sciences*, 95, mar./1998, p. 2.709-2.713. • McFadden e Pasanen. "Spontaneous Otoacoustic Emissions in Heterosexuals, Homosexuals, and Bisexuals". In: *Journal of the Acoustical Society of America*, 105(4), abr./1999, p. 2.403-2.413. • Dennis McFadden e Craig Champlin. "Comparison of Auditory Evoked Potentials in Heterosexual, Homosexual and Bisexual Males and Females". In: *Journal of the Association for Research in Otolaryngology*, 1, 2000, p. 89-99.

[72] Marc Breedlove e Pat McBroom. *Sexual Experience May Affect Brain Structure*. Disponível em http://www.berkeley.edu/news/berkeleyan/1997/1119/sexexp.html – Acesso em 14/08/2009. Cf. tb. Jim McKnight. "Editorial: The Origins of Male Homosexuality". In: *Psychology, Evolution and Gender*, 2(3), dez./2000, p. 226.

[73] Cf. F. Kallmann. "Comparative Twin Study on the Genetic Aspects of Male Homosexuality". In: *Journal of Nervous Mental Disorders*, 115, 1952, p. 283-298. As descobertas de Kallmann podem ter sido um artifício de sua amostra, que foi extraída totalmente de pacientes mentais internados, alguns dos quais haviam sido internados por serem *gays*. Cf. tb. Richard Lewontin, Steven Rose e Leon Kamin. *Not in Our Genes: Biology, Ideology and Human Nature* (Nova York: Pantheon, 1984).

[74] J. Michael Bailey e Richard Pillard. "A Genetic Study of Male Sexual Orientation". In: *Archives of General Psychiatry*, 48, dez./1991. • J. Michael Bailey e Richard Pillard. "Heritable Factors Influence Sexual Orientation in Women". In: *Archives of General Psychiatry*, 50, mar./1993.

[75] Isso também é um problema em Frederick Whitam, Milton Diamond e James Martin. "Homosexual Orientation in Twins: A Report on 61 Pairs and Three Triplet Sets". In: *Archives of Sexual Behavior*, 22(3), 1993.

[76] Richard Pillard e James Weinreich. "Evidence of a Familial Nature of Male Homosexuality". In: *Archives of General Psychiatry*, 43, 1986.

[77] Cf. Peter Bearman e Hannah Bruckner. "Opposite Sex Twins and Adolescent Same-Sex Attraction". In: *American Journal of Sociology*, mar./2002.

[78] Steven Goldberg. *The Inevitability of Patriarchy* (Nova York: Simon & Schuster, 1973), p. 93.

[79] C. Apicella, A. Dreber, P. Gray, M. Hoffman, A.C. Little e B.C. Campbell. "Androgens and Competitiveness in Men". In: *Journal of Neuroscience, Psychology and Economics*, fev./2011, p. 54-62.

[80] C. Eisenegger, M. Naef, R. Snozzi, M. Heinrichs e E. Fehr. "Prejudice and Truth About the Effect of Testosterone on Human Bargaining Behaviour". In: *Nature*, 2009, p. 1-6.

[81] Cf. James McBride Dabbs (com Mary Godwin Dabbs). *Heroes, Rogues and Lovers: Testosterone and Behavior* (Nova York: McGraw-Hill, 2000), p. 8. • Andrew Sullivan. "The He Hormone". In: *New York Times Magazine*, 02/04/2000, p. 48. Dabbs tumultua a literatura sobre testosterona, ostentando ser capaz de prever (causa e efeito) comportamentos que vão do estupro às festas com barris de cerveja nas fraternidades, da escolha da profissão à tendência de cometer crimes, simplesmente verificando o nível de testosterona. Eis aquela que talvez seja a única afirmação de Dabbs, que não é completamente hiperbólica: "às vezes, a fanfarronice masculina foi programada no cérebro em razão de testosterona precoce" (p. 66). Bem, ao menos a de algumas pessoas deve ter sido.

[82] Há algumas evidências de que o AndroGel é perigoso e não deveria ser tomado sem testes consideráveis. A testosterona pode diminuir os testículos (porque eles não precisam mais produzi-las), mas também pode exacerbar o câncer de próstata, agindo como nutrição para um tumor crescente. Cf. Jerome Groopman. "Hormones for Men". In: *New Yorker*, 20/07/2002, p. 34-38.

[83] Robert Sapolsky. *The Trouble with Testosterone* (Nova York: Simon & Schuster, 1997), p. 155.

[84] Theodore Kemper. *Testosterone and Social Structure* (New Brunswick, NJ: Rutgers University Press, 1990). • Arthur Kling. "Testosterone and Aggressive Behavior in Man and Non-human Primates". In: *Hormonal Correlates of Behavior*. B. Eleftheriou e R. Sprott, eds. (Nova York: Plenum, 1975). Cf. tb. E. Gonzalez-Bono, A. Salvador, J. Ricarte, M.A. Serrano e M. Arendo. "Testosterone and Attribution of Successful Competition". In: *Aggressive Behavior*, 26(3), 2000, p. 235-240.

[85] Anu Aromaki, Ralf Lindman e C.J. Peter Eriksson. "Testosterone, Aggressiveness and Antisocial Personality". In: *Aggressive Behavior*, 25, 1999, p. 113-123. • Sapolsky, apud Richard Lacayo. "Are You Man Enough?" In: *Time*, 25/04/2000.

[86] Peter B. Gray, Sonya Kahlenberg, Emily Barrett, Susan Lipson e Peter T. Ellison. "Marriage and Fatherhood Are Associated with Lower Testosterone in Males". In: *Evolution and Human Behavior*, 23, 2002, p. 193-201. Cf. tb. a cobertura desse estudo: William Cromie. "Marriage Lowers Testosterone". In: *Harvard Gazette*, 19/09/2002. • Ellen Barry. "The Ups and Downs of Manhood". In: *Boston Globe*, 09/07/2002.

[87] Cf., p. ex., Jed Diamond. *Male Menopause* (Naperville, IL: Sourcebooks, 1998). • Groopman. "Hormones for Men".

[88] Cf. Celina Cohen-Bendahan, Cornelieke van de Beek e Sheri Berenbaum. "Prenatal Sex Hormone Effects on Child and Adult Sex-Typed Behavior: Methods and Findings". In: *Neuroscience and Biobehavioral Reviews*, 29(2), abr./2005, p. 353-384, para um resumo desses estudos com base clínica.

[89] John Money e Anke Ehrhardt. *Man and Woman, Boy and Girl* (Baltimore: Johns Hopkins University Press, 1972).

[90] Anke Ehrhardt e S.W. Baker. "Fetal Androgens, Human Central Nervous System Differentiation, and Behavior Sex Differences".

In: *Sex Differences in Behavior*. R. Friedman, R.M. Richart e R.L. Vande Wiele, eds. (Huntington, NY: Krieger, 1978), p. 49.

[91] Fausto-Sterling. *Myths of Gender*, p. 136-137.

[92] Irvin Yalom, Richard Green e N. Fisk. "Prenatal Exposure to Female Hormones – Effect on Psychosexual Development in Boys". In: *Archives of General Psychiatry*, 28, 1973.

[93] Cf. John Colapinto. *As Nature Made Him: The Boy Who Was Raised as a Girl* (Nova York: HarperCollins, 2000). • John Colapinto. "Gender Gap: What Were the Real Reasons Behind David Reimer's Suicide?" In: *Slate*, 03/06/2004. Disponível em www.slate.com/id/2101678 Artigos acadêmicos incluem M. Diamond. "Sexual Identity, Monozygotic Twins Reared in Discordant Sex Roles and a BBC Follow-Up". In: *Archives of Sexual Behavior*, 11(2), 1982, p. 181-185. • M. Diamond e H.K. Sigmundson. "Sex Reassignment at Birth: Long Term Review and Clinical Implications". In: *Archives of Pediatrics and Adolescent Medicine*, 151, mar./1997, p. 298-304.

[94] Shari Roan. "The Basis of Sexual Identity". In: *Los Angeles Times*, 14/03/1997, p. E1.

[95] Cf. Judith Lorber e Lisa Jean Moore. *Gendered Bodies: Feminist Perspectives* (Palo Alto CA: Roxbury Press, 2006).

[96] Gloria Steinem. "If Men Could Menstruate". In: *Outrageous Acts and Everyday Rebellions* (Nova York: Holt, Rinehart and Winston, 1983).

[97] Durden-Smith e deSimone. *Sex and the Brain*, p. 92.

[98] Gunter Dorner, B. Schenk, B. Schmiedel e L. Ahrens. "Stressful Events in Prenatal Life of Bisexual and Homosexual Men". In: *Explorations in Clinical Endocrinology*, 81, 1983, p. 87. Cf. tb. Dorner et al. "Prenatal Stress as a Possible Paetiogenic Factor of Homosexuality in Human Males". In: *Endokrinologie*, 75, 1983. • G. Dorner, F. Gotz, T. Ohkawa, W. Rohde, F. Stahl e R. Tonjes. "Prenatal Stress and Sexual Brain Differentiation in Animal and Human Beings". *Abstracts* – International Academy of Sex Research, Thirteenth Annual Meeting. Tutzing, 21-25/06/1987.

[99] O outro lado é apresentado em um artigo sagaz de Gunter Schmidt e Ulrich Clement. "Does Peace Prevent Homosexuality?" In: *Journal of Homosexuality*, 28(1-2), 1995.

[100] John Stossel. "Just Too Taboo to Talk About". In: *Orange County Register*, 30/01/2005, seção "Home".

[101] Terrance Williams, Michelle Pepitone, Scott Christensen, Bradley Cooke, Andrew Huberman, Nicolas Breedlove, Tess Breedlove, Cynthia Jordan e S. Marc Breedlove. "Finger Length Ratios and Sexual Orientation". In: *Nature*, 404, 30/03/2000, p. 455. Cf. tb. S.J. Robinson. "The Ratio of 2nd to 4th Digit Length and Male Homosexuality". In: *Evolution and Human Behavior*, 21, 2000, p. 333-345. Cf. tb. Tim Beneke. "Sex on the Brain". In: *East Bay Express*, 22/09/2000, para um perfil soberbo de Breedlove e de sua pesquisa.

[102] Marc Breedlove. Comunicação pessoal com o autor, 13/02/2001. Cf. tb. Susan Rubinowitz. "Report: Index Finger Size May Indicate Homosexuality". In: *New York Post*, 30/03/2000.

[103] Anthony Bogaert. "Biological Versus Nonbiological Older Brothers and Men's Sexual Orientation". In: *Proceedings of the National Academy of Science*, 103(28), 11/07/2006, p. 10.771-10.774. Cf. tb. David Puts, Cynthia Jordan e S. Marc Breedlove. "O Brother, Where Are Thou? The Fraternal Birth-Order Effect on Male Sexual Orientation". In: *Proceedings of the National Academy of Science*, 103(28), 11/07/2006, p. 10.531-10.532.

[104] Cf. Alice Domurat Dreger. *Hermaphrodites and the Medical Invention of Sex* (Cambridge: Harvard University Press, 1998). • Gert Hekma. "'A Female Soul in a Male Body': Sexual Inversion as Gender Inversion in Nineteenth Century Sexology". In: *Third Sex, Third Gender*. G. Herdt, ed. (Cambridge: MIT Press, 1993).

[105] Cf. Julliane Imperato-McGinley et al. "Steroid 5-Alpha Reductase Deficiency in Man: An Inherited Form of Pseudo-hermaphroditism". In: *Science*, 186, 1974. • Julliane Imperato-McGinley et al. "Androgens and the Evolution of Male-Gender Identity Among Male Pseudohermaphrodites with 5-Alpha Reductase Deficiency". In: *New England Journal of Medicine*, 300, 1979, p. 1.235. Para um excelente resumo da pesquisa, cf. Gilbert Herdt. "Mistaken Sex: Culture, Biology and the Third Sex in New Guinea". Cf. tb. Herdt. *Third Sex, Third Gender*.

[106] Herdt. "Mistaken Sex".

[107] Dobson. *Straight Talk*, p. 184.

[108] Goldberg. *Inevitability of Patriarchy*, p. 233-234. Cf. tb. Fausto-Sterling. *Myths of Gender*, p. 124.

[109] Um esforço para usar a pesquisa com hormônio e os imperativos evolutivos é J. Richard Udry. "Biological Limits of Gender Construction". In: *American Sociological Review*, 65, jun./2000, p. 443-457. A tese de Udry é elegantemente demolida por Eleanor Miller e Carrie Yang Costello. "Comment on Udry". In: *American Sociological Review*, 65, jun./2000, p. 592-598.

[110] Lewontin et al. *Not in Our Genes*, p. 147.

[111] Alice Rossi. *Gender and the Life Course* (Chicago: Aldine, 1982).

[112] Darrell Yates Rist. "Are Homosexuals Born That Way?" In: *The Nation*, 19/10/1992, p. 427. • "Born or Bred?" In: *Newsweek*, 24/02/1992.

[113] Karen De Witt. "Quayle Contends Homosexuality is a Matter of Choice, Not Biology". In: *New York Times*, 14/09/1992. • Ashcroft, apud Eric Alterman. "Sorry, Wrong President". In: *The Nation*, 26/02/2001, p. 10. Cf. John Leland e Mark Miller. "Can Gays Convert?" In: *Newsweek*, 17/08/1998. Embora seja certo que algumas intervenções terapêuticas possam levar as pessoas a mudarem seu comportamento sexual e suas escolhas sexuais, não é nada convincente a evidência de que as pessoas mudariam de orientação sexual.

[114] John D'Emilio. *Making Trouble: Essays on Gay History* (Nova York: Routledge, 1992), p. 187.

[115] Cf., p. ex., Martin P. Levine. *Gay Macho: The Life and Death of the Homosexual Clone* (Nova York: New York University Press, 1997). Cf. tb. John Gagnon e William Simon. *Sexual Conduct* (Chicago: Aldine, 1973).

[116] Vera Whisman. *Queer by Choice* (Nova York: Routledge, 1992).

[117] Charlotte Bunch. "Lesbians in Revolt". In: *Feminist Frameworks*. A. Jaggar e P. Rothenberg, eds. (Nova York: McGraw-Hill, 1984), p. 144.

[118] LeVay. *Sexual Brain*, p. 6.

[119] Ruth Hubbard. "The Political Nature of Human Nature". In: *Theoretical Perspectives on Sexual Difference*. D. Rhode, ed. (New Haven, CT: Yale University Press, 1990), p. 69.

[120] Robert A. Padgug. "On Conceptualizing Sexuality in History". In: *Radical History Review*, 20, 1979, p. 9.

[121] Richard Hofstadter. *Social Darwinism in American Thought* (Nova York: Random House, 1944), p. 204.

[122] Deena Skolnick Weisberg, Frank C. Keil, Joshua Goodstein, Elizabeth Rawson e Jeremy Gray. "The Seductive Allure of Neuroscience Explanation". In: *Journal of Cognitive Neuroscience*, 20(3), 2008, p. 470-477.

[123] Adam Begley. "Why Men and Women Think Differently". In: *Newsweek*, 1995.

Capítulo 3

[124] Cf., p. ex., Karen Sacks. "Engels Revisited: Women, Organization of Production, and Private Property". In: *Women, Culture and Society*. M. Rosaldo e L. Lamphere, eds. (Stanford, CA: Stanford University Press, 1974). • *Sisters and Wives: The Past and Future of Sexual Equality* (Westport, CT: Greenwood, 1979).

[125] Margaret Mead. *Sex and Temperament in Three Primitive Societies* (Nova York: William Morrow, 1935). Críticos como Derek Freeman sugeriram que Mead, como os biólogos que ela criticava, simplesmente encontrou o que procurava, especialmente em Samoa, onde ela aparentemente fabricou alguns detalhes. Mas os questionamentos das descobertas principais do trabalho dela na Nova Guiné – relativas à variação nos papéis de gênero – não têm consistência e não são nada convincentes.

[126] Mead. *Sex and Temperament*, p. 29, 35, 57-58, 84, 101, 128.

[127] Margaret Mead. *Male and Female* (Nova York: William Morrow, 1949), p. 69. • Mead. *Sex and Temperament*, p. 171.

[128] Mead. *Sex and Temperament*, p. 189, 190, 197. • Mead. *Male and Female*, p. 98.

[129] Mead. *Sex and Temperament*, p. 228.

[130] Adrienne Zihlman. "Woman the Gatherer: The Role of Women in Early Hominid Evolution". In: *Gender and Anthropology*. S. Morgen, ed. (Washington, DC: American Anthropological Association, 1989), p. 31.

[131] Friedrich Engels. *The Origin of the Family, Private Property and the State* (Nova York: International Publishers, 1970).

[132] Eleanor Leacock. "Women's Status in Egalitarian Society: Implications for Social Evolution". In: *Current Anthropology*, 19(2), 1978, p. 252. Cf. tb. Eleanor Leacock. "Montagnais Women and the Jesuit Program for Colonization". In: *Women and Colonization*. M. Etienne e E. Leacock, eds. (Nova York: Praeger, 1980).

[133] Sacks. "Engels Revisited". In: *Sisters and Wives*.

[134] Marvin Harris. *Cows, Pigs, Wars and Witches: The Riddle of Culture* (Nova York: Random House, 1974). • Marvin Harris. *Cannibals and Kings* (Nova York: Random House, 1977).

[135] Lionel Tiger e Robin Fox. *The Imperial Animal* (Nova York: Holt, 1971).

[136] Claude Lévi-Strauss. *The Elementary Structures of Kinship* (Londres: Tavistock, 1969). Cf. tb. Collier e Rosaldo. "Politics and Gender in Simple Societies". In: *Sexual Meanings: The Cultural Construction of Gender and Sexuality*. S.B. Ortner e H. Whitehead, eds. (Cambridge: Cambridge University Press, 1981).

[137] Barry, Herbert, Margaret K. Bacon e Irvin L. Child. "A Cross-Cultural Survey of Some Sex Differences in Socialization". In: *Journal of Abnormal and Social Psychology*, 55, 1957, p. 327-332.

[138] Judith Brown. "A Note on the Division of Labor by Sex". In: *American Anthropologist*, 72(5), 1970.

[139] Mead. *Male and Female*, p. 189, 190.

[140] Daphne Spain. *Gendered Spaces* (Chapel Hill: University of North Carolina Press, 1992). • Daphne Spain. "The Spatial Foundations of Men's Friendships and Men's Power". In: *Men's Friendships*. P. Nardi, ed. (Newbury Park, CA: Sage Publications, 1992), p. 76.

[141] Thomas Gregor. *Mehinaku: The Drama of Daily Life in a Brazilian Indian Village* (Chicago: University of Chicago Press, 1977), p. 255, 305-306. Em outra passagem, Gregor descreve um jogo infantil no qual uma menina finge invadir a casa dos homens, e os meninos fingem estuprá-la em grupo (p. 114). Cf. tb. Thomas Gregor. "No Girls Allowed". In: *Science*, 82, dez./1982.

[142] Peggy Reeves Sanday. *Female Power and Male Dominance* (Nova York: Cambridge University Press, 1981), p. 75, 128. Cf. tb. Maria Lepowsky. "Gender in an Egalitarian Society: A Case Study from the Coral Sea". In: *Beyond the Second Sex: New Directions in the Anthropology of Gender*. P.R. Sanday e R.G. Goodenough, eds. (Filadélfia: University of Pennsylvania Press, 1990).

[143] Cf. Carol Tavris e Carole Wade. *The Longest War* (Nova York: Harcourt, Brace, 1984), p. 330-331.

[144] Cf. Salman Masood. "Pakistan's High Court Reviewing Officially Ordered Gang Rape". In: *New York Times*, 28/06/2005, p. 3.

[145] Cf. Peggy Reeves Sanday. *Fraternity Gang Rape* (Nova York: New York University Press, 1991).

[146] John W. Whiting, Richard Kluckhohn e Albert Anthony. "The Function of Male Initiation Ceremonies at Puberty". In: *Readings*

in Social Psychology. E. Maccoby, T.M. Newcomb e E.L. Hatley, eds. (Nova York: Henry Holt, 1958).

[147] Edgar Gregersen. *Sexual Practices* (Nova York: Franklin Watts, 1983), p. 104.

[148] Marc Lacey. "African Activists Urge end to Female Mutilation" In: *International Herald Tribune*, 07/02/2003, p. 10.

[149] Apud Rogaia Mustafa Abusharaf. "Unmasking Tradition" In: *The Sciences*, mar.-abr./1998, p. 23.

[150] Apud Rogaia Mustafa Abusharaf. "Unmasking Tradition". In: *The Sciences*, mar.-abr./1998, p. 23. Disponível em amednews/ 2012/02/27/prse0302.htm

[151] Frederick Nzwili. "New Ritual Replaces Female Genital Mutilation". In: *Women's ENews*, 10/04/2003. Disponível em www.womensenews.org/article.cfm/dyn/aid/1284

[152] Cf., p. ex., Joseph Zoske. "Male Circumcision: A Gender Perspective". In: *Journal of Men's Studies*, 6(2), inverno/1998. Cf. tb. Michael Kimmel. "The Kindest Uncut" In: *Tikkun*, 16(3), mai./2001.

[153] Karen Paige e Jeffrey Paige. *The Politics of Reproductive Ritual* (Berkeley: University Of California Press, 1981).

[154] Tavris e Wade. *Longest War*, p. 314. Cf. tb. Paige e Paige. *Politics of Reproductive Ritual*. • Fatima Mernissi. *Beyond the Veil: Male-Female Dynamics in a Modern Muslim Society* (Nova York: Wiley, 1975).

[155] Michael Olien. *The Human Myth* (Nova York: Harper and Row, 1978). • M.K. Martin e B. Voorhies. *Female of the Species* (Nova York: Columbia University Press, 1975).

[156] Walter Williams. *The Spirit and the Flesh* (Boston: Beacon Press, 1986).

[157] Marc Lacey. "A Lifestyle Distinct: The Muxe of Mexico". In: *New York Times*, 07/12/2008.

[158] Paula Gunn Allen. "Beloved Women: Lesbians in American Indian Cultures". In: *Conditions – Seven: A Magazine of Writing by Women* (ed. do autor, 1981), p. 67.

[159] Martin e Voorhies. *Female of the Species*, p. 97.

[160] Cf. Jenny Nordberg. "Where Boys Are Prized, Girls Live the Part". In: *New York Times*, 21/09/2010, p. 1.

[161] Apud Clyde Kluckhohn. *Mirror for Man* (Greenwich, CT: Greenwood, 1970).

[162] Gilbert Herdt. *Guardians of the Flutes* (Chicago: University of Chicago Press, 1981), p. 1, 165, 282.

[163] F.E. Williams. *Papuans of the Trans-Fly* (Oxford: Oxford University Press, 1936), p. 159. Cf. tb. E.L. Schieffiln. *The Sorrow of the Lonely and the Burning of the Dancers* (Nova York: St. Martin's Press, 1976). • R. Kelly. *Etero Social Structure* (Ann Arbor: University of Michigan Press, 1977). • J. Carrier. "Sex Role Preference as an Explanatory Variable in Homosexual Behavior". In: *Archives of Sexual Behavior*, 6, 1977. • Stephen O. Murray. *Homosexualities* (Chicago: University of Chicago Press, 2000).

[164] William Davenport. "Sex in Cross-Cultural Perspective". In: *Human Sexuality in Four Perspectives*. F. Beach e M. Diamond, eds. (Baltimore: Johns Hopkins University Press, 1977). Cf. tb. Gilbert Herdt, ed. *Ritualized Homosexuality in Melanesia* (Berkeley: University of California Press, 1984), p. 66.

[165] Gregersen. *Sexual Practices*, p. 257.

[166] Ibid.

[167] Davenport. "Sex in Cross-Cultural Perspective".

[168] Ernestine Friedel. *Women and Men: An Anthropologist's View* (Nova York: Holt, Rinehart, 1975).

[169] Gregersen. *Sexual Practices*.

[170] Clyde Kluckhohn. *Mirror for Man* (Nova York: Whittlesey Houx, 1949). Cf. tb. Gregersen. *Sexual Practices*.

[171] Gregersen. *Sexual Practices*.

[172] Nancy Tanner e Adrienne Zihlman. "Women in Evolution". In: *Signs*, 1(3), primavera/1976. • Nancy Tanner. *Becoming Human* (Nova York: Cambridge University Press, 1981). • Adrienne Zihlman. "Motherhood in Transition: From Ape to Human". In: *The First Child and Family Formation*. W. Miller e L. Newman, eds. (Chapel Hill: Carolina Population Center, 1978).

[173] Helen Fisher. *The Anatomy of Love* (Nova York: Norton, 1992), p. 57.

[174] Michelle Rosaldo. "The Use and Abuse of Anthropology: Reflections on Feminism and Cross-Cultural Understanding". In: *Signs*, 5(3), primavera/1980, p. 393. • Bonnie Nardi. Resenha de Peggy Reeves Sanday. *Female Power and Male Dominance Power and Male Dominance in Sex Roles*, 8(11), 1982, p. 1.159.

[175] Marija Gimbutas. *The Goddesses and Gods of Old Europe, 7000-3500 B.C.* (Berkeley: University of California Press, 1982). • Marija Gimbutas. *The Living Goddesses* (Berkeley: University of California Press, 1999). Cf. tb. Riane Eisler. *The Chalice and the Blade* (Nova York: HarperCollins, 1987).

[176] Eisler. *Chalice and the Blade*, p. 45, 58.

[177] Francis Fukuyama. "Women and the Evolution of World Politics". In: *Foreign Affairs*, set./1998, p. 27. Cf. tb. Lawrence Keely. *War Before Civilization* (Nova York: Oxford University Press, 1997).

[178] Maria Lepowsky. *Fruit of the Motherland: Gender in an Egalitarian Society* (Nova York: Columbia University Press, 1993), p. 219.

[179] Peggy Reeves Sanday. *Women Center: Life in a Modern Matriarchy* (Boston: Beacon, 2002), p. 116.

[180] Leacock. "Montagnais Women", p. 200.

Capítulo 4

[181] Carol Gilligan. In: *Faulkner v. Jones* (D. Ct., S.C., arquivado em 07/01/1993), p. 3. Documento juramentado.

[182] Sigmund Freud. "The Dissection of the Psychical Personality". In: *New Introductory Lectures on Psychoanalysis* [1933] (Nova York: W.W. Norton, 1965), p. 74.

[183] Sigmund Freud. "The Dissolution of the Oedipus Complex" [1924]. In: *The Standard Edition of the Complete Psychological Works* (Nova York: W.W. Norton, 1965), vol. 19, p. 179.

[184] Sigmund Freud. *Letters of Sigmund Freud, 1873-1939*. E. Freud, ed. (Londres: Hogarth Press, 1961), p. 419-420.

[185] Cf., p. ex., Jeffrey Masson. *The Assault on Truth* (Nova York: Farrar, Straus and Giroux, 1984). • Alice Miller. *Thou Shalt Not Be Aware: Society's Betrayal of the Child* (Nova York: Farrar, Straus and Giroux, 1984) • Alice Miller. *For Your Own Good* (Nova York: Farrar, Straus and Giroux, 1983).

[186] Lewis Terman e Catherine Cox Miles. *Sex and Personality* (Nova York: McGraw-Hill, 1936). Cf. tb. Henry Minton. "Femininity in Men and Masculinity in Women: American Psychiatry and Psychology Portray Homosexuality in the 1930s". In: *Journal of Homosexuality*, 13(1), 1986.

[187] George Henry. "Psychogenic Factors in Overt Homosexuality". In: *American Journal of Psychiatry*, 93, 1937. Apud Minton. "Femininity in Men", p. 2. Observe-se, porém, que a afirmação secundária de Henry não é a de que essas tendências simplesmente virão à tona, mas sim que a *reação* social a essas características irá exagerá-las e sustentá-las; em outras palavras, as reações explícitas de homofobia efetivamente estimularão a tendência para a homossexualidade.

[188] Cf. Peter Wyden e Barbara Wyden. *Growing Up Straight: What Every Thoughtful Parent Should Know About Homosexuality* (Nova York: Trident Press, 1968).

[189] Cf. Jean Piaget. *Plays, Dreams and Imitation in Children* (Nova York: Norton, 1951). • *The Language and Thought of the Child* (Londres: Routledge, 1952). • *The Moral Judgment of the Child* (Nova York: Free Press, 1965).

[190] Lawrence Kohlberg. "A Cognitive-Developmental Analysis of Children's Sex Role Concepts and Attitudes". In: *The Development of Sex Differences*. E. Maccoby, ed. (Stanford, CA: Stanford University Press, 1966). • Lawrence Kohlberg e Edward Zigler. "The Impact of Cognitive Maturity on the Development of Sex Role Attitudes in the Years 4 to 8". In: *Genetic Psychology Monographs*, 75, 1967.

[191] Albert Bandura e Althea Huston. "Identification as a Process of Incidental Learning". In: *Journal of Abnormal and Social Psychology*, 63, 1961. • Albert Bandura, Dorothea Ross e Sheila Ross. "A Comparative Test of the Status Envy, Social Power, and Secondary Reinforcement Theories of Indeificatory Learning". In: *Journal of Abnormal and Social Psychology*, 67, 1963. • Walter Mischel. "A Social-Learning View of Sex Differences". In: Maccoby. *Development of Sex Differences*.

[192] Cf. Karen Horney. "On the Genesis of the Castration Complex in Women". In: *Psychoanalysis and Women*. J.B. Miller, ed. (Nova York: Bruner/Mazel, 1973).

[193] Bruno Bettelheim. *Symbolic Wounds* (Nova York: Collier, 1962). • Wolfgang Lederer. *The Fear of Women* (Nova York: Harcourt Brace Jovanovich, 1968).

[194] Nancy Chodorow. *The Reproduction of Mothering* (Berkeley: University of California Press, 1978). • Jessica Benjamin. *The Bonds of Love* (Nova York: Pantheon, 1984). • Dorothy Dinnerstein. *The Mermaid and the Minotaur* (Nova York: Harper and Row, 1977). • Lillian Rubin. *Intimate Strangers* (Nova York: Harper and Row, 1983). Três dessas escritoras – Chodorow, Benjamin e Rubin – são doutoras em Sociologia e também atuam como terapeutas. Uma combinação que, na minha opinião, permite que elas explorem com rara precisão as consequências sociais da desvalorização individual das mulheres.

[195] Chodorow. *Reproduction of Mothering*. Cf. tb. Chodorow, "Family Structure and Feminine Personality". In: *Women, Culture and Society*. M. Rosaldo e L. Lamphere, eds. (Stanford, CA: Stanford University Press, 1974).

[196] Chodorow. "Family Structure", p. 50.

[197] Carol Gilligan. *In a Different Voice* (Cambridge: Harvard University Press, 1982), p. 173.

[198] Mary Belenky, Blythe Clinchy, Nancy Goldberger e Jin Tarule. *Women's Way of Knowing* (Nova York: Basic Books, 1987). • Deborah Tannen. *You Just Don't Understand* (Nova York: William Morrow, 1990). • Robert Bly. *Iron John* (Reading: Addison-Wesley, 1991).

[199] Cf. H. Crothers. *Meditations on Votes for Women* (Boston: Houghton, Mifflin, 1914), p. 74.

[200] Carol Gilligan. "Reply" in "On *In a Different Voice*: An Interdisciplinary Forum". In: *Signs*, 11(2), 1986, p. 327. Depoimento juramentado de Carol Gilligan. In: *Faulkner v. Jones,* D. Ct., S.C. Arquivado em 07/01/1993, p. 3.

[201] Carol Tavris. "The Mismeasure of Woman". In: *Feminism and Psychology*, 3(2), 1993, p. 153.

[202] Janet Hyde. "The Gender Similarities Hypothesis". In: *American Psychologist*, 60, 2005, p. 581-592.

[203] Eleanor Maccoby e Carol Jacklin. *The Psychology of Sex Differences* (Stanford, CA: Stanford University Press, 1974), p. 362.

[204] Rosalind Chait Barnett. "Understanding the Role of Pervasive Negative Gender Stereotypes: What Can Be Done?" Comunicação apresentada no colóquio The Way Forward, Heidelberg, Alemanha, mai./2007.

[205] Piper Weiss. "Couple Finally Reveals Child's Gender, Five Years After Birth". In: *Yahoo! Shine*, 20/01/2012.

[206] Joseph Pleck oferece um resumo excelente desses estudos em "The Theory of Male Sex Role Identity: Its Rise and Fall, 1936 to the Present". In: *In the Shadow of the Past: Psychology Views the Sexes*. M. Lewin, ed. (Nova York: Columbia University Press, 1984). Boa parte do meu resumo deriva do ensaio dele.

[207] Theodor Adorno et al. *The Authoritarian Personality* (Nova York: Harper and Row, 1950).

[208] Qazi Rahman, Suraj Bhanot, Hanna Emrith-Small, Shilan Ghafoor e Steven Roberts. "Gender Nonconformity, Intelligence, and Sexual Orientation". In: *Archives of Sexual Behavior*, 18/02/2011.

[209] Cf. Robb Willer. "Overdoing Gender". Manuscrito não publicado. Department of Sociology, Cornell University, 2005.

[210] Walter Miller e E. Guy Swanson. *Inner Conflict and Defense* (Nova York: Holt, 1960).

[211] Talcott Parsons. "Certain Primary Sources and Patterns of Aggression in the Social Structure of the Western World". In: *Psychiatry*, 10, 1947, p. 309.

[212] Sandra Bem. "The Measurement of Psychological Androgyny". In: *Journal of Consulting and Clinical Psychology*, 42, 1974. • Sandra Bem. "Androgyny vs. the Tight Little Lives of Fluffy Women and Chesty Men". In: *Psychology Today*, set./1975. • Sandra Bem. "Beyond Androgyny: Some Presumptuous Prescriptions for a Liberated Sexual Identity". In: *The Future of Women: Issues in Psychology*. J. Sherman e F. Denmark, eds. (Nova York: Psychological Dimensions, 1978). • Alexandra Kaplan e Mary Anne Sedney. *Psychology and Sex Roles: An Androgynous Perspective* (Boston: Little Brown, 1980), p. 6. • Janet Spence, Robert Helmreich e Joy Stapp. "The Personal Attributes Questionnaire: A Measure of Sex-Role Stereotypes and Masculinity-Femininity". In: *JSAS Catalog of Selected Documents in Psychology*, 4, 1974.

[213] Sandra Bem. *Lenses of Gender* (New Haven, CT: Yale University Press, 1993), p. 124.

[214] Joseph Pleck. *The Myth of Masculinity* (Cambridge: MIT Press, 1981).

[215] Cf., p. ex., James M. O'Neil. "Assessing Men's Gender Role Conflict". In: *Problem Solving Strategies and Interventions for Men in Conflict*. D. Moorer e F. Leafgren, eds. (Alexandria, VA: American Association for Counseling and Development, 1990). • J.M. O'Neil, B. Helms, R. Gable, L. David e L. Wrightsman. "Gender Role Conflict Scale: College Men's Fear of Femininity". In: *Sex Roles*, 14, 1986, p. 335-350. • Joseph Pleck. "The Gender Role Strain Paradigm: An Update". In: *A New Psychology of Men*. R. Levant e W. Pollack, eds. (Nova York: Basic Books, 1995). • James Mihalik, Benjamin Locke, Harry Theodore, Robert Cournoyer e Brendan Lloyd. "A Cross-National and Cross-Sectional Comparison of Men's Gender Role Conflict and Its Relationship to Social Intimacy and Self-Esteem". In: *Sex Roles*, 45(1/2), 2001, p. 1-14.

[216] Warren Farrell. *The Myth of Male Power* (Nova York: Simon & Schuster, 1993), p. 40.

[217] Isso não quer dizer que Pleck não tente corajosamente fazê-lo. Seu texto "Men's Power over Women, Other Men and in Society" (In: *Women and Men: The Consequences of Power*. D. Hiller e R. Sheets, eds. (Cincinnati: University of Cincinnati Women's Studies, 1977)) leva a teoria tão longe quanto possível, o que é muito longe na minha opinião. Mas a teoria ainda é incapaz de conceber adequadamente a diferença e as relações de gênero institucionalizadas.

[218] Jean-Paul Sartre. *Anti-Semite and Jew* (Nova York: Schocken Press, 1965), p. 60.

Capítulo 5

[219] M. Pines. "Civilizing of Genes". In: *Psychology Today*, set./1981.

[220] Helen Z. Lopata e Barrie Thorne. "On the Term 'Sex Roles'". In: *Signs*, 3, 1978, p. 719.

[221] Tim Carrigan, Bob Connell e John Lee. "Toward a New Sociology of Masculinity". In: *Theory and Society*, 14, 1985. Cf. tb. R.W. Connell. *Gender and Power* (Stanford, CA: Stanford University Press, 1987). • R.W. Connell. *Masculinities* (Berkeley: University of California Press, 1995). • Judith Stacey e Barrie Thorne. "The Missing Feminist Revolution in Sociology". In: *Social Problems*, 32(4), 1985, para elaborações e resumos da crítica sociológica à teoria dos papéis sexuais.

[222] Deborah Rhode. *Speaking of Sex* (Cambridge: Harvard University Press, 1997), p. 42.

[223] Stacey e Thorne. "The Missing Feminist Revolution", p. 307.

[224] Carrigan, Connell e Lee. "Toward a New Sociology of Masculinity", p. 587. In: Connell. *Gender and Power*.

[225] David Tresemer. "Assumptions Made About Gender Roles". In: *Another Voice: Feminist Perspectives on Social Life and Social Science*. M. Millman e R.M. Kanter, eds. (Nova York: Anchor Books, 1975), p. 323. • R. Stephen Warner, David Wellman e Leonore Weitzman. "The Hero, the Sambo and the Operator: Three Characterizations of the Oppressed". In: *Urban Life and Culture*, 2, 1973.

[226] Carrigan, Connell e Lee. "Toward a New Sociology of Masculinity", p. 587.

[227] Hannah Arendt. *On Revolution* (Nova York: Viking, 1976).

[228] P.T. Costa e R.R. McCrae. "Age Difference in Personality Structure: A Cluster Analytic Approach". In: *Journal of Gerontology*, 31, 1978, p. 564-570. Cf. tb. G.E. Valliant. *Adaptations to Life* (Boston: Little Brown, 1978).

[229] Elaine Wethington. "Multiple Roles, Social Integration, and Health". In: K. Pillemer, P. Moen, E. Wethington e N. Glasgow, eds. *Social Integration in the Second Half of Life* (Baltimore, MD: Johns Hopkins University Press, 2000).

[230] Gabinete do Censo dos Estados Unidos. *United States Census 2000* (Washington, DC: Departamento do Comércio dos Estados Unidos. Gabinete do Censo, 2000).

[231] Nações Unidas. *The World's Women 2010* (Nova York: United Nations, 2010).

[232] Richard Woods. "Women Take Lead as Lifespan Heads for the Happy 100". In: *London Times*, 30/10/2005, p. 14.

[233] Evelyn Fox Keller. *A Feeling for the Organism* (Nova York: W.H. Freeman, 1985).

[234] Janet Saltzman Chafetz. "Toward a Macro-Level Theory of Sexual Stratification". In: *Current Perspectives in Social Theory*, 1, 1980.

[235] Erving Goffman. "The Arrangement Between the Sexes". In: *Theory and Society*, 4, 1977, p. 316.

[236] Rosabeth Moss Kanter. *Men and Women of the Corporation* (Nova York: Basic Books, 1977). Cf. tb. Rosabeth Moss Kanter. "Women and the Structure of Organizations: Explorations in Theory and Behavior". In: *Another Voice: Feminist Perspectives on Social Life and Social Science*. M. Millman e R.M. Kanter, eds. (Nova York: Anchor Books, 1975).

[237] Joan Acker. "Hierarchies, Jobs, Bodies: A Theory of Gendered Organizations". In: *Gender & Society*, 4(2), 1990, p. 146. Cf. tb. Joan Acker. "Sex Bias in Job Evaluation: A Comparable Worth Issue". In: *Ingredients for Women's Employment Policy*. C. Bose e G. Spitze, eds. (Albânia: Suny Press, 1987). • "Class, Gender and the Relations of Distribution". In: *Signs: Journal of Women in Culture and Society*, 13, 1988. • *Doing Comparable Worth: Gender, Class and Pay Equity* (Filadélfia: Temple University Press, 1989). • Joan Acker e Donald R. Van Houten. "Differential Recruitment and Control: The Sex Structuring of Organizations". In: *Administrative Science Quarterly*, 19(2), 1974.

[238] Acker. "Hierarchies, Jobs, Bodies", p. 146-147.

[239] Judith Gerson e Kathy Peiss. "Boundaries, Negotiation, Consciousness: Reconceptualizing Gender Relations". In: *Social Problems*, 32(4), 1985, p. 320.

[240] Acker. "Hierarchies, Job, Bodies", p. 258.

[241] Candace West e Don Zimmerman. "Doing Gender". In: *Gender & Society*, 1(2), 1987, p. 140.

[242] Suzanne J. Kessler. "The Medical Construction of Gender: Case Management of Intersex Infants". In: *Signs* 16(1), 1990, p. 12-13.

[243] Claudia Dreifus. "Declaring with Clarity When Gender is Ambiguous". In: *New York Times*, 31/05/2005, p. F2.

[244] A frase é de R.W. Connell. Retirei-a do título de Barbara Risman: *Gender Vertigo* (New Haven, CT: Yale University Press, 1998).

[245] Apud West e Zimmerman. "Doing Gender", p. 133-134.

[246] É difícil estimar precisamente quantos indivíduos se identificam como transgênero, uma vez que a maioria das pesquisas não inclui questões de identidade de gênero, ou incluem incorretamente "transgênero" como uma orientação sexual. Além disso, não temos estimativas sobre o número de pessoas que se identificam como não binários, gênero *queers* ou sem conformidade de gênero (ou qualquer outra da miríade de identidades de gênero). A estimativa de um milhão vem de Gary J. Gates. "How Many People Are Lesbian, Gay, Bisexual and Transgender?" In: Williams Institute, 2011.

[247] Cf. http://www.revelandriot.com/resources/transhealth/

[248] Vanessa Vitiello Urquhart. "What the Heck is Genderqueer?" In: *Slate*. Disponível em http://www.slate.com/blogs/outward/2015/03/24/genderqueer_what_does_it_mean_and_where_does_it_comefrom.html – Acesso em 24/03/2015.

[249] Apud Carey Goldberg. "Shunning 'He' and 'She: They Fight for Respect". In: *New York Times*, 08/09/1996, p. 24.

[250] Harold Garfinkle. *Studies in Ethnomethodology* (Englewood Cliffs, NJ: Prentice Hall, 1967), p. 128, 132.

[251] Kessler. "The Medical Construction of Gender" p. 25.

[252] Tannen. *You Just Don't Understand*, p. 24, 25. Cf. tb. Deborah Tannen. *Gender and Discourse* (Nova York: Oxford University Press, 1994).

[253] Tannen. *You Just Don't Understand*, p. 181.

[254] C.L. Bylund e G. Makoul. "Empathic Communication and Gender in the Physician Patient Encounter". In: *Patient Education and Counseling,* 48(3), 2002, p. 207-216. • J.A. Hall, J.T. Irish, D.L. Roter, C.M. Ehrlich e L.H. Miller. "Gender in Medical Encounters: An Analysis of Physician and Patient Communication in a Primary Care Setting". In: *Health Psychology,* 13(5), 1994, p. 384. • J.A. Hall, J.T. Irish, D.L. Roter, C.M. Ehrlich e L.H. Miller. "Satisfaction, Gender, and Communication in Medical Visits". In: *Medical Care,* 32(12), 1994, p. 1.216-1.231. • D.L. Roter, J.A. Hall e Y. Aoki. "Physician Gender Effects in Medical Communication: A Metaanalytic Review". In: *Jama*, 288(6), 2002, p. 756-764. • D.L. Roter e J.A. Hall. "Physician Gender and Patient-Centered Communication: A Critical Review of Empirical Research". In: *Annual Review of Public Health, 25,* 2004, p. 497-519. • H. Sandhu, A. Adams, L. Singleton, D. Clark-Carter e J. Kidd. "The Impact of Gender Dyads on Doctor-Patient Communication: A Systematic Review". In: *Patient Education and Counseling,* 76(3), 2009, p. 348-355.

[255] William O'Barr e Jean F. O'Barr. *Linguistic Evidence: Language, Power and Strategy – The Courtroom* (São Diego: Academic Press, 1995). Cf. tb. Alfie Kohn. "Girl Talk, Guy Talk". In: *Psychology Today*, fev./1988, p. 66.

[256] Nicholas Groth. Ann Burgess e Suzanne Sgroi. *Sexual Assault of Children and Adolescents* (São Francisco: Jossey-Bass, 1978).

[257] Carol Sheffield. *Feminist Jurisprudence* (Nova York: Routledge, 1997), p. 203.

[258] Irei explorar a sociologia do estupro de forma significativamente mais detalhada no cap. 11.

[259] West e Zimmerman. "Doing Gender", p. 140. • E.P. Thompson. *The Making of the English Working Class* (Nova York: Pantheon, 1963), p. 11.

[260] James Messerschmidt. *Masculinities and Crime* (Lanham, MD: Rowman and Littlefield, 1993), p. 121.

[261] Carrigan, Connell e Lee. "Toward a New Sociology of Masculinity", p. 589. • Karen D. Pyke. "Class-Based Masculinities: The Interdependence of Gender, Class and Interpersonal Power". In: *Gender & Society*, 10(5), 1996, p. 530.

PARTE II

Identidades de gênero, instituições de gênero

6

A família constituída por gêneros

Ninguém nunca exigiu que a família nuclear vivesse inteiramente sozinha em uma caixa, como nós fazemos. Sem parentes, sem auxílio, nós a colocamos em uma situação impossível.
Margaret Mead

UMA MÃE DE CINCO FILHOS, um deles recém-nascido com Síndrome de Down, deixa o lar para se dedicar a uma carreira de executiva em uma grande corporação. Ela tem gosto para a alta-costura. Seu marido, um proletário sindicalizado e pescador em trabalho de meio-período, vai conforme a correnteza. Sua filha não casada de dezesseis anos está grávida e o pai do bebê é um rapaz também de dezesseis anos, cujo perfil no MySpace diz que ele é um "caipira" que ama motocross, "vive para jogar *hockey*" e "não quer filhos". Ademais, a mãe dele está presa por vender drogas ilegais.

Qual é o paradigma de maternidade deficiente, esse pai displicente, essa adolescente lasciva, seu namorado da vez com sua mãe criminosa? Quem é essa família-modelo de disfuncionalidade? Bem, é a de Sarah Palin, obviamente, a então governadora do Alasca e candidata republicana a vice-presidente na eleição de 2008, seu marido Todd, a filha deles, Bristol, o namorado de Bristol, Levi Johnston e sua mãe, Sherry. E lembremos que uma das maiores manchetes da campanha dela para que sua família morasse na casa da vice-presidência do país era o retorno dos **valores da família**.

A barragem entre críticas e defesas da família Palin ficou vertiginosamente confusa. Alguns questionaram que ela teria priorizado a carreira em detrimento da família, outros a defenderam como uma mãe trabalhadora. A direita religiosa ficou envergonhada pela "condição" de sua filha, mas aplaudiu a decisão dela de ter o bebê, enquanto algumas feministas defenderam a sua decisão sexual, mas criticaram o fato de, no Alasca, não ser possível que ela pudesse fazer legalmente um aborto sem a permissão de um de seus pais. E se, por um lado, muitos acharam os *posts* de Johnston de mau gosto, fãs ardorosos desse galã do *hockey* proliferaram no Facebook e no MySpace (acho que ninguém se levantou em defesa da mãe dele).

Os norte-americanos são confusos em relação à família. Por um lado, ela parece tão frágil: divórcios em alta, adolescentes têm filhos fora do casamento, pais irresponsáveis abandonam as responsabilidades familiares para perseguir outros prazeres, mães saem de casa e partem para o trabalho, deixando seus filhos na mão de estranhos, casais de classe média adotam bebês de todos os lugares do mundo, jovens vivem juntos sem se casar. E agora até mesmo homens *gays* e lésbicas querem se casar e fazer uma família!

Mas, por outro lado, a família provou ser a instituição mais resistente, mais capaz de se adaptar às circunstâncias econômicas, sociais e culturais em transformação, mantendo-se como fundação da sociedade. Decididamente, ela não ficou obsoleta. Ela sobreviveu à mobilidade social massiva da sociedade moderna, que teve por consequência a dispersão geográfica do parentesco estendido. Ela sobreviveu à entrada das mulheres – incluindo de mães com filhos pequenos – na força de trabalho. Novas formas de família abundam: famílias com padrastos e madrastas, famílias misturadas, famílias adotivas. As pessoas que se divorciam geralmente se casam de novo rapidamente, indicando que elas ainda acreditam na instituição, apenas não confiam no indivíduo com o qual se casaram antes! E até mesmo homens *gays* e lésbicas acreditam suficientemente na família para querer ter uma eles próprios!

E os Estados Unidos têm se mantido confusos a respeito da família por décadas. Eu disse "décadas"? Na verdade, quis dizer "mais de um século". Desde o final do século XIX, temos debatido sobre o estado crítico ou não da família. Naquela época inicial, eruditos alertavam que os homens se dedicavam tanto a seu trabalho que eles estavam se tornando senhorios ausentes em casa. Eles se inquietavam com a possibilidade de as mulheres trabalharem ou ganharem o direito de votar, pois assim a família entraria em colapso.

Ambos os lados do debate têm algum mérito. As informações sobre crise da família parecem ser esmagadoras: pessoas casadas realmente parecem menos felizes do que estavam há uma década. Estamos mais isolados, temos menos confidentes íntimos e amigos e pouco auxílio social para a vida em família, exceto um punhado de "valores da família". E não é possível comê-los. Os índices de casamento declinam consistentemente; menos de dois terços (62,6%) das mulheres norte-americanas entre 35 e 44 anos de idade estavam legalmente casadas em 2013; os números de matrimônios em 2010 e 2011 (6,8 para mil nos dois anos) foram os menores em mais de quarenta anos. O número de casais morando juntos (visando ou não um futuro casamento) aumentou drasticamente nas últimas duas décadas, indo de 1,1 milhão em 1977 para 8,1 milhões em 2011 (7,6 milhões de casais de sexo oposto e 514.735 casais do mesmo sexo); esse número inclui todos os grupos etários, mas a média de idade de casais coabitando está entre 25 e 34. As atuais estimativas de divórcio indicam que cerca de metade dos primeiros casamentos termina se divorciando e que 60% desses casamentos envolvem filhos. 41% (40,7) de todos os nascimentos ocorrem com mães solteiras (1,6 milhão em 2012). Na população branca, a proporção de recém-nascidos de mães não casadas aumentou de 5% entre 1964 e 1969 para 35,9% em 2012; na população negra, a proporção cresceu de 35% para 71,6%. 24% das crianças vivem sem seus pais biológicos. E filhos que são criados por apenas um pai têm mais probabilidade de serem pobres, cometer crimes, desistir da escola, ganhar notas menores e viver problemas emocionais[1].

Embora a família pareça ser uma das instituições sociais mais frágeis, ela também está talvez entre as mais resistentes. Ela nunca se ossificou em uma forma estática, exceto em certas construções míticas segundo as quais a família "sempre" pareceu com isso ou com aquilo. As famílias norte-americanas se transformaram dramaticamente ao longo de nossa história, e sua forma continua a se adaptar a circunstâncias mutáveis. Entretanto, há poucas e modestas evidências de que ela esteja decaindo, em declínio. O casamento permanece bem popular, com mais de nove em dez estadunidenses mergulhando nele de cabeça. A proporção de mulheres que permanecem solteiras por toda sua vida, com efeito, é menor hoje do que era no começo do século XX. Quase metade dos casamentos nos Estados Unidos é de pessoas que já se casaram antes. Isso indica tanto o aumento no número de divórcios quanto a crença resistente na institui-

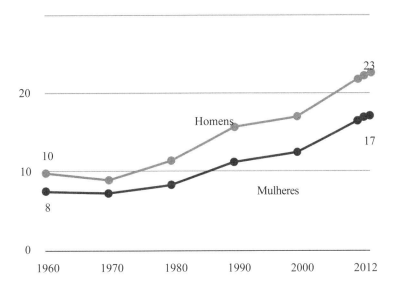

Figura 6.1 Porcentagem de homens e mulheres acima de 25 anos de idade que nunca se casaram, entre 1960 e 2012.

Fonte: "Record Share of Americans Have Never Married" ("Compartilhamento de registro de norte-americanos que nunca se casaram"). Centro de Pesquisa Pew. Washington, DC, set./2014. Disponível em http://www.pewsocialtrends.org/2014/09/24/record-share-of-americans-have-never-married/

ção do matrimônio. Mais homens do que nunca estão se identificando como pais, e há mais pais solteiros criando seus filhos do que jamais antes também. E praticamente todo mundo quer se casar – incluindo homens *gays* e lésbicas, cujas campanhas pelo direito ao casamento atualmente consta na agenda política (e, ironicamente, recebem a oposição das próprias pessoas que "defendem" o casamento)[2].

Se a família nuclear não está exatamente em crise, então por que tanto barulho acerca do assunto? Parte do debate sobre os valores familiares reside no que podemos chamar de "nostalgia descabida" – uma noção romantizada de que a forma da família nos anos de 1950 (a era em que muitos debatedores estavam na adolescência) é um paradigma eterno a ser emulado por todos os tipos de família. Nos anos de 1960, o antropólogo Raymond Birdwhistell rotulou esse paradigma de "modelo sentimental", quando descreveu o modo como pessoas da área rural do Kentucky falavam sobre ou "se lembravam" de suas famílias. Como ele apontou, essas tinham pouca semelhança com o grupo familiar no qual tais pessoas realmente viviam. Geralmente, nossas descrições da família concordam mais com esse modelo mítico do que com nossas experiências reais. Quando se tornam políticas públicas, essa visão desfocada e não histórica é muitas vezes acompanhada de um distúrbio de audição que busca bloquear todos os sons desagradáveis da modernidade – o coro cacofônico dos diferentes grupos de pessoas em uma democracia, o zumbido do local de trabalho para o qual tanto mulheres quanto homens são atraídos, o ruído da televisão, do *rock* e do *rap*, os gemidos da revolução sexual.

Boa parte do debate sobre valores familiares é querela descabida contra o feminismo, que muitas vezes termina sendo erroneamente culpabilizado ou erroneamente creditado pela maior transformação da sociedade norte-americana no século XX – a entrada das mulheres no mercado de trabalho. Esse processo antecede bastante o feminismo moderno, embora o ataque contra a **mística feminina** lançado pelo movimento das mulheres nos anos de 1960 tenha dado às mulheres trabalhadoras um gancho político no qual era possível pendurar suas aspirações e desejos.

Por fim, muito do debate sobre a crise da família baseia-se em uma leitura equivocada da história. Ainda que pensemos nela como uma esfera "privada", um descanso caloroso do mundo frio e competitivo da vida econômica e política, o núcleo familiar nunca foi um mundo à parte. A família moderna foi construída sobre ampla fundação de suportes econômicos e políticos; ela hoje é sustentada por uma infraestrutura que inclui recursos públicos para estradas, escolas e compra de imóveis, bem como pelas disposições legais do casamento e do divórcio. O local de trabalho e a família estão profundamente interconectados; a **renda familiar** organiza a vida da família tanto quanto da economia, exprimindo uma visão idealizada acerca do que deve ser o núcleo familiar. Esse elemento público da esfera privada está geralmente invisível nos debates sobre família, em parte porque também está muito entranhado em nosso desenvolvimento histórico. A "crise" atual data do início do século XX, mas as origens do dilema presente residem em um passado muito mais remoto de nossa nação.

Uma breve história da família norte-americana

Desde o início, as famílias nos Estados Unidos foram as beneficiárias de mudanças dramáticas da moralidade familiar que varreram a Europa e as colônias em meados do século XVIII. Embora a autoridade paterna ainda fosse o núcleo da "família bem ordenada", uma nova moral de "individualismo afetivo" levou a um ideal de relações mais calorosas e mais íntimas entre maridos e esposas, e entre pais e filhos. Em um "surto de sentimento", homens e mulheres eram encorajados a se casar com base no afeto mútuo; o casamento passou a ser considerado como "união de indivíduos" e não como "união de duas linhagens".

Os maridos se tornaram menos brutais com suas mulheres – houve um declínio no número de homens batendo em suas esposas e insistindo em seus "direitos" conjugais. Os pais também passaram a ser menos árduos com seus filhos, havendo queda nos índices de punição corporal[3].

As mulheres nos Estados Unidos tinham maior liberdade do que suas contrapartes europeias. Sem dotes para vinculá-las economicamente a suas famílias, e com direito de ter propriedades em seu próprio nome após o casamento, as mulheres norte-americanas tinham mais facilidade para casar e recasar. Assim, no século XVIII e no começo do século XIX, a família nos Estados Unidos se parecia menos com uma monarquia em miniatura e mais com uma "pequena república", na qual maridos, esposas e filhos "trabalhavam juntos como participantes de um empreendimento comum". Havia menos diferenciação entre as esferas "dele" e "dela": tanto homens quanto mulheres trabalhavam em casa e a sua volta, com elas produzindo muitas das coisas necessárias para a família e eles trabalhando no ritmo da família, não no da indústria. Assim como homens e mulheres estavam ambos envolvidos no mundo do trabalho, pais e mães estavam ambos envolvidos na criação dos filhos; o historiador John Demos escreve a respeito de "uma paternidade ativa, abrangente, entrelaçada no próprio tecido da vida doméstica e produtiva". Com efeito, no alvorecer do século XIX, os manuais para criar os filhos eram escritos para os pais, não para as mães, e as crianças eram largamente cuidadas pelo pai de mesmo sexo, em um padrão sexualmente segregado informal, mas comum[4].

Nas primeiras décadas do século XIX, porém, esse mundo foi transformado. Por volta da metade do século, a distância entre o trabalho e o lar cresceu dramaticamente, tanto na realidade quanto na ideologia, criando uma separação entre as esferas. A vida familiar "foi arrancada para longe do mundo do trabalho" com o local do emprego e a casa sendo nitidamente demarcados como *dele* e *dela*. Em 1849, Alfred Lord Tennyson exprimiu essa separação das esferas em um poema, "The Princess" ("A Princesa"):

> Homem no campo e mulher na lareira:
> Homem usa espada enquanto ela tece:
> Homem, cabeça e mulher, coração:
> Homem manda, mulher obedece;
> Todo resto é confusão[5].

Os homens vivenciam essa separação de dois modos. Primeiro, o trabalho assalariado se desloca da casa e da fazenda para o moinho, a fábrica, a loja e o escritório. Eles agora marcham em uma cadência diferente, conforme o ritmo do dia se transforma no incessante palpitar da indústria. Segundo, a parte dos homens no trabalho doméstico gradualmente foi se industrializando e se evaporando, à medida que tarefas como coleta de combustível, manuseio de couro e processamento de grãos passaram a ser executadas pelo mundo externo. Isso "liberou" ainda mais os homens para sair de suas casas e deixar a criação tanto dos filhos quanto das filhas nas mãos de suas esposas.

Se os homens foram libertados, a posição das mulheres foi exaltada na literatura popular à medida que era potencialmente emprisionada na realidade. Em livros populares, dos púlpitos da nação até a arte erudita, o trabalho feminino foi reconcebido, deixando de ser um "trabalho" de todo para se tornar uma missão dada por Deus. Embora parte do trabalho doméstico tenha sido eliminada, como fiação e tecelagem, muito da esfera de tarefas femininas permaneceu intacto; elas ainda cozinhavam a comida e assavam o pão, enquanto seus maridos não mais cultivavam e moíam o grão ou talhavam a carne que elas cozinhavam. A limpeza da casa e a criação dos filhos passavam cada vez mais a serem consideradas **trabalho das mulheres**.

Embora fossem simétricas e complementares, as esferas de homens e mulheres não eram iguais. Como Catharine Beecher e Harriet Beecher Stowe escreveram em seu célebre livro *The American Woman's Home* (*O lar da mulher norte-americana*, 1869):

> Quando a família é instituída pelo casamento, é o homem que é a cabeça e magistrado-chefe pela força de seu poder físico e por exigência da principal responsabilidade; ele não está em menor conformidade com a lei cristã, pela qual, quando surgem as diferenças, o marido tem o controle da decisão e à mulher cabe obedecer[6].

Muitos historiadores afirmam que essa nova ideologia representou efetivamente um declínio histórico no *status* das mulheres. A historiadora Gerda Lerner, por exemplo, aponta que há menos mulheres lojistas ou comerciantes nos anos de 1830 do que houvera na década de 1780. "A mulher foi", diz ela, "excluída da nova democracia". O regime democrático indica mobilidade – geográfica, social, econômica –, e as mulheres foram "aprisionadas" em casa pela nova ideologia da domesticidade feminina. Não é mesmo de se admirar que a esfera da mulher precisava do apoio ideológico da rapsódia poética e dos sermões religiosos para mantê-la no lugar. Mas a "liberação" dos homens em relação ao lar também foi parcialmente ilusória, pois eles também foram exilados de casa. Já nas décadas de 1820 e 1830, críticos reclamavam do fato de o homem passar muito pouco tempo em casa. "A negligência paternal atualmente é uma das fontes mais abundantes de tristeza doméstica", escreve o Rev. John S.C. Abbott na *Parents Maganize* (*Revista dos pais*) em 1842. O pai, "ansioso em sua busca pelos negócios, labuta dia e noite, e não encontra tempo para cumprir... as tarefas com seus filhos". Theodore Dwight tentou persuadir os homens a retomar suas responsabilidades em casa em *The Father's Book* (*O livro dos pais*, 1834), um dos primeiros guias de orientação da nação para os homens[7].

A família havia então se tornado o "refúgio num mundo sem coração", que o grande escritor francês

Alexis de Tocqueville observara quando visitou os Estados Unidos no começo da década de 1830. "Extirpada de suas funções produtivas, a família então se especializou na criação dos filhos e no consolo emocional, provendo um santuário que era bastante necessário em um mundo organizado em torno dos princípios impessoais do mercado"[8].

Por certo, essa ideologia e a realidade da separação das esferas em meados do século XIX, nos Estados Unidos, diziam, em termos gerais, respeito à classe média branca, mas também eram impostos sobre os outros como a norma, como o modelo familiar "norte-americano". Mulheres da classe trabalhadora e mulheres de outras etnias continuavam a trabalhar fora de casa, enquanto os homens partilhavam mais facilmente o trabalho doméstico e o cuidado dos filhos, por conta da necessidade econômica, quando não por causa de compromisso ideológico. Escolhidas "primariamente como trabalhadoras e não como membros de grupos familiares, [o conjunto minoritário das] mulheres laborava para manter, sustentar, estabilizar e reproduzir suas famílias, trabalhando ao mesmo tempo na esfera pública (produtiva) e na privada (reprodutiva)"[9].

Tendo sido relegada às mulheres, a importância da família também declinou, sua integração à comunidade se enfraqueceu. Como se para compensar essa mudança, a importância simbólica da instituição familiar aumentou. Eventos que eram casualmente organizados passaram a ser feitos rotineiramente, como eventos familiares; celebrações comunitárias se tornaram festas domésticas. "A família", como um lugar sentimental de aspiração romântica foi uma invenção do século XIX, construída à medida que os grupos familiares tentavam sustentar o que estavam, na verdade, perdendo. O historiador John Gillis escreve:

> Quando os homens trabalhavam em casa, a hora das refeições raramente era privada ou mesmo muito regular. Os feriados revolviam em torno de festivais comunitários e de pratos feitos pelas visitas, não ao redor de comidas caseiras e celebrações familiares privadas. As horas de lazer no jantar, a reunião da família no domingo e do núcleo familiar em feriados como o Natal foram invenções feitas durante o século XIX[10].

A rápida industrialização da economia norte-americana nas décadas que se seguiram à guerra civil do país apenas reforçou tendências anteriores. Por volta de 1890, somente cerca de 2% das mulheres casadas estavam empregadas fora de casa. E provavelmente um número tão pequeno de homens estava trabalhando dentro dela. À medida que a maternidade passou a ser considerada como um "chamado" exclusivo das mulheres, a importância da paternidade decaiu. "O marido e pai suburbano é quase que somente uma instituição do domingo", afirmou um dos escritores da revista *Harper's Bazaar* em 1900. Artigos com títulos como "É hora de os pais voltarem para a família" apareceram com alguma regularidade nas revistas populares. "O pobre pai foi abandonado no frio", notou a reformista progressista Jane Addams em 1911. "Ele não tem muito reconhecimento. Seria algo bom se ele tivesse um dia que significasse seu reconhecimento" (essa ideia nobre teve de esperar mais 61 anos para ser implementada)[11].

Os comentadores na virada para o século XX se inquietaram com a crise da família. Os índices de divórcio passaram a crescer continuamente desde que os soldados haviam retornado da guerra civil – de sete mil em 1860 para 56 mil em 1900 e cem mil em 1914. Em 1916, um em cada quatro casamentos em São Francisco terminava em divórcio; em Los Angeles, o número era um em cinco, sendo um em sete na cidade mais tradicional e católica de Chicago. Uma pesquisa em 1914 com mulheres universitárias nas faculdades Barnard, Brun Mawr, Cornell, Mount Holyoke, Radcliffe, Smith, Vassar, Wellesley e Wells demonstrou que menos de 40% haviam se casado. Das formadas em Harvard durante os anos de 1870, entre as idades de quarenta e cinquenta anos, quase um terço ainda estava solteira. "Em cinquenta anos, não haverá nenhuma forma de casamento", previu o estimado psicólogo de Harvard John Watson no alvorecer do novo século[12].

A crise da família era tão urgente que o Presidente Theodore Roosevelt convocou a primeira Conferência da Casa Branca sobre as Crianças em 1909. Roosevelt acreditava que os homens precisavam ser encorajados a se tornar pais mais ativos e que as mulheres brancas nativas careciam de estímulo para ter mais filhos, para que o povo branco não cometesse o que ele chamou de **suicídio racial**. O presidente também acreditava que a pobreza, sobretudo a de mães viúvas, era o principal problema da vida das crianças e que era obrigação do governo ajudar. Roosevelt defendeu a concessão de dinheiro para mães solteiras que haviam sido certificadas como capazes de prover cuidados decentes para seus filhos, para que tivessem ao menos um pouco mais de dinheiro em seus bolsos[13].

A separação das esferas forneceu a fundação para que a família entrasse em uma crise praticamente contínua ao longo do século XX. O esforço das mulheres para deixar o lar – e entrar na universidade, na força de trabalho, juntar-se aos sindicatos, frequentar as escolas profissionalizantes – foi contraposta por uma resistência significativa. O interesse dos homens em voltar para casa atenuou e diminuiu durante a década de 1940. A Segunda Grande Guerra afetou essa dinâmica, dado que as mulheres então entraram na força de trabalho de modo numericamente dramático. Porém, o *boom* econômico pós-guerra, que foi abastecido por gastos massivos do governo na construção de estradas e escolas, bem como a lei para beneficiar os soldados, que tornou a casa suburbana para um único núcleo familiar uma realidade acessível para um número crescente de famílias norte-americanas, também estabilizaram esse estranho modelo familiar: a família nuclear de June e Ward Cleaver com seus filhos Wally e Beaver[14] [a].

Essa infusão massiva de gastos públicos para sustentar o ideal de família nuclear – o marido provedor, a mãe dona de casa e seus filhos – foi acompanhada de um crescimento dramático nos índices de casamento e por um nítido declínio na idade do primeiro casamento. Enquanto hoje o número de matrimônios e a idade dos cônjuges se alinham com a média do resto do século XX, o período entre 1945-1960 se destaca como uma era muito diferente, quando "homens e mulheres jovens... reagindo contra as durezas e separações da depressão e da guerra... casavam-se extraordinariamente cedo". Em 1867, havia 9,6 casamentos por mil pessoas nos Estados Unidos; um século depois, esse número era 9,7. Em 1946, em contraste, o número atingiu o recorde de todos os tempos, 14,2. Assim, o modelo da vida familiar formado nos anos de 1950 – caracterizado por altos índices de casamento, alta fertilidade e taxas estáveis ou baixas de divórcio, que muitos continuam a considerar ideal – "era o produto de uma convergência de uma série notável de circunstâncias históricas, demográficas e econômicas improváveis de ocorrer de novo", para usar as palavras de dois historiadores proeminentes da família[15].

Tão logo essa nova forma de família emergiu, ela foi declarada como natural – ou seja, tanto biologicamente inevitável quanto moralmente apropriada. O esforço para reforçar esse modelo se tornou um zumbido constante nos ouvidos da nação. "O empenho para reforçar as normas tradicionais parece quase frenético", escreve o historiador William Chafe, "como se, na realidade, algo muito diferente estivesse ocorrendo". Na universidade, a escola estruturalista-funcionalista de ciências sociais lhe deu legitimidade, ao declarar que a família nuclear suburbana, com a separação distinta das esferas, servia às necessidades tanto das crianças quanto da sociedade. O sistema familiar requeria tanto componentes expressivos (femininos) quanto instrumentais (masculinos) para funcionar adequadamente,

---

[a] Personagens de uma série televisiva norte-americana muito conhecida nos anos de 1950 e de 1960, *Leave it to Beaver*, retratando a vida da típica família suburbana nos Estados Unidos [N.T.].

escreveu o sociólogo Talcott Parsons, e isso só poderia ser realizado em uma família na qual a mãe dona de casa conservava o lar para seu marido provedor, que trabalhava fora dali. Eis como outro sociólogo descreveu esse paraíso doméstico em 1955:

> O pai ajuda a mãe com as louças. Ele põe a mesa e faz o leite do bebê. A mãe pode suplementar as receitas da família trabalhando fora. Porém, o homem norte-americano, por definição, *tem de* "prover" para sua família. Ele é *responsável* pelo sustento de sua esposa e de seus filhos. Sua área primária de realização é o papel ocupacional, no qual seu *status* é fundamentalmente definido; e sua função *primária* na família é suprir uma "receita", "ganhar o pão". Há algo de simplesmente errado com o homem adulto norte-americano que não consegue arranjar um "emprego".
>
> As mulheres norte-americanas, por outro lado, tendem a se manter em um emprego *antes* de se casar e a deixá-lo quando "chega o grande dia"; ou a continuar em trabalhos de *status* inferior do que seus maridos. E não só a mãe é o foco do apoio emocional para a criança da classe média nos Estados Unidos, mas, de modo mais exclusivo do que na maioria das sociedades... o culto da "mamãe" calorosa e generosa se ergue em contraste com o do homem "capaz", "competente", "conquistador". O tipo mais comum de homem, na realidade, é visto como "efeminado" e tem gordura demais na parte interior da coxa[16].

Uma geração de homens de classe média tentou cumprir as exigências dessa amena conformidade ao papel de provedores suburbanos: lá estava o clone corporativo de inúmeras piadas, o "homem de terno cinza de flanela", que dirigia seu carro de último modelo até a estação de trem do bairro para pegar o mesmo trem todas as manhãs – com todos os outros homens da vizinhança. E uma geração de mulheres cozinhou e limpou, tirou o pó e esfregou o chão, lavou e passou o ferro, labutando para satisfazer padrões cada vez mais exigentes de limpeza.

Para muitos pais e filhos desse período de explosão demográfica, esse tipo de família funcionou muito bem. A vida suburbana era mais segura e mais simples do que a vida nas grandes cidades, das quais muitas famílias dos anos de 1950 fugiram. Tal vida familiar deu aos homens do pós-guerra uma âncora segura em um mundo corporativo cada vez mais inseguro. O fronte doméstico centrava-se na lição de casa dos filhos e em uma pletora de passatempos e ocupações do tempo de lazer – caminhadas e acampamentos, concertos e teatro, barcos a vela e fotografia. A classe média norte-americana passou a ter férias em família, a se reunir na sala de estar e a comprar pacotes de comida industrializada tamanho família – quando não estava praticando culinária *gourmet* francesa. Os familiares caminhavam juntos até a biblioteca ou sala de cinema local. Alguns maridos veneravam suas esposas e companheiras, juntos eles construíram vidas, cuja estabilidade, conforto, dedicação aos filhos e companheirismo – o divórcio era o último recurso – alcançou um nível jamais sonhado por seus próprios pais.

O verniz da felicidade doméstica escondia apenas parcialmente uma inquietação crescente da parte tanto de maridos quanto de esposas (para não mencionar seus filhos, a quem os anos de 1960 forneceriam muitos escapes criativos [e não tão criativos] para seu descontentamento. Muitas mulheres e homens se sentiam frustrados e infelizes com essa forma de família supostamente "natural". Alguns pais se sentiam alienados de suas famílias, especialmente de seus filhos. Embora assistissem a séries familiares e programas com pais devotados na televisão, um grande número dos homens da classe média nos Estados Unidos era de pais melhores na teoria do que na prática; eles falavam sobre passar mais tempo com seus filhos, mas falavam mais do que realmente faziam. Ser dona de casa e mãe em tempo integral era "algo novo e historicamente sem precedentes", e as esposas laboraram sob a tirania insensível de camisas sem mancha e de chãos impecáveis", engolindo seu crescente ressentimento enquanto o mundo passava ao seu lado. Em

1957, o panorama da cultura norte-americana, *America as a Civilization* (Os Estados Unidos como uma civilização), do historiador Max Lerner, discutiu a "provação" da mulher moderna, afirmando que "a esposa infeliz se tornou um tipo cultural característico"[17].

Tal infelicidade também abastecia uma fúria cada vez mais politizada. Em 1963, o chamado feminista às armas – o livro *The Feminine Mystique* (A mística feminina), de Betty Friedan – reverberou como um alarme através daqueles gramados e campos quadrangulares habilmente bem cuidados do subúrbio. Chamando o lar suburbano de "um campo de concentração confortável", Friedan declarou que a vida real estava longe da preocupação com mãos ressecadas por produtos de limpeza e com assaduras provocadas pelas fraldas nos bebês. *Beatniks*, *playboys*, delinquentes juvenis eram três alternativas para o provedor suburbano. E a era da música popular expôs as ironias desse "homem bem respeitado" com suas esposas que engoliam grandes quantidades da "ajudinha da mamãe"[b][18].

Com efeito, tão logo foi completamente estabelecida e reconhecida, a família "tradicional" começou a rachar sob o enorme peso posto sobre ela. O núcleo familiar devia supostamente constituir a única fonte de conforto e prazer em um mundo cada vez mais frio e burocrático; a união marital era a único e mais importante elo sustentador de intimidade e de amizade que uma pessoa poderia ter. Os apoios mais "tradicionais" dos laços fornecidos pelas redes comunitárias, pela participação cívica e pelo parentesco estendido haviam se acabado – agora esperava-se que a família satisfizesse todas as carências psicológicas e emocionais.

Praticamente, era muita coisa para aguentar. A família "tradicional" foi um anacronismo desde o momento de seu nascimento. Nos anos de 1960, menos da metade (43%) das famílias nos Estados Unidos se conformava a esse modelo convencional com um único provedor. Um quarto (23%) tinha dois provedores. Ainda assim, nove entre dez crianças (88%) brancas abaixo de dezoito anos viviam com os dois pais, 9% viviam com apenas um pai e 3% com nenhum deles. Dentre as famílias negras, dois terços (67%) viviam com ambos os pais e um quinto contava apenas com sua mãe em seus lares.

A família dos anos de 1970 e do começo dos anos de 1980 foi, na verdade, mais forte e mais resiliente por causa da crescente diversidade de suas formas. No início da década de 1970, Theodore Caplow e um time de sociólogos voltou para Middletown (em Muncie, Indiana) cinquenta anos depois de um estudo historicamente impactante sobre pequenas cidades norte-americanas, conduzido por Robert e Helen Lynd. Os novos pesquisadores descobriram que a família estava em melhor forma do que estivera nos anos de 1920. Boa parte do crédito foi dado às condições econômicas e sociais – maiores salários, mais tempo livre, melhores habitações. Os pais passavam mais tempo com seus filhos do que meio século antes. Papéis mais flexíveis de gênero, mais oportunidades para as mulheres e mais conhecimento sobre controle de natalidade e sexualidade haviam notadamente aprimorado o relacionamento dos maridos com suas esposas[19].

Porém, a partir do início dos anos de 1980, a família passou efetivamente a estar com problemas,

---

É MESMO?

A família tradicional idealizada dos anos de 1950 – pais provedores e mães donas de casa com ao menos dois filhos em idade escolar na residência – ainda é considerada a norma nos Estados Unidos. Atualmente, menos de uma em cada dez famílias se assemelha a esse modelo. A sua é assim?

---

[b] *Mothers Little Helper* é uma música dos Rollings Stones lançada em 1966, que trata do consumo cada vez maior de calmantes farmacêuticos entre as esposas e donas de casa [N.T.].

parcialmente por conta do dramático corte da assistência pública. Salários menores e em depressão, especialmente para os homens, diminuição no tempo de lazer, cortes no financiamento dos programas públicos de habitação, maiores exigências para que os dois responsáveis trabalhassem e o retorno de restrições anteriores a práticas de controle de natalidade e ao aborto levaram todas a quedas dramáticas na qualidade de vida da família. Muitos dos problemas associados ao núcleo familiar são, com efeito, problemas ligados à recessão econômica. Em 1970, 15% de todas as crianças com menos de dezoito anos viviam em famílias definidas como "pobres"; hoje, esse número é de 21,2%[20].

Para as famílias de classe média, a erosão do tempo livre e as demandas crescentes do trabalho aumentaram a pressão sobre relacionamentos familiares já enfraquecidos. O "pai das cinco horas" típico da família dos anos de 1950 se tornou "espécie em extinção". Mais de 10% dos homens com filhos de menos de seis anos de idade trabalham mais de sessenta horas por semana, e 25% trabalham entre cinquenta e sessenta horas (menos de 8% das mulheres com filhos nessa idade trabalham por tantas horas). Sempre resistentes e atentas à erosão progressiva da fundação familiar, as famílias norte-americanas responderam com uma legião de mudanças e modificações – e também com uma legião de profetas e especialistas promovendo falsas soluções[21].

Desde os anos de 1960, a idade média do primeiro casamento se arrasta constantemente para cima, aumentando cerca de cinco ou seis anos tanto para as mulheres (26,9) quanto para os homens (28,8). O número de filhos também declinou consistentemente, à medida que os casais postergaram a gravidez de modo que tanto as mulheres quanto os homens pudessem fazer universidade e se estabilizar na força de trabalho. Hoje, 62% das crianças nos Estados Unidos vivem em famílias nucleares com os dois pais biológicos. 5% vivem em famílias com madrastas ou padrastos

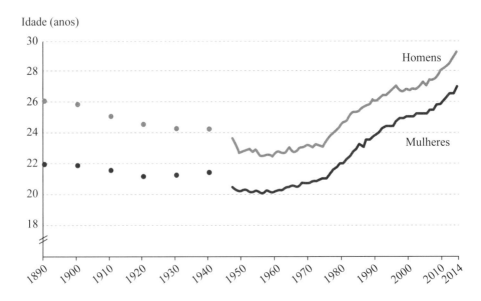

Figura 6.2 Idade média no primeiro casamento, de 1890 até o presente. Em 1950, a idade média no primeiro matrimônio para os homens era de 22,8 e, para as mulheres, 20,3. Em 2013, esses números eram 29,0 para os homens e 26,6 para as mulheres.

Fonte: U.S. Census Bureau [Gabinete do Censo dos Estados Unidos], Decennial Censuses, 1890 to 1940 (Censos Decenais, 1890 a 1940) e Current Population Survey, Annual Social and Economic Supplements, 1947 to 2014 (Pesquisa da População Atual, Suplementos Sociais e Econômicos). Disponível em http://www.census.gov/hhes/families/data/marital.html, tabela MS-2

e mais de 25% vivem em um lar com apenas um dos genitores. O número de pais solteiros aumenta cerca de 6% ao ano[22].

Tabela 6.1 Tipos de lar familiar, 2012

Vivendo só	27,5%
Casais com filhos	19,6%
Casais sem filhos	29,1%
Outros tipos de lar[1]	17,8%

[1] Famílias cujo arrimo estava vivendo com filhos ou outros parentes, mas não tinha cônjuge presente.

Fonte: America's Families and Living Arrangements 2012 (Famílias norte-americanas e condições de vida 2012. Washington, DC: U.S. Census Bureau [Gabinete do Censo dos Estados Unidos], 2012).

Famílias com pais ou mães solteiras vivendo com seus filhos constituíam apenas 13% de todos os lares familiares nos anos de 1970. Em 2011, por contraste, passaram a representar mais de um quarto (27,1). Atualmente, os pais estão à frente de 3,5% de todos os lares com filhos e apenas um genitor. As porcentagens dos Estados Unidos são as maiores dentre as nações industrializadas (cf. tabela 6.1). Enquanto o número de pessoas acima de trinta anos que não havia se casado era de 11% entre mulheres e 19% entre homens em 1970, hoje 65,6% deles e 55,6% delas entre 20 e 34 anos nunca se casaram, sendo que 23,3% deles e 18% delas entre 35 e 44 anos também continua sem nunca ter se casado. O número de pessoas entre 25 e 44 anos sem jamais ter se casado em 1950 era de 9% entre mulheres negras e de 10% entre as mulheres brancas; em 1979, esse número cresceu para 23% no primeiro grupo e se manteve em 10% para o segundo. A prática de coabitar, de morar junto é cada vez mais comum e não é só um fenômeno restrito aos universitários e aos jovens (com efeito, a maioria daqueles que moram junto com o parceiro nunca foi à universidade e representa os setores menos educados da sociedade; a coabitação está substituindo o casamento de jovens entre as classes trabalhadores e mais pobres). Cerca de 39% dos lares de casais morando junto incluem filhos[23].

Ao mesmo tempo, as taxas de divórcio dispararam. Havia apenas dois divórcios a cada mil mulheres casadas acima de quinze anos em 1860 e cerca de quatro em 1900; há mais de 22 hoje. Quase metade de todos os casamentos iniciados na década de 1980 e 1990 acaba em divórcio. Essas são as maiores taxas no mundo industrializado. A maioria dos divórcios ocorre depois de poucos anos de casamento.

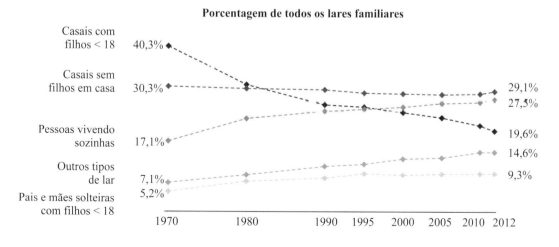

Figura 6.3 Changing Families, Changing Households, America's Families and Living Arrangements in 2012 (Famílias em transformação, lares em transformação, famílias norte-americanas e as condições de vida).
Fonte: U.S. Census Bureau (Gabinete do Censo dos Estados Unidos). Pesquisa da atual população.

Como resultado, talvez seja justo dizer que a família é menos o "refúgio em um mundo sem coração" e de sentimentalismo nostálgico e mais o "absorvedor dos choques" oriundos de pressões contraditórias do mundo ao redor dela[24].

Um artigo na revista *Newsweek* declarava que "a família norte-americana não existe". Em vez disso, o artigo sugeria que "estamos criando muitas famílias nos Estados Unidos, com estilos e formas diversas... Temos pais trabalhando enquanto mães cuidam da casa; pais e mães trabalhando fora do lar; pais solteiros; o segundo casamento... casais sem filhos; parceiros que não se casaram com e sem filhos; pais *gays* e lésbicas". Tal diversidade familiar é bem ilustrada por uma figura política contemporânea proeminente: um rapaz branco, de classe média, do sul dos Estados Unidos, nascido em uma família com um único responsável, criado somente pela mãe. Ele se divorciou de sua primeira esposa, nunca pagou pensão ou auxílio infantil, não tem contato com seus filhos e teve um caso. Além disso, sua irmã é uma lésbica que está começando sua própria família. Quem seria esse modelo de diversidade? Newt Gingrich, ex-presidente da Câmara dos Deputados, que concorreu à presidência em 2012 proclamando "os valores da família"[25].

Assim como a família se transformou, também nossos ideais sobre ela mudaram. O sociólogo da família Scott Coltrane escreve que o "apoio para as esferas separadas e a dominação automática dos homens enfraqueceram dramaticamente nas últimas décadas, embora uma minoria substancial de norte-americanos ainda se apega à assim chamada visão tradicional". Considere-se um ou dois exemplos: em meados dos anos de 1970, um senhor sendo entrevistado pela socióloga Lillian Rubin disse que "se um homem com esposa e filhos precisa de trabalho, nenhuma mulher deveria poder tirar esse emprego dele". Poucos homens hoje exprimem esse senso de posse a esses trabalhos, de modo a considerá-los sua "propriedade".

Em 1977, dois terços de norte-americanos concordavam com a afirmação de que "é melhor para todo mundo envolvido se o homem é quem conquista as coisas fora de casa e a mulher é quem cuida do lar e da família". Vinte anos depois, menos de duas pessoas entre cinco (38%) aceitavam essa frase e menos de 30% de todas as pessoas nascidas entre 1946 e 1964 concordavam com isso. Em 1977, mais da metade aprovava a afirmação de que "é mais importante para a esposa ajudar a carreira de seu marido do que ter ela própria sua carreira". Por volta de 1985, 36% concordavam e, em 1991, 29%. Hoje essa porcentagem está próxima de 25%[26].

Esses sentimentos ecoaram ao redor do mundo. Em uma pesquisa do Instituto Gallup Internacional, menos da metade dos questionados concorda que o modelo com homem provedor "tradicional" e dona de casa mulher é desejável: 48% nos Estados Unidos, 49% no Chile, 46% na França e 46% no Japão. A maioria concordou com isso em um único país, a Hungria (66%); por outro lado, em muitos países, menos de um terço da população endossava essa estrutura familiar, incluindo Espanha (27%), Índia (28%), Alemanha (28%) e Taiwan (26%).

A **família tradicional**, um ideal normativo desde que foi inventada, nunca foi uma realidade para todos os grupos familiares norte-americanos. E é menos ainda hoje. Ela representa a última fortaleza das relações tradicionais de gênero – de diferenças de gênero criadas pela desigualdade entre eles – que estão sendo questionadas em todas as arenas observáveis da vida. Famílias são instituições marcadas pelo gênero; elas reproduzem as diferenças e as desigualdades de gênero tanto entre adultos quanto entre crianças. Essa instituição familiar cria os filhos como atores de gênero e lembra aos pais que performem comportamentos de gênero apropriados. Não é de se admirar, portanto, que cada aspecto singular da vida familiar – casamento, criação dos filhos, trabalho doméstico, divórcio – exprima essas diferenças e desigualdades.

O casamento marcado por gênero

Considere-se, por um momento, como pensamos a respeito do casamento. Uma mulher elabora algum hábil esquema para "emboscar" um homem. Quando ela é bem-sucedida, seus amigos todos celebram as núpcias vindouras com uma jubilosa expectativa em um chá de cozinha. As mulheres celebram seus casamentos – finalmente seu homem "aterrissou". O futuro delas está assegurado. Por contraste, a vinda do matrimônio deixa os homens "de luto". Eles foram emboscados e o futuro que se estende diante deles agora está carregado de responsabilidades, como grilhões amarrados na "velha bola de ferro"[c], a pessoa sorridente que vigia sua prisão pessoal. A despedida de solteiro, tradicionalmente realizada na noite anterior ao casamento, transpira uma qualidade elegíaca e lamentosa sob seu exterior estridente, à medida que o noivo sai com seus amigos homens para sua "última noite de liberdade", uma noite que geralmente consiste em fumar charutos, em bebedeiras colossais, assistir filmes pornôs e/ou contratar dançarinas de *strip-tease* ou prostitutas.

Caso se acredite nessa definição cultural de casamento – algo que ela quer e que ele é coagido ou enganado a fazer –, a conclusão seria pensar que o matrimônio beneficiaria as mulheres e seria o domínio "dela". Porém, de acordo com muitas pesquisas em ciência social, tal conclusão estaria errada. No começo dos anos de 1970, a socióloga Jessie Bernard identificou dois tipos distintos de casamento, o "dele" e o "dela". Ela afirmou, além disso, que "o dele é melhor que o dela".

O casamento beneficia os *homens*. Todas as avaliações psicológicas sobre índices de felicidade e depressão sugerem que homens casados são bem mais felizes do que homens não casados, ao passo que mulheres não casadas são de certa forma mais felizes do que mulheres casadas (a maior diferença é entre os homens casados e não casados). Há uma maior proporção de homens do que de mulheres que eventualmente se casa; os maridos relatam estar mais satisfeitos com seus casamentos do que suas esposas; eles vivem mais tempo e gozam de melhores condições de saúde do que homens não casados, bem como de uma situação mais saudável do que as mulheres (casadas ou não); e menos homens do que mulheres tentam sair de um matrimônio iniciando o divórcio. Depois de se divorciar, os homens se casam novamente muito mais rápido do que elas, e as viúvas morrem mais cedo do que os viúvos depois da morte do cônjuge. Homens casados ganham melhores salários do que homens solteiros, que têm menores chances de se empregarem, tendem a ter receitas diminuídas em comparação com os casados e são mais inclinados para o crime e o uso de drogas[27].

Tudo isso sugere que o casamento é um acordo melhor para o homem do que para a mulher. E como poderia ser diferente? Dada a divisão tradicional do trabalho na família (ela trabalha, ele não) e a divisão não tradicional do trabalho fora da família (ele trabalha e ela provavelmente também), o marido com emprego fora de casa recebe os serviços emocionais, sociais e sexuais de que precisa para se sentir confortável no mundo. Sua esposa, que (provavelmente) também tem emprego, continua trabalhando em casa para prover todos os confortos que fazem a vida agradável – e recebendo apenas um pouco disso em retorno. Como a escritora do *New York Times* Natalie Angier resumiu essa pesquisa, "o casamento é muito bom para a galinha na maior parte do tempo, mas é ouro para o galo praticamente o tempo inteiro"[28].

Por certo, o matrimônio também beneficia as mulheres e é, portanto, positivo tanto para eles quanto para elas. De acordo com a socióloga Linda Waite,

---

[c] *Old Ball and Chain* (A velha bola de ferro e seus grilhões) é uma expressão idiomática que pode significar *esposa* ou o parceiro matrimonial em geral [N.T.].

pessoas casadas fazem sexo mais frequentemente do que pessoas solteiras e aproveitam-no mais. Quem está casado tem expectativas de vida mais longas, menos problemas de saúde e menores níveis de comportamento arriscado, suicídio, depressão e outros problemas psicológicos. Além disso, pessoas casadas também economizam mais dinheiro.

Alguns desses benefícios se explicam por outros fatores, que têm pouca, se alguma, coisa a ver com a condição de casado. Como exemplo, os salários maiores de homens casados parecem derivar da política desigual do trabalho doméstico (a esposa, ao fazer o serviço de casa, libera o marido para trabalhar mais horas), e o fato de os casais poderem economizar mais dinheiro tem menos a ver com estar casado do que com a entrada das mulheres na força de trabalho. Por incidir mais rapidamente sobre o homem, os benefícios do casamento sugerem que ele aumenta – e não diminui – a desigualdade de gênero. As mulheres e os homens são desiguais ao entrar em seu matrimônio, que apenas exacerba essa desigualdade ao beneficiar mais os últimos do que as primeiras[29].

LEIA TUDO A RESPEITO!

Os papéis de gênero na família estão mudando rapidamente. Faz diferença qual parceiro ganha mais? Como navegamos ao colocar de ponta-cabeça os estereótipos tradicionais? Nas comunicações "At Home Fathers and Breadwinning Mothers..." ("Pais em casa e mães provedoras"), os professores Caryn Medved e William Rawlings investigam o que ocorre nas famílias quando os homens ficam em casa e as mulheres saem para trabalhar como provedoras da família. Os autores identificam muitos tipos diferentes de reação, mas a maior descoberta é a de que a resposta do casal tem mais a ver com sua relação já existente. Ou seja, não é essa reversão dos novos papéis que muda as coisas, pois ela é apenas mais uma expressão do modo como o casal lida junto com todos os tipos de experiência.

Em anos recentes, alguns dos índices subjetivos de felicidade conjugal declinaram tanto para as mulheres quanto para os homens. A nítida reversão nas expectativas econômicas dos homens jovens – salários em queda para os homens brancos desde a era Reagan – combinou-se com a tensão crescente nas negociações sobre responsabilidades da família, com a mudança de atitudes em relação ao cuidado dos filhos e às tarefas do lar, com a ausência de apoio governamental para uma fundação estrutural de assistência médica, de atenção às crianças e de políticas de apoio à família. Tudo isso levou a pressões maiores sobre o casamento. A família consegue continuar a absorver o choque, à medida que essas forças golpeiam essa instituição ao mesmo tempo tão resistente e frágil?

Outra causa do declínio na felicidade conjugal é, surpreendentemente, os filhos. Eles tendem a travar as alegrias maritais. Casais que permanecem sem filhos relatam níveis maiores de satisfação conjugal do que casais com filhos. Eles têm uma educação melhor, geralmente vivem nas cidades, com as esposas mais comprometidas com suas carreiras. Também possuem mais economias e investimentos, obviamente, e estão mais aptos a comprar uma casa valiosa com seus cinquenta anos. A felicidade conjugal naufraga com a chegada do primeiro bebê, afunda ainda mais quando o primeiro filho atinge a idade escolar e continua a cair quando ele chega à adolescência. Os maridos começam a se sentir melhor a respeito de seu casamento quando as crianças atingem dezoito anos, mas isso não ocorre com as esposas antes de seus filhos saírem de casa, de acordo com Mary Bebin, socióloga na Universidade Estadual do Arizona[30]. Porém, ter e criar filhos são dois dos principais propósitos de uma família, sua *raison d'être*. Se um dos grandes intuitos da família é manter a desigualdade e a diferença de gênero entre pai e mãe, então outra de seus objetivos primordiais é garantir que tais identidades de gênero sejam transmitidas para a próxima geração. É na família que se plantam as sementes da diferença de gênero, e nela compreendemos primeiramente que ser homem, mulher, menino ou menina tem sentidos diferentes, e desiguais.

> **É MESMO?**
>
> Ter um bebê é a melhor forma de garantir um casamento feliz.
>
> Na verdade, a felicidade conjugal diminui, às vezes dramaticamente, depois da transição para a paternidade.
>
> Mas essa queda não é verdadeira para todo mundo. Casais que escorregam e caem na paternidade, que discordam entre si ou são ambivalentes acerca do assunto vivenciam uma queda realmente acentuada na felicidade conjugal.
>
> Os casais que dão ambos boas-vindas ao bebê geralmente têm sua felicidade conjugal aumentada. Quanto mais iguais são os pais – tanto ao planejar quanto ao acolher a criança – maior a probabilidade de que o bebê seja realmente um "dom de felicidade".
>
> Fonte: Stephanie Coontz. "Till Children Do Us Part" ("Até que os filhos nos separem"). In: *New York Times*, 05/02/2009.

A política de gênero nas tarefas domésticas e no cuidado dos filhos

Estamos vivendo um processo histórico e fundamental de transformação da vida familiar. Talvez o maior e mais singular choque que a família teve de absorver foi a entrada das mulheres no mercado de trabalho. Essa é, possivelmente, a mudança social mais profunda e dramática na recente sociedade norte-americana, com ondas que então reverberam para transformar todas as outras instituições sociais. Que as mulheres agora trabalhem fora de casa é algo óbvio, que deriva da necessidade econômica e da ambição, uma situação que alterará dramaticamente a vida da família moderna. Alguns gostariam de voltar o relógio na direção do modelo de família bem incomum e de vida curta que emergiu nos anos de 1950, reafirmando-o como a norma. É improvável que essa visão seja acolhida pela maioria dos homens, para não dizer das mulheres, que atualmente trabalham fora de casa porque desejam e porque precisam trabalhar – e também porque é bom para elas, bom para seus maridos e bom para seus filhos.

Mães trabalhadoras relatam maiores níveis de autoestima e são menos deprimidas do que donas de casa de tempo integral. Porém, as primeiras também apresentam menores índices de satisfação marital do que seus maridos, que são mais felizes com elas do que com esposas que não trabalham. Por que seria assim? Em parte, porque a carga de trabalho das mulheres cresceu bastante em casa, ao passo que os homens se beneficiam por ter quase a mesma quantidade de trabalho feito para eles em casa e por ter seu padrão de vida reforçado por receitas adicionais[31].

Assim, as mulheres hoje estão trabalhando mais, porém, aproveitando menos da vida familiar. Em todos os países industriais, consistentemente, elas relatam maiores níveis de *stress* do que os homens[32]. Talvez uma das razões para que elas estejam tão cansadas e infelizes é o fato de permanecerem responsáveis pelo que a socióloga Arlie Hochschild chamou de **segundo turno**, as tarefas domésticas e de cuidado dos filhos que toda família deve fazer para funcionar apropriadamente. O movimento das mulheres, que saem de casa para ir ao local de trabalho, não foi acompanhado por um movimento comparável dos homens de volta para o lar. A transformação da vida nos Estados Unidos, prometida pela entrada das mulheres na força de trabalho, é uma "revolução paralisada", uma revolução que depende, agora, da mudança das atitudes e comportamentos dos homens.

Em 1970, uma jovem escritora feminista descreveu o que ela via como "a política do trabalho doméstico". No espírito do *slogan* feminista, "o pessoal é político", Pat Mainardi mostrou a separação das esferas, que define a família tradicional e faz das tarefas do lar um "trabalho de mulher", como um reflexo da dominação masculina, não como expressão de alguma predisposição biológica feminina para lavar roupas ou louças. As mulheres faziam o trabalho doméstico e cuidavam dos filhos porque elas *tinham de* fazê-lo, ela dizia, não porque *queriam* ou por causa de algum plano-diretor da genética. E os homens não faziam as tarefas de casa porque conseguiam se livrar dela[33].

Poucas pessoas realmente *gostam* de fazer as tarefas domésticas. "O trabalho de uma mulher nunca está feito e feliz é aquela cuja força resiste até o fim dos raios [de sol]", escreveu Martha Moore Ballard em seu diário, em 1795. Quase um século depois, Mary Hallock Foote escreveu: "Fico diariamente largada em mil pedaços, atropelada por todos os lados, devorada e espera-se de mim que eu esteja inteira novamente no dia seguinte, e em todos os dias nunca estou *sozinha* nem mesmo um único minuto". Em 1881, Helen Campbell escreveu que limpar a casa na primavera era "um terror para todo mundo, e acima tudo para os cavalheiros, que lamentam do início ao fim". Talvez Emily Dickinson o tenha dito da melhor forma (usando a voz passiva). "'A casa' está sendo 'limpa', ela diz, "eu prefiro a pestilência" (Por certo, ela não era a pessoa que limpava, tratava-se de Bridget e suas outras empregadas, que simplesmente perturbavam a paz da escritora)[34].

Dezenas de estudos avaliaram os modelos cambiantes de tarefas do lar, de cuidado dos filhos, bem como as diferentes quantidades de investimento na vida familiar. Quem faz o quê? Como as pessoas decidem? Os homens fazem mais agora do que costumavam fazer? Eles podem ser encorajados/solicitados/induzidos/forçados a fazer mais? Uma estatística a respeito do envolvimento familiar é reveladora de um padrão abrangente. A maioria dos estudos, como veremos, sugere que pouco mudou na participação dos homens na vida familiar. Em um aspecto, porém, houve uma mudança dramática e completa. Trinta anos atrás, praticamente nenhum pai estava presente no aniversário de seus filhos; hoje, mais de 90% estão presentes durante o parto. Se os homens *querem* mudar seu envolvimento na família, há evidência de que eles são capazes de fazê-lo de modo bem rápido e relativamente fácil[35].

O modo como mães e pais passam seu tempo também mudou dramaticamente no último meio século. Eles estão fazendo mais tarefas domésticas e cuidando mais dos filhos; elas estão mais envolvidas com trabalhos assalariados fora de casa. Nenhum deles ultrapassou o outro em seu domínio "tradicional", mas seus papéis estão convergindo. Por sua parte, os pais agora passam mais tempo envolvidos com trabalhos da casa e com assistência aos filhos do que o faziam há meio século. O tempo gasto pelos pais fazendo serviços domésticos mais do que dobrou desde 1965, indo de uma média de quatro horas por semana para cerca de dez horas em 2011. O tempo gasto pelas mães nas mesmas atividades também abaixou significativamente durante o mesmo período, passando de 32 horas por semana em 1965 para dezoito em 2011. Eles estão longe de alcançá-las em termos de tempo gasto cuidando dos filhos e fazendo as tarefas de casa, mas houve certa convergência no modo como dividem seu tempo entre o trabalho e o lar[36].

E o que os homens fazem é bastante diferente do que as mulheres fazem. É como se nossas casas fossem divididas em "zonas" delimitadas – "dele" e "dela" – e os maridos e esposas tivessem sua própria esfera de responsabilidade. A dele é o lado de fora – quintal, entrada – ou o lado de fora movido para dentro de casa, como porão, garagem, recipientes de lixo e o subsolo; o domínio "dela" é sempre do lado de dentro – cozinha, lavanderia, quartos e banheiro (se ela vai para fora, geralmente é por causa de algum elemento "de dentro" – para pendurar as roupas ou cuidar da horta). Esses dois domínios demandam tipos diferentes de atividade. Em um estudo, mulheres e homens foram solicitados a listar todas as várias tarefas que faziam em casa. O número total de itens em cada lista era mais ou menos equivalente. Mas quando tais itens foram examinados, percebeu-se que eles listavam tarefas como "lavar o carro" e "cortar a grama", ao passo que elas listavam "preparar as refeições" e "arrumar as camas". Como Arlie Hochschild explica:

Mesmo quando os casais dividem mais igualmente o trabalho em casa, elas fazem dois terços dos serviços diários, como cozinhar e limpar, trabalhos que as fixam em uma rotina rígida. A maioria das mulheres faz o jantar e a maioria dos homens troca o óleo do carro da família. Mas, como apontou uma mãe, o jantar precisa estar pronto às seis horas todas as noites, ao passo que o óleo do carro só precisa ser trocado a cada seis meses, a qualquer dia por volta desse período e a qualquer hora desse dia[37].

Além disso, os homens tendem a ver sua participação nas tarefas de casa *em relação* ao trabalho doméstico de suas esposas; elas, por sua vez, veem seus serviços como algo necessário para a conservação da família. É por isso que os homens usam termos como "apoiar" ou "ajudar" para descrever o tempo que gastam nas tarefas do lar – como se esse trabalho fosse de suas esposas. "Quando os homens lavam a louça é uma ajuda", observou ironicamente Anna Quindlen, colunista do *New York Times*, "quando as mulheres lavam a louça é simplesmente a vida"[38]. E talvez os primeiros nem tenham ajudado tanto assim. De acordo com o Center for Talent Innovation (Centro para Inovação do Talento), 40% das profissionais casadas sentem que, em casa, seus maridos *dão* mais trabalho do que efetivamente ajudam[39].

É verdade que a partilha dos homens nas tarefas domésticas aumentou; "maridos de mulheres trabalhadoras passam mais tempo na família do que no passado". Em 1924, 10% das mulheres da classe trabalhadora diziam que seus maridos não gastavam "tempo nenhum" fazendo os trabalhos domésticos; hoje, esse número é de menos de 2%. Entre meados dos anos de 1960 e meados da década de 1970, o tempo dos homens nas tarefas do lar aumentou de 104 para 130 minutos por dia, ao passo que o das mulheres diminuiu de 7,4 para 6,8 horas diárias. Em outra pesquisa com 4.500 casais entre 25 e 44 anos de idade, e com os dois envolvidos em suas carreiras profissionais, 15% dos homens admitiram que realizam menos de uma ora de trabalho doméstico por semana. A quantidade média desse tipo de tarefa para eles foi de cerca de cinco horas por semana; para as mulheres, era de aproximadamente vinte horas. O relato dos homens diz que eles faziam 10% do trabalho doméstico em 1970 e 20% em 1990 – algo que, dependendo de como se vê, representa um dobro da porcentagem em apenas vinte anos ou ainda apenas um quinto da quantidade que precisa ser feita[40].

Os homens relatam que atualmente fazem entre um quinto e um quarto de todo labor doméstico. Contudo, há boas evidências de que perguntar a uma pessoa quanto trabalho em casa ela faz leva a grandes imprecisões, pois ela geralmente responde a quantidade de tarefas que deveria fazer, não a quantidade que realmente faz. Tanto as mulheres quanto os homens exageram ao responder o volume de trabalho que fazem – o exagero desses fica por volta de 150%, mais do que o dobro do exagero delas (68%). Um ponto interessante é que maridos privilegiados, com atitudes igualitárias de gênero, tendem a exagerar mais que maridos tradicionais, que provavelmente acreditam fazer mais trabalho doméstico do que deveriam. Em comparação com mães trabalhadoras mais privilegiadas, as "supermães" das classes menos favorecidas têm mais tendência a exagerar no relato de seu trabalho doméstico, pois tal inflação das horas poderia justificar sua permanência em casa. A inflação das respostas dos homens foi tão significativa que os pesquisadores chegaram a duvidar "que os maridos aumentaram seu suprimento de labor doméstico para o lar nos últimos 25 anos"[41].

Outras metodologias de pesquisa produziram resultados que me deixam confiante em alguma forma de aumento da participação dos homens no trabalho doméstico durante o último quarto de século, embora provavelmente não tenha sido na quantidade que os próprios homens afirmam. Quando se pede aos casais que mantenham registros precisos de quanto tempo passam fazendo as tarefas de casa, os homens ainda registram números significativamente menores do que suas esposas. Índices recentes da pesquisa norte-americana de famílias e domicílios da Universidade de Wisconsin mostram que os maridos fizeram cerca de quatorze horas de trabalhos em casa por semana (em contraste às 31 horas de suas esposas). Em casais mais tradicionais, com ela permanecendo em casa e o marido sendo o único provedor, as horas dela saltam para 38 e as dele caem um pouco, para doze. Isso é razoável, pois tais casais definiram as tarefas domésticas como "domínio" da esposa. Mas quando ambos trabalham em tempo integral fora de casa, ela realiza 28 horas de trabalho e ele, dezesseis (um número quatro vezes maior do que os homens japoneses fazem, mas que representa apenas dois terços do que os homens suecos fazem). A participação crescente dos homens não tem sido um aumento progressivo contínuo; pelo contrário, ela diminuiu entre 1965 e 1985 e depois disso se nivelou[42].

Na verdade, a maior descoberta desses estudos recentes não é que os homens estão fazendo mais tarefas domésticas, mas sim que menos tarefas domésticas estão sendo feitas – seja por quem for. Em 1965, as mulheres trabalhavam quarenta horas por semana na casa; agora trabalham 27 horas. O total de tempo que homens e mulheres passam fazendo os serviços domésticos diminuiu de 52 para 43 horas por semana. E o casamento tende a exacerbar as diferenças entre mulheres e homens. Ocorre que esses reduzem sua cota de trabalhos em casa quando formam um casal e aumentam-na quando se separam; elas, por sua vez, aumentam seu tempo gasto nas tarefas domésticas quando casadas e diminuem quando se separam[43].

No fim das contas, o trabalho doméstico flutua bastante em termos de horário, estação do ano e *status* marital, bem como entre diferentes grupos de homens. Nem todos estão fazendo mais trabalhos em casa; ou, melhor, alguns estão fazendo mais do que outros. A experiência dinâmica que os homens têm da vida familiar depende da idade, raça, classe e nível de formação. Homens mais jovens, por exemplo, estão fazendo muito mais em casa do que seus pais faziam – embora suas esposas ainda trabalhem muito mais do que eles. Uma sondagem com mulheres de menos de trinta anos no *Ladies Home Journal* (*Revista do Lar das Senhoras*), em maio de 1977, observou que 76% afirmavam fazer a maior parte do trabalho de lavar as roupas; 73%, a maior parte do trabalho de cozinhar; 70%, a maior parte da limpeza da casa; 67%, a maior parte da compra de mantimentos; e 56%, a maior parte do pagamento das contas. No Canadá, os números eram similares: 77% das mulheres preparam as refeições nos dias comuns, em contraste com 29% dos homens; 54% delas fazem a limpeza depois das refeições, em contraste com 15% deles[44].

Se a partilha dos homens no trabalho doméstico cresceu modestamente, a mudança foi maior em algumas famílias mais jovens com pai e mãe trabalhando fora. Tanto em termos ideológicos quanto práticos, há uma convergência de gênero crescente, sobretudo na frente dessa nova onda. De acordo com o Centro de Pesquisa Pew, 62% dos adultos casados disseram que "compartilhar os serviços domésticos" era o terceiro ingrediente mais importante (depois de fidelidade e sexo) de um casamento bem-sucedido em 2007 – frente a 47% em um estudo comparável em 1990. Assim, parece que mais homens estão fazendo o que dizem fazer. De acordo com o U.S. Bureau of Labor Statistics (Agência Norte-americana de Estatísticas de Trabalho), homens e mulheres em 2010 que estavam casados, não tinham filhos e trabalhavam em tempo integral (definido por essa agência como mais do que 35 horas por semana), possuíam totais diários somados de trabalho assalariado e não assalariado que eram quase exatamente iguais: oito horas e onze minutos para os homens, oito horas e três minutos para as mulheres. No caso dos casais com filhos de menos de dezoito anos, as mulheres empregadas em tempo integral faziam somente vinte minutos a mais de trabalho somado (assalariado e não assalariado) que os homens, a menor diferença jamais registrada, como observou a escritora da revista *Time*, Ruth Konigsberg[45].

Ironicamente, como resultado, os trabalhadores homens estão sentindo mais pressão, conforme percebem seu local de trabalho ficar menos flexível. Em uma pesquisa feita pelo Boston College's Center for Work and Family (Centro Universitário de Boston para o Trabalho e a Família), quase três quintos dos pais concordaram com a afirmação "nos últimos três meses, não fui capaz de fazer todas as coisas diárias em casa por causa de meu emprego". Brad Harrington, diretor-executivo desse centro de pesquisa, pontua que os homens podem estar se sentindo particularmente espremidos, pois nunca esperaram ter tantas responsabilidades domésticas. "É uma surpresa para eles. Eles não estavam preparados para que isso fosse esperado da parte deles e não têm modelos exemplares de como fazê-lo", diz o pesquisador. Ademais, um relatório de 2011 do Families and Work Institute (Instituto das Famílias e do Trabalho) concluiu que jornadas prolongadas e uma demanda crescente do trabalho estão entrando em conflito com regras de paternidade mais exigentes. "Os homens estão sentindo enorme pressão para serem provedores e pais comprometidos", diz Ellen Galinsky, a diretora do instituto. "As mulheres esperam mais dos homens e eles esperam mais de si mesmos"[46].

Mais trabalho, mais tarefas domésticas, menos flexibilidade no emprego. Parece bastante penoso. Então talvez seja uma surpresa saber que, quanto mais serviços em casa e cuidado dos filhos fazem os pais, mais felizes eles são! Em um estudo de 2010 na Grã-Bretanha, pais que dividem tais responsabilidades relatam os maiores níveis de satisfação conjugal e de satisfação com a própria vida, bem como os menores índices de *stress*. Talvez a igualdade – dividir os fardos e as alegrias – simplesmente faça as pessoas se sentirem melhores com suas vidas[47].

Embora tenhamos a tendência de pensar que dividir o trabalho doméstico é o produto de compromissos ideológicos – de famílias brancas, de classe média, progressistas, liberais, bem-educadas e com atitudes mais igualitárias –, os dados sugerem um quadro mais complexo, que tem menos a ver com preocupações ideológicas. Em cada uma das subcategorias (preparação das refeições, lavar a louça, limpar a casa, fazer as compras, lavar as roupas, trabalhos na parte exterior da casa, conserto e manutenção do automóvel e pagamento das contas), por exemplo, os homens negros fazem mais do que os brancos. Em mais de um quarto de todas as famílias negras, eles fazem mais de 40% das tarefas domésticas, em outras palavras, a "divisão" masculina do trabalho em casa chega perto de uma partilha igualitária. Em famílias brancas, apenas 16% dos homens fazem essa quantidade de tarefas. E pais empregados em trabalhos braçais – funcionários municipais e serventes, policiais, bombeiros e ajudantes gerais – têm uma probabilidade duas vezes maior (42%) de cuidar de seus filhos enquanto suas esposas trabalham do que pais com empregos profissionais, gerenciais ou técnicos (20%). Um estudo de 2009 descobriu que os homens trabalhando na área técnica de assistência médica emergencial, com baixos salários e menos formação educacional, fazem mais tarefas domésticas e de cuidado dos filhos do que os médicos com altos salários e formação avançada. Os doutores se felicitam por serem "bons pais", já que estão presentes nos eventos especiais da escola e nos jogos de futebol. Os trabalhadores da área técnica emergencial não se vangloriam de nenhuma forma: seus horários flexíveis lhes permitem cumprir todas as tarefas rotineiras da paternidade, como cozinhar, limpar e cuidar das crianças quando elas estão doentes[48]. Essa diferença deriva menos de compromissos ideológicos do que de um "horário flexível informal", um arranjo de turnos entre os cônjuges, que é negociado por cerca de um quarto de todos os trabalhadores nos Estados Unidos e por um terço de todos os trabalhadores com filhos de menos de cinco anos[49].

A presença de crianças aumenta a lacuna entre os gêneros. Em comparação com os pais, as mães gastam muito mais tempo com os filhos, especialmente quando eles são pequenos, fase durante a qual as famílias mostram "níveis muito baixos de envolvimento paternal".

As mães passam 50% de tempo a mais com as crianças do jardim de infância à quarta série do que os pais. A parte dos homens na divisão do cuidado dos filhos cresce conforme a criança fica mais velha, o que, por um lado, exige um envolvimento diferente, mas, por outro, oferece mais "diversão" ao pai. Ora, quando pesquisadores interrogaram quanto tempo cada um dos responsáveis fica *sozinho* com seus filhos, os pais tiveram a média de 5,5 horas por semana, enquanto as mães chegaram próximo de 20 horas (19,5) semanalmente – uma diferença de 350%. Quando têm filhos, os homens tendem a ficar mais tempo no trabalho, em parte por terem de ganhar mais dinheiro para sustentá-los e em parte porque ou querem ou simplesmente podem fazer assim. Suas esposas, por certo, passam menos tempo no emprego, o que termina aumentando a lacuna entre os gêneros tanto no lar quanto no trabalho. "A diferença de gênero está presente mesmo sem filhos", observa a socióloga Beth Ann Shelton, "mas ela é exacerbada com a chegada das crianças ao lar"[50].

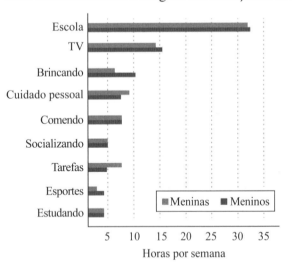

Figura 6.4 Tempo médio gasto em atividades por crianças entre 6-17 anos nos Estados Unidos, 2002-2003.
Fonte: *ISR Research Update*, 4, jan./2007. Instituto de Pesquisa Social da Universidade de Michigan.

As crianças assimilam as expectativas de gênero que seus pais lhes ensinam. Um estudo de 1991 descobriu que filhas de mulheres que trabalham em tempo integral fazem mais de dez horas de trabalho doméstico por semana; os filhos fazem menos de três horas. Um estudo recente observou que um dos melhores indicadores da participação do homem no cuidado dos filhos é saber se o pai desse homem realizava ou não os trabalhos de casa, se tomava ou não conta das crianças. Um consultor, que comandava oficinas chamadas Papais Agradecidos, observou a existência de flutuações sazonais na participação masculina em torno da casa. Embora os eruditos especulassem as possíveis explicações para isso, ele tinha uma resposta mais parcimoniosa: é que os campeonatos de futebol haviam terminado[51].

Há evidências consistentes de mudança na participação dos homens no cuidado dos filhos, mais do que em relação às tarefas domésticas. O maior empuxo na direção da crescente presença masculina em casa vem dos pais, não dos maridos. Aparentemente, os homens mantêm a ideia contraditória de querer proteger e afastar suas esposas das coisas desagradáveis da vida, muito embora eles se recusem firmemente a realizar uma tarefa tão degradante quanto lavar uma privada. De acordo com a especialista em demografia Martha Farnsworthe Riche, "a maior lição dos últimos 15 a 20 anos é a de que os homens não ligam se a casa está limpa e arrumada, de modo geral". Ou, como observou uma esposa, "eu faço minha metade, faço metade da metade [do meu marido] e o resto não é feito"[52].

Contudo, quando se trata da paternidade, os homens evidentemente estão querendo fazer mais. Uma enquete da revista *Newsweek* descobriu que, para 55% dos pais, a paternidade era mais importante para eles do que fora para seus próprios pais. E 70% afirmaram que passavam mais tempo com seus filhos do que seus pais haviam passado com eles. Uma pesquisa de 1995 patrocinada pelo Families and Work Institute (Instituto das Famílias e do Trabalho) registrou que 21% dos 460 homens entrevistados afirmavam preferir ficar em casa cuidando de suas famílias caso tivessem dinheiro suficiente para viver confortavelmente (na verdade, essa porcentagem é bem pequena, considerando que, para esses homens, o volume de dinheiro necessário para tal vida confortável era de mais de 200 mil dólares)[53].

Ainda assim, os índices de participação dos homens no cuidado das crianças estão atrás do registrado em outros países industrializados. Na Austrália, Canadá e Holanda, os índices de participação masculina são o dobro daqueles registrados nos Estados Unidos, ao passo que, na Inglaterra, esse número é cerca de 40% maior[54].

Na Suécia, por exemplo, há tantos homens que ou ficam em casa para tomar conta de seus filhos ou dividem seu tempo com cônjuges e esposas que há um nome especial para eles: os "papais de cafeteria"[d]. E os dados da Dinamarca sugerem que os arranjos para cuidar os filhos são raramente causa de tensão conjugal; trata-se de um trabalho de casa. Um estudo perguntou a três mil casais dinamarqueses, ambos com suas carreiras profissionais, quão frequentemente eles brigavam acerca das mais variadas coisas[55]. Eis o que eles descobriram:

Com que frequência vocês brigam por...	Semanal	Mensal	Semestral	Raramente
Tarefas de casa	9	31	22	39
Cuidado dos filhos	2	10	13	74
Ideias sobre como criar os filhos	7	19	17	58

Os casais dinamarqueses parecem se dar muito bem!

Segundo relatos consistentes dos homens, *se pudessem*, eles *bem que gostariam* de passar mais tempo com seus filhos e família. "Nenhum homem, em seu leito de morte, jamais se arrependeu de passar tempo demais com sua família", foi como o Senador Paul Tsongas disse ao deixar o Senado. Muitos homens afirmam que querem fazer mais, só que as exigências do trabalho ficam impedindo o seu caminho. Outros temem ser vistos por seus colegas e chefes como profissionais menos comprometidos com suas carreiras e receiam ser colocados na "faixa dos papais", onde não há nenhuma progressão. Outros ainda se chocam continuamente contra ideias inflexíveis do que significa ser homem. "A pessoa que eu mais prejudiquei ao ficar distante quando [meus filhos] estavam crescendo fui eu", observou tristemente um homem. "Eu deixei meu impulso de afetuosidade secar".

Para alguns homens (e mulheres), esses desejos estão transbordando em ações. Um estudo financiado pela Corporação Dupont mostrou que 47% das mulheres gerentes e 41% dos homens gerentes disseram a seus supervisores que não estariam disponíveis para realocação; 32% das mulheres e 19% dos homens disseram a seus chefes que não ficariam em um emprego que exigisse muitas viagens; além disso, 7% das mulheres e 11% dos homens já haviam recusado uma promoção que lhes havia sido oferecida. Querer passar mais tempo com a família é um velho e desgastado lamento masculino; mas sacrificar efetivamente ambições profissionais para fazer isso é desenvolvimento recente, um modo bastante visível de não só dizer, mas fazer o que se diz[56].

Os homens dizem muitas vezes que querem ser pais engajados e passar mais tempo livre com seus filhos. Mas raramente eles estão dispostos a fazer muitos sacrifícios para fazê-lo. As recompensas, porém, quando

---

[d] *Latte papas*, nome concedido por conta do hábito que os pais suecos têm de passarem tempo com seus filhos bebês em cafeterias [N.T.].

eles o fazem, podem acabar sendo grandes. Os homens que fazem mais tarefas de casa são também melhores pais. E aqueles que têm relacionamentos mais íntimos com seus filhos relatam ter maior felicidade conjugal e serem mais saudáveis. Eles sentem menos *stress* (você consegue acreditar!) e menos pressão para ser bem-sucedido, poderoso e competitivo. Eles também vivem mais, o que levou a revista financeira britânica *The Economist*, normalmente séria, a brincar: "Troque umas fraldas, por Deus, e acrescente alguns anos a sua vida". "Quando assumem plena responsabilidade por tomar conta dos filhos", pontua a socióloga Barbara Risman, "os homens desenvolvem relações íntimas e afetivas com seus filhos". Ser afetuoso com as crianças é bom para a saúde masculina. E, por certo, envolvimento crescente dos homens na família também beneficia as mulheres, pois as libera das obrigações do segundo turno. Ademais, isso aumenta a igualdade de gênero: lembremos que os antropólogos notaram consistentemente que o *status* econômico e político das mulheres é maior nas culturas em que os homens fazem mais tarefas domésticas[57].

Como dito, porém, há muitas gratificações para que os homens tenham uma maior participação na família. Obviamente, quando eles fazem mais tarefas do-

---

É MESMO?

O nascimento do pai que fica em casa

Os canais da mídia transbordam inúmeras histórias acerca dos pais que ficam em casa. Parece que vez ou outra surge até mesmo uma onda de interesse a respeito do quanto mais de tarefas domésticas e de cuidado dos filhos os homens devem estar realmente fazendo. As histórias ora exaltam as virtudes ora questionam a masculinidade desses novos (geralmente) pioneiros urbanos. Haveria um "surto" de pais que ficam em casa?

Sim e não. Por um lado, especialmente a partir da recessão econômica de 2008 e 2009, quando muitos homens perderam seus empregos, houve um aumento de pais que ficam em casa. Eis um gráfico:

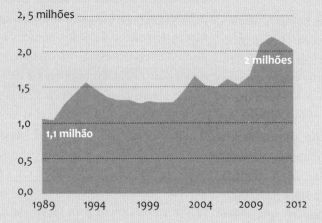

Número crescente de pais que ficam em casa. Número de pais vivendo com filho(s) com menos de dezoito anos e que não trabalham fora de casa.

Nota: tendo por base os pais com idade entre 18 e 69 anos e com filhos menores de dezoito anos na casa. Pais que vivem longe de seus filhos não estão incluídos. Os pais são categorizados com base na situação de emprego no ano anterior à pesquisa.

Fonte: "Growing Number of Dads Home with the Kids" ("Número crescente de pais em casa com os filhos"). Centro de Pesquisa Pew. Washington, DC (jun./2014). Disponível em http://www.pewsocialtrends.org/2014/06/05/growing-number-of-dads-home-withthe-kids/

Continua

Mas, ao mesmo tempo, esses gráficos podem ser enganadores – do mesmo modo que as "hordas" de mulheres estavam "optando por sair" de seus empregos há alguns anos. Em ambos os casos, o tempo deles em casa raramente é permanente; trata-se, em vez disso, de uma pausa temporária enquanto se procura empregos ou enquanto as crianças são muito pequenas. Ademais, mães que ficam em casa são muito mais comuns:

Mães que ficam em casa e pais que ficam em casa como percentuais de famílias com parceiros casados e filhos com menos de quinze anos, 1994-2013.

Nota: Pais/mães que ficam em casa são aqueles que estavam fora da força de trabalho no ano anterior com o propósito de "cuidar da casa e da família", enquanto seu/sua cônjuge estava na força de trabalho durante todo o ano anterior.

Fonte: Alex Williams. "Just Wait Until Your Mother Gets Home" ("Espera só até sua mãe chegar em casa"). In: *New York Times*, 12/08/2012, caderno Styles, p. 1.

mésticas e tomam mais conta dos filhos, suas esposas ficam mais felizes. Mas isso também tem um impacto significativo sobre as crianças. Em um estudo, garotas criadas em famílias onde o gênero não determinava as responsabilidades do trabalho de casa tinham mais probabilidade de se tornarem mais ambiciosas quando consideravam suas possibilidades profissionais. O autor que conduziu esse estudo declarou a um periódico que "as garotas crescem com objetivos de carreira mais amplos em lares onde os deveres domésticos são partilhados de modo mais equitativo entre os pais"[58].

Aumentar a participação masculina nas tarefas de casa e de cuidado dos filhos exigirá uma combinação de apoios dos níveis individual e coletivo. Individualmente, os homens precisam *querer* fazer mais. Além disso, eles também precisarão do apoio das esposas e dos amigos homens, companheiros de trabalho e colegas. Terão de saber *como* fazê-lo, e igualmente aprender o conjunto de habilidades que, tomados em conjunto e realizados regularmente, constituem uma postura afetuosa e acolhedora – cozinhando, limpando e lavando. "Se os pais não assumirem uma parte maior do trabalho em casa, as mulheres continuarão em desvantagem no trabalho fora de casa. As mães não podem vencer se os pais não mudarem também"[59].

> **É MESMO?**
>
> **Um casamento mais igual significa menos sexo?**
>
> Uma reportagem de capa da revista *New York Times* de fevereiro de 2014 concluiu, tristemente, que, quando os casais desviam de arranjos mais tradicionais – ou seja, quando os homens fazem "trabalho de mulher" e as mulheres fazem "trabalho de homem" –, ou mesmo quando o equilíbrio muda e ele faz mais ou ela faz menos, passa-se a registrar menos sexo. A escritora, uma psicoterapeuta, sugeriu que seria melhor retornarmos para Marte e Vênus – uma divisão de trabalho doméstico conscientemente marcada por gênero, tanto em termos de quem faz o quê quanto em termos de quanto tempo passamos fazendo-o – pelo bem de nossas vidas sexuais.
>
> Contudo, ocorre que a autora saltou para conclusões equivocadas com base em uma má leitura de dados bem vagos. O estudo que baseou tais afirmações, feito pelo sociólogo Sabino Kornrich e seus colegas, era baseado em informações dos anos de 1990 – mas os casais do estudo haviam se casado nos anos de 1950 e de 1960, época na qual a participação masculina nas tarefas do lar seria vista como algo muito transgressivo em relação aos arranjos tradicionais de gênero. E o cuidado dos filhos não estava incluído – era apenas o trabalho doméstico. Parceiros sexuais que moram juntos sem se casar também não estavam incluídos, embora suas relações tendam a ser bem mais igualitárias – e nesse tipo de relação geralmente se faz muito mais sexo do que nas relações matrimoniais (isso porque os parceiros tendem a ser mais jovens; pessoas que moram juntos de modo estável geralmente acabam se casando).
>
> Uma pesquisa mais consistente, feita com base em informações mais recentes e mais abrangentes, não observou nenhuma diferença significativa na frequência sexual entre casais mais tradicionais e mais igualitários. Porém, o mais importante foi terem notado que as mulheres em relações mais tradicionais relatam uma satisfação sexual muito menor.
>
> Em conclusão, a quantidade não diminui e a qualidade aumenta. Deve ser por isso que a maioria das colunas de dicas para os homens atualmente os aconselham a realizar "as preliminares domésticas"[e]. Como diz a revista *Men's Health* (*Saúde dos Homens*), as tarefas de casa as deixam excitadas". Bem, talvez não quando são elas que fazem...
>
> Fontes: Sabino Kornrich, Julie Brines e Katrina Leupp. "Egalitarianism, Housework, and Sexual Frequency in Marriage" ("Igualitarismo, tarefas domésticas e frequência sexual no casamento"). In: *American Sociological Review*, 78(1), 2013, p. 26-50. • Daniel L. Carlson, Amanda Miller, Sharon Sassler e Sarah Hanson. "The Gendered Division of Routine Housework and Couples' Sexual Relationships: A Reexamination" ("A divisão de gênero do trabalho doméstico rotineiro e a relação dos casais: um reexame"). Manuscrito. Georgia State University, 2014.

Casais em que ambos trabalham também precisarão de suportes estruturais de níveis amplos, como **políticas amigáveis à família no local do trabalho**, licenças parentais assalariadas e assistência médica adequada. Os Estados Unidos são um dos poucos países no mundo sem uma política nacional de **licença-maternidade** paga; alguns países nórdicos incluem uma **licença-paternidade** também. Quase todos os países da Europa Ocidental têm um subsídio para as crianças – um pagamento feito às famílias por cada filho que elas têm, não importa a receita ou se a mãe está ou não empregada. E as corporações norte-americanas não ocuparam o vácuo institucional criado por essa indiferença do governo para com as tribulações de pais trabalhadores. Apenas 8% dos trabalhadores nos Estados Unidos têm algum auxílio para o cuidado dos filhos fornecido por seus empregadores. Promulgar políticas corporativas e governamentais para promover a saúde e o bem-estar de famílias trabalhadores é algo difícil, certamente, mas deixar que cada membro da família se vire por si mesmo garante que pouco irá mudar. A "omissão em investir nas crianças pode levar à ineficiência econômica, à perda de produtividade, à escassez de habilidades necessárias,

---

[e] *Choreplay* é um neologismo recente do debate de gênero nos Estados Unidos, formado pelas palavras *chore* (tarefas, geralmente domésticas) e *play*, jogo, formando uma palavra com sonoridade próxima a *foreplay*, as preliminares sexuais. Trata-se, em resumo, da ideia de que, ao se verem liberadas das tarefas domésticas realizadas pelos maridos, as mulheres teriam uma maior inclinação para fazer sexo com eles [N.T.].

a altos custos de assistência médica, ao crescimento dos custos com o sistema carcerário e a uma nação que será menos segura, menos acolhedora e menos livre"[60].

Talvez a tendência mais interessante seja a separação gradual entre tarefa doméstica e cuidado dos filhos ao longo da última década. Enquanto, por um lado, pais e mães estão passando de quatro a seis horas *a mais* por semana com seus filhos, por outro, as mulheres tiveram uma diminuição dramática na quantidade de trabalho que fazem em casa, sendo que os homens não estão exatamente se mexendo para preencher esse vazio. "Ou a casa é limpa ou eu vejo meus filhos": é assim que uma médica em Milwaukee descreve a situação. Evidentemente, escolher entre fazer as tarefas do lar ou tomar conta dos filhos é mais fácil do que escolher entre a carreira e a família[61].

Por certo, há rugas. O aumento que os pais tiveram de "tempo com a família" pode, na verdade, pressionar as mães a voltar para papéis mais tradicionais. Em alguns lugares, o homem se tornou "o pai divertido", que leva as crianças ao parque sábado de manhã para jogar futebol enquanto a mãe lava as louças do café da manhã, arruma as camas, lava as roupas e prepara o almoço. "Que manhã divertida tivemos com papai", cantarão as crianças alegremente ao voltar para casa. "Ele é um pai tão envolvido!" (Bem, elas podem não dizer exatamente com essas palavras, mas dá para entender esse ponto.)

Que as mulheres continuem a realizar a parte mais pesada do segundo turno coloca uma enorme pressão no casamento. Equilibrar o trabalho e a família empurra a mulher trabalhadora para direções diferentes, e seja como ela se mover, estará fadada a se sentir culpada e frustrada. Até mesmo Karen Hughes, que era conselheira-sênior do Presidente George W. Bush, e arquiteta de suas políticas, decidiu voltar ao Texas e a sua família por não conseguir fazer tudo. Uma executiva de alto nível, que saiu recentemente de seu emprego, confessou que "tinha tantas coisas acontecendo comigo quanto qualquer outra mãe trabalhadora poderia ter. Eu estava trabalhando completamente a todo vapor. Tudo que conseguia fazer eram as crianças e meu emprego. Eu poderia ter continuado a fazer isso indefinidamente, mas eu teria me tornado a carcaça de mim mesma"[62].

Os "problemas fabricados" da vida familiar contemporânea

Obviamente, uma mulher ou um homem que se sente como "a carcaça de si mesmo" não consegue prover uma fundação muito forte para construir uma família, com um casamento vibrante e crianças saudáveis, nutridas tanto física quanto emocionalmente. Porém, cada vez mais, é assim que mães e pais se sentem, o que resulta no sofrimento da relação que eles têm uns com os outros e com seus filhos. Sem uma política articulada nacionalmente para auxiliar mulheres e homens trabalhadores a equilibrar as obrigações do trabalho e da família, continuaremos a colocar pressões enormes sobre esses dois tipos de ligação: entre maridos e esposas e entre pais e filhos. Com isso estará praticamente garantida a continuidade da "crise" na família. Também continuaremos a enfrentar uma série de "problemas fabricados" – problemas que derivam da tensão sentida por cada família quando ela negocia com as pressões crescentes para sustentar a carreira dos dois membros do casal e para dividir as tarefas domésticas e de cuidado dos filhos na ausência de ajuda externa.

Nos anos de 1950, o governo fez algo para suprir aquilo que outrora a comunidade e as redes do parentesco estendido faziam para sustentar a vida familiar. Ele criou então uma infraestrutura (escolas, hospitais, estradas e casas no subúrbio) que auxiliava e sustentava as famílias. Hoje, esperamos que essas realizem muito mais – esperamos, por exemplo, que sustentem os filhos geralmente até mesmo depois do colegial e da universidade e que satisfaçam praticamente todas as necessidades emocionais de um adulto – com muito menos. Desse abismo cada vez maior entre o que esperamos de nossas famílias e a ajuda que lhes oferecemos, surgem diversos "problemas fabricados". Esses problemas também são o resultado da desigualdade de gênero – tanto sua persistência quanto os esforços das mulheres para remediá-lo. Apenas quando desenvolvermos um esforço nacional contínuo – individual e politicamente – para reduzir a desigualdade de gênero tanto em casa quanto no trabalho é que esses problemas fabricados começarão a ficar mais fáceis.

O "problema" das creches

Tome-se, por exemplo, o "problema" das creches. Muitos norte-americanos relutam em colocar seus filhos na creche, o governo não tem fundo nacional para tais instituições e os trabalhadores contribuem com cerca de 1% do total gasto em assistência infantil. Não há praticamente nenhuma creche de qualidade disponível para bebês e crianças pequenas e os custos de assistências privadas são espantosos para pais em todos os níveis de renda. Entretanto, a conclusão mais comum de pesquisas sobre o impacto das creches no desenvolvimento das crianças é o de que não há nenhuma consequência negativa em termos psicológicos, intelectuais, evolutivos ou emocionais. Com efeito, há até algumas evidências de que boas creches têm efeitos positivos sobre a curiosidade da criança, sobre sua capacidade de partilhar, sua habilidade de fazer amizades e sua preparação para a escola. Ademais, um estudo dos institutos norte-americanos de saúde feito em 1996 descobriu que o apego das crianças com suas mães não é afetado pelo fato de se colocá-las ou não na creche, pela idade com a qual elas entram ou pela quantidade de horas que elas ficam lá[63].

Mas há realmente um "problema" com as creches: apesar de seus efeitos positivos, não há o suficiente delas, elas não são acessíveis e o governo e nossos empregadores não parecem se importar muito com nossas crianças. Mas não é esse o "problema" para o qual nos chamaram a atenção. Quase diariamente, sentimos que somos bombardeados com manchetes nos lembrando das consequências negativas das creches, incluindo abusos sexuais em centros de assistência infantil. A implicação dessas histórias terríveis é que, se essas crianças estivessem em casa com suas mães, onde elas "têm de ficar", essas coisas terríveis não teriam acontecido. O "problema" das creches acaba sendo um debate sobre se as mulheres devem ou não trabalhar fora de casa. "Quando uma babá lê uma história para você não é igual a quando sua mãe faz isso", escreve William R. Mattox, um escritor veterano do conservador Family Research Council (Conselho de Pesquisa sobre Família). "O valor de uma mãe não pode ser reduzido ao custo que uma substituta paga pode pedir. Sugerir esse tipo de coisa é como dizer que o valor de uma mulher fazendo amor com seu marido é igual ao do preço corrente das prostitutas na região"[64].

Perguntar se as mulheres deveriam trabalhar fora de casa é, obviamente, fazer a pergunta errada. Para começar, tal questão postula uma contradição de classe, pois nós encorajamos as mulheres pobres a deixar o lar e ir para trabalho, ao passo que desejamos que as mulheres de classe média deixem o trabalho e voltem para casa. Em 1996, uma reforma legislativa de proteção social se tornou um marco ao exigir que os beneficiários da assistência começassem a trabalhar dentro de dois anos a partir do momento em que recorriam ao auxílio. "É difícil afirmar que mães pobres deveriam achar empregos, mas que as de classe média devem ficar em casa", escreve o pesquisador da família Andrew Cherlin. E quando encontram empregos, mães da classe trabalhadora e da classe média não vão simplesmente parar de trabalhar[65].

Nem há qualquer razão pela qual deveriam parar, pois não há evidência nenhuma de que ter a mãe trabalhando fora de casa afeta negativamente as crianças. Com efeito, a maioria das evidências indica que há tanto benefícios diretos quanto indiretos para os filhos de mães trabalhadoras. São crianças que tendem a ter modelos exemplares mais abrangentes, atitudes mais igualitárias em relação aos papéis de gênero e atitudes mais positivas para com as mulheres e o emprego delas. Filhas de mulheres empregadas têm mais tendência a ser empregadas, e em trabalhos similares ao de sua mãe, do que filhas de mulheres não empregadas. Ademais, filhos adolescentes de mães trabalhadores assumem mais responsabilidade com a casa, o que aumenta sua autoestima[66].

Trabalhar fora de casa também aumenta a autoestima das mulheres e o senso de eficiência e bem-estar pessoal, por isso mães trabalhadoras tendem a ser mais felizes em seus casamentos – o que torna o divórcio menos provável. Um estudo descobriu que quanto mais felizes as esposas estão em seus trabalhos, mais felizes elas estão em seus casamentos. Em um estudo de quatro anos financiado pelo Instituto Norte-americano de Saúde Mental, Rosalind Barnet acompanhou trezentas famílias em que pai e mãe tinham suas carreiras, e descobriu que as mulheres não estavam nem deprimidas nem estressadas, mas, sim, que tinham bons casamentos e bons relacionamentos com seus filhos. Resultados similares foram registrados por outra pesquisa com mais de oitocentos casais em que ambos os parceiros têm sua profissão[67].

Uma comparação com outras nações industrializadas é instrutiva aqui. Os Estados Unidos são o único país desse grupo que não tem um sistema nacional de creches. Por toda a União Europeia, por exemplo, assistências infantis estão disponíveis, são acessíveis e práticas. Os pais ainda precisam equilibrar carreira e família, mesmo que hesitantemente – mas o fazem com muito mais apoio social do que os pais norte-americanos o fazem. Nem na Europa nem nos Estados Unidos as mulheres demonstram qualquer inclinação para deixar a força de trabalho; pelo contrário, elas parecem demandar que o mundo do trabalho acomode suas necessidades familiares – não o inverso.

Não apenas as mulheres *continuarão* a trabalhar fora de casa, mas elas *deveriam* continuar a fazê-lo, argumenta Joan Peters. "Se não o fizerem, não poderão preservar suas identidades ou criar seus filhos", que são capazes tanto de serem independentes quanto de serem voltados à família. Mas "as mulheres só conseguirão fazê-lo eficientemente se os homens assumirem metade da responsabilidade pelo cuidado dos filhos". Uma vez mais, a "solução" termina sendo social e política. Só um terço de todos os empregados em empresas médias e grandes dos Estados Unidos pode ter licenças maternas ou paternas – mesmo que não assalariadas. Tanto em nível nacional quanto no nível de cada família, a solução é ter mais igualdade de gênero – não que as mulheres trabalhem menos fora de casa, mas que os homens trabalhem mais dentro dela[68].

O "problema" dos "bebês tendo bebês"

O problema da creche está relacionado com o dos "bebês tendo bebês" – a fertilidade crescente das mulheres adolescentes. Embora o número da gravidez precoce tenha caído significativamente desde 1990, o número de garotas adolescentes que dão à luz todos os anos permanece notavelmente alto – com efeito, os Estados Unidos têm a maior taxa de nascimentos com mães adolescentes dentre todos os países industrializados – o dobro do segundo colocado, o Reino Unido (o que inclui toda a Irlanda em sua contagem).

A queda do número de casos não reprimiu o debate. Algumas das mesmas pessoas que reclamam das mulheres que *postergam* a gravidez para chafurdar em consumismo sexual desenfreado estão também entre os mais ruidosos críticos da gravidez adolescente. Trata-se de um problema com certa mentalidade "nem demais, nem de menos" – você deveria ter filhos quando não é nem jovem demais, nem velha demais, mas "bem na hora certa" em relação à idade? Com efeito, geralmente parece que o problema da maternidade na adolescência é uma máscara para o que realmente incomoda seus críticos – a agência sexual das mulheres. Certas inquietações derivam de críticas disfarçadas do feminismo, que habilita a mulher a explorar uma sexualidade mais saudável e segura. Esforços para parar com a maternidade na adolescência incluíram, por exemplo, aumentar as restrições de acesso ao controle de natalidade ou até mesmo às *informações* a respeito do assunto, bem como restringir o aborto, instituir o consentimento parental e os períodos de espera.

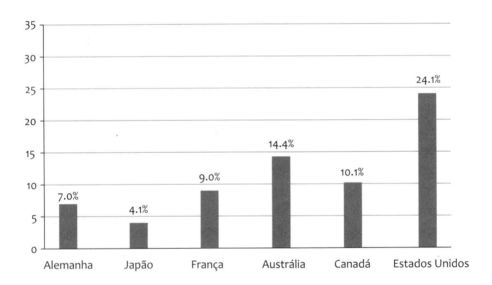

Figura 6.5 Números de partos com adolescentes (por mil mulheres com idade entre 15 e 19 anos, 2014).
Fonte: Banco Mundial: Indicadores de Desenvolvimento Mundial, Índices de Fertilidade entre Adolescentes (nascimentos por mil mulheres com idade entre 15 e 19 anos). (SP.ADO.TFRT). Divisão da População das Nações Unidas, Prospectos da População Mundial.

Considere-se, por exemplo, as estatísticas com os índices de maternidade adolescente (figura 6.5). Em meados dos anos de 1950, 27% de todas as garotas tinham relações sexuais por volta dos dezoito anos; em 1988, 56% das garotas e 73% tinham relações sexuais em torno da mesma idade. Em 1991, o índice de gravidez adolescente – partos de mães na adolescência a cada mil garotas – era de 62,1, o mais alto desde 1971, que foi o ano antes de aborto ser legalizado. Isso representa 9% de todos os nascimentos no país. 66% dessas jovens mulheres não estavam casadas, em comparação com 1960, quando apenas 15% não eram casadas[69].

Esses números podem ser "lidos" de diversos modos. Para alguns, eles ilustram um aumento calamitoso da maternidade adolescente, atribuível à sexualidade irresponsável dos jovens e à imoralidade desenfreada, uma erosão do respeito pela instituição do casamento e uma crise crescente de ausência paterna. Contudo, para outros, esses índices ilustram a erosão do acesso a informações adequadas sobre controle de natalidade, os ataques constantes contra o direito da mulher de escolher, seja no seu acesso ao aborto ou a outros meios de controle de natalidade, bem como a liberdade expandida dos jovens, que se livram da insistência de seus pais em um "casamento forçado às pressas".

Sobre essas questões, as pesquisas são unânimes: restringir o acesso à informação sobre controle de natalidade, impedir o próprio controle de natalidade ou o acesso ao aborto têm pouco impacto sobre os índices de atividade sexual. Com efeito, praticamente todos os estudos sobre o efeito da educação sexual indicam uma *diminuição* dos índices de prática de sexo, uma maior seletividade dos parceiros e um número maior de atividades de sexo seguro. Os jovens continuarão a se tornar sexualmente ativos em meados de sua adolescência, quer eles tenham ou não acesso ao controle de natalidade e às informações sobre esse assunto. Com efeito, restringir o acesso é a forma mais segura de encorajar a gravidez indesejada.

O problema dos bebês tendo bebês é também um modo de culpar as mulheres pela irresponsabilidade dos homens. Politicamente, estamos dizendo às garotas que se elas querem dançar (tornar-se sexualmente ativas), terão de pagar o pato (arcar com as consequências de uma gravidez indesejada). Mas se, como também sabemos, é preciso duas pessoas para dançar um tango, talvez a solução para a crise da maternidade precoce está tanto em aumentar as habilidades dessas jovens mulheres de serem responsáveis (cuidados de saúde adequados, acesso à informação e à prática do controle de natalidade) quanto em promover uma juventude masculina mais responsável. Com efeito, chamar a crise de "bebês tendo bebês" mascara outro problema sério – a vitimização sexual de jovens meninas pelos homens. A maioria dos pais de bebês nascidos de mães adolescentes *não* são eles próprios também adolescentes, mas sim homens adultos cujo comportamento sexual predatório passa despercebido quando o problema é concebido dessa forma.

Eventualmente, o problema dos bebês tendo bebês é misturado com o problema dos pais não casados em geral. Nascimentos fora do casamento nos Estados Unidos cresceram 600% nas últimas três décadas, partindo de 5% de todos os nascimentos em 1960 para cerca de 40% hoje. Crianças de pais negros não casados aumentaram de 22% em 1960 para mais de dois terços hoje. Os profetas do apocalipse abundam. David Blankenhorn, um intelectual político conservador, alega que os Estados Unidos estão a caminho de se tornar "uma sociedade pós-casamento", na qual o matrimônio não seria mais uma instituição dominante. Novamente, é possível atribuir tais números à liberdade expandida de homens e mulheres não mais presos a casamentos forçados – prática que mantinha em baixa o número de nascimentos de pais não casados. E Andrew Cherlin pontua que muito desse crescimento não vem de mães solteiras ou de fraudadores da assistência social, mas sim de mães brancas vivendo junto com seus parceiros. Ou seja, a maioria de nascimentos fora do casamento envolve pessoas em relacionamentos sérios que simplesmente não estão casadas[70].

Mas essa controvérsia também ilustra o modo como vida familiar e políticas públicas estão intimamente conectadas. A porcentagem de nascimentos de pais não casados nos países nórdicos – Suécia, Noruega, Dinamarca – é significativamente maior do que *aquele* índice nos Estados Unidos. Porém, nesses países, com assistência infantil adequada, sistema de saúde universal e acesso à educação gratuita, a "necessidade" de as crianças nascerem com pais casados – por conta do acesso a programas de saúde familiares, por exemplo – é eliminada por uma política coordenada de gastos estatais, que garante a saúde e o bem-estar de seus cidadãos. Assim, mulheres e homens se casam quando querem a sanção adicional da autoridade religiosa, não porque precisam se casar por conta de razões econômicas.

O "problema" da ausência paterna

A questão da responsabilidade dos homens também surge nos debates sobre ausência paterna. Em anos recentes, os comentaristas da mídia perceberam que os pais não estavam por perto, por terem deixado seus filhos seja após o divórcio, seja por indiferença soberba. Obras recentes como os livros *Fatherless America* (*Estados Unidos sem Pai*), de David Blakenhorn, ou *Life Without Father* (*Vida sem pai*), de David Popenoe, culparam os pais ausentes de causar uma miríade de problemas sociais, desde a delinquência juvenil até a criminalidade, da violência ao desemprego. Lemos, por exemplo, que 70% de todos os jovens em instituições reformatórias estatais vêm de lares sem pai. Isso é um prenúncio particularmente ruim para jovens garotos, pois, sem um pai, dizem-nos, eles crescerão sem uma fundação segura de masculinidade: "Em famílias onde o pai é ausente, a mãe enfrenta uma missão impossível: ela não pode fazer um menino se transformar em um homem. O garoto deve se relacionar com um adulto masculino conforme cresce", escreve o psicólogo Frank Pittman. É um equívoco acreditar que "uma mãe é capaz de mostrar a uma criança masculina como ser um homem". "Meninos criados por pais tradicionalmente masculinos geralmente não cometem crimes", acrescenta Blakenhorn. "Meninos sem pai cometem crimes". Em um lar de pai ausente, escreve Robert Bly um tanto mais poeticamente, "os demônios têm plena permissão para se enfurecer". Isso tem consequências tanto para os pais quanto para os meninos, pois cria de uma só vez dois grupos de homens sem vínculos nem limites perambulando pelas ruas. "Toda sociedade deve estar atenta aos homens sem vínculos", lembra-nos o estudioso da família David Popenoe, "pois ele universalmente é a causa de muitos problemas sociais"[71].

É verdade que mais crianças de ambos os sexos estão sendo criadas em lares com um só responsável e que na maioria dos casos quem cria os filhos sozinha é a mulher. Se apenas cerca de um décimo (11%) das crianças foram criadas por mães solteiras em 1970, pouco menos de um quarto (24,6%) eram criadas desse modo em 2013. Quase metade (41%) de todos os nascimentos ocorrem com mães solteiras. Mas o número de pais solteiros aumentou de 393 mil em 1970 (10% de todos os responsáveis solteiros criando filhos) para mais de dois milhões e meio hoje (cerca de 13% de responsáveis solteiros criando filhos) – sem que o número de demônios furiosos tenha diminuído perceptivelmente[72].

Também é verdade que o outro lado da moeda da "feminização da pobreza" seja a "masculinização da irresponsabilidade" – pais que se recusam a sustentar economicamente seus filhos. O que é menos certo, porém, é o impacto dos pais na miríade de problemas sociais com os quais sua ausência parece estar correlacionada. O envolvimento de pais não residentes em casa fornece, com efeito, alguns benefícios para as crianças e prenuncia consistentemente realizações acadêmicas maiores – o que testemunha em favor de manter a conexão dos pais com seus filhos. E, embora a ausência paterna possa estar ligada a índices de criminalidade mais altos, isso não significa que ela *causa* a criminalidade. Com efeito, a verdade pode ser o contrário disso. Por certo, há realmente uma correlação entre criminalidade alta e ausência do pai. Mas ocorre que ambas são o produto de um problema mais abrangente e avassalador: a pobreza[73].

A Academia Nacional de Ciências relata que o melhor indício para crimes violentos não é a ausência paterna, mas, sim, "os rendimentos pessoais e da vizinhança". Ademais, tal ausência também varia conforme a renda; quanto mais alta a faixa de renda, mais alta a probalidade de ter o pai em casa – sugerindo assim que a crise de ausência paterna é, na verdade, uma crise de pobreza. Em sua impressionante pesquisa etnográfica sobre as gangues de rua de Los Angeles, Martin Sanchez-Jankowski encontrou "membros de gangue oriundos de núcleos familiares intactos na mesma quantidade daqueles oriundos de lares de pai ausente" e "a mesma quantidade de membros que declaravam ter uma relação íntima com suas famílias e de membros que a negavam". Nitidamente, há outra coisa em ação aqui do que a mera ausência ou presença do pai[74].

Eventualmente, as políticas públicas chegam até mesmo a desencorajar os pais de manter contato com seus filhos depois de uma separação ou divórcio, ou de pagar a pensão das crianças, para começar. Se um homem pobre faz o pagamento dessa pensão ao Estado, o governo geralmente guarda o dinheiro para quitar a assistência dada aos seus filhos, sob a lógica de que as crianças talvez recebessem duplamente se não fosse feito assim. Contudo, o resultado disso é que a mãe e os filhos não veem nenhuma evidência tangível dos esforços do pai para sustentá-los. Por isso, ele pode decidir lhes dar dinheiro diretamente, debaixo da mesa, o que explicitamente os ajuda, mas não faz nada para cobrir os pagamentos que lhe foram atribuídos. Desse modo, o Estado ainda pode bloquear seus salários, prendê-lo ou penalizá-lo de outra forma (apenas o Wisconsin permite que o pai pague a pensão diretamente à família sem reduzir os benefícios da assistência social – uma política que estimula os pais a pagarem e reduz a quantidade de tempo que as mães passam na assistência social)[75].

A confusão entre correlação e causalidade também revela uma confusão mais enraizada entre causa e consequência. A ausência paterna pode ser uma consequência de forças mais amplas, profundas e estruturais que conduzem os pais para longe de casa e os mantém afastados – forças como desemprego ou demandas crescentes do trabalho para conservar um padrão de vida. Os especialistas geralmente tentam transformar o problema da ausência paterna em outra desculpa para acusar o feminismo, e sobretudo as mulheres que trabalham fora de casa. Eles anseiam pelo núcleo familiar tradicional, com as desigualdades tradicionais de gênero. Por exemplo, David Popenoe escreve com nostalgia sobre a forma de família dos anos de 1950 – "casamentos heterossexuais, monogâmicos e duradouros nos quais há uma nítida divisão de trabalho, com a mulher como dona de casa em tempo integral e o homem como provedor primário e autoridade definitiva" – sem parar para sublinhar que esse tipo de família foi também dramaticamente desigual quando considerado de uma perspectiva de gênero. Essa visão substitui a forma pelo conteúdo, aparentemente sob a impressão de que se a família se conformasse a um modelo específico, então o conteúdo da vida familiar melhoraria dramaticamente[76].

Essa ênfase na forma em detrimento do conteúdo é mais evidente nas prescrições acerca da ausência paterna. Seria natural pensar que a solução é ter os pais verdadeira e profundamente envolvidos na vida familiar, compartilhando o cuidado dos filhos, quando não as tarefas domésticas, e tornando-se uma presença vigorosa na vida das crianças. Mas esse pensamento estaria errado para a Blankenhorn e outros, que lamentam a ausência paterna, mas se negam a emitir um chamado direto em favor de uma nova paternidade, baseada em sensibilidade emotiva, atenção, compaixão, paciência, cuidado e acolhimento (que são, afinal, as qualidades *humanas* necessárias para uma pessoa ser um bom pai, para começo de conversa). Em vez disso, eles atacam esse novo pai:

> Ele é acolhedor, ele exprime suas emoções. É alguém que cuida, um companheiro, um colega. Está profundamente envolvido como pai. Troca as fraldas, acorda às 2h da manhã para alimentar o bebê, e vai além da "ajuda" para partilhar igualmente do trabalho, das alegrias e das responsabilidades da vida familiar[77].

Que "egoísta" completo é ele. Obviamente, esse pai sensível faz tudo isso porque ele "reflete o desejo pueril pela onipotência humana na forma de uma paternidade sem gênero – um repúdio direto da paternidade como um papel social de gênero para os homens"[78]. Assumamos por um momento que essa frase faz realmente sentido. Ela significa que o pai *de ver-*

dade não é nem acolhedor, nem expressivo; ele não é nem parceiro, nem amigo de sua esposa, e basicamente dorme durante toda a fase de dependência total do bebê, alheio às necessidades de sua esposa e de seu filho. Esse cara se torna um pai generoso e altruísta simplesmente por ter um cromossomo Y.

O "problema" das famílias gays e lésbicas

Outro problema recentemente construído é o das famílias *gays* e lésbicas. É irônico que os mesmos comentadores políticos que se inquietam com o declínio da família sejam as mesmas pessoas que gostariam de impedir homens *gays* e lésbicas de criá-las. Mas o problema das famílias *gays* – casamento, criação dos filhos – tem, na verdade, menos relação com questões familiares do que com questões jurídicas a respeito do *status* dos homossexuais. Tão logo a Suprema Corte do Havaí indicou a probabilidade de reconhecer o casamento de *gays* e lésbicas em 1997, por exemplo, muitos outros estados revogaram sua adesão à cláusula de "pleno crédito e fé" da Constituição norte-americana, lei que exige de cada Estado o reconhecimento de contratos concluídos em outro Estado, como os relativos ao casamento, ao voto, à educação ou à habilitação de dirigir. Logo depois, o congresso norte-americano aprovou a **Lei de Defesa do Casamento**, como se a instituição do matrimônio estivesse sob ataque daqueles que buscam integrar-se a ela.

A Lei de Defesa do Casamento (LDC) foi uma miscelânia de intolerância e discriminação disfarçada de preocupação com a santidade do casamento. Era apenas uma questão de tempo antes de a Suprema Corte dos Estados Unidos julgá-la inconstitucional. Em 2013, a Corte derrubou uma parte fundamental da LDC para que parceiros do mesmo sexo casados em estados que o permitem passassem a ter direito a benefícios federais garantidos a casais heterossexuais. Em 25 de junho de 2015, após a decisão da Suprema Corte em *Obergefell versus Hodges*, o matrimônio entre pessoas do mesmo sexo se tornou permitido em todos os 50 estados[79].

Embora a Suprema Corte dos Estados Unidos tenha determinado por este caso particular que proibir o casamento homossexual é inconstitucional – pois nega a algumas pessoas o direito garantido para outras com base somente em seu gênero –, há muitas outras bases para discriminação que ainda são distribuídas desigualmente ao redor do país. Alguns estados removeram obstáculos à igualdade plena enquanto outros criaram meios para acrescentar novas barreiras (figura 6.6).

É expressamente proibido discriminar casais de *gays* e lésbicas nos procedimentos de adoção em apenas onze estados e no Distrito de Colúmbia (Nova Jersey, Nova York, Indiana, Maine, Califórnia, Connecticut, Illinois, Massachusetts, Oregon, Vermont e Flórida)[80].

Embora muitos observadores políticos vejam o **casamento homossexual** como um jogo de futebol político, com a bola de lá para cá quando a base socialmente conservadora do Partido Republicano parece prestes a desviar de sua total fidelidade, as questões que são levantadas por essa controvérsia tocam os problemas centrais acerca da diferença e da desigualdade de gênero. O que parece ser uma preocupação com a santidade do casamento é geralmente acompanhada de desconfortos em relação ao conceito de família *gay* e lésbica, com base em informações equivocadas acerca da qualidade dessas relações e de seu impacto sobre as crianças.

Uma razão para que tantos casais de *gays* e lésbicas queiram se casar é por conta dos muitos benefícios atribuídos às pessoas casadas – direitos que os casais heterossexuais geralmente dão por garantidos. Tais benefícios incluem o direito de herdar de um cônjuge que morre sem testamento; o direito de consultar médicos e tomar decisões médicas cruciais se

A família constituída por gêneros 197

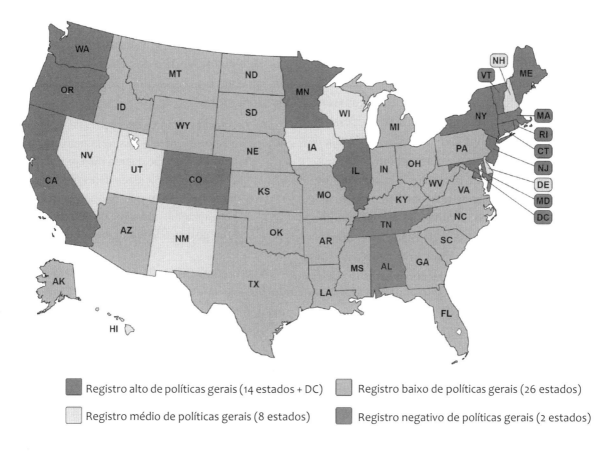

■ Registro alto de políticas gerais (14 estados + DC)   ■ Registro baixo de políticas gerais (26 estados)
□ Registro médio de políticas gerais (8 estados)   ■ Registro negativo de políticas gerais (2 estados)

Estados com alta igualdade oferecem proteções sólidas ao longo das seis grandes áreas de política pública (p. ex., reconhecimento de casamentos e relacionamentos, adoção e paternidade, não discriminação, escolas seguras, saúde e segurança, permissão para que pessoas transgênero corrijam o marcador de gênero em documentos de identidade).

Estados com igualdade média geralmente oferecem leis de paternidade positivas, mas ficam aquém das expectativas quanto a escolas seguras, leis de não discriminação, de saúde e segurança ou leis e políticas para ajudar as pessoas transgênero a atualizar o marcador de gênero em seus documentos de identidade.

Estados com igualdade baixa ou negativa oferecem pouca ou nenhuma proteção.

Figura 6.6 Esse mapa mostra o registro de igualdade geral para cada estado e para o Distrito de Colúmbia. O "registro de políticas" de um estado contabiliza o número de leis e políticas públicas positivas dentro dessa entidade federativa que ajudam a promover a igualdade para as pessoas LGBT.

Em geral, leis a respeito da orientação sexual afetam lésbicas, *gays* e bissexuais, ao passo que as leis a respeito da identidade de gênero afetam pessoas transgênero, embora exista uma sobreposição significativa entre esses dois grupos. Um Estado que tem boas proteções com base na orientação sexual, mas não as tem com base na identidade de gênero, pode não ser considerado um "Estado de igualdade alta" em termos de políticas estaduais gerais.

Fonte: http://www.lgbtmap.org/equality-maps/legal_equality_by_state

o parceiro estiver incapacitado; o direito de residência concedida a um cônjuge estrangeiro; o direito aos benefícios da Seguridade Social; o direito a incluir um cônjuge no plano de saúde do outro; o direito de visitar o cônjuge em instituições governamentais como hospitais e prisões; e o direito à imunidade de obrigações de testemunhar contra o cônjuge em um processo legal[81].

Não é mais verdade que relacionamentos homossexuais masculinos são mais frágeis do que relações heterossexuais ou que *gays* sejam mais "promíscuos" (i. é, têm um número maior de parceiros sexuais diferentes) do que heterossexuais e lésbicas. Algumas razões para isso podem ser encontradas no processo de socialização do gênero masculino, que desencoraja os homens de assumirem compromissos como a vida doméstica, para começar; na exclusão do casamento formal e legal, que cimenta as relações heterossexuais e aumenta a probabilidade de um casal se manter junto, apesar dos desacordos; na falta de filhos, que são muitas vezes a razão para que casais heterossexuais continuem a tentar manter seus relacionamentos; na desaprovação social e na homofobia institucionalizada, que podem desestabilizar qualquer casal. "É um paradoxo que a corrente mais dominante e comum nos Estados Unidos perceba os *gays* e lésbicas como incapazes de manter relacionamentos duradouros ao mesmo tempo em que lhes nega as próprias instituições que estabilizam tais relacionamentos", argumenta Craig Dean, diretor executivo do Equal Mariage Rights Fund (Fundo para os Direitos Iguais do Casamento)[82].

O casamento é mais do que um direito legal, mais do que um relacionamento. Ele é uma instituição, e a instituição basilar de nossos ideais de família. Sem o direito de se casar, os relacionamentos *gays* se veem legalmente codificados como menos valiosos e menos importantes do que os heterossexuais. Essa desvalorização conduz à mesma promiscuidade que é usada como desculpa para lhes ter negado o direito ao matrimônio antes de tudo.

Em muitos casos, casais de *gays* e lésbicas constituem um modelo de vida familiar. Um ponto é que esse tipo de casal "tem menos probabilidade de recair nos padrões de desigualdade" que definem os casamentos heterossexuais. Ao juntar duas pessoas do mesmo gênero, a desigualdade é neutralizada e a diferença, eliminada. Em comparação com os casais heterossexuais, os casais homossexuais têm maior tendência a dividir as tarefas domésticas e são mais igualitários em todos os arranjos matrimoniais[83]. Ademais, ocorre que *gays* e lésbicas frequentemente são pais excelentes. No fim dos anos de 1960, uma mulher lamentava sua posição, não por ser lésbica, mas por não ter filhos:

> Uma das maiores decepções de minha mãe era o fato de que ela não teria netos. Amo muito tanto minha mãe quanto meu pai, eu faria quase tudo pela felicidade deles, mas não poderia fazer isso. Acho que isso me entristecia também, quando... eu sabia que nunca teria filhos. E eu gostaria de ter alguns... para mim[84].

Assim como as mulheres heterossexuais se sentem forçadas a escolher entre ter uma carreira ou ter uma família, muitos homens *gays* e lésbicas se sentem forçados a escolher entre reconhecer sua sexualidade ou ter uma família. E assim como as mulheres hoje não estão mais dispostas a fazer escolha, pois querem "as duas coisas", do mesmo modo os *gays* e lésbicas decidiram que sua homossexualidade não os desqualifica como bons pais. Em 1976, havia algo entre trezentos mil e quinhentos mil *gays* e lésbicas com filhos; hoje, estima-se que há de um milhão e meio a cinco milhões de mães lésbicas e de um a três milhões de pais *gays*. Atualmente, algo entre oito e treze milhões de crianças (cerca de 5% da população infantil nos Estados Unidos) são criadas por ao menos um pai ou mãe homossexual[85].

Nenhum dos temores a respeito da paternidade e da maternidade homossexual se realizaram. Não há evidências de que pais *gays* ou mães lésbicas exerçam qualquer tipo de influência negativa sobre o desenvolvimento da criança ou de que eles abusem dos filhos sexualmente. Com efeito, os poucos estudos que foram conduzidos mostram que "os resultados para as crianças nessas famílias tendem a ser melhores do que a média". A pesquisa com mães lésbicas sugere que seus filhos, tanto meninos quanto meninas, têm padrões de desenvolvimento da identidade de gênero similares àqueles das crianças de pais heterossexuais

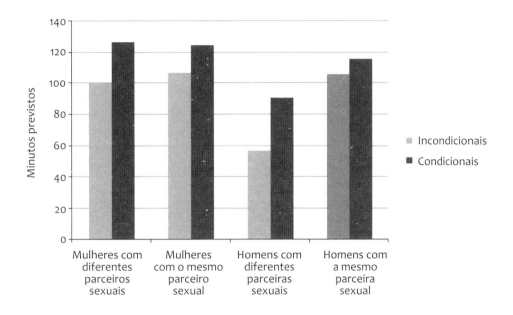

Figura 6.7 Minutos previstos condicionais e incondicionais vividos com as crianças pela estrutura familiar.

Fonte: Figura 1 de Kate Prickett, Alexa Martin-Storey e Robert Crosnoe. "A Research Note on Time with Children in Different- and Same-Sex Two Parent Families" ("Uma nota de pesquisa sobre o tempo com os filhos em famílias com dois pais de sexo diferente ou do mesmo sexo"). In: *Demography* 52 (3), p. 905-918. Com a gentil permissão de Springer Science & Business Media.

em idades comparáveis, e não demonstram nenhuma diferença em termos de inteligência ou adaptação. E há 0% – ou seja, nenhum – abuso físico ou sexual, contra os 26% de adolescentes norte-americanos que relatam ter sofrido abuso físico de seu pai ou responsável, e os 8,3% que relatam ter sofrido abuso sexual, de acordo com um estudo longitudinal nacional. "A qualidade da maternidade", e não a orientação sexual, é o determinante crucial do desenvolvimento da criança[86]. O psicólogo da Universidade de Cambridge, Michael Lamb, revisou mais de cem estudos dos últimos trinta anos e concluiu que "segundo as pesquisas, crianças e adolescentes de pais e mães homossexuais são tão emocionalmente saudáveis e tão educacional e socialmente bem-sucedidos quanto as crianças e adolescentes criados por pais heterossexuais"[87]. Como a filha de quinze anos de uma mãe lésbica afirma:

> Acho que tenho a mente mais aberta do que teria se meus pais fossem héteros. Às vezes as crianças na escola fazem muito barulho sobre ser *gay*. Elas dizem que é estúpido e coisas assim. Mas elas não sabem de verdade, pois elas não estiveram por perto. Não digo nada para elas, mas sei que estão erradas. Fico um pouco chateada, porque elas não sabem do que estão falando.

Essa declaração ecoa a recente decisão de uma corte de New Jersey, que descobriu que as crianças de famílias *gays* e lésbicas

> [...] surgem melhor equipadas para buscar seus próprios padrões do que é certo e errado, mais capazes de perceber que a maioria nem sempre está correta em seus julgamentos morais, e mais aptas a compreender a importância de conformar suas crenças às demandas da razão e do conhecimento provado, não às restrições do sentimento popular atual ou do preconceito.

Esses sentimentos, como a socióloga da família Judith Stacey aponta, podem muito bem "servir aos ideais de criação dos filhos para uma democracia"[88].

Uma metanálise recente de estudos científicos sociais acerca da paternidade *gay* e lésbica sugere que os filhos desses pais são mais receptivos à homossexualidade e podem mais provavelmente demonstrar a disposição de ter relações homossexuais como opção para si próprios, embora não tenham mais probabilidade de se identificar como *gays* do que as crianças de pais heterossexuais. Mais interessante, porém, são as consequências não de orientação sexual, mas de *gênero*: filhas de pais e mães *gays* e lésbicas são mais resolvidas, confiantes e ambiciosas, e os filhos se conformam menos a noções tradicionais de agressividade e dominação masculina, sendo mais flexíveis com suas identidades de gênero[89].

> **LEIA TUDO A RESPEITO!**
> Como as pessoas LGBT decidem se tornar pais e criar famílias? Do mesmo modo que fazem os casais hétero? Ou navegação das rotas em direção à gravidez e à paternidade são diferentes para diferentes comunidades? Em seu convincente estudo com lésbicas negras, a psicóloga Sarah Reed e colaboradores descobriram que a orientação sexual e a raça têm muita importância no modo como a comunidade compreende as chances e os desafios da gravidez e do processo de se tornar pai ou mãe.

E os norte-americanos parecem finalmente começar a entender a mensagem de que o casamento homossexual não é uma ameaça real à estabilidade do casamento hétero. A oposição à ideia tem caído significativamente, sobretudo entre quem tem menos de trinta anos, ao passo que o apoio cresce constantemente (figura 6.8). Faço essa previsão com base em dados demográficos, e não por causa de algum projeto ideológico: é apenas uma questão de tempo antes de os casamentos homossexuais serem legais em todos os cinquenta estados, ratificados por uma Suprema Corte que não poderá encontrar nenhuma justificativa constitucional para impedir pessoas que se amam de casar. Presumo que, em algum momento, a oposição às famílias LGBT terão o mesmo destino da oposição ao casamento miscigenado – será uma atitude sem nenhum fundamento legal defendida por uma minoria pequena, mas expressiva.

Muitas das "crises" acabam se revelando fabricadas por esforços políticos para fazer recuar as conquistas das mulheres e das pessoas LGBT. Mas isso não quer dizer que não haja problemas reais e sérios em nossas famílias marcadas por gênero. Focarei em três deles aqui, tanto por eles ilustrarem os modos como a desigualdade de gênero geralmente nos leva à diferença de gênero quanto pelo fato de o gênero nos oferecer um caminho para pensar sobre esses problemas de modos diferentes.

Divórcio

É difícil negar que o divórcio *é* um problema real. O índice de divórcios nos Estados Unidos é surpreendentemente alto. Cerca de metade de todos os casamentos acaba com o casal divorciado – uma taxa consideravelmente mais alta do que a de outros países industrializados (tabela 6.2). O índice norte-americano é mais do que o dobro do alemão ou do francês, e quase o dobro do sueco e do britânico – países onde os indivíduos ainda são auxiliados por sistemas nacionais de assistência médica e as crianças se beneficiam particularmente do acesso adequado à educação e aos cuidados de saúde, enquanto os responsáveis por sua custódia recebem estipêndios governamentais regulares (por certo, isso alivia os duros impactos econômi-

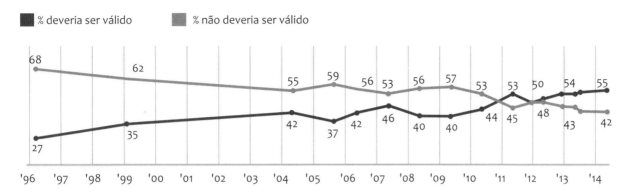

Figura 6.8 Você acha que casamentos entre pessoas do mesmo sexo deveriam ou não deveriam ser reconhecidos pela lei como válidos, com os mesmos direitos dos casamentos tradicionais?

Nota: A tendência demonstrada em pesquisas nas quais a questão a respeito do casamento homossexual se seguia a questões sobre os direitos e relações de gays e lésbicas. Formulação 1996-2005: "Você acha que casamentos entre homossexuais..."

Fonte: Justin McCarthy, 2014. O apoio ao casamento homossexual atinge nova alta em 55%, quase oito em 10 adultos jovens são a favor do casamento *gay*.

© 2014 Gallup, Inc. Todos os direitos reservados. O conteúdo é reproduzido com permissão; porém, Gallup retém todos os direitos de republicação.

cos do divórcio). De acordo com o Censo, o número de pessoas divorciadas mais do que quadruplicou, indo de 4,3 milhões em 1970 para 19,3 milhões em 1997. Isso representa 10% de todos os adultos com idade acima de dezoito anos, contra 3% em 1970[90].

O divórcio pode ser um problema social sério – mas exatamente pelas razões que muitos comentadores políticos declaram ser: esses altos índices de divórcios não estão desintegrando a família. O número de separação marital é praticamente o mesmo do que tem sido por muito tempo. Observadas historicamente, as altas taxas de divórcios estão meramente realizando, por meio de uma ação consciente, aquilo que as altas taxas de mortalidade realizavam em períodos anteriores. Como afirma o historiador Lawrence Stone, "a duração média dos casamentos hoje é quase exatamente a mesma do que era um século atrás. O divórcio, em resumo, age agora como um substituto funcional da morte – ambos são meios de terminar um matrimônio em um estágio prematuro" (obviamente, ele acrescenta, os efeitos psicológicos não são os mesmos)[91]. O número de divórcios também não indica necessariamente uma perda de fé no casamento. 95% dos homens e 94% das mulheres entre 45 e 55 anos já foram casados. Com efeito, escreve a socióloga Constance Ahrons, autora de *The Good Divorce*, "nós gostamos tanto do casamento que muitos de nós fazemos isso duas, três ou mais vezes". As pessoas que recasam atualmente constituem metade de todos os matrimônios todos os anos[92].

O problema com o divórcio está mais precisamente ligado ao problema fabricado da ausência paterna e ao problema real da desigualdade de gênero. Afinal, a reforma do divórcio foi promovida pelas mulheres que, na virada do último século, buscaram fornecer um recurso legal àquelas que desejavam escapar de casamentos onde estavam desesperadamente infelizes e de outros que eram brutalmente, às vezes violentamente opressivos. A opção do divórcio desapertou o nó marital para que ele não mais sufocasse as mulheres. Como o controle de natalidade e o aborto, dois temas que também geraram calorosos debates, o divórcio enfraqueceu o poder dos homens sobre as mulheres e reduziu a desigualdade de gênero na família.

> **É MESMO?**
>
> Os Estados Unidos têm a maior taxa de divórcios do mundo. Com efeito, isso não é verdade. A Rússia é a capital mundial do divórcio. Segundo o Anuário Demográfico das Nações Unidas, nesse país há cinco divórcios para cada mil pessoas. Os Estados Unidos estão em quinto lugar, com 3,4 divórcios a cada mil pessoas[f].
>
> Fonte: Ashley Reich. "Highest Divorce Rates in the World" ("As maiores taxas de divórcio do mundo"). In: *Huffington Post*, 25/05/2011. Disponível em http://www.huffingtonpost.com/2010/12/21/highest-divorce-rates-in_n_798550.html

Tabela 6.2 Número bruto de casamentos e de divórcios por país: 1960-2012 (por 1.000 habitantes)

COMPARADO A QUÊ?
Número de casamentos e de divórcios nos Estados Unidos em perspectiva comparada

País	Número de casamentos						
	1960	1970	1980	1990	2000	2010	2012
Estados Unidos[1]	8,5	10,6	10,1	9,8	8,2	6,8	6,8
Canadá[2]	N/D	8,8	7,3	5,5	4,7	4,4	N/D
Japão[3]	N/D	9,9	6,1	6,3	5,6	5,5	N/D
França	7	7,8	6,2	5,1	5	3,9	3,7
Alemanha	9,5	7,4	6,3	6,5	5,1	4,7	4,8
Itália	7,7	7,3	5,7	5,6	5	3,7	3,5
Holanda	7,7	9,5	6,4	6,5	5,5	4,5	4,2
Suécia	6,7	5,4	4,5	4,7	4,5	5,3	5,3
Reino Unido	7,5	8,5	7,4	6,6	5,2	N/D	4,4

País	Número de divórcios						
	1960	1970	1980	1990	2000	2010	2012
Estados Unidos[1]	2,2	3,5	5	4,7	4	3,4	3,6
Canadá[2]	N/D	1,4	2,5	2,6	2,2	2,1	N/D
Japão[3]	N/D	0,9	1,4	1,6	2	2	N/D
França	0,7	0,8	1,5	1,9	1,9	2,1	N/D
Alemanha	1	1,3	1,8	1,9	2,4	2,3	2,2
Itália	1,2	1,2	1,2	0,5	0,7	0,9	N/D
Holanda	0,5	0,8	1,8	1,9	2,2	2	2,1
Suécia	1,2	1,6	2,6	2,7	2,6	2,5	2,5
Reino Unido	N/D	1	1,9	1,9	1,9	2,1	N/D

Notas: N/D = Não disponível. O total de casamentos e divórcios para a maioria dos anos inclui alguns dados estimados.

[1]Os dados são de 1985, não de 1980; de 2011, não de 2012. [2]Os dados são de 1985, não de 1980; de 1995, não de 1990; de 2002, não de 2000; de 2008, não de 2010. [3]Os dados são de 1985, não de 1980; de 1995, não de 1990; de 2005, não de 2000.

Fonte: NVSS Tendências do Índice Nacional de Casamentos e Divórcios. "Marriages and Crude Marriage Rates" ("Número bruto de casamentos e de divórcios"). Divisão de Estatísticas das Nações Unidas (Unstat), 2011. • "Divorces and Crude Divorce Rates" ("Número de divórcios e número bruto de divórcios"). Divisão de Estatísticas das Nações Unidas (Unstat), 2011. • Eurostat (demo_nind) e Eurostat (demo_ndivind). • Departamento de Saúde e Serviços Humanos dos Estados Unidos. Centro Nacional das Estatísticas de Saúde.

---

[f] Para efeito de comparação, em 2010, a taxa de divórcios por mil pessoas no Brasil era de 1,8. Fonte: http://g1.globo.com/brasil/noticia/2011/11/numero-de-divorcios-no-brasil-e-o-maior-desde-1984-diz-ibge.html [N.T.].

Embora leis de divórcios liberadas possam ter reduzido a desigualdade de gênero dentro do casamento, elas não parecem tê-la diminuído inteiramente ou tê-la encolhido depois de o casamento ser dissolvido. Um estudo recente descobriu que três de cada quatro mulheres apontou comportamentos patológicos de seus parceiros homens (adultério, violência, abuso de substâncias, abandono) como razão para o divórcio. Tal como existe o casamento "dele" e o "dela", existe também o divórcio "dele" e o "dela", pois divorciar-se é um ato que afeta maridos e esposas diferentemente. Ele exagera as diferenças de gênero no casamento, exacerbando a desigualdade de gênero. Em meados dos anos de 1980, o pesquisador da família Leonore Weitzman calculou que, após o divórcio, a receita da mulher cai subitamente 73%, ao passo que a de seu ex-marido cresce 42%. Em anos recentes, esses dados foram revisados e considerados excessivamente dramáticos, mas nenhuma pesquisa sugere que o *status* econômico e social das mulheres e dos homens depois do divórcio é equivalente, e os pesquisadores ainda concordam que o recurso delas tem uma queda um tanto maior do que a deles (a receita dos homens cai se suas esposas têm uma carreira profissional). Como o sociólogo Paul Amato escreve, "quanto maior a desigualdade entre homens e mulheres em dada sociedade, mais nocivo é o impacto do divórcio sobre elas"[93].

O divórcio tem diferentes impactos sobre as mulheres e sobre os homens. Muitos pais divorciados "perdem quase todo contato com seus filhos ao longo do tempo", escreve David Popenoe. "Eles se retiram da vida das crianças". Mais da metade de todos os pais divorciados não têm nenhum contato com seus filhos; mesmo um terço dos pais que não têm custódia, mas têm procedimentos de visitação por escrito não viram os filhos no ano passado. As mães sem custódia, porém, raramente perdem contato com as crianças depois do divórcio, pois conservam as conexões familiares em detrimento das possibilidades de trabalho e de novos relacionamentos. Ademais, homens divorciados apresentam sintomas ampliados de angústia psicológica e emocional. O divórcio parece afetar negativamente as mulheres mais em termos materiais e financeiros, ao passo que os homens são mais afetados em seus sentimentos e em sua psicologia[94].

O que prevê o envolvimento contínuo dos pais na vida de seus filhos depois de um divórcio é a qualidade do relacionamento entre o ex-marido e a ex-esposa antes do divórcio. Ironicamente, também parecem ser os homens com mais envolvimento com seus filhos antes do divórcio que têm mais inclinação a desaparecer depois dele, ao passo que os homens relativamente distantes antes do divórcio tendem a se tornar mais ativos com seus filhos depois. Em parte, como nota Edward Kruk, essa diferença contraintuitiva deriva do fato de pais menos envolvidos serem também mais "tradicionais" em relação a suas perspectivas, o que aumentaria seu senso de compromisso com a família mesmo depois de um divórcio; ao passo que homens "mais liberais" têm mais inclinação a se verem como "livres" das responsabilidades familiares[95].

O debate sobre o divórcio nos Estados Unidos de hoje geralmente tem menos a ver com o casal divorciado e muito mais a ver com os resultados previstos para os filhos. Em um estudo amplamente divulgado, a psicóloga Judith Wallerstein descobriu que um número significativo de crianças "sofre efeitos danosos de longo termo, talvez até mesmo permanentes, por causa do divórcio", ao passo que outras crianças reprimem esses efeitos, apenas para vê-los emergir anos depois. As crianças, diz ela, perdem o "andaime" a partir do qual elas constroem seu desenvolvimento. "Quando essa estrutura entra em colapso", escreve a psicóloga, "o mundo das crianças fica temporariamente sem suporte. E elas, com um senso de temporalidade bastante comprimido, não sabem que esse caos é temporário". Dez anos depois do divórcio, Wallerstein descobriu um número significativo de filhos de divorciados ainda à deriva, perturbados e conseguindo menos coisas do que se esperava. Muitos tinham problemas para estabelecer e manter suas próprias relações. Vinte e cinco anos depois do divórcio, tais

> ## É MESMO?
>
> O feminismo causa o divórcio? É isso o que John Gray, proponente da teoria interplanetária do gênero (Homens são de Marte...), pensa. "A razão pela qual há tantos divórcios é que o feminismo promove a independência nas mulheres", ele contou a um jornalista. "Estou muito feliz pelo fato de as mulheres encontrarem maior independência, mas quando você vai muito longe nessa direção, então quem fica em casa?"
>
> Na verdade, quanto mais as taxas de divórcios diminuem, mais igualitários ficam os casamentos. E quanto mais iguais os gêneros, mais estáveis as uniões.
>
> Um estudo por Laurie Rudman e Jo Phelan descobriu que ter um parceiro ou parceira feminista indica relacionamentos heterossexuais mais saudáveis e estáveis tanto para as mulheres quanto para os homens. E, sim, maior satisfação sexual.
>
> Então, quais são os melhores indicadores de inclinação ao divórcio? Idade, renda e educação.
>
> Pessoas de classe média com formação universitária que se casam mais tarde têm mais chance de permanecer juntos. Pessoas da classe trabalhadora que não têm formação universitária e se casam cedo têm mais chance de se divorciar (Ah, e são essas as que têm mais inclinação a aceitar a teoria interplanetária do gênero).
>
> De universitários formados que se casaram no início dos anos de 2000, apenas cerca de 11% estavam divorciados em seu sétimo aniversário, ao passo que 17% dos não universitários haviam se divorciado a essa altura. Mais de 80% dos universitários formados nos anos de 1980 que se casaram com idade de 26 anos ou superior ainda estavam casados duas décadas depois, em contraste com menos de dois terços (65%) daqueles que se casaram antes dos 26 anos. E, embora tanto as mulheres da classe média quanto as da classe trabalhadora tenham empregos fora de casa, as primeiras mais provavelmente o fazem combinando esse trabalho com uma visão mais igualitária do casamento – com os dois integrantes seguindo suas carreiras – do que a vivida pelas mulheres da classe trabalhadora, que trabalham porque seus maridos não conseguem ganhar o suficiente para sustentar a família, mas retêm uma noção mais tradicional, tendo por modelo o homem provedor e a mulher dona de casa.
>
> Ou seja, John Gray afirmou exatamente o contrário! A igualdade de gênero mantém os casamentos. É a teoria interplanetária do gênero que leva os índices de divórcio a subir.
>
> Fontes: "Feminism and Free Porn Are Ruining Relationships" ("Feminismo e pornô gratuito estão arruinando os relacionamentos"). In: NZHerald.co.nz, 06/06/2014. Disponível em http://www.nzherald.co.nz/lifestyle/news/article.cfm?c_id=6&objectid=11268800. • Laurie Rudman e Jo Phelan. "The Interpersonal Power of Feminism: Is Feminism Good for Romantic Relationships?" ("O poder interpessoal do feminismo: O feminismo é bom para as relações românticas?"). In: Sex Roles (Papéis Sexuais), 57 (11-12), 2007, p. 787-799.

problemas ainda não haviam desaparecido – com efeito, eles podem ter sido exacerbados. "Quando as pessoas decidem se divorciar, há um efeito traumático de curto prazo e de longo prazo sobre os filhos, que torna a jornada de vida posterior deles mais difícil", ela escreve. Um casamento ruim, ela agora conclui, é melhor do que um bom divórcio. E um casamento "suficientemente bom" melhorará enormemente a vida das crianças[96].

Embora avisos alarmantes como os de Wallerstein tenham obtido inúmeras capas de revistas e discussões públicas, há muito menos ciência social em seu trabalho do que parece à primeira vista. Depois de seguir 61 famílias em um próspero subúrbio da Califórnia, ela concluiu que cerca de metade das mulheres e dois terços dos homens carregavam sérios problemas emocionais ao longo da vida adulta, incluindo inabilidade para formar relacionamentos coesos, desconfiança do sexo oposto e problemas parecidos. Mas Wallerstein não tinha grupo de controle, mesmo de famílias brancas ricas similares. Então como sabemos que o divórcio era a causa desses problemas emotivos posteriores? Ademais, cerca de um terço das crianças originais não foram entrevistadas para essa pesquisa – são elas que se ajustaram eficientemente e seguiram com suas vidas? Não podemos saber. E, observação última e mais grave, os participantes originais do estudo foram recrutados com a promessa de terapia gratuita para casais em processo de divórcio que estivessem passando por dificuldades por causa disso. A própria Wallerstein nos diz (em *Surviving the Breakup* [*Sobrevivendo ao rompimento*], embora ela se esqueça de mencioná-lo nos volumes seguintes) que a maioria deles estava passando por problemas psicológicos sérios *para começo de conversa*. Apenas um terço estava em uma situação adequada; metade dos pais e perto de metade das mães estava "moderadamente perturbada ou frequentemente incapacitada por neuroses ou vícios debilitadores". Ela continua:

> Aqui estavam os indivíduos cronicamente deprimidos, às vezes até suicidas, os homens e mulheres com dificuldades neuróticas severas ou com debilitações em se relacionar com outra pessoa, ou pessoas com problemas duradouros para controlar sua raiva ou impulsos sexuais.

Dificilmente esse é um tipo de amostra nacionalmente representativa que fornecesse evidências convincentes. O que Wallerstein descobriu é que os filhos de pais divorciados com a psiquê severamente debilitada terão eles próprios algumas dificuldades ao longo da estrada[97].

Porém, a discussão pública foi consistentemente informada por essas afirmações axiomáticas simples de que o divórcio teria um efeito deletério sobre o bem-estar das crianças. E, por certo, todas as outras coisas sendo iguais, ter dois pais em uma família feliz, estável e intacta seria certamente a receita infalível para produzir crianças mais felizes, mais saudáveis e mais bem adaptadas do que as famílias que são infelizes, instáveis ou separadas. A questão é qual dessas variáveis – infeliz, instável, separada – é o mais crucial para produzir o efeito.

Talvez o pesquisador de mais alto nível a pesar essas questões é Andrew Cherlin, um sociólogo e demógrafo da Universidade Johns Hopkins. Em seu discurso presidencial à Population Association of America (Associação de População dos Estados Unidos), Cherlin afirmou categoricamente que sua pesquisa descobriu que a sequência de causa e efeito corria exatamente no sentido inverso ao proposto pelas declarações clínicas de Wallerstein. "Descobrimos que as crianças cujos pais posteriormente se divorciariam *já* apresentavam mais problemas emocionais com 7 anos de idade do que as crianças de famílias que ficariam juntas", ele observa. O divórcio "ocorre em famílias que já estão com problemas", em outras palavras, ele é o *resultado* deles, não a sua causa[98].

A maioria das pesquisas sobre divórcio, na verdade, percebe que, após uma frustração emotiva inicial, que afeta quase todas as crianças, no longo prazo, "a maioria delas se acalma e retorna para o processo normal de amadurecimento". Outro livro recente notou que cerca de três quartos das crianças de divórcios estão "lidando razoavelmente bem e tendo desempenhos dentro da média normal". A maioria das crianças se recupera do *stress* do divórcio e demostra poucos sinais adversos alguns anos depois caso elas tenham apoio psicológico adequado e recursos econômicos[99].

Ninguém duvida que o divórcio é difícil para as crianças ou que ser criado por dois pais é provavelmente melhor do que ser criado por um. Para começar, com dois pais, cada um tem menos possibilidade de estar cansado ou exausto de trabalho. Isso traz mais chances de elevar o nível e a qualidade da interação entre pais e filhos. E há poucas dúvidas de que, todo o resto se mantendo igual, duas pessoas criando os filhos juntas, qualquer que seja a orientação sexual dos pais, é melhor do que uma. O debate realmente diz respeito ao que significa a expressão "todo o resto se mantendo igual". Caso nós comparemos, por exemplo, os resultados acadêmicos conquistados, a sensação de bem-estar ou os níveis de adaptação psicológica e emotiva de crianças criadas em famílias intactas com os de crianças criadas em famílias divorciadas e com um único responsável, verificamos que essas últimas demonstram níveis menores de bem-estar, autoestima, conquistas acadêmicas e de adaptação do que as crianças de lares com dois responsáveis.

Mas tais comparações são maldirecionadas, pois comparam dois tipos de famílias – divorciadas e intactas – como se elas fossem equivalentes. O divórcio não é remédio para o casamento; ele é remédio para o *mau* casamento. Quando os pesquisadores comparam os efeitos para os filhos sendo criados em uma família pós-divórcio com os efeitos para os filhos sendo criados em famílias intactas, *mas infelizes* – a evidência é nítida. As consequências do divórcio sobre as crianças dependem do nível de conflito matrimonial anterior à separação. Um estudo descobriu que as crianças em famílias divorciadas, com efeito, sentiam-se sozinhas, entediadas e rejeitadas mais frequentemente do que filhos de famílias intactas – mas que as crianças de famílias casadas infelizes sentiam os maiores níveis de negligência e humilhação[100].

É MESMO?

O bom-senso diz que, se um casamento está com problemas, o casal deve ficar junto pelo bem das crianças. É verdade que, em condições iguais, famílias intactas com dois responsáveis são melhores para o bem-estar emocional dos filhos. Porém, raramente as condições são iguais. Com efeito, como mostrou o sociólogo da família Paul Amato, as crianças em famílias intactas, mas altamente conflituosas, ficam muito piores do que aquelas de famílias divorciadas. Em vez de ficarem juntos "pelo bem das crianças", se o seu casamento está em sérios problemas, e o conflito é constante, pode ser que o melhor seja se divorciar – pelo bem das crianças!

Fontes: Paul Amato, Laura Spencer Loomis e Alan Booth. "Parental Divorce, Marital Conflict, and Offspring Well-Being During Early Adulthood" ("Divórcio parental, conflito matrimonial e o bem-estar da prole durante a idade adulta inicial"). In: *Social Forces*, 1995, 73 (3), p. 895-915.

Um estudo longitudinal iniciado em 1968 pelos psicólogos Jeanne e Jack Block acompanhou um grupo de bebês com a mesma idade por muitos anos. Quando as crianças estavam com quatorze, o casal de psicólogos analisou os dados obtidos e descobriram que parte dos filhos cujos pais eventualmente se divorciariam, especialmente os meninos, demonstravam ser mais agressivos e impulsivos, com maior inclinação a entrar em conflito com seus pais. Embora, como observa Arlene Skolnick, seja impossível dizer se foram as brigas parentais que levaram ao problema dos filhos ou vice-versa, é evidente que "as dificuldades dessas crianças não são resultado do próprio divórcio". Outro estudo britânico que acompanhou 17 mil famílias também descobriu que o problema das crianças antecedia bastante o momento do divórcio e que, na verdade, problemas com os filhos podem ser bons indicadores de uma eventual separação[101].

A pesquisa mais sistemática acerca dessas questões foi realizada pelos sociólogos da família Paul Amato e Alan Booth, junto com seus colaboradores. Eles descobriram que o indicador mais eficiente e definitivo da felicidade e do bem-estar de uma criança é a qualidade do casamento dos pais. As crianças que crescem em lares onde o conflito parental é alto e o divórcio acontece têm vidas tão boas quanto aquelas que crescem em lares de casais felizes e intactos. Ademais, pais que são ciumentos, temperamentais, inclinados a perder o controle, críticos e propensos a dominar seu cônjuge têm um efeito muito pior sobre o eventual casamento de seus filhos do que o fato de ter sido criado em um lar divorciado ou não. Além disso, esses pesquisadores descobriram que, em famílias altamente conflituosas, as crianças tinham níveis mais altos de bem-estar se os pais se divorciavam do que se eles ficassem juntos; por outro lado, em famílias com poucos conflitos, as crianças tinham níveis mais altos de bem-estar se os pais ficavam juntos do que se eles se divorciassem. O divórcio, concluíram Amato e Booth, "é benéfico para as crianças quando ele as retira de um casamento altamente conflituoso". Contudo, tal como em relação ao casamento, não se deve entrar em um divórcio casualmente ou sem pensar, pois as consequências podem ser deletérias "quando ele retira os filhos de um casamento com poucos conflitos" (figura 6.9)[102].

A preponderância da pesquisa ecoa esses temas. Níveis de conflito familiar são muito mais importantes na vida das crianças do que o fato de a família permanecer ou não junta. A maioria das pesquisas descobriu que "conflitos matrimoniais e familiares em famílias supostamente intactas é prejudicial à saúde física dos filhos e o divórcio, de fato, protege algumas crianças e adolescentes de exposição prolongada a interações familiares que ameaçam a saúde". Além disso, ocorre que as relações entre pais e filhos, mais do que o casamento, são o fator determinante para que um divórcio seja ou não psicologicamente catastrófico. O conteúdo, aparentemente, é muito mais importante do que a forma[103].

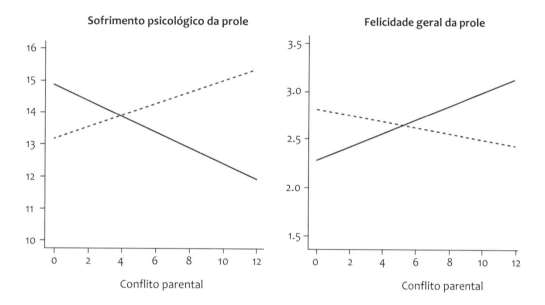

Figura 6.9 Efeitos sobre a prole como função da interação entre conflito parental-marital e divórcio, com controles para as idades, sexo, raça e formação educacional dos pais e para a idade e o sexo da prole.

Fonte: Figura 1. Paul R. Amato et al. "Parental Divorce, Marital Conflict, and Offspring Well-Being During Early Adulthood" ("Divórcio parental, conflito matrimonial e bem-estar da prole durante a idade adulta inicial"). In: *Social Forces*, 73(3), 1995, p. 895-915. Reproduzido com permissão de Oxford University Press e do Departamento de Sociologia da Universidade da Carolina do Norte em Chapel Hill.

Mas esse pode ser outro caso de confusao entre correlação e causalidade. Embora seja verdade que os filhos de famílias divorciadas vivenciam problemas mais severos do que filhos de famílias intactas, é possível que *tanto* os divórcios *quanto* os problemas sejam causados por outra coisa – um conflito matrimonial maior. Segundo a descoberta de um estudo longitudinal, crianças de famílias que eventualmente se divorciam mostram ter problemas bem antes do divórcio propriamente dito. Os autores argumentam que muitas das consequências atribuídas à separação podem, com efeito, derivar do conflito matrimonial e do *stress* familiar que precede um divórcio, e não do próprio ato de se divorciar. Pôr a culpa pelos problemas da criança no divórcio de seus pais "é um pouco como afirmar que o câncer é causado pela quimioterapia", diz o presidente do Conselho de Mediação da Família e do Divórcio na Grande Nova York. Nem o divórcio nem a quimioterapia é algo que uma pessoa espera ter de fazer em sua vida, mas tanto um como o outro podem ser a opção mais saudável em certas situações"[104].

A solução que algumas pessoas propõem para o problema do divórcio é, obviamente, simples: torne o divórcio mais difícil de se obter. O Estado da Louisiana institui **pactos de casamento**, que, diferentemente do contrato matrimonial legal, exigem que os casais assumam literal e seriamente a cláusula "até que a morte os separe". Muitos outros estados estão agora considerando uma tal distinção. Porém, a maioria dos pesquisadores familiares concorda que esse triunfo da forma sobre o conteúdo – que torna o divórcio mais difícil de conseguir sem mudar o conteúdo do casamento – "exacerbaria a amargura e o conflito que se associam com os *piores* resultados do divórcio para as crianças"[105].

O divórcio é uma ação grave, que não deve ser acionado casualmente. Mas é uma "'válvula de escape' necessária para os filhos (e os pais) em lares altamente conflituosos. Do ponto de vista das crianças, "o fim de um casamento infeliz é provavelmente preferível do que viver em um lar caracterizado pela tensão e pela aspereza". Por sua vez, forçar uma família infeliz a ficar junto teria os efeitos mais deletérios para as crianças e também para os adultos. Depois do divórcio, a maioria das famílias "se adapta", e algumas até mesmo "florescem". O divórcio seria mais precisamente considerado como um indicador social não de que algo está errado com metade de todos os casamentos, tomados um a um, mas sim com a instituição do matrimônio, um indicador de que a fundação sobre a qual se ergue o casamento não pode sustentar e suportar metade de todos os casamentos que ocorrem – sem esforços sérios por parte de quem faz as políticas públicas. A terapeuta da família Betty Carter pontua que se qualquer outra instituição social estivesse falhando com metade das pessoas que entrassem nela, nós exigiríamos que a instituição mude para satisfazer as novas necessidades das pessoas, e não o contrário[106].

Custódia dos filhos

Quer o divórcio tenha ou não simplesmente realizado por políticas sociais o que as altas taxas de mortalidade costumavam realizar "naturalmente", há uma diferença significativa entre os dois métodos de dissolver um casamento. Com o divórcio, muitas vezes surgem os problemas relativos à custódia dos filhos. Antes da Revolução Industrial, as crianças eram consideradas um "bem" econômico e as cortes usavam uma avaliação dos meios econômicos para determinar quem receberia a custódia, o que fazia com que, regular e rotineiramente, os pais ganhassem a guarda dos filhos. Nos primeiros anos do século XX, porém, as crianças passaram a ser vistas como um luxo, e então uma nova avaliação, baseada no cuidado e no afeto, passou a ser usada para determinar os arranjos de custódia – uma política que favoreceu as mães. Hoje, "o melhor interesse da criança" é o critério empregado para fornecer a base para as decisões sobre a guarda, embora, na prática, presuma-se que os melhores interesses do filho são mais bem servidos caso ele fique com a mãe, não com o pai, pois o pressuposto é o de que as mães provêm melhores cuidados infantis, especialmente para a primeira infância, do que os pais.

Até certo ponto essa política faz sentido, pois as mulheres realizam a maior parte das tarefas que fornecem o cuidado e carinho de que a criança precisa. Contudo, no fim dos anos de 1970, 63% dos pais que requisitaram a custódia acabaram recebendo-a, um aumento significativo em comparação com os 35% e os 37% que também a solicitaram e ganharam em 1968 e 1972 respectivamente. Em um estudo recente com milhares de divórcios em dois distritos da Califórnia, a psicóloga Eleanor Maccoby e o professor de Direito Robert Mnookin descobriram que uma maioria de mães e pais deseja a custódia conjunta legal, enquanto quem não a deseja prefere que eles – e não seus cônjuges – recebam a guarda dos filhos. Quase 82% das mães e 56% dos pais requisitaram os arranjos de custódia que desejavam, ao passo que 6,7% das mulheres e 9,8% dos homens solicitaram mais do que desejavam, e 11,5% delas e 34,1% deles demandaram menos do que queriam. Isso sugere que "o gênero ainda importa" na determinação do que pais e mães pedem e do que eles recebem. Que as mães tenham mais inclinação para agir a partir de seus desejos e fazer uma requisição específica também indica que os homens precisam pedir por mais desde o início, para evitar se sentirem amargurados depois[107].

A pesquisa de Maccoby e Mnookin é notável por outra descoberta. As crianças que vivem com as mães geralmente têm um desenvolvimento tão bom quanto aquelas que vivem com os pais; "o bem-estar dos filhos depois do divórcio não depende muito de quem fica com a custódia", como Maccoby disse a um jornalista, "mas sim do modo como o lar é gerido e do modo como os pais cooperam". Contudo, uma consequência dos arranjos atuais de custódia é a desistência paterna. Seja porque o pai fica desamparado e se mantém distante do contato regular com seus filhos, seja porque ele, depois de cortado o vínculo matrimonial, vivencia uma euforia de "liberdade" e considera ter escapado de uma situação familiar pautada pelo conflito, parece que muitos homens "veem a paternidade e o casamento como parte do mesmo acordo – um pacote de acordos", como escrevem os sociólogos Frank Furstenberg e Andrew Cherlin. "É como se eles parassem de ser pais tão logo o casamento se acaba". Em uma amostra nacionalmente representativa de crianças entre onze e dezesseis anos vivendo com suas mães, quase a metade não vira seus pais nos doze meses anteriores. Quase metade de todos os pais divorciados nos Estados Unidos não pagam pensão para os filhos; na Europa, o número comparável é de cerca de um quarto[108].

Na verdade, a desistência paterna, no fim das contas, afeta muito significativamente a relação entre pai e filha, mais até do que a tão abordada relação entre pai e filho, ao passo que o elo entre mãe e filha parece ser o mais resistente ao divórcio e às disputas por custódia. Isso pode surpreender aqueles que acreditam que o vínculo pai-filho é o mais frágil e o mais duramente afetado pela ausência paterna pós-divórcio, mas ele ilustra quão frequentemente as filhas são ignoradas por essas pesquisas e como tanto meninos quanto meninas se beneficiam da responsabilidade paterna e da presença contínua do pai em suas vidas[109].

Em anos recentes, a paternidade pós-divórcio se tornou uma questão política, com as organizações pelo "direito dos pais" germinando e declarando que os homens são vítimas de desigualdade nas decisões por custódia. É verdade que a maioria das decisões judiciais concedem a guarda dos filhos para a mãe, com base no modelo do "melhor interesse da criança". Os grupos pelo direito dos pais questionam esse pressuposto e declaram que, invariavelmente, a custódia conjunta é preferível para as crianças. Às vezes, parece que a retórica deles troca "o melhor interesse" das crianças pelo revanchismo de pais magoados com suas ex-esposas ou pela desorientação deles diante de todo o processo de divórcio, mas também parece pertinente o caso de que, estando todas as outras condições iguais, a guarda conjunta física e legal deveria ser a norma nas decisões de custódia. Aqui, por certo, a expressão "todas as outras condições iguais" significa que não há nenhum perigo detectável de abuso físico e sexual contra a criança; que os pais têm condições de conter seus próprios conflitos após o divórcio e evitar que as crianças se tornem peões em uma disputa parental de poder; e que os pais concordem em sustentar igualmente a criança, tanto em termos financeiros quanto emocionais. Tais arranjos podem ser mais difíceis para os pais do que para os filhos, que geralmente relatam sentir "que são amados pelos dois responsáveis" e também "que estão fortemente ligados psicologicamente a ambos, em contraste com um sentimento de intimidade apenas com um único responsável primário". Ao contrário da opinião popular, a custódia conjunta "não cria incerteza ou confusão" e parece beneficiar as crianças, que dizem estar mais satisfeitas com arranjos desse tipo do que em lares com custódia única e consideram vantajoso ter duas casas[110].

Sabemos também que a custódia conjunta beneficiará os homens, que, mantendo um vínculo legal com seus filhos, estarão muito mais inclinados a partilhar responsabilidades financeiras para a criação deles. Ademais, a guarda conjunta pode aliviar o profundo sentimento de perda, desengajamento e depressão frequentemente vivido por homens que ficam desorientados sem o envolvimento contínuo com suas famílias. Por outro lado, a custódia conjunta compulsória pode não ser algo muito bom para as mulheres. A jurista feminista Martha Fineman argumenta que impor juridicamente a guarda conjunta parece ser uma decisão neutra em termos de gênero, mas que "a neutralidade de gênero" em uma arena envolvida por um sistema geral de desigualdade de gênero pode, na verdade, apenas perpetuar a discriminação de gênero, tal como o abandono de ações afirmativas aparenta neutralidade em termos de raça ou gênero, mas, na verdade, favorece homens brancos em detrimento de outros, ao se eximir de questionar explicitamente a discriminação histórica. Como escreve Fineman:

> O que talvez se iniciou como um sistema que, focando na necessidade dos filhos por cuidados, dava preferência às mulheres *somente* porque elas foram geralmente as cuidadoras primárias das crianças agora evolui para se transformar em um sistema que, ao desvalorizar o conteúdo ou a necessidade de tal cuidado, dá ao homem mais que uma oportunidade igual para ganhar a custódia de seus filhos depois do divórcio, isso caso ele escolha ter a guarda, pois pais igualmente biológicos são tidos como iguais na mesma medida em termos expressivos. Fatores que não dizem respeito ao cuidado e nutrição assumem uma importância que favorece geralmente os homens[111].

Talvez o sistema mais judicioso de custódia infantil seja aquele que reconhece a diferença de "elementos introduzidos" por pais e mães na experiência efetiva das crianças – tempo cuidando dos filhos, nível de envolvimento parental no desenvolvimento da criança – ao mesmo tempo em que presume serem ambos os responsáveis habilitados e interessados (estando ausentes quaisquer evidências em contrário) em um relacionamento contínuo comprometido e dedicado com seus filhos. O maior envolvimento dos homens no cuidado com os filhos antes do divórcio deve se refletir nos arranjos de custódia, tal como o esforço contínuo das mulheres para assumir a esmagadora maioria desse cuidado, apesar de seus compromissos com o trabalho. O "direito" dos pais depois do divórcio virá mais facilmente se os pais reconhecerem suas responsabilidades durante o casamento[112].

O problema da violência familiar

Para muitos norte-americanos – tanto pais quanto filhos – a família guarda apenas uma semelhança passageira com o "refúgio num mundo sem coração" descrito pelo mito nostálgico. Longe de proteger seus membros de um mundo frio e violento da porta para fora, a família *é* esse mundo frio e violento. A violência dilacera o próprio tecido dos elos familiares. Embora sejam discutidos posteriormente algumas formas de violência na família, sobretudo entre homens e mulheres, no capítulo 13, gostaria de falar aqui sobre a violência entre pais e filhos, bem como sobre a violência entre as crianças. A violência familiar é notavelmente marcada pelo gênero, ela reproduz e reforça a desigualdade de gênero. A quantidade esmagadora de violência na família é perpetrada pelos homens – maridos que espancam as esposas, pais que machucam os filhos, filhos que agridem seus pais ou meninos que batem em seus irmãos e irmãs. "A ameaça implícita ou real de coerção física é um dos muitos fatores que subjazem à dominação masculina na família", escreve a sociólogo Murray Strauss[113].

A violência de pais contra as crianças está entre os mais controversos tipos de violência familiar. Amplo apoio existe em favor da punição corporal – mais de dois terços dos norte-americanos acreditam que está tudo bem se um pai bate em seu filho –, contudo, esse apoio desaparece quando tal comportamento violento dos pais contra os filhos se torna sistemático ou extremo. A maioria dos norte-americanos já bateu em seus filhos, e a maioria das crianças já apanhou de seus pais. Mas os custos talvez pesem mais do que os benefícios óbvios da obediência imediata do filho. As surras estão associadas com uma série de comportamentos negativos das crianças, incluindo agressão, postura antissocial e problemas de saúde mental. A Academia Norte-americana de Pediatria tomou uma posição oficial contra a prática de bater nos filhos[114].

Embora as formas mais comuns de violência parental contra as crianças seja a surra ou o tapa, 20% dos pais já bateram em seus filhos com um objeto, quase 10% já os chutaram, morderam ou socaram e quase 5% das famílias já vivenciaram um pai espancando uma criança. E apesar de tanto as mães quanto os pais cometerem essa violência, eles não são equivalentes. Em um estudo, Bergman e seus colegas descobriram que os homens têm dez vezes mais possibi-

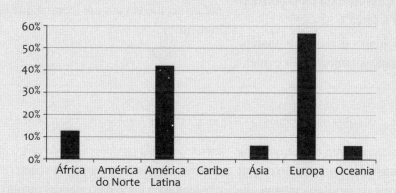

É MESMO?

Todo mundo bate nos seus filhos.

Na verdade, a tendência mundial é se distanciar das surras – especialmente em países industriais avançados. Em 1979, a Suécia baniu a punição corporal em casa. Em 2014, outros 38 países – incluindo a maior parte da Europa e o Brasil – se juntou à Suécia e outros vinte estão prestes a seguir esse caminho.

Porcentagem de países onde a punição corporal é proibida em casa, por região.

Informação fornecida pela Global Initiative to End All Corporal Punishment of Children (Iniciativa Global para Acabar com Toda Punição Corporal de Crianças). Disponível em www.endcorporalpunishment.org – Acesso em 2015.

O efeito do banimento tem sido enorme e rápido. Um estudo de 2009 descobriu que trinta anos depois de banir essa prática, apenas 10% dos suecos aprovavam a punição corporal e apenas 10% a utilizavam. Em menos de duas gerações, o uso da violência contra crianças caiu de quase 100% para cerca de 10%.

Fonte: http://www.endcorporalpunishment.org/pages/pdfs/GlobalProgress.pdf

lidade de provocar danos sérios em seus filhos e que todos os causadores da morte de um filho nessa amostra limitada eram ou o pai biológico ou pai adotivo[115].

A consequência mais evidente da violência parental contra as crianças é observada no comportamento delas. Os filhos veem que a violência é um modo legítimo de resolver disputas e aprendem eles próprios como utilizá-la. A violência contra irmãos é ubíqua nas famílias nos Estados Unidos. Como escreve Strauss:

> A violência entre irmãos geralmente reflete o que as crianças veem seus responsáveis fazer uns com os outros, bem como aquilo que o filho vivencia como forma de disciplina. Filhos de pais não violentos também tendem a usar métodos não violentos para lidar com seus irmãos e, mais tarde, com seus cônjuges e filhos. Se a violência, como a caridade, começa em casa, também é assim com a não violência[116].

(Pais que estão pensando em como desencorajar a violência entre seus filhos podem começar resistindo à tentação de bater neles e resolvendo os problemas matrimoniais sem recorrer à força.)

As consequências de longo prazo para **violência parental** contra as crianças também são evidentes. Quanto maior for a punição corporal sofrida pela criança, maior será a probabilidade de ela bater na esposa quando se tornar adulta. E a possibilidade também é maior de que as crianças que apanharam dos pais revidarão. A violência cometida pelos filhos contra seus pais também é séria; quase um de cada dez (9%) de todos os pais com crianças entre dez e dezessete anos foi vítima de violência cometida por seus próprios filhos. As mães têm maior probabilidade de terem sofrido essa violência, especialmente nos casos mais graves.

As causas antecedentes para que os filhos batam em seus pais, especialmente em suas mães, estão diretamente relacionadas com a severidade da violência sofrida pelas crianças e com a severidade da violência conjugal observada por elas. Os filhos veem suas mães apanhando de seus pais e "aprendem que elas são um alvo apropriado e aceitável de violência intrafamiliar", escreve o sociólogo Richard Gelles. Em nenhum outro momento a desigualdade de gênero na família é mais evidente do que quando um jovem rapaz bate em sua mãe, pois aprendeu vendo o seu pai que a violência contra as mulheres é um comportamento aceitável para um menino que está se tornando homem[117].

A família do futuro

Talvez o achado mais consistente que surgiu das pesquisas sobre divórcio, custódia e orientação sexual é a percepção de que a forma da família – intacta, divorciada, com um só responsável, lésbica ou *gay* – importa muito menos do que seu conteúdo. Esse é o ponto fundamental. Nós nos afastamos do desenvolvimento de políticas e de relações pessoais construídas para nutrir e sustentar as crianças porque ficamos muito preocupados com o tamanho e a forma do pacote. Um lar cheio de amor e apoio, no qual os pais passam um tempo qualitativamente bom e quantitativamente grande com seus filhos e uns com os outros, é o indicador mais forte da futura saúde física, emocional e psicológica tanto das crianças quanto de seus pais. A socióloga da família Arlene Skolnick escreve que os estudos mais confiáveis "descobriram que a estrutura familiar – o número de pais em casa ou o fato de haver ou não divórcio – não é em si mesma o fator crítico no bem-estar dos filhos. Tanto nas famílias intactas quanto nas famílias de outro tipo, aquilo de que os filhos mais precisam são relacionamentos carinhosos e cuidadosos com ao menos um responsável[118].

Por exemplo, um recente estudo longitudinal acompanhou 126 estudantes de graduação de Harvard desde seus anos de universidade nos anos de 1950. 35 anos depois, 116 dentre eles foram reavaliados. Desses, 25% que haviam considerado seus pais como amorosos e carinhosos desenvolveram doenças graves, ao passo que 87% daqueles que consideraram seus pais como não carinhosos vivenciaram ao menos um problema de saúde sério (os pesquisadores fizeram controles para excluir outras causas potenciais, como histórico familiar de enfermidades, morte ou divórcio dos pais, hábitos tabagistas e experiências matrimoniais). Homens que tinham pouca percepção do cuidado e do amor paternal que receberam quando crianças tinham um risco muito maior de se tornarem doentes na meia-idade[119].

A crise da família parece menos uma crise de forma do que uma série de desafios ao seu conteúdo. É verdade que tanto a felicidade matrimonial quanto o bem-estar dos filhos têm declinado ao longo das duas últimas décadas. Mas parece igualmente verdade que, como escreve David Demo, "as consequências negativas atribuídas ao divórcio, à estrutura familiar com um único responsável e ao desemprego maternal foram fortemente exageradas". Como uma instituição marcada pelo gênero, a família é fundada partir de pressupostos sobre a diferença de gênero e a partir da realidade da desigualdade de gênero tanto em níveis interpessoais quanto estruturais. No âmbito estrutural, a desigualdade de gênero é mantida pela indiferença do governo ao sofrimento das famílias trabalhadoras – que vai da assistência infantil inadequada, passa pela ausência de licenças parentais e chega até a incapacidade de apoiar e sustentar diferentes tipos de família, cujas crianças talvez cresçam sentindo que suas vidas não têm o mesmo valor e dignidade que as de outras crianças[120].

Políticas que acolham a família nos locais de trabalho habilitariam e encorajariam as famílias a equilibrar suas vidas profissionais e seus compromissos familiares. Nos Estados Unidos, pouco mais de 33% de trabalhadores nas empresas como mais de mil empregados têm licença-maternidade não assalariada e, embora 83% de todos os homens trabalhadores digam que eles sentem necessidade de partilhar as responsabilidades parentais, apenas 18% dessas empresas realmente lhes oferecem licença parental, e apenas 9% dentre todas as firmas. É possível comparar tais números com aqueles da Suécia ou da Noruega, por exemplo, onde casais recebem um ano inteiro de licença parental com 80% de seu salário. Os noruegueses e suecos instituíram o que eles chamam de "dias do papai", em que os pais podem sair de licença do trabalho depois de a mãe ter voltado seu emprego, garantindo assim que eles passem um bom tempo com seus filhos. Nesses países, até mesmo os avós têm apoio financeiro para se licenciar do trabalho e passar mais tempo com seus netos! Esses tipos de política proclamam que uma nação ama e valoriza tanto seus filhos que está disposta a usar seus recursos para fomentar e favorecer esse amor. Para mim, *isso é que são* "valores familiares"[121].

Contudo, apesar de nossas declarações de que somos uma sociedade que valoriza a próxima geração, as políticas governamentais norte-americanas, na verdade, tornam ser pai mais difícil tanto para os ricos quanto para os pobres. Fundos inadequados para educação, assistência médica inadequada para crianças e adultos, políticas corporativas inadequadas em relação às licenças parentais e locais de trabalho hostis à família – com horários inflexíveis, cronogramas apertados e falta de fraldários no local – colocam um peso muito grande sobre elos matrimoniais e elos entre pais e filhos já fragilizados e pressionados. "Estamos tentando fazer o que as mulheres esperam de nós, o que as crianças esperam de nós, mas não estamos dispostos a transformar o local de trabalho", nota um antropólogo que estuda a vida dos homens em muitas culturas diferentes[122].

A família como uma instituição marcada pelo gênero depende igualmente de relações interpessoais entre integrantes familiares e da divisão de trabalho doméstica que, também baseada no gênero, reproduz a dominação masculina na sociedade. A desigualdade de gênero é expressa pelas diferentes quantidades de trabalho doméstico e cuidado dos filhos que os homens realizam e pelas diferentes trajetórias de vida das mulheres e dos homens após o divórcio. Tal desigualdade é mantida geralmente pela ameaça implícita ou real de violência.

Frequentemente acreditamos que forçar as famílias a se manter juntas beneficiará os filhos, mesmo que os pais fiquem infelizes. "Nós ficamos juntos pelo bem das crianças" é como os responsáveis geralmente falam. O sociólogo Frank Furstenberg sugere, em vez disso, que coloquemos o bem-estar dos filhos no centro da discussão e não como um resultado presumido. "Ao direcionar mais recursos para crianças de baixa renda, sem se importar com a forma familiar na qual elas vivem, e por meio de mecanismos tais como acesso à assistência infantil de qualidade, à assistência médica, à educação e ao aumento de receitas fornecido por deduções fiscais, pode ser possível aumentar o nível de capital humano, social e psicológico que as crianças recebem". Em outras palavras, será que nós "investimos no reforço do casamento e esperamos que as crianças se beneficiem disso ou investimos nas crianças e esperamos que o casamento se beneficie disso"?[123] Como Furstenberg, eu faço minhas apostas na última opção.

Na minha opinião, a igualdade de gênero na família não requer uma grande "dose de androginia" nem eu a prescrevo, como prescreve o sociólogo Andrew Greely, que "os homens se tornem mais como as mulheres". Assim como é possível para as mulheres entrar no mercado de trabalho sem se tornarem "masculinizadas", também é possível para os homens voltar para casa depois de seu longo exílio sem se tornarem "feminizados". Se a tendência atual continuar, parece inevitável que o homem estará fazendo quantidades crescentes do que se costumava chamar de "trabalho de mulher" dentro de casa, assim como as mulheres estão fazendo quantidades crescentes do que se costumava chamar de "trabalho de homem" fora do lar. É facilmente possível acomodar as mudanças nas atividades de uma pessoa sem transformar sua identidade ou autoimagem[124].

Foi no século XIX que a ideologia da separação entre as esferas foi inventada e imposta, "aprisionando" as mulheres em casa e "exilando" os homens fora dela. Na segunda metade do século XX, as fundações estruturais dessa ideologia erodiram, e ela passou a ficar sob crescente ataque ideológico. Minha previsão é de que o século XXI testemunhará uma "reintegração das esferas", na qual o lar e o trabalho se tornarão cada vez mais similares, com homens e mulheres sendo participantes mais ativos em ambas as esferas. Deveríamos "insistir em uma integração maior entre a vida profissional das pessoas e a vida doméstica delas", escreve o crítico social Christopher Lasch. "Em vez de aquiescer com a subordinação da família ao local de trabalho, devemos buscar remodelar o último em torno das necessidades da primeira." E, no fronte doméstico, um número crescente de pessoas está fazendo "teletrabalhos", viajando do quarto para o escritório de casa, usando laptops, celulares e aparelhos de fax para realizar seu trabalho assalariado, ao mesmo tempo em que cozinham para seus filhos e limpam a casa durante os intervalos[125].

A mudança mais dramática na vida familiar do século XXI seguramente será a transformação dos papéis masculinos, tal como a mudança demográfica mais dramática do século XX no local de trabalho foi a chegada das mulheres. O sociólogo da família Scott Coltrane prevê que, conforme as esposas trabalhem por mais horas, identifiquem-se mais com seus empregos e provejam uma parte maior da renda familiar, os homens passarão a fazer quantidades crescentes de trabalho doméstico. Além disso, diz ele, à medida que "os pais se tornem mais envolvidos com o cuidado dos bebês, eles começarão a assumir mais responsabilidades para tomar conta dos filhos, e uma minoria relativa deixará para trás o papel de ajudante nas tarefas de casa". No local de trabalho, os homens se identificarão cada vez mais como pais, assim como, dentro de casa, as mulheres se identificaram cada vez mais como trabalhadoras[126].

LEIA TUDO A RESPEITO!

Qual seu "Plano B"?

Um estudo fascinante com jovens feito pela socióloga Kathleen Gerson descobriu que tanto mulheres (80%) quanto homens (70%) desejam um casamento equilibrado e igualitário, onde ambos trabalham fora de casa e ambos se dediquem aos filhos. Mas tal arranjo é difícil de obter, certo? Tanto a família quanto o trabalho tomam grandes quantidades de tempo e, diferente de outros países, nossas políticas públicas não dão praticamente nenhum apoio. Por isso, Gerson perguntou a esses mesmos jovens o que eles prefeririam se isso não acontecesse, se eles não pudessem ter os relacionamentos igualitários que desejavam. Em outras palavras, qual era o plano B?

É aqui que as mulheres e os homens divergiram. Cerca de 70% deles disseram que optariam por arranjos familiares mais tradicionais: eles trabalhariam fora de casa e suas esposas manteriam a casa e criariam os filhos. Mas quase três quartos de mulheres disseram que prefeririam se divorciar e ficar sozinhas com seus filhos do que retornar para o modelo familiar dos anos de 1950. Eis a diferença:

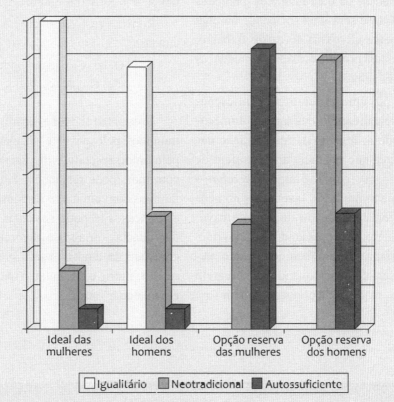

Eis um dos jovens do estudo de Gerson:

> Se eu pudesse ter o mundo ideal, gostaria de uma parceira que esteja fazendo tanto quanto eu – alguém que é ambicioso e gosta de conquistar. [Mas] se não puder ser igual, eu seria o provedor e estaria lá para ajudar nas tarefas de casa à noite.

E aqui está o que uma mulher pensa a respeito desse plano:

> Minha mãe é tão apegada aos anos de 1950, fazia tudo para meu pai. Não estou planejando cair nessa armadilha. Realmente não estou disposta a aceitar isso de nenhum cara que seja.

A questão é: Podemos desenvolver políticas públicas para a família que habilitam *tanto as mulheres quanto os homens* a ter a vida familiar que realmente querem?

Fonte: Kathleen Gerson. *The Unfinished Revolution* (*A revolução inacabada*). Nova York: Oxford University Press 2010). • Lisa Wade. "Most Women Would Rather Divorce Than Be a Housewife" ("A maioria das mulheres preferiria o divórcio do que ser dona de casa"). In: *Huffington Post*, 29/01/2013. Disponível em http://www.huffingtonpost.com/lisa-wade/housewife_b_2568187.html – Reprodução do gráfico com permissão de Oxford University Press, USA.

Quando homens e mulheres dividirem inteiramente as tarefas domésticas e de criação dos filhos, a desigualdade de gênero na família decrescerá e os estereótipos e diferenças de gênero que se presumem serem a fonte dessa desigualdade também gradualmente dissolverão. Afinal, como aprendemos com os antropólogos, as sociedades nas quais os homens assumem mais papéis para criar os filhos são aquelas nas quais o *status* das mulheres tende a ser mais alto. Ademais, uma sociedade na qual mulheres e homens dividem a parentalidade será uma sociedade na qual ambos são igualmente ativos na força de trabalho. Uma mudança na esfera privada ocasionará mudanças dramáticas na esfera pública.

Considere-se, por um momento, as implicações da partilha da parentalidade e das tarefas domésticas, bem como todo o impacto da reintegração das esferas. Uma criança que vivencia amor e afeto de seu pai e mãe verá que cuidar é algo que *adultos* fazem, não algo que as mulheres fazem e os homens podem ou não fazer, dependendo do fato de haver ou não um jogo interessante passando na televisão. Assim, todas as crianças, tanto meninos quanto meninas, almejarão ser afetuosos quando se tornarem adultos. Do mesmo modo, uma criança também verá que trabalhar é algo que *adultos* fazem, não algo que os homens fazem e as mulheres podem ou não fazer, dependendo do fato de seus maridos "permitirem-na" ou de elas estarem criando os filhos. Nesse sentido, compartilhar a parentalidade pode ser um passo crucial em esvaziar o caráter de gênero de duas das experiências mais marcadas por ele que temos, as duas experiências que o próprio Freud identificou como os elementos mais cruciais da vida adulta saudável: o amor e o trabalho.

Robert Frost escreveu essas linhas tantas vezes citadas:

> O lar é o lugar onde, quando você vai lá eles têm de recebê-lo.

Nossas famílias são lugares onde somos tão constrangidos pelo dever e obrigação quanto inspirados pelo amor, respeito e dignidade. O amor, como descobrimos, pode residir em famílias tradicionais, em famílias com um único responsável, em famílias *gays* e lésbicas. Ele pode sustentar as crianças em famílias intactas ou após o divórcio. O que importa é o conteúdo da família, não a sua forma. O amor pode resistir, nutrir e sustentar – onde quer que ele viva e em qualquer forma.

TERMOS-CHAVE		
Casamento homossexual	Mística feminina	Suicídio racial
Família tradicional	Pactos de casamento	Segundo turno
Lei de defesa do casamento	Políticas amigáveis à família no local do trabalho	Trabalho das mulheres
Licença-maternidade		Valores da família
Licença-paternidade	Renda familiar	Violência parental

7

A sala de aula constituída por gêneros

> *A educação superior das mulheres é um dos maiores gritos de batalha pela liberdade no mundo; pelo direito contra a força. É o grito da escrava oprimida. É a afirmação da igualdade absoluta.*
> Henry Fowle Durant, president.
> Wellesley College. "The Spirit of the College" ("O espírito da faculdade", 1877).

"O CURSO DE MATEMÁTICA É DIFÍCIL" são quatro dentre as primeiras palavras que a Barbie falou pela primeira vez. Quando a Mattel introduziu a Barbie falante em 1992, o novo grupo de suas quase oito milhões de donas ouviu muito mais do que a reclamação de uma adolescente – mesmo se tal adolescente fosse uma loira bombasticamente atraente cujos pés foram desenhados para caber no salto alto. Esse grupo de meninas escutou o modo como desigualdades e diferenças de gênero são reproduzidas[127].

A teoria interplanetária dos gêneros nos diz que meninos e meninas são fundamental e categoricamente diferentes: que eles se sobressaem em ciência e matemática, brincam violentamente no parquinho e gritam na sala de aula; que elas, por outro lado, sentam quietinhas, falam gentilmente, brincam cautelosamente e se destacam em francês e em literatura. Ao mesmo tempo, é óbvio, sentamos na mesma sala de aula, lemos os mesmos livros, ouvimos os mesmos professores e supostamente somos avaliados pelos mesmos critérios.

Mas estamos vivendo as mesmas experiências nessas salas de aula? Não exatamente. Nosso contato com questões de gênero começa mesmo antes de chegarmos na escola. A partir do momento em que entramos na nossa primeira classe, passamos a aprender mais do que o abecedário, mais do que ortografia, matemática, ciência, mais do que física e literatura. Aprendemos – e ensinamos uns aos outros – o que significa ser homem e ser mulher. E vemos isso ocorrer em todos os lugares ao nosso redor nas escolas – quem ensina o quê, o que eles nos ensinam, como nos ensinam e como as escolas se organizam como instituições. As escolas são como as fábricas de antigamente, e o que elas produzem são indivíduos de gêneros específicos. Tanto no currículo oficial – apostilas e similares – e no **currículo escondido** paralelo de nossas interações informais com professores e com outros estudantes, nós nos tornamos marcados por gênero. Isso é reforçado por esse currículo paralelo tal como ele é apresentado pela mídia. E a mensagem que os alunos recebem

– tanto por meio do conteúdo quanto por meio da forma educacional – é que as mulheres e os homens são diferentes e desiguais, que a desigualdade deriva dessas diferenças e que, portanto, ser desigual é justificado. Consideremos, porém, a posição oposta – que as diferenças observadas são *produtos*, não a causa, da desigualdade de gênero. Como a professora de Direito Deborah Rhode escreve, "o que a escola ensina e tolera reforça as desigualdades que persistem para além da infância"[128].

Educação tradicional para a masculinidade

Desde o século XVIII, nos Estados Unidos, a educação foi reservada para meninos e homens das classes mais altas. Vimos anteriormente como oponentes da igualdade das mulheres usaram argumentos biológicos para sustentar a exclusão de gênero – como, por exemplo, eles afirmaram que a educação superior para as mulheres resultaria em uns "cérebros monstruosos em corpos frágeis" com "pensamento fugidio e intestino preso" – pois isso violaria o "plano" do corpo feminino para elas. O professor de Harvard Edward Clarke citava casos de mulheres educadas "pálidas, fracas, nevrálgicas, dispépticas, histéricas, menorrágicas, dismenorreicas", com "desenvolvimento arrastado do sistema reprodutivo"[129].

Muitos dos oponentes vitorianos da educação das mulheres acreditavam que elas não conseguiriam suportar e não desejariam se submeter aos rigores da formação superior. Por contraste, alguns oponentes da **coeducação** também acreditavam que juntar homens e mulheres teria efeitos desastrosos para ambos os sexos. Como escreveu um editorialista do *Daily Californian* (*Diário Californiano*) da Universidade da Califórnia em Berkeley, "as mentes de homens e mulheres são radicalmente diferentes" e, por causa disso, eles e elas devem ser ensinados separadamente. Quando a Universidade de Michigan debateu pela primeira vez a coeducação em 1858, seu presidente se opôs porque "os homens perderão conforme as mulheres avançarem, [e] teremos uma comunidade de mulheres desafeminadas e de homens desmasculinizados". Um jornal local aplaudiu a decisão do conselho, afirmando que educar as mulheres iria "fazer as mulheres deixarem de ser mulheres e os homens deixarem de ser homens"[130].

Alguns receavam que educar homens e mulheres juntos "emascularia" o currículo universitário, diluindo-o com a inclusão forçada de temas e temperamentos que era melhor omitir, diminuindo o ritmo ou reduzindo de algum modo os padrões para permitir que as mulheres acompanhassem o processo. Em seu influente tratado sobre a adolescência, o grande psicólogo G. Stanley Hall preveniu contra a coeducação pois "isso prejudica as garotas ao assimilá-las aos jeitos e tarefas dos meninos e ao roubar-lhes o senso de caráter feminino", ao passo que também prejudica os rapazes "ao efeminá-los quando eles precisam trabalhar o seu lado bruto e animal". Ao tornar meninos e meninas mais parecidos, ele avisava, a coeducação "diluiria" a misteriosa atração entre os sexos opostos – ou seja, ela causaria homossexualidade (por certo, Hall não poderia ter previsto ainda os estudos de Alfred Kinsey sobre a sexualidade humana, que mostram como a maioria das experimentações homossexuais entre os homens ocorre justamente nessas instituições para um único sexo – as escolas só para meninos, acampamentos de verão, escoteiros, serviço militar e prisões – que Hall acreditava serem possíveis paliativos contra a homossexualidade).

Por certo, havia também fortes apoiadores da educação das mulheres, tendo como exemplo histórico os fundadores e primeiros presidentes das faculdades para as mulheres, como Matthew Vassar e Milo Jewett (Vassar), Henry Durant (Wellesley) e L. Clark Seelye (Smith). Durant chegou mesmo a dizer que o verdadeiro sentido da educação das mulheres é a "revolta" – "contra a escravidão à qual as mulheres estão presas pelos costumes da sociedade –, a saúde prejudicada, as vidas sem propósito, a posição subordinada, a vulnerável dependência, as desonestidades e imposturas de uma suposta educação"[131].

A fragilidade física das mulheres e sua dependência e vulnerabilidade eram, portanto, *consequências* da desigualdade de gênero, não a sua causa. O grande médico britânico Henry Maudsley elaborou essa explicação mais sociológica para a diferença das mulheres em 1874:

> Há outras razões que vem constituir a jovem feminilidade da garota americana. À sua infância são negados os felizes esportes ao ar livre de seus irmãos. Há um silenciamento implacável de tudo que pareça uma brincadeira barulhenta; os jogos ativos e bem alegres, as brincadeiras bagunçadas, no campo ou no interior, não são coisas *apropriadas* para ela! Ela é encaixotada em um vestido que a confina, tão pesado e tão inconveniente que nenhum menino conseguiria usá-lo um único dia sem começar a ter visões sombrias da vida. Todo esse martírio em nome da postura e da moda consome força e simetria, e essas meninas estão em destroços quando se tornam mulheres. Que elas consigam chegar à idade adulta, depois de todas essas condições sofríveis e exaustivas, deve-se à superior flexibilidade feminina, que resiste a um método de educação que teria matado todos os garotos um ano antes... Há estatísticas abundantes provando que o estudo rigoroso é a disciplina e o tônico de que a maioria das garotas precisa para superar o excessivo sentimentalismo e os devaneios inúteis provocados por ociosidades da moda e provocadores dos "nervos", da melancolia e da inanição geral. Até onde essas estatísticas vão, elas também provam que as mulheres universitárias dessas faculdades se tornam esposas e mães tão saudáveis e felizes como se nunca tivessem resolvido um problema matemático ou traduzido Aristóteles[132].

As políticas oficiais para promover a coeducação não detiveram seus oponentes homens. Em 1900, a Universidade de Rochester prometeu abrir as portas para as mulheres – se eles pudessem levantar fundos para construir novos dormitórios e instalações. Quando elas conseguiram fazê-lo – depois de Susan B. Anthony vender sua apólice de seguro de vida para superar o último obstáculo monetário – e as mulheres tentaram entrar na sala de aula, os estudantes homens responderam pisando em seus pés, bloqueando fisicamente as portas da sala de aula e zombando das mulheres tão logo elas aparecessem no campus. A resposta da administração foi segregar fisicamente as mulheres em uma faculdade separada, mas de qualidade nitidamente menor. A sala de aula universitária, por cuja entrada as mulheres lutaram tão fortemente, não existia tanto para treiná-las intelectualmente, mas sim para garantir a obediência social à diferença de gênero. Elas entravam em outra classe estruturada por gêneros.

A sala de aula marcada por gênero

O processo formal educacional de aquisição de gênero começa quando entramos na sala de aula e continua ao longo de nossa vida escolar. Na pré-escola e nas salas de jardim de infância frequentemente encontramos os blocos, caminhões, aviões e ferramentas de carpintaria em uma área e as bonecas e equipamentos de arrumação doméstica em outra área. Embora eles possam oficialmente estar "disponíveis" para qualquer um brincar, as áreas são, no mais das vezes, sexualmente segregadas por fronteiras invisíveis, mas reais. No ensino fundamental, as brincadeiras informais no horário fora da escola envolvem diferentes esportes, diferentes regras e diferentes atividades na área de recreação.

A pré-escola na qual ensinava durante os anos de 1970 era dividida em três zonas. A área interna era destinada a atividades silenciosas e havia prateleiras de livros, uma caixa de areia pequena com xícaras e pires, uma sala do silêncio e um conjunto de cavaletes de pintura. Imediatamente fora do prédio ficava o "pátio próximo", que incluía duas caixas de areia maiores com grandes potes e panelas dispostas ao redor delas e uma área marcada para jogos com o pé, como a amarelinha. Depois disso vinha o "pátio distante", que incluía o trepa-trepas, uma caixa de areia larga e não cercada, bem como outras atividades de coordenação motora básica.

Na manhã, as meninas de três anos chegavam na escola em silêncio, colocavam seus casacos ordenadamente em seu armário aberto e rumavam para a sala interna com passos lentos e incertos. Lá elas procuravam um colega e se sentavam em silêncio olhando para os livros, conversando ou brincando dentro das caixas de areia, ajustando-se assim para um novo dia na escola. Os meninos corriam lá para dentro, jogavam seus casacos em seus armários (gastando metade do tempo), voavam lá para fora, agarravam um caminhão e apressavam-se para o pátio distante, gritando por todo o caminho.

Todos os meninos, ou melhor, todos menos "Brad". Brad era uma criança quieta, atenciosa e ponderada, e um dos estudantes mais brilhantes a quem dei aula – de todas as idades! A cada manhã, Brad caminhava diretamente para os cavaletes, onde ele passava todo seu dia pintando alegremente. Em certos dias, ele estava em um ritmo de produção pleno, produzindo pinturas depois de pinturas; em outros dias, ele pintava por um tempo e então olhava sonhadoramente para as árvores lá fora.

Quando os pais dele me viram – o novo professor homem – eles ficaram felicíssimos. "Você *tem de* fazer o Brad ir para o pátio distante!", eles pleitearam comigo, com um brilho aterrorizado em seus olhos. "Por favor", repetia gentilmente a mãe de Brad, "por favor".

Não é necessário um doutorado em educação básica para compreender o que era tão aterrorizador para os pais de Brad. O espectro da homossexualidade pairava no ar. Brad não estava agindo como os outros meninos e sua inconformidade de gênero era vista como um sinal de sua futura orientação sexual. Tentei assegurar aos pais que Brad parecia genuinamente feliz com suas pinturas e que ele era muito bom nisso, mas não ficaram satisfeitos comigo até que eu prometesse que também encorajaria Brad a brincar com os caminhões. Eles estavam certos de que a pré-escola poderia produzir um filho masculino – e heterossexual (Acho que Brad esperava que eles o permitissem ficar em paz e o deixassem se tornar um artista. Quanto a mim, de vez em quando eu chegava perto do cavalete onde Brad estava pintando e perguntava se ele queria ir comigo até o pátio distante. Ele sempre sorria abertamente, recusava o convite e voltava para sua arte).

Embora exista alguns sinais de mudança, a experiência dessa pré-escola se reproduz em todas as salas de aula em todas as cidades dos Estados Unidos hoje. Meninos e meninas aprendem – e ensinam uns aos outros – quais são os comportamentos e as experiências apropriadas para eles e elas, bem como garantem que todos estão agindo de acordo com o plano. O que é menos visível são os modos como os professores e o currículo aberta e sutilmente reforçam não apenas a diferença de gênero, mas também as desigualdades que acompanham e até mesmo produzem essa diferença.

A configuração da sala de aula reproduz a desigualdade de gênero. "Desde a escola básica até a educação superior, as estudantes mulheres recebem menos instruções ativas, tanto em quantidade quanto em qualidade do tempo e da atenção do professor", observam os professores de educação Myra e David Sadker, ao resumir sua pesquisa em seu livro impactante *Failing at Fairness* (*Falhando na justiça*). Muitos professores percebem os meninos como ativos, capazes de exprimir raiva, briguentos, punitivos, criadores de álibis e exibidos. As meninas, por sua vez, são percebidas como afetivas, obedientes, sensíveis e perseverantes. Quando os meninos "derrubam as meninas", como fazem tantas vezes nessa idade, os professores (geralmente mulheres) não falam nem dizem nada, na maioria das vezes, para corrigi-los. Assim, elas estimulam a noção de superioridade dos meninos. Muitos professores presumem que as meninas provavelmente "amam" leitura e "odeiam" matemática e ciências, ao mesmo tempo em que esperam o oposto dos meninos[133].

Os professores chamam os meninos mais vezes e dedicam mais tempo para eles. São feitas perguntas mais desafiadoras para eles do que para as meninas, e espera-se mais tempo pela resposta deles. Os garotos são instigados a se dedicar mais pelos professores, que lhes dizem constantemente "você consegue". Um estudo descobriu que, em todas as dez salas de aula universitárias observadas, os rapazes eram mais ativos, não importava o gênero do professor, ainda que uma professora promovesse notavelmente a participação das garotas. Um relatório financiado pela American Association of University Women (Associação Norte-americana de Mulheres Universitárias) resumiu tais estudos quando conclui que "olhando salas de aula da pré-escola ou auditórios de leitura da universidade... a pesquisa cobrindo os últimos vinte anos revelou consistentemente que os homens recebem mais atenção do professor do que as mulheres". Parte da razão para isso é que os meninos demandam mais atenção e a outra parte da razão é que os professores também tratam garotos e garotas diferentemente. Quando os Sadkers realizavam as pesquisas para seu livro, perguntaram aos professores por que davam mais atenção aos meninos. Eles deram respostas como: "porque eles precisam mais" ou "eles têm dificuldades para ler, escrever e fazer matemática. Eles nem conseguem se sentar em silêncio"[134].

Eis um exemplo particularmente provocativo de *Falhando na justiça*, o livro que documenta a miríade de modos como a desigualdade de gênero permeia a sala de aula. Uma sala de aula da quinta série, observada por Sadker, estava em uma discussão especialmente barulhenta e frenética sobre quem era o melhor presidente da história dos Estados Unidos. "Um minuto", disse o professor na sala. "Há muitos de nós aqui para que todos gritem de uma vez só. Quero que vocês levantem as mãos e então eu os chamo. Se vocês gritarem, eu escolherei outra pessoa". Isso restaurou a ordem por um momento. Então um garoto entusiasmado fala alto:

Stephen: Eu acho que Lincoln foi o melhor presidente. Ele manteve o país unido durante a guerra.

Professor: Muitos historiadores concordariam com você.

Mike (vendo que nada aconteceu com Stephen, ele também fala alto): Eu não acho. Lincoln foi ok, mas meu pai gostava de Reagan. Ele sempre disse que Reagan foi um grande presidente.

David (falando alto): Reagan? Você está brincando?

Professor: Quem você acha que foi o melhor presidente, Dave?

David: Franklin Delano Roosevelt. Ele nos salvou da depressão.

Max (falando alto): Eu não acho certo escolher um melhor presidente. Houve vários muito bons.

Professor: Isso é interessante.

Kimberly (falando alto): Eu não acho que os presidentes de hoje são tão bons quanto os que costumávamos ter.

Professor: Ok, Kimberly. Mas você se esqueceu da regra. Era para levantar a mão primeiro[135].

A jornalista Peggy Orenstein observou outra classe de primeiro ano do ensino médio onde os garotos "gritavam ou estalavam os dedos com suas mãos levantadas quando queriam falar, [enquanto] as meninas pareciam se retrair na dinâmica da sala". Como uma garota lhe disse, "os meninos nunca se importam se estão errados"[136].

> **É MESMO?**
>
> Meninos não gostam de meninas que são "inteligentes demais".
>
> Quantas leitoras mulheres já ouviram algo assim? "Não seja tão esperta, você nunca vai achar marido!"
>
> Esse é só um dos modos como a desigualdade de gênero cria as próprias diferenças que acreditamos ser a causa da desigualdade. Mas ocorre que isso não é verdade. Outrora, se uma mulher tivesse um nível maior de educação do que seu marido, havia chance de que o casamento fosse mais frágil e o divórcio, mais provável. Não mais. Em um estudo recente, as sociólogas Christine Schwartz e Hongyun Han descobriram que casamentos nos quais o nível educacional da esposa supera o do marido não tinham maior risco de dissolução matrimonial (também é verdade que os matrimônios mais estáveis são aqueles em que o casal é relativamente igual em suas realizações educacionais – ou seja, a estabilidade não deriva mais de uma educação maior por parte dele do que por parte dela). Duas mulheres bastante inteligentes, hein?
>
> Fonte: Christine Schwartz e Hongyun Han. "The Reversal of the Gender Gap in Education and Trends in Marital Dissolution" ("A inversão da defasagem de gênero na educação e tendências da dissolução matrimonial"). In: *American Sociological Review*, 79(4), 2014, p. 605-629.

Eis um modo inovador de tentar melhorar e corrigir esses enviesamentos culturais. Em uma pré-escola de Estocolmo, chamada "Escola Egalia" para promover sua crença na igualdade, tudo é organizado para eliminar qualquer viés de gênero. As crianças chamam umas às outras de "amigos", não de "menino" e "menina". Ninguém usa pronomes como "dele" ou "dela". Garotos e garotas brincam juntos; não há nenhuma segregação de gênero sequer. Os livros enfocam uma variedade de temas, mas não se encontrará por lá "Cinderela" ou "Branca de Neve" – livros muito sexistas e heteronormativos! "A sociedade espera que as meninas sejam menininhas, legais e bonitinhas, e que os meninos sejam másculos, brutos e descontraídos", explica um professor. "A Egalia lhes dá uma oportunidade fantástica de ser quem quer que eles queiram". A escolha não nega as diferenças anatômicas – todas as bonecas são "corretas" – mas os educadores insistem que tais diferenças "não significam que meninos e meninas têm habilidades e interesses diferentes. Isso é democracia. Isso é igualdade humana"[137].

> **LEIA TUDO A RESPEITO!**
>
> Escolas são mais do que instituições nas quais aprendemos a ler, escrever e contar. Elas são fábricas de gênero e o que elas produzem são meninos e meninas em conformidade com o gênero. Desde o currículo, passando pela disposição da sala de aula até o modo como as crianças interagem umas com as outras e com os professores, um objetivo central é inculcar comportamentos de gênero adequados, partindo de crianças marcadas por gênero e chegando a identidades de gênero apropriadas. Você acha que eu uso demais a palavra "gênero"? Então pense no quanto você a utiliza – ou melhor, uma linguagem pautada por gêneros para falar sobre si mesmo e seus amigos. Em dois artigos distintos – um chamado "'Cool Boys', 'Party Animals', 'Squids' and 'Poofters'" ("'Meninos descolados', 'Caras festeiros', 'Motoqueiros' e 'Veados'") e o outro, "Spice Girls, Nice Girls, Girlies and Tomboys" ("Spice Girls [Meninas apimentadas], Meninas legais, menininhas e joãozinhos") – o sociólogos Diane Reay e Wayne Martino discutem respectivamente as muitas linguagens que meninos e meninas usam para policiar uns aos outros, garantir que todos desempenhem o gênero "certo". Como você e seus amigos policiam o comportamento de gênero no seu grupo? Que tipos de punição as crianças recebem se elas "se desviam"?

É MESMO?

Todos sabemos que os meninos são melhores em matemática. É biológico. Mas... ocorre que isso não é verdade. A psicóloga Janet Hyde não descobriu praticamente nenhuma diferença que seja em uma pesquisa com mais de sete milhões de estudantes norte-americanos. Talvez todas aquelas reformas para estimular as garotas a se dedicar à matemática e à ciência estão realmente fazendo efeito. Ou talvez, na verdade, não houvesse diferenças tão grandes desde o começo. Eis como as distribuições de pontos se apresentam:

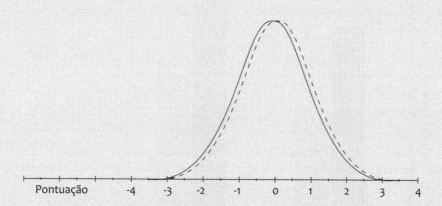

Figura 7.1a Duas distribuições normais que apresentam um padrão de 0,15 pontos de desvio entre si (ou seja, *desvio* = 0,15; essa é a magnitude aproximada da diferença de gênero nos desempenhos de matemática, com média sobre todas as amostras).

Fonte: Hyde, J., Fennema, E. e Lamon, S. "Gender differences in mathematics *performance*: A meta-analysis" ("Diferenças de gênero nos desempenhos de matemática: uma metanálise"). In: *Psychological Bulletin*, vol. 107(2), mar./1990, p. 139-155. Publicado por APA e reproduzido com permissão.

Talvez não sejam as diferenças médias, mas as diferenças nos extremos. Em 2005, Lawrence Summers, então presidente de Harvard, especulou que não eram pontuações *médias* assim tão diferentes, mas sim o formato das distribuições, com os homens sendo sobrerrepresentados nas duas pontas do contínuo – ou seja, que havia mais gênios da matemática homens e mais homens no extremo de baixo. Era por isso, ele sugeriu, que havia muito mais professores homens de matemática e de ciência nas universidades de alto prestígio.

Porém, verificou-se que isso também não era verdade. Usando dados massivos obtidos de 86 países, Jonathan Kane e Janet Mertz descobriram que essa variabilidade maior entre os homens não está presente em alguns países, levando à conclusão de que, como diz Kane, "é razoável atribuir as diferenças no desempenho masculino primariamente a fatores sociais específicos de cada país".

Nada de Marte e Vênus aqui. Apenas as diferenças culturais no Planeta Terra. De fato, podemos até mesmo ir mais longe. Talvez as diferenças que observamos não são a *causa* da desigualdade de gênero, mas o *resultado* da desigualdade de gênero. Em um estudo comparado com diversos países, os meninos tinham pontuações mais altas em matemática em algumas nações, as meninas, em outras e, na maioria dos casos, tanto eles quanto elas eram praticamente idênticos. O que explicava a diferença? Os países em que as meninas se saíam melhor em matemática tendiam a ser aqueles que também tinham índices mais altos em outras medidas de igualdade de gênero, como participação na força de trabalho, mulheres em cargos públicos e políticas de equilíbrio entre família e trabalho.

Mesmo nos Estados Unidos, as diferenças de gênero nos desempenhos de matemática não são nem de longe tão grandes quanto as diferenças de raça e de classe. Observe as diferenças nas notas de matemática por classe:

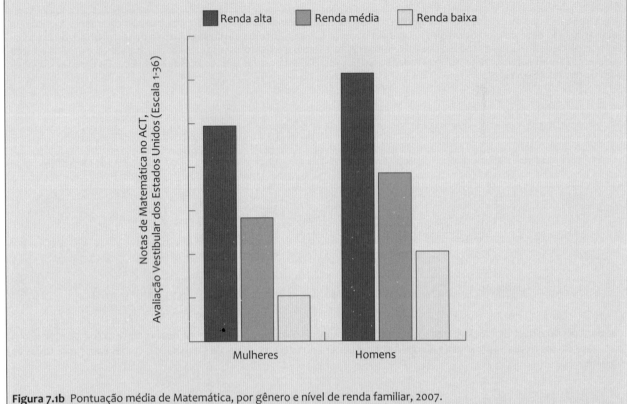

Figura 7.1b Pontuação média de Matemática, por gênero e nível de renda familiar, 2007.

Nota: Estudantes de baixa renda reportam uma renda familiar anual de menos de 30 mil dólares, estudantes de renda familiar média, entre 30 mil e 60 mil dólares, e os estudantes de renda familiar alta, acima de 60 mil dólares.

Fonte: Dados não publicados fornecidos para a Fundação Educacional da AAUW (Associação Norte-americana de Mulheres Universitárias) pelo Departamento de Pesquisas Estatísticas do ACT. © The American Association of University Women.

Será que alguém afirmaria seriamente que os ricos são de Marte e os pobres são de Vênus? É óbvio que não.

Fonte: Janet Hyde, Sara Lindberg, Marcia Linn, Amy Ellis e Caroline Williams. "Gender Similarities Characterize Math Performance" ("Similaridades de gênero caracterizam o desempenho de matemática"). In: *Science*, 321, 25/07/2008, p. 494-495. • Sara Lindberg, Janet Shibley Hyde, Jennifer Petersen e Marcia Linn. "New Trends in Gender and Mathematics Performance: A Meta-Analysis" ("Novas tendências de gênero e desempenho em matemática"). In: *Psychological Bulletin*, nov./2010, p. 1.123-1.135. • Jonathan Kane e Janet Mertz. "Debunking Myths About Gender and Mathematics Performance" ("Repreendendo os mitos sobre gênero e desempenho em matemática"). In: *Notices of the American Mathematical Society*, 59(1), jan./2012, p. 10-21.

Para as garotas, o "clima gélido da sala de aula" também teria seu lugar dentro de um "ambiente sexualmente hostil". Em anos recentes, o **assédio sexual** se tornou questão importante não só em nossos locais de trabalho; também é um problema em nossas salas de aula. Em 1980, a primeira pesquisa acerca de assédio sexual nas escolas feita no país, conduzida pelo Departamento Estadual de Educação de Massachusetts, descobriu que o assédio contra as garotas era uma prática generalizada. Uma pesquisa, feita em 1986 em Minnesota em salas de aula de ensino técnico, predominantemente brancas e de classe média, tanto com calouros e com veteranos, descobriu que entre um terço e um quinto das garotas haviam passado por experiências de assédio sexual.

Processos legais se seguiram e finalmente a questão começou a receber a atenção que merece. Em 1991, Katy Lyle, de dezenove anos, recebeu 15 mil dólares para liquidar uma ação judicial que ela solicitou contra sua escola distrital, em Duluth, Minnesota, pois os funcionários escolares não removeram pichações sobre ela nas paredes do banheiro dos meninos, mesmo depois de os pais dela reclamarem inúmeras vezes. No ano seguinte, Tawnya Brawdy recebeu 20 mil dólares da sua escola colegial (segundo ciclo do ensino fundamental) em Petaluma, Califórnia, que não havia tomado nenhuma atitude para impedir os meninos de fazer sons e gestos obscenos acerca dos seios dela (Tawnya havia atingindo a puberdade mais cedo e desenvolvido seios grandes com pouca idade. O comportamento dos garotos tornou a vida dela tão miserável que ela não conseguia comer, dormir ou fazer as atividades na sala de aula). Naquele mesmo ano, a Suprema Corte dos Estados Unidos ficou unanimemente do lado da jovem Christine Franklin, em seu caso contra o conselho escolar do Condado de Gwinnet, na Georgia, concedendo-lhe uma indenização de seis milhões de dólares por danos consequentes da violação da cláusula IX[g].

Na primavera do ano seguinte, 1993, quase metade de todos os casos de assédio sexual sendo investigados pelo departamento de educação da agência federal de direitos civis envolvia escolas fundamentais ou secundárias. E o problema continuou como uma praga nas escolas do país. A Suprema Corte considerou uma escola culpada pelo assédio sexual de uma garota realizado por outros estudantes. Em um caso de referência (Davis *versus* Conselho de Educação do Condado Monroe), uma mãe processou os diretores da escola porque sua filha de dez anos sofria uma constante "barragem de assédio e abuso sexual" por parte de um de seus colegas de classe, isso enquanto seus professores e outros funcionários da escola ignoravam a situação. De acordo com um estudo comissionado pela Associação Norte-americana de Mulheres Universitárias, quase quatro quintos das meninas (78%) e mais de dois terços dos meninos (68%) foram vítimas de assédio (figura 7.2).

Na maioria dos casos, quase sempre são outros meninos os perpetradores. Como diz Bernice Sandler:

> A perseguição sexual começa em um estágio muito inicial. Em algumas escolas fundamentais há um dia de levantar a saia; em outras, as garotas se recusam a vestir roupas com cintas elásticas porque os meninos puxam para baixo suas calças e saias. Nos primeiros anos do ensino médio, os garotos colam espelhos na ponta dos sapatos para que olhem por baixo do vestido das meninas. Grupos masculinos em algumas escolas dominam as mesas perto da fila onde se retira a comida. Quando uma menina passa pela fila, eles levantam um cartaz com um número: nota 1 para as meninas não atraentes e 10 para as superestrelas. Em outras escolas, há uma "semana de apalpar a bunda" ou circulam listas como as "Vinte garotas mais vadias da escola"[138].

E os meninos?

Diante desses padrões dramaticamente divergentes é possível pensar que demolir sistematicamente a autoestima das garotas, injuriar suas habilidades e diminuir seu *status* provocaria efeitos positivos para os meninos, que esses cresceriam à medida que elas decairiam. Mas não é isso o que acontece. No ensi-

---

[g] "Title IX" faz referência a uma lei federal de direitos civis combatendo toda e qualquer prática de discriminação de gênero no âmbito escolar. A lei foi aprovada em 1972 [N.T.].

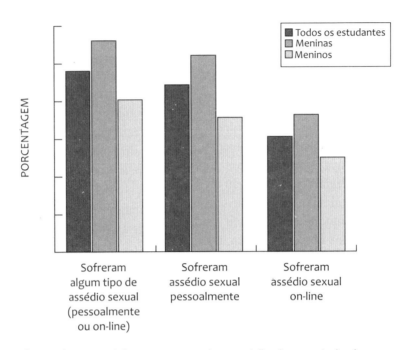

Figura 7.2 Estudantes que sofreram abuso sexual durante o ano escolar entre julho de 2010 e junho de 2011, por gênero.

Notas: Perguntou-se aos estudantes se eles tinham sofrido algum dos dez tipos de abuso sexual desde o começo do ano escolar. Os números em negrito indicam estatísticas de gênero significativamente diferentes no nível de 95%.

Base = entrevistados pela pesquisa (n = 1965 estudantes), 1002 meninas e 963 meninos da sexta série do ensino fundamental ao terceiro ano do ensino médio.

Fonte: Pesquisa sobre assédio sexual da AAUW (Associação Norte-americana de Mulheres Universitárias), mai.-jun./2011.

© The American Association of University Women.

no fundamental, os garotos têm cerca de quatro vezes mais chance de serem enviados a psicólogos infantis, bem como uma possibilidade muito maior de receberem um diagnóstico de dislexia e de déficit de atenção do que as meninas. Começando no ensino fundamental e continuando por toda a vida escolar, os garotos recebem os piores boletins escolares e têm uma probabilidade muito maior de repetir de ano. Eles são diagnosticados nove vezes mais do que elas como hiperativos, representam 58% das crianças nas classes de educação especial para os portadores de deficiência mental, 71% dos portadores de deficiência de aprendizado e 80% dos portadores de distúrbio emocional. Quase três quartos de todas as suspensões escolares são de meninos. Na adolescência, eles têm mais inclinação à evasão, reprovação e irritação em sala de aula. A autoestima deles também cai durante a adolescência – não, confessadamente, como a das garotas, mas cai também[139].

Esses dados são frequentemente usados para sugerir que os meninos, não as meninas, são as novas vítimas de uma significativa discriminação de gênero nas escolas. Afinal, o que acontece com os garotos nas instituições escolares? Eles têm de se sentar e ficar quietos, cochilar, levantar as mãos, obedecer – todas as ações que cometem uma violência extraordinária contra sua vivacidade "natural" indômita e alimentada de testosterona. "As escolhas, em sua maior parte, são dirigidas por mulheres para as meninas. Pegar um garoto altamente espirituoso da segunda ou terceira série e esperar que ele se comporte como uma menina na escola é pedir demais", comenta Christina Hoff Sommers, autora de *The War Against Boys* (*A guerra contra os meninos*). O efeito da educação é que ela "patologiza a meninice". "Na média, os meninos são fisicamente mais inquietos e mais impulsivos (do que as garotas)", comenta o consultor escolar Michael Thompson. "Nós precisamos reconhecer as necessidades físicas dos garotos e satisfazê-las." Enquanto estivemos dando toda essa atenção à experiência das meninas – elevando sua autoestima, estimulando-as a fazer ciência e matemática, deplorando e prevenindo a intimidação (*bullying*) e o assédio – ignoramos os meninos. "E os garotos?", pergunta o coro da reação[140].

Não nos enganemos: os meninos merecem nossa atenção e seriedade. Já observamos as consequências de ignorá-los. Mas a sala de aula dificilmente é o ambiente feminizante que os críticos acusaram na virada do século XX e hoje. Em minhas aulas, as estudantes mulheres usam camisas de flanela, *jeans* e camisetas, jaquetas de couro e sapatos atléticos. Elas chamam umas às outra de "cara" constantemente, mesmo se o grupo é composto inteiramente de mulheres. A sala de aula, como o local de trabalho, é uma instituição da esfera pública e, quando as mulheres entram nesta esfera, elas devem frequentemente se vestir e agir "masculinamente", para que sejam levadas a sério como competentes e capazes (detalharei esse local de trabalho no cap. 9). Uma campanha de publicidade das roupas infantis da Polo by Ralph Lauren retratava garotinhas de cinco ou seis anos em camisas básicas abotoadas, ternos e gravatas. Quem está sendo feminizado e quem está sendo masculinizado?

Como vimos, há poucas evidências de que a agressividade dos meninos tenha bases biológicas. Pelo contrário, compreendemos que as consequências negativas da agressão cometida pelos garotos são largamente o subproduto social do exagero de brincadeiras que, sob outras formas, seriam saudáveis e prazerosamente animadas e vibrantes. E elas são exageradas pelos rapazes para que possam se inserir melhor no grupo junto com outros rapazes; eles se conformam excessivamente às expectativas de seus pares. Em vez de celebrar acriticamente a "cultura dos meninos", devemos questionar sua experiência quando eles próprios deixam de ser meninos para começar a exibir e mostrar sua masculinidade diante dos olhos avaliadores de outros garotos.

Neste momento da vida dos garotos, podemos talvez encontrar uma "desconexão" psicológica, equivalente àquela observada por Carol Gilligan com as meninas. Gilligan e seus colegas descreveram o modo como garotas assertivas, confiantes e orgulhosas "perdem suas vozes" ao entrar na adolescência. É a primeira confrontação frontal com a desigualdade de gênero que produz a crescente defasagem de gênero na adolescência[141]. Por contraste, os meninos se tornam mais confiantes, até mesmo para além de suas habilidades, à medida que as meninas perdem a confiança em si mesmas. A desigualdade de gênero significa que, no momento em que as garotas perdem sua voz, os garotos *encontram* a sua – mas é uma voz inautêntica de bravata, de simulação constante, de riscos imprudentemente assumidos e de violência gratuita. De acordo com o psicólogo William Pollack, os meninos aprendem que eles supostamente estão no poder e, portanto, começam a agir como se estivessem. "Ainda que a voz das meninas seja desestimulada, a voz dos garotos é estridente e cheia de bravata", ele observa. "Mas suas vozes estão desconectadas de seus sentimentos genuínos". Assim, ele afirma, o modo como criamos os meninos os leva a pôr uma "máscara de masculinidade", uma simulação, um disfarce. Eles ficam "bulidos em sua pose máscula", como diz o poeta William Butler Yeats, "por todo seu coração tímido"[142].

Que garotas "percam sua voz" significa que elas têm mais inclinação a subestimar suas habilidades, especialmente em arenas educacionais tradicionalmente mais "masculinas", como matemática e ciência, e em arenas profissionais tradicionalmente mais masculinas, como medicina, forças armadas ou arquitetura. Apenas as mulheres mais capazes e mais seguras escolhem esses cursos ou buscam evoluir nessas carreiras. Assim, o número delas tende a ser baixo e suas notas, altas. Os meninos, porém, possuídos por essa falsa voz de bravata (com muitos enfrentando forte pressão da família para entrar nas arenas tradicionalmente masculinas), têm forte inclinação a *superestimar* suas habilidades, a permanecer em programas mesmo que sejam menos qualificados e menos capazes de ter êxito. Em um estudo recente, a socióloga Shelley Correll comparou milhares de estudantes da oitava série em percursos acadêmicos similares e com níveis e notas avaliadas idênticas. Os meninos tinham mais inclinação do que as meninas de dizer – e, lembremos, suas notas e níveis eram os mesmos das meninas – "eu sempre fui bem em matemática" ou "matemática é uma de minhas melhores disciplinas". Os garotos não eram melhores do que as garotas – apenas pensavam que eram[143].

Essa diferença – e não uma suposta discriminação contra os meninos – é a razão por que a média das notas das meninas em avaliações de matemática e ciência atualmente se aproxima da média masculina. Muitos garotos que superestimam suas habilidades continuam em cursos difíceis de matemática e de ciência mais do que deveriam; eles puxam a média masculina para baixo. Por contraste, poucas garotas cujas habilidades e autoestima são o suficiente para capacitá-las a "invadir" um domínio masculino encurvam os dados femininos para cima.

Um processo paralelo está em jogo nas humanidades e nas ciências sociais. A nota média das meninas em língua vernácula e línguas estrangeiras, por exemplo, também supera a nota média dos meninos. Mas isso não se dá por causa de uma "discriminação reversa", mas sim porque os garotos se engalfinham com as normas da masculinidade. Eles consideram o estudo da língua um tema "feminino". A pesquisa de Shelley Correll, por exemplo, descobriu que os mesmos garotos que haviam inflacionado suas habilidades nas aulas de matemática subitamente se avaliavam com notas piores de língua vernacular e estrangeira do que as de suas colegas femininas[144].

Um estudo pioneiro na Austrália, feito por Wayne Martino e seus colegas, descobriu que os meninos não se interessam em estudar a língua por conta do que tal interesse diria sobre sua pose masculina (inautêntica). "Ler é chato, sentar e olhar para as palavras é patético", comentou um garoto. "A maioria dos caras que gostam de línguas são bichas", diz outro. O currículo tradicional de artes liberais é visto como feminizante; como Catharine Stimpson afirmou recentemente de modo sarcástico: "Homem de verdade não fala francês"[145].

Os meninos tendem a odiar o estudo de línguas pelas mesmas razões que as meninas o amam. Nas disciplinas linguísticas, observam os garotos, não há regras imediatas e definitivas, mas sim a expressão da opinião de cada um sobre o tema, sendo que todos têm a opinião igualmente valorizada. "A resposta pode ser uma variedade de coisas, você nunca está realmente errado", observou um rapaz. "Não é como matemática e ciências, onde há uma resposta atribuída para tudo". Outro menino escreveu:

> Eu acho o estudo de línguas difícil. Pois não se dá regras para ler textos [...]. Não é como matemática, onde há regras sobre como fazer as coisas e onde há respostas certas e erradas. Ao estudar línguas, você precisa escrever o que sente e eu não gosto disso.

Compare-se essa declaração com o comentário das garotas sobre o mesmo estudo:

> Eu me sinto motivada para estudar línguas porque... você tem liberdade – diferente de outras disciplinas como matemática e ciência – e sua visão não está necessariamente errada. Não há resposta certa e errada de uma vez por todas e você tem liberdade para afirmar o que sente como certo, sem que isso seja rejeitado como uma resposta errada[146].

Não é a experiência da escola que "feminiza" o menino, mas sim a ideologia da masculinidade tradicional que impede os garotos de querer se realizar. "O trabalho que você faz aqui é um trabalho de menina", comentou um rapaz para um pesquisador. "Não é trabalho de verdade", acrescentou outro. "Se eu vou para minha sala e eles [outros garotos] cabulam, depois dirão para mim 'como ele é comportadinho'".

Outra professora de Inglês na Escola de Ensino Médio Central, de Saint Paul, em Minnesota, diz que vê esse fenômeno o tempo todo. "Os meninos não querem parecer muito inteligentes e não querem dar a impressão de que estão agradando a professora", ela diz. "As garotas conseguem negociar com a linha tênue entre fazer o que seus pares querem delas e se destacar na escola. Os meninos têm mais dificuldade para equilibrar a aceitação social e o foco acadêmico". O sociólogo Andrew Hacker nota que as garotas "estão se mostrando melhores como boas estudantes e acadêmicas", mais do que os meninos. "Não são os genes", ele continua. "É quase como se ser homem e ser um bom estudante fossem antíteses. Tais comentários ecoam as consistentes descobertas de cientistas sociais desde o estudo revolucionário de James Coleman em 1961, que identificou o "currículo escondido" entre os adolescentes, grade na qual os meninos atléticos e de boa aparência eram consistentemente mais valorizados por seus pares do que os bons estudantes[147].

Em um estudo internacional os pesquisadores compararam estudantes do ensino fundamental II em doze países e descobriram que as meninas relatam ser mais dedicadas à escola e que essa dedicação explica as diferenças de gênero no desempenho acadêmico. Quanto mais dedicados os estudantes, melhor eles são. Mas o que explica esse nível de comprometimento das meninas ou de descomprometimento dos meninos? Apoio parental e auxílio dos professores importam um pouco, mas a ausência de estímulo dos pares teve um efeito independente sobre o desempenho escolar. Quanto menos os colegas achavam importante ir bem na escola, piores os estudantes ficavam – não importa o que seus pais ou professores pensassem[148].

Com efeito, tais sentimentos ecoam prenúncios agourentos feitos na virada do século XX, quando pais se inquietavam com a coeducação combinada à presença de professoras mulheres e com a maternidade crescente (e ausência paterna), fatores que transformariam meninos duros em um bando de maricas acanhadas. Naquela época, como agora, alguns especialistas se preocupavam com a possibilidade de a juventude masculina ser diluída em um mar feminizado. Alguns grupos se levantaram para resgatá-la e defendê-la. Foi na virada para o século XX, por exemplo, que os esportes universitários foram desenvolvidos e a vida extenuante foi proclamada pelo presidente Theodore Roosevelt. Os grupos de garotos proliferaram. Um reformador sério, Ernest Thompson Seton, acreditava que a vida moderna estaria transformando "jovens rapazes robustos, másculos e autoconfiantes em um monte de fumantes de cigarro magrelos com nervos hesitantes e vitalidade duvidosa". Ele ficou tão preocupado com isso que fundou o Corpo de Escoteiros como uma espécie de movimento de libertação para os meninos, visando que eles recuperassem a meninice viril da fronteira[149]. E as escolas também tinham de mudar. Considere esse diagnóstico próximo aos comentários dos meninos no estudo de Martino (citado anteriormente):

> A literatura está se tornando emasculada por ser escrita principalmente para as mulheres e amplamente pelas mulheres. A maioria dos homens neste país, tendo sido coeducados por professoras, não está ciente disso... Para mim, tal situação faz a literatura e a vida serem coisa de mariquinhas. O ponto de vista de um romance moderno "importante", como *Ulisses*, é feminino em suas preocupações com a lascívia do sexo[150].

Isso foi escrito em 1927!

As disparidades de gênero – tanto numéricas quanto existenciais – também são evidentes nos campi universitários. As mulheres constituem hoje a maioria dos estudantes nas universidades, passaram os homens em 1982. Atualmente, 60% de toda a população de universitários são do sexo feminino, havendo três mulheres para cada dois homens nas universidades comunitárias do país. Um repórter, obviamente um péssimo aluno de estatística, afirma que se a tendência atual continuar, "a fila de formatura em 2068 será toda de mulheres" (isso é como dizer que se a matrícula de estudantes negros na Universidade do Mississipi era de 1 em 1964, 24 em 1968 e 400 em 1988, em 1994 não haveria nenhum estudante branco por lá). As mulheres agora superam os homens nas ciências comportamentais e sociais na proporção de três para um, e elas invadiram bastiões tradicionalmente masculinos, tais como a engenharia, onde agora constituem cerca de 20% do corpo discente, Biologia e Administração, disciplinas em que os gêneros estão praticamente em paridade (figura 7.3)[151].

Mas os números citados por esses críticos não fecham. Para começar, mais *pessoas* estão fazendo universidade hoje do que nunca (cf. figura 7.4 na p. 231). Em 1960, 54% dos meninos e 38% das meninas iam diretamente para a universidade; hoje esses números são de 64% entre eles e de 70% entre elas. Eis o que diz o sempre confiável sociólogo Joel Best (que fez sua carreira explicando como ler estatísticas) sobre essa crise manufaturada:

> Isso significa que os homens pararam de ir à universidade? Não. No geral, o número de matrículas masculinas no ensino superior cresceu cerca de 33% entre 1970 e 2000. Porém, a matrícula de mulheres cresceu muito mais rápido – 143% durante o mesmo período. Bem, isso significa que uma menor proporção de homens está frequentando as universidades? Também não – as inscrições masculinas superam o crescimento populacional (o número de homens no seio da população norte-americana entre 15 e 20 anos cresceu apenas 14% durante esses anos)[152].

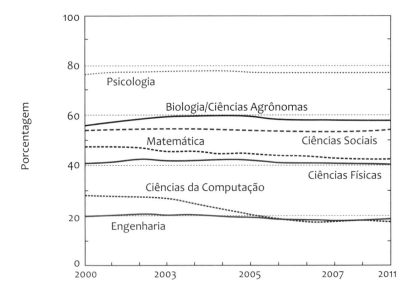

Figura 7.3 A parte das mulheres nos bacharelados de ciência e de engenharia, por campo: 2000-2011.

Nota: As Ciências Físicas incluem os estudos da Terra, da atmosfera e dos oceanos.

Fonte: Centro Nacional de Estatísticas da Educação, Sistema de Dados Integrados da Educação Pós-Secundária, Pesquisas de Conclusão; e Fundação Nacional da Ciência, Centro Nacional de Estatísticas de Ciência e Engenharia, banco de dados WebCASPAR. Disponível em http://webcaspar.nsf.gov (cf. tabela 2-18 do apêndice).

Enquanto alguns reitores universitários temem que, para aumentar a matrícula de homens, eles serão forçados a baixar o nível de exigência (o que, por acaso, é exatamente o contrário de sua preocupação, cerca de 25 anos antes, quando todas essas instituições passaram para o regime de coeducação), ninguém parece achar as disparidades de gênero que recaem sobre o outro lado tão perturbadoras. Muitas das faculdades e universidades de ponta se inclinam na direção de matrículas masculinas mais altas – como Princeton (53%), Colúmbia (53%) e o MIT (55%). Ninguém também parece instigado à distração a respeito das disparidades de gênero na enfermagem, trabalho social ou educação, ocupações tradicionalmente menos remuneradas do que aquelas profissões onde os homens ainda predominam (engenharia e ciências da computação). "A ideia de que as meninas podem estar à frente é tão chocante que eles pensam que deve ser uma crise com os meninos", diz Sara Mead, autora de um relatório para o Setor de Educação, um centro de pesquisa para políticas públicas. "Estou intrigada com esse tom de crise. Mesmo no caso se tenha em conta o campo no qual adentram, os rapazes que saem formados ganham mais dinheiro do que as garotas, então, no fim das contas, são as notas e méritos que contam ou alguma outra coisa que os meninos possam estar fazendo?"[153]

Muito da grande diferença de gênero que ouvimos ser divulgado é, na verdade, o que a socióloga Cynthia Fuchs Epstein chama de **distinção enganosa**, uma diferença que parece ter relação com gênero, mas, na realidade, tem a ver com alguma outra coisa – nesse caso, classe ou raça. A carestia de estudantes universitários homens é, com efeito, uma carestia de homens *não brancos*. A defasagem de gênero entre homens brancos com idade universitária e mulheres brancas nessa mesma fase é, na verdade, pequena.

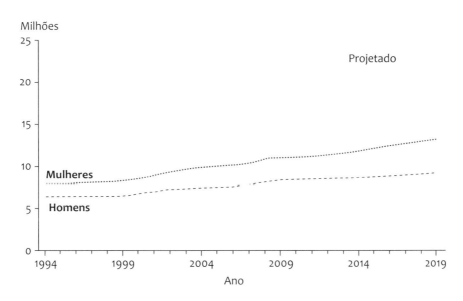

Figura 7.4 Números atuais e projetados de matrículas em todas as instituições que garantem diplomas, por sexo: de outono de 1994 até o outono de 2019.

Nota: Alguns dados foram revisados a partir de números previamente publicados. Erros de porcentagem média absoluta em estatísticas educacionais selecionadas estão disponíveis na tabela A-2, apêndice A.

Fonte: Departamento Norte-Americano de Educação, Centro Nacional de Estatísticas da Educação, Sistema Integrado de Dados Educacionais Pós-secundário. "Pesquisa de Matrículas no Outono" (Ipeds-EF-94-99), e da primavera de 2001 até a primavera de 2008. • Modelo de matrículas em instituições concessoras de grau, 1973-2008.

Disponível em http://nces.ed.gov/pubs2011/2011017.pdf

Mas apenas 36% de universitários negros de baixa renda são homens e somente 39% de universitários hispânicos de baixa renda são do sexo masculino (cf. tabela 7.1).

Quem sugere que as reformas inspiradas no feminismo ocorreram em detrimento dos rapazes parece acreditar que as relações de gênero são um jogo de soma zero e que se as meninas e mulheres ganham, os meninos e os homens perdem. Mas as reformas que foram iniciadas para beneficiar as garotas na sala – instrução individualizada, treinamento dos professores e esforços mais colaborativos de construção da equipe – também vieram beneficiar os garotos, dado que esses métodos também visavam a experiência específica dos meninos. Talvez, no lugar de se inquietar apenas com os números, devamos prestar atenção aos *efeitos* desse desequilíbrio de gênero. Uma professora universitária da Ucla (Universidade da Califórnia em Los Angeles), Linda Sax, diz que essa discussão deveria tratar de descobrir qual efeito, se há algum, a composição de gênero de uma faculdade tem sobre homens e mulheres. Para descobri-lo, ela examinou dados de mais de 1.700 estudantes em 204 instituições de ensino superior em quatro anos. Os resultados preliminares mostraram que, nos campi predominantemente femininos, tanto homens e mulheres tinham maiores notas. Esses campi de maioria feminina também levavam a um "aumento considerável" do compromisso dos homens com a promoção do entendimento entre as raças e os inclinava para visões mais liberais sobre aborto, homossexualidade e outras questões sociais, como sua pesquisa notou[154].

Tabela 7.1 Como a representação masculina é detalhada por raça e renda

Cerca de 9,9 milhões de mulheres (57,4%) e 7,4 milhões de homens (42,6%) estavam matriculados em faculdades licenciadas para bolsas de estudo federais em 2003-2004. A porcentagem de graduandos (18-24) homens, por raça e receita:

	Renda baixa (menos de $30.000)		Renda média ($30.000-$69.999)		Renda alta (mais de $70.000)	
	1995-1996	2003-2004	1995-1996	2003-2004	1995-1996	2003-2004
Brancos	46	42	50	43	52	49
Negros	32	36	48	42	41	48
Hispânicos	43	39	46	42	50	49
Asiáticos	53	47	57	50	52	51
Todos	44	40	50	44	51	49

Fonte: Departamento Norte-americano de Educação, Centro Nacional de Estatísticas Educacionais, Bolsas Nacionais de Estudo para o Pós-secundário, 1995-1996, 1999-2000, 2003-2004.

Os índices de renda ajustados levando em conta a inflação do dólar desde 1995-1996.

Fonte: Centro de Análises de Políticas Públicas do Conselho Norte-americano de Educação

E os esforços para fazer a sala de aula mais segura e mais hospitaleira para as meninas também redundaram em benefícios para os meninos. Considere-se, por exemplo, o decoro na classe. Em 1940, os maiores problemas disciplinares identificados pelos professores de escola eram (na ordem): falar fora de hora, mascar chicletes, fazer barulho, correr no corredor, furar a fila, violar o código de vestuário e sujar as coisas. Em 2010, os maiores problemas eram: intimidar (*bullying*) os outros, agir em gangues, abusar dos professores não verbalmente, abuso verbal dos professores, assédio sexual, agir em grupos extremistas ou de seita e, por fim, tensões étnicas e raciais entre os estudantes[155]. Desafiar os estereótipos, diminuir a tolerância com a violência na escola e diminuir a intimidação possibilita aos garotos e às garotas sentir-se mais seguros na escola. As pessoas que cruzariam os braços simples e resignadamente, lamentando que "os meninos são meninos", gostariam de nos fazer acreditar que nada pode ou deve ser feito para tornar essas salas de aula mais seguras. Na minha opinião, essas quatro palavras, "os meninos são meninos", devem ser as palavras mais deprimentes nos círculos de política pública educacional hoje[156].

A "batalha dos sexos" não é um jogo de soma zero – quer ela seja disputada em nossas escolas, nossos locais de trabalho ou em nossos quartos. Mulheres *e* homens, meninas *e* meninos se beneficiarão da igualdade de gênero real nas escolas. "Cada passo no avanço da mulher trouxe tantos benefícios para nosso sexo quanto a elevou" – foi como um editorial do jornal do campus da faculdade Amherst – o Amherst Student – declarou quando a escola debateu pela primeira vez a coeducação na virada para o século XX[157].

A polícia de gênero

Talvez o mecanismo central que mantém a desigualdade de gênero nas escolas é o modo como vemos o sucesso educacional em termos de conformidade de gênero. De modo consistente, quando as meninas são questionadas acerca de realizações acadêmicas, elas veem as conquistas, ambições e competências de alto nível como elementos não marcados por gênero – ou seja, como fatores não relacionados especialmente seja com a masculinidade ou com a feminilidade. Os garotos, de modo igualmente consistente, não veem nenhuma conexão com a ideia de uma escola "feminina". Ser bem-sucedido na escola é ser visto como alguém que não age como um verdadeiro menino. E qualquer um que fizer isso arrisca muito – perda da autoestima, perda dos amigos, tornar-se alvo dos valentões. É por meio da cultura dos pares que os estudantes aprendem o comportamento de gênero apropriado. Os colegas estabelecem as regras e as aplicam – de modo constante, implacável e impiedoso.

Praticamente todos os estudantes lendo este livro sabem que a ofensa mais comum nos últimos anos do ensino fundamental e no ensino médio nos Estados Unidos hoje em dia é "Isso é tão *gay*". E cada um dos alunos lendo este livro sabem que tal afirmação tem menos a ver com a suposta orientação sexual e muito mais relação com a conformidade do gênero realizada. Mas não acredite em mim. Eis Dave, explicando como ele "sabe" se um cara é *gay*: "Se eles demonstram qualquer sinal de fraqueza ou compaixão, então outras pessoas vão fazendo conclusões e rebaixando-os. Então, na verdade, é uma questão de sobrevivência do mais adaptado. Não é um muito bom ser sensível. Se você não tem nenhum sentimento, compaixão ou qualquer coisa parecida, então sobreviverá". Podemos ouvir também as palavras de um de meus teóricos de gênero favoritos nos Estados Unidos hoje, Eminem. Quando questionado em 2001 a respeito do motivo de sempre fazer raps sobre "bichas", o cantor respondeu que "bicha" não era um insulto à sexualidade de uma pessoa, mas sim ao seu gênero. "A coisa mais degradante que se pode dizer a um homem... é chamá-lo de bicha e tentar roubar-lhe a masculinidade. Chame-o de maricas. Chame-o de maloqueiro. 'Bicha', para mim, não significa pessoas *gays*. 'Bicha' significa somente tirar a sua masculinidade"[158].

O medo de ser estigmatizado com a homossexualidade – o medo da emasculação – se transformou em um insulto genérico. Atualmente, "isso é tão *gay*" diz muito menos respeito a uma difamação da homossexualidade e muito mais a um **policiamento de gênero** – trata-se de garantir que ninguém viole as regras da masculinidade.

O ensino médio se tornou algo muito maior do que um terreno de experimentação acadêmica; ele se tornou o território central onde a identidade de gênero é demonstrada e testada. E, diferentemente das avaliações padronizadas de leitura e aritmética, as provas de desempenho de gênero apropriado e adequado são gerenciadas e avaliadas pelos pares, por um critério de gradação que apenas eles conhecem. A intimidação se tornou um problema nacional no ensino médio, em parte por causa do caráter implacável e severo dos tormentos. A provocação verbal e a intimidação física existem dentro de um contínuo que se estende da linguagem ofensiva, passa por empurrões e brigas e chega a ataques criminosos e tiroteios na escola. Provocações e intimidações ofensivas ocorrem com mais de um milhão de crianças em idade escolar por ano.

Em uma pesquisa com estudantes do ensino médio e dos últimos anos do fundamental em cidades do meio oeste norte-americano, 88% deles relataram ter testemunhado intimidações e 77% declararam ter sido vítimas de intimidação em algum momento de suas vidas escolares. Em outra pesquisa, 70% foram assediados sexualmente por seus pares, 40% sofreram violências físicas em um encontro, 66% foram vitimizados por abuso emocional em relacionamentos amorosos e 54% foram agredidos. Outra pesquisa nacional com 15.686 estudantes da sexta série do fundamental ao primeiro ano do médio – *publicado no Journal of the American Medical Association* (Jama) – descobriu que 29,9% dos entrevistados relataram envolvimento frequente com atos de intimidação – 13% como intimidador, 10,9% como vítima e 6% como ambos. Um quarto das crianças nas escolas do fundamental, entre a quarta e a sétima série, admitiu intimidar outro estudante com alguma regularidade nos últimos três meses antes da pesquisa. E mais outra pesquisa observou que, durante um período de duas semanas nas escolas do segundo ciclo de ensino fundamental, em Los Angeles, quase metade das 192 crianças entrevistadas relataram ter sido intimidadas ao menos uma vez. Um número maior ainda afirmou ter visto outras crianças sendo alvo de intimidação[159].

Muitos estudantes do ensino médio e dos últimos anos do ensino fundamental têm medo de ir para a escola; eles temem o vestiário, os corredores, os banheiros, os refeitórios e as áreas de recreação, alguns chegam até mesmo a ter medo de suas salas de aula. Eles temem se tornar alvos ou serem intimidados nos corredores hostis do ensino médio. Entre os jovens de 12 a 24 anos, três décimos relatam que a violência aumentou em suas escolas no ano passado e quase dois quintos se preocuparam com o potencial violento de um colega de classe. Mais de metade dentre todos os adolescentes conhecem alguém que levou uma arma para a escola. E quase dois terços (63%) dos pais acreditam que um tiroteio escolar tem alguma ou muita possibilidade de ocorrer em suas comunidades[160].

Se a intimidação cria corredores hostis no ensino médio, a conservação de núcleos homossociais[h] dentro da escola pode ser ainda mais terrível. Grêmios, times esportivos e até mesmo a banda escolar sofrem cada vez mais com a praga perigosa e nociva do **trote**. Houve mais de cem mortes ligadas à prática do trote em escolas de ensino médio e nos campi universitários entre 1995 e 2005. Uma pesquisa nacional com alunos do ensino médio descobriu que o trote é onipresente. Quase metade (48%) de todos os estudantes que pertenciam a um grupo relatou ter sido submetido a algum trote. 43% foram vítimas de atividades degradantes e exatos 30% realizaram atividades possivelmente ilegais para cumprir seu rito de iniciação no trote. O trote era tão universal que praticamente nenhum grupo estava a salvo. Um quarto dos estudantes envolvidos em grupos religiosos foram submetidos a trote. O abuso de substâncias nessas ocasiões é alto no ensino médio (23%) e cresce no ensino superior, onde mais da metade de todos os trotes (51%) envolvem substâncias abusivas.

---

[h] Uma pessoa homossocial é aquela que só se relaciona socialmente com outras do mesmo sexo [N.T.].

A maioria das crianças que são alvejadas aguentam; elas são suficientemente resistentes ou têm os recursos emocionais necessários para sobreviver à situação de modo razoavelmente intacto. Muitos tentam, de modo valente e muitas vezes em vão, encaixar-se e conformar-se a esses padrões impossíveis que os outros exigem deles. Alguns carregam cicatrizes psicológicas ou mesmo físicas para o resto de suas vidas. Outros recuam ou entram em depressão, tornam-se alienados ou desanimados. Alguns se automedicam com drogas ou álcool. E alguns poucos explodem. Como todo adolescente nos Estados Unidos sabe, "fazer uma Columbine" significa explodir em fúria assassina – e levar consigo tantos colegas de classe e professores quanto puder.

Entre 1992 e 2006 houve 29 casos de violência em escolas aleatórias, nas quais um garoto (ou alguns garotos) abriram fogo contra colegas de sala[161]. Todos os 29 eventos foram cometidos por rapazes. Ao contrário de muitos estereótipos, tirando uma, todas essas ocorrências se deram em escolas suburbanas ou rurais – e não em uma escola dentro da área metropolitana. Além disso, com exceção de dois, todos os atiradores eram brancos. Ainda assim, parece que deixamos isso passar em todas as discussões acerca desses tiroteios escolares. Continuamos a chamá-los de "violência adolescente", "violência da juventude", "violência de gangues", "violência suburbana", "violência nas escolas". Mas quem achamos que está cometendo esses atos, as meninas? Imaginem se os atiradores em escolas localizadas em Littleton, Colorado, ou em Pearl, Mississipi, ou em Paducah, Kentucky, ou em Springfield, Oregon, ou em Jonesboro, Arkansas fossem meninas negras de famílias pobres que vivem em New Haven, Newark, Detroit, Compton ou no sul de Boston. *Só aí* nós perceberíamos a raça, a classe e o gênero! Gostaríamos então de ouvir coisas a respeito da cultura da pobreza, da vida no centro e da violência racial. Aposto que alguém culparia o feminismo por encorajar as garotas a se tornarem violentas para imitar futilmente os garotos[162]. Porém, o fato óbvio de que esses assassinos escolares foram todos meninos brancos de classe média parece ter passado despercebido por quase todo mundo.

Mais surpreendente, porém, não é que eles eram garotos predominantemente brancos de classe média, mas que tantos dentre eles também tivessem a mesma história. Quase todos os atiradores tinham um passado como vítimas de assédio, *bullying* e homofobia premeditada[i] – e não em episódios ocasionais, mas constantemente, diariamente. Por quê? *Não* era porque fossem *gays* (ao menos não há nenhuma evidência sugerindo que algum deles fosse), mas sim porque eles eram *diferentes* dos outros garotos – tímidos, apegados aos livros, estudantes de mérito, de tendências artísticas, musicais, teatrais, não atléticos, *nerds* ou esquisitos. Era porque eles não tinham perfil de atleta, estavam acima do peso, abaixo do peso ou usavam óculos.

Consideremos Luke Woodham, por exemplo, um menino dado à leitura de dezesseis anos, com sobrepeso, que vive em Pearl, Mississipi. Aluno destacado, ele era parte de um pequeno grupo que estudava latim e lia Nietzsche. Os outros meninos constantemente o assediavam por ser obeso e *nerd*, insultando-o com os termos "*gay*" ou "bicha". Mesmo sua mãe o chamava de gordo, estúpido e preguiçoso. Outros meninos abusavam dele todos os dias e, de acordo com um colega da escola, ele "nunca revidava quando os outros o xingavam". No dia 1º de outubro de 1997, antes de ir para a escola, Woodham foi até a cama da mãe e a esfaqueou até a morte. Ele então foi com o carro dela para a escola, carregando um rifle sob o casaco. Abriu fogo na área comum da escola, matando dois estudan-

---

[i] A expressão utilizada aqui, *gay-baiting*, refere-se à prática de criar um ambiente supostamente acolhedor para que um homossexual assuma sua homossexualidade. Ela é muito utilizada por pessoas homofóbicas para expor e atacar homossexuais verbal ou fisicamente [N.T.].

tes e ferindo outros sete. Uma vez dominado, ele disse ao assistente do diretor: "O mundo errou comigo". Mais tarde, em uma entrevista psiquiátrica, afirmou: "Não estou louco, estou furioso... não sou mimado ou preguiçoso; pois matar não é para fracos e bobos; matar é algo corajoso e ousado. Eu matei porque pessoas como eu me trataram mal todos os dias. Sou maléfico porque sou miserável".

Podemos também nos lembrar de Michael Carneal, um calouro de quatorze anos do Colégio Heath em Paducah, Kentucky. Tímido e magro, Carneal mal chegava a 1,5m e pesava cerca de 50kg. Usava óculos com lentes grossas e tocava na banda da escola. Sentia-se alienado, jogado para lá e para cá, perseguido. Os outros meninos roubavam seu lanche e o provocavam constantemente. No ensino ginasial, abaixaram suas calças em frente de todos os colegas. Ele tinha tanto medo e angústia de que outros pudessem vê-lo nu que cobria todas as passagens de ar no banheiro e ficou arrasado quando alunos da escola o chamaram de "bicha" e as páginas de fofoca o rotularam de "*gay*". No Dia de Ação de Graças de 1997, ele roubou duas armas de fogo, dois rifles semiautomáticos, uma pistola e setecentos cartuchos de munição. Depois um final de semana ostentando-os para seus colegas, levou-os para a escola com a expectativa de que isso lhe traria reconhecimento instantâneo. "Eu só queria que os caras pensassem que eu era legal", ele disse. Quando os caras legais o ignoraram, ele abriu fogo contra um círculo de oração matinal, matando três colegas de classe e ferindo outros cinco. Preso em pena perpétua na prisão, Carneal disse aos psiquiatras que avaliavam sua sanidade: "As pessoas me respeitam agora"[163].

No Colégio Columbine, local do tiroteio escolar mais infame dos Estados Unidos, essa relação também está presente em Evan Todd, um rapaz de 115kg que jogava no time de futebol americano da escola, um exemplar de entusiasmo esportivo, que Dylan Klebold e Eric Harris consideravam um tormento interminável. "Columbine é um lugar bom e saudável, exceto para os rejeitados", disse Todd. "Com certeza a gente os provocava. Mas o que você espera que se faça com meninos que vêm para a escola com penteados esquisitos e chifres em seus bonés? Não eram apenas os atletas, a escola inteira os repudiava. São um bando de homos... se você quiser se livrar de alguém, geralmente os provoca. Então a escola inteira os chamaria de homos." Ben Oakley, jogador de futebol, concordava: "Ninguém gostava deles", ele disse, "a maioria deles era *gay*. Então todo mundo fazia graça com eles". Os atletas xingavam Klebold e Harris, jogavam pedras e garrafas contra eles a partir de carros em movimento. O jornal da escola havia há pouco tempo publicado uma fofoca de que Harris e Klebold eram amantes[164].

Na verdade, os dois meninos estavam abaixo do radar, indetectáveis. Os pais de Harris eram um oficial aposentado do exército e uma dona de casa que vendia refeições, pessoas decentes e bem-intencionadas. O pai de Klebold era um geofísico que há pouco havia mudado para a área de serviços hipotecários. E a mãe trabalhava em um escritório de colocação profissional para portadores de deficiência. Harris havia sido recusado por diversos colégios; Klebold devia se matricular no Arizona no outono. Mas os fanáticos por esporte eram incansáveis. "Sempre alguém os batia contra o armário e atirava garrafas contra eles, acho que eles então voltavam para a casa de Eric ou de Dylan para planejar um pouco mais – de início, apenas algo bobo, mas cada vez mais sério com o tempo", disse um amigo[165].

O resto da história agora é tragicamente familiar. Os dois rapazes levaram uma variedade de armas para seu colégio e começaram a andar ao redor da escola, atirando em quem quer que encontrassem. Os estudantes ficaram aterrorizados e tentaram se esconder. Muitos que não conseguiram imploraram por suas vidas. O prédio escolar inteiro ficou sitiado até que a polícia tomou controle sobre ele. Ao total, 23 estudantes e pessoas da escola foram feridas, quinze morreram, incluindo um professor e os perpetradores.

Por certo, essas explosões são raras; a maioria das vítimas de *bullying* dão algum jeito de sobreviver razoavelmente intactas. Mas o medo de serem alvejadas e o medo de que outros possam rejeitá-las por terem excedido os limites do comportamento de gênero "adequado" estão em todo lugar. A conformidade de gênero é exigida e extraída por meio desse medo; muitas vezes é ele que nos mantém na linha.

A escola como um local de trabalho marcado pelo gênero

Assim como historicamente mulheres e meninas foram excluídas da sala de aula como estudantes, também elas foram excluídas do ofício de ensinar. Lembremos Ichabod Crane no conto de Washington Irving "A lenda do cavaleiro sem cabeça"? Nos séculos XVIII e XIX, o ensino era visto como uma profissão respeitável para um homem. Mas a ideologia de gênero que vigorou a partir de meados do século XIX e pregava a "separação das esferas" implicava retirar as mulheres das arenas de emprego, e elas logo começaram a ver a educação fundamental como um modo de satisfazer tanto suas aspirações profissionais quanto suas funções domésticas de cuidado maternal.

Isso coincidia convenientemente com a expansão das escolas públicas de ensino fundamental, e particularmente com a segregação dos estudantes por idade (lembremos que entre os séculos XVI e XVIII a norma educacional era ter uma sede escolar com uma única sala onde todas as idades eram formadas juntas). Ao separar os alunos por categorias etárias, a adequação específica das mulheres com os mais jovens se tornou aparente. Ademais, os administradores podiam pagar muito menos para essas professoras na comparação com os homens. Como resultado, a educação básica foi "feminizada". Isso levou à queda de prestígio profissional e de salários, o que desencorajou os homens de entrar nessa área e garantiu que ela seria ainda mais ocupada pelas mulheres. Ensinar se tornou um "trabalho de mulher", mas obviamente não a administração da escola, que permaneceu em larga medida uma arena masculina. Assim, a escola passou a se assemelhar a todas as outras instituições sociais da sociedade norte-americana (tabela 7.2).

As terríveis consequências dessa situação foram bastante debatidas no começo do século XX. Alguns alertaram para a "invasão" de professoras como se estivessem diante da "Invasão dos ladrões de menino"[j]. Um dos fundadores da psicologia norte-americana, J. McKeen Cattell, inquietava-se com essa "vasta horda de professoras" às quais os meninos eram expostos. Isso tinha sérias consequências; um garoto educado por uma mulher, acreditava um almirante, "infligiria violência à natureza", levando a uma "masculinidade feminizada, emocional, ilógica, não combativa". Outro se preocupava com a possibilidade de "o menino nos Estados Unidos não estar sendo criado para socar a cabeça de outro menino ou a conseguir, depois de ter sua própria cabeça socada, ficar de pé de uma maneira saudável e apropriada"[166].

Na segunda metade do século XIX, as mulheres ainda eram responsáveis pela maioria das funções da educação básica e praticamente todas as ocupações no maternal e na educação especial. Em 1994, 74% de todas as professoras de escolas públicas e privadas eram mulheres. O número de professoras diminui à medida que os estudantes avançam nas etapas acadêmicas. A maioria dos professores homens trabalha no ensino secundário ou pós-secundário, ao passo que a maioria das professoras permanece nas turmas do básico[167].

---

[j] *Invasion of the Boy Snatchers*, romance escrito por Lisi Harrison, autora canadense conhecida por produzir romances infantojuvenis frequentemente na lista dos *best-sellers* [N.T.].

A composição de sexo da força de trabalho está relacionada à estrutura salarial. É quase axiomático que, quanto maior a proporção de mulheres no campo, menor é o salário. Dentro da área da educação, elas continuam a ganhar menos do que os homens fazendo os mesmos trabalhos. Em média, a professora do maternal nos anos de 1980 ganhava 8.390 dólares, ao passo que seu colega masculino ganhava 14.912 (os dados desde então são consistentes). 98% dos professores de maternal são mulheres. Conforme se progride no sistema educacional, as discrepâncias de salário se tornam ainda maiores, em parte porque os aumentos são baseados em anos de experiência e as mulheres tiram mais licenças por causa da gravidez.

Tabela 7.2 O gênero do ensino

	Número (milhares)	Porcentagem de mulheres
Pré-escola e Jardim de Infância	695	98
Ensino fundamental I e II	3.038	81
Ensino médio	1.063	57
Após o ensino médio	1.313	50
Educação especial	377	80
Outros tipos de professorado e instrução	753	64

Fonte: Censo da População Atual, 2013. Disponível em http://www.bls.gov/cps/cpsaat11.pdf

---

É MESMO?

A "escassez" de professores homens é uma das grandes razões para o fato de que os garotos não estejam conseguindo bom desempenho na escola; os meninos precisam de um bom modelo masculino.

Na verdade, a frase acima é um mito. Em um exame empírico sério sobre a influência ou não do sexo do corpo docente, Martin Neuebauer e seus colegas usaram um grande conjunto de dados e não descobriram praticamente nenhuma evidência de um suposto benefício em ter o professor do mesmo sexo. Outros fatores – como recursos, tamanho da sala, preparação docente e influência dos pares – são muito mais importantes, no fim das contas. O sexo do professor é muito menos importante do que o modo como ela ou ele ensina e do que os tipos de recurso e suporte adotados.

Fonte: Martin Neuebauer, Marcel Helbig e Andreas Landmann. "Unmasking the Myth of the Same-Sex Teacher Advantage" (Desmascarando o mito do professor com o mesmo sexo). In: *European Sociological Review* (Revista Sociológica Europeia), out./2011, p. 669-689.

A mudança tem sido mais evidente na educação superior. Um estudo de 1975 descobriu que oito décimos de todos os professores de faculdade eram homens; por volta de 1989, cerca de um terço do corpo docente universitário era feminino. Mas as implicações dessa evidência não indicam necessariamente que a igualdade de gênero está mais perto de ser alcançada. Quando ordenadas por qualidade da escola, as pesquisas mostram que as mulheres são menos de 10% dos docentes em faculdades de alto prestígio, mas quase 25% das faculdades comunitárias[k]. Mais de dois terços das mulheres dão aula em faculdades de dois e de quatro anos; os homens estão igualmente divididos entre universidades de pesquisa e todas as ou-

---

[k] Nos Estados Unidos, as *Community Colleges* são instituições de ensino superior geralmente públicas, sustentadas por impostos locais, abertas principalmente para estudantes das comunidades locais, visando qualificar a força de trabalho da região, por meio de cursos de caráter frequentemente mais técnicos e de curta duração (cerca de dois anos) [N.T.].

tras instituições. E a "distribuição desigual dos sexos dentro da academia", notada pelo sociólogo Martin Trow em 1975, continua. O sexo masculino permanece dominando nas disciplinas em que a carga de ensino é menor e o número de assistentes de pesquisa e de docência é maior. Por exemplo, as mulheres são 45% dos docentes na primeira etapa da carreira, 35% dos professores assistentes, 25% de todos os professores-associados e cerca de 10% daqueles que ensinam ciências e engenharia. Em revanche, elas são maioria nos cursos profissionalizantes (enfermagem, assistência social, educação) e nos campos que exigem mais contato dentro de sala de aula, como línguas[168].

E não é só isso. Os poucos pingos de aumento de salário de professores universitários também têm gotejado mais para os homens. Entre 1970 e 1980, os salários das mulheres aumentou 66%, ao passo que o deles cresceu 70%. Em 1970, elas ganhavam 84% do salário deles; mas em 1980 esse número era de apenas 70%. Hoje, elas recebem menos do que eles em todas as etapas da carreira, trabalhando no mesmo campo e no mesmo departamento.

É MESMO?

Saber é saber. Não importa se o professor é homem ou mulher. O que importa é ele ou ela conseguir comunicar eficientemente. Ao menos é isso que a maioria de nós pensa. Mas ocorre que o gênero do professor importa em nossas avaliações. Bastante.

Benjamin Schmidt, um professor de História na Universidade Northeastern, elaborou gráficos interativos ao analisar os adjetivos usados por estudantes nos comentários do site Rate My Professor (Avalie meu professor). O que interessou o professor Schmidt foi o modo como os alunos avaliavam quão inteligente o professor era: quanto mais elevado fosse o adjetivo – sábio, brilhante, genial – mais a divisão de gênero crescia entre os professores homens e mulheres. Cada etapa era "mais fortemente marcada pelo gênero masculino do que as anteriores", ele disse.

Era muito mais comum professores homens serem descritos com termos como "incrível", "uma estrela", "melhor professor da vida", ao passo que as mulheres eram retratadas com adjetivos como "desorganizada", "útil", "entediante", "tinha favoritos" (não havia diferença de gênero em qualificações como "era fácil", "tinha preguiça" ou "uma inspiração"). Uma das maiores diferenças aparecia na palavra "divertido" – ao que parece, muitos estudantes acham que seus docentes homens são hilários e que suas professoras não têm senso de humor.

Vá em frente e tente você mesmo. Visite o site: http://benschmidt.org/profGender. Consulte alguns adjetivos e observe o gráfico se transformar.

Fonte: Claire Cain Miller. "Is the Professor Bossy or Brilliant? Much Depends on Gender" (O professor é mandão ou brilhante? Depende muito do gênero"). In: New York Times, 06/02/2015. Disponível em http://nyti.ms/1zgUOkg

As mulheres também dominam os cargos mais numerosos do ensino superior – docente adjunto e instrutor. Vítimas de um excedente de oferta na educação tanto quanto de uma discriminação de gênero velada, instrutores em dedicação parcial atualmente dão cerca de metade das aulas de todos os cursos universitários, porém são pagos por curso, mesmo quando contratados para o ano todo, sem plano de saúde ou de aposentadoria, e ainda recebem péssimos salários. Bem mais da metade deles são mulheres. Os homens têm uma representação dramaticamente desproporcional no topo da pirâmide educacional. Em 1972, menos de 3% de todos os administradores no conjunto com todas as faculdades de prestígio eram mulheres, e a correlação típica mostrava haver mais administradoras quanto menor fosse o prestígio das escolas (isso se modificava, ainda que apenas levemente, nas instituições historicamente exclusivas para mulheres). Somente nos anos de 1990, quando elas assumiram a presidência de universidades como Duke, Pensilvânia, Princeton, Harvard, Yale e Stony Brook (Universidade Estadual de Nova York) assim como a de históricas instituições exclusivamente femininas – como Vassar, Smith, Wellesley e Bryn Mawr – é que essa equação começou a mudar.

Uma razão para essa disparidade, obviamente, é que tanto quanto em todos os outros locais de trabalho, o esforço para equilibrar emprego e família cai desproporcionalmente sobre os ombros da mulher. Em todas as etapas da carreira, em todos os tipos de instituição educacional, professoras e docentes mulheres com filhos dedicam muito mais tempo à vida familiar (cuidar das crianças, dos pais e parentes idosos, trabalho doméstico) do que seus colegas homens[169].

Essa disparidade talvez ajude a explicar por que tão poucas mulheres têm alcançado as posições mais altas das carreiras em ciências e engenharia das escolas mais prestigiadas (tabela 7.3). Em janeiro de 2005, Lawrence Summers, então presidente de Harvard, iniciou uma controvérsia ao sugerir que as mulheres simplesmente não estão equipadas biologicamente para aguentar as oitenta horas de trabalho semanas exigidas de um cientista de ponta. O presidente Summers recebeu rapidamente uma lição de inúmeras cientistas mulheres, que explicaram que oitenta horas semanais de trabalho torna quase impossível ter uma família, a não ser que alguém mais assuma essa responsabilidade.

É só fazer as contas. Digamos que você dorme sete horas por noite (uma a menos do que deveria). E digamos que demore meia hora para chegar até seu trabalho todos os dias, da porta de casa até a porta da empresa. E digamos que você passe duas horas e meia por dia tomando banho, vestindo-se, exercitando-se, preparando e comendo suas refeições. E digamos que uma vez por semana você tenha um "encontro" com seu companheiro, para um jantar, ver um filme e talvez até mesmo fazer sexo (total de 5h). Isso já somou 78,5 horas. Acrescente uma carga de trabalho de oitenta horas semanais e o total já é 158,5h – para uma semana de 168h. Sobram menos de dez horas – cerca de uma hora e meia por dia – para ler, relaxar, ver televisão, fazer as tarefas domésticas e passar um tempo com sua família. De fato, a única resposta sensata para a afirmação de Summer é perguntar não quais *mulheres* podem ter uma vida como essa, mas sim que ser humano racional poderia viver uma vida tão desequilibrada. Embora muitas vezes imaginemos que os educadores têm um local de trabalho mais sedentário e relaxado, equilibrar a vida profissional e a vida familiar continua sendo um obstáculo para o progresso das mulheres nesse campo – tal como ocorre em todos os outros campos.

Tabela 7.3 As mulheres nas Ciências e Matemáticas

	Professor-assistente	Professor-associado	Professor-pleno	Todas as etapas
Computação e Informação	25%	17%	12%	17%
Física	30%	25%	13%	22%
Biologia	43%	31%	23%	37%
Matemática	32%	28%	17%	26%

Observação: Os números são de 2010.

Fonte: Relatório da Fundação Nacional de Ciência. "Women, Minorities, and Persons with Disabilities in Science and Engineering: 2013" (Mulheres, minorias e pessoas com deficiência na Ciência e na Engenharia: 2013). Disponível em http://www.nsf.gov/statistics/wmpd/2013/pdf/nsf13304_full.pdf (p. 204).

Escolas separadas é a resposta?

Pode-se imaginar que, depois de tantos anos de reforma educacional, e com atenção especial sendo dada às diferenças entre meninos e meninas, as coisas estariam melhores. Mas a comissão norte-americana de avaliação do progresso educativo descobriu que a diferença de gênero em crianças de treze anos na verdade aumentou em todas as disciplinas, exceto biologia, com as habilidades dos garotos aumentando e as garotas diminuindo. Um educador concluiu tristemente ser ainda hoje verdade que "escolas coeducando meninos e meninas são instituições masculinamente dominadas e controladas"[170]. Simplesmente fazer a conta da igualdade talvez não seja a resposta. Uma professora relatou à jornalista Peggy Orenstein que, após descobrir a existência dessa situação na qual os meninos recebem mais atenção dos docentes do que as meninas, explicou à sala o seguinte: dali em diante ela interagiria com ambos os sexos de modo exatamente igualitário. Para tanto, ela manteria a lista de frequência nas mãos. O que aconteceu em seguida a surpreendeu. "Depois de dois dias, os garotos explodiram", ela contou a Orenstein. "Eles começaram a reclamar e dizer que eu estava chamando as meninas mais do que eles. Eu os mostrei que não era verdade e eles tiveram de recuar. Continuei com esse procedimento, mas para os garotos foi difícil se acostumar com a igualdade; eles a perceberam como uma grande perda"[171].

(Obviamente, o grupo privilegiado quase sempre percebe a igualdade como uma perda. Se um docente der exatamente o mesmo tempo para héteros e homossexuais, para pessoas brancas e negras, para homens e mulheres, esse professor ou professora sempre será criticado por introduzir um viés em benefício do grupo minoritário. Quando alguém está acostumado a ser o centro das atenções o tempo todo, não estar sob os holofotes por um tempo ou mesmo por uma hora pode ser percebido como rejeição completa.)

Sendo assim, qual é a resposta? Uma volta para as escolas separadas para meninos e meninas? Alguns educadores pensaram nisso. No começo dos anos de 1970, quando quase todas as faculdades para rapazes e muitas faculdades para moças abraçaram a coeducação dos sexos, muitos estudos indicaram que as instituições para um só gênero apresentavam ainda benefícios significativos. Um estudo de Elizabeth Tidball em 1973 observou o histórico escolar das mulheres listadas em *Who's who of American Women* (*Quem é quem entre as mulheres dos Estados Unidos*) e concluiu que as faculdades femininas com um corpo docente feminino maior forneciam o ambiente mais benéfico para educar as mulheres[172].

Embora fosse verdade que a maioria das mulheres listadas no *Quem é quem* dos anos de 1960 para trás tivesse frequentado Vassar, Radcliffe, Bryn Mawr, Smith e as outras Sete Faculdades Irmãs, o estudo de Tidball apresentava muitas falhas graves. Primeiro ponto: seus dados vinham da década de 1960, tempo em que as antigas instituições de ponta do país e outras faculdades de prestígio ainda eram apenas para homens, não estavam abertas para mulheres. Nessa época, o número de mulheres no corpo discente era muito pequeno e isso desafia esforços de generalização. Segundo ponto: havia um número muito maior de faculdades para mulheres naquela época, quase trezentas nos anos de 1960, em contraste com apenas 84 em 1990. Terceiro ponto: muitas das mulheres listadas no *Quem é quem* estavam lá por causa das realizações de seus pais e maridos, ou seja, não eram mulheres realizadas em seu próprio direito, mas apenas em conexão com um homem – algo que poderia não ter sido resultado de se frequentar uma faculdade apenas para mulheres (p. ex., até os anos de 1980, a maioria das mulheres no Senado, na Câmara de Deputados dos Estados Unidos ou que foram governadoras de estados eram filhas ou viúvas de homens que haviam ocupado esses cargos)[173].

Talvez o erro mais evidente na pesquisa de Tidball foi assumir que frequentar uma faculdade exclusiva para um sexo levava à riqueza e à fama. Porém, a maioria das mulheres que entravam nessas instituições prestigiosas *já* eram ricas e provavelmente já teriam ido a um internato (ou pelo menos uma escola preparatória) só para garotas. O que Tidball mediu inadvertidamente não foi o efeito das escolas de um só sexo nas conquistas das mulheres, mas sim a correlação entre classe social e matrícula em faculdades só para mulheres. Eis aqui o relato de uma diferença de gênero que, no fim das contas, não continha nenhuma diferença de gênero de verdade. As classes sociais terminam sendo indicadores muito melhores do potencial de conquistas das mulheres do que o fato de sua faculdade ter sido ou não coeducacional ou exclusiva para seu sexo. Pesquisas posteriores mostraram que faculdades com homens e mulheres juntos produzem um maior percentual de universitárias se formando em ciências, engenharia e matemática[174].

Surgiram também algumas evidências de que as conquistas masculinas também eram beneficiadas pelo estudo em uma faculdade exclusiva para os homens. Uma vez mais, muitos desses supostos ganhos de realização se esvaneciam quando a classe social e as experiências dos meninos no ensino médio eram contabilizadas. Com efeito, quando se discute a igualdade de gênero, o resultado de ter frequentado um curso superior só para homens, segundo o sociólogo David Riesman, "geralmente não é bom. As instituições de graduação somente masculinas apresentam tendências para certos excessos". Embora Jencks e Riesman "não encontrem argumentos contra as faculdades femininas tão persuasivos quanto os argumentos contra as faculdades para homens", eles concluem:

> As faculdades exclusivamente masculinas seriam relativamente fáceis de defender se elas surgissem em um mundo no qual as mulheres estariam tão bem estabelecidas quanto os homens. Mas não é o caso. Portanto, tais instituições provavelmente são um dispositivo, proposital ou não, para preservar as presunções tácitas de superioridade masculina – presunções pelas quais as mulheres eventualmente pagam. De fato, os homens também... pagam um preço pela arrogância em relação às mulheres. Uma vez que eles quase sempre, de um modo ou de outro, deixam uma parte de suas vidas nas mãos de uma mulher, a propensão em oprimi-las significa oprimir uma parte de si mesmos. Isso talvez não os machuque tanto quanto a mulher envolvida, mas tem seu custo. Por isso, embora não sejamos contra a segregação dos sexos em todas as circunstâncias, somos contra quando ela ajuda a preservar a arrogância sexual[175].

Em resumo, o que as mulheres geralmente aprendem nas faculdades exclusivamente femininas é que elas podem fazer tudo aquilo que os homens podem. Em revanche, o que os homens aprendem é que as mulheres não podem fazer o que eles fazem. Desse modo, as instituições dedicadas só para elas podem constituir um desafio para a desigualdade de gênero, ao passo que suas contrapartes exclusivamente masculinas reproduzem essa mesma desigualdade.

Consideremos uma analogia com a raça aqui. É possível justificar a continuação da existência de faculdades historicamente exclusivas para os negros com o argumento de que tais instituições desafiam os preconceitos racistas segundo os quais estudantes negros não conseguem ter realizações acadêmicas. Assim, essas faculdades forneceriam um local onde os estudantes negros estão livres do racismo cotidiano e, portanto, livres para se dedicar seriamente aos estudos.

Mas seria muito mais difícil justificar a manutenção de faculdades exclusivas para brancos, pois elas, por sua própria existência, reproduzem a desigualdade racista. O nome mais adequado para tal instituição seria "Universidade David Duke", não Universidade Duke[i]. Voltando para o gênero, como conclui a psicóloga Carol Tavris, "há um lugar legítimo para as escolas exclusivamente femininas se elas derem às meninas uma chance maior de obter autoconfiança, segurança intelectual e competência profissional em seu campo de trabalho". Por outro lado, uma vez que a coeducação é baseada "na premissa de que há poucas diferenças genuínas entre homens e mulheres e de que as pessoas devem ser educadas como indivíduos, e não como membros de um gênero", a questão não é "saber se é preciso adotar o processo coeducacional, mas sim quando e como"[176].

---

[i] Localizada na cidade de Durham, na Carolina do Norte, a Duke University é uma das mais prestigiadas universidades dos Estados Unidos. David Duke, por sua vez, é um defensor de teses racistas conhecido nos Estados Unidos [N.T.].

A educação em instituições exclusivas para mulheres muitas vezes perpetua posturas e estereótipos que as desvalorizam, que afirmam coisas como "por natureza ou situação, meninas e moças não conseguem aprender bem ou ser bem-sucedidas em instituições de coeducação"[177]. Mesmo quando apoiadas por mulheres feministas, a ideia de que elas não podem competir de igual para igual com os homens na mesma arena, de que elas precisam de tratamento "especial", sinaliza abandono da esperança, a inabilidade ou indisposição para fazer da criação de escolas igualitárias e seguras uma prioridade nacional. "Já que não podemos fazer isso", aparentemente é isso que dizemos às garotas, "bem, faremos a segunda melhor opção: separá-las desses meninos nojentos que só conseguem fazer da vida de vocês um inferno na terra"[178].

Em alguns casos, tornar a vida de uma pessoa o inferno na terra foi uma espécie de estratégia pedagógica. O Instituto Militar da Virgínia e a Cidadela, ambas instituições militares custeadas pelo Estado, foram contra a entrada de mulheres porque, diziam elas, sua metodologia educacional "agressiva" – os cadetes são regrados e uniformizados, com cabeças raspadas, privacidade inteiramente removida e *stress* intencionalmente induzido por exercícios repetitivos e constantes, perseguições impiedosas e disciplina rígida – seria eficiente apenas para os homens. As mulheres, afirmaram as duas escolas, "não são capazes da ferocidade exigida para fazer o programa funcionar". Elas são "fisicamente mais fracas... mais emotivas e não conseguem aguentar a pressão tão bem quanto os homens". Caso admitidas e legitimadas pela Instituição Militar da Virgínia, as cadetes do sexo feminino "se dilacerariam em choro" e sofreriam "traumas psicológicos" por causa dos rigores do sistema[179]. Enquanto os homens "tendem a precisar de um ambiente de adversidade ou de combate ritual no qual o professor é um disciplinador e um competidor valoroso", as mulheres "tendem a prosperar em atmosferas cooperativas nas quais o professor está emocionalmente conectado com os alunos", disseram os advogados da Cidadela[180].

Essa instituição também argumentou que a entrada das mulheres destruiria o elo místico vivido entre os cadetes homens. Um dos especialistas que testemunhou em favor da escola, o Major-general Josiah Bunting III (ex-aluno do Instituto Militar da Virgínia que se tornou superintendente nessa mesma instituição), sugeriu que as mulheres seriam um "tipo tóxico de vírus" que arruinaria a Cidadela. "Os meninos na adolescência se beneficiam do fato de poderem focar exclusivamente na tarefa às mãos, sem a intrusão de nenhuma tensão sexual", ele afirmou[181].

Em vez de aceitar mulheres, as duas escolas propuseram fundar programas de treinamento de "liderança" para elas em faculdades próximas, privadas e exclusivamente femininas. Tais programas dividindo homens e mulheres não deveriam seguir o modelo **separados, mas iguais** – a ficção mantida pelas escolas segregadas para manter a segregação, que fora considerada inconstitucional em 1954 – mas, tal como protestava a Instituição Militar da Virgínia, "distintos, mas superiores", uma vez que as metodologias pedagógicas seriam otimizadas de acordo com as necessidades masculinas e femininas, respectivamente. A Suprema Corte enxergou a falácia desse argumento e afirmou com veemência que esses programas seriam apenas uma "sombra pálida" do Instituto; as mulheres foram aceitas em 1997.

Na realidade, para começo de conversa, os "rigores" desse sistema agressivo atraem apenas um pequeno número de homens e provavelmente um número ainda menor de mulheres. No outono de 2002, quarenta mulheres se matricularam no Instituto Militar da Virgínia. Também houve aumento nas inscrições masculinas.

Essas propostas para manter a segregação sexual na educação também parecem se basear em um entendimento falho das diferenças entre mulheres e homens, a crença num quiasma intransponível entre "nós" e "eles" baseado em diferentes estilos de aprendizado, qualidades intelectuais, estruturas cerebrais, modos de conhecer, falar ou cuidar. John Dewey, talvez o maior teórico da educação norte-americano e um feroz apoiador da igualdade de direitos das mulheres, ficava revoltado com o desprezo pelas mulheres sugerido por tais programas. Dewey zombava de disciplinas como "'botânica feminina', 'álgebra feminina' e uma 'tabela de multiplicação feminina', seja lá o que isso for", ele escreveu em 1911. "Em nenhum outro tema houve tantas afirmações dogmáticas com base em tão pouca evidência científica quanto no que diz respeito às mentes feminina e masculina". A coeducação, defendia o filósofo, é benéfica para as mulheres e lhes abre oportunidades previamente inatingíveis. Ele sugeria que as garotas se tornariam menos manipuladoras e adquiririam "maior autoconfiança e vontade de conquistar a aprovação merecendo-a e não por 'influenciar' os outros. A estreiteza de julgamento das mulheres, dependente da estreiteza da perspectiva, será superada; sua fraqueza ultrafeminina será tonificada". Ademais, dizia Dewey, a coeducação é benéfica para os homens. "Os meninos aprendem gentileza, altruísmo, cortesia; seu vigor natural encontra canais úteis de expressão em vez de ser desperdiçado em rixas e algazarras"[182]. Outro reformador da educação, Thomas Wentworth Higginson, também se opunha às escolas segregadas. "Mais cedo ou mais tarde, estou persuadido, a raça humana olhará para essas instituições universitárias segregadas tal como a maioria dos viajantes norte-americanos agora olham para os vastos estabelecimentos monásticos do sul da Europa; com respeito pelos motivos piedosos de seus fundadores; mas com espanto por tamanho equívoco ter sido cometido"[183]. A previsão de Higginson acertou em relação ao ensino superior: hoje há apenas três faculdades apenas para homens e menos da metade do número total de instituições exclusivas para as mulheres do que havia quarenta anos atrás. Contudo, tanto entre as instituições universitárias quanto no nível secundário, há alguns esforços para reavivar o ensino segregado.

As propostas para escolas de um único gênero aparentemente estão baseadas seja em uma avaliação fácil e incorreta do que seriam diferenças biologicamente fundadas das "necessidades" educativas ou dos estilos de aprendizado, seja em alguns esforços bem-intencionados para ajudar grupos de risco (como meninos ou meninas negras). Ouçamos uma afirmação da Associação Norte-americana para a Educação Pública Separada por Sexo:

> Meninas e meninos diferem fundamentalmente a respeito do *estilo* de aprendizado em que se sentem mais confortáveis. Elas tendem a ver o docente como um aliado. Com pouco encorajamento, elas já aceitam a ajuda do professor. Uma sala de aula feminina é um local confortável, seguro e acolhedor. Esqueçam cadeiras de plástico duro: coloquem um sofá e alguns pufes... O docente não deve nunca gritar ou berrar para uma menina. Evite confrontações. Evite a palavra "por que"... Meninas naturalmente se dividem em grupos de três ou quatro para lidar com problemas. Deixe-as. Minimize tarefas que exijam trabalho individual[184].

Presumo que a maioria das leitoras mulheres ficará tão ofendida com os enunciados insultantes e condescendentes acima quanto as turmas em meus cursos ficaram. E o que se presume como filosofia pedagógica adequada para os meninos? Resposta: torne a sala de aula um lugar perigoso e inóspito, deixe os alunos em cadeiras desconfortáveis, grite com eles, confronte-os, sempre questione o porquê. Para usar as palavras mais amigáveis possíveis, tenho certeza de que tais organizações acreditam ter os melhores interesses das crianças no coração. Porém, elas fundamentam suas declarações nas evidências empíricas mais frágeis e nas afirmações estereotipadas mais tresloucadas. Todos os dias, os meninos e meninas do mundo real provam que esses estereótipos ofensivos estão errados.

Na verdade, as reivindicações em favor da educação separada por sexo se baseiam em uma "pseudociência" – a reformulação de clichês de gênero ultrapassados feita a partir de nada mais do que observações anedóticas. Em uma breve linha de pesquisa, inúmeros pesquisadores empíricos conhecidos deixaram bem claro que as escolas para um único sexo não conferem praticamente nenhuma vantagem acadêmica, não estão fundadas sobre nenhuma evidência confiável de estudos do cérebro e, com efeito, podem aumentar a estereotipia de gênero em vez de combatê-la[185].

Essas propostas também confundem causa e consequência, ou melhor, enfatizam a forma em vez do conteúdo. Podemos colocar a questão do seguinte modo: que tipo de escola seria a escolhida: uma instituição coeducacional verdadeiramente incrível ou uma instituição para um único sexo realmente terrível? A maior chance é de que a escolha seria pela escola coeducacional, pois a pessoa que escolheu sabe algo que os educadores reformistas desorientados não sabem: a forma da instituição escolar – coeducacional ou não – é menos importante do que seu conteúdo.

Ocorre que as escolas para um único sexo tendem a ser privadas, pequenas, cheias de recursos, com corpo docente exclusivamente dedicado e com poucos alunos por professor, isso para não mencionar que os estudantes são mais ricos e têm melhores históricos de formação escolar. E são *essas* qualidades – não a separação do sexo – que produzem melhores resultados. Em certo sentido, propor escolas com sexos separados sinaliza um derrotismo resignado: como não conseguimos arrumar as grandes escolas públicas em sistema coeducacional – afinal, os recursos não estão lá – vamos recuar para as instituições de um único sexo. Certamente, as políticas para a educação podem ter um nível de exigência mais alto do que isso.

Em direção à igualdade de gênero nas escolas

Muitos distritos escolares nos Estados Unidos estão experimentando a ideia de **escolas ou salas de aula com um único sexo**, especialmente para ensinar matemática e ciência para as garotas. Houve ensaios notáveis com instituições de ensino exclusivas para meninos negros em Detroit e Newark e para meninas negras na cidade de Nova York, também com o intuito de ensinar ciência e matemática. Em Detroit, por exemplo, os agentes públicos da prefeitura tentavam responder a uma crise na comunidade negra: dos 24 mil garotos matriculados nas escolas públicas da cidade apenas 30% tinham pontuação média acima de 2.0; os meninos recebiam três vezes mais suspensões do que as meninas, 60% dos crimes envolvendo drogas eram cometidos por alunos do oitavo ou do nono ano evadidos. O município de Detroit propôs uma escola exclusiva para os garotos, visando lhes oferecer "autoestima, ritos de passagem, interação com modelos de vida e melhores desempenhos acadêmicos". Ainda que esses objetivos fossem válidos, muitos pais reclamaram que o projeto estava ignorando as necessidades das meninas e, por causa das prováveis ações judiciais e da oposição pública, os secretários municipais retiraram a proposta. Programas similares foram cancelados ou suspensos na Filadélfia e em Miami, embora um ainda esteja operando em Baltimore. O presidente Bush também defendeu alguns tipos de escola separada para cada sexo[186].

Entretanto, a evidência para apoiar essas inovações é inconsistente e desencorajante. Em certo sentido, tais escolas propõem um remédio "racial" ou "de gênero" para um problema de "classe" – afinal, as *crianças*, tanto meninos quanto meninas, certamente prosperariam em escolas cheias de recursos, classes pequenas e professores incrivelmente bem treinados. Ademais, boa parte da célebre "carência" por modelos de vida positivos e a reprovação dos homens negros que abandonam suas famílias não leva em conta as instabilidades econômicas enfrentadas por eles ou as pressões financeiras que dilaceram as famílias. A esperança econômica por um futuro de verdade provavelmente iria muito mais longe mantendo-se a família unida e os garotos na escola, longe das ruas[187].

E as meninas? Na nova Escola de Lideranças das Moças em Harlem 160 garotas do colegial estão, de algum modo, tendo desempenhos melhores do que suas colegas nas escolas coeducacionais. 90% delas pontuam na média ou acima da média de sua série em testes de matemática; 63% alcançam ou superam tal média na leitura (em comparação com 51% e 44% respectivamente no restante da cidade de Nova York). Os índices de frequência dessa instituição também superam em 3% a média municipal. "Nossa intenção é dar às crianças da área urbana uma escolha que, no passado, esteve disponível apenas para as crianças paroquianas e ricas", disse Ann Rubenstein Tisch, uma das fundadoras da instituição[188].

Contudo, essa escola atualmente enfrenta uma batalha judicial contra a União das Liberdades Civis Norte-americanas e a Organização Norte-americana pelas Mulheres, sob o argumento de que a instituição de ensino faria discriminação contra os meninos. As afirmações de que o modelo da escola traria benefícios também estão sendo contestados empiricamente por um estudo recente feito pela Associação Norte-americana de Mulheres Universitárias (AAUW), segundo o qual muitas garotas, embora relatem se sentir mais inspiradas para o aprendizado em salas de aula exclusivamente femininas, não apresentam ganho significativo nos desempenhos de matemática e ciência. Outra pesquisa descobriu algumas diferenças significativas entre salas coeducacionais e de um único sexo – mas apenas em escolas católicas, não em instituições privadas e exclusivas para um sexo, e apenas no que diz respeito às garotas. Uma terceira pesquisa descobriu não haver nenhuma vantagem nesse ou naquele tipo de escola para o segundo ciclo do ensino fundamental ou para estudantes privilegiados, mas observou a existência de alguns resultados positivos para meninas negras ou hispânicas oriundas de lares de baixa renda. "Separar por sexo não é a resposta para as desigualdades nas escolas", afirmou Maggie Ford, presidente da Fundação Educativa da AAUW. Kenneth Clark, o pioneiro educador afro-americano, também afirmou inequivocamente: "Não acredito que possamos regredir desse jeito. Por que ainda estamos falando em segregação e estigmatização de rapazes negros?", ele perguntou. Ele deve saber do que fala, afinal, sua pesquisa forneceu os argumentos empíricos contra as escolas "separadas, mas iguais" no marco jurídico dos direitos civis que foi a decisão da suprema corte dos Estados Unidos no caso **Brown contra o Conselho de Educação** em 1954[189].

O único estudo sistemático de um programa piloto para escolas separadas por sexo na Califórnia apresentou resultados efetivamente deprimentes. Os estereótipos de gênero tradicionais permaneceram com todo vigor; na verdade, essas escolas contribuíram para perpetuar os estereótipos de que as meninas são boas e os meninos, maus, algo que deveria provocar a reflexão daqueles que desejam "salvar" os garotos de feministas intrometidas. No final, depois de três anos, cinco dos seis distritos escolares fecharam suas instituições exclusivas para um sexo[190].

Capítulo IX e a igualdade atlética

Outra área da educação em que se questiona atualmente a desigualdade de gênero é a das atividades extracurriculares, sobretudo nos esportes. Outrora as meninas recebiam uma mensagem bem direta de que seu lugar era nas linhas laterais, torcendo pelos garotos, cujos programas ficavam com a maior parte dos fundos. Mas, com as emendas feitas à Lei da Educação de 1972, aprovou-se o **Capítulo IX**, que abolia a discriminação sexual nas escolas públicas e que, desde então, foi tomado como um imperativo para uma divisão igualitária do orçamento entre esportes femininos e masculinos (exceto o futebol americano, que é extraordinariamente caro para as escolas e não encontra quase nenhuma mulher disposta para jogar). Desde então, o número de meninas participando dos esportes interescolares disparou de trezentos mil para quase três milhões e o envolvimento de mulheres em idade universitária expandiu-se mais de 600%[191].

Os benefícios da participação feminina nos esportes, estimulados pelo Capítulo IX, redundam em benefícios para todos – e no longo prazo também. O sociólogo Don Sabo estudou esses resultados benéficos nos últimos dez anos e descobriu que as mulheres atletas têm menos tendência do que as não atletas à gravidez indesejada, ao consumo de drogas, a fumar cigarros, ao alcoolismo; e têm mais tendência a usar cintos de segurança, ter uma postura positiva diante da vida e a conquistar maiores notas[192].

Como é previsível, esse progresso nítido e inequívoco encontrou um criticismo feroz e barulhento, segundo o qual os esforços para se adequar aos preceitos do Capítulo IX tornaram os homens o "segundo sexo" dos esportes universitários, as novas vítimas de uma discriminação reversa, já que certo número de times masculinos foram cortados para atingir a proporcionalidade imposta pela nova lei. Um plano apresentado pela Comissão de Oportunidades nos Esportes Atléticos diluiria tanto a lei que acabaria por "prejudicar significativamente a igualdade que o Capítulo IX sempre representou", de acordo com um editorial do *New York Times*[193].

Em sua falta de visão, essas críticas não conseguem perceber a importância de muitos aspectos da igualdade nos esportes que são positivos para mulheres e homens. Ao propor uma abordagem de soma zero, por exemplo, esses críticos desconsideram como tanto os esportes masculinos quanto os femininos têm orçamentos completamente desfigurados pelos salários pagos aos técnicos masculinos nos esportes universitários de grandes receitas. Quando muitos técnicos de futebol americano e de basquete ganham salários – sem incluir o bônus dos valores fornecidos por empresas de tênis esportivos – que são dez vezes maiores do que o salário do reitor de sua universidade, então nitidamente as receitas dos esportes universitários não precisam de um mandado para cortar um time masculino, mas demandam sim a realocação dos fundos ao longo de todo o currículo esportivo. A justiça mais simples determinaria que meninas e meninos tenham oportunidades iguais de participar, tanto nos esportes quanto nas demais áreas da vida, e o sucesso surpreendente do Capítulo IX demonstra que, quando tais oportunidades são oferecidas, as mulheres não as desperdiçam. Ademais, o que poderia ser mais benéfico para um homem do que uma mulher forte, capaz e apreciadora do físico de seu próprio corpo?[194]

Em todo o país, governos estaduais estão reforçando a igualdade de gênero nos currículos do ensino fundamental e médio. Esses programas são designados para reduzir os obstáculos que continuam a atrapalhar a realização das meninas *e também dos meninos*: o assédio e o *bullying* feito por outros garotos, a imposição brutal de estereótipos rígidos de comportamento masculino e feminino feita tanto por professores quanto por colegas de sala. Isso ocorre porque os mesmos preconceitos – de que homens e mulheres são fundamentalmente tão diferentes que não poderíamos aprender juntos e em igualdade – prejudicam tanto meninos quanto meninas. A desigualdade de gênero na educação produz as diferenças de gênero que assumimos, com consequências deletérias para ambos os gêneros; ela debilita tanto garotos quanto garotas no esforço que fazem para encontrar suas vozes, disciplinar suas mentes e se preparar para o futuro.

Termos-chave		
Assédio sexual	Coeducação	Trote
Brown contra o conselho de educação	Currículo escondido	Policiamento de gênero
Capítulo IX	"Distinção enganosa"	Separados, mas iguais
	Escolas ou salas de aula com um único sexo	

8

Gênero e religião

DEUS É UM HOMEM! Foi essa a manchete de página inteira do jornal *New York Post*, um tabloide local, de 17 de junho de 1991. Aparentemente, durante o sermão do Dia dos Pais, o Cardeal John O'Connor, então arcebispo da cidade de Nova York, havia acabado com as feministas radicais que sugeriram a possibilidade de uma divindade mais andrógina e abrangente[195].

A manchete foi de fato um exagero hiperbólico, típico da imprensa sensacionalista. Na verdade, O'Connor dissera que "na paternidade do Deus Todo-Poderoso está, é claro, toda personalidade, a personalidade da mãe e do pai simultaneamente". E ele prosseguiu, citando a afirmação de uma autoridade do Vaticano de que "não estamos autorizados a mudar 'Pai Nosso' por 'Mãe Nossa'" (essa autoridade, aliás, calhava de ser o Cardeal Joseph Ratzinger, que se tornaria o Papa Bento XVI em 2005).

Porém, a reação crítica foi imediata. Muitos sentiram que, uma vez mais, as mulheres estavam sendo lembradas de que não são iguais na Igreja. Uma teóloga alemã atacou a afirmação com humor, desenhando a seguinte analogia: "Um macaco pensa que Deus é um macaco porque, aos olhos do macaco, o macaco é o ápice da criação. O'Connor me parece ser uma combinação de um homem e de um macaco teológico"[196].

Essa pequena controvérsia era então apenas a mais recente escaramuça de uma batalha com séculos de duração. Nas sociedades ocidentais, a religião há muito tempo está ligada a questões de gênero. Deus é um homem? Por que a maioria das grandes tradições religiosas do mundo têm homens profetas? Que tipo de relações Deus prescreve e qual Deus proscreve? Homens e mulheres têm papéis iguais nos vários ministérios religiosos?

As tradições religiosas monoteístas – judaísmo, cristianismo e islamismo – têm se mostrado especialmente preocupadas com questões de gênero. Tanto na doutrina teológica quanto na instituição social, a religião, por muitos séculos, tem desempenhado um papel promotor da ideia de que mulheres e homens são fundamentalmente diferentes e de que tais diferenças são parte de um plano divino. Por causa dessa diferenciação, sustentam tais religiões, mulheres e homens devem realizar diferentes tarefas, cumprir diferentes papéis e se colocar em posições subordinadas e dominantes em uma hierarquia. Dito de modo mais simples, a doutrina religiosa tem sido uma fonte constante de afirmações de que as diferenças de gênero são essenciais e eternas e tem fornecido uma fundamentação para justificar institucionalmente a desigualdade de gênero.

Não precisa ser desse jeito, obviamente. É possível imaginar doutrinas religiosas e rituais que celebram a igualdade. Talvez uma noção mais budista de complementaridade, de *yin e yang*, terra e paraíso, masculino e feminino, que valoriza cada um dos polos como necessário *e igual*. Ou talvez uma compreensão mais panteísta na qual vários deuses, alguns com gênero, outros sem, são responsáveis por uma grande variedade de fenômenos terrestres.

LEIA TUDO A RESPEITO!

Tendemos a pensar que a religião é conservadora quando se trata de questões de gênero: que as crenças religiosas tradicionais reforçam uma separação divinamente determinada das esferas e a subordinação das mulheres. Mas quais são as constelações de valores e ideias e quais são seus impactos reais nas atitudes de gênero das pessoas? Algumas religiões são melhores ou piores nesse assunto? Existem fatores que acentuam ou minimizam o modo como esses fundamentos doutrinais são acolhidos? Stephanie Seguino, uma economista da Universidade de Vermont, examinou o efeito da religião nas posturas de gênero ao redor do mundo.

A constituição histórica do gênero na religião

Com efeito, os registros históricos sugerem que realmente nem sempre foi assim. Nas sociedades pré-modernas, as deusas proliferavam; elas são tão ancestrais quanto a própria existência das sociedades humanas, sobretudo deusas da fertilidade, da reprodução e, mais tarde, das colheitas abundantes. Muitos dos grandes estudos em antropologia histórica do século XIX e início do século XX sugeriram que os matriarcados primitivos e as culturas politeístas foram gradualmente substituídos, seja por conquista ou contato[197]. Esse é o tema de um debate importante. Historicamente, a Grande Deusa foi conhecida por tantos nomes que é impossível contá-los todos: Astarte, Anat, Anahita, Aserá, Attoret, Attar e Au – e estamos apenas na letra A![198] Há centenas, se não milhares, de deusas que ocuparam o panteão das divindades ao longo da história mundial. Em *Female Power and Male Dominance* [*Poder feminino e dominação masculina*], por exemplo, a antropóloga Peggy Reeves Sanday traça as origens da dominação masculina na Europa e no Oriente Médio até o triunfo dos deuses do céu sobre as deusas da terra – ou seja, o triunfo das divindades invisíveis e onipotentes sobre as mais visíveis, imediatas e pragmáticas.

Porém, muitas culturas ainda continuam a adorar deusas – com misturas importantes. Por exemplo, religiões animistas como a religião africana Iorubá influenciaram cultos tradicionais religiosos no hemisfério ocidental como o Vodu e a Santeria, tradições que conservam o poder espiritual da mulher[199].

A mitologia grega e romana pareava deuses e deusas, enquanto Zeus trovejava furiosamente, deusas como Atenas e Hera se mostravam hábeis solucionadoras de problemas. Na Mesopotâmia, adorava-se Ishtar; Ísis e Demeter eram deusas da lei e da justiça no Egito e na Grécia, respectivamente. Culturas antigas no Oriente Médio e no Oriente Próximo rotineiramente incluíam deusas da fertilidade, que controlavam as forças vitais como nascimento e morte. Algumas culturas até mesmo desenvolveram religiões matriarcais nas quais a Grande Mãe era a fonte de toda vida.

Muitas culturas contemporâneas não industriais menos marcadas pela incorporação dos laços ocidentais ainda conservam essas divindades femininas, o que sugere que ver as mulheres como iguais e divinas responde a necessidades culturais importantes ao longo do tempo histórico – necessidades largamente desconsideradas por nossa cultura, talvez para nosso prejuízo. Por exemplo, na América do Sul, povos andinos contemporâneos como os Quéchua e os Aimará acreditam na Mãe Terra *Pachamama*, cujo culto de adoração é encontrado nas cidades e áreas rurais do Equador, Peru, Bolívia, do norte do Chile e do noroeste da Argentina. Migrantes andinos levaram o culto de Pachamama para as cidades e muitos outros lugares fora dos Andes, incluindo uma grande metrópole como Buenos Aires.

Dentre religiões como hinduísmo e budismo, que são mais antigas do que o judaísmo (a mais antiga dentre as três maiores religiões monoteístas), há muito mais "diversidade" espiritual. O hinduísmo afirma existir muitos deuses e deusas (embora a prática da religião permita uma desigualdade de gênero significativa). E os budistas não acreditam em nenhum "deus" titular que fique acima, mas sim num potencial divino de todos os humanos[200].

O shaktismo, a adoração de uma força feminina que anima o mundo, é uma das três maiores seitas do hinduísmo. E no budismo tibetano o maior nível que qualquer pessoa pode atingir é se tornar como as grandes budas femininas (p. ex., Arya Tara), que são descritas como protetoras supremas, destemidas e cheias de compaixão por todos os seres.

O **monoteísmo** mudou tudo isso. Nunca houve muita dúvida de que o Deus uno que primeiro falou a Abraão era uma divindade masculina. Deus tem muitas personalidades – misericordioso, vingativo, apoiador fraterno ou juiz furioso, paciente e paternal, ou orgulhoso e patriarcal – mas desde que Abraão ouviu aquela voz, essa voz é masculina.

Você consegue imaginar o que teria pensado se Charlton Heston tivesse subido até o topo da montanha no épico filme *Os Dez Mandamentos*, de Cecil B. de Mille, e fosse uma doce voz feminina que viesse da sarça ardente e conversasse com ele? Acredito que as pessoas jamais a teriam levado a sério; com efeito, mesmo a sugestão de algo assim teria sido tão herético que a pessoa que sugeriu teria sido queimada numa estaca.

A afirmação monoteísta de um Deus masculino e um código normativo que prescreve a subordinação das mulheres aos homens teve implicações práticas históricas, pois isso não apenas elevou o masculino sobre o feminino, mas também erradicou e suprimiu todas as outras tradições religiosas que postulavam a igualdade das mulheres, celebravam seus poderes reprodutivos como divinos e as idealizava como deusas.

De fato, boa parte da história da religião na Europa ao longo dos seus dois primeiros milênios tem sido uma história de purificação, de uma busca por expressões de verdade doutrinal cada vez mais refinadas pela supressão de tudo que se desvia dela. Muitas das normas a respeito das relações de gênero – os mandamentos para a submissão das mulheres, a deferência delas em relação aos homens – não estão codificadas nas escrituras iniciais, mas aparecem depois na forma de comentários sobre elas. Ou seja, tais normas não são palavra de Deus, mas palavras de homens mortais, interpretando essas escrituras dentro de um contexto histórico específico.

E nem tudo são escrituras também. Tradições doutrinais inteiras foram suprimidas como heresia, incluindo evangelhos que eram contemporâneos ao Novo Testamento, mas sugeriam relações muito mais igualitárias entre os sexos e a divindade das mulheres. Essas noções latejam um pouco abaixo da superfície porque elas também sugerem o eterno desejo humano por igualdade e a elevação das mulheres para uma posição igual. Mais recentemente, essas ideias se infiltraram numa obra comercial pop, *O Código da Vinci*, o décimo livro mais vendido de todos os tempos (a Bíblia é o primeiro). Um texto meio feminista, ele retratava toda a hierarquia do Vaticano determinada a usar todos os métodos disponíveis, incluindo o assassinato, para suprimir a sugestão de que Jesus e Maria Madalena eram mais do que "apenas amigos".

Alguns acadêmicos defendem que, conforme essas **deusas tradicionais** foram suprimidas, elas foram para o subterrâneo e reemergiram como **bruxaria** (a palavra *bruxa* significa "sábia"). Em geral, as bruxas eram curandeiras, ritualmente encarregadas por atos medicinais, parteiras, responsáveis pelo nascimento. Eram mulheres poderosas, frequentemente independentes do governo dos homens (por certo, algo que as tornava especialmente ameaçadoras para a consolidação do poder patriarcal). Como escreve Carol Christ:

> A mulher sábia era convocada nos momentos críticos do ciclo vital antes do sacerdote; ela fazia o parto, enquanto ele era chamado depois, para realizar o batismo. Ela era chamada para curar doenças ou tratar dos moribundos, ao passo que o sacerdote era chamado depois de os outros remédios falharem, para ministrar os ritos finais... Não é difícil ver por que ela era perseguida por uma Igreja insegura e misógina que não poderia tolerar um poder rival[201].

A **espiritualidade das mulheres** (tema que retomaremos posteriormente) também foi o outro lado das religiões patriarcais.

Teologias da diferença, teologias da desigualdade

Não só quando se trata do gênero de Deus, mas em muitas outras áreas a Bíblia e outros textos canônicos são normativos, prescrevem a relação apropriada entre homens e mulheres, esposos e esposas, pais e filhos. Estima-se que quatro quintos do Alcorão estão engajados na prescrição e na proscrição de relacionamentos apropriados entre mulheres e homens[202]. A Bíblia, tanto no Novo quanto no Antigo Testamento, tem muito a dizer sobre relações domésticas.

Talvez seja mais interessante o fato de os textos sagrados e seus profetas serem muito mais equânimes – ou ao menos mais ambíguos – do que seus intérpretes masculinos posteriores. Essas interpretações conflitantes foram a base de séculos de conflito e discórdia. Por exemplo, Jesus parecia igualmente preocupado com mulheres e homens e fez questão de destacar algumas mulheres que foram desprezadas por sua devoção especial (uma mulher, Júnia, é mencionada em Rm 16,7 como uma apóstola). De acordo com o teólogo Leonard Swidler, "Jesus não disse nem fez nada que advogasse pela tese de que as mulheres devem ser tratadas como intrinsecamente inferiores aos homens, mas... pelo contrário, Jesus disse e fez coisas que indicavam o pensamento de que as mulheres são iguais aos homens"[203].

Maomé, por sua vez, insistiu que o consentimento das mulheres deve ser obtido antes do casamento – uma reforma impressionante para aquele tempo; elas também tinham direito de pedir divórcio, herdar, ter propriedade e exercer certos direitos conjugais. Além disso, elas eram submetidas às mesmas exigências de oração e de jejum durante o mês sagrado do Ramadã. Por outro lado, os homens tinham permissão para ter até quatro esposas (desde que pudessem sustentá-las adequadamente) e tinham as mulheres sob sua subserviência pois eles deviam ficar "um degrau acima" delas, já que "Deus fez um para superar o outro"[204].

É mais frequente que o imperativo religioso para a desigualdade de gênero pareça instituído mais firmemente nos comentários sobre esses textos canônicos. Isso não é inevitável, pois se pode imaginar que tal ambiguidade textual foi interpretada no sentido de permitir desigualdades de gênero maiores. Tal iniquidade é quase universalmente evidente na linguagem da Bíblia. Sempre que o texto usa a segunda pessoa, singular ou plural, assume-se que o ator é masculino. Com efeito, embora o "vós" possa fazer isso ou aquilo, alguns textos aparecem para explicar que as mulheres "não podem" fazê-los.

Assim, por exemplo, a Carta de São Paulo a Efésios não deixa nenhuma dúvida sobre a posição do apóstolo sobre a igualdade de gênero (trata-se de um comentário de que algo deve ter sido percebido como descabido para que ele chegasse a comentá-lo):

As mulheres sejam submissas a seus maridos, como ao Senhor, pois o marido é o chefe da mulher, como Cristo é o chefe da Igreja [...]. Ora, assim como a Igreja é submissa a Cristo, assim também o sejam em tudo as mulheres a seus maridos (Ef 5,22-24).

E em 1Cor 11,3 novamente um tema similar: "o senhor de todo homem é Cristo, senhor da mulher é o homem" (de todos os apóstolos, Paulo parece ser o mais obcecado com a submissão das mulheres). Apenas para se certificar de que não houve nenhuma má compreensão, em 1998, depois de muitas décadas de intensas campanhas feministas, a Convenção Batista do Sul emendou sua declaração oficial de crenças para insistir que uma esposa deveria "se submeter graciosamente" para seu marido e assumir sua "responsabilidade, atribuída por Deus, de respeitar seu marido e ajudá-lo como sua 'auxiliadora'"[205].

(Obviamente, o que a religião *diz* e o que as pessoas realmente *fazem* varia muito. Por exemplo, embora a Igreja Católica proíba o controle de natalidade, praticamente todas as mulheres católicas norte-americanas adotam alguma forma dessa prática. E, embora o homem supostamente tenha de ser o chefe do lar, muitos cristãos evangélicos têm – e apoiam – casamentos igualitários[206].)

O judaísmo ortodoxo certamente consagra a desigualdade de gênero: as mulheres não podem ser rabinas, ler a Torá durante a adoração, cantar na sinagoga ou conduzir um culto[207]. Com efeito, apenas os homens contam para formar um *minian*, o quórum de dez judeus que devem estar presentes para que um culto de oração ocorra. Cem mulheres e nove homens? Sem chance. As mulheres judias não podem ter a iniciativa para se casar ou se divorciar, não podem orar no Muro das Lamentações (elas foram fisicamente atacadas por homens ortodoxos quando tentaram) e há uma espécie de brigada informal da moralidade composto por homens judeus ortodoxos que castigam publicamente as mulheres que se vestem "imodestamente" ou que se sentam onde querem nos ônibus públicos. Isso soa terrivelmente similar aos itinerantes grupos muçulmanos de purificação que vagaram pelo Afeganistão sob o Talibã, impondo aos afegãnes seu código de conduta a respeito de gênero.

Tais conflitos em torno de interpretações de textos sagrados podem até ser doutrinais em seu núcleo, mas eles muitas vezes se exprimem por meio de políticas seculares. Por exemplo, no século XIX, foi o clero protestante que liderou a campanha contra o direito das mulheres, seja o de votar, ir à universidade ou adotar profissões como medicina ou direito. Não era o caso de as mulheres terem seu "direito" a essas atividades, escreveu o Reverendo John Todd, mas sim que a frágil constituição feminina criada por Deus exigia que elas fossem "eximidas de certas coisas que os homens devem suportar"[208].

Por outro lado, muitos ministros protestantes estiveram entre os apoiadores mais fervorosos do voto feminino. O sermão do Rev. Samuel B. May em 1846, "Os Direitos e a Condição das Mulheres", defendia que o silenciamento do voto das mulheres "é tão injusto quanto seria o silenciamento do voto dos homens; pois não há na natureza moral, mental ou física de ambos nada que os desqualifique para entender corretamente os verdadeiros interesses da comunidade e para agir sabiamente de acordo com isso"[209].

Similarmente, se nas sociedades islâmicas de hoje os homens são os chefes do lar e as mulheres são muitas vezes relegadas à esfera privada, a verdade é que tal situação não é nada consistente. Em alguns dos maiores países muçulmanos, como a Indonésia, as mulheres vestem roupas ocidentais e estão presentes em todas as profissões. As meninas vão à escola sem encontrar empecilhos e tanto homens quanto mulheres têm igualmente direito ao voto.

Em muitas religiões, a desigualdade de gênero é consagrada e imposta por meio de um policiamento do corpo. Todas as religiões monoteístas prescrevem algumas práticas corporais e proscrevem outras. Por exemplo, homens cristãos não deviam cobrir suas cabeças, mas as mulheres cristãs sim – e por razões similares (é provável que eles fossem proibidos de fazê-lo porque os judeus eram obrigados a isso, logo a proibição diferenciava as duas religiões). Como Paulo explicou aos Coríntios:

> Quanto ao homem, não deve cobrir sua cabeça, porque é imagem e esplendor de Deus; a mulher é o reflexo do homem. Com efeito, o homem não foi tirado da mulher, mas a mulher do homem. Nem foi o homem criado para a mulher, mas sim a mulher para o homem (1Cor 11,7-9).

Em algumas sociedades islâmicas mais fundamentalistas, o corpo das mulheres deve ficar completamente escondido o tempo todo; mesmo se precisar se aventurar no espaço público antes de todos (e em seguida acompanhada por um parente homem), ela deve permanecer escondida sob a **burca**. Ela não pode mostrar nenhuma parte de seu corpo ou de seu rosto em público. Ainda hoje, as mulheres que desafiam tais restrições no Afeganistão arriscam ter ácido jogado na sua face para que fiquem permanentemente desfiguradas, além de sofrerem humilhação pública com sua família e até mesmo serem alvo de apedrejamentos rituais.

LEIA TUDO A RESPEITO!

A França baniu o uso de qualquer veste cobrindo a cabeça em suas escolas públicas – uma prática que afeta as mulheres muçulmanas e os homens judeus, bem como adeptos de outras crenças. Por que as pessoas escolhem usar essas vestes religiosas em público? Mais importante, por que elas escolhem fazê-lo quando seus próprios pais e familiares não o fazem? Em "Veiled Submission" ("Submissão velada"), os sociólogos John Bartkowksi e Jen'nan Ghazal Read entrevistaram mulheres evangélicas e muçulmanas em campi universitários para tentar entender como elas percebiam a desigualdade e a identidade de gênero.

O corpo masculino também é policiado. Dado que o profeta usava uma barba, os homens muçulmanos, como creem esses executores morais, são cobrados para usar barba também. Qualquer homem que for pego cortando sua barba pode ser executado – e os barbeiros que os barbeiam podem ter suas mãos cortadas (novamente, isso de modo nenhum se aplica a todo Islã; com efeito, naqueles países com as maiores populações muçulmanas, como a Indonésia, exigências como essa são praticamente desconhecidas).

Uma das grandes marcas do *status* de segunda classe das mulheres entre os judeus ortodoxos sempre foi a purificação ritual. A menstruação torna a mulher ritualmente impura; durante doze dias por mês – ou seja, 40% de cada mês – ela é vista como alguém contaminado; tudo que ela toca se torna impuro, e ela deve ficar fisicamente segregada dos homens. Sete dias depois do fim de seu ciclo menstrual, ela passa por um banho ritual chamado mikvá, que a purifica e a torna, portanto, apta a retomar sua vida social.

Você pode imaginar que as mulheres se irritem com lembretes tão elaborados e prolixos de sua desigualdade. Mas, segundo as descobertas de um estudo fascinante sobre moças que se converteram para o judaísmo ortodoxo, realizado pela socióloga Debra Kaufman, aquilo que um observador externo talvez veja como "opressão" pode carregar sentidos alternativos para os participantes. As mulheres convertidas para a ortodoxia, ou que se tornaram significativamente mais ortodoxas, na verdade, valorizam tal experiência e a consideram "empoderadora". A participação, afirma Kaufman, "coloca-as em contato com seu próprio corpo, no controle de sua própria sexualidade e numa posição que valoriza as assim chamadas virtudes femininas do cuidado, reciprocidade, família e maternidade"[210].

Outro estudo a respeito de mulheres judias ortodoxas em Israel descobriu uma ampla variedade de reações a essas cerimônias de **purificação ritual**. Uma mulher reclamou da opressão que sentia e do fato de ela ter "esse sentimento de que as mãos compridas de rabinos de centenas de anos literalmente entravam dentro do meu corpo para me checar". Mas outra mulher valorizou sua sensação de "renovação", a percepção "de entrar na água como uma pessoa religiosa que é aceita por quem eu sou, sem maquiagem, sem cores: eu tenho um valor puro intrínseco, independente de qualquer adereço".

E a experiência decididamente envolve poder sexual, dado que o *mikvá* a purifica para o sexo e a lei judaica garante seus direitos ao prazer. Uma mulher afirmou:

> O *mikvé* me traz uma sensação maravilhosa, quando vou sinto que meu marido está esperando por mim como um convidado honrado, tal como ele espera sexta de noite pelos anjos do Sabá... o *mikvé* me faz sentir que nosso relacionamento se moveu para um nível mais alto.

Outra diz:

> A mulher pode também iniciar as interações físicas. É bom dizer que eu quero isso ou aquilo, sobretudo porque se presume que ela pode gostar. Na verdade, o marido não cumpriu o mandamento da *onah* se você não teve prazer. Isso significa que se você quer sexo ou o que for, então ele precisa concordar e você tem o direito de pedir[211].

Com efeito, também é assim com o véu – ou **hijabe** – entre as mulheres muçulmanas. Algumas argumentaram que usar o *hijabe* é uma afirmação política, uma declaração de solidariedade com outras imigrantes muçulmanas em sociedades ocidentais mais seculares. Apesar da denúncia de feministas ao redor do mundo de que o véu é opressivo, muitas jovens islâmicas adotam o *hijabe* como um ato de solidariedade e comunidade. Por exemplo, jovens muçulmanas da França se recusam a retirar seus véus nas escolas, apesar da lei francesa que demanda a remoção de todas as vestes cobrindo a cabeça, uma vez que a educação é uma instituição secular.

Em um estudo feito nos Estados Unidos, as mulheres muçulmanas consideravam o *hijabe* como uma expressão de sua oposição ao colonialismo no Oriente Médio e como uma afirmação das diferenças de gênero tal como prescritas por sua religião. Em uma dissertação fascinante produzida em meu departamento, um de nossos doutorandos, Etsuko Maruoka, entrevistou jovens muçulmanas alunas de Stony Brook que haviam decidido começar a usar o véu – para o grande desconforto de seus pais! Para elas, era um ato de rebelião contra pais ansiosos demais para "americanizá-las", além de ser um gesto de solidariedade com as muçulmanas ao redor do mundo. Porém, disse Maruoka, o mais importante era que esse ato permitia uma autoidentificação como grupo minoritário, forasteiro, diferente. Nesse gesto de conformidade, essas moças procuravam se diferenciar de seus colegas e forjar uma identidade opositiva (por outro lado, muitos dos pais dessas moças haviam imigrado de países como Malásia e Indonésia, onde os véus eram praticamente desconhecidos. A visão que elas tinham da prática muçulmana global, mais do que um ato genuíno de solidariedade com um mundo islâmico mítico, era provavelmente resultado de assistir o canal Al-Jazeera, a rede de televisão islâmica mundial financiada pela Arábia Saudita, que promove uma visão unificada do Islã)[212].

Talvez, como escreve a psicóloga Rosine Perelberg, esses múltiplos significados vinculados à mesma atividade sugerem como "o poder pode ser exercido a partir de uma posição subordinada" e que tal fluidez "é fundamental tanto para o modo como os papéis de gênero são construídos em diferentes sociedades quanto para as posições respectivas desde as quais homens e mulheres percebem a si mesmos"[213].

Por certo, é o corpo e seus prazeres que instigam especialmente as paixões religiosas. Suspeito que todas as religiões exigem a supressão do sexo pela glória de Deus. Porém, mesmo aqui, há muitas interpretações. Entre os judeus ortodoxos, por exemplo, tanto as mulheres quanto os homens têm o direito – na verdade, são *encorajados* – a experimentar a satisfação sexual no casamento.

Uma das inovações do cristianismo em relação ao judaísmo foi uma repressão estrita da sexualidade. O sexo deveria ser evitado e praticado apenas para a procriação. Segundo Santo Agostinho, o sexo era o veículo pelo qual o **pecado original** foi transmitido de uma geração para a outra. O **celibato** foi promovido como uma posição moral e espiritual mais elevada. A luxúria foi listada entre os sete pecados mortais e as mulheres (obviamente) foram os receptáculos da luxúria. Como lembra o infame *Malleus Maleficarum* (o antigo manual da Igreja para a caça às bruxas): "Toda bruxaria vem da luxúria carnal, que na mulher é insaciável"[214].

Ao mesmo tempo, autores cristãos escreveram livros *best-sellers* oferecendo manuais religiosos sobre o sexo, segundo os quais Deus basicamente deseja que você tenha uma ótima vida sexual – desde que seja casado, heterossexual e fiel ao seu cônjuge. Isso criou naturalmente alguma confusão entre cristãos contemporâneos. Como disse um jovem de Lubbock, no Texas:

A vida em Lubbock, Texas, ensinou-me duas coisas:
A primeira é que Deus te ama e você está a caminho do inferno;
A outra é que sexo é a coisa mais suja e nojenta da Terra e deve ser reservado para quem você ama[215].

Geralmente, esse "quem você ama" tem de ser alguém de um gênero diferente do seu. Outro elemento tipicamente religioso da conservação da diferença de gênero é exigir que amemos apenas quem é de outro gênero. Muitas religiões ou desencorajam ou proíbem a homossexualidade – e isso é particularmente verdade no caso das religiões monoteístas. Enquanto 60% de todos os norte-americanos acreditam que a homossexualidade deveria ser aceita pela sociedade, três quartos das testemunhas de Jeová (76%), cerca de seis a cada dez muçulmanos (61%) e praticamente dois terços dos mórmons (68%) e dos evangélicos (64%) afirmam que a homossexualidade deve ser desestimulada.

É MESMO?

Os cristãos fazem sexo melhor

Segundo Pat Fagan do conservador Instituto de Pesquisa do Casamento e da Religião Cristã, os cristãos fazem sexo melhor e mais vezes. "Nós fazemos com mais orgasmos, mais prazer e mais frequência!" Zombando dos não crentes, ele acrescenta, "sabemos como fazer sexo muito melhor do que vocês!"

Qual a evidência dessa afirmação? De acordo com a Pesquisa Norte-americana de Saúde e de Vida Social, 88% das pessoas em casamentos duradouros gostam de suas relações sexuais com o atual parceiro muito ou extremamente – comparadas com 72% das pessoas divorciadas ou separadas e 66% das solteiras. E 84% daquelas que vão à igreja regularmente estão muito felizes com sua vida sexual, em comparação com 79% daquelas que nunca vão (os indivíduos que pior avaliam sua vida sexual, porém, são aqueles que vão à igreja ocasionalmente).

Mas é por isso que os cristãos são mais eficientes em atingir o êxtase sexual? Ou na verdade é simplesmente uma questão de poder fazer comparações? Os fiéis que sempre estiveram casados provavelmente tiveram apenas um parceiro sexual na vida, logo não possuem muita base de comparação, e é possível que eles acrescentem muito sentido religioso à questão, então mesmo que o sexo não seja assim tão incrível, eles podem se sentir mais espiritualmente satisfeitos. "Quem é monogâmico tem o melhor sexo que já conheceu, pois não conhece nenhum outro", diz Fagan, em admiração.

Quanto à diferença de orgasmos entre quem vai à igreja e quem não vai, bem, não é uma questão para os homens, mas é para as mulheres. Talvez o problema seja mais a relação entre monogamia e confiança, uma vez que as mulheres muitas vezes relatam uma maior frequência de orgasmo quando conhecem e confiam em seu parceiro.

Fonte: Amanda Hess. "Do Christians Have Better Sex?" ("Os cristãos fazem sexo melhor?"). In: *Slate*, 19/07/2013. Disponível em http://www.slate.com/blogs/xx_factor/2013/07/19/the_family_research_council_argues_that_christians_have_more_orgasmic_frequent.html

A maioria dos outros grupos religiosos afirma que a homossexualidade deveria ser aceita pela sociedade. Isso inclui os católicos (64%), pertencentes ao protestantismo histórico (65%), judeus (79%), budistas (82%) e não filiados (79%).

Em contrapartida, membros de igrejas historicamente negras, cristãos ortodoxos e hindus são mais divididos quando o assunto é homossexualidade. Por exemplo, quatro entre dez membros das igrejas historicamente negras dizem que a homossexualidade devia ser aceita, enquanto 46% afirmam que ela deveria ser desestimulada[216].

A **religiosidade** também tende a ser associada com visões mais negativas a respeito do casamento *gay*. De acordo com uma pesquisa de 2011 feita pelo Fórum Pew Sobre Religião e Vida Pública e pelo Centro de Pesquisa Pew para o Povo e a Imprensa, 46% dos norte-americanos apoiam o matrimônio homossexual, enquanto 44% são contra. Mas quem apresenta maior índice de envolvimento em igrejas se opõem a essa ideia com uma margem substancialmente maior (68% em contraste com 24% a favor) (dados de 2010). A oposição entre os evangélicos brancos, sem considerar a frequência de participação na igreja, é ainda maior, 74%. A maioria dos protestantes negros (62%) é contra o casamento *gay*, tal como 42% dos católicos latinos. Porém, houve uma mudança dramática de apoio entre certos coletivos (um crescimento de entre 5 e 10 pontos percentuais em favor do matrimônio homossexual). Por exemplo, em 2007, apenas entre os norte-americanos não afiliados a qualquer religião havia um apoio majoritário ao casamento *gay*, atualmente a esse grupo (hoje com 72% a favor) se juntaram os protestantes históricos (54%) e os católicos não hispânicos (57%).

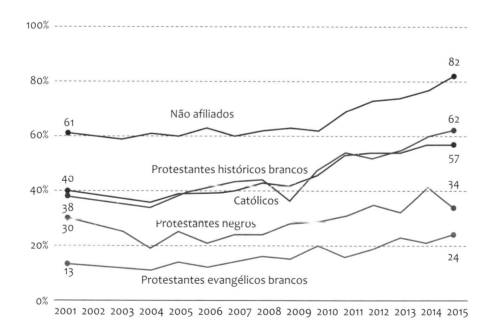

Figura 8.1 Porcentagem de pessoas que apoiam o casamento de pessoas do mesmo sexo.

Fonte: "Changing Attitudes on *Gay* Marriage" ("Posturas mutáveis sobre o casamento *gay*"). Centro de Pesquisa Pew, Washington, DC (jul./2015). Disponível em http://www.pewforum.org/2015/07/29/graphics-slideshow-changing-attitudes-on-gay-marriage/

O gênero da religiosidade

Tanto na doutrina quanto na prática, a maioria das religiões monoteístas tradicionais proclamam uma diferença de gênero divinamente inspirada e, com isso, legitimam uma desigualdade de gênero. Toda manhã, o judeu ortodoxo agradece a Deus por não ter nascido mulher. O católico declara obediência ao Pai, ao Filho e ao Espírito Santo. O muçulmano lê no Alcorão que "os homens são encarregados das mulheres porque Deus fez um superar o outro". Entre os hindus, o Código de Manu, Livro V, declara que "uma mulher não deve nunca estar livre de subjugação"[217]. Onde, pode-se perguntar, estão as mulheres?

Nos bancos das igrejas. Um dos maiores paradoxos da religião é o fato de divindades, doutrinas e práticas institucionais promoverem a naturalidade tanto da diferença de gênero quanto da dominação masculina, e, porém, a maioria dos fiéis é feminina.

Pode-se imaginar que o lógico seria o inverso. Com Deus sendo imaginado como homem, a palavra de Deus tem sido historicamente a pedra de toque de afirmações sobre diferença de gênero e, o que é talvez mais importante, a justificação básica para as desigualdades de gênero; por isso, a religião seria um domínio masculino e contaria com muito mais homens – uma vez que ela reafirma diferenças naturais e sustenta a dominação masculina sobre as mulheres. Certo?

Não tão rápido. Com efeito, as mulheres são muito mais religiosas do que os homens. Nos Estados Unidos, que é a nação mais religiosa do mundo industrial, praticamente todos professam alguma crença religiosa (O país é o quinto mais religioso do mundo, perdendo apenas para Nigéria, Polônia, Índia e Turquia). Mais de 95% dos norte-americanos dizem acreditar em Deus ou em algum espírito universal. Mais de três quartos das mulheres (77%) e apenas pouco mais de três quintos dos homens (63%) dizem que sua fé é "muito importante" para si. Elas acreditam na vida após a morte por uma margem de 60-40 também[218].

Porém, quando se trata de pôr em prática o que se diz, as mulheres parecem fazer um trabalho muito melhor. De acordo com uma pesquisa de 2008 sobre a paisagem religiosa dos Estados Unidos, elas têm muito mais tendência a se identificar com uma religião em particular e muito mais tendência em praticá-la. Pesquisas anteriores descobriram que mais mulheres do que homens consideram a religião "importante" em sua vida. Elas também oram, leem a Bíblia e frequentam os cultos religiosos mais do que os homens. De todas as pessoas que vão à igreja uma vez por semana, 60% são mulheres; daquelas que vão mais de uma vez semanalmente, 70% são mulheres (figura 8.2)[219].

Do outro lado dessa contabilização, a pesquisa de 2008 descobriu que os homens não assumem nenhuma filiação religiosa com uma tendência perceptivelmente maior do que as mulheres. Quase um em cada cinco homens (19,6%) dizem não se afiliar formalmente a nenhuma religião, em contraste com cerca de 13% de mulheres. Eles têm duas vezes mais tendência a afirmar que são agnósticos ou ateus (5,5% contra 2,6% entre elas).

Com protestantes e católicos, a lacuna entre gêneros é de cerca de 8%, 54% contra 46%. Mas esse hiato sobre para 20 pontos (60% contra 40%) entre testemunhas de Jeová e nas igrejas historicamente negras, onde as mulheres geralmente constituem entre 70% e 90% de toda a congregação. No fim das contas, as mulheres negras são as mais religiosas de todas (entre judeus, muçulmanos, budistas e hindus norte-americanos, a lacuna entre os gêneros flui no sentido contrário, indo de uma diferença modesta de 4% [52%-48%] entre os judeus para um hiato significativamente maior, de 22 pontos [61%-39%], entre os hindus)[220].

Em anos recentes, surgiram algumas evidências de que essa lacuna de gênero na religião está se estreitando de algum modo. Aparentemente, isso tem ocorrido não porque a participação religiosa dos homens

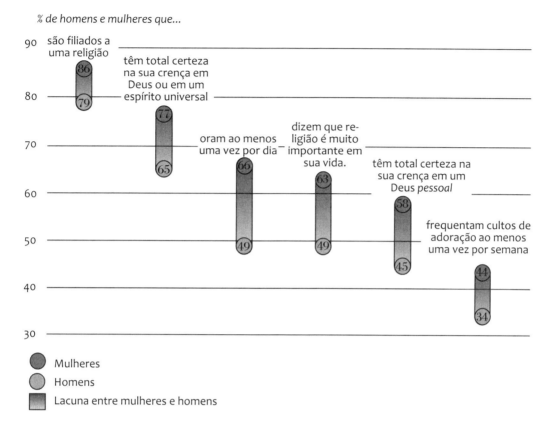

Figure 8.2 A lacuna espiritual de gênero

Fonte: "The Stronger Sex – Spiritually Speaking" ("O sexo mais forte – Espiritualmente falando"). Centro de Pesquisa Pew, Washington, DC (fev./2009). Disponível em http://www.pewforum.org/2009/02/26/the-stronger-sex-spiritually-speaking/

está aumentando, mas sim porque a participação das mulheres está declinando. Talvez as demandas do trabalho integral fora de casa e de quase todas as tarefas do turno adicional para cuidar da casa e das crianças deixam pouco tempo para que as mulheres se atentem ao lado espiritual das coisas. Em estudo recente feito com antigos bolsistas do programa de formação da Casa Branca, os pesquisadores descobriram que as ex-alunas mulheres eram, de algum modo, menos religiosas do que os homens. Os autores do estudo concluíram que mulheres muito bem realizadas e bem-sucedidas podem não se beneficiar da religião do mesmo modo que os homens, ou que elas não obtêm dela o mesmo tipo de apoio moral que os homens recebem. Mas tais afirmações são pouco convincentes. Afinal, os membros do programa de formação da Casa Branca são majoritariamente homens (a pesquisa em questão tinha 362 homens e 107 mulheres) e são nomeados por critérios políticos, logo os ex-alunos entrevistados eram mais provavelmente republicanos do que democratas, e os homens provavelmente haviam sido selecionados no passado levando em conta alguma filiação religiosa (afinal, muitos aspiram a cargos políticos e as proclamações de fé são exigidas para todos os candidatos políticos hoje em dia). Em resumo, tantos outros fatores podem explicar as pequenas diferenças entre mulheres e homens no programa de formação da Casa Branca que não podemos realmente dizer com certeza que o *status* de elite exerce essa mudança nas preferências religiosas[221].

Entretanto, não devemos confundir pequenas ondulações no oceano com mudanças drásticas na natureza das marés. O nível de imposição da desigualdade de gênero varia historicamente. Durante períodos de prosperidade, as estruturas religiosas podem relaxar: as mulheres podem avançar passos largos na arena pública sem interferência religiosa, e elas também talvez consigam desafiar proibições doutrinais contra sua participação na religião. Períodos de crises seculares, porém, muitas vezes se acompanham de chamados fundamentalistas para retornar aos textos básicos, repurificar a religião de seu contágio por forças secularizantes. Ou seja, durante períodos de prosperidade, religiões se abrem para fora e acolhem os outros; durante as crises, elas se viram para dentro e exigem mostras crescentes de adesão à fé.

O impulso fundamentalista é uma espécie de volta para o básico, um retorno para o já provado e verdadeiro. Ele redesenha as fronteiras entre o dentro e o fora do grupo de modo mais firme. Dificilmente uma pessoa "precisaria" do **fundamentalismo** se velhas doutrinas estivessem bem fixas no seu lugar, sem serem questionadas. Nesses momentos de transformação, fundamentalistas buscam fazer as mulheres voltarem para seu lugar "de direito", como uma forma de solucionar a enorme confusão causada por perturbações sociais e econômicas. Conforme mulheres e homens se tornam mais e mais iguais ao redor do mundo – na educação, na vida familiar, nas profissões, nos locais de trabalho – os fundamentalistas buscam nos relembrar de que as diferenças entre os gêneros, que estão em todo lugar desaparecendo, são na verdade indeléveis e fixas[222].

A religião como uma instituição marcada pelo gênero

Para um sociólogo, a religião é mais do que a codificação de um modo de vida ético, um conjunto de crenças sobre o sentido da vida, seu propósito e seu criador, ou um conjunto de práticas espirituais designadas para exprimir essas crenças. Ela também é uma instituição social, que emprega pessoas, onde indivíduos desenvolvem suas carreiras, ganham sua vida e garantem uma existência mais secular para si próprios. Pode haver muito mistério nas ideias específicas de uma religião, mas, no sentido social, instituições religiosas em geral se assemelham a quase todas as outras instituições.

Há uma simetria importante entre doutrina religiosa e práticas institucionais. Uma vez que as religiões monoteístas postulam a existência de diferenças de gênero ordenadas divinamente e, com isso, justificam a desigualdade de gênero, seus arranjos institucionais geralmente refletem tais crenças. Como os Estados Unidos dão às religiões a liberdade de proferir suas crenças e institucionalizar práticas com base nelas – dentro de limites, por certo – nosso governo permite que as instituições religiosas desenvolvam suas próprias políticas de contração e demissão e determinem seus próprios critérios de seleção, admissão e filiação. Por isso, mesmo que a lei proíba o gênero como critério para contratar ou promover, permitimos que as instituições religiosas o utilizem como parâmetro. Mas isso não é carta branca para que uma pessoa pratique sua religião de qualquer jeito como ela queira. Por exemplo, mesmo se suas crenças religiosas demandem que uma pessoa apedreje adúlteros ou agiotas até a morte, o código penal dos Estados Unidos proíbe tal comportamento. (Assim, banqueiros podem respirar aliviados, para não mencionar aqueles que eventualmente se sintam tentados a trair seu cônjuge!)

Dadas as crenças doutrinais das três maiores religiões monoteístas, portanto, não é surpresa ver uma dramática segregação sexual nas posições institucionais ocupadas por mulheres e homens. (No cap. 9, dedicado ao local de trabalho, discutiremos como a segregação sexual é o mecanismo primário pelo qual a desigualdade de gênero é fabricada para parecer "natural" quando é qualquer coisa menos isso.) A segregação sexual é ao mesmo tempo uma consequência e uma das principais causas da desigualdade de gênero.

Historicamente, as mulheres foram simplesmente proibidas de cumprir a função de ministros, imãs, rabinos ou sacerdotes. A primeira mulher ordenada ministra nos Estados Unidos foi Antoinette Brown, uma congregacionista, em 1853. Ela logo se casaria com Samuel Blackwell, cuja irmã, Elizabeth, foi a primeira mulher a se formar em uma escola de medicina norte-americana. Que família!)

Porém, em décadas recentes, houve um progresso significativo na abertura de vias para que as mulheres assumissem uma posição de maior igualdade. A Associação de Escolas Teológicas relata que, em seus seminários associados, a porcentagem de mulheres em busca de mestrados em estudos sobre a divindade aumentou mais de 700% nos últimos trinta anos e que as mulheres seminaristas eram 32% do total em 2002. Como exemplo, enquanto os judaísmos reformista e conservador permitem que tanto mulheres quanto *gays* e lésbicas sejam rabinos, o judaísmo ortodoxo proíbe ambos. O judaísmo reformado começou a ordenar rabinos em 1972 e há hoje mais de quatrocentas rabinas. Diferentes denominações protestantes permitem que as mulheres ministrem e algumas permitem *gays* e lésbicas; outras denominações proscrevem as primeiras ou os segundos, ou ambos. A Igreja Evangélica Luterana dos Estados Unidos afirma que a porcentagem de seu clérigo ordenado feminino dobrou entre 1991 e 2003, chegando a 16% do total. A Igreja Episcopal começou a ordenar mulheres em 1973; hoje, elas são quase 14% de todos os sacerdotes. E entre luteranos, quase um dentre cinco ministros é mulher[223].

Dentro das igrejas negras dos Estados Unidos, apenas cerca de 5% têm pastoras e elas são geralmente congregações pequenas, remotas e tribuladas. E apenas 5% de todos os estudantes seminaristas são mulheres negras (2% de todo o corpo de seminaristas são de asiáticas e 1% de hispânicas).

Em revanche, a Igreja Católica permaneceu firmemente oposta à ordenação de mulheres, *gays* e lésbicas. Dada a crença de que os sacerdotes agem em nome de Cristo, eles devem se parecer com Jesus fisicamente: ou seja, devem ser homens. Em meados dos anos de 1990 o então Cardeal Ratzinger (que se tornaria o Papa Bento XVI) afirmou que a **proibição** da ordenação de mulheres devia ser considerada um ensinamento "infalível"; ou seja, algo que deve ser sustentado sem qualquer debate ou questionamento como a palavra de Deus. A Convenção Batista do Sul mudou sua posição de longa data em 2000 e se recusou a ordenar ministras, apesar das centenas que já haviam recebido a ordenação desde que a prática fora permitida em 1964.

O clero católico também deve permanecer celibatário, um voto que não é exigido por outros cleros monoteístas. O celibato prolonga os ensinamentos católicos tradicionais de que o sexo é a rota pela qual o pecado original é transmitido de uma geração para outra. Por isso, aqueles que querem representar a vontade de Deus na terra devem eles próprios renunciar não a seu próprio pecado original (pois todos que nasceram o carregam), mas a transmiti-lo para a próxima geração.

Em parte por causa dessas restrições – e por causa dos escândalos humilhantes e devastadores envolvendo sacerdotes pedófilos que abalaram a Igreja Católica na década passada – o número de homens ordenando-se como sacerdotes ao redor do mundo diminuiu significativamente, de 419.728 em 1970 para 412.236 em 2013, ao passo que o número de católicos quase dobrou, de 653 milhões para 1,2 bilhão, no mesmo período. Milhares de paróquias fecharam e quase 50 mil das que existem não têm padre. Como resultado, muitas organizações católicas têm buscado remasculinizar o sacerdócio, sugerindo que apenas "homens de verdade" – e decididamente não homens *gays* – são fortes o suficiente para serem padres.

Resistência intransigente a movimentos por igualdade de gênero e reconhecimento da diversidade sexual coloca a Igreja Católica cada vez mais em discordância com muitos de seus paroquianos. Uma comissão de estudiosos bíblicos nomeada pelo Papa nos anos de 1970 não encontrou nenhum fundamento nas escrituras para proibir as mulheres de serem ordenadas e um levantamento feito em 2005 pela Associated Press verificou que quase dois terços (64%) de todos os católicos norte-americanos acreditavam que as mulheres deveriam poder receber a ordenação[224].

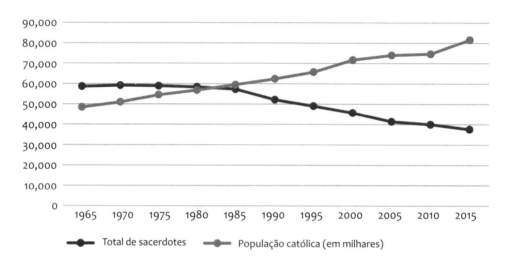

Figura 8.3 Diferença entre sacerdotes e católicos nos Estados Unidos.
Fonte: "Frequently Requested Church Statistics" ("Estatísticas de Igreja frequentemente requisitadas"). Centro de Pesquisa Aplicada no Apostolado (Cara). Universidade Georgetown, Washington DC, 2007. Disponível em cara.georgetown.edu – Acesso em 24/09/2015.

Apesar disso, quando o Padre Roy Bourgeois participou da ordenação de Janice Sevre-Duszynska em Lexington, Kentucky, em agosto de 2008, ele foi ameaçado de excomunhão. "Mais profunda do que a dor, a tristeza, há uma paz que vem de saber que eu segui minha consciência ao tratar dessa grande injustiça", ele disse[225]. O progresso das mulheres em direção ao altar tem sido lento, mas firme. Um estudo das Congregações Nacionais (EUA) descobriu que 10% das congregações tinham uma pastora sênior em 1998, ao passo que a pesquisa "Púlpitos e Bancos de Igreja" de 2001 feita com pastores norte-americanos notou que 12% eram mulheres. Por volta de 2010, uma pesquisa nacional verificou que 12% de todas as congregações norte-americanas tinham uma pastora sênior ou líder principal ordenada. Nas congregações das igrejas protestantes históricas, esse número é de 24%, ao passo que nas evangélicas ele cai para 9%[226].

Apesar das proscrições contra a ordenação das mulheres, quem trabalha em instituições religiosas reflete quase exatamente o corpo de membros da Igreja. Na virada do século XXI, mais de três a cada cinco pessoas (62%) que trabalhavam em locais religiosos – incluindo do clero até os cargos administrativos, de escritório e até mesmo de zeladoria – eram mulheres. Elas também compõem mais de metade do corpo discente estudando para entrar no clero e mais de um quarto de todo o alunado estudando para progredir na formação em teologia[227].

Ademais, na prática, até mesmo a interdição da Igreja Católica contra mulheres clérigas se rompe. Dada a crise mundial no recrutamento do clero católico – atualmente, há metade do número de padres nos Estados Unidos do que havia nos anos de 1960, e há mais padres católicos acima de noventa anos do que com menos de trinta – os leigos começaram a assumir funções ministeriais por questões práticas ou necessidade. Há mais de trinta mil ministros leigos que estão servindo como substitutos em paróquias que não têm padres regulares – e mais de quatro a cada cinco desses leigos (82%) são mulheres[228]. (Há algumas coisas que as mulheres não têm permissão de fazer, como ministrar a Unção dos Enfermos, mas elas podem distribuir a Eucaristia, ministrar o Batismo, a Crisma e o Matrimônio.) Se a tendência atual continuar, as mulheres provavelmente chegarão a ser ordenadas na Igreja Católica, não por causa de uma mudança brusca no coração do Vaticano, mas porque a Igreja simplesmente não encontrará mais homens que estejam dispostos a abraçar o celibato perpétuo do sacerdócio[229].

Por fim, as instituições religiosas nos Estados Unidos servem muitas funções tanto cívicas quanto espirituais. Em qualquer feriado, é provável que um turista em uma igreja europeia encontre uma dúzia de outros turistas e um ou dois paroquianos. Mas a igreja estará em geral vazia. Não é assim nos Estados Unidos, onde há constante atividade secular: programas de assistência infantil, eventos após o horário escolar, cursos para as mães, reuniões de homens, reuniões de mulheres, exercícios de ginástica, de natação e outras atividades de recreação, pequenas ligas esportivas, serviço de refeição para os sem teto, oferta de caridades e diversos programas de recuperação, no formato do programa de 12 passos ou outros, além das aulas de estudo bíblico. E não nos esqueçamos das aulas de catecismo ou da escola dominical! Com efeito, nos Estados Unidos, a Igreja local tem assumido o papel institucional de centro comunitário (sobretudo diante da penúria dos fundos municipais locais para tais atividades). E, nos Estados Unidos, são as mulheres que mantêm os componentes não doutrinais das instituições religiosas, que comandam esses programas, organizam todas as funções seculares e conservam essas instituições organizadas e funcionais.

Reanimando os profetas: reenvolvendo os homens na religião

O gênero da religiosidade traz consigo dois problemas paralelos. O primeiro é: como aumentar a religiosidade dos homens? O segundo poderia ser descrito com a pergunta: como *diminuir* a das mulheres? Bem, se não diminuí-la, ao menos transferi-la para um domínio no qual elas sejam no mínimo iguais aos homens.

Uma das razões para que as mulheres sejam mais religiosas do que os homens tem a ver com o fato de que a devoção é em si mesma um gesto codificado para um gênero. Ou, dito de modo mais simples: homens de verdade não rezam. Eles não precisam. Eles podem resolver as coisas por si próprios. Há uma contradição implícita entre masculinidade – estar no controle, ser poderoso, o rei da colina – e religiosidade, que implica serviço, subserviência e reconhecimento de que você *não* está no controle. Com efeito, o modo como reconectar os homens com as instituições religiosas é um problema que há muito tempo inquieta os ministros religiosos. O que atrairá os homens de volta para os bancos da igreja?

Não é um problema novo. No meio do século XIX um observador comentou que nunca havia visto um país "onde a religião tinha um impacto tão forte sobre as mulheres e tão fraco sobre os homens" do que os Estados Unidos. Na final do século XIX, ministros protestantes se preocupavam com o fato de a religião ter se tornado um domínio feminino, cheio de piedade sentimental e moralismo autocondescendente – no fim das contas, as igrejas seriam o trampolim para a lei seca nos anos de 1920 –, um ambiente perfeitamente adequado para que as mulheres fossem à igreja, mas muito pouco atraente para os homens, que careciam de fortalecimento para enfrentar os rigores da competitividade da selva de pedra. O ministro protestante típico "atuava num mundo de mulheres". Henry James, Sr., pai do grande romancista, lamentava que a antiga religião "viril" havia desaparecido, sendo "substituída por um frágil sentimentalismo unitário"[230].

Mesmo as imagens de Jesus reforçavam essa percepção de feminilização da religião. Em desenhos e pinturas do final do século XIX e do começo do século XX, Jesus era retratado como um homem magro, esguio, com dedos longos, secos e leves, olhos inocentes, um homem que poderia facilmente dar conselhos para que uma pessoa dê a outra face e ame seus inimigos. Tal imagem, na verdade, fora concebida para transformar os homens norte-americanos; um ministro metodista assim descrevia essa transformação:

> É maravilhoso ver um homem corpulento, quase animal – que viveu sob o domínio de sua natureza inferior e no reinado de suas tendências naturais –, quando nasce em Deus e começa a crescer em uma direção melhor e mais alta. Seus afetos começam a mexer com sua paixão... O homem viril se torna paciente como um cordeiro, gentil como a mãe, ingênuo como uma criancinha.

Ou seja, ele deixa de ser um "homem de verdade". "Temos uma religião para homens?", perguntou um rapaz descontente[231].

Suas orações foram rapidamente respondidas. Um novo movimento nasceu: O Cristianismo Musculoso, um movimento "para trazer a hombridade em suas manifestações múltiplas para a igreja e para mantê-la ativa quando estiver lá". Seu objetivo era revirilizar a imagem de Jesus e assim masculinizar a igreja. Jesus não era um "maria vai com as outras, puxa-saco", proclamou o evangelista Billy Sunday, mas "o maior brigão que já existiu". Livros como *A masculinidade do Mestre* (1913), *A hombridade do Cristo* (1900) e *O Cristo másculo* (1904) buscavam todos remodelar Jesus mais como um fortão caricato do que como um homem afeminado.

Billy Sunday foi talvez o mais celebrado desses cristãos musculosos. Ele abandonou uma carreira lucrativa como jogador de *baseball* profissional para se tornar um pregador evangélico (ele foi o modelo de Elmer Gantry) que promoveu **tendas de reavivamento** ao longo de toda região sul e do meio oeste norte-americano. Esses encontros em tendas eram destinados apenas para os homens e eles inspiraram elogios efusivos de jornalistas e novos seguidores:

> Ele se levanta como um homem no púlpito e fora dele. Ele fala como um homem... Ele é másculo com Deus e com todos que vêm ouvi-lo. Não importa o quanto a pessoa discorde dele, ele a trata de uma forma másculo. Ele não é uma imitação, mas um homem másculo dando a todos um tratamento justo[232].

Esses reavivamentos exclusivamente masculinos celebravam Jesus como um homem másculo utilizando linguagem vívida e cultos vigorosos. Sunday proclamava que os ministros institucionalizados haviam se tornado "pervertidos mentais pretensiosos e influenciáveis", eram incitados por seus comparsas, intelectuais "mimados comedores de docinho de lente" e gatos gordos capitalistas da cidade grande ("grandes, gordos, papas de porco, olhos de fuinha, vaginas vermelhas"). "Deus nos salve desse cristianismo de circunstância, de bochechas moles, ossos quebradiços, joelhos dobráveis, melindrado, influenciável, plástico, sem caráter, efeminado e enfeitado", ele disparou em "O santo lutador", seu mais famoso sermão. "Não me venham com um Jesus pacífico e gentil! Cristo era como um motor de seis cilindros... eu queria esmurrar o nariz do homem que não tem cascalho o suficiente para ser um cristão"[233].

Esse fervor evangélico marcado por um gênero foi parte do nascimento da sociedade moderna na virada para o século XX, é verdade, mas ele é revivido tão logo as diferenças de gênero na religiosidade se tornam um veículo organizado para renovar a religião entre os homens. Nos anos de 1990 muitos pregadores evangélicos fizeram da masculinidade de Jesus o elemento central de seu ministério. "Cristo não era efeminado", reclamou Jerry Falwell. "O homem que viveu nesta Terra era um homem de músculos... Cristo era um fortão!"[234]

O mais visível desses esforços renovados de revirilização foi o movimento **Cumpridores de promessa**, que promoveu encontros gigantescos exclusivos para um público masculino entre cinquenta e setenta e cinco mil homens em estádios esportivos (pois era onde eles se sentiam confortavelmente reunidos), onde ministros (chamados de técnicos ou *coaches*) e seus assistentes (vestidos com camisetas com listras de zebras, tal como os juízes de futebol americano) buscavam trazê-los de volta para a igreja. Fundado em 1990 por Bill McCartney, ex-treinador de futebol americano da Universidade do Colorado, os Cumpridores de Promessa são um movimento evangélico cristão que busca fazer os homens retornarem para Jesus. Eles anunciam uma noção mais "feminina" do cristianismo evangélico – com ideais de cuidado, cura e reconciliação racial – com uma afirmação renovada da posição divinamente ordenada do homem como chefe da família e senhor das mulheres. Por seus membros cumprirem suas promessas como maridos fiéis, pais devotados e bons homens no geral, a "bíblia" do movimento – *As sete promessas de um cumpridor de promessas* – sugere que os homens tratem as mulheres do seguinte modo:

> Sente-se com sua esposa e diga: "Querida, cometi um erro terrível. Eu lhe dei meu papel na liderança desta família e a forcei a ocupar meu lugar. Agora devo reivindicar minha posição..." Não estou sugerindo que você peça seu lugar de volta... estou urgindo-lhe a tomá-lo de volta... não pode haver concessões aqui. Se você vai liderar, você deve liderar[235].

Outros seguiram o exemplo. O fisiculturista John Jacobs fundou o "Time Poderoso", um grupo de zelotes musculosos que usavam uma teologia eufórica como base para falas motivacionais. "Jesus Cristo não foi nenhum magricela", dizia Jacobs. "Jesus Cristo era um homem homem". Ele e seus acólitos realizavam proezas ostentando força masculina, como quebrar pilhas de tijolos ou grandes blocos de gelo apenas com as mãos, para ilustrar o poder de Cristo[236]. Outro movimento foi o dos "Homens JBC", que prometia levar o evangelho do "choque e pavor" para os homens másculos. A sigla JBC significa "Jesus – Batata Frita – Cerveja", a organização fornece as duas últimas! Com clipes de filmes como *Gladiador*, *Coração valente* e *Matrix*, esses rambos da religião espalhavam um "evangelho másculo", saturado com imagens de violência redentora. Eles prometiam "choque e pavor" em sua evangelização e sermões sobre como "Jesus não é nenhum cara bonzinho" (até mesmo o site do grupo ligava masculinidade militar, o 11 de setembro e o cristianismo evangélico). Um evangelista de Seattle, Mark Driscoll, ensaia quase que literalmente as fulminações de Billy Sunday. A Igreja institucional teria transformado Jesus em um "David Brazil, um Cristo *hippie*, afeminado", uma "divindade de enfeite, andrógina e maricas da cultura *pop* que... nunca falaria sobre pecado ou mandaria alguém para o inferno"[237]. Para Driscoll, que reafirma que os papéis de gênero tradicionais, a total submissão das mulheres aos homens é parte do plano divino de Deus.

Vale mencionar também Tim Tebow, o ex-*quaterback* reserva do time de futebol americano New York Jets. Um cristão evangélico fervoroso, Tebow tornou-se famoso por se ajoelhar em oração. Com efeito, o gesto era chamado de *tebowing*. Um teólogo sugeriu que o nome Tebow se tornara um enigma tanto para evangélicos ardorosos – que viam no jogador um líder carismático, o atleta solenemente dotado que ainda assim era um humilde suplicante – quanto para ateus igualmente fervorosos, que viam no atleta a autocondescendência presunçosa daqueles que são "seguros demais" de sua fé. Os dois lados o observavam com cada vez mais fascinação; metade desejava que ele fosse bem-sucedido, a outra, que fracassasse.

Obviamente, esses esforços para remasculinizar Jesus são apenas parcialmente uma questão sobre os homens e a masculinidade. Eles mostram quão maleáveis são os retratos dos profetas religiosos. Não nos esqueçamos que Jesus também foi retratado como um socialista (o homem da classe trabalhadora, um carpinteiro, que organiza as massas trabalhadoras para se revoltar contra os opressores da classe dominante) e um capitalista (Jesus era um "especialista em adaptações", que motivava os trabalhadores a se tornarem uma máquina de *marketing* enxuta e avara", segundo o livro *Jesus, diretor-executivo*). Ele foi imaginado como branco racista (a Ku Klux Klan que ressurge invoca um homem "viril e com sangue nas veias" que "purgou o templo com um chicote" e lutou "com os selvagens pela terra") e um advogado devotado aos direitos civis e à igualdade racial (como nas igrejas negras)[238].

Se a identidade de gênero de Jesus tem sido há muito tempo uma questão importante entre protestantes norte-americanos, é interessante notar que, embora a lacuna de gênero na religiosidade seja maior na Europa, por lá não houve movimentos similares para "masculinizar" a religião. Acima de tudo, movimentos e grupos como esses são reações às mulheres – ou, mais precisamente, à crescente igualdade com as mulheres. Katie Ladd, uma metodista liberal, fornece um pouco de perspectiva histórica quando observa que "foi só depois que as mulheres passaram a estar na liderança da igreja que esse retrocesso começou".

Um Jesus revirilizado parece necessário para restabelecer a hierarquia divinamente ordenada com os homens acima das mulheres, mas apenas por quem se sente ameaçado pela igualdade das mulheres[239]. Pode-se mesmo dizer que, quanto mais equidade elas têm, mais masculino Deus se torna aos olhos de seus delegados terrenos.

LEIA TUDO A RESPEITO!

Os estereótipos afirmam que homens *gays* não são homens "de verdade", mas são de algum modo mais efeminados. Do mesmo modo, estereótipos afirmam que homens religiosos não são homens "de verdade", uma vez que eles estão comprometidos com a paz, com dar a outra face e amar o próximo em vez de matá-los (como vimos, todo o movimento do cristianismo musculoso foi um esforço para masculinizar a religião e tornar Jesus mais "bruto"). Então como os homens compensam por essa difamação de sua masculinidade? E como os homens cristãos *gays* a reafirmam? O sociólogo Ed Sumerau investigou os comportamentos compensatórios que levam um homem a recuperar sua sensação de hombridade.

Uma espiritualidade centrada na mulher

Também houve resistências importantes contra esses esforços para masculinizar Jesus. Em paralelo a eles, surgiram movimentos inspirados no feminismo para desafiar a subordinação implícita ou explícita das mulheres, que citavam textos alternativos daquela época ou reinterpretavam os textos e imagens tradicionais de modos diferentes. Ao longo da história norte-americana, correntes protestantes dominadas por mulheres têm surgido, tal como os grupos *Shakers* (Agitadores) e *Cientistas de Cristo*. Por exemplo, no começo dos anos de 1970, o teólogo Leonard Swidler afirmou que Jesus era um "feminista", que "promoveu vigorosamente a dignidade e a igualdade das mulheres em um meio social altamente dominado por homens"[240].

Nos tempos de Billy Sunday, a socióloga feminista Charlotte Perkins Gilman virou o cristianismo musculoso de ponta cabeça. Criticando o protestantismo tradicional em seu livro *His Religion and Hers* (*A religião dele e dela*, 1923), Gilman faz uma pergunta simples: por que "nem a religião, nem a moralidade, nem a ética nos torna 'bons'"?[241] Em geral, os teólogos apontam para a falibilidade humana: não importa quanto o clero tenha tentado nos levar na direção do caminho de Deus, nós humanos sempre parecemos dar um jeito de nos desviar dele. Ou seja, é nossa culpa sermos tão imperfeitos.

Gilman inverte essa equação. Não somos nós que somos imperfeitos, mas a religião que foi imposta sobre nós que nos desviou do caminho. A religião focou no lado errado – na vida depois da morte, em vez de focar na vida antes da morte – porque, para dizer de modo simples, os homens ficaram encarregados da questão religiosa. "A religião, nosso maior auxílio no progresso da consciência, tem sido prejudicada ao ser desenvolvida apenas pelas mentes masculinas". Isso ocorre, ela logo acrescenta, "não por alguma falha intrínseca dos homens de nossas raças"[242]. Não é que os homens tenham feito isso de modo deliberado, pois a distorção do que a religião *poderia* ser, *deveria* ser é um subproduto inevitável da grande tragédia de nossa espécie – a subjugação da mulher"[243]. Boa parte do livro se dedica a detalhar as consequências calamitosas do que a autora acredita ser nosso pecado original: "tornar a mãe da raça uma serva particular"[244].

Assim como a socióloga Jessie Bernard afirmara a existência de dois casamentos, o "dele" e o "dela', Gilman também afirma que houve duas religiões. A "dele" se preocupa com a morte. Uma vez que os homens da pré-história estão ocupados com guerra, caça e competição com outros homens, eles desenvolveram uma religião que orbita em torno da questão: "o que vai acontecer depois de eu morrer?"[245] O paraíso, nesse esquema, é um paraíso hipermasculino. "Nunca há um paraíso feminino entre eles. Terrenos ótimos para caçar – e nenhum território ótimo para cuidar"[246]. Tudo isso justifica a guerra e permite que religiões baseadas na morte promovam conflitos bélicos com fundamento moral. "Nenhuma paz poderá ser mantida em um mundo inteiramente masculino", ela escreve. "Nenhuma guerra conseguirá durar muito tempo em um mundo de homens e mulheres iguais"[247].

Contra essa história, Gilman propõe a religião "dela", da mulher. Uma vez que as mulheres vivenciam o nascimento e a nutrição dos viventes, sua religião seria uma afirmação da vida. Tal "religião fundada no nascimento" se constituiria em torno de uma questão diferente: "O que deve ser feito para a criança que nasceu?" É a grande mãe – uma criação de certo modo mítica que se levanta em contraste com o desfile de padres e santos e homens superordenados que construíram o edifício religioso "deles" – que é a verdadeira fonte da vida, a origem da humanidade. E a mãe, Gilman escreve, é, como ensina a experiência, altruísta. "Ela trabalha, não para ganhar, mas para dar". E Deus? Deus "está dentro de nós", não "acima de nós"[248].

E assim como o cristianismo musculoso de Billy Sunday ecoou ao longo do século XX e XXI, a proposta de Gilman de ancorar a espiritualidade nas experiências concretas do corpo feminino como mãe também ecoaram. Nos primeiros anos do feminismo contemporâneo, teólogas feministas iniciaram uma luta para emancipar a espiritualidade das mulheres. Essa empreitada teve diversas frentes. A primeira foram os esforços para reinterpretar os textos tradicionais sob uma luz mais favorável. Afinal, como a teóloga feminista Mary Daly afirmou em seu primeiro livro, os autores da Bíblia eram homens de seu tempo, "e seria ingênuo pensar que estavam livres dos preconceitos de sua época"[249]. Extrair as intenções originais de diversos profetas perfurando as camadas de interpretação feitas por intérpretes humanos mais falíveis é sempre complicado, mas não mais do que encontrar as referências textuais concretas que apontam para a desigualdade marcada imposta sobre as palavras desses mesmos profetas. E tais textos, com efeito, geralmente soam mais igualitários do que suas interpretações falíveis. Por exemplo, Paulo faz uma afirmação bastante radical e igualitária quando previne que "não há judeu nem grego, nem escravo nem livre, nem homem nem mulher, pois todos vós sois um em Cristo Jesus" (Gl 3,28) (Imagine-se como os donos de escravos também usaram a Bíblia para justificar a escravidão!). Se não há distinções, então não pode haver o desigual, pois as afirmações de desigualdade, como temos visto, sempre se baseiam em uma diferença, seja ela biologicamente derivada ou divinamente ordenada[250].

A segunda frente se deu com esforços para resgatar da obscuridade as mulheres que foram líderes religiosas – profetisas e sacerdotisas, deusas e teólogas – e para recuperar textos perdidos ou suprimidos, restaurando-os para as doutrinas canônicas centrais. Textos importantes como os evangelhos gnósticos, assim como profetisas e sacerdotisas foram recolocadas em proeminência. Porém, mesmo esse movimento restaurador, embora importante historicamente, muitas vezes não conseguiu reverberar plenamente sobre os fiéis, em parte porque os ensinamentos dessas mulheres, apesar de elogiáveis, não tinham o poder retórico ou a profundidade espiritual dos profetas originais.

Além disso, descobrir esses destaques pode na verdade nos distrair de questões históricas mais urgentes. (É algo análogo à procura por grandes artistas mulheres ou compositoras durante os períodos do Renascimento e do Barroco, que teriam sido páreos de Michelangelo e Rembrandt ou Bach e Handel. Elevar Christine de Pisan ou Hildegard von Bingen não resolve o problema; na verdade, apenas suscita a pergunta: quais foram as circunstâncias históricas que *impediram* mulheres verdadeiramente talentosas de se tornar grandes compositoras ou artistas?[251])

Parte dessa tradição se deu observando menos a doutrina oficial ou as instituições religiosas organizadas e mais o modo como as pessoas efetivamente *usam* a religião, ou vivenciam o sagrado, na vida cotidiana. Para mencionar um exemplo impressionante, uma antropóloga, Laurel Kendall, demonstrou como, em pequenos vilarejos coreanos, são as mulheres que se tornam xamãs locais, abençoam famílias, oferecem orações em eventos propícios, ajudam-nas a escolher datas favoráveis para casamentos e eventos similares, oferecem poções para doenças, pacificam problemas familiares e afastam maus espíritos. "A tarefa da xamã coreana é procurar os deuses, atraí-los para dentro das casas e negociar com eles". Ela é em parte uma profissional da saúde, parte terapeuta de família, parte sacerdotisa itinerante. Assim, apesar da cultura patriarcal oficial onde as mulheres são deixadas no espaço doméstico e de instituições religiosa como as do cristianismo, as do confucionismo e as do budismo, que são dominadas por homens, no nível da prática e do dia a dia, o **xamanismo** é a religião dominante do país e é exercida totalmente pelas mulheres. Nesse ponto, Kendall crê que as xamãs oferecem uma visão de empoderamento feminino e engajam as mulheres em uma vida espiritual da qual elas estão oficialmente excluídas[252].

A terceira frente está nos esforços para resperspectivar a espiritualidade feminina de um modo mais concreto, para ancorar uma visão espiritual dentro da experiência vivida das mulheres. Como Gilman na virada para o século XX, é o elo presumido das mulheres com a vida – como mães – e com a Terra ("Mãe Terra") que lhes permite ter uma espiritualidade diferente e supostamente superior à dos homens. O ecofeminismo é um ramo espiritual do feminismo que celebra a conexão íntima das mulheres com a vida – como mães – como uma possível salvação de uma Terra que parece firmemente inclinado para a autodestruição. Elas estão mais próximas do planeta, de seus equilíbrios naturais, de seus ritmos e forças, e por isso são mais capazes de realinhar a Mãe Terra com seus princípios essenciais de harmonia. Eis o que diz Charlene Spretnak, uma das pioneiras do ecofeminismo, para explicar o núcleo de crenças do movimento:

> A Terra é uma mulher fértil, a Mãe sempre generosa, cuja superfície provê alimentos em ritmos cíclicos e recebe nossos mortos de volta em seu útero. Rituais em sua honra tiveram lugar em cavernas uterinas, com entradas muitas vezes em formato de vulvas e longos corredores escorregadios. O poder elementar da mulher foi o foco cultural do mais longínquo tempo que conseguimos traçar. No momento em que essa reverência se transformou em inveja, ressentimento e medo, nasceu o patriarcado. Por que ou como não sabemos... O objetivo do patriarcado era e é evitar que as mulheres realizem ou até mesmo concebam nosso potencial... Eles [o patriarcado] quase conseguiram[253].

Esse movimento também pode realizar uma recuperação mais direta, literal (ou mítica) do passado. Mary Daly, por exemplo, esposa o que ela chama de "Gin/ecologia" – uma espiritualidade essencialmente feminina que invoca "a bruxa dentro de nós, que roda e tece as tapeçarias da criação elementar"[254]. O ressurgimento da **Wicca** exemplifica isso. A *Wicca* representa o resgate de antigas teologias politeístas e naturalistas feito por mulheres que orgulhosamente se declaram como bruxas; elas adoram a Deusa Mãe e focam em conexões íntimas como todas as criaturas vivas[255].

A espiritualidade feminina é mais do que uma simples crítica à religião dominada pelos homens ou a uma instituição religiosa que justifica e legitima o domínio masculino. É também uma declaração poderosa dos anseios humanos pelo sagrado – um domínio no qual tudo é igual na terra e no céu.

Conclusão

Uma das grandes ironias da religião nos Estados Unidos é o fato de uma instituição que está entre os pilares centrais da desigualdade de gênero e da dominação masculina – seja na doutrina religiosa que coloca os homens acima das mulheres e exige que elas permaneçam subservientes aos primeiros, seja nos arranjos institucionais que consagram a segregação sexual e a discriminação de geral, colocando um teto de vidro permanente que limita a mobilidade ocupacional das mulheres, seja nas próprias representações de Deus e dos profetas "dele" – encontrar na verdade mais adesões entre as mulheres do que entre os homens. Talvez se trate de algo tão "naturalizado", tão garantido, que eles sentem que não precisam participar para sustentar sua dominação. Talvez os homens não sejam religiosos pela mesma razão que não fazem o trabalho doméstico: porque não precisam.

A teóloga feminista Mary Daly explicou a conexão entre religião marcada por gênero e sociedade marcada por gênero:

> O símbolo do Deus pai reproduzido pela imaginação humana e sustentado como plausível pelo patriarcado prestou, em troca, um serviço para esse tipo de sociedade ao fazer com que os mecanismos para a opressão da mulher parecessem corretos e adequados. Se Deus no céu "dele" é um pai governando o povo "dele", então está na "natureza" das coisas e em acordo com o plano divino e com a ordem do universo que a sociedade seja dominada pelos homens[256].

Em meados do século XIX, conforme elas começavam sua longa caminhada para a igualdade, uma advogada pioneira pelos direitos femininos, Elizabeth Cady Stanton, lembrava às mulheres que "o primeiro passo na elevação feminina sob todos os sistemas da religião é convencê-las de que o grande Espírito do Universo não é de modo nenhum responsável por nenhum desses absurdos[257]. A religião, ela insistia, é sempre política, pois lida com arranjos seculares como poder, obrigação e desigualdade entre mulheres e homens, desigualdades que ela chama de "absurdos". Deus, o onipotente e infalível, pode ter criado os céus e a Terra, mas os homens são frágeis, falíveis e facilmente dados à tentação. A desigualdade de gênero é obra dos homens, não de Deus.

TERMOS-CHAVE		
Celibato	Pecado original	Xamanismo
Burca	Proibição	Tendas de reavivamento
Fundamentalismo	Cumpridores de promessa	Wicca
Deusas tradicionais	Religiosidade	Bruxaria
Hijabe	Purificação ritual	Espiritualidade das mulheres
Monoteísmo		

9

Separado e desigual
O mundo do trabalho constituído por gêneros

> *Ora, filho, eu te digo:*
> *A vida para mim não foi escada de cristal.*
> *Foram pregos,*
> *E farpas*
> *E tábuas demolidas,*
> *E locais sem tapete no chão –*
> *Despidos.*
> Langston Hughes. "Mãe para filho".

FREUD UMA VEZ ESCREVEU que as duas grandes tarefas de todos os seres humanos são "trabalhar e amar". E certamente é verdade que todas as pessoas sempre trabalharam – para satisfazer suas necessidades básicas materiais por comida, roupas e abrigo; prover para os filhos e entes queridos; participar da vida comunitária; bem como atender desejos mais culturalmente e historicamente específicos visando deixar uma marca no mundo e subir a escada social. Por isso, não deveria nos surpreender que quase todas as sociedades desenvolveram uma divisão do trabalho, um modo de dividir as tarefas que precisa ser seguido para que a sociedade como um todo sobreviva. E como o gênero, como temos visto, é tanto um sistema de classificação e identidade quanto uma estrutura de relações de poder, também não deve nos surpreender quase todas as sociedades têm uma **divisão do trabalho marcada por gênero**. Há bem poucas tarefas, em pouquíssimas sociedades, que não são alocadas por gênero. Isso não necessariamente quer dizer que as tarefas dadas a um gênero sejam mais ou menos importantes para a vida da comunidade do que aquelas atribuídas ao outro gênero. Pode-se usar uma variedade de critérios para atribuir trabalhos e é possível determinar o valor de cada um deles de muitos modos. Pode-se valorizar mais o trabalho das mulheres do que dos homens ou vice-versa, não é algo inevitável; é um artefato de relações culturais.

Tudo isso dificilmente seria uma surpresa. Mas o que pode surpreender os leitores contemporâneos é que a divisão do trabalho pautada por gênero, que muitos chamam de "tradicional", a separação do mundo em duas esferas distintas – o espaço público do trabalho, dos negócios, da política e da cultura e o espaço privado do lar, da vida doméstica e da criação dos filhos – é um fenômeno relativamente novo na sociedade norte-americana. A doutrina das esferas separadas não estava firmemente estabelecida até as décadas que antecederam a guerra civil, e mesmo então ela era uma regra com tantos casos quanto exceções. As mulheres sempre trabalharam fora de casa por razões tanto econômicas como pessoais – embora tivessem de lutar para isso. O sistema supostamente tradicional de pais que saem para o trabalho todas as manhãs e deixam as mães em casa com os filhos para serem donas de casa e cuidar deles em tempo integral foi uma invenção dos anos de 1950 – e parte de um esforço ideológico para facilitar a volta dos homens norte-americanos para o mundo do trabalho e da vida doméstica depois da Segunda Guerra, bem como para legitimar o retorno das mulheres do local de trabalho para o lar.

É MESMO?

Os homens trabalham mais tempo e mais arduamente do que as mulheres.

Não é verdade, nem nos Estados Unidos nem no mundo. Assim como provavelmente os pobres têm trabalhos mais pesados e com mais horas do que os ricos, as mulheres também labutam mais tempo do que os homens.

Em nível global, a Organização para a Cooperação e o Desenvolvimento Econômico (Ocde) estima que entre um terço e metade de toda "atividade econômica valiosa" em seus 26 países-membros não é contabilizada por medições de salário e de horas. E, uma vez que as mulheres fazem muito mais esse tipo de trabalho do que os homens, sua contribuição para a economia é significativamente subestimada.

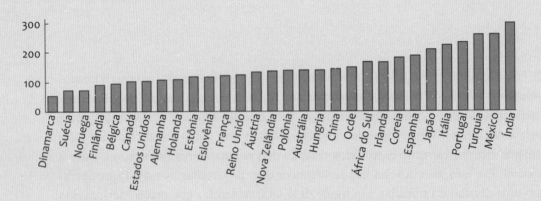

Diferença de tempo de trabalho não remunerado entre mulheres e homens em minutos por dia, para a população entre 15 e 64 anos, no período de 1998 a 2009.

Fonte: Ocde, Miranda, V. (2011). "Cooking, Caring, and Volunteering: Unpaid Work Around the World" ("Cozinhando, cuidando e se voluntariando: Trabalho não remunerado ao redor do mundo"). In: Ocde Social, Employment and Migration Working Papers (Emprego e migração do trabalho), n. 116, Publicações da Ocde, Paris. Disponível em http://dx.doi.org/10.1787/5kghrjm8s142-en

E talvez também nos surpreenda que essa divisão de trabalho universal pautada no gênero não nos diz quase nada sobre os valores relativos dados ao trabalho que mulheres e homens fazem. Curiosamente, ocorre que nas sociedades onde as tarefas femininas são menos valorizadas – ou seja, as sociedades tradicionais onde o *status* legal das mulheres é inferior – elas trabalham *mais* do que os homens, até 35% mais em termos de tempo.

A composição de gênero mutável da força de trabalho

Talvez a mudança mais significativa na relação entre gênero e trabalho é numérica – a enorme mudança na composição de homens e mulheres na força de trabalho. No século XX, elas entraram em todas as áreas e tipos de emprego e em quantidades inéditas. O impacto tem sido enorme. Nas minhas aulas muitas vezes exponho esse fenômeno ao perguntar às mulheres quem pretende ter uma carreira ou emprego de tempo integral fora do lar. Sem exceção, todas as duzentas e poucas alunas levantam a mão. Então, peço-lhes que continuem com a mão levantada caso suas mães tenham ou tenham tido emprego ou carreira de tempo integral fora de casa por ao menos oito anos sem interrupção. Cerca de um terço abaixa os braços. Em seguida, peço-lhes que mantenham as mãos levantadas se as suas avós tiveram um trabalho ou carreira de tempo integral fora do lar por ao menos oito anos ininterruptos. Então umas quatro ou cinco mãos continuam levantadas. Na sala de aula, três gerações bastam para ver nitidamente as mudanças na vida profissional das mulheres.

O que ocorreria se eu fizesse a mesma pergunta para os homens na aula? "Quantos rapazes esperam ter carreiras de tempo integral, fora de casa, terminando a faculdade?" A própria pergunta soaria ridícula. É *óbvio* que eles desejam perseguir tais carreiras, como fizeram seus pais, avós e bisavós. Eles nunca abaixariam as mãos, a não ser que um parente distante estivesse desempregado ou que voltássemos até a época da depressão dos anos de 1930.

Esse experimento ilustra em miniatura a mudança dramática na composição da força de trabalho. A porcentagem tanto de mulheres quanto de homens somando-se a tal força aumentou ao longo do último século, mas o índice das primeiras supera em muito o índice masculino. A porcentagem de trabalhadoras aumentou de 20,6% em 1900 para 57,2% em 2013 (a dos homens foi de 85% e 69,7% respectivamente). Casamento e filhos retardaram essa entrada, mas a trajetória ainda é a mesma. Enquanto apenas 12% das mulheres casadas com filhos com menos de seis anos estavam trabalhando fora de casa em uma data tão recente quanto 1950, quase 64% desse grupo faziam o mesmo em 2013[258].

Esse crescimento dramático de **participação na força de trabalho** foi verdadeiro para todas as raças e etnias. Em 2013, o índice de mulheres negras (59,2%) era um pouco maior do que o de mulheres brancas (56,9%) e o das mulheres hispânicas era ainda um pouco menor (55,7%) do que os dois primeiros grupos. Porém, entre os homens, em 2013, os hispânicos tinham os maiores índices (76,3%) em comparação com brancos (70,5%) e negros (63,5%)[259]. Desde 1970, o aumento da presença das mulheres tem sido clamoroso (figura 9.2). Na década seguinte, 80% de todos os recém-chegados ao mercado de trabalho serão mulheres, minorias e imigrantes. Entre as casadas, os dados realmente são ainda mais surpreendentes. Em 1900, apenas 4% delas estavam trabalhando, por volta de 1960, apenas 18,6% das mulheres casadas com filhos pequenos trabalhavam. Tal número triplicou desde então, hoje mais de 64% de todas as casadas com filhos de menos de seis anos de idade integram a força de trabalho[260].

A entrada das mulheres na força de trabalho aconteceu em todos os níveis, desde auxiliares de escritório e de vendas com baixos salários até as grandes profissões. Em 1962, elas representavam menos de 1% de todos os engenheiros, 6% de todos os médicos, 19% dos professores universitários. Por volta de 1990, elas eram 7% dos engenheiros, 20% dos médicos e quase 40% de todos os docentes em universidades. Em 2013, elas eram 10,8% de todos os profissionais de engenharia e arquitetura, 36,1% de todos os médicos e 47,5% de todos os professores universitários[261]. Entre 1970 e 1995, a parcela feminina de doutorados pulou de 25% para 44% entre brancos, e de 39% para 55% entre os negros. "A presença crescente das mulheres

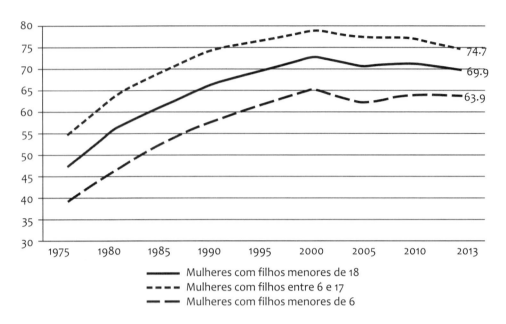

Figura 9.1a Índice de participação das mães na força de trabalho, porcentagens de mulheres na força de trabalho entre 1975 e 2013.
Fonte: U.S. Bureau of Labor Statistics [Agência Norte-americana de Estatísticas de Trabalho]. Mulheres na Força de Trabalho.

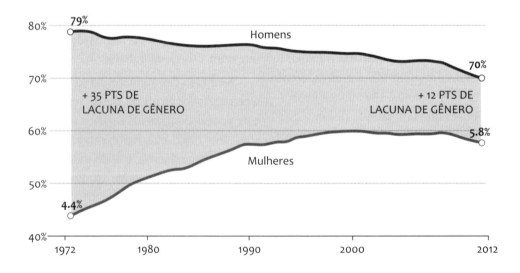

Figura 9.1b A lacuna de gênero da participação na força de trabalho. Porcentagem de homens e mulheres com 16 anos ou mais que são parte da força de trabalho civil.
Fonte: "The disappearing male worker" ("O trabalhador masculino em desaparição"). Centro de Pesquisa Pew, Washington, DC (set./2013). Disponível em http://www.pewresearch.org/fact-tank/2013/09/03/the-disappearing-male-worker/

Separado e desigual – O mundo do trabalho constituído por gêneros 275

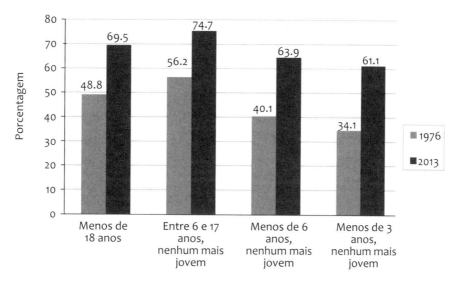

Figura 9.2 Índices de participação na força de trabalho aumentaram significativamente entre as mães nos últimos 37 anos.
Fonte: U.S. Bureau of Labor Statistics [Agência Norte-americana de Estatística de Trabalho]

nos cargos de gerência das organizações", escreve o sociólogo Jerry Jacobs, "é talvez a mutação mais notável da composição sexual de uma ocupação desde que o trabalho de escritório se tornou um campo dominado pelas mulheres, no fim do século XIX"[262].

Avançamos bastante, com efeito, desde meados do século XIX, quando uma jovem, Mary Taylor, escreveu para sua amiga Charlotte Brontë que "não há meios para uma mulher viver na Inglaterra, exceto no ensino, na costura e na limpeza. O primeiro é o melhor, o mais bem pago, o menos insalubre e o mais livre". Tais mudanças reverberaram pelo resto da sociedade, transformando gradualmente a relação entre família e local de trabalho. Foi-se para sempre o ganha-pão masculino, que sustenta a família apenas com sua renda. O que era a norma na virada para o século XX agora representa menos de 5% de todas as famílias. Esqueça o modelo de família de seriados como *Anos incríveis*, *Os Jetsons* e *Os Flintstones*. Esqueça até mesmo a Lucy de *I Love Lucy*, cujos esquemas para entrar no mundo do trabalho, seja na padaria ou no *show* do clube noturno de Ricky, sempre terminavam em desastre. Hoje a norma é o casal com duas rendas. Ainda assim, parece que não chegamos lá. Por exem-

TENTE ISTO EM CASA: MUDANÇA ECONÔMICA	
Converse com seus pais, avós e outros parentes para descobrir quais trabalhos seus antepassados faziam. Investigue seu passado o máximo possível. Se seus avós nasceram no seu país, há boas chances de que eles trabalhavam no campo em 1920 e depois vieram para a cidade, conforme a economia agrária foi sendo substituída pela industrial. Caso esse não seja o caso, uma boa aposta seria a de que eles foram lojistas ou artesãos e de que chegando na cidade grande passaram a trabalhar como operários, ambulantes ou com vendas de algum produto.	E o que ocorreu com homens e mulheres? Há boas chances de que, no campo, os dois trabalhavam, ou de que, com os primeiros imigrantes no país, ambos trabalhavam para sustentar a família. Se há mães donas de casa na história de sua família, em que geração elas *pararam* de trabalhar? Onde a família estava vivendo? Uma boa aposta é de que as mulheres pararam de trabalhar quando a família se mudou para pequenas cidades ou para o subúrbio: na zona rural e entre os pobres da cidade, todo mundo trabalhava.

plo, o relatório com as previsões sobre como seria o local de trabalho no ano 2000, feito pela administração do Presidente Reagan nos anos de 1980, admitia que "a maioria das políticas atuais estava projetada para uma sociedade na qual os homens trabalhavam e as mulheres ficavam em casa"[263].

A persistência das ideologias de gênero

Tais afirmações reconhecem que, se as realidades do lar e do local de trabalho se transformaram, nossas ideias a respeito deles permaneceram muito defasadas. Muitos norte-americanos ainda acreditam no modelo "tradicional" homem provedor/mulher dona de casa, mesmo se nossas próprias vidas não mais o reflitam – um pouco como se diz acreditar no pequeno lojista e na mercearia familiar da rua principal do bairro como alicerces do capitalismo, apesar de a maioria continuar quase exclusivamente comprando em grandes redes de supermercado e *shoppings centers*. Nossa adesão às ideologias de gênero que não mais se encaixam no mundo que vivemos tem consequências dramáticas para mulheres e homens, tanto no trabalho quanto em casa.

Desde o início do século XIX, o local de trabalho foi visto como uma arena masculina onde os homens poderiam testar e provar sua masculinidade contra outros homens em um mercado de trabalho competitivamente animalesco. Trabalhar permitia aos homens confirmar sua hombridade como provedores do pão cotidiano para a família. O lugar onde se trabalha era um local de "reprodução homossocial" – um terreno onde os homens se criavam como homens. Como o psiquiatra Willard Gaylin escreveu:

> Nada é mais importante para o orgulho de um homem, sua autoestima, sua masculinidade, do que o trabalho. Nada. A impotência sexual, como perda súbita de força física ou deambulatória, pode abalar sua autoconfiança. Mas... o orgulho é construído por conquistas e trabalhos, e o sucesso que se acumula desse trabalho. Hoje, porém, os homens parecem confusos e contraditórios em suas atitudes quanto ao trabalho[264].

Gaylin captura uma contradição no núcleo da relação dos homens com o ambiente de trabalho: por um lado, trata-se do lugar mais importante, onde eles se provam como homens e confirmam sua identidade, mas, por outro lado, toda aquela provisão e ganha-pão não necessariamente os torna felizes. "Eu nunca encontrei um homem – entre meus pacientes ou amigos", escreve Gaylin, "que do fundo de seu coração se considerasse bem-sucedido"[265].

O ideal do século XIX a respeito do homem que se faz sozinho e a expectativa de uma progressão social ilimitada para aqueles que trabalhavam duro o suficiente puseram os homens em uma esteira de trabalho, sacrifício e responsabilidade. Se era possível subir tão alto quanto seus sonhos e se a disciplina poderia levá-lo até lá, logo, o homem poderia também cair da mesma altura. Uma pesquisa de 1974 feita por Yankelovitch descobriu que 80% dos homens norte-americanos estavam infelizes em seu trabalho. Outro estudo verificou que 74% deles diziam preferir uma carreira mais tranquila para poder passar mais tempo com a família. "Nenhum homem em seu leito de morte jamais disse que teria desejado passar menos tempo com sua família e mais tempo no escritório", como diz o famoso clichê.

Entretanto, por que os homens estão infelizes em uma arena cuja homossocialidade eles lutam duramente para manter? Parte da razão diz respeito ao que mulheres e homens levam para o local de trabalho. Embora a maioria dos casais de hoje têm dupla receita, quando a esposa ganha mais do que o marido, uma série de presunções podem vir à tona: sua masculinidade pode não mais estar atrelada ao fato de ser o único trabalhador, mas sim ao fato de ganhar mais dinheiro para sustentar a família. As ideologias de gênero a respeito de quem ganha mais estão hoje fortemente em curso: uma enquete da *Newsweek* notou que 25% dos entrevistados pensavam ser inaceitável que a esposa ganhasse mais do que o marido, embora 35% dos homens afirmassem que sairiam de seu trabalho ou reduziriam suas horas caso suas esposas ganhassem mais dinheiro. Apesar de estereótipos tradicionais de gênero nos levarem a pensar que as mulheres estariam contentes em se casar com homens menos atraentes, mas financeiramente estáveis (enquanto eles ficariam mais felizes casando-se com mulheres muito atraentes, sem considerar as finanças), 50% delas agora dizem que o potencial de renda "não é nada importante" em sua escolha de parceiros. Os homens, ora bolas, ainda estão atrás da mulher linda e sensual desprovida de ganhos[266].

Outra parte da razão para a infelicidade dos homens no local de trabalho diz respeito ao que ocorre nele. Dadas as demandas da vida fabril ou corporativa, eles raramente, ou nunca, exercitam a habilidade de discutir sua vida interior, sentimentos e necessidades. O ambiente profissional se torna uma esteira, um lugar para se encaixar, não para sobressair. Trata-se de um local onde os homens se sacrificam no altar da responsabilidade familiar. Muitos dizem que perdem de vista o motivo de estarem trabalhando. Frequentemente, eles sentem que devem ser duros, agressivos, competitivos – o "rei do pedaço", o chefe, "seu próprio dono", "por cima do monte". Medimos a masculinidade de um homem pelo tamanho do seu holerite. Ao ser interrogado sobre o motivo de trabalhar tão arduamente, um homem disse ao entrevistador:

> Eu não sei... Realmente odeio ser um fracasso. Sempre quis estar no topo do que quer que estivesse fazendo. Depende do contexto específico – mas gosto de estar no topo, seja como diretor do comitê ou presidente de uma associação ou qualquer outra coisa[267].

A maioria dos homens, obviamente, não está no topo da hierarquia nem chegará lá provavelmente.

Eles se chocam constantemente contra os limites, nos quais foram criados para não acreditar. Por isso, não têm ninguém para culpar exceto eles próprios. E uma vez que confundem masculinidade com sucesso no emprego, os homens ficam sem perceber que o trabalho que fazem também está produzindo e reproduzindo dinâmicas de gênero; eles acreditam que é apenas "trabalho"[268]. Como diz o ditado, os homens são "assexuados pelo fracasso", quando deixam de ser vistos como homens de verdade.

As mulheres, por outro lado, são "assexuadas pelo sucesso". Afinal, ser competente, agressivo e ambicioso no ambiente de trabalho é uma experiência de confirmação e de conformação de gênero para os homens, mas tais características *não são conformes* nem confirmadoras para o gênero feminino, o que prejudica a autopercepção que as mulheres têm da própria feminilidade. Geri Richmond, uma química, retrata como constantemente ficava dividida entre ser "feminina" ou ser "uma cientista". Tendo sido líder de torcida no colegial e uma química genial, ela gradualmente despiu todos os adereços da feminilidade tradicional na faculdade, visando adaptar-se – jogou fora vestidos, esmaltes, maquiagem e sapatos de salto alto. Ela até mesmo se livrou de sua loção de mão, por medo de que sua fragrância evocasse o feminino[269].

Em um ambiente de trabalho inteiramente masculino, o papel das mulheres é "lubrificar" as interações entre os homens. Elas fazem o que a socióloga Arlie Hochschild chama de **trabalho emocional**, garantindo que essa arena exclusivamente masculina esteja bem azeitada e funcione suavemente. Assim, como exemplo, elas fazem trabalhos como os de comissária de bordo, gerente de escritório, garçonete e líder de torcida, para assegurar que as relações de homem para homem ocorrem sem percalços – e permaneçam inequivocamente heterossexuais[270].

Se uma mulher não tem uma função "real" no ambiente de trabalho, o que ela faz por lá? A ideia tradicional era de que ela trabalhava seja porque *obrigada* – pois era solteira, proletária e/ou único susten-

> **É MESMO?**
>
> "Conforme um homem se torna mais bem-sucedido, ele é mais estimado por homens e mulheres, e conforme uma mulher se torna mais bem-sucedida, ela é menos estimada por homens e mulheres." Assim escreveu Sheryl Sandberg, chefe de operações do Facebook e autora do best-seller *Lean In* (*Levante a cabeça*).
>
> Na superfície, isso parece verdade. Em um famoso experimento de 2003, professores da faculdade de administração, Frank Flynn e Cameron Anderson, recrutaram alguns estudantes para avaliar currículos de uma bem-sucedida investidora do Vale do Silício, chamada Heidi Roizen. Mas, para metade dos alunos, o nome dela foi trocado para Howard; todo o resto continuou o mesmo. Os estudantes avaliaram Heidi e Howard como igualmente competentes, mas gostaram mais do segundo. Acharam a primeira mais "egoísta".
>
> Isso parece demonstrar a persistência dos estereótipos de gênero em nossas avaliações do que é ter sucesso. Mas será assim mesmo? Afinal, eram alunos olhando currículos. E o que ocorreria no ambiente profissional de verdade?
>
> Bem, talvez não. Um estudo de 2011 com sessenta mil trabalhadores descobriu algo interessante. Quando interrogados a respeito de quem prefeririam como chefe, 54% não tinham preferência; dentre aqueles que tinham preferência, 72% queriam um chefe homem. Mas quem preferia chefes mulheres não as avaliava menos favoravelmente do que o faziam os outros com sua preferência por supervisores masculinos. Em outras palavras, as preferências podem existir no abstrato, onde os estereótipos reinam, mas não na vida real, onde pessoas reais interagem com outras pessoas reais, rompendo os estereótipos.
>
> Em uma recente série de reportagens da CNN, dez anos depois do programa original, Anderson Cooper faz a Universidade de Nova York replicar o estudo Heidi-Howard. Dessa vez, os estudantes avaliaram a mulher empresária mais amável e desejável como chefe (E Frank Flynn não mais posta o estudo original em seu website).
>
> Fontes: Kim Elsesser e Janety Lever. "Does Gender Bias Against Female Leaders Persist? Quantitative and Qualitative Data from a Large Scale Survey" ("O viés de gênero contra líderes mulheres persiste? Dados quantitativos e qualitativos de uma pesquisa de larga escala"). In: *Human Relations* (*Relações humanas*) 64(12), p. 1.555-1.578. • Eleanor Barkhorn. "Are Successful Women Really Less Likable than Successful Men?" ("Mulheres bem-sucedidas são realmente menos atraentes do que homens bem-sucedidos?"). In: *Atlantic*, 2014. Disponível em www.frankflynn.com

to econômico de seus filhos ou de si mesma – seja porque desejava ganhar um trocado extra ("dinheiro para lazer") que ela, como consumidora de classe média, queria para suas futilidades. Isso muitas vezes fez as mulheres trabalhadoras se desculparem pelo mero fato de trabalhar. "Se o mundo fosse prefeito", elas diziam sob pressão, "eu ficaria em casa com nossos filhos, o que é, no fim das contas, o lugar ao qual eu pertenço e onde deveria estar". Mas essa situação era desmentida pela experiência concreta das mulheres. Elas trabalham, como escreve a colunista política Katha Pollitt, "porque gostamos do nosso trabalho, dos nossos salários, do prospecto de um futuro mais seguro e interessante do que teríamos com habilidades enferrujadas, menos maturidade, menos experiência"[271].

Obviamente, essas ideologias tradicionais de gênero passaram por mudanças muito importantes também. Não estamos nos anos de 1950 – mesmo em nossas cabeças (de fato, nem os anos de 1950 foram os anos de 1950 – ou seja, a realidade, como vimos no capítulo sobre a família, certamente não se assemelha à imagem pasteurizada dos conservadores nostálgicos que tem sido romantizada por filmes de Hollywood). Tome-se, por exemplo, *Mad Men*, uma das séries mais populares da televisão nos últimos anos. Ela retrata um grupo de executivos de publicidade ambiciosos bem no começo dos anos de 1960. O mundo então é perfeitamente segregado por gênero: todos os executivos são homens; todas as secretárias são mulheres (note-se também que quase todos os personagens são brancos, e que ninguém – seja "na época" ou hoje – parece se incomodar muito com isso). O mundo das prerrogativas masculinas está plenamente intacto e a predação sexual dos homens não é considerada assédio sexual; é como as coisas são, ponto. O programa evoca uma espécie de sentimento autocomplacente no espectador – naquela época, dizemos conosco, eles faziam tudo isso que hoje sabemos ser errado:

todo mundo fumava por todo lugar; os homens bebiam basicamente o dia inteiro em seus escritórios e caçavam as funcionárias como num bordel (o desejo de uma secretária em se tornar uma diretora de contas provê um enredo cheio de tensão para uma temporada inteira). Como o jeito deles era bruto! Como era arcaico! Somos melhores *agora*!

Mas os temas evidentemente anacrônicos apenas mascaram como hoje essas atitudes arcaicas ainda têm influência e como continuam a se chocar com as realidades mutáveis do mundo do trabalho. E o choque faz do ambiente profissional uma arena singularmente conflitiva para as questões de gênero. Por um lado, as mulheres enfrentam discriminação persistente por causa de seu gênero. Ganham menos, recebem menos promoções e são designadas para certas tarefas apesar de suas qualificações e motivações; são hostilizadas, como intrusas em uma reserva apenas para homens. Por outro lado, os homens dizem que ficam desconcertados e irritados com as mudanças de políticas no local de trabalho, que os fazem se sentir "caminhando sob cascas de ovos", temerosos de fazer qualquer tipo de observação para uma mulher, para evitar que sejam arrastados para o tribunal por assédio sexual.

O pano de fundo estrutural dessa desconfiança e confusão corporativa no ambiente profissional atualmente é um dos maiores níveis de desigualdade de gênero no local de trabalho dentro do mundo industrial. O fato de os Estados Unidos manifestarem esse tipo de desigualdade talvez contradiga as presunções norte-americanas a respeito da liberdade e igualdade de oportunidades, mas não é tão incrivelmente surpreendente porque o país também está entre os maiores níveis de desigualdade de renda geral do mundo industrial. De acordo com um estudo comissionado pela Ocde (Organização para a Cooperação e Desenvolvimento Econômico), a diferença entre os 10% com maior renda e os 10% com menor renda nos Estados Unidos é maior do que em qualquer outro país industrializado do mundo. Durante o *boom* econômico dos anos de 1980, o 1% no topo da pirâmide de renda recebeu cerca de 60% de todos os ganhos econômicos da década. Os 19% em seguida receberam outros 25%, de modo que, no geral, 85% de todos os ganhos econômicos desse decênio ficaram com os 20% no topo da hierarquia econômica. Os 20% da parte de baixo, nos Estados Unidos, com efeito, perderam 9%, e os 20% logo acima perderam 1%. Eis aí a tal economia "para todos"! Para 80% dos norte-americanos na parte de baixo da pirâmide o ano com maior ganho nas últimas décadas foi 1973 – ou seja, seus rendimentos anuais desde então ou estabilizaram ou declinaram. De acordo com a secretaria de orçamento do congresso do país, a renda média familiar, na verdade, ficou completamente parada. Em dólares de 2012, o ganho médio da família norte-americana era de $62.261 em 1973; em 1990, era de $52.533; em 2010, $52.015; em 2014, $51.939[272].

Lembremos também que se trata da renda média *familiar* – e que a principal mudança na força de trabalho é o crescimento da presença das mulheres. Logo, isso significa que a renda dos homens, na verdade, caiu no último quarto de século. Um

---

COMPARADO A QUÊ?

Enquanto a nostalgia autocomplacente de *Mad Men* nos leva a comparar o progresso feito no ambiente de trabalho norte-americano desde os anos de 1960, um olhar em outros países pode ser tanto preocupante quanto edificante. Na China, por exemplo, os velhos estereótipos de gênero persistem e prejudicam a possibilidade de as mulheres seguirem as carreiras que desejam. Uma jovem, por exemplo, com 26 anos de idade, é formada em administração, fluente em inglês, chinês, francês e japonês. Porém, nas entrevistas, ela é interrogada apenas a respeito de quando planeja ter um bebê, e mesmo dizendo que planejava esperar ao menos cinco anos, os empregadores não acreditaram nela. Ela foi recusada inúmeras vezes e, por fim, aceitou um emprego menos qualificado no serviço público.

Fonte: Didi Kirsten Tatlow. "Old Biases Hamper Women in China's New Economy" ("Velhos preconceitos prejudicam as mulheres na nova economia da China"). In: *New York Times*, 30/11/2010, p. A-18.

> ### SEXISMO SUTIL
>
> A discriminação de gênero é estrutural, mas também está nas atitudes; enraizada nas instituições e estruturas sociais, bem como em nossas mentes. Obviamente, as formas gritantes de sexismo do ambiente de trabalho dos anos de 1950 não são mais aceitáveis. Em geral, não há mais tapinhas paternalistas no bumbum da secretária, como os de Don Draper (de *Mad Men*). Mas no lugar deles apareceu uma ampla variedade de atitudes e comportamentos velados, que reproduzem a desigualdade no local de trabalho. Incrivelmente sagaz, a análise da socióloga Nicole Benokraitis apresenta diversas formas de "sexismo velado", comportamentos que podem até mesmo ser invisíveis para aqueles que os reproduzem.
>
> *Cavalheirismo condescendente:* o chefe evita fazer críticas úteis a uma funcionária para "protegê-la".
>
> *Desencorajar como apoio:* desestimular a mulher de competir por uma oportunidade desafiadora, pois ela pode não conseguir.
>
> *Assédio amigável:* zombar de uma mulher em público por causa de sua aparência.
>
> *Objetificação subjetiva:* crer que todas as mulheres se encaixam em um estereótipo particular.
>
> *Desvalorização radiante:* fazer elogios exagerados para uma realização que seria geralmente vista como rotineira.
>
> *Sexismo liberado:* convidar uma mulher para beber depois do trabalho, como faria com um dos outros meninos, mas então se recusar a deixá-la pagar uma rodada.
>
> *Exploração benevolente:* dar à mulher a oportunidade de trabalhar em um projeto para ganhar experiência, mas depois ficar com todo o crédito pelo produto final.
>
> *Dominação atenciosa:* tomar decisões a respeito do que uma mulher (que acabou de virar mãe, p. ex.) consegue ou não fazer, sem deixá-la decidir como seu tempo é mais bem-gerido.
>
> *Exclusão coletiva:* marcar reuniões em horários conflitando com compromissos familiares dos pais, como café às sete da manhã para "*networking*" ou "integração da equipe".
>
> Fonte: Nicole Benokraitis. *Subtle Sexism: Current Practices and Prospects for Change* (*Sexismo velado: práticas e prospectos atuais para mudanças*. Califórnia: Sage, 1997).

homem de trinta anos em 1949 via seu rendimento real aumentar cerca de 63% ao chegar aos quarenta. Em 1973, o mesmo homem de trinta anos veria seu ganho real cair cerca de 1% ao fazer seu quadragésimo aniversário. Esses indicadores econômicos são muito importantes no quadro geral da desigualdade de gênero, pois sugerem que a maioria dos trabalhadores masculinos se sentiu cada vez mais esmagada nas últimas duas décadas, trabalhando mais tempo e com mais intensidade para pagar as contas ao mesmo tempo em que perdia renda. Essa crescente pressão financeira e uma precariedade econômica crescente causada por redução das empresas, demissões em massa e volatilidades do mercado, deixaram os homens norte-americanos inseguros a respeito de sua posição previamente inquestionada como provedores e arrimos da família. Com efeito, os trabalhadores homens somam mais do que quatro de cada cinco empregos perdidos na atual recessão (desde junho de 2008)[273].

> ### LEIA TUDO A RESPEITO!
>
> A dinâmica da desigualdade no ambiente de trabalho – discriminação de salários, segregação sexual, assédio sexual – tem mudado bastante nos anos recentes. As mulheres "levantaram a cabeça" e o teto de vidro foi empurrado um pouco mais para cima. Mas, do ponto de vista de um passarinho, como diz a socióloga Paula England, o progresso foi "desigual" e a transformação do gênero no ambiente de trabalho ficou "paralisada". Certamente esse é um caso de acréscimo ou de alternativa – para um sociólogo, o que é interessante é onde as coisas ficaram melhores, onde o progresso foi frustrado e qual dinâmica levou a esse arranjo.

A persistência da discriminação de gênero no ambiente de trabalho

Por muitos anos, o principal obstáculo para as mulheres que buscavam entrar na força de trabalho era a discriminação sexual. Discriminar é tratar pessoas similares de modo diferente ou tratar pessoas diferentes de modo similar. Por exemplo, as mulheres e afro-americanos são vistos, legalmente, como "similares" em todos os aspectos práticos relevantes no que diz respeito a emprego, habitação e educação. Logo, excluir uma raça ou gênero de oportunidades nessas áreas seria uma forma de discriminação. Por outro lado, pessoas portadoras de algumas deficiências são consideradas legalmente *diferentes*, e logo merecedoras de proteções antidiscriminatórias. Tratá-las como "iguais" a pessoas não portadoras de deficiência – não construindo lugares acessíveis a cadeiras de rodas, por exemplo – também é, portanto, uma forma de discriminação.

No ambiente de trabalho, a **discriminação de gênero** aparece nas muitas referências que os empregadores historicamente fizeram às características das mulheres, visando excluí-las, como, por exemplo, afirmando que elas não querem trabalhar de verdade, não precisam de dinheiro, têm diferentes aptidões e interesses. Presumia-se que as mulheres ou não poderiam fazer um trabalho ou, caso pudessem, não desejariam fazê-lo ou não precisariam do emprego. O que esses argumentos partilham é a crença de que diferenças entre mulheres e homens são decisivas e de que elas são a origem das diferentes vivências deles e delas. Nos Estados Unidos, esses argumentos também forneciam o pretexto para justificar a discriminação racial nos empregos e na escola até, pelo menos, 1954, quando o supremo tribunal do país determinou, no caso *Brown contra o Conselho de Educação de Topeka*, que não havia diferenças entre negros e brancos que pudessem afetar o acesso igualitário à educação e ao emprego. Atualmente, a corte considera casos raciais sob a categoria de "escrutínio estrito", indicando que a discriminação com base na raça é sempre legalmente suspeita e que não há fundamentação legal para discriminação racial.

É discriminação tratar aqueles que são semelhantes – negros e brancos – como se eles fossem diferentes. Isso não é completamente verdade, porém, quando se trata do gênero. Nos casos envolvendo discriminação baseada em gênero, a corte suprema cedeu apenas *status* de "escrutínio intermediário". Trata-se então de algo permitido, mas apenas nas circunstâncias mais excepcionais. A base para discriminar não deve se fundar sobre nenhuma ideia estereotipada de diferenças entre mulheres e homens, e deve haver uma "qualificação ocupacional feita com boa-fé" – ou seja, a discriminação deve se fundar sobre alguma exigência profissional que apenas homens ou apenas mulheres poderiam cumprir. Em casos federais, a discriminação também deve estar "substancialmente ligada a um interesse governamental relevante" – ou seja, ela deve servir a algum objetivo mais amplo do governo.

Considere-se, por exemplo, se uma garota de nove anos se candidatar para ser salva-vidas em uma praia. Recusar sua candidatura não seria discriminação nem de idade, nem de gênero, pois também um garoto de nove anos de idade seria igualmente recusado e porque a idade é um critério funcional importante para a *performance* nesse emprego. Mas é extraordinariamente difícil demonstrar diante de um tribunal que um trabalho em particular pode ser realizado seja apenas por homens ou apenas por mulheres.

Um caso similar envolveu uma mulher que se candidatou a uma vaga na empresa aérea Trans World. Em suas entrevistas, surgiram perguntas sobre seu estado civil, seus planos a respeito de gravidez, seu relacionamento com outro funcionário da empresa, o número de filhos que tinha, se eram ou não legítimos e quais arranjos que tinha para que fossem cuidados. Na verdade, foi *só* disso que sua primeira entrevista tratou. Ela não foi contratada. Os tribunais consideraram que ela foi tratada diferentemente por causa de seu gênero e, portanto, sofrera discriminação. Podemos sequer imaginar os entrevistadores fazendo as mesmas perguntas para um candidato masculino?

A maioria dos casos judiciais relativos à discriminação de gênero no trabalho envolve processos de mulheres querendo entrar em ambientes profissionais até então exclusivos para os homens. Um caso recente interessante, porém, apresenta o outro lado da moeda. A cadeia de restaurantes Hooters foi processada por diversos homens que procuraram emprego como garçons em unidades de Illinois e Maryland. Historicamente, essa franquia de restaurantes contratava apenas mulheres "voluptuosas" para trabalhar "quase nuas" atendendo pedidos no bar e servindo as refeições. Os homens reclamantes, com seus advogados, argumentaram que essa política viola o estatuto de igualdade ao emprego. O restaurante contra-argumentou que seu serviço incluía "recreação sexual fictícia" e que a "sexualidade feminina é uma ocupação de boa-fé", citando outros empregos realizados apenas por mulheres, como coelhinhas da *Playboy* ou dançarinas de palco. As garçonetes do Hooters "servem asinhas de frango com atração sexual como acompanhamento", tal como disse um colunista de jornal. O porta-voz da empresa, Mike McNeil, afirmou que o Hooters não vendia comida; vendia atração sexual – e que "para provocar a atração de uma mulher você precisa ser uma mulher". A comissão federal para oportunidades iguais de emprego rapidamente desistiu de suas próprias investigações, dizendo que tinha casos mais importantes para tratar. Por fim, o processo foi decidido pelo tribunal, o restaurante pagou $3,75 milhões para os homens e seus advogados e contratou alguns homens para seu quadro de funcionários, como *barmen*, não como garçons[274].

A discriminação de gênero é geralmente agravada por discriminações baseadas em outros fatores, como raça ou orientação sexual. Se homens ganham mais do que mulheres em todas categorias, brancos ou negros, *gays* ou héteros, como essas diferentes categorias de identidade trabalham juntas não é nada óbvio. Em um estudo fascinante, o sociólogo David Pedulla descobriu que os estereótipos de que homens *gays* são efeminados e fracos resultarão em discriminações contra homens *gays* brancos, ao mesmo tempo em que podem anular os preconceitos negativos de que os homens negros são ameaçadores e criminosos. Nesse sentido, estereótipos raciais conflitam com estereótipos homofóbicos, e na verdade podem dar uma pequena vantagem para homens negros *gays* em comparação seja com homens brancos *gays*, seja com homens negros heterossexuais[275].

Segregação sexual

A discriminação escancarada de gênero é extremamente difícil de justificar. Mas muito mais sutis e difusos são os mecanismos que conservam a desigualdade de gênero. Talvez, o mais onipresente deles é a segregação sexual. Segregar os sexos, como escreve a socióloga Barbara Reskin, "diz respeito à concentração de homens e de mulheres em diferentes ocupações, áreas, empregos e níveis nas hierarquias do mundo profissional". Assim, a segregação sexual se torna em si mesma uma "divisão sexual do trabalho assalariado em que homens e mulheres fazem ou diferentes tarefas ou as mesmas tarefas com diferentes nomes ou em diferentes tempos e lugares". Diferentes ocupações são vistas como mais apropriadas para um gênero ou outro, e assim mulheres e homens são guiados, pressionados e ocasionalmente empurrados para funções específicas[276].

Com efeito, a segregação sexual no local de trabalho é tão difundida que parece ser a ordem natural das coisas, a simples expressão das predisposições naturais de mulheres e de homens. Nesse sentido, ela é mais sutil do que algumas fábricas de vestuários em

Bangladesh, onde homens e mulheres trabalham em diferentes andares para garantir que não haja contato entre eles. Nos Estados Unidos, ela parece ser o resultado de nossas diferenças "naturais"; mas, como vimos antes, são essas diferenças que são consequência da segregação. Hoje, menos de 10% de todos os norte-americanos têm um colaborador ou colega de trabalho do outro sexo que faz o mesmo trabalho, para o mesmo empregador, no mesmo local, no mesmo turno. Embora um número quase idêntico de mulheres e de homens saem de casa para trabalhar todas as manhãs, eles não trabalham juntos no mesmo lugar, nem possuem os mesmos empregos. Com efeito, dos quase 66 milhões de mulheres na força de trabalho dos Estados Unidos, 30% trabalham em 10 das 503 "ocupações" listadas pelo censo norte-americano. Ou, para falar de outro modo, mais de 52% de todas as mulheres ou de todos os homens teriam de mudar de emprego para que a distribuição ocupacional fosse completamente integrada[277].

A segregação sexual começa cedo e continua ao longo de nossas vidas profissionais. E ela tem consequências significativas para nossa experiência e nossos ganhos. Pergunto muitas vezes a meus alunos quantos deles trabalharam como babás. Geralmente, pelo menos dois terços das mulheres dizem que sim e de vez em quando um ou dois homens fazem o mesmo. Quanto eles ganham? Na média, cerca de 4 ou 5 dólares por hora, comumente chegando a 20 dólares por uma tarde ou noite. Quando pergunto quantos dentre eles já ganharam dinheiro extra por cortar a grama ou tirar a neve, porém, a divisão de gênero é revertida. A maioria dos homens mas ocasionalmente apenas uma ou outra mulher dizem que já fizeram esse trabalho e geralmente ganharam cerca entre 20 e 25 dólares por casa, ou cerca de 100 dólares por dia. E, embora seja verdade que tirar a neve ou cortar a grama requer muito mais força física do que ser babá, cuidar de uma criança também requer habilidades sociais, mentais e educativas específicas: cuidar, alimentar e a capacidade de responder rápido numa crise. Além disso, na maioria das sociedades, a nossa incluída, dificilmente os trabalhos físicos domésticos que são mais bem pagos (considere-se, p. ex., a diferença entre executivos do mundo corporativo e cortadores de grama profissionais). Com efeito, quando adultos fazem esses trabalhos – babás profissionais ou manutenção do jardim – seus salários são mais ou menos similares. O que determina as diferenças de pagamento nesses dois empregos pós-horário escolar tem muito menos a ver com propriedades intrínsecas de cada um deles e muito mais relação com o gênero que os realiza. Justificar essas disparidades com base em outra coisa que não o gênero é justamente o modo como a **segregação ocupacional por sexo** obscurece a discriminação de gênero.

O impacto da segregação sexual na renda continua tão profundo quanto as diferenças entre ser babá e tirar a neve durante toda nossa vida. A segregação por sexo é a maior causa da lacuna de pagamento entre os sexos (tabelas 9.1 e 9.2). É preciso considerar que, em 2013, as mulheres representavam pouco mais de 44% da força de trabalho civil; eram, porém, 32,7% de todos os dentistas; 34,8% de todos os advogados e 38,8% de todos os juízes; 13% de todos os oficiais de polícia; 3,1% de todos os bombeiros; 4,2% de todos os trabalhadores na área de recursos naturais, construção e manutenção; 36,1% de todos os médicos e cirurgiões. Por outro lado, elas eram também 94,7% dos secretários; 93% de todos que trabalham cuidando de crianças, 75,3% de todos os professores (excluindo os de ensino superior/universitário) e 80,4% de todos os digitadores[278]. Quase metade de todas as empregadas hoje trabalham em ocupações que têm ocupação feminina maior do que 75%. Porém, todos esses números já representam melhorias significativas ocorridas desde 1990[279].

As explicações da segregação sexual geralmente apelam às qualidades do candidato homem ou mulher que busca o emprego. Por causa da socialização diferente, eles e elas tendem a buscar diferentes tipos de trabalho por diferentes razões. Porém, a socialização por si só não é o suficiente como explicação. "A so-

Tabela 9.1 Os dez empregos mais comuns para as mulheres (maior porcentagem de pessoas empregadas é mulher, apenas trabalhos de tempo integral), 2013

	Ganho semanal médio dos homens	Ganho semanal médio das mulheres	Ganho da mulher em % do ganho do homem	Porção de mulheres que trabalham na função	Porção de homens trabalhando na função como % de homens trabalhando	Porção de mulheres trabalhando na função como % de mulheres trabalhando
	$860	$706	82,1%	44,4%	100%	100%
Todas as mulheres trabalhando (46.268,00)						
Professora do ensino médio e fundamental	$.1025	$937	91,4%	80,1%	0,9%	4,6%
Secretária e auxiliar de escritório	$772	$677	87,7%	94,6%	0,2%	4,6%
Enfermeira registrada	$1.236	$1.086	87,9%	88,8%	0,4%	4,4%
Auxiliar de enfermagem, psiquiatria e saúde no lar.	$499	$450	90,2%	86,6%	0,3%	2,6%
Representante no atendimento ao cliente	$639	$616	96,4%	66,1%	0,9%	2,3%
Encarregada de vendedores do varejo	$778	$612	78,7%	42,3%	2,3%	2,1%
Contadoras e auditoras	$1.268	$1.029	81,2%	62,3%	1,0%	2,0%
Caixas	$426	$379	89,0%	69,0%	0,7%	2,0%
Encarregada de trabalho de escritório ou de assistência administrativa	$846	$748	88,4%	67,7%	0,7%	1,8%
Recepcionistas ou balconistas	$600	$527	87,8%	91,9%	0,1%	1,8%
Total					7,6%	28,2%

Fonte: U.S. Department of Labor (Departamento Norte-americano do Trabalho). • Bureau of Labor Statistics (Agência Norte-americana de Estatísticas de Trabalho). 2013. • "Household Data Annual Average" ("Média Anual de Dados Domésticos"). Tabela 39. Disponível em http://www.bls.gov/cps/cpsaat39.htm – Acesso em nov./2014.

Tabela 9.2 Os dez empregos mais comuns para os homens (maior porcentagem de pessoas empregadas é homem, apenas trabalhos de tempo integral), 2013

	Ganho semanal médio dos homens	Ganho semanal médio das mulheres	Ganho da mulher em % do ganho do homem	Porção de mulheres que trabalham na função	Porção de homens trabalhando na função como % de homens trabalhando	Porção de mulheres trabalhando na função como % de mulheres trabalhando
	$860	$706	82,1%	44,4%	100%	100%
Todos os homens trabalhando (57.994,00)						
Motorista/vendedor e caminhoneiro	$738	$583	79,0%	4,1%	4,3%	0,2%
Encarregado de vendedores do varejo	$778	$612	78,7%	42,3%	2,3%	2,1%
Porteiro ou faxineiro	$517	$418	80,9%	27,4%	1,9%	0,9%
Vendedor no varejo	$719	$485	67,5%	40,3%	1,9%	1,6%
Pedreiro/trabalhos em construção	$592	—	—	2,7%	1,8%	0,1%
Trabalhos com carga, estoque, carregamento de materiais, trabalho pesado	$524	$421	80,3%	17,3%	1,8%	0,5%
Desenvolvedor de software ou de sistemas e aplicativos	$1.737	$1.370	78,9%	19,8%	1,5%	0,5%
Representante de vendas, atacadista e manufatura	$1.131	$859	76,0%	22,8%	1,4%	0,5%
Cozinheiro	$411	$382	92,9%	34,6%	1,4%	0,9%
Jardineiro ou zelador	$441	—	—	3,9%	1,3%	0,1%
Total					19,6%	7,3%

Nota: o traço indica que não há dados ou que os dados não cumprem os critérios de exigência da publicação (valores não mostrados quando a base é menor do que 50 mil).

Fonte: U.S. Department of Labor (Departamento Norte-americano do Trabalho), Bureau of Labor Statistics (Agência Norte-americana de Estatísticas de Trabalho), 2013. • "Household Data Annual Average" ("Média anual de dados domésticos"). Tabela 39. Disponível em http://www.bls.gov/cps/cpsaat39.htm – Acesso em nov./2014.

cialização não consegue explicar por que um mercado de trabalho sexualmente segregado surgiu, por que cada sexo é alocado para tipos particulares de ocupação e por que a tipificação sexual das funções muda com o tempo." Em vez disso, precisamos pensar na segregação sexual como resultado de uma série de fatores – "a socialização diferente de moças e rapazes, o acompanhado tipificado por sexo no sistema educacional e o controle social pautado no gênero feito no ambiente de trabalho, tanto na fase de contratação quanto depois"[280].

Se a segregação sexual fosse o simples produto de diferenças socializadas entre mulheres e homens, poderíamos esperar que as profissões tivessem uma distribuição de gênero mais ou menos comparável em outras cidades ou países. Mas não é isso que ocorre – por exemplo, na cidade de Nova York há só 44 mulheres dentre 10.500 bombeiros; ou seja, 0,4% desse corpo. Em Mineápolis, 17% dos bombeiros são mulheres. Nova York fica atrás de São Francisco (15%) e Seattle (8%) e, com efeito, fica com menos de um décimo da média nacional de 4,5%. (As minorias não se saem muito melhores: a média nacional de latinos [9,3%], afro-americanos [7,1%] e descendentes de asiáticos [0,7%] permanece nitidamente baixas[281].)

Analisemos os dentistas. Nos Estados Unidos a odontologia é uma profissão dominada por homens (figura 9.3); na Europa, a maioria dos dentistas é mulher. Na Rússia, cerca de metade do corpo de médicos é de mulheres e tem sido assim por algum tempo. Pressupondo que as mulheres e homens na Rússia e na Europa são em geral iguais às mulheres e aos homens dos Estados Unidos, seria de se esperar que a composição de gênero na odontologia e na medicina fosse similar.

Isso nos leva a outra consequência da segregação sexual: diferenças de salário. As profissões que são dominadas por homens tendem a ser mais bem pagas; as profissões tipicamente femininas tendem a receber pagamentos menores. Alguém poderia ser levado a explicar tal situação pelas características do trabalho, mas ocorre que a composição de gênero da função é, na verdade, um critério melhor. Voltemos aos dentistas. Nos Estados Unidos, a odontologia está próxima do topo da pirâmide de renda. Na Europa, o nível de rendimento dos dentistas está mais dentro da média. Essa diferença não tem nenhuma relação com a prática da odontologia, que é, presume-se, relativamente comparável. A diferença de salário é inteiramente resultado do gênero da pessoa que faz o trabalho. Não há nada inerente no cargo que o faça mais "adequado" para mulheres ou para homens.

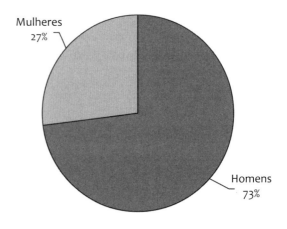

Figura 9.3 Distribuição percentual de todos os dentistas profissionalmente ativos nos Estados Unidos, por gênero, 2013.

Fonte: American Dental Association (ADA – Associação dos Dentistas Norte-americanos). Health Policy Institute analysis of ADA Masterfile (Análise do Instituto de Políticas de Saúde sobre a Base de dados da ADA). © 2015 American Dental Association. Reproduzido com permissão.

Uma das formas mais fáceis de ver o impacto da segregação de sexos nos salários é ver o que acontece quando uma função específica começa a mudar sua composição de gênero. Por exemplo, o trabalho de escritório já foi considerado um emprego altamente qualificado, cuja força laboral quase exclusivamente masculina era muito bem paga (por certo, vem à mente a exceção da regra, o inocente e virtuoso Bob Cratchit do livro *Um conto de natal*, de Charles Dic-

> **CASO EM QUESTÃO: O CASO DA ENFERMAGEM**
>
> A enfermagem é uma das profissões mais segregadas por gênero. Quase 19 de cada 20 profissionais dessa área são mulheres. É um trabalho que requer paciência, empatia, envolvimento emocional e um desejo de ajudar os outros – qualidades geralmente consideradas femininas. Ao mesmo tempo, há uma escassez mundial de trabalhadores nessa área, e a tendência é que ela se torne mais grave à medida que a idade média da população envelhece e requer mais cuidados médicos.
>
> O que fazer de modo competente aqui?
>
> Bem, legislar é uma opção. Em 2013, a Senadora Barbara Boxer (Califórnia, Partido Democrata) apresentou o projeto de lei 739 do senado, a Lei para Reforma da Escassez Nacional de Enfermagem e para Defesa dos Pacientes (transitando por comissões no momento desta escrita).
>
> E, obviamente, recrutar homens é outra opção. Tornar a enfermagem masculina! A socióloga Marci Cottingham examinou várias estratégias de recrutamento para atrair homens a se tornar enfermeiros, na região central da Flórida.
>
> Obviamente, quando homens entram na área, as antigas regras se aplicam. Em todos os níveis, enfermeiros ganham mais do que enfermeiras. De acordo com o departamento de trabalho dos Estados Unidos, eles ganham cerca de $5.100 a mais por ano do que elas. No campo mais especializado da enfermagem e anestesia, a diferença era de gritantes $17.290!

kens). Entretanto, no começo do século XX, tanto na Grã-Bretanha quanto nos Estados Unidos, a distribuição de gênero começou a mudar e, pela metade daquele século, a maioria de profissionais de escritório era de mulheres. Como resultado, esse tipo de trabalho administrativo foi reavaliado como uma área que exigiria menos habilidades e seria menos valiosa para uma empresa; assim, os salários caíram. Como observa o sociólogo Samuel Cohn, isso é um resultado, não uma causa, da mudança de composição de gênero da força de trabalho[282].

A medicina veterinária também foi por muito tempo dominada por homens. No final dos anos de 1960, apenas cerca de 5% dos estudantes de veterinária eram mulheres. Hoje, o número está próximo de 60% e a quantidade de mulheres nessa área mais do que dobrou desde 1991, ao passo que o número de homens veterinários caiu 15%. E seus rendimentos seguiram a mudança da composição de gênero. Nos anos de 1970, quando eles dominavam o campo, as rendas de um veterinário estavam logo atrás das de um médico; hoje, os profissionais da veterinária têm ganho médio entre 70 e 80 mil dólares por ano, ao passo que a média dos médicos é praticamente o dobro. "Veterinários têm formação de médico sem salário de médico", comentou um epidemiologista veterinário[283].

O processo exatamente inverso ocorreu entre os programadores de computador. Nos anos de 1940, as mulheres eram contratadas como operadoras de cartão, as precursoras da programação computacional, pois o trabalho se parecia com as tarefas do escritório. Mas, na verdade, esse tipo de programação "exigia habilidades complexas de lógica abstrata, matemática, circuitação e maquinaria elétrica, conjunto que", como observou a socióloga Katharine Donato, "as mulheres costumavam realizar em seu trabalho", sem dificuldades. Porém, depois de a programação ser reconhecida como algo "intelectualmente exigente", tornou-se atrativa para os homens, que começaram a entrar nesse campo e, portanto, a pressionar os salários consideravelmente para cima[284].

Essa relação entre composição de gênero e prestígio (e salários) tem se evidenciado há muito tempo. Nos anos de 1920, a escritora feminista Charlotte Perkins Gilman achava

> divertido ver quão rapidamente a atitude em relação a um emprego particular mudava conforme ele mudava de mãos. Por exemplo, duas das mais antigas ocupações das mulheres no mundo inteiro eram ajudar outras no trabalho de parto e preparar o cadáver para o velório. As mulheres sediaram os portais da vida, nas duas pontas, por incontáveis gerações. Po-

288   A sociedade de gênero

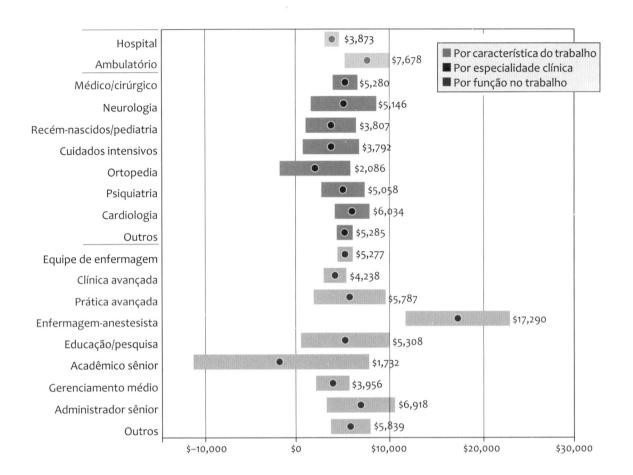

Diferenças de salário entre enfermeiros registrados homens e mulheres.

Nota: Os valores estão em dólar de 2013. Barras mais claras indicam margens de erro (em intervalos de confiança de 95%).

Fonte: Análise de dados do National Sample Survey of Registered Nurses (1988-2008). Pesquisa Nacional por Amostragem de Enfermeiros Registrados feita pelo Dr. Ulrike Muench et al. In: *Journal of the American Medical Association* (Revista da Associação Médica Norte-americana). Crédito: Alyson Hurt.

Fonte: Marci Cottingham. "Recruiting Men, Constructing Manhood: How Health Care Organizations Mobilize Masculinities as Nursing Recruitment Strategy" ("Recrutando homens, construindo a masculinidade: Como as instituições médicas mobilizam as masculinidades como estratégia de recrutamento para enfermagem"). In: *Gender & Society* (Gênero e Sociedade) 28(1), fev./2014, p. 133-156. • Catherine Saint Louis. "Stubborn Pay Gap Is Found in Nursing" ("Persistente Diferença de Pagamento na Enfermagem"). In: *New York Times*, 25/03/2015. Disponível em http://well.blogs.nytimes.com/2015/03/24/stubborn-pay-gap-isfound-in-nursing/?_r=2

rém, tão logo o obstetra e o agente funerário encontraram uma grande fonte de renda para seus serviços especializados, essas tarefas se tornaram "trabalho de homem"; uma "médica mulher" passou a ser evitada até mesmo por mulheres, e uma "agente funerária mulher" começou a parecer ridículo[285].

(É interessante notar que as mulheres voltaram depois para a obstetrícia, mas agentes funerários continuam praticamente todos homens.)

Os efeitos da segregação sexual podem ser "geográficos" na vida cotidiana – tanto no local de trabalho quanto nas áreas de lazer. Em um estudo de 2008,

Michelle Arthur, Roberto del Campo e Harry Van Buren, professores de Administração da Universidade do Novo México, estudaram os campos de golfe. Bem, na verdade, o que eles realmente estudaram foi a localização do suporte da primeira tacada para cada buraco em 455 campos em todos os cinquenta estados norte-americanos. Geralmente, a primeira tacada das mulheres ficava em alguma medida na frente da dos homens (dada a compreensão de que a igualdade não significa tratar as pessoas exatamente da mesma forma, pois o único lugar em que a força física do tronco de homens e mulheres faz diferença é na primeira tacada). O que os três pesquisadores descobriram foi que, em cada local pesquisado, havia uma correlação da **diferença de salários** com a distância entre o ponto de primeira tacada das mulheres e dos homens.

É isso mesmo: quanto mais distante fossem os pontos de partida, mais baixo era o salário das mulheres! Quanto mais próximo, maior o salário delas.

Como isso pode ser explicado? A resposta mais óbvia é que os campos de golfe cujos administradores acreditavam que as mulheres precisavam de mais assistência estavam imbuídos de uma visão condescendente a respeito das habilidades femininas em geral. Essas atitudes teriam se infiltrado nos ambientes de trabalho, onde as mulheres teriam suas habilidades desvalorizadas. Parece plausível. Mas os autores também sugerem uma explicação menos voluntarista. Onde os pontos de partida eram mais próximos, mulheres e homens teriam mais tendência de andar juntos, nos mesmos carrinhos de golfe; onde eram mais distantes, elas teriam mais tendência de andar apenas com outras mulheres. E era naqueles carrinhos de golfe, nas conversas informais e na rede de contatos que se expande durante nossos "momentos de lazer", que se ouvia falar das oportunidades, das conexões e das influências que podem fazer progredir uma carreira[286].

O sexo do profissional também é vital para a determinação dos salários. Mulheres e homens são pagos para fazer não o mesmo trabalho, mas diferentes trabalhos, e são assim avaliados por diferentes padrões. Como William Bielby e James Baron escreveram, "as tarefas feitas por homens são recompensadas conforme seu valor dentro da hierarquia do trabalho masculino, e tarefas feitas por mulheres são recompensadas conforme seu valor dentro da hierarquia do trabalho feminino. A legitimidade desse sistema é facilmente sustentada em um ambiente de trabalho segregado". Em resumo, "ao menos em parte, as ocupações femininas pagam menos porque as mulheres as realizam"[287].

Eis um novo modo de considerar o impacto da segregação sexual nos salários. Como acabamos de ver, quando um emprego particular muda sua composição de gênero, os salários também mudam. Quanto mais "masculina" a ocupação, maiores são os salários; quanto mais feminina, menores são os salários. Mas o que ocorre quando o gênero do trabalhador muda? Não falo do gênero de uma categoria de trabalhadores, mas sim do gênero de um trabalhador individual específico. Nesse caso, o que acontece? A pesquisa da socióloga Kristen Schilt e do economista Matthew Wiswall rastreou os salários de pessoas transgênero, antes e depois de sua transição. Aqueles que passam de mulher para homem começam a ganhar mais pouco depois de sua transformação, enquanto o salário médio de quem passa de homem para mulher cai quase um terço. Ademais, profissionais que deixaram de ser homens para se tornar mulheres notam perda de autoridade, maiores níveis de assédio e de risco de perda do emprego em comparação com aqueles que mudam de mulher para homem, que geralmente percebem um *aumento* de respeito e autoridade. Lembremos que se tratava dos mesmos seres humanos. Apenas seu gênero mudara. E isso teve muita importância[288].

Soluções jurídicas contra os estereótipos sexuais de diferentes ocupações produziram resultados mistos. Em um caso de 1971, *Diaz versus Pan American World Airways*, o tribunal de recursos da quinta região norte-americana (Louisiana, Mississipi e Texas) decidiu que candidatos homens não poderiam ser recusados para vagas de atendentes de voo sob a justi-

> ### É MESMO?
>
> Os homens ficam com todos os trabalhos perigosos, logo deveriam receber mais. Você já ouviu esse argumento, certo? Os empregos com mais periculosidade são amplamente dominados pelos homens e, por estarem dispostos a assumir esses ricos, eles deveriam ser recompensados por isso. Eis a lista:
>
> **Os dez empregos mais perigosos nos Estados Unidos e a porcentagem de homens, 2013.**
>
> | Posição | Ocupação | Índice de acidentes fatais por 100 mil trabalhadores | Porcentagem de homens |
> |---|---|---|---|
> | 1 | Madeireiro | 91,3 | 97,9% |
> | 2 | Pescador | 75,0 | 100,0% |
> | 3 | Piloto de avião | 50,6 | 94,5% |
> | 4 | Extrativista | 46,9 | 97,9% |
> | 5 | Reparador de telhados | 38,7 | 99,3% |
> | 6 | Coletor de lixo | 33,0 | 95,2% |
> | 7 | Operador de máquina de mineração | 26,9 | 95% |
> | 8 | Caminhoneiro | 22,0 | 94,8% |
> | 9 | Fazendeiro ou rancheiro | 21,8 | 74,7% |
> | 10 | Técnico de linhas elétricas | 21,5 | 98,9% |
>
> Fonte: Agência Norte-americana de Estatísticas de Trabalho. Censo de Acidentes de Trabalho Fatais.
>
> Bem, seria verdade – se realmente pagássemos mais para esses trabalhadores. Quero dizer que é muito mais "perigoso" trabalhar sobre um telhado, cortando madeiras ou pescando do que como investidor de um banco ou advogado corporativo – mas não os pagamos de acordo com os perigos que enfrentam.
>
> Faria muito mais sentido se a resistência à entrada das mulheres nesses campos não fosse tão hostil. Aquelas que tentam se tornar madeireiras ou reparar telhados ou operar máquinas de mineração se chocam contra uma barreira constante de assédio físico e sexual cometido pelos mesmos homens que reclamam por assumirem todas as tarefas perigosas. Talvez isso ocorra porque, quando eles escolhem esses trabalhos, também o fazem para provar que são "homens de verdade" – e a entrada das mulheres nesse campo, acreditam eles, diluiria essa prova.

ficação de que os passageiros esperavam e preferiam mulheres nessa função. Em 1996, como foi abordado no capítulo anterior, a suprema corte dos Estados Unidos decidiu que as mulheres buscando as oportunidades educacionais oferecidas aos homens pelo Instituto Militar da Virgínia não poderiam ser recusadas, apesar dos argumentos da instituição de que elas não desejariam uma educação tão *adversa*, nem teriam condições de aguentar os rigores físicos do programa.

Talvez o caso mais conhecido de segregação sexual é o caso *Eeoc versus Sears*, que foi promovido pela comissão de oportunidades iguais de emprego (Eeoc) contra essa grande rede de lojas varejistas. A comissão acreditava que a Sears lançara rotineiramente mulheres e homens em diferentes funções de venda, resultando em disparidades enormes de salário entre os dois sexos. Elas eram empurradas para balcões de venda de produtos como roupas, joias e utilidades domésticas, onde as comissões tendem a ser baixas e os profissionais recebem um salário básico por seu trabalho. Os homens, por outro lado, tendiam a se concentrar em bens de consumo de alta qualidade, como televisões e geladeiras, que ofereciam comissões mais altas.

A Sears argumentou que essa divisão de sexo nas vendas de varejo resultava de escolhas individuais da parte de homens e mulheres em sua força de trabalho. A empresa sugeriu que a socialização diferencial levava cada um dos sexos a seguir percursos diferentes em suas carreiras. Elas, dizia a Sears, estavam menos interessadas em posições de venda comissionada de produtos de alta qualidade, funções que exigiam mais, eram intensamente competitivas e consumiam mais tempo. O interesse delas estaria em funções com mais flexibilidade, ao passo que os homens buscariam as posições com mais pressão e melhores salários. O argumento da Sears, portanto, era de que as mulheres eram mais orientadas pelos relacionamentos, não pela competitividade.

A Eeoc, em revanche, argumentou que embora a Sears não pretendesse discriminar, essa situação era o resultado de uma discriminação baseada no gênero. O caso em questão não confrontava os interesses e motivações de todos os homens com os de todas as mulheres, mas apenas incluía o daquelas que já estavam em sua força de trabalho, mulheres que, presumia-se, tinham motivações similares às dos homens lá empregados. Como afirmou a historiadora Alice Kessler-Harris, a especialista que testemunhou para a Eeoc, se é verdade que existem diferenças médias entre homens e mulheres em suas motivações, isso não significa que cada indivíduo específico do grupo "homem" ou do grupo "mulher" é idêntico e que alguns deles não buscariam oportunidades oferecidas ao outro grupo. Discriminar contra indivíduos com base na média de diferenças entre grupos ignora as diferenças *dentro* de cada grupo, diferenças individuais que muitas vezes se revelam maiores do que a diferença média entre os grupos.

Esse comportamento, obviamente, baseia-se em estereótipos e deveria ser proibido pela lei. Esses clichês presumem que todos os membros de um grupo partilham características que alguns – ou mesmo, eventualmente, a maioria deles – talvez possuam. Logicamente, os estereótipos caem em uma falácia composicional – assumir como verdadeiro para o todo o que é verdadeiro apenas para uma parte. Assim, seria ilógico afirmar que todos os membros da categoria B são membros da categoria A apenas porque todos os membros da categoria A são membros da categoria B. Não se sabe nada, por exemplo, a respeito do tamanho relativo dessas categorias: Todos os As podem ser Bs, e ainda assim nem todos os Bs podem ser As. Logo, na clássica formulação da falácia composicional, pode-se dizer: "Todos os membros da máfia são italianos, mas nem todos os italianos são membros da máfia" ou "todos os humanos são animais, mas nem todos os animais são humanos".

No caso da Sears, a suprema corte norte-americana decidiu absolver a empresa das acusações de discriminação sexual, em parte porque o tribunal não observou nenhuma mulher específica vir à frente e declarar que buscara trabalhar nas vendas de alta comissão e fora recusada por causa desses estereótipos (geralmente, processos judiciais precisam de um reclamante concreto, pois as cortes não se convencem muito com disparidades estatisticamente agregadas caso nenhum indivíduo tenha sido prejudicado). A corte também afirmou que as diferenças de gênero, de fato, foram um problema, pois "uma vez que [tais] diferenças eram reais e fundamentais, elas poderiam explicar as variações nas contratações da Sears". Sim, e provavelmente também explicariam as diferenças no salário[289].

Discriminação de renda: a lacuna nos salários

Outra grande consequência da combinação entre segregação sexual e persistência de ideologias arcaicas de gênero é a discriminação de renda. Tanto no nível coletivo quanto no individual – seja quando se faz a média de todos os salários ou se observa o ganho de indivíduos específicos pelos trabalhos que fazem – as mulheres ganham menos do que os homens. Essa diferença de salário começa cedo em nossas vidas – mesmo antes de começarmos a trabalhar. Uma reportagem do *Wall Street Journal* de 1995 observou que as meninas no ensino fundamental recebiam mesadas menores e tinham mais demandas de tarefas para fazer do que os meninos[290].

A desigualdade de renda muitas vezes permanece invisível por causa justamente da segregação sexual – o que nos parece ser o mero pagamento de diferentes *trabalhos* para diferentes pessoas é na verdade um modo de pagar diferentemente diferentes *gêneros* para fazer mais ou menos o mesmo trabalho com os mesmos níveis de habilidade. Enquanto o pagamento ser o atributo da função, e não o gênero da pessoa que o realiza, a desigualdade continuará invisível para nós (figuras 9.4a e 9.4b). Em 1999, a renda anual média dos trabalhadores homens de tempo integral era $37.057. Para as mulheres, era de $27.194, cerca de 73% da media anual masculina. Em 2013, essa lacuna havia diminuído – os salários das mulheres haviam chegado a 78,3% do salário dos homens (77,4% entre brancos, 84,1% entre negros e hispânicos). Na verdade, isso ocorreu, em grande parte, não porque o pagamento das mulheres aumentou massivamente, mas sim porque o dos homens declinou – um declínio observado, sobretudo, no setor econômico manufatureiro, de alta qualificação e grandes salários, cujos empregos haviam sido exportados ultramar, para trabalhadores que recebiam ganhos significativamente menores.

Na média, as mulheres trabalhadoras ainda trazem para casa $154 por semana a menos do que os homens. Para ilustrar a extensão dessa desigualdade de salários, todo ano a presidência norte-americana proclama uma data no início de abril como "Dia Nacional da Consciência da Desigualdade de Pagamento". Qual a razão disso? Ocorre que, em média, a mulher que trabalha em tempo integral precisa trabalhar o ano inteiro e mais os meses até o início de abril do ano seguinte para atingir a média de ganhos dos homens no ano anterior[291].

O Comitê Norte-americano para a Igualdade de Pagamentos estimou que, no ano de 1996, as mulheres trabalhadoras perderam quase cem milhões de dólares devido à desigualdade de salários. Ao longo de sua vida, a trabalhadora mediana perderá cerca de $420 mil. E a lacuna de renda entre os gêneros se mostra mais complexa quando se leva em conta a raça e o nível de formação. Homens negros e hispânicos ganham menos do que homens brancos, e homens negros ganham apenas um pouco mais do que mulheres brancas. Mulheres negras e hispânicas ganham muito menos do que homens e mulheres brancos, e as mulheres negras ganham um pouco mais do que homens hispânicos (figura 9.5).

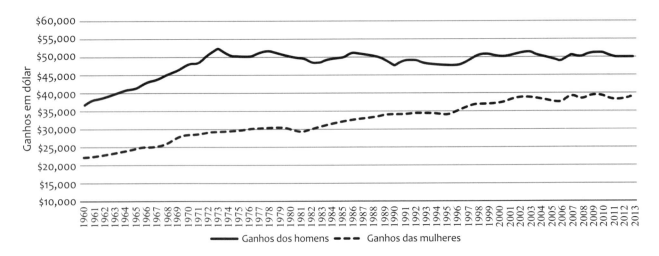

Figura 9.4a Trabalhadores em tempo integral, ciclo anual, por média de salário e gênero, 1960-2013.
Fonte: U.S. Census Bureau [Gabinete do Censo dos Estados Unidos]. Tabelas de ganhos históricos: pessoas. Disponível em https://www.census.gov/hhes/www/income/data/historical/people/ – Acesso em nov./2014.

Separado e desigual – O mundo do trabalho constituído por gêneros 293

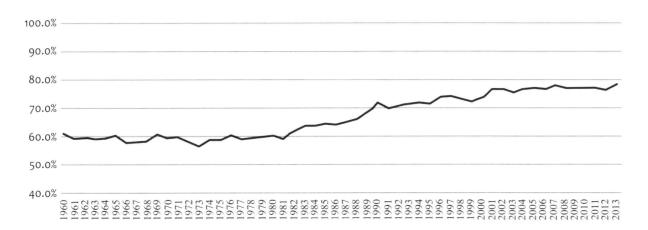

Figura 9.4b Porcentagem de ganhos das mulheres em relação ao dos homens, 1960-2013.
Fonte: U.S. Census Bureau [Gabinete do Censo dos Estados Unidos]. Tabelas de Ganhos Históricos: Pessoas. Disponível em https://www.census.gov/hhes/www/income/data/historical/people/ – Acesso em nov./2014.

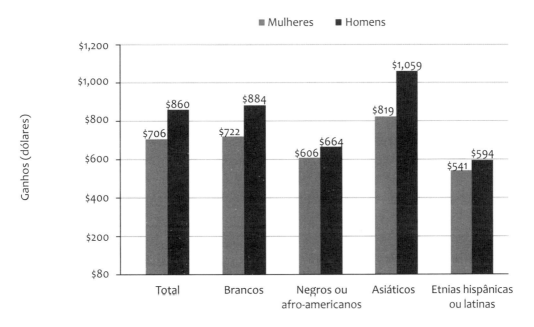

Figura 9.5 Média de ganhos semanais de trabalhadores com mais de 16 anos em 2013, por gênero, raça e etnia hispânico-latina.
Fonte: Dados da Agência Norte-americana de Estatísticas de Trabalho. Estatísticas da força de trabalho obtidas da atual pesquisa populacional (médias anuais de 2013), Disponível em http://bls.gov/cps/cpsaat37.htm

O que talvez é mais surpreendente é quão consistente essa lacuna de salários tem sido. Nos tempos bíblicos, as trabalhadoras valiam trinta peças de prata, ao passo que os trabalhadores, cinquenta. Em outras palavras, elas valiam 60% de um homem. Nos Estados Unidos, essa diferença salarial permaneceu relativamente constante nos últimos 150 anos! Desde a guerra civil norte-americana, as mulheres tiveram um salário flutuando entre metade e dois terços do salário dos homens.

A lacuna de salário varia com o nível de educação. Mulheres com formação superior ganham 29% menos do que homens com esse mesmo nível educacional; com efeito, elas ganham mais ou menos o mesmo que os homens sem formação universitária. E a lacuna salarial varia com a idade. A razão para isso é bem simples: homens e mulheres entram na força de trabalho com salários iniciais mais comparáveis; entre 15 e 24 anos, elas ganham 93% do que ganham seus colegas masculinos. Mas, conforme elas avançam na carreira, a discriminação de gênero nas promoções e aumentos amplia as diferenças de renda. E a lacuna salarial continua aumentando com a idade. Até 35 anos, o salário das mulheres é um pouco menor do que o dos homens, mas ele cai bastante na faixa entre 35 e 64 anos – justamente os anos de nossas vidas mais dedicados à criação dos filhos e à família (o salário dos homens tende a subir como foguete nesses anos, o que exacerba a lacuna de gênero). Depois que os filhos se tornam independentes e a aposentadoria chega, o rendimento das mulheres volta a ficar mais parelho com o dos homens (figura 9.6). Um relatório do órgão que fiscaliza as contas do governo norte-americano descobriu que a diferença de salário entre gerentes homens e mulheres cresceu efetivamente 21 centavos para cada dólar ganhado entre 1995 e 2000[292].

Na área do direito, a situação não é melhor. Um estudo de 2004, "Penalidades de Gênero Reexaminadas", descobriu que, apesar de crescerem em número, as advogadas não haviam atingido as melhores posições de sua área. Entre quatro e dez anos após se formarem, as advogadas estavam ganhando cerca de 96% de seus colegas homens; mas depois da marca de dez anos, o salário delas caía para apenas 74% da média masculina[293].

Essa lacuna talvez seja mais bem explicada pelas diferentes experiências que homens e mulheres têm do que pela suposição de alguma elite masculina que conspiraria para "permitir" que as mulheres cheguem apenas até certo ponto, e não mais além disso, nas áreas que escolhessem. Esse é um problema muito

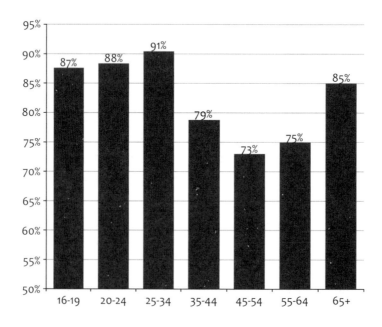

Figura 9.6 Ganho médio de trabalho de tempo integral das mulheres, em porcentagem do ganho médio dos homens, por idade, segundo quadrimestre de 2012.

Fonte: BLS News Release, 18/07/2012.

> **É MESMO?**
>
> Você já ouviu que a lacuna salarial de gênero é um mito, uma "ficção feminista"? Alguns argumentam que a diferença de ganhos é o resultado natural de diferenças na educação, nos anos de trabalho e, sobretudo, nas diferentes motivações que mulheres e homens trazem para o local de trabalho.
>
> Não acredite nisso. Por certo, as pessoas têm diferentes motivações quando entram em um emprego. Infelizmente, tais diferenças são responsáveis somente por uma parte pequena da lacuna entre os salários de homens e mulheres, que persiste porque combina desigualdades, atitudes e presunções estruturais presentes nas cabeças tanto masculinas quanto femininas, de um lado, e, de outro, as escolhas que todos nós temos de fazer a respeito do equilíbrio entre o trabalho e a família.
>
> Fonte: Arrah Nielsen. "Gender Wage Gap Is Feminist Fiction" ("A lacuna salarial de gênero é uma ficção feminista"). Washington, D.C. Fórum das Mulheres Independentes, 15/04/2005.

mais subliminar e, por isso, muito mais difícil de destrinchar. Os homens entram na força de trabalho de modo definitivo, ao passo que as mulheres ocasionalmente precisam de licenças para gravidez e criação dos filhos. Isso tem um efeito calamitoso no salário delas e alimenta uma lacuna crescente ao longo da vida. Com efeito, as mulheres que param de trabalhar têm salários reais menores quando voltam para o trabalho do que tinham quando saíram. Dois sociólogos calcularam recentemente que cada filho reduz 7% do salário de uma mulher[294].

Com efeito, há uma diferença salarial entre os homens que é especialmente instrutiva sobre as relações de gênero. Os psicólogos Timothy Judge e Beth Livingston separaram trabalhadores homens e mulheres em dois grupos, com base em suas posturas de gênero. Após considerarem outras variáveis – como horas trabalhadas, educação, segregação ocupacional e outras – eles notaram que os homens com atitudes "tradicionais" de gênero – por exemplo, acreditar que o lugar da mulher era em casa – traduzia-se por um aumento gritante de $8.549 em relação aos homens que sustentavam posturas mais igualitárias. "Se você é homem e se torna mais igualitário, isso tem efetivamente um efeito nocivo sobre seus ganhos", diz Judge[295].

Em qualquer ocupação, as mulheres tendem a se concentrar na base da escala salarial. Em todas as indústrias, elas são quase 50% de todos os trabalhadores, mas apenas 12% nos cargos de gerência. A socióloga Judith Lorber descreveu a razão pela qual as médicas ganham menos do que os médicos: "A falha pode não estar na psiquê delas nem no papel que desempenham como mulheres, mas no sistema de patrocínios e estímulos profissionais que as afastam das especialidades de maior prestígio e nas 'fraternidades internas' das instituições médicas norte-americanas, que não as recomendam para os melhores estágios, residências e funções hospitalares, nem lhes indicam pacientes", ela escreve[296].

Como esperado, a diferença salarial é complicada por outras partes de nossas identidades, como raça, classe, idade e sexualidade (tabela 9.3). Tome-

Tabela 9.3 Renda média anual para diferentes grupos

Renda pessoal em 2013, de 18 a 64 anos	Renda média (em dólares)	Renda pessoal em 2013, de 18 a 64 anos	Renda média (em dólares)
Homem branco, não hispânico	42.520	Mulher branca, não hispânica	28.184
Homem negro	26.187	Mulher negra	21.663
Homem asiático	42.344	Mulher asiática	27.223
Homem hispânico (todas as raças)	26.261	Mulher hispânica (todas as raças)	19.765

Fonte: Suplemento Social e Econômico Anual da CPS [Censo Populacional Atual], 2014.

-se, novamente, a faixa etária. É possível ver a lacuna de salário entre homens e mulheres cair com o tempo; porém, as mais jovens continuam a ganhar muito mais do que as mais velhas. Por outro lado, em 2013, registrou-se que, nos últimos anos, mesmo entre as primeiras, a diferença de ganhos aumentou de 7,7% a menos para 10,6%[297].

Já as mulheres negras ganham consistentemente menos do que mulheres brancas – e menos também do que os homens negros. Por outro lado, há algumas variações, como se pode ver nos mapas abaixo (figuras 9.7a-d, na página 298).

Como as mulheres lidaram com essa desigualdade de renda? Na década de 1860, uma mulher apresentou-se com uma nova solução:

> Estava quase no fim da linha. Não tinha dinheiro e o salário de uma mulher não era o suficiente para me manter viva. Olhava ao meu redor e via homens ganhando mais dinheiro e mais trabalho, e mais dinheiro para o mesmo tipo de trabalho. Decidi me tornar um homem. Foi algo simples. Bastou vestir roupas masculinas e me apresentar para um emprego de homem. Ganhei um bom dinheiro naqueles tempos, então me apeguei a isso[298].

Solução nova, sim, mas não exatamente prática para todo o gênero! Por isso, elas pressionaram por salários iguais – em seus sindicatos, associações profissionais e em todas as áreas onde trabalhavam. Em 1963, o congresso norte-americano aprovou uma lei de pagamento igualitário e criou uma comissão de oportunidades iguais (Eeoc) para monitorar as discriminações de raça e de gênero.

Até hoje, a Eeoc analisou milhares de casos. Dentre eles, descobriu-se em 1986 que a empresa Bethlehem Steel Corporation pagava às mulheres cerca de $200 mensais a menos do que aos homens, para o mesmo trabalho administrativo (em acordo feito fora dos tribunais, a companhia aceitou pagar $3 mil para cada uma das 104 mulheres reclamantes). Em um caso amplamente discutido de 1992, a assistente de um editor metropolitano do *New York Times* ganhava entre $6.675 e $12.511 a menos do que seus pares masculinos, para fazer o mesmo trabalho. Além disso, ela ganhava $2.435 a menos do que o editor homem que ela substituiu e $7.126 a menos do que o homem que a substituiu quando ela saiu indignada.

As mulheres enfrentam, portanto, uma **dupla exigência** em seus esforços para conquistar a igualdade no local de trabalho. Por um lado, as ideologias tradicionais de gênero as impedem de ocupar as funções que pagam bem; elas são empurradas para os setores da economia que pagam menos. Por outro lado, quando conseguem entrar nessas áreas mais bem pagas, elas são impedidas de progredir. Esse fenômeno é conhecido como "**teto de vidro**".

O "teto de vidro"

Uma consequência da segregação sexual é a discriminação contra as mulheres nas promoções. Elas enfrentam as barreiras gêmeas do "teto de vidro" e do "chão grudento", que se combinam para mantê-las no térreo e impossibilitadas de buscar o topo. O chão grudento retém as mulheres em funções de baixo salário, com poucas oportunidades para subir. O teto de vidro consiste "naquelas barreiras artificiais, pautadas por enviesamentos organizacionais ou comportamentais, que impedem indivíduos qualificados de avançar e subir na carreira dentro das posições de gerência de sua empresa"[299].

Em 1995, uma comissão do governo federal norte-americano descobriu que o teto de vidro continuava a "negar a inúmeras pessoas qualificadas as oportunidades de disputar e manter os empregos de nível executivo no setor privado". Embora as mulheres tivessem 47,5% de todos os empregos e mais de 50% de todas as qualificações de mestrado, 95% dos gerentes de grau sênior eram homens, e o ganhos das gerentes mulheres era apenas 68% do ganho de seus pares masculinos. Dez anos depois, elas tinham 46,5% de todos os empregos, mas continuavam a ter apenas 8% das gerências superiores, e seus salários chegavam a cerca de 72% dos colegas homens. Na ausência de políticas públicas e de iniciativas governamentais, esses números provavelmente continuaram baixos[300].

Um caso judicial mais recente exemplifica e também ilustra visualmente o fenômeno de como os estereótipos de gênero tradicionais continuam a trabalhar contra as mulheres. Oito trabalhadoras processaram a Publix Super Markets, Inc., uma cadeia de produtos alimentares com cerca de novecentas lojas ao longo da região sul norte-americana. Uma das reclamantes afirmou que ela ficou presa à função de caixa e teve recusado seu pedido de transferência e promoção para estocagem das prateleiras porque, como lhe disse um supervisor homem, as mulheres não eram capazes de aguentar o trabalho de supervisão. Outra empregada não foi promovida com o argumento de que ela não era arrimo de família, apesar do fato de que ela estava criando seus três filhos sozinha! Em fevereiro de 1997, a Publix concordou em pagar $81,5 milhões em acordo para fechar o caso.

O teto de vidro impede que as mulheres estejam em igualdade com os homens quando se trata de promoções. Elas detêm apenas 15,7% de todos os assentos de conselhos corporativos. Há apenas 17 mulheres como diretoras executivas na lista *Fortune 500* (cerca de 3,4%) e somente 19 nas 500 empresas subsequentes. Em 1970, entre 1% e 3% de todas as posições de gerência-sênior em todas as *Fortune 500* eram ocupadas por mulheres e minorias. Em 1988, 72% de todos os gerentes em empresas com mais de cem empregados eram homens brancos; 23% eram mulheres brancas; 3% eram homens negros e 2% eram mulheres negras (figura 9.8).

Em 2004, homens brancos detinham 71,2% dos assentos diretivos associados às empresas norte-americanas listadas na *Fortune 100*. Em 2010, esse número diminuíra um pouco, para 69,9%. Durante esse período, as mulheres ganharam dezesseis assentos diretivos, com cinco sendo ocupados por profissionais advindas de minorias. Mas esse crescimento representou, em seis anos, apenas 1,1% de aumento para as mulheres em conselhos diretivos. Caso se incluísse as empresas da *Fortune 500*, não encontramos uma única cadeira diretiva ocupada por mulher latina em 2010. Ademais, apenas 26% dos conselhos na *Fortune 500* incluem ao menos um membro de cada um dos grandes grupos étnicos rastreados pelo censo norte-americano. Ainda hoje, há quase 900 empresas na lista da *Fortune 1000* que não possuem um único membro latino em seu corpo diretivo.

A revista *Business Week* pesquisou 3.664 cursos superiores de administração em 1990 e descobriu que uma mulher com diploma MBA de um dos mais prestigiados cursos de negócios ganhava em média $54.749 em seu primeiro ano depois da graduação, ao passo que um homem com o mesmo percurso acadêmico obtinha $61.400. Essa lacuna – de 12% – se tornava ainda maior conforme esses profissionais progrediam. Um estudo de 1993 feito com a turma de 1982 da escola de administração da Universidade de Stanford descobriu que, apenas dez anos depois da graduação, 16% dos egressos homens estavam em posições de direção ou presidência das empresas, em comparação com apenas 2% das ex-alunas.

Mais uma vez, essas diferentes trajetórias não têm praticamente nenhuma relação com as ambições ou aspirações dos homens e mulheres que ocupam essas funções. Por dois anos, um economista seguiu cinco estagiários mulheres e cinco estagiários homens em uma grande corporação multinacional sueca (com seis mil empregados). Todos vinham de origens similares, com educação de mesmo nível e com ambições e objetivos iguais. Todas as dez pessoas aspiravam os cargos executivos de elite. Depois de seu treinamento,

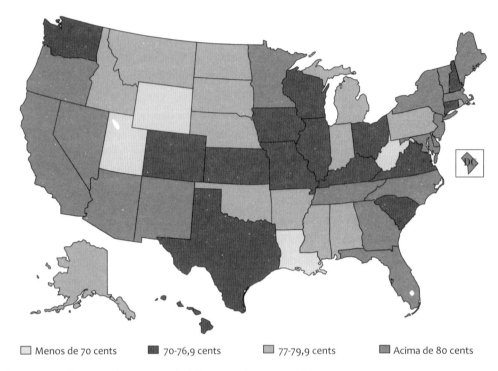

☐ Menos de 70 cents ■ 70-76,9 cents ☐ 77-79,9 cents ■ Acima de 80 cents

Figura 9.7a Quanto as mulheres ganham para cada dólar que os homens ganham.

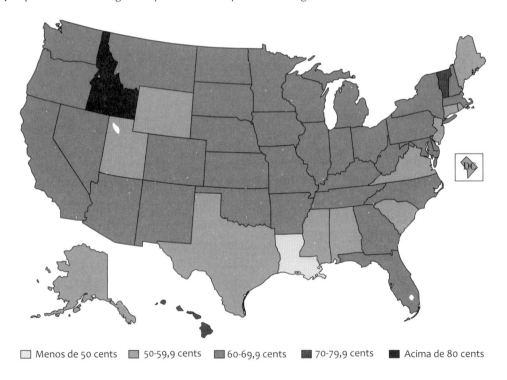

☐ Menos de 50 cents ☐ 50-59,9 cents ■ 60-69,9 cents ■ 70-79,9 cents ■ Acima de 80 cents

Figura 9.7b Quanto as mulheres afro-americanas ganham para cada dólar que homens brancos, não hispânicos, ganham.

Separado e desigual – O mundo do trabalho constituído por gêneros   299

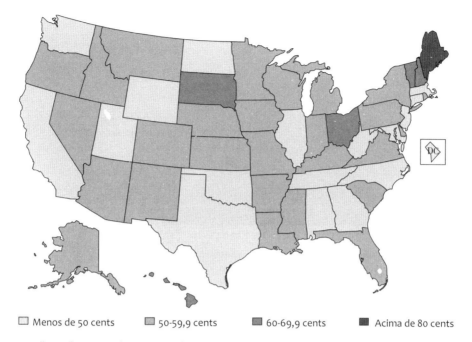

☐ Menos de 50 cents   ☐ 50-59,9 cents   ▨ 60-69,9 cents   ■ Acima de 80 cents

Figura 9.7c Quanto as mulheres latinas ganham para cada dólar que homens brancos, não hispânicos, ganham.

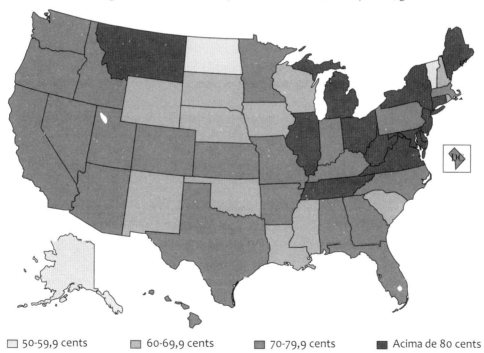

☐ 50-59,9 cents   ☐ 60-69,9 cents   ▨ 70-79,9 cents   ■ Acima de 80 cents

Figura 9.7d Quanto as mulheres asiático-americanas ganham para cada dólar que homens brancos, não hispânicos, ganham.

Observação sobre a fonte: "Quanto uma mulher ganha para cada dólar que um homem ganha" compara o ganho médio anual de homens e mulheres em empregos de tempo integral, medido durante um ano inteiro. A "lacuna salarial" é o dinheiro adicional que uma mulher teria de ganhar para cada dólar ganho por um homem para que tivesse uma renda anual equivalente. Os números gerais foram calculados pela NWLC (Centro Norte-americano de Leis para as Mulheres) e se baseiam nos dados da pesquisa de 2013 da American Community Survey (Censo da Comunidade Norte-americana). Os números relativos às mulheres afro-americanas, latinas e asiático-americanas foram calculados pela NWLC a partir das estimativas da American Community Survey para o triênio 2011-2013. Salário mínimo estadual obtido da Secretaria de Trabalho, Salário e Divisão por hora, "Leis de Salário Mínimo nos Estados, 01/09/2014". O salário mínimo para trabalhadores que ganham gorjeta geralmente é menor. Imagens usadas graças à permissão do Centro Norte-americano de Leis para as Mulheres (NWLC).

Fonte: http://www.nwlc.org/wage-gap-state-by-state

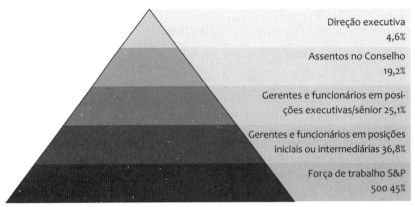

As mulheres nas empresas S&P 500[m]

Figura 9.8 A Pirâmide Catalyst: As mulheres norte-americanas nos negócios.

Fonte: Catalyst, Pirâmide: Mulheres nas empresas S&P 500. Nova York: Catalyst, 13/10/2015.

É MESMO?
O "teto de vidro" tem sido quebrado por todas as mulheres executivas que levantam a cabeça. É verdade que o teto de vidro tem sido empurrado para cima significativamente, conforme as mulheres ocupem as posições de gerência de nível alto e médio. Contudo, as portas para as suítes executivas permanecem firmemente fechadas. Com efeito, de acordo com o *New York Times*, há mais empresas nos Estados Unidos dirigidas por homens que se chamam John do que empresas dirigidas por mulheres. Isso também é verdade para o nome David. Fonte: Justin Wolfers. "Menos mulheres dirigem grandes empresas do que homens que se chamam John". In: *New York Times*, 02/03/2015. Disponível em http://www.nytimes.com/2015/03/03/upshot/fewer-women-run-big-companies-than-men-named-john.html

COMPARADO A QUÊ?

Um estudo de 2010 feito pela empresa de consultoria e contabilidade Deloitte comparou a porcentagem de mulheres com assento em conselhos corporativos (um asterisco indica que o país tem cotas legislativas para mulheres nesses cargos).
 	
    Noruega 34,3%*
    Canadá 12,5%
    Estados Unidos 12,2%
    Nova Zelândia 12,1%
    França 9,5%* (pendente)
    Reino Unido 8,5%
    Austrália 8,3%
    Alemanha 8,2%
    Espanha 8,0%*
    Bélgica 6,8%* (pendente)
    Holanda 4,0%* (pendente)
    Itália 3,4%* (pendente)
 	
Fonte: Deloitte Global Center for Corporate Governance. "Mulheres na sala do conselho: uma perspectiva global", jan./2011.

---

[m] S&P 500 é a abreviação do índice feito pela consultoria financeira Standard & Poor's, que lista empresas cotadas na bolsa de Nova York e da Nasdaq, segundo critérios que ponderam seu valor de mercado [N.T.].

todos ainda eram similares. Ao final de dois anos, todos os homens e nenhuma das mulheres havia entrado no grupo daquelas posições executivas de comando.

O teto de vidro ocorre sob múltiplas circunstâncias. A gerência corporativa pode não estar disposta ou ser incapaz de estabelecer políticas e práticas que sejam mecanismos efetivos para promover a diversidade no local de trabalho. A empresa pode não ter os critérios de avaliação adequados para criar parâmetros comparáveis de merecimento ou pode reproduzir estereótipos tradicionais de gênero nessa avaliação. Se as ações para deixar **o local de trabalho hospitaleiro para a família** forem limitadas, a capacidade das mulheres para subir na carreira também pode ser inibida.

Talvez o elemento mais importante que reforça o teto de vidro é o esforço informal feito pelos homens para reter ou recuperar a atmosfera integralmente masculina da hierarquia corporativa. Oportunidades iguais para progressão na carreira quebrarão as amizades e informalidades casuais do mundo homossocial no topo – o fato de que aqueles com quem se interage partilham valores básicos e pressupostos similares. "O que importa é conforto, química, relacionamento e colaboração", um gerente explica. "É isso que faz uma loja funcionar. Quando encontramos minorias e mulheres que pensam como nós, a gente os traz para cá." Um estudo britânico com mulheres de formação MBA, por exemplo, descobriu que a barreira "mais importante" e "mais resistente" para a progressão das mulheres é, de longe, "os contatos do clube dos homens"[301].

A mais célebre decisão envolvendo um teto de vidro corporativo foi a do caso Hopkins *versus* Price Waterhouse, levado à suprema corte norte-americana em 1989. Uma mulher, Ann Hopkins, teve negada sua promoção para sócia em uma das maiores e mais prestigiosas firmas de contabilidade dos Estados Unidos. Mesmo tendo conquistado mais clientes para a empresa do que qualquer um dos homens que foram promovidos, ela era considerada uma pessoa dura e complicada. Os oponentes de sua promoção afirmaram que ela era "machona", "exagerava tentando compensar o fato de ser mulher" e estaria precisando de um "curso de charme". Um dos apoiadores de Ann lhe afirmou que ela podia se tornar sócia da empresa se aprendesse a "andar de modo mais feminino, falar de modo mais feminino, vestir-se de modo mais feminino, usar maquiagem, ter um penteado estiloso e usar joias". O tribunal lhe concedeu $400 mil como restituição e comissão, além de demandar que a empresa a promovesse para sócia.

O caso Hopkins traz a ilustração perfeita do modo como estereótipos tradicionais de gênero também impedem o progresso das mulheres. Se a Sra. Hopkins tivesse *sido* mais tradicionalmente feminina, ela nunca teria alcançado o sucesso agressivo e ambicioso que teve. Assim, de qualquer jeito, as mulheres perdem. Ou elas são competitivas, caso em que são vistas como másculas, "vadias torturadoras de testículo", ou são mulherzinhas demais e, como resultado, são preteridas por serem muito passivas, doces e sem ambição suficiente.

Em 1991, o congresso estadunidense aprovou a lei dos direitos civis, que criou uma comissão para procurar tetos de vidro e eliminar "barreiras artificiais com base em viés comportamental ou organizacional". Tais barreiras incluíam decisões gerenciais que se pautavam no boca a boca para preencher os cargos de chefia (a rede de contatos dos "meninos mais velhos"). A comissão sugeriu que um sistema de compensações monetárias fosse instituído para as referências que o boca a boca fizesse contra minorias e mulheres qualificadas. Algumas empresas já estavam instituindo suas próprias políticas concebidas para possibilitar que as mulheres quebrassem o teto de vidro em todas as três áreas em que elas encontram esse teto: contratação, promoção e retenção. Tais empresas tendem a estar entre as mais avançadas. Por exemplo, em 1992, a Reebok International iniciou um programa de diversidade nas práticas de contratação desenvolvendo formas efetivas de recrutamento

A sociedade de gênero

> **LEIA TUDO A RESPEITO!**
>
> A entrada e o crescimento das mulheres dentro do espectro econômico tem sido uma das realizações mais notáveis do movimento feminino. Mas a que custo? Isso significa que se chegou à igualdade de gênero? Dificilmente. Como a professora da Faculdade de Administração de Harvard Robin Ely e seus colaboradores perceberam, por mais que uma mulher se esforce, por mais sacrifícios que faça, ela nunca atinge o mesmo nível de sucesso profissional dos seus colegas homens. E isso é verdade até mesmo quando eles, no curso de sua vida, se encontram na mesma turma de MBA. Limites estruturais e comportamentais impedem que as mulheres conquistem tudo que desejam realizar. Mesmo quando elas dão o máximo de si, às vezes os muros das empresas são inflexíveis demais.

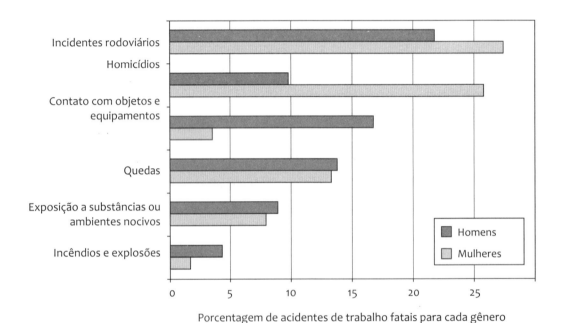

Figura 9.9 Distribuição de incidentes fatais, por gênero do trabalhador, 2010.
Fonte: Agência Norte-americana de Estatísticas de Trabalho. Departamento Norte-americano do Trabalho, 2012.

universitário e de estágio para mulheres e minorias. Em dois anos, a empresa triplicou seus empregados oriundos de minorias, que chegou a 15% de toda sua força de trabalho nos Estados Unidos, e aumentou o número de mulheres para mais de 50%. O Banco de Montreal focou nas promoções e, entre 1991 e 1993, aumentou a porcentagem de mulheres trabalhando em nível executivo de 29% para 54%. O banco também iniciou um programa dedicado especificamente a promover e reter na empresa mulheres e minorias, além de desenvolver uma série de seminários de conscientização do problema de gênero para os gerentes mais velhos. Por fim, em 1993-1994, a Lotus, uma empresa internacional de software, tentou aumentar a retenção de mulheres e minorias qualificadas, que estavam saindo da empresa porque sentiam não estar recebendo nem as informações necessárias para serem eficientes, nem as oportunidades esperadas. A empresa ofereceu incentivos para gerentes que conseguissem reduzir a substituição de funcionários e desincentivos para aqueles cuja equipe demonstrava maiores índices de troca de pessoal. A substituição de mulheres caiu de 21% para 16% e a de afro-americanos caiu de 25,5 para 20,5%.

O teto de vidro tem impactos diferentes sobre os homens, dependendo da capacidade de persuasão política em questão. O escritor Warren Farrell argumenta que toda atenção dada aos modos como as mulheres são preteridas de promoções pelo teto de vidro esconde o fato de que os *homens* são na verdade as vítimas da discriminação sexual no local de trabalho. Os homens, argumenta Farrell, são vítimas da **oficina de vidro** – presos nos empregos mais perigosos e nocivos. Com efeito, diz Farrell, das 250 ocupações listadas pelo almanaque *Jobs Related*, as 25 piores (como caminhoneiro, reparador de telhados, caldeireiro, pedreiro, soldador e jogador de futebol americano) eram todas quase 100% masculinas. Mais de 90% de todas as mortes no trabalho acontecem com homens (figura 9.9). Todos os empregos com periculosidade estão quase integralmente ocupados por homens – incluindo bombeiros (99%), madeireiros (98%), caminhoneiros (98%) e construção (97%) – ao passo que os trabalhos mais "seguros" são aqueles realizados por mulheres, como secretariado (99%) e recepção (97%)[302].

Farrell tem um argumento válido: muitos dos empregos que os homens assumem têm *periculosidade* – e

---

LEIA TUDO A RESPEITO!

Alguns locais de trabalho continuam sendo reservas homossociais, com o ambiente profissional de um "vestiário", onde as bravuras masculinas e a aceitação dos riscos são as normas. Não ficam mais "machos" do que nas plataformas marítimas de petróleo, onde os homens muitas vezes desprezam os capacetes de proteção como uma forma de desafiar os perigos do trabalho. Ocorre, porém, que toda essa encenação masculina não é boa para os negócios. Depois de quase dois anos trabalhando com esses homens, a professora Robin Ely e seus colaboradores descobriram que o comportamento hipermasculino é na verdade contraprodutivo e que, citando-os, "extinguir o comportamento machão é vital para obter *performances* de excelência".

---

se tornam desnecessariamente mais perigosos graças a uma ideologia de masculinidade que exige dos homens estoicismo e resignação diante do perigo. Assim, em locais de construção perigosos ou plataformas marítimas de petróleo, muitas vezes os homens rejeitam as precauções de segurança, como capacetes de proteção, por exemplo, considerados adequados, talvez, apenas para maricas ou fracotes, mas não para homens "de verdade". Mas a conclusão de que são os homens, não as mulheres, a sofrer com a discriminação não se sustenta diante das evidências e da razão. Afinal, esses empregos que são quase exclusivamente masculinos são também aqueles cujos trabalhadores mais lutaram para impedir a entrada das mulheres, para começo de conversa. E eles pagam muito melhor do que os empregos quase exclusivamente femininos. Por exemplo, o corpo norte-americano de bombeiros tem sido especialmente resistente à entrada das mulheres em sua "ordem fraternal". Ele as aceita apenas sob decisão judicial e muitas vezes com uma quantidade significativa de assédio. Seria estranho propor que isso é o resultado de discriminação contra homens ou culpar as mulheres por não assumir essas ocupações, das quais elas têm sido excluídas justamente pela resistência dos homens.

O problema do simbolismo

O que realmente ocorre quando as mulheres entram num trabalho de "homem" e os homens entram num trabalho de "mulher"? Nos dois casos, eles passam pela experiência do **simbolismo**. Mas a vivência deles como símbolo varia consideravelmente. Quando a pessoa é aceita numa empresa, mas é reconhecidamente diferente da larga maioria de seus membros, ela se torna um símbolo. Mas tais símbolos são mais do que simplesmente os integrantes de uma minoria numérica: eles são admitidos não *apesar* de seu caráter minoritário, mas sim *por causa* dele. Eles são ativamente desestimulados a recrutar outras pessoas similares e se tornam ansiosos para se encaixar e se tornar parte da corrente dominante da organização. Muitas vezes, os símbolos podem até se tornar mais apegados às normas da empresa do que os membros da maioria numérica.

Segundo Rosabeth Moss Kanter, cujo trabalho pioneiro *Homens e mulheres da corporação* foi o primeiro a analisar o problema, o simbolismo amplia a distância entre os grupos, em vez de estreitá-la, uma vez que o contraste entre o símbolo e a maioria é exagerado para se tornar a única diferença. Os símbolos, argumenta Kanter, são assim "frequentemente tratados como representantes de sua categoria, como símbolos e não como indivíduos"[303]. O símbolo está sempre sob os holofotes – todos notam a presença dele ou dela, mas apenas porque ele ou ela é diferente. Os símbolos raramente são vistos como iguais aos outros no grupo. Assim, eles têm uma experiência de dupla visibilidade – são *hipervisíveis* como integrantes de sua categoria, mas são completamente *invisíveis* como indivíduos.

Imagine uma situação em que você é praticamente o único "tal coisa" de um grupo. Pode ser que seja o único homem ou a única mulher, o único branco ou o único negro, o único *gay* ou único hétero de um grupo. Como se sentiria se alguém virasse para você e dissesse: "Então, como as pessoas brancas se sentem a respeito disso?" ou "O que vocês mulheres dizem sobre esse assunto?" Nesse momento, você deixaria de ser uma pessoa para ser vista apenas como representante daquele grupo. Com boa chance, a resposta a se dar para essas perguntas seria dizer algo como "não sei, não sou todas as mulheres, nem todos os brancos. Você terá de fazer uma pesquisa". Se conseguir imaginar essa experiência de hipervisibilidade e de invisibilidade durante o tempo inteiro no seu local de trabalho, você começará a ter uma ideia de como o simbolismo é vivido. Ser invisível e hipervisível simultaneamente traz consequências sérias. "O símbolo não precisa trabalhar duro para ser notado, mas precisa trabalhar muito duro para que suas realizações sejam notadas", escreve Kanter. Muitas vezes, o símbolo é forçado a escolher entre duas alternativas: "tentar limitar sua visibilidade – com o risco de ser ignorado – ou aproveitar a vantagem da publicidade – e ser rotulado de 'problemático'". Isso pode ter um enorme custo emocional e psicológico:

> O simbolismo é estressante; o fardo carregado pelos símbolos na gerência das relações sociais tem custo alto em *stress* psicológico, mesmo quando um símbolo é bem-sucedido na *performance* de trabalho. Relações sociais insatisfatórias, autoimagem miserável, a frustração oriunda de demandas contraditórias, inibição no momento de se expressar, sentimentos de inadequação e ódio de si mesmo, tudo isso tem sido mencionado como possível consequência do simbolismo[304].

Kanter afirma que sua teoria a respeito do simbolismo é válida tanto nos casos em que a pessoa-símbolo é homem quanto nos casos em que é mulher. Pesquisas posteriores sugeriram que, quando as mulheres cumprem essa função simbólica em área amplamente dominada pelos homens, a experiência é dramaticamente diferente do que quando homens fazem o mesmo numa ocupação majoritariamente feminina[305].

LEIA TUDO A RESPEITO!

As mulheres que buscam subir em carreiras "masculinas" se chocam contra o teto de vidro, ao passo que os homens que buscam subir em carreiras "femininas" – como, por exemplo, bibliotecário ou enfermeiro – parecem entrar em uma "escada rolante de vidro" que os leva às posições administrativas mais altas de sua profissão, como certa vez afirmou a socióloga Christine Williams. Não é bem assim, diz a socióloga Adia Harvey. Essa escada pode funcionar muito bem para os homens brancos, mas não é nem de perto tão fácil para homens negros.

Os homens que entram em empregos onde elas são maioria têm uma experiência oposta à das mulheres. Eles não se chocam contra um teto de vidro, pelo contrário, eles sobem naquilo que a socióloga Christine Williams chama de "**escalada rolante de vidro**" e têm muito mais facilidade para serem promovidos do que elas. Williams entrevistou 76 homens e 23 mulheres em quatro campos – enfermagem, biblioteco-

---

É MESMO?

Homens não gostam de trabalhar para chefes mulheres – é o que mostra a produtividade deles. Isso não é verdade! O sociólogo da universidade de Cincinnati David Maume pesquisou dados coletados por uma ampla pesquisa norte-americana sobre as mudanças da força de trabalho e descobriu que os homens ganham mais apoio relacionado ao emprego e ficam mais otimistas com suas carreiras quando respondem para uma mulher no trabalho de supervisão. Ele sugere que as supervisoras encorajam e também desejam promover a carreira de seus subordinados homens, de modo a não parecer que elas têm favorecido alguém.

Fonte: David Maume. "Meet the New Boss... Same as the Old Boss? Female Supervisors and Subordinate Career Prospects" ("Conheça a nova chefia... a mesma do que a antiga? Mulheres na supervisão e as perspectivas da carreira dos subordinados"). In: *Social Science Research* (*Pesquisa em Ciência Social*), jan./2011, p. 287-298.

---

nomia, educação fundamental e trabalho social. Ela descobriu que os homens vivenciam discriminações positivas quando entram nessas áreas; muitas pessoas percebem uma explícita preferência pela contratação de homens. E eles são promovidos para posições de gerência mais rápida e frequentemente, o que tem por consequência torná-los sobrerrepresentados no nível gerencial. Homens que fazem trabalho de mulher, aparentemente, podem ganhar menos do que homens que trabalham em ocupações predominantemente masculinas, mas ganham mais e são promovidos mais rápido do que mulheres no mesmo trabalho[306].

Os homens podem vivenciar alguns efeitos negativos, especialmente ao lidar com o público. Por exemplo, enfermeiros enfrentam um estereótipo comum de que são *gays*. Bibliotecários confrontam imagens de si próprios como "molengas" e assexuados; já os assistentes sociais são vistos como "femininos" ou "passivos". Um bibliotecário percebeu que tinha dificuldade em ganhar confiança o suficiente para que o público o aceitasse como "contador de história" para as crianças. Ironicamente, porém, Williams descobriu que esses estereótipos negativos de homens que fazem "trabalho de mulher" na verdade contribuem para o funcionamento da escada rolante de vidro, pois "pressionam os homens a se mover para *fora* das áreas mais identificadas com as mulheres, subindo para aquelas consideradas mais legítimas e prestigiosas para eles"[307].

Williams concluiu que os homens "trazem seus privilégios de gênero consigo quando entram num trabalho predominantemente feminino: isso se traduz como vantagem, apesar de sua raridade numérica". Aparentemente, eles sempre ganham. Quando a mulher faz o papel de símbolo, eles retêm a superioridade numérica e conseguem manter seu privilégio de gênero restringindo a entrada, a promoção e as experiências femininas no local de trabalho. Quando um homem faz o papel de símbolo, torna-se bem-vindo à profissão e usa seu privilégio de gênero para subir rapidamente na hierarquia. "Apesar dos problemas que possam existir", escreve Alfred Kadushin, "é nítido e inegável que há uma vantagem considerável em ser membro de uma minoria masculina em qualquer que seja a profissão feminina"[308].

Essa afirmação é muito importante para explicar por que os homens continuam a resistir à igualdade no mercado de trabalho. Afinal, tal como está, a situação é muito boa para eles; como escreve a economista Heidi Hartmann:

Salários baixos mantêm as mulheres dependentes dos homens pois as encoraja a casar. Mulheres casadas precisam fazer tarefas domésticas para seus maridos. Eles gozam, portanto, tanto de salários maiores quanto da divisão doméstica de trabalho. Essa divisão, por sua vez, age para enfraquecer a posição das mulheres no mercado de trabalho. Assim, a hierarquia na partilha do trabalho doméstico é perpetuada pelo mercado de trabalho e vice-versa[309].

A desigualdade no local de trabalho não é apenas algo favorável para os homens, mas é também algo muitas vezes invisível para eles. A desigualdade é quase sempre invisível para quem se beneficia dela – com efeito, tal invisibilidade é um de seus principais benefícios! O que certamente não é um campo neutro é *vivido* como se fosse neutro, o que leva os homens a se sentir justificados para manter as coisas tal como estão. Deixe-me dar um exemplo. Recentemente, participei de um programa de entrevistas televisivo opondo-me a três "homens brancos nervosos", que sentiam ter sido vítimas de discriminação no local de trabalho. O nome do programa, sem dúvida concebido para atrair mais audiência, era "uma mulher negra roubou meu emprego". Esses três homens reclamavam por terem sido vítimas de "discriminação reversa", pois, eles acreditavam, haviam perdido uma possibilidade de emprego para uma mulher menos qualificada do que eles.

Ao conversar com esses "homens brancos nervosos", pedi-lhes que considerassem uma palavra no título do programa, a palavra "meu". O que essa palavra significava? Eles realmente achavam que aqueles empregos eram deles, de que eles eram os proprietários do trabalho em questão, e que então quando "outra" pessoa – negra, mulher – ficou com a vaga, essa pessoa na verdade pegou "seu" emprego? Mas que direito eles têm de serem donos daquele trabalho? Por convenção, talvez, por um legado histórico de discriminação, certamente. Por certo, um título mais adequado para o programa teria sido "Uma mulher negra ficou com *um* emprego" ou "...ficou com *o* emprego". Mas "meu emprego?" Uma competição em nível de igualdade por recompensas que estamos habituados a receber simplesmente por causa de nossa raça ou sexo é percebida efetivamente como se fosse uma discriminação. A igualdade sempre será incômoda para quem outrora se beneficiava da desigualdade.

Outra razão pela qual os homens resistem à integração entre os gêneros no local de trabalho é o fato de eles afirmarem ser distraídos pelas mulheres. Uma manchete do *Wall Street Journal* de 1991 anunciava: "Mulheres como colegas podem deixar os homens desligados". Um relatório de 1995 da comissão norte-americana para lutar contra o teto de vidro citava um executivo que dizia: "o importante é o conforto, a química... e as colaborações". Muitos homens brancos, ele acrescentava, "não gostam da competição e não gostam da tensão" de trabalhar junto com colegas mulheres. Afirmar que a presença delas os distrairia das tarefas do dia ou perturbaria o frágil, porém necessário, elo entre os homens era também o argumento feito pelos homens no serviço militar ou em escolas militares como as de Virgínia e da Cidadela[310].

Porém, como temos visto, isso não é necessariamente verdade. Há muitas situações nas quais homens e mulheres trabalham lado a lado sem que haja nenhuma "distração". Medicina e enfermagem, gerência e secretariado são exemplos onde elas e eles não parecem ter muito problema com distração. Todas as mulheres naquelas escolas militares (antes de elas se tornarem coeducativas) – todas as professoras, serventes, secretárias, faxineiras e cozinheiras – pareciam não afetar tanto assim os cadetes. Não é a presença ou ausência de mulheres que desviaria a atenção, é a presença delas *como iguais* que realmente preocupa os homens.

Assédio sexual

O assédio sexual é um dos principais meios de resistência dos homens à igualdade no local de trabalho. A atual preocupação com esse problema é alimentada por diversos fatores – o aumento do relato de mulheres acerca de suas experiências na escola ou no trabalho, a reavaliação de comportamentos que os homens costumavam achar normais, o aumento da pressão que eles enfrentam no local de trabalho e a disposição crescente do sistema jurídico em punir – severamente – essa prática. O assédio sexual foi inicialmente identificado como uma forma de discriminação sexual e litigado desse modo no final dos anos de 1970. A advogada feminista Catharine MacKinnon afirmava que o assédio sexual é uma violação do oitavo parágrafo da Lei dos Direitos Civis de 1964, que considerava "uma prática de trabalho ilegal para um empregador... discriminar qualquer indivíduo no que concerne a compensações, prazos, condições ou privilégios de trabalho, com base na raça, cor, religião, sexo ou origem nacional desse mesmo indivíduo". O assédio sexual, dizia MacKinnon, viola essa lei pois ele discrimina as mulheres com base em seu sexo, além de criar um ambiente de trabalho hostil para elas[311]. Em 1982, o tribunal de recursos da décima primeira região norte-americana (Flórida, Geórgia e Alabama) declarou:

> O assédio sexual cria um ambiente hostil ou ofensivo para os membros de um sexo e é uma barreira tão arbitrária para a igualdade sexual no local de trabalho quanto o assédio racial o é para a igualdade racial. Por certo, a exigência de que um homem ou mulher lidem com um círculo de abusos sexuais em troca do privilégio de poder trabalhar e ganhar seu sustento é tão humilhante e desconcertante quanto a mais amarga das ofensas raciais[312].

Mas foi apenas em 1991 que a gravidade do problema e de seus efeitos sobre as mulheres no local de trabalho começou a ser plenamente reconhecido. Em outubro daquele ano, Anita Hill declarou que sofrera assédio sexual do Juiz Clarence Thomas quando trabalhava para ele na comissão norte-americana de oportunidades iguais de emprego (Eeoc). Subitamente, todo o país ficou congelado em frente à televisão para assistir às audiências do senado que avaliariam a indicação de Thomas para a suprema corte norte-ameriana, fato que tomou um rumo completamente diferente. Hill alegava que fora submetida a avanços sexuais indesejados, brincadeiras e piadas vulgarmente pornográficas e constantes descrições das proezas sexuais de Thomas, mesmo depois de ela lhe ter explicitamente dito que não estava interessada em sair com seu chefe.

Naquele momento, o comitê jurídico do senado tratou Hill como se ela fosse uma criminosa, acusando-a de ter desejos secretos por Thomas, sugerindo que ela era "uma mulher desprezada" e insinuando que ela estava sendo enganada por liberais que queriam prejudicar a indicação do juiz. Naquele momento, a nação se dividiu mais ou menos pela metade, uns acreditando em Thomas, outros, em Hill. A imprensa declarou em uníssono que o tratamento hostil e severo dado pelo comitê a Hill teria um "efeito congelador" nas mulheres norte-americanas, que teriam menos inclinação a se apresentar e relatar assédios que haviam sofrido.

Efeito congelador? Poderia a imprensa estar mais errada? Na década que se seguiu houve muitos derretimentos no país, à medida que milhares de mulheres vieram à frente e descreveram o que antes haviam mantido como vergonha secreta e pessoal. O número de casos de assédio sexual mais do que dobrou desde 1991. De repente, os Estados Unidos tinham um nome para o que durante décadas havia ocorrido com as mulheres no local de trabalho. Em lares de todo o país, elas contavam para seus maridos, filhos, pais e amigos o que havia acontecido com elas. Em 1997, mais de 80% dos norte-americanos haviam percebido que Anita Hill estava dizendo a verdade desde o início.

Desde então, o assédio sexual se tornou uma questão importando nos Estados Unidos. Entre 50 e 85% de todas as mulheres que trabalham vivenciam alguma forma de assédio sexual durante sua carreira. Em estudo de 1981 com as funcionárias públicas federais, 12% delas relataram assédios leves (gestos e observações sugestivas, pressão por prazos), 29% reportaram assédios severos (toques, afagos, pressão por sexo, cartas ou ligações ameaçadoras) e 1% foram estupradas no trabalho. Quase trinta anos depois, em

TERRA FRIA

O filme *Terra fria* de 2005, estrelando Charlize Theron, narrou a história de Lois Jenson, uma mineradora de Eveleth, Minnesota. Como as poucas mulheres que trabalham na mineração, Jenson, uma mãe solteira e filha de minerador, foi repetidas vezes ameaçada, bolinada, perseguida e agredida até que ela e mais vinte outras mineradoras foram à justiça em 1984. Por fim, ganharam um caso que marcou a jurisprudência sobre discriminação sexual – a primeira ação civil pública contra assédio sexual na história dos Estados Unidos. "Na verdade, queríamos um emprego com melhores salários e benefícios. Não fiz isso para levantar questões. Só queria dar uma vida digna para minha família", Jenson disse em uma entrevista.

dezembro de 2008, uma pesquisa feita pela empresa Harris descobriu que 31% das trabalhadoras haviam sido assediadas no trabalho, o mesmo ocorrendo com 7% dos homens (todas as mulheres relataram que seu assediador era homem, tal como com 41% dos homens que foram assediados)[313].

Um estudo de 1989 com quase mil advogadas descobriu que 60% delas haviam sofrido com assédio sexual; 13% foram vítimas de estupro, tentativa de estupro ou agressão. Apenas 7% delas haviam denunciado o incidente para a empresa. Um estudo de 1997 com duas mil advogadas em doze das maiores firmas de advocacia dos Estados Unidos descobriu que 43% vivenciaram olhares e gestos sugestivos, 26% haviam sofrido toques, apertos, reclinadas e aproximações deliberadas – todas apenas no último ano[314].

E não são apenas advogadas ou outras profissionais. Com efeito, o número de casos abertos na Eeoc dobrou entre 1990 e 1995 e se estabilizou entre 12 mil e 15 mil por ano desde então. A maioria desses casos ocorre com mulheres operárias ou em trabalhos braçais. A possibilidade de uma mulher sofrer assédio sexual é muito maior em empregos tradicionalmente masculinos, como mineração, construção, transporte ou manufatura, do que em empregos e profissões administrativas.

Nitidamente, quando as mulheres tentam entrar em empregos dominados por homens, elas são vistas como invasoras e o assédio sexual é uma forma de mantê-las distantes[315]. O assédio pode assumir muitas formas, desde a agressão sexual até as insinuações de escárnio. Geralmente, ele assume uma ou outra. Na mais óbvia, a do toma lá dá cá, o contato sexual é proposto em troca de recompensa ou para evitar uma punição. Trata-se do modelo "sexo por nota" extraído da interação professor-estudante, atualizado no contexto profissional para "durma comigo e você ganhará uma promoção" ou "se você não dormir comigo, será demitida". Isso levou, por exemplo, ao fim da carreira legislativa do senador norte-americano Robert Packwood – depois de quase uma dúzia de antigas funcionárias de seu gabinete acusarem-no de um histórico de beijos, afagos, tentativas de contato sexual não consensual e observações inapropriadas ao longo de uma carreira política que, não fosse isso, teria sido distinta em seus 27 anos.

A segunda forma é muito mais nebulosa e é percebida pela criação de um "ambiente hostil", no qual as mulheres se sentem prejudicadas, ameaçadas ou inseguras. Aquelas que fazem faculdade de medicina, por exemplo, descrevem o assédio sexual exercido de diversas maneiras, como serem ignoradas, serem abandonadas durante os plantões e não serem convidadas para participar de procedimentos médicos. As estudantes de medicina relatam que são consistentemente submetidas a zombarias e trotes e que, durante as aulas de anatomia, ouvem escárnios sobre o corpo feminino e encontram pornografia misturada com os *slides*. Alguns estudantes de direito relembravam a "festa da anunciação"[n] quando as mulheres da turma eram chamadas a participar efetivamente da aula.

Um dos casos mais intrigantes de assédio sexual envolveu a empresa automotiva Mitsubishi. Em dezembro de 1994, 29 mulheres que trabalhavam na fábrica de carros da companhia em Normal, Illinois, abriram um processo alegando assédio sexual e dizendo que seus colegas homens rotineiramente as bolinavam e as agarravam. Algumas delas eram obrigadas a fazer sexo para que tivessem seus empregos. Desenhos de genitálias, seios e atos sexuais eram colados junto com o nome das trabalhadoras no paralama dos carros conforme eles passavam pela linha de montagem. Depois de uma investigação, a Eeoc abriu seu próprio caso contra a empresa em abril de 1996 em nome de mais de 280 empregadas. Pouco mais de um ano depois, após uma revisão crítica das políticas e dos procedimentos da empresa feita pela antiga secretária de trabalho Lynn Martin, a empresa acertou as contas do processo com 27 das 29 reclamantes originais por $9,5 milhões e começou a implementar profundas mudanças na sua gerência corporativa[316].

Seja quando o assédio sexual se manifesta como toma lá dá cá, seja quando ele se manifesta como ambiente hostil, raramente se trata de atração sexual entre empregados. Acusados de assédio raramente são apenas homens desajeitados em convidar as mulheres para um encontro ou homens excessivamente luxuriosos. Na verdade, o assédio sexual é simplesmente o oposto disso. Ele visa fazer com que as trabalhadoras não se sintam bem-vindas ao local de trabalho, relembrá-las de que elas não pertencem àquele lugar, que é um local para os homens. Como diz a jurista Deborah Rhode, o assédio "é uma estratégia de dominação e exclusão – uma forma de manter as mulheres em seus lugares e longe do lugar dos homens"[317].

Considere-se, por exemplo, o assédio sexual nas ruas. Imagine-se um homem que faz um comentário rude e ofensivo para uma mulher que está passando. "Hei, gata", ele grita, "belos seios!" "Você parece boa de comer!" Se alguém questionasse esse homem acerca de seu comentário, ele provavelmente minimizaria o problema dizendo que estava apenas tentando conhecer a mulher ou indicar-lhe seu interesse sexual. Mas e se suas palavras fossem levadas a sério? Imagine o que ocorreria se uma mulher sendo assediada se virasse e dissesse: "Está falando comigo? Legal. Jantar às oito?", ou se ela respondesse a essas observações maldosas com mais maldade da parte dela. O que esse homem faria então?

É evidente que esse tipo de comentário não visa atrair as mulheres, mas sim repeli-las e afugentá-las para longe, relembrá-las de que as ruas pertencem aos homens e que as mulheres ousando caminhar por ali sozinhas ou que aparecem em bares sozinhas estão desafiando uma ordenação tácita. Tais comentários são lembretes cruéis da apropriação masculina, uma sensação velada e muitas vezes inconsciente de que o espaço público "nos" pertence e de que as mulheres invasoras e intrusas precisam saber que não fazem parte de verdade.

Até recentemente, o local de trabalho era um lugar inteiramente masculino, uma reserva homossocial. Mas esse mundo se foi para sempre. Agora é quase impossível para um homem viver toda sua vida profissional sem ter uma mulher como colega de trabalho, colaboradora ou chefe. As mulheres que entraram nos antigos clubes de meninos – as ruas, os conselhos corporativos, os corredores sagrados do aprendizado – e elas não vão embora, por mais que alguns homens o

---

[n] Em países anglófonos, a Festa da Anunciação – que no ano litúrgico cristão celebra a visita do Arcanjo Gabriel a Maria para anunciar a ela sua gravidez do Menino Jesus – é chamada de *Ladies Day* (Dia das Senhoras). Nesse dia é comum que as mulheres tenham entrada gratuita em ambientes e círculos predominantemente masculinos, como em estádios e jogos esportivos, p. ex. [N.T.]

queiram. No momento mesmo em que o *status* de provedor masculino é ameaçado por restrições econômicas e reestruturações corporativas, eis que as mulheres vêm à cena e se tornam alvos fáceis para a frustração dos homens. *Este* é o contexto no qual devemos considerar o problema do assédio sexual, o contexto da sua economia política de gênero, por assim dizer. O assédio sexual no local de trabalho é um esforço distorcido que visa pôr as mulheres de volta ao seu lugar, para mostrar-lhes que elas não são iguais aos homens no trabalho, que elas são, ainda, apesar de seus ganhos, apenas mulheres, mesmo se elas estão em seu emprego. "O assédio é um modo pelo qual o homem torna a mulher vulnerável", diz o Dr. John Gottman, psicólogo da Universidade de Washington.

E ele funciona. As mulheres assediadas relatam níveis crescentes de *stress*, irritação, distúrbios alimentares e de sono, além de absenteísmo. Muitas vezes, como se lê em uma pesquisa, elas se sentem humilhadas e desamparadas, e descrevem "os obstáculos diários de interação sexual no escritório como um estupro psicológico". O assédio ocorre com frequência nos locais de trabalho que integraram homens e mulheres mais recentemente, como na área de operações cirúrgicas, corpo de bombeiros, bancos de investimento, onde as mulheres são novas e em minoria. "Os homens consideram que as mulheres estão invadindo um ambiente masculino", diz a Dra. Louise Fitzgerald, uma psicóloga da Universidade de Illinois. "São caras cujo assédio sexual não tem nada a ver com sexo. Eles tentam assustar as mulheres e expulsá-las de uma reserva masculina"[318].

Outra característica do assédio sexual é que geralmente não se trata de uma pessoa dizendo a verdade e outra pessoa mentindo. Casos de assédio sexual são difíceis e confusos justamente porque há geralmente muitas verdades. A verdade "dele" pode lhe parecer uma indicação inocente de interesse sexual ou uma brincadeira inofensiva com os "meninos do escritório" (mesmo quando ocorre de haver mulher entre tais "meninos"). Ele pode vivenciar as sugestões sexuais ou as referências à pornografia como diversão inocente, como uma situação típica daquilo que o ambiente de trabalho deve ser para os homens. Ele trabalha lá, logo tem direito de tratar o local de trabalho como uma extensão do vestiário masculino. A verdade "dela" pode ser que os comentários aparentemente inofensivos da parte dele causem *stress*, ansiedade sobre promoções, demissões e pressão sexual.

A lei sobre assédio sexual refletiu essas duas verdades. O padrão jurídico adotado nesses casos tem sido verificar se uma "pessoa razoável" consideraria o comportamento em questão um assédio. Um caso do tribunal da nona região norte-americana (Alasca, Havaí, outros territórios ultramarinos e estados da costa oeste e do nordeste do país), *Ellison versus Brady*, quase mudou esse padrão. Pela primeira vez a corte "viu" a invisibilidade de gênero – e acusou que "*pessoa* razoável" acabava significando implicitamente *homem* razoável e que homens e mulheres poderiam muito bem enxergar diferentemente a mesma situação. Os assediadores geralmente "não percebem que sua conduta cria um ambiente de trabalho hostil", segundo a corte, mas "a vítima do assédio sexual não deveria ser punida pela conduta do assediador". Assim, o tribunal estabeleceu um "padrão de mulher razoável", pois, conforme sua opinião declarada, "o padrão de uma pessoa sexualmente indiferente tende a ser masculinamente enviesado e a ignorar a experiência das mulheres sistematicamente".

Infelizmente, esse raciocínio não se sustentou por muito tempo. Os casos se tornaram tão complexos e complicados que a suprema corte dos Estados Unidos se manifestou dois anos depois, no caso *Harris versus Forklift*, determinando novamente que o padrão da "pessoa razoável" era suficiente. Contudo, o efeito foi perceptível: agora, a intenção do assediador não é mais o padrão de medida por meio do qual se avalia um crime – mas sim como uma "pessoa razoável" percebe o efeito sobre a vítima[319].

E essa mudança, como era previsível, provocou uma quantidade significativa de reações defensivas e de confusão entre os homens norte-americanos. Afinal, as regras haviam mudado. O que costumava ser comportamento rotineiro para eles no local de trabalho agora podia ser chamado de "assédio sexual". "Clarence Thomas não fez nada de errado, nada que qualquer outro homem do país não tenha feito", comentou Dale Whitcomb, um maquinista de 32 anos durante as audiências de Thomas no senado. Dois terços dos homens pesquisados afirmaram que se sentiriam elogiados se uma mulher os abordasse no trabalho, para se ter uma ideia de quanto eles não conseguiram entender o problema.

No nível social, o assédio sexual trava a igualdade feminina. E isso é custoso. Tanto o setor público quanto o privado perdem milhões por conta de absenteísmo, produtividade reduzida e rotatividade excessiva de mulheres empregadas. Um estudo feito pela revista *Working Woman* (*Trabalhadoras*) indicou que as 150 empresas no topo da lista *Fortune 500* perdem $6,7 milhões por ano devido a assédio sexual. Um conselho federal norte-americano que zela pela meritocracia no serviço público reportou que o absenteísmo, a rotatividade de funcionárias e a perda de produtividade causada por assédio sexual custa ao governo um mínimo estimado de $189 milhões por ano. Executivos de grandes firmas e sócios de grandes empresas de advocacia dizem estar aterrorizados com os inúmeros processos judiciais derivados de acusações de assédio sexual[320].

Os homens também são prejudicados por assédio sexual. Supervisores e empregados masculinos são afetados quando as mulheres são assediadas e a produtividade delas é diminuída. Com o aumento das faltas, dos índices de troca de funcionárias, dos níveis de *stress* relativo ao trabalho, as mulheres não têm o melhor rendimento de suas habilidades. Alguns homens podem até ficar aliviados com essa *performance* feminina comprometida – competir de igual para igual com as mulheres e perder pode ser um golpe muito grande contra seus frágeis egos masculinos – mas gerentes não podem se dar ao luxo de ter as mulheres trabalhando sem dar o seu melhor e sem que isso nem mesmo seja questionado nas próprias avaliações de *performance* pessoal que elas fazem. Gerentes e empregadores deveriam desejar que *todos* os seus empregados se sintam seguros e confortáveis, para que tenham o rendimento máximo de suas habilidades. A capacidade masculina de formar relações positivas e produtivas com colegas iguais no local de trabalho é prejudicada pelo assédio sexual. Enquanto isso for uma ocorrência diária e as mulheres temerem seus superiores no ambiente profissional, homens cordiais e atitudes de cortesia inocentes também podem ser mal-interpretados.

Por fim, os homens também podem sofrer assédio sexual de outros homens. Em março de 1998, a suprema corte norte-americana explicitou que o assédio pode ocorrer mesmo quando vítima e assediador são ambos heterossexuais. Pouco mais de 10% de todos os casos ativos na Eeoc em 1997 eram abertos por homens, mas tal porcentagem subiu consistentemente até chegar a 17% hoje[321]. Embora a maioria dos assediadores em tais situações também sejam masculinos, há alguns casos em que um subordinado homem é assediado por uma supervisora. O conceito de assédio sexual foi então expandido para incluir tanto homens que não são tradicionalmente "masculinos" e, por isso, são punidos por outros homens, quanto as mulheres que são assediadas quando agem masculinamente "demais" ou quando não agem masculinamente "o suficiente". E as pessoas ainda creem que o local de trabalho não é marcado pelo gênero!

Remédios para a desigualdade no local de trabalho

Apesar de todos os argumentos sobre diferença de gênero que presumem que homens e mulheres vêm de planetas diferentes, o fato é que porcentagens comparáveis deles e delas estão no local de trabalho pe-

É MESMO?

A grande recessão de 2008 foi o revés econômico mais marcado por gênero em nossa história. Entre dezembro de 2007 e junho de 2009, 70% de todos os empregos perdidos eram de vagas ocupadas por homens.

Isso é apenas meia-verdade. Por certo, as porcentagens são verdadeiras. Sete de cada dez empregos perdidos eram exercidos por homens.

Mas o "mais marcado" por gênero? É improvável. Afinal, durante a grande recessão de 1929 e dos anos de 1930, praticamente todos os trabalhos perdidos eram realizados por homens – dado que eles estavam desproporcionalmente representados dentro da força de trabalho, para começo de conversa.

A recessão de 2008 foi tão explicitamente marcada por gênero que ela acabou sendo chamada de "ele-cessão" (*he-cession*) ou "homem-cessão" (*mancession*). Porém, não tão conhecido é o fato de que a recuperação foi igualmente marcada por gênero – na outra direção. Afinal, em todos os projetos que estavam com as pás prontas°, à espera dos fundos emergenciais para começar a reconstrução, que gênero você imagina que estava segurando as pás?

Desde janeiro de 2010, o crescimento de empregos para os homens foi bem maior do que o crescimento para as mulheres. Elas perderam 222 mil trabalhos e eles ganharam 640 mil entre julho de 2009 e dezembro de 2010.

Isso não é exatamente uma "elacuperação" (*she-covery*). Parte da explicação não está em saber de quem eram os trabalhos ganhos ou perdidos, mas onde os ganhos e perdas estavam. O setor privado criou empregos todos os meses desde 2009, em grande parte devido ao pacote de estímulo que incitou seu crescimento. O modo como "pagamos" por esse estímulo foi cortar os empregos do setor público em níveis estaduais e locais. Os trabalhos na área de educação, apoio administrativo e secretariado são, em sua maior parte, realizados por mulheres. E elas sofreram a gritante perda de 99,6% dos 257 mil empregos cortados do setor público.

A resposta norte-americana para a homem-cessão foi uma transferência massiva de recursos e de empregos do estado e dos governos locais para o setor privado. Em certo sentido, foram dados a "eles" à custa delas.

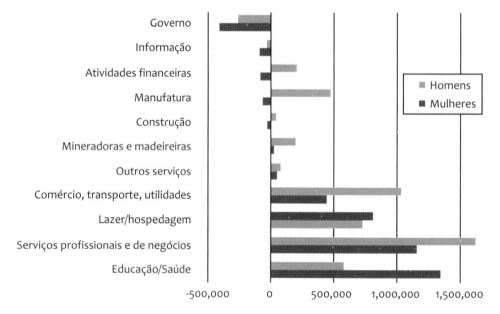

Ganhos e perdas de emprego para mulheres e homens, por indústria, junho de 2009 a junho de 2014.

Fonte: Análise do IWPR (Instituto de Relato da Paz e da Guerra) a partir das estatísticas atuais de emprego (05/09/2014) da Agência de Estatísticas do Departamento do Trabalho dos Estados Unidos.

Fonte: Heather Boushey. "The End of the Mancession" ("O fim da homem-cessão"). In: *Revista Slate*, 25/01/2011. Centro Norte--americano de Leis para as Mulheres. Disponível em www.nwlc.org

---

° Nos anos seguintes à crise financeira de 2008 nos Estados Unidos, *Shovel-ready programs* foi uma expressão bastante utilizada, inclusive por iniciativas governamentais, para se referir aos *programas com as pás prontas*, em tradução literal; os projetos que já estavam planejados e precisavam apenas de dinheiro para que fossem executados e ajudassem a reconstruir a economia [N.T.].

las mesmas razões. Contudo, o ambiente profissional continua sendo uma arena decididamente desigual, atormentada pela segregação sexual persistente, pela desigualdade de salário, pela discriminação sexual e pelo assédio sexual. Tais desigualdades exacerbam e até mesmo criam as diferenças que pensamos observar. Como o local de trabalho pode se tornar uma arena mais igual, um lugar onde as mulheres *e* os homens podem ganhar os recursos para sustentar a si próprios e suas famílias, além de vivenciar satisfatoriamente sua eficácia e competência?

Bem, as mulheres podem apenas "levantar a cabeça" (*Lean in*). Essa expressão foi mais do que o título do livro de Sheryl Sandberg, um mega *best-seller* de 2013. Tal como o *slogan* da Nike "Just Do It" ("Apenas faça"), ela se tornou um mantra para as mulheres no local de trabalho, que estavam frustradas com as contínuas disparidades de gênero no emprego. Elas estariam se mantendo afastadas das promoções e aumentos por conta das restrições da feminilidade tradicional; por isso, teriam de "levantar a cabeça", quebrar e atravessar o teto de vidro.

Os críticos rapidamente apontaram que a postura de "levantar a cabeça" retira todo o peso das barreiras estruturais (segregação e discriminação sexual, estereótipos arcaicos mantidos por gerentes e supervisores) e o coloca sobre as próprias mulheres. Embora tal gesto possa levar uma mulher a ganhar um aumento ou ser indicada para uma promoção, ele não mudaria os arranjos sociais e institucionais que sustentam um local de trabalho desigual quanto a gênero.

No Japão, as mulheres resistem a levantar a cabeça, resistem até mesmo a entrar na própria força de trabalho, pois, como elas explicam, ainda se espera que elas sejam a única provedora de cuidado infantil para seus filhos, a mantenedora da casa e dos cuidados de parentes idosos. Acrescentar a tudo isso um emprego de tempo integral poderia ser algo devastador e levar, temem elas, ao "karoshi" – morte por excesso de trabalho.

A não ser que...

A não ser que os *homens* mudem. A postura de "levantar a cabeça" não exige nada deles. Não requer nenhuma mudança em suas atitudes ou comportamentos a respeito do trabalho doméstico e da criação dos filhos. É por isso que Sheryl Sandberg lançou uma nova campanha, "Levantar a cabeça juntos", visando envolver os homens no apoio à igualdade de gênero, tanto no trabalho quanto em casa (www.leanin.org/together). Essas mudanças pessoas obviamente precisam ser acompanhadas de iniciativas de política pública também.

Uma das arenas de promoção dessa mudança é a aplicação da lei existente. Um bom começo seria a plena aplicação da lei norte-americana de pagamento igualitário, de 1963, que proíbe empregadores de pagar salários diferentes para homens e mulheres que façam essencialmente o mesmo trabalho; ou a aplicação do parágrafo VII da lei norte-americana dos direitos civis, de 1964, que garante a ausência de discriminação baseada em raça, sexo ou origem nacional. Até hoje, trinta estados norte-americanos passaram por alguma reforma legal a respeito da equidade de pagamento e cerca de $527 milhões foram desembolsados por vinte governos estaduais para corrigir discriminações salariais.

A comissão norte-americana para oportunidades iguais de emprego (Eeoc) se encarrega de processar os casos de discriminação e assédio baseados em raça, gênero, origem nacional e gravidez. E desde que ela foi criada, as ações judiciais cresceram em espiral todos os anos. Entre 1992 e 2001, acusações de assédio sexual aumentaram 146%; discriminação por gravidez, 126%; discriminação sexual, 112%. Se olhamos desde 1980, as acusações de assédio sexual aumentaram 150.000% – graças àquela mulher brava e única, Anita Hill, que teve coragem para nomear o que estava ocorrendo com ela enquanto trabalhava para o hoje juiz da suprema corte norte-americana Clarence Thomas – na própria Eeoc![322]

Mas uma estratégia simples de equidade salarial dificilmente tornaria os pagamentos mais iguais. Afinal, como temos visto, a desigualdade de salários depende da segregação sexual para obter legitimidade (e invisibilidade). Políticas salariais baseadas em méritos comparáveis exigem que "trabalhos diferentes de valor equivalente para o empregador sejam pagos com os mesmos salários". Por isso, tais políticas requerem rever as tarefas sistematicamente, ordená-las em critérios de complexidade e de habilidades, de modo que elas possam ser comparáveis e, com isso, os salários sejam atribuídos sobre uma base de gênero mais igual. Alguns cientistas sociais conceberam um Sistema de Comparação de Tarefas de Gênero Neutro para medir os trabalhos mais acuradamente; o sistema também considera em suas equações habilidades tradicionalmente invisíveis (e tradicionalmente "femininas") como esforço emocional ou condições de trabalho indesejáveis[323].

Essas políticas baseadas em méritos comparáveis se tornaram necessárias porque a segregação sexual está intimamente ligada à desigualdade salarial. Mas tais programas têm gerado muita oposição, em grande parte baseadas em percepções equivocadas do que essa ideia implica. Por exemplo, alguns argumentam que é impossível determinar o valor das tarefas, apesar do fato de quase dois terços de todas as empresas já utilizarem sistemas de avaliação para elas. Outros dizem que tais políticas interferem nas operações normais do mercado de trabalho – como se fosse esse mercado que determinasse os salários e não as burocracias, dirigentes sindicais e gerentes orientados por estereótipos de gênero (se o mercado de trabalho operasse perfeitamente não haveria discriminação de gênero, haveria?). Outros afirmam que tais programas abrem a porta para um governo paternalista definir níveis salariais ou que eles levariam os empregadores à falência ao forçá-los a pagar melhores salários para as mulheres. Mas cada firma pode definir seus salários com base nas habilidades, não no sexo. Ademais, maiores salários para elas aumentaria o poder de compra do consumidor, o que, longe de prejudicar, ajudaria a economia[324].

Por certo, programas de mérito comparável e de igualdade de pagamento não deixam de ter seus problemas. Eles podem ter um efeito remediador sobre o nivelamento salarial de homens e mulheres em posições menos qualificadas, por exemplo, mas preservam o hiato entre essas posições e as funções gerenciais de nível superior, pois tanto o mérito comparável quanto o pagamento igualitário preservam "a ideia de que alguns trabalhos valem mais do que outros". Além disso, tais programas não apreendem os efeitos que os estereótipos de gênero persistentes possuem sobre a avaliação das funções, o que permite aos homens continuar resistindo à igualdade de gênero enxertando tais estereótipos nas avaliações de *performance*[325].

A igualdade no local de trabalho também requer estratégias de intervenção em contratações e promoções. Embora recentemente a tendência seja a de que os Estados Unidos abandonem as políticas de **ação afirmativa**, a verdade é que essas foram muito eficientes em equalizar o campo do jogo, mesmo que um pouco. (Poderia ser por isso que existe tanta oposição? Afinal, como o comentarista político Michael Kinsley pontuou, as ações afirmativas são uma das poucas políticas que "dão aos homens brancos direitos se lamuriar no bazar da vitimização, tal como as minorias e as mulheres".) Uma das razões pelas quais cidadãos bem-intencionados afirmam se opor a ações afirmativas é a de que membros de grupos minoritários achariam humilhante aceitar posições estritamente por causa de integrarem uma comunidade sub-representada, isso apesar do fato de poucas mulheres ou minorias serem realmente contratadas ou promovidas apenas por causa disso. Seja como for, é provavelmente mais humilhante ter sua promoção ou emprego *negados* por causa do pertencimento a dado grupo. Quando Barbara Allen Babcock, assistente da advocacia geral na administração Carter, foi interrogada a respeito de como ela se sentia por ser escolhida para essa função em razão de ser uma mulher, ela respondeu: "é melhor do que não ficar com seu emprego por ser uma mulher"[326].

Outro remédio seria a eliminação da **faixa da mamãe**ᵖ – um jeito sutil por meio do qual a desigualdade no mundo do trabalho é reproduzida. Tal expressão indica a forma como a discriminação no ambiente profissional se transmuta para afetar profissionais que, por algum motivo, precisam de tempo por engravidar, dar à luz e criar os filhos. Embora seja ilegal discriminar as mulheres por causa da gravidez, elas geralmente são forçadas a sair da faixa mais veloz da carreira e se adequar à "faixa da mamãe" em razão do que parece ser as exigências da posição profissional que elas ocupam. Advogados iniciantes, por exemplo, devem trabalhar um certo número de horas por semana; não fazer isso resultará em não serem aceitos em sociedades e parcerias.

Uma mulher enfrenta aqui uma exigência dupla: se for uma boa mãe, não ascenderá no mundo corpo-

---

É MESMO?

Nos Estados Unidos, o compromisso com "valores familiares" permite que as mulheres trabalhadoras escolham sair de seu emprego para cuidar de sua família.

Tais mitos abundam hoje em dia. Mas vamos olhar mais de perto. Primeiro, as únicas mulheres que parecem estar "optando por sair do emprego" são aquelas que estão bem no alto da pirâmide econômica, uma vez que praticamente todos os jovens querem trabalhar – e ter uma família. E as pouquíssimas mulheres que escolhem sair o fazem em grande medida porque seus maridos não realizam quase nada de trabalho doméstico ou de cuidado dos filhos. E quem consegue equilibrar trabalho e família sozinho? Você sabia que, em pesquisa feita em 173 países, apenas 5 não ofereciam nenhuma licença remunerada nem à mãe, nem ao pai, em nenhum segmento da força de trabalho: Lesoto, Papua-Nova Guiné, Suazilândia e Estados Unidos. Os "valores familiares" abrangem o local de trabalho tanto quanto a família e exigem que os recursos do estado sejam utilizados a serviço das famílias. Ou seja, os valores familiares exigem que nós, de fato, em nossas políticas, valorizemos a família.

Fonte: Jody Heymann, Alison Earle e Jeffrey Hayes. *The Work, Family, and Equity Index* (*O índice do trabalho, da família e da igualdade*. Boston: Project on Global Working Families, 2006).

---

rativo; se ascender no mundo corporativo, será vista como uma mãe ruim[327].

A **lei contra a discriminação da gravidez**, aprovada nos Estados Unidos em 1978, torna ilegal que empregadores usem a gravidez (ou a probabilidade de uma empregada ficar grávida) como base para decisões de contratação ou promoção. A **lei para licença familiar e médica**, aprovada nos Estados Unidos em 1993, prevê até doze semanas de licença não remunerada para cuidar de um filho natural, filho adotivo, filho ou parente doente. Em comparação, nos países nórdicos, os casais têm entre doze e quinze meses de licença parental *remunerada* para cuidar de seus bebês recém-nascidos, responsabilidade que tanto mães quanto pais são encorajados a dividir.

Políticas para remover o teto de vidro, especialmente em conselhos corporativos, provavelmente terão de vir de governos suficientemente corajosos para se envolver com intervenções na governança corporativa. Alguns governos declararam objetivos – como a porcentagem de mulheres em tais conselhos. A União Europeia como um todo começou a estabelecer esses objetivos. A Noruega há alguns anos estabeleceu uma quota exigindo que o conselho de cada companhia listada da bolsa de valores chegasse em 2008 sendo 40% feminina; a França veio em seguida determinando a meta de 20% de seus conselhos para 2009[328].

Embora as cotas sejam controversas, devemos vê-las em perspectiva. "Excluímos as mulheres por milhares de anos", diz Hilde Tonne, vice-presidente executiva

---

ᵖ No mundo corporativo anglófono *mommy track*, ou *faixa da mamãe*, é uma expressão que, por meio da analogia com as faixas da rodovia geralmente utilizadas por caminhões ou veículos mais lentos, refere-se, não raro de forma condescendente ou mesmo pejorativa, ao ritmo mais devagar que a carreira de uma mulher tomaria quando ela engravida e se torna mãe [N.T.].

norueguesa de uma empresa global de telecomunicações. "Então já tínhamos cotas – é que elas eram para os homens"[329].

O conjunto mais óbvio de remédios se enquadra na categoria geral "políticas amigáveis para a família no local de trabalho" – uma série de reformas, como assistência infantil local, horários flexíveis e licenças parentais, que permite aos pais ter espaço para equilibrar trabalho e família. Um relatório sobre trabalho e família nos Estados Unidos demonstrou em dezembro de 1997 que tais itens estavam entre os critérios mais importantes para ajudar as empresas a manter pessoas qualificadas e bem-treinadas.

Ocorre que essa é uma boa estratégia de negócios também. Roy Douglas Adler, um professor de *marketing* na Universidade Pepperdine, observou os dados da *Fortune 500* dos últimos trinta anos. Empresas que promoviam mulheres com mais intensidade tinham *performances* consistentemente acima da média em sua área, com receitas e lucros totais cerca de 34% maiores (os lucros de capital eram mais do que o dobro disso, ou 69% maior). As dez firmas com o melhor registro de promoção de mulheres demonstravam aumentos ainda maiores do que as "meramente" boas. (Por certo, é necessário ter cuidado ao fazer tais correlações. O caso pode ser simplesmente que as empresas mais lucrativas se sintam mais livres para experimentar com a promoção de mulheres. Mas quando se vê tais resultados vindo de outros países também, como se observa na Grã-Bretanha, Suécia e Noruega, então talvez haja algo na direção da outra explicação, qual seja, a de que promover mulheres é bom para o resultado total da empresa[330].)

No fim das contas, a igualdade no ambiente de trabalho exigirá mudanças ideológicas e estruturais importantes – tanto no modo como trabalhamos quanto no modo como vivemos. Ainda herdamos ideias ultrapassadas sobre o que nos motiva a trabalhar e quais habilidades trazemos quando vamos para o trabalho. O livro de John Gray *Mars and Venus in the Workplace* (*Marte e Vênus no trabalho*) reprisa seus estereótipos sobre como homens e mulheres abordam diferentemente as situações. Segundo Gray, no trabalho, eles "voltam para as cavernas" quando têm algum problema para resolver sozinhos, ao passo que elas "demonstram partilha, cooperação e colaboração". Contudo, esses estilos interplanetários dependem do problema a resolver tanto quanto do gênero de quem o resolve. Para fazer os homens se sentirem mais confortáveis, Gray recomenda que tiremos fotos dos trabalhadores junto com suas realizações e lhes perguntemos qual seu time de futebol favorito – ideias que a escritora do *Financial Times* Lucy Kellaway considera "malconcebidas, ultrapassadas e bizarras"[331].

Outra socióloga, Karen Oppenheim Mason, escreve que a desigualdade de gênero no local de trabalho provavelmente continuará "a não ser que grandes revisões ocorram em nossa ideologia de gênero e na divisão do trabalho entre os sexos... No fim", ela conclui, "a segregação no emprego é apenas uma parte das vidas em geral separadas (e desiguais) que mulheres e homens levam em nossa sociedade. Caso essa separação geral não acabe, a separação dentro do sistema ocupacional dificilmente acabará também"[332].

Mas a reforma valerá a pena. A igualdade no trabalho trará tanto às mulheres quanto aos homens uma vida mais gratificante – tanto no ambiente profissional quanto fora dele.

Conclusão: a caminho do equilíbrio entre trabalho e família

Apesar da enorme e persistente desigualdade de gênero no trabalho, as mulheres estão lá para ficar. Elas trabalham pelas mesmas razões do homem – sustentar a si mesma e sua família, vivenciar um senso de realização, eficácia e competência que deriva do sucesso no ambiente profissional. Tanto homens quanto mulheres trabalham porque querem e porque precisam. A maioria das famílias nos Estados Unidos vivem uma realidade social e econômica na qual os dois cônjuges trabalham, o que significa que ambos estão se esforçando para equilibrar o trabalho e a vida familiar.

E é um grande esforço, em parte porque nossas vidas mudaram mais rápido do que as instituições em que nos encontramos. "Nossos empregos não deixam espaço para as obrigações familiares", escreve Stephanie Coontz. "Para corrigir esse desequilíbrio, precisamos reorganizar o trabalho para deixá-lo mais compatível com a vida familiar". Ou seja, nunca encontraremos tal equilíbrio se tudo o que fizermos for pequenos ajustes nas relações familiares, organizar melhor nosso tempo, terceirizar deveres familiares ou sair de cena. Isso só será possível quando o local de trabalho também se transformar[333].

Diversos tipos de iniciativas reformistas foram propostas para tornar o local de trabalho mais "amigável para a família" – e permitir que trabalhadores e trabalhadoras realizassem esse gesto de equilíbrio. Tais reformas geralmente envolviam três elementos: assistência infantil no local, horas de trabalho flexíveis e licença parental. Ao tornar o ambiente profissional mais acolhedor para as famílias e implementar essas três políticas de restruturação, o trabalho se transformaria, assim o pensamos, deixando de ser parecido com o escritório de contabilidade do protagonista ranzinza de *Um conto de Natal* para se transformar no cenário que vemos no exitoso filme *Como eliminar seu chefe*[q]. De repente, da noite para o dia, o chefe malvado se foi e o ambiente de trabalho é outro, com plantas por todo lado. As mesas de cada funcionária tinham fotografias de seus filhos, que ficavam brincando em cercadinhos atrás delas. E, obviamente, a produtividade subiu tão alto que a direção executiva da empresa decidiu tornar essas mudanças permanentes.

Mas, nos Estados Unidos, essas reformas continuam sendo concebidas como um problema das *mulheres*. São elas que fazem campanhas a favor delas e que afirmam desejá-las. Um livro recente bastante vendido põe sobre as mulheres toda a pressão por se acomodar à impossibilidade quase total de equilibrar trabalho e família. Sylvia Hewlett descobriu porcentagens altas alarmantes de ausência de filhos entre as mulheres bem-sucedidas profissionalmente e afirmou que "as demandas brutais de carreiras ambiciosas, as assimetrias da relação entre homens e mulheres, e as dificuldades de criar uma criança em fases mais maduras da vida conspiram para anular possibilidade de ter um filho". Com isso, diz ela, a ausência de progênie vai se tornando "uma não escolha insidiosa". Por isso, a autora urge que a mulher tenha postura "voluntariosa" a respeito da vida familiar: arranjar um marido, ter filhos com vinte e poucos anos e colocar sua carreira em segundo plano[334].

A solução de Hewlett pode parecer excessivamente voluntarista, presumindo-se que cada mulher individualmente precisa fazer escolhas individuais e não buscar mudanças estruturais no próprio ambiente de trabalho. Mas ainda assim há um toque de verdade nela, pois está metade correta. A pesquisa realmente sugere que ter filhos pode travar a ascensão profissional das mulheres e que priorizar a carreira pode prejudicar a capacidade de uma pessoa ter filhos[335]. Mas em ambos os lados dessa equação há uma variável que está faltando: os homens. As oportunidades profissionais das mulheres são barradas e a maternidade delas é eclipsada *apenas quando os homens em sua vida não mudam*. Logo, assistência infantil no trabalho, horário flexível e licença parental não são questões das mulheres, são questões *parentais*, e à medida que se identificam como pais, os homens devem querer essas reformas também. Politicamente, elas provavelmente não terão as reformas que desejam sem apoio dos homens;

---

[q] *9 to 5*, filme norte-americano dirigido por Colin Higgins, lançado em 1980 [N.T.].

pessoalmente, eles não terão como levar a vida que dizem desejar sem apoiar essas reformas. As mulheres já estão imbuídas do que podemos chamar de "profissionalismo privado" – pessoas dispostas a afirmar suas ambições profissionais no domínio privado de seu lar e de sua família, dispostas a reorganizar a forma, o tamanho e o ritmo de sua vida familiar para tentar equilibrá-la com o trabalho. Agora precisamos de uma "paternidade pública" para completar esse quadro – homens publicamente comprometidos, em seus locais de trabalho, à reorganização de sua trajetória de carreira no sentido de acomodar suas responsabilidades e compromissos familiares. O profissionalismo privado precisa de uma paternidade pública.

Essa foi, pode-se lembrar, a armadilha na qual o Primeiro-ministro Tony Blair caiu quando ele e sua esposa esperavam o nascimento de seu filho em 2000. Ele poderia tirar a licença parental que ele e seu governo haviam lutado para instituir? Ele teria essa ousadia? Obviamente, sua esposa, Cherie, uma advogada de grande prestígio que ganhava três vezes o que Blair ganhava como primeiro-ministro e era o arrimo de família, tirou todas as treze semanas de licença parental não remunerada a que tinha direito. Blair poderia tirar uma semana?

A resposta foi "quase". A opinião pública estava dividida: a maioria esmagadora dos britânicos (72%) apoiava a ideia de homens ter direito à licença parental, porém, mais da metade (57%) pensava que Blair não deveria aproveitá-la. Sua esposa urgiu que ele seguisse o exemplo do primeiro-ministro finlandês, que há pouco tempo aproveitara seis dias de folga quando sua filha nasceu. No fim, Blair tirou dois dias e trabalhou de casa[336].

Casos célebres como esse evidenciam os problemas que continuaremos a enfrentar para equilibrar trabalho e família. Tais problemas são estruturais, mas também dizem respeito à atitude pessoal. Muitas vezes a dificuldade está em não estar em vigor políticas que permitam mães e pais serem ambos trabalhadores produtivos – ou seja, equilibrarem os compromissos profissionais e familiares.

Consideremos, por exemplo, a licença parental. Os Estados Unidos é um dos únicos cinco países do mundo cujo governo não oferece nenhuma licença parental para nenhum dos pais. Embora alguns estados (como Rhode Island e Nova Jersey), algumas cidades (como Washington DC e Boston) e muitas empresas tenham começado a preencher essa lacuna deixada pelo governo federal – desaparecido no meio da luta para dar sustento às famílias trabalhadoras – geralmente parecem insuperáveis os obstáculos para casais que têm as duas carreiras e precisam equilibrar trabalho e família.

E quando se trata de licença parental, há um verdadeiro deserto. Apenas 15% das empresas norte-americanas oferecem licenças remuneradas para os pais. As companhias têm sido lentas para disponibilizar esse tipo de licença, por razões tanto financeiras quanto culturais. O empregado ideal não tem outros compromissos e está disponível para a firma 24/7. Um funcionário, principalmente homem, que fica "distraído" com as obrigações familiares não é confiável dentro desse modelo. Mesmo nas empresas do vale do silício, onde pratos veganos são servidos no refeitório da empresa e o espaço de convivência tem amenidades como jogos de *frisbee* e massagens regulares, há dificuldades para auxiliar os funcionários a equilibrar o profissional e o familiar. Por um lado, a Google oferece aos homens sete semanas de licença-paternidade remunerada, a Yahoo oferece oito, Facebook e Reddit, dezessete; por outro, as empresas ainda agendam *hackatons* (maratonas de programação) que atravessam a noite, insistem em sessões de trabalho tarde da noite e bem de manhã, exigem participação em atividades de final de semana. Tudo isso não é nada favorável para quem deseja harmonizar família e trabalho.

Mas os benefícios da licença-paternidade remunerada são enormes – tanto para as empresas quanto para os homens e suas famílias. As firmas que oferecem esse tipo de licença tendem a ser mais lucrativas e mais flexíveis diante de uma paisagem econômica cada vez mais diversa. Os homens que tiram licença parental tendem a permanecer mais envolvidos na vida de seus filhos conforme eles crescem e a dividir o trabalho doméstico mais igualmente. Um estudo sueco descobriu que os homens que tiram proveito de sua licença-paternidade vivem mais tempo do que aqueles que não o fazem[337].

A ausência de uma política nacional coerente para as licenças familiares dificulta muito que as mulheres e os homens encontrem o equilíbrio entre trabalho e família. Cada vez mais, os Estados Unidos são um país de casais dedicados a duas carreiras e a dois cuidados, pois precisam tomar conta dos filhos pequenos e dos parentes idosos, muitas vezes ao mesmo tempo.

E geralmente o problema é que os trabalhadores não se beneficiam das políticas. Os homens têm medo de serem vistos como não totalmente comprometidos com sua carreira e sentem sua masculinidade ser ameaçada; as mulheres temem ficar para sempre presas ao rótulo de "mamães" e não de funcionárias. Ambos temem a faixa da mamãe e a faixa do papai. "Pais jovens precisam se sentir muito seguros com suas carreiras, e acreditam que pedir flexibilidade é visto como falta de compromisso – que os faz mais vulneráveis", comenta um defensor britânico da licença parental. Ao conversar com homens e mulheres a respeito de suas experiências com a licença parental, Erika Kirby ouviu afirmações como estas:

> Ninguém conversou diretamente comigo e disse: "Ei, eu fiquei chateado com o fato de você ter tirado licença-maternidade", mas eu sabia que as pessoas se sentiam assim.

> As pessoas não entendem que, quando tive seis semanas de folga [para a licença-maternidade], eu precisei de seis semanas de folga. Eu não fiquei sentado e jogando cartas, sabe, ou indo às compras todos os dias.

> Alguém quis licença-paternidade e todo mundo riu. Ou seja, eles acharam aquilo engraçado.

> Eu quis tirar duas semanas [de licença-paternidade] e o supervisor dizia: "Não, não sei. Veja bem, provavelmente não é uma boa ideia".

Não é surpresa que Kirby tenha dado como título para seu artigo sobre o tema uma frase que ouviu repetidamente: "A licença existe mas você não pode usá-la de verdade"[338].

Equilibrar trabalho e família permitirá que as mulheres vivam como afirmam desejar viver. Mães trabalhadoras são mais felizes e mais produtivas, tanto como mães quanto como trabalhadoras, do que as mães em tempo integral, observa o psicólogo Faye Crosby. Outro psicólogo, Joan Peters, escreve que as "mães *deveriam* trabalhar fora de casa. Se elas não o fizerem, não conseguirão preservar sua identidade ou criar filhos que tenham uma vida familiar e independente". Mas fazer isso requer uma mudança dramática na vida dos homens norte-americanos. Eles precisam assumir sua cota na divisão do trabalho doméstico e do cuidado dos filhos – e não somente dar "uma colaborada" ou "uma mão". Equilibrar o trabalho e a família também permitirá que eles vivam como afirmam desejar viver. Como disse recentemente um homem:

> É incrível. Cresci pensando que ser homem era estar longe a maior parte do tempo, e então aparecer para dar ordens a todo mundo e, fora isso, não dizer nenhuma palavra. Não quero que meus filhos tenham de lidar com esse tipo de situação ou pensar que o mundo é desse jeito[339].

Com mais homens como esse – e uma geração de mulheres que se recusa a continuar numa cidadania de segunda classe no mundo do trabalho – seus filhos e filhas podem vir a conhecer um mundo muito diferente.

TERMOS-CHAVE

Ação afirmativa	Lei para licença familiar e médica	Políticas amigáveis à família no local de trabalho
Diferença de salários	Lei contra a discriminação da gravidez	
Discriminação de gênero	Oficina de vidro	Segregação ocupacional por sexo
Divisão do trabalho marcada por gênero	Participação na força de trabalho	Simbolismo
Dupla exigência		Teto de vidro
Escada rolante de vidro		Trabalho emocional
Faixa da mamãe		

10

O gênero da política e a política de gênero

EM UM EVENTO DE CAMPANHA no início das eleições primárias para a candidatura do partido democrata à presidência dos Estados Unidos em 2008, a senadora de Nova York Hillary Clinton estava conversando com uma multidão de apoiadores em New Hampshire. No meio de seu discurso, dois homens jovens levantaram um cartaz e começaram a gritar "Passe minha camisa" ("*Iron my Shirt!*").

"Ah, os remanescentes do sexismo estão vivos e passam bem", disse a Senadora Clinton. Depois de todos terem se sentado, ela retomou seu fôlego e disse: "como imagino ter ficado explicitamente demonstrado, também estou concorrendo para quebrar o teto de vidro mais alto e mais difícil"[340].

Há muitas coisas que merecem ser mencionadas nessa história. Para começar, aposto que pouquíssimas pessoas realmente ouviram falar dela (eu apostaria que até mesmo a maioria dos professores nos Estados Unidos não a conhecem). Em 2009, apenas um ano depois, perguntei a meus próprios alunos e cerca de 10% disseram que se lembravam do incidente. Ele mal foi mencionado na imprensa e desapareceu sem deixar vestígio.

Agora, lembremos que Clinton estava concorrendo para ser a primeira presidente mulher dos Estados Unidos contra Barack Obama, que estava concorrendo para ser o primeiro presidente afro-americano do país. Imaginemos, por um momento, que em um comício de Obama algumas pessoas brancas subissem uma placa e começassem a gritar algo igualmente estereotípico e ofensivo, como "engraxe meu sapato".

Se algo assim tivesse ocorrido, creio que a primeira página de todos os jornais nos Estados Unidos teria exposto uma manchete sobre racismo; todos os noticiários no rádio e na televisão teriam destacado essa história; e todos os candidatos, republicanos ou democratas, teriam denunciado imediatamente esse comportamento como racista e inapropriado.

Mas quando a pessoa é uma mulher e o cartaz exprime o sentimento sexista de que o lugar das mulheres é apenas o lar? Bem, isso passa sem problemas debaixo do radar da imprensa e do público. Em certo sentido, esse acontecimento aponta que, nesse momento da história, a expressão do sexismo é muito mais aceita do que a do racismo.

Clinton estava certa, obviamente, em outro sentido: nos Estados Unidos, provou-se que ser eleita para o maior cargo do país está entre os tetos de vidro mais resistentes. Nenhuma mulher foi eleita presidente neste país – com efeito, houve apenas algumas poucas candidatas por partidos minoritários desde que a sufragista Victoria Woodhul concorreu (com Frederick Douglass com seu colega de chapa na vice-presidência) em 1872.

Como veremos, não é preciso ser assim: houve muitas mulheres que foram eleitas para o maior cargo político de seu país, incluindo diversas nações que os norte-americanos rotineiramente criticam como "retrógradas" ou atrasadas em medidas de igualdade de gênero. Ora, uma mulher foi eleita duas vezes como primeira-ministra da Índia, onde tradicionalmente as mulheres são cidadãs tão secundárias que, quando seus maridos morrem, espera-se das viúvas que elas se joguem na pira funerária e se matem; elas também foram eleitas duas vezes no Paquistão, país vizinho e muçulmano onde se crê que as mulheres são muito mais oprimidas do que são no Ocidente. E nem estamos contando países europeus, onde as mulheres têm sido eleitas como chefes de Estado: Grã-Bretanha, Noruega, Alemanha, Islândia, Portugal, Dinamarca, Finlândia e Irlanda. Ou o Canadá e a Austrália. Ou ainda países como Argentina, Bolívia, Senegal, Chile, Costa Rica, Jamaica, Brasil, Coreia do Sul e Indonésia. Ou ainda esses, que as elegeram mais de uma vez: Israel, Sri Lanka, Nova Zelândia, Bangladesh, Lituânia e Filipinas. Não é de se admirar que os Estados Unidos tenham pouca credibilidade ao redor do mundo quando se proclama o apoio ao direito das mulheres em países como Bangladesh ou Paquistão, uma vez que essas nações elegeram mulheres como chefes de Estado duas vezes cada um[341].

Eis uma lista de mulheres chefes de Estado hoje (jan./2016):

- Angela Merkel, chanceler da Alemanha.
- Ellen Johnson Sirleaf, presidente da Libéria.
- Cristina Fernandez de Kirchner, presidente da Argentina.
- Sheikh Hasina Wajed, primeira-ministra de Bangladesh.
- Dalia Grybauskaite, presidente da Lituânia.
- Kamla Persad-Bissessar, primeira-ministra de Trinidad e Tobago.
- Dilma Rousseff, presidente do Brasil.
- Atifete Jahjaga, presidente do Kosovo.
- Portia Simpson Miller, primeira-ministra da Jamaica.
- Park Geun-hye, presidente da Coreia do Sul.
- Erna Solberg, primeira-ministra da Noruega.
- Laimdota Straujuma, primeira-ministra da Letônia.
- Michelle Bachelet, presidente do Chile.
- Marie Louise Coleiro Preca, presidente de Malta.
- Beata Szydło, primeira-ministra da Polônia.
- Kolinda Grabar-Kitarovic, presidente da Croácia.
- Tsai Ing-wen, presidente de Taiwan.

Os Estados Unidos ficam lamentavelmente atrás do resto do mundo não apenas entre mulheres chefes de Estado, mas também entre mulheres no corpo legislativo de todos os níveis. Em 2012, o país ficava na 84ª posição do mundo em porcentagem de mulheres legisladoras – atrás de Bangladesh, Sudão e Emirados Árabes Unidos –, ou seja, atrás de países cujos estereótipos são considerados muito menos igualitários em termos de gênero. Apenas 18,3% do senado e do congresso federal e 24% dos legislativos estaduais são compostos por mulheres. Dentre as cem maiores cidades norte-americanas, apenas nove têm prefeitas e, dentre os cinquenta governadores estaduais, apenas seis são mulheres.

Como podemos explicar essa lacuna de gênero tão grande? Em geral, os cientistas sociais oferecem três explicações possíveis (figura 10.1).

Em primeiro lugar, o mero preconceito. O que atrasa as mulheres é a atitude de outras pessoas. Parte da população acredita que elas simplesmente não são preparadas para o poder político. Acredita-se que as mulheres são emotivas demais e frágeis demais para serem líderes responsáveis. Ou então a fisiologia delas atrapalha. Por exemplo, em 1995, ao argumentar contra a participação feminina no exército, o ex-presidente da câmara dos deputados Newt Gingrich afirmou que as mulheres não deveriam ser soldadas porque elas "têm infecções", ao passo que os homens são "biologicamente designados para sair e caçar girafas" (discurso no Reinhart College em 05/01/1995).

Embora esse preconceito explícito esteja declinando nos anos recentes, ele continua ainda sendo uma barreira significativa para o pleno avanço eleitoral das mulheres. Em 1971, dois terços dos norte-americanos afirmaram que votariam em uma mulher se ela fosse candidata – o que era quase o dobro da porcentagem verificada apenas 35 anos antes. Ou seja, mesmo em 1971, ainda havia um terço de norte-americanos que não votaria em uma mulher simplesmente por ser mulher. Hoje quase nove de cada dez pessoas nos Estados Unidos afirmam que votariam em uma mulher. Ora, o número de norte-americanos acreditando que homens são melhores líderes do que mulheres é mais de três vezes maior (21%) do que o daqueles que acreditam que elas são melhores líderes do que eles (6%). Apesar disso, quase sete de cada dez norte-americanos (69%) acreditam que isso não faz diferença. Vê-se, porém, que, tudo bem considerado, os homens ainda são vistos por muitos como mais bem equipados para a liderança política do que as mulheres[342].

Dentre as pessoas que acreditam que as mulheres são menos qualificadas, algumas são mulheres também. Uma segunda explicação coloca mais responsabilidade sobre elas. Especialistas em psicologia dos papéis sexuais afirmam que a socialização diferencial de homens e mulheres os levam a ficar mais reticentes em relação a assumir posições de liderança. Assim como os homens têm mais tendência a pedir aumentos no trabalho do que elas, as mulheres também têm menos inclinação a se candidatar para os cargos locais, que são o primeiro passo em direção à eleição para cargos mais altos.

E há alguma verdade nessa explicação também. As mulheres são socializadas para serem mais modestas e tímidas, mas muitos programas nos campi e nas empresas que promovem a liderança feminina certamente identificaram um grande número de mulheres dispostas e preparadas para assumir responsabilidades políticas.

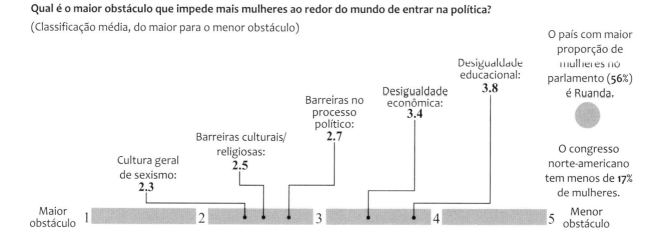

Figura 10.1 Pesquisa sobre líderes mulheres.
Fonte: *Foreign Policy* [Política Externa], abr./2012.

Uma terceira explicação é mais estrutural e tem menos relação com as habilidades ou temperamentos femininos. A estrutura da política – a exigência de que a pessoa esteja tão completamente dedicada ao trabalho, esforçando-se constantemente para ou ser um legislador eficiente ou fazer sua campanha de reeleição – é como qualquer outra profissão de alta pressão. E assim como vimos que apenas a socialização diferencial não conseguia explicar a escassez de advogadas, médicas ou executivas qualificadas, aqui também ela não consegue explicar sozinha a carência de mulheres no legislativo. Tentar equilibrar trabalho e família e cuidar bem dos filhos exigem muitos esforços e apoios. A falta de assistência infantil adequada é uma grande barreira para a entrada das mulheres na política – tal como ocorre em qualquer outra área.

Uma história contada pela ex-congressista do Colorado Pat Schroeder é ilustrativa disso. Depois de sua primeira eleição para o cargo, perguntaram a seu marido como ele se sentia sendo o esposo de uma congressista. Ele respondeu que, no futuro, seria ele a levar as crianças ao pediatra. Quando Schroeder ficou sabendo dessa resposta, ela ligou imediatamente para o marido e disse: "Valendo $500, qual é o nome do pediatra de nossos filhos?" Ele respondeu um pouco com vergonha que sua *intenção* era dizer que estaria *disposto* a levá-las caso ela lhe pedisse isso[343].

É de se admirar que 86% de todas as legisladoras não têm filhos em idade escolar em casa quando são eleitas? A situação é duplamente problemática para as mulheres: se elas têm filhos, são criticadas por negligenciá-los; se elas não têm filhos, as pessoas ficam se perguntado o que há de errado com elas. Ruth Mandel, diretora do Instituto de Política Eagleton, na Universidade Rutgers, recordou o relato de algumas legisladoras, uma delas "fora retratada durante a eleição como uma pessoa que estava para ter um filho (e, portanto, negligenciaria seus eleitores); já outra tinha de responder: 'quem vai ficar cuidando do bebê?'... As líderes eleitas jovens e solteiras precisam lidar com fofocas e comentários até mesmo caluniosos sobre sua vida sexual. Os candidatos homens não mencionam nada disso como um problema para eles"[344].

A política é igual às outras profissões em outro sentido: progredir na carreira depende não apenas do que se sabe, mas de quem se conhece. Os contatos são essenciais. Líderes partidários (geralmente homens) precisam "notar" os talentos e habilidades de liderança de uma pessoa, prepará-la para o processo extenuante das eleições e promovê-la dentro dos quadros de seu partido político. Esses contatos são como cadeias de suprimento de informações, talentos e oportunidades, e elas são essenciais para uma carreira de sucesso. No nível local, portanto, critérios formais são acompanhados de fatores menos formais (mas não menos institucionais) como a posse dessas conexões. E as mulheres tendem a dispor de canais institucionais menos desenvolvidos, menos mentores e menos acesso à informação.

LEIA TUDO A RESPEITO!

Os homens passam muito mais tempo falando sobre o que as mulheres fazem, e os homens no poder tendem a ficar com um tempo excessivo de exposição midiática. Mas e as mulheres no poder, por exemplo, no senado norte-americano? De acordo com a psicóloga organizacional Victoria Brescoll, em seu artigo "Quem toma a palavra e por quê?", os senadores mais poderosos tendem a falar mais do que os menos poderosos. Mas isso não parece se aplicar às senadoras. Uma vez que isso poderia ser efeito do tempo durante o qual esses políticos estavam no senado, a psicóloga conduziu um experimento em que mulheres e homens "recebiam" certa quantidade de poder dentro de uma dinâmica de grupo. Ali também os homens mais poderosos tendiam a falar mais do que os menos poderosos, ao passo que as mulheres tendiam a ser mais democráticas. Com efeito, como Brescoll descobriu em um experimento posterior, as mulheres que escolhiam usar mais tempo de exposição tendiam a ser mais negativamente vistas pelos outros. Isso sugere que a diferença de gênero deriva não de uma tendência "natural" das mulheres a serem mais gentis e a ceder a palavra, mas sim porque aquelas que não cedem de qualquer forma não serão escutadas.

Por fim, tem a questão do dinheiro. As mulheres que se candidatam geralmente têm mais dificuldade do que os homens para levantar recursos para a campanha, uma vez que as grandes empresas doadoras tendem a favorecer os candidatos que elas já conhecem e já confiam. O enorme custo inicial para entrar na arena política cria um obstáculo muito grande para as mulheres, o que desencoraja muitas candidatas qualificadas. Para enfrentar essa barreira inicial de entrada, um grupo de mulheres ricas criaram a "Emily's List" em 1985, uma fundação que coleta recursos para as campanhas eleitorais femininas (Emily não é o nome de uma pessoa, mas o acrônimo de "Early Money Is Like Yest", "Dinheiro cedo é como fermento").

A lacuna de gênero no voto

O gênero não é só um fator-chave para quem se elege, mas também é um elemento decisivo de quem elege. Por algum tempo, houve uma lacuna de gênero significativa no seio do eleitorado norte-americano. As mulheres tendiam a votar mais no Partido Democrata, ao passo que os homens se inclinavam mais a votar no Partido Republicano.

Essa lacuna de gênero é encontrada quando as pessoas são interrogadas a respeito de suas filiações partidárias também (figura 10.2); não só as mulheres tendem mais a votar nos democratas, mas também a se registrar nesse partido.

Essa lacuna de gênero tanto na votação quanto na filiação partidária é geralmente explicada por duas coisas. Primeiro, ela reflete a independência crescente das mulheres, especialmente das casadas. Não muito tempo atrás, presumia-se que uma mulher casada votaria igual a seu marido – ou seja, de que o voto dela obedeceria ao que ele diria. Com efeito, um dos argumentos mais fortes contra o sufrágio feminino nas pri-

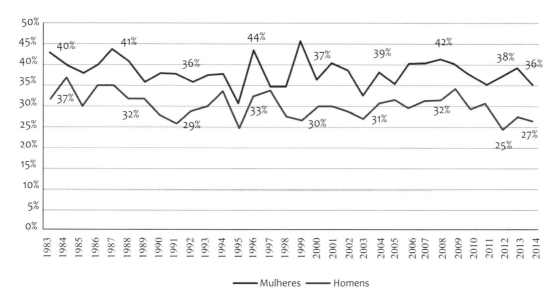

Figura 10.2 Porcentagem de eleitores identificados com o Partido Democrata norte-americano ou com inclinações a votar nele, por gênero.

Fonte: "The Gender Gap: Party Identification and Presidential Performance Ratings" ("A lacuna de gênero: identificação partidária e índices de *performance* presidencial") com base em dados de pesquisas da CBS/ *New York Times* e da ABC News/*Washington Post*, Centro Norte-americano das Mulheres e da Política, Universidade Rutgers. Disponível em http://www.cawp.rutgers.edu/sites/default/files/resources/ggprtyid.pdf

meiras décadas do século XX era o de que ele violaria o princípio constitucional "um homem, um voto". Os oponentes das sufragistas diziam que dar voto às mulheres seria uma discriminação contra os homens solteiros, pois eles teriam apenas uma chance de votar, ao passo que os homens casados teriam duas. Era inconcebível naquela época que uma mulher tivesse uma opinião política própria.

Em segundo lugar, geralmente as mulheres se inclinam a adotar atitudes mais liberais do que os homens. Por exemplo, quando se trata de casamento homoafetivo, mitigação da pobreza, igualdade racial, combate à discriminação de pessoas LGBT, meio ambiente, direitos das mulheres e pautas similares, nota-se uma diferença de gênero significativa, com as mulheres geralmente apoiando posições consideradas mais "progressistas" e favorecendo uma maior intervenção estatal para remediar as desigualdades. Uma vez que o Partido Republicano é considerado mais direitista e com menos inclinação a promover ações governamentais para tratar das desigualdades, essa lacuna de gênero nas filiações partidárias e no comportamento do eleitorado fornece um quadro preciso do gênero nas atitudes políticas.

Que a lacuna de gênero tenha aumentado em décadas recentes, porém, é geralmente explicado pelas atitudes políticas cada vez mais liberais das mulheres ou pelas falhas do Partido Republicano norte-americano em cativar os interesses femininos. Por outro lado, o padrão de votação feminina é apenas uma parte do quadro. Como Everett C. Ladd do Centro Roper explicou, "as mulheres não estão mais inclinadas ao Partido Democrata do que estavam há quinze anos". A história real é a de que "os homens se tornaram mais inclinados para o Partido Republicano"[345].

Essa lacuna de gênero na votação se tornou uma das bases da análise política. Mas é importante notar que ela muda dramaticamente quando se leva em conta a raça (figura 10.3). Pessoas brancas – tanto mulheres *quanto* homens – tendencialmente votam mais para o Partido Republicano, ao passo que eleitores afro-americanos e hispânicos têm uma inclinação maior para o Partido Democrata. Sim, é verdade que mulheres afro-americanas e hispânicas votam desse jeito em porcentagem maior do que os homens dentro desses mesmos grupos; porém, a diferença de raça e de etnia é efetivamente maior do que a de gênero.

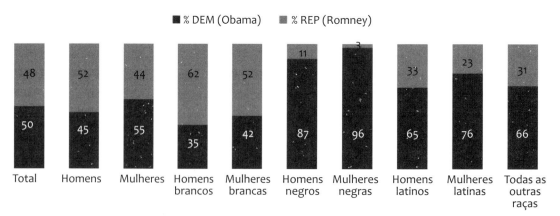

Figura 10.3 Eleições 2012: dados de pesquisa de boca de urna, por gênero e raça/etnia.
Fonte: Christina Bejarano, 2014. The Latino Gender Gap in U.S. Politics. Latino Decisions.
Disponível em http://www.latinodecisions.com/blog/2014/02/19/the-latino-gender-gap-in-u-s-politics/ – Acesso em nov./2014.

Política é para "homem de verdade", não para "homens afeminados": a masculinidade da política

O lado negativo de crer que a feminilidade "natural" das mulheres as desqualificam para cargos políticos é o estereótipo igualmente difundido de que apenas os homens mais machos são qualificados para ocupar essas posições. As eleições trazem sempre reflexões sobre masculinidade: ele é homem o suficiente para apertar o botão, encarar os inimigos da nação e, se necessário, ser o comandante-chefe e liderar o país em uma batalha? (por certo, líderes políticos também devem nos exortar a cuidar dos menos afortunados, insistir para que todos compartilhem e se assegurar de que as pessoas sejam gentis e respeitosas com o direito dos outros, ou seja, traços tradicionalmente femininos, mas isso tudo fica para trás quando percebemos que o negócio da política é a capacidade para a guerra).

Em nenhum outro momento isso é mais evidente do que nas eleições presidenciais norte-americanas. Geralmente, diferentes modos de masculinidade são encarnados nos diferentes candidatos e o eleitorado muitas vezes debate qual deles triunfará. Será o modo paternal, racional e equilibrado de masculinidade de Washington (o "pai" dos Estados Unidos), Jefferson, Franklin Delano Roosevelt ou Lincoln – que acalmaram tempestades marítimas durante tempos turbulentos – ou o modo agressivo, belicoso e fulminante de Andrew Jackson, Teddy Roosevelt ou George W. Bush? (Antes, tivemos literalmente o contraste entre o pai verdadeiramente paternal e o filho vingativo, uma vez que a nação elegeu primeiro George H.W. Bush, "mais gentil e generoso", com seus "mil pontos de luz"[r], depois o militarista George W. Busch, que saiu procurando armas de destruição em massa nos lugares errados e levou o país para sua guerra mais longa e problemática na história).

Talvez nenhuma campanha tenha sido mais marcada por gênero do que a eleição presidencial de 1840. O então Presidente Martim Van Buren fora um bom administrador, mesmo que um pouco apagado. Porém, seu oponente, William Henry Harrison, um herói militar recente, oriundo de campanhas vitoriosas contra os povos seminoles na Flórida, promoveu uma campanha implacável questionando a masculinidade de Van Buren. Esse foi ridicularizado como um fracote cuja administração era composta por "funcionários rufiões da costa leste". As músicas da campanha zombavam do "vanzinho", "o homem consumido" que "usava espartilhos, colocava água de colônia em seu bigode, dormia em camas francesas e andava numa carruagem britânica". Um apoiador de Harrison declarou que a Casa Branca, com Van Buren, estava cheia de "cozinheiros franceses" que forravam a mesa do presidente com "pratos de ouro maciço e mordomias francesas super-refinadas" (é verdade que Van Buren comandou a instalação do encanamento interno da Casa Branca). Davy Crockett, cuja masculinidade era inquestionável, declarou que "seria difícil afirmar", pela aparência de Van Buren, "se ele era homem ou mulher". E os rumores diziam que, quando esse ficou sabendo desses ataques escandalosos, "seu espartilho acabou rasgando". Os pôsteres de campanha retratavam "Tip" Harrison com mangas arregaçadas, espada em punho, em trente a sua cabana de madeira. Seus apoiadores cantavam:

O velho Tip usa casacos simples, nada de roupa com babado.

> Mas o Matt tem pratos dourados, ele é bem desprezível!

Com efeito, nada disso era verdade. Van Buren era um administrador competente, filho de um esta-

---

[r] *Mil pontos de luz* (*a thousand points of light*) foi uma expressão repetidamente utilizada pelo presidente norte-americano George H.W. Bush para se referir ao voluntariado comunitário e buscar promovê-lo [N.T.].

lajadeiro no interior de Nova York. Harrison era um herdeiro da aristocracia, criado em uma mansão de três andares numa grande fazenda da Virgínia. Mas a campanha funcionou: mais de 80% dos homens brancos habilitados para votar vieram participar da eleição e Harrison ganhou com larga vantagem. Contudo, a história teve um triste epílogo. Parece que o novo presidente acreditou na própria propaganda enganosa. Ao fazer o juramento do cargo em um dos dias mais impiedosamente frios na história de Washington, Harrison se recusou a usar um sobretudo, para não aparentar ser fraco e pouco másculo. Pegou pneumonia e, como consequência, foi imediatamente acamado e morreu 32 dias depois – o mandato presidencial mais curto na história dos Estados Unidos.

Não são apenas os líderes, é óbvio, mas as ideias políticas que eles adotam e os partidos que eles representam que são vistos pela lente do gênero. O Partido Democrata norte-americano geralmente apoia impostos mais altos para que sejam desenvolvidas políticas de educação, serviços sociais e assistência médica para os menos afortunados. O Partido Republicano, em contraste, advoga por maiores orçamentos militares e por grandes cortes de imposto, compensando esses custos cortando os mesmos programas sociais defendidos pelos democratas. Assim, para os republicanos, o partido rival defende um governo feminino, um "Estado babá" mais em linha com a social-democracia europeia – ao passo que, para os democratas, seus rivais políticos formam o "Partido do Papai", pois propõem uma máquina de guerra enxuta e mesquinha que funciona como um "Robin Hood" ao contrário, que toma dos pobres e dá aos ricos. Como consequência, os políticos do Partido Democrata precisam mostrar que são másculos; os do Partido Republicano precisam mostrar que têm ao menos um pouco de compaixão.

Podemos considerar algumas das disputas presidenciais relativamente recentes[346]. A masculinidade de Bill Clinton estava sempre em dúvida e sempre em exposição. Ele não serviu o exército, sua esposa dificilmente se encaixaria na imagem da anfitriã obediente e graciosa que se espera das primeiras-damas; ele exprimia seus sentimentos e sentia nossa dor. Retratado por seus adversários ora como complacente ora como *gay* (em ambos os casos, sua esposa Hilary era descrita como uma serpente demoníaca masculinizada), ele também era adorado por seus admiradores, como alguém profundamente compassivo e politicamente astuto. As revelações de sua ligação sexual com Monica Lewinsky, uma funcionária da Casa Branca, parecem ter confirmado os rumores acerca de seus hábitos de mulherengo; em seguida, o julgamento de seu impeachment o deixou desacreditado, se não destronado[347].

Fortemente contestada, a eleição de 2000 apresentou dois herdeiros literais e também simbólicos. George W. Bush e Al Gore eram ambos filhos homônimos de pais venerados dentro da política e haviam sido cuidadosamente paramentados para os cargos eletivos. Porém, Gore não conseguia se livrar da imagem de fracote privilegiado da elite quando comparado com Bush, uma pessoa que fora igualmente protegida, igualmente oriunda de universidades de elite e igualmente privilegiada. Não importa quanto Gore tentasse "dar de machão" e apresentar a rudeza masculina de um macho alfa, como fora aconselhado pela escritora feminista Naomi Wolf, ele parecia pretensioso, rígido, frágil. Era como se Gore apresentasse a imagem de um homem que nunca fora um menino; Bush, pelo contrário, parecia ser um garoto que nunca cresceu, um meninão simpático e enturmado. E, como vimos, a lacuna de gênero se mostrou plenamente, pois os homens brancos votaram massivamente em favor de Bush.

A eleição ilustrou a profunda **divisão política de gênero**. Os estados vermelhos e azuis (republicanos e democratas) eram vistos como "masculinos" e "femininos": os proprietários de armas contra os controladores de armas, militarmente agressivos contra diplomaticamente conciliatórios, os predadores do meio ambiente contra os guardiões da ecologia, os defensores do livre-mercado isento de impostos e que assumem mais dívidas contra os fiscalmente prudentes tanto na taxação quanto nos gastos.

Desde 1840 não havia uma eleição nacional tão saturada com imagens controversas de masculinidade quanto a eleição de 2004. Como antes, um aristocrata de sangue azul – com passagens por escolas preparatórias, universidades prestigiadas e férias de verão em Kennebunkport – apresentou-se como um homem comum que supostamente teria nascido em uma cabana de madeira e subira na vida por esforço próprio. Ele projetou sobre seu oponente, um burocrata sábio e sóbrio, a imagem de um francófilo delicado e sensível, que seria controlado pela esposa masculinizada. Bush riu em silêncio vendo Kerry entrar no seu jogo e se enrolar. Arnold Schwarzenegger, como se fosse um bandeirante contemporâneo, chamou Kerry de "homem afeminado". O que poderia ser tido por "reticência masculina" foi desdenhado como "indiferença elitista". Kerry, como foi dito, "parecia francês". Ele e John Edwards, seu parceiro de chapa, foram chamados de "os primeiros metrossexuais presidenciais promissores". O penteado de Edwards lhe valeu o apelido de "garota Breck", uma marca de xampu[348].

Porém, Kerry lutara bravamente em uma guerra e, depois de sua experiência no Vietnã, fez o que era impensável para um homem – ele mudou de ideia. Então passou a lutar bravamente contra a guerra. Obviamente, isso foi usado contra ele, como prova de que ele vacilou e se revirou para um lado feminino (raramente uma eleição rebaixou tanto a feminilidade como algo danoso). Na semana do feriado norte-americano em honra dos soldados mortos em batalha, um tabloide de Nova York publicou o cardápio fictício da refeição dos dois candidatos. Para Bush, linguiças e cerveja (não alcóolica, óbvio) e para Kerry, pernas de rã, Chardonnay e creme brûlée. Foram paródias como essas, não o mérito de seus trabalhos ou políticas econômicas, que aparentemente influenciaram os eleitores homens brancos, que votaram massivamente a favor de Bush. O ex-presidente Bill Clinton resumiu essa nova psicologia coletiva de gênero quando observou que as pessoas, quando se sentem inseguras e receosas, "preferem ter alguém forte e errado em vez de alguém fraco e certo"[349].

É MESMO?

Um sinal particularmente revelador da importância da masculinidade na política e nas eleições é o fato de os eleitores terem mais inclinação a eleger candidatos com vozes mais grossas, não importa o gênero do orador!

Pesquisadores da Universidade Duke descobriram que os participantes tanto homens quanto mulheres preferiam consistentemente a voz mais grossa dentre dois candidatos potenciais, mesmo entre duas mulheres. Eles também descobriram que tanto homens quanto mulheres sentem as vozes femininas mais graves soar aparentemente mais fortes e mais confiáveis e competentes, mas apenas os homens percebiam vozes graves masculinas como mais fortes e competentes. Segundo os pesquisadores, os homens que participaram da pesquisa talvez tenham se atentado mais ao tom da voz para avaliar a competitividade e a agressividade social do orador, em contraste com as mulheres, que talvez não discriminem força e competência no caso da voz masculina, pois focam em outras pistas, não o tom da voz, para avaliar essas características. Mas no fim, isso não causa muita diferença, elas também escolhem candidatos potenciais com vozes mais graves.

Fonte: Christine Hsu. "Voters Consistently Elect Candidates with Deeper Voices" ("Eleitores votam consistentemente em candidatos com vozes mais graves"). In: *Medical News Daily* (*Diário das Notícias Médicas*), 14/03/2012. Disponível em http://www.medicaldaily.com/voters-consistently-elect-candidates-deeper-voices-239941

As eleições de 2008 e 2012

A eleição de 2008 foi um "divisor de águas" sob muitos aspectos. Vale lembrar que foi a primeira campanha presidencial com duas mulheres disputando a presidência e a vice-presidência. E assim como certamente havia a escolha entre as diferentes masculinidades de Barack Obama e John McCain, também estavam lá Hillary Clinton e Sarah Palin para oferecer a escolha de diferentes feminilidades. De um lado, Clinton, a antiga primeira-dama cerebral, uma administradora tão hábil e competente em análise política quanto seu celebrado marido livresco, mas que vinha à tona como uma pessoa eficientemente fria e "masculina". As caricaturas que os direitistas faziam de Clinton chegaram até mesmo a transformá-la na vítima desafortunada de seu marido notoriamente mulherengo, retratando-a por meio de uma bugiganga, um quebra-nozes criptolésbico, segundo palavras do próprio produto, que assim juntava homofobia, antifeminismo e tradicionalismo de gênero numa única mercadoria.

Se Hillary Clinton era a "megera", Sarah Palin, com seu jeito simplório e bobo de não ter nenhuma compreensão sobre qualquer análise política significativa, conseguiu se tornar a "gata". Os gestores da campanha de Palin conseguiram envernizar a falta de experiência dela e seus conhecimentos políticos risivelmente vagos, fazendo disso uma vantagem para levar eleitores homens brancos a votar na sua "boneca desmiolada". Suas tentativas de transpor a divisão entre bonitinha sem cérebro e "megeras torturadoras de testículos" incluiu uma de suas falas de campanha mais citadas: "uso salto alto, não luvas de boxe"[350].

Essa dupla de feminilidades trazia em miniatura os dilemas de todas as mulheres trabalhadoras norte-americanas da atualidade – ela precisa ser competente, mas sem sacrificar a sua postura singularmente feminina. Ela precisa ser uma boa mãe e devotada a sua família, mas também ser sexualmente atraente para os homens. Afetuosa *e* sedutora, competente *e* graciosa.

Se, por um lado, as mulheres de hoje querem "ter todas as partes", por outro, elas muitas vezes parecem sentir a necessidade de *ser* tudo para todo mundo.

Entre Obama e McCain, a escolha também era fortemente marcada por questões de gênero. "Agora que a verdadeira campanha presidencial está em curso, temos o estilo tradicionalmente 'masculino', encarnado por John McCain, que enfatiza experiência, resistência, combatividade, obstinação, garra, exclusividade etc., e o recente e emergente estilo gerencial 'feminino' praticado por Obama, que enfatiza comunicação, consenso, coletividade e inclusão"[351].

McCain almejava o manto da masculinidade épica e trazia à tona o cativeiro heroico de seu passado como prisioneiro de guerra no Vietnã. Seus vídeos de campanha faziam referência a sua fé nos "pais", ao fato de ele ter sido "testado das formas mais duras e cruéis" e a seu "desejo de lutar e sobreviver" diante da brutalidade de sua prisão[352].

O fato de Barack Obama ser afro-americano reforçava os elementos raciais do debate sobre masculinidade e o tingia com uma história de 250 anos a respeito da raça como uma questão de gênero. A hombridade de Obama foi completamente amarrada a estereótipos raciais. Seu estilo retórico era inspirador, mas sua postura se mantinha comedida e atenuada, como se ele tivesse consciência de que qualquer sinal de cólera poderia jogá-lo de volta para os velhos clichês a respeito de homens negros hipermasculinos e fora de controle. O cineasta Byron Hurt, no curto vídeo de campanha "Barack e Curtis", colocava em contraste Obama e o *rapper* 50 Cent, que, declarava Hurt, encarnava todos os estereótipos negativos sobre o homem negro – um predador sexual furioso, desarticulado e fissurado em dinheiro – que nutriram séculos de demonização racista. Obama podia ser um "homem negro", mas a ênfase estava em "homem"[353].

E por isso o esforço para pintá-lo como um típico elitista educado em Harvard caiu também por terra.

Por mais que lembrassem de suas frágeis tentativas de jogar boliche, nada disso conseguia anular as genuínas proezas de Obama no basquete; e não havia fotos dele praticando *windsurf* em Nantucket ou snowboard em Sun Valley, como houvera com John Kerry.

Não que os especialistas e oponentes não tenham tentado. Comentaristas da imprensa declararam Obama "um pouco frouxo" (Tucker Carlson), "afetado" (Joe Scarborough) e "um menino afeminado" (Don Imus). "Os norte-americanos querem que seu presidente, se for um homem, seja um homem de verdade", disse Scarborough – ignorando o fato de que o eleitorado do país também meio que exige de uma presidente mulher que ela seja "um homem de verdade" e não uma verdadeira dama[354].

Porém, Obama não só resistiu a essa tempestade de emasculação, ele a transcendeu. Sua afabilidade sempre equilibrada aliada a sua inteligência aguda destacou sua condição de brilhante orador, político hábil, marido e pai devoto e homem decente. Ele se tornou um símbolo sexual. "O presidente Barack Obama é a personificação da masculinidade contemporânea", ecoou um *blogger* com uma nítida atração masculina. Outro o chamou de "a encarnação do maneiro". "Inteligente, atraente, elegantemente bonito e bacana, ele é a materialização do modelo de homem contemporâneo do século XXI"[355].

Talvez Obama, mais do que qualquer outro presidente antes dele, tenha conseguido cruzar fronteiras de gênero e abraçar qualidades que haviam sido previamente codificadas como ou masculinas ou femininas. O jurista Frank Rudy Cooper chamou Obama de o primeiro presidente norte-americano "unissex"; outros o chamaram de andrógino[356].

A campanha de 2012 lançou o presidente Obama – mais maduro, porém muito mais apático – contra um tipo muito diferente de ícone masculino: o elitista belo e riquíssimo, na pessoa de Mitt Romney. Ao longo da campanha, Romney lutou contra a percepção de que ele não tinha contato com a vida cotidiana do cidadão comum, do mesmo modo que George H.W. Bush perdeu votos em 1992, quando lhe perguntaram qual era o preço do leite no debate presidencial (uma vez que ele não ia pessoalmente às compras por décadas ou, mais provavelmente, porque seus auxiliares eram também tão elitistas que jamais pensaram em descobrir e lhe contar). Tanto o Presidente Bush pai quanto Romney tinham uma criação aristocrática, que era reminiscência de uma era mais antiga, quando os norte-americanos preferiam ter aristocratas nativos como seus líderes, como se eles fossem dotados de virtudes especiais, diferentes das qualidades do homem comum.

Conforme esperamos os resultados da campanha presidencial de 2016, uma coisa é certa: haverá muitas masculinidades em exibição, cada uma delas tentando atingir o equilíbrio entre, de um lado, determinação viril, força indomável e, de outro, a compaixão pelas batalhas cotidianas do povo que tenta ganhar seu sustento. Também teremos ao menos uma reaparição de feminilidade, tentando alcançar esse mesmo equilíbrio. Quanta empatia um candidato consegue demostrar antes de açoitarmos a palavra com "m"?

A política de gênero

Temos discutido o que se poderia chamar "o gênero da política" – o modo como podemos ver diferenças de gênero no comportamento político ou nas percepções públicas a respeito de diferentes candidatos, bem como o modo como o gênero é usado tanto para elogiar quanto para criticar agentes públicos eleitos. Mas e o outro lado, ou seja, os modos como as diferentes questões de gênero – sexualidade, equilíbrio entre trabalho e família, direitos reprodutivos da mulher – se tornam "políticas"? Por que o governo deveria se importar com quem as pessoas fazem sexo, se elas usam ou não métodos contraceptivos ou sobre como elas decidem criar seus filhos? Será que essas questões são da conta de seu vizinho?

Mas os governos realmente se importam com questões de gênero, excessivamente. Para começar, como vimos, tais questões emergem em todas as áreas, logo todas as outras instituições sociais, como família, educação e trabalho, estão completamente carregadas de problemas de gênero. O gênero também estrutura nossas vidas íntimas, nossa relação com amigos, amantes ou parceiros, e esses também estão constantemente sob o escrutínio da dimensão política.

Consideremos a fertilidade, por exemplo. Quantas crianças você individualmente pode querer ter é uma decisão com enormes implicações políticas e econômicas – ela afetará o sistema escolar, o número de pessoas entrando na força de trabalho, que também afeta a quantidade de dinheiro que as pessoas deixando a força de trabalho por causa da aposentadoria poderão ter. Ela afeta o sistema de saúde. Crianças "demais" colocarão um fardo sobre os sistemas de educação e saúde, mas eventualmente ajudarão a produzir mais recursos necessários para a previdência social e para assistência médica. Se há poucas crianças, a carga sobre as escolas e os hospitais é aliviada, mas os fundos que sustentam a previdência social e os planos médicos podem futuramente cair. Obviamente, essas decisões pessoais têm implicações políticas. (Não é irônico que boa parte do debate em torno desses temas é enquadrado não em termos políticos ou econômicos, mas em termos de moralidade e religião?)

Uma boa ilustração foi o painel de "especialistas" todo constituído de homens reunidos para darem declarações sobre a cobertura de necessidades da saúde feminina para o controle de natalidade. Tais necessidades deveriam ser cobertas pela lei de assistência médica – ou seja, as despesas das mulheres com métodos contraceptivos deveriam ser cobertas pelas empresas de seguro-saúde? Não é possível perceber algo de estranho a respeito desse painel de especialistas que darão testemunhos sobre a sexualidade feminina e as escolhas reprodutivas da mulher?

Quando essa audição ocorreu no começo da primavera de 2012, houve um clamor nacional. Em 2012, era realmente impossível encontrar *uma* mulher qualificada – médicas, epidemiologistas, especialistas em saúde pública, para não falar de mulheres que sentiam estar implicadas no resultado dessas sessões – que fosse capaz de comentar com mais autoridade a respeito das questões reprodutivas e sexuais das mulheres?

Na verdade, essa ilustração apresenta um retrato em certa medida falso, pois na verdade *havia* algumas mulheres especialistas que queriam oferecer suas declarações qualificadas. Mas elas foram excluídas da sessão principal. É possível lembrar da história de Sandra Fluke, uma estudante de direito da Universidade Georgetown, que pediu para ser ouvida e teve seu pedido recusado. Fluke argumentou que a cobertura de seu plano de saúde deveria incluir o controle de natalidade – pois, na opinião dela, sua saúde dependia de sua capacidade de fazer escolhas seguras a respeito de sua sexualidade. (Obviamente, métodos contraceptivos têm um custo-benefício muito melhor: o controle de natalidade oferecido pelas seguradoras de saúde privadas não custam nada ao contribuinte, ao passo que uma gravidez indesejada é muito cara.)

Em resposta, o comentarista de direita Rush Limbaugh pulou no meio da discussão para tentar envergonhar Fluke por ter a audácia de sugerir que o controle de natalidade fosse parte do pacote de seu plano de saúde:

> O que dizer de Sandra Fluke, universitária coeducada junto com outros homens, que aparece diante de um comitê do congresso e, em essência, diz que ela deve ser paga para fazer sexo, o que isso faz dela? Isso faz dela uma vadia, certo? Uma prostituta. Ela quer ser paga para fazer sexo. Ela está fazendo tanto sexo que não consegue pagar os métodos con-

traceptivos. Ela quer que eu e você e os contribuintes paguem para que ela faça sexo.

No dia seguinte, o afrontoso apresentador de rádio foi ainda mais longe:

> Se vamos pagar por seus contraceptivos e, portanto, pagar para que você faça sexo, queremos algo em troca. Queremos que você poste os vídeos on-line para que todos possamos assistir.

A reação foi rápida e inteiramente negativa. Os patrocinadores do *show* retiraram seus anúncios e as emissoras cancelaram o programa, pois perceberam que os comentários de Limbaugh eram ofensivos. Mas eles não eram apenas ofensivos, eram também incorretos. Afinal, não são os contribuintes que pagariam para essa mulher fazer sexo, mas uma empresa privada de saúde, para a qual ela pagaria uma mensalidade, garantindo-lhe poder fazer sexo *e não engravidar exceto se o quisesse*. Ademais, se Rush Limbaugh tiver uma disfunção erétil, como ele admitiu ter no passado, ele poderá obter uma receita de Viagra ou de outra medicação para esse problema (ele afirmou que usa Viagra). Sua prescrição provavelmente será coberta por seu plano de saúde, de modo que ele pagará apenas uma pequena taxa. Ou seja, pela lógica dele, o contribuinte norte-americano que estiver lendo este livro estaria pagando para que ele fizesse sexo. Pelos critérios dele, então, ele também seria um prostituto. (E os vídeos? Talvez não devemos forçar a mão. Eu prefiro que ele queira para as mulheres a mesma privacidade que esperaria para si mesmo[357].)

Consideremos algo menos controverso. E um ambiente de trabalho amigável para a família? Trata-se de uma questão política de gênero. Como visto anteriormente, os Estados Unidos estão entre os cinco únicos países do mundo que não oferecem nenhuma licença parental remunerada, seja para o pai ou para a mãe, quando eles têm um filho[358] (os outros quatro são Suazilândia, Papua Nova-Guiné, Lesoto e Libéria). O país também não oferece quase nenhuma assistência infantil gratuita e pública anterior ao momento em que a criança entra na pré-escola ou no maternal, e muitos estados e comunidades não oferecem nem isso. Poucos locais de trabalho têm berçário ou creche e poucas empresas disponibilizam horários flexíveis para que os pais possam cumprir seus compromissos familiares. Todas essas iniciativas sociais para superar o abismo entre as arenas pública e privada são marcadas por gênero, uma vez que afetam dramaticamente a participação das mulheres na economia.

Por outro lado, afirmar que essas políticas voltadas para a família, como licença parental e apoio para cuidar dos filhos, são "questões femininas" também é problemático. Sim, obviamente, são questões que envolvem as mulheres – aquelas que buscam equilibrar os compromissos profissionais e familiares. Mas, nesse sentido, elas também são questões que envolvem os *homens* que buscam esse mesmo tipo de equilíbrio entre trabalho e família. Ou seja, são questões *parentais*, que não tratam verdadeiramente de mulheres ou homens, mas de mulheres e homens que se tornaram pais. São os pais que querem e precisam de medidas para acolher a família no local de trabalho, de modo que possam conciliar os dois lados de sua vida. Considerar tais questões um dilema feminino reduz as mulheres à condição de mães e, portanto, deixa de lado todas aquelas que não o são, além de também deixar os homens totalmente desimplicados, presumindo que eles estão "livres" de responsabilidades familiares, e portanto não teriam de tentar balancear trabalho e família.

Obviamente, portanto, o Estado se interessa por nossa vida privada, pela vida íntima de nosso gênero. Há todo tipo de lei regulando controle de natalidade, aborto, casamento e divórcio. Há leis proibindo discriminações de gênero em questões de emprego, de moradia e de educação. Há leis que protegem as mulheres de fixação sexual indesejada no trabalho (ou na escola), algo que pode interferir na capacidade delas de realizar suas tarefas profissionais. Todos esses casos são exemplos de como o campo da política pode atravessar a diferença e a desigualdade de gênero.

Por exemplo, o governo dos Estados Unidos acredita que há poucas diferenças de gênero funcionalmente relevantes que justificassem desenvolver políticas para ambientes profissionais ou educacionais favorecendo um gênero sobre o outro. As palavras-chave aqui são, decerto, "funcionalmente relevantes". Obviamente, o governo não toma posição dizendo se há ou não diferenças biológicas reais entre mulheres e homens. É óbvio que elas existem!

A questão é que diferença essas diferenças fazem. Que diferença nossas psicologias, químicas cerebrais, secreções hormonais diferentes fazem sobre nossa capacidade de realizar nossas tarefas, ir à escola, ser, enfim, um cidadão eficiente? A esse respeito, os tribunais têm apresentado uma posição em certa medida ambígua. Ao contrário da raça, que recebe o que legalmente se chama "escrutínio estrito" – ou seja, as cortes reconhecem não haver diferenças de raça funcionalmente relevantes entre pessoas, logo não pode haver medidas em educação, moradia ou emprego que promovam discriminação de raça –, o gênero recebe um tratamento levemente diferente, aquilo que legalmente se chama "escrutínio intermediário". Isso significa que na maioria das vezes a discriminação de gênero será proibida. Há algumas situações em que ela é permitida, embora as cortes tenham definido critérios de exigência bem altos.

A discriminação de gênero é permitida se – e apenas se – tais critérios são satisfeitos. Primeiro, ela deve se basear em "diferenças reais" entre mulheres e homens, e não em estereótipos. Isso significa que não é sustentável a ideia de que a mulher seria menos agressiva que o homem e, portanto, não deveria ter permissão para se alistar no exército. Por que isso é um estereótipo? Porque, embora as mulheres como grupo sejam menos agressivas do que os homens como grupo, uma mulher qualquer em particular pode não ser menos agressiva do que um homem qualquer em particular. Todos nós conhecemos algumas mulheres bastante agressivas e homens que também não são nada agressivos. O que se deseja entre os militares são *pessoas* agressivas, e elas existem em todos os gêneros.

Segundo critério: a discriminação deve ser efetivamente relevante para a tarefa em questão. Isso significa que, mesmo se os homens realmente fossem ouvintes menos empáticos do que as mulheres, novamente como grupos, os hospitais não poderiam com isso contratar apenas enfermeiras. Em que sentido exato ser um ouvinte empático é uma qualificação necessária para este trabalho? Por fim, a terceira exigência a ser cumprida por um potencial "discriminador" é a existência de um interesse público irrefutável na discriminação, uma razão para que o Estado deixe de lado sua opinião geral de que não é certo nem apropriado discriminar. Isso é bem difícil de demonstrar, logo a posição padrão é a de que praticamente em todas as circunstâncias a discriminação baseada em gênero é ilegal.

Porém, o escrutínio garantido às questões de raça (escrutínio estrito) e às de gênero (escrutínio intermediário) não é oferecido às pessoas LGBT. Elas não recebem nenhuma atenção, pois não são consideradas membros de uma classe protegida, sobre a qual os tribunais atuariam. Assim, aos olhos de alguns indivíduos, não há argumento jurídico em favor do casamento entre pessoas do mesmo sexo: as pessoas LGBT não teriam nenhum direito garantido para se casar. Mas consideremos a questão do matrimônio homoafetivo por uma perspectiva de gênero. A lei relativa à discriminação de gênero inclui uma cláusula atenta à expressão "não fosse o sexo". Dado que a 14ª emenda à constituição norte-americana garante "proteção igual da lei", qualquer forma de discriminação violaria tal proteção igualitária (a não ser, como vimos, que as leis sejam baseadas em diferenças reais, sejam relevantes para a questão e sirvam a um interesse de Estado legítimo). Por isso, a noção de que um direito seria garantido caso o sexo biológico da pessoa fosse outro é juridicamente compreendida como fundamento para declarar esse tipo de discriminação inconstitucional. A exclusão das mulheres de inúmeras áreas foi questionada com sucesso mostrando que, "não fosse o sexo", elas já teriam sido admitidas.

Consideremos, portanto, o casamento homoafetivo com esse ponto de vista. Se duas pessoas, vamos chamá-las de David e Barbara, querem se casar, não há nada que as impeça. Mas se David e *Roberto* querem se casar, há algo que os impede. Ou seja, "não fosse o sexo", eles teriam permissão para se casar. A única coisa que impede o casamento deles é o sexo biológico de Roberto. Ora, tal impedimento é nitidamente inconstitucional. Desse modo, parece inevitável que o casamento homoafetivo se torne legal em todo o território dos Estados Unidos. Proibi-lo é evidentemente caso de discriminação sexual.

Entretanto, esses dilemas levantam questões importantes. E como fica alguém que nasceu mulher, mas agora mudou de sexo e se tornou homem? Como compreenderemos a discriminação nesse caso? O que ocorre se for possível demonstrar que algum tipo de discriminação de gênero cumpre todos os critérios estabelecidos pelos tribunais: é livre de estereótipos; baseia-se numa diferença real relevante para a realização de um trabalho; e o governo tem um interesse público inegável em promovê-la?

Leis sobre transgênero como política de gênero

Indivíduos transgênero são submetidos a uma horda de discriminações de gênero. Eis uma instância em que a lei tem falhado em acompanhar o ritmo das mudanças na vida dos cidadãos. As pessoas transgênero demonstram que aquilo presumidamente concebido como um conjunto binário de categorias – "homens" e "mulheres", sendo então toda a missão da sociedade assegurar que os biologicamente machos ficassem na categoria "homem" e que todas as biologicamente fêmeas ficassem na categoria "mulher" – era na verdade uma série de contínuos transversalmente interseccionados: o sexo biológico no nascimento, a exposição social do gênero, a *performance* de gênero, o sexo biológico na idade adulta, dentre outros. Identidades como transgênero, gênero *queer*, os "gênero foda-se" etc. são tão novos e culturalmente chocantes para nossas concepções culturais prévias que simplesmente não sabemos como compreender essa vertiginosa variedade de corpos, identidades e *performances*.

E uma pessoa que nasceu homem, mas que faz a transição e agora é biologicamente uma mulher? O que sua certidão de nascimento deveria dizer? E o passaporte dela, ou sua carta de motorista? E uma pessoa que é biologicamente mulher, mas se veste como um homem, age masculinamente e chama a si mesma de Miguel em vez de Michelle? E se ela for a uma faculdade exclusivamente feminina? E uma pessoa de cujo "sexo" não se tem plena certeza, que se veste de um modo nem "masculino" nem feminino", por exemplo, *jeans* e moletom? Que banheiro público ela deveria usar? E uma pessoa que muda conforme o humor, um dia se veste e age como um homem bastante "masculino" e, no outro, como uma mulher bastante "feminina"? (Uma das características dessas novas identidades e comportamentos é que elas exigem do escritor a colocação de aspas em praticamente tudo. Essas novas identidades revelam que nada é fixo, nada pode ser dado como garantido; todas essas categorias são assim por convenção e hábito, não por serem necessariamente encontradas na natureza.)

Consideremos alguns poucos exemplos: a pesquisa norte-americana de 2011 sobre a discriminação transgênero descobriu que uma em cada cinco pessoas que se identificam como transgênero foram, em algum momento de suas vidas, vítimas de discriminação em questões de moradia. Mais de uma a cada dez foram efetivamente despejadas por causa de sua identidade. Na escola, estudantes transgênero enfrentam discriminações e assédios graves. Quase nove de cada dez (89,5%) dentre eles relatam se sentir inseguros na escola. Estudantes transgênero têm risco consideravelmente maior de evasão escolar e suicídio. Aqueles que exprimem alguma identidade transgênero ou alguma inconformidade de gênero nas séries de primeiro e segundo graus relatam maiores índices de assédio (78%), agressão física (35%) e violência sexual (12%); o assédio é tão severo que leva quase um sexto (15%) a deixar a escola tanto nos níveis primário e secundário quanto nos níveis superiores.

A pesquisa também descobriu que pessoas transgênero vivenciam abusos generalizados no setor público: 22% relatam não terem sido tratados igualmente por uma agência ou funcionário do governo; 29% relatam ter sofrido assédio ou desrespeito da polícia; e 12% relatam não terem tido tratamento igualitário ou terem sido assediados por parte de juízes e funcionários do judiciário. Ademais, um quinto (22%) das pessoas entrevistadas pela pesquisa e que tiveram contato com a polícia relatam terem sido assediadas pelos policiais, uma taxa muito maior do que a relatada por pessoas negras e de diferentes etnias. Regulamentos militares negam aos transgênero o direito de servir abertamente, e os veteranos transgênero enfrentam discriminações significativas no sistema de saúde que lhes é dedicado.

Por fim, quase todos – alarmantes 97% – vivenciaram assédio ou outra experiência negativa no trabalho, e mais de um quarto (26%) relataram ter perdido seu emprego por causa de sua identidade de gênero. Na maioria dos estados norte-americanos ainda é legal demitir alguém simplesmente por ser transgênero. E apesar das proteções crescentes, os índices de pessoas com essa identidade desempregadas ainda é em geral o dobro do índice da população geral, e os números para transgêneros negros e de diferentes etnias são quase quatro vezes maiores do que a média de desemprego nacional[359].

Pode-se dizer que essa discriminação é legítima porque as pessoas transgênero deixam os outros empregados desconfortáveis e distraídos, impedindo-os de ter um bom desempenho. É um argumento razoável. Mas podemos lembrar, por certo, o caso *Pan Am versus Diaz*, em que um homem processou a empresa porque ele queria ser um assistente de voo, enquanto a companhia dizia que um homem nessa função deixaria os passageiros desconfortáveis quando servisse as bebidas e "poderia despertar neles sentimentos que eles não desejariam ver despertados"[360]. Os tribunais recusaram o argumento da Pan Am e decidiram que o "conforto" dos passageiros não era base legítima para discriminação. Hoje há muitos homens trabalhando como assistentes de voo (e será igualmente fácil que nós nos acostumemos com colaboradores transgênero).

E obviamente há o problema dos banheiros (a discriminação em banheiros já está, na verdade, implicada na discriminação de gênero para a moradia e emprego). Em qual deles as pessoas transgênero vão para, enfim, qual deles? É complicado. Os banheiros não dizem "masculino" e "feminino", mas "homens" e "mulheres". Logo, eles não exigem necessariamente a masculinidade ou feminilidade anatômica, mas apenas pessoas com o gênero *social* homem ou mulher – ou seja, que pareçam pertencer ao gênero do banheiro até que desapertem suas roupas.

Houve certamente sinais de mudança. Em 2009, a identidade de gênero foi acrescida à lista da lei contra crimes de ódio, protegendo explicitamente as pessoas transgênero sob a lei federal dos direitos civis pela primeira vez. Um número crescente de *campi* universitários está adotando proteções para não discriminar transgêneros. Muitas faculdades e universidades agora oferecem opções de moradia de gênero neutro para os estudantes que vivem no campus. Mesmo os banheiros já não estão mais carregados de tanto perigo, pois algumas instituições os fizeram em gênero neutro, enquanto outras lhes oferecem uma terceira opção, junto com banheiros mais tradicionais para "homens" e "mulheres". Recentemente, uma mulher transgênero teve permissão para competir em um desfile de Miss Universo. Pessoalmente, gosto das placas nos dois banheiros de minha cafeteria favorita em Santa Cruz, Califórnia. Não há sinais para "homens" ou para "mulheres" ali, mas sim para "nós" e "eles". Você decide por si mesmo a qual deles pertence.

O Estado como uma instituição marcada por gênero

Não só as questões de gênero aparecem constantemente na agenda política, mas a própria arena política é, em si mesma, uma instituição que faz gênero e é feita por ele. E esse gênero é masculino. É possível lembrar da discussão a respeito do tempo no ritmo da carreira profissional apresentada no capítulo 9: a carga de trabalho mais pesada vem no início da carreira, então será preciso trabalhar mais duro durante a primeira década no emprego, que coincide com o auge dos anos para produzir filhos. Isso é mais aceitável para um homem cujos filhos serão cuidados por outras pessoas (seja a mãe deles ou uma substituta da mãe). Uma carreira em medicina, no direito ou como professor universitário exige a maior parte de seu tempo desde o fim da formação (com quase trinta anos) até que o profissional se torne "titular" ou sócio ou tenha uma clínica bem-estabelecida, o que significa que essa pessoa não poderá devotar muito tempo para criar os filhos antes da metade de seus trinta anos. De repente, tais profissionais vivenciam o velho provérbio "loucura breve, longo arrependimento" e batem na própria cabeça como se dissessem "minha nossa, esqueci de ter filhos!"

O gênero é não só uma faceta de nossa identidade – algo que você *tem* – mas também um conjunto de processos, profundamente enraizado nas instituições e nas lógicas institucionais, de nossa sociedade. A dinâmica dessas instituições, seus princípios de organização, pressupõem um ator de gênero – seja ele um trabalhador ou cidadão. Na moderna sociedade democrática norte-americana o "cidadão" é um homem.

Isso ocorre não porque os pais fundadores dos Estados Unidos escreveram "todos os homens são criados iguais". Se fosse realmente tão fácil corrigir – uma simples revisão gramatical que dissesse: "todas as pessoas são criadas iguais". Mas, ora, assim como tem se mostrado incrivelmente difícil conceber o "cidadão" como uma pessoa não branca, também tem sido igualmente árduo concebê-lo como alguém que não seja homem.

Mesmo quando se sai dos Estados Unidos, os arranjos institucionais da sociedade global são pautados por gênero. O mercado, as corporações multinacionais, as instituições geopolíticas transnacionais (a Corte Internacional de Justiça, as Nações Unidas, a União Europeia) e seus princípios ideológicos correspondentes (racionalidade econômica, individualismo liberal) exprimem uma lógica de gênero. E se o trabalhador "ideal" não for um "trabalhador desimpedido" e pronto para se devotar ao trabalho 24 horas por dia, 7 dias por semana, mas sim um trabalhador "integrado", que está ancorado num conjunto de relações que constitui sua vida, que inspira e motiva as ações no local de trabalho e que traz para ambiente profissional habilidades aperfeiçoadas por tais relações? E se a conversa sobre a crise fiscal europeia fosse a respeito do que é melhor para nossos filhos ou para nossos parentes idosos, em vez de ser a respeito do que é melhor para os bancos?

A **globalização** também é marcada por gênero, uma vez que a integração econômica tem impactos distintos sobre homens e mulheres. Em níveis globais e nacionais, o ordem de gênero mundial privilegia os homens de muitas maneiras, como desigualdade de salários, desigualdade de participação na força de trabalho, estruturas desiguais de propriedade e de controle da propriedade, posse desigual do próprio corpo e privilégios culturais e sexuais. Por outro lado, as noções tradicionais de homem provedor e de mulher dona de casa criaram dois grandes grupos populacionais migrantes – um de mães que deixam seus filhos para cuidar dos filhos de outras pessoas e uma de pais que deixam suas famílias para buscar trabalho braçal em outros países, para muitas vezes viver em assentamentos ilegais, em dormitórios exclusivamente masculinos ou no chão de fábrica.

É igualmente verdade que a própria definição de masculinidade e de feminilidade está mudando, como consequência da globalização. Cada vez mais, emerge um único modelo global dominante de masculinidade corporativa. Essa definição aplaina e emudece as interações masculinas regionais e locais tradicionais e as substitui por uma versão que parece e age de modo mais ou menos igual não importa o contexto. É possível notar essa "masculinidade" dominante global: ela é branca, de meia-idade e está sentada no saguão da primeira classe de algum aeroporto internacional. Com sua aparelhagem eletrônica, carregando adaptadores para todas as tomadas elétricas concebíveis ao redor do mundo, ele está totalmente conectado à internet e a seus clientes. Não importa a sua origem nacional, ele fala inglês fluentemente. Não importa sua maneira tradicional de se vestir, ele usa um terno executivo, feito sob medida por um alfaiate. Ele é cosmopolita em seu estilo cultural: ama culinária europeia e bons vinhos. Suas preferências sociais e sexuais são muito liberais, mas suas simpatias econômicas e políticas são bem conservadoras. Ele é o 1% global (também é tão ubíquo em nossos jornais, revistas e *shows* de TV que muitas vezes é difícil se lembrar que há bem poucas pessoas no mundo como ele!).

Se o gênero no novo mundo globalizado tem aí uma de suas faces, não é acaso que a resistência à globalização geralmente revele outra face também pautada por essa questão. Historicamente, os movimentos contra o colonialismo usaram muitas vezes o gênero como forma de mobilizar resistências nacionalistas. Por exemplo, em Bengala, ao final do século XIX, os colonos britânicos exercem seu domínio imperial humilhando os homens bengali constantemente, dizendo que eles eram ou efeminados ou predadores sexuais vorazes e incapazes de se autocontrolar (ao longo da história, os homens dos grupos marginalizados foram muitas vezes submetidos a esse tipo de imagem dupla: eles tinham uma masculinidade ora excessiva, ora insuficiente, ora eram vistos como animais fora de controle, ora como preguiçosos, irresponsáveis e incapazes de sustentar uma família "normal"). Com isso, por um lado, os homens bengali eram considerados predadores incontroláveis, o que levou os britânicos a aprovar a lei de 1891 sobre a idade mínima de consentimento, proibindo o casamento de meninas jovens com homens crescidos. Como um jornal do país anunciou furiosamente:

> O governo quer nos civilizar, pois aparentemente somos um povo muito incivilizado e bárbaro, e mergulhado em superstição... que submete suas mulheres a um uso brutal e nocivo, ou pior, que comete opressões bestiais contra suas meninas[361].

Por outro lado, essa predação na verdade resultaria da "efeminação, das imperfeições mentais e de-

---

LEIA TUDO A RESPEITO!

A participação das mulheres na política varia enormemente de país para país. Mas, de acordo com os sociólogos Richard York e Shannon Elizabeth Bell, ela está intimamente associada com outros indicadores de satisfação com a vida. No seu artigo "Life Satisfaction Across Nations" ("Satisfação com a vida em diferentes nações"), York e Bell mostram que a sensação de bem-estar das pessoas – seu nível de satisfação – tem correlação com outras três variáveis: alto índice de participação política das mulheres, baixo índice de gastos militares e alto índice de gastos com a saúde. Por certo, isso não significa que apenas as mulheres ficam mais felizes – os homens também ficam.

bilidades morais", que seriam endêmicas na cultura bengali, como afirmado pelo *Indian Medical Gazette* (Revista Médica Indiana).

Poderes coloniais quase sempre usaram o gênero – tanto a masculinidade inadequada dos homens colonizados quanto a inocência indefesa das mulheres colonizadas, que estariam em desesperada necessidade de resgate. Por isso, não é nada surpreendente que, conforme se revoltavam contra seus opressores imperialistas, tais povos utilizassem uma retórica de mobilização política marcada por gênero. É como se os homens dissessem: "não somos nós, mas *eles*, que abusam de nossas mulheres e nós, os homens de verdade, os homens másculos, os homens nativos, devemos nos levantar e expulsá-los!"

Não é preciso procurar muito para encontrar essa situação. Praticamente todos os movimentos de libertação nacional durante os séculos XIX e XX usaram uma linguagem de emasculação marcada por gênero para descrever o impacto do colonialismo sobre as populações nativas. Teóricos como Franz Fanon afirmaram que os poderes coloniais criaram uma "alteridade" negra que era simultaneamente emasculada e uma projeção do desejo reprimido dos brancos. Inserindo uma análise freudiana sobre a situação do colonialismo, Fanon argumentou que o projeto colonialista branco projeta sobre o homem negro toda a sexualidade reprimida que é exigida pela civilização (um dos princípios centrais da tese de Freud é a de que o processo civilizatório requer a sublimação sexual: toma-se toda aquela energia sexual para que ela seja canalizada em projetos mais "produtivos"). Eis o que diz Fanon em seu explosivo livro *Pele negra, máscaras brancas* (1952):

> Todo ganho intelectual requer uma perda na potência sexual. O homem branco civilizado tem uma nostalgia irracional do tempo extraordinário da permissividade sexual, das cenas orgíacas, dos estupros impunes, do incesto não reprimido... ao projetar seus próprios desejos sobre o negro, o homem branco se comporta "como se" o negro efetivamente os realizasse... O negro está fixado na genitália; ou em todo caso ele foi ali fixado[362].

O racismo é, por definição, sexual – ou seja, marcado por gênero. Fanon argumenta que o homem branco projeta sobre o homem negro todos os desejos indomados que ele, o branco, teve de reprimir e então presume que o negro é consumido pela mesma luxúria incontrolada. Com isso, o branco se torna fascinado pela sexualidade do negro; não por acaso, o temor de que este estupraria mulheres brancas motivaram racistas por séculos e, pelo mesmo motivo, o linchamento de homens negros frequentemente incluiu a mutilação genital.

Se as forças institucionais da opressão racista e da subalternização colonial usaram o gênero como justificativa para intervir e como consequência ou resultado dessas intervenções, não é surpresa que os movimentos de resistência que se levantaram contra elas estivessem igualmente saturados de anseios e estratégias de gênero (recuperar a masculinidade). Em alguns casos, como o do líder dos Panteras Negras Eldridge Cleaver, isso se traduziu em usar o medo que os homens brancos tinham da sexualidade negra contra os próprios brancos. Cleaver ficou negativamente marcado (e politicamente condenável, na minha opinião) por afirmar que, para um homem negro, estuprar uma mulher branca era um ato revolucionário de resistência ao racismo.

Mas é possível encontrar elementos dessa linguagem de gênero em quase todos os movimentos sociais do mundo hoje – seja em mobilizações progressistas para reivindicar a nação de volta para seu próprio povo (e, portanto, expulsar os colonizadores), seja em movimentos contra a globalização que buscam "restaurar" o país, levando-o de volta para suas fundações tradicionais e geralmente religiosas. Cada movimento social traz uma reflexão sobre as funções apropriadas para as mulheres e para os homens, bem como um debate sobre a masculinidade de cada grupo de homens.

Em alguns casos, as mulheres que já se viam aprisionadas às restrições sociais tradicionais foram então ainda mais subalternizadas pela intervenção colonialista. Por isso, em movimentos como os protestos iranianos de 2009 ou a Primavera Árabe de 2010, elas estiveram em grande evidência e exigiram poder se juntar à arena pública global em igualdade com os homens. "Se você perguntar a alguém se querem igualdade de gênero, verá que aqui esse é um termo pesado", explicou uma mulher egípcia. "Isso quer dizer que todas as mulheres deveriam ser como homens? A maioria diria que não. Se isso quer dizer que elas devem ter escolhas e proteção igual diante da lei, a maioria diria que sim".

E a participação delas parece ter provocado algum efeito sobre a direção dos movimentos e sobre sua aceitação entre os líderes homens. "Nossas demandas são de certo modo iguais às dos homens, a começar pela liberdade, cidadania igualitária e maior participação das mulheres na sociedade", afirmou Faizah Sulimani, 29 anos de idade, uma liderança nos protestos feitos no Iêmen. "As mulheres sentem o cheiro da liberdade na Praça Change, onde elas se sentem mais bem-vindas do que nunca. Seus colegas [homens] na luta pela liberdade estão demonstrando uma aceitação incomum da participação delas e, com efeito, estão pela primeira vez deixando-as ser e dizer o que elas realmente querem"[363].

No outro lado do espectro político, movimentos conservadores ou fundamentalistas que buscam levar a sociedade de volta para suas fundações tradicionais também intentam transformar as relações de gênero, mas na direção exatamente oposta. As mulheres, eles afirmam, foram "masculinizadas" – forçadas pelas condições do mercado a trabalhar fora de casa, a recusar a maternidade, a buscar os direitos e prerrogativas na esfera pública que foram previamente reservados para os homens. Por exemplo, o Talibã no Afeganistão – formado tanto como um movimento anti-imperialista contra a ocupação soviética nos anos de 1980 quanto como um movimento fundamentalista religioso – procurou remover as mulheres de toda a vida pública e restaurá-las ao ambiente doméstico, o lugar, dizem eles, ao qual elas pertencem. Em todo o mundo islâmico, mas especialmente no Irã e no Iraque, as mulheres haviam dado grandes passos em direção à igualdade, assegurando direitos de ir à escola e até mesmo às universidades, entrar em profissões e escolher seus maridos. Até mesmo na Arábia Saudita, elas estavam lutando para que pudessem abrir contas no banco e dirigir veículos. Elas queriam entrar na esfera pública, tal como seu país estava entrando na arena política e econômica global.

Movimentos tradicionalistas tentaram interromper esse processo, retirar a mulher da força de trabalho e fechar as escolas para meninas e moças. Também reafirmaram a dominação masculina sobre o lar, insistiram na ideia de que as mulheres devem obedecer ao pai e ao marido, e as puniram, muitas vezes de modo brutal ou mesmo letal, quando elas resistiram. "Tomaremos medidas contra as mulheres que saírem para fazer compras nos mercados e qualquer lojista que for visto negociando com compradoras será tratado severamente", diz um pôster colado em Peshawar, no Paquistão[364].

Embora esses esforços sejam mais visíveis em países muçulmanos, há muitos outros exemplos. Em Israel, por exemplo, a reação ultraortodoxa contra o Estado laico israelense puniu as mulheres que se sentavam onde quer que quisessem no ônibus que escolhessem (em vez de se sentar na parte de trás) e apedrejou garotas estudantes com seus uniformes escolares (pois seriam julgados como atrevidos por tais juízes autoproclamados da moda). Diante disso, não é de se admirar que algumas das lideranças dos movimentos que fizeram a Primavera Árabe em 2010 eram mulheres. Elas encabeçaram as mobilizações no Egito e no Irã, bem como estiveram em evidência nos protestos que derrubaram os líderes autoritários e tradicionalistas na Tunísia, Líbia e Iêmen.

Menos visíveis, mas igualmente pautados pelo gênero, foram os esforços para que homens fossem remasculinizados. Se as mulheres haviam se desgarrado para a esfera "masculina" da vida pública, a autoridade inquestionada dos homens tanto nessa arena quanto no lar fora constantemente erodida. Por isso, como diziam os líderes fundamentalistas, os homens tinham de voltar a ser homens de verdade. Por exemplo, o Talibã no Afeganistão perseguiu os barbeiros, dado que a barba do homem é um símbolo de sua virilidade ordenado pelo profeta (isso também é verdade entre os Haredi – judeus ultraortodoxos – em Israel, que não tiram as costeletas de suas barbas). Os barbeiros afegãos que tirassem a barba de outros homens seriam puníveis tendo suas mãos cortadas. Em um caso que ficou bem conhecido, 28 barbeiros do país foram aprisionados por fazer em seus clientes um corte de cabelo que se parecia com o do ator Leonardo DiCaprio no filme *Titanic*. Estilos de corte como o da banda "Beatles" foram considerados "perigosos" e legalmente banidos.

Mais próximo do Ocidente, em outubro de 2011, três membros de um culto dissidente Amish foram presos por barbear a força diversos homens dessa religião, um ato terrível de humilhação dentro de um grupo religioso que não permite se barbear e denuncia o uso de eletricidade (como o de barbeadores elétricos, que foram usados). O líder do culto, Sam Mullet, explicou que o ato foi uma retaliação contra a marginalização dele. Por isso, seja com o Talibã proibindo homens de se barbear, seja com Mullet os barbeando à força, é evidente que a barba masculina é mais do que uma questão de moda: ela é a prova de uma masculinidade divinamente sancionada[365].

Até mesmo Osama bin Laden usava uma linguagem marcada por gênero para exortar os homens da Al Qaeda a cometer seus sacrifícios terroristas suicidas, primeiro ao afirmar que os norte-americanos eram fracos e afeminados (já que os Estados Unidos aceitam mulheres no exército) e depois ao inspirar seus seguidores a mostrar que eram "homens de verdade":

> Nossos irmãos que lutaram na Somália observaram maravilhas sobre a fraqueza, fragilidade e covardia do soldado norte-americano... Cremos que somos homens, homens muçulmanos que devem ter a honra de defender (Meca) – não queremos que mulheres norte-americanas a defendam... Os governantes daquela região devem ter sido privados de sua ombridade... e acreditam que o povo são as mulheres. Por Deus, as mulheres muçulmanas se recusam a ser defendidas por essas prostitutas norte-americanas e judias.

Afirmações como essa fornecem ampla evidência de que convocar para a luta é quase sempre um chamado para reivindicar, quando não para provar, a própria masculinidade. E, infelizmente, não será a última vez que ouviremos tais chamados.

Reparando a arena política marcada por gênero

Um dos grandes clamores mobilizadores do movimento feminista desde os anos de 1960 tem sido "o pessoal é político", frase com a qual as pessoas afirmam que as rotinas diárias de sua vida pessoal – trabalho doméstico, criar os filhos, dividir as tarefas com seu companheiro e com seus amigos, ver televisão, os filmes que são assistidos, as músicas que são ouvidas, até mesmo o sexo – são "políticas", ou seja, estão completamente ligadas com as realidades políticas da desigualdade de gênero. Como alguém vive sua vida, todos os dias, reflete e reproduz tanto a diferença quanto a desigualdade de gênero.

É igualmente verdade que "o político é pessoal" – a arena da política, desde as decisões públicas até as escolhas que se faz sobre o voto nas eleições – tudo isso reflete as diferenças de gênero que assumimos como "naturais" e as desigualdades de gênero que geralmente presumimos derivarem de tais diferenças.

Desde suas origens em meados do século XIX o movimento das mulheres buscou reparar os dois lados da desigualdade de gênero. Já na época oitocentista, as campanhas femininas em favor da inclusão política se baseavam no princípio moral e teológico de que, sendo homens e mulheres almas iguais aos olhos de Deus, não poderia haver alguma justificativa para proibi-las de participar dos frutos da vida política democrática. Desde a primeira Convenção da Mulher em Seneca Falls, Nova York, em 1848, as mulheres têm buscado a inclusão política como modo de se tornarem cidadãs em pé de igualdade.

Na Modernidade, o movimento das mulheres nasceu para remover os obstáculos para a plena participação feminina na vida moderna. No século XIX, a **primeira onda** dessa mobilização estava preocupada com a *entrada* da mulher na esfera pública. As campanhas para permitir que elas votassem (sufrágio), fossem à universidade, participassem de júris, pudessem se dedicar ao direito ou à medicina, ou entrassem em determinadas profissões ou se sindicalizassem foram todas amplamente bem-sucedidas em seus objetivos até meados do século XX. O lema da Associação Norte-americana do Sufrágio Feminino era "Às mulheres seus direitos e nada menos! Aos homens, seus direitos e nada mais!" Ao redor do mundo, elas começaram a questionar as definições restritivas de feminilidade e as barreiras que impediam sua participação plena na sociedade. Desde suas origens, o movimento das mulheres foi um movimento global, ainda que todas as suas expressões nacionais e culturais tenham buscado mudanças concebidas para seu contexto específico. Nas primeiras décadas do século XX as mulheres na Europa e na América do Norte obtiveram os direitos básicos para entrar na arena pública. Nas últimas décadas, alguns dos desenvolvimentos mais importantes do feminismo global foram gerados fora dos Estados Unidos.

Uma vez obtido o direito de votar, de servir no exército e de se tornar médicas, advogadas, arquitetas e profissionais de todos os tipos, logo o próximo passo das mulheres seria garantir que, depois de entrar na esfera pública, elas também conseguissem viver uma vida plena: segura, sem ameaça de assédio e discriminação no mundo do trabalho, capaz também de ter os arranjos familiares desejados e um equilíbrio entre a vida familiar e profissional. Começando nos anos de 1960, a **segunda onda** do movimento das mulheres surgiu determinada a continuar a luta para eliminar os obstáculos para o avanço feminino, mas também dedicada a investigar os modos como a desigualdade de gênero é igualmente parte da vida pessoal, que inclui os relacionamentos entre mulheres e homens. No mundo industrializado, a segunda onda focou na participação pública – igualdade no mundo do trabalho, elegibilidade para cargos públicos – e também começou a chamar atenção para a violência masculina contra as mulheres, o estupro, a difamação delas na mídia, a sexualidade feminina e os direitos das lésbicas.

Isso exigia, obviamente, influenciar a arena política que moldava o modo como as pessoas vivem a própria vida. As mulheres fizeram campanhas, como mulheres, em favor da assistência médica, dos direitos reprodutivos, da liberdade de controlar seu próprio corpo e de políticas públicas que as protegessem de agressões, violência, estupro, tanto ao sair de casa quanto ao voltar para ela.

Vejamos todos os direitos que toda mulher norte-americana nos dias de hoje pode considerar como garantido: o direito de votar, de dirigir um carro, de integrar um júri, de competir nos esportes, de trabalhar na profissão escolhida, de poder trabalhar protegida de assédios e de ganhar salários iguais aos salários dos homens, de estar segura nas ruas e em sua casa, de poder abrir uma conta no banco com seu próprio nome, de dirigir um escritório, de servir no exército, de colocar seu próprio nome na caixa postal de sua própria casa, de ter um orgasmo. As mulheres hoje em dia podem considerar esses direitos garantidos porque outras mulheres, milhares delas, devotaram toda sua vida para lutar na arena política com o intento de que, no mundo contemporâneo, fosse possível ter a felicidade de eventualmente garanti-los.

Atualmente, a **terceira onda** do movimento das mulheres emergiu entre as jovens. As feministas dessa terceira onda, por um lado, partilham a indignação diante das discriminações institucionais e da violência interpessoal; por outro, elas também demonstram ter uma relação mais descontraída com os meios de comunicação de massa e o consumismo. Elas defendem os direitos das lésbicas ao mesmo tempo em que são intensamente heterossexuais e defendem a possibilidade de serem amigas e amantes dos homens. Também são decididamente mais multiculturais e buscam explorar e desafiar as "intersecções" da desigualdade de gênero com outras formas de desigualdade, como as de classe, raça, etnia e sexualidade. Elas se mostram igualmente preocupadas com as desigualdades de raça e de sexo, e percebem os modos como essas outras diferenças constroem nossas experiências de gênero. As feministas da terceira onda também se sentem mais pessoalmente empoderadas do que suas antecessoras; elas muitas vezes sentem que não há mais necessidade de feminismo, uma vez que podem agora fazer quase tudo que desejam.

A posição política de muitas mulheres jovens hoje muitas vezes é "não sou feminista, mas..." A maioria delas concorda com praticamente todos os princípios do feminismo – salários iguais por trabalho igual, direito de controlar seu próprio corpo e sexualidade – mas acreditam que já são iguais aos homens, que, portanto, não precisam de um movimento político para libertá-las e que o termo *feminista* carrega muitas conotações negativas.

Feminismo é um termo muito abrangente, que descreve uma ampla variedade de teorias que guiaram o esforço das mulheres para transformar a arena política. Por certo, há muitos feminismos assim como há muitas feministas, mas os princípios gerais das diferentes correntes dessa noção nos permitem discernir os diferentes modos como o movimento das mulheres buscou mobilizar as pessoas politicamente, com o objetivo de reparar as desigualdades de gênero. As feministas acreditam que as mulheres devem ter os mesmos direitos políticos, sociais, sexuais, econômicos e intelectuais desfrutados pelos homens. Elas insistem na igualdade da mulher em todas as arenas – na esfera pública, nas relações interpessoais, no trabalho e em casa, na cama do quarto e na mesa da diretoria. Pode-se, obviamente, ser uma feminista e gostar dos homens, querer ser atraente, raspar as axilas e usar maquiagem. Ou não. O feminismo diz respeito às escolhas da mulher e à possibilidade de escolher fazer o que quer que ela queira fazer, sem nenhum obstáculo maior do que os limites de suas habilidades.

O feminismo é também um movimento político global – com expressões locais, regionais e transnacionais. A Declaração das Nações Unidas de 1985 deixou explícito que os direitos das mulheres são direitos humanos universais – e que a integridade corporal delas, sua autonomia sexual, seus direitos à participação pública não tinham nenhuma fronteira nacional. Há muitas correntes importantes de feminismo. Todas elas enfatizam um aspecto diferente da desigualdade de gênero e prescrevem uma fórmula política para a igualdade.

Diferentes correntes do feminismo enfocam diferentes questões políticas. Por exemplo, as **feministas liberais** priorizam remover os obstáculos para a entrada individual das mulheres na esfera pública. Elas se colocam na linha de frente de campanhas por salários iguais e valorizações equiparáveis, bem como em favor da escolha reprodutiva. Uma lei por direitos iguais nos Estados Unidos, que não passou como emenda constitucional em 1970, é um exemplo da agenda política do feminismo liberal. O projeto de lei simplesmente afirmava que "a igualdade de direitos sob a lei não deveria ser negada ou limitada pela federação ou por qualquer ente estadual em razão do sexo". Críticos dessa corrente feminista liberal afirmam que o foco na remoção de barreiras aos direitos individuais ignora as causas profundas da desigualdade de gênero; as liberais feministas tendem a ser em sua maioria brancas e de classe média, seu foco na progressão da carreira reflete sua classe e raça.

Por outro lado, **feministas radicais** enfatizam não tanto as restrições à mobilidade e às escolhas individuais da mulher, mas a opressão sistemática das mulheres – por serem mulheres. Muitas adeptas dessa corrente acreditam que elas são oprimidas e subordinadas aos homens direta e pessoalmente, muitas vezes por meio de relações sexuais. Elas creem geralmente que o patriarcado é a forma original de dominação e que todas as outras formas de desigualdade nele se originam. Para as feministas radicais, é por meio do sexo que os homens se apropriam do corpo feminino. Elas se mostram ativas em campanhas para acabar com a prostituição, com a pornografia, o estupro e a violência contra as mulheres. Muitas afirmam que é "traficando" o corpo feminino – vendendo-o por meio da prostituição ou retratando imagens desse tráfico na pornografia – que a desigualdade de gênero é reproduzida. A pornografia abre uma rara janela para se observar a psiquê masculina. É assim que os homens veem as mulheres, elas afirmam: "A pornografia é a teoria, o estupro é a prática", diz o *slogan* cunhado pela escritora feminista radical Robin Morgan (1976). O feminismo radical tem conseguido chamar a atenção internacional para questões como a violência doméstica e o estupro. E criou uma preocupação crescente no mundo todo com as formas renovadas e retomadas de mercantilização da escravidão sexual.

Porém, o feminismo radical baseia-se de modo excessivo ou pouco convincente sobre afirmações genéricas a respeito de todos os homens ou todas as mulheres, sem levar em conta as diferenças entre eles e entre elas. Por isso, ele é frequentemente "essencialista" e declara que a única linha divisória na sociedade é aquela entre homens e mulheres. Ou seja, de todos os feminismos, ele é talvez a variação radical que acredita que os homens são de Marte e as mulheres são de Vênus. Suas reivindicações de uma irmandade feminina universal não convenceram as feministas negras, cuja percepção é a de que, quando as feministas radicais dizem "mulher", elas na verdade se referem às "mulheres brancas".

Em resposta à branquitude percebida tanto no feminismo liberal quanto no radical, algumas mulheres procuraram ampliar e aprofundar o alcance da análise feminista. Se as liberais acreditam que todas as mulheres são indivíduos e, portanto, devem ter acesso aos seus direitos, as radicais afirmam que cada mulher integra o grupo "todas as mulheres", ou seja, toda mulher lida com uma opressão comum por ser mulher. Por isso, procurou-se estender o feminismo para outras mulheres. As **feministas multiculturais** começam ali onde as liberais e radicais terminavam: reconhecendo que a palavra "mulher" significa coisas muito diferentes dependendo da classe, raça, etnia, região, sexualidade, idade ou outras condições. Ou seja, esse feminismo multicultural compreende que cada mulher não experimenta individualmente a opressão do mesmo modo que as outras. Uma lésbica idosa e negra no interior tem uma relação diferente com, por exemplo, pornografia lésbica do que uma mulher jovem branca heterossexual urbana (ou talvez não; o ponto é que não se pode afirmar que todas as mulheres reagem do mesmo jeito). Para as multiculturalistas, o feminismo liberal desagrega a categoria "mulher" tão profundamente que todos os fatores em comum são perdidos; já o feminismo radical, em revanche, amontoa todas elas em uma única categoria mestre, "a mulher", confundindo todas as distinções entre as mulheres.

As feministas multiculturais geralmente fazem parte da terceira onda – elas são mais jovens, têm melhor formação educacional e apresentam as mais diferentes sexualidades e raças. Elas adotam uma "abordagem interseccional" na questão do gênero da política, pois compreendem os modos como diferentes facetas da identidade – raça, classe, etnia, sexualidade e outros fatores – moldam a experiência das mulheres como mulheres. Elas também ocasionalmente entram em conflito com os outros tipos de feminismo. Por exemplo, algumas feministas denunciam o uso da burca – o velamento completo do corpo exigido das mulheres islâmicas em alguns (não em todos) os países muçulmanos – como uma forma de opressão contra as mulheres, que suprime o caminho delas para a cidadania plena. Mas algumas mulheres islâmicas defendem essa prática como expressão de sua autonomia e de sua escolha quando se trata da forma de se exprimir como mulher. Esse debate não pode ser resolvido dizendo quem está errado. Ambos os lados estão certos, por razões completamente diferentes. O feminismo multicultural exprime e acolhe essas diferenças entre as mulheres e por isso deve abranger perspectivas distintas e até mesmo conflitantes.

As feministas multiculturais expõem outro ponto fundamental: o de que o feminismo é um movimento global, que integra mulheres ao redor do mundo engajadas em suas próprias lutas pelo poder político, pelo acesso público e pelo fim da discriminação. Os movimentos e organizações feministas globais tratam da desigualdade de gênero em todas as arenas políticas – da organização do trabalho transnacional a campanhas para aumentar a participação política feminina e para combater o tráfico e a violência contra a mulher.

Os homens e a política de gênero

O feminismo é um movimento *em favor* da igualdade das mulheres, mas isso não significa que ele diga respeito apenas a elas. Afinal, tal igualdade exigirá não apenas que elas entrem na esfera pública, mas também a transformação dos elementos mais íntimos e pessoais das relações entre homens e mulheres. Por isso, desde o início das mobilizações femininas, houve esforços para também engajar os homens, cujas reações variavam, indo das denúncias e resistências ferozes contra a igualdade das mulheres até os apoios mais entusiasmados.

Nos primeiros dias do movimento sufragista das mulheres houve aliados homens que o apoiaram e defenderam. Com efeito, no primeiro encontro pelos direitos da mulher em Seneca Falls em 1848, foi somente depois de um discurso apaixonado em favor da concessão do voto às mulheres, feito pelo grande afro-americano e ex-escravo Frederick Douglass, que a pauta do sufrágio feminino passou e foi incluída na "Declaração de Sentimentos", o documento fundador do movimento das mulheres nos Estados Unidos.

Obviamente, muitos homens – desde o século XIX até hoje – viram no feminismo uma contestação tão intensa da autoridade masculina tradicional e indiscutível que eles se opuseram à igualdade de gênero. Alguns **antifeministas** resistiram fortemente à entrada das mulheres na esfera coletiva, geralmente porque acreditavam que elas, sendo de um sexo inferior, seriam simplesmente incapazes fisicamente de lidar com o *stress* e com as dificuldades implicadas no envolvimento com a vida social. Alguns foram mais longe e afirmaram que a entrada das mulheres rebaixaria o mundo público, arruinaria a camaradagem necessária entre os trabalhadores, soldados, médicos, advogados, executivos empresariais, atletas e até mesmo estudantes. Assim, Josiah Bunting III, ex-aluno do Instituto Militar da Virgínia e ex-oficial do exército, afirmou que aceitar mulheres em sua antiga escola representaria "um tipo tóxico de vírus" que poluiria o mundo homossocial virgem e puro da escola militar exclusivamente masculina (a corte suprema norte-americana rejeitou esse argumento em 1996 e desde então as mulheres têm sido cadetes desse instituto. Nenhum vírus epidêmico foi relatado).

Os homens antifeministas foram mais longe e afirmaram que o avanço das mulheres destruiria a família tradicional, uma vez que elas renunciariam à sua posição divinamente ordenada e natural de mãe e senhora do lar. Eles previram que divórcio e promiscuidade aumentariam, enquanto a fé na tradição e na religião diminuiriam (suas previsões eram verdadeiras, mas obviamente não pelas razões que imaginavam. O divórcio cresceu porque os *homens*, e não as mulheres, falharam em cumprir as exigências para equilibrar a vida profissional e familiar, o que previsivelmente deixou as mulheres frustradas em seus casamentos).

Os antifeministas contemporâneos abandonaram, em larga medida, o argumento da capacidade física como razão para excluir as mulheres da esfera pública, exceção feita, obviamente, à participação feminina em profissões para as quais os homens decidiram que elas são despreparadas, como no corpo de bombeiros, no exército e na construção. Na maior parte do tempo, os antifeministas atuais insistem que a liberação feminina foi longe demais e ocasiona agora discriminação reversa contra os homens. De acordo com os ativistas dos direitos masculinos, agora são elas que comandam quase tudo na cidade e eles se tornaram o "segundo sexo". Algumas associações antifeministas buscam voltar à era de ouro da autoridade masculina indiscutível dentro de casa. Por exemplo, o grupo cristão evangélico chamado Cumpridores de Promessa adota uma visão de masculinidade tradicional, do século XIX, segundo a qual os homens são pais e provedores responsáveis – desde que suas esposas também retornem para a definição de feminilidade tradicional do século XIX e fiquem em casa, tomando conta dos filhos.

A luta global contra a desigualdade de gênero também prevê engajamento masculino como aliado. Os homens "pró feministas" acreditam não só que a igualdade de gênero é algo bom para as mulheres, mas que ela também transformará a masculinidade de modo positivo para eles, pois lhes permitirá ser pais mais envolvidos, amigos mais presentes, parceiros e maridos mais emocionalmente responsáveis, resumo, indivíduos e seres humanos mais plenos. Eles trabalham junto com as mulheres para acabar com a violência masculina contra elas, terminar com o assédio sexual no local de trabalho e garantir igualdade no ambiente profissional e doméstico. Organizações globais como a Campanha do Laço Branco, iniciada no Canadá em 1991, tem grupos em mais de cinquenta países trabalhando para combater a violência dos homens contra as mulheres. Nos Estados Unidos, entidades como a Organização Norte-americana dos Homens contra o Sexismo (Nomas), Homens podem parar o estupro (MCSR) e Um Chamado para os Homens buscam reuni-los para promover a igualdade de gênero.

Tais grupos são mais visíveis nos *campi* universitários – talvez você até mesmo já conheça algum deles. Nos cursos superiores ao redor dos Estados Unidos há coletivos de homens trabalhando para apoiar os coletivos de mulheres universitárias. Associações como a dos Homens de Harvard contra o estupro, Homens de Montana contra o estupro, Homens de Tulane contra o estupro atuam constantemente para envolver o público masculino em atividades feitas nos próprios campi das universidades, como nas marchas para "Tomar a noite de volta", nas produções de *Os monólogos da vagina* ou ainda nas campanhas "Coloque-se um minuto no lugar dela" para promover a conscientização masculina.

TERMOS-CHAVE		
Antifeministas	Feminismo da segunda onda	Feministas multiculturais
Divisão política de gênero	Feminismo da terceira onda	Feministas radicais
Feminismo da primeira onda	Feministas liberais	Globalização

11

A mídia constituída por gêneros

NA ARÁBIA SAUDITA as mulheres não podem dirigir carros, mas podem chamar corridas pelo Uber. Os discursos são pesadamente censurados, mas a juventude saudita promove debates no Twitter. Paquerar é proibido, mas é possível usar o WhatsApp ou o Snapchat. Pouco antes de as lojas fecharem para as orações, os smartphones são utilizados para localizar o Dunkin' Donuts mais próximo, antes que ele também feche. Uma mulher saudita, completamente vestida de preto, da cabeça aos pés, é uma estudante de medicina que gosta de assistir o apresentador norte-americano Jimmy Kimmel e a série *Game of Thrones*, e tem meio milhão de seguidores no Instagram. Quando perguntada a respeito das mudanças que gostaria de ver na sociedade saudita, que resposta ela dá? Sufrágio das mulheres, liberdade de expressão e fim da brutal discriminação de gênero? Não. "Nós precisamos de filmes", ela responde. "Acredito que se conseguirmos atingir esse objetivo, enfim, é tudo de que precisamos"[366]. Oprimida? Provavelmente já existe um aplicativo para isso.

Nos Estados Unidos, as pessoas têm uma relação de ódio e amor com a mídia. Por um lado, trata-se de uma sociedade completamente saturada pelos meios de comunicação. Durante a leitura deste livro, aposto que o leitor também checou sua página no Facebook, escreveu muitos textos para seus amigos a respeito do que comerá no jantar, acompanhou o tweet inócuo de alguma celebridade, assistiu filmes no Netflix ou vídeos de gatinhos adoráveis e de bebês fofinhos no YouTube, jogou algum *game* (ou muitos) e assistiu um episódio de *The Big Bang Theory* no seu notebook, smartphone, iPad, por meio de um console de *videogame* – ou, enfim, em um aparelho de televisão. Somos desvalorizados por esses laptops, desktops, smartphones e tablets – aparelhos que supostamente deveriam facilitar e aliviar nossa carga de trabalho.

A imagem que temos de nós mesmos – como devemos parecer, o que devemos vestir e como devemos nos comportar – é construída com materiais que recebemos da mídia – revistas, jornais, televisão, internet. Somos bombardeados com imagens e representações pelos meios de comunicação e construímos criativamente identidades e estilos baseados naquelas que são atraentes para nós e para nosso círculo social.

Enfim, creio que já deu para entender. Confiamos na mídia, amamos a mídia, não poderíamos viver sem a mídia. Então, por que colocamos imediatamente a culpa nela sempre que alguma coisa dá errado? Quando alguém entra em uma escola armado até os dentes e abre fogo, é porque essa pessoa assistia a *videogames* violentos! Era solitário? Deve ser porque só sabemos usar a palavra "amigo" nos perfis das redes sociais. Assédio sexual na universidade? Deve ser porque os meninos ficam o tempo todo assistindo pornografia na internet. Crianças desobedientes? Será que o escopo de atenção delas teria se fragmentado e sua dieta de imagens de rebeldia teria inflamado?

Mas isso ocorre apenas quando as coisas dão errado. Consideremos a consequência: por que não damos crédito à mídia quando tudo dá certo? Uma pessoa encontra o amor de sua vida no site match.com? Foi a mídia! A batalha foi ganha? Devem ser os jogos de *videogame* militares! Ganhou o Prêmio Nobel de Medicina? O motivo foi ter assistido à série *House*. Façamos este experimento: da próxima vez que um atirador aleatório abrir fogo na escola contra os colegas dele – esse pronome foi cuidadosamente escolhido, pois quase 100% de todos os tiroteios aleatórios em escolas foram causados por meninos – vamos prestar atenção à atuação daqueles que culpam a mídia.

"O bom-senso nos diz que se essas crianças estão jogando *videogame*, em jogos onde há uma onda de assassinatos em massa, que é glamourizada nos cinemas", disse Dr. Phil, o terapeuta televisivo, ao entrevistador Larry King nos dias que repercutiram o massacre de Seung-Hui Cho contra 32 colegas de classe e professores do Instituto de Tecnologia da Virgínia, em 2007. "Caso esse quadro seja misturado ao de um psicopata, sociopata ou alguém que sofre de doenças mentais, acrescentando ainda uma dose de raiva, a chance é muito alta."

Um advogado da Flórida chamado Jack Thompson apareceu em todos os canais de notícia praguejando contra os *videogames* violentos que causaram o massacre. Cho, dizia ele, era um jogador ávido e seu jogo favorito era CounterStrike. O advogado ameaçou processar Bill Gates porque a Microsoft produzia tais jogos. "Não é difícil de entender. Quando uma criança que nunca matou ninguém em sua vida aparece furiosa, como um *Exterminador do futuro*, ela joga *videogame*", disse Thompson[367].

Infelizmente para esses especialistas instantâneos na relação entre *videogames* e violência, a busca que fizeram no quarto de Cho não descobriu nenhum jogo. Nenhum *videogame* (quantos seriam encontrados no seu quarto?). Os colegas de quarto do rapaz disseram que nunca o viram jogando nenhum *game*. Aparentemente, isso não fazia parte da vida dele. (Essa ausência, porém, não levou nenhum outro especialista instantâneo a proclamar que *se* Cho jogasse *videogames* violentos. Ele teria uma válvula de escape construtiva para toda aquela agressão reprimida.)

Como sociedade, continuamos a fazer esse debate: será que a mídia *causa* a violência ou ela simplesmente reflete a violência que já existe na nossa sociedade?

Considere-se quantas vezes ouvimos variações dessa pergunta. Funk, *videogames* violentos, filmes violentos, roque pesado violento, essas expressões culturais levam a um crescimento da violência? A pornografia violenta leva os homens a cometer estupros? Ou tais meios de comunicação apenas nos fazem ver quão violenta nossa sociedade já é?

Certamente, a mídia desempenha um papel enorme em nossas vidas. E é igualmente certo que os meios de comunicação fornecem grandes tijolos para a construção de nossas identidades como mulheres e homens. Como essas várias mídias contribuem para nossa compreensão do gênero? Quais funções os diversos meios comunicativos realizam na conservação da diferença e da desigualdade de gênero?

A mídia como uma instituição feita de gênero

Afirmar que a mídia é uma instituição feita de gênero é dizer simplesmente que, como todas as outras instituições (escolas, igrejas, famílias, corporações ou estados, p. ex.), ela (1) reflete diferenças e desigualdades de gênero existentes, (2) constrói essas mesmas diferenças e (3) reproduz essa mesma desigualdade, ao fazer com que ela pareça "natural" e não socialmente produzida desde o início. Parte do papel que uma instituição cumpre na manutenção da desigualdade é primeiro criar as diferenças e em seguida tentar esconder a autoria dessa criação, de modo que essas diferenças criadas pareçam fluir da própria natureza das coisas.

A mídia reflete as diferenças e desigualdades de gênero ao visar diferentes grupos de consumidores com diferentes mensagens que pressupõem diferenças anteriormente existentes. Em certo sentido, mulheres e homens não usam ou consomem a mesma mídia, há revistas para homens e revistas para as mulheres, comédias românticas e filmes de ação, literatura feminina e literatura masculina, pornografia e ficções românticas, novelas e séries de investigação policial, jogos de *videogames* para meninos e jogos de *videogame* para meninas, blogs masculinos e zines femininos – e obviamente as propagandas que estão intrinsecamente conectadas com cada um desses diferentes formatos.

Para retomar a famosa frase de Jessie Bernard sobre o casamento, aquela que foi mencionada no capítulo 6, há pelo menos duas mídias – a "deles" e a "delas". Há também múltiplas mídias baseadas em raça – como um canal de TV focado no entretenimento da audiência afro-americana (BET, Black Entertainment Television), outro dedicado a lutas livres (WWE), rádios "urbanas" e "country", por exemplo – classe, etnia e idade (como evidenciado pelo complexo sistema de classificação que diz a idade apropriada para certos conteúdos midiáticos). E embora, ao pensar no casamento, Bernard estivesse certa ao dizer que o "dele" era melhor do que o "dela", essa conclusão seria menos verdadeira no caso dos meios de comunicação. Os dois tipos de mídia são parte de um gigantesco aparato cultural designado para reproduzir a desigualdade de gênero e fazê-la parecer um resultado natural das diferenças de gênero existentes. Ora, é a própria mídia que cria essas diferenças para, em seguida, nos dizer que delas derivam naturalmente as desigualdades.

O problema é que não importa quão onipresente a avalanche da mídia seja, esse embuste nunca funciona completamente. Os meios de comunicação são fabulosamente eficientes, mas ainda assim há tantas fissuras nas paredes que constroem coletivamente que os esforços para escorá-las parecem até desenfreados, como uma espécie de obsessão cega e excessiva só para ter absoluta certeza de que todo mundo entendeu a mensagem. Ora, a verdade é que recebemos diversas mensagens e fazemos coisas diferentes com elas.

Uma das razões para essa situação é que muitos dos debates sobre os efeitos da mídia a apresentam como a única atriz desse drama – e o consumidor, ou seja, nós, como meros consumidores passivos, esponjas que absorvem acriticamente todas as mensagens que nos dão para consumir. Para os cientistas sociais, obviamente, nada poderia estar mais longe da verdade. Não são apenas os meios de comunicação em si mesmos, mas sim a interação entre mídia e audiência que se estabelece como força constitutiva das relações de gênero. Nós trazemos nossas identidades e nossas diferenças para os encontros que temos com os vários tipos de mídia; e podemos retirar delas uma grande variedade de mensagens. Também precisamos considerar o modo como agimos diante dos meios de comunicação, a forma como os consumimos, ativamente, criativamente, e muitas vezes até mesmo revoltosamente. A questão nunca é se a mídia faz isso ou aquilo, mas sim *como* ela e sua audiência interagem para criar os sentidos variáveis que derivam dessa interação. Precisamos mudar nossa concepção a respeito dos meios comunicativos, tratá-los como outra instituição fundamental em nossas vidas, não como influência externa que nos diz o que fazer. A mídia é uma instituição essencial para a socialização. E como todas as instituições cuja missão é nos socializer, ela é profundamente marcada por gênero.

A mídia como uma instituição que faz gênero

Aquela frase – de que a mídia é uma instituição primária de socialização – é um ponto de partida fundamental de nossa análise. E essa perspectiva nos leva muito além do cânone tradicional da sociologia. Caso se tomasse um manual introdutório à sociologia escrito nos anos de 1950 ou mesmo na década de 1970, seria encontrada ali a afirmação de que as três grandes instituições encarregadas da socialização das crianças são: a família, a educação e a religião (que são, não por acaso, os três primeiros capítulos desta parte do livro). O único propósito dessas três instituições seria inculcar gradual e exaustivamente os valores da sociedade, a aceitação da legitimidade das normas estabelecidas para exprimir esses valores e a crença nos aparatos institucionais designados para manter a coesão e a estabilidade social. Esse manual também afirmaria que os agentes – as pessoas – responsáveis por essa socialização eram, naturalmente, os pais (família), os professores (educação) e as figuras religiosas (clero).

Tudo ótimo, tudo certo e, obviamente, em larga medida, tudo verdade. Mas, para uma criança, a lista mencionada acima – pais, professores e clérigos – soa mais como "adultos, adultos e mais adultos". E qualquer menino ou menina nos diria que os agentes primários de socialização são também seus amigos, seus pares e as imagens de si que eles veem representadas na mídia. Agora precisamos revisar todos aqueles velhos manuais e incluir *seis* instituições primárias de socialização: a família, as escolas e as instituições religiosas, certamente, mas também os colegas, o local de trabalho e a mídia.

As dinâmicas de socialização também são diferentes do que se acreditava antes. Não somos lousas vazias nas quais essas instituições imprimem um código cultural uniforme. Se isso fosse verdade, como explicaríamos a enorme diversidade que encontramos ao nosso redor? Em todas as áreas – algumas mais, outras menos, obviamente – temos uma atuação, somos agentes de nossa própria socialização e participamos ativamente desse processo.

A relação entre mídia e consumidor é complexa. Absorvemos todas as imagens e então construímos nossa identidade a partir delas ou a mídia simplesmente nos diz o que já sabíamos? Nenhuma delas – ou melhor, um pouco das duas alternativas. A mídia não é apenas parte do mecanismo pelo qual edificamos nossa identidade de gênero, pois as próprias instituições midiáticas são produzidas por gênero. Os meios de comunicação, como todas as outras instituições sociais, fornecem materiais para construir identidades de gênero, mantêm e reproduzem a desigualdade de gênero, naturalizam tal desigualdade para que ela pareça ser o resultado natural das diferenças de gênero. A mídia está de tal modo saturada de imagens de gênero – desde descrições normativas de comportamentos supostamente adequados ou inadequados até representações que capturam nossos anseios e imaginações – que às vezes fica difícil perceber essa situação. Com efeito, de vez em quando, essa parece ser a principal função de muitos meios de comunicação: entreter-nos com a apresentação de diversas imagens masculinas e femininas, com as quais podemos nos identificar, às quais podemos aspirar ou das quais podemos rir.

Ademais, tal como a mídia está saturada de gênero, nós estamos saturados de mídia. O lar norte-americano hoje tem em média 3,8 aparelhos de televisão, 2,8 aparelhos de DVD ou VCR, 2,5 aparelhos de rádio, 2,2 CD-players, 2,3 consoles de *videogame*, 2 computadores e um aparelho digital para gravar a programação televisiva (TiVo ou outra marca)[368].

A televisão é onipresente: 63% das famílias com filhos ficam com o aparelho de TV ligado durante o jantar e 51% têm "casas com programas televisivos constantes", ou seja, com a televisão ligada praticamente o dia inteiro, esteja ou não alguém efetivamente assistindo[369]. Mais de dois terços das crianças norte-americanas entre 8 e 18 anos têm uma TV em seu quarto (e gastam, em média, 1,5 horas a mais por semana na frente da televisão do que as crianças que não têm aparelho televisivo no quarto). Além disso, se outrora restaurantes e bares eram um lugar para escapar do isolamento de estar diante da tela, agora eles também provavelmente terão TVs fixadas nas paredes, para que as pessoas não percam um segundo.

Talvez seja por isso que 40% das crianças entre 8 e 13 anos digam que não pegaram nenhum livro para ler no dia anterior, um número que sobe para 70% entre as crianças de 14 a 18. Com efeito, o livro é a única mídia com a qual as pessoas parecem *não* interagir. Em 2004, o Ministério da Educação norte-americano perguntou aos adolescentes de 17 anos: "Com que frequência você lê para se divertir em seu tempo livre?" Quase um a cada cinco (19%) disseram "nunca" – o dobro do número aferido vinte anos antes. E dois quintos das famílias norte-americanas afirmaram não ter comprado nenhum livro no último ano[370].

Essas mídias parecem refletir diferenças de gênero que já estão lá – ou seja, elas apelam para diferentes audiências que as utilizam diferentemente. Esses modos variados de usar os meios de comunicação "dele" e "dela" estão entre as principais formas pelas quais construímos nossa identidade de gênero – e, com isso, abre-se um dos principais caminhos para naturalizarmos a desigualdade de gênero.

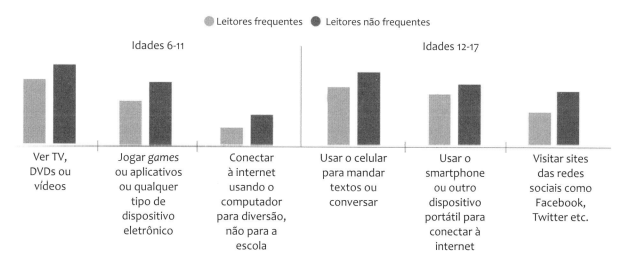

Figura 11.1 Porcentagem de crianças que fazem atividades de cinco a sete dias por semana. Base da pesquisa: crianças entre 6 e 17 anos.

Fonte: Kids & Family Reading Report™ (Relatório de Leitura das Crianças & Família). Quinta edição da Scholastic Inc. Gerenciado por YouGov. 2015.

O que as crianças veem

Começa bem cedo. Logo no começo dos anos escolares, as crianças aprendem a ler, abrindo-se desse modo a uma nova fonte de influência. E elas começam a observar o conteúdo de outras mídias – televisão, filmes ou desenhos. Esses materiais combatem a tipificação sexual ou a reforçam? Dado que exploraremos a relação entre gênero e meios de comunicação de massa, é importante discutir o modo como o currículo escolar básico reproduz os estereótipos de gênero e faz com que eles sejam percebidos como resultados de algo "natural".

Até recentemente, pesquisas e antologias acerca de livros infantis consistentemente relatavam a presença de enviesamentos em favor das diferenças sexuais tradicionais e de privilégios masculinos. As meninas se mostravam amplamente sub-representadas e tantas vezes ausentes, em imagens, títulos e como protagonistas. Além disso, as personagens femininas frequentemente desempenham papéis insignificantes ou secundários, que se limitavam a amar, assistir ou ajudar, enquanto os personagens masculinos se engajavam em aventuras e na solução dos problemas. As mulheres não tinham tarefas ou profissões; a maternidade era apresentada como um trabalho de tempo integral, que durava a vida inteira. O filho da família vestia calças, a filha usava uma saia; ele era ativo, ela, passiva. Nas biografias, as mulheres repetidamente eram retratadas como figuras dependentes. Por exemplo, Marie Curie fora representada como uma colega que auxiliava seu marido, e não como a brilhante cientista e ganhadora do Prêmio Nobel que ela era[371].

Nos livros pré-escolares, o viés de gênero tem sido consistente. Em 1972, Leonore Weitzman e seus colegas pesquisaram os vencedores do Prêmio Caldecott concedido aos melhores livros infantis entre 1967 e 1971. Desde então, o estudo foi atualizado diversas vezes, mais recentemente em 2011. Agora os pesquisadores perceberam que, embora as mulheres sejam mais visíveis nos livros, sua representação ainda revela enviesamentos de gênero. Elas ainda são retratadas em posições passivas e submissas, ao passo que os homens são apresentados como ativos e independentes. Mesmo no que diz respeito aos livros mais recentes, Weitzman e seus colegas concluem:

> Não só Jane é desprovida de qualquer projeto de carreira, mas não há nenhum modelo para fornecer qualquer tipo de ambição. Uma única mulher no conjunto completo dos vinte livros tem emprego fora de casa, ela trabalha no restaurante Blue Tile. Como podemos esperar que Dick exprima emoções ternas sem se envergonhar se somente dois homens adultos nessa coleção têm alguma coisa parecida com emoções ternas e um deles é um ratinho?[372]

Em 1975, o então Ministério para a Saúde, Educação e Bem-estar dos Estados Unidos pesquisou 134 textos e cartilhas de 16 diferentes editoras, observando imagens, histórias e linguagens usadas para descrever os personagens femininos e masculinos. As histórias **"protagonizadas por meninos"** eram mais numerosas que histórias **"protagonizadas por meninas"**, em uma proporção de cinco para dois; havia três vezes mais personagens masculinos adultos do que personagens femininas adultas; seis vezes mais biografias de homens que de mulheres; e quatro vezes mais contos de fada masculinos que femininos. Ao se lembrar de suas aulas de história norte-americana, uma acadêmica recentemente destacou uma estranha anomalia biológica – a de "uma nação que tem somente pais fundadores"[373].

Obviamente, algumas mudanças ocorreram nos últimos quarenta anos. Nos livros infantis atuais, as meninas e mulheres têm muito mais chances do que antes de serem apresentadas como protagonistas e muito menos tendência de serem retratadas como passivas ou desprovidas de anseios e propósitos na sua trajetória. Mas os estereótipos de gênero ainda prevalecem: a representação delas ainda as coloca mais interessadas

A mídia constituída por gêneros   353

Figura 11.2 Porcentagem de estudantes na escola em 2011 com níveis proficientes de leitura em estados norte-americanos e outros países.

Fonte: Figura 2, p. 12 de *Globally Challenged: Are U.S. Students Ready to Compete?* (Desafiado globalmente: os Estados Unidos estão prontos para a competição?), ago./2011. Programa de Políticas e Governança Educacional. Harvard Kennedy School.

na vida doméstica do que os meninos. Com efeito, a maior mudança em todas as imagens midiáticas – nos livros, na televisão e nos filmes – foi não mais ter a mulher em papéis de ajudantes domésticas indefesas. Não houve mudança comparável na representação que os livros infantis fazem de homens e meninos, para aproximá-los de um comportamento mais ligado ao cuidado e ao acolhimento. Como na vida real, as mulheres de nossos livros de histórias deixaram o lar e foram para o trabalho, mas os homens ainda têm enormes dificuldades para voltar para casa[374].

O mesmo que ocorre nos livros infantis ocorre nas outras mídias presentes em nossas vidas. O que as crianças aprendem na escola é reforçado em casa, não apenas na família, mas também no entretenimento. Os programas de televisão, filmes, clipes de música – todos reiteram os estereótipos de gênero. A TV gasta boa parte de seu tempo transmitindo mensagens comerciais e de entretenimento para as crianças mais novas e para aquelas em idade escolar. Há programas de manhã para as crianças pré-escolares, de tarde para quem já está na escola e para todas elas sábado de manhã. Para muitas, a televisão é um de seus maiores compromissos durante o tempo acordado; para os pais, ela serve muitas vezes de babá eletrônica.

A representação dos papéis de gênero nos programas televisivos infantis tem sido, ao menos até recentemente, bastante similar àquela encontrada nos livros e cartilhas para crianças, nos parquinhos de diversão e nas escolas. Os meninos são a peça central da história, eles fazem as coisas e ocupam os papéis de valor. As meninas servem como pano de fundo, são úteis e carinhosas e desempenham os papéis mais secundários. Até mesmo a *Rua Sésamo*, programa tido como uma revolução na programação educativa e divertida, apresentava muito mais personagens masculinos do que femininos. Os comerciais para as crianças no sábado de manhã geralmente retratam os meninos dirigindo carros ou brincando com caminhões e as meninas brincando de boneca. Houve alguma pressão para eliminar estereótipos de gênero tanto nos comerciais quanto no conteúdo dos programas, mas os *shows* televisivos estão ligados a um sistema de estereotipificação de gênero. Os fabricantes de brinquedos vendem produtos ligados a certos gêneros, os pais devem comprá-los e os roteiristas geralmente retiram suas histórias do material narrativo já existente (incluindo os brinquedos à venda, como "Comandos em ação" ou "Tartarugas ninja") para as crianças.

Os comerciais de TV são especialmente influentes, talvez até mesmo mais influentes do que os próprios programas televisivos, pois são expressamente designados para persuadir. As propagandas também vinculam os papéis de gênero a importantes papéis adultos que os jovens desempenharão no futuro. A voz cheia de autoridade aconselhando a criança a comprar é quase sempre uma voz masculina, o que mostra para ela quem são os especialistas. Do mesmo modo, estereótipos de gênero estão vinculados ao consumo, uma das atividades mais valorizadas na sociedade norte-americana. Ao vincular benesses materiais a funções de gênero, os comerciais ensinam uma lição fundamental – se você consumir este produto, este é tipo de homem ou de mulher que você pode ser.

Televisão, filmes e outras mídias também habituam o público, jovem ou adulto, a uma cultura que aceita e espera a violência. No estudo mais minucioso sobre TV e violência feita nos Estados Unidos, quatro equipes de pesquisadores fizeram um exame sistemático dos programas televisivos violentos. Descobriram que eles são ubíquos (61% de todos os *shows* contêm alguma violência) e que geralmente são perpetuados por homens brancos, que têm permissão para serem violentos sem demonstrar nenhum tipo de remorso. A violência é tipicamente justificada, embora quase metade (43%) dos *shows* a apresentem de modo humorístico. Em geral, "as consequências duradouras e profundas da violência são ignoradas frequentemente"[375].

Na TV aberta, uma arma branca ou de fogo aparece na tela a cada três minutos. Esses cálculos levam em conta apenas a entrada de novos armamentos na cena. Os números não consideram a quantidade de tempo que as armas ficam visíveis na tela. Os programas mais violentos da TV aberta têm em essência níveis de violência similares aos programas mais violentos da TV a cabo, o que mostra não ser verdade a crença popular nos Estados Unidos de que a TV aberta é um ambiente midiático "mais seguro" para as crianças[376].

A violência contra mulheres e contra meninas adolescentes na televisão apresenta índices crescentes que excedem de longe o crescimento geral da violência na TV. Sem levar em conta o gênero, as cenas televisivas violentas cresceram apenas 2% durante o período de estudo, entre 2004 (3.840 enredos que incluíam violência) e 2009 (3.929 enredos). Nesse mesmo período, os exemplos de violência contra mulheres cresceram 120% (de 195 enredos que incluíam vítimas femininas de violência em 2004 para 429 enredos em 2009). Embora as vítimas mulheres aparentem ser principalmente adultas, no conjunto geral houve um aumento de 400% na exposição de meninas adolescentes como vítimas em todas as redes de TV entre 2004 e 2009[377].

O que a mídia mostra não tem influência imediata no comportamento de gênero do público infantil. Embora as crianças tenham noções de gênero influenciadas pelos meios de comunicação, elas também as negociam com um mundo real de pessoas que não cabem nos estereótipos midiáticos. As representações feitas pela mídia são apenas um elemento adicional no processo pelo qual a criança organiza suas próprias ideias sobre gênero, ou seja, uma parte de sua "formação conceitual" a respeito do assunto. Essas representações midiáticas também não têm os efeitos dramáticos e imediatos que os críticos geralmente lhe atribuem, pois a maior parte do aprendizado humano é feita de acumulação constante de informações, atitudes e modos de reagir, mais que de revelações ou reconhecimentos súbitos. A mídia simplesmente fornece um impulso adicional para que as convenções de gênero atuais sejam aceitas como naturais, corretas e pré-ordenadas.

Em seguida, observaremos as diferenças de gênero, tanto no uso quanto no conteúdo da mídia. O que usamos, o que assistimos, o que consumimos – são elementos nitidamente marcados por gênero. Existem revistas para homens e revistas para mulheres, e o mesmo ocorre com livros, programas de TV e de rádio, rádio via satélite, filmes, *videogames*. Para ele, publicações como *Maxim*, *Placar*, *Playboy*, *Sex*; para ela, *Vogue*, *Glamour*, *Nova Noiva* e *Marie Claire*. Ela lê romances e contos, ele lê livros sobre empresas e negócios. Ele assina canais de programas masculinos e dúzias de canais de esportes; ela assina canais como WE e outros sobre estilo de vida e bem-estar. Ele prefere filmes de ação e de terror, 007 e Freddy Krueger; ela prefere o *Diário de Bridget Jones* e *Orgulho e preconceito*. As séries dele são *The Americans*, *Better Call Saul*, *Game of Thrones*, *The Walking Dead* e *Brooklyn Nine-Nine*. As séries dela são *Against the Wall*, *Assuntos confidenciais*, *Army Wives*, *New Girl* e *Switched at Birth*. Na internet, ele acessa *poker* on-line e pornografia, ela os sites de compras e as trocas de e-mail com família e amigos. Ele ouve Eminem, 50 Cent e Nickelback; ela ouve Ani diFranco, Nelly Furtado e músicas *girl power*. Ele com seu Comandos em Ação, ela com sua Barbie e sua Bratz.

Mas agora suspeito que muitos dos leitores homens deste livro estão concordando comigo mexendo a cabeça. "Sim, é verdade, é isso mesmo que assisto e jamais ouviria ou veria as coisas de que *ela* gosta. Argh!" Suspeito também que muitas mulheres estão dizendo "Ah? Eu gosto de algumas coisas que o Kimmel diz ser 'para ele'! E com certeza não gosto de algumas coisas que ele diz ser 'para ela'. O autor está totalmente errado".

E ambos estariam certos. Sob certo ponto de vista, ele tem a mídia "dele", mas ela também pode aproveitar os programas destinados para os homens – o que faz parecer que ela tem mais escolhas do que ele. Ou, dito de outro modo, nem morto ele seria visto consumindo a mídia destinada para ela, mas as penalidades quando ela aparece para ver os programas dele são muito menos severas. Não se trata de dizer simplesmente que o mundo da produção e do consumo midiáticos é pautado por gênero e nitidamente dividido em dimensões masculinas e femininas. Trata-se também de lembrar o que Jessie Bernard afirmou sobre o casamento. Não só existe o dele e o dela, ela escreveu, mas, além disso, "o dele é melhor do que o dela".

Também é assim com a mídia. E isso ocorre porque os programas para ele e para ela não são meros equivalentes, que satisfazem as diferentes necessidades naturalmente derivadas de diferenças de gênero pré-ordenadas. Afinal, a mídia que ele consome e a que ela consome existem dentro de um mundo de desigualdade de gênero – por isso, a dele *é* melhor do que a dela; com efeito, a mídia para ele é geralmente *a* mídia, ao passo que ela tem de se encaixar nas margens. Por isso ela também consome os programas dele, afinal, quais são suas escolhas? Lembremos, por exemplo, da importante pesquisa de Barrie Thorne sobre os parquinhos de brinquedos na escola fundamental. As garotas podem tentar cruzar a fronteira para ir até as áreas dos meninos, mas os meninos jamais devem cruzá-la na direção das áreas das meninas. A separação nunca é igual para os dois lados.

Há muito mais mulheres que gostam de programas esportivos, *reality-shows* de luta, pornografia on-line e jogos violentos de *videogame* do que homens que gostam de séries dramáticas, Bridget Jones ou livros românticos. E isso não é só reflexo de diferenças, é produção de desigualdade.

A mídia "dele" e a mídia "dela": separadas e desiguais

Consideremos, por exemplo, a nova "crise" na televisão – uma ilustração perfeita da dinâmica que estou descrevendo. Por anos, a TV dividiu nitidamente sua audiência em nichos demográficos marcados para que assim permitisse aos anunciantes alcançar os consumidores que mais desejavam alcançar. A programação televisiva do homem era de esporte no fim de semana, séries dramáticas sobre crimes e filmes sobre o velho oeste – nos Estados Unidos dos anos de 1950, eram programas como *Dragnet* e *Bonanza* (um drama "familiar" encantador, no qual não havia mulheres!). A programação televisiva da mulher incluía novelas e concursos televisivos durante o dia, com seriados cômicos e programas de variedades no horário nobre. Ou seja, a TV "dela" era então convidativa para ele (os homens assistiam programa de auditório dominical tanto quanto as mulheres) – mas o que a TV reservava para ele era basicamente só para ele. Todos os estereótipos de gênero estavam em plena vigência. Naquela época, os personagens masculinos eram mais corajosos e ativos, lutavam contra o crime e resolviam mistérios. As personagens femininas eram donas de casa carinhosas, mas desorientadas, que de vez em quando se aventuravam fora de casa apenas para descobrir que elas realmente adoravam assar seus bolos. (Lucy é a porta-bandeira desse gênero, com suas ideias malucas para trabalhar fora de casa sempre resultando em desastre e no retorno para o lar e os conselhos e braços condescendentes de Rick[378].)

Essas diferenças são importantes, especialmente porque o aumento da exposição do público a imagens de desigualdade muitas vezes contribui para mais ideias estereotipadas. Por exemplo, quanto mais televisão uma pessoa assiste, mais estereotipadas tendem a ser suas posturas relativas ao gênero[379].

Mas algo ocorreu na televisão norte-americana nos anos de 1970 e de 1980 – na esteira dos movimentos feministas e pelos direitos civis. As críticas à mídia feitas pelo feminismo e pelas minorias começaram a apontar quão separados e desiguais os mundos na tela da TV efetivamente eram. Mulheres e homens assistiam aos programas em momentos diferentes do dia e os personagens reproduziam integralmente os estereótipos de gênero e raça. A resposta de Hollywood? Os programas que se destinavam às mulheres e às minorias se tornaram cada vez mais "setorizados", cada vez menos atraentes para as audiências masculinas e brancas. Homens raramente assistiam a séries como *Alice* ou *Rhoda*, pessoas brancas nunca assistiam a séries como *Sanford and Son* (*Sanford e Filho*) ou *Good Times* (*Bons tempos*). Mas os programas para o público masculino começaram a atrair mais o público feminino, de modo que, em meados dos anos de 1980, de *Hill Street Blues* (*Chumbo grosso*) a *L.A. Law* (*Lei de Los Angeles*), o elenco com muitos protagonistas, incluindo diversas mulheres e minorias, tornou-se a nova norma de Hollywood.

Os dramas do horário nobre com múltiplos protagonistas (como *L.A. Law* nos anos de 1980, *ER* [*Plantão médico*] e *NYPD Blue* [*Nova York contra o crime*] nos anos de 1990 e *Grey's Anatomy* e *Lost* mais recentemente) apresentaram uma diversidade racial e de gênero muito maior do que qualquer outro programa de TV na história norte-americana. Mesmo formatos padronizados, como os de procedimentos para solução de crimes e os de história de detetive, foram remodelados para elencos mais diversificados, como nas franquias *CSI* e *Law and Order* (*Lei e ordem*). As mulheres entraram nos locais de trabalho antes exclusivamente masculinos, como a delegacia de polícia, o tribunal, a sala de cirurgias do hospital – tanto na vida real quanto nos dramas do horário nobre (mesmo um programa de sucesso como *Desperate Housewives* [*Donas de casa desesperadas*] oferecia um regresso perspicaz ao modelo anterior, que presumia uma nova igualdade no desejo – e certo tédio – da vida doméstica!).

E qual tem sido o resultado? Um dado a ressaltar é o de que as mulheres estão abandonando o mundo televisivo tradicionalmente "feminino" das novelas diurnas, um declínio de quase 10% apenas em 2005. Elas atravessam as fronteiras da programação muito mais rapidamente do que os homens e estão deixando o gueto exclusivamente feminino. "Acho que as mulheres têm um gosto mais abrangente e têm mais tendência a assistir um programa apreciado por seu marido ou namorado do que o contrário", notou Susanne Daniels, que preside o setor de entretenimento da Lifetime Television[380].

LEIA TUDO A RESPEITO!

Quase todo mundo assiste *reality-shows*, e amamos especialmente aqueles programas de reforma pessoal, como *The Biggest Loser* (*O grande perdedor*). Um número cada vez maior de homens são concorrentes nesse tipo de programa televisivo, o que levou os sociólogos Alexander Davis, Laura Rogers e Bethany Bryson a examinar os modos como esses *reality-shows* de reconstrução pessoal tentam levar os homens a "alcançar" um sentido mais amplo de si próprios como homens. Ao se engajar em "posturas de masculinidade", eles se reafirmam e se recolocam como homens. No mundo de soma zero desse tipo de programa de TV, quanto mais o homem destaca sua masculinidade, mais ele parece esperar respeito das mulheres e privilégios da desigualdade de gênero. Afinal, de seu ponto de vista, ele "merece" isso.

Enquanto isso, os telespectadores masculinos vêm abandonando massivamente a TV *aberta* – a audiência desse tipo de canal por homens na faixa entre 18 e 34 anos caiu vertiginosamente. Conforme as mulheres estavam entrando na rede, os homens estavam saindo. Os executivos agora se preocupam com a "feminização do horário nobre", dado que as redes televisivas abertas não são mais atraentes para o público masculino "elusivo" e "em desaparição". "Os homens querem programas com ação e explosivos. As mulheres querem assistir *shows* sobre relacionamentos. Alguns tentam misturar os dois", observou Tim Brooks, vice-presidente executivo de pesquisa para a Lifetime. Mas a verdade é que os homens não toleram nenhuma poluição em suas mídias. As mulheres assistem aos programas de ação; os homens fogem – e eles são supostamente o motor do consumismo norte-americano, os consumidores que todos querem alcançar (por sinal, isso é um mito, pois as mulheres ou influenciam ou decidem cerca de 85% de todas as compras do consumidor, incluindo carros e equipamentos estéreo. Isso só mostra como a ideologia – os homens compram as coisas e as mulheres as utilizam – se sobrepõe até mesmo à pesquisa de mercado pela qual as redes de TV pagam tão generosamente). Os executivos das redes estão tentando desesperadamente recuperar esses camaradas, que estão pulando fora para a internet, TV a cabo, *videogames* e outras mídias. Algumas redes estão até mesmo apelando a vídeos curtos e *games* de internet para acrescentar conteúdos que possam atrair esses rapazes de volta[381].

E não é só a igualdade de gênero que parece assustar os homens para longe, de volta para o conforto aconchegante do herói de ação e da gata *sexy*. A igualdade racial também os assusta. Os homens brancos aparentemente desligam os programas com protagonistas afro-americanos – ou até mesmo as séries com múltiplos protagonistas incluindo atores de minorias junto com mulheres, mesmo ainda quando a maioria do elenco permanece branca e masculina[382].

Felizmente para esses homens, há os canais esportivos. O esporte na TV, no rádio, nas revistas e nos jornais, a seção de esportes nos jornais impressos diários. Há dúzias de competições esportivas na televisão todo o santo dia e dúzias de programas sobre elas entre uma disputa e outra. E, caso a pessoa não queira assistir esportes, falar sobre eles no rádio, ou ler sobre eles nas revistas esportivas ou no jornal diário, talvez ela queira ver canais de TV não esportivos ou ouvir rádios não esportivas. Nos programas de entrevistas na rádio ou na TV, os apresentadores homens são mais numerosos que as apresentadoras; eles falam diferentemente e ouvem diferentemente. Apresentadores como Howard Stern, Mike Savage e Rush

Limbaugh gritam uns com os outros sobre qualquer assunto; eles e suas legiões de fãs alternam entre se enfurecer com os privilégios perdidos, fazer birra sobre o modo como "eles" – minorias, mulheres, *gays* – estão dominando e se ressentir de que agora são as vítimas da sociedade. Enquanto isso, Oprah – e seus muitos imitadores e imitadoras – balança sua cabeça para o lado e acena empaticamente, ouvindo realmente seu sofrimento (dentre as exceções mais notáveis estão o Dr. Phil, que corporifica o amor severo, empático mas exigente, e Ann Coulter, que adora ser severa). Tarde da noite há um desfile constante de homens: Colbert, Meyers, Kimmel (sem parentesco!), Conan, Fallon e todo o resto. Essa é a nova mídia dos homens, o "covil" da televisão, a garagem, o canto do churrasco – a "zona" do homem. É como no clubinho quando eles tinham sete anos, com a placa onde se lia "Clube He-Man daqueles que odeiam mulher". Ao menos agora, nesta virtual "sala de seus chegados", o homem pode finalmente ficar sozinho – com outros camaradas.

A mídia impressa "dele" e "dela"

O que ocorre na TV também ocorre com mídias mais antigas e estáveis, como livros e revistas. Mulheres e homens compram e leem diferentes tipos de impressos e os leem diferentemente. No mundo literário, elas são mais numerosas do que eles na compra de todos os gêneros (exceto histórias de guerra e de esportes), e elas também consomem 80% de toda a ficção vendida nos Estados Unidos e Europa. É isso mesmo – quatro de cada cinco romances são adquiridos por mulheres – isso inclui os escritores favoritos dos meninos, como Tom Clancy, Michael Crichton e J.R.R. Tolkien.

Seria o romance uma forma "feminina"? Gerações de homens vigorosos nos Estados Unidos sugeriram que sim. Ironicamente, até mesmo nos primeiros romances norte-americanos esse anti-intelectualismo se evidenciou. No livro *The Last of the Mohicans* (*O último dos moicanos*), de James Fenimore Cooper, Natty Bumppo, o primeiro de uma longa série de personagens encarnando "o último homem de verdade na América", ataca todo esse empreendimento: "'Livro!', repetia olho-de-águia, com um desdém singular e maldisfarçado. 'Você acha que eu sou um menino chorão preso ao fio do avental de uma de suas velhas namoradas... Livro! O que teria alguém como Eu, que é um guerreiro selvagem, a ver com livros?'" Homens de verdade agem; eles não leem. (Aparentemente, eles também não escrevem; lembremos da tirada de Nathaniel Hawthorne contra todas aquelas "mulheres rabiscantes" e da preocupação quase obsessiva de Hemingway com a tentativa de escrever uma frase masculina.) Lembremos o que diziam os meninos no capítulo sobre educação – como eles achavam as disciplinas sobre linguagem um estudo apropriado apenas para "maricas". (Obviamente, Cooper escreveu essas coisas esperando atrair os homens a fazer exatamente isso – e numa prosa especialmente preciosa[383].) Mais ou menos uma década depois, o General Robert E. Lee entrou na conversa declarando que a ficção "enfraquece a mente".

Consideremos por um momento o crescimento meteórico da "literatura das minas" – o novo gênero de ficção mais bem-sucedido no último quarto de século. Tal gênero literário – como exemplificado pelo *Diário de Bridget Jones*, de Helen Fielding, que foi publicado em 1998 e vendeu dois milhões de cópias, gerou duas sequências, dois filmes e inúmeras imitações – concentra-se em torno de mulheres modernas e urbanas afavelmente atrapalhadas que lutam fortemente para manter carreiras que não as esgotam e para desenvolver relacionamentos íntimos com homens que, esses sim, deixam-nas esgotadas. É a versão literária da personagem Ally McBeal (da série *Minha vida de solteira*) e do grupo de amigas de *Sex and the City*.

> ### É MESMO?
>
> O sexismo nos filmes e na TV é algo do passado. Por quê? Hoje, há personagens mulheres em todos os programas televisivos e longa-metragens. A desigualdade de gênero na mídia é uma história do passado.
>
> Não tão rápido. No começo dos anos de 1990, a jornalista Katha Pollitt cunhou a expressão "princípio da *smurfette*" para nomear a tendência de "alcançar" a igualdade de gênero acrescentando uma – e apenas uma – personagem feminina nos programas de TV e nos filmes, para em seguida declarar ter conseguido representar igualmente os gêneros. No caso de se ter esquecido daqueles querubins azuis bonitinhos, eis em ação o princípio da *smurfette* (bem, na verdade, são os personagens masculinos que agem; ela está lá para lhes oferecer uma flor).
>
> Continuemos a verificar: Piggy. Princesa Leia. Penny (*The Big Bang Theory*). Kanga (*Ursinho Pooh*). Hermione. Jessie (*Toy Story*). Katniss Everdeen (sim, ok, contando Rue são duas, mas isso já é um pouco forçado). Uma mulher entre muitas é igual à igualdade de gênero!
>
> Porém, não é apenas questão de quantas personagens femininas estão presentes. Trata-se também do que elas fazem. Alison Bechdel, uma cartunista, elaborou um teste para ver quão iguais os personagens realmente são.
>
> Digamos que você está assistindo um filme ou programa de TV e quer saber como está a igualdade de gênero ali. Responda a três questões:
>
> 1) Há duas ou mais personagens femininas com nomes?
> 2) Elas conversam entre si?
> 3) Elas falam sobre outra coisa que não sobre os homens?
>
> Fonte: Katha Pollitt. "The Smurfette Principle" ("O princípio *smurfette*"). In: New York Times, 07/04/1991.

Agora consideremos o triste destino da "literatura dos caras", a resposta masculina para aquela "das minas". Ela foi ostensivamente aclamada pelo livro *High Fidelity* (*Alta fidelidade*), de Nick Hornby, em que Rob, um londrino preguiçoso de 35 anos, trabalha em uma loja de discos e organiza sua vida por listas dos cinco melhores; também foi o caso do livro *About a Boy* (*Um grande garoto*), em que o personagem apropriadamente chamado de Will Lightman[s] flutua sobre o dinheiro da família (seu pai compôs um *jingle* de natal verdadeiramente horrível e massivamente popular). Cheios de astúcia e sabedoria mundana, os dois homens têm um temperamento incapaz de se comprometer com seus relacionamentos ou até mesmo com algum sentido de propósito em suas próprias vidas. Mas então alguma coisa acontece – e eles vão acabar realmente tendo de ganhar a vida, comprometer-se e viver, se não felizes, ao menos em um relacionamento, para sempre.

Contudo, os escritores norte-americanos da "literatura dos caras" contemporânea apresentam uma espécie de "antirromance de formação", no qual um preguiçoso irônico, esperto e assumido se recusa a crescer, a encontrar um trabalho significativo, a se comprometer com suas relações ou a encontrar algum sentido na vida. Obras como *Booty Nomad* (*Nômade do sexo*), *Love Monkey* (*Macaco do amor*) e *Indecision* (*Indecisão*) naufragaram nas livrarias e falharam miseravelmente em suas adaptações para a TV. E falharam justamente porque seus protagonistas se recusaram, ao longo da narrativa, a serem transformados por suas relações com as mulheres. E falharam porque *mulheres* não leem essas histórias a não ser que haja alguma esperança de redenção e homens também não as leem, pois homens não leem ficção[384].

Mais um exemplo deve bastar. Tornou-se praticamente um axioma do pensamento feminista a afir-

---

[s] O sobrenome antepõe ao substantivo *man* (homem) o substantivo *light*, que, levando em conta o contexto da história, significa *leve*, *suave*, mais do que *luz*, seu sentido mais comum [N.T.].

mação de que as revistas femininas são um exemplo essencial da opressão contra as mulheres – de que tais revistas constroem ideais inatingíveis de feminilidade, prendem-nas em uma busca infinita para se tornarem sempre mais magras, mais atraentes, mais lindas, contribuindo assim para lhes atribuir um valor secundário. Dúzias de projetos escolares na área de estudos da mulher descobriram incontáveis estudantes recolhendo propagandas e mostrando como as representações midiáticas das mulheres nas revistas são um agente primordial de sua condição subordinada.

Com efeito, essa crítica é a fonte na qual Betty Friedan foi buscar a própria segunda onda do feminismo, com seu chamado incendiário às mulheres feito no livro *A mística feminina* (1963). Para Friedan, as revistas femininas construíam "uma mulher frágil, passiva, vazia, que é dependente de seu marido para ser feliz e ter *status*, que é desprovida de ambição para além de ser mãe e da decoração do lar, e que carece de uma voz para exprimir o vazio, a incompletude de sua vida delimitada por seu gênero", tal como escreveu a crítica de mídia Amy Aronson[385]. (Pouco importa que o livro de Friedan tenha sido publicado em séries nas revistas *Mademoiselle*, depois em *Ladie's Home Journal* [*Diário da dona de casa*] e *McCall's*, onde a própria Friedan trabalhou como editora e escritora!)

Para Friedan, tais publicações eram parte de um massacre cultural de larga escala, que construía a mística feminina: "essa imagem", ela escreveu, "criada por revistas femininas, anúncios, televisão, filmes, romances, colunas e livros de especialistas em casamento e assuntos familiares, psicologia infantil, adequação sexual e por divulgadores populares da sociologia e da psicanálise... é imatura e frívola, fofa e feminina; passiva; um conteúdo de felicidade fútil em um mundo de quarto e cozinha, sexo, bebês e casa"[386].

Esse argumento se tornou a ortodoxia feminista dominante no que diz respeito ao impacto das revistas femininas; essas foram acusadas de "debilitar as mulheres, torná-las dependentes dos homens" (e das próprias revistas), de atrapalhar sua autorrealização, de promover sua autonegação e tratar suas leitoras como pouco mais do que um ornamento, um objeto, um eufemismo, uma máquina doméstica ou materna. Boa parte dos estudos acadêmicos consideram as revistas femininas como capazes de uma dominação perfeita e suas leitoras mulheres populares como plenamente "femininas": passivas, dependentes e estúpidas em última instância[387]. "O que torna as revistas para mulheres particularmente interessantes", escreve Marjorie Ferguson, outra crítica feminista, "é que suas panaceias instrutivas e diretivas estão preocupadas não só com a tecnologia do tricô, da cozinha ou da contracepção. Elas também dizem às mulheres o que pensar e fazer sobre si próprias, seus amantes, maridos, pais, filhos, colegas, vizinhos ou chefes... Eis uma fórmula realmente muito potente...", ela conclui, "para manipular as atitudes e comportamentos das mulheres e movê-los na direção de um caminho particular de feminilidade"[388].

Outras abraçaram completamente essa crítica, desde a socióloga Gaye Tuchman em seu livro coeditado em 1977 *The Symbolic Annihilation of Women by the Mass Media* (*A aniquilação simbólica das mulheres pelos meios de comunicação de massa*), passando pela estudiosa da mídia Jean Kilbourne, em sua vigorosa crítica às imagens publicitárias das mulheres no artigo "Killing Us Softly" ("Matando-nos pouco a pouco"), até chegar, por fim, a Naomi Wolf, com sua obra de estreia, *The Beauty Myth* (*O mito da beleza*)[389].

Contudo, recentemente, analistas têm atacado as revistas femininas norte-americanas por terem um impacto exatamente contrário sobre as mulheres: deixá-las insatisfeitas e instigar nelas ideais de carreira, consumo e independência. Tal como a crítica feminista via ali uma conspiração para limitar as mulheres a um lugar, essa crítica antifeminista vê uma conspiração para enfurecê-las e provocar sua rebelião. O Centro de Pesquisa de Mídia na cidade de Alexandria, Virgínia, um vigilante grupo conservador, estudou treze revistas femininas populares dentro de um período de doze meses e relatou no final de 1996 que todas eram "armas políticas da esquerda" que "martelam repetidamente uma mensagem em favor de aumentar o estado e estimulam o ativismo liberal"³⁹⁰. Christina Hoff Sommers acusou revistas como *Redbook*, *Mademoiselle*, *Good Housekeeping* (*Cuidar bem de casa*) e *Parenting* (*Criando filhos*) de promover uma desinformação com viés feminino¹, que "favorece nitidamente o Partido Democrata"³⁹¹. Segundo Danielle Crittenden:

> As mulheres que compram essas revistas hoje seguiram o conselho de suas mães: *faça algo da sua vida; não dependa de homem para cuidar de você; não cometa os mesmos erros que eu...* Então elas adiaram o casamento e a gravidez para se dedicar à carreira, apenas para depois se descobrirem com 35 anos, ainda solteiras, loucas para ter um filho, com nenhum marido em vista... elas são sócias em escritórios de advocacia que acreditavam ter feito todos os preparativos necessários para suas carreiras – exceto para aquele momento súbito e inesperado quando percebem suas entranhas sendo trituradas no primeiro dia de retorno da licença-maternidade, depois de terem deixando seus filhos nos braços de alguém estranho³⁹².

Assim, um lado diz que as revistas femininas escravizam as mulheres na exaustiva labuta doméstica, e o outro afirma que essas mesmas publicações as oferecem uma falsa liberdade. Quem está certo?

Cada uma das posições polarizadas enfoca apenas um elemento e está, portanto, errada. As revistas femininas fazem as duas coisas. Basta olhar um exemplar de revistas norte-americanas como *Cosmopolitan*, *Glamour* ou *Latina* em algum momento. Ou experimentar publicações que miram o público das minorias, como as também norte-americanas *Essence* ou *Latina*. Por certo, há muitos artigos instruindo as leitoras sobre como perder cinco quilos em uma semana ou como deixar o namorado sexualmente extasiado, com fotos espalhadas dos novos biquínis e batons mais atraentes. *Mas* também há artigos sobre como políticos de direita tentam combater o direito delas às próprias escolhas e sobre como o aquecimento global pode ter mais impacto na vida delas do que compras de botas de inverno para o próximo ano. Em outras palavras, revistas femininas oferecem uma *polifonia* – múltiplas vozes, perspectivas diferenciais.

E sempre foi assim. Desde que as primeiras revistas femininas surgiram, como notou Amy Aronson, essa polifonia foi uma de suas marcas distintivas – é o que as faz, em certo sentido, tão democráticas (as primeiras publicações para mulheres eram em larga medida compostas de cartas para a editoria e de artigos plagiados de outras revistas). Elas eram bastante polifônicas porque suas leitoras invadiam as arenas masculinas (como o local de trabalho ou a iniciativa sexual). As mulheres não são ludibriadas para se tornarem servas do lar, objetos *glamourosos* ou harpias liberais, pois elas são muito diversas³⁹³.

As revistas masculinas, por contraste, são tão monótonas quanto possível. É só olhar a *Maxim* ou a *FHM*. Na capa de quase todas as edições haverá mulheres voluptuosas de biquíni, geralmente encharcadas de suor ou de água. Em suas páginas, junto com artigos sobre músculos e proezas sexuais, estão atrizes iniciantes, modelos e as "gostosonas" dos mais diversos tipos, todas seminuas, em poses sugestivas. "Todas as gatas o tempo todo" é, aparentemente, a única forma de lançar uma nova revista de sucesso exclusivamente focada neste segmento demográfico. Essas duas revistas se gabam de seus respectivos 2,5 milhões e 1 milhão de assinantes. De acordo com seus editores, os leitores da *Maxim* são esmagadoramente homens (76%), solteiros (71%) e jovens (a idade média é 26)³⁹⁴.

---

¹ O termo utilizado pela autora mencionada é *Ms-information*, expressão que usa o prefixo *Ms*, abreviatura de "senhora" (sem determinar seu estado civil) e cuja sonoridade evoca *misinformation* (desinformação) [N.T.].

A *Maxim* é apenas uma da onda de novas revistas para "os caras", onda que começou na Grã-Bretanha, em parte como reação antifeminista, uma forma de auxiliar os homens a "reconquistar sua autoestima", que havia sido "diminuída pelo movimento das mulheres"[395]. Nos Estados Unidos, em Nova York, os anunciantes da Madison Avenue tentaram por anos descobrir como vender cosméticos – máquinas de barbear, colônias, produtos para a pele – para homens brancos heterossexuais (apenas os homens *gays* e negros tinham consciência de moda o suficiente para ler revistas como *GQ* ou *M*, e tais publicações já haviam se transformado numa espécie de *Queer Eye for the Straight Guy* [*Olhar gay para o cara hétero*] uma década antes do programa de sucesso na TV). Mas a *Maxim* está bem resolvida sendo suficientemente descarada para fazer de todas as suas capas um concurso de camisetas molhadas. Ela tem tido um enorme sucesso[396].

Esse também é o caso da revista *Men's Health*, a revista masculina de maior sucesso lançada nos anos de 1980 e de 1990. Outrora dedicada a alimentos orgânicos e ervas medicinais para as diferentes enfermidades masculinas, a *Men's Health* se remodelou, tornando-se uma publicação que aplaca a ansiedade sexual dos homens garantindo-lhes que podem sim ser os acrobatas do sexo que antes apenas sonhavam se tornar. Junto a artigos que sugerem dicas sobre como ter abdomens de ferro, bumbuns de aço e outras partes do corpo transformadas em metais resistentes, jorra uma corrente constante de artigos sobre como enlouquecer a mulher na cama, como ser maior, mais grosso, mais duro e ter mais durabilidade sexual. A *Men's Health* se entrega à ansiedade sexual sugerindo que nunca se pode ser potente ou sexualmente atlético o suficiente.

E, dentre as revistas masculinas nos Estados Unidos, que séries vendem mais? São as edições de "trajes de banho" da *Sports Illustrated*, que retrata mulheres em minúsculos biquínis, que mal chegam a vestir e com os quais seria impossível nadar, além das edições "De volta para a escola", da *Playboy*, que apresentam uma dúzia ou mais de "alunas" de algum grêmio atlético universitário descontraidamente despidas (elas não ligam para os trajes de banho). "Mulheres da Liga de Basquete!", "Mulheres da Conferência Sudeste!" e até mesmo "Mulheres das melhores universidades!" Essas revistas são bem populares, pois os homens estão ávidos para saber que essas meninas universitárias, essas que, no mínimo, são seus pares em igualdade na aula de química, no time de debate ou até mesmo no campo de futebol, são na verdade, debaixo de tudo isso, "apenas garotas" que ficam felizes em expor seus seios e deixar os homens olhando. As revistas nos dizem assim que, em todos os lugares, mesmo nas universidades, os homens têm direito de ver mulheres nuas – e elas se voluntariam para isso. Até mesmo aquelas intelectuais universitárias são, bem, apenas garotas que gostam de tirar a roupa para os homens.

Porém, os esforços para manter esses leitores masculinos conforme eles envelhecem e deixam de ser meninos falharam. "O que descobrimos bem rapidamente", disse o editor Phil Hilton a um jornalista, "é que não há mais idade para saber quando os homens de repente vão crescer e começar a se interessar por planos de previdência ou por azulejos de banheiro. Essas coisas nunca os atraem. Para o bem ou para o mal, eles, em sua maioria, continuam interessados em ver garotas, saber tudo sobre carros e falar sobre esportes"[397].

Por que as revistas femininas são tão diversas e as masculinas, tão monocromáticas? Por que, à medida que os programas de TV do horário nobre se inclinam mais para a igualdade de gênero, os homens parecem abandoná-los? Por que os homens têm tanto medo da igualdade que, quando a situação fica dura, os duros fogem para assistir seus filmes de luta ou programas de humor machistas?

O único modo de compreender essa dinâmica, como sugeri, é entender que esses mundos de mulheres e homens podem ser separados, mas não são iguais. Ela nunca pode entrar nos dele – seja o exército, a ciência ou os negócios – e isso vale tanto na realidade quanto nas representações midiáticas. As revistas que aparentam ser de "gênero neutro" ilustram esse problema. Por exemplo, a *Forbes* ou a *Fortune* só apresentam artigos sobre uma presidente executiva mulher em suas "edições da mulher", com o gênero feminino sendo explicitado para atrair as leitoras mulheres. Ou seja, o público leitor das principais revistas sobre finanças e negócios é dividido em dois grupos de consumidores: as "leitoras mulheres" (um nicho especializado) e os "leitores" (o público geral, ou seja, obviamente, os *homens*).

As meninas podem brincar com brinquedos dos meninos (equipamentos esportivos, bonecos de ação, jogos científicos), mas que os meninos não ousem brincar com os brinquedos das meninas. Elas podem fazer esportes; eles que não ousem não se interessar por esportes. As mulheres podem equilibrar carreira e família; os homens devem se manter focados na sua carreira, a todo custo.

Até hoje em nossa história, a igualdade de gênero tem quase inteiramente significado a entrada das mulheres em áreas anteriormente "masculinas", que antes estavam fechadas para o sexo feminino. Os homens recuaram para áreas de preservação cada vez menores de masculinidade "pura" e se tornaram cada vez mais exagerados nas suas afirmações a respeito de um suposto jeito "verdadeiro" e único de ser um "homem de verdade". Com isso, eles próprios foram se tornando cada vez mais inquietos e defensivos.

Temos jogo(s)

Os *videogames* começaram de modo bastante inocente com o jogo *Pong*, uma partida de pingue-pongue gerada por computador em 1972; *Centopeia* foi lançado mais tarde no mesmo ano. Quem poderia ter então previsto que os *videogames* hoje seriam o segmento que cresce mais rápido na indústria do entretenimento? Ao redor do mundo, mais de 1,2 bilhão de pessoas jogam *videogames*. Eles geraram cerca de $76 bilhões de receita em 2014. Só nos Estados Unidos, foram aproximadamente $24 bilhões em vendas e aluguéis em 2014 (as vendas de equipamentos e programas de jogos superou $10 bilhões em 2003, 2004 e 2005, sendo $9,5 bilhões em 2010). São quase dois jogos comprados *por casa* todos os anos desde 2000. Quase 75% dos norte-americanos com seis anos ou mais jogam *videogame* regularmente.

O *game* mais popular de 2014 nos Estados Unidos foi *Titanfall* [*Queda de Titãs*], um novo jogo futurista desenvolvido pelos criados da franquia *Call of Duty* [*Chamado do dever*] (*Call of Duty: Ghosts* [*Chamado do dever: fantasmas*] foi o segundo mais vendido). É um *game* violento, belicista sobre soldados do futuro, armas gigantes e robôs, com máquinas assustadoras dispostas a destruir o mundo[398].

Embora a faixa etária dos jogadores seja ampla, com média de idade é 31, os *games* tendem a apelar mais para os rapazes adolescentes ou na faixa dos vinte anos. Por outro lado, as mulheres com mais de 18 anos representam uma porção significativamente maior da população que joga *videogames* (37%) do que os meninos de 17 anos ou menos (13%). O menino adolescente em média fica em seu *videogame* cerca de dez horas e meia por semana; já com as meninas, são em média seis horas semanais (tanto os meninos quanto as meninas assistem a TV cerca de 31 horas por semana). Um terço dos norte-americanos elegem jogos de computador ou de videogame como sua "atividade de entretenimento favorita"[399].

Os *games* variam muito – por tipo, formato e, obviamente, por gênero. Alguns jogos são jogados por um ou dois (ou pouco mais) jogadores diante de um console, ligado na TV. Outros jogam on-line, em um computador. E alguns, como os jogos de RPG on-line com inúmeros jogadores (ou MMORPG), são jogados ao vivo, com milhares de pessoas ao redor do mundo jogando simultaneamente.

No universo dos *videogames*, os jogos simulando esportes – como *Madden NFL* (jogo de futebol americano) ou os vários *games* de *baseball*, basquete etc. – constituem uma grande fatia do mercado. Os jogos de aventura e ação, como *GTA* e *Halo*, são de longe o gênero mais popular. E os jogos de estratégia, como *Sims*, envolvem os jogadores em decisões e pensamentos estratégicos realistas, mais do que meramente em aventuras numa terra de sangue e de tripas. Há até mesmo um jogo chamado *Bully*, que gira em torno dos "trotes" de uma escola elitista.

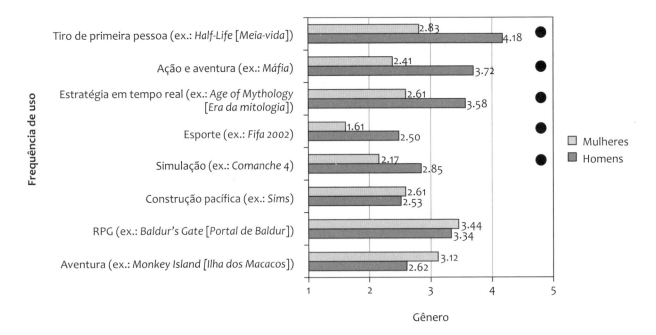

Figura 11.3 Preferência de gênero para os diferentes tipos de *videogames*.

Fonte: T. Hartmann e C. Klimmt. "Gender and Computer Games: Exploring Females' Dislikes" (Gênero e jogos de computador: explorando as rejeições femininas"). In: *Journal of Computer-Mediated Communication* (Revista da Comunicação por Computadores), 11(4), 2006, art. 2. Disponível em http://jmcm.indiana.edu/vol11/issue4/hartmann.html.

© 2006 International Communication Association. Publicado por John Wiley and Sons.

Embora a maioria dos jogadores de todos os formatos e gêneros de *game* seja masculina, as porcentagens variam enormemente[400]. Em uma competição no World Cyber Games (Jogos Cibernéticos Mundiais), em Cingapura, setecentos meninos e homens – e uma mulher! – cruzaram suas espadas cibernéticas em um jogo competitivo on-line[401]. Mas as jogadoras mulheres já estão chegando. Hoje, apenas 52% de todos os jogadores são do sexo masculino. De 2012 a 2013, o número de jogadoras cresceu cerca de 32%. Talvez esse rápido influxo do sexo feminino seja o que deixou tantos jovens *gamers* tão ansiosos e raivosamente defensivos em relação ao que eles provavelmente percebiam ser o último vestiário homossocial puro no mundo[402]. Os jogos de esportes e de aventuras chegam perto de 95% de jogadores do sexo masculino, ao passo que jogos de estratégia, como *Sims*, são o único tipo em que o sexo feminino conseguiu fazer

> **LEIA TUDO A RESPEITO!**
>
> Os *videogames* são uma experiência central para a construção e expressão de gênero. Na fantasia e nas brincadeiras, experimentamos novas identidades por certo tempo, colocamos nós mesmos à prova e descarregamos a tensão. E há um número cada vez maior de meninas jogando *videogames*, o mundo dos *games* se tornou mais integrado do que nunca em termos de gênero. Mas as representações das mulheres nesses jogos não avançaram em nada junto com as mudanças na composição da comunidade de jogadores. Na verdade, parece que elas estão piorando. Alicia Summers e Monica Miller pesquisaram revistas de *videogame* nos últimos vinte anos e descobriram que as mulheres foram deixando de ser representadas como "donzelas em perigo" benignas para ganharem retratos mais ativamente hostis de "super-heroínas voluptuosas".

> **É MESMO?**
>
> Vai, mano, relaxa. Os *games* são só uma forma de desabafar um pouco. Ninguém os leva a sério.
>
> É mesmo? E o caso do Gamergate? Alguém se lembra? Gamergate – o nome dado para uma campanha desprezível feita nas redes sociais contra várias mulheres – começou em 2013 quando uma desenvolvedora independente de *games*, Zoë Quinn, lançou um novo jogo que recebeu críticas muito boas. Um bando masculino de jogadores objetou que ela estaria apenas tentando chamar atenção por ser mulher. As denúncias públicas, e-mails de ódio, hackeamentos e publicização dos dados privados de Quinn pioraram tanto, as ameaças de violência e de estupro se tornaram tão persistentes e perigosas, que ela teve de mudar seu número de telefone e se retirar do espaço público.
>
> Então, em 2014, a blogueira e escritora feminista Anita Sarkeesian lançou um novo vídeo no YouTube, dentro de uma série que ilustra o retrato das mulheres nas mídias. Ela foi imediata e impiedosamente assediada e ameaçada. Sua palestra agendada na Universidade de Utah teve de ser cancelada por causa de ameaças de morte (e porque as leis estaduais liberando porte de armas impedia que a universidade a protegesse). O jornal *New York Times* qualificou o caso de "o mais nocivo exemplo de uma campanha que já dura semanas visando desacreditar ou intimidar as críticas que se levantaram contra a dominação masculina na indústria dos *games* e contra essa cultura".
>
> Seja em jogos fantasiosos ou na realidade, os homens geralmente se sentem ameaçados pela entrada das mulheres em uma arena que eles acreditavam ser apenas deles. Com elas se introduzindo em todos os cantos da esfera pública, alguns homens, inseguros e aterrorizados com a perda definitiva da pureza homossocial de suas áreas, vão se juntar para defender sua posição.
>
> Ameaças de morte por criticar as representações midiáticas? Não parece familiar? E deveria: é o que esses mesmos homens condenaram quando, na França, terroristas atacaram a redação do *Charlie Hebdo* e assassinaram 12 pessoas, incluindo parte da equipe da revista.
>
> Mas, que isso, galera. Relaxem. É só um jogo.
>
> Fontes: Nick Wingfield. "Feminist Critics of Video Games Facing Threats in 'GamerGate' Campaign" ("Críticas feministas de *videogames* são ameaçadas na Campanha 'GamerGate'"). In: *New York Times*, 15/10/2014. • Anita Sarkeesian. "Tropes vs. Women in Video Games" ("Tropos vs. mulheres nos *videogames*"). Disponível em https://www.youtube.com/watch?v=5i_RPr9DwMA

incursões. Em *Sims*, a "ação", tal como ela se apresenta, diz respeito a situações da vida real no lar. As pessoas arrumam empregos, se casam, têm filhos e até mesmo limpam a casa. "Todos os homens na minha turma odiavam esse jogo", comenta o sociólogo William Lugo, que estuda *videogames* e dá aulas em cursos universitários a respeito desse tema (figura 11.3). "Era um jogo muito realista para eles"[403].

Nina Huntemann, professora de Comunicação e jogadora ávida de *videogames*, é uma observadora perspicaz, que estudou jogos e criou o documentário *Game Over*, para a Fundação de Educação da Mídia. "Constantemente me dizem que *games* é coisa de menino", ela me contou. Os laboratórios de informática na universidade eram "totalmente dominados pelos rapazes", ela diz agora, "e o fato de que eu gosto de *games*, e gosto deles pelos mesmos motivos que os meninos gostam, fez com que uma boa parte deles ficasse de algum modo desconfortável"[404].

A segregação sexual do console de *games* é apenas uma das marcas de gênero mais óbvias dessa mídia. Os personagens são quase sempre estereótipos masculinos ou femininos massivamente exagerados: os homens em suas camisetas e uniformes militares rasgados têm bíceps que fariam os Comandos em Ação parecerem fracotes; com efeito, o peitoral deles é tão grande, a cintura deles tão fina, as coxas tão poderosamente salientes que não haveria como a maioria desses personagens ficar de pé[405].

Mesmo que se pareçam com os estereótipos masculinos *gays* de corpos bombados, os personagens na terra dos *games* são todos hétero. Como também são as mulheres – poderosas e fortes o bastante para serem ameaçadoras, mas sempre heterossexuais, com cabelos loiros, desalinhados, encorpados – o visual de uma pessoa que parece acabar de ter sido sexualmente consumida – com seios tão grandes e uma cintura tão fina que elas fazem a Barbie parecer um filhote abandonado[406]. E elas são eternamente gratas a seus salvadores hipermasculinos e musculosos. Em um *game*, Duke Nukem, o "herói que existe em todo homem norte-americano", depara-se com uma situação na qual todos os homens foram mortos e apenas Duke pode resgatar um milhão de "gatas" que foram capturadas por alienígenas. As mulheres obviamente ficam gratas. Até mesmo Lara Croft, o ícone feminino dos jogos de ação, é uma "gata" hipersexualizada – ocorre apenas de ela saber como manusear um lançador de granadas[407].

Alguns jogos borram os limites entre zonas urbanas militarizadas em guerra e fantasias vingativas pornográficas. Um exemplo é *Panty Raider* [*Invasor de calcinhas*]. "Não é apenas uma roupa íntima", dizia o anúncio desse jogo campeão de vendas, "é uma aventura!" O objetivo dessa aventura é atrair supermodelos para fora de seus esconderijos e trazê-las para um lugar aberto, então usar óculos de raios-X para ver se elas estão usando a *lingerie* que foi prescrita pelos alienígenas. Em caso positivo, então deve-se tentar atirar nelas, para acertá-las com uma pasta cibernética que derrete suas roupas e, em seguida, tirar uma foto delas só de calcinha.

Para alguns jogadores, o mundo de fantasia dos *videogames* não oferece uma dose de realidade em tempo real suficiente. Milhões de jogadores – esmagadoramente homens – ao redor do mundo entram em sites de MMORPGs. Esses jogos, como *EverQuest* ou *World of Warcraft* [*Mundo do ofício bélico*], são elaborados mundos de fantasia, muitas vezes similares ao de *Senhor dos anéis*, onde os jogadores batalham uns contra os outros ou lutam contra monstros, ao vivo, on-line, em tempo real. *World of Warcraft* tem cinco milhões de inscritos. O usuário precisa acumular diversas parafernálias no jogo – propriedades, armas, ouro, diversas poções – que lhe permitem ganhar vantagens sobre outros jogadores. Esses jogos do tipo MMORPG são muito sedutores porque são tão virtuais quanto reais; os jogos borram completamente as fronteiras entre realidade e fantasia quando essas mercadorias fluem através dos limites do ciberespaço e entram no mercado real. Edward Castronova se preocupa com a possibilidade de alguns jogadores viverem uma espécie de "imersão tóxica", na qual suas vidas virtuais se tornam mais reais e sofrem mais pressão do que suas vidas no mundo real[408].

O pornô nos Estados Unidos

A entrada das mulheres em um ambiente midiático antes totalmente masculino em nenhum outro lugar foi mais evidente do que na indústria **pornográfica**. Não, não estou falando dos atores e atrizes que se apresentam nos filmes (que, em combinações de gênero variadas, são mais ou menos iguais numericamente). As mulheres estão consumindo pornografia muito mais do que nunca, e, algumas delas dizem, estão até mesmo gostando disso mais do que nunca – ou então elas presumem que "precisam" gostar, pois não é nada feminino. Por contraste, há pouquíssimos homens que estão alugando filmes das produtoras

> ### É MESMO?
>
> "Jogar *videogames* violentos não tem nenhum efeito no restante de minha vida. Eu sei a diferença entre realidade e fantasia. Os jogos só me deixam desestressar um pouco."
>
> Essa é a resposta defensiva dos jogadores que pais, educadores e críticos culturais geralmente ouvem quando alguém ousa criticar esse tipo de entretenimento.
>
> Mas isso é só meia verdade. Obviamente, não há nenhuma via reativa quase pavloviana que seja ativada por se jogar *videogames* repetidamente e que leve subitamente alguém a pegar uma arma de fogo e a assassinar imigrantes, mulheres, terroristas, ou qualquer outra pessoa demonizada nos *games*. Mas, por outro lado, alguém gostaria realmente de sustentar que o consumo dessas imagens midiáticas não tem nenhum efeito sobre o nosso comportamento? Seria como dizer que toda a indústria da publicidade não ajuda a moldar nossas escolhas de consumo.
>
> É óbvio que as representações da mídia afetam nosso comportamento. A questão não é se isso ocorre ou não, mas como e quanto.
>
> As evidências empíricas são reveladoras. De novo, não se trata de nada pavloviano, não é algo macaco-vê, macaco-faz. Mas estudos empíricos recentes feitos por Yang Wang e seus colegas no departamento de radiologia da Universidade de Indiana nos deveriam levar a uma pausa reflexiva. O Dr. Wang realizou exames de ressonância magnética em dois grupos de jovens adultos. Um deles jogou *games* violentos por dez horas durante uma semana e então não jogou nada na semana seguinte. O outro ficou sem jogar nada o tempo todo. A ressonância cerebral dos dois grupos foi feita antes dos jogos, no final da primeira semana e no final da segunda.
>
> Após a primeira semana, em comparação com o grupo que não jogou *videogame*, o grupo que jogou demonstrava menos ativação de suas funções cerebrais, tanto nas regiões do cérebro ligadas à emoção quanto naquelas envolvidas no raciocínio matemático. Depois da segunda semana, as funções cerebrais do grupo de jogadores haviam retornado para níveis quase normais, mas ainda não eram totalmente iguais aos do grupo que não jogou.
>
> Isso significa que jogar *videogames* violentos torna as pessoas estúpidas e insensíveis, não empáticas? Não totalmente. Significa apenas que isso tem um efeito sobre o cérebro delas, e esse é o ponto, afinal. Mas não vai transformar ninguém em um tipo de *gamer* zumbi permanentemente alheado. Será necessário trabalhar mais para chegar a esse ponto.
>
> Fonte: Tom A. Hummer, Yang Wang, William G. Kronenberger, Kristine Mosier, Andrew Kalnin, David Dunn e Vincent Mathews. "Short-Term Violent Video Game Play by Adolescents Alters Prefrontal Activity During Cognitive Inhibition" ("*Videogames* violentos jogados por adolescentes em curto-prazo alteram a atividade pré-frontal durante a inibição cognitiva"). In: *Media Psychology* (*Psicologia da mídia*) 13, 2010, p. 136-154. • "Short-Term Exposure to a Violent Video Game Induces Changes in Frontolimbic Circuitry in Adolescents" ("Exposição de curto prazo a *videogames* violentos induz mudanças no circuito frontolímbico nos adolescentes"). In: *Brain Imaging and Behavior* (*Imagética cerebral e comportamento*) 3, 2009, p. 38-50. • "The Interacting Role of Media Violence Exposure and Aggressive-Disruptive Behavior in Adolescent Brain Activation During an Emotional Stroop Task" ("A função de interação da exposição a mídias violentas e o comportamento agressivo-disruptivo na ativação cerebral adolescente durante um teste emocional de stroop"). In: *Psychiatry Research: Neuroimaging* (*Pesquisa Psiquiátrica: Neuroimagética*) 192(1), 2011, p. 12-19.

porno. Uma vez mais, as mulheres podem entrar no espaço dos homens, mas que esses não ousem entrar no delas. E embora eu vá analisar a pornografia como um mecanismo de construção de nossas sexualidades em um capítulo posterior, aqui eu gostaria de focar não apenas na representação que o pornô faz do sexo, mas também na sua representação do gênero.

A pornografia é uma indústria gigantesca nos Estados Unidos. Os valores brutos de vendas incluindo todas as mídias pornográficas chega à faixa entre $10 bilhões e $14 bilhões anuais, para toda essa área. É mais do que as principais ligas de futebol americano, de basquete e de *baseball* combinadas ou, em termos de mídia, com receitas maiores do que as redes de TV ABC, NBC e CBS juntas. Só as vendas e aluguéis de vídeos e DVDs avolumam cerca de $4 bilhões por ano. Mais de duzentos vídeos pornográficos são produzidos toda semana. O "entretenimento" adulto supera os restaurantes dos McDonald's nos Estados Unidos – por uma margem de, pelo menos, três para um. Na internet, a pornografia aumentou 1.800%, indo de 14 milhões de páginas em 1998 para 420 milhões em 2008[409].

E dificilmente se trata de produções de quinta categoria, clandestinas, feitas em algum beco. "A indústria de filmes adultos no sul da Califórnia não é comandada por um bando de homens velhos e sujos no quarto dos fundos de algum depósito", escreveu Larry Flynt, em um artigo de opinião para o *Los Angeles Times*, em 2004. "Hoje, no Estado da Califórnia, o entretenimento pornô é um negócio entre $9 e 14$ bilhões comandado pelo mesmo tipo de pensamento e cuidado com detalhes que se encontram em empresas como General Electric, Mattel ou Tribune"[410].

Desde 2012, 13% de todas as pesquisas na rede da internet buscavam sites pornô. Mais pessoas acessam pornografia do que acessam Twitter, Netflix e Amazon juntos. Mais de 25 mil pessoas estão assistindo pornô a cada segundo. E dois terços dos espectadores são homens. Com efeito, quase oito de cada dez rapazes, entre 18 e 24 anos, visitam sites pornográficos em um mês comum. E dois terços dos profissionais de RH nas empresas descobriram material pornô no computador de seus empregados[411].

Porém, talvez o tamanho do mercado pornográfico não seja o único ponto importante, mas também o seu alcance e difusão. Ele está por toda parte, insinuando-se dentro dos principais meios de comunicação, ao mesmo tempo em que cresce nas terras sombrias para onde foi historicamente destinado. Uma ampla porcentagem de norte-americanos usa a pornografia "como uma dose diária de entretenimento". Entre os mil sites pornô mais visitados, cem são orientados por sexo[412]. Nossa sociedade se tornou, como diz a jornalista Pamela Paul no título de seu livro, *Pornified* [Pornificada]. Ela afirma que hoje a pornografia "está tão profundamente integrada na cultura popular que posturas veladas e constrangidas não fazem mais parte da equação"[413].

O argumento padrão de quem defende a pornografia é o de que mulheres e homens atuando em mídias pornô fazem-no por livre-escolha – eles escolhem participar – logo, as representações *tanto* dos desejos sexuais masculinos *quanto* dos femininos devem ser acuradas. Nesse enquadramento, a pornografia retrata um paraíso erótico igualitário, onde as pessoas querem sexo, conseguem o que querem e têm muito prazer ao conseguirem. Na superfície, parece ser igual – tanto eles quanto elas estão constantemente à espreita, buscando chances para se satisfazer sexualmente.

Mas essa igualdade de desejo é uma ficção. A típica cena pornô expõe uma mulher e um homem previamente excitados para o sexo, a penetração ocorre imediatamente e ambos alcançam o orgasmo em questão de segundos. Ou seja, trata-se de uma fantasia na qual a sexualidade das mulheres não é retratada nos seus próprios termos, mas sim nos termos da sexualidade dos homens. No paraíso erótico da pornografia, tanto as mulheres quanto os homens agem sexualmente como homens – estão sempre prontos para o sexo, sempre desejam sexo, sempre têm penetração e a relação leva para um orgasmo imediato. Não é de se admirar que o ativista antipornografia John Stoltenberg tenha afirmado que as mídias pornô "contam mentiras sobre as mulheres", ainda que "contem a verdade sobre os homens"[414].

A mentira sobre as mulheres, obviamente, é a de que a sexualidade feminina é predatória, impessoal e **falocêntrica** tal como a sexualidade masculina. Pelo contrário, na vida real, a sexualidade das mulheres geralmente requer alguma conexão emocional. "Para que o sexo funcione de verdade para mim, preciso sentir *alguma coisa* emotiva", comentou uma mulher para a socióloga Lillian Rubin. "Sem isso, é apenas outra atividade atlética, só que não tão satisfatória, porque quando faço natação ou corrida sinto-me bem depois"[415].

Acredito que a pornografia também mente sobre os homens – mas são mentiras que os homens realmente gostam de ouvir. A maior delas é a de que todas as mulheres desejam de verdade, no fundo, secretamente, fazer sexo com ele. É uma mentira que é também uma fantasia vingativa, mais do que uma fantasia erótica, pelo fato de a maioria dos homens achar que não fazem tanto sexo quanto acham que deveriam fazer. A pornografia também fornece uma experiência sexual substituta, livre de complicações. "Você não precisa ter de pagar jantar para elas, conversar sobre o que elas gostam", diz Seth, um programador de computador de 24 anos, de Nova York. "E mesmo quando você faz isso, não há garantia de que vai transar. Já na pornografia ninguém nunca diz não."

É MESMO?

A pornografia é entretenimento inofensivo. Não afeta nossas experiências reais em nada.

Na verdade, a pornografia influencia sim nossas percepções e atitudes sobre homens, mulheres e sexo. Obviamente, não se trata de uma correspondência de um para um, não é um tipo de resposta behaviorista do tipo macaco-vê, macaco-faz, mas, com efeito, ela deixa uma impressão. (Se as imagens midiáticas não afetassem nossas percepções, toda a indústria de publicidade entraria em colapso!) Em um experimento psicológico recente, 154 estudantes de graduação avaliaram anúncios depois de alguns terem visto materiais de sexo explícito com garotas jovens (o tipo de pornô que fica no limite do legalmente permitido). A exposição a imagens de meninas praticamente crianças levou os espectadores a "ter mais tendência em associar sexo e sexualidade às outras representações não sexuais de menores". Ou seja, se você vê sexo na pornografia, há mais chance de também ver sexo em imagens não pornográficas.

E se elas realmente dizem não, bem, na verdade elas querem dizer sim. Em um mercado sexual no qual os homens se sentem completamente dominados pelas mulheres – desde o poder que elas têm de decidir se eles vão ou não fazer sexo para começar até aqueles lembretes desalentadores de que "não quer dizer não" – a pornografia abre as portas para um mundo onde ninguém aceita o não como resposta. Lembro-me de uma *performance* feita em Nova York pelo artista performático Tom Cayler:

> Chego em casa do trabalho e estou cansado. Quero tomar um banho, ver as crianças, comer alguma coisa e deitar, ver um pouco de TV. Talvez, se não estiver passando algum jogo, vou ler algum livro, ok? Então cá estou, leio essa história de aventura e chego na parte do livro onde o herói está com essa mulher deslumbrante se contorcendo em cima dele, mordendo os lábios de prazer. Ora, como se consegue fazer isso? Isso não me faz sentir muito bem.
>
> Mas estou ficando excitado com isso. Excito-me com esse elo sexual imaginário e ilícito. E penso comigo: "Hei, olha ali minha esposa. Ela está deitada do meu lado. Ela é linda, está disponível, quente, amável, nua". Mas fico excitado com ela? Não, excito-me com esses pequenos pontinhos pretos caminhando pela página do livro.
>
> Porque, veja bem, se eu quisesse fazer sexo com minha esposa, teria de fechar o livro, virar na direção dela, teria de pedir que ela fechasse o livro dela, teria de dizer... "Como você está? As crianças estão na cama, o gato está lá fora, a secretária eletrônica está ligada, as portas estão trancadas, talvez a gente devesse escovar os dentes, o dispositivo para o controle de natalidade está à mão?" Então eu teria de ativar minha sensibilidade, teria de perguntar o que tem ocorrido na vida dela, com o que ela tem lidado, ou seja, as crianças, o lar, o orçamento, a mãe dela, e todas essas coisas. E teria de lhe dizer o que tem acontecido comigo, meus problemas, minhas inquietações. Eu teria de abraçá-la, teria de acariciá-la. Teria de dizer quão importante ela é para mim. Teria de me comprometer com um ato que hoje em dia posso ou não conseguir consumar. Você acha que isso é fácil? Os pontinhos pretos na página, eles são fáceis[416].

O mundo de escape oferecido pela mídia "para os caras" é "fácil". Ele faz poucas exigências de relacionamento; também pede muito pouco de nós em termos morais, intelectuais e políticos, dando muito em retorno: a ilusão de poder e controle.

A maior razão mencionada pelos rapazes para assistir e jogar é a escapatória, "sair um pouco da realidade". "Eles adoram poder ganhar o Super Bowl ou viajar para outro planeta", afirma o sociólogo William Lugo[417]. E querem escapar para um mundo onde os homens dominam, onde a realidade não atrapalha. "Onde mais você pode ter a chance de invadir a praia da Normandia, duelar com sabres de luz ou até mesmo lutar com o sistema e sair para comer uma *pizza* quando terminar?", pergunta David, um jogador ávido há mais de vinte anos.

Gênero e mídias sociais

O mundo dos *games* está cada vez menos enviesado por gênero, conforme mais e mais mulheres entram nele. O mundo das redes sociais foi bastante igualitário em termos de gênero desde o início. De todos os usuários de internet, 72% dos homens e 76% das mulheres usam as redes sociais. Mas, tal como ocorre com os *videogames*, é a escolha de qual rede social usar que é marcada por gênero. Ao analisar diferentes sites, nota-se que eles e elas têm graus variados de engajamento. Entre os usuários da internet, elas têm muito mais tendência a usar Facebook, Pinterest e Instagram. Uma proporção mais ou menos igual de homens e mulheres usam Twitter e Tumblr. Reddit é o único site em que eles têm significativamente mais tendência a utilizar do que elas[418].

Mas o que essas diferenças nos dizem? Será que os sites que estimulam a conexão, relações estáveis e a partilha de informações úteis são codificados como "femininos", e promovidos por mulheres, ao passo que as redes onde usuários reclamam, xingam os outros anonimamente e atacam outras pessoas são codificadas como "masculinas", tendo mais chances de serem as preferidas dos homens? Talvez. Os homens há muito tempo buscam esses espaços exclusivamente masculinos para provar sua masculinidade na frente de outros homens. Outrora, a fronteira da civilização, o "Velho Oeste", era o lugar para onde um homem podia ir se provar contra os elementos da natureza e outros homens. Quando a era da fronteira acabou, os homens norte-americanos continuaram a reinventá-la – em outros países, por meio da expansão imperialista, no Alasca e em outros lugares inóspitos e indomados. No seu discurso inaugural em 1961, o presidente John F. Kennedy proclamou a existência da "nova fronteira". Poucos anos depois, em 1966, a série *Star Trek* anunciou o espaço como "a fronteira final". Talvez no século XXI seja "ciberespaço, a fronteira final" – ou pelo menos é o que os homens gostam de pensar.

Isso pode explicar tanto a segregação sexual das mídias sociais, o fato de existir as redes "dele" e as

---

LEIA TUDO A RESPEITO!

Jenna Mourey tem um dos canais com mais inscritos no YouTube. No papel de Jenna Marbles, ela explica de modo bem-humorado o sentido da vida, desde as questões mais pequeninas e menos importantes, por exemplo: "Como Lady Gaga escreve músicas", até coisas, bem, um pouco maiores e mais importantes, por exemplo, como fazer com que todos pensem que você é legal. Que uma mulher ouse fazer comentários sobre a vida contemporânea é o suficiente para enfurecer um número significativo de rapazes. Em "Performing Gender on YouTube" ("Performando gênero no YouTube"), as professoras de Inglês e de Jornalismo Lindsey Wotanis e Laurie McMillan analisam as reações ao canal de Jenna Marbles. A boa notícia é que Mourey parece relativamente inabalável e continua a ter mais de quinze milhões de inscritos.

A mídia constituída por gêneros 371

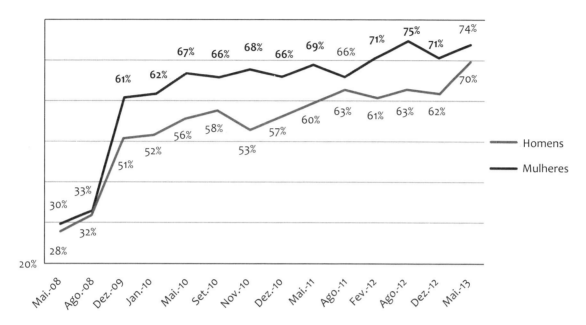

Figura 11.4 Mulheres, homens e redes sociais ao longo do tempo. Entre usuários de internet, a porcentagem de homens *versus* a porcentagem de mulheres que usam os sites de redes sociais.

Observação: As porcentagens em negrito e em fonte maior indicam maior diferença estatística entre homens e mulheres.

Fonte: "It's a woman's (social media) world" ("É um mundo (de mídias sociais) da mulher"). Centro de Pesquisa Pew. Washington, DC (set./2013). Disponível em http://www.pewresearch.org/fact-tank/2013/09/12/its-a-womans-social-media-world/

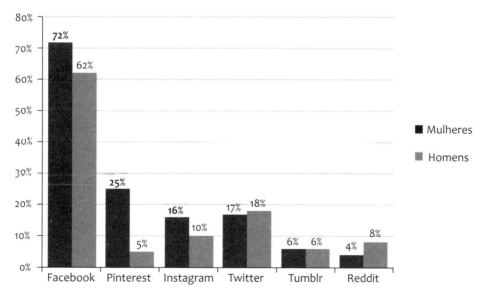

Figura 11.5 Uso de sites específicos de mídia social entre homens e mulheres. Entre usuários de internet, a porcentagem de homens *versus* a porcentagem de mulheres que usam os sites mencionados.

Observação: As porcentagens em negrito indicam maior diferença estatística entre homens e mulheres.

Fonte: "It's a woman's (social media) world" ("É um mundo (de mídias sociais) da mulher"). Centro de Pesquisa Pew, Washington, DC (set./2013). Disponível em http://www.pewresearch.org/fact-tank/2013/09/12/its-a-womans-social-media-world/

redes "dela", quanto a desigualdade de gênero dessa diferença de gênero. Pode ser que as mulheres usam as mídias sociais para se manter conectadas, ao passo que os homens as utilizam para se conectar com outros homens – visando mantê-las a distância. Uma vez mais, a diferença de gênero pode na verdade ser um mecanismo pelo qual a desigualdade entre homens e mulheres é mantida.

Convergência e igualdade

Apesar de todos os diferentes modos como a mídia reflete, constitui e reproduz as diferenças e as desigualdades de gênero, é de certo modo surpreendente perceber que as diferenças são na verdade bem pequenas, ainda que, como argumentei, tenham muitas consequências. Por mais variados que sejam os modos como as mulheres começaram a entrar em domínios antes exclusivamente masculinos e os modos como os homens recuaram diante da nova igualdade na mídia, as diferenças estão diminuindo. Apesar de todos os esforços para manter mulheres e homens separados, de modo que esses possam continuar sendo homens (mesmo se elas mudarem), nossa mídia está cada vez mais convergindo. E por mais extraordinariamente divulgados que sejam os esforços dos diferentes meios de comunicação para nos convencer de que somos ou marcianos ou venusianos, tão diferentes quanto a noite e o dia, a verdade é que somos cada vez mais terráqueos, que usam os mesmos canais de mídia em quantidades aproximadamente iguais e basicamente pelos mesmos motivos.

Em nenhum outro lugar isso se mostra mais verdadeiro do que nas novíssimas mídias – como iPods, a internet e outras tecnologias digitais. As diferenças de gênero no uso de tais meios comunicativos são efetivamente bem menores do que presumimos que sejam. Nos sites para pessoas mais jovens, como no Instagram, Snapchat ou Facebook, as porcentagens são mais ou menos as mesmas. No mundo on-line, por exemplo, mulheres e homens são usuários praticamente iguais da internet. Embora eles tenham dominado a rede nos seus primeiros dias, o hiato entre os gêneros desapareceu; 78% dos homens e das mulheres usam a internet[419].

Porém, a internet é utilizada por eles e por elas com propósitos um pouco diferentes. Por exemplo, embora todos usem igualmente a rede para comprar produtos e fazer suas atividades bancárias, eles têm mais tendência a pagar contas, participar de leilões, vender ou comprar ações na bolsa e consumir conteúdo digital (como pornografia on-line). Eles buscam informações mais frequentemente do que elas, que utilizam mais o e-mail para manter relacionamentos e se comunicar com os amigos[420].

Ocorre, contudo, de a maior diferença não ser quem usa ou por que, mas sim o *que pensamos*. Embora todos os estudos disponíveis sugiram que as mulheres são tão adeptas da navegação na internet quanto os homens, esses pensam que são muito melhores nessa atividade. Em um estudo com cem usuários de internet em Nova Jersey, os pesquisadores nunca ouviram uma mulher dizer que era especialista e nunca ouviram um homem dizer que era um completo novato. Porém, confrontados com tarefas cada vez mais complexas, tanto eles quanto elas tiveram desempenho igualmente positivo: "Pode ser que elas subestimem suas habilidades ou que eles as superestimem", comentaram os responsáveis pelo estudo. "Não dá para dizer qual das duas coisas ocorrem." Bem, talvez as duas[421].

Mesmo em bastiões tradicionalmente masculinos, como os esportes, a evidência de convergência de gênero é muito sólida para que possa ser ignorada. Três quartos dos homens adultos norte-americanos – e nada menos que metade de todas as mulheres adultas – dizem ser fãs de esportes, segundo uma pesquisa feita pela Gallup[422]. Nos Estados Unidos, o Super Bowl (jogo final da NFL, liga de futebol americano) ainda eclipsa todos os outros eventos midiáticos em números totais de telespectadores e os jogos de futebol americano no final de semana continuam a atrair enormes audiências. Mas enquanto alguns esportes – como os espetáculos de luta livre profissional – inclinam-se quase totalmente na direção dos homens, os que são realmente populares – incluindo Nascar (modalidade norte-americana de corrida de stock-cars) e golfe – estão se aproximando da paridade de gênero. As mulheres hoje constituem 40% de todos os 75 milhões de espectadores da Nascar – e totalizam 50% dos 111,9 milhões que assistem o Super Bowl. Não contentes com um único "super" evento, elas também são 38% da audiência anual de 120 milhões de pessoas da NFL. Responda rápido: quantos homens veem o programa de entrevistas da Oprah, para não falar da liga feminina de basquete?[423]

Quando mulheres e homens divergem, não é no prazer que têm ao assistir esportes ou jogá-los nos *videogames*. É quando assistem "esportes", entre aspas, ou seja, quando não estão vendo a coisa real, mas a coisa fingida. 4,5 milhões de pessoas – praticamente todos homens – acompanham os programas esportivos de luta livre nos Estados Unidos, o World Wrestling Entertainment. *Raw* (Bruto) é o programa semanal de TV a cabo ligado à WWE que lidera a audiência masculina. E quando homens e mulheres "jogam" algum esporte – não no campo ou na quadra, mas na frente da TV ou no computador, com *videogames* ou ligas fictícias, eles entram, de novo, em reservas homossociais intocadas. O *game* mais popular nos Estados Unidos hoje se chama *John Madden NFL*, com jogos de basquete e *baseball* logo atrás. E 32 milhões de norte-americanos – 92% dentre eles sendo homens – jogam algum tipo de esporte ficcional. Eles passam muitas horas por dia, todos os dias da semana, reunindo seus times, trocando jogadores, avaliando oponentes e então estudando placares estatísticos on-line ou nos jornais para calcular quantos pontos seus jogadores tiveram dentro do seu jogo fictício[424].

No mundo dos esportes, talvez os programas mais marcados por gênero sejam as mesas de *discussão*. Meninos discutem constantemente, infinitamente sobre esportes (ao menos os heterossexuais; talvez seja uma forma de eles se divertirem juntos e lembrar uns aos outros que são héteros?). Todos os grandes mercados de mídia se gabam de suas estações de rádio dedicadas a discutir esportes, e os rapazes ligam constantemente para elas, desejando vocalizar sua opinião. Entre os mais jovens, participar de uma conversa sobre esportes substituiu plenamente a prática de algum esporte na linha de demarcação entre mulheres e homens. As meninas podem colocar os meninos na roda no campo de futebol, as mulheres podem fazer exercícios e se tonificar tanto quanto o rapaz ao lado, mas uma coisa elas não fazem: discutir sobre esportes. Elas não ficam vidradas na tabela de resultados como se eles fossem o Talmude. A mulher com quem você trabalha ou aquela que está sentada na sua frente na aula de química pode ser tão atlética quanto você, mas ela não conseguirá lhe dizer quantos salvamentos Mariano Rivera tem na sua carreira no *baseball*, o total de jardas conquistadas por Tom Brady com seus passes na temporada de 2011 de futebol americano ou quem teve a maior porcentagem de arremessos certos na liga de basquete de 2011-2012 (para constar, respectivamente, as respostas são 608, 5.235 e Joakim Noah; bônus: a porcentagem de arremessos certos de Noah foi 0,731. Eu sou homem, afinal). Elas não ligam para isso. Para as mulheres, esporte é algo que você *faz*, não algo que você é.

Um dos melhores títulos dentre os livros que li recentemente é o de Mariah Burton Nelson, chamado *The Stronger Women Get, the More Men Love Football* (*Quanto mais fortes as mulheres ficam, mais os homens gostam de futebol americano*). Nesta obra, a autora mostra como a igualdade cada vez maior das mulheres nas arenas esportivas levou os homens a proclamar cada vez mais o futebol americano como superior a todos os outros esportes – é o único esporte isento do capítulo IX da Lei de Educação de 1972 e é o único esporte que as mulheres não jogam. O título perfeito do livro de Nelson ilustra a angústia crescente dos homens a respeito da igualdade de gênero. Quanto mais iguais as mulheres ficam no mundo real, mais os homens recuam para mundos fantasiosos dos *videogames*, da pornografia, do pôquer on-line e das discussões esportivas. Apenas nesses lugares eles sentem que ainda são os mestres do universo, sexualmente onipotentes, reis do mundo.

Porém, a igualdade crescente das mulheres cobra um preço muito alto em um mundo cujas diferenças de gênero são cada vez menores, mas ainda marcado por desigualdades de gênero. Elas podem entrar nas áreas masculinas, mas então elas estão no quintal deles e devem jogar pelas regras deles. Quando as mulheres chegam nos campos dominados pelos homens, no local de trabalho, na educação ou em outras profissões, se elas têm sucesso demais, então são vistas como insuficientemente femininas, são questionadas a respeito de sua sexualidade e correm o risco de não serem levadas a sério como mulheres. Se elas fracassam, são vistas como femininas demais, tomadas como exemplo de que a desigualdade seria mesmo resultado da diferença, não sua causa. A igualdade de gênero no mundo virtual das mídias, assim como no mundo real, não virá quando a diferença entre os gêneros desaparecer, mas sim quando desaparecer a desigualdade entre eles, quando o livro de Nelson puder se chamar *Quanto mais fortes as mulheres ficam, mais os homens gostam.*

TERMOS-CHAVE			
Falocentrismo	Histórias protagonizadas por meninos	Pornografia
Histórias protagonizadas por meninas		

Notas

Capítulo 6

[1] "Marital Status of People 15 Years and Over, by Age, Sex, Personal Earnings, Race, and Hispanic Origin/1, 2013". In: *America's Families and Living Arrangements: Adults* (Washington, DC: Gabinete do Censo dos Estados Unidos, 2013). • CDC/NCHS – Sistema Norte-Americano de Estatísticas Vitais. Disponível em http://www.cdc.gov/nchs/nvss/marriage_divorce_tables.htm • "Table UC1". In: *America's Families and Living Arrangements* (Washington, DC: Gabinete do Censo dos Estados Unidos, nov./2011). • "Census Bureau Releases Estimates of Same-Sex Married Couples" (Washington, DC: Gabinete do Censo dos Estados Unidos, set./2011). • "Cohabitation is Replacing Dating". In: *USA Today*, 17/07/2005. • Centro Norte-Americano de Estatísticas de Saúde. *Vital Health Statistics*, 23(28), 2010. Disponível em http://www.cdc. • *Current Population Reports, P70-125* (Washington, DC: Gabinete do Censo dos Estados Unidos, 2011). Disponível em http://www.census.gov/prod/2011pubs/p70125.pdf • "Table 14". In: *Trends in Nonmarital Birth Rate by Age, Race, and Hispanic Origin Births: Final Data for 2012* (Washington, DC: USDHHS). • *America's Families and Living Arrangements: Children* (Washington, DC: Gabinete do Censo dos Estados Unidos, 2013).

[2] Scott Coltrane. *Gender and Families* (Newbury Park, CA: Pine Forge Press, 1998), p. 48-49. • Stephanie Coontz. *The Way We Really Are: Coming to Terms with America's Changing Families* (Nova York: Basic Books, 1998), p. 30.

[3] Sobre a transformação da ideia de casamento, cf., p. ex., Edward Shorter. *The Making of the Modern Family* (Nova York: Basic Books, 1977). • Arlene Skolnick. *Embattled Paradise: The American Family in an Age of Uncertainty* (Nova York: Basic Books, 1993). • Christopher Lasch. *Women and the Common Life: Love, Marriage and Feminism* (Nova York: Norton, 1997), esp. p. 162. Sobre a brutalidade dos maridos, cf., p. ex., Steven Mintz e Susan Kellogg. *Domestic Revolutions: A Social History of the American Family* (Nova York: Free Press, 1988), p. 58.

[4] Mintz e Kellogg. *Domestic Revolutions*, p. 50. Cf. tb. Page Smith. *Daughters of the Promised Land: Women in American History* (Boston: Little Brown, 1970). • John Demos. "The Changing Faces of Fatherhood: A New Exploration in American Family History". In: *Father and Child: Developmental and Clinical Perspectives*. S. Cath, A. Gurwitt e J. Ross, eds. (Boston: Little Brown, 1982), p. 429.

[5] John Demos. *Past, Present, and Personal: The Family and Life Course in American History* (Nova York: Oxford University Press, 1986), p. 32. Cf. tb. Tamara Hareven. *Family Time and Industrial Time* (Nova York: Cambridge University Press, 1982). • Tennyson, "The Princess". Apud Skolnick. *Embattled Paradise*, p. 35.

[6] Apud David Popenoe. *Life Without Father: Compelling New Evidence That Fatherhood and Marriage Are Indispensable for the Good of Children and Society* (Nova York: Free Press, 1996), p. 95.

[7] Gerda Lerner. "The Lady and the Mill Girl: Changes in the Status of Women in the Age of Jackson". In: *American Studies Journal*, 10(1), primavera/1969, p. 7, 9. • Theodore Dwight. *The Father's Book* (Springfield, MA: G. Merriam e C. Merriam, 1834). Cf., em termos gerais, Michael Kimmel. *Manhood in America: A Cultural History* (Nova York: Free Press, 1996), cap. 1 e 2.

[8] Lasch. *Women and the Common Life*, p. 162.

[9] Bonnie Thornton Dill. "Our Mothers' Grief: Racial-Ethnic Women and the Maintenance of Families". In: *Journal of Family History*, 13(4), 1988, p. 428.

[10] John Gillis. "Making Time for Family: The Invention of Family Time(s) and the Reinvention of Family History". In: *Journal of Family History*, 21, 1996. • John Gillis. *A World of Their Own Making: Myth, Ritual, and the Quest for Family Values* (Nova York: Basic Books, 1996).

[11] Skolnick. *Embattled Paradise*, p. 33. • Ensaio de *Harper*, apud John Demos. "Changing Faces of Fatherhood", p. 442. Cf. tb. Ralph LaRossa. "Fatherhood and Social Change". In: *Family Relations*, 37, 1988. • Ralph LaRossa. *The Modernization of Fatherhood: A Social and Political History* (Chicago: University of Chicago Press, 1997). • Robert Griswold. *Fatherhood in America: A History* (Nova York: Basic Books, 1993).

[12] Skolnick. *Embattled Paradise*, p. 41. • Mintz e Kellogg. *Domestic Revolutions*, p. 110.

[13] Cf. Stephen D. Sugarman. "Single Parent Families". In: *All Our Families: New Policies for a New Century*. M. Mason, A. Skolnick e S. Sugarman, eds. (Nova York: Oxford University Press, 1998), p. 20-21.

[14] Cf. LaRossa. *Modernization of Fatherhood*.

[15] Mintz e Kellogg. *Domestic Revolutions*, p. 179. • Coontz. *The Way We Really Are*, p. 30. • Mintz e Kellogg. *Domestic Revolutions*, p. 237.

[16] William Chafe. *The Unfinished Journey: America Since World War II* (Nova York: Oxford University Press, 1986), p. 125. • Morris Zelditch. "Role Differentiation in the Nuclear Family: A Comparative Study". In: *Family, Socialization and Interaction Process*. T. Parsons e R. F. Bales, eds. (Nova York: Free Press, 1955), p. 339.

[17] Griswold. *Fatherhood in America*, p. 204. • Lasch. *Women and the Common Life*, p. 94. • Ruth Schwartz Cowan. *More Work for Mother: The Ironies of Household Technology from the Open Hearth to the Microwave* (Nova York: Basic Books, 1983), p. 216. • Lerner, apud Skolnick. *Embattled Paradise*, p. 115.

[18] Cf., p. ex., Barbara Ehrenreich. *The Hearts of Men* (Nova York: Doubleday, 1983), sobre a "revolta masculina" em torno do estatuto de provedor. Cf. tb. Kimmel. *Manhood in America*, esp. o cap. 7.

[19] Cf. Skolnick. *Embattled Paradise*, p. 148.

[20] Gabinete do Censo dos Estados Unidos. *Current Population Survey – 2015 Annual Social and Economic Supplement*. Disponível em https://www.census.gov/hhes/www/poverty/about/overview/

[21] Anna Quindlen. "Men at Work". In: *New York Times*, 18/02/1990.

[22] Coontz. *Way We Really Are*, p. 79. • Arlene Skolnick. *The Intimate Environment* (Nova York: HarperCollins, 1996), p. 342. • Judith Bruce, Cynthia B. Lloyd e Ann Leonard. *Families in Focus: New Perspectives on Mothers, Fathers, and Children* (Nova York: Population Council, 1995). • Dirk Johnson. "More and More, the Single Parent Is Dad". In: *New York Times*, 31/08/1993, p. 1. • Gabinete do Censo dos Estados Unidos, *2007 Current Population Survey* (Washington, DC: U.S. Department of Commerce, Gabinete do Censo, 2007).

[23] "Opposite Sex Unmarried Couples by Presence of Biological Children Under 18". In: *American Families and Living Arrangements* (Washington, DC: Gabinete do Censo dos Estados Unidos, 2014).

[24] Arlie Hochschild (com Anne Machung). *The Second Shift: Working Parents and the Revolution at Home* (Nova York: Viking, 1989), p. 258.

[25] J.K. Footlick. "What Happened to the Family?" Apud "The 21st Century Family". In: *Newsweek*, ed. esp., inverno-primavera/1990, p. 14.

[26] Scott Coltrane. *Family Man: Fatherhood, Housework and Gender Equity* (Nova York: Oxford University Press, 1996), p. 203. • Lillian Rubin. *Worlds of Pain* (Nova York: Basic Books, 1976), p. 131. • Cherlin. "By the Numbers", p. 39. • Coltrane. *Family Man*, p. 203.

[27] Jessie Bernard. *The Future of Marriage* (Nova York: World, 1972). • Walter R. Gove. "The Relationship Between Sex Roles, Marital Status and Mental Illness". In: *Social Forces*, 51, 1972. • Walter Gove e M. Hughes. "Possible Causes of the Apparent Sex Differences in Physical Health: An Empirical Investigation". In: *American Sociological Review*, 44, 1979. • Walter Gove e Jeanette Tudor. "Adult Sex Roles and Mental Illness". In: *American Journal of Sociology*, 73, 1973. • "The Decline of Marriage". In: *Scientific American*, dez./1999.

[28] Natalie Angier. *New York Times*, 1998, p. 10.

[29] Cf. Linda J. Waite e Maggie Gallagher. *The Case for Marriage: Why Married People Are Happier, Healthier and Better Off Financially* (Nova York: Doubleday, 2000). Cf. tb. Hynubae Chun e Injae Lee. "Why Do Married Men Earn More: Productivity or Marriage Selection?" In: *Economic Inquiry*, 39(2), abr./2001, p. 307-319. • Leslie Stratton. "Examining the Wag Differential for Married and Cohabiting Men". In: *Economic Inquiry*, 40(2), abr./2002, p. 199-212. Cf. tb. a resenha de Paula England's sobre *The Case for Marriage in Contemporary Sociology*, 30(6), 2001.

[30] Bebin e as estatísticas citadas em Elaine Carey. "Kids Put a Damper on Marital Bliss: Study". In: *Toronto Star*, 15/08/1997, p. A1, A14.

[31] Arlie Hochschild. *Second Shift*; Paul Amato e Alan Booth, "Changes in Gender Role Attitudes and Perceived Marital Quality". In: *American Sociological Review*, 60, 1995.

[32] Cf., p. ex., "Stress: Relevations sur un mal français". In: *Le Figaro*, 15/04/2006, p. 46.

[33] Pat Mainardi. "The Politics of Housework". In: *Sisterhood Is Powerful*. R. Morgan, ed. (Nova York: Vintage, 1970).

[34] Ballard e Foote, apud Schwartz Cowan. *More Work for Mother*, p. 43. • Campbell, apud Susan Strasser. *Never Done: A History of American Housework* (Nova York: Pantheon, 1982), p. 62.

[35] Johnson. "More and More, the Single Parent Is Dad", p. A15.

[36] Kim Parker e Wendy Wang. *Modern Parenthood: Roles of Moms and Dads Converge as They Balance Work and Family*. Centro de Pesquisa Pew, 14/03/2013. Disponível em www.pewsocialtrends.org/2013/03/11/modern-parenthood-roles-of-momsand-dads-converge-as-they-balance-work-andfamily/ • *Parental Time Use*. Centro de Pesquisa Pew. Disponível em http://www.pewresearch.org/data-trend/society-and-demographics/parental-time-use/

[37] Arlie Hochschild. "Ideals of Care: Traditional, Postmodern, Cold-Modern and Warm-Modern". In: *Social Politics*, outono/1995, p. 318.

[38] Anna Quindlen, apud Deborah Rhode. *Speaking of Sex* (Cambridge: Harvard University Press, 1997), p. 8.

[39] Phyllis Moen e Patricia Roehling. *Career Mystique: Cracks in the American Dream* (Lanham, MD: Rowman and Littlefield, 2004).

[40] Sobre o envolvimento dos homens no trabalho com a família, cf. Joseph Pleck. "Men's Family Work: Three Perspectives and Some New Data". In: *Family Coordinator*, 28, 1979. • "American Fathering in Historical Perspective". In: *Changing Men: New Directions in Research on Men and Masculinity*. M.S. Kimmel, ed. (Beverly Hills, CA: Sage Publications, 1987). • *Working Wives/Working Husbands* (Newbury Park, CA: Sage Publications, 1985). • "Families and Work: Small Changes with Big Implications". In: *Qualitative Sociology*, 15, 1992. • "Father Involvement: Levels, Origins and Consequences". In: *The Father's Role*, 3ª ed. M. Lamb, ed. (Nova York: John Wiley, 1997).

[41] Julie Press e Eleanor Townsley. "Wives' and Husbands' Housework Reporting: Gender, Class and Social Desirability". In: *Gender & Society*, 12(2), 1998, p. 214. Cf. tb. Yun-Suk Lee e Linda J. Waite. "Husbands' and Wives' Time Spent on Housework: A Comparison of Measures". In: *Journal of Marriage and the Family*, 67, mai./2005, p. 328-336.

[42] Lisa Belkin. "When Mom and Dad Share It All". In: *New York Times Magazine*, 15/06/2008, p. 47.

[43] Hiromi Ono. "Husbands' and Wives' Resources and Marital Dissolution in the United States". *Journal of Marriage and the Family,* 60, 1998, p. 674-689. Cf. tb. Dirk Johnson. "Until Dust Do Us Part". In: *Newsweek*, 25/03/2002, p. 41. • Sanjiv Gupta. "The Effects of Transitions in Marital Status on Men's Performance of Housework". In: *Journal of Marriage and the Family*, ago./1999.

[44] *Ladies Home Journal*, set./1997. • John Gray. "Domesticity, Diapers and Dad". In: *Toronto Globe and Mail*, 15/06/1996.

[45] Disponível em http://www.time.com/time/magazine/article/0,9171,2084582,00.html

[46] Ibid.

[47] Amelia Hill. "Fathers Are Happier When Doing More Housework, Study Says". In: *Guardian*, 04/11/2010.

[48] Carol Shows e Naomi Gerstel. "Fathering, Class and Gender: A Comparison of Physicians and EMTs". In: *Gender & Society* 23(2), 2009, p. 161-187.

[49] Cf. Bart Landry. *Black Working Wives: Pioneers of the American Family Revolution* (Berkeley: University of California Press, 2001). • Margaret Usdansky. "White Men Don't Jump into Chores". In: *USA Today*, 20/08/1994. • Julia Lawlor. "Blue Collar Dads Leading Trend in Caring for Kids, Author Says". In: *New York Times*, 15/04/1998.

[50] Apud Coltrane. *Family Man*, p. 162. Cf. tb. Scott Coltrane e Michele Adams. "Men's Family Work: Child Centered Fathering and the Sharing of Domestic Labor". In: *Working Families: The Transformation of the American Home*. Rosanna Hertz e Nancy Marshall, eds. (Berkeley: University of California Press, 2001).

[51] Mick Cunningham. "Parental Influences on the Gendered Division of Housework". In: *American Sociological Review*, 66, abr./2001, p. 184-203. Cf. tb. Janet Simons. "Life with Father". In: *Rocky Mountain News*, 20/08/2001.

[52] Barbara Vobejda. "Children Help Less at Home, Dads Do More". In: *Washington Post*, 24/11/1991, p. A1.

[53] Jerry Adler. "Building a Better Dad". In: *Newsweek*, 17/06/1996. • Tamar Lewin. "Workers of Both Sexes Make Trade-Offs for Family, Study Shows". In: *New York Times*, 29/10/1995, p. 25.

[54] United Nations. *The World's Women, 1970-1990: Trends and Statistics* (Nova York: United Nations, 1991).

[55] Mette Deding. "Born Familieidyl begynder med Ligestilling" ("Children: The Idyllic Family Begins with Gender Equality"). In: *Politiken,* 28/04/2007, p. 4.

[56] Lewin. "Workers of Both Sexes Make Trade-Offs", p. 25.

[57] "Sex, Death, and Football". In: *The Economist*, 13/06/1998, p. 18. • Robert D. Mintz e James Mahalik. "Gender Role Orientation and Conflict as Predictors of Family Roles for Men". In: *Sex Roles*, 34(1-2), 1996, p. 805-821. • Barbara Risman. "Can Men 'Mother'? Life as a Single Father". In: *Family Relations*, 35, 1986.

Cf. tb. Caryl Rivers e Rosalind Barnett. "Fathers Do Best". In: *Washington Post*, 20/06/1993, p. C5.

[58] Alyssa Croft, Toni Schmader, Katharina Block e Andrew Scott Baron. "The Second Shift Reflected in the Second Generation: Do Parents' Gender Roles at Home Predict Children's Aspiration". In: *Psychological Science 25,* 7 (2014): 1.418-1.428. Cf. tb. Ian Johnston. "Dad, Do the Dishes for the Sake of your Daughter". In: *Independent*, 30/05/2014.

[59] Andrew Cherlin. "By the Numbers". In: *New York Times Magazine*, 05/04/1998, p. 41.

[60] Ibid. • Donald Hernandez. "Children's Changing Access to Resources: A Historical Perspective". In: *Social Policy Report*, 8(1), primavera/1994, p. 22.

[61] Johnson. "Until Dust Do Us Part".

[62] Jane R. Eisner. "Leaving the Office for Family Life". In: *Des Moines Register*, 27/03/1998, p. 7A.

[63] Jay Belsky. "A Reassessment of Infant Day Care"; Thomas Gamble e Edward Zigler. "Effects of Infant Day Care: Another Look at the Evidence", ambos os textos em *The Parental Leave Crisis: Toward a National Policy*. E. Zigler e M. Frank, eds. (New Haven, CT: Yale University Press, 1988). Cf. tb. Susan Chira. "Study Says Babies in Child Care Keep Secure Bonds to Mother". In: *New York Times*, 21/04/1996. Para um resumo útil desses dados, cf. "Child Care in the United States, 1972 vs. 1999", um folheto do conselho norte-americano de mulheres judias. Disponível em www.ncjw.org

[64] Susan Chira. "Can You Work and Have Good Happy Kids?". In: *Glamour*, abr./1998.

[65] Cherlin. "By the Numbers".

[66] Cf. S.M. Bianchi e Daphne Spain. *American Women in Transition* (Nova York: Russell Sage Foundation, 1986). • E.G. Menaghan e Toby Parcel. "Parental Employment and Family Life: Research in the 1980s". In: *Journal of Marriage and the Family*, 52, 1990. • Glenna Spitze. "Women's Employment and Family Relations: A Review". In: *Journal of Marriage and the Family*, 50, 1988.

[67] Philip Blumstein e Pepper Schwartz. *American Couples* (Nova York: William Morrow, 1983), p. 155. • Chira, "Can You Work", p. 269.

[68] Joan K. Peters. *When Mothers Work: Loving Our Children Without Sacrificing Our Selves* (Reading, MA: Addison-Wesley, 1997).

[69] Popenoe. *Life Without Father*, p. 63. • Centro Norte-Americano de Estatísticas da Saúde. "Births, Marriages, Divorces and Deaths for January, 1995". In: *Monthly Vital Statistics Report*, 44(1) (Hyattsville, MD: Public Health Service).

[70] Popenoe. *Life Without Father*, p. 6, 34. Cf. tb. Tamar Lewin. "Is Social Stability Subverted if You Answer 'I Don't'?" In: *New York Times*, 04/11/2000, p. B11, 13. • Centro Norte-Americano de Estatísticas da Saúde, National Vital Statistics Reports (NVSR).

Births: Final Data for 2005, 56, 05/12/2007. Cf. tb. Emily Bazelon. "2 Kids + 0 Husbands = Family". In: *New York Time Magazine*, 01/02/2009, p. 32.

[71] Pittman, apud Olga Silverstein. "Is a Bad Dad Better Than No Dad?" In: *On the Issues*, inverno/1997, p. 15. • David Blankenhorn. *Fatherless America: Confronting Our Most Urgent Social Problem* (Nova York: Basic Books, 1993), p. 30. • Robert Bly. *Iron John* (Reading, MA: Addison-Wesley, 1990), p. 96. • Popenoe. *Life Without Father*, p. 12. Cf. tb. Stephen Marche. "Manifesto of the New Fatherhood". In: *Esquire,* jun.-jul./2014, p. 118-121.

[72] Carey Goldberg. "Single Dads Wage Revolution One Bedtime Story at a Time". In: *New York Times*, 17/06/2001, p. A1, 16.

[73] Cherlin. "By the Numbers". • Kristin Luker. "Dubious Conceptions: The Controversy Over Teen Pregnancy". In: *American Prospect*, 5, 1991. • Paul Amato e Alan Booth. *A Generation at Risk: Growing Up in an Era of Family Upheaval* (Cambridge: Harvard University Press, 1997), p. 229. • P. Amato e J. Gilbreth. "Nonresident Fathers and Children's Well-Being: A Meta-Analysis". In: *Journal of Marriage and the Family*, 61, 1999, p. 557-573.

[74] Martin Sanchez-Jankowski. *Islands in the Street: Gangs and American Urban Society* (Berkeley: University of California Press, 1991), p. 39.

[75] Blaine Harden. "Finding Common Ground on Poor Deadbeat Dads". In: *New York Times*, 03/02/2002, p. 3.

[76] David Popenoe. "Evolution of Marriage and Stepfamily Problems". In: *Stepfamilies: Who Benefits? Who Does Not?* A. Booth e J. Dunn, eds. (Hillsdale, NJ: Lawrence Erlbaum, 1994), p. 528.

[77] Blankenhorn. *Fatherless America*, p. 96.

[78] Ibid., p. 102.

[79] Disponível em http://www.supremecourt.gov/opinions/14pdf/4-556_3204.pdf

[80] Michael J. Kanotz. "For Better or for Worse: A Critical Analysis of Florida's Defense of Marriage Act". In: *Florida State University Law Review*, 25(2), 1998.

[81] Gilbert Zicklin. "Deconstructing Legal Rationality: The Case of Lesbian and *Gay* Family Relationships". In: *Marriage and Family Review*, 21(3/4), 1995, p. 55.

[82] Apud *New York Times*, 27/09/1991.

[83] Laura Benkov. *Reinventing the Family: Lesbian and Gay Parents* (Nova York: Crown, 1994). • Skolnick. *Intimate Environment*, p. 293-294. • Blumstein e Schwartz. *American Couples*. L. Kurdek. "The Allocation of Household Labor in Gay, Lesbian and Heterosexual Married Couples". In: *Families in the United States: Kinship and Domestic Politics*. K. Hansen e A. Ilta Garey, eds. (Filadélfia: Temple University Press, 1998). Cf. tb. Abbie Goldberg, Juli Anna Smith e Maureen Perry Jenkins. "The Division of Labor in Lesbian, *Gay* and Heterosexual New Adoptive Parents". In: *Journal of Marriage and the Family*, ago./2012.

[84] John Gagnon e William Simon. *Sexual Conduct* (Chicago: Aldine, 1973), p. 213.

[85] J. Schulenberg. *Gay Parenting* (Nova York: Doubleday, 1985). • F.W. Bozett, ed. *Gay and Lesbian Parents* (Nova York: Praeger, 1987). • Katherine Allen e David H. Demo. "The Families of Lesbians and *Gay* Men: A New Frontier in Family Research". In: *Journal of Marriage and the Family*, 57, 1995. A. Sullivan, ed. *Issues in Gay and Lesbian Adoption: Proceedings of the Fourth Annual Peirce-Warwick Adoption Symposium* (Washington, DC: Child Welfare League of America, 1995), p. 5. • John J. Goldman. "N.J. *Gays* Win Adoption Rights". In: *Los Angeles Times*, 18/12/1997.

[86] Nanette Gartrell e Henny Bos. "US National Longitudinal Lesbian Family Study: Psychological Adjustment of 17-Year-Old Adolescents". In: *Pediatrics*, 126(1), jun./2010. • Nanette Gartrell, Henny Bos e Naomi Goldberg. "Adolescents of the U.S. National Longitudinal Lesbian Family Study: Sexual Orientation, Sexual Behavior, and Sexual Risk Exposure". In: *Archives of Sexual Behavior*, nov./2010.

[87] Michael Lamb. "Mothers, Fathers, Families and Circumstances: Factors Affecting Children's Adjustment". In: *Applied Developmental Science*, 16(2), 2012, p. 98-111.

[88] Judith Stacey. "*Gay* and Lesbian Families: Queer Like Us". In: *All Our Families: New Policies for a New Century*. M. Mason, A. Skolnick e S. Sugarman, eds. (Nova York: Oxford University Press, 1998), p. 135. Cf. tb. Michael Rosenfeld. "Nontraditional Families and Childhood Program Through School". In: *Demography*, ago./2010, p. 755-775.

[89] Judith Stacey e Timothy J. Biblarz. "(How) Does the Sexual Orientation of Parents Matter?" In: *American Sociological Review*, 66, abr./2001, p. 159-183. Cf. tb. Michael Bronski. "Queer as Your Folks". In: *Boston Phoenix*, 03/08/2001. • Erica Goode. "A Rainbow of Differences in *Gays*' Children". In: *New York Times*, 17/07/2001.

[90] Nações Unidas. *Demographic Yearbook*. Departamento de Informação Econômica e Social e de Análise de Políticas Públicas, Divisão de Estatísticas, nov./1996. • Gabinete do Censo dos Estados Unidos. *Current Population Report: Marital Status and Living Arrangements*, mar./1996 (Washington, DC: United States Government Printing Office, 1997). • "Divorce, American Style". In: *Scientific American*, mar./1999.

[91] Lawrence Stone. "A Short History of Love". In: *Harper's Magazine*, fev./1988, p. 32.

[92] Constance Ahrons. *The Good Divorce* (Nova York: HarperCollins, 1994).

[93] Demie Kurz. *For Richer, For Poorer: Mothers Confront Divorce* (Nova York: Routledge, 1995). • Leonore Weitzman. *The Divorce Revolution: The Unexpected Social and Economic Consequences for Women and Children in America* (Nova York: Free Press, 1985). • Patricia A. McManus e Thomas A. DiPrete. "Lo-

sers and Winners: The Financial Consequences of Separation and Divorce for Men". In: *American Sociological Review*, 66, abr./2001, p. 246-268. • Paul Amato. "The Impact of Divorce on Men and Women in India and the United States". In: *Journal of Comparative Family Studies*, 25(2), 1994.

[94] Popenoe. *Life Without Father*, p. 27. • Frank Furstenberg e Andrew Cherlin. *Divided Families: What Happens to Children When Parents Part?* (Cambridge: Harvard University Press, 1991). • Debra Umberson e Christine Williams. "Divorced Fathers: Parental Role Strain and Psychological Distress". In: *Journal of Family Issues*, 14(3), 1993.

[95] Valerie King. "Nonresident Father Involvement and Child Well-Being". In: *Journal of Family Issues*, 15(1), 1994. • Edward Kruk. "The Disengaged Noncustodial Father: Implications for Social Work Practice with the Divorced Family". In: *Social Work*, 39(1), 1994.

[96] Judith Wallerstein e J. Kelly. *Surviving the Breakup: How Children and Parents Cope with Divorce* (Nova York: Basic Books, 1980). • Judith Wallerstein e Susan Blakeslee. *Second Chances: Men, Women, and Children a Decade After Divorce* (Nova York: Ticknor and Fields, 1989), p. 11. • Judith Wallerstein, Julia Lewis e Sandra Blakeslee. *The Unexpected Legacy of Divorce: A 25 Year Landmark Study* (Nova York: Hyperion, 2000).

[97] Para críticas a respeito do estudo de Wallerstein, cf., p. ex., Andrew Cherlin. "Generation Ex-". In: *Nation*, 11/12/2000. • Katha Pollitt. "Social Pseudoscience". In: *Nation*, 23/10/2000, p. 10 (e diálogos subsequentes, 04/12/2000). • Thomas Davey. "Considering Divorce". In: *American Prospect*, 1-15/01/2001. • Walter Kirn. "Should You Stay Together for the Kids?" In: *Time*, 25/09/2000. • Elisabeth Lasch-Quinn. "Loving and Leaving". In: *New Republic*, 06/05/2002.

[98] Andrew Cherlin. "Going to Extremes: Family Structure, Children's Well-Being and Social Science". In: *Demography*, 36(4), nov./1999, p. 425.

[99] Cf. E. Mavis Heatherington e John Kelly. *For Better or for Worse: Divorce Reconsidered* (Nova York: W.W. Norton, 2002). • Leonard Beeghley. *What Does Your Wife Do? Gender and the Transformation of Family Life* (Boulder, CO: Westview Press, 1996), p. 96. • Donna Ruane Morrison e Andrew Cherlin. "The Divorce Process and Young Children's Well-Being: A Prospective Analysis". In: *Journal of Marriage and the Family*, 57(3), 1995. • Amato. "Impact of Divorce".

[100] Joan B. Kelly. "Mediated and Adversarial Divorce: Respondents' Perceptions of Their Processes and Outcomes". In: *Mediation Quarterly*, 24, verão/1989, p. 125.

[101] J. Block, J. Block e P.F. Gjerde. "The Personality of Children Prior to Divorce: A Prospective Study". In: *Child Development*, 57, 1986. • Skolnick. *Embattled Paradise*, p. 212. Para um estudo britânico, cf. Jane Brody. "Problems of Children: A New Look at Divorce". In: *New York Times*, 07/06/1991.

[102] Amato e Booth. *Generation at Risk*, p. 201, 230, 234. • Paul Amato e Alan Booth. "The Legacy of Parents' Marital Discord: Consequences for Children's Marital Quality". In: *Journal of Personality and Social Psychology*, 81(4), 2001, p. 627-638. Cf. tb. Amato. "Impact of Divorce"; "The Implications of Research Findings on Children in Stepfamilies". In: *Stepfamilies: Who Benefits? Who Does Not?* A. Booth e J. Dunn, eds. (Hillsdale, NJ: Lawrence Erlbaum, 1994). • "Single-Parent Households as Settings for Children's Development, Well-Being and Attainment: A Social Networks/ Resources Perspective". In: *Sociological Studies of Children*, 7, 1995. • Paul Amato e Alan Booth. "Changes in Gender Role Attitudes and Perceived Marital Quality". In: *American Sociological Review*, 60, 1995. • Paul Amato, Laura Spencer Loomis e Alan Booth. "Parental Divorce, Marital Conflict, and Offspring Well-Being During Early Adulthood". In: *Social Forces*, 73(3), 1995. "Poucos conflitos", por sinal, se refere a uma experiência infeliz, mas não fisicamente violenta.

[103] B. Berg e R. Kelly. "The Measured Self-Esteem of Children from Broken, Rejected and Accepted Families". In: *Journal of Divorce*, 2, 1979. • R.E. Emery. "Interparental Conflict and Children of Discord and Divorce". In: *Psychological Bulletin*, 92, 1982. • H.J. Raschke e V.J. Raschke. "Family Conflict and the Children's Self-Concepts". In: *Journal of Marriage and the Family*, 41, 1979. • J.M. Gottman e L.F. Katz. "Effects of Marital Discord on Young Children's Peer Interaction and Health". In: *Developmental Psychology*, 25, 1989. • D. Mechanic e S. Hansell. "Divorce, Family Conflict and Adolescents' Well-Being". In: *Journal of Health and Social Behavior*, 30, 1989. • Paul Amato e Juliana Sobolewski. "The Effects of Divorce and Marital Discord on Adult Children's Psychological Well-Being". In: *American Sociological Review*, 66, dez./2001, p. 900-921.

[104] Block, Block e Gjerde. "The Personality of Children". Apud Coontz. *Way We Really Are*, p. 10.

[105] Coontz, *Way We Really Are*, p. 83.

[106] Amato e Booth. *Generation at Risk*, p. 207. Cf. tb. Susan Jekielek. "The Relative and Interactive Impacts of Parental Conflict and Marital Disruption on Children's Emotional Well-Being". Comunicação apresentada no encontro anual da Associação Sociológica Norte-Americana. Nova York, 1996. • Carl Degler. *At Odds: Women and the Family in America from the Revolution to the Present* (Nova York: Oxford University Press, 1980). • Terry Arendell. "Divorce American Style". In: *Contemporary Sociology*, 27(3), 1998, p. 226. Cf. tb. Terry Arendall. *Mothers and Divorce: Legal, Economic and Social Dilemmas* (Berkeley: University of California Press, 1986). • "After Divorce: Investigations into Father Absence". In: *Gender & Society*, dez./1992. • *Fathers and Divorce* (Newbury Park, CA: Sage Publications, 1995).

[107] Griswold. *Fatherhood in America*, p. 263. • Nancy Polikoff. "Gender and Child Custody Determinations: Exploding the Myths". In: *Families, Politics and Public Policy: A Feminist Dialogue on Women and the State*. I. Diamond, ed. (Nova York: Longman, 1983), p. 184-185. • Robert H. Mnookin, Eleanor Maccoby,

Catherine Albiston e Charlene Depner. "Private Ordering Revisited: What Custodial Arrangements Are Parents Negotiating?" In: *Divorce Reform at the Crossroads*. S. Sugarman e H. Kaye, eds. (New Haven, CT: Yale University Press, 1990), esp. p. 55. • Eleanor Maccoby e Robert Mnookin. *Dividing the Child: Social and Legal Dilemmas of Custody* (Cambridge: Harvard University Press, 1992), esp. p. 101.

[108] Maccoby, apud Johnson. "More and More, the Single Parent Is Dad", p. A15. • Furstenberg e Cherlin. *Divided Families*. • Frank Furstenberg. "Good Dads–Bad Dads: Two Faces of Fatherhood". In: *The Changing American Family and Public Policy*. A. Cherlin, ed. (Lanham, MD: Urban Institute Press, 1988). • William J. Goode. "Why Men Resist". In: *Rethinking the Family: Some Feminist Questions*. B. Thorne e M. Yalom, eds. (Nova York: Longman, 1982).

[109] Amato e Booth. *Generation at Risk*, p. 74.

[110] Cf., p. ex., Joan Kelly. "Longer-Term Adjustments of Children of Divorce". In: *Journal of Family Psychology*, 2(2), 1988, p. 131. • D. Leupnitz. *Child Custody: A Study of Families After Divorce* (Lexington, KY: Lexington Books, 1982). • D. Leupnitz. "A Comparison of Maternal, Paternal and Joint Custody: Understanding the Varieties of Post-Divorce Family Life". In: *Journal of Divorce*, 9, 1986. • V. Shiller. "Loyalty Conflicts and Family Relationships in Latency Age Boys: A Comparison of Joint and Maternal Custody". In: *Journal of Divorce*, 9, 1986.

[111] Kelly. "Longer-Term Adjustments", p. 136. • Crowell e Leeper. *America's Fathers and Public Policy*, p. 27.

[112] Para mais informações sobre o movimento da paternidade nos Estados Unidos, cf. Anna Gavanas. *Fatherhood Politics in the United States* (Urbana: University of Illinois Press, 2004).

[113] Apud Richard Gelles. *The Violent Home* (Beverly Hills, CA: Sage Publications, 1972), p. 14.

[114] Elizabeth Thompson Gershoff. "Corporal Punishment by Parents and Associated Child Behaviors and Experiences: A Meta-Analytic and Theoretical Review". In: *Psychological Bulletin*, 128(4), 2002, p. 539-579. As críticas de Gershoff sugerem que os efeitos negativos são resultado da "paternidade inepta e rude", e não especificamente de agressões. Cf. Diana Baumrind, Robert Larzelere e Philip A. Cowan. "Ordinary Physical Punishment: Is It Harmful?" In: *Psychological Bulletin*, 128(4), 2002, p. 580-589.

[115] Abraham Bergman, Roseanne Larsen e Beth Mueller. "Changing Spectrum of Child Abuse". In: *Pediatrics*, 77, 1986.

[116] Murray Straus, Richard Gelles e Suzanne Steinmetz. *Behind Closed Doors: Violence in the American Family* (Nova York: Anchor, 1981), p. 94. Cf. tb. Murray Straus. *Beating the Devil Out of Them* (Nova York: Jossey-Bass, 1994).

[117] Richard Gelles. *Family Violence* (Newbury Park, CA: Sage Publications, 1987), p. 165.

[118] Skolnick. *Intimate Environment*, p. 426.

[119] *Harvard Men's Health Watch*, 2(11), jun./1998.

[120] David H. Demo. "Parent-Child Relations: Assessing Recent Changes". In: *Journal of Marriage and the Family*, 54(1), 1990, p. 224.

[121] Hochschild. *Second Shift*, p. 269.

[122] Apud Quindlen. "Men at Work".

[123] Frank Furstenberg. "Can Marriage Be Saved?" In: *Dissent*, verão/2005, p. 80.

[124] Andrew Greeley. "The Necessity of Feminism". In: *Society* 30(6), set./1993, p. 13-14.

[125] Lasch. *Women and the Common Life*, p. 119.

[126] Coltrane. *Family Man*, p. 223-225.

Capítulo 7

[127] M.G. Lord. *Forever Barbie: The Unauthorized Biography of a Real Doll* (Nova York: William Morrow, 1994).

[128] Deborah Rhode. *Speaking of Sex* (Cambridge: Harvard University Press, 1997), p. 56.

[129] Edward C. Clarke. *Sex in Education; or, A Fair Chance for the Girls* (Boston: Osgood, 1873), p. 128, 137.

[130] W.W. Ferrier. *Origin and Development of the University of California* (Berkeley: University of California Press, 1930). Cf. tb. Myra Sadker e David Sadker. *Failing at Fairness: How Schools Shortchange Girls* (Nova York: Simon & Schuster, 1994), p. 22.

[131] Henry Fowle Durant. "The Spirit of the College" [1977]. Reimpr. em Michael S. Kimmel e Thomas Mosmiller. *Against the Tide: Pro-Feminist Men in the United States, 1776-1990, a Documentary History* (Boston: Beacon Press, 1992), p. 132.

[132] Henry Maudsley. "Sex in Mind and in Education" [1874]. In: *Desire and Imagination: Classic Essays in Sexuality*. R. Barreca, ed. (Nova York: Meridian, 1995), p. 208-209.

[133] Sadker e Sadker. *Failing at Fairness*, p. 14. Esses estereótipos podem se quebrar quando complicados por outros, baseados na raça. P. ex., garotas norte-americanas de origem asiática supostamente gostam mais de ciência e matemática do que garotas brancas.

[134] David Karp e William C. Yoels. "The College Classroom: Some Observations on the Meanings of Student Participation". In: *Sociology and Social Research*, 60(4), 1976. • Associação Norte-Americana das Mulheres Universitárias. *How Schools Shortchange Girls: A Study of Major Findings on Girls and Education* (Washington, DC: Associação Norte-Americana das Mulheres Universitárias, 1992), p 68. • Sadker e Sadker. *Failing at Fairness*, p. 5.

[135] Sadker e Sadker. *Failing at Fairness*, p. 42-43.

[136] Peggy Orenstein. *Schoolgirls* (Nova York: Doubleday, 1994), p. 11, 12.

[137] Jenny Soffel. "Gender Bias Fought at Egalia Preschool in Stockholm, Sweden". In: *Huffington Post*, 26/06/2011. Disponível em www.huffintonpost.com/2011/06/26/gender-bias-egalia-preschool_n_884866.html

[138] Associação Norte-Americana das Mulheres Universitárias. *Hostile Hallways: The AAUW Survey on Sexual Harassment in America's Schools* (Washington, DC: Associação Norte-Americana das Mulheres Universitárias, 1993). • Sandler, apud Sadker e Sadker. *Failing at Fairness*, p. 111.

[139] Cf., p. ex., William Pollack. *Real Boys*: Rescuing Our Sons from the Myths of Boyhood (Nova York: Random House, 1998).

[140] Christine Hoff Sommers. *The War Against Boys* (Nova York: Scribner's, 1999). • Sommers, apud Debra Viadero. "Behind the 'Mask of Masculinity'". In: *Education Week*, 13/05/1998. • Thompson, apud Margaret Combs. "What About the Boys?" In: *Boston Globe*, 26/06/1998. Para saber mais sobre esse argumento reacionário, cf. Michael Gurian. *The Wonder of Boys* (Nova York: Jeremy Tarcher/Putnam, 1997). • Judith Kleinfeld. "Student Performance: Male Versus Female". In: *Public Interest*, inverno/1999. Para opiniões discordantes, cf. minha resenha sobre Gurian: "Boys to Men…" In: *San Francisco Chronicle*, 12/01/1997. • Martin Mills. "What About the Boys?" e R.W. Connell. "Teaching the Boys". In: *Teachers College Record*.

[141] Carol Gilligan. *In a Different Voice*. • Lyn Mikel Brown e Carol Gilligan. *Meeting at the Crossroads* (Nova York: Ballantine, 1992).

[142] Pollack, apud Viadero. "Behind the Mask". Cf. tb. Pollack. *Real Boys*.

[143] Shelley Correll. "Gender and the Career Choice Process: The Role of Biased Self-Assessments". In: *American Journal of Sociology*, 106(6), p. 1.691-1.730.

[144] Ibid.

[145] Wayne Martino. "Masculinity and Learning: Exploring Boys' Underachievement and Underrepresentation in Subject English". In: *Interpretation*, 27(2), 1994. • "Boys and Literacy: Exploring the Construction of Hegemonic Masculinities and the Formation of Literate Capacities for Boys in the English Classroom". In: *English in Australia*, 112, 1995. • "Gendered Learning Experiences: Exploring the Costs of Hegemonic Masculinity for Girls and Boys in Schools". In: *Gender Equity: A Framework for Australian Schools* (Canberra: Publicações e Comunicações Públicas, Departamento de Serviços Urbanos, ACT Government, 1997). • Catharine Stimpson, apud Tamar Lewin. "American Colleges Begin to Ask, Where Have All the Men Gone?" In: *New York Times*, 06/12/1998.

[146] Wayne Martino. "Gendered Learning Experiences", p. 133, 134.

[147] Martain Mac an Ghaill. *The Making of Men: Masculinities, Sexualities and Schooling* (Buckingham, Reino Unido: Open University Press, 1994), p. 59. • David Gillborne. *Race, Ethnicity and Education* (Londres: Unwin Hyman, 1990), p. 63. • James Coleman. *The Adolescent Society* (Nova York: Harper and Row, 1961). "Report: Girls Are Smarter Than Boys". In: *Stockton Record*, 20/09/2003. Agradeço a Lisa Jones por sua ajuda para localizar esse artigo.

[148] Sui-fong Lam et al. "Do Girls and Boys Perceive Themselves as Equally Engaged in School? The Results of an International Study from 12 Countries". In: *Journal of School Psychology*.

[149] Apud David Macleod. *Building Character in the American Boy* (Madison: University of Wisconsin Press, 1983), p. 49.

[150] William McFee. "Letter to the editor". In: *Nation*, 20/07/1927, p. 2.

[151] Brendan Koerner. "Where the Boys Aren't". In: *U.S. News & World Report*, 08/02/1999. • Lewin. "American Colleges Begin to Ask". • Michael Fletcher. "Degrees of Separation". In: *Washington Post*, 25/06/2002. • Jamilah Evelyn. "Community Colleges Start to Ask, Where Are the Men?" In: *Chronicle of Higher Education*, 28/06/2002. • Ridger Doyle. "Men, Women and College". In: *Scientific American*, out./1999.

[152] Joel Best. *Stat-Spotting* (Berkeley: University Of California Press, 2008), p. 95.

[153] Apud Tamar Lewin. "At Colleges, Women Are Leaving Men in the Dust". In: *New York Times*, 09/07/2006.

[154] Mary Beth Marklein. "College Gender Gap Widens: 57% Are Women". In: *USA Today*, 19/10/2005. Disponível em http://www.usatodavy.com/news/education/2005-10-19-male-college-cover_x.htm

[155] Disponível em http://nces.ed.gov/programs/crimeindi cators/crimeindicators2010/figures/figure071.asp

[156] "Meninos são meninos". Estas são, não por acaso, as últimas palavras do credo antifeminista de Hoff Sommer.

[157] Apud Michael S. Kimmel. "The Struggle for Gender Equality: How Men Respond". In: *Thought and Action: The NEA Higher Education Journal*, 8(2), 1993.

[158] Richard Kim. "Eminem – Bad Rap?" In: *Nation*, 13/03/2001, p. 4. Em seu filme *8 Mile* e em álbuns subsequentes, Eminem abandona esse caminho para repudiar sua homofobia anterior.

[159] T.R. Nansel, M. Overpeck, R.S. Pilla, W.J. Ruan, B. Simons-Moore e P. Scheidt. "Bullying Behaviors Among U.S. Youth: Prevalence and Association with Psychosocial Adjustment". In: *Journal of the American Medical Association*, 285(16), 2001, p. 2.094-2.100. • S.P. Limber, P. Cunningham, V. Florx, J. Ivey, M. Nation, S. Chai e G. Melton. "Bullying Among School Children: Preliminary Findings from a School-Based Intervention Program". Comunicação apresentada na V Conferência Internacional de Pesquisa sobre Violência Familiar. Durham, NH, jun./1997. • Juvonen Jaana, Sandra Graham e Mark Schuster. "Bullying Among Young Adolescents: The Strong, the Weak and the Troubled". In: *Pediatrics*, 112(6), dez./2003, p. 1.231-1.237.

[160] "Fear of Classmates". In: *USA Today*, 22/04/1999, p. A1. • "Half of Teens Have Heard of a Gun Threat at School". In: *USA Today*, 27/11/2001, p. 6D.

[161] Essa seção se apoia no texto de Michael Kimmel e Matthew Mahler. "Adolescent Masculinity, Homophobia, and Violence: Random School Shootings, 1982-2001". In: *American Behavioral Scientist*, 46(10), jun./2003.

[162] De fato, uma pessoa fez isso. Tom DeLay, congressista do Texas, culpou a assistência infantil, o ensino da evolução e as "mães trabalhadoras que tomam pílulas contraceptivas". Não me pergunte, pois também não entendo. Cf. "The News of the Weak in Review". In: *Nation*, 15/11/1999, p. 5.

[163] J. Adams e J. Malone. "Outsider's Destructive Behavior Spiraled into Violence". In: *Louisville Courier Journal*, 18/03/1999. • J. Blank. "The Kid No One Noticed". In: *U.S. News & World Report*, 16/12/1998, p. 27.

[164] N. Gibbs e T. Roche. "The Columbine Tapes". In: *Time*, 20/12/1999, p. 40. • D. Cullen. "The Rumor That Won't Go Away". In: *Salon*, 24/04/1999. Disponível em http://www.salon.com/news/feature/1999/04/24/rumors/index.html

[165] Eric Pooley. "Portrait of a Deadly Bond". In: *Time*, 10/05/1999, p. 26-27.

[166] Catell, apud William O'Neil. *Divorce in the Progressive Era* (New Haven, CT: Yale University Press, 1967), p. 81. • Admiral F.E. Chadwick. "The Woman Peril". In: *Educational Review*, fev./1914, p. 47. Última citação em Sadker e Sadker. *Failing at Fairness*, p. 214.

[167] Departamento de Educação dos Estados Unidos, 1996.

[168] National Science Foundation. "Characteristics of Doctoral Students". Apud Linda Schliebenger. *Has Feminism Changed Science?* (Cambridge: Harvard University Press, 1999), p. 34.

[169] Cf. Scott Jaschik. "Disparate Burden". In: *Inside Higher Ed*, 21/03/2005. Disponível em www.insidehighered.com/news/2005/03/21/care – Acesso em 31/03/2005.

[170] Cornelius Riordan. "The Future of Single-Sex Schools". In: *Separated by Sex: A Critical Look at Single-Sex Education for Girls* (Washington, DC: Associação Norte-Americana da Fundação de Educação das Mulheres Universitárias, 1998), p. 54.

[171] Orenstein. *Schoolgirls*, p. 27.

[172] Elizabeth Tidball. "Perspectives on Academic Women and Affirmative Action". *Educational Record*, 54(2), 1973.

[173] Cynthia Fuchs Epstein. *Deceptive Distinctions* (New Haven: Yale University Press, 1991).

[174] Faye Crosby et al. "Taking Selectivity into Account, How Much Does Gender Composition Matter? A Reanalysis of M.E. Tidball's Research". In: *National Women's Studies Association Journal*, 6, 1994. Cf. tb. Cynthia Fuchs Epstein. "The Myths and Justifications of Sex Segregation in Higher Education: VMI and the Citadel". In: *Duke Journal of Gender Law and Policy*, 4, 1997. • Cynthia Fuchs Epstein. "Multiple Myths and Outcomes of Sex Segregation". In: *New York Law School Journal of Human Rights*, 14, 1998.

[175] Christopher Jencks e David Riesman. *The Academic Revolution* (Nova York: Doubleday, 1968), p. 298, 300. Apesar de suas próprias descobertas, cf. tb. David Riesman. "A Margin of Difference: The Case for Single-Sex Education". In: *Social Roles and Social Institutions: Essays in Honor of Rose Laub Coser*. • J.R. Blau e N. Goodman, eds. (Boulder, CO: Westview Press, 1991). Riesman apoiou a continuação da política de um único sexo no Instituto Militar da Virgínia e na Cidadela.

[176] Carol Tavris. *The Mismeasure of Woman* (Nova York: Simon & Schuster, 1992), p. 127. • R. Priest, A. Vitters e H. Prince. "Coeducation at West Point". In: *Armed Forces and Society*, 4(4), 1978, p. 590.

[177] Fuchs Epstein. "Multiple Myths and Outcomes", p. 191.

[178] Cf. Margaret Talbot. "Sexed Ed". In: *New York Times Magazine*, 22/09/2002.

[179] VMI I, 766 F. Supp., p. 1.435. • VMI V, 116 S. Ct. 2264, resumo para o requerente. Cf. tb. Valorie K. Vojdik. "Girls' Schools After VMI: Do They Make the Grade?" In: *Duke Journal of Gender Law and Policy*, 4, 1997, p. 85. • Fuchs Epstein. "Myths and Justifications", p. 108.

[180] *Faulkner v. Jones*, 858 F. Supp. 552 1994. • Descobertas factuais propostas pelos defensores da Cidadela, p. 1.434.

[181] Josiah Bunting, apud Vojdik. "Girls' Schools After VMI", p. 76: "Eu comecei minha carreira universitária em uma faculdade apenas de homens e depois fui transferido para outra instituição, com mulheres e homens. Por isso, eu estaria pronto para testemunhar que os homens em escolas de sexo único ficam muito mais distraídos pela ausência das mulheres do que os homens em instituições com ambos os sexos ficam com a presença delas! Sem mulheres ao redor, a maioria dos rapazes não consegue parar de pensar nelas!"

[182] John Dewey. "Is Coeducation Injurious to Girls?" In: *Ladies Home Journal*, 11/06/1911, p. 60.

[183] Thomas Wentworth Higginson. "Sex and Education". In: *Woman's Journal*, 1874, editorial, p. 1. Reimpr. em *History of Woman Suffrage*. S.B. Anthony e E.C. Stanton, eds. (Nova York: Ayer, 1974).

[184] Cf. www.singlesexschools.org

[185] Diane Halpern, Lise Eliot, Rebecca Bigler, Richard Fabes, Laura Hanish, Janet Hyde, Lynn Liben e Carol Lynn Martin. "The Pseudoscience of Single Sex Schooling". In: *Science*, 333, 23/09/2011, p. 1.706-1.707.

[186] Mike Bowler. "All-Male, All-Black, All Learning". In: *Baltimore Sun*, 15/10/1995. • Susan Estrich. "For Girls' Schools and Women's College, Separate Is Better". In: *New York Times*, 22/05/1994.

[187] Cf. Kim Gandy. "Segregation Won't Help". In: *USA Today*, 10/05/2002.

[188] "Harlem Girls School vs. the Three Stooges". In: *New York Observer*, 30/03/1998, p. 4.

[189] Pamela Haag. "Single-Sex Education in Grades K-12: What Does the Research Tell Us?" In: *Separated by Sex: A Critical Look at Single-Sex Education for Girls* (Washington, DC: American Association of University Women Educational Foundation, 1998), p. 34. • Valerie Lee. "Is Single-Sex Secondary Schooling a Solution to the Problem of Gender Inequity?" In: *Separated by Sex*, p. 43. • Riordan. "Future of Single-Sex Schools", p. 53. • Connie Leslie. "Separate and Unequal?" In: *Newsweek*, 23/03/1998, p. 55. • Clark, apud Charles Whitaker. "Do Black Males Need Special Schools?" In: *Ebony*, mar./1991, p. 18.

[190] Amanda Datnow, Lea Hubbard e Elisabeth Woody. *Is Single Gender Schooling Viable in the Public Sector? Lessons from California's Pilot Program* (Toronto: Ontario Institute for Studies in Education, 2001).

[191] Sadker e Sadker. *Failing at Fairness*, p. 125-126.

[192] Cf. Don Sabo, Kathleen Miller, Merrill Melnick, Michael Farrell e Grace Barnes. "High School Athletic Participation and Adolescent Suicide: A Nationwide Study". In: *International Review for the Sociology of Sport*, 40(1), 2005, p. 5-23. • Don Sabo, Kathleen Miller, Merrill Melnick e Leslie Haywood. *Her Life Depends on It: Sport, Physical Activity and the Health and Well-Being of American Girls* (East Meadow, NY: Fundação dos Esportes das Mulheres, 2004). • Don Sabo, Kathleen Miller, Merrill Melnick, Michael Farrell e Grace Barnes. "High School Athletic Participation, Sexual Behavior and Adolescent Pregnancy: A Regional Study". In: *Journal of Adolescent Health*, 25(3), 1999, p. 207-216.

[193] "The Attack on Women's Sports". In: *New York Times*, 17/02/2003, p. A22.

[194] Cf., p. ex., Christine Stolba. "We've Come the Wrong Way Baby". In: *Women's Quarterly*, primavera/2002. Por outro lado, cf. "Title IX FAQ Packet", publicado pelo Centro de Recursos da Equidade das Mulheres. Disponível em www.edc.org/womensequity

Capítulo 8

Agradeço aos três revisores anônimos convocados pela imprensa. Os comentários que eles fizeram melhoraram muito este capítulo.

[195] "Primeira página". *New York Post*, 17/06/1991.

[196] Ari Goldman. "Cardinal Said God Is a Man? Not Really". In: *New York Times*, 22/06/1991.

[197] Cf., p. ex., Louis Henry Morgan. *Ancient Society* (1877). • Frederich Engels. *The Origin of the Family, Private Property and the State* (1902). • Lester Ward. *Pure Sociology* (1903).

[198] Extraí esta parte de Claire Renzetti e Robert Curran. *Women, Men and Society*, 5ª ed. (Boston: Allyn and Bacon, 2003), p. 333.

[199] Cf., p. ex., Karen McCarthy. *Mam Lola: A Voudou Priestess in Brooklyn* (Berkeley: University of California Press, 1991).

[200] Ao menos na teoria. Na prática, institucionalmente, o budismo refaz muitas das desigualdades que suas doutrinas efetivamente recusam. Cf., p. ex., Wendy Cadge. "Gendered Religious Organizations: The Case of Theravada Buddhism in America". In: *Gender and Society*, 8(6), 2004.

[201] Carol Christ. "Heretics and Outsiders: The Struggle Over Female Power in Western Religion". In: *Feminist Frontiers*. L. Richardson e V. Taylor, eds. (Reading, MA: Addison-Wesley, 1983), p. 93-94.

[202] Yvonne Y. Haddad. "Islam, Women and Revolution in Twentieth Century Arab Thought". In: *Women, Religion and Social Change*. Y.Y. Haddad e E.B. Findley, eds. (Albany: Suny Press, 1985).

[203] Leonard Swidler. "Jesus was a Feminist" [1973]. Disponível em http://www.godswordtowomen.org/feminist.htm – Acesso em 01/08/2009.

[204] Apud Haddad. "Islam, Women and Revolution", p. 294.

[205] Kristen Moulton. "Southern Baptists Say Women Should 'Submit Graciously' to Their Husbands". In: *Associated Press*, 10/06/1998. Disponível em http://www.encyclopedia.com/doc/1P1-19752545.html – Acesso em 01/08/2009.

[206] Christian Smith. *Christian America? What Evangelicals Really Want* (Berkeley: University of California Press, 2002).

[207] O judaísmo ortodoxo é apenas uma das três maiores correntes dessa religião. O judaísmo conservador e o judaísmo reformado são muito menos "ortodoxos" e mais igualitários.

[208] John Todd. *Women's Rights* (Boston: Lee and Shepard, 1867), p. 25.

[209] Samuel B. May. "The Rights and Condition of Women". Reimpr. em *Against the Tide: Pro-Feminist Men in the United States, 1776-1990*. • Michael Kimmel e Thomas Mosmiller, eds. (Boston: Beacon, 1992), p. 94-97.

[210] Debra Kaufman. *Rachel's Daughters: Newly Orthodox Jewish Women* (New Brunswick, NJ: Rutgers University Press, 1991), p. 8.

[211] Tova Hartman e Naomi Marmon. "Lived Regulations, Systemic Attributions: Menstrual Separation and Ritual Immersion in the Experience of Orthodox Jewish Women". In: *Gender & Society*, 18/06/2004, p. 389-408.

[212] Jen'nan Ghazal Read e John Bartkowski. "To Veil or Not to Veil?" In: *Gender & Society*, 14(3), 2000, p. 395-417. • Etsuko Maruoka. "Veiled Passion: Negotiation of Gender, Race and Religiosity Among Young Muslim American Women". Tese de doutorado. Departamento de Sociologia. Suny Stony Brook, 2008.

[213] Rosine J. Perelberg. "Quality, Asymmetry, and Diversity: On Conceptualization of Gender". In: *Gender and Power in Families*. R.J. Perelberg e A. Miller, eds. (Londres: Routledge, 1990), p. 45.

[214] Apud Mary Daly. *Beyond God the Father* (Boston: Beacon, 1973), 44.

[215] Butch Hancock, apud *The Education of Shelby Knox: Sex Lies, and Education*. Marion Lipschutz e Rose Rosenblatt, dir. (Nova York: Women Make Movies, 2005).

[216] Cf. http://religions.pewforum.org/pdf/report2-religious-landscapestudy-full.pdf Tabela da p. 96. • "Muslim Americans: Middle Class and Mostly Mainstream". Centro de Pesquisa Pew, 2007.

[217] Na verdade, a oração judaica é "Obrigado, Senhor, por não ter-me feito mulher". O Código Hindu também é citado em Daly. *Beyond God the Father*, p. 132.

[218] Andrew Kohut e Melissa Rogers. *Americans Struggle with Religion's Role at Home and Abroad* (Washington, DC: Fórum Pew sobre Religião e Vida Pública, 2002).

[219] Cf. Alan Miller e John Hoffman. "Risk and Religion: An Explanation of Gender Differences in Religiosity". In: *Journal for the Scientific Study of Religion* 34(1), 1995, p. 63-75; dados atuais da General Social Survey, 2006.

[220] George Gallup e J. Castelli. *The People's Religion* (Nova York: Macmillan, 1989). • Cheryl Townsend Gilkes. "Together and in Harness: Women's Traditions in the Sanctified Church". In: *Signs*, 10, 1985, p. 678-699. • Fórum Pew sobre Religião e Vida Pública. *U.S. Religious Landscape Survey* (Washington, DC: Centro de Pesquisa Pew, fev./2008).

[221] Orestes Hastings e D. Michael Lindsay. "Rethinking Religious Gender Differences: The Case of Elite Women". In: *Sociology of Religion*, 2013, p. 1-25.

[222] Isso não é sempre trabalho dos homens. Um grupo fundamentalista chamado "Feminilidade Verdadeira" busca desfazer todas as conquistas do feminismo desde os anos 1960 e devolver as mulheres à submissão passiva como expressão de sua liberdade de escolha. Cf. Kathryn Joyce. *Women's 'Liberation' Through Submission: An Evangelical Anti-Feminism Is Born*. Disponível em www.altemet.org/story/121603 – Acesso em 01/08/2009.

[223] Disponível em http://www.ats.edu/Resources/Documents/AnnualDataTables/2007-08AnnualDataTables.pdf • http://www.elca.org/Who-We-Are/Welcome-to-the-ELCA/Quick-Facts.aspx – Acesso em 01/08/2009.

[224] Peter Steinfels. "Vatican Says the Ban on Women as Priests Is 'Infallible' Doctrine". In: *New York Times*, 10/11/1995.

[225] Bill Frogameni. "Vatican Justice". In: *Ms.*, inverno/2009, p. 16.

[226] "Women Clergy: A Growing and Diverse Community". In: *ReligionLink*, 04/08/2014. Disponível em http://www.religionlink.com/source-guides/women-clergy-a-growing-and-diverse-community/

[227] Angela Bonavoglia. *Good Catholic Girls* (Nova York: HarperCollins, 2006).

[228] Kevin Christiano, William Swatos e Peter Kivisto, eds. *Sociology of Religion: Contemporary Developments* (Lanham, MD: Rowman and Littlefield, 2002). Cf. tb. Bonavoglia. *Good Catholic Girls*.

[229] Cf. tb. Ruth Wallace. *They Call Her Pastor: A New Role for Catholic Women* (Albany: Suny 1992). • Ruth Wallace. *They Call Him Pastor: Married Men in Charge of Catholic Parishes* (Nova York: Paulist Press, 2003).

[230] Apud Ann Douglas. *The Feminization of American Culture* (Nova York: Knopf, 1977), p. 17, 97, 101, 113. Boa parte do material desta seção foi adaptada de meu livro *Manhood in America: A Cultural History*, 2ª ed. (Nova York: Oxford University Press, 2006), p. 116-120.

[231] Apud Ted Ownby. *Subduing Satan: Religion, Recreation and Manhood in the Rural South* (Chapel Hill: University of North Carolina Press, 1991), p. 14.

[232] Apud Roger Bruns. *Preacher: Billy Sunday and Big-Time American Evangelicism* (Nova York: Norton, 1992), p. 137.

[233] Apud Bruns. *Preacher*, p. 16, 121, 122, 138. • William G. McLaughlin. *Billy Sunday Was His Real Name* (Chicago: University of Chicago Press, 1955), p. 175.

[234] Apud Frances Fitzgerald. *Cities on a Hill* (Nova York: Simon and Schuster, 1986), p. 166.

[235] Randy Phillips. "Spiritual Purity". In: *The Seven Promises of a PromiseKeeper* (Colorado Springs: Focus on the Family, 1994), p. 79-80.

[236] Cf. Sharon Mazer. "The Power Team: Muscular Christianity and the Spectacle of Conversion". In: *Drama Review*, 38(4), inverno/1994, p. 162, 169.

[237] Molly Worthen. "Who Would Jesus Smack Down?" In: *New York Times Magazine*, 11/01/2009, p. 22.

[238] Cf. meu *Manhood in America*, p. 206. Cf. tb. Laurie Beth Jones. *Jesus CEO: Using Ancient Wisdom for Visionary Leadership* (Nova York: Hyperion, 1994).

[239] In Worthen. "Who Would Jesus Smack Down?", p. 23.

[240] Swidler. "Jesus Was a Feminist".

[241] Charlotte Perkins Gilman. *His Religion and Hers* (Nova York: Century, 1923), p. 154.

[242] Ibid., p. 202.

[243] Ibid., p. 206.

[244] Ibid., p. 217, 237.

[245] Ibid., p. 46.

[246] Ibid., p. 20.

[247] Ibid., p. 259.

[248] Ibid., p. 255, 292.

[249] Mary Daly. *The Church and the Second Sex* (Boston: Beacon Press, 1968), p. 74. Cf. tb. Cullen Murphy. *The Word According to Eve* (Boston: Houghton, Mifflin, 1998).

[250] Cf. Elizabeth Fiorenza. *In Memory of Her: A Feminist Theological Reconstruction of Christian Origins* (Nova York: Crossroads, 1983). • Susan Farrell. "Women-Church and Egalitarianism: Revisioning 'in Christ There Is No More Distinctions Between Male and Female'". In: *The Power of Gender in Reli-*

[250] *gion*. G.A. Weatherly e S.A. Farrell, eds. (Nova York: McGraw-Hill, 1996).

[251] O argumento clássico e ainda imbatível como esse é o de Linda Nochlin: "Why Have There Been No Great Women Artists?" In: *ARTnews*, jan./1971, p. 22-39, 67-71.

[252] Laurel Kendall. *Shamans, Housewives, and Other Restless Spirits: Women in Korean Ritual Life* (Honolulu: University of Hawaii Press, 1985). Apud Susan Starr Sered. *Priestess Mother Sacred Sister: Religions Dominated by Women* (Nova York: Oxford University Press, 1992), p. 18.

[253] Charlene Spretnak. "Introduction". In: *The Politics of Women's Spirituality*. C. Spretnak, ed. (Nova York: Doubleday, 1982), p. xii.

[254] Mary Daly. *Pure Lust* (Boston: Beacon, 1984), p. xii.

[255] Cf. tb. Starhawk. *Dreaming in the Dark: Magic, Sex, and Politics* (Boston: Beacon, 1997). • Starhawk. *The Spiral Dance: A Rebirth of the Ancient Religion of the Goddess*, edição do 20° aniversário (Nova York: HarperCollins, 1999). Um bom guia para essa tradição é Margot Adler's. *Drawing Down the Moon: Witches, Druids, Goddess-Worshippers and Other Pagans in America Today* (Nova York: Penguin, 1986).

[256] Mary Daly. *Beyond God the Father* (Boston: Beacon Press, 1973), p. 13.

[257] Apud Daly. *Beyond God the Father*, p. 13.

Capítulo 9

[258] Agência Norte-Americana de Estatísticas de Trabalho, Departamento Norte-Americano do Trabalho, Censo da População Atual.

[259] *Latest Annual Data Women of Working Age, 2013*. Agência Norte-Americana de Estatísticas de Trabalho, Departamento Norte-Americano do Trabalho, Censo da População Atual.

[260] Cf. Felice Schwartz. "Management Women and the New Facts of Life". In: *Harvard Business Review*, jan.-fev./1989.

[261] Agência Norte-Americana de Estatísticas de Trabalho, Departamento Norte-Americano do Trabalho, 2013.

[262] Jerry Jacobs, 1993. Cf. GS2, FN3, p. 318.

[263] Taylor, apud Ashley Montagu. *The Natural Superiority of Women* (Nova York: Anchor, 1952), p. 28. • *Workplace 2000*. Apud Rosalind Barnet e Caryl Rivers. *She Works/He Works* (Nova York: Simon & Schuster, 1992), p. 64.

[264] Michael Kimmel. *Manhood in America: A Cultural History* (Nova York: Free Press, 1996). • Willard Gaylin. *The Male Ego* (Nova York: Viking, 1992). • Michael Kimmel. "What Do Men Want?" In: *Harvard Business Review*, nov.-dez./1993.

[265] Gaylin. *Male Ego*, p. 64.

[266] Peg Tyre e Daniel McGinn. "She Works, He Doesn't". In: *Newsweek*, 12/05/2003, p. 45-53.

[267] Marc Feigen-Fasteau. *The Male Machine* (Nova York: Dell, 1974), p. 120.

[268] Cf. Patricia Yancey Martin. "'Mobilizing Masculinities': Women's Experiences of Men at Work". In: *Organization*, 8(4), 2001, p. 587-618.

[269] Apud Londa Schiebinger. *Has Feminism Changed Science?* (Cambridge: Harvard University Press, 1999), p. 76.

[270] Cf. Arlie Hochschild. *The Managed Heart* (Berkeley: University of California Press, 1982).

[271] Katha Pollitt. "Killer Moms, Working Nannies". In: *Nation*, 24/11/1997.

[272] Agência Norte-Americana de Estatísticas de Trabalho. *Inflation Calculator*. Disponível em www.bls.gov/data/inflation_calculator.htm

[273] Catherine Rampell. "As Layoffs Surge, Women May Pass Men in Job Force". In: *New York Times*, 05/02/2009.

[274] John Baden. "Perverse Consequences (P.C.) of the Nanny State". In: *Seattle Times*, 17/01/1996. • Del Jones. "Hooters to Pay $3.75 Million in Sex Suit". In: *USA Today*, 01/10/1997, p. 1A.

[275] David S. Pedulla. "The Positive Consequences of Negative Stereotypes: Race, Sexual Orientation, and the Job Application Process". In: *Social Psychology Quarterly*, 77(1), 2014, p. 75-94.

[276] Barbara Reskin. "Sex Segregation in the Workplace". In: *Women and Work: A Handbook*. P. Dubeck e K. Borman, eds. (Nova York: Garland, 1996), p. 94. Cf. tb. Barbara Reskin, ed. *Sex-Segregation in the Workplace: Trends, Explanations, Remedies* (Washington, DC: National Academy Press, 1984). • Barbara Reskin. "Bringing the Men Back In: Sex Differentiation and the Devaluation of Women's Work". In: *Gender and Society*, 2(1), 1988. • Barbara Reskin e Patricia Roos, eds. *Job Queues, Gender Queues: Explaining Women's Inroads into Male Occupations* (Filadélfia: Temple University Press, 1990).

[277] Padavic e Reskin. *Women and Men at Work*, p. 65, 67. Cf. tb. Andrea Beller e Kee-Ok Kim Han. "Occupational Sex-Segregation: Prospects for the 1980s". In: Reskin. *Sex-Segregation in the Workplace*, p. 91.

[278] *2013 Household Data Annual Average*. Agência Norte-Americana de Estatísticas de Trabalho, Departamento Norte-Americano do Trabalho. Tabela 39.

[279] Censo da População Atual, 2007. Departamento Norte-Americano do Trabalho, Agência Norte-Americana de Estatísticas de Trabalho. Dados anteriores de Dana Dunn. "Gender-Segregated Occupations". In: *Women and Work*. P. Dubeck e K. Borman, eds. (Nova York: Garland, 1996), p. 92.

[280] Margaret Mooney Marini e Mary C. Brinton. "Sex Typing in Occupational Socialization". In: Reskin. *Sex-Segregation in the Workplace*, p. 224. • Jerry A. Jacobs. *Revolving Doors: Sex-Segregation and Women's Careers* (Stanford, CA: Stanford University Press, 1989), p. 48.

[281] *Tables of Employment and Earnings, 2009-2013*. Agência Norte-Americana de Estatísticas de Trabalho, Departamento Norte-Americano do Trabalho.

[282] Samuel Cohn. *The Process of Occupational Sex-Typing: The Feminization of Clerical Labor in Great Britain* (Filadélfia: Temple University Press, 1985).

[283] Yilu Zhao. "Women Soon to Be Majority of Veterinarians". In: *New York Times*, 09/06/2002, p. 24.

[284] Katharine Donato. "Programming for Change? The Growing Demand Among Computer Specialists". In: *Job Queues, Gender Queues: Explaining Women's Inroads into Male Occupations*. B. Reskin e P. Roos, eds. (Filadélfia: Temple University Press, 1990), p. 170.

[285] Charlotte Perkins Gilman. *His Religion and Hers* [1923]. Editado com uma nova introdução de Michael Kimmel (Walnut Creek, CA: Altamira Press, 2003), p. 72.

[286] Michelle Arthur, Robert Del Campo e Harry Van Buren III. "The Impact of Gender-Differentiated Golf Course Structures on Women's Networking Abilities". Comunicação apresentada no encontro da Academy of Management. Anaheim, Cal., 10/08/2008.

[287] William Bielby e James Baron. "Undoing Discrimination: Job Integration and Comparable Worth". In: *Ingredients for Women's Employment Policy*. C. Bose e G. Spitze, eds. (Albânia: Suny Press, 1987), p. 226. • Reskin. "Bringing the Men Back In", p. 64.

[288] Kristen Schilt e Matthew Wiswall. "Before and After: Gender Transitions, Human Capital, and Workplace Experiences". In: *B.E. Journal of Economic Analysis & Policy* 8(1), 2008. Disponível em http://www.bepress.com/bejeap/vol8/iss1/art39 – Acesso em 01/08/2009.

[289] *EEOC v. Sears, Roebuck and Co.*, 628 F. Supp. 1264 (N.D. Ill. 1986); 839 F. 2d 302 (7ª Cir. 1988).

[290] Asra Q. Nomani. "A Fourth Grader's Hard Lesson: Boys Earn More Money Than Girls". In: *Wall Street Journal*, 07/07/1995, p. B1.

[291] Censo de 2000. Disponível em http://www.census.gov/Press-Release/www/2002/demoprofiles.html – Acesso em 14/08/2009. Cf. tb. Ronnie Steinberg. "How Sex Gets into Your Paycheck". In: *Women's VU*, 20(2), 1997, p. 1.

[292] Elizabeth Becker. "Study Finds a Growing Gap Between Managerial Salaries for Men and Women". In: *New York Times*, 24/01/2002, p. 18. • Shannon Henry. "Wage Gap Widens". In: *Washington Post*, 23/01/2002.

[293] Joyce Sterling e Nancy Reichman. "Gender Penalties Revisited". Apud Jim Dunlap. "Will Women Ever Be Equal?" In: *National Jurist*, nov./2004.

[294] Mary Corcoran, Greg Duncan e Michael Ponza. "Work Experience, Job Segregation and Wages". In: Reskin, *Sex-Segregation in the Workplace*; p. 188. • Michelle Budig e Paula England. "The Wage Penalty for Motherhood". In: *American Sociological Review*, 66, 2001, p. 204-225.

[295] Timothy Judge e Beth Livingston. "Is the Gap More Than Gender? A Longitudinal Analysis of Gender, Gender Role Orientation and Earnings". In: *Journal of Applied Psychology*, 93(5), 2008, p. 994-1.012.

[296] Becker. "Study Finds Growing Gap Judith Lorber, Women and Medical Sociology: Invisible Professionals and Ubiquitous Patients". In: *Another Voice*. M. Millman e R.M. Kanter, eds. (Garden City, NY: Anchor, 1975), p. 82.

[297] Sarah Portlock. "Gender Wage Gap in Eight Charts". In: *Wall Street Journal*, 14/04/2015. Disponível em http://blogs.wsj.com/economics/2015/04/14/the-gender-wage-gap-in-eight-charts

[298] Apud Julie Mathaei. *An Economic History of Women in America* (Nova York: Schocken, 1982), p. 192.

[299] Lynn Martin. *A Report on the Glass Ceiling Initiative* (Washington, DC: Departamento Norte-Americano do Trabalho, 1991), p. 1.

[300] "The Conundrum of the Glass Ceiling". In: *The Economist*, 21/07/2005.

[301] *Good for Business: Making Full Use of the Nation's Human Capital* (Washington, DC: Gabinete de Impressão do Governo dos Estados Unidos, 1995). • Ruth Simpson. "Does an MBA Help Women? – Career Benefits of the MBA". In: *Gender, Work and Organization*, 3(2), abr./1996, p. 119.

[302] Warren Farrell. *The Myth of Male Power* (Nova York: Simon & Schuster, 1993), p. 105-106.

[303] Rosabeth Moss Kanter. *Men and Women of the Corporation* (Nova York: Basic Books, 1977), p. 209.

[304] Ibid., p. 216, 221, 230.

[305] Lynn Zimmer. "Tokenism and Women in the Workplace: The Limits of Gender-Neutral Theory". In: *Social Problems*, 35(1), 1988, p. 64. • Nina Toren e Vered Kraus. "The Effects of Minority Size on Women's Position in Academia". In: *Social Forces*, 65, 1987, p. 1.092.

[306] Christine Williams. "The Glass Escalator: Hidden Advantages for Men in the 'Female' Professions". In: *Social Problems*, 39(3), 1992. • *Still a Man's World: Men Who Do "Women's Work"* (Berkeley: University of California Press, 1995). Cf. tb. Marie Nordberg. "Constructing Masculinity in Women's Worlds: Men Working as Pre-school Teachers and Hairdressers". In: *NORA: Nordic Journal of Women's Studies*, 10(1), 2002, p. 26-37.

[307] Williams. "Glass Escalator", p. 296.

[308] Ibid. • Alfred Kadushin. "Men in a Woman's Profession". In: *Social Work*, 21, 1976, p. 441.

[309] Heidi Hartmann. "Capitalism, Patriarchy and Job Segregation by Sex". In: *Signs*, 1(3), 1976, p. 139.

[310] Apud Deborah Rhode. *Speaking of Sex: The Denial of Gender Equality* (Cambridge: Harvard University Press, 1997), p. 144.

[311] Cf. Catharine MacKinnon. *Sexual Harassment of Working Women* (Cambridge: Harvard University Press, 1977).

[312] *Henson v. Dundee*, 682 F. 2d, 897, p. 902.

[313] *Sexual Harassment in the Workplace*. Disponível em http://www.sexualharassmentsupport.org/SHorkplace.html – Acesso em 01/08/2009.

[314] Susan Crawford. "Sexual Harassment at Work Cuts Profits, Poisons Morale". In: *Wall Street Journal*, 19/04/1993, p. 11F. • Elizabeth Stanko. *Intimate Intrusions* (Londres: Routledge, 1985). • E. Couric. "An NJL/West Survey, Women in the Law: Awaiting Their Turn". In: *National Law Journal*, 11/12/1989. Estudo da Klein Associates feito em 1997.

[315] Ellen Neuborne. "Complaints High from Women in Blue Collar Jobs". In: *USA Today*, 3-6/05/1996.

[316] De'Ann Weimer. "Slow Healing at Mitsubishi". In: *U.S. News & World Report*, 22/09/1997, p. 74, 76.

[317] Rhode. *Speaking of Sex*, p. 28.

[318] Stanko. *Intimate Intrusions*, p. 61.

[319] Sou grato a Erin Smith da Universidade do Texas em Dallas, por me chamar a atenção para isso.

[320] Crawford. "Sexual Harassment at Work Cuts Profits", p. 11F.

[321] "Snapshot". In: *USA Today*, 05/04/2006.

[322] Jennifer Hicks. "Number of Discrimination Suits Soar". In: *IMDiversity*, 29/10/2012. Disponível em http://www.imdiversity.com/Villages/Careers/articles/hicks_discrimination_suits_soar.asp

[323] Steinberg. "How Sex Gets into Your Paycheck", p. 2.

[324] Cf. Barbara Reskin e Irene Padavic. *Women and Men at Work* (Thousand Oaks, CA: Pine Forge Press, 1995).

[325] Sara Evans e Barbara Nelson. *Wage Justice: Comparable Worth and the Paradox of Technocratic Reform* (Chicago: University of Chicago Press, 1989), p. 13. • Barbara Reskin. "Bringing the Men Back In".

[326] Apud Rhode. *Speaking of Sex*, p. 165, 169.

[327] Cf., p. ex., Felice Schwartz e Gigi Anders. "The Mami Track". In: *Hispanic*, jul./1993.

[328] Richard Bernstein. "Men Chafe as Norway Ushers Women into Boardroom". In: *New York Times*, 12/01/2006. • Thomas Fuller e Ivar Ekman. "The Envy of Europe". In: *International Herald Tribune*, 17-18/09/2005, p. 19. • Mari Teigen. "The Universe of Gender Quotas". In: *NIKK*, 3, 2002, p. 4-8.

[329] Nicola Clark. "The Norwegian Experiment". In: *International Herald Tribune Magazine*, ed. esp., "The Female Factor", 2010.

[330] Cf. *The Week*, p. 36.

[331] Cf. Roy D. Adler. "Women in the Executive Suite Correlate to High Profits". In: *Harvard Business Review*, nov./2001. • Roy D. Adler. "Profit, Thy Name Is... Woman?" In: *Miller-McCune Magazine*, mar.-abr./2009.

[332] Karen Oppenheim Mason. "Commentary: Strober's Theory of Occupational Sex Segregation". In: *Sex-Segregation in the Workplace: Trends, Explanations, Remediesi*. B. Reskin, ed. (Washington, DC: National Academy Press, 1984), p. 169.

[333] Stephanie Coontz. *The Way We Never Were* (Nova York: Basic Books, 1999), p. 52.

[334] Cf. Sylvia Ann Hewlett. *Creating a Life: Professional Women and the Quest for Children* (Nova York: Talk Miramax Books, 2002). • Sylvia Ann Hewlett. "Executive Women and the Myth of Having It All". In: *Harvard Business Review*, abr./2002, p. 66-73. Cf. tb. a enorme reação crítica das feministas, incluindo Katha Pollitt. "Backlash Babies". In: *Nation*, 13/05/2002. • Garance Franke-Ruta. "Creating a Lie". In: *American Prospect*, 13(12), 01/07/2002.

[335] Cf., p. ex., C.E. Miree e I.H. Frieze. "Children and Careers: A Longitudinal Study of the Impact of Young Children on Critical Career Outcomes of MBAs". In: *Sex Roles*, 41, 1999, p. 787-808. • J.E. Olson, I.H. Frieze e E.G. Detlefsen. "Having It All? Combining Work and Family in a Male and Female Profession". In: *Sex Roles*, 23, 1990, p. 515-533. Cf. tb. o resumo desta pesquisa em Maureen Perry-Jenkins, Rena Repetti e Ann Crouter. "Work and Family in the 1990s." In: *Journal of Marriage and the Family*, 62(4), 2000, p. 981-998.

[336] Cf. Lisa Belkin. "Tony Blair's Baby: Some Decisions Last Longer". In: *New York Times*, 12/04/2000, p. G1. • Ellen Goodman. "Well Done, Mrs. Blair". In: *Boston Globe*, 14/04/2000.

[337] Scott Coltrane. "The Risky Business of Paternity Leave". In: *Atlantic*, dez./2013. • Liza Mundy. "The Daddy Track". In: *Atlantic*, jan./2014, p. 15-18.

[338] Sarah Hall. "Fathers 'Scared' to Ask for Flexible Hours". In: *Guardian*, 14/01/2003. • Erika Kirby e Kathleen Krone. "'The Policy Exists but You Can't Really Use It': Communication and the Structuration of Work-Family Policies". In: *Journal of Applied Communication Research*, 30(1), 2002, p. 50-77.

[339] Faye Crosby. *Spouse, Parent, Worker: On Gender and Multiple Roles* (New Haven, CT: Yale University Press, 1990). • Joan Peters. *When Mothers Work: Loving Our Children Without Sacrificing Ourselves* (Nova York: Addison-Wesley, 1997).

Capítulo 10

[340] Sara Wheaton. "Iron My Shirt". In: *New York Times*, 08/01/2008. Disponível em http://thecaucus.blogs.nytimes.com/2008/01/07/iron-my-shirt/

[341] *Worldwide Guide to Women in Leadership*. Disponível em http://www.guide2womenleaders.com/Female_Leaders.htm

[342] *Men or Women: Who's the Better Leader?* Centro de Pesquisa Pew, 25/08/2008. Disponível em http://pewresearch.org/pubs/932/men-orwomen-whos-the-better-leader

[343] Deborah Rhode. *Speaking of Sex* (Cambridge: Harvard University Press, 1997), p. 7.

[344] Disponível em http://www.cawp.rutgers.edu/research/reports/PoisedtoRun.pdf

[345] Apud Stephen J. Ducat. *The Wimp Factor*, p. 174.

[346] Algumas partes desta seção foram extraídas da terceira edição de meu livro *Manhood in America* (Nova York: Oxford University Press, 2010).

[347] O julgamento de *impeachment* de Clinton ocorreu porque ele foi acusado de mentir para o procurador especial do caso quando afirmou que "não teve relações sexuais com aquela mulher". Mas, aparentemente, os encontros sexuais entre o Presidente Clinton e Monica Lewinsky envolvem tudo, menos penetração sexual, pois se baseavam em outros atos sexuais. Em uma pesquisa publicada na *Journal of the American Medical Association*, a maioria dos norte-americanos aparentemente concordava com ele, dizendo que "sexo" é definido apenas pela penetração do pênis na vagina. Logo, parece que ele estava falando a verdade, ao menos de acordo com a opinião pública, quiçá de acordo com o espírito da lei (cf. Stephanie Sanders e June Machover Reinisch. "Would You Say 'Had Sex' If..." In: *Jama*, 281, 20/01/1999).

[348] Manchete da primeira página do *New York Sun*, 13/07/2004. Cf. tb. Katha Pollitt. "The Girlie Vote". In: *Nation*, 27/09/2004, p. 12. • Kenneth Walsh. "What the Guys Want". In: *U.S. News and World Report*, 20/09/2004, p. 22-23. • Frank Rich. "How Kerry Became a Girlie-Man". In: *New York Times*, 05/09/2004, seção 2, p. 1, 18. • George Will. "The Politics of Manliness". In: *Washington Post*, 19/01/2004.

[349] Apud Richard Goldstein. "Neo-Macho Man". In: *Nation*, 24/03/2003. Disponível em http://www.thenation.com/article/new_macho_men. Cf. tb. Frank Rich. "How Kerry Became a Girlie-Man".

[350] Cf. Jackson Katz. "It's the Masculinity Stupid: A Cultural Studies Analysis of Media, the Presidency and Pedagogy". In: *Handbook of Cultural Politics and Education*. Zeus Leonardo, ed. (Roterdã: Sense Publishers, 2010).

[351] "The Macho Factor". In: *Orlando Sentinel*, 01/09/2008, p. A18.

[352] Susan Faludi. "Think the Gender War Is Over? Think Again". In: *New York Times*, 15/06/2008.

[353] Disponível em http://www.bhurt.com/barackandcurtis.php

[354] Susan Faludi. "Think the Gender War Is Over?"

[355] Elwood Watson. *Pimps, Wimps, Studs, Thugs, and Gentlemen: Essays on Media Images of Masculinity* (Jefferson, NC: McFarland and Company, 2009), p. 1.

[356] Frank Rudy Cooper. "Our First Unisex President? Black Masculinity and Obama's Feminine Side". In: *Denver University Law Review*, 86, 2009, p. 633-661.

[357] Disponível em http://www.cbsnews.com/2100-201_162-1753947.html

[358] Jody Heymann, Alison Earle e Jeffrey Hayes. *The Work, Family, and Equity Index* (Boston: Project on Global Working Families, 2004).

[359] Esses dados são da Pesquisa Norte-Americana de Discriminação Transgênero de 2011. Disponível em http://equity.lsnc.net/2011/03/a-report-of-thenational-transgender-discrimination-survey/

[360] Kate Johnson e Albert Garcia. "'Male stewardess' just didn't fly". In: *Los Angeles Times*, 27/09/2007.

[361] Mrinhalini Sinha. "Gender and Imperialism: Colonial Policy and the Ideology of Moral Imperialism in Late Nineteenth Century Bengal". In: *Changing Men: New Directions in Research on Men and Masculinity*. Michael Kimmel, ed. (Newbury Park, CA: Sage Publications, 1987), p. 223.

[362] Frantz Fanon. *Black Skin, White Masks* [1952] (Nova York: Grove Press, 1971), p. 165.

[363] Xan Rice, Katherine Marsh, Tom Finn, Harriet Sherwood, Angelique Chrisafis e Robert Booth. "Women Have Emerged as Key Players in the Arab Spring". In: *Guardian*, 22/04/2011. Disponível em http://www.theguardian.com/world/2011/apr/22/women-arab-spring

[364] "Taliban Shave Men for Listening to Music in Buner". In: *Islamization Watch*, 26/04/2009. Disponível em http://www.islamizationwatch.blogspot.com/2009/04/taliban-shave-men-for-listening-to.html

[365] Disponível em http://www.smh.com.au/world/were-here-forsam-mullet-to-get-revenge-saga-of-the-amishbeard-snatchers-20111013-1lmn5.html

Capítulo 11

[366] Ben Hubbard. "Young Saudis Find Freedom on Smartphones". In: *New York Times*, 24/05/2015, p. 11.

[367] Winda Benedetti. "Were Video Games to Blame for the Massacre?" MSNBC.com, 20/04/2007. Disponível em www.msnbc.com/id/18220228.html

[368] Victoria J. Rideout, Ulla G. Foehr e Donald F. Roberts. "Generation M2: Media in the Lives of 8-to 18-Year-Olds". Kaiser Family Foundation, 2010. Disponível em https://kaiserfamilyfoundation.files.wordpress.com/2013/01/8010.pdf

[369] Ibid.

[370] Cf., p. ex., http://www.readwriteweb.com/archives/people_do_read_they_just_do_it_online.php As estatísticas sobre compras de livros da família obtidos em www.JenkinsGroupInc.com

[371] Cf. Leonore Weitzman e Diane Russo. *The Biased Textbook: A Research Perspective* (Washington, DC: Centro de Pesquisa sobre Papéis Sexuais e Educação, 1974).

[372] Leonore Weitzman, Deborah Eifler, Elizabeth Hokada e Catheine Ron. "Sex Role Socialization in Picture Books for Preschool Children". In: *American Journal of Sociology*, 77(6), 1972.

[373] Rhode. *Speaking of Sex*, p. 56.

[374] Angela M. Gooden e Mark A. Gooden. "Gender Representation in Notable Children's Picture Books: 1995-1999". In: *Sex Roles*, 45(1/2), jul./2001, p. 89-101. • Janice McCabe, Emily Fairchild, Liz Grauerholz, Bernice Pescosolido e Daniel Tope. "Gender I Twentieth-Century Children's Books: Patterns of Disparity in Titles and Central Characters". In: *Gender & Society*, 25(2), abr./2011, p. 197-226.

[375] *National Television Violence Study* (Thousand Oaks, CA: Sage Publications, 1998), vol. 2, p. 97. Voltarei a esta questão no último capítulo.

[376] Parents Television Council. *Media Violence: An Examination of Violence, Graphic Violence, and Gun Violence in the Media 2012-2013*.

[377] Parents Television Council. *Women in Peril: A Look at TV's Disturbing New Storyline Trend, 2004-2009*.

[378] Kay Bussey e Albert Bandura. "Social Cognitive Theory of Development and Differentiation". In: *Psychological Review*, 106, 1999, p. 676-713.

[379] Paul McGhee e Terry Frueh. "Television Viewing and the Learning of Sex-Role Stereotypes". In: *Sex Roles*, 6(2), 1980, p. 179-188.

[380] John Consoli. "What Women Don't Want? Soap Operas". In: *Adweek*, 01/11/2004. • Betty Goodwin. "Cable Channels Take Aim at Women". In: *Television Week*, 05/11/2005.

[381] Cf. Stuart Elliott. "NBC Looks Beyond TV for a Prime Time Revival". In: *New York Times*, 16/05/2006, p. C10. • Alec Foge. "Searching for the Elusive Male". In: *Mediaweek*, 05/09/2005. • Betty Goodwin. "Programmers Cast a Wide Net". In: *Television Week*, 07/11/2005.

[382] Cf. Zondra Hughes. "Prime-Time 2005: More Stars, More Soul, More Sensation". In: *Ebony*, out./2005.

[383] James Fenimore Cooper. *The Last of the Mohicans* (Nova York: Harper and Row, 1965), p. 26, 132.

[384] Cf., p. ex., Scott Mebus. *Booty Nomad* (Nova York: Hyperion, 2004). • Benjamin Kunkel. *Indecision* (Nova York: Random House, 2005) • Kyle Smith. *Love Monkey* (Nova York: HarperCollins, 2005).

[385] Cf. Amy Beth Aronson. *Taking Liberties: Early American Women's Magazines and Their Readers* (Westport, CT: Praeger, 2002), p. 3. • Betty Friedan. *The Feminine Mystique* (Nova York: Dell Publishing, 1983), p. 15-79.

[386] Friedan. *Feminine Mystique*, p. 36.

[387] Aronson. *Taking Liberties*, p. 3. Cf. tb. a caracterização que Tanya Modeski faz das mulheres fãs de novela como "receptáculos com um eu vazio". Cf. Tanya Modeski. "The Search for Tomorrow in Today's Soap Operas". In: *Loving with a Vengeance: Mass-Produced Fantasies for Women* (Hamden, CT: Shoestring Press, 1982).

[388] Marjorie Ferguson. *Forever Feminine: Women's Magazines and the Cult of Femininity* (Londres: Gower, 1983), p. 3.

[389] Gaye Tuchman, Arlene Daniels e James Benit, eds. *Hearth and Home: Images of Women in the Mass Media* (Nova York: Oxford University Press, 1978). • Jean Kilbourne. "Killing Us Softly". Fundação de Educação da Mídia. Disponível em www.mef.org • Naomi Wolf. *The Beauty Myth* (Nova York: William Morrow, 1991).

[390] Centro de Pesquisa de Mídia. *Landmark Study Reveals Women's Magazines Are Left-Wing Political Weapon* (Alexandria, VA: Author).

[391] Christina Hoff Sommers. "The Democrats' Secret Woman Weapon: In the Pages of Glossy Women's Magazines, the Party's Line Is in Fashion". In: *Washington Post*, 13/01/1997, p. 22.

[392] Danielle Crittenden. *What Our Mothers Didn't Tell Us: Why Happiness Eludes the Modern Woman* (Nova York: Simon & Schuster, 1999), p. 20-21.

[393] Aronson. *Taking Liberties*.

[394] Laramie Taylor. "All for Him: Articles About Sex in American Lad Magazines". In: *Sex Roles*, 52(3/4), 2005, p. 155.

[395] Tim Adams. "New Kid on the Newsstand". In: *Observer*, 23/01/2005.

[396] Números sobre circulação citados em David Brooks. "The Return of the Pig". In: *Atlantic Monthly*, abr./2003.

[397] Adams. "New Kid on the Newsstand".

[398] Spil Games. *State of the Industry 2013*. Disponível em http://auth-83051f68-ec6c-44e0-afe5-bd8902acff57.cdn.spilcloud.com/v1/archives/1384952861.25_State_of_Gaming_2013_US_FINAL.pdf • *2014 Essential Facts About the Computer and Video Game Industry*. Disponível em http://www.theesa.com/wp-content/uploads/2014/10/ESA_EF_2014.pdf • *The State of Gaming 2014*. Disponível em http://www.bigfishgames.com/daily/infographic/state-of-video-game-industry/#intro

[399] Dados sobre *videogames* obtidos de Michel Marriott. "The Color of Mayhem". In: *New York Times*, 12/08/2004, p. G3. • www.idsa.com • www.digiplay.org.uk • http://www.theesa.com/facts/pdfs/ESA_EF_2011.pdf

[400] Cf., p. ex., M.D. Griffiths, Mark N.O. Davies e D. Chappell. "Online Computer Gaming: A Comparison of Adolescent and Adult Gamers". In: *Journal of Adolescence*, 10, 2003. • James D. Ivory. "Still a Man's Game: Gender Representations in Online Reviews of Video Games". In: *Mass Communication and Society*, 9(1), 2006.

[401] "Cloudburst of Ghoul Slayers". In: *Economist*, 26/11/2005, p. 54.

[402] Jeff Grubb. "Gaming Advocacy Group: The Average Gamer Is 31, and Most Play on a Console". In: *Venture Beat*, 29/04/2014. Disponível em http://venturebeat.com/2014/04/29/gaming-advocacy-group-theaverage-gamer-is-31-and-most-play-on-a-console/

[403] William Lugo. *Interview*, 02/02/2005.

[404] Entrevista com Nina Huntemann, 01/11/2005. *Game Over* foi disponibilizado pela Fundação de Educação da Mídia.

[405] Cf. Derek Burrill. *Watch Your Ass: The Structure of Masculinity in Video Games*. Manuscrito não publicado. University of California at Riverside, 2005.

[406] O único jogo no qual relacionamentos existem é *Sims*, pois o jogo possibilita que personagens do mesmo sexo vivam juntos, partilhem uma cama, beijem, tenham um filho e assim por diante (Nina Huntemann. Comunicação pessoal, 19/12/2005). E, obviamente, *Sims* é o único jogo que "os homens de verdade" não conseguem suportar! Sem dúvida, em breve teremos uma campanha do Grupo Foco na Família contra esse jogo em particular.

[407] Cf., p. ex., Helen Kennedy. "Lara Croft: Feminist Icon or Cyberbimbo?" In: *Game Studies*, 2(2), dez./2002.

[408] Seth Schiesel. "The Year in Gaming: Readers Report". In: *New York Times*, 31/12/2005, p. B21. • Edward Castronova. *Synthetic Worlds* (Chicago: University of Chicago Press, 2005).

[409] Jessica Williams. "Facts That Should Change the World: America Spends $10bn Each Year on Porn". In: *New Statesman*, 07/06/2004.

[410] Larry Flynt. "Porn World's Sky Isn't Falling – It Doesn't Need a Condom Rule". In: *Los Angeles Times*, 23/04/2004.

[411] Ogi Ogasa e Sai Gaddam. *A Billion Wicked Thoughts: What the Internet Tells Us About Sexual Relationships* (Nova York: Plume, 2011).

[412] Stacy L. Smith e Ed Donnerstein. "The Problem of Exposure: Violence, Sex, Drugs and Alcohol". In: *Kid Stuff: Marketing Sex and Violence to America's Children*. D. Ravitch e J. Viteritti, eds. (Baltimore: Johns Hopkins University Press, 2003), p. 83.

[413] Pamela Paul. *Pornified* (Nova York: St. Martin's, 2006).

[414] John Stoltenberg. "Pornography and Freedom". In: *Men Confront Pornographyi*. M. Kimmel, ed. (Nova York: Crown, 1990), p. 64.

[415] Lillian Rubin. *Erotic Wars* (Nova York: Farrar, Straus and Giroux, 1991), p. 102.

[416] Tom Cayler. "…Those Little Black Dots". Reimpr. em Kimmel. *Men Confront Pornography*, p. 52.

[417] William Lugo. Entrevista, 05/02/2005.

[418] M. Duggan. *It's a Woman's (Social Media) World*. Centro de Pesquisa Pew, 2013. Disponível em http://www.pewresearch.org/fact-tank/2013/09/12/its-a-womans-socialmedia-world/ – Acesso em mai./2015. Os dados e gráficos a seguir são de Michael Patterson. *Social Media Demographics to Inform a Better Segmentation Strategy*, 04/05/2015. Disponível em http://sproutsocial.com/insights/new-social-media-demographics/

[419] Deborah Fallows. *How Women and Men Use the Internet* (Washington, DC: Projeto da Pew sobre Internet e Vida nos Estados Unidos, 2005).

[420] Ibid.

[421] Eszter Hargittai e Steven Shafter. "Differences in Actual and Perceived Online Skills: The Role of Gender". In: *Social Science Quarterly*, 87(2), jun./2006, p. 432-448.

[422] Jeffrey Jones. *Six in 10 Americans Are Pro Football Fans*. Gallup Poll, 04/02/2005.

[423] *Brandweek*, 29/09/2003.

[424] Disponível em http://www.fsta.org

PARTE III

Interações de gênero

12

Intimidades de gênero
Amizade e amor

"O AMOR É ALGO À PARTE NA VIDA DO HOMEM", escreveu o lendário poeta romântico britânico George Gordon, o Lord Byron, "Mas é toda existência da mulher". Presumivelmente, isso ocorre porque homens como Byron têm outras coisas, muito mais importantes, para ocupar seu tempo – como a poesia, a política e as conquistas sexuais. Alguns anos depois, outro poeta inglês, Robert Browning, afirmou que "o amor é muito diferente para nós homens". Um século e meio depois, a romancista Doris Lessing comentou que nunca encontrara um homem que destruiria seu trabalho por um caso amoroso – e que nunca vira uma mulher que não o faria.

Tais sentimentos sublinham como o gênero molda inconscientemente nossas mais íntimas relações emocionais, como mulheres e homens têm experiências e expectativas diferentes nas amizades, no amor e no sexo. Como ocorre com a família, o amor e o sexo também são organizados por gênero, o que não surpreende. Afinal, quão frequentemente ouvimos uma mulher reclamar que seu marido ou parceiro não exprime seus sentimentos? Quão frequentemente ouvimos os homens especulando sobre o que suas esposas fazem conversando no telefone tanto tempo? E quão frequentemente ouvimos homens dizendo que seus casos extraconjugais eram "apenas sexo", como se sexo pudesse ser separado das emoções? E quão frequentemente ouvimos as mulheres dizerem isso?

Parte da teoria interplanetária dos gêneros – a ideia de que mulheres e homens vêm de planetas diferentes – realça essas diferenças. Ouvimos que nossas naturezas celestiais e biológicas decretam que as mulheres são as especialistas emocionalmente aptas em comunicação e que os homens são broncos atrapalhados e insensíveis. Contudo, as diferenças de gênero em nossas relações íntimas geralmente não terminam sendo como esperamos; nem as diferenças são tão grandes como presumido pelo senso comum. É verdade que homens e mulheres têm muitas vezes modos diferentes de gostar, amar e cobiçar, mas tais diferenças não são tão significativas quanto previsto, nem vão sempre nas direções pelas quais o senso comum nos levaria a esperar. Ademais, as diferenças que observamos nos Estados Unidos atualmente não existem desde sempre, nem estão presentes em outras

> **LEIA TUDO A RESPEITO!**
>
> Os homens gostam de olhar o corpo das mulheres; é só isso. Será? Quando eles gostam de vê-las? Por quê? Em que circunstâncias? O que esperam obter? Isso leva a alguma outra coisa? Em um estudo empírico cuidadoso, "Sexual Harassment and Masculinity: The Power and Meaning of 'Girl-Watching'" ("Assédio sexual e masculinidade: o poder e o sentido de 'espiar as meninas'"), a socióloga Beth Quinn aborda essas questões. Ela sugere que o propósito desse gesto de espiar as garotas é criar um elo entre os homens – cimentando relações entre eles no local de trabalho, que não fosse assim poderia estar carregado de tensões – e um elo de dominantes: isso significa que o fundamento do elo masculino está nos diferentes modos como eles põem as mulheres no seu lugar. Nesse sentido, dificilmente é algo benigno. Às vezes, olhar alguém pode ser o mesmo que apreciar uma obra de arte – embora uma obra de arte não tenha sentimentos. Às vezes, esse tipo de olhar pode ser um comportamento, uma ação que faz a pessoa se sentir bem por ter feito outra se sentir mal.

culturas. Neste capítulo e no próximo explorarei o gênero da intimidade, analisando a amizade, o amor e a sexualidade (já discuti o gênero do casamento e da família, então me restringirei aqui aos relacionamentos não conjugais). O que veremos é que a constituição do gênero nas relações íntimas – amizade, amor e sexo – é o resultado de muitos processos históricos e sociais.

O gênero da amizade

Com efeito, as mulheres nem sempre foram consideradas especialistas emocionais. Como a máxima de Byron sugere, historicamente, era o "jeito de amar" dos homens que era considerado superior. Dos mitos gregos e romanos até as baladas renascentistas, as amizades masculinas eram celebradas como expressão mais alta das virtudes nobres – bravura, lealdade, heroísmo, dever – que se pensava serem possuídas apenas por homens. Consideremos Orestes e Pílade, Hércules e Hilas, Davi e Jônatas, Rolando e Oliveiros, Aquiles e Pátroclo.

Para os gregos, a amizade era até mesmo mais nobre do que o amor marital ou a idealização erótica do rapaz jovem pelo homem mais velho. Como descrito por Platão e Aristóteles, ser amigo de alguém ocorria entre pares e transcendia a sexualidade. Apenas homens poderiam desenvolver a profundidade emocional e as conexões que poderiam cimentar uma amizade. E a própria literatura norte-americana não tem escassez desse tipo de relação – desde Huck Finn e Tom Sawyer, Wyatt Earp e Doc Holliday, Butch Cassidy e Sundance Kid, o Cavaleiro Solitário e Tonto, Kirk e Spock, Murtaugh e Riggs. Walt Whitman constantemente celebrava "o caro amor do homem pelo seu camarada, a atração entre amigo e amigo".

Um desfile virtual de figuras literárias comentou a capacidade dos homens para a amizade e a inabilidade das mulheres para elos profundos e duradouros com outras amigas, uma incapacidade largamente atribuída à falta que elas teriam de emoções fortes a respeito de tudo. O moralista francês do século XVI Michel Montaigne escreveu um ensaio clássico, chamado "Sobre a amizade", onde ele descreve sua relação com seu melhor amigo numa linguagem que a maioria de nós usaria para descrever nosso cônjuge (Montaigne escreveu muito pouco sobre sua esposa e seus filhos). Amigos são, por exemplo, "almas que se juntam e se unem uma com a outra tão completamente que apagam a costura que as uniu". Em um ensaio de 1960 a respeito do tema, o grande homem de letras britânico C.S. Lewis tratou da amizade como se fosse um domínio inteiramente masculino. "Apenas os homens", escreveu Jeremy Taylor em seu *Discourse on Friendship* (*Discurso sobre amizade*), são "capazes de todas aquelas excelências pelas quais eles conseguem comprometer o mundo"[1].

Muitas mulheres concordaram. Por exemplo, a grande escritora e feminista britânica do século XVIII Mary Wollstonecraft acreditava que, apesar de "o elo mais sagrado da sociedade ser a amizade", eram os homens, não as mulheres, os mais aptos para ela. E Simone de Beauvoir, cujo livro **O segundo sexo** é uma das obras mais impactantes do feminismo moderno, comentou que "os sentimentos das mulheres raramente alcançam a amizade genuína"[2].

Por que a amizade entre os homens foi considerada profunda e duradoura, mas entre as mulheres seria emocionalmente fugaz? Em um estudo controverso, o antropólogo Lionel Tiger afirmou que a divisão de trabalho, marcada por gênero, nas sociedades de caça e coleta levou à constituição de amizades mais duradouras e profundas entre homens. A caça e a guerra, domínios da atividade masculina, exigiam elos mais fortes e resistentes entre eles, para que sobrevivessem, e por isso a amizade íntima masculina se tornou uma adaptação humana biologicamente fundada. A amizade entre as mulheres, por mais prazerosa, não era "necessária" nesse sentido evolutivo[3].

No século XX, porém, testemunhamos uma transformação dramática na divisão de gênero relativa ao trabalho emocional. Desde o início dos anos de 1970, estudos a respeito da amizade têm tomado um rumo decididamente diferente, abastecidos, em parte, por dois acontecimentos relacionados. Por um lado, o feminismo começou a celebrar as experiências das mulheres não como um problema, mas sim como uma fonte de solidariedade feminina. O fato de elas terem mais experiências de intimidade e mais expressividade emocional foram vistos não como uma fraqueza, mas como um recurso positivo dentro de uma cultura que cada vez mais promovia a expressão de sentimentos como um bom objetivo. E não foram só as mulheres que subitamente estavam celebrando exatamente aquilo que, segundo Tiger e outros, elas não possuiriam – a capacidade para elos íntimos e profundos de amizade. Uma nova geração de homens psicólogos e defensores da **liberação dos homens** tinha uma postura crítica em relação ao papel masculino tradicional, que julgavam ser uma barreira debilitadora para a **intimidade emocional**. Eram as experiências das *mulheres* com suas amizades e as virtudes femininas – expressividade emotiva, dependência, habilidade para cuidar, intimidade – que agora eram desejáveis.

Nesse contexto, dizia-se ser os *homens* que estavam perdendo algo – a capacidade de terem intimidade, as habilidades para cuidar do outro. Um estudo psicológico troçou do "homem inexpressivo", a socióloga Mirra Komorovsky tratou da "treinada inabilidade de compartilhar" masculina. Outra pesquisa em psicologia afirmou que o fato de os homens fugirem rotineiramente da autoexposição era perigoso para a saúde emocional e mesmo física deles, ao passo que outro estudo explorava as pouquíssimas habilidades sociais que eles desenvolvem para cimentar amizades íntimas. Não é surpresa que o psicólogo Joseph Pleck tenha falado em nome de muitos homens liberacionistas quando observou que as relações emocionais masculinas eram "frágeis e frequentemente ausentes"[4].

O psicólogo Robert Lewis examinou quatro "barreiras" que impedem os homens de chegar à intimidade emocional: (1) competitividade, que inibe a habilidade de formar amizades e também prejudica a capacidade de partilhar vulnerabilidades e fragilidades; (2) a falsa necessidade de estar "no controle", que proíbe a franqueza e a autoexposição; (3) a homofobia, que interdita exposições de afeto e ternura em relação a outros homens; e (4) carência de habilidades e de modelos exemplares positivos de intimidade masculina. Os homens, ele afirma, aprendem a evitar demonstrações de fragilidade e vulnerabilidade, para que possam manter uma vantagem competitiva[5].

Na sociedade contemporânea, invertemos a noção histórica de amizade. A maioria das mulheres, segundo as pesquisas, acreditam que a amizade entre elas é decididamente melhor do que a dos homens, pois envolve preocupação pessoal, partilhas íntimas e mais trocas emocionais, ao passo que a amizade masculina é considerada (pelas mesmas mulheres) algo mais pautado em torno de trabalho, esportes, negócios e outras atividades impessoais. Em revanche, quando se fez aos homens a mesma pergunta sobre que gênero de amizade é melhor, eles responderam que nunca haviam realmente pensado muito nisso. Em um estudo amplamente citado, o psicólogo Daniel Levinson concluiu que, para os homens, a amizade é notada, em grande medida, por sua "ausência"; como ele escreve:

> Como generalização preliminar, diríamos que a amizade íntima com um homem ou mulher é raramente vivenciada pelos homens nos Estados Unidos. A distinção entre amigo e conhecido é muitas vezes turva. Um homem pode ter uma ampla rede social com muitos relacionamentos "amigáveis" com muitos homens e talvez algumas mulheres. Em geral, porém, a maioria deles não tem um amigo próximo homem do tipo que eles rememoram carinhosamente ter tido na infância ou juventude. Muitos homens tiveram encontros e namoros casuais com mulheres, e alguns talvez até mesmo relacionamentos amorosos e sexuais mais complexos, mas a maioria deles não teve amizades íntimas não sexuais com uma mulher[6].

Antes de continuarmos, pergunte-se como você se sentiu ao ler a frase anterior. Ela descreve suas experiências? Ou ela revela que as definições de amizade, intimidade e amor se transformaram, deixando a glorificação dos componentes mais "masculinos" em detrimento dos "femininos" para fazer exatamente o contrário hoje? Uma socióloga criticou o que chamou de "feminilização do amor", o fato de agora a intimidade ser definida por normas "femininas" que favorecem as diferenças de gênero acima das similaridades, reforçam os estereótipos tradicionais de gênero e tornam invisíveis ou problemáticas as maneiras como os homens criam e conservam a intimidade[7].

Embora possamos aceitar solicitações de amizade de várias pessoas, parece que temos cada vez menos amigos íntimos. Porém, amizades são extremamente importantes. Elas até mesmo mudam sua percepção do mundo. Em um experimento sagaz, quatro psicólogos levaram um grupo de estudantes da Universidade da Virgínia até a base de uma montanha íngreme e os equiparam com pesadas mochilas. Disseram-lhes que eles teriam de subir o monte e pediram-lhes que estimassem quão íngreme era a inclinação da subida. Alguns estudantes estavam próximos de um amigo próximo, outros estavam perto de um conhecido, outros estavam sozinhos. Quem estava com seus amigos mais íntimos afirmou que a inclinação da montanha era significativamente menor do que quem ficou sozinho. Com efeito, quanto mais próximo era o amigo por perto, menos íngreme parecia a montanha. Os pesquisadores concluíram que esse sentimento de proximidade age como um recurso material que permite às pessoas ver os obstáculos como menos difíceis[8].

As diferenças de gênero na amizade: reais e imaginadas

A maioria das pesquisas sobre diferença de gênero nas amizades acaba por reforçar os estereótipos da mulher como pessoa emocionalmente expressiva e do homem como alguém inexpressivo, incapacitado ou desinteressado afetivamente. Há até evidências de que diferenças cerebrais explicariam diferenças de amizade. Um estudo recente afirmou que os homens respondem ao *stress* com a frase agora célebre "luta ou fuga", enquanto as mulheres olham para os amigos ou aliados como fontes de sustento emocional, em uma resposta rotulada de "se ampare na amizade". Os pesquisadores acreditam que isso ocorre porque os homens respondem ao *stress* liberando testosterona, que causa a reação do tipo lutar ou correr, ao passo que as mulheres liberam ocitocina, que produz um efeito calmante e um desejo por proximidade (suspeito que a reação dos homens tem menos a ver com testosterona do que com as normas da masculinidade que transformam todo encontro estressante em uma demonstração de proeza masculina; a postura feminina de se amparar na amizade também pode ter relação com um dimensionamento racional da situação e com a necessidade de fazer alianças para equilibrar suas chances[9]. Em outro experimento psicológico, Sharon Brehm tomou duas experiências de amizade atribuídas a estereótipos masculinos e femininos para inverter seus gêneros e revelar quão diferentes e "esquisitos" eles pareceriam:

> Jim e Henry eram grandes amigos muito próximos. Muitas vezes, eles ficavam a noite toda conversando sobre o amor e a vida, sobre como eles se sentiam a respeito de tudo e todos. Nos momentos difíceis, cada um deles sempre estaria presente para apoiar o outro. Quando viviam qualquer conflito em seus relacionamentos amorosos com as mulheres, eles imediatamente telefonavam um para outro, para pedir conselhos ou ganhar consolo. Eles se sentiam como se soubessem tudo a respeito um do outro.
> Sally e Betty eram grandes amigas muito próximas. Muitas vezes, elas ficavam a noite toda jogando xadrez ou consertando o carro velho de Sally, que vivia quebrando. Nos momentos difíceis, cada uma delas sempre ajudaria a outra. Sally emprestaria dinheiro para Betty, ou Betty daria a Sally uma carona para casa sempre que seus melhores esforços falhassem em reviver o amado velho Chevette da amiga. Elas iam para todo lugar juntas, beber nos bares, jogar basquete, ver o último filme de ficção científica. Elas sentiam ser grandes camaradas uma da outra[10].

Parece um pouco estranho, obviamente. Mas significa que os homens têm amizades mais rasas, menos exigentes emocionalmente e menos satisfatórias do que as amizades entre mulheres ou significa que elas e eles obtêm os mesmos resultados por caminhos diferentes?

Alguns psicólogos descobriram poucas diferenças entre o que homens e mulheres dizem desejar num amigo. Mayta Caldwell e Letitia Peplau, por exemplo, estudaram as amizades entre universitários e notaram que, embora ambos desejassem intimidade e proximidade, tivessem em média o mesmo número de amigos íntimos e casuais e gastassem mais ou menos o mesmo tempo com eles, homens e mulheres geralmente tinham modos diferentes de exprimir e ter proximidade com seus amigos. Eles tinham quase o dobro de chances de afirmar que prefeririam "fazer alguma atividade" com seu melhor amigo e que buscavam amizades com quem gostava "de fazer as mesmas coisas" que eles faziam. As mulheres, por sua vez, eram mais inclinadas a escolher alguém "que tem sentimentos similares a respeito das coisas" para suas amizades e a favorecer, como modo preferido de interação, "ficar só conversando". A socióloga Beth Hess notou que elas apresentavam uma tendência duas vezes maior de tratar de questões pessoais com seus amigos. Notou também que homens e mulheres são muito mais parecidos do que diferentes, tanto em ajudar quanto em responder comunicações de apoio para um amigo durante uma "conversa problemática" – ou seja, quando eles estão sentindo algum tipo de tensão no relacionamento[11].

Outras pesquisas não acreditam na resposta dos homens – não importam o que digam. Homens podem "perceber que estão se abrindo e confiando", escrevem as sociólogas Lynne Davidson e Lucille Duberman, "mesmo quando relatam pouco investimento nos níveis mais pessoais e relacionais da amizade". Apesar da descoberta de que tanto mulheres quanto homens dizem revelar quantidades iguais de informação pessoal e de que ambos são completamente francos com seus melhores amigos e confiam plenamente neles, as autoras concluem que as mulheres na verdade se abrem mais em suas amizades. Como exemplo, as pesquisadoras descrevem um homem que afirmou o seguinte sobre seu melhor amigo: "somos bastante abertos um com outro, acho. Na maior parte do tempo conversamos sobre sexo, cavalos, armas e o exército". Disso, elas concluíram que esses amigos não revelam seus sentimentos. Porém, elas não sondaram além da resposta para desvelar, possivelmente, o modo como falar sobre sexo (como medos sexuais, dúvidas ou inadequações) ou sobre o exército (e as emoções intensas de horror, euforia e vergonha que tal experiência evoca) requer um nível tão profundo de confiança quanto o de uma amizade feminina[12].

Nem todas as pesquisas que encontram diferenças de gênero na amizade se fingem de surdas para a voz de metade de seus entrevistados. Em um retrato revelador do papel do elo entre amigos em nossas vidas, Lillian Rubin entrevistou mais de trezentas mulheres e homens, descobrindo diferenças notáveis tanto no número quanto na profundidade de amizades. "Em todas as fases da vida, entre 25 e 55 anos, mulheres têm mais amizades, cultivadas em áreas tão distintas quanto a faculdade e o local de trabalho, do que homens", ela escreve, "e as diferenças no conteúdo e na qualidade dessas relações são explícitas e inequívocas". Geralmente, escreve ela, "a amizade entre mulheres se apoia na partilha de intimidades, na exposição de si, no cuidado e no suporte emocional". Em revanche, ainda diz ela, as amizades masculinas são caracterizadas pelo compartilhamento de atividades e por conversas sobre trabalho, esportes ou especialidades – "seja a respeito de como arrumar um vazamento no telhado ou qual dos novos lançamentos de vinho vale uma celebração". Três quartos das mulheres que Rubin entrevistou puderam identificar sua melhor amizade, ao passo que dois terços dos homens não conseguiram fazer isso. Mesmo quando um homem conseguiu fazer essa identificação, Rubin notou que "nessa amizade, ambos geralmente partilhavam muito pouco acerca da interioridade de suas vidas e seus sentimentos". Se consideramos que a intimidade deve se basear na partilha de sentimentos e pensamentos verbais e não verbais, de modo que os íntimos consigam entender a vida interior um do outro, então as amizades masculinas são, conclui Rubin, "emocionalmente empobrecidas"[13].

Outra pesquisa corrobora algumas de suas descobertas. As mulheres têm muito mais inclinação para partilhar seus sentimentos com suas amizades do que os homens; para se envolver em interações face a face, mais do que lado a lado, o estilo masculino preferido; e para discutir um leque de questões mais amplo do que eles. As amizades femininas parecem ser mais direcionadas para a pessoa; as masculinas são mais direcionadas para atividades. As mulheres fazem amigas de modo mais "holístico" e os homens, de modo mais "segmentado". Elas podem até dizer que têm menos amigas, como descobriu um estudo, mas as que têm são mais íntimas[14].

Essas diferenças são reforçadas por desenvolvimentos tecnológicos. Tome-se, por exemplo, o telefone. Para as mulheres, ele é o principal meio de conservação da relação, pois permite manter a amizade mesmo através de longas distâncias e durante períodos de pressão crescente. Para os homens, porém, o telefone substitui muito mal as atividades compartilhadas que sustentam a amizade masculina. Eles tendem a usar muito menos essa tecnologia para conservar a intimidade. "Não faço amigos como ela faz", afirmou um homem à socióloga Karen Walker. "Não cuido deles, não pego o telefone e fico ligando e dizendo 'como você está?'" Outro homem comparou suas amizades com as amizades de sua parceira:

> Não é como a Lois, a mulher com quem vivo, e as mulheres do grupo dela. Elas são camaradas de verdade; ligam umas para as outras e falam por horas; fazem coisas juntas o tempo todo. Nós, homens, nunca ficamos assim tão próximos, é só isso[15].

Mesmo depois de um longo dia no trabalho, onde ela conversa constantemente no telefone como recepcionista ou secretária, uma mulher tem muito mais chance de ligar para suas amigas de noite.

Sem esse cuidado com a relação, as amizades masculinas com o tempo vivenciam mais atritos do que as femininas. "Ao longo dos anos, a dor da solidão dos homens, o enfraquecimento dos elos masculinos, a desilusão gradualmente crescente com outros amigos homens, a culpa por suas próprias traições contra outros, tudo isso é simplesmente ignorado. Em parte, isso resulta de resignação. Diminuímos nossas expectativas. Quanto mais velho ficamos, mais aceitamos nossa essencial falta de amizade com outros homens"[16].

Em geral, diferenças de gênero nas amizades tendem a ser exatamente o que sugerem as observações do senso comum e as falsas revelações dos programas de entrevista. Os homens têm padrões emocionais mais reservados e menos inclinação para revelar o que sentem pessoalmente, para que não arrisquem parecer vulneráveis para outros homens; as mulheres tendem a ser comparativamente mais francas e abertas. Mas isso é parte do problema. Tais diferenças fazem parecer que homens e mulheres são de planetas diferentes, apesar de muitas vezes não haver aí relação alguma com gênero, mas sim com *outros* fatores de nossas vidas – como experiências no trabalho, estado civil, idade, raça, etnia e orientação sexual. Esses fatores podem nos dizer melhor quais são as diferenças de gênero "reais" e quais são na verdade sintomáticas de outra coisa:

Obviamente, ao mesmo tempo, devemos ter cuidado para não exagerarmos essa tese. Como previne um psicólogo:

> Por certo, existe aqui o perigo de "reificar" as diferenças de gênero, subestimando outros fatores que moldam a amizade das pessoas... Para analisar relações entre amigos satisfatoriamente, é necessário examinar a gama de fatores sociais e econômicos que modelam o ambiente social imediato de um indivíduo, mais do que focar exclusivamente em um único fator específico... O gênero certamente influencia a amizade, mas a forma exata como tal influência é exercida depende da interação existente com outros fatores que definem coletivamente o espaço pessoal de sociabilidade à disposição das pessoas[17].

Com efeito, existe "muito mais similaridade do que dessemelhança na maneira como mulheres e homens conduzem suas amizades", escreve o psicólogo Paul Wright, em uma revisão da literatura existente sobre as diferenças de gênero. Embora seja verdade, diz ele, que as mulheres têm, "de certa forma, mais inclinação para enfatizar o personalismo, a exposição de si e a disposição de apoiar o amigo", e que os homens têm, "de certa forma, mais inclinação para enfatizar interesses externos e atividades mutuamente envolvidas", tais diferenças "não são grandes e, em muitos casos, elas são tão obscuras que se tornam difíceis de demonstrar". Ademais, as diferenças realmente presentes tendem a diminuir significativamente e a praticamente desaparecer "conforme aumentam a força e a duração da amizade"[18].

Por exemplo, quando mulheres e homens escolhem um melhor amigo, buscam as mesmas virtudes – comunicação, intimidade e confiança. E a maioria de nós – 75% dentre elas, 65% dentre eles – escolhe alguém do mesmo sexo como melhor amiga ou amigo. Mesmo quando não estamos buscando essa grande amizade, mulheres e homens tendem a buscar similaridades num potencial amigo. Ambos selecionam os mesmos indicadores de intimidade. Com efeito, o estudo de Wall e seus colegas com 58 homens de classe média revelou um padrão – a primazia da confidencialidade e da confiança sobre o mero prazer da companhia de alguém – que, na classe média inglesa, era mais consistente entre mulheres do que entre homens. Não foi muito surpreendente; todos nós – homens e mulheres – sabemos o que *supostamente* devemos querer e valorizar em um amigo[19].

Mas, aparentemente, o que fazemos em nossas amizades termina sendo muito menos diferente do que talvez pensássemos. As diferenças na exposição de si são, no fim das contas, bem pequenas. As amizades masculinas parecem estar baseadas em "constância, apoios sensíveis, confiabilidade, entendimentos comuns e compatibilidade sensível", qualidades fundadas em percepções comuns mais do que em interações frequentes e contínuas. Por outro lado, amizades masculinas também são orientadas pela "experiência de se expor, de se revelar, de se divertir juntos, de se envolver e de assumir importância na vida do outro" – como ocorre com as mulheres[20].

Em geral, a maioria dos estudos que medem habilidades interpessoais, estilos de amizade ou de abrir sua intimidade encontram pouca, se não nenhuma, diferença significativa entre mulheres e homens, quando se trata de amizade. Ademais, uma vez que expressões "femininas" de intimidade agora definem os critérios de avaliação, o estilo masculino de proximidade pode estar se tornando invisível. Não é que os homens não exprimam intimidade, mas sim que eles o fazem de modos diferentes. O psicólogo Scott Swain afirma que os homens se tornam mais íntimos "trocando favores, envolvendo-se em ações competitivas, contando piada, fazendo contato corporal, partilhando realizações e incluindo um ao outro em atividades". É algo geralmente encoberto, inserido no meio de atividades, mais do que algo direto. Um homem entrevistado por Swain descreveu essa dinâmica do seguinte modo:

> Acho que para os homens as características são tudo, elas seriam tudo a respeito do que é ser homem. Sabe como é, você sai e pratica um esporte com seus irmãos, diverte-se com eles. Então você já está... já está fazendo isso. E há algumas coisas que você pode vivenciar e outras muito emotivas [com] seus melhores amigos homens... você vive as duas coisas. E o que faz isso ser bom é isso. Com a maioria das garotas você não sai, bebe cerveja e se diverte com elas. Bem, você pode fazer isso, mas é diferente. Quero dizer, é um tipo diferente de emoção. Com os caras é como se você pudesse ter tudo[21].

E o que acontece com aquelas "diferenças" nos estilos de amizade, como o uso de telefone? Talvez seja verdade que as mulheres telefonem mais para manter suas amizades, mas isso talvez ocorra porque os homens consideram o aparelho telefônico impessoal e porque, para eles, a amizade seria um descanso dos negócios e trabalhos feitos usando o

---

QUEM TEM AS MELHORES AMIZADES?

Quem tem as melhores amizades, homens ou mulheres? E por quê?

Fiz essa pergunta nas minhas aulas sobre gênero nos últimos vinte anos. E percebi uma mudança significativa. Até cerca de oito anos atrás, tanto elas quanto eles respondiam que as mulheres faziam melhores amizades do que os homens. Em alguns anos, a maioria chegava a 80%. Por quê? Eis o que diziam os estudantes:

- "As mulheres são mais honestas."
- "As mulheres lhe contam o que realmente sentem."
- "Com uma garota, você realmente pode exprimir seus sentimentos."
- "Há muito mais intimidade e conexão."

Por volta do ano de 2000, essa tendência começou a mudar. Mulheres e homens se dividiram bem ao meio. E, por volta de 2007 e 2008, notei uma pequena maioria, tanto feminina quanto masculina (54%) para a qual os homens fazem as melhores amizades. Por quê?

- "Os meninos não te julgam."
- "Para resumir: briga de mulher."
- "Dá para relaxar".
- "As garotas sempre querem que você fale de seus sentimentos."

O que concluir disso? Será que os rapazes teriam se tornado amigos melhores ou as mulheres é que teriam se tornado piores? Talvez nenhuma das duas. Parece ser mais o caso de uma mudança, recentemente iniciada, dos critérios pelos quais se mede a qualidade de nossas amizades. Em vez de recorrermos a nossos amigos para que eles nos contem a verdade, envolvam-se emocionalmente, deem broncas na gente e nos levem a explorar nossos sentimentos reais, estamos buscando amigos que nos deem umas férias dessa autoexploração, com quem possamos somente relaxar sem fazer nenhum julgamento.

telefone. Em outras palavras, o gênero pode não ser a única variável ao se prever o papel desse meio de comunicação nas relações de amizade. Barbara Bank relata que os homens e mulheres em seu estudo tiveram a mesma inclinação média quando se tratou de defender seus amigos, pedir-lhes ajuda quando preciso e parar o que está fazendo para ajudá-los. Ademais, as mulheres são tão capazes de desenvolver amizades que incorporam virtudes tradicionais da amizade "masculina" – confiança, lealdade, obrigação – quanto os homens e são essas qualidades que geralmente as levam a valorizar fortemente os amigos em seu mundo social[22].

Talvez seja a combinação do gênero com outros fatores o que melhor prediz os padrões de nossas amizades. Por exemplo, alguns dos estudos que encontraram diferenças de gênero comparavam homens trabalhadores com mulheres donas de casa. Ora, é certo que trabalhar ou não fora de lar afeta dramaticamente a qualidade bem como a quantidade de amizades de uma pessoa. "A combinação de demandas inflexíveis do local de trabalho e as expectativas

---

É MESMO?

Harry: Você percebe obviamente que nunca poderemos ser amigos.

Sally: Por que não?

Harry: O que estou dizendo é que – e isso não é nenhum modo, forma ou caso de cantada – é que homens e mulheres não podem ser amigos, pois a parte sexual sempre atrapalha.

Sally: Isso não é verdade. Eu tenho muitos amigos homens e não há sexo envolvido.

Harry: Não, você não tem.

Sally: Sim, eu tenho.

Harry: Não, você não tem.

Sally: Sim, eu tenho.

Harry: Você só pensa que tem.

Sally: Ah, você está dizendo que estou fazendo sexo com esses homens sem saber?

Harry: Não, estou dizendo é que todos eles querem fazer sexo com você.

Sally: Eles não querem.

Harry: Querem sim.

Sally: Não querem.

Harry: Querem sim.

Sally: Como você sabe?

Harry: Porque homens não conseguem ser amigos de uma mulher que eles acham atraente. Eles sempre querem fazer sexo com ela.

Sally: Então, você está dizendo que um homem pode ser amigo de mulher que ele não acha atraente?

Harry: Não, eles também acabam querendo transar com elas também.

Esse é um diálogo entre Harry e Sally no começo do filme *When Harry Met Sally* (*Harry e Sally: feitos um para o outro*), lançado em 1989 (essa cena se passa no início dos anos de 1970). Em meados dos anos de 1980, no filme, eles se tornam amigos – melhores amigos, mas "apenas amigos", como dizem, para se certificar de que o sexo não os atrapalha. E, obviamente, no final do filme, eles também descobrem que estão apaixonados.

Se os leitores forem da minha geração, seus pais provavelmente são da "geração Harry e Sally" e acreditam, como Harry, que homens e mulheres não podem ser amigos. Mas quantos de vocês de fato têm um bom amigo do sexo oposto? Se os leitores estiverem mais próximos da geração de meus alunos, provavelmente todos têm. Quase todo mundo tem amigos e amigas de outro sexo (quando comecei a perguntar, 25 anos atrás, mais ou menos na época do filme, cerca de 20% de meus alunos diziam ter amizades de outro sexo). Com efeito, esse tipo de relação pode ser a única e maior oportunidade de nossas vidas íntimas nos últimos cinquenta anos. Mas tente explicar isso para seus pais.

culturais associadas aos papéis familiares são, no mínimo, determinantes tão fortes da natureza dos elos sociais masculinos quanto as possíveis preferências e capacidades socialmente adquiridas ou não pelo homem", afirma o sociólogo Ted Cohen. Aqueles que trabalham fora de casa satisfazem sua carência de intimidade na família e, assim, buscam amizades para atender seus desejos de sociabilidade. Isso é verdade para todos que trabalham fora de casa, mulheres *e* homens. Por outro lado, aqueles que ficam em casa com os filhos precisam de amigos para satisfazer a necessidade de ter intimidade com alguém também, pois as crianças, por mais que as amemos, não são capazes de ter uma relação de amizade íntima, de mútua abertura e franqueza, com seus pais (e nem querem ter). Dado que as pessoas ficando em casa com os filhos tendem a ser mulheres, essas pessoas têm "menos espaço em sua vida para atividades de lazer e menos chances de se envolver em relações sociáveis do que a maioria dos homens"[23].

LEIA TUDO A RESPEITO!

Uma das maiores mudanças nas relações de amizade entre os mais jovens é a quase universalidade dos amigos de sexo diferente. Quase todos dentre eles têm um bom amigo do sexo oposto. O que talvez não se saiba é quão recente é esse fenômeno em nossa história. Apenas 25 anos atrás, Billy Crystal disse para Meg Ryan numa das cenas mais icônicas de *When Harry Met Sally* (*Harry e Sally: feitos um para o outro*) que mulheres e homens não podiam ser amigos, pois o sexo sempre ficaria no meio do caminho. Não mais. Amizades entre pessoas de sexo diferente são tão recentes que muitas vezes as pessoas sentem que estão criando as regras conforme vivenciam essa experiência. É por isso que "Gender Rules" ("Regras de gênero"), artigo da socióloga Diane Felmlee e colegas, é tão útil quando delineia as novas regras emergentes nas relações entre amigos de sexo diferente.

O que mais afeta nossas amizades?

Sociólogos que tratam do impacto da raça, etnia, idade, classe ou sexualidade na vida social sugerem que outros fatores, que não o gênero, podem complicar o tipo conveniente de gênero envolvido na amizade. Homens e mulheres podem ser mais parecidos em suas vidas emocionais, mas pode haver grandes diferenças entre, digamos, homens e mulheres brancos da classe trabalhadora, por um lado, e latinos de classe média, de outro.

O racismo, por exemplo, afeta diretamente as experiências de amizade que homens e mulheres negras. Por exemplo, a impassividade e inexpressividade dos homens podem ser uma estratégia de adaptação para "esconder emoções dolorosas como vergonha e tristeza motivadas pelas frustrações do encontro com a sociedade hegemônica". Por outro lado, homens negros apresentem uma expressividade emocional significativa, muitas vezes cultivadas para liberar a raiva e o ressentimento para com a estrutura social existente.

(Assim, o estilo de se expressar dos homens negros, que os brancos acabam presumindo ser parte da cultura negra, são, na verdade, estratégias de adaptação para lidar com o absurdo e a injustiça do racismo e da desigualdade econômica.) "Para os homens negros nessa sociedade", escreve o jornalista Martin Simmons, "o mundo é um lugar hostil, perigoso – uma selva". A amizade é uma estratégia de sobrevivência: "eu e meu amigo contra o mundo"[24].

A classe também molda as experiências emocionais dos homens negros. Na classe trabalhadora, as amizades negras masculinas são geralmente francas e íntimas, em parte devido a uma ideologia política comum. Homens negros que ascenderam às classes mais altas, porém, tendem a ter menos amigos, e, por adotarem definições mais tradicionais de masculinidade, esses poucos amigos tendem a ser menos próximos do que aqueles de suas contrapartes na classe trabalhadora. Entre esses últimos, a celebração da masculinidade partilhada é possivelmente uma estratégia retórica útil para a resistência contra o racismo, mas ela pode ter consequências negativas para as relações entre homens e mulheres e para os próprios homens. Shanette Harris sugere que as mesmas estratégias usadas por homens negros para "promover o empoderamento e a perseverança do homem afro-americano" também podem levar a comportamentos prejudiciais como integrar gangues. Também podem diminuir oportunidades econômicas que seriam maiores no caso da adoção de comportamentos masculinos mais tradicionais. Nesse contexto, ela sugere que se busque redefinir a masculinidade "de modo a excluir temas de dominação e superioridade"[25].

A idade e a situação conjugal também afetam os modelos de amizade. Homens não casados têm mais tendência do que os casados a manter amizades íntimas e próximas tanto com homens quanto com mulheres, por exemplo. E a dinâmica das próprias amizades tende a apagar as diferenças de gênero. Por exemplo, quando a duração e a proximidade de uma amizade são consideradas em uma pesquisa, não se verifica aquela diferença entre o estilo face a face e o estilo lado a lado que os pesquisadores atribuíam respectivamente às mulheres e aos homens. Ambos têm a mesma inclinação a se exporem em interações face a face com amigos de longa data[26].

Quando filtramos as evidências conflitantes, algumas diferenças de gênero nas amizades ainda realmente se afirmam com certa insistência. E a maioria delas diz respeito à sexualidade – seja para evitá-la com amigos do mesmo sexo ou para lidar com ela em amizades com outro sexo. Entre amigos de sexo diferente, a atração sexual quase sempre complica as coisas.

Harry (cf. seção *É mesmo?*) estava meio certo. O sexo realmente se coloca nas amizades entre homens e mulheres heterossexuais. Inevitavelmente. Porém, homens e mulheres ainda *podem* ser amigos. Só dá mais trabalho. Em um estudo recente, homens e mulheres listaram "atração" como um custo da amizade, mais do que um benefício[27]. Praticamente todos os homens e mulheres que Lillian Rubin entrevistou relataram haver tensão sexual em suas amizades de sexo diferente, elemento que fragiliza a estabilidade e a confiança desses relacionamentos. "Tão logo uma relação se torna sexual, inclino-me a me doar demais a ela", disse uma mulher, ao explicar por que ela não quer confundir as duas coisas. Outra mulher explanou qual era a contradição de sua vida:

> Eu gostaria de ter amizades com homens, mas não pareço ser capaz de fazer isso muito bem. Envolver-se sexualmente arruína qualquer amizade que fosse possível, e mesmo não se envolvendo há todo aquele *frisson* envolvido. Na minha experiência, isso sempre causa problema, não importa o que você faça... ou não faça.
> Eu costumava ser amigo de um rapaz que nunca deu nenhum tipo de abertura sexual, e eu não gostava muito daquilo, pois fazia me sentir não atraente, não desejada. Não que eu quisesse ir para cama com ele, mas eu queria que ele quisesse[28].

Quando dizemos que alguém é "só um amigo", geralmente estamos rebaixando essa pessoa na hierarquia cósmica da importância. Mas também acreditamos verdadeiramente que as amizades são mais puras e mais duradouras do que as relações sexuais. Em nosso mundo, os amantes vêm e vão, mas os amigos supostamente são para sempre. É por isso que muitas vezes acabamos dizendo não querer "arruinar" uma amizade ao misturá-la com sexo. Essa contradição – a priorização do amante na frase "é só um amigo" *versus* a priorização do amigo em nosso desejo de não "arruinar" a amizade – também pode se desdobrar em formas marcadas por gênero, embora no sentido oposto ao comportamento geralmente esperado de homens e mulheres. Afinal, nesses casos, são as mulheres, não os homens, que em geral tentam separar o amor de um amigo e a atração sexual de um amante, e são os homens que buscam conectar amizade e amor.

Dado que exposição emocional é igual a vulnerabilidade e dependência, e esses sentimentos são associados às relações sexuais com as mulheres, a maioria dos homens relata ficarem menos confortáveis ao expor seus verdadeiros sentimentos para um amigo íntimo homem do que para uma amiga íntima mulher. Ser emocionalmente aberto e vulnerável com outro homem levanta a segunda grande diferença de gênero em uma amizade – o impacto da homofobia. A homofobia é um dos princípios fundamentais de organização da amizade entre os homens, mas praticamente não existe entre as mulheres. A **homofobia** é mais do que um medo ou ódio irracional em relação aos *gays*; é também o medo de que uma pessoa seja erradamente percebida como *gay* por outras. Pensemos em todas as coisas que fazemos para termos certeza de que ninguém terá a "ideia errada" a respeito de nós – desde o modo como andamos ou falamos até a forma como nos vestimos e agimos nas interações com nossos amigos.

LEIA TUDO A RESPEITO!

Amizades entre pessoas de sexo diferente são uma etapa relativamente nova na história; amizades entre diferentes identidades de gênero são ainda mais recentes. Com efeito, elas são tão recentes que às vezes parece não haver ainda muitas regras definidas para elas. Como indivíduos transgênero navegam pelo mundo da orientação sexual e da identidade de gênero em seus padrões de amizade? Homens trans tenderiam a gravitar ao redor de outros homens, heterossexuais ou *gays*, ou ao redor de mulheres – lésbicas ou heterossexuais? Ou prefeririam outras pessoas trans? Nesse caso, homens trans? Mulheres trans? Todos? Alguns? Em uma pesquisa de larga escala, com mais de 500 indivíduos transgênero, a psicóloga M. Paz Galupo e seus colegas descobriram algumas similaridades e algumas diferenças em todas essas possíveis permutações de amizade, e sugeriram algumas formas como essas identidades de gênero mais fluidas podem tanto afetar quanto potencializar nossos círculos de amizade.

Para os homens, a própria amizade pode ser vista como um problema que deve ser explicado. Carência, preocupação, ser emocionalmente vulnerável e franco com outro homem são atos sem conformidade com as noções tradicionais de masculinidade. Como afirmado por um sociólogo:

> O pressuposto mais básico que os amigos devem ter um em relação ao outro é o de que cada um deles não ficará restrito à representação de si segundo os "ditados da sociedade". Isso faz com que a amizade se torne inevitavelmente uma relação algo desviante, pois a prova mais segura de exposição da intimidade é uma violação das regras do domínio público[29].

Por isso, o mero fato de falar da amizade masculina levanta o "espectro" da homossexualidade. Nas páginas de abertura do seu livro sobre esse assunto, Stuart Miller escreve que a primeira pessoa a ser entrevistada por ele, um professor de Filosofia, disse-lhe: "Amizade masculina... quer dizer que você vai escrever sobre homossexualidade?" O segundo entrevistado, um professor de Ciências, trouxe o mesmo assunto à tona: "Você deve tomar cuidado, sabe, obviamente as pessoas pensarão que você está escrevendo sobre homossexualidade". "Aonde quer que eu fosse", reporta Miller, "houve sempre essa percepção equivocada. A necessidade bizarra de explicar, desde o começo, que meu tema não era homossexualidade". Lillian Rubin, por sua vez, descobriu que "a associação da amizade com homossexualidade é muito comum entre os homens"[30].

As mudanças na amizade entre os homens se tornaram um nicho hollywoodiano. Os filmes de "**bromance**", por exemplo. É como se jovens diretores de Hollywood tivessem lido as antigas pesquisas de psicologia social que sublinhavam as deficiências da amizade masculina para depois nos oferecer uma legião de filmes sobre rapazes cuja amizade é o esteio principal de suas vidas. A homofobia ainda assombra, obviamente; nesses filmes todos os personagens são heterossexuais, mas eles também são capazes daquela ternura

> ### É MESMO?
>
> "A homofobia não afeta minha amizade com meus *brothers*." Ouço essa frase dita por rapazes o tempo todo, quando querem mostrar que seus amigos homens são tão íntimos quanto a amizade entre as mulheres. De fato, eles muitas vezes proclamam que sua maior lealdade emocional é direcionada a outros rapazes: "manos antes das minas". E o que dizer do romance entre *brothers*, os *bromances*?
>
> Porém, estudos acerca da amizade masculina indicam que a homofobia está entre os temas dominantes do elo entre amigos homens. O medo de que rapazes heterossexuais possam parecer *gays* limita a expressividade corporal e compromete a disposição que eles teriam de se mostrar emocionalmente vulneráveis e de expor seus sentimentos.
>
> Mas, ei, você não tem de acreditar em todos esses estudos de ciências sociais. Basta ir ao cinema. Veja dois rapazes que vão ver um filme juntos. Quantos assentos eles compram? Mesmo quando são bons amigos, a resposta mais comum é três. Eles usam o assento entre eles para colocar as jaquetas ou apenas para ter mais espaço. "Você não quer que ninguém pense que você está lá, assim, 'juntos'", comenta um de meus alunos. E quantos assentos as mulheres compram?

boba e cativante que se espera de um verdadeiro amigo homem. Filmes como *The Hangover* (*Se beber não case*) ou *Wedding Crashers* (*Penetras bons de bico*) – enfim, praticamente qualquer filme com Owen Wilson, Vince Vaughn, Seth Rogen ou Paul Rudd – tratam da mudança no mundo das amizades masculinas.

As consequências são significativas. Em uma adorável etnografia sobre garotos na cidade, a psicóloga do desenvolvimento Niobe Way notou a existência de amizades profundas e íntimas entre jovens rapazes – e a linguagem que as exprime:

> Não importa o que ocorra, ele estará lá. Não há nada que não façamos ou digamos, não há nada que eu possa fazer ou dizer que nos faria menos próximos do que somos... sim, ele é a única pessoa que eu sei que nunca NÃO terá relação comigo, entende? Sim, isso nunca vai mudar entre nós... nós nos amamos, e concordamos sobre como nos sentimos.

Isso é o que diz um menino de quinze anos. Mas, infelizmente, isso acaba mudando, como documenta Way. Entre o primeiro e o último ano do ensino médio, a maioria dos garotos terá perdido aquele seu amigo mais verdadeiro e profundo. Eles lamentam essa perda de intimidade, sabem que algo se perdeu e provavelmente não se recupera mais; um rapaz observa com tristeza que ele não tem mais um melhor amigo:

> Na verdade não... eu perdi o amigo que tinha... era a única pessoa em que podia confiar e falávamos sobre tudo. Quando eu estava para baixo, ele costumava me ajudar a me sentir melhor. Eu fazia o mesmo por ele. Hoje me sinto bastante sozinho e, às vezes, deprimido... porque não tenho com quem sair, ninguém com quem falar no telefone, ninguém para contar meus segredos, ninguém comigo para enfrentar meus problemas.

Então eles se tornam estoicos, endurecidos, determinados a não deixar ninguém se aproximar novamente.

Mas é *esse* endurecimento, esse estoicismo viril que deriva de uma perda profunda, que os pesquisadores mais acomodados que estudam a amizade interpretam como algo inerente ao modo masculino de fazer amigos. Tais estudiosos veem o sintoma, mas não conseguem ver o processo que leva à emergência desse sintoma. Por isso, eles falham completamente na compreensão da angústia profunda e longamente reprimida que está por trás dessa gradual diminuição das amizades masculinas. Isso não se deve a algum desequilíbrio hormonal, à química cerebral ou ao imperativo evolutivo. Deve-se, sim, à persistência da homofobia na vida de meninos e jovens – o medo de que alguém acredite que ele é uma mariquinha ou um *gay*. Ter uma amizade querida, próxima, íntima pode ser percebido como algo feminino para os meninos adolescentes, e eles preferem perder intimidade a perder a reputação[31].

A homofobia inibe a experiência de proximidade corporal de homens e mulheres. Em um famoso experimento no início dos anos de 1970, garotas do ensino médio começaram a se comportar como garotas que eram amigas próximas no século XIX se comportavam. Elas andavam de mãos dadas, abraçavam-se, sentavam-se com seus braços em volta uma da outra e se beijavam no rosto quando se despediam. Elas foram instruídas a não dar nenhuma impressão de que esse comportamento era sexual. Apesar disso, seus colegas interpretaram aquele comportamento como uma indicação de que elas eram lésbicas. As meninas acabaram banidas de seus círculos de amizade. Para os homens, a homofobia também restringe as expressões de intimidade. Um homem explicou por que se sentiria estranho se abraçasse seu melhor amigo:

> Os caras são mais brutos e tal, e não seria bruto abraçar outro homem. Isso não é um ato masculino, e poderia ser, sabe como é, não há nada de não masculino nisso. Mas alguém pode vê-lo como masculino e você não quer que outra pessoa pense que você não é, sabe como é – masculino ou... mas você também não quer ser marginalizado. Acho que ninguém quer ser marginalizado[32].

Para homens ou mulheres que estão, "sabe como é, juntos" – ou seja, para lésbicas e homens *gays*, as amizades com pessoas do mesmo sexo ou de sexo diferente tem estilos muitas vezes diferentes. Em pesquisa de 1994, Peter Nardi e Drury Sherrod encontraram similaridades importantes nos padrões de amizades de mesmo sexo entre *gays* e lésbicas. Ambos valorizam os amigos íntimos, próximos, definindo intimidade de modos similares e comportando-se similarmente com seus amigos. Duas diferenças se destacaram para os pesquisadores – o modo como lésbicas e *gays* lidam com o conflito e a sexualidade em suas amizades. Os homens *gays*, por exemplo, têm muito mais inclinação para sexualizar seus amigos de mesmo sexo do que as lésbicas. "Como suas irmãs hétero, as mulheres homossexuais podem ter relacionamentos intensivamente íntimos e satisfatórios umas com as outras sem qualquer envolvimento sexual", escreveu Lillian Rubin. Embora seja um exagero dizer que as amizades assexuadas entre homens *gays* são raras, como afirma Rubin, essas diferenças de gênero entre homens e mulheres homossexuais reforçam ser frequentemente o gênero, não a orientação sexual, o fator determinante de nossas experiências íntimas.

Para os homens *gays*, talvez isso ocorra porque o sexo é menos importante, e não porque a amizade é mais importante[33]. Afinal, eles também demonstram fazer mais amigos entre pessoas de sexo diferente do que as lésbicas, que relatam ter poucas amizades com homens, ou mesmo nenhuma. Por outro lado, elas têm muito mais amigas heterossexuais do que os homens *gays* amigos heterossexuais. As lésbicas tendem a fazer amizades apenas entre mulheres, sejam elas hétero ou homossexuais. Os homens *gays*, por sua vez, encontram suas amizades entre mulheres hétero e outros homens *gays*. "As lésbicas aparentemente sentem ter mais em comum com as mulheres hétero do que com homens *gays* ou hétero", escreveu um comentador[34].

É óbvio que se sentem assim. O gênero é um fator determinante em suas vidas sociais. Entretanto, lésbicas e homens *gays* também partilham um tema importante na construção de suas amizades. Enquanto pessoas heterossexuais distinguem nitidamente entre amigos e família, muitas pessoas homossexuais fundem os dois, tanto por necessidade (por terem sido exilados de suas famílias quando assumiram quem eram) quanto por escolha. Como diz um personagem *gay* masculino na peça *The Heidi Chronicles* (*Lembranças de uma paixão*), escrita por Wendy Wasserstein e vencedora do Prêmio Pulitzer, "uma pessoa tem muitos amigos próximos. E, em nossa vida, nossos amigos são nossa família"[35].

A constituição histórica do gênero na vida íntima

Essas três grandes diferenças – na vivência da tensão sexual existente entre amigos de sexo diferente, no impacto da homofobia e nos padrões de gênero das amizades vividas por homens *gays* e lésbicas – exigem explicações. Lionel Tiger, por exemplo, considerou as demandas evolutivas pré-históricas da caça e da guerra como os motivos que fariam as amizades masculinas lhe parecer tão mais profundas do que as femininas. Nas pesquisas contemporâneas, não faltam razões para explicar por que as amizades entre as mulheres são mais fortes e mais íntimas do que as amizades entre os homens. Em todos esses casos, porém, os motivos e razões acabam se revelando meras tautologias, que fazem do gênero uma variável ao mesmo tempo dependente e independente. Os padrões de amizade entre homens e mulheres diferem porque homens e mulheres são diferentes. Os homens são mais instrumentais e pautados por atividades, as mulheres mais expressivas e empáticas. Logo, suas amizades são descritas com a mesma linguagem. Tais explicações não explicam muita coisa.

Alguns escritores oferecem explicações psicanalíticas. Por exemplo, acadêmicas como Lillian Rubin e Nancy Chodorow, ambas sociólogas e psicólogas, defendem, como diz Rubin, que "a estrutura tradicional da parentalidade se junta com as tarefas implicadas no desenvolvimento da infância e as imposições culturais sobre masculinidade e sobre feminilidade para criar diferenças na estrutura psicológica de mulheres e homens". Nossas experiências de amizade, amor e intimidade são o resultado de diferentes tarefas de desenvolvimento atribuídas a meninos e meninas na infância, quando eles se esforçam para encontrar algum sentido de si mesmos e de sua identidade. O menino deve se separar de sua mãe – a fonte de amor, cuidado e conexão – e firmar sua independência. Ele aprende a minimizar o valor dessas experiências porque elas tendem, pensa ele, a rebaixar sua masculinidade. Assim, a intimidade emocional frequentemente nega ou diminui a excitação sexual para os homens. Para as meninas, pelo contrário, a conexão contínua com suas mães lhes garante a continuidade do amor, da ternura e do cuidado: com efeito, tudo isso se torna o fundamento da experiência feminina com a intimidade sexual, mais do que sua negação. Como consequência, a separação e a individuação se tornam mais difíceis para as mulheres; a conexão e a intimidade mais difíceis para os homens. Essa constelação permite às primeiras "ter mais proximidade e contato com suas relações e suas necessidades de dependência do que os homens"[36] (cf. cap. 4 para uma discussão mais detalhada desse processo).

Embora tais explicações pareçam acertadas, elas pouco levam em conta as mudanças dramáticas no desenvolvimento de gênero e no estilo das amizades em outras culturas. Em algumas sociedades, por exemplo, os meninos devem passar por um rigoroso ritual de separação de suas mães; apesar disso, são eles, não as meninas, que são vistos como portadores de uma vida emocional mais profunda e interior, com amizades mais íntimas e expressivas. O antropólogo Robert Brain, por sua vez, estudou várias culturas na África, América do Sul e Oceania nas quais os homens desenvolvem amizades masculinas muito próximas e se unem ritualmente "como camaradas para a vida toda, irmãos de sangue, ou até mesmo como 'cônjuges' simbólicos"[37].

Explicações psicanalíticas nos levam até parte do caminho, mas até mesmo elas devem ser inseridas no escopo mais amplo de transformações históricas das quais fazem parte. A ideia de que meninos e meninas têm tarefas de desenvolvimento muito diferentes é, ela mesma, um produto de mudanças sociais, econômicas e culturais das sociedades europeias e norte-americanas na virada para o século XX. Essas transformações tiveram muitos componentes que afetaram o sentido e a experiência da amizade, do amor e da sexualidade. Tanto Rubin quanto Chodorow reconhecem esse elemento. "A sociedade e a personalidade vivem em relação de contínua reciprocidade uma com a outra", escreve Rubin. "A busca por mudanças pessoais sem esforços para transformar as instituições nas quais vivemos e crescemos terá, portanto, resultados apenas parciais"[38].

A industrialização rápida cortou a conexão entre o lar e o trabalho. Agora, os homens deixam suas casas e vão trabalhar em fábricas ou escritórios, lugares onde a expressão de vulnerabilidade ou de franqueza pode dar vantagens econômicas para um potencial competidor. Os homens "aprenderam" a ser pragmáticos em suas relações com outros homens; em suas amizades, eles "buscam não intimidade, mas companheirismo, não franqueza, mas compromisso". A amizade masculina afetiva, tão celebrada nos mitos e lendas, sempre foi, nos Estados Unidos, um artefato histórico[39].

Ao mesmo tempo, a separação das esferas também fez com que as mulheres fossem vistas como especialistas em serviços domésticos: elas se tornaram cada vez mais aptas para as expressões emotivas à medida mesma que os homens estavam abandonando esse modo de se exprimir. As esferas separadas implicavam mais do que a separação espacial do lar e do trabalho, pois elas também dividiam o mundo mental e social em duas metades complementares. Os homens exprimiam os traços e as emoções associadas ao local de trabalho – competitividade, realizações individuais, racionalidade instrumental – ao passo que as mulheres cultivavam as virtudes mais leves e domésticas do amor, do cuidado e da compaixão.

A equação cultural que somou feminilidade com intimidade emocional exagerou as diferenças de gênero na amizade, no amor e na sexualidade. Tais diferenças eram então o *resultado* de mudanças sociais e econômicas amplas, não a causa delas; excluir as mulheres do local de trabalho foi a experiência de diferenciação mais importante. Ou seja, novamente, um caso no qual a desigualdade de gênero produziu as próprias diferenças que depois seriam usadas para tentar legitimá-la. Ademais, no plano ideológico, o triunfo da autonomia como objetivo principal do desenvolvimento individual, junto com o ideal ascendente do casamento por companheirismo – ou seja, o casamento baseado na escolha livre de duas pessoas que se devotam uma à outra emocionalmente – fortaleceram e ampliaram a lacuna de gênero relativa à expressividade emocional. Quando começamos a nos casar por amor, fundimos a paixão sexual e a amizade profunda – pela primeira vez na história (basta lembrarmos de como os gregos mantinham essas três coisas plenamente separadas).

Por fim, o surgimento da homossexualidade moderna teve enormes implicações para a construção do gênero nos modos de amar. O filósofo francês Michel Foucault afirmou que o "desaparecimento da amizade como uma instituição social e a declaração da homossexualidade como problema social, político e médico são o mesmo processo". Antes do início do século XX, a palavra "homossexual" descrevia comportamentos, não uma identidade. Mas, conforme a palavra mudou de adjetivo para substantivo, a homofobia se tornou cada vez mais importante na vida do homem. O comportamento homofóbico aumenta as diferenças de gênero entre mulheres e homens porque "a possível imputação de interesses homoafetivos a qualquer elo masculino garantiu que eles ficassem constantemente cientes e ciosos de sua distinção em relação tanto às mulheres quanto aos homossexuais", escreve a socióloga Lynne Segal[40].

A industrialização, o ideal cultural do casamento por companheirismo, a separação das esferas e a emergência da homossexualidade moderna, todas essas forças simultâneas criaram a arena onde vivenciávamos a intimidade e a vida emocional. Sua divisão em dois domínios de gênero complementares é parte da história de nossa sociedade de gênero.

Amor e gênero

A separação das duas esferas também teve um profundo impacto sobre nossas experiências amorosas. Tal como a amizade, o amor tem uma história: seus significados e expressões mudam ao longo do tempo. "Relações apaixonadas entre jovens podem e ocorrem em qualquer sociedade", diz o historiador Lawrence Stone, "mas a aceitabilidade social da emoção tem variado enormemente ao longo do tempo, do espaço, das classes sociais, sendo determinada principalmente por normas culturais e pelos arranjos em torno da propriedade". Tal como ocorreu na amizade, as mulheres passaram a ser consideradas especialistas no amor – observe como todas as colunas de conselho sobre relacionamentos amorosos são escritas por e para as mulheres – ao passo que as tentativas masculinas de exprimir o amor são avaliadas de acordo com critérios que se tornaram "femininos". "Parte da razão que faz os homens parecer tão menos amorosos do que as mulheres", argumenta a socióloga Francesa Cancian, "é que o comportamento deles é medido com a régua feminina". Isso desvaloriza e desloca um estilo de amor, substituindo-o por outro. O jeito masculino de amar inclui a paixão sexual e os aspectos práticos da proteção e da provisão, que garantem a sobrevivência material e o apoio mútuo. O jeito feminino de amar diz respeito à partilha de sentimentos, ao estabelecimento de dependência emocional mútua e ao cuidado por meio da conversa[41].

Nem sempre foi assim. Os trovadores entre os séculos XI e XIII descreveram paixões imortais como marca distintiva do amor tanto para mulheres quanto para homens. Mas o amor romântico que retratavam era também visto como socialmente disruptivo, uma ameaça ao poder da Igreja, do Estado e da família. Assim, por volta dos séculos XVI e XVII, "todos os livros de orientações, todos os tratados médicos, todos os sermões e homilias religiosas [...] rejeitavam firmemente tanto a paixão romântica quanto a luxúria como bases apropriadas para o casamento". Por volta do século XVIII, essa postura havia se tornado mais moderada e os indivíduos eram aconselhados a fazer escolhas conjugais com base no amor e no afeto – desde que, obviamente, as duas famílias estivessem de acordo e que o nível econômico e social delas fosse mais ou menos igual[42].

Foi apenas no século XIX que o amor se tornou uma experiência comum para casais, que passou a ser "normal e efetivamente louvável que rapazes e moças se apaixonassem, acreditando-se que deveria haver algo de errado com aqueles que não conseguiam ter essa experiência avassaladora em algum momento entre o final da adolescência e o início da vida adulta". Ainda assim, nos manuais de casamento do século XIX, o amor raramente é mencionado como razão para se casar. Com efeito, ele "é apresentado mais como um produto do casamento do que como um pré-requisito".

"COMPLEXO AVALIAR-NAMORAR-COPULAR"

Baseado em sua pesquisa na Universidade Penn State, o sociólogo Willard Waller escreveu seu clássico artigo "O complexo avaliar e namorar" (1937), que sugeriu que os namoros entre alunos do ensino médio e da universidade era um empreendimento competitivo, organizado entre pares, com consequências sociais significativas. As pessoas queriam namorar com alguém de nível social ligeiramente maior daquele onde supunham estar – não muito maior, mas certamente não muito menor também. Meninos e meninas queriam ser vistos como bons partidos e queriam namorar outras pessoas que também eram vistas como bons partidos.

Os meninos competiam com os outros meninos, as meninas competiam com as outras meninas, para ver quem conseguiria os melhores namoros. Quanto mais alto o nível social de seus namorados, mais alto seria seu nível entre os pares do mesmo sexo. Da mesma forma, os rapazes e as garotas também competiam entre si para determinar o que seria um "bom" namoro. Para elas, seria um relacionamento que preservasse sua reputação, para que elas não fossem vistas como "fáceis". Para eles, era uma relação que lhes desse uma aparência de maturidade e de sofisticação sexual.

Mais para o final daquele século, porém, "o amor vencia sua batalha dentro de todos os setores da classe média. Desde então, ele tem sido considerado o pré-requisito mais importante para o casamento"[43].

Assim, o amor como o conhecemos – ou seja, como fundação para o casamento, a sexualidade e a família – é relativamente recente. Ele também não é a base do matrimônio e/ou da expressão sexual em todos os outros lugares do mundo. Como fator essencial para o sexo, o amor se mostra relativamente raro. Amor e sexo geralmente são mais associados nas culturas onde mulheres e homens são mais desiguais, onde elas dependem deles materialmente. Nas culturas em que homens e mulheres são mutuamente dependentes e relativamente iguais, amor e sexo tendem a ser mais separados. Até mesmo em nossa sociedade, o amor pode ou não acompanhar a atividade sexual ou a vida familiar, ele pode florescer ou murchar em sua intensidade. Em um artigo clássico, o sociólogo William J. Goode observou que, em todos os estratos da população norte-americana, a crença ampla e profunda na ideologia do amor romântico tinha pouca evidência[44].

Amor por gênero, estilo norte-americano

Desde meados do século XIX, de acordo com os historiadores, o amor passou a significar ternura, vulnerabilidade e expressividade emocional. E se tornou cada vez mais uma atribuição da mulher e parte do domínio do lar. O local de trabalho masculino era duro e competitivo, "uma grande selva", cheia de "fúria nas batalhas competitivas", o que exigia dos homens a supressão de suas emoções; o lar era o lugar onde eles "buscavam refúgio das irritações e constrangimentos dos negócios, um repouso encantado para todo seu esforço, um relaxamento de todas as preocupações, pela troca de afetos", como um religioso de Nova Inglaterra explicou em 1827. As mulheres, como se dizia, possuiriam "todas as virtudes mais amenas da humanidade". Elas tornaram-se encarregadas do amor (essa separação das esferas emocionais não era planejada nem vivida como um ganho para as mulheres). Com efeito, o lado emotivo das mulheres – que seriam "acostumadas a sentir mais do que a raciocinar", como um ministro da Igreja unitarista afirmou – era a principal justificação para excluí-las do mercado de trabalho, faculdades, universidades e cabines de votação[45].

Como ocorreu com a amizade, a separação das esferas tornou o **amor "feminilizado"**, de modo que hoje esse sentimento implica "uma ênfase excessiva na conversa e no sentimento, uma mistificação da base material do vínculo, e uma tendência a ignorar o amor físico e os aspectos práticos do cuidado e do auxílio mútuo". O estilo masculino de amar, que foca na "ajuda prática, nas atividades físicas partilhadas, no tempo que se passa junto e no sexo" tem sido rebaixado, considerado "menos do que" o estilo feminino. Esses estilos diferentes de amor são produtos das transformações de grande escala que criaram o sistema moderno de relações de gênero, e são tanto a causa da desigualdade entre os gêneros quanto o resultado de diferenças anteriores entre eles. A diferença entre os dois estilos, diz a psicóloga Carol Tavris, emergiu "porque se esperava, se permitia e se exigia que as mulheres revelassem certas emoções, ao passo que se esperava e se exigia que os homens as negassem ou reprimissem". Isso foi a fonte de tantos problemas comunicativos entre elas e eles que muitas vezes se acreditou que os seres humanos do sexo masculino e feminino vinham de planetas diferentes ou, ao menos, como se lê numa frase de Lillian Rubin, que eles eram "estranhos íntimos"[46].

Considere-se, por exemplo, a clássica contenda "ele disse/ela disse" que avalia se realmente amamos nosso parceiro. Eis o que um marido disse para Lillian Rubin:

O que ela quer? Prova? Ela tem provas, não tem? Eu estaria me matando de trabalhar para comprar coisas para ela – como manter essa casa – se eu não a amasse? Por que um homem faz coisas assim se não porque ama sua esposa e seus filhos? Eu juro, não consigo entender o que ela quer.

A esposa dele disse algo bem diferente. "Não basta que ele nos sustente e cuide de nós. Eu sou grata por isso, mas quero que ele compartilhe as coisas comigo. Preciso que ele me diga quais são os sentimentos dele".

Essas duas frases ilustram perfeitamente as diferenças entre o jeito "dele" e o jeito "dela" de amar[47]. Ou não? A pesquisa empírica sobre gênero no amor revela menos diferenças e diferenças de menor importância do que poderíamos supor. Uma revisão recente dos estudos a respeito do assunto, por exemplo, descobriu que a experiência e as atitudes de mulheres e homens são estatisticamente similares em 49 de 60 estudos de correlação a respeito do amor. E um estudo recente descobriu que em geral tanto o homem quanto a mulher são igualmente expressivos emocionalmente – embora ela tenha mais inclinação a exprimir as emoções associadas à desigualdade (suavizar tensões, acalmar a situação e similares)[48].

E as diferenças que realmente encontramos são ocasionalmente o oposto do que seria esperado. Considere-se, por exemplo, a sabedoria popular Segundo a qual as mulheres querem sexo romântico, e os homens, sexo prático. Afinal, elas seriam especialistas em emoção, domesticadas, e as principais consumidoras da literatura romântica, das colunas de conselho emocional e dos clichês de programa de auditório na televisão.

Algumas pesquisas confirmam os estereótipos de **gênero no amor**. Um estudo descobriu que homens têm mais tendência a reagir a qualidades efêmeras como aparência física quando se apaixonam e têm muito mais inclinação a dizer que são facilmente atraídos por integrantes do sexo oposto. Porém, a maior parte dos estudos descobriu que os *homens* acreditam mais na ideologia do amor romântico do que as mulheres (por outro lado, eles também tendem a ser mais cínicos a respeito do assunto[49]). Aparentemente, eles são mais suscetíveis de acreditar nos mitos sobre amor à primeira vista, de se apaixonar mais rapidamente do que as mulheres, de entrar em relacionamentos com o desejo de se apaixonar. Por outro lado, também tendem a se desapaixonar mais rapidamente. O amor romântico, para homens, é uma emoção irracional, espontânea e irresistível, que demanda ação. Quem, se não um homem, podemos perguntar, diria, como fez Casanova, que "nada é mais certo do que o fato de que não iremos mais desejá-las, pois não se deseja o que se possui?"[50]

As mulheres, por outro lado, demonstram uma "orientação mais pragmática" no que diz respeito a se apaixonar e têm mais inclinação para também gostar dos homens que amam. Uma vez apaixonada, elas tendem a viver esse estado mais intensamente. Um experimento descobriu que depois de apenas quatro encontros, os homens têm quase duas vezes mais tendência do que as mulheres a definir esse relacionamento como amor (27% contra 15%). Porém, por volta do vigésimo primeiro encontro, 43% das mulheres dizem estar apaixonadas, ao passo que apenas 30% dos homens dizem o mesmo. Concluem os pesquisadores:

> Se por "mais romântico" nos referirmos à velocidade do envolvimento e do compromisso, então os homens parecem merecer mais esse rótulo. Mas se, por outro lado, queremos nos referir à vivência da dimensão emocional do amor romântico, então as mulheres estão mais aptas para um comportamento "mais romântico", pensado de modo um tanto mais judicioso e racional. Ela escolhe e se compromete mais lentamente do que ele, mas, uma vez apaixonada, envolve-se mais extravagantemente nas dimensões mais eufóricas e idealizadas do amor[51].

Apesar de as pesquisas relatarem que os homens se apaixonam mais rapidamente, são as mulheres que iniciam a maioria dos rompimentos. E, aparentemente, elas têm mais facilidade do que os homens para aceitar seu antigo parceiro romântico como um amigo. Depois de um término, o homem – supostamente o gênero menos emotivo – apresenta maiores índices de solidão, depressão, insônia do que a mulher. Isso também é verdade quando o assunto é divórcio: homens casados têm vidas mais longevas e saudáveis do que os divorciados ou solteiros; mulheres não casadas vivem mais e são mais felizes do que as casadas[52].

Embora algumas diferenças de gênero tendam tanto a confirmar quanto a contradizer os estereótipos tradicionais de gênero, há algumas evidências de que tais diferenças se estreitaram consideravelmente nas últimas décadas. No final da década de 1960, William Kephart perguntou a mais de mil universitários: "se um menino (menina) tivesse todas as qualidades que você deseja, você se casaria com essa pessoa se você não estivesse apaixonada por ele (ela)?" Naquela época, Kephart encontrou diferenças dramáticas entre os homens, para quem casamento sem amor estava fora de questão, e as mulheres, mais inclinadas a admitir que a ausência de amor não as impediria de se casar (Kephart atribuiu esse comportamento à dependência econômica feminina, que permitia apenas aos homens o "luxo" de se casar por amor)[53].

Desde então, os sociólogos continuaram a fazer essa pergunta, e a cada ano menos mulheres e homens diziam estar dispostos a casar por qualquer outra razão que não amor. Em meados dos anos de 1980, 85% tanto de mulheres quanto de homens consideravam fora de questão casar sem amor; e em 1991, 86% dos homens e 91% das mulheres deram um enfático "não" àquela questão. Uma pesquisa de 2012 ("Solteiros nos Estados Unidos") descobriu que 31% dos homens adultos diziam que poderiam se comprometer com uma pessoa pela qual não estivessem apaixonados, desde que ela tivesse todos os outros atributos que buscavam em um cônjuge – e 21% disseram que se comprometeriam sob as mesmas circunstâncias com alguém por quem não estivessem sexualmente atraídos. As mulheres, nesse período, apresentaram uma tendência maior a dizer que "tinham de ter" alguém com nível similar de educação, carreira bem-sucedida, senso de humor e adesão à mesma religião. Aparentemente, hoje em dia, elas são o sexo mais "seletivo"[54].

Mas esses estudos apresentam resultados muito distintos em países diferentes, o que sugere que nossas definições de amor podem ter mais relação com diferenças culturais do que com gênero. Quando a mesma pergunta foi feita a estudantes no Japão e na Rússia em 1992, suas respostas diferiram bastante daquela oferecida pelos norte-americanos. Mais mulheres (41%) e homens russos (30%) responderam sim do que japoneses (20% dos homens e 19% das mulheres) ou norte-americanos (13% dos homens e 9% das mulheres). E, enquanto as norte-americanas e japoneses tendiam um pouco menos do que os homens a responder "sim", as russas tinham muito mais inclinação a fazê-lo do que os homens de seu país[55].

Outro estudo comparou homens e mulheres nos Estados Unidos com homens e mulheres na China. As diferenças entre eles e elas eram pequenas – como eram também as diferenças entre as amostras norte-americana e chinesa. A cultura, não o gênero, era um fator muito mais saliente na compreensão dessas diferenças. Em ambos os casos, os homens eram mais inclinados a sustentar noções românticas e idealizadas sobre amor, mas tinham um pouco mais de disposição a se casar sem amor. Os homens nos Estados Unidos tinham do amor noções menos eróticas (ou seja, tinham mais tendência a separar amor e sexo) e mais "lúdicas" (ou seja, amar é ter proximidade e intimidade) do que as mulheres[56].

E é possível que outros fatores promovam ou rebaixem os estilos de amar masculinos e femininos. Podemos lembrar do homem e da mulher citados acima, cujas afirmações a respeito do que queriam um do outro eram aparentemente um testemunho forte acerca das diferenças intratáveis entre os gêneros. Aquelas afirmações na verdade podem dizer mais sobre a transformação do amor dentro do casamento do que sobre uma suposta diferença de personalidade profundamente enraizada nos homens e nas mulheres. Uma pesquisa notável a respeito dessa questão foi realizada pela socióloga Cathy Greenblat. Ela fez duas perguntas a 30 homens e 30 mulheres pouco antes de eles se casarem: "Como você sabe que ama essa pessoa?" e "Como você sabe que é amado ou amada por essa pessoa?"[57]

Antes do casamento, as respostas revelaram diferenças de gênero significativas, que se entrelaçavam em uma feliz simetria. Os homens "sabiam" que amavam suas futuras esposas porque estavam dispostos a fazer muitas coisas por elas, a se sacrificar por elas, estando ansiosos para sair e lhes comprar flores ou demonstrar seu amor de alguma outra forma visível – eles estavam, como se poderia resumir, dispostos a parar tudo no meio da noite e dirigir três horas em uma tempestade de neve só para fazer algo que aliviasse uma tristeza de sua mulher. Feliz e convenientemente, suas futuras esposas "sabiam" que eram amadas justamente porque os homens podiam fazer coisas extraordinárias para prová-lo. As mulheres, por sua vez, "sabiam" que amavam seus futuros maridos porque queriam cuidar deles, dar-lhes afeto, apoiá-los, exprimir suas emoções de carinho e ternura. E, felizmente, os homens "sabiam" que eram amados porque as mulheres cuidavam delas, davam-lhes afeto e eram emotivamente ternas.

Até aqui, tudo ótimo – e perfeitamente simétrico. Greenblat então entrevistou 25 casais que estavam casados há dez anos. Ela acrescentou uma pergunta para os homens e para as mulheres, interrogando se eles se questionavam ou não quanto ao fato de amarem ou serem amados por seu cônjuge. Em esmagadora maioria, elas afirmaram não ter dúvida de que ainda amavam seus maridos, mas tinham sérias dúvidas a respeito de ainda serem ou não amadas por eles. Por sua vez, os homens não tinham dúvidas de que eram amados por suas esposas, mas tinham sérias dúvidas quando se perguntavam se ainda as amavam ou não.

Seria fácil interpretar esses dados como reveladores de diferenças de gênero: os homens se apaixonam fácil, mas deixam de amar mais rápido do que as mulheres. Porém, o que a pesquisa nos revela pode ter mais relação com a estrutura do casamento e com as transformações que o matrimônio imprime em nossa forma de amar e ser amado. Afinal, quando se está casado, não há mais muitas oportunidades para deixar o que está fazendo e fazer coisas extraordinárias para demonstrar seu amor. As pessoas vivem juntas, chegam do trabalho para se ver em casa todos os dias e criar os filhos juntos. Embora isso possa, de acordo com meus valores ou os seus, ser suficientemente heroico em si mesmo, tal arranjo não leva os homens a sentir que estão exprimindo seu amor do modo como eles "sabem" amar alguém. Daí eles começarem a duvidar do amor verdadeiro ou não que eles têm por suas esposas. Por sua vez, a família nuclear vivendo no seu próprio lar suburbano intensifica a expressão feminina de amor no cuidado doméstico e afetivo. Com isso, as esposas passam a ter mais certeza de que ainda amam seus maridos, mas ficam incertas de que eles ainda têm amor por elas.

"Ler" tais diferenças como reveladoras de algo essencial sobre as mulheres ou sobre os homens seria ignorar o impacto estrutural dos arranjos da família moderna e o modo como tais arranjos promovem determinados estilos de relação e inibem outros. Apesar de homens e mulheres não serem de planetas diferentes, o núcleo familiar moderno e insulado pode ser um território estranho para as formas masculinas de amar. Isso quer dizer que talvez tenhamos de expandir nossas capacidades de amar de modos diferentes e em situações diferentes.

A atual feminilização do amor, como argumenta a psicóloga Carol Tavris, tem efeitos nocivos sobre a vida das mulheres:

> A feminilização do amor nos Estados Unidos, a glorificação do modo feminino de amar, não diz respeito ao amor entre indivíduos autônomos – ele celebra um ideal de amor romântico e emotivo que promove um mito sobre diferenças essenciais mulheres e homens. Ele estabelece uma oposição entre o amor feminino e o trabalho masculino. Ao fazê-lo, ele desvia as mulheres de uma reflexão sobre seus próprios talentos e aspirações, recompensando em vez disso um foco estreito na procura do Sr. Par Perfeito[58].

Felizmente, o amor não precisa ser feminilizado, como afirma Francesca Cancian. O jeito masculino de amar – "nas utilidades cotidianas e nas atividades físicas" – faz, nota a autora, "parte do amor tanto quanto a expressão das emoções". Feminilizar o ato de amar identificando-o no cuidado, na intimidade e no afeto também prejudica a capacidade das mulheres para formas de amor mais pragmáticas e pautadas em atividades. Com isso, tanto elas quanto eles acabam presos em modelos que mascaram algumas de suas características, como se ser destro significasse nunca poder usar a mão esquerda. Cancian coloca uma questão importante: "Quem é mais amoroso", ela pergunta, "um casal que confia a maior parte de suas experiências um para o outro, porém raramente cooperam ou se ajudam, ou um casal que auxilia um ao outro durante muitas crises, trabalha junto para sustentar o lar, mas raramente discute suas experiências pessoais?" Talvez, sugere a autora, precisamos adotar uma definição mais universal de amor, que tenha como seu propósito o desenvolvimento individual, o auxílio mútuo e a intimidade – uma forma de amor que mulheres e homens sejam igualmente capazes de vivenciar[59].

Conclusão

O amor e a amizade são talvez as maiores avenidas para explorar nossa interioridade e, junto com a sexualidade (tema do próximo capítulo), os principais caminhos que, em nossa sociedade, tomamos na busca por autoconhecimento. "O amor nos dá identidades, virtudes, papéis por meio dos quais nos definimos, também nos fornece parceiros para compartilhar nossa felicidade, reforçar nossos valores, sustentar a melhor opinião que temos de nós mesmos e compensar pelo anonimato, impessoalidade e possíveis frustrações da vida pública", escreve Robert Solomon. Nossos amigos, diz Lillian Rubin, "são aqueles que nos parecem evocar as melhores partes de nós mesmos, mesmo quando aceitam nosso lado mais obscuro"[60].

Porém, a amizade é muito precária. "Ao contrário do casamento", escreve Rubin, ela "é sustentada apenas pelo elo afetivo. Não há impacto social, não há momento ritual, não há promessa de lealdade e constância para manter uma amizade de pé, ela se torna não só a relação social mais negligenciada de nosso tempo, mas, com muita frequência, a mais frágil também". Isso também tem ocorrido com os relacionamentos amorosos, que exigem muito cuidado e afeto num mundo que parece apresentar um número infinito de distrações e subterfúgios. Os encontros sexuais são ainda mais frágeis, pois apresentem em dado momento apenas a promessa mais fugaz de conexão emocional consistente.

Para sustentar nossas vidas, para nos permitir viver todo o escopo de prazeres, para atingir as conexões emocionais profundas com amantes e amigos, devemos levar em consideração os modos como o gênero *constrói e não constrói* nossas vidas afetivas. Fingir que mulheres e homens vêm de planetas diferentes nos condena, no melhor dos casos, a viagens intergalácticas ocasionais, com intérpretes e assistência técnica. Prefiro que esses intérpretes fiquem em casa e que nós mesmos aprendamos a revelar mais de nós mesmos. O amor e a amizade são experiências profundamente humanas – deveríamos nós mesmos saber como lidar com elas. Como o grande romancista britânico E.M. Forster uma vez escreveu a respeito da apaixonada conexão humana: "Homens e mulheres são capazes de relações consistentes, não só de oportunidades para uma descarga elétrica".

TERMOS-CHAVE		
Amor "feminilizado"	Homofobia	O segundo sexo
Bromance	Intimidade emocional	
Gênero no amor	Liberação dos homens	

13

O corpo constituído pelo gênero

PENSAMOS NO NOSSO CORPO seja como uma propriedade privada nossa, sobre a qual exercemos controle completo, seja como um conjunto de impulsos biológicos, sobre o qual não temos praticamente nenhum controle. E embora nossa cultura esteja saturada de piadas e insinuações sexuais e falemos de sexo o tempo todo, para a maioria de nós a sexualidade continua sendo uma experiência bastante privada, raramente discutida com honestidade e franqueza. Por séculos, o corpo foi envolvido por mitos, tabus e por ignorância.

Porém, nada poderia ser mais marcado por gênero do que essas experiências mais individuais e privadas. Inscrevemos nossos corpos dentro de uma ampla rede de signos e símbolos culturais, e nossas sexualidades são expressões íntimas de normas e práticas sociais bem-estabelecidas. Nossos corpos se tornaram textos sociais que construímos para serem "lidos" pelos outros. E mudanças significativas nas últimas décadas – novos procedimentos cirúrgicos, métodos contraceptivos sem receita médica, a internet – têm transformado esse sistema de significação de gênero, tornando-nos mais cientes de nossos corpos do que nunca e permitindo que novos grupos reivindiquem sua autonomia corporal, uma espécie de democracia do corpo que também têm se defrontado com reações negativas cada vez maiores, não surpreendentemente[61].

Gênero e o mito da beleza

Nossos próprios ideais de beleza e de atração corporal são profundamente marcados por gênero. Para começar, sabemos muito mais a respeito de **padrões de beleza feminina** em outras culturas do que a respeito de padrões de beleza masculina – em parte porque são os homens que criaram esses padrões, e sua avaliação deriva de outros fatores, como riqueza e poder. Os ideais sexuais de beleza geralmente variam conforme o *status* das mulheres. Nas sociedades onde elas têm melhores condições, seios menores são vistos como mais atrativos, provavelmente porque minimizam as diferenças anatômicas entre os sexos e também porque permitem que as mulheres se movam mais rapidamente. Nos Estados Unidos, a preferência masculina por seios maiores ou menores varia conforme a faixa econômica – tal como as bainhas nas saias femininas. Nos tempos de prosperidade, quando os provedores masculinos conseguem se manter com suas esposas em casa, seios maiores e bainhas de saia mais curtas tendem a ganhar preferência, pois elas salientam as diferenças biológicas entre homens e mulheres (e, com isso, reforçam a separação social das esferas). Durante as crises econômicas, as bainhas das saias femininas se alongam e os seios menores tendem a se tornar a norma, com homens e mulheres trabalhando juntos para pagar as contas. Nesse cenário, minimizam-se as distinções naturais entre eles e elas.

É MESMO?

Florence Colgate ganhou o título de "Rosto mais bonito da Grã-Bretanha" em 2012.

A competição foi patrocinada por uma empresa de cosméticos e oito mil mulheres participaram. A empresa usou um algoritmo matemático para determinar a beleza "cientificamente". Eis uma parte do algoritmo:

> O rosto de uma mulher é considerado mais atraente quando o espaço entre suas pupilas é pouco menos da metade da largura de sua face de orelha a orelha. Florence tem uma proporção de 44%. Acreditam também os especialistas que a distância relativa entre os olhos e a boca deve ser cerca de um terço da medida entre o contorno do cabelo e o queixo. A proporção de Florence é de 32,8%.

Soa bastante científico, não é? Mas agora ouça como um psicólogo analisou essa fórmula matemática para a beleza "clássica":

> Florence tem todos os sinais clássicos da beleza. Ela tem olhos largos, maçã do rosto alta, lábios grandes e uma tez equilibrada. A simetria parece ser um indício muito importante para a atração.

Espere! "Tez equilibrada"? "Ciência da beleza?"

Será que nossa sociedade multicultural e cheia de diversidade conseguirá produzir uma análise "científica" da beleza que não seja baseada em códigos raciais? A beleza pode ser algo superficial; o racismo vai muito mais fundo e pode ser muito sutil.

Fonte: Lisa Wade. "Colorism and the 'Science' of Beauty" ("Colorismo e a 'ciência' da beleza"). In: *Society Pages (Páginas da Sociedade)*, 12/12/2012. Disponível em http://thesocietypages.org/socimages/2012/05/12/colorism-and-the-science-of-beauty A imagem é cortesia de: ©SWNS.com

---

Em muitas culturas tropicais as mulheres não cobrem seus seios, mas isso não deixa os homens em estado constante de frenesi sexual. As mamas simplesmente não são vistas como estímulo sexual nessas culturas, e a atenção pode se focar em outras partes. Em algumas culturas islâmicas, as mulheres são consideradas tão sexualmente sedutoras (e os homens tão incapazes de se controlar quando confrontados com a tentação) que elas praticam a purdá, que exige um completo e contínuo velamento de todo o corpo feminino. Nos Estados Unidos, a beleza feminina é tida como um prêmio tão valioso e os padrões para obtê-la são tão exigentes que muitas mulheres se sentem presas por aquilo que Naomi Wolf chama de **mito da beleza** – um ideal praticamente inalcançável que "usa imagens de beleza feminina como arma política contra o progresso das mulheres". Assim como Max Weber criticou a "cela de ferro" do consumismo na sociedade moderna, Wolf critica a **Donzela de ferro** criada por esse mito da beleza, que prende as mulheres em um ciclo infinito de cosméticos, adereços para a aparência, dietas e fanatismo com exercícios, mito que faz dos corpos femininos "prisões, não mais o lar delas". Seria essa "tirania da magreza", como diz a escritora, um resultado irônico do crescimento da independência feminina – uma espécie de tentativa reacionária de manter as mulheres no seu antigo lugar que surgiu exatamente quando elas tentavam se libertar? É improvável que seja apenas uma coincidência, mas vale notar que o primeiro concurso de beleza *Miss* América foi realizado em 1920 – o mesmo ano em que as mulheres obtiveram o direito de votar[62].

O corpo feminino é particularmente implicado no peso e no tamanho do seio. Os seios são "os sinais mais visíveis da feminilidade de uma mulher", escreve a filósofa Iris Young, "o sinal de sua sexualidade".

As mulheres ficam muitas vezes emboscadas pelo que podemos chamar de "**dilema dos Cachinhos Dourados**, em referência à garota personagem do conto de fadas. Tal como Cachinhos Dourados achava o mingau "muito quente" ou "muito frio", mas nunca "na temperatura certa", as mulheres também acham que seus seios são ou muito grandes ou muito pequenos – mas nunca no tamanho certo. Em 2001, os cirurgiões plásticos realizaram quase 220 mil operações para aumentar o seio e perto de metade desse número em cirurgias para reduzi-lo.

O peso corporal das mulheres muitas vezes as obriga a se submeter à tirania da magreza. Por exemplo, o peso médio da *Miss* América ou das modelos da *Playboy* tem diminuído constantemente desde 1978, apesar da média de sua altura e tamanho de seio ter aumentado. A *Miss* América de 1954 tinha 1,73m e pesava 59kg. Hoje, na média, a modelo que disputa esse concurso continua com 1,73m, mas agora pesa 53kg (um artigo da revista *Harper's Bazaar* de 1908 afirmava que o peso normal de uma mulher saudável com 1,73m seria 70kg; 60kg seria o normal para uma mulher com 1,60m; e 53kg seria menos do que o peso prescrito de 54,5kg para uma mulher com 1,55m). Em 1975, as modelos da indústria da moda pesavam em média cerca de 8% menos do que a média geral da mulher norte-americana; em 1990, essa diferença havia aumentado para 23%, e ela permanece em torno de 20% hoje. E, embora na média geral a população feminina tenha 1,62m de altura para 73,9kg, com tamanho de vestido 48, as modelos hoje têm 1,80m de altura, pesam 53kg, com vestido tamanho 36[63]. Marilyn Monroe, talvez o símbolo sexual mais conhecido do século XX, usava vestidos tamanho 46; as mulheres símbolos sexuais atualmente tendem para o tamanho 38. Por exemplo, Gisele Bundchen foi a modelo da *Vogue* em 2011 em parte porque, como afirmou a revista, ela se afastava da imagem de pessoa muito magra. Ela tem 1,80m de altura e pesa apenas 52kg, 25% abaixo do seu peso corporal ideal. Até mesmo as modelos *plus-size* têm encolhido. Uma década atrás, elas usavam em média vestidos entre tamanhos 46 e 52. Hoje, uma modelo é considerada *plus size* a partir do momento que veste tamanho 40[64]. "As garotas têm muito medo de ficarem gordas", escreve Mary Pipher. "Ser gorda significa ser deixada de lado, zombada e difamada... Quase todas as adolescentes se sentem gordas, se preocupam com seu peso, com sua dieta, e se sentem culpadas quando comem". Talvez o que mais revela essa situação são os 42% de meninas entre a primeira e a terceira séries que dizem querer ser mais magras, e os 81% de garotas de dez anos com medo de serem gordas. 46% das meninas entre nove e onze anos estão em dietas; no ensino superior, a porcentagem terá praticamente dobrado[65].

Os padrões atuais de beleza feminina combinam dois ideais – a magreza dramática e o corpo musculoso e escultural – que são praticamente impossíveis de realizar. A pesquisa com adolescentes sugere que uma grande maioria conscientemente ignora preocupações com a saúde em seus esforços para perder peso. Como resultado, números crescentes de jovens mulheres são diagnosticadas com **anorexia nervosa** ou com **bulimia** todos os anos. A primeira envolve dietas de fome crônicas e perigosas, além de exercícios obsessivos; a bulimia geralmente alterna entre "devoração e purgação" (comer grandes quantidades de comida e então vomitar ou usar enemas para evacuar o alimento). Apesar de a anorexia e a bulimia serem graves, acarretando problemas sérios que podem, caso não tratados, ameaçar a vida de uma garota, elas representam apenas os pontos mais extremos de um contínuo de preocupação com o corpo que começa em comportamentos aparentemente "normais" – tal como os exercícios e as dietas compulsivas. É importante ter em mente que os índices de anorexia e bulimia são, de longe, maiores nos Estados Unidos do que em qualquer outro país. As estimativas norte-americanas atingem entre 5% e 10% de todas as garotas pós-pubescentes e mulheres. Isso significa cerca de vinte milhões de garotas e mulheres, além de dez milhões de homens. A anorexia é a terceira doença crônica mais comum entre adolescentes. Metade de todas as garotas entre onze e treze anos nos Estados Unidos se consideram acima do peso[66].

Na Grã-Bretanha, esse índice fica entre 1% e 2% das mulheres jovens, e ao longo da Europa, apenas 14,5 de cada 10 mil mulheres sofrem de bulimia ou anorexia, de acordo com a Associação Médica Europeia. Trata-se de pouco mais de um décimo de 1% – e de cerca de cinquenta vezes menos do que nos Estados Unidos[67]. Por outro lado, muitas sociedades não ocidentais valorizam a corpulência, e há correlação entre peso corporal e classe social. Tanto nos Estados Unidos quanto na Europa, garotas não brancas têm muito menos tendência a apresentar distúrbios alimentares do que as garotas brancas e de classe média (ironicamente, nas sociedades onde a alimentação é farta, ideais de magreza são impostos constantemente, ao passo que nas sociedades onde o suprimento alimentar é errático, o ideal feminino geralmente é mais corpulento)[68]. Aumentos recentes dramáticos, contudo, têm sido observados entre jovens japonesas da elite e da classe média[69].

Combinando-se essa preocupação com a magreza à equação "magra e sensual" e o resultado é uma receita cultural para produzir pessoas muito confusas. As lojas de roupa vendem roupas diminutas para crianças entre sete e dez anos. No começo de 2012, a marca de roupas infantis Abercrombie Kids foi forçada a retirar um biquíni *push-up* de suas lojas e vendas on-line por causa do repúdio do público. A empresa fez uma declaração em sua página no Facebook concordando "com quem havia dito que a peça era mais 'adequada' para garotas a partir de 12 anos" (a Abercrombie Kids vende suas roupas para crianças entre 7 e 14 anos)[70]. A Associação de Psicologia Norte-americana ficou tão alarmada com esse problema que reuniu uma força-tarefa para tratar do problema da sexualização de meninas[71].

Certas concepções estereotipadas afirmariam que essa ênfase dramática na magreza afeta apenas meninas e mulheres brancas da elite e da classe média, porém, a evidência sugere que ela também define os ideais de corpo feminino para a população negra e para a classe trabalhadora. A grandeza "outrora foi aceita – e mesmo reverenciada – entre os negros", lamentava um artigo da revista *Essence* em 1994, mas "agora carrega o mesmo inequívoco estigma observado entre os brancos". Um estudo no ano seguinte descobriu que adolescentes negras demonstravam um impulso significativamente maior para serem magras do que as adolescentes brancas. A cobertura midiática da perda de peso intensiva de Oprah e a representação de modelos e atrizes afro-americanas supermagras pode ter aumentado a ansiedade das mulheres negras com seu peso; com efeito, pode ser um sinal perverso de assimilação e aceitação para a cultura dominante o fato de que "seu" tipo de corpo ideal é agora acolhido por quem fora marginalizado[72].

Eis um bom exemplo. Em março de 1985, o *New York Times* apresentou uma história com a enorme manchete "Desaprovação do próprio corpo mostra-se comum entre as mulheres". O artigo se desdobrava descrevendo uma inquietação cada vez maior com distúrbios de alimentação e com imagens de corpos não saudáveis. Nada de novo desde então, certo? Mas, sob a manchete lia-se um subtítulo em uma caixa, o que no jornalismo tem o nome de "chamada" – uma frase curta que ilustra um grande tema do artigo. Essa chamada dizia "Homens tendem a se ver perto da perfeição".

Quão verdadeira é essa afirmação hoje? Seria possível que a maior mudança na percepção da imagem do próprio corpo não é a contínua desaprovação feminina, mas o fato de que os homens não mais "tendem a se ver perto da perfeição"? Nos últimos trinta anos, eles também passaram a desaprovar seus corpos. Não chegaram exatamente a alcançar as mulheres na métrica da desaprovação, mas estão eliminando a diferença consideravelmente. Que progresso, não?

Os homens têm ficado cada vez mais preocupados com seu corpo, especialmente com a forma e o peso. Embora eles sempre tenham desejado parecer fortes e em forma – é só lembrarmos do enorme sucesso dos aparelhos de fisiculturismo de Charles Atlas desde a virada para o século XX – a construção de músculos fortes parece ter aumentado como uma inquietação ou mesmo uma obsessão nos períodos em que os homens têm menos inclinação a realmente utilizá-los em seu trabalho. Ou seja, desejamos parecer mais fortes nos momentos históricos em que não precisamos efetivamente sê-lo, e então recriamos na aparência aquilo que a realidade não nos exige mais. Atualmente, as revistas bem-sucedidas a respeito do "novo homem", como a *Men's Health* (*Saúde dos Homens*), encorajam os rapazes a ver seus corpos tal como as mulheres foram ensinadas a ver o delas – um projeto contínuo a ser continuamente aprimorado (a circulação da revista cresceu de 250 mil para 1,5 milhão nos seus primeiros sete anos – é o maior sucesso de lançamento de revista na história). Em parte, isso coincide com as preocupações mais gerais sobre saúde e boa forma, em parte isso tudo se trata da busca por parecer mais jovem numa sociedade que não valoriza o envelhecimento. Porém, mais do que tudo isso, também parece se tratar de gênero.

LEIA TUDO A RESPEITO!

Quase diariamente lemos estudos alarmantes sobre a crise de obesidade nos Estados Unidos – o fato de que os norte-americanos estão mais obesos e de que quase metade da população nesse país tem sido classificada como "obesa" ou "acima do peso" desde os anos de 1980. Nossos remédios vão desde dietas baseadas na força de vontade, comidas ou remédios especiais, até regimes de exercícios saudáveis ou não saudáveis, junto com uma ansiedade nacional a respeito do corpo e suas vicissitudes. No artigo "The Unequal Weight of Discrimination: Gender, Body Size and Income Inequality" ("O peso desigual da discriminação: gênero, tamanho do corpo e desigualdade de renda"), a socióloga Katherine Mason explora as implicações sociais da obesidade e os modos como tais implicações são diferentes para homens e para mulheres (os homens sofrem algumas formas de discriminação, que desaparecem com o tempo; a discriminação contra as mulheres tende a ser contínua. O que Mason mostra é que a solução para essa "crise" de obesidade não é uma dieta nacional, mas uma reflexão em torno do modo como compreendemos o corpo e a identidade de gênero.

As inquietações masculinas com o corpo espelham as inquietações femininas. Enquanto as mulheres se preocupam com o peso e o tamanho do seio, os homens se inquietam com os músculos – ou seja, ambos se preocupam com os aspectos do corpo que sugerem e exageram as diferenças biológicas inatas entre os sexos. Aparentemente, quanto mais iguais homens e mulheres se tornam na esfera pública, mais os padrões de beleza enfatizam suas características biologicamente diferentes.

As exigências do padrão de forma física masculina também têm aumentado bastante. Muitos homens vivenciam o que alguns pesquisadores chamaram de **dismorfia muscular**, a crença de que o próprio corpo é muito pequeno e insuficientemente musculoso. Harrison Pope nomeia essa experiência de **Complexo de Adônis** – a ideia de que os homens devem se parecer com os deuses gregos, com queixos perfeitos, cabelo espesso, músculos exuberantes e abdômens-tanquinho. A exposição cada vez maior de corpos masculinos na mídia – agora é comum vê-los expostos em propagandas, retratados de um jeito que, uma geração atrás, só se concebia para corpos femininos – combinou-se com um período de ansiedades econômicas cada vez maiores (que nos levam a focar naquilo que *podemos* controlar, tal como nossa aparência) resultando em uma mudança brusca nas ideias que os homens tinham a respeito de seus corpos[73].

Em 1999, Pope e seus colegas observaram as proporções dos bonecos de Comandos em Ação e os traduziram nas proporções da vida real (como fora feito na descrição das mudanças da boneca Barbie). Em 1974, o soldadinho de brinquedo teria 1,78m de altura, cintura de 79cm, peitoral de 112cm e bíceps de 30cm. Forte e musculoso, é verdade, mas ao menos dentro da dimensão do possível. Em 2002, o boneco dos Comandos em Ação era um pouco diferente. Ele ainda tinha 1,78m de altura, mas sua cintura havia diminuído para 71cm, seu peitoral havia expandido para 127cm e seu bíceps tinha 59cm, quase o tamanho de sua cintura. Tais proporções na realidade seriam a de uma atração circense, não de um modelo[74]. Essa ectomorfia hipertrofiada faz muitos homens se sentirem completamente desajustados. Em uma pesquisa, quase metade deles relatou distúrbios significativos em torno de sua imagem corporal. Um estudo de 1997 publicado pela *Psychology Today* (*Psicologia hoje*) descobriu que 43% dos homens estavam insatisfeitos com sua aparência, em comparação com um índice de apenas 15% verificado 25 anos antes. Atualmente, um estudo britânico descobriu que um número quase duas vezes maior (80,7%) fala sobre o próprio corpo de modos que sugerem grande ansiedade em torno do assunto (dois de cada cinco sacrificariam um ano de sua vida em troca de um corpo perfeito)[75].

> Quando me olho no espelho, vejo duas coisas: o que eu quero ser e o que eu não sou. Odeio meu abdômen. Meu peitoral nunca será grande. Minhas pernas são muito finas. Meu nariz tem um formato esquisito. Quero o que a revista *Men's Health* (*Saúde dos Homens*) me pressiona a fazer. Quero ser o cara nos comerciais da Gillette[76].

Um número cada vez maior da população masculina também começou a apresentar distúrbios alimentares. Pope e seus colegas acreditam que mais de um milhão de homens sofrem desse problema. Alguns especialistas postulam que cerca de 40% das pessoas com compulsão alimentar e um quarto dos pacientes anoréxicos e bulímicos são homens – em contraste com apenas 10% há uma década. Ao mesmo tempo, os índices das mulheres não mudaram significativamente[77] (de acordo com um estudo, os homens têm muito menos inclinação a buscar tratamento para distúrbios alimentares porque acreditam que esse problema só ocorre com as mulheres). Ainda que isso possa ser mais comum entre homens homossexuais, os números entre os heterossexuais também são significativos.

Uma pesquisa de 1994 com jogadores de futebol americano da Universidade Cornell descobriu 40% de integrantes envolvidos com padrões de alimentação disfuncional e 10% com distúrbios alimentares diagnosticáveis. Dois estudos recentes indicam que, embora praticamente nenhum atleta universitário homem tenha sido diagnosticado com esses males, cerca de 16% a 20% demonstram seus sintomas. "Apesar de a frequência de comportamentos patogênicos ser baixa", os autores escrevem, "exercícios (37%) e jejum ou dieta (14,2%) foram os meios primários e secundários empregados para controlar o peso; menos de 10% se utilizaram de vômitos, laxativos ou diuréticos"[78]. Uma entrevista feita em 1997 com 1.425 homens da ativa da marinha norte-americana descobriu que quase 7% apresentavam características da bulimia, outros 2,5% eram anoréxicos, mais de 40% cumpriam os critérios do diagnóstico de distúrbio alimentar e quase 40% relatavam compulsão alimentar frequente. Um a cada quatro entrevistados declararam fazer gestos compensatórios, como jejuar, vomitar, tomar laxativos e pílulas de água – um número que dobrava quando a forma física estava sendo inspecionada. Outro estudo recente, com universitários australianos, descobriu que um a cada cinco haviam apelado à alimentação restrita, vômitos, abuso de laxativos e tabagismo para controlar o peso. Cerca de um em cinco também relataram comer compulsivamente e lidar com problemas de peso[79].

E assim como as mulheres têm recorrido a cirurgias e procedimentos prostéticos cada vez mais perigosos – como colocar próteses cheias de silicone nos seios ou aplicar doses leves de botulismo no rosto para paralisar os músculos faciais e, com isso, "remover" as rugas – os homens também passaram a realizar esforços cada vez mais radicais para ficarem maiores. O uso de esteroides anabolizantes tem crescido bastante, especialmente entre homens em idade universitária. As prescrições legais de esteroides quadruplicaram desde 1997, chegando a 1,75 milhão em 2002 e 4,5 milhões em 2010, com inúmeras fontes mais ilegais fornecendo doses menos reguladas. Um estudo descobriu que mais de 40% dos garotos no ensino médio se exercitam regularmente com o objetivo de ganhar massa muscular, 38% usavam suplementos de proteína e quase 6% dizem que experimentaram esteroides[80], uma substância que leva os homens a desenvolver músculos mais rápida e intensamente, de modo que a se tornar incrivelmente grande. O uso muito prolongado também pode provocar mudanças bruscas de humor, raiva descontrolada e crescente além de uma diminuição significativa dos testículos[81].

Distúrbios alimentares entre as mulheres e a dismorfia muscular entre os homens são processos paralelos, pontos extremos num contínuo que passa por quase todo mundo. Há, por exemplo, pouquíssimas mulheres que não tiveram uma relação problemática com a comida – praticamente todas elas veem o alimento como algo a mais do que simplesmente seu gosto e seu efeito nutritivo, pois se atentam mentalmente às calorias, determinam se vale a pena se permitir aquele prazer, calculam quanto tempo extra terão de gastar na ginástica para compensar aquela refeição e quanto vão pesar. Praticamente todo rapaz jovem também tem uma relação problemática com a violência (como veremos no capítulo seguinte, o comportamento violento é tão intimamente associado à masculinidade que seria difícil separar os dois conceitos). E o que é a capacidade de ser violento senão a força física – ou pelo menos a aparência de força? É possível ouvir aqui as vozes de pessoas anoréxicas e de fisiculturistas compulsivos. As moças literalmente passam fome até se aproximar da morte e falam constantemente sobre quão gordas elas são, sobre como seria maravilhoso se elas perdessem peso e pudessem se sentir melhor na sua autoestima. Por sua vez, as suas contrapartes entre os homens ficam tão amarradas em seus músculos que não conseguem abaixar para amarrar o sapato e falam sobre como são "magrelos", sobre tudo que precisam comer e todos os exercícios que devem fazer para desenvolverem sua musculatura. Se a medida do sucesso para a feminilidade é ser magra e se a medida do sucesso para a masculinidade é parecer forte e poderoso, então as anoréxicas e os fisiculturistas obsessivos não são pessoas desviantes ou psicológicas desajustadas: Elas se conformam excessivamente às normas de gênero às quais todos nós, em algum nível, estamos submetidos[82].

Assim como houve aumento na diferença entre ricos e pobres – a distância entre os 20% no pico e os 20% na base da pirâmide social norte-americana é atualmente a maior da história – também tem se ampliado a lacuna da bifurcação entre os corpos "adequados" e os "não adequados". A população dos Estados Unidos está ao mesmo tempo cada vez mais magra e cada vez mais acima do peso, viciados em academia de um lado e viciados no sofá de outro, comedores de tofu e vegetais crus orgânicos num grupo e comedores de *Big Mac* e de frituras gordurosas em outro. Essa divisão crescente é o reflexo de diferentes classes, culturas e raças, mas também é profundamente marcada por gênero.

LEIA TUDO A RESPEITO!

Como compreendemos as mudanças em nosso corpo, e as relações de tais mudanças com gênero, etnia, raça e outros aspectos de nossas identidades? Durante a puberdade nosso corpo passa por grandes transformações, especialmente quando os hormônios entram em cena e as características sexuais secundárias emergem. Mas mesmo quando tais mutações corporais se dão de modo similar, o sentido que lhes damos varia enormemente de acordo com a raça, a etnia, a região e assim por diante. Como poderíamos pensar diferente? Em "Do It All For Your Public Hairs" ("Faça tudo por seus pelos pubianos"), o sociólogo Richard Mora explora o sentido da puberdade entre jovens latinos norte-americanos e descobre que, para eles, a associação entre mudanças físicas, masculinidade emergente e sentimentos de poderio e dominação formam uma constelação bastante singular.

Mudando o corpo

Praticamente todos nós gastamos tempo e energia com formas de embelezamento corporal, vestindo roupas e acessórios da moda, por exemplo. Mas até bem recentemente, apenas pequenos grupos marginalizados, como gangues de motoqueiros, eram adeptos de transformações corporais permanentes, exemplificadas por práticas que iam desde furar as orelhas até usar *piercing* em outras partes do corpo, fazer tatuagens, cirurgias plásticas ou até mesmo passar por operações de mudança de sexo. Hoje em dia, o *piercing* – furar o corpo – envolve muito mais do que o lóbulo da orelha, pois pode incluir a língua, as sobrancelhas, umbigo, nariz, lábios, mamilos e até mesmo as genitais. Um número cada vez maior de jovens também está fazendo tatuagens. Por causa de seu aspecto vagamente transgressivo na sociedade norte-americana, *piercings* e tatuagens têm uma insinuação levemente sexualizada – nem que seja simplesmente por indicarem que seu portador tem ciência de seu corpo como objeto de prazer ou desejo.

Nos Estados Unidos, 45 milhões de pessoas – cerca de 21% da população – têm pelo menos uma tatuagem, um "adesivo de para-choque para a alma", como descreve um psiquiatra. E mais de um terço (36%) da população norte-americana entre 18 e 25 anos têm uma. Homens *gays*, lésbicas e bissexuais têm mais inclinação a fazer tatuagens do que pessoas heterossexuais; por outro lado, nesse quesito, os índices para homens e mulheres estão divididos praticamente ao meio.

O *design* e a localização das tatuagens têm forte carga sexual; acreditamos que elas dizem algo sobre nossa personalidade e sexualidade. Entre os norte-americanos tatuados, 31% afirmam que se tatuar os fez se sentirem mais atraentes. Vale notar que essa sensação é mais comum entre as mulheres tatuadas (42%) do que entre os homens tatuados (25%). Ademais, as pessoas com tatuagens afirmam que se tatuar os fez se sentirem mais rebeldes (25%), ao passo que outras afirmam que isso as deixou mais bonitas (21%). A série comemorativa do quinquagésimo aniversário da famosa boneca de brinquedo ganhou – como é possível adivinhar – o nome de "Barbie de Tatuagens Totalmente Estilosas"[83].

As tatuagens da Barbie são removíveis; a maioria não é, porém, a não ser por meio de cirurgia a laser. Embora 86% das pessoas não se arrependam de ter se tatuado, um estudo de 2006 com pessoas à procura de remoções descobriu que 44% delas afirmavam ter escolhido uma tatuagem para se sentirem únicas, 33% para se sentirem independentes e 28% para darem destaque às suas experiências de vida. Esses números contrastavam com um estudo de 1996, no qual os maiores motivos para se tatuar eram "ser parte de um grupo", o mero desejo pessoal "de ter uma tatuagem", "pura estupidez" e o "amor". Os pesquisadores de um estudo de 2008 concluíram que, diferentemente da pesquisa de 1996, "embora a grande maioria de indivíduos tatuados esteja feliz com suas marcas na pele, a popularidade e a prevalência de tatuagens muitas vezes indicam que os dermatologistas cada vez mais ouvirão histórias de arrependimentos e pedidos de remoção de tatuagem"[84].

Recentemente, porém, cirurgiões relataram que as mulheres estavam tirando suas tatuagens por causa do "estigma social". Em um estudo recente, 93% das mulheres que buscavam remover sua tatuagem afirmaram que um motivo para fazê-lo era o fato de elas precisarem escondê-la ocasionalmente. Entre os homens, esse número era de 20%. Cerca de 40% das mulheres haviam passado por comentários negativos no trabalho, em público ou na escola, em comparação com apenas 5% dos homens. "O apoio social para a mulher com tatuagens pode não ser tão forte quanto é para os homens", disseram os autores do estudo[85].

Um dos métodos de transformação corporal que mais cresce é a cirurgia plástica (figura 13.1). De acordo com um estudo da American Society of Plastic and

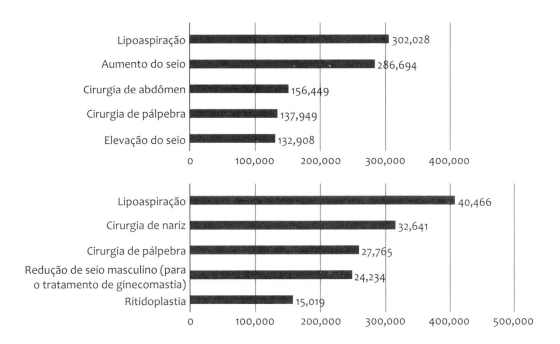

Figura 13.1 As cinco cirurgias plásticas mais comuns para mulheres (acima) e para homens (abaixo) em 2014.

Fonte: The American Society for Aesthetic Plastic Surgery, 2014. Cosmetic Surgery Statistics (Sociedade Norte-americana de Cirurgia Plástica Estética, 2014. Estatísticas de cirurgia plástica).

Reconstructive Surgeons (Sociedade Norte-americana de Cirurgiões Plásticos e de Reconstrução, ASPRS), o número total de procedimentos estéticos aumentou de 413.208 em 1992 para 15,1 milhões em 2013. E os procedimentos mais comuns cresceram quase 500%. Em 2013, os cirurgiões plásticos realizaram mais de 290 mil **cirurgias de aumento dos seios** (implantes de mama), mas apenas 23.770 remoções de implantes para mulheres e 22.939 reduções para homens[86]. Além desses procedimentos de aumento ou redução dos seios, houve 199.817 lipoaspirações (em comparação com os 47.212 em 1992) e 215.641 cirurgias de pálpebra (59.461 em 1992)[87].

Embora as mulheres ainda sejam as principais consumidoras de cirurgias plásticas, os pacientes homens cresceram de 54.845 em 1992 para 204.359 em 2007. Hoje eles são mais de 13% dos procedimentos estéticos. "Mais homens estão considerando a cirurgia plástica como um caminho viável para que pareçam e se sintam mais jovens", observou Dennis Lynch, presidente da ASPRS, "sobretudo para competir no local de trabalho".

Esse comentário levanta uma questão que pode ser mais interessante para nossa abordagem de gênero: não se trata de qual gênero *passa* pela cirurgia, mas sim *para qual* gênero a cirurgia é realizada. É possível que, como explica um escritor, "a imagem tradicional das mulheres como objetos sexuais simplesmente se expandiu: todos se tornaram um objeto para serem vistos". A questão permanece: vistos por quem? Quem imaginamos nos vendo em nossa aparência recentemente reconstruída[88]?

Para as mulheres, geralmente a resposta é: os homens. A beleza feminina – magreza, tamanho do seio, atratividade – é a moeda em curso no mercado sexual e, por causa da desigualdade de gênero, as mulheres têm comercializado sua aparência física para atrair um companheiro (ironicamente, em um estudo, prati-

> **É MESMO?**
>
> Ninguém fica mais preocupado com a aparência corporal do que os norte-americanos.
>
> Embora muitas vezes pareça impossível imaginar uma cultura mais obcecada com a beleza, quando se trata de cirurgia plástica, os Estados Unidos estão apenas em sexto lugar. O número um do pódio pertence à Coreia do Sul – de longe. Estima-se que entre um quinto e um terço das mulheres de Seul fizeram algum tipo de cirurgia plástica; a rede BBC de televisão acredita que o número está mais perto de 50% entre as mulheres na casa dos vinte anos. "Queremos fazer as cirurgias enquanto somos jovens para que tenhamos um rosto novo por muito tempo", explicou uma estudante universitária a um jornalista. Embora a cirurgia de pálpebras continue sendo de longe a mais popular (a blefaroplastia, a inserção de um vinco no topo da pálpebra, realizada para que os olhos pareçam mais "ocidentais"), operações no nariz e afinamento do queixo são presentes populares dados quando as garotas terminam o ensino médio.
>
> Fonte: Patricia Marx. "About Face" ("Sobre o rosto"). In: *New Yorker*, 23/03/2015, p. 50, 51.

camente todos os parceiros homens de mulheres que haviam feito cirurgia plástica achavam que o procedimento era desnecessário)[89].

Para os homens, porém, a resposta é: os homens. Eles também são objeto do "olhar masculino" e sentem necessidade de parecer maiores, mais fortes e viris diante de outros homens. Um exemplo extremo dessa situação é a **cirurgia de aumento do pênis**. Trata-se de um procedimento invasivo (e caro) – e todo ano cerca de 1.500 homens pagam em torno de seis mil dólares para fazê-la – ao fim do qual o pênis pode ser ampliado mais ou menos cinco centímetros (o pênis flácido médio tem cerca de 9cm; o ereto, 13cm). Em um dos poucos estudos que se apoiam em dados e não em evidências anedóticas ou testemunhos excitados, o psicólogo Randy Klein descobriu que o tamanho médio do pênis antes da cirurgia era de 6,5cm (flácido) e 13,7cm (ereto); depois do procedimento cirúrgico, esse tamanho era 9,5cm (flácido) e 14,5cm (ereto). Ou seja, a única diferença significativa de tamanho se exibia quando o pênis estava flácido[90].

Seria possível imaginar que os homens se submetem a essa cirurgia dolorosa para se tornarem amantes "melhores" ou para agradar mais as mulheres, e é verdade que muitos deles dizem que essa é, em parte, sua motivação. Mas em muitos casos o que está em jogo é bem mais a percepção visual dos próprios homens do que o possível prazer feminino. Os homens que geralmente passam por essa cirurgia vivenciaram o que

um médico chamou de "síndrome do vestiário masculino" – o medo de ser julgado como inadequadamente masculino *por outros homens*. Um exemplo é a carta de testemunho de um cliente satisfeito:

> Sempre tive medo de me envolver em situações em que teria de tomar banho na frente de outros homens ou ser visto por alguém. Lembro-me de evitar muitos esportes e atividades que eu adorava, simplesmente porque temia ser visto e que zombassem de mim... Eu inclusive evitava usar shorts ou roupas apertadas por conta do medo de que outros me notariam.

"Aquilo de que mais sinto falta é a camaradagem do vestiário e da amizade masculina associada com esses esportes, que é algo de que sempre gostei", escreve outro cliente. "Sentia-me envergonhado até mesmo ao urinar em banheiros públicos e me certificava de não utilizá-los enquanto outros homens estivessem lá também"[91].

Aparentemente, as mulheres também se submetem à **cirurgia de "reconstrução" genital** para agradar os homens. Esse tipo de procedimento pode deixar os lábios vaginais ou a pele ao redor da vagina mais firmes – tudo em nome da aparência da ninfeta de vinte e poucos anos na foto de página dupla de uma revista. Essa cirurgia plástica também pode remodelar as mulheres de modo que "pareçam" tão virginais quanto aquelas modelos. A himenoplastia –

reconstrução cirúrgica do hímen, que geralmente se rompe durante a primeira cópula sexual – foi outrora utilizada por pais tomados pelo pânico em razão de sua filha muçulmana, latina ou asiática ter sido "deflorada" e, com isso, ter seu valor no mercado do casamento subitamente reduzido a zero. Agora ela é novamente cada vez mais popular entre mulheres jovens que querem manter em segredo suas experiências sexuais do passado e ceder ao novo namorado a "emoção" de ser seu "primeiro", ou ainda entre cristãs que violaram a promessa de abstinência. "Você não gostaria de que seu namorado/futuro marido se sentisse envergonhado porque seu hímen não existe mais" é o que diz o site Revirgination.net no seu anúncio on-line. "É o maior presente que se pode dar ao homem que tem tudo", afirma Jeannette Yarborough, uma assistente médica de quarenta anos da cidade de San Antonio[92].

Um cirurgião plástico de Los Angeles oferece um "rejuvenescimento vaginal a *laser*" que irá "remodelar completamente e rejuvenescer a vagina em um procedimento de uma hora"; ele promete "aprimorar a satisfação sexual"[93]. Mas não é difícil adivinhar quem ficará sexualmente mais satisfeito depois de passar um *laser* nos lábios vaginais.

Entretanto, a desigualdade de gênero é observada mais nitidamente nas motivações que levam tanto as mulheres quanto os homens a mudar seu corpo. É o olhar masculino – seja o de um potencial parceiro sexual, de um possível rival sexual ou de um competidor na arena comercial ou esportiva – que motiva essas medidas drásticas tomadas por ambos os sexos.

GÊNERO, RAÇA E BELEZA

Padrões de beleza podem ser específicos culturalmente, mas eles atravessam as fronteiras nacionais. Por exemplo, na Ásia há uma demanda continuamente crescente por cirurgias que implantam uma segunda dobra na pálpebra, fazendo com que os olhos se pareçam mais ocidentais. Esse também é o procedimento estético mais comum para as norte-americanas de ascendência asiática.

Em anos recentes, as mulheres chinesas também têm se submetido a uma cirurgia plástica muito mais dramática: a extensão das pernas. A influência de supermodelos altas e com longas pernas levou muitas mulheres chinesas a passar por esse procedimento doloroso. As pernas são quebradas e os pinos de aço são postos na tíbia. Elas então são presas a um braço externo que as estica até 10cm ao longo de muitos meses (a paciente gira o parafuso todos os dias para esticar mais).

Fonte: Jonathan Watts. "China's Cosmetic Surgery Craze" ("A mania das cirurgias plásticas na China"). In: *Lancet*, 363, 20/03/2004, p. 958.

Sexualidade

Em nossa intimidade, a maior expressão da diferença de gênero surge quando se trata das relações sexuais. Porém, mesmo aqui, como veremos, há sinais de mudança e de convergência. Tal como a amizade e o amor se tornaram "feminilizados" – ou seja, tal como os modelos de comportamento apropriado nessas áreas passaram a se assemelhar aos modelos de intimidade tradicionalmente rotulados de "femininos" – a sexualidade se tornou cada vez mais "masculinizada". A "masculinização do sexo" – incluindo a busca do prazer pelo prazer, a atenção maior ao orgasmo, a multiplicação de parceiros sexuais, o interesse universal na experimentação sexual e a separação entre amor e comportamento sexual – resulta em parte de uma transformação tecnológica da sexualidade (do controle de natalidade à internet) e em outra parte da **revolução sexual** e de sua promessa de maior liberdade sexual com menos consequências emocionais e físicas. Sob muitos aspectos, as sexualidades masculina e feminina são similares – e se tornam cada dia mais iguais. Não há praticamente diferenças entre homens e mulheres na idade de sua primeira experiência sexual: a idade média da primeira relação para eles e para elas é 17 anos.

Ora, não são apenas os comportamentos que estão convergindo, mas também as motivações: aparentemente, homens e mulheres querem fazer sexo por razões similares – aventura, prazer, expressão emocional. Contudo, a *interpretação* desse comportamento aparentado em razão de motivos aparentados feita pela sociedade em geral permanece notavelmente casada com os enviesamentos sexuais, que continuam a vigorar – talvez de modo menos estável agora, é verdade, mas ainda vigoram.

Com efeito, a revolução sexual foi a recusa tanto da pudicícia social – o desconforto e a desaprovação da sociedade em relação ao sexo, para começar – quanto dos vieses que prescreviam diferentes comportamentos sexuais para mulheres e homens. Afinal, esses enviesamentos eram tão somente a teoria interplanetária dos gêneros na versão que o século XIX havia formulado. Segundo escritores da época, mulheres e homens eram espécies diferentes. Como o célebre historiador francês Jules Michelet escrevera em 1881:

> [A mulher] não faz nada como nós [homens] fazemos. Ela pensa, fala e age diferentemente. O gosto dela é diferente do nosso gosto. O sangue dela nem mesmo flui em suas veias como o nosso flui, às vezes ele irrompe no corpo delas como a cachoeira espumante de um monte... ela não se alimenta como nós – nem na quantidade nem no tipo de refeição. Por quê? Principalmente porque ela não digere como nós. A digestão da mulher é constantemente afetada por uma única coisa: ela anseia o alimento com suas próprias entranhas. A bacia do fundo do amor (que é chamado de

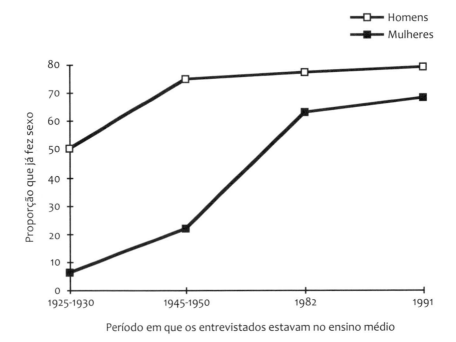

Figura 13.2 Tendências da experiência heterossexual entre adolescentes.

Fonte: De Pepper Schwartz e Virginia Rutter. *The Gender of Sexuality: Sexual Possibilities* (*O gênero da sexualidade: possibilidades sexuais*. Altamira Press, 1998), p. 165. Republicado com permissão de Altamira Press; permissão obtida por meio da Copyright Clearance Center, Inc.

pélvis) é um mar de emoções variadas, que perturba a regularidade da função nutritiva[94].

O sexo era invariavelmente considerado algo danoso para as mulheres – algo doentio e imoral – ao passo que era tolerado e mesmo encorajado para os homens. "A maioria das mulheres (felizmente para elas) não é muito afetada por sensações sexuais de qualquer tipo", escreveu um médico (obviamente homem) na década de 1890[95].

Mesmo quando Alfred Kinsey realizou seus estudos pioneiros sobre comportamento sexual na década posterior à Segunda Grande Guerra, esse enviesamento ainda estava firmemente em vigor. Como Kinsey afirmou em 1953:

> Não compreendemos como homens e mulheres praticamente similares podem se mostrar em suas **respostas sexuais** e em que medida eles podem ser diferentes. Perpetuamos as velhas tradições a respeito da reatividade mais lenta das mulheres, a maior extensão de áreas erógenas no corpo feminino, o desenvolvimento sexual mais prematuro da mulher, a ideia de que há diferenças básicas na natureza do orgasmo entre homens e mulheres, o maior conteúdo emocional da interação sexual feminina e mais outras concepções desprovidas de base de dados cientificamente acumulados – dentre as quais todas agora aparentam ser incorretas. Hoje parece que as próprias técnicas sugeridas nos manuais de casamento, tanto os antigos quanto os modernos, produziram as diferenças que pensávamos ser inerentes a homens e mulheres[96].

Kinsey acreditava que homens e mulheres têm basicamente as mesmas reações físicas, embora eles sejam mais influenciados por fatores psicológicos. Observe-se na citação anterior como o autor sugere que o conselho de especialistas na verdade *cria* muitas das diferenças entre os dois sexos. Um estudo sobre os manuais de ginecologia publicados entre 1943 e 1972 destaca esse aspecto. Os pesquisadores descobriram que muitos desses manuais afirmavam ser impossível para a mulher ter orgasmo durante a cópula sexual. O escritor de um dos textos afirmava que "o prazer sexual é totalmente secundário ou mesmo ausente" na mulher; outro descrevia a "frigidez quase universal" na população feminina. Dadas essas presunções, não é surpreendente que as mulheres fossem aconselhadas a fingir o orgasmo; afinal, elas não eram capazes de ter um de verdade. "É um bom conselho recomendar-lhes as vantagens de simulações inocentes de reatividade sexual; com efeito, muitas delas em seu desejo de agradar os maridos aprenderam as vantagens dessa farsa inocente", dizia um texto, dando aos ginecologistas uma recomendação sobre como abordar essa questão com suas pacientes[97].

O enviesamento persiste hoje – talvez menos no que efetivamente fazemos e mais no modo como pensamos. Em termos de *status*, os homens ainda têm mais a ganhar e as mulheres mais a perder envolvendo-se sexualmente: ele é o garanhão que conquista; ela é a vadia que "dá". Meninos são ensinados a tentar fazer sexo, meninas são ensinadas a adotar estratégias para despistar as tentativas dos rapazes. "O jogo todo

---

LEIA TUDO A RESPEITO!

Apesar de homens e mulheres não serem de planetas diferentes, há com efeito algumas diferenças importantes entre nós, quando tratamos de relações sexuais na adolescência. Mesmo as próprias ideologias da masculinidade e da feminilidade servem como guias de referência para jovens homens e mulheres que começam a navegar pelas atrações e atividades heterossexuais. A psicóloga Deborah Tolman e seus colegas descobriram que a ideologia sobre os gêneros interplanetários não é tanto causa das experiências masculina e feminina no acasalamento heterossexual, mas sim sua consequência. Nós aprendemos a ser sensuais conforme comprovamos a teoria interplanetária; aos poucos, ela é percebida como natural e correta. Mas, como insistem esses pesquisadores, isso não é algo estritamente necessário e uma crítica feminista a respeito dessas primeiras incursões também questiona afirmações como aquela que considera a coerção sexual como uma parte "normal" da psiquê masculina.

se resume a tentar fazer uma garota ceder", disse um homem à socióloga Lillian Rubin. "Você espera que ela vá resistir; ela tinha de resistir para não arruinar sua reputação. Mas você continua insistindo. Parte disso era motivado pela adrenalina do tocar e ser tocado, mas tenho de admitir, parte disso era motivado pela conquista, também, e por aquilo que você diria aos rapazes na escola no dia seguinte". "Sinto que eu deveria fazer sexo sempre que possível", dizia outro. "Acho que é porque, sendo homem, espera-se que você sempre queira". "As mulheres precisam de uma razão para fazer sexo", afirmou o comediante Billy Crystal, "os homens só precisam de um lugar"[98].

O **enviesamento sexual** é muito mais do que uma tematização do sexo dentro do esquema separados mas iguais, muito mais do que a atribuição de uma sexualidade para os marcianos e outra sexualidade para as venusianas. Tal enviesamento é ele próprio um produto da desigualdade de gênero, do sexismo – da distribuição desigual de poder entre os gêneros que compõem nossa sociedade. Essa desigualdade é reforçada pelas situações em que pressupomos que os homens têm mais inclinação ao sexo do que as mulheres, que eles sempre tentarão provocar encontros sexuais para provar sua masculinidade e que elas – as "damas" – não têm desejos sexuais ou devem controlá-los constantemente para que não caiam em desonra. Com essa visão, o sexo se torna uma disputa, não uma forma de conexão; quando o prazer sexual ocorre, ele geralmente é visto como uma vitória dele sobre a resistência dela. A sexualidade se torna, nas palavras da advogada feminista Catharine MacKinnon, "o fundamento da desigualdade de gênero"[99].

As mulheres são criadas para acreditar que ser sexualmente ativa ou "promíscua" é transgredir as regras da feminilidade. Tais regras são reforçadas não só pelos homens, obviamente, mas também por outras mulheres e por instituições como a Igreja, o Estado e a escola. A busca pelo sexo transforma as garotas boazinhas em garotas más, por isso a maioria das mulheres aceita o padrão sexual minimalista – poucos parceiros, poucas posições, menos prazer, menos sexo sem envolvimento emocional. Tal ideologia mantém as mulheres esperando por seu príncipe encantado, que viria libertá-las, excitá-las com seus doces beijos e soltar a paixão latente sob o frescor de suas faces[100].

O enviesamento sexual é imposto muito mais rigidamente do que qualquer outra diferença ideológica entre os padrões feminino e masculino de amizade e de amor. Como resultado, temos muito mais inclinação a notar diferenças significativas de gênero na sexualidade. Exemplos desses olhares diferentes são abundantes – no que pensamos, no que desejamos, no que efetivamente fazemos. Consideremos o que "conta" como sexo. Quando dizem a palavra "sexo", mulheres e homens geralmente querem dizer coisas diferentes. Em um estudo, casais monogâmicos heterossexuais na casa dos quarenta anos foram entrevistados com a pergunta: "Quantas vezes fizeram amor na última semana?" De modo consistente, os pesquisadores descobriram que os homens relataram números ligeiramente maiores do que as mulheres. O que isso indicaria – uma memória mais precisa, ostentação de masculinidade, casos clandestinos, prazeres solitários? Quando os pesquisadores fizeram mais perguntas, notaram que a diferença resultava do fato de eles e elas contarem diferentes experiências como "fazer amor". Elas contavam um encontro sexual apenas uma vez, ao passo que eles somavam o número de seus orgasmos. Assim, quando uma mulher dizia "bem, fizemos amor três vezes na última semana", seu marido poderia dizer, "deixe me ver, fizemos três vezes, mas em uma delas fizemos duas vezes [ou seja, ele teve dois orgasmos], então acho que a resposta é quatro".

As diferenças no critério de contagem revelam diferenças profundas na compreensão da expressividade sexual. As mulheres compreendem que o sexo abrange todo o encontro e isso lhes amplia, de algum modo, o escopo das atividades interativas que contam como sexo. O foco dos homens no orgasmo como elemento definidor do sexo ressoa junto com a tendência masculina a não considerar os atos que preparam a cópula como "fazer sexo". Os estímulos orais e manuais são vistos como "preliminares" por eles, e como "sexo" por elas. Os homens não marcam o encontro na tabela de sua pontuação mental a não ser que a penetração também ocorra. Isso acaba produzindo geralmente regras complexas sobre o que constitui uma pessoa "tecnicamente virgem" (o seminário público a respeito do que conta como "relação sexual" no julgamento de *impeachment* do presidente dos Estados Unidos, Bill Clinton, no final dos anos de 1990 é uma demonstração disso. Uma vez que ele e Monica Lewinsky não copularam sexualmente, mas, em vez disso, fizeram "de tudo menos aquilo", como se dizia no ensino médio, Clinton afirmou que ele não mentiu ao negar que fizera sexo com Lewinsky. Em sua mente, como um de meus colegas me explicou certa vez no vestiário masculino, "só conta se você colocar lá dentro". Algumas evidências médicas recentes o demonstram; um artigo recente da *Journal of the American Medical Association* (Revista da Associação Médica Norte-americana) relatou que apenas a penetração "contava" como sexo)[101].

O orgasmo e a penetração são formas de expressão sexual muito mais importantes para os homens do que para as mulheres. Isso leva a uma ênfase maior nas genitálias como zona erógena masculina mais importante. Se a sexualidade dos homens é "falocêntrica" – fundada em torno da glorificação e gratificação do pênis – então não é surpresa que eles muitas vezes desenvolvam relacionamentos complexos com essa parte do corpo. Alguns deles dão nomes para seu pênis – "Willie", "John Thomas", "Peter" – ou dão apelidos simpáticos retirados de bens produzidos em massa como "Big Mac" ou "X-Tudo". Pode ser o caso de os homens acreditarem que seu pênis é uma pessoa pequena (ou talvez lhes pareça ser uma pessoa grande), que ameaça não se comportar como deveria se comportar. Se os homens não personificam seu pênis, eles o objetificam; se não é uma pessoa pequena, então ele age como uma máquina, um instrumento, uma "ferramenta". O homem projeta "a frieza e dureza do metal" sobre sua carne, escreve o filósofo francês Emmanuel Reynaud[102].

Poucas mulheres nomeiam suas genitálias; menos ainda pensam que seus órgãos sexuais são máquinas. Você consegue imaginar elas chamando seu clitóris de "Shirley" ou seus lábios de "Samantha"? Com efeito, as mulheres raramente se referem a suas genitálias

---

É MESMO?

Todo mundo sabe que os homens pensam sobre sexo mais frequentemente do que as mulheres. Há certa evidência para isso. Quando interrogados a respeito da frequência com que pensam em sexo, 54% dos homens e 19% das mulheres dizem que o fazem "muito frequentemente" – mas ninguém mediu exatamente o que significa "muito" nesse caso. Uma vez por hora? Uma vez a cada dez minutos? Uma vez a cada cinco segundos? Alguns especialistas perturbados estimam que os homens pensam em sexo oito mil vezes em um dia típico de dezesseis horas despertos.

Quando o volume foi quantificado, a diferença de gênero em larga medida desapareceu. O homem com seus 19 pensamentos sobre sexo por dia mal consegue superar seus pensamentos sobre comida, que chegam a 18. A maioria das mulheres, por outro lado, relata pensar dez vezes por dia sobre sexo e 15 vezes sobre comida. Homens e mulheres pensam em dormir onze e oito vezes por dia, respectivamente.

O estudo sugere que os homens pensam mais sobre sexo do que as mulheres, porém com uma diferença menor do que se esperava. "Eles realmente têm isso em mente mais frequentemente, porém o mesmo ocorre com comida e sono", afirma o autor. "Não é evidente se isso ocorre apenas porque eles enfocam os estados relacionados às necessidades mais do que elas, ou se eles simplesmente se lembram mais de seus próprios pensamentos ou se estão mais dispostos a relatá-los."

Fonte: Terri D. Fisher, Zachary T. Moore e Mary-Jo Pittenger. "Sex on the Brain? An Examination of Frequency of Sexual Cognitions as a Function of Gender, Erotophilia, and Social Desirability" ("Sexo no cérebro? Um exame da frequência das cognições sexuais como função do gênero, erotofilia e desejabilidade social"). In: *Journal of Sex Roles* (Revista das Funções Sexuais), 49(1), 2012, p. 69-77. Disponível em http://www.ncbi.nlm.nih.gov/pubmed/21512948

distinguindo os nomes de cada parte; em geral elas descrevem a vulva, os lábios e o clítoris com o nome genérico "vagina" ou mesmo com termos mais eufemísticos, como "lá embaixo" ou "partes privadas". E seria bem raro ver uma mulher conversar com seus próprios lábios vaginais[103]. Então quando pensam sobre sexo, homens e mulheres estão geralmente pensando em coisas diferentes.

Quarenta anos antes, Alfred Kinsey e sua equipe descobriram que 89% dos homens que se masturbavam fantasiavam, ao passo que apenas 64% das mulheres o faziam. Além disso, o meio que eles e elas "usam" para fantasiar difere. Hoje, quase um quarto (23% dos homens e 11% das mulheres) assistem a filmes ou vídeos pornográficos; 16% dos homens e 4% das mulheres leem livros ou revistas de sexo explícito[104]. O que eles e elas fantasiam também difere dramaticamente. Um assistente de pesquisa e eu reunimos mais de mil fantasias sexuais de estudantes ao longo da última década. Nessas fantasias, padrões de gênero bem definidos emergem. Os homens tendem a fantasiar com estranhas, muitas vezes mais de uma ao mesmo tempo, realizando uma variedade de atos sexuais bem roteirizado; as mulheres tendem a fantasiar com a definição do clima certo para fazer amor com seu namorado ou marido, mas raramente visualizam comportamentos específicos. Consideremos, por exemplo, as cenas "típicas" compostas a partir das fantasias que reunimos. As declarações abaixo foram dadas por mulheres:

> Meu namorado e eu estamos em uma ilha deserta. As palmeiras balançam com a brisa fresca, a areia brilha. O sol está quente e nadamos por alguns momentos na água fresca e azul, depois voltamos para a praia e nos deitamos ali. Passamos bronzeador no corpo um do outro, e logo estamos nos beijando apaixonadamente. Então fazemos amor na areia.
>
> Meu marido e eu estamos em um *resort* de *ski*, numa cabana, e está bem de noite. Neva lá fora, então fazemos uma fogueira na lareira e nos deitamos sobre um tapete de pele diante dela. Bebemos um pouco de champanha na frente do fogo que crepita, então ele me beija e tira minha blusa. Então fazemos amor.

Comparemos agora essas fantasias com outra, composta a partir das fantasias típicas do homem:

> Estou andando pela rua, e essas duas loiras incrivelmente lindas estão vindo em minha direção. Nossos olhos se encontram e percebemos que precisamos possuir uns aos outros. Uma delas se ajoelha diante de mim, abaixa meu zíper e me faz o melhor sexo oral que já tive. A outra abaixa seu *shorts* e começa a brincar com o próprio corpo. Então transo com ela enquanto a outra recebe sexo oral daquela que estou penetrando. Em seguida, fazemos sexo de todas as formas possíveis, e elas continuam enquanto eu descanso, mas assistindo, o que me excita novamente e assim começamos no-

---

LEIA TUDO A RESPEITO!

O comportamento heterossexual pode ser um compromisso entre a sexualidade "dele" e a sexualidade "dela". Cada lado presente que cedeu um pouco e conquistou algum tipo de equilíbrio no meio. Isso é verdade? E se for, que aparência mulheres e homens "realmente" querem dar a seu comportamento sexual? Trabalhando com uma colega da minha equipe, Rebecca Plante, perguntamos a mulheres e homens jovens como eram suas fantasias sexuais, com a hipótese de que no reino da fantasia eles não teriam de fazer compromissos, pois lá se pode fazer tudo do jeito que se quer. Depois de analisar as fantasias sexuais de universitários, notamos duas tendências importantes, que discutimos no texto "The Gender of Desire" ("O gênero do desejo"). Primeiramente, descobrimos que, quando começamos a pesquisa, homens e mulheres tinham fantasias sexuais bem diferentes: a delas se mostrava saturada de romance e intimidade afetiva com alguém que amavam, a deles expunha detalhadamente as acrobacias sexuais com estranhas escolhidas por certas características físicas. Então começamos a observar que, com o tempo, as fantasias femininas passaram a mudar e que a direção dessa mudança as aproximava cada vez mais das fantasias masculinas. Essas não mudaram em nada. Essa "masculinização" das fantasias sexuais não era universal, mas estava alcançando uma parcela crescente das mulheres. Por que você acha que isso está ocorrendo?

vamente. No final, a gente se levanta e vai embora com grandes sorrisos no rosto. Nunca mais nos veremos depois disso[105].

As fantasias dos homens são encenações idealizadas de roteiros sexuais masculinos: focados nas genitálias, centrados no orgasmo e explícitos no sequenciamento espacial e temporal dos comportamentos sexuais. Sabemos exatamente quem faz o que com quem na ordem exata. Características físicas das outras participantes são invariavelmente bem detalhadas; elas são quase sempre estranhas (ou modelos e atrizes famosas) escolhidas por seus atributos físicos. Raramente essas fantasias incluem o cenário concreto do encontro. As fantasias femininas, por outro lado, são repletas de descrições que detalham o cenário – características geográficas e temporais, com a localização elaborada de acessórios como velas, tapetes e taças de vinho. Elas também geralmente envolvem parceiros atuais ou do passado. A descrição explicitamente sexual é mínima, ela muitas vezes se resume a referências vagas sobre como o casal fez amor. Um terço das mulheres fantasiam um *rendez-vous* sexual na Torre Eiffel; um terço dos homens pensam na Casa Branca.

Por isso podemos dizer que a imaginação *sexual* das mulheres é empobrecida às custas de uma imaginação *sensual* altamente desenvolvida; em contraste, a imaginação sensual masculina é empobrecida por sua imaginação sexual altamente desenvolvida (tais diferenças se aplicam igualmente para homens e mulheres homossexuais e heterossexuais – uma indicação suplementar de que o componente básico em nossos roteiros sexuais é o gênero, não a orientação sexual). Embora haja evidências de que a imaginação feminina está mudando, acolhendo cenas sexualmente mais explícitas e ficando cada vez mais à vontade com a linguagem do sexo explícito, as fantasias sexuais efetivamente revelam tanto o que efetivamente pensamos quanto o que supostamente devemos pensar quando pensamos sobre sexo[106].

De onde vêm essas paisagens mentais tão profundamente diferentes? Um elemento, por certo, é a representação do sexo. A pornografia ocupa um lugar especial no desenvolvimento da sexualidade masculina. Quase todos os homens confessam ter algum tipo de exposição à pornografia, ao menos quando adolescentes; com efeito, muitos homens viram uma mulher nua pela primeira vez em uma revista pornográfica. E a pornografia tem sido território de importantes protestos políticos, tanto para uma direita erótico-fóbica que a considera tão degradante para a dignidade humana quanto as informações sobre controle de natalidade, a homossexualidade e o aborto, como também para as campanhas de feministas radicais que veem a pornografia como uma expressão viciosa de misoginia, em paridade com o estupro, o abuso da esposa e a mutilação genital.

Enquanto os esforços da direita política lidavam com o desconforto norte-americano com tudo que é sexual, a crítica feminista radical da pornografia transformava o debate político argumentando que, quando os homens observam imagens pornográficas de mulheres nuas, eles na verdade estão participando de uma cultura difundida de desprezo e ódio em relação às mulheres. A pornografia diz respeito à submissão da mulher, ela "torna o sexismo *sexy*", como diz uma ativista. Não são representações ficcionais de uma fantasia, são documentários sobre estupro e tortura, realizados para excitar os homens. Eis o que diz um ator e diretor de filmes pornográficos, ao comentar sua "arte":

> A razão mais forte para estar na indústria [pornográfica] é satisfazer o desejo dos homens em um mundo que basicamente não liga muito para as mulheres e quer vê-los crescer... Então, quando gozamos no rosto de uma mulher ou a brutalizamos sexualmente de alguma forma, estamos compensando sonhos masculinos frustrados. Eu creio nisso. Já vi o público me aplaudir quando fiz algo imundo na tela. Quando estrangulo ou sodomizo ou brutalizo

uma pessoa, a audiência está lá apoiando minha ação, e quando satisfaço meu desejo distorcido, ela aplaude[107].

As **feministas antipornografia** afirmam que a cultura pornográfica causa estupro ou que ela nos anestesia para o efeito real da violência concreta na vida das mulheres. Contudo, tem sido difícil demonstrar essa afirmação empiricamente. Poucos estudos mostraram essa associação empírica, embora muitos tenham documentado mudanças discretas na atitude dos homens imediatamente após a exposição à pornografia violenta (essas mudanças tendem a se dissipar nas semanas após tal exposição). Porém, exista ou não alguma evidência empírica de que a pornografia por si só cause estupro ou violência, resta ainda a diferença chocante entre nós: em um dia qualquer nos Estados Unidos, há homens se masturbando diante de imagens de mulheres sofrendo torturas sexuais, mutilação genital, estupro e violência. Isso certamente aponta para uma diferenciação profunda entre as sexualidades masculina e feminina – seria muito difícil imaginar muitas mulheres se masturbando diante da reencenação do que Lorena Bobbit fez a seu marido[a]. A violência raramente é sexualizada para elas; que tais imagens sejam um excitante casual ou rotineiro para muitos homens deveria ao menos nos fazer parar para refletir[108].

Dada as diferenças de mentalidade sexual entre homens e mulheres, não surpreende que desenvolvamos sexualidades diferentes, como evidenciado em nossas atitudes e comportamentos. Para começar, a inclusão do namorado ou do marido nas fantasias femininas indica que a sexualidade da mulher requer uma conexão emocional para ser totalmente ativada. Como uma entrevistada disse para Lillian Rubin, "para que o sexo funcione de verdade para mim, preciso sentir *alguma coisa* emotiva. Sem isso, é apenas outra atividade atlética, só que não tão satisfatória, porque quando faço natação ou corrida sinto-me bem depois"[109].

Como as mulheres tendem a conectar sexo e emoção, faz sentido que elas estejam menos interessadas em encontros de uma noite só, relações casuais ou não monogâmicas. Em uma pesquisa, elas tinham uma inclinação 20% maior a concordar que era degradante a relação resumida a uma só noite de sexo (47% dos homens e 68% das mulheres estavam de acordo). O homem tende mais a ser infiel com sua esposa, embora essa lacuna de gênero esteja diminuindo consideravelmente nas últimas duas décadas. E, obviamente, a separação do sexo e da emoção implica que os homens têm mais inclinação a fazer sexo com mais parceiros sexuais do que as mulheres. Na figura 13.2, é possível ver essas diferenças e observar como a diferença entre os gêneros também têm se estreitado nas últimas décadas[110].

O repertório sexual mais amplo dos homens geralmente inclui desejar sexo oral, um tema a respeito do qual as mulheres se mostram bem menos entusiasmadas. Como uma delas explicou:

> Eu gosto de ir lá embaixo para ele. Eu me sinto bem, muito bem, com isso. Não acho desagradável. Não é algo que eu gostaria de fazer toda hora. Não é igual a fazer compras na Bloomingdale. Isso eu poderia fazer toda hora. Mas também não ir igual a ir ao dentista. Fica entre os dois extremos. Mais próximo da Bloomingdale do que do dentista[111].

Mas talvez isso tenha menos relação com o sentido intrínseco do ato do que com o gênero de quem

---

[a] O nome de Lorena Bobbit se refere a um caso de violência familiar que ganhou ampla repercussão midiática nos Estados Unidos em 1993. Ela cortou o pênis de seu marido enquanto ele dormia (o órgão depois foi cirurgicamente reposto), mas foi juridicamente inocentada por provar que agiu em autodefesa e em condição de insanidade temporária, em razão dos contínuos abusos e estupros que sofria [N.T.].

> ### É MESMO?
>
> Os homens têm mais inclinação à infidelidade do que suas esposas. De acordo com os psicólogos evolucionistas, trata-se de um imperativo da evolução que impulsiona os homens a espalhar seu sêmen por toda parte. Outros psicólogos argumentam que isso é resultado da socialização diferencial, que capacita os homens a separar mais o amor e o sexo.
>
> Na verdade, os estudos mais recentes notaram que a diferença de infidelidade entre homens e mulheres é bem modesta: 32% para eles, 19% para elas.
>
> As diferenças reais não estão na quantidade, mas nas motivações. Para os homens, o que indica a infidelidade tende a ser questões de personalidade, incluindo propensão para excitação sexual (tornar-se facilmente excitado por muitos gatilhos e situações) e a insegurança com falhas na *performance* sexual (isso pode soar contraintuitivo, mas outros estudos o confirmam. "As pessoas podem buscar situações de alto risco para ajudá-las a se excitar, ou elas podem escolher um parceiro fora de seu relacionamento regular porque sentem que terão uma 'saída' se o encontro não for tão bem – elas não terão de ver o outro novamente", diz um estudo).
>
> Para as mulheres, trata-se muito menos de sua personalidade e muito mais de uma avaliação de seu relacionamento. Mulheres que não estão satisfeitas com ele têm duas vezes mais inclinação a trair; aquelas que se sentem sexualmente incompatíveis com seu parceiro têm uma inclinação quase três vezes maior.
>
> Fonte: Kristen P. Mark, Erick Janssen e Robin R. Milhausen. "Infidelity in Heterosexual Couples: Demographic, Interpersonal, and Personality-Related Predictors of Extradyadic Sex" ("Infidelidade em casais heterossexuais: Indicadores do sexo extradiádico de tipo demográfico, interpessoal e relativo à personalidade"). In: *Archives of Sexual Behavior* (*Arquivos do Comportamento Sexual*), 40, 2011, p. 971-982.

age. Por exemplo, quando os homens descrevem suas experiências com sexo oral, eles estão quase sempre em uma posição de poder. Seja na **felação** – "eu me sinto tão poderoso quando a vejo se ajoelhando diante de mim" – ou na **cunilíngua** – "ser capaz de levá-la a se soltar com minha língua faz com que eu me sinta muito poderoso" – os homens vivenciam o sexo oral tanto o dado quanto o recebido como uma expressão de seu poder. Por outro lado, muitas mulheres, ao fazer ou receber sexo oral, vivenciam-no desde uma posição de vulnerabilidade – não necessariamente porque são forçadas a isso, mas sim porque "assim ele fica feliz", seja quando elas fazem, seja quando elas o deixam fazer. Desse modo, o sexo oral, como a penetração, permite que ele se sinta "um homem de verdade", não importa quem faz o que com quem.

Socialização sexual do gênero

De onde vem tal diferença entre os gêneros sexuais? Embora constantemente sejamos bombardeados com imagens sexuais na mídia e recebamos lições de moralidade sexual de nossos pais, professores e instituições religiosas, a maior parte de nosso aprendizado sexual ocorre durante a adolescência, e a maior parte de nossa **socialização sexual** nessa fase da vida é fornecida por nossos pares. Ensinamos a nós mesmos e um ao outro sobre o que é bom e por que, e então praticamos e realizamos essas atividades até que elas sejam o que nos dizem que elas supostamente deveriam ser.

Lembremos, por exemplo, daquelas "brincadeiras de luta" que se fazem no primeiro ano do ensino médio norte-americano – dois adolescentes tentam negociar, geralmente sem palavras, a extensão de seu contato sexual. Tanto o menino quanto a menina têm objetivos no jogo, embora sejam muito diferentes. Ele, obviamente, tenta fazer pontos – e para isso possui uma variedade de manobras, argumentos e outras estratégias que seus amigos o ensinaram. Ela pode buscar o prazer, mas também vence o jogo se preservando, protegendo sua reputação de "boa menina", que requer ser considerada como atraente, mas não "fácil". "Os rapazes chegam à idade do sexo com expectativas e desejos muito diferentes das garotas", declarou a pesquisa sobre sexo do Centro de Pesquisa de Opinião Norte-americano (Norc). "Elas geralmente têm pouco prazer físico quando aceitam fazer sexo pela primeira vez, e um número significativo delas relata ter sido forçada a fazê-lo"[112].

Sigamos um rapaz adolescente e uma garota adolescente típicos conforme eles negociam seus desejos rivais. Se eles estão saindo há algum tempo, ele pode ter decidido que é hora de aprofundar a relação sexual, passar dos beijos (associados à primeira base do *baseball*) ao toque nos seios (a segunda base). Segundo opinião praticamente universal, a iniciativa para fazer essa passagem é "dele" e o trabalho "dela" é decidir se vai ou não lhe dar permissão. Estaria nosso herói agora pensando "uhumm, isso é tão bom. O seio dela é tão macio e quente. Agora vou deixar minha mão por aqui um tempinho"? Pouco provável, tipicamente, ele já está pensando em estratégias para pôr a mão debaixo da blusa. O que ela está pensando? "Uhumm, isso é tão bom. Gosto disso mais do que na semana passada, quando aquele outro rapaz tentou fazer o mesmo"? É mais provável que ela pense: "sei que agora ele vai tentar pôr a mão debaixo da minha blusa. Será que eu quero isso? Como pará-lo sem machucar os sentimentos dele?"

Cada vez que sobe de nível, ele mal tem tempo de aproveitar antes de começar a pensar na estratégia para o próximo passo. Ela também precisa decidir o tempo todo se e como evitar que ele faça isso. Raramente ambos estão vivenciando plenamente a emoção e o prazer de explorar o corpo um do outro. Ambos estão na verdade lá na frente, no futuro, conspirando sua próxima jogada. Boa parte de nossa sexualização sexual na adolescência enfatiza o futuro em detrimento do presente; suas ações geralmente ocorrem no tempo futuro tanto quanto no tempo presente.

É possível pensar que se os dois adolescentes não estão no mesmo "fuso horário", ao menos eles estariam no mesmo planeta (obviamente, cada um deles pode estar em Marte ou Vênus!). Ainda assim, a atenção deles está dividida. Ele pode estar pensando: "Uau! Cheguei na terceira base! Mal posso esperar para contar isso aos outros meninos!", ao passo que ela pode estar imaginando: "Ai, meu Deus, eu o deixei ir muito longe. Espero que nenhum de meus colegas saiba disso!" Então ele promete não contar para ninguém (ainda que possa estar mentindo) em troca de que ela lhe permita avançar um pouco mais. Espacialmente eles também estão em lugares diferentes – cada um está com a cabeça junto aos pares do mesmo sexo, promovendo ou preservando suas reputações. Como uma pesquisadora feminista afirma, "mesmo que o foco do interesse sexual esteja no outro sexo, é fundamentalmente junto aos pares adolescentes do mesmo sexo que se busca a validação das suas atitudes e realizações sexuais". Considerando essa separação espacial e temporal – tanto no futuro quanto junto a seus pares do mesmo sexo – será um milagre se existir um mínimo de prazer e intimidade![113]

Esse quadro ajuda a explicar por que parece haver tanta pressão sobre os adolescentes e por que há tantas quebras na comunicação, inclusive quando os meninos tentam ir mais longe do que as meninas querem. O fato de rapazes e garotas terem experiências sexuais por motivos não relacionados à intimidade e ao prazer tem se revelado uma obviedade nas pesquisas sobre sexo. A psicóloga Charlene Muehlenhard, por exemplo, analisou os encontros sexuais adolescentes por mais de uma década. Ela descobriu que mais homens (57,4%) do que mulheres (38,7%) relatam ter feito sexo indesejado após ser aliciado – ou seja, quando uma pessoa avança o sinal e a outra tem dificuldade para recusá-la. Mais homens (33,5%) do que mulheres (11,9%) copularam sexualmente sem desejar porque queriam ter algum tipo de experiência sexual, algo acerca do qual falar ou para elevar a autoconfiança. E mais homens (18,4%) do que mulheres (4,5%) afirmaram ter feito sexo porque não queriam parecer homossexual, tímido, medroso, pouco masculino ou pouco feminino. A pressão dos pares foi determinante para 10,9% dos homens; para as mulheres, porém, esse número é de apenas a 0,6%[114].

Quando chegamos à idade adulta, a distância socializada entre mulheres e homens pode se ossificar em torno das experiências diferentes que nos dizem que devemos ter. Cada gênero busca exprimir sentimentos diferentes, por diferentes razões, com diferentes repertórios, e por isso é possível parecer que somos originalmente de planetas diferentes. Em um episódio de *Friends*, a desnorteada personagem Phoebe, ao jogar conversa fora com a mãe de seu novo namorado, menciona que "ele é o amante mais gentil que eu já tive". A mãe fica chocada com essa revelação inapropriada, mas Phoebe não compreende bem o choque da mulher diante de si e tenta tranquilizá-la: "não, não quis dizer que ele tem jeito de maricas. Acredite em mim, quando ele se anima, ele é bem homem!" No filme britânico *Sammy and Rosie Get Laid* (*Sammy e Rosie transam*), uma personagem lésbica sugere que os heterossexuais são dignos de pena: "as mulheres gastam todo seu tempo tentando gozar, e não conseguem, e os homens gastam todo seu tempo tentando não gozar, e também não conseguem".

Ela tem um bom argumento. Como muitos homens acreditam que o funcionamento sexual adequado é ser capaz de demorar para ejacular, alguns desenvolvem estratégias para evitar o que consideram ser uma ejaculação precoce – estratégias que exageram o distanciamento emocional, o falocentrismo, o foco no orgasmo e a objetificação. É assim que Woody Allen descreve essa situação em uma de suas *performances* cômicas de meados dos anos de 1960. Depois de descrever a si mesmo como um "garanhão", Allen diz:

> Quando faço amor, em um esforço para [pausa] prolongar [pausa] o momento de êxtase, penso em jogadores de *baseball*. Tudo certo, você vê, então nós dois estamos fazendo amor violentamente, ela está toda se entregando e eu penso que é melhor começar a pensar em jogadores de *baseball* rapidamente. Penso que o outro time está mal, os Giants estão bem. Nosso jogador rebate uma bola simples para a direita, e chega na segunda base após um arremesso irregular do adversário. Agora ela está arranhando as unhas dela no meu pescoço, e eu decido substituir o rebatedor [pausa para os risos]. Um jogador salta, outro corre uma base, o primeiro já está na terceira. Agora tenho jogadores na primeira e na terceira. Duas bolas foras e os Giants estão somente por uma corrida. Não sei se deve espremer o taco ou correr para pontuar [pausa para os risos]. Ela já está no chuveiro há dez minutos [pausa], não posso lhes contar mais nada, é muito pessoal [pausa]. Os Giants venceram[115].

É MESMO?

O melhor sexo é quando ambos têm orgasmo simultaneamente.

Ora, não há razão biológica para afirmar que o orgasmo simultâneo seria mais prazeroso, ademais, para a maioria de nós, trata-se de um conto da carochinha, igual às histórias do Pé-grande.

Na verdade, ao pensarem no assunto, quase metade dos entrevistados (46%) de uma pesquisa recente acreditava que era *mais* possível ver o Pé-grande do que "gozar" ao mesmo tempo.

Por outro lado, pouco mais de um a cada dez norte-americanos com menos de 25 anos disseram que seriam capazes de ler uma mensagem de texto enquanto faziam sexo.

Fonte: http://www.marketwatch.com/story/durex-survey-reveals-what-americans-really-want-in-the-bedroom-2012-04-30 • *Harper's Index* (*Índice Harper*), set./2010, p. 11.

E isso não leva em conta a variedade de cremes e pomadas que são anunciados na contracapa das revistas masculinas, produtos que os homens podem aplicar em seu pênis antes do sexo, para permitir que eles retardem a ejaculação. Tais produtos já foram incorporados nas novas camisinhas "resistentes". Mas o que são esses cremes e pomadas que atrasam a ejaculação? A maioria usa benzocaína, um anestésico leve (similar à novocaína usada pelos dentistas). É possível que os homens se sintam melhores amantes quando sentem *menos* prazer?

Quando tudo dá "certo", observamos nitidamente as marcas de gênero no sexo. Outra ilustração dessas marcas aparece nas pesquisas a respeito do que ocorre quando as coisas dão errado. Por exemplo, quando os homens buscam avaliações terapêuticas para problemas sexuais, eles raramente relatam não ter sentido prazer suficiente. Um homem que estava com ejaculação precoce afirmou que achava "não ser um homem de verdade" porque "não podia satisfazer uma mulher". Outro, com problemas de ereção, contou a um terapeuta que "um homem de verdade nunca precisa pedir nada de sexual para sua esposa" e que "ele deveria ser capaz de satisfazê-la sempre que ele quiser". Cada um desses homens passava por um problema sexual definido em termos de gênero; cada um deles temia que seu problema sexual prejudicasse sua masculinidade, fizesse dele menos do que um homem de verdade. Para eles, a sexualidade era menos uma questão de prazer mútuo do que de funcionamento hidráulico. Surpreende ainda que os homens usem a linguagem do local de trabalho (além de usar metáforas dos esportes e da guerra) para descrever experiências sexuais? Usamos a "ferramenta" para "terminar o serviço", que é obviamente "conquistar" o orgasmo, caso isso não ocorra vivenciamos uma "insegurança com a *performance*". Os homens com problemas sexuais raramente não se conformam ao gênero tradicional, raramente não estão dispostos ou não são capazes de seguir as regras da adequação sexual masculina. Isso quando não querem se conformar excessivamente às normas que definem o sexualmente adequado pela habilidade de funcionar como uma máquina bem azeitada[116].

É nesse contexto de gênero que também podemos entender a enorme popularidade do Viagra e de outras drogas que lidam com os problemas sexuais masculinos. Embora a maioria dos homens que sofrem de **disfunção erétil** (o termo corrente para o que antes se costumava chamar de "impotência", uma palavra que desde o início identificava ereção e poder) também tenha "ereções matinais" – um indicador de que seu problema não é fisiológico, mas sim psicológico – o Viagra e outras drogas permitem aos homens obter e sustentar ereções. Trata-se do lançamento de droga mais bem-sucedido na história dos Estados Unidos; mais de 35 mil prescrições foram feitas nas duas primeiras semanas desse produto no mercado. Muitos homens se gabaram de ter encontrado "a pílula mágica", a fonte da juventude sexual. "Você consegue fazer a noite inteira", jactava-se um deles. "A *performance* é incrível"[117].

Certamente crível, porém, era como esses homens concebiam as demandas da sexualidade masculina em termos mecânicos e como eles estavam aliviados por ver a máquina consertada. E tão logo o Viagra apareceu no mercado ele foi malcompreendido. A droga instiga ereções quando há desejo sexual em questão – ou seja, quando o homem quer fazer sexo e está excitado. Ela não funciona como afrodisíaco, não cria o desejo inicial. E o que os terapeutas chamam de "desejo sexual inibido" ou "pouco interesse sexual" – o que ironicamente outrora nomeava a "frigidez" das mulheres – agora é o problema sexual mais comum entre os homens. Infelizmente, a ciência médica ainda está para descobrir um remédio farmacêutico para isso[118].

Diminuindo a lacuna de gênero no sexo

Apesar da persistência das diferenças de gênero nas atitudes e comportamentos sexuais, a lacuna de gênero no sexo tem diminuído nos anos recentes, conforme homens e mulheres têm experiências sexuais cada vez mais parecidas. Ou melhor, conforme a experiência delas se torna mais parecida com a deles. Como argumentado anteriormente, nossa experiência do amor tem sido feminilizada, ao passo que nossa sexualidade tem sido continuamente "masculinizada". Se, de um lado, o comportamento sexual masculino mudou muito pouco, o feminino se transformou radicalmente e se aproximou cada vez mais do comportamento dos homens (essa mudança provavelmente os deixa tão animados quanto aterrorizados).

Parte dessa transformação foi resultado das inovações tecnológicas e das inflexões ideológicas que passaram a ser conhecidas com a expressão "revolução sexual". Desde os anos de 1960, a busca do prazer sexual pelo próprio prazer se tornou progressivamente mais disponível para as mulheres à medida que o surgimento de métodos de controle de natalidade adequados e relativamente seguros além da legalização do aborto tornavam possível separar completamente a atividade sexual da atividade reprodutiva (obviamente os homens sempre puderam buscar o prazer sexual apenas pelo prazer; por isso, nesse sentido, a sexualidade feminina passou a se assemelhar mais com a dos homens). "Acho que sexo era originalmente para produzir outro corpo; então acho que passou a ser para o amor; hoje em dia é só para se sentir bem", foi como um rapaz de 15 anos resumiu essa mudança. Ademais, a difusão da educação sexual tornou as pessoas mais conscientes – mas não necessariamente mais sexualmente ativas. Uma revisão recente de 53 estudos examinou os efeitos da educação sexual e das instruções sobre HIV na prática do sexo: 22 estudos não verificaram mudanças nos índices de atividade sexual e 22 observaram diminuições nítidas, adiamento da primeira experiência de sexo e redução do número de parceiros. Apenas três estudos relataram aumentos na atividade sexual associados ao recebimento de mais instruções. Aparentemente, a educação sexual permite às pessoas tomar *melhores* decisões e promove mais responsabilidade, não menos)[119].

Ideologicamente, o feminismo fez da busca do prazer sexual, expressão da autonomia da mulher, um objetivo político. As mulheres não mais acreditariam ser sexualmente desinteressadas, passivas, anjos assexuados virtuosos. Elas teriam direito ao prazer tal como os homens. E, na prática, elas sabiam como obtê-lo, depois de as feministas terem exposto o que uma delas chamou de "o mito do orgasmo vaginal". O feminismo, portanto, foi em parte uma resistência política àquilo que poderíamos chamar de "anulação social" da sexualidade feminina. "Parte do que me atrai no feminismo envolve o direito de ser uma pessoa sexual", relembra uma mulher. Outra projetava um movimento feminista "que validaria o direito de uma mulher dizer sim em vez de não". Assim, nas últimas três décadas, foi a sexualidade feminina que foi transformada à medida que as mulheres buscaram se exprimir como **agentes sexuais**. Considere, por exemplo, a transformação da ideia de experiência sexual. Antes era habitual esperar que os homens tivessem alguma experiência sexual anterior ao casamento e tanto eles quanto as mulheres premiavam a virgindade feminina. Não é mais assim. Como escreve Lillian Rubin, "no breve intervalo de uma geração – entre os anos de 1940 e os anos de 1960 – temos mães para quem ser virgem era sua posse mais preciosa e filhas para quem isso era um fardo". A virgindade não era mais "um tesouro a ser trancafiado"; agora, ela era "um problema a ser resolvido"[120].

Os índices e as motivações da masturbação também começaram a convergir. Afinal, o que é se masturbar senão se dar prazer – certamente a expressão

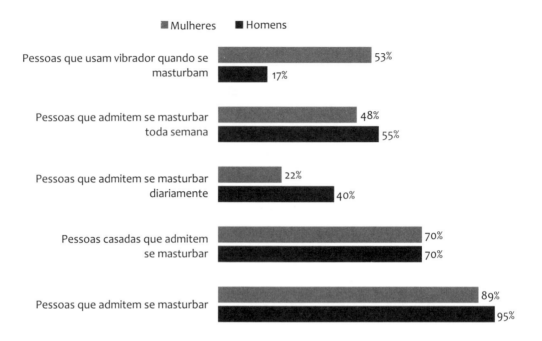

Figura 13.3 Estatísticas de masturbação – Cérebro Estatístico.
Fonte: Instituto de Pesquisa Cérebro Estatístico, publicando como Cérebro Estatístico. 07/07/2014. Disponível em http://www.statisticbrain.com/masturbation-statistics/

de um agente sexual. Uma pesquisa recente de âmbito nacional descobriu que as motivações de homens e de mulheres para se masturbar são praticamente similares (figura 13.3). Como são também as posturas sexuais. Na pesquisa sexual da Norc, 36% dos homens e 53% das mulheres que nasceram entre 1933 e 1942 acreditavam que sexo antes do casamento é quase sempre errado. Esses números caíram para os dois grupos, mas de modo mais incisivo entre as mulheres, de modo que, entre os nascidos de 1963 a 1974, apenas 16% dos homens e 22% das mulheres tinham essa mesma opinião a respeito do sexo pré-marital[121].

Os comportamentos sexuais também têm se tornado cada vez mais similares. Entre os rapazes adolescentes, a experiência do sexo permaneceu praticamente a mesma desde meados dos anos de 1940, com cerca de 70% de todos os meninos na faixa etária do ensino médio tendo sua primeira relação sexual (o índice ficava em cerca de 50% de garotos nessa idade no final dos anos de 1920). Mas para as garotas do ensino médio esse número cresceu bastante, passando de 5% na década de 1920 para 20% na de 1940, depois para 55% em 1982 e 60% em 1991. Houve um leve declínio desde os anos de 1990. Cerca de um a cada cinco adolescentes fizeram sexo antes dos quinze anos[122]. E a idade média da primeira relação sexual tem caído constantemente tanto para os meninos quanto para as meninas. Porém, ainda que o número de adolescentes virgens de ambos os sexos tenha diminuído, foi entre as garotas que ele diminuiu mais rapidamente. A quantidade de adolescentes que já tinham conhecido mais do que cinco parceiros sexuais aos 18 anos também aumentou, e novamente esse aumento é maior entre as garotas[123].

Simplesmente dizendo não

Conforme a experiência sexual de adolescentes têm se tornado mais similar, mais "masculinizada", uma campanha política reacionária também tem se desdobrado para interromper o sexo adolescente em seus próprios trilhos. Campanhas de abstinência encorajam os jovens a "simplesmente dizer não" para o sexo e a se abster de relações sexuais até o casamento. Essas campanhas começaram no início dos anos de 1990 dentro das igrejas batistas do sul dos Estados Unidos e foram abastecidas em parte pela preocupação crescente com as **doenças sexualmente transmissíveis** (DST), especialmente a HIV. Adolescentes são agora encorajados a fazer uma **promessa de virgindade** para evitar penetração sexual até o casamento. A abstinência adquiriu grande valor político e é agora celebrada como um sucesso enorme; uma reportagem de capa da revista *Newsweek* retratou a história de dois adolescentes brancos, felizes, sob a manchete: "A nova virgindade: Por que mais adolescentes estão escolhendo não fazer sexo". Em suas páginas, a publicação apresentava dados para mostrar que a porcentagem total de estudantes do ensino médio que afirmam já ter feito sexo caiu de mais de 50% em 1991 para pouco mais de 45% em 2001. Nesse período, os índices de gravidez prematura também caíram de 6% para 5% dentre todos os nascimentos[124]. Os proponentes apontam para uma queda de dez pontos percentuais na atividade sexual adolescente e nela veem o sucesso da educação sexual baseada na abstinência e em elaboradas campanhas públicas.

Tais esforços parecem ter *algum* efeito, mas dificilmente constituem um contrapeso para as outras mensagens que os adolescentes recebem. O sociólogo Peter Bearman analisou dados de mais de 90 mil estudantes e descobriu que fazer uma promessa de virgindade efetivamente leva um adolescente médio a retardar sua primeira relação sexual – por cerca de dezoito meses. E tais promessas são efetivas apenas para estudantes com até dezessete anos. Quando eles chegam perto de vinte anos, mais de 90% tanto dos meninos quanto das meninas já estão sexualmente ativos. E as promessas não têm efeito algum se um número significativo de alunos na escola está prometendo a mesma coisa. Ou seja, fazer tal promessa parece ser um modo de criar uma subcultura "desviante", um grupo de inconformados, aquilo que Bearman chama um "movimento identitário" – acrescente os "virgens" à lista de grupos da escola, como os góticos, roqueiros, atletas, *nerds* e *rappers*. Ironicamente, isso significa que nas escolas onde a maioria das crianças faz a promessa – em outras palavras, nas próprias comunidades mais fundamentalistas onde elas são praticamente obrigadas a prometer, onde isso se torna uma obrigação – elas não adiam em nada a iniciação sexual. E o que é pior, quando os adolescentes que prometeram finalmente fazem sexo, elas têm *muito menos chances* de usar métodos contraceptivos – e não há nenhuma redução de DSTs também[125].

Não só as promessas de virgindade não parecem reduzir a quantidade de atividade sexual adolescente, mas elas também frequentemente levam a uma estranha concepção sobre o próprio sexo. Dado que prometer abstinência muitas vezes deriva de resistência religiosa à educação sexual, as crianças parecem não saber o que se abster realmente significa. Em um estudo, 20% dos adolescentes que prometeram permanecer virgens acreditavam que sexo oral não violava sua promessa, e 10% acreditavam que sexo anal também estava dentro dos limites da abstinência. Por outro lado, outros 10% acreditavam que beijar de língua efetivamente quebraria o pacto feito.

Além disso, aparentemente, apenas os índices entre os meninos estão caindo, não entre as meninas. Por que é assim? Em parte, afirmam as sociólogas Barbara Risman e Pepper Schwartz, porque agora se presume que as garotas estejam sexualmente ativas dentro de uma relação romântica. Com isso, os meninos têm mais chances de iniciar sua vida sexual com uma namorada (no passado, era mais provável que eles tives-

Tabela 13.1 Porcentagem de norte-americanos com certos comportamentos sexuais em 2010 (N = 5.865)

Comportamentos sexuais	14-15 Homens	14-15 Mulheres	16-17 Homens	16-17 Mulheres	18-19 Homens	18-19 Mulheres	20-24 Homens	20-24 Mulheres	25-29 Homens	25-29 Mulheres	30-39 Homens	30-39 Mulheres	40-49 Homens	40-49 Mulheres	50-59 Homens	50-59 Mulheres	60-69 Homens	60-69 Mulheres	70+ Homens	70+ Mulheres
Masturbação solitária	62%	40%	75%	45%	81%	60%	83%	64%	84%	72%	80%	63%	76%	65%	72%	54%	61%	47%	46%	33%
Masturbação com parceiro	5%	8%	16%	19%	42%	36%	44%	36%	49%	48%	45%	43%	38%	35%	28%	18%	17%	13%	13%	5%
Receber sexo oral de mulheres	12%	1%	31%	5%	54%	4%	63%	9%	77%	3%	78%	5%	62%	2%	49%	1%	38%	1%	19%	2%
Receber sexo oral de homens	1%	10%	3%	24%	6%	58%	6%	70%	5%	72%	6%	59%	6%	52%	8%	34%	3%	25%	2%	8%
Dar sexo oral para mulheres	8%	2%	18%	7%	51%	2%	55%	9%	74%	3%	69%	4%	57%	3%	44%	1%	34%	1%	24%	2%
Dar sexo oral para homens	1%	12%	2%	22%	4%	59%	7%	74%	5%	76%	5%	59%	7%	53%	8%	36%	3%	23%	3%	7%
Penetração vaginal	9%	11%	30%	30%	53%	62%	63%	80%	86%	87%	85%	74%	74%	70%	58%	51%	54%	42%	43%	22%
Receber sexo anal	1%	4%	1%	5%	4%	18%	5%	23%	4%	21%	3%	22%	4%	12%	5%	6%	1%	4%	2%	1%
Inserir sexo anal	3%		6%		6%		11%		27%		24%		21%		11%		6%		2%	

Fonte: Tabelas 1 e 2 em Herbenick et al. "Sexual Behavior in the United States: Results from a National Probability Sample of Men and Women Ages 14-94" ("Comportamento sexual nos Estados Unidos: resultados de uma amostra probabilística nacional de homens e mulheres entre 14 e 94 anos"). In: *Journal of Sexual Medicine* (Revista de Medicina Sexual), 2010, 7 (supl. 5), p. 255-265.

© 2010 International Society for Sexual Medicine (Sociedade Internacional de Medicina Sexual). Reimpresso com permissão de John Wiley e filhos por meio da Copyright Clearance Center.

sem sua iniciação sexual furtivamente, com alguém fora de seu círculo social, uma "garota má"). A queda no número de rapazes, portanto, "reflete o crescente poder de negociação das garotas para restringir o sexo aos relacionamentos"; a diminuição da gravidez entre adolescentes é um testamento adicional do maior poder das meninas dentro das relações românticas porque elas têm muito mais inclinação a pressionar por práticas de sexo seguro. Se esse for o caso, o feminismo – e seu empoderamento de mulheres e garotas – pode na verdade ter um efeito moderador no comportamento sexual dos garotos, por ter fortalecido a posição das meninas e de sua insistência no sexo seguro e no relacionamento íntimo, ao passo que os esforços que os políticos de direita fazem para encorajar os estudantes a "simplesmente dizer não" podem estar na verdade aumentando a gravidez precoce, por distanciar os adolescentes do uso de contraceptivos[126].

Convergência no *campus*: a cultura do ficar

Um lugar em que é possível observar os desdobramentos políticos da convergência de gêneros no comportamento sexual é o *campus* universitário, onde a cultura do **ficar** praticamente anulou o antigo padrão de "avaliar-namorar-copular" notado pelo sociólogo Willard Waller décadas atrás. Waller via um mercado competitivo, no qual os estudantes avaliavam seu poder de negociação em referência tanto ao sexo oposto quanto à posição ocupada entre os amigos do mesmo sexo, visando assim um parceiro apropriado, que estivesse ligeiramente acima de si, mas não muito[127]. Contudo, embora outros grupos culturais continuem adeptos dos "encontros" – solteiros combinam de se encontrar às cegas ou se reúnem em grandes grupos para fazer encontros rápidos, e até mesmo bebês "se encontram" para brincar – faculdades e universidades abandonaram completamente essa ideia. Lá, os estudantes não mais se encontram, se conhecem e se tornam parceiros com a intenção de se casar. Nos *campi*, a norma é a do "ficar".

"Ficar" é um termo deliberadamente vago e vazio; um grupo de pesquisadores o define como "um encontro sexual que pode ou não incluir penetração, geralmente feito uma única vez entre duas pessoas que são estranhas ou conhecidas há pouco tempo"[128]. Embora essa definição pareça cobrir muitos casos, não consegue incluir aquelas pessoas que ficam mais de uma ou duas vezes, ou ainda os "casos sexuais" (conhecidos que se encontram regularmente para fazer sexo, mas raramente ou nunca se associam para outra coisa) e a "amizade colorida" (amigos que não querem se tornar parceiros românticos, mas podem incluir o sexo entre as atividades que aproveitam juntos).

Em muitos *campi*, o mercado sexual é organizado em torno do grupo de pares do mesmo sexo, que saem juntos e se encontram com o grupo de pares do outro sexo, em um cenário casual como um bar ou uma festa. As festas são atividades em que o ficar é o modo padrão de interação sexual. Em uma pesquisa colaborativa que realizei com outros sociólogos em Stanford, Indiana, Ithaca e Arizona, dentre uma dúzia de outras escolas com um grupo de vinte mil estudantes entrevistados, descobrimos que o ficar abrange uma multidão de comportamentos, que inclui beijos e toques não genitais (34%), estímulos manuais das genitais (19%), sexo oral (22%) e penetração (23%). Quase todas as práticas do ficar envolvem mais álcool do que sexo: os homens haviam bebido em média 4,7 *drinks* na última vez que ficaram com alguém, ao passo que a média feminina fora de 2,9 *drinks*. Aparentemente, a observação do "avaliar-namorar-copular" feita por Waller em 1937 foi de algum modo invertida. Hoje, é possível dizer que não se trata de namorar para encontrar um parceiro sexual adequado, mas sim de fazer sexo para encontrar um namoro apropriado.

Há apenas duas grandes diferenças de gênero na cultura do ficar: prazer e propósito. Uma pesquisa on-line sobre a vida social universitária descobriu uma significativa "lacuna de orgasmo" entre mulheres e homens. Na última "ficada" que tiveram, apenas 19% das mulheres chegaram ao orgasmo, em comparação com 44% dos homens. Ao interrogarem os estudantes sobre se seu parceiro teve ou não orgasmo quando ficaram com ele, a estimativa das mulheres acerca do prazer de seus "ficantes" homens correspondia em boa parte com o relato deles próprios. Mas as estimativas masculinas superestimaram enormemente o prazer de suas "ficantes" mulheres. No caso da cunilíngua, elas relataram orgasmo em 40% das vezes (os homens estimavam ter sido 60%) e, no caso de penetração, elas dizem ter chegado lá 34% (segundo as estimativas masculinas, seria 58%).

Isso significa que ou os homens não são especialmente perceptivos ou as mulheres estão fingindo ter prazer. Ou as duas coisas. Nas entrevistas, elas dizem que de vez em quando fingem "para fazê-lo sentir que acabou o serviço" ou simplesmente "para encerrar o assunto". Como afirma Trish, uma universitária perto de se graduar:

> Bem, ele estava se esforçando tanto para me fazer gozar. E, bem, eu não teria orgasmo de jeito nenhum. Senti-me tão mal por ele, eu havia ido lá embaixo por ele e ele já tinha tido orgasmo, então ele estava, enfim, tentando ser justo com a situação, mas realmente... Então simplesmente fingi, ele se sentiu bem e me senti aliviada[129].

Embora "ficar" seja uma atividade mútua e consensual, cabe às mulheres negociar se a "ficada" seguirá até um nível mais profundo de intimidade. E é aqui que a política de gênero entra em questão. Elas tendem a ser mais ambivalentes a respeito da cultura do ficar: algumas relatam se sentir sensuais e desejadas, enquanto outras acreditam que ficar é algo vulgar e raramente leva a alguma coisa. Em muitos *campi*, é comum que sejam as mulheres a propor um diálogo "para discutir o relacionamento" ou, mais simplesmente, "a conversa". "Somos um casal ou não?", ela pergunta. E, como receia um dos testemunhos, quando ela pergunta, "ele decide"[130].

Grupos antifeministas lamentam que as mulheres tenham perdido a modéstia, a castidade ou até mesmo a resistência aos padrões masculinos de conduta sexual. Elas deveriam, aconselham tais grupos, se lembrar do que suas avós lhes disseram: "os homens querem apenas uma coisa". Portanto, se desejam compromisso e casamento, as mulheres precisam reaprender como simplesmente dizer não. Essas estratégias, porém, ignoram que a busca pelo prazer constitui o comportamento e as intenções tanto de homens *quanto* de mulheres e presumem que estas seriam naturalmente castas e virginais, não fossem os homens predatórios e gananciosos. Essa imagem provavelmente insulta as mulheres, que já se mostraram capazes de atuação e de **iniciativa sexual** por si próprias; tal imagem também insulta os homens, pois presume que eles são – de modo igualmente inevitável – predadores violentos e ferozes.

Talvez o problema não seja o sexo, mas sim o gênero – ou seja, não a atividade sexual consensual entre duas pessoas quase adultas em acordo, mas sim a desigualdade de gênero que a acompanha. O contato sexual mutuamente negociado – quero dizer mutuamente e *sobriamente* negociado – com zelo pela integridade do parceiro pode ser um momento prazeroso ou formar a base para uma conexão mais duradoura. A questão é quem decide o que vai ser.

Convergência sexual adulta

Para os adultos, os índices de atividade sexual e o número de parceiros sexuais pré-maritais também parecem estar convergindo. Em outra pesquisa, 99% dos homens e 90% das mulheres com formação superior afirmaram ter feito sexo antes do casamento. Os pesquisadores de um estudo sobre comportamento sexual dos anos de 1970 descobriram muito mais atividade sexual e uma variedade muito maior entre as mulheres casadas daquela década do que Kinsey havia descoberto no fim dos anos de 1940. 90% de todas as mulheres casadas afirmavam estar felizes com sua vida sexual; 75% estavam contentes com a frequência, ao passo que 25% queriam mais. Um estudo nos anos de 1980 ecoou essa tendência. Mulheres e homens demonstravam desejos sexuais similares – ambos queriam sexo frequente, ficavam mais felizes quando iniciavam e recusam sexo em quantidades iguais e ficam descontentes quando o sexo era infrequente[131].

O que nos excita sexualmente também é similar. Nos anos de 1970, a psicóloga Julia Heiman desenvolveu um modo de medir a excitação sexual feminina. Amostras de universitárias ouviram dois tipos de gravação – uma romântica, outra explicitamente sexual – enquanto usavam um dispositivo em formato de absorvente que media o fluxo de sangue na vagina. Como os homens, as mulheres ficam muito mais excitadas pela conversa explicitamente sexual do que pelo diálogo romântico. E o interesse na variedade sexual também parece estar convergindo. Experiências de sexo oral têm crescido muito tanto para elas quanto para eles. E se for permitido acreditar em uma universitária de 21 anos, os sentidos associados ao sexo oral também estão mudando: "Com cerca de 16 anos eu tinha um amigo – não um namorado, mas um menino que era meu *amigo* – e não sabia o que lhe dar de aniversário, então fiz sexo oral nele. Queria que ele soubesse como era; fiz isso só pela diversão" é o que ela contou a um entrevistador, que observou como "ela não demonstrava ter nenhuma vergonha ou autoconsciência"[132].

É MESMO?

As mulheres são pressionadas a ficar, mesmo quando não querem. E não gostam disso.

É o que você ouviria se desse ouvidos a alguns críticos culturais da vida nos *campi*. Trata-se de uma vida depravada e irresponsável, onde estudos viciados em drogas ou bêbados se apalpam irracionalmente. Não, espere, isso foi nos anos de 1960. Na verdade, é isso que as pessoas dizem sobre a vida universitária – até mesmo lá nos anos de 1800.

Contudo, parece que isso não é mais verdade. Dois estudos recentes sobre a cultura do ficar descobriram que a experiência é amplamente positiva tanto para mulheres quanto para homens (ainda que levemente mais positiva para eles), ao passo que outra pesquisa não descobriu nenhuma diferença nos relatos de problemas psicológicos entre estudantes que se envolveram em sexo casual ("amizade colorida") e aqueles que estiveram em relacionamentos mais comprometidos.

Fonte: Jesse Own e Frank Fincham. "Young Adults' Emotional Reactions After Hooking Up Encounters" ("Reações emotivas de jovens adultos depois de ficar com uma pessoa"). In: *Archives of Sexual Behavior* (Arquivos do Comportamento Sexual), abr./2011, p. 321-330. • Marla Eisenberg, Diann M. Ackard, Michael Resnick e Dianne Neumark-Sztainer. "Casual Sex and Psychological Health Among Young Adults: Is Having 'Friends with Benefits' Emotionally Damaging?" ("Sexo casual e saúde psicológica entre jovens adultos: ter uma 'amizade colorida' seria emocionalmente danoso?"). In: *Perspectives on Sexual and Reproductive Health* (Perspectivas sobre Saúde Sexual e Reprodutiva), 41(4), dez./2009, p. 231-237.

Aparentemente, as mulheres estão fazendo mais sexo e gostando disso mais do que nunca em nossa história. E, portanto, elas agora têm menos inclinação a fingir orgasmo. Quando Lillian Rubin entrevistou mulheres brancas de classe média em meados dos anos de 1970, ao realizar seu estudo chamado *Worlds of Pain* (*Mundos de dor*), ela descobriu que mais de 70% das mulheres diziam fingir orgasmo ao menos parte do tempo. Agora, ela tem verificado que a mesma porcentagem afirma nunca fingir (embora as evidências entre universitárias possam na verdade estar começando a pressionar aquele índice de volta para cima)[133].

Os indícios de convergência de gênero não significam que não haja diferenças entre mulheres e homens

> **COMPARADO A QUÊ?**
>
> Se os conservadores nos Estados Unidos estão determinados a reduzir os índices de atividade sexual entre os jovens, os conservadores culturais no Japão podem estar mais preocupados em *aumentá-los*.
>
> Em um estudo recente feito pela Associação de Planejamento Familiar Japonesa, mais de um terço (36%) de todos os homens entre 16 e 19 anos se descreveram como "indiferentes ou avessos" a fazer sexo. Trata-se de um crescimento de quase 20% em apenas dois anos. Mas mesmo quando estão interessados, eles precisam encontrar uma companhia. Quase três quintos (59%) das mulheres japonesas entre 16 e 19 anos também dizem que não têm interesse em sexo ou lhe são avessas.
>
> Os políticos japoneses estão seriamente preocupados com o declínio da taxa de natalidade, que caiu aquém dos níveis de reposição.

na sua expressão sexual. O que eles contam como sexual ainda são coisas diferentes, mas as regras não são aplicadas com a ferocidade e a consistência que tinham no passado. "É diferente do que costumava ser quando se presumia que as mulheres precisavam se segurar até que se casassem. A pressão agora tanto sobre homens quanto sobre mulheres é para que eles percam sua virgindade", diz um homem de 29 anos. "Mas, para um homem, isso é sinal de masculinidade; e para a mulher, ainda há alguma perda de valor"[134].

O atual pânico popular nos Estados Unidos acerca do grande crescimento de sexo oral entre adolescentes é uma boa indicação tanto da convergência (o que eu chamei de "masculinização do sexo") quanto da desigualdade de gênero. Artigos recentes exprimem preocupação e surpresa com o fato de que bem mais da metade de todos os adolescentes entre 15 e 19 anos já tiveram uma experiência de sexo oral. Por volta de 19 anos, o número sobe para cerca de 60%. É possível que a inquietação dos pais seja alimentada pelos diferentes sentidos atribuídos ao sexo oral por sua geração – para eles, trata-se de um comportamento sexual mais íntimo do que a penetração. Hoje, porém, o sexo oral é visto de modo muito mais casual, como apenas "um tipo de atividade recreativa que é separada de uma relação pessoal íntima".

Porém, um olhar mais detido sobre os dados de pesquisas sobre sexo indica que se preocupar com o "sexo oral" entre adolescentes é não perceber o que realmente está ocorrendo. Se, por um lado, houve um pequeno aumento na prática de cunilíngua na adolescência, verifica-se, por outro lado, um crescimento épico da felação. A histeria do sexo oral não é a respeito de prazer mútuo, mas sim de meninas servindo aos meninos. As garotas adolescentes frequentemente enfrentam um dilema cruel: como os "garotos mandam" no país da adolescência, eles têm o privilégio de definir as regras do envolvimento sexual. Se as garotas "resistem" à penetração, elas precisam servir os meninos se querem poder sair com eles, serem convidadas para as festas certas, esse tipo de coisa. Tal demanda pode levar a uma desvalorização do sexo oral como intimidade sexual, uma vez que ele se tornou um modo de acomodar essas novas demandas sociais para as meninas. Um adolescente descreveu assim a seguinte conversa em uma festa: "eu estava falando com esse rapaz por, sei lá, dez minutos; e ele me perguntou se eu queria fazer sexo, respondi que não. Então ele me disse: 'Ok, mas você poderia, tipo, ir comigo no banheiro e descer lá embaixo para mim' e eu pensei, 'hã! o quê!?'"

Em muitas outras entrevistas, as meninas adolescentes descreveram o "prazer" de fazer sexo oral nos garotos populares. "Eles me disseram que era como... como um ingresso para entrar em algo, eles não me convidariam para as festas e outras coisas se eu não fizesse. Então disse para mim mesmo: não é nada demais, não vou ficar grávida com isso, então, enfim, tanto faz". Embora atualmente tanto homens quanto mulheres sintam ter direitos ao prazer, essa fala dificilmente poderia ser considerada um discurso sobre prazer mútuo; longe disso, trata-se de um discurso sobre desigualdade de gênero. Isso se amplia para outras formas de propriedade e coerção. "Paguei por

O corpo constituído pelo gênero 445

> **É MESMO?**
>
> Homens e mulheres querem coisas diferentes do sexo. Os psicólogos evolucionistas argumentam que eles e elas buscam fazer sexo por razões diametralmente opostas: Ele quer prazer imediato e espontâneo sem compromissos; ela quer uma conexão romântica com alguém de quem já é emocionalmente íntima.
>
> Não é bem assim. Em uma pesquisa com graduandos da Universidade do Texas, Cindy Meston e David Buss – dois psicólogos dessa escola evolucionista – descobriram que homens e mulheres faziam sexo basicamente pelos mesmos motivos. Eles afirmam ter encontrado diferenças de gênero significativas. É mesmo? Eis as doze principais razões por que as pessoas (bem, ao menos os graduandos de uma grande universidade pública do Texas) fizeram sexo, junto com os *rankings* masculino e feminino.
>
> | \multicolumn{3}{|c|}{Doze maiores razões por que homens e mulheres fizeram sexo} |
> | Homens | Razões | Mulheres |
> |---|---|---|
> | 1 | Tinha atração pela pessoa. | 1 |
> | 2 | Queria se sentir bem. | 3 |
> | 3 | Queria prazer físico. | 2 |
> | 4 | Queria se divertir. | 8 |
> | 5 | Queria mostrar afeto pela pessoa. | 4 |
> | 6 | Estava com excitação sexual e desejava se satisfazer. | 6 |
> | 7 | Estava "com tesão". | 7 |
> | 8 | Queria exprimir meu amor pela pessoa. | 5 |
> | 9 | Queria ter um orgasmo. | 14 |
> | 10 | Queria agradar meu parceiro/minha parceira. | 11 |
> | 17 | Tinha percebido que me apaixonara. | 9 |
> | 13 | Estava no calor do momento. | 10 |
>
> Fonte: Meston e Buss, 2007, p. 506. Com a gentil permissão de Springer Science Business Medid.
>
> Fonte: Cindy M. Meston e David M. Buss. "Why Humans Have Sex" ("Por que seres humanos fazem sexo"). In: *Archives of Sexual Behavior (Arquivos do Comportamento Sexual)*, 36, 2007, p. 477-507.

uma noite maravilhosa", comentou um universitário, "e tinha direito ao sexo por causa do meu esforço". Como resultado de atitudes como essa, casos de estupro depois de um encontro ou de estupro por conhecidos continuam altíssimos em nossos *campi*[135].

Cerca de 15% das universitárias relataram ter sido agredidas sexualmente; mais de metade dessas agressões foram feitas por uma pessoa com quem a mulher estava saindo. Alguns estudos estimaram que esses índices seriam significativamente maiores, quase o dobro (27%) em relação ao estudo realizado por Mary Koss e seus colegas[136]. Ainda que alguns especialistas se enfureçam com o fato de as feministas terem transformado as mulheres em idade universitária em "vítimas", seria mais correto se enfurecer com os homens predadores por realmente fazê-las vítimas de **agressão sexual**. Qualquer número de estupros é inaceitável. Mas o número significativo de universitárias forçadas a mudar seus comportamentos por causa do comportamento desses homens – onde elas estudam, até que horas ficam na biblioteca, a que festas vão, com quem elas saem – é o que de fato enfurece.

Entre adultos, mulheres e homens relatam índices bem diferentes de sexo forçado. Embora 96,1% deles e 77,2% delas digam que nunca foram forçados a fazer sexo contra sua vontade, o número entre as pessoas que efetivamente foram obrigadas demonstra diferenças enormes. Entre eles, pouco mais de 1%

(1,3%), e entre elas, porém, mais de 20% das mulheres (21,6%) foram forçadas a fazer sexo com o sexo posto; cerca de só 2% dos homens (1,9%) e apenas 0,3% das mulheres foram obrigados por alguém do mesmo sexo. Os homens continuam sendo os principais predadores sexuais. Diversos estudos estimam as probabilidades de uma mulher ser vítima de um estupro completado em uma a cada cinco. O número para tentativa de estupro é quase o dobro disso[137].

O crescimento da iniciativa sexual das mulheres, por mais revolucionário que seja, não foi acompanhado de uma redução no domínio sexual masculino ou por um aumento nítido da capacidade dos homens de ter intimidade e conexão emocional. Assim, tal como algumas feministas celebraram a reivindicação da autonomia sexual pelas mulheres, outras – terapeutas e ativistas – deploraram a adesão masculina a um modelo "não relacional" de comportamento sexual. Tal como ocorre com a amizade e o amor, são os homens que têm problemas, e psicólogos como Ronald Levant buscam substituir "uma sexualidade irresponsável, sem vínculos, compulsiva e alienada por uma sexualidade que seja eticamente responsável, compassiva com o bem-estar dos participantes e que também empodere sexualmente os homens"[138].

A noção de **sexo não relacional** significa que o sexo é, para os homens, algo central em suas vidas, isolado de outros aspectos da vida social e dos relacionamentos, muitas vezes associado com agressividade, e socialmente concebido dentro de uma lógica de busca por sucesso e realização. A inexperiência sexual é considerada um estigma. Exemplos de sexualidade masculina não relacional abundam, relatam os críticos. Os homens pensam sobre sexo mais frequentemente do que as mulheres; têm fantasias sexuais mais explícitas; masturbam-se mais do que elas; compram mais pornografia; têm mais parceiras sexuais; e vivem experiências sexuais mais variadas do que as mulheres[139].

Em um estudo publicado recentemente sobre esse problema, o psicólogo Garry Brooks analisa os problemas sexuais masculinos como uma patologia, uma **síndrome da página central**. Os sintomas incluem voyeurismo, objetificação, tomar o sexo como validação masculina, fazer das relações sexuais troféus e medo de intimidade. Ron Levant contribui com outro neologismo médico, *alexitimia*, que trata do condicionamento social de uma "inabilidade de sentir ou exprimir sentimentos". Esse problema deve ser sério: afinal, tem um nome grego. Alguns autores também percebem o perigo para as mulheres tanto quanto para os homens de desenvolver esse tipo "masculino" de sexualidade, que "nega a humanidade de seus parceiros, e [...] objetificam e até mesmo violam o parceiro que efetivamente é tratado mais como um acessório". Outros previnem "o dano que no fim das contas é feito aos homens quando eles são socializados de modo a limitar sua habilidade para vivenciar a intimidade"[140].

Nem todos os estudos sobre a não relacionalidade masculina são tão críticos. Os psicólogos Glenn Good e Nancy Sherrod afirmam que para muitos homens o sexo não relacional é um estágio de desenvolvimento, não necessariamente um modo de ser:

> Os homens progridem passando pelo estágio da SN [sexualidade não relacional] ganhando controle sobre as tarefas de desenvolvimento associadas a esse estágio... [que] incluem ganhar experiência como ser sexual, ganhar experiência com aspectos interpessoais da sexualidade, desenvolver sua identidade e conforto com intimidade. Os homens que seguem essa rota desenvolvem sentidos internamente direcionados de seu comportamento, que lhes permitem formar e sustentar elos íntimos com outras pessoas.

Com efeito, para Good e Sherrod, a experiência com o sexo não relacional pode ser uma experiência positiva, pois permite aos adolescentes "reduzir tensões sexuais" e "ganhar experiências sexuais, refinar habilidades associadas às atividades do sexo e experimentar padrões e comportamentos, reduzindo assim a curiosidade sobre parceiros diferentes no futuro[141].

A ideia do sexo não relacional como um "problema" para os homens é relativamente recente e é parte de uma cultura geral de desconforto com os excessos da revolução sexual. Nos anos de 1970, como Martin Levine e Richard Troiden apontaram, os problemas sexuais significantes tinham relação com pouquíssima experiência sexual: anorgasmia (a inabilidade de chegar ao orgasmo), especialmente para as mulheres, problemas de ereção e ejaculação para os homens. Agora os problemas têm relação com "vício" em sexo, um termo relativamente novo que problematiza o fato de se fazer muito sexo, e com "sexo não relacional", que problematiza o fato de se buscar o prazer sexual por si só. Embora seja verdade que a sexualidade não relacional pode ser um problema para alguns homens, especialmente para aqueles que têm nesse tipo de sexo a única forma de expressão sexual, ele não é necessariamente o único modo como os homens exprimem sua sexualidade. Muitos homens são capazes tanto do sexo relacional quanto do não relacional. Alguns nem mesmo praticam esse último porque vivem em uma subcultura na qual ele não é normativo; outros desenvolvem valores opostos a sexualidade sem relação[142]. Um objetivo possivelmente produtivo seria ampliar nossos repertórios sexuais de modo a capacitar tanto homens quanto mulheres a viver uma grande variedade de trocas e combinações entre amor e desejo sexual, sem reduzir inteiramente um ao outro – desde que todas essas experiências sejam mutuamente negociadas, seguras e igualitárias.

Homossexualidade como conformidade de gênero

Até aqui, descrevi os modos como mulheres e homens são socializados para formar a sexualidade "dele" e a "dela". Deliberadamente evitei a explanação de que eu estava tratando apenas da heterossexualidade, e não da homossexualidade, porque essa forma de constituição do gênero no comportamento sexual é aplicável tanto para homossexuais quanto para heterossexuais. Com efeito, pode ser até *mais* óbvio entre homens *gays* e lésbicas, pois nos encontros homossexuais há dois homens ou duas mulheres com essa construção de gênero. Ou seja, há masculinidade ou feminilidade multiplicadas por dois! As diferenças de gênero podem até mesmo ser exageradas pela orientação sexual.

Obviamente, isso é o contrário da compreensão que o senso comum faz da homossexualidade, bem como dos estudos biológicos que sugerem alguma afinidade biológica entre homens *gays* e mulheres, em oposição aos homens heterossexuais. Com efeito, o senso comum pressupõe que *gays* e lésbicas são pessoas que *não* se conformam ao gênero – elas são mulheres "masculinas"; eles são homens "femininos". Mas esse tipo de pensamento do senso comum tem uma falha lógica profunda – ele presume que o gênero do parceiro é mais importante, e mais decisivo na vida de uma pessoa, do que o próprio gênero dela. Mas nosso próprio gênero – a coleção de comportamentos, atitudes, atributos e presunções sobre o que significa ser um homem ou uma mulher – é muito mais importante do que o gênero das pessoas com quem interagimos, sexualmente ou em outras situações. O comportamento sexual, *gay* ou hétero, confirma a identidade de gênero.

Isso não significa que as presunções do senso comum esgotam completamente as discussões populares sobre a homossexualidade, especialmente naqueles livros de aconselhamento escritos para ajudar os pais a garantir que seus filhos não acabem dando "errado". Por exemplo, o livro de Peter e Barbara Wyden *Growing Up Straight: What Every Thoughtful Parent Should Know About Homosexuality* (*Crescer para ser hétero: o que todo pai cuidadoso deve saber sobre homossexualidade*) argumentava que os meninos "pré-homossexuais" eram identificáveis por sua falta de masculinidade na primeira infância, algo que poderia decorrer da frustração com uma mãe excessivamente "masculina", ou, em outras palavras, uma mãe que trabalhasse fora de casa e desse atenção a ideias feministas![143]

Alguns estudos empíricos também fizeram afirmações como essa. Por exemplo, o psiquiatra Richard Green acompanhou um pequeno grupo de meninos (cerca de 55) da pré-escola até o começo da idade adulta. Todos foram escolhidos por hábitos de se vestir frequentemente como travesti. Eles gostavam de brincar com as meninas na escola, com bonecas e seguiam suas mães pela casa fazendo trabalho doméstico. Seus pais apoiavam esse comportamento. Esses "meninos mariquinhas", como Green os chamava, tinham uma tendência de ter experiências homossexuais quatro vez maior do que a dos meninos não femininos. Mas essa pesquisa também foi amplamente criticada: essa inconformidade de gênero é extremamente rara (houve grande dificuldade para até mesmo encontrar esses 55 rapazes) e, portanto, não pode ser tomado como origem explicativa para a maioria do comportamento homossexual.

Padrões extremos de inconformidade não são equivalentes a padrões mais moderados como não gostar de esportes, preferir música ou leitura, ser indiferente às brincadeiras de embate físico. A experiência homossexual pode ser resultado de reações sociais à conduta deles (perseguição de outros garotos ou as terapias às quais eles são geralmente expostos), que frustram a capacidade deles de estabelecer padrões heterossexuais convencionais de comportamento. Pode até mesmo ser o próprio ostracismo, e não o comportamento ofensivo, que leva às experiências sexuais. Quando formas mais moderadas de inconformidade de gênero são examinadas, a maioria dos garotos que demonstram tal comportamento acabam se revelando heterossexuais. Por fim, quando estudos feitos por Green e seus colegas foram ampliados para analisar as "meninas joãozinho", descobriu-se não haver diferença nenhuma na eventual preferência sexual entre meninas que apresentavam ou não esse comportamento (O que essa equipe de pesquisadores parece ter descoberto é que ser um menino maricas ofende muito mais a ordem de gênero do que ser uma menina joãozinho)[144].

A evidência aponta esmagadoramente na outra direção: a homossexualidade é profundamente marcada pelo gênero, e os homens *gays* e as lésbicas se conformam verdadeiramente a ele. Aceitar essa proposição leva a algumas alianças inesperadas, com escritores afirmativamente *gays* e feministas se alinhando do mesmo lado de escritores ultraconservadores como George Gilder, que, em sua crítica inabalável à masculinidade – tanto a *gay* quanto a heterossexual – afirma que o lesbianismo "não tem nada a ver com a homossexualidade masculina. Assim como os homossexuais homens, com sua luxúria compulsiva e impulsos promíscuos, oferecem uma espécie de caricatura da sexualidade masculina típica, as lésbicas se assemelham de perto com outras mulheres em seu desejo por uniões íntimas e monogâmicas"[145].

Desde o nascimento do **movimento de liberação gay**, nos protestos de Stonewall de 1969 – quando homens *gays* lutaram contra a política, que estava atacando um bar *gay* na cidade de Nova York – os homens homossexuais têm se mostrado particularmente ávidos por demonstrar que não são homens "falhados", como as imagens populares os retratavam.

Com efeito, muitos *gays* são extremamente bem-sucedidos como homens "de verdade", agindo segundo um código hipermasculino de sexo anônimo, roupas masculinas e aparência física, incluindo fisi-

---

[b] Expressão utilizada nos Estados Unidos para se referir, em geral, aos homens *gays* que cultivam uma aparência hipermasculina, fugindo do estereótipo de que seriam menos masculinos do que héteros [N.T.].

culturismo. O modelo do "clone"[b], como foi chamado, chegou a abranger 35% de todos os *gays* e realizava com mais intensidade as demandas da masculinidade do que os homens hétero. No início dos anos de 1980, isso havia produzido algumas inversões curiosas nos estereótipos tradicionais. Em uma canção popular de 1983, Joe Jackson comentava isso:

> Veja os bons meninos, dançando em parzinhos.
> Cacheados, bronzeados e com brinquinho.
> Certeza são héteros, traçam ali sua linha.
> Os *gays* são machos, o couro deles não brilha?[146]

Em contraste, a vida sexual das lésbicas era bem diferente. Para muitas delas, a liberação *gay* não significava liberação sexual. Na comunidade lésbica, houve mais discussão a respeito da "tirania do relacionamento" do que sobre práticas sexuais variadas; casais lésbicos na terapia reclamavam da "morte na cama lésbica", a quase total interrupção da atividade sexual do casal após alguns anos. Uma mulher disse em uma entrevista:

> Como mulheres não fomos socializadas para sermos iniciadoras do ato sexual. Outro fator é que não temos de dar desculpas se não queremos fazer. Não dizemos que estamos com dor de cabeça. Dizemos apenas não. Também trocamos muito mais carinhos e toques do que as pessoas heterossexuais, e ficamos satisfeitas do que simplesmente pelo ato da penetração... Outra coisa é que conforme tal elo de sororidade se desenvolve o relacionamento quase se torna incestuoso depois de um tempo. A intimidade é muito grande. Conhecemos uma a outra bem demais[147].

Embora algumas lésbicas efetivamente abracem uma ética de liberação sexual e busquem arenas de sexualidades variadas, a maioria permanece em conformidade com seu gênero.

Isso foi sublinhado pelo fato de que o feminismo desempenhou um grande papel na organização social da vida lésbica. Durante as primeiras ondas do movimento das mulheres, o lesbianismo foi considerado uma alternativa política, uma decisão de não dar auxílio e conforto para o inimigo (os homens). Como uma mulher poderia ser realmente feminista, perguntavam-se, se ela partilhava sua vida e sua cama com um homem? A "lésbica politizada" representou uma fusão particular de política sexual e de gênero, uma escolha de vida que se coadunava com um compromisso político. "Para uma mulher, ser lésbica em uma cultura de supremacismo masculino, capitalista, misógina, racista, homofóbica e imperialista", escreveu uma mulher, "é um ato de resistência". Embora, por certo, nem todas as lésbicas sejam feministas, até mesmo essa construção de lesbianismo político é uma forma de conformidade de gênero. Para resistir à desigualdade de gênero, afirmam as lésbicas politizadas, então é preciso optar por sair de relações sexuais com os homens e escolher ter uma vida sexual apenas com mulheres *porque elas são mulheres*. O gênero permanece o princípio organizador da sexualidade – mesmo de uma sexualidade compreendida como forma de resistência à política hegemônica de gênero[148].

O peso da evidência apresentada por pesquisas sobre homossexualidade confirma esse argumento de que homens *gays* e lésbicas são conformistas de gênero. Tome-se, por exemplo, o número de parceiros sexuais. Em um estudo sobre o sexo, os pesquisadores descobriram que a maioria das lésbicas relata ter conhecido menos de dez parceiros sexuais, e quase metade afirma nunca ter feito sexual casual de uma noite só. Uma pesquisa de 1982 com mulheres não casadas entre 20 e 29 anos descobriu uma média de 4,5 parceiros sexuais no curso de suas vidas. Mas a média entre os homens *gays* no mesmo estudo averiguava centenas de parceiros e muitas experiências de sexo de ocasião única. Mais de um quarto dos homens relataram mil ou mais parceiros. Masters e Johnson notaram que 84% dos homens e 7% das mulheres haviam tido entre 50 e mil ou mais parceiros sexuais em sua vida, e que 97% dos homens e 33% das mulheres haviam tido sete ou mais relacionamentos com duração de quatro meses ou menos. Em outro estudo, 11% de maridos e 9% de esposas se declararam promíscuos, número que atingia 79% entre os homens *gays* e 19% entre as lésbicas (entre heterossexuais que moram juntos, porém, 25% dos homens e 22% das mulheres faziam a mesma afirmação de promiscuidade). Os homens *gays* têm os menores índices de relações comprometidas duradouras, ao passo que as lésbicas têm os maiores; elas dão muito mais ênfase aos vínculos emocionais do que os homens *gays*. Assim, aparentemente, os homens – *gays* ou héteros – colocam a sexualidade no centro de suas vidas, ao passo que as mulheres – héteros ou lésbicas – têm mais interesse nos afetos e carinhos do contexto de uma relação amorosa[149]. Novas pesquisas também relatam que casais de mesmo sexo são, na verdade, mais felizes do que casais heterossexuais matrimoniados[150].

A pesquisa sobre frequência da atividade sexual confirma essas percepções. Em um estudo entre casais heterossexuais, 45% relatam fazer sexo três ou mais vezes por semana nos primeiros dois anos de casamento; e 27% daqueles casados entre dois e dez anos relatam os mesmos índices. Em contraste, 67% dos casais de homens *gays* em até dois anos de relação estável e 32% daqueles que estão juntos entre dois e dez anos afirmam fazer sexo três ou mais vezes por semana. Entre as lésbicas, esse número é de um terço para os casais nos dois primeiros anos e de apenas 7% para as relações de mais de dois anos. Depois de dez anos, os índices de pessoas relatando sexo mais de três vezes por semana é de 18% para os heterossexuais casados, 11% para os homens *gays* e 1% para as lésbicas. Quase metade das lésbicas (47%) relatam fazer sexo menos de uma vez por mês depois de dez anos juntas. Um entrevistador descreve um casal lésbico do seguinte modo:

> Ela morava junto com sua companheira e as duas obviamente estavam bastante apaixonadas. Como a maioria das pessoas que têm uma relação boa e estável por cinco anos, elas pareciam confortáveis juntas, como se fossem parte uma da outra, capazes de brincar, nitidamente satisfeitas em seu relacionamento. Elas trabalhavam juntas, tinham os mesmos horários de folga do trabalho, fazem a maior parte de suas atividades de lazer juntas. Elas me mandaram um prato de biscoitos assados, um belo gesto simbólico do tipo de acolhimento e bem-estar que sentia na casa delas[151].

Se a heterossexualidade e a homossexualidade são tão similares, no fato de homens e mulheres exprimirem e confirmarem suas identidades de gênero por meio do comportamento sexual, quais, então, são as grandes diferenças entre héteros e homossexuais – além, obviamente, do gênero de seu parceiro? Uma diferença é que os relacionamentos *gays* são mais igualitários. Quando, por exemplo, perguntamos quem inicia o sexo, *gays* e lésbicas relatam índices idênticos, que são muito mais equilibrados do que os números para casais heterossexuais matrimoniados ou que moram juntos.

E no entanto, há sinais de que isso está mudando. Um estudo recente encontrou algumas semelhanças com pesquisas anteriores, incluindo uma tendência ascendente na monogamia entre homens *gays*, que não se iguala ainda em nível de monogamia entre lésbicas. Mas desapareceram as grandes diferenças, por exemplo, na questão de quem inicia o sexo, que é agora idêntica para casais *gays*, lésbicas e heterossexuais. E conforme a porcentagem de participantes que fizeram sexo com outra pessoa durante o tempo em que foram um casal foi diminuindo entre 1975 e 2000 (estamos nos tornando mais monogâmicos), as diferenças de gênero foram muito pequenas. E embora os homens homossexuais tivessem mais sexo fora da relação, esse número também vem diminuindo, tal como o número de pessoas que tinham tido um caso amoroso significativo fora da sua relação.

Uma vez que as identidades dos homossexuais são definidas pela sua sexualidade, e dado que sua sexualidade não tem relação com a procriação, os homossexuais e as lésbicas também têm sido mais experimentais sexualmente, especialmente com sexo sem penetração. Como escreve um terapeuta sexual: "Os homens homossexuais têm mais formas de se relacionarem sexualmente do que os homens heterossexuais". E Masters e Johnson descobriram que os casais homossexuais têm sessões de prática sexual mais longas do que os casais heterossexuais[152].

Outra forma como a heterossexualidade e a homossexualidade são similares, com efeito, é no impacto da homofobia sobre o comportamento sexual. Obviamente, para os homens *gays*, a homofobia satura todas as suas interações. A desvalorização sistemática da homossexualidade e o estigma associado a ela se tornam um elemento crucial na identidade da pessoa. Como escreve o sociólogo Ken Plummer:

> A percepção da hostilidade das reações sociais que rodeiam... a homossexualidade... transforma a experiência de se tornar homossexual um processo que se caracteriza por problemas de acesso, problemas de culpa e de identidade. Conduz à emergência de uma subcultura da homossexualidade. Conduz a uma série de problemas de interação envolvidos na ocultação do estigma desvalorizado. E inibe o desenvolvimento de relações estáveis entre homossexuais em grau considerável[153].

Para compreender melhor a experiência do estigma, é possível fazer esta pequena experiência de pensamento, desenvolvida por dois psicólogos sociais: imaginemos uma pessoa ansiosa em um mundo onde estar ansioso é contra a lei. Ela deve tentar esconder a sua ansiedade dos outros. A sua própria casa pode ser um lugar seguro para se sentir ansiosa, mas uma manifestação pública de ansiedade pode levá-la à prisão ou então ao ostracismo social. Um dia, no trabalho, um colega se aproxima dela e diz: "É engraçado, por um breve momento pensei que você estivesse ansiosa". "Lógico que não", ela exclama um pouco alto demais, "eu não!" Ela começa a se perguntar se o seu colega de trabalho relatará suas suspeitas ao patrão dela. Se o fizer, esse pode informar a polícia ou pelo menos a mudará de função no trabalho, deslocando-a para um posto que exija menos contato com os clientes, especialmente aqueles que têm filhos[154].

Embora seja evidente que a homofobia constrói a experiência *gay*, estamos menos conscientes do poder dela na estruturação das experiências e das identidades das pessoas heterossexuais. Ainda que haja evidências de que as atitudes sociais em relação à homossexualidade têm se inclinado cada vez mais para a aceitação nas últimas décadas, a homofobia é muito mais do que "aceitação" cheia de ressalvas, ou o medo ou ódio dos homossexuais; é também, para os

---

LEIA TUDO A RESPEITO!

Mas e sobre a sexualidade e a identidade de gênero? Sabemos muito pouco sobre os fundamentos que constroem a sexualidade das pessoas transexuais. Se elas mudaram de sexo, será que tendem para os comportamentos tradicionais e estereótipos de gênero do seu "novo" sexo atribuído, ou será que retomam comportamentos anteriores? Para as pessoas que não mudaram de sexo ou se identificam como gênero *queer* ou não binários, será que "escolhem um lado" ou desenvolvem ainda uma terceira forma de sexualidade? O sociólogo Raine Dozier nos dá uma possível resposta: para os homens trans, um conjunto muito variado de mecanismos cognitivos e comportamentais entra em cena. O seu artigo "Beards, Breasts, and Bodies" ("Barbas, seios e corpos") explica que, quando as características sexuais não se alinham com a identidade de gênero, o comportamento sexual se torna mais importante para confirmar tal identidade (p. ex., homens trans que ainda não estão fisicamente constituídos como homens trans tendem para comportamentos sexuais mais hipermasculinos); mas quando as características sexuais se tornam mais congruentes com a identidade de gênero, o comportamento sexual se torna mais fluido e variado. Definitivamente, podemos dizer que precisamos de mais investigação sobre identidade e expressão de gênero – incluindo mais vozes do espectro diversificado de identidades e sexualidade.

homens, o medo de serem vistos como não homens, efeminados, ou, pior de tudo, *gays*. Este medo parece menos agudo entre as mulheres heterossexuais, embora muitas se preocupem com os perigos que os homossexuais (quase sempre no caso de homens) trariam para os seus filhos[155].

Os homens heterossexuais gastam frequentemente muito tempo e energia para se mostrarem masculinos, de modo que ninguém tenha a impressão "errada" sobre eles. Em um estudo, muitos homens heterossexuais disseram ter feito sexo apenas para provar que não eram *gays*. Dado que geralmente a percepção mais comum sobre a homossexualidade é a percepção equivocada centrada na inversão do gênero, as pessoas heterossexuais têm comportamentos compensatórios que envolvem frequentemente versões exageradas de posturas estereotipadas de gênero. Desta forma, a homofobia reforça o gênero do sexo, mantendo os homens agindo de modo hipermasculino e as mulheres agindo de modo ultrafeminino. "A heterossexualidade tal como atualmente interpretada e realizada (a preferência erótica pelo outro gênero) exige a homofobia", escreveram os pesquisadores do sexo John Gagnon e Stuart Michaels[156].

O que mais afeta a sexualidade?

Embora o gênero continue a ser um dos princípios organizadores da sexualidade, outros aspectos da nossa vida também influenciam profundamente nossos comportamentos e expectativas em relação ao sexo. Por um lado, a conduta sexual, como já vimos, varia muito entre diferentes culturas. Margaret Mead descobriu que em algumas delas a ideia de sexo espontâneo não é encorajada nem para mulheres nem para homens. Entre os Arapesh, ela escreve, acredita-se que as mulheres são exceção. "Os pais alertam seus filhos ainda mais do que suas filhas para não se deixarem levar por situações em que alguém possa fazer amor com eles." Outra antropóloga relatou que, em uma sociedade do sudoeste do Pacífico, as relações sexuais são vistas como altamente agradáveis e a falta de sexo como algo prejudicial para ambos os sexos. Bronislaw Malinowski, por sua vez, viu uma convergência significativa entre mulheres e homens nas Ilhas Trobriand, onde as mulheres iniciam o sexo tão frequentemente como os homens, e onde os casais evitam a posição "papai e mamãe" porque nela o peso do homem dificulta que os movimentos da mulher a deixem plenamente ativa.

Nos Estados Unidos atualmente, muitas variáveis além do gênero afetam a formação da sexualidade, tais como classe, idade, educação, estado civil, religião, raça e etnia. Veja-se a classe, por exemplo. Kinsey descobriu que, ao contrário da ideologia norte-americana segundo a qual as pessoas da classe trabalhadora seriam mais sensuais porque estariam mais próximas da sua "natureza animal", pertencer às classes mais baixas não significa fazer sexo melhor. De fato, ele descobriu que as pessoas de classe alta e média eram mais sofisticadas nas "artes do amor", demonstrando maior variedade de atividades e mais ênfase nas preliminares, ao passo que as pessoas das classes mais pobres dispensavam as preliminares e nem sequer se beijavam muito.

Há evidências de que raça e etnia também produzem algumas variações na conduta sexual. Por exemplo, negros parecem ter atitudes sexualmente mais liberais do que brancos e têm um pouco mais de parceiros sexuais, mas também se masturbam menos frequentemente, fazem menos sexo oral, e são ligeiramente mais propensos a ter experiências com pessoas do mesmo sexo. Hispânicos são também mais liberais sexualmente do que brancos e se masturbam com mais frequência do que pessoas negras ou brancas, mas também fazem menos sexo oral do que essas últimas (porém mais do que aquelas) e têm menos parceiros sexuais, do mesmo sexo ou do sexo oposto, do que cada um dos outros dois grupos[157].

O corpo constituído pelo gênero 453

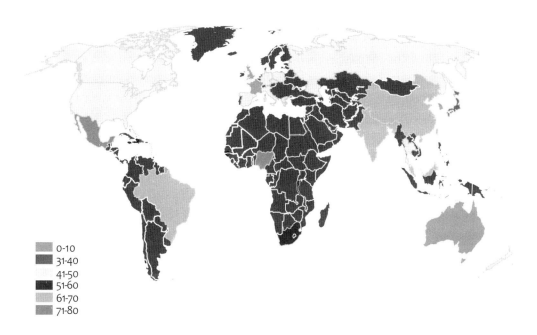

Figura 13.4a Porcentagem de pessoas que relatam fazer sexo "excitante" por país. Onde as pessoas fazem o melhor sexo, o pior e os com mais infecções sexualmente transmissíveis.

Fonte: Os dados vêm de duas pesquisas feitas pela Durex, a empresa de camisinhas. As pesquisas que a empresa fez intituladas *Bem-estar sexual* (de 2007 e 2008) e *Face do sexo global* (2012) são rigorosas metodologicamente. Zack Beauchamp, "6 Maps and Charts That Explain Sex Around the World" ("6 mapas e gráficos que explicam o sexo ao redor do mundo"). In: *Vox*, 26/05/2015. Disponível em http://www.vox.com/2014/5/7/5662608/in-different-area-codes

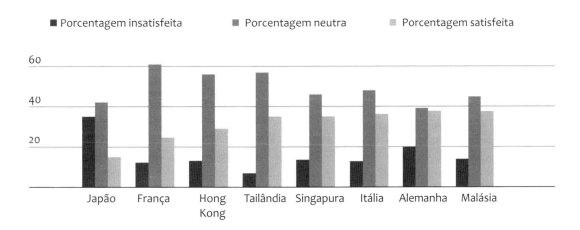

Figura 13.4b Os países menos satisfeitos sexualmente. Onde as pessoas fazem o melhor sexo, o pior e os com mais infecções sexualmente transmissíveis.

Fonte: Os dados vêm de duas pesquisas feitas pela Durex, empresa de camisinhas. As pesquisas que a empresa fez intituladas *Bem-estar sexual* (de 2007 e 2008) e *Face do sexo global* (2012) são rigorosas metodologicamente. Zack Beauchamp, "6 Maps and Charts That Explain Sex Around the World" ("6 mapas e gráficos que explicam o sexo ao redor do mundo"). In: *Vox*, 26/05/2015. Disponível em http://www.vox.com/2014/5/7/5662608/in-different-area-codes

A idade também afeta a sexualidade. O que nos excita com 50 anos provavelmente não é o mesmo que nos excitava com 15. Não só há mudanças fisiológicas importantes que prenunciam a queda da energia e do interesse sexual, mas também existe aí uma relação com o estado civil e as obrigações familiares. Como escreve Lillian Rubin:

> No nível mais mundano, a constante negociação de tarefas quotidianas deixa as pessoas incomodadas, cansadas, irritadas, sentindo-se mais como guardas de trânsito do que como amantes. Quem vai fazer as compras, pagar as contas, lavar a roupa, a louça, tirar o lixo, limpar o banheiro, arrumar a máquina de lavar roupa, decidir o que comer no jantar, responder aos telefonemas dos amigos e dos pais? Quando há filhos, as exigências, as complicações e os cansaços aumentam exponencialmente[158].

Ah, as crianças. De longe um dos grandes **anafrodisíacos** – anuladores sexuais – em nossa sociedade é ter filhos. Casais – hétero ou homossexuais – com filhos relatam fazer muito menos sexo do que casais sem filhos. Há menos tempo, menos liberdade, menos privacidade – e menos interesse (figura 13.5).

Ouvem-se muitos relatos de que as mulheres atingem seu auge sexual quando chegam no fim dos trinta anos e início dos quarenta, enquanto os homens atingiriam seu pico sexual antes de completarem vinte anos, sendo depois disso cada vez mais abertos a apreciar atividades mais suaves e sensuais. E é provável que se ouça muito dizer que tais diferenças revelam diferenças biológicas na anatomia sexual masculina e feminina. Mas tal afirmação ignora a forma como as sexualidades masculina e feminina se relacionam entre si. Quando a sexualidade dele se torna mais sensual e a sexualidade "dela" dá uma virada brusca para se fazer mais explicitamente sexual, o que está em jogo é mais do que uma simples divergência nos padrões biológicos, especialmente porque não é o caso em outras culturas, onde homens e mulheres envelhecem "de forma diferente" em termos biológicos. O que esses relatos sugerem é que o casamento tem um efeito pronunciado na expressão sexual, domesticando o sexo, trazendo-o para o domínio historicamente reservado às mulheres: o lar. Quando os homens sentem que o sexo já não é perigoso e arriscado (o que para eles é excitante), o seu repertório sexual pode se amenizar para incluir uma gama mais vasta de prazeres sensuais. Quando as mulheres sentem que o sexo já não é perigoso e arriscado (o que, para elas, é

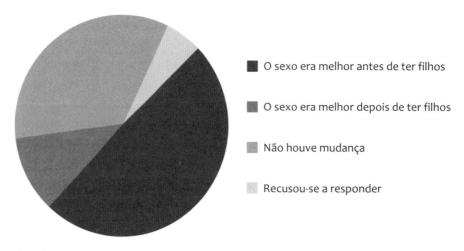

Figura 13.5 2013 Pesquisa sobre sexo no casamento.
Fonte: iVillage.

ameaçador), elas ficam suficientemente seguras para explorar mais explicitamente os prazeres sexuais. Tal interpretação sugere, evidentemente, que as diferenças que observamos entre eles e elas podem ter mais relação com a organização social do casamento do que com quaisquer diferenças inerentes entre homens e mulheres.

Em estudo recente, pesquisadores entrevistaram mais de mil casais heterossexuais com mais idade em cinco países – Estados Unidos, Brasil, Alemanha, Espanha e Japão; casais que estavam juntos há uma média de 25 anos. A pesquisa descobriu algo que julgou ser surpreendente – exatamente o oposto do que ela esperava. Ela notou que, entre os casais estáveis há mais tempo, as mulheres eram as mais satisfeitas sexualmente, e os homens, os mais felizes com a relação. Porém, isso está inteiramente de acordo com o argumento sobre as sexualidades de gênero que acabamos de apresentar. Cada sexo oferece a sua própria força, por assim dizer, ao outro. Assim, os homens se sentem mais satisfeitos emocionalmente porque as mulheres lhe fornecem toda a nutrição emocional de que necessitam. Por outro lado, as mulheres se sentem mais sexualmente saciadas porque suas necessidades sexuais são atendidas por homens que desde o início estavam de fato mais interessados em sexo[159].

Apesar disso, a tendência histórica a longo prazo nos últimos séculos tem sido a de sexualizar o casamento, de ligar as emoções do amor e do cuidado ao prazer erótico dentro de uma relação reprodutiva. Assim, a compatibilidade sexual e sua expressão se tornaram cada vez mais importantes em nossa vida matrimonial, uma vez que o aumento do tempo de vida prévio ao casamento (adolescência prolongada), a disponibilidade de controles de natalidade e divórcio, bem como uma ética de autorrealização individual se combinaram para aumentar a importância da expressão sexual no curso de nossa vida.

Eis uma conclusão surpreendente: A política afeta o sexo. É a política de gênero, enfim. Ocorre que, quanto mais iguais são as mulheres e os homens, mais satisfeitos ficam ambos com suas vidas sexuais. Em pesquisa recente feita em 29 países, sociólogos constataram que as pessoas em nações com níveis mais elevados de igualdade de gênero – Espanha, Canadá, Bélgica e Áustria – declararam ser muito mais felizes com suas vidas sexuais do que as pessoas em países com gêneros menos igualitários,

---

É MESMO?

As políticas eleitorais afetam o sexo. Quanto mais liberal a pessoa for politicamente, mais "liberal" será seu comportamento sexual.

Na verdade, não é bem assim. Embora seja verdade que, nos Estados Unidos, os democratas (partido mais liberal) façam mais sexo do que os republicanos (partido mais conservador), esses últimos têm mais orgasmos. Em estudo recente, mais da metade dos que se identificaram como republicanos conservadores disseram ter atingido o clímax quase sempre que fizeram sexo, em comparação com 40% dos democratas liberais.

É possível imaginar por que razão é assim? É preciso ter em mente que se trata de 50% de todos os entrevistados – homens e mulheres. Portanto, é muito possível que uma elevada porcentagem de homens republicanos conservadores tenha tido orgasmos e uma porcentagem inferior de mulheres, pois eles estavam simplesmente mais preocupados com o seu próprio prazer do que com o de sua parceira. Afinal de contas, eles acreditam na liberdade. Pelo contrário, os democratas liberais não têm orgasmos a menos que os seus parceiros tenham, uma vez que acreditam na igualdade e tal.

Assim, a verdadeira descoberta do estudo é a existência de uma lacuna de orgasmos maior entre homens e mulheres republicanos do que entre homens e mulheres democratas.

Fonte: Jessica Bennett. "Republicans Have More Orgasms, According to Match.com Sex Survey" ("Republicanos têm mais orgasmos segundo a pesquisa da Match.com sobre sexo"). In: *Daily Beast* (*Fera Diária*), 02/02/2012. Disponível em http://www.thedailybeast.com/articles/2012/02/02/republicans-have-more-orgasms-accordingto-match-com-sex-survey.html

como o Japão. "As culturas centradas no sexo masculino, onde o comportamento sexual é mais orientado para a procriação, tendem a diminuir a importância do prazer sexual para as mulheres", afirma Ed Laumann, da Universidade de Chicago, autor principal deste estudo[160].

Ademais, dentro de cada país, quanto maior o nível de igualdade entre mulheres e homens, mais felizes ambos serão em suas vidas sexuais. Os casais que relatam índices mais altos de satisfação conjugal – e mais altos de atividade sexual também – são aqueles em que os homens fazem maiores quantidades de tarefas domésticas e de criação dos filhos[161]. Isto levou um artigo recente na revista *Men's Health* (*Saúde dos Homens*) a proclamar: "As tarefas domésticas deixam as mulheres com tesão". Suspeito, porém, que isso só acontece quando o homem as realiza. Intuitivamente faz sentido: quanto mais ele cuida do lar e das crianças, mais tempo e energia ela tem e menos ressentida se sente com a desigualdade. Para mim, isso parece oportunidade e motivo para mais sexo. Seja comparando países, seja comparando casais, a igualdade de gênero acaba por ser mais *sexy* do que a desigualdade de gênero. Isso é ou não um incentivo?

Saúde, sexo e Aids-HIV

Com o início da epidemia da **Aids-HIV**, ocorreram grandes mudanças nos padrões sexuais dos homens *gays*, incluindo menos parceiros, menos sexo anônimo, crescimento da prática de sexo seguro e do número de casais de homens *gays*. A ênfase no "sexo seguro" foi vista por muitos como um esforço para "feminizar" a sexualidade, para devolvê-la ao contexto das relações emocionais e monogâmicas, abandonando assim a anterior ética libertária homossexual da liberdade sexual. Para os homens, a própria frase "sexo seguro" foi vivida como um oxímoro: o que era sexual – calor, paixão, excitação, espontaneidade – senão exatamente o oposto do que é seguro – suave, morno, delicado? Muitos homens temiam que a prática de sexo seguro significasse já não ter vida sexual como homens de verdade, e que os programas que encorajassem essa não conformidade de gênero estariam condenados ao fracasso (isso não era simplesmente um problema para homens homossexuais, é claro. Há décadas que as mulheres heterossexuais tentam levar os homens heterossexuais a fazer sexo seguro, percebendo que sua própria expressividade sexual fica menos sobrecarregada quando ambos os parceiros assumem responsabilidade pelo controle da natalidade. Tanto o medo da gravidez como o medo da transmissão de HIV exigem unir o prazer sexual à responsabilidade sexual[162]).

Os críticos não precisavam ter se preocupado. Boa parte do trabalho para minimizar o risco de HIV entre homens homossexuais foi reafirmar a sexualidade masculina, desenvolver caminhos para que eles ainda pudessem fazer sexo "masculinamente" de modo seguro. Organizações homossexuais promoveram clubes de sexo seguro, vídeos pornográficos e técnicas. Como resultado, eles começaram de fato a se cuidar durante as atividades sexuais, sem desfazer sua masculinidade, embora haja algumas evidências de recuos recentes por parte de homossexuais mais jovens, principalmente em razão de os tratamentos do HIV parecerem agora prometer vidas mais longas e saudáveis para pessoas soropositivas do que anteriormente.

Obviamente, é preciso lembrar que o epicentro da epidemia de HIV drasticamente mudou desde que a doença foi diagnosticada pela primeira vez em 1984. Globalmente, mais de 21 milhões de homens, mulheres e crianças morreram por causa dessa doença, e outros 34 milhões vivem com ela – isso significa uma em cada 162 pessoas na Terra (figura 13.6). O epicentro global da Aids mudou drasticamente desde que foi diagnosticada pela primeira vez nos Estados Unidos.

Sete em cada dez pessoas infectadas vivem na África Subsaariana; se incluímos o Sul da Ásia, o Sudeste Asiático e a América Latina, o total chega a 88%[163].

Vale notar que as taxas de infecção são distribuídas de forma mais ou menos igual entre mulheres e homens no mundo subdesenvolvido, onde o estatuto significativamente inferior das mulheres as torna muitas vezes impotentes para resistir a avanços sexuais, para insistir em práticas sexuais seguras ou para ter acesso a cuidados de saúde. No caso específico da África Subsaariana, quase três quintos de todos os casos soropositivos são com mulheres. Entre adolescentes africanos, o número de garotas ultrapassa o de rapazes entre os infectados em cerca de cinco para um. Nesse sentido, a capacitação das mulheres, conferindo-lhes direitos iguais, deverá ser o principal mecanismo para reduzir o HIV. Por isso, o Dr. Pascoal Mocumbi, primeiro-ministro de Moçambique, desafiou os africanos a "quebrar o silêncio sobre comportamento sexual e desigualdades de gênero que conduzem à epidemia"[164].

A simetria de gênero entre pessoas soropositivas é encontrada em todo o mundo – exceto nos Estados Unidos, Europa Ocidental, Austrália e Nova Zelândia. Na América do Norte e Europa Ocidental, a porcentagem de mulheres soropositivas é inferior a 25% do total; na Austrália e Nova Zelândia (onde o estatuto da mulher é o mais elevado no mundo industrial), apenas 7%[165]. Nesses lugares, a Aids continua a ser uma doença altamente marcada "por gênero". Embora homens e mulheres sejam ambos capazes de contrair o vírus que causa a Aids – e, com efeito, elas são ainda mais suscetíveis do que eles de contrair a doença em relações heterossexuais não protegidas – e apesar do fato de as taxas de novas infecções entre mulheres estarem aumentando mais rapidamente do que entre homens, a esmagadora maioria de todos os doentes com Aids nos Estados Unidos é masculina (e as taxas de novas infecções são muito mais elevadas entre os jovens negros do que entre homens brancos, uma indicação de que a classe e a raça são também chaves que impulsionam a epidemia)[166].

Vista desse modo, a Aids é a doença mais fortemente marcada por gênero na história dos Estados Unidos – uma enfermidade que tanto homens quanto mulheres podem pegar, mas que afeta de modo esmagadoramente desproporcional um gênero e não o outro. Seria útil compreender a masculinidade – definida por correr riscos, evitar responsabilidades e buscar sexo antes de qualquer outro objetivo – como um fator de risco na contaminação da doença, do mesmo modo como compreendemos a masculinidade como um fator de risco nos acidentes com motoristas embriagados[167].

Saúde de gênero

Compreender o gênero como um fator de risco na explicação dos acidentes de trânsito com motoristas embriagados nos lembra que saúde e doença também são experiências profundamente marcadas por gênero. Historicamente, foram os homens que assumiram os riscos relativos à saúde, tanto ao adotar hábitos como beber e usar drogas quanto ao considerar algo pouco masculino a busca por tratamento médico. Ignorar problemas de saúde e "aguentar a dor" foram, com efeito, símbolos de masculinidade. Enquanto isso, as mulheres assumiam menos riscos, cuidavam melhor da saúde, consumiam vitaminas, faziam exercícios e consultavam o médico regularmente. Um velho ditado entre aqueles que estudam gênero e saúde afirma: "as mulheres ficam doentes e os homens morrem de repente"[168].

Os pesquisadores há muito tempo compreendem o gênero como um fator primário no comportamento relativo à saúde. Como estudioso e defensor da saúde masculina, Will H. Courtenay afirma:

458 A sociedade de gênero

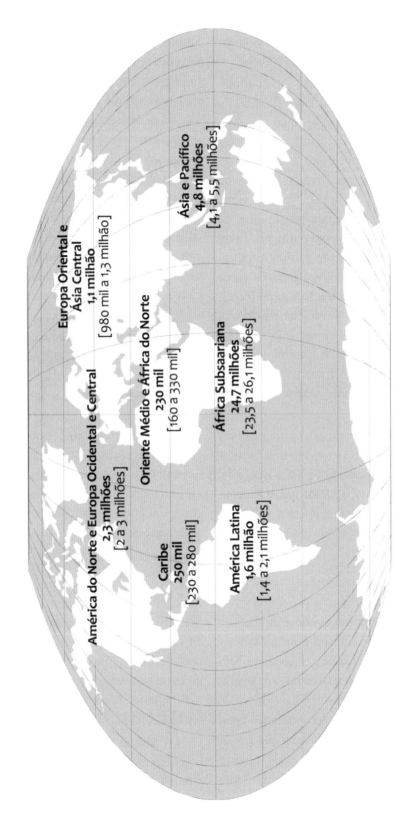

Figura 13.6 Estimativa de adultos e crianças vivendo com Aids, 2013.
Fonte: Unaids. Disponível em http://www.aids.gov/federal-resources/around-the-world/global-aids-overview/

Um homem que se adequa às expectativas de seu gênero não terá muitas preocupações com sua saúde e bem-estar em geral. Ele se verá como uma pessoa mais forte, tanto física quanto emocionalmente, do que a maioria das mulheres. Ele se considerará independente, sem precisar ser cuidado por outras pessoas. É improvável que peça ajuda para alguém. Ficará mais tempo andando pelo mundo do que em casa... Enfrentará o perigo desnecessariamente, assumirá riscos frequentemente e não vai cuidar da própria segurança[169].

Howard Friedman, psicólogo da Universidade da Califórnia em Riverside, descobriu que os homens que faziam questão de sublinhar sua masculinidade viviam menos do que aqueles "menos masculinos".

Raça, classe e etnia complicam o quadro. Homens negros de meia-idade, por exemplo, têm longevidade muito inferior (até sete anos menos) e taxas bem mais elevadas de doenças relacionadas com o *stress* e o estilo de vida (ataque cardíaco, AVC, diabetes) do que os seus homólogos brancos (figura 13.7). Um relatório da Fundação Kellogg concluiu que "desde o nascimento, um homem negro médio parece destinado a uma vida com tantas complicações de saúde que um homem branco só poderia imaginá-la". Embora parte disso seja atribuível a um fator de idade – homens negros jovens têm riscos de saúde astronomicamente mais elevados do que os brancos – e de classe – homens da classe trabalhadora de todas as raças também têm menor longevidade e maior mortalidade do que os homens de classe média –, essa diferença se aplica até mesmo a homens negros de classe média e em todos os níveis hierárquicos de classe. Enquanto os homens, "em geral, têm um conjunto particular de pressões para mostrar força e não revelar fraqueza", escreve o colunista Ellis Cose, "este sentimento é intensificado para os homens negros". Entre eles, continua ele, há "uma ética de resistência [...], construída para se proteger do desdém racial e de pro-

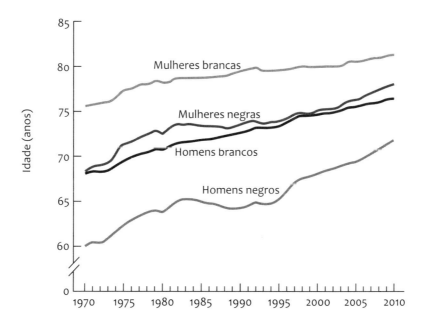

Figura 13.7 Expectativa de vida, por raça e sexo: Estados Unidos, 1970-2010.

Fontes: S.L. Murphy, J.Q. Xu e K.D. Kochanek. "Deaths: Final Data for 2010" ("Mortes: dados finais para 2010"). In: *National Vital Statistics Reports* (*Relatórios Estatísticos Nacionais sobre a Vida*), 61(4), 2013, p. 1-118. Disponível em http://www.cdc.gov/nchs/data/nvsr/nvsr61/nvsr61_04.pdf

váveis afrontas ou humilhações que a sociedade de algum modo lhe trará. Isto lhe dificulta admitir que sofre ou precisa de ajuda". Os homens afro-americanos e latinos são significativamente menos propensos a consultar um médico, mesmo quando estão com a saúde debilitada[170].

No entanto, mesmo na saúde, há sinais de convergência de gênero. Por um lado, mais mulheres estão desrespeitando as restrições tradicionais de feminilidade e assumindo riscos maiores – em seus comportamentos sexuais e em outros aspectos da vida. Um exemplo é a bebida. Obviamente, muito mais homens bebem em excesso do que mulheres, e o consumo de álcool é mais intenso entre rapazes brancos, estudantes, que passam quatro anos em instituições universitárias no ambiente das residências estudantis e eventos esportivos. Contudo, um número cada vez maior de mulheres também está bebendo em excesso, especialmente nas repúblicas universitárias, onde 80% delas consomem bebidas alcóolicas excessivamente, um número que desce para 30% fora desse ambiente. "Ser capaz de beber como um homem é uma espécie de distintivo de honra", comentou uma estudante nos últimos anos de formação na Universidade de Siracusa. "Para mim, tem a ver com feminismo." Apesar de poucas feministas realmente sugerirem que beber muito episodicamente é um indício de libertação das mulheres, muitas jovens passaram a crer que beber, lutar, fumar e outros comportamentos tipicamente "masculinos" são um sinal de poder – e, logo, são positivos. "Não creio que as mulheres ganhem qualquer poder em beber mais do que um homem", comentou outra estudante de Siracusa, "porque será sempre um padrão estabelecido pelo homem. Na bebida e em tudo mais, as mulheres precisam começar a estabelecer seus próprios padrões". Como disse a jornalista Barbara Ehrenreich, "não valeria a pena lutar pela igualdade de gênero se tudo o que isso significasse fosse a oportunidade de ser tão estúpida e autodestrutiva como os homens podem ser"[171].

E há sinais de que mais homens estão procurando profissionais médicos e cuidando melhor da sua saúde – um domínio que fora tradicionalmente reservado às mulheres. Os esforços para promover a consciência dos homens a respeito de sua própria saúde têm sido especialmente bem-sucedidos no mundo subdesenvolvido, onde campanhas sobre saúde reprodutiva e planejamento familiar para as mulheres se ampliaram para incluir as questões de saúde masculina. Em tais campanhas é evidente que os interesses de homens e mulheres em torno da própria saúde estão longe de ser tão diferentes ou conflituosos como seriam os interesses de marcianos e venusianas. Não existe um jogo de soma zero; pelo contrário, os nossos interesses são complementares. Tanto as necessidades de saúde feminina como as de saúde masculina enfrentam as ideias dominantes sobre o gênero, que inibem o comportamento dos homens em busca de saúde e muitas vezes proíbem as mulheres de fazê-lo. A desigualdade de gênero prejudica tanto a saúde delas quanto a deles[172].

Obviamente, como era previsível, havendo sinais crescentes de convergência de gênero, surge um pequeno coro de reações negativas argumentando que os enormes ganhos na saúde das mulheres ocorrem à custa dos homens. Em resumo, esse coro argumenta que a diferença de longevidade entre os gêneros cresceu lentamente ao longo do século passado; se em 1920 as mulheres sobreviviam aos homens cerca de um ano, elas vivem agora quase seis anos mais do que eles. Os homens têm taxas de mortalidade mais elevadas para cada uma das principais causas de morte. No entanto, afirma ainda este coro, os homens estão muito malservidos nos orçamentos nacionais de pesquisa em saúde. Ora, como previsto, tais críticos raramente defendem o aumento do financiamento de cuidados de saúde no geral. Em vez disso, eles consideram tais cuidados um jogo de soma nula e defendem diminuir o orçamento dedicado às mulheres e aumentar aquele dedicado os homens.

Ademais, a **diferença de mortalidade** que leva as mulheres a viverem mais do que os homens nos Estados Unidos não é encontrada na região sul da economia global, onde eles normalmente vivem mais do que elas pelos mesmos seis anos – ou mais. A desigualdade de gênero – acesso desigual a cuidados de saúde, nutrição desigual e controle masculino da natalidade – levou o economista Amartya Sen, laureado com o Prêmio Nobel, a estimar que existem cem milhões de "mulheres desaparecidas" ao redor do mundo – mulheres cujas mortes são diretamente atribuíveis à desigualdade de gênero presente nos cuidados de saúde[173]. Nos Estados Unidos, muitas das dez principais causas de morte se relacionam com o estilo de vida da pessoa – causas como doenças cardíacas, lesões, diabetes, HIV, suicídio e homicídio. O "inimigo" destas multidões mal-orientadas não são os esforços de inspiração feminista para promover a consciência de saúde nas mulheres, mas sim uma ideologia de masculinidade que nos incentiva a "viver com pressa e morrer jovem" e um governo federal indiferente que faz dos Estados Unidos a única nação industrial sem um programa nacional de cuidados de saúde financiado publicamente[174]. Como é habitual, a solução para este problema é mais igualdade de gênero – não menos.

O movimento das mulheres em torno de sua saúde afirmou com muita nitidez que não se trata de um jogo de soma zero, em que um gênero se beneficia à custa do outro. Pelo contrário, os esforços para promover a saúde feminina invariavelmente também beneficiam os homens – desde o declínio da mortalidade das mulheres em nossas vidas, passando pelo declínio da mortalidade dos fetos e bebês causada pelos maus tratamentos pré-natais ou pelos abortos clandestinos em fila de espera, e chegando até a diminuição da dependência das mulheres em relação aos homens. Os esforços para promover a saúde dos homens também beneficiam as mulheres, tanto diretamente, por aumentar a qualidade e longevidade da vida daqueles com quem as mulheres se preocupam, como indiretamente – pois a diminuição dos riscos desnecessários e do consumo de drogas e álcool reduz a quantidade de violência que elas sofrem por parte deles.

As diferenças de gênero persistem em nossa expressão sexual, em nossa experiência sexual e de saúde, bem como na forma como buscamos auxílios médicos. Contudo, elas são muito menos significativas do que costumavam ser, e os sinais apontam para uma convergência contínua. Pode ser um alívio perceber que nossos amantes, longe de serem de outros planetas, são capazes das mesmas alegrias e prazeres que nós.

No entanto, uma questão de saúde permanece – talvez a principal questão nos Estados Unidos em matéria de saúde pública: a violência. E é aqui que a lacuna entre os sexos é tão grande como profunda. Na verdade, é a única área em que o fosso entre gêneros está aumentado, onde existem diferenças verdadeiramente significativas entre mulheres e homens.

TERMOS-CHAVE		
Agentes sexuais	Diferença de mortalidade	Mito da beleza
Agressão sexual	Dilema dos cachinhos dourados	Movimento de Liberação Gay
Aids-HIV	Disfunção erétil	Padrões de beleza feminina
Anafrodisíaco	Dismorfia muscular	Promessa de virgindade
Anorexia nervosa	Doenças sexualmente transmissíveis	Respostas sexuais
Bulimia	Donzela de ferro	Revolução sexual
Cirurgia de aumento do pênis	Enviesamento sexual	Sexo não relacional
Cirurgia de reconstrução genital	Felação	Síndrome da página central
Cirurgias de aumento dos seios	Feministas antipornografia	Socialização sexual
Complexo de Adônis	Ficar	
Cunilíngua	Iniciativa sexual	

14

O gênero da violência

> *Ser ou não ser: eis a questão: mais nobre*
> *Será sofrer quieto essas pedradas*
> *E flechas de um destino enfurecido*
> *Ou se armar contra um mar de turbulências*
> *E combatê-las até derrotá-las?*
> William Shakespeare. Hamlet.

> *Não estou louco. Estou com raiva. Matei porque as pessoas como eu me humilhavam todos os dias. Fiz isso para dizer à sociedade: "Venha nos oprimir e nós vamos oprimi-la de volta".*
> Luke Woodham, 1997.

DOIS SENTIMENTOS – uma pergunta e uma resposta – separados por quatro séculos. É melhor sofrer ou se vingar? Zangar-se ou procurar vingança? Cada uma das opções tem um preço inaceitavelmente elevado: Luke Woodham resolveu o dilema apunhalando a sua mãe até a morte e depois matando dois estudantes de sua escola secundária na cidade de Pearl, no Mississippi, em outubro de 1997. Dois meses mais tarde, três estudantes foram mortos em Paducah, Kentucky. Mais quatro estudantes e um professor foram mortos em Jonesboro, Arkansas, em março de 1998. Tanto Woodham como os dois rapazes que abriram fogo em Jonesboro foram vistos desolados depois de terem sido desprezados por algumas meninas. Sofrem a perda? Ou fazer alguém pagar por ela?

Estamos preocupados com a violência em dimensão nacional. Preocupamo-nos com a "violência adolescente", reclamamos do "crime no centro da cidade" e temos medo das "gangues urbanas". Ficamos em choque perante a violência nas escolas públicas do país, onde detectores de metais lotam as portas, e facas e pistolas se avolumam junto com lápis e borrachas nas mochilas dos estudantes. Os tiroteios nas escolas públicas nos deixaram sem palavras, com dores na alma. Contudo, quando pensamos nestes eventos torturantes, será que alguma vez consideramos que, quer sejam brancos ou negros, do interior da cidade ou dos subúrbios, esses grupos de "jovens" infratores ou esses adolescentes perturbados são, na sua quase totalidade, homens jovens?

De noite, vemos notícias sobre atentados suicidas a bomba no Oriente Médio; sobre ataques terroristas nos Estados Unidos ou em algum de seus territórios e países aliados ao redor do mundo; sobre ataques racistas contra turcos na Alemanha ou paquistaneses em Londres; sobre linchamentos de *gays* e assassinatos homofóbicos; sobre os chefões de cartéis de droga mexicanos com suas legiões de bandidos e de armas; ou ainda sobre as milícias de direita fortemente armadas. Será que tais notícias alguma vez mencionaram que praticamente todos esses terroristas, suicidas explosivos ou membros de gangues racistas são homens? Será que investigaram como as ideologias de masculinidade podem ter contribuído para a motivação de tais crimes hediondos?

Raramente as reportagens noticiosas notam que praticamente toda a violência no mundo de hoje é cometida por homens. Imagine, no entanto, se a violência fosse inteiramente perpetrada por mulheres. Não seria essa a história, o único assunto a ser explicado? Não seria uma análise de gênero a ocupar o centro de cada história? O fato de se tratar de homens parece tão natural que não levanta questões, não gera qualquer análise.

Consideremos o modo como entendemos a violência juvenil. Em 1993, um relatório feito pela Comissão sobre Violência e Juventude da Associação Psicológica Americana atribuiu taxas crescentes de atos violentos ao acesso a armas, envolvimento em gangues, a brutalidade exposta nos meios de comunicação social, castigos físicos, negligência parental, abuso de substâncias, pobreza, preconceito e ausência de programas contra comportamentos agressivos. No ano seguinte, a Carnegie Corporation dedicou um número inteiro da sua revista trimestral à missão de "Salvar a Juventude da Violência". Ela elaborou uma lista de fatores que contribuem para a violência juvenil, incluindo frustração, falta de competências sociais, ser rotulado de "burro", pobreza, abuso, negligência, drogas, álcool, jogos de *videogame* violentos e a disponibilidade de armas. Nenhum desses relatórios criados por equipes de pesquisa independentes e dedicadas ao tema mencionava a palavra "masculinidade"[175].

Em 2013, mais de 6,5 milhões de homens e cerca de 2,5 milhões de mulheres foram presos nos Estados Unidos. Quase três quartos (73,5%) de todos os detidos eram homens. Eles representavam 79,9% das pessoas presas por crimes violentos e 62,2% das presas por crimes contra a propriedade. Também constituíam 98,1% de todos os presos por estupro, 88,3% dos presos por homicídio, 86,6% dos presos por roubo, 77% dos presos por agressão grave, 72,2% dos presos por outras agressões, 73,3% dos presos por todos os tipos de violência familiar e 72,1% dos presos por todos os tipos de condutas desordeiras[176].

Desde a primeira infância até à velhice, a violência é a diferença de comportamento mais obstinada e intratável entre os sexos. A Academia Norte-americana de Ciências descreve o caso de forma categórica: "O padrão mais consistente com respeito ao gênero é a medida da diferença que existe na participação dos homens de qualquer idade em crimes graves, que excede grandemente a das mulheres, independentemente da fonte de dados, tipo de crime, nível de envolvimento ou nível de participação". "Os homens – sempre e em todo lugar – têm mais propensão do que as mulheres a cometer atos criminosos", escrevem os criminologistas Michael Gottfredson e Travis Hirschi[177]. No entanto, como entendemos esta associação evidente entre masculinidade e violência? Será um produto da biologia, um fato natural, causado por algo inerente à anatomia masculina? Será universal? Nos Estados Unidos, qual tem sido a associação histórica entre o gênero e a violência? Essa associação tem se tornado mais forte ou mais fraca com o tempo? O que podemos fazer no campo cultural para prevenir ou pelo menos amenizar o problema da **violência masculina**?

Certamente não faltaram explicações para a violência masculina. Alguns pesquisadores apelam às diferenças biológicas entre mulheres e homens, sugerindo que "a durabilidade, universalidade e generalidade da agressividade relativa dos homens" aponta definitivamente para uma diferença genética. Alguns estudiosos argumentam, por exemplo, que andrógenos e hormônios masculinos, sobretudo a testosterona, são o que impulsiona o comportamento agressivo masculino. É verdade que a testosterona está fortemente correlacionada com o comportamento agressivo: o aumento dos níveis desse hormônio normalmente resulta em aumento da violência. Outros pesquisadores têm procurado explicações mais ligadas à evolução, como a competição homossocial, uma hipótese segundo a qual a violência masculina seria resultado da disputa evolutiva pelo acesso sexual às mulheres. Os homens lutam entre si para criar hierarquias de dominância; os vencedores dessas disputas conquistam as fêmeas que escolheram[178].

Mas, como vimos anteriormente, as evidências biológicas são pouco convincentes por si só. Embora a testosterona esteja associada à agressão, ela não a causa, mas apenas facilita uma agressividade já presente (ela não tem efeito nenhum sobre homens que não agressivos, p. ex.). A seta que vai da causa ao efeito nem sempre aponta do hormônio para o comportamento. Os vencedores em competições atléticas experimentam um aumento dos níveis de testosterona depois de vencerem. Violência causa aumento dos níveis de testosterona; aumentos hormonais causam violência. Também é bom lembrar que a testosterona não causa violência contra aqueles que estão significativamente mais altos na escada de dominação. O aumento desse hormônio levará um babuíno masculino de nível médio, por exemplo, a ser mais agressivo contra o macho logo abaixo dele, mas não o incentivará a desafiar a ordem hierárquica[179].

Na verdade, também há poucas evidências que sustentem a teoria evolutiva da competição homossocial. Em certas culturas, os homens não são nem um pouco violentos ou competitivos uns com os outros. Se "os meninos vão ser meninos", como diz o ditado, eles serão muito diferentes em diferentes culturas. E, em algumas sociedades, incluindo a nossa, os homens são especialmente violentos contra as mulheres – o próprio grupo pelo qual supostamente estariam competindo (matar ou agredir a mesma pessoa na qual se quer deixar sua inseminação é uma estratégia reprodutiva particularmente insensata). A socióloga Judith Lorber redimensiona a questão com sagacidade:

> Quando garotinhos correm fazendo barulho por todo lado, dizemos "meninos são assim mesmo", presumindo com isso que a exposição da força física está no cromossomo Y, dado que ela se manifesta tão cedo e tão comumente nos garotos. Mas os garotos são universalmente, ao redor do mundo todo, em todos os grupos sociais, uma presença ativa e vociferante? Ou isso ocorre somente onde eles são encorajados a usar seus corpos livremente, a explorar os espaços, a correr riscos, a brincar na rua com todos os tipos de jogos e esportes?[180]

Depois de Freud, alguns psicanalistas procuraram uma explicação da violência masculina no drama de Édipo: a frustração dos desejos sexuais do rapaz se traduz em agressão (a hipótese da frustração-agressão). Afirmado de forma mais neutra, o jovem deve demonstrar constante e publicamente que se separou com sucesso de sua mãe e transferiu sua identidade para seu pai – isto é, mostrar que ele se tornou um homem. A violência masculina é uma forma de provar uma masculinidade bem-sucedida.

Ou, pelo menos, uma estratégia de adaptação para evitar que os próprios homens se tornem presas. Em um estudo fascinante, Barbara Ehrenreich argumenta que as origens da guerra não têm tanto a ver com uma propensão inata para a agressão ou com um desejo de predação, mas sim com o medo de nos tornarmos a entrada do jantar de outra pessoa. As origens da sociedade residem na defesa: nós nos tornamos sociais não porque tínhamos alguma necessidade profunda de sociabilidade, mas porque somente juntos poderíamos efetivamente nos defender. Por isso, ela argumenta, a ligação quase universal que se vê entre masculinidade

> **É MESMO?**
>
> **O homem morde o cachorro**
>
> Você sabia que um cachorro tem quatro vezes mais chance de atacar outro cachorro quando um homem, e não uma mulher, o leva para passear?
>
> Pesquisadores na República Tcheca estudaram duas mil interações entre cachorros de diferentes áreas de uma cidade onde as pessoas passeavam com eles. Eles descobriram que os cães acompanhados por homens, que estavam de coleira, eram mais agressivos. Como explicar isso? Para começar, os autores sugerem uma espécie de transferência interespécie de impulsos agressivos relativos ao encontro de machos com machos. "Os cães são excepcionalmente habilidosos em ler o comportamento social e comunicativo humano", escreveram os pesquisadores. Assim, eles captam a agressividade de seus donos e a projetam para fora, talvez se gabando e dizendo "não se metam comigo". E, por certo, estar na coleira é frustrante, especialmente com cadelas atraentes por perto. Isso tornará qualquer criatura agressiva, certo?
>
> Será que a explicação é mesmo a existência de uma osmose interespécies pela qual os cães sentem a virilidade inata de seu ser humano e ficam todos excitados por sua própria testosterona? Será que não é o fato de donos masculinos tenderem a ter cães *machos*? E *raças* particulares de cães? (Se eu fosse um homem e estivesse passeando com uma poodle fêmea minúscula não estaria preocupado com meu cão atacando outro cão!) Não será também porque donos masculinos manuseiam as coleiras de seus cães de forma mais agressiva? (Com toda aquela força maior na parte superior do corpo e tudo mais.) E quanto à idade dos donos? (Homens mais velhos têm cães "familiares" [ou seja, menos agressivos]; homens solteiros mais jovens têm cães "masculinos", é como a versão canina da diferença entre minivans e carros esportivos.)
>
> Infelizmente, os machos – humanos e caninos – podem ser mais agressivos do que as fêmeas, mas duvido que a agressividade dos cachorros tenha muita relação com o sexo de seu dono.
>
> Fonte: Petr Rezac, Petra Viziova, Michaela Dobesova, Zdenek Havlicek e Dagmar Pospisilova. "Factors Affecting Dog-Dog Interactions on Walks with Their Owners" ("Fatores que afetam as interações cachorro-cachorro nos passeios com seus donos"). In: *Applied Animal Behavior Science* (*Ciência aplicada do comportamento animal*), 134, 2011, p. 170-176.

e guerra seria algo compensatório e defensivo, uma "ocupação substituta para os caçadores-guardas masculinos subempregados"[181].

Embora estes modelos psicológicos não são necessariamente um universal cultural, eles ajudam a explicar o elo específico entre masculinidade e violência, especialmente entre os homens mais jovens (há, por certo, muitas sociedades nas quais a masculinidade não tem essa ligação com comportamentos violentos). Em particular, os psicólogos têm apontado como a violência é uma forma de expressão emocional masculina, como se a única emoção legítima que um homem pudesse demonstrar fosse a raiva. O complexo argumento de Hamlet, que aborda as escolhas morais diante dele, aproxima-se do gesto de autojustificação e dar de ombros de Luke Woodham.

Explicações psicológicas muitas vezes assumem fazer uma generalização universal. Elas levam pouco em conta variações transculturais ou mudanças históricas que ocorrem em uma cultura ao longo do tempo.

Contudo, essas transformações culturais e históricas são importantes se quisermos explicar adequadamente a violência em primeiro lugar. Na década de 1980, dois antropólogos sociais inverteram a questão: o que podemos aprender com as sociedades em que há pouquíssima violência? Eles descobriram que a definição de masculinidade teve um impacto significativo sobre a inclinação aos comportamentos violentos. Nas sociedades em que se permitiu aos homens reconhecer o medo, os níveis de violência eram baixos. Mas em sociedades nas quais **a bravura masculina** – manter uma postura de força, reprimir e negar o medo – era uma característica marcante da masculinidade, a violência tendia a ser alta. Ocorre que as culturas em que a bravura é prescrita para os homens são também aquelas em que as definições de masculinidade e feminilidade são fortemente diferenciadas[182].

Nesse sentido, as sociedades em que a desigualdade de gênero é mais alta são aquelas em que a masculinidade e a feminilidade são vistas como opostas polares e, portanto, são sociedades que impõem "a bravura masculina". Como exemplo, Joanna Overing nos diz que, na selva amazônica, o Povo Xavante, extremamente violento, define a masculinidade como "belicosidade sexual", uma condição superior e oposta à feminilidade, enquanto o Povo Piaroa, seu vizinho pacífico, define o ser masculino e o ser feminino por sua capacidade de cooperar tranquilamente com os outros na vida diária. Em suma, esses são alguns dos temas que os antropólogos delimitaram ao refletir sobre o que leva à violência entre as pessoas e à violência entre sociedades:

1) O ideal de masculinidade é o do guerreiro feroz e belo.

2) A liderança pública está associada à dominação masculina, tanto dos homens sobre outros homens quanto dos homens sobre as mulheres.

3) As mulheres são proibidas de participar da política e da vida pública.

4) A maior parte das interações públicas é feita entre homens, não entre homens e mulheres ou mesmo entre mulheres.

5) Meninos e meninas são sistematicamente separados desde a primeira infância.

6) A iniciação dos garotos é focada em restrições de longa duração, tempo durante o qual eles são separados das mulheres; aprendem a solidariedade, belicosidade e resistência masculina; e são treinados a aceitar a dominação dos grupos de homens mais velhos.

7) Demonstrações emocionais de virilidade, ferocidade e sexualidade masculina são altamente elaboradas.

8) O ritual de celebração da fertilidade foca na habilidade reprodutora masculina, não na feminina.

9) As atividades econômicas masculinas e os produtos do trabalho dos homens são mais valorizados do que as atividades e produtos realizados por mulheres[183].

Logo, uma das "causas" mais significativas da violência masculina é a desigualdade de gênero. E as vítimas disso não são apenas as mulheres, mas também os próprios homens[184]. Considerados em conjunto, essas pesquisas definem alguns objetivos para as políticas públicas, que podemos levar em conta se quisermos reduzir a quantidade de **violência de gênero** na sociedade. Em primeiro lugar, parece claro que, quanto menor a diferenciação entre homens e mulheres, menos prováveis serão os atos violentos entre os gêneros. Isso significa que quanto mais os homens puderem ser vistos "como mulheres" – ou seja, nutrindo, cuidando e sendo vulnerável – e quanto mais as mulheres puderem ser vistas "como homens" – poderosas, racionais, competentes na esfera pública – maior a probabilidade de que a agressividade seja canalizada para outros caminhos que não o da violência de gênero[185].

A violência dos homens contra as mulheres resulta de uma presunção de poder frustrada; a violência dos homens contra outros homens muitas vezes deriva do mesmo sentimento frustrado de poder. Imagi-

---

LEIA TUDO A RESPEITO!

Muitos americanos fazem algumas suposições estereotipadas sobre a posse de armas, sobretudo a de que os homens que possuem armas – e a grande maioria dos proprietários de armas de fogo são homens – provavelmente estão querendo "provar" alguma coisa. Sentindo-se inseguros sobre isso, a arma é uma prova de masculinidade. Seja em meio a gangues do centro, da periferia ou da zona rural, a arma é um símbolo de hombridade, algo que a reforça imediatamente. Mas em um artigo fascinante, "Good Guys with Guns" ("Caras legais com armas"), a socióloga Angela Stroud pergunta: e o que dizer de rapazes normais, meninos legais, que possuem armas? E aqueles garotos que parecem não ter muito a provar, que não parecem se sentir inseguros a respeito de sua masculinidade? Como a posse de armas se associa com outras virtudes masculinas, como ser um provedor e protetor de sua família, ou ser um bom pai e marido? Fazer dos proprietários de armas o problema, sugere Stroud, não nos levará a lugar algum no que diz respeito ao problema da violência armada nos Estados Unidos.

no que exista uma curva que estabelece uma ligação entre a violência de homem para homem, a violência de homem para mulher e o direito ao poder patriarcal. Para encontrar sociedades pacíficas, podemos tentar observar culturas nas quais esse direito ao poder não é frustrado ou não está presente. As sociedades com menor violência entre homens e mulheres seriam aquelas onde ou o patriarcado está intacto e inquestionável ou está muito pouco presente, talvez até mesmo ausente há algum tempo.

O gênero do crime

Se quisermos entender a associação entre masculinidade e violência devemos, portanto, ser específicos. Em primeiro lugar, devemos olhar para diferentes grupos de homens. Certamente, a violência não está distribuída uniformemente entre todos os grupos masculinos, mas varia de acordo com fatores de classe, raça, idade, região, etnia e sexualidade. Em segundo lugar, devemos explorar as flutuações históricas dessa associação e comparar os Estados Unidos de hoje com outros países industriais.

Ao fazer isso, surge um quadro surpreendente. Vamos afirmar de modo o mais direto e resumido possível: *os jovens norte-americanos são o grupo de pessoas mais violento do mundo industrializado*. A taxa de homicídios dos Estados Unidos é entre 5 e 20 vezes maior do que a de qualquer outra democracia industrial, e o país prende 5 e 20 vezes mais pessoas do que qualquer outro país da Terra, exceto a Rússia. (Alguns poderiam dizer que a população carcerária norte-americana é muito maior porque a taxa de criminalidade do país é maior; outros argumentam o caso contrário e afirmam que o número de crimes no país é tão alto porque sua população carcerária é tão alta. Penso que ambos estão parcialmente corretos, mas que a relação entre prisão e crime não é o que o senso comum nos faria acreditar. As prisões não apenas detêm o crime, mas também ensinam aos criminosos como cometer crimes.) Nove em cada dez vítimas masculinas de assassinato são mortas por outros homens; e nove em cada dez vítimas femininas de assassinato são mortas por homens. A taxa de homicídios nos Estados Unidos caiu quase pela metade (49%), de 9,3 homicídios por cem mil residentes nos Estados Unidos em 1992 para 4,7 em 2011 (figura 14.1), chegando ao nível mais baixo desde 1963. De 2002 a 2011, a taxa média de homicídios para homens foi 3,6 vezes maior que a taxa para as mulheres. A taxa média de homicídios para negros foi 6,3 vezes maior do que a taxa para brancos[186]. Este número é cerca de 10 vezes maior do que o do país industrializado mais próximo, a Itália, e mais de 60 vezes maior do que o da mesma faixa etária na Inglaterra[187].

E essa situação está ficando pior. Entre 1985 e 1994, o número de homicídios por homens de 14 a 17 anos mais do que triplicou – como aconteceu com o número de homens na prisão. Em 1971, a população carcerária americana era de cerca de 200 mil pessoas. Menos de 30 anos depois, ela já havia explodido para mais de 1,5 milhão de criminosos condenados e encarcerados nas 1.500 prisões estaduais e federais do país, com mais de meio milhão sentados nas 3 mil prisões locais do país. Essa é uma taxa de 645 por 100 mil americanos. Todo dia, um em cada três homens afro-americanos de 20 e poucos anos está ou em prisões federais, ou em detenções temporárias, ou em regime aberto de pena ou em liberdade condicional, em comparação com 17% de homens hispânicos e 5,9% de homens brancos[188]. Em 2008, cinco estados – Vermont, Michigan, Oregon, Connecticut e Delaware – gastaram mais com prisões do que com ensino superior[189].

De acordo com a polícia rodoviária da Califórnia, 9 em cada 10 dos presos por dirigir embriagado são homens; 84% dos presos por condução embriagada em acidentes fatais são homens; e 86% das práticas

O gênero da violência 469

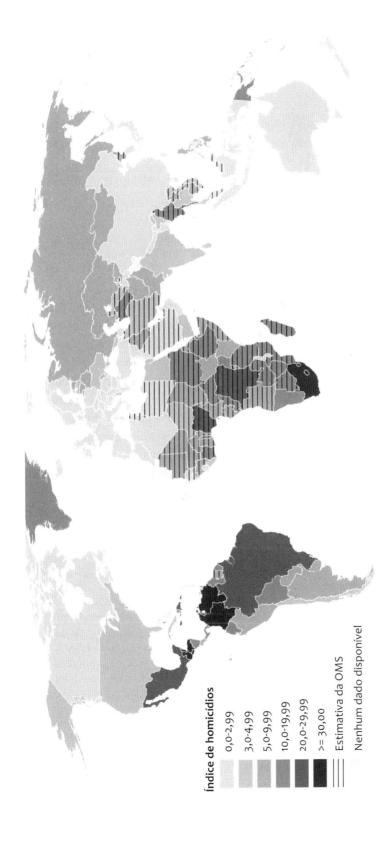

Figura 14.1 Índices de homicídio, por país ou território (2012 ou último ano).
Fonte: De "Estudo Global sobre Homicídio", pe'a Agência das Nações Unidas sobre Drogas e Crime.
© 2013 Nações Unidas. Reimpresso com permissão das Nações Unidas.

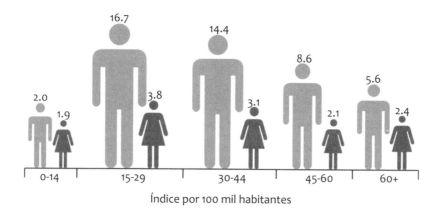

Figura 14.2 Índice global de homicídios, por sexo e faixa etária (2012 ou último ano).
Fonte: De "Estudo Global sobre Homicídio", pela Agência das Nações Unidas sobre Drogas e Crime.
© 2013 Nações Unidas. Reimpresso com permissão das Nações Unidas.

de incêndio criminoso são cometidas por homens. Na verdade, o perfil clássico do incendiário é inteiramente de gênero. "Procure um homem passivo, solteiro, entre 18 e 30 anos, que não tenha capacidade de confrontar as pessoas", diz Allan Hedberg, um psicólogo da Califórnia que estuda os incendiários. "Grandes incêndios florestais que criam pandemônio e exigem grandes caminhões de bombeiros são uma forma de declaração de masculinidade feita por jovens instáveis que no passado foram injustiçados"[190].

Do outro lado do registro de pessoas fichadas pela polícia, as estatísticas também são reveladoras. Embora menos de 5% das perseguições em alta velocidade envolvam suspeitos procurados por crimes violentos – a maioria dos suspeitos nesses casos estão ligados a violações de trânsito – 20% dessas perseguições terminam em ferimentos graves ou morte, na maioria das vezes envolvendo pedestres inocentes. Por quê? Porque são quase sempre os policiais mais jovens do sexo masculino que fazem a perseguição. Em uma pesquisa no sul da Flórida, muitos oficiais da polícia citaram "ganhar a corrida" como um dos objetivos de suas perseguições[191].

O "GÊNERO" DA GUERRA E DA PAZ

O que você acha? A guerra e a paz são de alguma forma mais masculinas ou mais femininas? Se as mulheres dirigissem as coisas, você acredita que haveria menos risco de violência e guerra?

Naturalmente, caso se concorde mais com os argumentos biológicos sobre a química cerebral ou testosterona, é possível aceitar essa ideia: caso se acredite que os homens foram evolutivamente programados para serem mais violentos e competitivos, que a testosterona os leva à agressividade, então também é possível pensar que as pessoas dormiriam mais tranquilamente se amanhã de manhã acordássemos vivendo num mundo onde todos os cargos políticos – em todas as instituições locais, nacionais e globais – fossem totalmente ocupados por mulheres.

Mas, é possível se perguntar, e aquelas mulheres que estão em cargos políticos? Elas não são menos belicosas que seus colegas homens! E Margaret Thatcher, Golda Meir, ou Indira Gandhi?

Esse é um modo sociológico de pensar. A abordagem da sociologia consideraria o gênero da *pessoa* que ocupa o cargo, bem como o gênero do próprio *cargo*. É óbvio que caso se socialize um gênero para ouvir mais, ter empatia, não ser violento e estimular crianças a "usar suas palavras", as pessoas desse gênero podem acabar sendo menos propensas a usar a violência na vida pública. Mas é igualmente verdade que certos cargos exigem que se esteja disposto, se for necessário, a autorizar a violência.

A violência é o produto tanto de pessoas socializadas por gênero quanto de arranjos políticos e institucionais constituídos por gênero.

O criminologista Marvin Wolfgang observa que o crime violento aumenta sempre que há uma proporção excepcionalmente alta da população de homens jovens entre 15 e 24 anos de idade. O psiquiatra James Gilligan observa que as duas únicas variáveis biológicas inatas capazes de prever violência são a juventude e a masculinidade. A relação é imediatamente aparente caso se olhe um gráfico, como na figura 14.3a, descrevendo a situação em meados do século XIX, na Grã-Bretanha. E as coisas não são tão diferentes hoje, como se pode ver em um gráfico semelhante retratando o quadro de Chicago entre 1965 e 1990 (cf. figura 14.3b). A figura 14.3c mostra a taxa de homicídios nos Estados Unidos em 2012, por idade e sexo.

Considerados separadamente, sexo e idade são os indícios mais fortes de violência. Homens são muito mais violentos do que as mulheres, e a inclinação para a agressividade em ambos os sexos diminui à medida que a idade aumenta. Considere-se, por exemplo, os dados de uma pesquisa com estudantes do último ano do ensino médio em 1994. Quase um quinto dos meninos dessa fase escolar relatou ter ferido alguém a ponto de a pessoa agredida ter precisado ser enfaixada ou consultar um médico. Esse nível de violência, entre as meninas, foi relatado por apenas um vigésimo delas.

Em 2007, 5.764 jovens de 10 a 24 anos foram assassinados – uma média de 16 por dia (CDC 2010). Os homicídios foram a segunda principal causa de morte de jovens nessa faixa etária. Nesse grupo, 86% (4.973) das vítimas de homicídios eram homens e 14% (791) eram mulheres. Em 2008, mais de 656 mil jovens igualmente nessa faixa de 10 a 24 anos foram tratados em prontos-socorros por ferimentos resultados de violência. Lutas físicas foram mais relatadas por homens (4 em cada 10 relataram ter lutado fisicamente nos 12 meses anteriores) do que por mulheres (23%). Por outro lado, as meninas apresentaram taxas mais altas de *bullying* (21,2%) do que os homens (18,7%)[192].

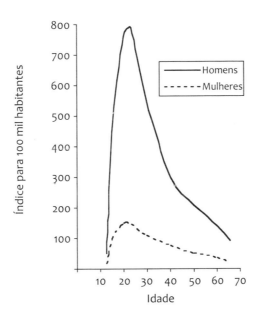

Figura 14.3a Criminosos infratores por idade e gênero, Inglaterra e País de Gales, 1842-1844.

Fonte: Baseado em dados de F.G.P. Neison. *Contributions to Vital Statistics* (*Contribuições para estatísticas vitais*). 3. ed. (Londres, 1857), p. 303-304, tal como disposto por Travis Hirschi e Michael Gottfredson: "Age and the Explanation of Crime" ("Idade e explanação do crime"). In: AJS, 89, 1983, p. 556.

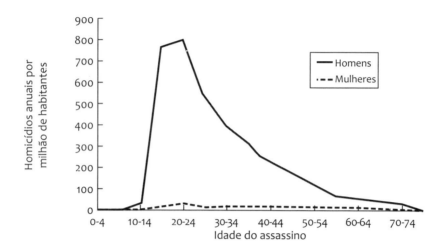

Figura 14.3b Índices de homicídio em Chicago, 1965-1990, por idade e gênero.

Fonte: "Darwinism and the Roots of Machismo" ("Darwinismo e as raízes do machismo"). In: *Scientific American* (*Científico Norte-americano*), ed. esp., 2002.

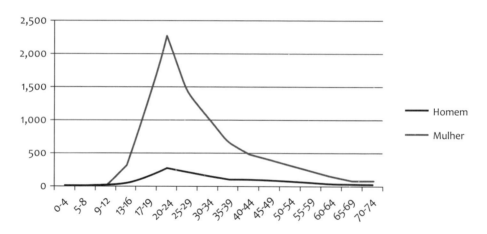

Figura 14.3c Índices de homicídio por faixa etária e gênero do infrator, Estados Unidos, 2012.

Fonte: Os números são baseados na Tabela Expandida 3 de Dados de Homicídios no Relatório do FBI sobre Crimes nos Estados Unidos em 2012. Disponível em https://www.fbi.gov/about-us/cjis/ucr/crime-in-the.u.s/2012/crime-in-the.u.s/2012/offenses-known-to-lawenforcement/expanded-homicide/expanded_homicide_data_table_3_murder_offenders_by_age_sex_and_race_2012.xls

"Garotas más" e a criminalidade das mulheres

No entanto, não devemos fingir que só porque os homens são esmagadoramente mais propensos a cometer um ato de violência ou um crime, as mulheres nunca o fazem. Na verdade, há algumas evidências interessantes sobre a criminalidade entre as mulheres. Certamente, elas cometem crimes. Mas que crimes cometem e quais razões para cometê-los são ocasionalmente muito diferentes do que se vê entre os homens. Em meados da década de 1970 duas sociólogas observaram que as taxas de criminalidade feminina estavam aumentando significativamente. Freda Adler e Rita Simon argumentaram, cada uma, que havia evidências de aumento na **criminalidade de mulheres**. E ambas culparam o feminismo. "É de se admirar", perguntou Adler, "que uma vez armadas com as mesmas oportunidades dos homens, as mulheres acabariam lutando por *status*, tanto criminal como civil, através dos canais hierárquicos masculinos estabelecidos"? Simon matizou um pouco mais suas conclusões, argumentando que o feminismo na verdade diminuiu as taxas de crimes femininos violentos, dado que deixou as mulheres menos sujeitas ao controle masculino direto, mas que mais mulheres estavam cometendo crimes de propriedade na esteira das conquistas do movimento feminista[193].

Algumas análises contemporâneas culpam o feminismo não pelo aumento da criminalidade feminina, mas sim por nossa ignorância a respeito dela. "As mulheres cometem a maioria dos homicídios de crianças nos Estados Unidos, uma parcela maior de abuso físico infantil, uma taxa igual de violência entre irmãos e de agressões a idosos, cerca de um quarto do abuso sexual infantil, uma parcela esmagadora de mortes de recém-nascidos e uma nítida preponderância de agressões contra cônjuges", escreve Patricia Pearson, e ainda assim pensamos que a violência é uma província totalmente masculina. Como veremos, muitas dessas estatísticas dependem de curiosas leituras errôneas dos dados, mas mesmo que fossem inteiramente exatas, o número de homicídios de crianças ou recém-nascidos é tão minúsculo que, mesmo se as mulheres cometessem todos os crimes desse tipo, a proporção de gêneros dos homicídios mal se moveria[194].

Mais interessante é que, embora esses argumentos possam ser politicamente úteis para aqueles que querem devolver as mulheres ao seu lugar "natural" no lar, eles não são apoiados por evidências empíricas. Para começar, o que se evidencia historicamente de mais interessante no longo prazo sugere que a criminalidade feminina de fato diminuiu nos últimos dois séculos e meio. Registros dos tribunais revelam um declínio constante nas prisões e processos das mulheres desde o século XVIII, provocado, em parte, por mudanças na definição de feminilidade e pelo **culto à domesticidade**, que fez da mulher um anjo de seu lar:

> No fim do século XIX havia uma nítida separação entre casa e trabalho, uma divisão sexual mais intensa do trabalho, a exclusão das mulheres da esfera pública e do trabalho produtivo e o confinamento delas ao trabalho reprodutivo e doméstico no lar [...]. Houve também declínio no envolvimento das mulheres nos tribunais penais durante este período?[195]

Apesar de aumentos nas taxas de criminalidade das mulheres nas últimas décadas, a base dos números é tão pequena, para começar, que qualquer aumento modesto pareceria um aumento percentual comparativo maior do que o dos homens. Na verdade, o diferencial de sexo no crime permaneceu praticamente o mesmo quando o número é observado na base dos 100 mil habitantes. Então se evidencia, como disse um criminologista, que, "em relação aos homens, o perfil do infrator feminino não mudou"[196].

Os crimes violentos cometidos por mulheres parecem, na verdade, ter diminuído. O assassinato é a forma mais incidente de ato violento criminoso feito por mulheres, e quase dois terços dessas condenadas por homicídio mataram um parente, íntimo ou alguém que elas conheciam (em comparação com menos de um terço dos homens). Nos últimos vinte anos, o índice de homens assassinados por suas esposas caiu quase dois terços, enquanto o índice de mulheres assassinadas por seus parceiros íntimos caiu um terço, no contexto do declínio geral na taxa de homicídios nos Estados Unidos de 1981 a 1998[197] (embora as mulheres condenadas por homicídio recebam, em média, uma pena mais de três anos menor que a dos homens condenados pelo mesmo crime, essa diferença no tempo da punição parece ter menos a ver com o gênero do assassino e mais com as circunstâncias do assassinato, o histórico criminal passado do criminoso e sua relação com o assassinado – ou seja, homens que mataram um parceiro íntimo tendem a receber penas mais ou menos iguais às mulheres)[198]. Pelo menos parte da explicação para esse rápido declínio na taxa de homicídios de mulheres deve ser a expansão dos serviços de apoio às mulheres agredidas, de modo que agora aquelas cujo parceiro íntimo as agride e/ou estupra têm alternativas que as auxiliam a sair do relacionamento[199].

Relatou-se certo aumento de crimes contra a propriedade cometidos por mulheres, especialmente fraude, falsificação e desvio de dinheiro, mas a maioria desses aumentos tem sido em pequenos furtos – em outras palavras, furtos em lojas, fraude de cartão de crédito, passagem de cheques ruins. Os crimes aparentemente mais atraentes para as mulheres são aqueles que, como o furto em lojas, permitem-nas exprimir seus desejos sem assumir a responsabilidade por eles. Elas querem, elas desejam, elas anseiam – mas sabem que a feminilidade exige a supressão desse desejo. Roubar em lojas é "roubar beleza", como no título de um filme recente; trata-se de roubar sexualidade, vida adulta, luxúria e paixão – sem perda de reputação. Como argumenta o criminologista Jack Katz:

> As jovens parecem especialmente seduzidas por itens de maquiagem, joias e roupas: coisas usadas para cobrir o eu feminino nu, para dar ao corpo a aparência de mulher madura, e para tornar sua personalidade deslumbrantemente atraente para um mundo cego para as manchas que ficam por baixo. As mulheres tomam símbolos da identidade feminina adulta – cosméticos, joias e roupas íntimas sexy[200].

Se, argumenta Katz, o furto em lojas é o protótipo do crime "feminino", pois satisfaz o desejo sem assumir responsabilidade, o assalto é o protótipo do crime "masculino": rápido, agressivo, perigoso e violento. (Os homens superam as mulheres em número de detenções por roubo em cerca de 15 vezes para 1.) Ele é também diretamente pessoal. O "vilão fortão" do assalto é fálico, duro, rude e usa sua arma para ameaçar penetração. O roubo na rua pode fazer pouco sentido racional como forma de ganhar dinheiro, mas ainda é enormemente atraente para os jovens do sexo masculino, pois é uma forma de "fazer sexo":

> A menos que faça sentido como forma de elaborar, talvez celebrar, o jeito de agir e o modo de ser distintamente masculinos, como beber em grupo e fazer jogos de aposta nas esquinas, desafios físicos e provações morais interpessoais, postura arrogante e pretensão insolente de apoiar atitudes "duras", o assalto não tem quase nenhum apelo[201].

No entanto, as evidências sobre gênero e violência não levam à conclusão de que todos os homens seriam feras violentas e ferozes, ou de que todas as mulheres seriam cordeirinhos angelicais e pacíficos. As sociedades que têm altas taxas de criminalidade masculina também tendem a ter altas taxas de criminalidade feminina. É preciso lembrar que as três categorias de prisão mais comuns – tanto para mulheres quanto para homens – são a condução sob influência de álcool ou drogas, o furto e a infração nomeada como "outro exceto trânsito" (uma categoria que inclui principalmente contravenções criminais, desordem pública e delitos menores). Em conjunto, essas três categorias de infração representam 48% de todas as prisões masculinas e 49% de todas as prisões femininas. É quando o crime se torna violento que padrões de gênero emergem mais acentuadamente[202].

Há evidências de violência feminina, obviamente, mas ela se mostra dramaticamente diferente da violência masculina. Por exemplo, as mulheres violentas tendem a ser defensivas, enquanto os homens iniciam mais frequentemente os atos violentos. Ademais, se, por um lado, a violência masculina pode ser instrumentalizada para atingir algum objetivo ou para exprimir emoção, a violência feminina, por outro lado, é frequentemente resultado de se sentir presa e indefesa. Por exemplo, os tipos de crimes violentos que as mulheres são tão ou mais susceptíveis de cometer do que os homens – como homicídio ou abuso de crianças, agressão a idosos, assassinato de recém-nascidos, bem como o abuso ou assassinato do cônjuge iniciado por elas – parecem derivar dos sentimentos de terror e impotência[203].

Padrões de violência entre crianças, em termos de gênero, são também reveladores. Aos três anos de idade, por exemplo, os atos de violência mais frequentes são de menino contra menino; a violência de menina para menina, pelo contrário, é a menos incidente. A violência do menino contra menina ocorre bem mais do que a da menina contra menino. Um estudo de dois psicólogos finlandeses contrastou formas de agressão física, verbal e "indireta". Descobriram que as meninas de todas as idades (exceto as mais novas) eram mais suscetíveis de se envolverem em agressões indiretas (contar mentiras nas costas de uma pessoa; tentar ser amigo de alguém como vingança contra outra criança; dizer ao grupo que "não devemos ser amigos de tal ou tal garoto ou garota"). Os rapazes de todas as idades têm maior inclinação a se envolver em agressões diretas (pontapés, pancadas, tropeços, empurrões, discussões, palavrões e abusos) e em agressões verbais. As meninas de todas as idades eram também mais propensas a usar meios pacíficos (conversar para tentar esclarecer as coisas, esquecer o assunto, contar a situação para um professor ou pai) visando resolver problemas e eram também mais propensas a ceder ou se conformar[204].

Há certas evidências de que o fosso entre os sexos na violência está diminuindo. Outro estudo finlandês concluiu que as garotas nos anos de 1980 eram muito menos violentas do que na década de 1990, tanto a partir de autorrelatos como a partir de relatos de pares. A pesquisa também encontrou uma maior aceitação da violência entre as meninas. No final dos anos de 1990, o estudo notou que o comportamento violento tinha uma conotação mais positiva entre as meninas, "algo que faz a garota se sentir poderosa, forte, que a torna popular" – em suma, que faz por elas o que a violência e a agressão historicamente têm feito pelos rapazes[205].

Uma série de livros recentes sobre agressividade entre as meninas lança uma nova luz sobre essas questões[206]. Algumas escritoras, como Rachel Simmons, argumentam que essa agressão indireta pode ter efeitos devastadores no desenvolvimento, autoestima e aspirações das garotas:

> Ao contrário dos rapazes, que tendem a intimidar conhecidos ou estranhos, as meninas atacam frequentemente quem está no âmbito de redes de amizade fortemente interligadas, o que torna a agressão mais difícil de identificar e intensifica os danos para as vítimas. Dentro da cultura oculta da agressão, as garotas lutam com a linguagem do corpo e das relações, em vez de punhos e facas. Neste mundo, a amizade é uma arma e o choque de um grito não é nada perto de um dia ao lado de alguém em silêncio. Não há gesto mais devastador do que ver que as pessoas lhe viraram as costas.

Contudo, essas formas indiretas de agressão utilizadas pelas meninas não exprimem nenhuma malícia feminina inata, mas sim as consequências da desigualdade de gênero. "Nossa cultura recusa o acesso das garotas ao conflito aberto, e impõe a sua agressividade formas não físicas, indiretas, veladas. As meninas usam a calúnia, a exclusão, os rumores, as ofensas e manipulações para infligir dor física às vítimas visadas", escreve Simmons. A agressão horizontal indireta é a forma mais segura e fácil para uma pessoa exprimir sua raiva. Se fosse permitido às meninas o mesmo tipo de agressividade dos meninos, elas não exprimiriam a sua raiva de uma forma tão ardilosa[207].

A evidência de aumento da violência das mulheres – isto é, de uma lacuna de gênero decrescente – ainda é escassa e suspeita. Nos Estados Unidos, as mulheres constituem apenas 7% da população carcerária (cerca de 115.000 reclusas). Metade delas está presa em apenas quatro estados – Flórida, Texas, Califórnia e Nova York. A população feminina de detentas tende a refletir demograficamente a população masculina de detentos (não em termos de delitos), incluindo um número desproporcional de mulheres não brancas, pobres, com pouca instrução e desempregadas. A violência permanece talvez o comportamento mais sexuado em nossa cultura[208].

Violência de gênero: um problema institucional

Depois de ter testado com sucesso uma bomba nuclear em novembro de 1952, criando uma explosão de fusão cerca de mil vezes mais poderosa que a bomba de fissão que destruiu Hiroshima sete anos antes, Edward Teller, o físico nuclear ganhador do Prêmio Nobel, escreveu o seguinte telegrama de três palavras para seus colegas: "É um menino". Ninguém teve de mostrar a Teller a equação que vincula poderio militar – uma capacidade de violência incalculável – com masculinidade. Essa trágica conexão continua válida tanto para os heróis militares de nossas fantasias masculinas quanto para os cientistas de óculos criadores da tecnologia que permite àqueles aspirantes a Rambo a conquista do mundo.

Seria fácil catalogar todas as imagens e figuras retóricas fálicas no vasto desfile histórico de heróis militares em uniformes decorados e de cientistas de jaleco laboratorial branco, sugerindo que provar masculinidade é uma moeda comum para guerreiros e cdfs, gladiadores e nerds. Os psicólogos da televisão ainda não se viram desprovidos de frases sexualmente tingidas para descrever essa relação; uma feminista considera o militarismo masculino um caso de "inveja por mísseis"; outra escreve sobre como os homens "criaram a civilização à imagem de uma ereção perpétua: um falo grávido". Mas tais imagens transformam o gênero em uma tela contra a qual os indivíduos projetam seus medos e problemas psicológicos, reduzindo a guerra e o uso da violência institucional pelo Estado a uma simples agregação de homens inseguros e desesperados para provar sua masculinidade. Embora este argumento não seja inteiramente sem mérito, como veremos, ele não nos fornece uma compreensão da violência implícita nas instituições que construíram o Estado burocrático moderno. Para compreendê-la, precisamos explorar a ligação entre os dois reinos, como "o militarismo perpetua a equação entre masculinidade e violência" e como a guerra "codifica a violência na noção de masculinidade geração após geração"[209].

Embora a masculinidade possa estar historicamente associada à guerra, a forma como lutamos hoje deixaria muitos homens inábeis para testar e provar sua masculinidade de uma forma militar convencional. Afinal de contas, a maioria dos soldados atualmente não são combatentes, pois está nos serviços de apoio: transporte, administração, suporte técnico, manutenção. A crescente sofisticação tecnológica da guerra só acelerou este processo – armas nucleares, "bombas inteligentes", armamento automático, veículos militares autopropulsionados e armas de longa distância; tudo isso reduz a necessidade de guerreiros primitivos no estilo Rambo e aumenta a necessidade de pessoas racionais e frias apertando botões[210].

No entanto, há algo poderoso na forma como os líderes políticos procuram provar uma masculinidade agressiva e assertiva na arena política. A guerra e sua tecnologia conferem aos homens um "prestígio viril", como disse a filósofa francesa Simone de Beauvoir. Pensemos no genocídio dos indígenas Seminoles promovido por Andrew Jackson ou na pregação enérgica de Theodore Roosevelt acerca da vida extenuante, como exemplificada pela conquista da colina San Juan. Durante grande parte da história norte-americana, os líderes políticos tentaram equilibrar a contenção masculina e uma beligerância igualmente masculina. A proeza militar e a vontade de ir à guerra têm sido provas de masculinidade. Ao explicar por que o presidente Lyndon Johnson continuou a escalada militar na guerra do Vietnã, um biógrafo escreveu:

> Ele queria o respeito de homens que fossem duros, homens de verdade, e que se revelassem falcões. Ele havia dividido inconscientemente as pessoas ao seu redor entre homens e meninos. Os primeiros eram ativos, fazedores, que conquistaram impérios empresariais, que agiram em vez de falar, que foram bem-sucedidos no mundo de outros homens, e que tinham o respeito de outros homens. Meninos eram faladores, escritores e intelectuais, que ficavam em volta pensando, criticando e duvidando em vez de fazer.

(Caso ache estranho esse sentimento, lembre-se do clichê "quem consegue faz, quem não consegue ensina"). Quando os opositores criticavam o esforço de guerra, Johnson atacava a masculinidade deles. Ao ser informado de que um membro de sua administração estava se posicionando contra a guerra no Vietnã, Johnson o ridicularizou: "Diabos, ele se agacha para mijar!" E, ao celebrar os bombardeios do Vietnã do Norte, o presidente declarou orgulhosamente que "não só ferrei Ho Chi Minh. Eu cortei o pinto dele fora"[211].

Essas empáfias continuam a atormentar a política norte-americana. A relutância do presidente Jimmy Carter em intervir no Irã levou um analista de assuntos de segurança a comentar que os Estados Unidos estavam "abrindo as pernas para a União Soviética". Isso levou à eleição de Ronald Reagan, que prometeu resgatar o país de sua letargia pós-Vietnã – o que ele conseguiu, em parte, ao invadir países pequenos como Granada. Como disse um comentarista político, Reagan "fez picadinho do Sr. Carter e do Sr. Mondale[c], mostrando-os como menininhas que não tinham a força necessária para liderar o mundo".

George H.W. Bush herdou o direito a esse manto masculino quando invadiu o Panamá e o Golfo Pérsico na Operação Tempestade no Deserto. A popularidade de Bill Clinton disparou quando, durante suas audiências de *impeachment* em 1998, ele ameaçou e acabou realizando ataques aéreos contra o Iraque. E a invasão desse mesmo país por George W. Bush provou ser suficientemente popular para garantir vitórias eleitorais a seu partido e tirar da primeira página escândalos corporativos das empresas de seus amigos, o fracasso da guerra contra o terrorismo e uma recessão econômica[212].

Essas posturas presidenciais respingam sobre aqueles que são acusados de criar e combater essas guerras bem como se explicitam nos criadores de políticas estratégicas de defesa treinados para promover tais guerras e que hoje já estão calculando megatoneladas e números de mortos dos futuros conflitos. "Há entre certas pessoas um sentimento de compulsão sobre a busca de tecnologias avançadas – uma sensação de que um homem deve estar continuamente provando sua virilidade ao ser pioneiro nas fronteiras do que se faz possível." Em um artigo sobre masculinidade e a Guerra do Vietnã, o jornalista I.F. Stone ilustrou esta provação compulsiva de masculinidade entre quem planejava a guerra.

Em um documento com informações sobre a escalada do bombardeio do Vietnã do Norte, um funcionário do Pentágono descreveu a estratégia dos Estados Unidos com a imagem de dois garotos lutando: "Se um rapaz prende o outro numa chave de braço, provavelmente pode fazer com que seu adversário diga 'desisto' se ele aumentar a pressão em solavancos afiados e dolorosos, e der todas as indicações de vontade de quebrar o braço do outro". Recentemente, quando um político alemão indicou estar preocupado com a oposição popular à implan-

---

[c] Em 1980, Ronald Reagan (Partido Republicano) venceu Jimmy Carter, e, em 1984, Walter Mondale (ambos do Partido Democrata), nas eleições para presidente dos Estados Unidos [N.T.].

tação de mísseis europeus, um estrategista de defesa americano opinou: "Esses chucrutes são um bando de chorões broxas"[213].

Carol Cohn conduziu uma análise etnográfica sobre os intelectuais da defesa militar norte-americana. Ela lembra de "palestras cheias de discussões sobre lançadores verticais eretos, proporções de peso-disparo, suaves rendições, penetração profunda e a vantagem de ataques alongados em contraste com ataques em espasmos – ou o que um conselheiro militar do Conselho de Segurança Nacional chamou de 'liberação de 70% a 80% de nossa megatonelagem num só ataque orgástico'. Havia sérias preocupações sobre a necessidade de endurecer nossos mísseis e de "admitirmos que os russos são mais duros do que nós". Ocasionalmente, olhares incrédulos passavam entre mim e minha colega – outra mulher – mas ninguém mais parecia notar"[214].

Seria simplista reduzir a complexidade das decisões militares e políticas a "concursos para ver quem mija mais longe" de tipo psicológico, mas é igualmente importante incluir uma discussão de gênero em nossas investigações. Dos principais líderes políticos aos estrategistas militares e especialistas em tecnologia, as questões de gênero se fazem presentes na formulação da política militar. E a opinião pública também desempenha um papel importante nestas demonstrações de potência sexual. Recordemos, por exemplo, como, durante a Guerra do Golfo, nosso inimigo Saddam Hussein foi constantemente sexualizado em adesivos de para-choques que diziam "Saddam, curve-se" ou "Estados Unidos, na bunda de Saddam", insultos que equiparam o conflito militar ao estupro homossexual. Um desenho republicado muitas vezes mostrou o líder iraquiano se curvando como se estivesse numa oração muçulmana, com um enorme míssil americano se aproximando, prestes a penetrá-lo por trás. Era essa a natureza sexual do aventurismo militar, exposto em uma parafernália sexual.

Estados Unidos: uma história de violência de gênero

Embora geralmente pensemos que todos os países exigem o uso da violência – que a criação e a manutenção da política requerem tanto uma força policial quanto uma militar para subjugar a nós mesmos e a outros – e elo entre violência e masculinidade continua sendo uma equação particularmente forte para os norte-americanos. Os Estados Unidos têm uma longa e sangrenta história de violência especificamente de gênero, na qual tanto homens individuais quanto os norte-americanos como nação têm demonstrado e provado sua masculinidade. Não são apenas nossos líderes políticos e militares – embora, como vimos, eles certamente também tenham tido seus problemas. Um psicólogo fala de uma "defesa cívica da violência como socialmente aceitável, apropriada e necessária". Nossos heróis culturais mais venerados foram os soldados – ou, pelo menos, os atores que os interpretaram no cinema[215].

Os historiadores sugerem que esse código de violência particularmente norte-americano e trágico chegou ao país no século XVIII, importado e desenvolvido por imigrantes escoceses e irlandeses no sul dos Estados Unidos, onde brigas, duelos, lutas, caças e bebidas se tornaram meios de exprimir masculinidade. A mãe de Andrew Jackson disse a seu filho – sem dúvida o presidente mais cruel e violento da história dos Estados Unidos – que "a lei não oferece nenhum remédio que possa satisfazer os sentimentos de um verdadeiro homem". A vida no Velho Oeste – que envolveu talvez o maior número de homens jovens da história do mundo industrializado – deixou um legado de violência para os Estados Unidos. A agressividade sempre foi maior nos lugares onde homens mais jovens se reuniam, sobretudo em locais afastados do efeito "civilizador" das mulheres[216].

No rescaldo da guerra civil norte-americana, após os estados sulistas terem sofrido uma derrota humilhante e castradora, os rapazes começaram a colocar lascas de madeira nos ombros, desafiando outros garotos a derrubá-las, de modo que eles pudessem lutar legitimamente entre si. Só nos Estados Unidos "ter uma lasca no ombro" é considerado um distintivo de honra entre os meninos. Mais do que isso, a violência era tida como legítima – desde que fosse uma retaliação. Se outra pessoa derrubasse aquela lasca, dar-lhe um pontapé no traseiro era uma resposta razoável. Em análise penetrante da violência nos Estados Unidos, a antropóloga Margaret Mead descreveu a recusa tipicamente norte-americana de iniciar uma agressão, que é acompanhada de uma vontade de se vingar muito desproporcional à ofensa original. Trata-se de "uma agressão que nunca pode ser mostrada, exceto quando o outro indivíduo a inicia", e que é "tão insegura de si mesma que tinha que ser provada". Basta lembrar destas palavras na próxima vez que observar dois jovens garotos se desafiando em um parque infantil: "Vai começar?", grita um deles. "Não, mas se você começar, eu termino!", responde o outro. Ninguém quer assumir a responsabilidade pelo ato inicial de agressão, mas todos querem terminar a luta[217].

A violência há muito tempo tem sido entendida como a melhor maneira de garantir que outros reconheçam publicamente a masculinidade de uma pessoa. A briga foi outrora uma atividade culturalmente prescrita para os meninos, que, segundo a teoria da época, precisavam demonstrar a identidade de gênero. Em um dos manuais de conselhos mais vendidos da primeira parte do século XX, os pais aprendiam o seguinte:

> Há momentos em que cada menino deve defender seus próprios direitos para que não se torne um covarde e perca o caminho em direção à independência e à verdadeira masculinidade... O rapaz com vontades fortes não precisa de inspiração para combater, mas muitas vezes uma boa dose de orientação e contenção. Se ele lutar mais do que, digamos, meia dúzia de vezes por semana – exceto, obviamente, em sua primeira semana em uma nova escola – provavelmente é muito briguento e precisa de freios. O rapaz sensível e desistente, por outro lado, precisa de incentivo para se manter firme e lutar.

Neste livro *best-seller*, os meninos eram encorajados a lutar uma vez por dia, exceto durante a primeira semana em uma nova escola, quando, presumivelmente, eles lutariam com mais frequência[218]!

Subjacente a tais conselhos havia o medo de que os meninos, se não fossem violentos, não cresceriam e não se tornariam homens de verdade. O espectro do "maricas" – que inclui os temores de fragilidade masculina, humilhação e efeminação que os homens nos Estados Unidos carregam consigo – é responsável por uma quantidade significativa de violência masculina. Ser violento é uma prova de masculinidade; só se é um homem "de verdade" porque não se tem medo de agir violentamente. O psiquiatra James Gilligan fala do "código patriarcal de honra e vergonha que gera e impõe a violência masculina" – um código que concebe a violência como a principal linha demarcatória entre mulheres e homens[219].

O código contemporâneo de violência das ruas é uma herança de antigas noções de honra da região sul norte-americana: um homem tinha de estar sempre pronto para luta se quisesse provar a si mesmo aos olhos dos outros. Os brancos sulistas chamavam essa postura de "honra"; na virada do século XX, isso era chamado de "reputação". Nos anos de 1950, os negros dos guetos da região norte falavam de "respeito", que atualmente se transformou de novo na não demonstração de "desrespeito" ou de "afronta". É o mesmo código de violência, a mesma insolência. Assim, o membro de uma gangue de Nova York descreve as razões pelas quais seu grupo exige cortes aleatórios de faca como rituais de iniciação: "A sociedade afirma que somos notórios bandidos e assassinos, mas não somos", diz ele, "somos uma família de sobreviventes... jovens negros orgulhosos que vivem no gueto norte-americano. Príncipes do Harlem tentando se levantar e se recusando a sair derrotados". Outro homem recorda seus dias em um centro de detenção juvenil onde "você lutava quase todos os dias porque todos tentavam ser mais duros do que o sujeito ao lado". Outro jovem de rua dá um verniz contemporâneo à velha prática da "lasca no ombro", ao descrever o que ele chama de "esbarrão acidental": um homem anda pelo Harlem espanhol "com o peitoral erguido, esbarrando nas pessoas e esperando que elas tenham uma reação adversa, para que ele possa pular sobre elas e esmagá-las no maldito concreto". Para o sociólogo Vic Seidler, "como meninos, temos de estar constantemente em alerta para enfrentar ou evitar a violência física, e estar atentos para nos defender..." A masculinidade nunca é algo com que possamos ficar à vontade. É algo que temos de estar sempre prontos para provar e defender". Já o criminólogo Hans Toch acrescenta que "em culturas de masculinidade, a vontade demonstrada de lutar e a capacidade de combate são medidas de valor e de autoestima"[220].

A masculinidade ainda é muitas vezes identificada à capacidade de ser violento. Seja no vestiário masculino, seja na sala de bate-papo virtual, homens de todas as idades aprendem que a violência é uma forma de expressão de si socialmente sancionada. A socialização masculina é feita para a legitimidade da violência – da circuncisão infantil ao ambiente violento vivido com pais e irmãos, das lutas rotineiras com outros meninos às formas socialmente aprovadas de violência nas forças armadas, no esporte e na prisão (os Estados Unidos são o único país industrializado que ainda emprega a pena capital), chegando até os provérbios que nos lembram de que não devemos nos zangar, mas nos vingar, e as afirmações de que o mundo do trabalho é uma guerra hobbesiana de todos contra todos, uma selva onde cães comem cães.

Violência contra as mulheres

Os homens aprendem que a violência é uma forma aceita de comunicação entre si e com as mulheres. É tão comum, tão profundamente amarrado no tecido da vida cotidiana, que aceitamos comportamentos violentos como uma questão natural – nas famílias, entre amigos, entre amantes. A maioria das vítimas de violência conhece seus agressores; muitas as conhecem intimamente. Quase uma em cada cinco vítimas de agressão tratadas em salas de emergência hospitalar foi ferida por um cônjuge, ex-cônjuge, namorado ou namorada atual ou anterior. A violência pode ser uma linguagem privada, pessoal e íntima, assim como pode ser uma forma de comunicação pública entre sociedades e grupos sociais.

O desequilíbrio entre homens e mulheres na violência íntima proporciona uma visão das dinâmicas de gênero. De acordo com uma pesquisa norte-americana sobre parceiros íntimos e violência sexual preparada pelos centros de controle de doenças nos Estados Unidos, mais de uma em cada três mulheres (35,6%) e mais de um em cada quatro homens (28,5%) foram vítimas de estupro, violência física e/ou perseguição por um parceiro íntimo durante sua vida. Para cerca de uma em cada quatro mulheres (24,3%) e um em cada sete homens (13,8%), essa agressão foi severa. Pouco menos da metade das mulheres e dos homens sofreram agressões psicológicas. Entre 30% e 40% de todas as assassinadas foram mortas por um marido ou namorado, segundo o FBI (cerca de 5% dos homens são assassinados por esposas ou namoradas) (Figura 14.4). A cada seis minutos uma mulher nos Estados Unidos é estuprada; a cada dezoito segundos, uma mulher é espancada; e a cada dia quatro mulheres são mortas por seus agressores[221].

> ### NÃO SÓ UM SULISTA QUE APITA
>
> E se eu lhe disser que não é apenas a idade e o gênero que são bons indicadores de violência, mas também a região? E que os jovens brancos do sul dos Estados Unidos têm mais inclinação para a violência do que jovens de outras partes do país? Seria exagero?
>
> No início dos anos de 1990, dois psicólogos de Michigan, Dov Cohen e Richard Nisbett, conduziram um experimento para checar essa hipótese. Pediram que jovens homens preenchessem um questionário na sala de aula de um prédio da universidade, depois deixassem-no no fim do corredor e em seguida voltassem para a sala. Metade dos rapazes fez justamente isso. Outra metade, no entanto, encontrou outro rapaz (que era colaborador do experimento) no corredor estreito, que abria a gaveta de um arquivo enquanto o "sujeito" passava. O corredor ficava ainda mais estreito, e o colaborador olhava para cima, irritado, batia a gaveta do arquivo fechada e murmurava, em uma voz audível, "idiota".
>
> Cohen e Nisbett então fizeram uma série de testes para ver se o insulto havia tido algum efeito sobre os garotos que viveram essa situação. Os psicólogos observaram e registraram o rosto de cada um deles, e apertaram suas mãos para ver se o aperto havia mudado. Tiraram amostras de saliva para medir os níveis de testosterona. Eles pediram que os meninos lessem um conto e fornecessem um final (para ver se o final dos insultados era mais violento).
>
> Para alguns meninos, ser insultado não causou nenhuma mudança (eram como o grupo de controle que apenas andava pelo corredor). Contudo, para outros, o insulto mudou muita coisa. E praticamente todos esses eram da região sul norte-americana (os rapazes do norte tendiam a achar mais engraçada aquela situação, e suas reações não mudaram. Os jovens brancos do Sul, Cohen e Nisbett concluíram, são movidos por um rigoroso código de honra; se essa honra é insultada, eles estão prontos para a luta.
>
> É possível pensar na situação desta forma: quando o canadense Neil Young escreveu uma canção condenando o racismo no sul dos Estados Unidos, certos jovens brancos sulistas tomaram-na como uma ofensa à própria região. O tal código de honra pisou fundo no acelerador e, em alta velocidade, a banda Lynyrd Skynyrd escreveu um dos hinos mais fortes ao seu Estado natal, Alabama. Talvez os sulistas brancos norte-americanos, como disse Floridian Tom Petty, tenham "nascido rebeldes".
>
> Fonte: Robert Nisbett e Dov Cohen. *Culture of Honor: The Psychology of Violence in the South* (*Cultura da honra: a psicologia da violência no Sul*. Boulder: Westview, 1996).

Curiosamente, enquanto os índices de **violência entre parceiros íntimos** diminuíram nas últimas duas décadas, essa diminuição se deve quase inteiramente aos números de vítimas *masculinas*.

Não tem de ser assim, obviamente. Como vimos anteriormente, as sociedades variam dentro de um contínuo, que vai de um polo sem estupro a outro com propensão para ele. A antropóloga Peggy Reeves Sanday descobriu que os melhores indicadores dessa inclinação ao estupro eram os níveis de militarismo, violência interpessoal em geral, ideologias sobre a bravura masculina e relações paternais distantes. As sociedades onde o estupro era relativamente raro valorizavam a autonomia feminina (as mulheres continuavam a possuir propriedade em seu próprio nome após o casamento) e valorizavam os filhos (os homens estavam envolvidos na criação das crianças). Em resumo, "quanto menor o *status* da mulher em relação ao homem, maior será a taxa de estupro". O que isso nos diz sobre a condição da mulher nos Estados Unidos?[222]

45% das tropas femininas dos Estados Unidos que retornavam do Afeganistão e do Iraque haviam sofrido traumas sexuais nas forças armadas. Isso significa que as soldadas norte-americanas são – de longe – mais suscetíveis de serem atacadas por seus próprios camaradas do que pelo inimigo[223].

Com efeito, os Estados Unidos têm o maior índice de estupro relatado no mundo industrial. Entre 12% e 25% de todas as mulheres do país sofreram estupro, e outro grupo entre 12% e 20% delas sofreram tentativas de estupro. Isso quer dizer que entre um quarto e quase metade de todas as mulheres norte-americanas foram sexualmente agredidas e que algo entre dois terços e quatro quintos desses estupros envolveu pessoas conhecidas. Um cálculo estima que

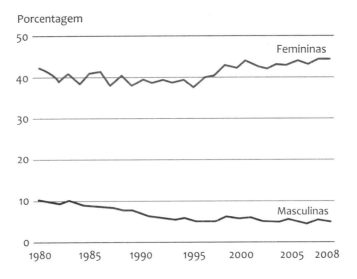

Figura 14.4 Homicídios de pessoas íntimas, pelo sexo da vítima, 1980-2008.

Observação: Porcentagens têm por base os 63,1% de homicídios entre 1980 e 2008 em que a relação entre vítima e agressor era conhecida. Pessoas íntimas incluem cônjuges, ex-cônjuges, namorados, namoradas e relacionamentos entre pessoas do mesmo sexo. Amigos/conhecidos incluem vizinhos, empregados, empregadores e outras pessoas conhecidas.

Fonte: Agência de Estatísticas do Departamento de Justiça Norte-americano: Tendências de Homicídio nos Estados Unidos, 1980-2008. Disponível em http://www.bjs.gov/content/pub/pdf/htus8008.pdf, p. 18

É MESMO?

Você se lembra de Thornhill e Palmer, do capítulo 2 – os rapazes cujos estudos sobre moscas-das-frutas os levaram a afirmar que o estupro é uma estratégia evolutiva para os homens que não conseguiriam um encontro de outra forma?

Você imagina como eles poderiam explicar o estupro como uma estratégia de guerra? Por certo, eles poderiam dizer que os soldados vitoriosos estuprariam as mulheres da população vencida para impregná-las com uma nova geração de "seus" descendentes. Isto parece ter sido em parte a motivação para que os sérvios estuprassem mulheres muçulmanas bósnias em massa ou para que os homens hutus fizessem o mesmo com meio milhão de mulheres tutsi no genocídio ruandês de 1994.

Mas isso não explica o **estupro como forma de recreação** empregado pelo exército soviético na Alemanha após a Segunda Guerra Mundial (as estimativas variam entre cem mil e dois milhões de mulheres estupradas), nem o estupro das mulheres bengali por soldados indianos em 1971, ou as 200 mil escravas sexuais chinesas fornecidas ao exército japonês durante a Segunda Guerra Mundial. Também não explica o que está ocorrendo no Congo, onde, até o momento desta escrita, centenas de milhares de mulheres foram estupradas e assassinadas. Um relatório da Iniciativa Humanitária de Harvard e da Oxfam examinou sobreviventes de estupro em um hospital de uma província do norte do país. Sua idade variava de três a oitenta anos. Algumas eram solteiras, outras casadas, algumas viúvas. Três em cada cinco haviam sido estupradas por gangues. Elas foram violadas na frente de maridos e filhos. Os filhos eram forçados a estuprar suas mães e mortos se recusassem.

Não há nada de evolutivo ou "natural" neste esporte cruel.

Fonte: "War's Overlooked Victims" ("As vítimas negligenciadas da guerra"). In: *Economist*, 15/01/2011, p. 63-65.

entre 20% e 30% de todas as meninas com 12 anos de idade sofrerão violência sexual durante a sua vidas[224].

O que talvez seja mais assustador ainda é que, entre essas meninas de 12 anos, mais de 12% *já* foram estupradas. Segundo uma pesquisa norte-americana sobre parceiros íntimos e violência sexual, 12,3% das vítimas de estupro tinham menos de 12 anos quando foram estupradas pela primeira vez e 29,9% tinham entre 11 e 17 anos de idade[225].

Outro estudo descobriu que 96% das mulheres vítimas de estupro com menos de 12 anos de idade conheciam seus agressores. A cada cinco casos, em um deles o estuprador também era seu pai. Embora haja evidências que sugerem que as mulheres menores de 18 anos são também as mais propensas a denunciar estupros falsos à polícia (embora praticamente nenhuma dessas denúncias tenha ido a julgamento, e todos os relatos sejam desfeitos na etapa do depoimento), essas falsas denúncias parecem resultar do medo da gravidez e da esperança de que a declaração de estupro permita às mulheres fazer um aborto, pois em muitos estados isso só é legalmente permitido em casos de estupro ou de ameaça à saúde da mãe. De todo modo, os estupros de meninas jovens dificilmente podem ser subsumidos sob uma categoria vaga e ofensiva de "falha de comunicação"[226].

As recentes revelações de abuso sexual infantil generalizado por padres católicos (e os esforços subsequentes da Igreja para encobrir esses crimes) nos lembram também como os meninos são vulneráveis. Embora estas revelações tenham sido chocantes, o abuso sexual cometido por pedófilos não deve ser confundido com estupro homossexual; a **pedofilia** é uma "orientação sexual", não uma variação da homossexualidade. Os padres pedófilos são eroticamente atraídos não por membros de seu próprio sexo, mas sim por crianças (alguns escolhem meninos, outros escolhem meninas e alguns não discriminam). A carga erótica vem da presumida inocência sedutora da criança, não da atração pelo mesmo sexo. E os meninos (em comparação aos adultos) não são mais vulneráveis à agressão sexual cometida por pares do mesmo sexo na Igreja Católica do que em qualquer outra instituição marcada pela desigualdade de gênero e composta, em sua maioria, por um único sexo.

Como vimos nos capítulos anteriores, diferentes escolas teóricas oferecem explicações diferentes para todos os tipos de estupro. Os argumentos de que simplesmente se trata de uma estratégia reprodutiva para os perdedores na arena sexual não convencem. Igualmente pouco convincentes são os argumentos psicológicos de que o estupro é um ato isolado, individual, cometido por indivíduos doentes que experimentam impulsos sexuais incontroláveis. Afinal de contas, quase 75% de todos os estupradores planejam seus estupros. E apenas cerca de 5% dos estupradores podem ser categorizados como psicóticos. Também não é convincente culpar o álcool ou as drogas como a causa da perda de controle dos homens. Por que, então, as mulheres não perderiam o controle de si próprias da mesma forma?

Uma explicação adequada para o estupro teria de reconhecer que são os homens que estupram as mulheres e fazer a pergunta mais assustadora: por que tantos homens, "exceto esse problema", típicos e normais cometem estupro? Como diz o sociólogo Allan Johnson, como pode um evento tão onipresente ser obra de alguns lunáticos? "É difícil de acreditar que tal violência generalizada seja responsabilidade de uma pequena franja lunática de homens psicopatas", ele escreve. "O fato de a violência sexual ser tão difundida sustenta a visão de que o foco da violência contra as mulheres se localiza bem no meio do que nossa cultura define como interação 'normal' entre os sexos". A realidade é que o estupro é cometido por homens normais, por rapazes norte-americanos inteiramente comuns. E, nas universidades, "as mulheres universitárias correm maior risco de serem estupradas ou agredidas por homens que conhecem e namoram do que por lunáticos nos arbustos"[227].

> **LEIA TUDO A RESPEITO!**
>
> Todos sabemos que o estupro é menos um crime passional do que um crime de violência. É uma agressão, não um encontro que deu errado. Então, se sabemos disso, como muitos de nós não conseguimos entendê-lo – ou seja, como a agressão sexual continua sendo um dos aspectos mais dolorosos da vida universitária nos Estados Unidos do século XXI? Talvez seja porque não entendemos realmente o que é a agressão sexual, o que a torna "permissível" para muitos grupos entre nós. Talvez os homens jovens se deem permissão para não "entender" o que significa a resposta "não" – e talvez nem mesmo o sentido da resposta "sim". Num estudo revelador, a psicóloga Rachel O'Byrne e seus colegas descobriram que os homens estrategicamente não ouvem o "não", ou afirmam que ele traz "conhecimento insuficiente". Como dizem, "Se uma garota não disser 'não'..." O que na superfície pode parecer uma má comunicação é na verdade muito mais estratégico, e muito menos espontâneo, do que poderíamos ter inicialmente pensado.

Pesquisas com mulheres universitárias revelam a predominância do estupro, já os estudos com homens universitários indicam quão casualmente o estupro pode ser visto. A pesquisa de Mary Koss sobre **estupro por conhecidos** e no *campus*, apesar de ter sido alvo de ataques e de reações pérfidas, continua sendo o estudo mais impressionante e completo que temos sobre a frequência e abrangência do estupro. Ela descobriu que quase metade (44%) de todas as mulheres pesquisadas vivenciaram alguma forma de atividade sexual quando não queriam, 15% passaram por tentativas de estupro, 12% foram coagidas por drogas e álcool, nada menos do que 25% tiveram relações sexuais com penetração contra sua vontade, porque estavam "cansadas" dos argumentos e pressões esmagadoras de um homem, e 9% foram violadas à força. O Estudo Norte-americano de Universitárias Vítimas Sexuais, publicado em 2000, estimou que entre 20% e 25% das estudantes sofreram estupro ou tentativa de estupro durante seus anos no ensino superior[228].

Além disso, um estudo de 2007 cobrindo todo o território dos Estados Unidos e tratando do estupro violento facilitado por uso de drogas e por incapacitação, que incluiu grupos de mulheres na universidade, constatou que aproximadamente 673 mil das quase 6 milhões de universitárias atuais (11,5%) foram estupradas. Além disso, outra pesquisa de 2007 feita pelo departamento de justiça norte-americano constatou que 19% das mulheres relataram ter sofrido agressão sexual ou tentativa de agressão desde que entraram no ensino superior. Após começarem um curso universitário, as estudantes que sofreram agressão sexual constituem um número pouco maior (13,7%) do que as que sofreram uma tentativa de agressão sexual (12,6%), sendo que 7,2% delas sofreram tanto a tentativa quanto a agressão completa durante o período de estudos na faculdade[229].

Não é de admirar que a escritora feminista Susan Griffin tenha chamado o estupro de "o crime tipicamente norte-americano", praticado por rapazes normais, característicos dos Estados Unidos. Mas é igualmente verdade que a maioria dos homens não comete estupro. Em várias pesquisas, muitos deles indicaram que considerariam cometer esse crime – desde que as condições fossem "ideais" e tivessem certeza de não ser pegos. Em uma pesquisa com universitários norte-americanos, 28% indicaram que provavelmente cometeriam estupro e usariam força para obter sexo; 6% disseram que cometeriam estupro, mas não usariam força, e 30% disseram que poderiam usar força, mas não cometeriam estupro. 40% indicaram que não usariam força nem cometeriam estupro – menos da metade! Em outra pesquisa, 37% indicaram alguma possibilidade de cometer estupro se tivessem certeza de que não seriam pegos[230].

Algo ainda retém os homens – bem, pelo menos alguns homens! Seria simplesmente o medo de ser pego? Ou será que eles simplesmente não conseguem levar a demonstração de sua masculinidade para esse próximo nível? Em certo sentido, o que vemos não é que os estupradores estariam fora da conformidade de gênero, por serem psicologicamente pervertidos,

É MESMO?

O que ele diz contra o que ela diz?

Muitos de nós acreditamos que a agressão sexual é difícil de ser juridicamente processada porque é um caso de "o que ele diz *versus* o que ela diz". Mas o que ele e ela realmente dizem é baseado no que cada um percebe. Podemos acreditar quando vemos a coisa, mas, neste caso, só a vemos se já acreditamos nela.

Naquela que talvez é a maior pesquisa sobre comportamento sexual jamais realizada nos Estados Unidos, Edward Laumann e outros pesquisadores da Universidade de Chicago descobriram que 96,1% dos homens nunca foram forçados a fazer algo sexual contra sua vontade. Entre as mulheres, esse número é de três quartos (77,2%).

Mas essa não é a parte necessariamente mais interessante das descobertas desse estudo. Eis o que os pesquisadores descobriram:

Prevalência do sexo forçado, por gênero (porcentagens)	Homens	Mulheres
Pessoa entrevistada já forçou uma mulher.	2,8	0,1
Pessoa entrevistada já forçou um homem.	0,2	1,5
Pessoa entrevistada nunca foi sexualmente forçada.	96,1	77,2
Pessoa entrevistada já foi forçada por uma mulher.	1,3	0,3
Pessoa entrevistada já foi forçada por um homem.	1,9	21,6
Pessoa entrevistada já foi forçada por homem e mulher.	0,4	0,5
Faltando/sem resposta	0,3	0,5
Quant.	1409	1749

Fonte: Laumann et al. *The Social Organization of Sexuality: Sexual Practices in the United States* (A organização social da sexualidade: Práticas sexuais nos Estados Unidos, Chicago: University of Chicago Press, 1994), p. 336.

O sociólogo Tristan Bridges pede aos estudantes que relacionem as partes destacadas do quadro: 1,5% das mulheres declarara ter forçado um homem a fazer sexo com elas, o que é um pouco mais alto que a porcentagem de homens (1,3%) que disseram ter sido alguma vez forçados a fazer sexo por uma mulher. Em outras palavras, as porcentagens correspondem quase perfeitamente. Mas 2,8% dos homens disseram ter alguma vez forçado uma mulher a fazer sexo com ele, o que é quase oito vezes menor do que a porcentagem de mulheres declarando ter tido forçadas a fazer sexo por um homem (21,6%).

Como podemos conciliar as duas informações? As mulheres estão exagerando seus números? Os homens estão mentindo? Os dados não podem responder. O que isso de certo significa é que, para começar, muitos homens não tinham ciência de que forçaram sexualmente as mulheres. Ou seja, o que lhes parecia "consensual" ou "normal" foi percebido por elas como algo torçado. Este é o resultado, diz Bridges, da desigualdade de gênero "moldando as formas pelas quais experimentamos o desejo, além das formas como os satisfazemos".

Fonte: Edward Laumann, Robert Michels, John Gagnon e Stuart Michaels. *The Social Organization of Sexuality: Sexual Practices in the United States* (A organização social da sexualidade: Práticas sexuais nos Estados Unidos. Chicago: University of Chicago Press, 1994), p. 336. • Tristan Bridges. "Gendering Sex and Sexual Violence" ("Gênero no sexo e na violência sexual"). Disponível em http://inequalitybyinteriordesign.wordpress.com/2012/03/01/gendering-sex-and-sexual-violence.htm

desequilibrados que não conseguiriam fazer sexo de outro jeito, mas sim que eles se *excedem* na conformidade de gênero, se excedem no cumprimento de um conjunto de normas sobre masculinidade. Essas normas transformam cada encontro com cada mulher potencialmente, ou mesmo inevitavelmente, numa conquista sexual, elas tornam cada encontro uma disputa e anulam a escuta para o que uma mulher poderia querer, uma vez que, ora, elas nem são iguais aos homens para começo de conversa. "A característica mais marcante dos agressores sexuais", escreve um pesquisador, "é sua aparente normalidade". Bernard Lefkowitz – autor de um retrato assustadoramente detalhado do estupro de uma garota com deficiências mentais por vários atletas do ensino médio de Glen Ridge, Nova Jersey – argumenta que, "para muitos rapazes, agir de forma abusiva contra mulheres é considerado um rito de passagem. É algo tecido em nossa cultura". Portanto, qualquer discussão sobre estupro tem de levar em conta a normalidade do crime dentro da definição normativa de masculinidade e de uma realidade empírica na qual, apesar de tudo isso, a maioria dos homens não cometem e nunca cometerão estupro. Se o estupro é normativo, os homens que não estupram não são homens de verdade[231]?

Em um fascinante estudo sobre estupradores condenados, a socióloga Diana Scully se aprofunda nesses temas. Ela descobriu que o estupro era usado por homens "para colocar as mulheres em seu lugar". "O estupro é um direito masculino", disse-lhe um estuprador condenado. "Se ela não quer dar, ele deve tomar. As mulheres não têm direito de dizer não. Elas foram feitas para fazer sexo. É só para isso que servem. Certas mulheres preferem levar uma surra, mas elas sempre cedem; é para isso que foram feitas". Homens violam, conclui Scully, "não porque têm alguma idiossincrasia ou irracionalidade, mas porque aprenderam que nesta cultura a violência sexual é gratificante" e porque "eles nunca pensaram que seriam punidos pelo que fizeram"[232].

É MESMO?

Estupradores são indivíduos doentes que, de outra forma, não conseguiriam fazer sexo. Na verdade, isso não é de forma nenhuma verdade. Em seu fascinante estudo sobre estupradores condenados a socióloga Diana Scully descobriu que quem pratica estupro é tão propenso a ter parceiros sexuais regulares quanto quem não estupra. Na verdade, a propensão deles é até maior (e pensar que ainda são tidos como "perdedores" sexuais, segundo os psicólogos evolutivos). A probabilidade de estupradores serem casados e pais é igual à de não estupradores. E a maioria deles mostrou poucas evidências de doença mental.

Fonte: Diana Scully. *Understanding Sexual Violence* (*Entendendo a violência sexual*. Nova York: Routledge, 1991).

O estupro é um crime que combina sexo e violência, que faz do sexo a arma em um ato de violência. É menos um crime de paixão do que um crime sobre poder, trata-se menos de amor ou luxúria do que de conquista e humilhação, menos uma expressão de desejo do que uma expressão de posse. É possível imaginar que, quando pensam em estupro, os homens pensam no poder que sentem.

Não é bem assim. Ouçamos o que diz um jovem, um garoto de 23 anos chamado Jay, que trabalha no estoque de uma empresa de São Francisco e que, a pedido do autor Tim Beneke, descreveu as circunstâncias em que poderia cometer estupro. Jay nunca fez isso. Ele é simplesmente um homem comum tentando imaginar as condições sob as quais ele cometeria um ato de violência contra uma mulher. Aqui está o que Jay diz:

Digamos que eu vejo uma mulher e ela parece realmente muito bonita, bem arrumada e atraente, e ela está emanando vibrações sensuais bem femininas. Eu penso, uau, adoraria transar com ela, mas sei que ela não está interessada. É uma provocação. Muitas vezes uma mulher sabe que está linda e vai usar isso e exibi-lo, o que me faz sentir como se estivesse rindo de mim e eu me sinto diminuído... Se eu estivesse realmente desesperado o suficiente para violar alguém, seria por querer tal pessoa, mas também seria uma coisa muito rancorosa, para apenas poder dizer "tenho poder sobre você e posso fazer o que quiser com você", porque realmente sinto que elas têm poder sobre mim apenas pela presença delas. Só o fato de que elas podem se aproximar de mim e simplesmente me derreterem me faz sentir como uma marionete, me faz querer uma vingança. Elas têm poder sobre mim, então quero poder sobre elas"[233].

Jay não fala a partir de um sentimento de poder, mas a partir de uma sensação de impotência. "Elas têm poder sobre mim, então quero poder sobre elas". Em sua mente, o estupro não é uma iniciação de agressão contra mulher, mas sim uma forma de vingança, a retaliação contra alguma coisa que o feriu. Mas quem fez isso?

Beneke explora este aparente paradoxo analisando a linguagem. Vejamos os termos utilizados em nossa cultura para descrever a beleza e a sexualidade das mulheres. Usamos uma linguagem de violência, de agressão. A mulher é uma "explosão", um "nocaute", uma "mulher fatal". Ela é "deslumbrante", "arrebatadora", está "vestida para matar". Nós homens ficamos "arrebatados", "arrasados". A beleza feminina é vivida pelos homens como um ato de agressão: ela invade seus pensamentos, desperta sentimentos indesejados de desejo e ansiedade, leva-os a se sentir impotentes, inúteis, vulneráveis. Então, depois de cometer esse ato invasivo de agressão, as mulheres rejeitam os homens, dizem não ao sexo, recusam-nos. O estupro é uma forma de represália, de vingança pela rejeição, de revanche. Esses sentimentos de impotência, juntamente com a sensação de posse do corpo feminino afirmado pelos estupradores que Diana Scully entrevistou, combinam-se em uma pesada mistura de impotência e posse, fragilidade e prerrogativa de se sentir no controle. A espantosa e vergonhosa taxa elevada de estupro nos Estados Unidos vem dessa combinação.

Assim, o estupro é menos o problema de um pequeno número de indivíduos doentes e mais um problema relativo às expectativas sociais sobre o comportamento masculino, expectativas que decorrem da desigualdade de gênero (desrespeito e desprezo pelas mulheres) e podem empurrar os homens para a predação sexual. Um estupro realizado até o fim é somente o ponto-final de um contínuo que inclui coerção sexual bem como uso premeditado de álcool ou drogas para anular a resistência de uma mulher. No estudo mais famoso sobre o comportamento de homens universitários, Mary Koss e seus colegas descobriram que 1 em 13 admitiu forçar (ou tentar forçar) uma mulher a ter relações sexuais contra sua vontade, sendo que 10% se envolveram em contatos sexuais indesejados e outros 7,2% foram sexualmente coercivos. Em outro estudo, Scott Boeringer descobriu que mais de 55% tinham se envolvido em coerção sexual, 8,6% haviam tentado estuprar e 23,7% tinham fornecido drogas ou álcool para uma mulher visando ter relações sexuais com ela quando ela ficasse intoxicada demais seja para resistir, seja mesmo para consentir (essa prática é legalmente considerada estupro na maioria das jurisdições). Tais números desmentiram os argumentos de que o estupro é simplesmente o crime de indivíduos doentes[234].

Os sentimentos de impotência e de posse dos homens também fazem parte do pano de fundo do problema da violência no lar. Embora a família devesse ser um refúgio do perigoso mundo exterior, o "abrigo em um mundo sem coração", na verdade o lar é, para mulheres e crianças, o lugar mais perigoso onde poderiam estar. Nem mesmo a "proteção" legal do casamento mantém as mulheres a salvo da ameaça de estupro, e os níveis de violência contra elas no lar são assustadoramente altos. O estudioso de violência familiar Murray Straus e seus colegas concluíram que "a família e o lar norte-americanos são talvez tão ou mais violentos do que qualquer outra instituição ou contexto nos Estados Unidos (com exceção das forças armadas, e somente então em tempo de guerra)"[235].

O casamento certamente não protege a mulher contra o estupro. Em um estudo com 644 casadas, 12% relataram ter sido estupradas por seus maridos. Um pesquisador estima que entre 14% e 25% das mulheres são forçadas por seus maridos a ter relações sexuais contra sua vontade durante o casamento, enquanto outro afirma que cerca de um terço delas relatam fazer "sexo não desejado" com seu parceiro. Em mais um estudo com

393 mulheres selecionadas aleatoriamente, verificou-se que há três vezes mais probabilidade de um homem estuprar sua esposa ou seu par num encontro do que uma estranha, uma amiga ou uma conhecida. No total, 50% da amostra relataram mais de vinte incidentes de **estupro conjugal**, e 48% indicaram que o estupro fazia parte do abuso físico comum cometido por seus maridos. Nesse estudo, David Finklehor e Kersti Yllo descobriram também que quase 75% das mulheres estupradas por seus maridos haviam resistido com sucesso pelo menos uma vez; 88% relataram que nunca gostaram de ser forçadas; e 22% haviam sido sexualmente vitimizadas quando crianças[236].

Uma das mudanças mais dramáticas nas leis sobre estupro foi acabar com a isenção dos maridos nos processos de estupro. Ainda em 1985, mais da metade das unidades federativas dos Estados Unidos ainda proibiam expressamente a acusação de estupro conjugal, alegando que as mulheres não tinham o direito legal de dizer não ao sexo com seus maridos. Quando elas diziam "aceito", aparentemente também significava "aceito... sempre que *ele* quiser". Embora, até 1993, todos os estados norte-americanos tivessem declarado o estupro conjugal como crime "pelo menos quando a força é usada", de acordo com o *National Clearinghouse on Marital and Date Rape* (Centro de Informação Norte-americano sobre Estupro no Casamento e em Encontros), ainda em 1996, a isenção de estupro vigorava em vários estados onde marido e mulher viviam juntos (não separados). Além disso, apenas cinco estados passaram a proteger homens e mulheres solteiros que moram juntos. O estudioso da família Richard Gelles descreveu o alcance desse problema ao falar em uma audiência da assembleia estadual de New Hampshire em 1981, quando esse Estado estava avaliando remover a isenção dos maridos em casos de estupro:

> Na realidade, o estupro conjugal é muitas vezes *mais traumático* do que o estupro de estranhos. Quando você foi violado intimamente por uma pessoa que supostamente o ama e o protege, isso pode destruir sua capacidade de intimidade com qualquer outra pessoa. Além disso, muitas esposas vítimas ficam presas em um reinado de terror e sofrem repetidas agressões sexuais durante um período de anos. Quando você é violentado por um estranho, você tem de viver com uma memória terrível. Quando você é estuprada por seu marido, *você tem de conviver com seu estuprador*[237].

O estupro conjugal também é um problema grave em outros países, onde os maridos permanecem isentos de acusação, porque teriam direito legal de fazer o que quiser com sua propriedade. E o abuso da esposa também é um problema crônico em outros países. Em Hong Kong e Quito, Equador, por exemplo, estima-se que 50% de todas as mulheres casadas são regularmente espancadas por seus maridos[238].

Embora a violência doméstica seja certamente um problema em outros países, nos Estados Unidos, aparentemente, as taxas de abuso da esposa estão entre as mais altas do mundo. A agressão é a principal causa de lesões a mulheres no país. Mais de 2 milhões de mulheres são espancadas por seus parceiros a cada ano. De acordo com a Agência de Estatísticas da Justiça, 85% de todas as vítimas de violência doméstica são mulheres.

"Simetria" de gênero na violência doméstica?

Apesar da esmagadora evidência de problemas de violência doméstica contra as mulheres, muitas vezes ouvimos um pequeno coro de vozes gritando sobre "abuso contra o marido". Quando um sociólogo afirma que esse tipo de abuso sofrido pelos homens é a forma mais subestimada de violência doméstica, de repente, legiões de antifeministas começam a desencavar esses argumentos em discussões políticas.

Alguns dos estudos de "simetria de gênero" na violência doméstica – a presunção de que as taxas de violência no lar têm uma divisão relativamente igual por gênero – sugerem que as mulheres têm "a mesma probabilidade" de bater nos homens quanto eles têm de bater nelas, e que elas cometem 50% de todos os homicídios maritais. Tais estudos fornecem "fatos", como o de que 1,8 milhão de mulheres sofreu uma ou mais agressões cometidas por marido ou namorado e que mais de 2 milhões de homens foram agredidos por suas esposas ou namoradas; que 54% de toda a violência rotulada como "grave" foram cometidos por elas; ou que, entre casais adolescentes, meninas foram mais violentas do que meninos. (Ironicamente, as pessoas que reivindicam taxas equivalentes de violência doméstica são com frequência as mesmas com argumentos de que mulheres e homens são biologicamente diferentes e de que elas não são biologicamente agressivas o suficiente para entrar no exército ou servir nas forças policiais.) Um jornalista nitidamente confuso sugere que, dado serem "apenas" 3% ou 4% de mulheres sendo espancadas anualmente, "devemos considerar isso como o comportamento infeliz de alguns poucos homens loucos". (Se 3% ou 4% de todos os homens fossem atingidos por câncer de testículo ou próstata a cada ano, ou fossem vítimas de agressão nas ruas, esse mesmo jornalista sem dúvida consideraria isso uma emergência nacional e tentaria mobilizar toda a comunidade médica ou o exército, talvez ambos![239])

Se esses dados fossem verdadeiros, a pergunta a se fazer seria: por que não existem abrigos para homens espancados, nenhum surto de vítimas masculinas aparecendo nos prontos-socorros dos hospitais, nenhuma legião de homens machucados se apresentando para exigir proteção? (Bem, não é inteiramente verdade: O.J. Simpson efetivamente se autoproclamou um "marido maltratado" depois de espancar sua ex-esposa Nicole. E um abrigo para homens maltratados chegou a abrir em Vancouver, Canadá, mas fechou depois de dois meses porque ninguém veio se abrigar.) Por um lado, dizem-nos esses especialistas, dado que os homens vítimas de violência doméstica têm muita vergonha da humilhação, da negação da masculinidade, é improvável que se apresentem e são mais propensos a sofrer em silêncio as ministrações violentas de suas esposas – um problema psicológico que um pesquisador chama de **síndrome do marido espancado**. "Como os homens foram ensinados a 'encarar como macho' e são ridicularizados quando se sentem agredidos por mulheres, elas têm nove vezes mais chances de denunciar seus agressores às autoridades", observam dois escritores. Por outro lado, esses mesmos especialistas nos dizem, o poder do "*lobby* feminista" é tão difundido que, em todo o país, tem havido um encobrimento dessa descoberta politicamente incorreta. Como diz um polemista:

> Embora vários estudos demonstrem consistentemente que homens são vítimas de violência doméstica no mínimo tanto quanto mulheres, tanto o público leigo quanto muitos especialistas consideram a descoberta de não haver diferença sexual nos índices de agressão física entre pessoas íntimas como surpreendente, quando não suspeito, dado o estereótipo de que os homens são agressivos e as mulheres, apenas vítimas[240].

Essas afirmações não são apoiadas por nenhuma pesquisa empírica, e as inferências extraídas daí são ainda mais injustificadas. Por exemplo, no estudo original a respeito da "síndrome do marido espancado", a socióloga Susan Steinmetz pesquisou 57 casais. Quatro das esposas, mas nenhum marido, relataram ter sido seriamente agredidas. A partir desses dados, Steinmetz concluiu que os homens simplesmente não relatam abusos, que deve haver um problema sério de agressão contra os maridos, que cerca de 250 mil homens são agredidos anualmente – tudo isto, lembre-se, a partir da descoberta de que nenhum marido foi abusado. Quando a mídia fez barulho acerca desses dados falsos, seu número já havia inflacionado para 12 milhões de maridos espancados a cada ano![241]

Um problema são as perguntas feitas na pesquisa. Os estudos cujas descobertas dizem que as mulheres batem nos homens tanto quanto eles batem nelas perguntaram a ambos se alguma vez, durante o tempo de seu relacionamento, tinham batido em seu parceiro. Um número igual de mulheres e homens respondeu afirmativamente. O número muda drasticamente, contudo, quando se pergunta quem iniciou a violência (a agressão foi ofensiva ou defensiva?), quão severa foi (ela o empurrou antes ou depois de ele ter quebrado a mandíbula dela?), e com que frequência o ato violento ocorre. Quando essas três perguntas foram feitas, os resultados surgiram em conformidade com o que sempre soubemos: a quantidade, frequência, severidade e consistência da violência contra as mulheres são muito maiores do que qualquer coisa cometida por mulheres contra homens – sem considerar o caso Lorena Bobbit[242].

Outro problema decorre da inclusão da pessoa a respeito de quem se faz a pergunta. Os estudos que encontraram índices comparáveis de violência doméstica entre homens e mulheres fizeram perguntas sobre o incidente violento a apenas um parceiro. Mas estudos nos quais as duas pessoas do casal foram entrevistadas separadamente encontraram grandes discrepâncias entre relatos de mulheres e de homens. Os mesmos pesquisadores que encontraram índices comparáveis pediram que esses resultados fossem tratados com extrema cautela, pois os homens diminuem relatos de agressão grave. (Talvez se considere que espancar uma mulher é tão pouco masculino quanto ser espancado por uma; afinal, "homens de verdade" nunca levantam a mão contra uma mulher[243].)

Um terceiro problema resulta de *quando* os entrevistados foram questionados sobre a violência doméstica. Os estudos que encontraram taxas comparáveis de violência entre os sexos perguntavam apenas se algum incidente ocorreu ou não em um único ano, equacionando assim um único tapa com um reinado de terror doméstico que pode ter durado décadas. E, embora a pesquisa seja explícita e inequívoca ao afirmar que a violência contra as mulheres aumenta dramaticamente após o divórcio ou separação, os incidentes ocorridos entre casais separados ou divorciados foram excluídos dos estudos que afirmavam resultados comparáveis entre os sexos. Contudo, cerca de 76% de todas as agressões ocorrem nesse momento, sendo que em mais de 93% dos casos o iniciador da violência é masculino[244].

Por fim, a pesquisa que sugere comparabilidade é inteiramente baseada na Escala de Táticas de Conflito (CTS), uma escala que não faz distinção entre violência ofensiva e defensiva, e não discrimina, por exemplo, a agressão feroz de uma mulher que bate no marido enquanto ele está agredindo seus filhos. Também não leva em conta as diferenças físicas entre mulheres e homens, diferenças que fazem ser seis vezes mais provável que elas precisem de cuidados médicos para ferimentos decorridos de violência familiar. Ela tampouco inclui os meios não físicos que obrigam as mulheres a permanecer em relações abusivas (disparidades de renda, temor pelos filhos, dependência econômica). Também não considera o estupro conjugal ou a agressão sexual. Como pergunta um pesquisador que estuda violência: "Você pode chamar duas pessoas de igualmente agressivas quando uma mulher dá um soco no peito do marido sem que isso resulte em dano físico e um homem dá um soco no rosto da esposa e seu nariz está ensanguentado e quebrado? Os dois recebem a mesma pontuação no CTS"[245].

A propósito, quem apoia as afirmações sobre homens espancados raramente contesta o número de mulheres espancadas; eles alegam apenas que o índice de homens agredidos é equivalente. Isto é curioso porque eles geralmente não defendem que o financiamento para combater a violência doméstica seja reforçado, mas sim que haja menos fundos para as políticas públicas das mulheres. Esses esforços politicamente desonestos têm merecido a desaprovação até mesmo do pesquisador cujo trabalho é mais comumente utilizado para sustentar essas reivindicações[246].

É claro que algumas pesquisas sugerem que as mulheres são plenamente capazes de usar a violência nas relações íntimas, mas nunca chegam perto das mesmas taxas ou com a mesma severidade. Talvez até 3% ou 4% de toda violência conjugal sejam cometidos por mulheres, segundo o criminologista Martin Schwartz. Cerca de 1 em cada 8 esposas relata já ter batido em seu marido. E quando as mulheres são violentas, tendem a usar as táticas menos violentas ou as mais violentas. Elas empurram, batem e chutam com a mesma frequência dos homens, segundo as descobertas de Straus e seus colegas. Mas também usam armas quase com a mesma constância deles[247].

A violência doméstica varia conforme o equilíbrio de poder no relacionamento se altera. Quando todas as decisões são tomadas por um cônjuge, as taxas de abuso do parceiro – seja ele cometido pela mulher ou pelo homem – estão em seus níveis mais altos. A violência contra a mulher é mais comum em lares onde o poder está concentrado nas mãos do marido. Curiosamente, a violência contra eles *também* é mais presente (ainda que muito menos provável) nos lares em que há concentração de poder nas suas próprias mãos ou, em casos extremamente raros, nas mãos da esposa. Concentrar o poder nas mãos dos homens leva a taxas mais altas de violência, seja contra elas ou contra eles. Os índices de abuso de esposa e marido caem à medida que os relacionamentos se tornam cada vez mais iguais, e praticamente não há casos de mulheres batendo em seus maridos quando todas as decisões são partilhadas igualmente, ou seja, quando os relacionamentos são plenamente iguais[248].

Mulheres e homens não cometem atos violentos no mesmo ritmo ou pelas mesmas razões. O pesquisador de violência familiar Kersti Yllo argumenta que eles tendem a usar a violência doméstica de forma instrumental, com o propósito específico de colocar medo e terror no coração de suas esposas, para assegurar o cumprimento, a obediência e a aceitação passiva da regra do homem no lar. As mulheres, ao contrário, tendem a usar a violência de forma expressiva, para demonstrar frustração ou raiva imediata – além, é claro, de forma defensiva, para evitar mais ferimentos.

Mas raramente a violência da mulher é sistemática, proposital e rotineira. Como dois psicólogos recentemente afirmaram:

> Nas relações heterossexuais o espancamento é principalmente algo que os homens fazem às mulheres, e não o contrário... Há muitas mulheres espancadas que são violentas, a maioria, mas nem sempre, em autodefesa. Elas vivem numa cultura de violência, e fazem parte dessa cultura. Algumas mulheres agredidas se defendem: elas revidam, e podem até bater ou empurrar com tanta frequência quanto seus maridos. Mas são elas que são espancadas[249].

Nos resultados de uma pesquisa que simplesmente soma todos os atos de violência, mulheres e homens podem parecer igualmente violentos. Mas os prontos-socorros dos hospitais do país, os abrigos de mulheres espancadas e os necrotérios da cidade sugerem que essas aparências são muitas vezes mortalmente enganosas.

A violência contra as mulheres não conhece limites de classe, raça ou etnia (tabelas 14.1a e 14.1b). "Homens educados, bem-sucedidos e sofisticados – advogados, médicos, políticos, executivos de empresas – batem em suas esposas tão regular e violentamente quanto caminhoneiros". No entanto, existem algumas diferenças. Por exemplo, um dos melhores indicadores do início da violência doméstica é o desemprego. E alguns estudos descobriram que o número de atos violentos no lar é mais alto em famílias afro-americanas do que em famílias brancas. Um estudo verificou que homens negros batem em suas esposas quatro vezes mais do que homens brancos e que mulheres negras batem em seus maridos duas vezes mais do que mulheres brancas. Embora estudos subsequentes tenham indicado uma diminuição da violência entre as famílias negras, as taxas ainda são um pouco mais altas do que para as famílias brancas[250].

Entre latinos, as evidências são contraditórias: um estudo encontrou muito menos violência nas famílias latinas do que em famílias anglo-saxãs, enquanto outro registrou uma taxa ligeiramente mais alta. Essas descobertas contraditórias foram elucidadas pela separação de diferentes grupos de latinos. Kaufman Kantor e colegas descobriram que os maridos porto-riquenhos tinham uma tendência cerca de duas vezes maior de bater em suas esposas do que os maridos anglo-americanos (20,4% contra 9,9%) e cerca de dez vezes maior do que os maridos cubanos (2,5%). Em muitos casos, porém, essas diferenças raciais e étnicas desaparecem quando se leva em conta a classe social. O sociólogo Noel Cazenave examinou a mesma pesquisa norte-americana sobre violência familiar e constatou que os negros tinham taxas mais baixas de abuso da esposa do que os brancos em três das quatro categorias de renda – as duas mais altas e a mais baixa. Os números mais altos entre os negros foram relatados apenas pelos entrevistados na faixa de renda entre 6 e 12 mil dólares (que incluía 40% de todos os negros pesquisados). A renda e a residência (urbana) também foram as variáveis que explicaram praticamente todas as diferenças étnicas entre latinos e anglos. As mesmas diferenças raciais no índice de assassinato da esposa ou esposo podem ser explicadas por classe: dois terços de todos os homicídios de cônjuge na cidade de Nova York ocorreram nas seções mais pobres do Bronx e Brooklyn[251].

Naturalmente, *gays* e lésbicas também podem se envolver em violência doméstica. Uma recente pesquisa informal com vítimas *gays* de violência em seis grandes cidades descobriu que os homossexuais eram mais propensos a sofrerem agressão doméstica do que crimes de ódio *antigay*, e tão propensos a vivenciar violência quanto heterossexuais. Mais de um quarto das lésbicas e *gays* (27,9% de homossexuais adultos) relataram ter experimentado violência interpessoal em suas vidas adultas. É um número comparável aos 28,5% de homens heterossexuais e 35,6% de mulheres heterossexuais no relatório da NISVS (cf. nota de rodapé anterior). E é ainda pior se a pessoa for bissexual: dois em cada cinco (40,6%) bissexuais sofreram violência – o maior percentual de todos.

A violência entre parceiros íntimos é, em última instância, uma questão de poder. Para os homens que abusam de suas parceiras, é apenas mais uma forma de acessar e exercer tal poder e controle. E ainda assim, como o estupro, a violência doméstica é mais provável de ocorrer não quando o homem se sente mais poderoso, mas quando ele se sente relativamente impotente. A violência é restaurativa, um meio de recuperar um poder que ele acredita ser seu por direito. Como explica um sociólogo, "homens abusivos são mais propensos a bater em seus cônjuges e filhos sempre que sentem que estão perdendo o poder ou o controle sobre suas vidas". Outro nos lembra que "o poder físico masculino sobre as mulheres, ou a ilusão de poder, é, apesar de tudo, uma compensação mínima para a falta de poder sobre o resto da vida"[252].

Tabela 14.1a Predominância vitalícia de estupro, violência física e/ou perseguição por um parceiro íntimo, por raça/etnia – Mulheres norte-americanas, NISVS 2010[d].

		Hispânicas	Não hispânicas				
			Negras	Brancas	Asiáticas ou de ilhas do Oceano Pacífico	Indígenas americanas ou nativas do Alasca	Multirracial
Estupro	% ponderada	8.4	12.2	9.2	†	†	20.1
	Estimativa do número de vítimas*	1,273,000	1,768,000	7,475,000			273,000
Violência física	% ponderada	35.2	40.9	31.7	†	45.9	50.4
	Número estimado de vítimas*	5,317,000	5,955,000	25,746,000		399,000	683,000
Perseguição	% ponderada	10.6	14.6	10.4	†	†	18.9
	Número estimado de vítimas*	1,599,000	2,123,000	8,402,000			256,000
Estupro, violência física e/ou perseguição	% ponderada	37.1	43.7	34.6	19.6	46.0	53.8
	Número estimado de vítimas*	5,596,000	6,349,000	28,053,000	1,110,000	400,000	729,000

Nota: A raça/etnia foi autoidentificada. A designação "indígenas americanas" ou "nativas do Alasca" não indica associação ou filiação a uma tribo.

* Arredondado para o milhar mais próximo.

† Estimativa não relatada; erro padrão relativo > 30% ou tamanho da célula ≤ 20.

Tabela 14.1b Predominância vitalícia de estupro, violência física e/ou perseguição por um parceiro íntimo, por raça/etnia – Homens norte-americanos, NISVS 2010.

		Hispânicos	Não hispânicos				
			Negros	Brancos	Asiáticos ou de ilhas do Oceano Pacífico	Indígenas americanos ou nativos do Alasca	Multirracial
Estupro	% ponderada	†	†	†	†	†	†
	Estimativa do número de vítimas*						
Violência física	% ponderada	26.5	36.8	28.1	8.4	45.3	38.8
	Número estimado de vítimas*	4,277,000	4,595,000	21,524,000	428,000	365,000	507,000
Perseguição	% ponderada	†	†	1.7	†	†	†
	Número estimado de vítimas*			1,282,000			
Estupro, violência física e/ou perseguição	% ponderada	26.6	38.6	28.2	†	45.3	39.3
	Número estimado de vítimas*	4,331,000	4,820,000	21,596,000		365,000	513,0000

Nota: A raça/etnia foi autoidentificada. A designação "indígenas americanos" ou "nativos do Alasca" não indica associação ou filiação a uma tribo.

* Arredondado para o milhar mais próximo.

† Estimativa não relatada; erro padrão relativo > 30% ou tamanho da célula ≤ 20.

---

[d] National Intimate Partner and Sexual Violence Survey (Pesquisa Nacional sobre Parceiro Íntimo e Violência Sexual) [N.T.].

> **LEIA TUDO A RESPEITO!**
>
> Lésbicas e *gays* são há muito tempo alvos de violência. Nos últimos anos, as pessoas transgênero têm sido especialmente apontadas como alvos também, em parte porque elas expõem a artificialidade do binarismo de gênero e revelam que ele é mais fluido, mais contínuo. Para algumas pessoas, isto faz parecer que a terra não está mais sólida sob seus pés; elas experimentam uma sensação de vertigem de gênero. Como Karl Marx uma vez escreveu sobre um tema totalmente diferente: "tudo o que é sólido se funde no ar". Isto pode realmente deixar algumas pessoas com raiva. O artigo de Doug Meyer "An Intersectional Analysis of Lesbian, Gay, Bisexual and Transgender People's Evaluations of Anti-Queer Violence" ("Uma análise interseccional das avaliações da violência *antiqueer* feita por lésbicas, *gays*, bissexuais e transgênero") pergunta às próprias pessoas LGBT como elas entendem e interpretam essa violência. Meyer descobriu que negros e latinos vítimas de violência frequentemente a interpretam com uma lente de raça e etnia, expondo de alguma forma suas comunidades raciais e étnicas, enquanto os brancos tendem a ver tal violência inteiramente em termos sexuais e de gênero.

Conclusão

A violência é uma epidemia na sociedade norte-americana de hoje. Os Estados Unidos são, de longe, a nação industrial mais violenta do mundo – apesar de eles terem os maiores índices de encarceramento e serem o único país industrializado que usa a pena de morte para deter a violência. Eu disse "apesar"? Será que não queria dizer "porque"?

A violência traz um enorme desgaste social, não apenas para suas vítimas, mas também para as enormes despesas necessárias para manter o sistema legal, as prisões e as forças policiais. E ela impõe um custo psíquico incalculável – uma nação inteira que se acostumou a viver com medo da violência (ligue o noticiário da noite em qualquer cidade dos Estados Unidos e verá o desfile noturno de assassinatos, incêndios, abuso dos pais e brigas de soco disfarçadas de esporte). "Para conter o crime não precisamos expandir medidas estatais repressivas, mas precisamos reduzir as desigualdades de gênero", escreve o criminologista James Messerschmidt. E aliviar esse medo, diz a criminologista Elizabeth Stanko, "vai exigir mais do que uma melhor iluminação nas ruas"[253].

Por certo, uma iluminação melhor é um começo. E temos de proteger as mulheres de uma cultura da violência que tantas vezes as alveja. Temos também de proteger os meninos dessa mesma "cultura de violência, que explora suas piores tendências, reforçando e amplificando os valores atávicos da mística masculina". Afinal, são os homens que são predominantemente vítimas da violência, bem como predominantemente são eles seus perpetradores[254].

Muitas vezes, as explicações biológicas são invocadas como estratégias para fugir do problema. "Meninos são meninos", dizemos, balançando os ombros em vã resignação. Mas mesmo se toda violência fosse biologicamente programada pela testosterona ou pelas exigências evolutivas do sucesso reprodutivo, a epidemia masculina de atos violentos nos Estados Unidos ainda levantaria a questão política: vamos organizar nossa sociedade de modo a maximizar esta propensão para a violência ou vamos tomar medidas para minimizá-la? Essas são perguntas políticas e exigem respostas políticas – respostas que nos impelem a encontrar caminhos alternativos e não violentos para que os homens se exprimam como homens.

Francamente, acredito que os homens são melhores do que isso, melhores do que bestas violentas e ferozes biologicamente programadas. Recentemente, um colega concebeu uma forma de sugerir que os rapazes podem fazer melhor. Em uma semana dedicada à conscientização sobre o estupro em sua universidade, ele criou centenas de "proteções de respingo" para serem distribuídas nos quartos dos homens no *campus* (para aqueles que não sabem, tal proteção é uma grade de plástico colocada nos urinóis públicos masculinos para evitar respingos). Ele fez com que milhares de cópias fossem produzidas com um *slogan* simples e esperançoso, que simplesmente dizia: "você tem nas mãos o poder de parar o estupro".

Acredito que também podemos fazer muito melhor do que temos feito para reduzir a violência em nossa sociedade e para retirar nosso apoio tácito, silencioso e, portanto, cúmplice. Quando direitistas se engajam neste tipo de "ofensividade masculina" – afirmando que homens não são nada mais do que brutos violentos enlouquecidos por testosterona (e que, portanto, as mulheres devem deixar o local de trabalho e voltar para casa para que possamos nos controlar melhor) – a maioria desses homens sabe que essas calúnias são falsas. Mas elas são falsas tendo um toque de verdade. Afinal, enquanto eles permanecerem em sua postura de cumplicidade silenciosa ou de negação defensiva, é bem possível que se acredite que a violência masculina foi tolerada. "Todos os sentimentos violentos", escreveu John Ruskin, o grande crítico social britânico do século XIX, "produzem uma falsidade em todas as nossas impressões de coisas externas". Até transformarmos o significado de masculinidade, continuaremos a produzir essa falsidade – com consequências trágicas contínuas.

TERMOS-CHAVE		
Bravura masculina	Estupro como forma de recreação	Violência de gênero
Criminalidade de mulheres	Pedofilia	Violência entre parceiros íntimos
Culto à domesticidade	Síndrome do marido espancado	Violência masculina
Estupro conjugal		
Estupro por conhecidos		

Notas

Capítulo 12

[1] Apud Drury Sherrod. "The Bonds of Men: Problems and Possibilities in Close Male Relationships". In: *The Making of Masculinities: The New Men's Studies*. H. Brod, ed. (Boston: Allen and Unwin, 1987), p. 230. Apud Lillian Rubin. *Intimate Strangers* (Nova York: Harper and Row, 1983), p. 59.

[2] Mary Wollstonecraft. *A Vindication of the Rights of Women* [1792] (Londres: Penguin, 1969), p. 56. • Simone de Beauvoir. *The Second Sex* (Nova York: Vintage, 1959), p. 142.

[3] Lionel Tiger. *Men in Groups* (Nova York: Vintage, 1969).

[4] Jack Balswick. "The Inexpressive Male: A Tragedy of American Society". In: *The Forty-Nine Percent Majority*. D. David e R. Brannon, eds. (Reading, MA: Addison-Wesley, 1976). • Mirra Komorovsky. *Blue Collar Marriage* (Nova York: Vintage, 1964). • Joseph Pleck. "The Male Sex Role: Definitions, Problems and Sources of Change". In: *Journal of Social Issues*, 32(3), 1976, p. 273.

[5] Robert Lewis. "Emotional Intimacy Among Men". In: *Journal of Social Issues*, 34, 1978. Cf. tb. Pleck. "The Male Sex Role".

[6] Paul Wright. "Men's Friendships, Women's Friendships and the Alleged Inferiority of the Latter". In: *Sex Roles*, 8(1), 1982, p. 3. • Daniel Levinson. *The Seasons of a Man's Life* (Nova York: William Morrow, 1978), p. 335.

[7] Francesca Cancian. "The Feminization of Love". In: *Signs*, 11, 1986. • *Love in America: Gender and Self-Development* (Cambridge: Cambridge University Press, 1987).

[8] Simone Schnall, Kent Harber, Jeanine Stefanucci e Dennis Proffiytt. "Social Support and the Perception of Geographical Slant". In: *Journal of Experimental Social Psychology*, 44, 2008, p. 1.246-1.255.

[9] Cf. S.E. Taylor, L.C. Klein, B.P. Lewis, T.L. Gruenwald, R.A.R. Gurung e J.A. Updegraff. "Biobehavioral Female Responses to Stress: Tend and Befriend, Not Fight or Flight". In: *Psychological Review*, 107(3), 2000, p. 411-429.

[10] Sharon Brehm. *Intimate Relationships* (Nova York: Random House, 1985), p. 346.

[11] Mayta Caldwell e Letitia Peplau. "Sex Differences in Same-Sex Friendships". In: *Sex Roles*, 8(7), 1982. • Beth Hess. "Friendship". In: *Aging and Society*. M. Riley, M. Johnson e A. Foner, eds. (Nova York: Russell Sage, 1972). • Erina MacGeorge, Angela Graves, Bo Feng, Seth Gillihan e Brant Burleson. "The Myth of Gender Cultures: Similarities Outweigh Differences in Men's and Women's Provision of and Responses to Supportive Communication". In: *Sex Roles*, 50(3/4), fev./2004, p. 143-175.

[12] Lynne Davidson e Lucille Duberman. "Friendship: Communication and Interactional Patterns in Same-Sex Dyads". In: *Sex Roles*, 8(8), 1982, p. 817.

[13] Lillian Rubin. *Just Friends* (Nova York: Harpe and Row, 1985), p. 60-61, 62-63. • Rubin, *Intimate Strangers*, p. 130, 135.

[14] Brehm. *Intimate Relationships*. • Wright. "Men's Friendships". • Davidson e Duberman. "Friendship". • R. Bell. *Worlds of Friendship* (Beverly Hills, CA: Sage Publications, 1981).

[15] Karen Walker. "'I'm Not Friends the Way She's Friends': Ideological and Behavioral Constructions of Masculinity in Men's Friendships". In: *Masculinities*, 2(2), 1994, p. 228. • Rubin. *Intimate Strangers*, p. 104. Sobre o impacto mais geral do telefone, cf. Claude Fischer. *To Dwell Among Friends* (Chicago: University of Chicago Press, 1982).

[16] Stuart Miller. *Men and Friendship* (Boston: Houghton, Mifflin, 1983).

[17] Graham Allen. *Friendship – Developing a Sociological Perspective* (Boulder, CO: Westview, 1989), p. 66.

[18] Wright. "Men's Friendships", p. 19.

[19] N.L. Ashton. "Exploratory Investigation of Perceptions of Influences on Best-Friend Relationships". In: *Perception and Motor Skills*, 50, 1980. • Shavaun Wall, Sarah M. Pickert e Louis V. Paradise. "American Men's Friendships: Self-Reports on Meaning and Changes". In: *Journal of Psychology*, 116, 1984.

[20] Helen Hacker. "Blabbermouths and Clams: Sex Differences in Self-Disclosure in Same-Sex and Cross-Sex Friendship Dyads". In: *Psychology of Women Quarterly*, 5(3), primavera/1981.

[21] Scott Swain. "Men's Friendship with Women: Intimacy, Sexual Boundaries, and the Informant Role". In: *Men's Friendships*. P. Nardi, ed. (Newbury Park, CA: Sage Publications, 1992), p. 84, 77. Para uma revisão mais geral dessa literatura, cf. Eleanor Maccoby e Carol Jacklin. *The Psychology of Sex Differences* (Stanford, CA: Stanford University Press, 1974).

[22] Barbara Bank. "Friendships in Australia and the United States: From Feminization to a More Heroic Image". In: *Gender & Society*, 9(1), 1995, p. 96.

[23] Theodore F. Cohen. "Men's Families, Men's Friends: A Structural Analysis of Constraints on Men's Social Ties". In: Nardi. *Men's Friendships*, p. 117. • Allen. *Friendship*, p. 75.

[24] Shanette Harris. "Black Male Masculinity and Same Sex Friendships". In: *Western Journal of Black Studies*, 16(2), 1992, p. 77.

[25] Ibid., p. 78, 81. Cf. tb. Clyde W. Franklin II. "'Hey Home' – 'Yo, Bro': Friendship Among Black Men". In: Nardi. *Men's Friendships*.

[26] Helen M. Reid e Gary Alan Fine. "Self-Disclosure in Men's Friendships: Variations Associated with Intimate Relations". In: Nardi. *Men's Friendships*. • Jeanne Tschann. "Self-Disclosure in Adult Friendship: Gender and Marital Status Differences". In: *Journal of Social and Personal Relationships*, 5, 1988. • Wright. "Men's Friendships", p. 16-17.

[27] April Bleske-Rechek, Erin Somers, Cierra Micke, Leah Erickson, Lindsay Matteson, Corey Stocco, Brittany Schumacher e Laura Ritchie. "Benefit or Burden? Attraction in Cross-Sex Friendship". In: *Journal of Social and Personal Relationships*, 29(5), 2012, p. 569-596.

[28] Rubin. *Intimate Strangers*, p. 154, 150.

[29] Gerald Suttles. "Friendship as a Social Institution". In: *Social Relationships*. G. McCall, M. McCall, N. Denzin, G. Suttles e S. Kurth, eds. (Chicago: Aldine, 1970), p. 116.

[30] Miller. *Men and Friendship*, p. 2, 3. • Rubin. *Intimate Strangers*, p. 103.

[31] Niobe Way. *Deep Secrets: Boys' Friendships and the Crisis of Connection* (Cambridge: Harvard University Press, 2011), p. 15, 20.

[32] Sobre o experimento, cf. Lillian Faderman. *Surpassing the Love of Men* (Nova York: Columbia University Press, 1981). Cit. de Scott Swain. "Covert Intimacy", p. 83-84.

[33] Peter Nardi e Drury Sherrod. "Friendship in the Lives of *Gay* Men and Lesbians". In: *Journal of Social and Personal Relationships*, 11, 1994. • Rubin. *Intimate Strangers*, p. 105.

[34] Apud Rubin. *Intimate Strangers*, p. 130.

[35] Peter Nardi. "The Politics of *Gay* Men's Friendships". In: *Men's Lives*, 4ª ed. M. Kimmel e M. Messner, eds. (Boston: Allyn and Bacon, 1998), p. 250.

[36] Rubin. *Intimate Strangers*, p. 58, 159, 205.

[37] Sherrod. "Bonds of Men", p. 231.

[38] Rubin. *Intimate Strangers*, p. 206.

[39] Sherrod. "Bonds of Men", p. 221. • E. Anthony Rotundo. "Romantic Friendships: Male Intimacy and Middle-Class Youth in the Northern United States, 1800-1900". In: *Journal of Social History*, 23(1), 1989, p. 21.

[40] Foucault, apud Nardi. *Men's Friendships*, p. 184. • Lynne Segal. *Slow Motion: Changing Masculinities, Changing Men* (New Brunswick, NJ: Rutgers University Press, 1990), p. 139.

[41] Lawrence Stone. "Passionate Attachments in the West in Historical Perspective". In: *Passionate Attachments: Thinking About Love*. W. Gaylin e E. Person, eds. (Nova York: Free Press, 1988), p. 33. • Francesca Cancian. *Love in America*, p. 70.

[42] Stone. "Passionate Attachments", p. 28.

[43] Ibid., p. 32. • Michael Gordon e M. Charles Bernstein. "Mate Choice and Domestic Life in the Nineteenth Century Marriage Manual". In: *Journal of Marriage and the Family*, nov./1970, p. 668, 669.

[44] William J. Goode. "The Theoretical Importance of Love". In: *American Sociological Review*, 24(1), 1959.

[45] Apud Cancian. *Love in America*, p. 19, 21, 23. Cf. tb. Mary Ryan. *The Cradle of the Middle Class: The Family in Oneida County, N.Y., 1790-1865* (Nova York: Cambridge University Press, 1981).

[46] Cancian. *Love in America*, p. 121. • Carol Tavris. *The Mismeasure of Woman* (Nova York: Simon & Schuster, 1992), p. 263. • Rubin. *Intimate Strangers*.

[47] Lillian Rubin. *Worlds of Pain* (Nova York: Basic Books, 1976), p. 147.

[48] Robin Simon e Leda Nath. "Gender and Emotion in the United States: Do Men and Women Differ in Self-Reports of Feelings and Expressive Behavior?" In: *American Journal of Sociology*, 109(5), p. 1.137-1.176.

[49] Elaine Hatfield. "What Do Women and Men Want from Love and Sex?" In: *Changing Boundaries*. E. Allegier e N. McCormick, eds. (Mountain View, CA: Mayfield, 1983).

[50] William Kephart. "Some Correlates of Romantic Love". In: *Journal of Marriage and the Family*, 29, 1967. • Kenneth Dion e Karen Dion. "Correlates of Romantic Love". In: *Journal of Consulting and Clinical Psychology*, 41, 1973. • Charles Hill, Zick Rubin e Letitia Anne Peplau. "Breakups Before Marriage: The End of 103 Affairs". In: *Divorce and Separation: Context, Causes and Consequences*. G. Levinger e O.C. Moles, eds. (Nova York: Basic Books, 1979). • Charles Hobart. "Disillusionment in Marriage and Romanticism". In: *Marriage and Family Living*, 20, 1958. • Charles Hobart. "The Incidence of Romanticism During Courtship". In: *Social Forces*, 36, 1958. • David Knox e John Spoakowski. "Attitudes of College Students Toward Love". In: *Journal of Marriage and the Family*, 30, 1968. • George Theodorson. "Romanticism and Motivation to Marry in the United States, Singapore, Burma and India". In: *Social Forces*, 44, 1965.

[51] Dion e Dion. "Correlates of Romantic Love" • Zick Rubin. "Measurement of Romantic Love". In: *Journal of Personality and Social Psychology*, 16(2), 1970. • Arlie Hochschild. *Attending to, Codifying and Managing Feelings: Sex Differences in Love*. Comunicação apresentada no encontro annual da Associação Sociológica Norte-americana, ago./ 1975. • Eugene Kanin, Karen Davidson e Sonia Scheck. "A Research Note on Male-Female Differentials in the Experience of Heterosexual Love". In: *Journal of Sex Research*, 6, 1970, p. 70.

[52] Hill, Rubin e Peplau. "Breakups Before Marriage".

[53] Kephart. "Some Correlates of Romantic Love".

[54] Cf. http://www.thedailybeast.com/articles/2012/02/02/republicans-have-more-orgasms-accordingto-match-com-sex-survey.html e http://www.usatoday.com/news/health/wellness/story/2012-02-02/Survey-gives-a-snapshot-of-singles-in-America/52922248/1

[55] Susan Sprecher, E. Aron, E. Hatfield, A. Cortese, E. Potapava e A. Levitskaya. *Love: American Style, Russian Style, and Japanese Style*. Comunicação apresentada na VI Conferência Anual sobre Relacionamentos Pessoais. Orono, Maine, 1992.

[56] Susan Sprecher e Maura Toro-Morn. "A Study of Men and Women from Different Sides of Earth to Determine if Men Are

from Mars and Women Are from Venus in Their Beliefs About Love and Romantic Relationships". In: *Sex Roles*, 46(5/6), mar./2002, p. 131-147.

[57] Cathy Greenblat. Comunicação pessoal. Essa pesquisa ainda não foi publicada.

[58] Tavris. *Mismeasure of Woman*, p. 284.

[59] Cancian. "Feminization of Love", p. 705, 709.

[60] Rubin. *Just Friends*, p. 41.

Capítulo 13

[61] Talvez seja irônico que alguns desses desenvolvimentos nos tenham deixado mais conscientes a respeito de nosso corpo e também nos tenham permitido modificá-lo (por cirurgia) ou escondê-lo (internet).

[62] Naomi Wolf. *The Beauty Myth* (Nova York: William Morrow, 1991), p. 10, 184.

[63] Cf. Emili Vesilind. "Fashion's Invisible Woman". In: *Los Angeles Times*, 01/03/2009. Disponível em http://www.latimes.com/features/lifestyle/la-ig-size1-2009mar01,0,2345629.story – Acesso em 01/08/2009.

[64] Cf. http://www.raderprograms.com/causes-statistics/media-eating-disorders.html • Edward Lovett. "Most Models Meet Criteria for Anorexia; Size 6 Is Plus Size: Magazine". In: *ABC News*, 12/01/2012. Disponível em http://abcnews.go.com/blogs/headlines/2012/01/most-models-meet-criteria-foranorexia-size-6-isplus-size-magazine/

[65] Cf. Debra Gimlin. *Body Work: Beauty and Self-Image in American Culture* (Berkeley: University of California Press, 2002), p. 5. • "How to Get Plump". In: *Harper's Bazaar*, ago./1908, p. 787. • Mary Pipher. *Reviving Ophelia* (Nova York: Ballantine, 1996). • M.E. Collins. "Body Figure Perceptions and Preferences Among Preadolescent Children". In: *International Journal of Eating Disorders*, 10, 1991, p. 199-208. • A. Gustafson-Larson e R. Terry. "Weight-Related Behaviors and Concerns of Fourth Grade Children". In: *Journal of the American Dietetic Association*, 92(7), 1992, p. 818-822. Cf. tb. www.healthywithin.com/STATS.htm – Acesso em 14/08/2009.

[66] J.I. Hudson, E. Hiripi, H.G. Pope Jr. e R.C. Kessler. "The Prevalence and Correlates of Eating Disorders in the National Comorbidity Survey Replication". In: *Biological Psychiatry*, 61, 2007, p. 348-358. • T.D. Wade, A. Keski-Rahkonen e J. Hudson. "Epidemiology of Eating Disorders". In: *Textbook in Psychiatric Epidemiology*, 3ª ed. M. Tsuang e M. Tohen, eds. (Nova York: Wiley, 2011), p 343-360.

[67] *Europe Targets Eating Disorders*. Disponível em http://news.bbc.uk/1/hi/health/197334.stm • *Eating Disorders Factfile*. Disponível em http://news.bbc.co.uk/1/hi/health/medical_notes/187517.stm

[68] Cf. A. Furnham e N. Alibhai. "Cross-Cultural Differences in the Perception of Female Body Shapes". In: *Psychological Medicine*, 13(4), 1983, p. 829-837. • D.B. Mumford. "Eating Disorders in Different Cultures". In: *International Review of Psychiatry*, 5(1), 1993, p. 109-113. • N. Shuriquie. "Eating Disorders: A Transcultural Perspective". In: *Eastern Mediterranean Health Journal*, 5(2), 1999, p. 354-360. Disponível em http://www.emro.who.int/Publications/EMHJ/0502/20.htm Sou grato a Lisa Machoian por sua ajuda para obter esse material.

[69] Sonni Efron. *Eating Disorders on the Increase in Asia in Dimensions Magazine*. Disponível em http://www.dimensionsmagazine.com/news/asia/html – Acesso em 14/08/2009.

[70] Disponível em http://thesocietypages.org/socimages/2011/03/19/push-up-bikini-tops-at-abercrombie-kids/

[71] Relatório disponível em www.apa.org/pi/wpo/sexualization.html

[72] Deborah Gregory. "Heavy Judgment". In: *Essence*, ago./1994, p. 57-58. • G.B. Schreiber, K.M. Pike, D.E. Wilfley e J. Rodin. "Drive for Thinness in Black and White Preadolescent Girls". In: *International Journal of Eating Disorders*, 18(1), 1995, p. 59-69.

[73] Cf. Susan Bordo. *The Male Body* (Nova York: Farrar, Straus and Giroux, 2000).

[74] Harrison Pope, Katharine Phillips e Roberto Olivardia. *The Adonis Complex: The Secret Crisis of Male Body Obsession* (Nova York: Free Press, 2000).

[75] Denis Campbell. "Body Image Concerns Men More Than Women". In: *Guardian*, 06/01/2012. Disponível em http://www.guardian.co.uk/lifeandstyle/2012/jan/06/body-image-concerns-men-more-than-women

[76] Apud Richard Morgan. "The Men in the Mirror". In: *Chronicle of Higher Education*, 27/09/2002, p. A53.

[77] Tracy McVeigh. "Skinny Male Models and New Fashions Fuel Eating Disorders Among Men". In: *Guardian*, 16/05/2010. Disponível em http://www.guardian.co.uk/society/2010/may/16/skinny-models-fuel-male-eating-disorders

[78] Trent Petrie, Christy Greenleaf, Jennifer Carter e Justine Reel. "Psychosocial Correlates of Disordered Eating Among Male Collegiate Athletes". In: *Journal of Clinical Sport Psychology*, 1(4), dez./2007, p. 340-357. Cf. tb. Trent Petrie, Christy Greenleaf, Jennifer Carter e Justine Reel. "Prevalence of Eating Disorders and Disordered Eating Behaviors Among Male Collegiate Athletes". In: *Psychology of Men & Masculinity*, 9(4), out./2008, p. 267-277.

[79] Pope et al. *Adonis Complex*.

[80] Douglas Quenqua. "Muscular Body Image Lures Boys into Gym, and Obsession". In: *New York Times,* 19/11/2012, p. 1, 13. • R.J. DiClemente, J.M. Jackson, V. Hertzberg e P. Seth. "Steroid Use, Health Risk Behaviors and Adverse Health Indicators Among U.S. High School Students". In: *Family Medicine and Medical Science Research,* 3(127), 2014.

[81] Gina Kolata. "With No Answers on Risks, Steroid Users Still Say 'Yes'". In: *New York Times*, 01/12/2002, p. A1, 19. Disponível em NYTimes.com./2011/12/18/opinion/sunday

[82] Cf., p. ex., Christine Webber. *Eating Disorders*. Disponível em http://netdoctor.co.uk/diseases/facts/eatingdisorders.htm – Acesso em 14/08/2009.

[83] Cf.http://seattletimes.nwsource.corn/html/living/2008829680_barbie09.html – Acesso em 01/08/2009.

[84] M.L. Armstrong, A.E. Roberts, J.R. Koch, J.C. Saunders, D.C. Owen e R.R. Anderson. "Motivation for Contemporary Tattoo Removal: A Shift in Identity". In: *Archives of Dermatology*, 144(7), 2008, p. 879-884.

[85] Shari Roan. "Social Stigma Drives Some Women to Remove Tattoos". In: *Los Angeles Times*, 21/07/2008. Disponível em http://latimesblogs.latimes.com/booster_shots/2008/07/social-stigma-d.html – Acesso em 14/08/2009.

[86] Cf. http://www.plasticsurgery.org/Documents/newsresources/statistics/2011-statistics/2011_Stats_Full_Report.pdf

[87] Cf. o website da Sociedade Norte-americana dos Cirurgiões Plásticos, disponível em http:///www.plasticsurgery.org/mediactr/92sexdis.html – Acesso em 14/08/2009.

[88] Cf. Lynne Luciano. *Looking Good: Male Body Image in Modern America* (Nova York: Hill and Wang, 2001).

[89] Gimlin. *Body Work*, p. 102.

[90] Cf. Sam Fields. *Penis Enlargement Surgery*. Disponível em www.4-men.org/penisenlargementsurgery.html • Randy Klein. "Penile Augmentation Surgery". In: *Electronic Journal of Human Sexuality*, 2, mar./1999, cap. 2, p. 1; cap. 5, p. 8-9.

[91] Cartas de testemunho para o Dr. E. Douglas Whitehead. Disponível em www.penile-enlargement-surgeon.com/diary.html – Acesso em 14/08/2009.

[92] Amy Chozcik. "Virgin Territory: U.S. Women Seek a Second First Time". In: *Wall Street Journal*, 15/12/2005.

[93] Cf. David L. Matlock. *Sex by Design* (Los Angeles: Demiurgus Press, 2004). Cf. tb. www.drmatlock.com – Acesso em 02/06/2006.

[94] Jules Michelet, apud Darlaine C. Gardetto. *The Social Construction of the Female Orgasm, 1650-1890*. Comunicação apresentada no encontro anual da Associação Sociológica Norte-americana. Atlanta, 1988, p. 18.

[95] Apud Barbara Ehrenreich e Deidre English. *For Her Own Good: 150 Years of Medical Advice to Women* (Nova York: Anchor, 1974).

[96] Alfred Kinsey, Wendall Pomeroy e Charles Martin. *Sexual Behavior in the Human Female* (Filadélfia: W.B. Saunders, 1953), p. 376.

[97] Pauline Bart. *Male Views of Female Sexuality: From Freud's Phallacies to Fisher's Inexact Test*. Comunicação apresentada no II Encontro Anual da Seção Especial de Obstetrícia e Ginecologia Psicossomática. Key Biscayne, Flórida, 1974, p. 6-7.

[98] Lillian Rubin. *Erotic Wars* (Nova York: Farrar, Straus and Giroux, 1991), p. 28, 42. • Billy Crystal. *Week*, 10/05/2002, p. 17.

[99] Catharine MacKinnon. *Only Words* (Cambridge: Harvard University Press, 1996), p. 185.

[100] O melhor trabalho mais recente sobre esse dilema para as garotas é o de Deborah Tolman. *Dilemmas of Desire: Teenage Girls Talk About Sexuality* (Cambridge: Harvard University Press, 2002).

[101] Stephanie Sanders e June Machover Reinisch. *Would You Say "Had Sex"*.

[102] Emmanuel Reynaud. *Holy Virility*. R. Schwartz, trad. (Londres: Pluto Press, 1983), p. 41.

[103] Cf., p. ex., Carol Tavris. *The Mismeasure of Woman* (Nova York: Simon & Schuster, 1992). • Harriet Lerner. *Women in Therapy* (Nova York: Harper and Row, 1989), cap. 2.

[104] Laumann et al. *Social Organization of Sexuality*, p. 135.

[105] Michael Kimmel e Rebecca Plante. "Sexual Fantasies and Gender Scripts: Heterosexual Men and Women Construct Their Ideal Sexual Encounters". In: *Gendered Sexualities*. Vol. 6 de *Advances in Gender Research*. Ed. Patricia Gagné e Richard Tewksbury (Amsterdã: JAI Press, 2002).

[106] Cf. tb. E. Barbara Hariton e Jerome Singer. "Women's Fantasies During Sexual Intercourse: Normative and Theoretical Implications". In: *Journal of Consulting and Clinical Psychology*, 42(3), 1974. • Daniel Goleman. "Sexual Fantasies: What Are Their Hidden Meanings?" In: *New York Times*, 28/02/1983. • Daniel Goleman. "New View of Fantasy: Much Is Found Perverse?" In: *New York Times*, 07/05/1991. • Robert May. *Sex and Fantasy: Patterns of Male and Female Development* (Nova York: W.W. Norton, 1980). • David Chick e Steven Gold. "A Review of Influences on Sexual Fantasy: Attitudes, Experience, Guilt and Gender". In: *Imagination, Cognition and Personality*, 7(1), 1987-1988. • Robert A. Mednick. "Gender Specific Variances in Sexual Fantasy". In: *Journal of Personality Assessment*, 41(3), 1977. • Diane Follingstad e C. Dawne Kimbrell. "Sexual Fantasies Revisited: An Expansion and Further Clarification of Variables Affecting Sex Fantasy Production". In: *Archives of Sexual Behavior*, 15(6), 1986. • Danielle Knafo e Yoram Jaffe. "Sexual Fantasizing in Males and Females". In: *Journal of Research in Personality*, 18, 1984.

[107] Robert Stoller. *Porn* (New Haven, CT: Yale University Press, 1991), p. 31.

[108] Para uma revisão sobre pesquisas empíricas sobre pornografia, cf. Michael Kimmel e Annulla Linders. "Does Censorship Make a Difference? An Aggregate Empirical Analysis of Pornography and Rape". In: *Journal of Psychology and Human Sexuality,* 8(3), 1996.

[109] Rubin. *Erotic Wars*, p. 102. • Carol Tavris e Carole Wade. *The Longest War* (Nova York: Harcourt Brace, 1984), p. 111.

[110] Philip Blumstein e Pepper Schwartz. *American Couples* (Nova York: William Morrow, 1983), p. 279. • Pepper Schwartz e Virginia Rutter. *The Gender of Sexuality* (Thousand Oaks, CA: Pine Forge Press, 1998), p. 60-61. Obviamente, também há enviesamentos sistêmicos de gênero no relato das experiências sexuais: os homens tendem a exagerar suas experiências; as mulheres, a encobrir as suas. Por isso, discrepâncias tão grandes como essas devem ser vistas com ceticismo.

[111] Blumstein e Schwartz. *American Couples*, p. 234.

[112] Laumann et al. *Social Organization of Sexuality*, p. 347.

[113] Stevi Jackson. "The Social Construction of Female Sexuality". In: *Feminism and Sexuality: A Reader*. S. Jackson e S. Scott, eds. (Nova York: Columbia University Press, 1996), p. 71.

[114] Charlene Muehlenhard. "'Nice Women' Don't Say Yes and 'Real Men' Don't Say No: How Miscommunication and the Double Standard Can Cause Sexual Problems". In: *Women and Therapy*, 7, 1988, p. 100-101.

[115] Cf. Dwight Garner. "Endurance Condoms". In: *New York Times Magazine*, 15/12/2002, p. 84.

[116] Cf. Jeffrey Fracher e Michael Kimmel. "Hard Issues and Soft Spots: Counseling Men About Sexuality". In: *Handbook of Counseling and Psychotherapy with Men*. M. Scher, M. Stevens, G. Good e G. Eichenfeld, eds. (Newbury Park, CA: Sage Publications, 1987).

[117] Apud Susan Bordo. *The Male Body*, p. 61. Na verdade, existem algumas evidências de violência contra a mulher e de uma espécie de "fúria sexual" – típica de motoristas presos no trânsito – relacionadas ao uso do Viagra.

[118] Cf. Bruce Handy. "The Viagra Craze". In: *Time*, 04/05/1998, p. 50-57. • Christopher Hitchens. "Viagra Falls". In: *Nation*, 25/05/1998, p. 8.

[119] Rubin. *Erotic Wars*, p. 13. Sobre os índices de mudança na atividade sexual, cf. A.C. Grunseit, S. Kippax, M. Baldo, P.A. Aggleton e G. Slutkin. *Sexuality, Education and Young People's Sexual Behavior: A Review of Studies*. Manuscrito da Unaid, 1997.

[120] Amber Hollibaugh. "Desire for the Future: Radical Hope in Passion and Pleasure". In: Jackson e Scott. *Feminism and Sexuality: A Reader*. • Rubin. *Erotic Wars*, p. 5, 46.

[121] Sobre os índices de masturbação, cf. Laumann et al. *Social Organization of Sexuality*, p. 86. • Schwartz e Rutter. *Gender of Sexuality*, p. 39. Sobre as atitudes sexuais, cf. Laumann et al. *Social Organization of Sexuality*, p. 507.

[122] Tamar Lewin. "One in Five Teenagers Has Sex Before 15, Study Finds". In: *New York Times*, 20/05/2003.

[123] Laumann et al. *Social Organization of Sexuality*. • Schwartz e Rutter. *Gender of Sexuality*, p. 165.

[124] *Newsweek*, 09/12/2002, p. 61-71.

[125] Peter S. Bearman e Hannah Bruckner. "Promising the Future: Virginity Pledges and First Intercourse". In: *American Journal of Sociology*, 106(4), 2001, p. 859-912. Cf. tb. Alan Guttmacher Institute. *Why Is Teenage Pregnancy Declining? The Role of Abstinence, Sexual Activity and Contraceptive Use*, 1996. Disponível em www.agi.org. • Ceci Connolly. "Teen Pledges Barely Cut STD Rates, Study Says". In: *Washington Post*, 09/03/2005, p. A3.

[126] Cf. Barbara Risman e Pepper Schwartz. "After the Sexual Revolution: Gender Politics in Teen Dating". In: *Contexts*, 1(1), 2002, p. 16-24.

[127] Willard Waller. "The Rating and Dating Complex". In: *American Sociological Review*, 2, out./1937, p. 727-734.

[128] "'Hookups': Characteristics and Correlates of College Students' Spontaneous and Anonymous Sexual Experiences". In: *Journal of Sex Research*, 37(1), fev./2000, p. 76-88.

[129] Entrevista realizada para o meu livro *Guyland: The Perilous World Where Boys Become Men* (Nova York: HarperCollins, 2008), p. 210.

[130] Norval Glenn e Elizabeth Marquardt. *Hooking Up, Hanging Out, and Hoping for Mr. Right: College Women on Dating and Mating Today* (Nova York: Institute for American Values, 2001).

[131] Laumann et al. *Social Organization of Sexuality*. Cf. tb. Schwartz e Rutter. *Gender of Sexuality*, p. 102-103. Cf. Sam Janus. *The Janus Report on Sexual Behavior* (Nova York: John Wiley, 1993), p. 315-316. • Blumstein e Schwartz. *American Couples*. Cf. tb. Lynne Segal, ed. *New Sexual Agendas* (Nova York: New York University Press, 1997), p. 67.

[132] Gina Kolata. "Women and Sex: On This Topic, Science Blushes". In: *New York Times*, 21/06/1998, p. 3. A mulher jovem foi citada em Rubin. *Erotic Wars*, p. 14.

[133] Rubin. *Erotic Wars*, p. 120.

[134] Laura Sessions Stepp. "Study: Half of All Teens Have Had Oral Sex". In: *Washington Post*, 15/09/2005. • Sharon Jayson. "Teens Define Sex in New Ways". In: *USA Today*, 18/10/2005.

[135] Apud Rubin. *Erotic Wars*, p. 58. • Mary Koss, L.A. Goodman, A. Browne, L.F. Fitzgerald, G.P. Keita e N.F. Russo. *No Safe Haven: Male Violence Against Women at Home, at Work, and in the Community* (Washington, DC: Associação Psicológica Norte-americana, 1994).

[136] Mary Koss, P.T. Dinero, C.A. Seibel e S.L. Cox. "Stranger and Acquaintance Rape: Are There Differences in the Victim's Experience?" In: *Psychology of Women Quarterly*, 12(1), 1988.

[137] Laumann et al. *Social Organization of Sexuality*, p. 336. Cf. tb. Koss et al. *No Safe Haven*.

[138] Ronald F. Levant. "Nonrelational Sexuality in Men". In: *Men and Sex: New Psychological Perspectives*. R. Levant e G. Brooks, eds. (Nova York: John Wiley, 1997), p. 270.

[139] Cf., p. ex., J.O. Billy, G.K. Tanfer, W.R. Grady e D.H. Klepinger. "The Sexual Behavior of Men in the United States". In: *Family Planning Perspectives*, 25(2), 1993. • Laumann et al. *Social Organization of Sexuality*.

[140] Gary Brooks. *The Centerfold Syndrome* (São Francisco: Jossey-Bass, 1995). • Gary Brooks. "The Centerfold Syndrome". In: *Men and Sex: New Psychological Perspectives*. R. Levant e G. Brooks, eds. (Nova York: John Wiley, 1997). Cf. tb. Levant. "Nonrelational Sexuality", p. 19. • Joni Johnston. "Appearance Obsession: Women's Reactions to Men's Objectification of Their Bodies". In: Levant e Brooks. *Men and Sex*, p. 79, 101.

[141] Glenn Good e Nancy B. Sherrod. "Men's Resolution of Nonrelational Sex Across the Lifespan". In: Levant e Brooks. *Men and Sex*, p. 189, 190.

[142] Cf. Good e Sherrod. "Men's Resolution of Nonrelational Sex", p. 186.

[143] Peter Wyden e Barbara Wyden. *Growing Up Straight: What Every Thoughtful Parent Should Know About Homosexuality* (Nova York: Trident Press, 1968).

[144] Richard Green. *The "Sissy Boy" Syndrome* (New Haven, CT: Yale University Press, 1986).

[145] George Gilder. *Men and Marriage* (Gretna, LA: Pelican Publishers, 1985).

[146] Joe Jackson. "Real Men". Para uma investigação sociológica sobre a organização de gênero da vida dos clones, cf. Martin P. Levine. *Gay Macho: The Life and Death of the Homosexual Clone*. M.S. Kimmel, ed. (Nova York: New York University Press, 1998).

[147] Apud Steve Chapple e David Talbot. *Burning Desires: Sex in America* (Nova York: Doubleday, 1989), p. 356.

[148] G. Clarke. "Conforming and Contesting with (a) Difference: How Lesbian Students and Teachers Manage Their Identities". In: *International Studies in Sociology of Education*, 6(2), 1996, p. 191-209.

[149] Alan Bell e Martin Weinberg. *Homosexualities* (Nova York: Simon & Schuster, 1978). • William Masters, Virginia Johnson e Richard Kolodny. *Human Sexuality* (Nova York: Harper and Row, 1978). • Blumstein e Schwartz. *American Couples*, p. 317.

[150] Associação Psicológica Norte-americana. "Equal Level of Commitment and Relationship Satisfaction Found Among Gay and Heterosexual Couples". In: *Science News*, 23/01/2008. Disponível em http://www.sciencedaily.com/releases/2008/01/080122101929.htm

[151] Dados de Blumstein e Schwartz. *American Couples*. Mulher cit. em Bell e Weinberg. *Homosexualities*, p. 220.

[152] Masters, Johnson e Kolodny. *Human Sexuality*.

[153] Ken Plummer. *Sexual Stigma: An Interactionist Account* (Nova York: Routledge, 1975), p. 102.

[154] Gerald Davison e John Neale. *Abnormal Psychology: An Experimental-Clinical Approach* (Nova York: John Wiley, 1974), p. 293.

[155] Cf. Jeni Loftus. "America's Liberalization in Attitudes Toward Homosexuality, 1973-1998". In: *American Sociological Review*, 66, out./2001, p. 762-782.

[156] Muehlenhard. "Nice Women Don't Say Yes". • John Gagnon e Stuart Michaels. *Answer No Questions: The Theory and Practice of Resistance to Deviant Categorization*. Manuscrito não publicado, 1989, p. 2. Sobre o impacto da homofobia sobre a vida dos homens heterossexuais, cf. Richard Goldstein. "The Hate That Makes Men Straight". In: *Village Voice*, 22/12/1998.

[157] Cf. Laumann et al. *Social Organization of Sexuality*, p. 82-84, 98, 177, 192, 302-309, 518-529.

[158] Rubin. *Erotic Wars*, p. 165.

[159] Julia Heiman, J. Scott Long, Shawna N. Smith, William A. Fisher, Michael S. Sand e Raymond C. Rosen. "Sexual Satisfaction and Relationship Happiness in Midlife and Older Couples in Five Countries". In: *Archives of Sexual Behavior*, 40, 2011, p. 741-753.

[160] "Does Equality Produce a Better Sex Life?" In: *Newsday*, 19/04/2006. Cf. Edward O. Laumann, Anthony Paik, Dale Glasser, Jeong-Han Kang, Tianfu Wang, Bernard Levinson, Edson Moreira, Anfredo Nocolosi e Clive Gingell. "A Cross-National Study of Subjective Sexual Well-Being Among Older Women and Men: Findings from the Global Study of Sexual Attitudes and Behaviors". In: *Archives of Sexual Behavior*, 35(2), abr./2006, p. 145-161.

[161] Cf. John Gottman. *Why Marriages Succeed or Fail* (Nova York: Simon & Schuster, 1995).

[162] Sobre essas mudanças em geral, cf. Levine. *Gay Macho*.

[163] World Health Organization. "Adults and Children Estimated to Be Living with HIV/Aids as of End 2002". Disponível em http://www.who.int/hiv/facts/plwha_m.jpg – Acesso em 14/08/2009.

[164] Michele Landsberg. "U.N. Recognizes Women Double Victims of Aids". In: *Toronto Star*, 01/07/2001.

[165] World Health Organization. "Adults and Children Estimated".

[166] Lawrence K. Altman. "Swift Rise Seen in H.I.V. Cases for Gay Blacks". In: *New York Times*, 01/06/2001, p. A1.

[167] Cf. Michael Kimmel e Martin Levine. "A Hidden Factor in Aids: 'Real' Men's Hypersexuality". In: *Los Angeles Times*, 03/06/1991. Obviamente, a rota que as mulheres tomam ao adotar comportamentos de alto risco também é marcada por gênero. Enquanto os homens geralmente são ávidos para demonstrar sua masculinidade envolvendo-se nesses comportamentos de alto risco, as mulheres geralmente se tornam usuárias de drogas intravenosas no contexto de uma relação "romântica" ou como parte de uma iniciação sexual. E algumas mulheres também são expostas ao risco de Aids por parceiros sexuais masculinos que mentem

para elas a respeito de sua condição de HIV positivo. Sou grato a Rose Weitz por me chamar atenção para isso.

[168] Cf. Will Courtenay. "Engendering Health: A Social Constructionist Examination of Men's Health Beliefs and Behaviors". In: *Psychology of Men and Masculinity*, 1(1), 2000, p. 4-15. • "Men's Health". Editorial. In: *British Medical Journal*, 13/01/1996, p. 69-70. Para mais informações específicas sobre saúde masculina, cf. *Men's Health on the Internet*. M. Sandra Wood e Janet M. Coggan, eds. (Binghamton, NY: Haworth Information Press, 2002).

[169] Will H. Courtenay. "College Men's Health: An Overview and a Call to Action". In: *Journal of American College Health*, 46(6), 1998. Cf. tb. Lesley Doyal. "Sex, Gender and Health: The Need for a New Approach". In: *British Medical Journal*, 03/11/2001, p. 1.061-1.063.

[170] Linda Villarosa. "As Black Men Move into Middle Age, Dangers Rise". In: *New York Times*, 23/09/2002, p. 8.

[171] Cf. Diana Jean Schemo. "Study Calculates the Effects of College Drinking in the US". In: *New York Times*, 10/04/2002, p. A21. • Jodie Morse. "Women on a Binge". In: *Time*, 01/04/2002, p. 57-61. • Barbara Ehrenreich. "Libation as Liberation?" In: *Time*, 01/04/2002, p. 62.

[172] Cf. Judith Lorber. *Gender and the Social Construction of Illness* (Newbury Park, CA: Pine Forge Press, 1997).

[173] Amartya Sen. "The Many Faces of Gender Inequality". In: *New Republic*, 17/09/2001, p. 35-40.

[174] Cf., p. ex., *Whatever Happened to Men's Health?*, publicado por Men's Health America. Disponível em www.egroups.com/group/menshealth – Acesso em 14/08/2009.

Capítulo 14

[175] *Youth and Violence: Psychology's Response*. Vol. 1 (Washington, DC: Associação Psicológica Norte-americana, Comissão sobre Violência e Juventude, 1993). • "Saving Youth from Violence". In: *Carnegie Quarterly*, 39(1), inverno/1994.

[176] Agência de Investigações Federais (FBI). *Uniform Crime Report* (2013), tabela 42: "Arrests by Sex".

[177] Academia de Ciências dos Estados Unidos, apud Michael Gottfredson e Travis Hirschi. *A General Theory of Crime* (Stanford, CA: Stanford University Press, 1990), p. 145. Cf. tb. Steven Barkan. "Why Do Men Commit Almost All Homicides and Assault?" In: *Criminology: A Sociological Understanding* (Englewood Cliffs, NJ: Prentice Hall, 1997). • *Masculinities and Violence*. Lee Bowker, ed. (Thousand Oaks, CA: Sage Publications, 1998).

[178] Cf. James Q. Wilson e Richard Herrnstein. *Crime and Human Nature* (Nova York: Simon & Schuster, 1985), p. 121. Para uma descrição a respeito das diferentes teorias biológicas da violência, cf. tb. cap. 2.

[179] Eu resumo esses argumentos no cap. 2.

[180] Judith Lorber. *Paradoxes of Gender* (New Haven CT: Yale University Press, 1994), p. 39. Sobre a sociologia da violência masculina, cf. esp. Michael Kaufman. *Cracking the Armour: Power, Pain and the Lives of Men* (Toronto: Viking, 1993). • Michael Kaufman. "The Construction of Masculinity and the Triad of Men's Violence". In: *Men's Lives*, 4ª ed. M. Kimmel e M. Messner, eds. (Boston: Allyn and Bacon, 1997). Cf. tb. Jackson Toby. "Violence and the Masculine Ideal: Some Qualitative Data". In: *Annals of the American Academy of Political and Social Science*, 364, mar./1966.

[181] Barbara Ehrenreich. *Blood Rites: Origins and History of the Passions of War* (Nova York: Metropolitan Books, 1997), p. 45, 127.

[182] Signe Howell e Roy Willis. *Societies at Peace* (Nova York: Routledge, 1983).

[183] Howell e Willis. *Societies at Peace*, p. 38.

[184] Cf., p. ex., D. Stanistreet, C. Bambra e A. Scott-Samuel. "Is Patriarchy the Source of Men's Higher Mortality?" In: *Journal of Epidemiology and Community Health*, 59, 2005, p. 873-876.

[185] Cf. tb. Elizabeth Stanko. *Everyday Violence* (Londres: Pandora, 1990), p. 71.

[186] A. Cooper e E.L. Smith. *Homicide in the U.S. Known to Law Enforcement, 2011* (Washington, DC: Agência de Estatísticas do Departamento de Justiça dos Estados Unidos, 2013). Disponível em http://www.bjs.gov/index.cfm?ty=pbdetail&iid=4863

[187] Fox Butterfield. *All God's Children: The Bosket Family and the American Tradition of Violence* (Nova York: Avon, 1995), p. 329. • Agência de Estatísticas do Departamento de Justiça dos Estados Unidos, 2007.

[188] Butterfield. *All God's Children*, p. 325. Cf. tb. Wray Herbert. "Behind Bars". In: *U.S. News & World Report*, 23/03/1998, p. 33. • Jay Livingston. "Crime and Sex: It's a Man's World". In: *Crime and Criminology*, 2ª ed. (Englewood Cliffs, NJ: Prentice Hall, 1996).

[189] Cf. Projeto de Performance de Segurança Pública. "One in 100: Behind Bars in America 2008" • Fundos de Caridade Pew, 28/02/2008. Disponível em http://www.pewcenteronthestates.org/uploadedFiles/One-in-100.pdf – Acesso em 01/08/2009.

[190] Apud June Stephenson. *Men Are Not Cost Effective* (Napa, CA: Diemer, Smith, 1991), p. 248.

[191] Joe Sharkey. "Slamming the Brakes on Hot Pursuit". In: *New York Times*, 14/12/1997, p. 3.

[192] Centro de Controle e Prevenção de Doença. *Youth Violence: Facts at a Glance*. Disponível em http://www.cdc.gov/ViolencePrevention/pdf/YV-DataSheet-a.pdf

[193] Freda Adler. *Sisters in Crime* (Nova York: McGraw-Hill, 1975), p. 10. • Rita Simon. *Women and Crime* (Washington, DC: Imprensa do Governo dos Estados Unidos, 1975), p. 40.

[194] Cf. Patricia Pearson. *When She Was Bad: Violent Women and the Myth of Innocence* (Nova York: Viking, 1998). Cf. tb. Larissa MacFarquhar. "Femmes Fatales". In: *New Yorker*, 09/03/1998, p. 88-91.

[195] Malcolm Feely e Deborah L. Little. "The Vanishing Female: The Decline of Women in the Criminal Process". In: *Law and Society Review*, 25(4), 1991, p. 739.

[196] Darrell J. Steffensmeier. "Trends in Female Crime: It's Still a Man's World". In: *The Criminal Justice System and Women*. B.R. Price e N.J. Sokoloff, eds. (Nova York: Clark, Boardman, 1982), p. 121.

[197] John O'Neil. "Homicide Rates Fall Among Couples". In: *New York Times*, 23/10/2001, p. E8.

[198] Erich Goode. Comunicação pessoal, 05/12/2002. • Jerome Skolnick. Comunicação pessoal, 05/12/2002. Cf. tb. Erich Goode. *Deviant Behavior*, 5ª ed. (Englewood Cliffs, NJ: Prentice Hall), p. 127. • Kathleen Daly. *Gender Crime and Punishment* (New Haven, CT: Yale University Press, 1994).

[199] Cf. Laura Dugan, Daniel Nagin e Richard Rosenfeld. "Explaining the Decline in Intimate Partner Homicide: The Effects of Changing Domesticity, Women's Status and Domestic Violence Resources". In: *Homicide Studies* 3(3), 1999, p. 187-214. • Richard Rosenfeld. "Changing Relationships Between Men and Women: A Note on the Decline in Intimate Partner Homicide". In: *Homicide Studies*, 1(1), 1997, p. 72-83. • Chris Huffine. Comunicação pessoal.

[200] Jack Katz. *Seductions of Crime: Moral and Sensual Attractions in Doing Evil* (Nova York: Basic Books, 1988), p. 71.

[201] Ibid., p. 247. Cf. tb. James Messerschmidt. *Masculinities and Crime* (Lanham, MD: Rowman and Littlefield, 1993), esp. p. 107. • Jody Miller. "The Strengths and Limits of 'Doing Gender' for Understanding Street Crime". In: *Theoretical Criminology*, 6(4), 2002, p. 433-460.

[202] Darrell Steffensmeier e Ellie Allan. "Criminal Behavior: Gender and Age". In: *Criminology: A Contemporary Handbook*. J.F. Sheley, ed. (Mountain View, CA: Wadsworth, 1995), p. 85.

[203] David Adams. "Biology Does Not Make Men More Aggressive Than Women". In: *Of Mice and Women: Aspects of Female Aggression*. K. Bjorkvist e P. Niemela, eds. (São Diego: Academic Press, 1992), p. 14. Cf. tb. Pearson. *When She Was Bad*. • Coramae Richey Mann. *When Women Kill* (Albânia: State University of New York Press, 1996).

[204] Adam Fraczek. "Patterns of Aggressive-Hostile Behavior Orientation Among Adolescent Boys and Girls". In: Bjorkvist e Niemala. *Of Mice and Women: Aspects of Female Aggression*. K. Bjorkvist e P. Niemela, eds. • Kirsti M.J. Lagerspetz e K. Bjorqvist. "Indirect Aggression in Boys and Girls". In: *Aggressive Behavior: Current Perspectives*. L.R. Huesmann, ed. (Nova York: Plenum, 1994).

[205] Vappu Viemero. "Changes in Female Aggressio over a Decade". In: Bjorkvist e Niemala. *Of Mice and Women*, p. 105.

[206] Cf., p. ex., Rachel Simmons. *Odd Girl Out: The Hidden Culture of Aggression in Girls* (Nova York: Harcourt, 2002). • Rosalind Wiseman. *Queen Bees and Wannabes: A Parents' Guide to Helping Your Daughter Survive Cliques, Gossip, Boyfriends, and Other Realities of Adolescence* (Nova York: Crown, 2002). • Sharon Lamb. *The Secret Lives of Girls: Sex, Play, Aggression and Their Guilt* (Nova York: Free Press, 2002). Cf. tb. Margaret Talbot. "Mean Girls". In: *New York Times Magazine*, 24/02/2002, p. 24-29, 40, 58, 64-65. • Carol Tavris. "Are Girls Really as Mean as Books Say They Are?" In: *Chronicle of Higher Education*, 05/07/2002, p. B7-9.

[207] Simmons. *Odd Girl Out*.

[208] Cf., p. ex., Ann Donahue. "Population of Female Inmates Reaches Record". In: *USA Today*, 21/07/1997. • Steffensmeier e Allen. "Criminal Behavior", p. 85.

[209] Helen Caldicott. *Missile Envy* (Nova York: William Morrow, 1984). • Barbara Ehrenreich. "The Violence Debate Since Adam and Eve". In: *Test the West: Gender Democracy and Violence* (Viena: Federal Minister of Women's Affairs, 1994), p. 34.

[210] R.W. Connell. "Masculinity, Violence and War". In: *Men's Lives*, 3ª ed. M. Kimmel e M. Messner, eds. (Boston: Allyn and Bacon, 1995), p. 129.

[211] David Halberstam. *The Best and the Brightest* (Nova York: Random House, 1972), p. 531.

[212] Maureen Dowd. "Rummy Runs Wampant". In: *New York Times*, 30/10/2002, p. A29.

[213] Apud Brian Easlea. *Fathering the Unthinkable: Masculinity, Scientists and the Nuclear Arms Race* (Londres: Pluto Press, 1983), p. 117. Cf. tb. "Patriarchy, Scientists and Nuclear Warriors". In: *Beyond Patriarchy: Essays by Men on Pleasure, Power and Change*. M. Kaufman, ed. (Toronto: Oxford University Press, 1987). • I.F. Stone. "Machismo in Washington". In: *Men and Masculinity*. J. Pleck e J. Sawyer, eds. (Englewood Cliffs, NJ: Prentice Hall, 1974). • Carol Cohn. "'Clean Bombs' and Clean Language". In: *Women, Militarism and War: Essays in History, Politics and Social Theory*. J.B. Elshtain, ed. (Savage, MD: Rowman and Littlefield, 1990), p. 137.

[214] Cohn. "Clean Bombs", p. 35.

[215] Wayne Ewing. "The Civic Advocacy of Violence". In: *Men's Lives*. M. Kimmel e M. Messner, eds. (Nova York: Macmillan, 1989).

[216] A mãe de Jackson é citada em Butterfield. *All God's Children*, p. 11. Cf. tb. *The Civilization of Crime*. Eric A. Johnson e Eric H. Monkkonen, eds. (Urbana: University of Illinois Press, 1996). • David Courtwright. *Violent Land: Single Men and Social Disorder from the Frontier to the Inner City* (Cambridge: Harvard University Press, 1997). Cf. tb. a trilogia de Richard Slotkin. *Regeneration Through Violence: The Mythology of the American*

Frontier, 1600-1860 (Nova York: Atheneum, 1973). • *The Fatal Environment: The Myth of the Frontier in the Age of Industrialization* (Nova York: Atheneum, 1985). • *Gunfighter Nation: The Myth of the Frontier in Twentieth Century America* (Nova York: Atheneum, 1992).

[217] Margaret Mead. *And Keep Your Powder Dry* (Nova York: William Morrow, 1965), p. 151, 157.

[218] J. Adams Puffer. *The Boy and His Gang* (Boston: Houghton, Mifflin, 1912), p. 91.

[219] James Gilligan. *Violence* (Nova York: Putnam, 1996).

[220] Butterfield. *All God's Children*, p. 206-207. • Kit Roane. "New York Gangs Mimic California Original". In: *New York Times*, 14/09/1997, p. A37. • Jack Katz. *Seductions of Crime*, p. 88, 107. • Vic Seidler. "Raging Bull". In: *Achilles Heel*, 5, 1980, p. 9. • Hans Toch. "Hypermasculinity and Prison Violence". In: *Masculinities and Violence*. L. Bowker, ed. (Newbury Park, CA: Sage Publications, 1998), p. 170.

[221] Dados do *New York Times*, 25/08/1997. • Departamento de Justiça dos Estados Unidos. *Family Violence*, 1997. • Reva Siegel. "The 'Rule of Love': Wife Beating as Prerogative and Privacy". In: *Yale Law Journal*, 105(8), jun./1996. • Deborah Rhode. *Speaking of Sex: The Denial of Gender Inequality* (Cambridge: Harvard University Press, 1997), p. 108. • Stephenson. *Men Are Not Cost Effective*, p. 285. Cf. tb. Neil Websdale e Meda Chesney-Lind. "Doing Violence to Women: Research Synthesis on the Victimization of Women". In: Bowker, *Masculinities and Violence*. L. Bowker, ed.

[222] Peggy Reeves Sanday. *Female Power and Male Dominance* (Nova York: Cambridge University Press, 1981). Apud Larry Baron e Murray Straus. "Four Theories of Rape: A Macrosociological Analysis". In: *Social Problems*, 34(5), 1987, p. 481.

[223] "By the Numbers". In: *Nation*, 23-30/06/2014, p. 4.

[224] Cf., p. ex., Diana Scully. *Understanding Sexual Violence: A Study of Convicted Rapists* (Nova York: HarperCollins, 1990). • Diana Russell. *Rape in Marriage* (Nova York: Macmillan, 1982). • Diana Russell. *Sexual Exploitation* (Beverly Hills, CA: Sage Publications, 1984). • Rhode. *Speaking of Sex*, p. 119-120. • Allan Johnson. "On the Prevalence of Rape in the United States". In: *Signs*, 6(1), 1980, p. 145. Para mais sobre esse assunto, cf. Diana Scully e J. Marolla. "'Riding the Bull at Gilley's': Convicted Rapists Describe the Rewards of Rape". In: *Social Problems*, 32, 1985.

[225] Centro Norte-americano de Prevenção e Controle de Lesões. *National Intimate Partner and Sexual Violence Survey: 2010 Summary Report*. Disponível em http://www.cdc.gov/ViolencePrevention/pdf/NISVS_Report2010-a.pdf

[226] Departamento de Justiça dos Estados Unidos. "Child Rape Victims, 1992" (NCJ-147001), jun./1994. • Eugene Kanin. "False Rape Allegations". In: *Archives of Sexual Behavior*, 23(1), 1994.

[227] Johnson. "On the Prevalence of Rape", p. 145. • Scully, *Understanding Sexual Violence*, p. 53.

[228] Mary Koss, Christine A. Gidycz e Nadine Misniewski. "The Scope of Rape: Incidence and Prevalence of Sexual Aggression and Victimization in a National Sample of Higher Education Students". In: *Journal of Consulting and Clinical Psychology*, 55(2), 1987. • Bonnie Fisher, Francis Cullen e Michael Turner. *National Social Victimization of College Women* (Washington, DC: United States Department of Justice, OJP, 2000).

[229] Dean G. Kilpatrick, Heidi S. Resnick, Kenneth J. Ruggiero, Lauren C. Conoscenti e Jenna McCauley. *Drug-Facilitated, Incapacitated, and Forcible Rape: A National Study (NCJ 219181)*. Instituto Norte-americano de Justiça, mai./2007. NCJ 219181. Disponível em https://www.ncjrs.gov/pdffiles1/nij/grants/219181.pdf • NCJ221153. Disponível em https://www.ncjrs.gov/pdffiles1/nij/grants/221153.pdf

[230] John Briere e Neil Malamuth. "Self-Reported Likelihood of Sexually Aggressive Behavior: Attitudinal Versus Sexual Explanations". In: *Journal of Research in Personality*, 17, 1983. • Todd Tieger. "Self-Rated Likelihood of Raping and Social Perception of Rape". In: *Journal of Research in Personality*, 15, 1991.

[231] J.L. Herman. "Considering Sex Offenders: A Model of Addiction". In: *Signs*, 13, 1988. • Bernard Lefkowitz. *Our Guys* (Berkeley: University of California Press, 1997). • Don Terry. "Gang Rape of Three Girls Leaves Fresno Shaken and Questioning". In: *New York Times*, 28/04/1998. Cf. tb. Jane Hood. "'Let's Get a Girl': Male Bonding Rituals in America". In: *Men' Lives*, 4ª ed. M. Kimmel e M. Messner, eds. (Boston: Allyn and Bacon, 1997).

[232] Scully. *Understanding Sexual Violence*, p. 74, 140, 159, 166.

[233] Tim Beneke. *Men on Rape* (Nova York: St. Martin's Press, 1982), p. 81.

[234] Cf. Mary P. Koss, Christine Gidycz e Nadine Misniewski. "The Scope of Rape". • Scott Boeringer. "Pornography and Sexual Aggression: Associations of Violence and Nonviolent Depictions with Rape and Rape Proclivity". In: *Deviant Behavior*, 15, 1994, p. 289-304.

[235] Murray Straus, Richard Gelles e Suzanne Steinmetz. *Behind Closed Doors* (Garden City, NY: Anchor Books, 1981).

[236] Diana Russell. *Rape in Marriage* (Nova York: Macmillan, 1982). • David Finklehor e Kersti Yllo. *License to Rape: Sexual Abuse of Wives* (Newbury Park, CA: Sage Publications, 1985), p. 217, 208. Sobre estupro marital em geral, cf. Raquel Kennedy Bergen. "Surviving Wife Rape: How Women Define and Cope with the Violence". In: *Violence Against Women*, 1(2), 1995, p. 117-138. • *Violence Against Women*, 5(9), set./1999, ed. esp. • Raquel Kennedy Bergen. *Wife Rape: Understanding the Response of Survivors and Service Providers* (Thousand Oaks, CA: Sage Publications, 1996). • Anne L. Buckborough. "Family Law: Recent Developments in the Law of Marital Rape". In: *Annual Survey of American Law*, 1989. • "To Have and to Hold: The Mar-

[237] ital Rape Exemption and the Fourteenth Amendment". In: *Harvard Law Review*, 99, 1986.

[237] Gelles, apud Joanne Schulman. "Battered Women Score Major Victories in New Jersey and Massachusetts Marital Rape Cases". In: *Clearinghouse Review*, 15(4), 1981, p. 345.

[238] Ehrenreich. "Violence Debate", p. 30.

[239] Armin Brott. "The Battered Statistic Syndrome". In: *Washington Post*, jul./1994.

[240] R.L. McNeely e G. Robinson-Simpson. "The Truth About Domestic Violence: A Falsely Framed Issue". In: *Social Work*, 32(6), 1987.

[241] Susan Steinmetz. "The Battered Husband Syndrome". In: *Victimology*, 2, 1978. • M.D. Pagelow. "The 'Battered Husband Syndrome': Social Problem or Much Ado About Little?" In: *Marital Violence*. N. Johnson, ed. (Londres: Routledge and Kegan Paul, 1985). • Elizabeth Pleck, Joseph Pleck, M. Grossman e Pauline Bart. "The Battered Data Syndrome: A Comment on Steinmetz's Article". In: *Victimology*, 2, 1978. • G. Storch. "Claim of 12 Million Battered Husbands Takes a Beating". In: *Miami Herald*, 07/08/1978. • Jack C. Straton. "The Myth of the 'Battered Husband Syndrome'". In: *Masculinities*, 2(4), 1994. • Kerrie James. "Truth or Fiction: Men as Victims of Domestic Violence?" In: *Australian and New Zealand Journal of Family Therapy*, 17(3), 1996. • Betsy Lucal. "The Problem with 'Battered Husbands'". In: *Deviant Behavior*, 16, 1995, p. 95-112. Depois que a primeira edição desse livro foi publicada, tornei-me cada vez mais preocupado com o fato de a pesquisa em ciências sociais ser tão equivocadamente abusada para fins políticos. Então decidi me dedicar a uma investigação exaustiva acerca do caso da "simetria de gênero". Cf. Michael Kimmel. "Gender Symmetry in Domestic Violence: A Substantive and Methodological Research Review". In: *Violence Against Women*, 8(11), nov./2002, p. 1.332-1.363. Informações úteis podem ser encontradas em Callie Marie Rennison. *Intimate Partner Violence and Age of Victim, 1993-1999* (Washington, DC: Departamento de Justiça dos Estados Unidos, Agência de Estatísticas de Justiça, 2001).

[242] Cf. Kerrie James ("Truth or Fiction"), que encontra os mesmos resultados em uma amostra de casais australianos e neozelandeses.

[243] J.E. Stets e Murray Straus. "The Marriage License as a Hitting License: A Comparison of Assaults in Dating, Cohabiting and Married Couples". In: *Journal of Family Violence*, 4(2), 1989. • J.E. Stets e M. Straus. "Gender Differences in Reporting Marital Violence and Its Medical and Psychological Consequences". In: *Physical Violence in American Families*. M. Straus e R. Gelles, eds. (New Brunswick, NJ: Transaction Publishers, 1990).

[244] Agência de Estatísticas da Justiça. *Family Violence*.

[245] Glanda Kaufman Kantor, Jana Janinski e E. Aldorondo. "Sociocultural Status and Incidence of Marital Violence in Hispanic Families". In: *Violence and Victims*, 9(3), 1994. • Jana Janinski. *Dynamics of Partner Violence and Types of Abuse and Abusers*. Disponível em http://www.nnfr.org/nnfr/research/pv_ch1.html • Kersti Yllo. Comunicação pessoal.

[246] Cf. Richard Gelles. "Domestic Violence: Not an Even Playing Field" e "Domestic Violence Factoids", ambos disponibilizados pelo Centro de Minnesota Contra Violência e Abuso em www.mincava.umn.edu • Kimmel. "Gender Symmetry".

[247] Bachman e Saltzman. "Violence Against Women", p. 6. • Straus e Gelles. *Physical Violence in American Families*. Dado que as estimativas de Schwartz a respeito dos índices atuais são exatamente iguais àquelas usadas antes pelo jornalista Armin Brott, pergunto-me se ele diria que devemos considerar isso um "comportamento infeliz" da parte de algumas poucas mulheres malucas.

[248] Cf., p. ex., Kersti Yllo. "Through a Feminist Lens: Gender, Power, and Violence". In: *Current Controversies on Family Violence*. R.J. Gelles e D. Loseke, eds. (Thousand Oaks, CA: Sage Publications, 1993).

[249] Neil Jacobson e John Gottman. *When Men Batter Women* (Nova York: Simon & Schuster, 1998), p. 36.

[250] C. Saline. "Bleeding in the Suburbs". In: *Philadelphia Magazine*, mar./1984, p. 82. • Straus et al., *Behind Closed Doors*. • R.L. Hampton. "Family Violence and Homicides in the Black Community: Are They Linked?" In: *Violence in the Black Family: Correlates and Consequences* (Lexington, MA: Lexington Books, 1987). • R.L. Hampton e Richard Gelles. "Violence Towards Black Women in a Nationally Representative Sample of Black Families". In: *Journal of Comparative Family Studies*, 25(1), 1994.

[251] Noel Cazenave e Murray Straus. "Race, Class, Network Embeddedness and Family Violence: A Search for Potent Support Systems". In: Straus e Gelles. *Physical Violence in American Families*. • Pam Belluck. "Women's Killers Are Very Often Their Partners". In: *New York Times*, 31/03/1997, p. B1.

[252] Apud Stephenson. *Men Are Not Cost Effective*, p. 300. • Dorie Klein. "Violence Against Women: Some Considerations Regarding Its Causes and Elimination". In: *The Criminal Justice System and Women*. B. Price e N. Sokoloff, eds. (Nova York: Clark Boardman, 1982), p. 212.

[253] James Messerschmidt. *Masculinities and Crime* (Totowa, NJ: Rowman and Littlefield, 1993), p. 185. • Elizabeth Stanko. "The Image of Violence". In: *Criminal Justices Matters*, 8, 1992, p. 3.

[254] Myriam Miedzian. *Boys Will Be Boys: Breaking the Link Between Masculinity and Violence* (Nova York: Doubleday, 1991), p. 298.

Epílogo
"Uma sociedade sem gênero?"

> O princípio que regula as relações sociais existentes entre os dois sexos – a subordinação legal de um sexo a outro – é errado em si mesmo, e hoje é um dos principais obstáculos para o aprimoramento humano; e [...] ele deve ser substituído por um princípio de igualdade perfeita, que não admite poder ou privilégio, por um lado, nem privação, por outro.
> John Stuart Mill. *A sujeição das mulheres* (1869).

NESTA SEGUNDA DÉCADA de um novo milênio, estamos sentados à beira de um precipício, olhando para uma extensão inexplorada do futuro. Em que tipo de sociedade queremos viver? Quais serão os arranjos de gênero dessa sociedade?

Ver as diferenças de gênero como intransigentes também leva a uma resignação política sobre as possibilidades de mudança social e de aumento da igualdade de gênero. Aqueles que proclamam que homens e mulheres vêm de planetas diferentes nos levariam a acreditar que o melhor que podemos esperar é uma espécie de distensão interplanetária, uma trégua instável em que aceitamos a contragosto as fraquezas inerentes e intratáveis do outro sexo, uma trégua mediada por intérpretes psicológicos que ficam cada vez mais ricos por se disporem a decodificar a linguagem impenetrável dos sexos.

Penso que a evidência é clara de que mulheres e homens são muito mais parecidos do que diferentes, e que precisamos de muito menos intérpretes cósmicos e muito mais igualdade de gênero para permitir que tanto elas quanto eles vivam como desejam viver. O futuro das diferenças de gênero está intimamente ligado ao futuro da desigualdade de gênero. À medida que tal desigualdade for reduzida, as diferenças entre mulheres e homens diminuirão.

Além disso, o modelo interplanetário de diferenças de gênero ignora por completo o registro histórico. Durante o século passado, avançamos constantemente para diminuir a desigualdade de gênero, removendo barreiras para a entrada das mulheres em todas as arenas da esfera pública, protegendo aquelas que foram vítimas de esforços violentos dos homens para retardar, atrasar ou recusar essa entrada. E, ao fazermos isso, descobrimos que elas podem ter um desempenho admirável em áreas que antes se acreditava serem adequadas apenas para homens, e que estes podem ter um desempenho admirável em domínios que outrora foram considerados exclusivamente femininos. Não acredite em mim: pergunte às mulheres cirurgiãs, advogadas e pilotos. E pergunte aos homens enfermeiros, professores e assistentes sociais, bem como a todos aqueles pais solteiros, se são capazes de cuidar de seus filhos.

Neste livro, apresentei vários argumentos sobre nossa sociedade de gênero. Afirmei que mulheres e homens são mais parecidos do que somos diferentes, que não somos de forma alguma de planetas diferentes. Argumentei que é a desigualdade de gênero que produz as diferenças que observamos e que essa desigualdade também produz o impulso cultural para buscar tais diferenças, mesmo quando há pouca ou nenhuma base para elas na realidade. Também afirmei que o gênero não é uma propriedade dos indivíduos, desenvolvida pela socialização, mas sim um conjunto de relações produzidas nas nossas interações sociais uns com os outros, dentro de instituições marcadas por gênero, cuja dinâmica organizacional formal reproduz a desigualdade e produz diferenças de gênero.

Também apontei para a evidência de uma significativa convergência de gênero ocorrendo ao longo do último meio século. Seja no comportamento sexual, nas dinâmicas de amizade, nos esforços para equilibrar trabalho e vida familiar, ou nas experiências e aspirações das mulheres e dos homens na educação ou no local de trabalho, encontramos uma diferença de gênero cada vez menor. (A única exceção a este processo, como vimos no último capítulo, é a violência.)

Celebrar esta convergência de comportamento e atitudes de gênero não é advogar por *pessoas* sem gênero. Um livro recente de Judith Lorber argumenta em favor de anular a ideia de gênero. Ela afirma, como disse um resenhista, que "desfazer os gêneros reduz a desigualdade entre eles, eliminando suas diferenças como um componente consequente e significativo das instituições e identidades". Esse argumento, na minha opinião, por mais utópico que seja, ainda coloca o carro na frente dos bois, pois afirma que a eliminação da diferença levará à eliminação da desigualdade. Ora, tal modelo equipara igualdade com semelhança: só achatando todas as diferenças é que a igualdade será possível. Eu vejo exatamente o contrário: somente eliminando a desigualdade é que a diferença diminuirá até que as variações entre nós por raça, idade, etnia, sexualidade e, sim, sexo biológico – sejam em grande parte epifenômenos (*existem* algumas diferenças, afinal, e não devemos ignorá-las nem minimizá-las). Assim como sabemos que a semelhança não leva automaticamente à igualdade, também a diferença não é necessariamente incompatível com ela[1].

Eu não tenho muita fé, por exemplo, no ideal da androginia. Alguns psicólogos propuseram a androginia como solução para a desigualdade e as diferenças de gênero. Ela implica um nivelamento das diferenças, para que mulheres e homens pensem, ajam e se comportem de forma mais "neutra", inespecífica em termos de gênero. "Masculinidade" e "feminilidade" seriam vistas como construções arcaicas à medida que todos se tornam cada vez mais "humanos".

Essas propostas saltam para além das reivindicações derrotistas acerca das diferenças de gênero imutáveis oferecidas pelos teóricos interplanetários. Afinal, tais defensores da androginia ao menos reconhecem que os diferentes gêneros são construídos socialmente e que a mudança é possível.

Mas a androginia permanece impopular como uma opção política ou psicológica porque ela eliminaria as diferenças entre as pessoas, confundindo igualdade com uniformidade. Para muitos de nós, a ideia de semelhança parece coerciva, uma diluição da diferença em um amálgama sem sabor e sem gosto, no qual os indivíduos perderiam sua singularidade. É como a visão de Hollywood sobre o comunismo, exposto como um nivelamento de todas as distinções de classe em uma massa incolor e amorfa na qual todos olhariam, agiriam e vestiriam do mesmo jeito, como nas propagandas que apresentam russos malvestidos e sempre de forma idêntica. A androginia muitas vezes parece querer impor à vida uma paisagem plana e finalmente estéril e sem gênero. Será que a única maneira de mulheres e homens serem iguais é se tornarem a mesma coisa? Não podemos imaginar a igualdade baseada no respeito e na aceitação da diferença?

O medo da androginia confunde pessoas de gênero com características de gênero. Não é que mulheres e homens precisem ser mais parecidos entre si do que já somos, mas sim que todos os traços psicológicos e atitudes e comportamentos que nós, como cultura, rotulamos como "masculino" ou "feminino" precisam ser redefinidos. Essas atitudes e características, afinal, também carregam valores positivos e negativos, e é por meio dessa hierarquia, dessa ponderação desigual, que a desigualdade entre mulheres e homens se torna tão profundamente entrelaçada com a diferença entre eles e elas. Retirar o gênero das pessoas não elimina por si só essa desigualdade.

Na verdade, as propostas de androginia reificam paradoxalmente as próprias distinções de gênero que elas procuram eliminar. Seus defensores muitas vezes exortam os homens a expressar mais seu lado "feminino"; e as mulheres a expressar mais seu lado "masculino". Essas exortações, francamente, me deixam profundamente insultado.

Peço licença para dar um exemplo. Alguns anos atrás, enquanto eu estava sentado no parque do meu bairro com meu filho recém-nascido nos braços, um transeunte comentou: "Como é maravilhoso ver os homens hoje em dia expressando seu lado 'feminino'". Eu rosnei, debaixo do meu sorriso explicitamente falso. Embora eu tentasse ser agradável, o que eu queria dizer era o seguinte: "não estou expressando nada do gênero, senhora. Estou sendo carinhoso, amoroso e atencioso com meu filho. Até onde sei, estou expressando minha *masculinidade*!"

Por que, afinal, amor, carinho e ternura são definidos como femininos? Por que tenho que expressar o afeto do outro sexo para ter acesso ao que eu considero emoções humanas? Uma vez que sou homem, tudo o que faço expressa minha masculinidade. E tenho certeza de que minha esposa não seria menos insultada se, após editar um artigo particularmente difícil ou escrever um longo e envolvente ensaio, alguém lhe dissesse como é extraordinário e maravilhoso ver as mulheres expressando seu lado masculino – como se competência, ambição e firmeza não fossem propriedades humanas às quais mulheres *e* homens pudessem igualmente ter acesso.

Amor, ternura, carinho; competência, ambição, autoconfiança – essas são qualidades *humanas*, e todos os seres humanos – tanto mulheres como homens – devem ter igual acesso a elas. E quando as expressamos, estamos expressando, respectivamente, nossas identidades de gênero, não o gênero do outro. Que estranho acreditar que tais emoções deveriam ser rotuladas como masculinas ou femininas quando, na verdade, elas são tão profundamente humanas, e quando as mulheres, bem como os homens, são tão facilmente capazes de uma gama de sentimentos muito mais rica.

Estranho e um pouco triste. "Talvez não haja índice mais deprimente do caráter desumano da mentalidade supremacista masculina quanto o fato de os traços humanos mais geniais serem atribuídos à classe inferior: afeto, sensibilidade à simpatia, bondade, alegria"; foi o que a escritora feminista Kate Millett afirmou em seu livro de referência, *Política sexual*, publicado pela primeira vez em 1969[2].

Muita coisa mudou desde então. O mundo de gênero que eu habito é totalmente diferente do de meus pais. Meu pai poderia ter ido para uma faculdade só de homens, servido em um exército só de homens e passado toda sua vida de trabalho em um ambiente só de homens. Hoje esse mundo é apenas uma memória. As mulheres entraram em todos os locais de trabalho, nas forças armadas e em suas academias de treinamento (tanto as federais quanto estaduais); e todas as universidades hoje, exceto três ou quatro, admitem mulheres. Apesar dos esforços persistentes de alguns quadrantes políticos para voltar o calendário para meados do século XIX, essas mudanças são permanentes: as mulheres não voltarão para o lar, no qual algumas pessoas ainda pensam que elas deveriam ficar.

Estas enormes mudanças só irão se acelerar nas próximas décadas. A sociedade do terceiro milênio vai cada vez mais tirar a marca de gênero dos comportamentos e das características, sem anular o gênero das pessoas. Continuaremos sendo mulheres e homens; iguais, mas capazes de apreciar nossas diferenças; diferentes, mas não dispostos a usar essas diferenças como base para a discriminação.

Imagine como o ritmo dessa mudança pode acelerar se continuarmos a tirar a marca de gênero das características, não das pessoas. E se meninos e meninas vissem suas mães e seus pais saírem para o trabalho pela manhã, sem que isso comprometa a sua masculinidade ou feminilidade? Esses meninos e meninas cresceriam pensando que ter um emprego – ser competente, ganhar a vida, esforçar-se para progredir – é algo que *adultos* fazem, independentemente de serem homens ou mulheres adultos. Não algo que eles fazem e que elas fazem apenas com culpa, permissão social e dependência esporádica e irregular de sua fertilidade. "E quando eu crescer", essas crianças diriam, "eu também vou ter um emprego".

E quando as mães e os pais são igualmente amorosos, carinhosos e atenciosos com seus filhos, quando o cuidado é algo que os *adultos* fazem – e não algo que as mães fazem rotineiramente e os homens fazem apenas durante o intervalo da tarde de sábado –, então essas mesmas crianças dirão para si mesmas: "e quando eu me tornar um adulto, vou ser amoroso e carinhoso com meus filhos".

Tal processo pode parecer ingenuamente otimista, mas os sinais de mudança estão por toda parte ao nosso redor. Na verdade, as evidências históricas apontam exatamente nessa direção. Foi através da insistência obstinada daquela ideologia do século XIX, relativa à separação das esferas, que dois reinos distintos para homens e mulheres foram impostos, com dois conjuntos separados de posturas e comportamentos que acompanham cada domínio. Esta foi a aberração histórica, a anomalia – seu afastamento em relação ao que a precedeu e à propensão "natural" do ser humano explica muito da veemência com que ela foi imposta. Nada que fosse tão natural ou biologicamente determinado teria de ser tão coercivo.

O século XX testemunhou o questionamento da separação das esferas, realizado, em grande parte, por aquelas que foram rebaixadas pela impiedade ideológica dessa divisão – as mulheres. Esse século testemunhou uma mudança sem precedentes na condição feminina, possivelmente a transformação mais significativa nas relações de gênero na história mundial. Dos direitos ao voto e ao trabalho, reivindicados no início do século, as mulheres chegam, na segunda metade, ao direito de entrar em todos os locais de trabalho, instituições militares e educacionais concebíveis. Elas abalaram os alicerces da sociedade de gênero. E no fim do século elas já haviam realizado metade de uma revolução – a transformação de suas oportunidades de serem trabalhadoras e mães.

Essa revolução pela metade deixou muitas mulheres frustradas e infelizes. Por alguma razão, elas continuaram sem poder "ter tudo": serem boas mães, bem como trabalhadoras eficazes e audaciosas. Com uma falta de lógica surpreendente, alguns especialistas explicam as frustrações das mulheres não como decorrência da resistência contínua dos homens, da intransigência das instituições masculinamente hegemônicas em aceitá-las, ou da indiferença dos políticos para criar políticas públicas que permitam a essas mulheres equilibrar seu trabalho e sua vida familiar, mas sim como derivação dos esforços femininos para expandir suas oportunidades e reivindicar plenamente sua parte na humanidade. É uma fonte constante de espanto ver quantas mulheres com empregos em tempo integral exortam as mulheres a não aceitar empregos em tempo integral.

A segunda metade do processo de transformação de gênero está apenas começando e será, suspeito eu, muito mais difícil de realizar do que a primeira. Isso porque havia um imperativo ético intuitivamente evidente ligado à ampliação das oportunidades para as mulheres e à eliminação da discriminação contra elas. Mas a transformação do século XXI envolve a transformação da vida dos homens.

Os homens estão apenas começando a perceber que a definição "tradicional" de masculinidade os deixa insatisfeitos e frustrados. Enquanto as mulheres deixaram o lar, no qual foram "aprisionadas" pela ideologia de esferas separadas, e agora procuram equilibrar trabalho e vida familiar, os homens continuaram a buscar seu caminho de volta à família, da qual foram exilados pela mesma ideologia. Alguns deles demostram sua frustração e sua confusão esperando e orando por um retorno ao velho regime de gênero, aquela mesma separação de esferas que tornava *tanto* mulheres *quanto* homens infelizes. Outros se juntam a vários movimentos masculinos, como os Guardiões da Promessa ou a Marcha de Um Milhão; ou se avolumam para um retiro mítico e poético de homens em busca de uma definição de masculinidade mais ressonante e espiritualmente satisfatória.

A ideologia oitocentista das esferas separadas justificava a desigualdade de gênero com base em supostas diferenças naturais entre os sexos. O que era normativo – aplicado à coerção jurídica – foi declarado como normal, como parte da natureza das coisas. As mulheres passaram mais da metade de um século afirmando com veemência que essa ideologia violenta suas experiências, pois apaga o trabalho fora de casa que elas realmente realizavam e impunha uma definição de feminilidade que permitia apenas uma expressão parcial de sua humanidade.

O mesmo acontecia com os homens, naturalmente – ao valorizar algumas emoções e experiências, desestimulando outras. Como para as mulheres, tal ideologia deixou-os com vidas apenas parcialmente realizadas. Só recentemente, porém, eles começaram a se irritar com as restrições que a separação das esferas impôs sobre sua humanidade.

No século XXI, talvez seja sábio recordar as palavras de um escritor da virada do século XIX para o XX. Em um notável ensaio escrito um século atrás, em 1917, o escritor nova-iorquino Floyd Dell explicou as consequências que as esferas separadas trazem, tanto para mulheres quanto para homens:

> Quando você põe uma mulher numa caixa e paga o aluguel dessa caixa, o relacionamento entre você e ela muda imperceptivelmente de caráter. Perde-se a fina excitação da democracia. A relação deixa de ser de companheirismo, pois companheirismo só é possível numa democracia. Não é mais uma partilha de vida em conjunto – é uma quebra de vidas colocas à parte. Metade de uma vida cozinhando, roupas e crianças; outra metade da vida nos negócios, política e esportes. Não faz muita diferença qual é a metade mais pobre. Qualquer metade, quando se trata da vida, está bem próxima de não ser nada.

Como as mulheres feministas, Dell entende que essas esferas separadas empobrecem a vida tanto de mulheres quanto de homens e estão construídas sobre a desigualdade de gênero (é notável como ele dirige suas observações aos homens que "põem uma mulher numa caixa"). A desigualdade de gênero produziu a ideologia de esferas separadas, e tal ideologia, por sua vez, emprestou legitimidade à desigualdade de gênero. Assim, Dell argumenta na frase inicial de seu ensaio que "o feminismo tornará possível pela primeira vez que os homens sejam livres"[3].

A direção da sociedade de gênero no novo século e no novo milênio não visa que mulheres e homens se tornem cada vez mais *semelhantes*, mas que se tornem mais *iguais*, para que estes traços e comportamentos até então rotulados como masculinos ou femininos – competência e compaixão, ambição e afeto – sejam rotulados como qualidades distintamente humanas, acessíveis tanto para mulheres quanto para homens suficientemente maduros para reivindicá-los. Ela sugere uma forma de protecionismo de gênero – uma flexibilidade comportamental e psicológica, a capacidade de adaptação ao próprio ambiente com uma gama completa de emoções e habilidades. O eu proteico, articulado pelo psiquiatra Robert Jay Lifton, é um eu que pode abraçar a diferença, a contradição e a complexidade, um eu que é mutável e flexível num mundo de mudanças rápidas[4]. Tais transformações não requerem que homens e mulheres se tornem mais parecidos um com o outro, mas, ao contrário, mais profunda e plenamente eles próprios.

Notas

Epílogo

[1] Cf. Judith Lorber. *Breaking the Bowls: Degendering and Feminist Change* (Nova York: W.W. Norton, 2005). • Lisa Brush, resenhista de Lorber. In: *Contemporary Sociology*, 35(3), 2006, p. 246.

[2] Kate Millett. *Sexual Politics* (Nova York: Random House, 1969).

[3] Floyd Dell. "Feminism for Men". In: *The Masses*, fev./1917. Reimpr. em *Against the Tide: Profeminist Men in the United States, 1776-1990 (A Documentary History)*. M.S. Kimmel e T. Mosmiller, eds. (Boston: Beacon Press, 1992).

[4] Robert Jay Lifton. *The Protean Self* (Nova York: Basic Books, 1994). Cf. Cynthia Fuchs Epstein. "The Multiple Realities of Sameness and Difference: Ideology and Practice". In: *Journal of Social Issues*, 53(2), 1997.

Índice*

5-Alfarreductase 142

Abbott, John S.C. 169
Aborto 73, 174, 192, 201, 437, 483
Abuso
   de crianças 210-212, 473, 475
   sexual 473, 483
Academia Norte-americana de Ciências 194, 464
Academia Norte-americana de Pediatria 211
Ação afirmativa 128, 210, 314
Ackard, Diann M. 443
Acker, Joan 136-137, 139
Addams, Jane 170
A descendência do homem (Darwin) 33
Adler, Freda 473
Adler, Roy Douglas 316
Adolescência; cf. Juventude
Adolescentes; cf. Juventude
Afeganistão
   agressão sexual de tropas femininas no 481
   desigualdade de gênero no 86
África
   Aids-HIV na 456-457
   circuncisão na 80, 82
   economia de mercado da 75
Afro-americanos
   Aids-HIV nos 456-457
   amizade e 402-404
   divisão de tarefas domésticas 183
   educação e 231, 245, 246
   feminismo e 344
   lesbianismo entre 200
   meios de comunicação e 357
   nascimentos fora do casamento 166, 193
   no local de trabalho 273, 275, 281-282, 286, 297, 303
   pesquisa cerebral sobre 45
   política e 326f, 327
   posição da mulher em comparação com 120, 281
   questões de imagem corporal nos 418-419
   religião e 256, 258, 260
   salários de 291, 292, 293f, 295t
   saúde e 457
   sexualidade e 339, 452
   taxa de encarceramento 468
   taxa de homicídios 468
   vida familiar de 173
   violência doméstica e 491-492
Afrodisíacos 89
Agência do Censo, Estados Unidos 200, 283, 294
Agência Norte-americana de Estatísticas de Trabalho 182
Agência sexual 192, 437, 446
Agentes de socialização 130
Agnes (mulher trans) 143-144
Agostinho, santo 256
Agressão 464
   agravada 464
   sexual 445, 483, 484, 485; cf. tb. Estupro
Agressividade; cf. Violência/agressão
Ahrons, Constance 201
Aids-HIV 51, 82, 133, 439, 456-457, 461
   efeito da educação sexual nas taxas de 437
   prevalência e distribuição de 456-457, 458f
Alcorão 252
Alemanha
   índices de adolescentes tendo filhos na 192f
   índices de casamento na 202t
   local de trabalho na 300-301

* A letra f acompanhada do número indica figura e a letra t, tabela.

mulheres chefes de Estado na 322
sexualidade na 453f, 455
taxa de divórcio na 202, 202t
visões de família "tradicional" na 176
Alexander, Richard 38
Alexitimia 446
Allen, Paula Gunn 85
Allen, Woody 435
Al-Jazeera 255
Almanaque *Jobs Related* 303
Almeida, David 23
Alongamento de pernas 425
Al Qaeda 341
Alyha 85
"Amadas mulheres" 85
Amato, Paul 203, 206
Ambiguidade sexual 142
Amígdala 49
A mística feminina (Friedan) 173, 360
Amizade 393-408, 414
  diferenças de gênero na 396-402
  entre sexos diferentes 400, 401, 403, 406
  gênero da 394-396
  marcas históricas de gênero na 407-408
  outros fatores além do gênero que afetam a 402-406
"Amizade colorida" 441, 443
Amor 41, 393, 406-414
  feminizado 396, 410, 413, 437
  gênero e 409-410
  marcado por gênero, estilo americano 410-414
  marcas históricas de gênero do 407-408
Anafrodisíacos 454
A Natural History of Rape (Thornhill e Palmer) 38
Anderson, Cameron 278
Androginia 118, 120, 508-509
Andropausa 56
Angier, Natalie 177
Anorexia nervosa 417, 420
Anorgasmia 447
Anthony, Albert 71
Anthony, Susan B. 219
Antifeministas 345
Antropologia feminista 91
Anuário Demográfico das Nações Unidas 202
A origem da família, da propriedade privada e do Estado (Engels) 74

A personalidade autoritária (Adorno et al.) 114
A Physician's Counsels to Woman in Health and Disease (Taylor) 32
Apoio à criança 195, 209
Aposentadoria 132-133
Arábia Saudita
  mídia na 347
  mulheres legisladoras na 322
  progresso da mulher na 340
Arendt, Hannah 129
Argentina
  mulheres chefes de Estado na 322
Aristóteles 394
Armadilha (filme) 132
Aronson, Amy 360, 361
Arquette, Rosanna 132
Arthur, Michelle 289
As Nature Made Him: The Boy Who Was 58
Ashcroft, John 64
Asiático-americanos
  cirurgia cosmética e 425
  no local de trabalho 286
  religião e 260
  salários de 293f, 295t, 299f
Assalto 474
Assédio
  amigável 280
  sexual
  - de homens 307, 310, 311
  - em ambiente hostil 308
  - estudo da revista *Working Woman* 311
  - nas escolas 224-225, 226f
  - no local de trabalho 279, 307-311, 313
  - normas legais a respeito do 310
  - sob a forma de um ambiente hostil 308-310
  - sob a forma do toma lá dá cá 308
  - toma lá dá cá 308
As sete promessas de um cumpridor de promessas (Mc Courtney) 265
Assistência infantil 333
  cultura e 73, 77-78
  entrada no cargo político e 324
  pais e 76-77, 168-169, 180, 183-189, 184f
  perspectiva histórica sobre 168-169
  política de gênero de 179-189
  "problemas" da creche 190-191
  separação entre tarefas domésticas e 189

Associação das Escolas Teológicas 261
Associação de Planejamento Familiar Japonesa 444
Associação Médica Europeia 418
Associação Norte-americana de Mulheres Universitárias (AAUW) 221, 225, 246
Associação Norte-americana do Sufrágio Feminino 342
Associação Norte-americana para a Educação Pública Separada por Sexo 244
Associação Psicológica Norte-americana 418, 464
Associação Psiquiátrica Americana 59, 98, 108
Associação Sociológica Norte-americana 67
A sujeição das mulheres (Mill) 507
Ataques de cães com base no sexo do pedestre 466
A tempestade (Shakespeare) 31
Atlas, Charles 419
Auchus, Richard 144
Ausência paterna 194-196, 201
Austrália
  Aids-HIV na 457
  importância da prosperidade econômica na 38
  mulheres chefes de Estado na 322
  o local de trabalho na 301
  partilha de cuidados infantis na 184-185
  taxas de nascimento de adolescentes na 192f
Áustria, sexualidade na 455-456
Autoritarismo 115-116
Auxílio/benefício para cuidar dos filhos 188
Avaliação Norte-americana do Progresso na Educação 240
Avalie Meu Professor (website) 239
Avôs 123

Babcock, Barbara Allen 314
Babuínos 39-40, 465
Bacha posh 86
Bachelet, Michelle 322
Bailey, J. Michael 53, 64
Ball, Edward 18
Ballard, Martha 180
Banco de Montreal 302
Bangladesh
  mulheres chefes de Estado em 322
  mulheres legisladoras em 322
Bank, Bárbara 401
"Barack e Curtis" (vídeo de campanha) 330
Barbie 217, 419, 422

Barnett, Rosalind Chait 113, 148
Baron, James 289
Baron-Cohen, Simon 49
Bartkowski, John 254
Bates, Vincent M. 44
Baumeister, Roy 42
"Beards, Breasts, and Bodies" (Dozier) 451
Bearman, Peter 53, 439
Beauvoir, Simone de 395, 476
Bebidas 457-460, 478
Bebin, Mary 178
Bechdel, Alison 359
Beckwith, Jonathan 49
Beecher, Catharine 169
Behan, Peter 46, 54
Beleza 425
  definida 416-417
  mito da 415-421
  padrões
  - para homens 419-421
  - para mulheres 415-419
Bélgica
  local de trabalho na 272
  sexualidade na 455-456
Bell, Shannon Elizabeth 338
Bem, Sandra 117
Beneke, Tim 486
Bengala
  colonialismo em 338
Benjamin, Jessica 105
Benokraitis, Nicole 280
Bento XVI, papa 249, 261
Berdache; cf. Pessoas de dois espíritos
Bergman, Abraham 211
Bernard, Jessie 177, 267, 349, 355
Best, Joel 230
Bethlehem Steel Corporation 296
Bettelheim, Bruno 105
Bíblia 251, 252, 258, 267
Bielby, William 289
Bin Laden, Osama 341
Birdwhistell, Raymond 167
Bissexuais 88, 422, 492, 494
Blackwell, Elizabeth 261
Blackwell, Samuel 261

Blair, Cherie 318
Blair, Tony 318
Blankenhorn, David 193, 195
Bleier, Ruth 46
Block, Jack 206
Block, Jeanne 206
Bly, Robert 194
Bobbitt, Lorena 432, 490
Boeringer, Scott 487
Bogaert, Anthony 61
Bolívia
   mulheres chefes de Estado em 322
Bonobos 40
Booth, Alan 206
Boston College 183
Bourgeois, Roy 262
Boushey, Heather 312
Boxer, Bárbara 287
Brady, Tom 373
Brain, Robert 407
Brancos
   divisão de tarefas domésticas entre 183
   educação e 231
   índices de
   - encarceramento para 468
   - homicídios entre 468
   mídia e 357
   nascimentos fora do casamento entre 165, 193
   no local de trabalho 273, 282, 296
   nunca casados 175
   política e 325f, 325-326
   salários de 291, 292, 293f, 295t, 296
   saúde e 459
   sexualidade e 452-454
   violência doméstica e 492
Brasil
   castigos corporais proibidos no 198
   mulheres chefes de Estado no 322
   sexualidade no 455
Bravura masculina 466
Brawdy, Tawnya 225
Bray, Robert 64
Breedlove, Marc 52, 61
Brehm, Sharon 397
Brescoll, Victoria 324
Bridges, Tristan 485

Brines, Julie 188
Brinquedos
   codificados por gênero 110, 111f, 112, 112f, 113, 354, 363
Brodkin, Karen 69, 75
Bromances 405
Brontë, Charlotte 275
Brooks, Gary 446
Brooks, Tim 357
Brown, Antoinette 261
Browning, Robert 393
Bruckner, Hannah 53
Bruxaria e bruxas 251, 256, 268-269
Bryn Mawr College 239, 241
Bryson, Bethany 357
Budismo 250-251, 257, 258, 268
   tibetano 251
Buffery, A.W.H. 46
Bulimia 418, 420
Bullying 227, 232, 235, 237, 247, 471
Bunch, Charlotte 65
Bundchen, Gisele 417
Bunting, Josias, III 243, 345
Burka/burca 254, 344
Bush, George H.W. 327, 331, 477
Bush, George W. 189, 245, 327-328, 329, 477
Buss, David 37, 445
Byron, Lord 393, 394

Cabanas masculinas 77, 92
Caldwell, Mayta 397
Camisetas dos vingadores 114
Campanha
   do laço branco 346
   levantar a cabeça juntos 313
   publicitária
   - da Polo 227
   - da Ralph Lauren 227
Campanhas
   coloque-se um minuto no lugar dela 346
   eleições presidenciais 327-330
Campbell, Helen 180
Campos de golfe
   estudo de 289
Canadá
   compartilhar os cuidados com as crianças no 185

divisão de tarefas domésticas no 182
índices de
- casamento no 202t
- de divórcio no 202t
 local de trabalho no 300
 mulheres chefes de Estado no 322
 sexualidade no 455-456
 taxa de nascimento de adolescentes no 192f
Cancian, Francesca 409, 413-414
Capitalismo 74
Caplan, Paula 108
Caplow, Theodore 173
Características sexuais
  primárias 140
  secundárias 140-141
Carlson, Daniel L. 188
Carlson, Tucker 331
Carneal, Michael 236
Carter, Betty 208
Carter, Jimmy 135, 314, 477
Casamento
  amizade e 403
  amor e 408-409, 411-414
  com sexo 178
  cultura e 71
  declínio na felicidade do 213
  de companheiros 408
  desigualdade no trabalho doméstico aumenta
    com o 182
  educação e 221
  entre pessoas do mesmo sexo 86, 166, 168, 335
  - apoio crescente para 200, 201f
  - "problema" do 196-198
    religião e 256-257, 257f
  - *status* legal atual nos Estados Unidos 197f
  estupro no 487-488, 490
  idade média no primeiro 171, 174, 174f
  índices de 166-167, 171, 202t
  mães trabalhadoras mais felizes no 191
  pacto de 208
  perspectiva histórica sobre 168, 171
  "Plano B" para 215
  por aliança 208
  porcentagem
  - de pessoas nunca casadas 167f, 175
  - por sexo 200-201
  propriedade privada e 74-75
  religião e 253

resiliência no 166
sexo e 177, 188, 443, 450, 452-453, 454f
testosterona decai com o 56
cf. tb. Divórcio
Castração 55
Castronova, Edward 366
Cattell, J. McKeen 237
Cavalheirismo condescendente 280
"Caveman Masculinity" (McCaughey) 37
Cayler, Tom 369
Cazenave, Noel 492
Celibato 256, 261, 263
Centro de Informação Norte-americano sobre Estupro no
   Casamento e em Encontros 488
Centro de Inovação de Talentos 181
Centro de Pesquisa de Mídia 360
Centro de Pesquisa Pew para o Povo e a Imprensa 182, 257
Centro de Trabalho e Família (Boston College) 183
Centro Global Deloitte para a Governança Corporativa 300
Centro médico da Universidade Johns Hopkins 58
Centro Roper 326
Centros de controle de doenças 480
Cérebro
  de *gays* 50-52, 64-65
  diferenças
  - de amizade e 396
  - de gênero no 12, 13, 35, 44-50
  efeitos de jogos de *videogame* sobre 367
  função hemisférica no 45-48, 54, 64
  massa cinzenta e branca do 49
  teoria de LeBon de 33
Chafe, William 171
Charlie Hebdo
  ataque terrorista ao 365
Chaudhary, N. 74
Cher 132
Cherlin, Andrew 190, 193, 205, 209
Chicago
  taxas de homicídios em 472f
Chile
  mulheres chefes de Estado no 322
  visões da família "tradicional" no 176
Chimpanzés 39
China
  amor na 412-413

local de trabalho na 279
  procedimento de alongamento das pernas na 425
Chodorow, Nancy 105, 106, 407
Cho, Seung-Hui 348
Christ, Carol 252
Cidadela 243, 306
Ciência
  cristã 265
  diferenças de gênero na 228-229, 230f, 240, 240t, 241, 246, 247
Cingapura
  sexualidade em 439f
Circuncisão 81-83
  feminina 81-83, 81f
Cirurgia
  de aumento do pênis 424
  de reconstrução genital 424-425
  plástica 417, 422-425, 423f
Clancy, Tom 358
Clark, Kenneth 246
Clarke, Edward 34, 218
Classe social
  amizade e 403
  cuidar dos filhos e 183
  divórcio e 203
  educação e 241
  peso e 417
  saúde e 457
  sexualidade e 452
  tarefas domésticas e 183
  trabalho e 190-191
  vida familiar e 170
  violência doméstica e 491-492
Classes protegidas 334
Cláusula de pleno crédito e fé na Constituição 196
Cleaver, Eldridge 339
Clinton, Bill 328, 329, 429, 477
Clinton, Hillary 321, 330
Cliterodectomia 57, 71; cf. tb. Circuncisão feminina
Clitóris 42, 97, 104
Coabitação 166, 175, 188
Cobertura do plano de saúde 332
Código
  de cores de meninos e meninas 35, 105
  de Manu 258
Coeducação 218-219, 244
Coelhinhas da *Playboy* 282

Cohen, Dov 481
Cohen, Ted 382
Cohn, Carol 478
Cohn, Samuel 287
Colapinto, John 58
Coleman, James 229
Colgate, Florence 416
Colonialismo 338-340
Colonização 78
Coltrane, Scott 76-77, 214
Comédias românticas 349
Comandos em Ação 419
Comércio de peles 75
Coming of Age in Samoa (Mead) 70
"Coming of Age and Coming Out Ceremonies Across Cultures" (Herdt) 87
Comissão Norte-americana de Igualdade de Oportunidades de Emprego (EEOC) 290, 291, 296, 307, 308, 309, 311, 313
Comissão sobre Oportunidade no Atletismo 247
Comissão sobre Violência e Juventude 464
Comitê Norte-americano para a Igualdade de Pagamentos 292
Complexo Avaliar-Namorar-Copular 409, 441
Complexo de Adônis 419
Complexo de Castração 97, 104
Compulsão alimentar 420
Comunicação de gênero 145-148
Comunidade LGBT 334
Concurso Miss América 417
Concurso Miss Universo 337
Condição de "escrutínio intermediário" 281, 334
Condução embriagada 457, 468, 474
Conferência da Casa Branca sobre as Crianças 171
Conformidade de gênero
  estupro e 484
  homossexualidade como 65, 447-452
  na educação 222, 233-237
  no local de trabalho 277
  cf. tb. Inconformidade de gênero
Confucionismo 268
Connell, R.W. 20, 126
Connery, Sean 132
Conselho de Mediação de Família e Divórcio da Grande Nova York 207

Conselho de Pesquisa Familiar 190
Conselho Norte-americano de Proteção à Meritocracia 311
Controle de natalidade 201
   católicos e 253
   debate sobre a cobertura para 332-333
   efeitos libertadores do 73, 437
   promessas de virgindade e 439
   restrições sobre 174, 192-193
Convenção Batista do Sul 253, 261
Convenção da Mulher em Seneca Falls 342, 345
Convergência de gênero
   aumento na 508
   na mídia 370-374
   na saúde 457
   na sexualidade 442-447
"Conversa problemática" 397
Coontz, Stephanie 179, 317
Cooper, Anderson 278
Cooper, Frank Rudy 331
Cooper, James Fenimore 358
Cooper, Kieran 113
Coppen, Alec 59
Coreia
   cirurgia cosmética na 424
   mulheres chefes de Estado na 322
   religião na 268
Corpo 415-461
   em mudança 421-425
   padrões para
    - homens 419-421
    - para mulheres 415-419
   politização do 253
   cf. tb. Saúde; Sexualidade
Corpo caloso 48
Corporação Dupont 185
Correção de gênero 140
Correll, Shelley 228
"Cortando com palavras" (ritual) 82
Cose, Ellis 459
Costa Rica
   mulheres chefes de Estado em 322
Costumes sexuais 82-84
Cottingham, Marci 287, 288
Coulter, Ann 358
Courtenay, Will H. 457

Couvade 83
Craniologia 45
Crianças
   Abercrombie 418
   filhos
    - abuso sexual de 473, 483
    - a felicidade conjugal diminui com as 178, 179
    - como uma questão política 332
    - como vítimas de homicídio 473, 475
    - crescimento da carreira da mulher prejudicada por 317
    - de casais *gays* e lésbicas 198-200
    - declínio no bem-estar de 213
    - declínio no número de 174
    - divórcio e 166, 203-208, 207f
    - em lares com pais não casados 177
    - investindo no futuro de 212-214
    - isoladas 122
    - mídia e 350, 352-355
    - minutos passados em convívio com a estrutura familiar 199f
    - nascimentos fora do período de gestação 166, 192-193
    - porcentagem de quem faz atividades 351f
    - porcentagem vivendo com ambos os pais 174
    - queda no salário das mulheres por causa das 295
    - "selvagens" 122
    - vida sexual dos pais dificultada por 454, 454f
    - violência dos pais contra 210-212, 473, 475
    - violência entre 475
    - tarefas domésticas realizadas por 184
    - tempo médio gasto em atividades 184f
    - teoria evolutiva sobre a nutrição de 39
   cf. tb. Família; Pais/paternidade; Mães/maternidade; Mães e pais/parentalidade; Juventude
Crichton, Michael 358
Crime(s)
   ausência paterna e 194-195
   de ódio 336
   gênero do 468-471
   mulheres e o 472-476
Crise da meia-idade 131-132
Crise de Édipo 97, 105, 116, 465
Cristianismo 249, 267
   diferenças e desigualdade de gênero no 254
   evangélico 253, 256, 257, 262, 265
   homossexualidade e 256
   musculoso 264-265, 266-267
   sexualidade e 255, 256
Critérios de valor comparável 297, 314

Crittenden, Danielle 361
Croácia
  mulheres chefes de Estado na 322
Crockett, Davy 327
Crosby, Faye 319
Crystal, Billy 402, 428
Cubanos
  violência doméstica e 492
Culto
  de domesticidade 473
  de masculinidade compulsiva 116
Culto Amish 341
Cultura(s) 69-93
  americanas autóctones 84, 85-86, 89
  amizade e 407
  amor e 411-413
  de estupro/sociedades propensas ao estupro 481-482
  dimórficas de gênero 62
  diversidade sexual e 86-90
  divisão do trabalho e 72-73, 77, 78
  estupro e 78-79
  fluidez de gênero e 84-86
  gênero dimórfico e polimórfico da 62
  masculinidade e feminilidade definidas por 12, 13, 69, 70-71, 75, 76-77, 123
  polimórficas de gênero 62
  rituais de gênero na 79-83, 87
  sambia 87-88
  sexualidade e 88-90, 452
  valores da pesquisa transcultural e 92
  variações na definição de gênero na 70-72
  violência e 70, 71, 465
Cumpridores de Promessa 265, 346, 511
Cunnilingus 433, 442, 444
"Currículo escondido" 217, 229
Custódia dos filhos 208-210

Dabbs, James 54
Da democracia na América (Tocqueville) 11
Dalton, Katherine 41
Daly, Mary 267, 268-269
Dançarinas de palco 282
Daniels, Susanne 357
Darwin, Charles 32-33, 35
Darwinismo social 33, 35, 67-68
Davenport, William 88
Davidson, Lynne 397

Davis, Alexander 357
Dawkins, Richard 36
Dean, Craig 198
Debate natureza *vs*. nutrição 12, 14, 35, 58; cf. tb.
  Determinismo biológico; Socialização diferencial
Décima quarta emenda 334
Decisões da Suprema Corte Norte-americana sobre
    igualdade educacional 243, 246, 290, 345
  sobre
  - assédio sexual 225, 310, 311
  - casamento entre pessoas do mesmo sexo 196, 200
  - discriminação de gênero 281
  - discriminação racial 281-282
  - discriminação no local de trabalho 281-282, 289-291, 303
  - distinção de gênero e sexo 13
Declaração das Nações Unidas de 1985 343
Declaração de Sentimentos 345
Degeneração 508-510
Del Campo, Robert 289
Dell, Floyd 511
Demo, David 213
Demos, John 168
"De onde vem o gênero" (Fausto-Sterling) 35
Departamento de Educação do Estado de Massachusetts 224
Departamento de Educação, Estados Unidos 351
Departamento de Justiça, Estados Unidos 484
Departamento de Saúde, Educação e Bem-estar, Estados Unidos 352
Depressão 49
Desencorajar como apoio 280
Desenvolvimento do gênero 95-120
  diferenças na 108-114
  Teste M-F da 99-101, 114
  cf. tb. Teorias cognitivas do desenvolvimento; Teoria do desenvolvimento psicossexual; Teoria dos papéis sexuais
Desigualdade de gênero
  amor e 411
  caçadores-coletores erroneamente culpados pela 74
  circuncisão ligada à 80
  cirurgia cosmética e 422-423, 424
  cultura e 69, 77, 86
  eliminando a 507-509
  diferenças de gênero e 13-15, 69-70, 508-509
  divórcio e 200-204
  explicações biológicas para 31, 65-67

família e 213, 216
guerras, alianças e 75-76
instituições e 134-135, 138-139, 150
mídia e 349, 350, 355
mídia social e 370
na educação 220-222, 227, 233-234
neutralização nas nas relações homossexuais 198
no local de trabalho 138, 279-280, 305-306, 311-317
perspectiva social construtivista sobre 14, 135, 139, 150
religião e 250, 252-257, 258, 260-261, 269
saúde e 461
separação de esferas e 510-511
sexualidade e 428, 446-447
socialização diferencial e 13-14
violência e 467, 474-476
violência doméstica e 213
DeSimone, Diane 47
Desordem de personalidade antissocial 56
Destinos cruzados (filme) 132
Desvalorização radiante 280
Determinismo biológico 31-68
áreas primárias de pesquisa sobre 35
construção social em comparação com 121-122, 135
cultura e 69-70
premissa central do 12, 14
socialização diferencial em comparação com 13-14
cf. tb. Cérebro; Teoria evolutiva; Hormônios
Deus; Religião
Deusas tradicionais 91, 250-252, 268
Dewey, John 95, 243-244
Dia Nacional da Consciência da Desigualdade de Pagamento (EUA) 292
Diamond, Milton 58
Diário de Bridget Jones (Fielding) 355, 358
"Dias do papai" 213
Dickens, Charles 16
Dickinson, Emily 180
Diferença de mortalidade 460
Diferenças de gênero
amor e 411
como diferenças médias 23-24, 24f
como "distinções enganosas" 21-23, 231
cultura e 69-93
dentro de um mesmo sexo *vs.* entre os sexos 20, 24, 47, 108, 119, 291
desigualdade de gênero e 13-15, 69-70, 508-509
divórcio e 201-204
explicações biológicas para 65-68

família e 213-214, 216
futuro das 507-509
influências hormonais sobre 11-12, 54-59
instituições e 135-137, 138-140, 150-151
mídia e 349, 350, 351, 355
mídia social e 370
na amizade 396-402
na cultura do ficar 441-442
na sexualidade 428-433
no desenvolvimento 108-113
perspectiva social construtivista sobre 14, 135-137, 139, 150
pesquisa cerebral sobre 12, 35, 44-50
política de 25-26
religião e 32, 252-257, 258, 260-261
teoria evolutiva sobre 19-35, 37
teorias principais sobre as razões para 11-15
cf. tb. Teoria interplanetária da diferença de gênero
Dilema dos cachinhos dourados 417
Dinamarca
compartilhamento de cuidados infantis na 185
mulheres chefes de Estado na 322
nascimentos fora do casamento na 193
Dinnerstein, Dorothy 105
Discourse on Friendship (Taylor) 394
Discriminação
da gravidez 313, 315
de gênero
- contra pessoas transgênero 335-336
- explicações biológicas para 34
- na educação 225-227
- na religião 269
- no banheiro 136, 335, 336-337
- no local de trabalho 279-280, 281-282, 303-304, 314
- reversa 128, 247, 306, 346
Discutir o relacionamento 442
Disfunção erétil 436
Dislexia 226
Dismorfia muscular 419, 421
"Distinções enganosas" 21-23, 231
"Distúrbio de Personalidade Dominante Delirante" (DPDD) 108, 109f
Distúrbio pré-menstrual disfórico 108
Distúrbios alimentares 418, 420-421
Diversidade sexual 86-90
Divisão
cultura e 72-73, 77, 78
do trabalho marcada por gênero 12

em sociedades de caça e coleta 72, 395
política de gênero 328
prevalência da 271-273
propriedade privada e 73
teoria evolutiva sobre a 37-38
Divórcio 200-208, 213-214, 345, 412
casamento novamente depois do 166, 177, 200-201
diferenças de gênero no impacto do 202-204
melhores preditores de 203
perspectiva histórica sobre 170-171
religião e 254
taxas de 166, 175, 200-201, 202t
violência contra as mulheres após 490-491
cf. tb. Custódia dos filhos
Dobesova, Michaela 466
Dobson, James 63
Doenças Sexualmente Transmissíveis (DSTs) 439; cf. tb. Aids-HIV
"Doing Gender" (West e Zimmerman) 140
"Doing Gender, Determining Gender" (Westbrook e Schilt) 141
"Do It All for Your Public Hairs" (Mora) 421
Dominação
atenciosa 280
masculina 12
- circuncisão ligada à 80, 81
- cultura e 74-76, 78, 90-92
- em primatas não humanos 40
- essencialismo biológico sobre 63
- família e 214
- guerra e 75-76
- ligação e 75-76
- política de 25-26
- prevalência de 12
- propriedade privada e 74-75
- religião e 250, 258, 268
- teoria do desenvolvimento psicossexual sobre 105-106
- trabalhos domésticos e 179
- violação e 79, 148-149
Donato, Katharine 287
"Donzela de Ferro" 416
Dorner, Gunter 50, 59-60
Douglas, Michael 132
Douglass, Frederick 322, 345
Dowling, Colette 21-22
Dozier, Raine 437
Driscoll, Mark 265
Duberman, Lucille 397

Dunn, David 367
Dupla exigência 296
Durant, Henry Fowle 217, 218
Durden-Smith, Jo 47
Durkheim, Émile 45
Duster, Troy 67
Dwight, Theodore 169
Dyble, Mark 74

Earle, Alison 315
Eastwick, Paul 38
Ecofeminismo 268
Economia de mercado 75
Édipo Rei (Sófocles) 97
Educação 217-247, 281, 290, 334
coeducação e 218-219, 244
"currículo escondido" na 217, 229
desempenho e comportamento dos meninos na 226-233
divórcio e 203
em defesa da igualdade de gênero na 245-246
gênero dos professores 237-240, 240t
igualdade no atletismo na 246-247
mulheres desencorajadas de avançar na 34, 45-46, 218-219
mulheres encorajadas de avançar na 95, 217-219
para a masculinidade tradicional 218-219
policiamento de gênero na 233-237
questão do *bullying* na 232, 233-235
sala de aula marcada por gênero na 219-227
salários e 292, 293-294
salas de aula/escolas de um só sexo 240-246
sexual 193, 435-437, 439
tiroteios escolares e 234-236, 348, 463
cf. tb. Faculdades
Edwards, John 329
Egito
movimentos sociais no 339
Ego 96, 97
Ehrenreich, Bárbara 460, 465
Ehrhardt, Anke 56-57
Ehrlich, Paul 44
Eisenberg, Marla 443
Eisenegger, Christoph 54
Eisler, Riane 91-92
Ejaculação prematura 435-436, 447
Eliot, Lise 46, 49

Ellis, Amy 224f
Ellison, Peter 56
Elsesser, Kim 278
Ely, Robin 302, 303
Emenda por direitos iguais 343
Emerson, Ralph Waldo 121
Emily's List 325
Eminem 233
Emirados Árabes Unidos
    mulheres legisladoras nos 322
Empresas do Vale do Silício 318
Encarceramento; cf. Prisões/encarceramento
Encontros 38, 411, 414, 441, 445
Enfermagem
    composição por gênero da 287
Engels, Friedrich 74
Engenharia
    diferenças de gênero em 230, 231f, 239
England, Paula 280
Enquete da *Newsweek* sobre renda do cônjuge 277
Enviesamento sexual 426-428
Epstein, Cynthia Fuchs 21, 63, 231
Escala de Táticas de Conflito (CTS) 490
Escola de Liderança das Moças 245
Escola de Medicina de Harvard 49
Escola Egalia 222
Escola estruturalista-funcionalista de ciências sociais 171
Escoteiros 229
"Escrutínio estrito" (norma legal) 281, 334
Espanha
    importância da prosperidade econômica na 38
    local de trabalho na 300
    sexualidade na 455
    visões da família "tradicional" na 176
Espermatozoides 40, 44
Espiar meninas 394
Espiritualidade da mulher 252, 266-269
Esplênio 48
Esportes 246-247, 357, 363, 364, 372
Essencialismo biológico 63-66
Estado-nação 74
Estados Unidos
    Aids-HIV nos 456-457
    amor nos 410-414
    casamento nos 202t
    circuncisão praticada nos 80, 82

cirurgia plástica nos 422-423
correlação matemática-gênero nos 223f
creche não subsidiada nos 190, 191
distúrbios alimentares nos 418
em comparação com outras culturas 70
estupro nos 483
expectativa de vida nos 133
história da família nos 168-178
índice de
- divórcio nos 200-201, 202t
- encarceramento nos 468, 475, 494
- homicídios nos 468-470, 471, 472f, 473
- nascimento de adolescentes nos 191, 192f
licença parental remunerada não oferecida
    nos 188, 213, 315, 318, 333
local de trabalho nos 279-280, 283, 286, 301, 314-315,
    317
masculinidade nos 19
mídia nos 347
nascimento fora do casamento nos 193
normas de beleza nos 415-417
pensão para os filhos 209
política nos 321-323
popularidade dos *videogames* nos 363
religião nos 255-256, 258-260, 262, 263
salário nos 293-294, 298f, 299f
saúde nos 460-461
sexualidade nos 89, 440t, 452, 455
venda de pornografia nos 366-368
violência nos 463-466, 468-470, 475-476, 478-480,
    481, 494
visão dimórfica de gênero nos 62
Estereótipos
de *gays* 50, 281-282
de gênero 25
- educação e 243
- mídia e 352-354, 356-357
- no local de trabalho 279, 291, 297, 301
- nos *videogames* 365-367
- orientação sexual e 50-51
- raciais 282, 330
- teoria do desenvolvimento psicossexual e 97-98
Estratégias reprodutivas 36-37, 42-44; cf. tb. Estupro,
    concebido como "estratégia reprodutiva"
Estrogênio
    cérebro *gay* e 52
    diferenças de gênero e 54, 57, 60
    em homens 12, 54
    expectativa de vida e 133

Estudo das Congregações Nacionais (EUA) 262
Estudo do Programa de Formação da Casa Branca 259
Estudo Norte-americano de Universitárias Vítimas Sexuais 484
Estudo Norte-americano de Violência na Televisão 354
Estudo sobre a imagem do corpo masculino da *Psychology Today* 420
Estudos de distância entre os dedos 61
Estudos sobre adoção 53
Estupro 481-488
   Cleaver, Eldrige falando sobre 339
   coletivo 79, 149, 484
   cometido pelo parceiro íntimo 493f
   concebido como "estratégia reprodutiva" 38, 39, 41-42, 78, 79, 148, 482, 483
   conjugal 488-489, 491
   em encontros 488
   em grupo 79, 149, 484
   explicações interculturais do 78-79
   incidência de 446, 480
   índices de detenção para 464
   no local de trabalho 277, 279, 307
   perspectiva social construcionista sobre 148
   por conhecidos 484
   por homens "normais" 484-488
   pornografia e 431
   por pais 483
   status da mulher e 77, 148, 481
   vítimas masculinas de 41, 481
Ética
   da justiça 106-108
   do cuidado 106-108
Etiópia
   lacuna de expectativa de vida na 133
Etnocentrismo 89
Europa/União Europeia
   Aids-HIV na 456-457
   apoio à criança na 209-210
   castigos corporais proibidos na 211
   cuidado de crianças na 191
   local de trabalho na 286, 316
   mulheres chefes de Estado na 322
   religião na 266
Evangelhos gnósticos 268
Eve's Rib (Pool) 48
Exclusão da faculdade 280
Expectativa de vida 133, 178, 186, 459, 459f

Exploração benevolente 280
Explosão demográfica 172

Facebook 145, 165, 278, 318, 347, 370, 371f
Faculdade Amherst 233
Faculdade de Administração de Harvard 302
Faculdade de Medicina da Universidade de Indiana 47
Faculdade Radcliffe 241
Faculdade Smith (Smith College) 218, 239, 241
Faculdade Vassar 218, 239, 241
Faculdades
   agressões sexuais nos *campi* 445, 484
   comportamento sexual dos homens nas 486-488
   cultura do ficar nos *campi* 441-442
   de mulheres 218, 238-240
   de sexo único 240-244
   disparidades de gênero nas 229-232
   gênero dos professores 238-240
   números reais e projetados para matrículas nas 231f
   proteção de transgêneros no *campus* 336-337
   trote nas 234
Fagan, Pat 256
Failing at Fairness (Sadker e Sadker) 220
"Faixa da mamãe" 138, 315, 319
"Faixa do papai" 138, 185, 319
Falácia composicional 291
Fallon, Conan 358
Falocentrismo 368, 429, 435
Falwell, Jerry 265
Família 165-216
   nuclear
   - amor na 413
   - breve história da 168-176
   - condição da mulher e 76
   - de *gays* e lésbicas 196-200
   - do futuro 212-216
   - expressão de amor na 413
   - idealização da 171-172
   - porcentagem de crianças que vivem com sua 174-175
   - "problemas construídos" da contemporânea 189-200
   - resiliência da 166
   - retirada de recursos públicos para a 174
   - socialização de gênero e 22
   - surgimento da 73-74
   - tipos de lares da (2012) 175t
   - trabalho e; cf. Trabalho/local de trabalho
   "tradicional" 171-172, 173, 176

cf. tb. Crianças/filhos; Violência doméstica; Pais/paternidade; Tarefas domésticas; Casamento; Mães/maternidade
Fanon, Franz 339
Farrell, Warren 119, 128, 303
Fases do desenvolvimento psicossexual
　anal 96
　fálica 96
　oral 96
Fatherless America (Blankenhorn) 194
Fausto-Sterling, Anne 35, 46, 57
"Fazendo" o gênero 139-145, 150, 465
FBI 480
Felação 433, 444
Felmlee, Diane 402
Female Power and Male Dominance (Sanday) 250
Feminilidade(s) 19-20, 119, 125
　ao longo da vida 130
　definições culturais de 13, 14, 69, 70-72, 75, 123
　educação e 233
　enfatizada 20-21, 25, 126
　envelhecimento e 132
　feminina 80-83, 81f
　globalização e 337-338
　influências hormonais sobre 54
　local de trabalho e 276-277
　masculina 79-80, 81-82, 479
　perspectiva social construtivista sobre 123-124
　redefinição da 509, 510-511
　sexualidade e 428
　significados no plural de 19-21
　teoria das relações sexuais na 114-120, 124-126
　teoria do desenvolvimento psicossexual sobre 98, 106
　Teste M-F 99-101, 114
Feminismo
　antipornográfico 344, 432
　de primeira onda 342
　de segunda onda 342, 360
　liberal 343
　multicultural 344
　radical 344, 431
Feminismo/feministas
　ausência paterna atribuída ao 194-195
　crenças básicas do 343
　crimes atribuídos ao 472
　debate de valores familiares e 167
　divórcio como culpa do 203
　eco- 268

　essencialismo biológico e 63
　foco dos estudos acadêmicos do 15-16
　homens e o 345-346, 511
　lesbianismo e 342, 449
　liberal 343
　mídia e 356-357
　multicultural 344
　no poder 127-128
　papéis sexuais expandidos pelo 127
　política e 341-346
　pornografia combatida pelo 344, 432
　primeira onda do 342
　radical 344, 431
　religião e 249, 253, 266-269
　revistas femininas criticadas pelo 360
　segunda onda de 342, 360
　sexualidade e 192, 437, 439
　sobre a família tradicional 173
　teoria do desenvolvimento psicossexual *vs.* 102, 104-106
　teorias de desenvolvimento cognitivo *vs.* 106-108
　terceira onda do 343
Feminização da pobreza 194
Fennema, E. 223f
Ferguson, Marjorie 360
Fernandez de Kirchner, Cristina 322
Ficando com alguém 441-442
Fielding, Helen 358
Filipinas
　mulheres chefes de Estado na 332
Filtros cognitivos 102, 104
Fincham, Frank 443
Fineman, Martha 210
Finkel, Eli 38
Finklehor, David 488
Finlândia
　importância da prosperidade econômica na 38
　mulheres chefes de Estado na 322
　violência na 475
Fisher, Helen 90-91
Fisher, Terri D. 429
Fisk, N. 58
Fitzgerald, Louise 310
Fluidez de gênero 84-86, 87
Fluke, Sandra 332
Flynn, Frank 278
Flynt, Larry 368
Foco na família 63, 101

Fonda, Jane 132
Foote, Mary Hallock 180
Força-tarefa *gay* e lésbica norte-americana 64
Ford, Harrison 132
Ford, Maggie 246
Forster, E.M. 414
Fortune 100 empresas 297
Fortune 500 empresas 297, 311, 316
Fórum Pew sobre Religião e Vida Pública 257
Foucault, Michel 50, 408
Fox, Robin 37, 75
França
  expectativa de vida na 133
  local de trabalho na 300, 316
  proíbe cobrir a cabeça por religião nas escolas 254, 255
  sexualidade na 453f
  taxa de
  - casamento na 202t
  - divórcio na 200-201, 202t
  - nascimento de adolescentes na 192f
  visões da família "tradicional" na 176
Franklin, Christine 225
Frederico II, imperador 121
Freedman, David 40
Freud, Sigmund 31, 50, 95-99, 101-102, 104-106, 216, 271, 339, 465; cf. tb. Teorias pós-freudianas; Teoria do desenvolvimento psicossexual
Friedan, Betty 173, 360
Friedel, Ernestine 88
Friedman, Howard 459
Friends (programa de televisão) 435
Frost, Robert 216
Fukuyama, Francis 92
Funcionalismo 72
Funções expressivas 116, 171
Fundação de Educação da Mídia 365
Fundação Kellogg 459
Fundamentalismo 260
Fundo para os Direitos Iguais no Casamento 198
Furstenberg, Frank 209, 214
Furto/infração 473-474

Gagnon, John 452, 485
Galinsky, Ellen 183
Galupo, M. Paz 404
Gamergate 365

Game Over (documentário) 365
Gandhi, Indira 134, 470
Garfinkle, Harold 143-144
Gates, Bill 348
Gaylin, Willard 276
Gelles, Richard 212, 488
Gender: An Ethnomethodological Approach (Kessler e McKenna) 141
"Gender Rules" (Felmlee) 382
"Gender Similarities Hypothesis" (Hyde) 111
Gene *gay*, busca por 52-53, 65
Gênero
  amor e 409-410
  ao longo da vida 129-132
  aumento da visibilidade do 15-18
  como
  - plural 125
  - relacional 125
  - situacional 125
  - uma instituição 134-139
  - uma "propriedade administrada" 150
  da amizade 394-396
  da violência; cf. Violência/agressão, marcada por gênero
  despolitização de 126
  do crime 468-471
  envelhecimento e 132-134
  expectativa de vida por 459f
  "fazendo o" 139-145, 151, 474
  no amor; cf. Amor, marcado por gênero
  política de 331-335
  rituais de 79-83, 87
  sexo distinguido de 13
  taxas de homicídios por 471, 472f
  cf. tb. Homens; Mulheres
Genes/genética
  hipérbole antropomórfica sobre 66
  limites da influência dos 43
  pesquisa do "gene *gay*" 52-53, 65
  sexualidade e 39
Genocídio ruandês 482
Gerson, Judith 138
Gerson, Kathleen 22, 215
Geschwind, Norman 46, 54
Gesquiere, Laurence 40
Gettler, Lee 77
Gilder, George 448
Gilligan, Carol 106-108, 147, 227

Gilligan, James 471, 479
Gillis, John 170
Gilman, Charlotte Perkins 266, 267, 287
Gimbutas, Marija 91
"Gin/ecologia" 268
Gingrich, Newt 34, 176, 323
Globalização 337, 339-340
Goffman, Erving 20, 136
Goldberg, Steven 54, 63, 69
Goldspink, David 133
Good, Glenn 496
"Good Guys with Guns" (Stroud) 467
Goode, William J. 410
Google 318
Gordon, George; cf. Byron, Lord
Gore, Al 328
Gorilas 33
Gottfredson, Michael 464
Gottman, John 310
Gould, Stephen Jay 39
Grabar-Kitarovic, Kolinda 322
Grã-Bretanha/Reino Unido
 crime por idade e sexo na 471f
 distúrbios alimentares na 418
 divisão
 - de tarefas domésticas na 183
 - do trabalho de cuidar das crianças na 185
 importância da prosperidade econômica na 38
 índices de
 - adolescentes tendo filhos na 191
 - casamento na 202t
 - divórcio na 200, 202t
 - homicídios na 468
 local de trabalho na 300, 316
 mulheres chefes de Estado na 322
Grande Deusa 250
Grande Mãe 250, 267
Grande Recessão de 2008 312
Gray, John 11, 46, 48, 204, 316
Greeley, Andrew 214
Green, Richard 58, 448
Greenblat, Cathy 412-413
Gregor, Thomas 77, 78
Griffin, Susan 484
Growing Up Straight (Wyden e Wyden) 447
Grybauskaité, Dalia 322

Guerra 77, 134, 465, 476-478
 dominação masculina e 74-76
 do Vietnã 329, 330, 477
 estupro e 148-149
 "gênero" da 467
 justificações religiosas para 267
 níveis de testosterona e 60
Guevadoches 62
Gurian, Michael 48

Hacker, Andrew 229
Hacker, Helen 127
Hafen, Christopher A. 44
Halim, May Ling 113
Hall, G. Stanley 218
Hamlet (Shakespeare) 463, 466
Han, Hongyun 222
Hannah, Daryl 132
Hanson, Sarah 188
Hardy, Thomas 16
Harlan, Heather 132
Harrington, Brad 183
Harris, Eric 236
Harris, Mark 132
Harris, Marvin 75
Harris, Shanette 403
Harrison, William Henry 327
Harry e Sally – Feitos um para o outro (filme) 401, 402
Hartmann, Heidi 305
Havlicek, Zdenek 466
Hawthorne, Nathaniel 358
Hayes, Jeffrey 315
Hedberg, Allan 470
Heiman, Julia 443
Helbig, Marcel 238
Hemingway, Ernest 358
Herança 74
Herdt, Gilbert 62, 87
Heresia 251
Hermafroditas; cf. Intersexualidade/pessoas intersexo
Hess, Amanda 256
Hess, Beth 397
Hewlett, Sylvia 317
Heymann, Jody 315
Higginson, Thomas Wentworth 244

High Fidelity (Hornby) 359
Hijabe 255
Hill, Anita 307, 313
Hilton, Phil 362
Himenoplastia 424
Hinduísmo 251, 257, 258
Hipérbole antropomórfica 66, 68
Hiperindividualismo impulsivo 122
Hipermasculinidade 76, 115, 203
Hiperplasia Adrenal Congênita (CAH) 56, 142
Hipotálamo 51, 52
Hirschi, Travis 464
His Religion and Hers (Gilman) 266
Hispânicos(as)/latinos(as)
   educação e 232, 246
   índices de encarceramento para 471
   no local de trabalho 273, 283, 301
   política e 325f, 327
   religião e 257, 260
   salários de 292, 293f, 298f, 299f
   saúde e 457
   sexualidade e 452-454
   significado da puberdade para 421
   violência doméstica e 490-491
Histórias centradas
   nas meninas 352
   nos meninos 352
HIV-Aids; cf. Aids-HIV
Hochschild, Arlie 179, 180, 277
Hofstadter, Richard 67
Holanda
   compartilhamento de cuidados infantis na 185
   local de trabalho na 301
   taxa de
   adolescentes tendo filhos na 192f
     casamento na 202t
     divórcio na 202t
Homens
   12 principais razões para fazerem sexo 445
   Aids-HIV em 456-457
   assédio sexual de 307, 310, 311
   benefícios matrimoniais para os 177-178, 411-412
   cirurgia plástica para 423-425
   como vítimas de violência doméstica 472-475, 489-491
   declínio salarial para 279-280, 292-293
   de Harvard contra o estupro 346
   de Montana contra o estupro 346

   denúncias de discriminação no trabalho de 281, 303
   descobertas da pesquisa cerebral sobre 44-50
   de Tulane Contra o Estupro 346
   distúrbios alimentares nos 420-421
   e
   - aposentadoria e 132-133
   - poder 127-129
   educação para a masculinidade tradicional 218-219
   esperança de vida 132-134
   estupro de 41-42, 480
   feminismo e 345-346, 511
   gays
   - alimentos que alegadamente produzem 57
   - amizade e 405-406
   - conformidade de gênero em 65, 447-450
   - distúrbios alimentares em 420
   - e violência doméstica 492
   - HIV-Aids nos 456-457
   - hormônios e 59-61
   - no clero 261, 262
   - no local de trabalho 281-282
   - pesquisa cerebral sobre 50-52, 64
   - pesquisa genética sobre 52-53, 64
   - religião, virilidade e 266
   - tatuagens e 422
   - vida familiar e 195-200
   - violência contra 492
   impacto do divórcio nos 203-204
   JBC 265
   mito do pico sexual entre os 130-131, 455
   mulheres instruídas e valorizadas por 222
   no ensino 237-238, 239
   nunca casados 167f, 175
   percentagem de casados 201
   perspectiva histórica na família 168-177
   podem parar o estupro (MCSR) 346
   política de gênero e 345-346
   politização do corpo e 254
   que se enfeitam e se arrumam 83
   questões de imagem corporal para 418-421
   reengajamento na religião para 263-266
   simbolismo e 304-305
   "sociais" 86
   stress, reações a 23, 49, 179, 396-397
   taxas de detenção para 464
   cf. tb. Pais/paternidade; Dominação masculina; Masculinidade
Homicídios 91, 464, 468, 471, 475
   crianças vítimas de 473, 475

de pessoas íntimas da vítima 482f
do cônjuge 473, 475, 480, 492
índices 469f, 470f, 471f, 472f, 473
- de detenção para 464
mulheres como perpetradoras de 473-474
Homofobia 198
amizade em homens e 395, 403-405, 409
comportamento sexual afetado por 452
nas escolas 234, 235
teoria do sexo em 115, 116
Homossexualidade
alimentos que alegadamente produzem 57
coeducação vista como um fator de risco para 218
como conformidade de gênero 65, 447-451
cultura e 86-88
desclassificada como uma doença mental 98, 108
essencialismo biológico sobre 63-66
forma distinta da pedofilia 483
hormônios e 48-61
inversão de gênero ligada à 65
movimento de "conversão" e 64
no reino animal 40, 86
pesquisa
- cerebral sobre 50-52, 64-66
- genética sobre 52-53, 65
religião e 256-254
ritualizada 87-88
"sinais de aviso" de 101
surgimento como uma identidade distinta 50
teoria
- do desenvolvimento psicossexual da 96, 97-99
- dos papéis sexuais e 124-125, 126
Teste M-F 99-101
cf. tb. Bissexuais; Homens *gays*; Lésbicas; Comunidade LGBT
Hong Kong
sexualidade em 453f
Hopkins, Ann 301
Hormônios 35
diferenças de gênero e 11-13, 54-59
homossexualidade e 59-61
intersexualidade e 62-63
cf. tb. Estrogênio; Testosterona (andrógenos)
Hornby, Nick 359
Horney, Karen 104
Houve uma vez um verão (filme) 132
Hubbard, Ruth 66
Hughes, Karen 189

Hughes, Langston 271
Hummer, Tom A. 367
Hungria, visões da família "tradicional" na 176
Huntemann, Nina 365
Hurlbert, Anya 35
Hurt, Byron 330
Hussein, Saddam 478
Hwame 85
Hyde, Janet 48, 108, 111, 223f

Id 96
Idade
amizade e 403
criminosos por 471f
crise da meia-idade 131-132
de jogadores de *videogame* 363
divórcio e 203
gênero e 132-134
salários e 293, 295
sexualidade e 452
meios de comunicação e 349
taxas de homicídio por 472f
violência e 471
Identidade
de gênero
- explicações biológicas para 53, 58
- influências hormonais sobre 54, 56
- instituições e 134
- noções rígidas de 113
- perspectiva social construtivista sobre 135
- *queer* (GQ) 143, 335
- teoria do desenvolvimento cognitivo da 102-104
- teoria do desenvolvimento psicossexual da 95-96, 97-99, 104
- teoria dos papéis sexuais da 114-116, 134, 139
- Teste M-F 99-101, 114
"gênero foda-se" 335
não binária (NB) 143
Iêmen
movimentos sociais no 340
Igreja
Católica 253
- diferença e desigualdade de gênero na 258
- escândalo de padres pedófilos na 261, 483
- lacuna de gênero na religiosidade na 258
- lacuna entre padres e católicos na 262f
- homossexualidade e 256, 257
- ordenação feminina proibida na 261-263

Episcopal 261
Luterana 261
Igrejas historicamente negras 257, 258
Ilhéus da Baía Oriental 88
Ilhéus do Povo Trobriand 89, 452
Imperativo evolutivo 35-38
Imperato-McGinley, Julliane 62
Impotência e estupro 486, 487
Imus, Don 331
In a Different Voice (Gilligan) 106-107
Incendiário 470
Inconformidade de gênero 143; cf. tb. Conformidade de gênero
  homossexualidade vista como 97-98, 101
  no local de trabalho 276
  teoria dos papéis sexuais para 115
Índia
  importância da prosperidade econômica na 38
  mulheres chefes de Estado na 322
  religião na 258
  visões da família "tradicional" na 176
Índices de prisão 464, 474
Índios Navajo 84
Individualismo afetivo 168
Indonésia
  mulheres chefes de Estado na 322
Industrialização 169, 208, 408
Infanticídio 41, 473, 475
  feminino 71, 74, 88
  masculino 71
Infibulação 80; cf. tb. Circuncisão feminina
Infidelidade 433
Inglaterra; cf. Grã-Bretanha/Reino Unido
Inibidores seletivos de recaptação de serotonina 49
Iniciativa
  humanitária de Harvard 482
  sexual 442
Instagram 370, 371f, 372
Instituições
  Estado construído por gênero em suas 337-341
  gênero como 134-139
  mídia construída por gênero em suas 349-350
  mídia constrói o gênero por meio de suas 350-351
  perspectiva social construtivista sobre as 134-139, 150
  religião construída por gênero em suas 260-263
  violência e 134, 475-476
"Instinto materno" 41, 71

Instituto das Famílias e do Trabalho 183, 184
Instituto de Endocrinologia Experimental da Universidade Humboldt 59
Instituto de Pesquisas sobre Casamento Cristão e Religião 256
Instituto de Política Eagleton (Universidade Rutgers) 324
Instituto Militar da Virgínia (VMI) 107, 243, 290, 306, 345
Instituto Norte-americano de Saúde Mental 191
Institutos Norte-americanos de Saúde 142, 190
Internet
  diferenças de gênero no uso da 372
  mídia social na 370, 371f
  pornografia na 366, 367, 369
Interrupções 147
  gonadal verdadeiro 142
  XX 142
  XY 142
Intersexualidade/pessoas intersexo (hermafroditas) 144
  categorias de 142
  estudos hormonais sobre 62-63
  incidência de 140-141, 143
  pseudo-hermafroditas 69, 142
  teoria do "cérebro *gay*" sobre 65
Intimidade emocional 395
Inveja
  do pênis 97, 104
  do útero 105
Inventário de Papéis Sexuais de Bem (BSRI) 117, 117t
Inversão de gênero 65
Invisibilidade
  da desigualdade no local de trabalho 306
  da masculinidade 15-18, 137
  das pessoas-símbolo 304
  do privilégio 17-18
Iorubá 250
Irã
  crise dos reféns do 135
  movimentos sociais no 340-341
  progresso da mulher no 340
Iraque
  agressão sexual de tropas femininas no 481
  invasão dos Estados Unidos no 477
  progresso da mulher no 340
Irlanda
  mulheres chefes de Estado na 322
Irmãs Brontë 16
Isabelle (criança isolada) 122

Is Coeducation Injurious to Girls? (Dewey) 95
Islã 249, 344
  brecha de gênero na religiosidade 258
  circuncisão feminina no 82-83
  diferenças de gênero e desigualdade no 252, 253, 254, 255-256, 258
  homossexualidade e 256
  movimentos sociais e 340-341
  purdá no 83, 416
Islândia
  mulheres chefes de Estado na 322
Israel
  judaísmo ortodoxo em 254, 341
  mulheres chefes de Estado em 322
Itália
  índices de
  - casamento na 202t
  - divórcio na 202t
  - homicídios na 468
  local de trabalho na 300
  sexualidade na 453f

Jacklin, Carol 108
Jackson, Andrew 327, 476, 478
Jackson, Joe 449
Jacobs, Jerry 275
Jacobs, John 265
Jahjaga, Atifete 322
Jamaica
  mulheres chefes de Estado na 322
James, Henry, Jr. 16
James, Henry, Sr. 263
Janssen, Erick 433
Japão
  amor no 412-413
  distúrbios alimentares no 182, 418
  divisão de tarefas domésticas no
  índices de
  - adolescentes tendo filhos no 192f
  - casamento no 202t
  - divórcio no 202t
  local de trabalho no 311
  sexualidade no 443, 453f, 455, 456
  visões da família "tradicional" no 176
Jefferson, Thomas 327
Jen'nan Ghazal 254
Jencks, Christopher 242

Jenson, Lois 308
Jesus 251, 261
  esforços para remasculinizar 263, 264, 265-266
  opiniões feministas atribuídas a 266-267
  preocupação com as mulheres 252
Jesus, diretor-executivo 266
Jewett, Milo 218
Jogos Cibernéticos Mundiais 364
Johnson, Allan 483
Johnson, Lyndon 477
Johnson, Virginia 449
Johnston, Levi 165
Johnston, Sherry 165
Journal of the American Medical Association (Jama)
  sobre
  - *bullying* 232
  - sexualidade 428
Judaísmo 249, 251, 341
  conservador 261
  diferenças e desigualdade de gênero no 253, 254-255, 258
  homossexualidade e 256
  lacuna de gênero na religiosidade do 258, 259
  ortodoxo 253, 254-255, 261, 341
  rabinas no 261
  reformado 261
Jude the Obscure (Hardy) 16
Judge, Timothy 295
Júnia 252
Juventude
  agressão, hormônios e 54
  diferença de gênero na 227
  mães
  - adolescentes 191-193, 192f, 439
  - trabalhadoras e 191
  problemas de imagem corporal na 417, 418-420, 422
  rituais culturais 87, 407
  sexualidade na 191-192, 425, 426f, 428, 433-434, 437, 446
  socialização
  - de gênero na 129-130
  - sexual na 433-434
  violência na 421, 464, 473
  virgindade e 439

Kadushin, Alfred 305
Kalnin, Andrew 367

Kane, Jonathan 223, 224f
Kanter, Rosabeth Moss 22, 136, 304
Kantor, Kaufman 492
Karoshi 313
Katz, Jack 474
Kaufman, Debra 254
Kellaway, Lucy 316
Kendall, Laurel 268
Kennedy, John F. 370
Kerry, John 329, 331
Kessel, Neil 59
Kessler, Ronald 23
Kessler, Suzanne 141, 145
Kessler-Harris, Alice 291
Kilbourne, Jean 360
"Killing Us Softly" (Kilbourne) 360
Kimura, Doreen 49
King, Larry 348
Kinsbourne, Marcel 50
Kinsey, Alfred 53, 89, 218, 427, 430, 443, 452
Kinsley, Michael 314
Kirby, Erika 319
Klebold, Dylan 236
Klein, Randy 424
Kluckhohn, Clyde 86, 89
Kluckhohn, Richard 80
Kohlberg, Lawrence 102, 106
Komorovsky, Mirra 395
Konigsberg, Ruth 182
Kornrich, Sabino 188
Kosovo
  mulheres chefes de Estado no 322
Koss, Mary 445, 484, 487
Kronenberger, William 367
Kruk, Edward 203
Ku Klux Klan 266
!Kung, bosquímanos 92

Labarthe, Jean Christophe 47
Lacuna
  de gênero
  - estreitamento da 508
  - na educação 227
  - na religiosidade 258-260, 259f, 263-266
  - na sexualidade 432, 437
  - na violência 475
  - no comportamento eleitoral 325-326
  - no local de trabalho 274f
  - nos cargos públicos eleitos 322-324
  - nos salários; cf. Diferenças de Salário/Lacuna salarial de gênero
  salarial de gênero 287, 291-296
  - alegação de "ficção feminista" sobre a 294
  - consistência da 293
Ladd, Everett C. 326
Ladd, Katie 266
Lamb, Michael 199
Lamon, S. 223f
LaMunyon, Craig W. 44
Landmann, Andreas 238
Langures 39
Lasch, Christopher 214
Laumann, Edward 456, 485
Laxton, Beck 113
Layng, Anthony 36
Leacock, Eleanor 74
Lean in (Sandberg) 278, 313
LeBon, Gustav 33
Lee, Robert E. 358
Lefkowitz, Bernard 486
Lei contra a Discriminação da Gravidez de 1978 315
Lei da Educação de 1972 246
Lei da Idade de Consentimento de 1981 338
Lei de Defesa do Casamento (Doma) 196
Lei de Pagamento Igualitário de 1963 296
Lei do Terceiro Excluído 21
Lei dos Direitos Civis de 1964 307, 313
Lei dos Direitos Civis de 1991 301
Lei Norte-americana de Pagamento Igualitário de 1963 313
Lei para Licença Familiar e Médica de 1993 315
Lei para Reforma da Escassez Nacional de Enfermagem e para Defesa dos Pacientes 287
Leis da natureza 33
Leitura
  diferenças de gênero na 46-48
  porcentagem de estudantes no nível proficiente de 349f
Lepowsky, Maria 92
Lerner, Gerda 169
Lerner, Max 173
Lésbicas
  afro-americanas 200

amizade e 406
conformidade de gênero entre 65, 447, 449, 456, 484
estudos hormonais sobre 62
feminismo e 343, 449
"morte na cama" para as 449
no clero 261
pesquisa
- cerebral sobre 50-51, 52-53
- genética sobre 53
tatuagens e 422
teoria do desenvolvimento psicossexual das 98
vida familiar e 195-200
violência
- contra 494
- doméstica e 492
Lesotho
licença parental não oferecida no 315, 317, 333
Lessing, Doris 393
Letônia
mulheres chefes de Estado na 322
Leupp, Katrina 188
Levant, Ronald 446
Levantando a cabeça 300, 313
LeVay, Simon 40, 51, 64, 66
Lever, Janety 278
Levine, Martin 447
Levinson, Daniel 396
Lévi-Strauss, Claude 76
Levy, Jerre 46-47
Lewinsky, Monica 328, 429
Lewis, C.S. 394
Lewis, Robert 395
Lewontin, Richard 39
"Liberação dos homens" 395
Libéria
licença parental não oferecida na 315, 333
mulheres chefes de Estado na 322
Líbia
movimentos sociais 340
Licença
maternidade 213
parental 188, 213, 315, 317-319, 333
paternidade 188, 213, 318
"Life Satisfaction Across Nations" (York e Bell) 338
Lifetime Television 357
Life Without Father (Popenoe) 194
Lifton, Robert Jay 511

Limbaugh, Rush 332-333, 358
Linchamento 339
Lincoln, Abraham 327
Lindberg, Sara 224f
Ling, Yazhu 35
Linn, Marcia 224f
Literatura
"dos caras" 349, 359
feminina 349, 359
Lituânia
mulheres chefes de Estado na 322
Livingston, Beth 295
Livros infantis 352-353
romances 358-360
Lloyd, Elisabeth 43
Long, James 34
Loomis, Laura Spencer 206
Lopata, Helena 124
Lorber, Judith 84, 295, 465, 508
Lotus 302
Lugo, William 365-370
Lyle, Katy 225
Lynch, Dennis 423
Lynd, Helen 173
Lynd, Robert 173

M. Butterfly (filme) 141
Macacos 55
Maccoby, Eleanor 108, 208-209
Mace, R. 74
Machihembra 62
Macho e fêmea (Mead) 70
MacKinnon, Catharine 307, 428
Mad Men (programa de televisão) 278, 279
"Mãe para filho" (Hughes) 271
Mães adolescentes 191-193, 192f, 439
Mães e pais/parentalidade
expectativas de gênero sobre os filhos 184
gays e lésbicas 198-200
perspectiva histórica sobre 168
teoria evolutiva sobre 40
violência
- das crianças contra os pais 210-211
- dos pais contra os filhos 210-212, 473, 475
cf. tb. Crianças/Filhos; Família; Pais/paternidade; Mães/maternidade; Mães e pais solteiros/parentalidade

maternidade
- abuso de crianças e 211-212
- adolescentes 191-193, 192f, 439
- como única "vocação" 170
- cuidar das crianças e 168-169, 180, 183-184
- custódia dos filhos e 208-210
- crença no "instinto materno" 41, 71
- cultura e 70-72
- divórcio e 203-204
- "faixa da mamãe" e 138, 315, 319
- índice de participação no local de trabalho 273, 274f, 275f
- infanticídio e 41, 473, 475
- mães solteiras 23, 166, 171, 194-196
- no Povo Bari 43
- perspectiva histórica sobre 168, 170
- "problema" das creches e 190-191
- socialização de gênero e 22
- tarefas domésticas e 180
- teoria do desenvolvimento psicossexual das 96, 97-98, 105-106
- teoria do desenvolvimento cognitivo das 106
- teoria dos papéis sexuais sobre 117
- violência das crianças com os pais e 212

Mai, Mukhtar 79
Mainardi, Pat 179
Malásia
    sexualidade na 453f
Malinowski, Bronislaw 452
Malleus Maleficarum 256
Malta
    mulheres chefes de Estado em 322
Mandel, Ruth 324
Manson, Marilyn 141
Manual Diagnóstico e Estatístico de Transtornos Mentais (DSM) 59, 108
Maomé 252
Marbles, Jenna 370
Marcha de Um Milhão 511
Maria Madalena 251
Mark, Kristen P. 433
Mars and Venus in the Workplace (Gray) 316
Martin, Lynn 309
Martineau, Harriet 69
Martino, Wayne 222, 228
Maruoka, Etsuko 255
Marvel Comics 114

Marx, Karl 74, 494
Marx, Patricia 424
Masculinidade
    Aids-HIV e 456-457
    ao longo da vida 130
    compulsiva 116
    debate atual sobre 19
    definições culturais de 13, 14, 69, 70, 72, 75, 77, 123
    educação e 233
    envelhecimento e 132
    e política 327-329
    guerra e 476-478
    globalização e 337
    hegemônica 20, 25, 126
    hiper 76, 115, 304
    influências hormonais sobre 54
    invisibilidade da 16-18, 137
    local de trabalho e 275-276, 303, 304
    perspectiva social construtivista sobre 123-124
    redefinição da 509, 510, 511
    religião e 264
    significados no plural de 19-21
    teoria
    - do desenvolvimento psicossexual da 106
    - dos papéis sexuais e 114-120, 124-126
    Teste M-F 99-101, 114-115
    violência e 464, 466, 478, 479
Masculinidades 20, 119, 125
Masculinização do sexo 425, 437
Mason, Karen Oppenheim 316
Mason, Katherine 419
Masters, William 449, 451
Masturbação 430, 437, 438f, 446, 452
Matemática
    diferenças de gênero na 21-22, 48, 217, 223f, 224f, 227-228, 240t, 245, 246
Mathews, Vincent 367
Matrilinearidade 92
Mattox, William R. 190
Maudsley, Henry 219
Maume, David 305
Maus-tratos a idosos 473, 475
Maxim 355, 361
May, Samuel B. 253
McCain, John 330
McCartney, Bill 265
McCaughey, Martha 37

McClintock, Barbara 135
McClintock, Martha 43
McGraw, Phil (Dr. Phil) 348, 358
McKenna, Wendy 141
McKibbin, William 44
McMillan, Laurie 370
McNeil, Mike 282
Mead, Margaret 70, 76, 165, 452, 479
Mead, Sara 231
Medicina veterinária
  composição de gênero da 287
Medved, Caryn 178
Meios de comunicação 347-374
  aumento da convergência e da igualdade nos 372-374
  como instituição
  - de gênero 350-351
  - marcada por gênero 349-350
  crianças e 350, 352-355
  jogos de vídeo 348, 363-366, 364f, 367
  omnipresença de 347-348
  pornográfico; cf. Pornografia
  social 370, 371f
  televisão; cf. Televisão
Meir, Golda 134, 470
"Men and Women Are from Earth" (Barnett e Rios) 148
Men and Women of the Corporation (Kanter) 22, 136
"Men as Women and Women as Men" (Lorber) 84
Meninas "Joãozinho" 56-57, 448
Menopausa masculina 56
Menstruação 37, 41, 42, 43, 59, 88, 254
Merkel, Angela 322
Mertz, Janet 223, 224f
Messerschmidt, James 150, 494
Meston, Cindy 445
Meyer, Doug 494
Michaels, Stuart 452, 485
Michelet, Jules 426
Michels, Robert 485
Micos (macaco) 39
Middletown 173
Mídia impressa 358-363
Mídias sociais 370, 371f, 372
Migliano, A.B. 74
Mikvá 255
Miles, Catherine Cox 99, 101, 114
Milhausen, Robin R. 433

Militar; cf. Cidadela; Instituto Militar da Virgínia
Mill, John Stuart 507
Miller, Amanda 188
Miller, Claire Cain 239
Miller, Monica 365
Miller, Stuart 404
Miller, Walter 116
Millett, Kate 509
Mills, C. Wright 121
Minian 253
Miranda, V. 272
Mística feminina 167
MIT 231
Mitologia
  grega 250
  romana 250
Mitsubishi Motor Corporation 309
MMORPG (Jogos de RPG on-line com inúmeros jogadores) 363-364, 366
Mnookin, Robert 208-209
Mocumbi, Pascoal 457
Modelo
  da frustração/agressão 42, 466
  da identidade do papel sexual masculino 118
  da pressão sobre o papel sexual masculino 118
  do melhor interesse da criança 208, 209-210
  do estupro como recreação 482
Mondale, Walter 477
Money, John 56-57, 58
Mongólia, lacuna da expectativa de vida na 133
Monogamia
  entre homens homossexuais e lésbicas 450
  no reino animal 40
  propriedade privada e 74
  teoria evolutiva sobre 36-37, 40, 43
  união masculina e 75
Monólogos da vagina (peça de teatro) 346
Monoteísmo 249, 251, 253, 256, 260
Monroe, Marilyn 417
Montaigne, Michel de 394
Moore, Zachary T. 429
Mora, Richard 421
Morgan, Robin 344
Mórmons 256
Mosier, Kristine 367
Movimento de liberação *gay* 126, 448-449

Muçulmanos; cf. Islã
Muehlenhard, Charlene 434
Mulheres
  Doze principais razões para fazer sexo para as 445
  Aids-HIV nas 456-457
  aposentadoria das 132-133
  casadas, porcentagem 201
  como chefes de Estado 322
  condição das 76-78, 87, 149, 187, 415-416, 481
  consumo de pornografia entre 366
  criminalidade entre as 472-476
  culturas dominadas por 72, 91
  "de coração másculo" 85
  descobertas da pesquisa cerebral sobre 44-50
  educação
  - desencorajada 34, 45-46, 218-219
  - em valores masculinos 221
  - incentivada para 95, 217, 218-219
  em escolas militares 107, 243, 280, 306, 345
  esportes desfrutados por 372-373
  expectativa de vida das 133
  frigidez nas 427, 436
  impacto do
  - casamento na felicidade das 176-178, 411-412
  - divórcio nas 203
  índices de detenção 464, 474
  mito do pico sexual 130-131, 453-455
  na família, perspectiva histórica sobre 167-176
  normas de beleza para 415-419
  no setor militar 34, 73, 334
  nunca casadas 167f, 175
  poder e 127-129
  politização do corpo e 253
  posição dos afro-americanos em relação às 127, 281
  reações à tensão nas 23, 48-49, 178, 396-397
  sufrágio para 32, 33, 112, 253, 325, 342, 345, 416-417
  tatuagens e 422
  violência
  - cometida pelas 54, 59, 71, 474-475
  - violência contra as 71, 78, 346, 354, 465, 466-467, 480-485
  cf. tb. Feminilidade; Feminismo/feministas; Mães/maternidade
Müllet, Sam 341
Muro das Lamentações 253
Mutilação genital
  feminina 81, 82-83
  masculina 80
Muxe 85

Nadle (Povo Navajo) 84
Nangurai, Priscilla 82
Nardi, Bonnie 91
Nardi, Peter 406
Nascimentos fora do casamento 165-166, 192-193
Nell (filme) 122
Nelson, Mariah Burton 373, 374
Neuebauer, Martin 238
Neumark-Sztainer, Dianne 443
Neurose 96
Neutralidade de gênero
  consequências da ilusão de 18
  da guarda conjunta de filhos, aparente 210
  no local de trabalho, suposição de 25-26
  supostamente atribuída às instituições 134, 137, 139
Nielsen, Arrah 295
Nigéria, religião na 258
Nisbett, Richard 481
Noah, Joakim 373
Noonan, K.M. 38
Noruega
  expectativa de vida na 133
  importância da prosperidade econômica na 38
  local de trabalho na 300, 315
  mulheres chefes de Estado na 322
  nascimentos fora do casamento na 193
  políticas de licença parental na 213
Nova Zelândia
  Aids-HIV na 457
  local de trabalho na 300
  mulheres chefes de Estado na 322
Novelas 358-360
Novo Testamento 251, 252

Oakley, Ben 236
Obama, Barack 321, 330-331
O'Barr, William 148
Obesidade 419
Objetificação subjetiva 280
O'Byrne, Rachel 484
Ocitocina 48, 396
O Código da Vinci (Brown) 251
"O complexo avaliar e namorar" (Waller) 409
O Complexo de Cinderela (Dowling) 21
O'Connor, John 249
Odontologia, composição por gênero da 286, 286f

O feminismo da terceira onda 343
O lar da mulher americana (Beecher e Stowe) 169
Olhar masculino 424, 425
O mito da beleza (Wolf) 360
"On the Genesis of the Castration Complex in Women" (Horney) 104
Orenstein, Peggy 221, 241
Organização Mundial da Saúde 80
Organização Norte-americana de Homens contra o Sexismo (Nomas) 346
Organização Norte-americana pelas Mulheres 246
Organização para Cooperação e Desenvolvimento Econômico (Ocde) 272, 279
Organizações pelo "direito dos pais" 209
Orgasmo 256, 425, 427, 428-429, 431, 435-437, 442
 diferenças culturais em torno do 88
 filiação política e 455
 fingindo 442
 lacuna de 442, 455
 maior atenção ao 425
 simultâneo 435
 teoria evolutiva sobre 42, 43
 vaginal, mito do 437
Orientação sexual
 hormônios e 59
 ordem de nascimento e 61
 pesquisa cerebral sobre 50-52
 raça e 200
 sexualidade e 65
 teoria do desenvolvimento psicossexual sobre 96-99, 104
 cf. tb. Homens *gays*; Homossexualidade; Lésbicas
Oriente Médio
 circuncisão feminina no 81
 culturas fluidas de gênero no 86
 sexualidade no 454
Os Dez Mandamentos (filme) 251
Os Estados Unidos como civilização (Lerner) 173
O segundo sexo (Beauvoir) 395
Osten-Sacken, Thomas von der 81
"Overdoing Gender" (Willer) 115
Overing, Joanna 467
Ovulação 42, 43, 88
Own, Jesse 443
Oxfam 482

Pachamama 251
Packwood, Robert 308
Padgug, Robert 66
Padrão
 "separados, mas iguais" 243, 246
 de "mulher razoável" 310
 de "qualificação profissional de boa-fé" 281
Padrões de beleza feminina 415-419
Page, A. 74
Paige, Jeffrey 83
Paige, Karen 83
País de Gales
 criminosos no 471t
Pai/paternidade 317-319
 abuso de crianças 211
 ausente 194-196, 201
 avôs e 123
 cuidado de crianças e 76-77, 168-169, 180, 183-189, 184f
 cultura 71, 76-78
 custódia dos filhos 208-210
 de bebês nascidos de mães adolescentes 193
 diminuição da testosterona e 56
 divórcio e 203, 204
 "faixa do papai" e 138, 185, 319
 importância declinante 170
 no Povo de Bari 43
 perspectiva histórica sobre 168-169, 172-173
 que fica em casa 178-179, 186-187
 solteiro 23, 167, 175, 194
 tarefas domésticas 180, 183, 185
 teorias do
 - desenvolvimento cognitivo 106
 - do desenvolvimento psicossexual 96, 97, 106
Paisagem religiosa norte-americana 258
Palin, Bristol 165
Palin, Sarah 165, 330
Palin, Todd 165
Palmer, Craig 38, 41-42, 482
Paltrow, Gwyneth 132
Paoletti, Jo 105
Papais Agradecidos (oficinas) 184
"Papais de cafeteria" 185
Papéis
 de gênero; cf. Teoria dos papéis sexuais
 instrumentais 116, 172

Papua Nova Guiné
  licença parental não oferecida em 315, 333
Paquistão
  mulheres chefes de Estado no 322
  expectativa de vida no 133
Parágrafo
  VII 313
  IX 225, 246-247, 373
Park Geun-hye 322
Parsons, Talcott 116, 172
Partido
  Democrata 259, 325, 325f, 326, 328, 361, 455
  Republicano 196, 259, 321, 325, 326, 328, 455
Pascoe, C.J. 114
Passages (Sheehy) 131
Passividade reflexiva 122
Paul, Pamela 368
Pearson, Patricia 473
Pecado original 256, 261, 267
Pedofilia 261, 483
Pedulla, David 282
Peiss, Kathy 138
Pele negra, máscaras brancas (Fanon) 339
Pena de morte 480, 494
"Penalidades de gênero reexaminadas" (estudo) 294
Pênis 61-62, 140, 429, 436
Peplau, Letitia 397
Perelberg, Rosine 255
"Performing Gender on YouTube" (Wotanis e McMillan) 370
Persad-Bissessar, Kamla 322
Perseguição 480, 493f
Perseguições de alta velocidade 470
Perspectiva social construtivista (sociológica) 14, 64, 121-151
  premissa central da 19
  sobre
  - a comunicação 145-148
  - as instituições 134-139, 150
  - o gênero ao longo da vida 129-132
  - o estupro 148-149
  - o poder 127-129
  visão geral da 123-124
Peso
  de nascimento
  - desenvolvimento cerebral e 46-48
  obesidade 419
  tirania da magreza 416-418
Pesquisa "Púlpitos e Bancos de Igreja" de 2001 262
Pesquisa da associação de imprensa sobre ordenação de mulheres 261
Pesquisa da *Business Week* sobre salários 297
Pesquisa de Harris sobre assédio sexual 308
Pesquisa de solteiros nos Estados Unidos 412
Pesquisa do *Ladies Home Journal* sobre tarefas domésticas 182
Pesquisa endocrinológica 35; cf. tb. Hormônios
Pesquisa norte-americana de famílias e domicílios 182
Pesquisa norte-americana de saúde e de vida social 256
Pesquisa norte-americana sobre a discriminação transgênero 335-337
Pesquisa norte-americana sobre mudanças da força de trabalho 305
Pesquisa norte-americana sobre parceiros íntimos e violência sexual (Nisvs) 480, 492, 493f
Pesquisa norte-americana sobre violência familiar 492
Pesquisa on-line sobre a vida social universitária 442
Pesquisa sexual da Norc 434, 438
Pesquisas Gallup 176
Pesquisas sobre gêmeos 52-53, 64
Pessoas
  de dois espíritos (berdache) 84-85
  solteiras com filhos/solteiros parentais
  - pais como 23, 167, 175, 194
  - aumento de 173-175, 193
  - mães como 23, 165-166, 171, 194-196
  - problemas sociais associados às 166
  transgênero
  - mulheres 35, 73-74, 334
  - proibidas de trabalhar 336
Peters, Joan 191, 319
Petersen, Jennifer 224f
Petty, Tom 481
Phelan, Jo 204
Piaget, Jean 102
Piaroa 467
Piercing no corpo 422
Pillard, Richard 53, 64
"Pink Frilly Dresses and the Avoidance of All Things 'Girly'" (Halim) 113
Pinterest 370
Pipher, Mary 417

Pirâmide Catalyst 300f
Pittenger, Mary-Jo 429
Pittman, Frank 194
Plante, Rebecca 430
Platão 394
Pleck, Joseph 118, 395
Plummer, Ken 451
Pobreza 171, 174, 194
Poder
  estupro e 149, 486, 487
  instituições e 134, 135
  invisibilidade do 19
  perspectiva social construtivista sobre 127-129
  sexualidade e 432
  teoria dos papéis sexuais sobre 126, 127
  violência doméstica e 490-492
Policiamento de gênero 233, 237
Polifonia 361
Poligamia/poliginia 71
Política 321-346
  da dominação masculina 25-26
  de diferença de gênero 25-26
  de gênero 331-335
  de SPM 59
  de tarefas domésticas e cuidados infantis 179-189
  do essencialismo biológico 63-66
  homens e questões de gênero na 345-346
  lacuna de gênero
  - em eleitos para cargos públicos 322-325
  - na votação 325-326
  masculinidade na 327-329
  movimentos sociais e 340-341
  o Estado como uma instituição de gênero e a 337-341
  pesquisa sobre mulheres líderes 323f
  pessoas transgênero e a lei 335-337
  reparando a arena política marcada por gênero 341-345
  satisfação de vida e participação na 338
  sexo e 454-456
  tempo falando, por gênero 324
  vozes graves preferidas pelos eleitores 329
Políticas amigáveis à família no local de trabalho 188-189, 213, 301, 316, 323
Politização do corpo 253-254
Pollack, William 227
Pollitt, Katha 278, 359
Polônia
  mulheres chefes de Estado na 322
  religião em 258

Pool, Robert 48
Pope, Harrison 419
Popenoe, David 194, 195, 203
Pornified (Paul) 368
Pornografia 348, 366-369
  difusão da 369
  mulheres como consumidoras de 366
  oposição feminista à 342, 431
  percepções e atitudes influenciadas por 369
  tamanho da indústria dos Estados Unidos 367
Porto-riquenhos, violência doméstica e 492
Portugal
  mulheres chefes de Estado em 322
Pospisilova, Dagmar 466
Posse de armas 467
Postura monopolizadora 43
Povo
  Aranda 88
  Arapesh 71, 72f, 452
  Aimará 251
  Bambara 90
  Bari 43
  Chaga 89
  Chenchu 90
  Cherokee 85
  Crow 84
  Etero 88
  Ianomâmi 88
  Keraki 87-88
  Koniag 86
  Lango 86
  Marind-anim 88
  Marquesa 89
  Masai 90
  Mehinaku 77
  Minangkabau 92
  Mohave 85
  Mundugumor 71, 72f
  Quéchua 251
  Sioux 85
  Siriono 89
  Tanala 86
  Tchambuli 71, 72f
  Thonga 89
  Tukano-Kubeo 89
  Vanatinai 92
  Wodaabe 83
  Xavante 467

Yapese 89
Yurok 90
Zande 89
Preca, Marie Louise Coleiro 322
Primatas não humanos 40-41, 51, 55
Primavera Árabe 340
Princípio
  biológico 35
  "da Smurfette" 359
Prisões/encarceramento 41, 468, 494
Private Lessons (filme) 132
Privilégio
  invisibilidade do 17-18
"Problemas" da Creche 190-191
Processos marcados por gênero 137
Produtos de soja 57
Professores 237-241
Programação de computadores
  composição de gênero de 287
Programas de igualdade de pagamento 313, 314
Proibição 261
Projeto de lei 739 do Senado 287
Promessas de virgindade 439
Promiscuidade
  em homens *gays* 198
  no reino animal 40
  teoria evolutiva sobre 35-37, 38, 39-40, 42-44
Propriedade privada
  dominação masculina e 73-75
Protestantismo 253, 257, 258, 261, 262, 263, 266
Protestos de Stonewall 448
Prozac 49
Pseudo-hermafroditas 69, 142
Psicologia evolutiva 35, 39-44, 433, 445
  como uma "história foi assim porque sim" 42
  linguagem antropomórfica usada na 40
  premissa central da 37
Psicologia social dos papéis sexuais 114-120
"Psicologias sexuais" 36
Psicose 96
Puberdade 54, 62, 421
Publicidade 349, 352-354
Publix Super Markets, Inc. 297
Punição corporal 168, 211, 212
Purdá 83, 416
Pyke, Karen 150

Quayle, Dan 64
Quindlen, Anna 181
Quinn, Beth 394
Quinn, Jane Bryant 22
Quinn, Zoe 365

Raça e etnia
  amizade e 400-410
  casamento e 175
  educação e 231, 232t, 244, 246, 281
  expectativa de vida por 459, 459f
  local de trabalho e 281-282, 296, 304
  mídia e 349, 356, 358
  normas de beleza e 416, 425
  orientação sexual e 200
  pesquisa cerebral e 45
  política e 325f, 326, 327
  salários por 292, 293f, 296
  saúde e 459
  sexualidade e 339, 452, 454
  teoria dos papéis sexuais e 116, 117, 124-126, 127
  teorias biológicas sobre 33-34
  transexualismo e 336
  violência doméstica e 491-492, 493f
Racismo 34, 45, 115, 116, 281-282, 339, 402-403, 416
Rahman, Qazi 115
Raised as a Girl (Colapinto) 58
Ramadã 252
Randall, Tony 132
Ratzinger, Joseph Cardeal; cf. Bento XVI, papa
Rawlings, William 178
Raye, Martha 132
Reagan, Ronald 477
Reality-shows de reconstrução pessoal 355-357
Reay, Diane 222
Reddit 318, 370
Rede de restaurantes Hooters 282
Reebok International 301
Reed, Sarah 200
Reforma legislativa de proteção social 190
Reimer, Bruce 58
Reiner, William 141
Reino Unido; cf. Grã-Bretanha
Relação intersexual complexa ou indeterminada 142
Relações íntimas; cf. Amizade; Amor
Relatório sobre trabalho e família nos Estados Unidos 316

Relatório sobre violência e juventude (relatório) 464
Religião 249-269
  clero 261-263
  como uma instituição de gênero 258-263
  desigualdade de gênero e 251, 252-257, 258, 260, 269
  diferenças de gênero e 252-257, 258, 260
  espiritualidade centrada na mulher e 252, 266-269
  gênero
    - de Deus 249, 252
    - histórico da 249, 252
  monoteísta 249, 251, 253, 256, 260
  reengajando os homens na 263-266
Religiões
  animistas 250
  matriarcais 250; cf. tb. Deusas tradicionais
Religiosidade
  casamento entre pessoas do mesmo sexo e 257
  diferença de gênero na 258-260, 259f, 263, 266
Renda
  desigualdade no 279-280, 292
  divórcio e 203
  educação e 232t
  pontuação matemática por 224f
  cf. tb. Salários/rendas/ganhos
Reprodução homossocial 276
Reskin, Barbara 282
Resnick, Michael 443
Respostas sexuais 427
Revirgination.net 425
Revista *Men's Health* 188, 362, 419-420, 456
Revistas 360-363
  para os "caras" 362
Revolução sexual 425, 437, 447
Reynaud, Emmanuel 429, 430
Rezac, Petr 466
Rhode, Deborah 125, 218, 309
Riche, Martha Farnsworthe 184
Richmond, Geri 277
Riesman, David 242
Risman, Barbara 22-23, 186, 439
Rituais de gênero 79-83, 86; cf. tb. Rituais de iniciação
Rituais de iniciação 80, 85, 105
Ritual de purificação 254
Rivera, Mariano 373
Rivers, Caryl 148
Rogers, Laura 357

Rohypnol 89
Romney, Mitt 326f, 331
Roosevelt, Franklin Delano 100, 221, 327
Roosevelt, Theodore 171, 229, 327, 476
Rosaldo, Michelle 91
Rossi, Alice 64
Roubo 464, 474
Rousseff, Dilma 322
Rua Sésamo (programa de televisão) 353
Rubin, Gayle 24
Rubin, Lillian 176
  sobre
    - a amizade 398-400, 404-410, 414
    - a pornografia 369
    - a sexualidade 426, 428-432, 437, 446-447
    - a teoria do desenvolvimento psicossexual 105
    - o amor 447
Rudman, Laurie 204
Ruskin, John 495
Rússia
  amor na 412
  índice de
    - divórcio na 202
    - de encarceramento na 468
  local de trabalho na 286
Rutz, Jim 57

Sabo, Don 247
Sacks, Karen; cf. Brodkin, Karen
Sadker, David 220, 221
Sadker, Myra 220, 221
Salas de aula para pessoas de um único sexo 240-246
Salário familiar 167
Salários/rendas/ganhos 282-296
  ativismo pela igualdade de 296
  das mulheres em % aos salários dos homens 293f, 294f
  desigualdade de gênero nos 279-280
  familiares 167
  ideologias de gênero sobre 276-277
  média anual
    - para diferentes grupos 295t
    - por gênero e raça 293f
  para professores 237, 238, 239
  por gênero 298f
  remédios para a desigualdade nos 314
  segregação ocupacional por sexo 283-291
  "teto de vidro" e os 296-297

Salini, G.D. 74
Sammy e Rosie Get Laid (filme) 435
Sanchez-Jankowski, Martin 194
Sanday, Peggy Reeves 78, 79, 92, 250, 481
Sandberg, Sheryl 278, 313
Santeria 250
São Paulo 252, 254, 267
Sapolsky, Robert 39, 55, 56
Sarkeesian, Anita 365
Sartre, Jean-Paul 120
Sasha (criança de gênero neutro) 113
Sassler, Sharon 188
Saturday Night Live (programa de televisão) 141
Saúde 456-461
   de gênero 457, 461
   sexo e 456-457
Savage, Mike 357
Savic, Ivanka 52
Sax, Linda 232
Scarborough, Joe 331
Schilt, Kristen 141, 289
Schmidt, Benjamin 239
Schroeder, Pat 324
Schwartz, Andrew 145
Schwartz, Christine 222
Schwartz, Martin 491
Schwartz, Pepper 439
Schwarzenegger, Arnold 329
Scully, Diana 486, 487
Searching for Debra Winger (filme) 132
Sears 290, 291
Seasons of a Man's Life (Levinson et al.) 131
Seelye, L. Clark 218
Segal, Lynne 408
Segregação ocupacional por sexo 138-139, 283-291
Segregação sexual
   em práticas culturais ritualísticas 77, 87
   na educação 218, 220
   na religião 260-261, 269
   nas mídias sociais 370
   ocupacional 138-139, 283-291
   status da mulher e 77-78, 87
Seguino, Stephanie 250
Segunda Guerra Mundial 171, 272, 482
"Segundo turno" 179, 186, 189

Seidler, Vic 480
Seios
   aumento dos 416-417, 423
   preocupação com o aparecimento dos 415-417
Seleção natural 33
Semana de conscientização sobre estupro 494
Semenya, Caster 144
Semicastração 80
Sen, Amartya 461
Senegal
   mulheres chefes de Estado em 322
Separação de esferas 214, 237, 271, 510-511
   amizade e 407, 408
   amor e 409, 410
   apoio decrescente para a 176
   dominação masculina e 179
   perspectiva histórica sobre a 168-169, 171-172
   teoria evolutiva sobre a 37-38
Serotonina 48-49
Seton, Ernest Thompson 229
Setor de Educação 231
Sevre-Duszynska, Janice 262
Sex and Personality (Terman e Miles) 99
Sex in Education: or; A Fair Chance for the Girls (Clarke) 34
Sexismo 280, 321, 323, 359
   liberado 280
   sutil 280
Sexo
   anal 439
   biológico 13
   não relacional 446-447
   oral 90, 141, 430, 432-433, 439-441, 443, 452
   seguro 456
Sexo e temperamento em três sociedades primitivas (Mead) 70
"Sexual Harassment and Masculinity" (Quinn) 394
Sexual Politics (Millett) 509
Sexualidade 425-457
   Doze principais razões para fazer sexo 445
   amizade e 400, 401, 403
   amor e 406-408, 410, 412
   casamento e 177, 188, 443, 450, 454f, 454-455
   convergência de adultos em sua 442-447
   cultura e 88-90, 452
   - do ficar e 441-443
   em primatas não humanos 40-41

fantasias sobre 430-432
gênero como princípio organizador da 65-66
idade da primeira relação sexual 426, 438
impacto do trabalho doméstico na 187, 188
infidelidade na 433
masculinização da 426, 437
melhor e pior, por país 453f
mito do pico sexual 130-131, 456-457
na juventude 191-192, 426f, 427, 434-435, 436, 444-445
outros fatores que não o gênero afetando 453-454
porcentagem praticando a 438t
problemas da 436
racismo e 339
religião e 255-257
saúde e 456-457
socialização sexual e 433-436
sociobiologia da 35-37, 42-43
tempo gasto pensando na 429
virgindade e 422-424
Shackelford, Todd 44
Shakers 266
Shakespeare, William 31, 463
Shaktismo 251
Sheffield, Carol 149
Shelton, Beth Ann 184
Sherrod, Drury 406
Sherrod, Nancy 446
Shilts, Randy 64
Simbolismo 303-306
Simmel, Georg 18
Simmons, Martin 402
Simmons, Rachel 475
Simon, Rita 473
Simpson, O.J. 489
Simpson-Miller, Portia 322
Síndrome Androgenital (AGS) 56
Síndrome da Página Central 446
"Síndrome do Marido Espancado" 489
Síndrome do Vestiário 424
Síndrome Pré-menstrual (PMS) 59, 70, 108
Sirleaf, Ellen Johnson 322
Sistema
  de comparação de tarefas de gênero neutro 314
  de parentesco 116
  ocupacional 116
Sistemas de cotas 315-316

Siwans 88
Skolnick, Arlene 206, 212
Skynyrd, Lynyrd 481
Smith, D. 74
Snapchat 372
"Sobre a amizade" (Montaigne) 394
Sobre a origem das espécies (Darwin) 32
Socialização
  de gênero
  - ao longo da vida 129-130
  - experiências familiares e 22-23
  - moda e 114
  diferencial 12
  - determinismo biológico em comparação com 14
  - premissa central da 13-14
  - segregação profissional do sexo e 283
  sexual 433-436
Sociedade Norte-americana de Cirurgiões Plásticos e Reconstrutivos (ASPRS) 423
Sociedades
  de caça e coleta 74, 90-91
  - cuidado de crianças nas 76
  - divisão do trabalho nas 72-73, 395
  - igualdade de gênero nas 74
  - separação das esferas nas 37
  neolíticas 91-92
Society in America (Martineau) 69
Sociobiologia 35-44
  como uma "história foi assim porque sim" 42
  críticas aos argumentos da 39-44
  da separação de esferas 37
  da sexualidade 35-37, 42-43
  linguagem antropomórfica utilizada na 40
Sófocles 97
Solberg, Erna 322
Solomon, Robert 414
Sommers, Christina Hoff 227, 361
Spain, Daphne 77
Spretnak, Charlene 268
Spur Posse 149
Sri Lanka
  expectativa de vida em 133
  mulheres chefes de Estado em 322
Stacey, Judith 200
Stanko, Elizabeth 494
Stanton, Elizabeth Cady 269
Steinem, Gloria 59

Steinmetz, Susan 489
Stern, Howard 357
Stimpson, Catharine 228
Stoller, Robert 143
Stoltenberg, John 368
Stone, I.F. 477
Stone, Lawrence 201, 409
Stossel, John 60
Stowe, Harriet Beecher 169
Straujuma, Laimdota 322
Straus, Murray 211, 212, 487
Stress 23, 49, 59, 60, 179, 186, 396-397
Stroud, Angela 467
Stryker, Susan 143
Suazilândia
　expectativa de vida na 133
　licença parental não oferecida na 315, 333
Sucesso
　evolutivo 38
　reprodutivo 36-37, 38-39, 41
Sudão
　mulheres legisladoras no 322
Suécia
　castigos corporais proibidos na 211
　divisão de
　- tarefas domésticas na 182
　- do trabalho de cuidar das crianças na 185
　índices de
　- casamento na 202t
　- divórcio na 200-201, 202t
　local de trabalho na 316
　nascimentos fora do casamento na 193
　políticas de licença parental na 213
"Suicídio racial" 171
Sul dos Estados Unidos
　violência no 478-480
Sulimani, Faizah 340
Sumerau, Ed 266
Summers, Alicia 365
Summers, Lawrence 223, 240
Sunday, Billy 264, 265, 266, 267
Superego 96
Surras (espancamento) 210-212
Surviving the Breakup (Wallerstein) 204
Swain, Scott 400
Swanson, E. Guy 116

Swidler, Leonard 252, 266
Symons, Donald 36
Szydlo, Beata 322

Tailândia
　sexualidade na 453f
Taiwan
　mulheres chefes de Estado em 322
　visões da família "tradicional" em 176
Talibã 253, 340, 341
Tannen, Deborah 145, 147-148
Tarefas domésticas
　a felicidade dos homens aumentou com 183
　domínios separados de 180-181
　em lares *gays* e lésbicas, compartilhamento de 198
　política de gênero para 179-189
　redução do tempo gasto em 181-182, 189
　relatos excessivos de 188
　separar o trabalho de cuidar das crianças do 188-189
　vida sexual e 188
Tatlow, Didi Kirsten 279
Tatuagens 422
Tavris, Carol 21, 242, 410, 413
Taylor, Jeremy 394
Taylor, Mary 275
Taylor, W.C. 32
Tebow, Tim 265
Teller, Edward 476
Telefone
　diferenças de gênero no uso do 398, 400-401, 405
Televisão 363
　crianças e 350, 352-354
　gênero e 355-358
　reality-shows de reconstrução pessoal na 355-357
　sexismo na 359
Teller, Edward 476
Tendas de reavivamento 264
Tennyson, Alfred Lord 169
Teoria da aliança 76
Teoria da descendência 75-76
"Teoria da opressão Sambo" 127
Teoria do desenvolvimento psicossexual 95-99
　discordâncias feministas a respeito da 102-106
　visão geral da 96-99
Teoria dos papéis sexuais 114-120
　sobre instituições 134, 135, 137
　limitações da 117-120, 124-127, 129
　sobre cargo político e gênero 323

Teste M-F e 99
visão geral da 114-117
Teoria evolutiva 32-44, 465; cf. tb. Imperativo evolutivo; Psicologia evolutiva; Sociobiologia
Teoria interplanetária da diferença de gênero 7, 11-13, 14, 148, 204, 393, 507, 508
   importância da 24
   na educação 217
   no local de trabalho 316
   sexualidade e 426, 428
Teorias cognitivas do desenvolvimento
   crítica feminista das 105-108
   visão geral das 102-104
Teorias pós-freudianas 102-104
Terceiro gênero 85
Terman, Lewis 99, 101, 114
Terra fria (filme) 308
Terrorismo sexual 149
Teste M-F 99-101, 114
Testemunhas de Jeová 256, 258
Testes de QI 46
Testosterona (andrógenos)
   cérebro masculino e 45, 46, 54
   diferenças de gênero e 54-57, 60
   efeito permissivo da 55-56
   em mulheres 12-13, 54
   expectativa de vida e 133
   intersexualidade e 62
   homossexualidade e níveis pré-natais de 51, 59-61
   stress e 56, 396
   violência, agressão e 14, 54-56, 465
Testosterone and Social Structure (Kemper) 55
"Teto de vidro" 280, 296, 297, 301-303, 305, 313, 315
"Testosterone Rules" (Sapolsky) 55
Thatcher, Margaret 134, 470
The Father's Book (Dwight) 169
The Good Divorce (Ahrons) 201
The Heidi Chronicles (Wasserstein) 406
The Inevitability of Patriarchy (Goldberg) 63
The Last of the Mohicans (Cooper) 358
The Manhood of the Master (Sunday) 264
The Manliness of Christ (Sunday) 264
The Manly Christ (Sunday) 264
The Myth of Masculinity (Pleck) 118
"The Policy Exists but You Can't Really Use it" (Kirby) 319
The Politics of Reproductive Ritual (Paige e Paige) 83

"The Princess" (Tennyson) 169
The Reproduction of Mothering (Chodorow) 105
"The Rights and Conditions of Women" (Maio) 253
The Spirit and the Flesh (Williams) 84
"The Spirit of the College" (Durant) 217
The Stronger Women Get, the More Men Love Football (Nelson) 373
The Symbolic Annihilation of Women by the Mass Media (Tuchman) 357
"The Truth About Boys and Girls" (Eliot) 46
"The Unequal Weight of Discrimination" (Mason) 419
The War Against Boys (Sommers) 227
Thomas, Clarence 307, 311, 313
Thomas, Kristin Scott 132
Thompson, E.P. 150
Thompson, J. 74
Thompson, Jack 348
Thompson, Michael 227
Thorne, Barrie 124, 126, 355
Thornhill, Randy 38, 41, 482
Tidball, Elizabeth 241
Tiger, Lionel 37, 75, 395, 407
"Time poderoso" 265
Tiroteio
   no Colégio Heath 236
   no Colégio Columbine 235, 236
   no Instituto de Tecnologia da Virgínia 348
Tisch, Ann Rubenstein 246
Tobago
   mulheres chefes de Estado em 322
Toch, Hans 480
Tocqueville, Alexis de 11, 170
Todd, Evan 236
Todd, John 32, 253
Tolkien, J.R.R. 358
Tolman, Deborah 427
Tomar a noite de volta 346
Tonne, Hilde 315
Tootsie (filme) 141
Torá 253
TPM; cf. Síndrome Pré-menstrual
Trabalho
   de escritório
    - composição por gênero do 286-287
    - "de mulher" 169, 179, 214, 237

emocional 277-278
local de trabalho 271-319
- amizade e 401
- assédio sexual no 278, 307-311, 313
- casais com dois filhos no 275, 276-277
- dez ocupações mais comuns para homens no 285t
- dez ocupações mais comuns para mulheres no 284t
- diferenças de gênero no 22, 25-26, 136, 138-139
- discriminação de gênero no 279, 281-283, 301, 302, 313-314
- dominação masculina no 25-26
- "escada rolante de vidro" no 304-305
- horas trabalhadas por gênero no 272
- morte de profissionais no 302, 302f
- mudanças na composição de gênero do 273-276
- ocupações ancestrais de 273, 275
- ocupações perigosas no 280, 302
- "oficina de vidro" no 303
- perda de empregos e crescimento por gênero no 312
- persistência da ideologia de gênero no 276-280
- políticas favoráveis à família no 188-189, 213, 301, 315-316, 333
- remédios para a desigualdade no 311-316
- salários em; cf. Salários/rendas/ganhos
- segregação ocupacional por sexo no 138-139, 282-291
- setores profissionais de 273-275, 283-286
- sexo dos patrões no 277, 304-305
- simbolismo no 303-306
- sistemas de cotas no 315-316
- "teto de vidro" no; cf. "Teto de vidro"
- vida familiar e 168, 169-170, 171, 174, 178, 179, 183, 185, 188-189, 190-191, 213-214, 238-240, 314-315, 316-319

Traídos pelo desejo (filme) 141
Trans World Airlines (TWA) 281
Transformismo 141, 142
Transgêneros/pessoas transgênero 85, 142-144
   amizade e 404
   diversidade de 143
   lei como política de gênero 335-337
   mudança de salários com os 289
   número nos Estados Unidos de 142
   sexualidade e 451
   violência contra 336, 492
Transtorno de déficit de atenção 226
Travestis 142
Tresemer, David 127
Trinidad
   mulheres chefes de Estado em 322

Troiden, Richard 447
Trote 234
Trow, Martin 239
Tsai Ing-wen 322
Tsongas, Paul 185
Tuchman, Gaye 360
Tumblr 370
Tunísia
   movimentos sociais na 340
Turner, R. 45
Turquia
   religião na 258
Twitter 370

Ucla 56
Um chamado para os homens 346
Um crime perfeito (filme) 132
Um jovem sedutor (filme) 132
União
   das liberdades civis norte-americanas 246
   masculina 75-76, 77, 87-88, 394
Universidade Cornell 62
Universidade da Califórnia em Berkeley 218
Universidade da Califórnia em Riverside 459
Universidade da Califórnia Irvine 49
Universidade da Pensilvânia 79, 239
Universidade da Virgínia 396
Universidade de Cambridge 199
Universidade de Chicago 456, 485
Universidade de Cincinnati 305
Universidade de Colúmbia 231
Universidade de Harvard 239
Universidade de Illinois 310
Universidade de Indiana 43, 47, 367
Universidade de Londres 115
Universidade de Michigan 218
Universidade de Nova York 45
Universidade de Princeton 231, 239
Universidade de Rochester 219
Universidade de Stanford 55, 99, 297
Universidade de Vermont 250
Universidade de Washington 310
Universidade de Wisconsin 48, 182
Universidade de Yale 239
Universidade do Novo México 289

Universidade do Texas 445
Universidade Duke 239, 329
Universidade Estadual de Nova York em Stony Brook 239, 253
Universidade Estadual do Arizona 178
Universidade Humbolt 59
Universidade Johns Hopkins 205
Universidade Northeastern 239
Universidade Penn State 409
Universidade Pepperdine 316
Universidade Rutgers 324
Uso de esteroides 420
Uwer, Thomas 81

Valores familiares 165, 166, 167, 176, 213, 315
Van Buren, Harry 289
Van Buren, Martin 327
Vassar, Matthew 218
"Veiled Submission" (Bartkowski e Read) 254
Viagra 333, 436
Videogames 347-349, 351, 355, 363, 364f, 365, 366, 367
Viés de confirmação 131
Vigiar a parceira 44
Vinicius, L. 74
Violência
  agressão 19, 421, 463-495
  - a mídia e a 347, 354-355
  - cometida por mulheres 54, 59, 70-72, 474-476
  - contra mulheres 70, 78, 346, 354, 465, 466-467, 480-488
  - contra pessoas transgênero 336, 492
  - cultura e 70, 71-72, 465
  - de homem contra homem 466-468
  - diferença de gênero na 474-475
  - diferenças regionais na 481
  - instituições e 134-135, 476-478
  - juventude e 421, 463, 471
  - marcada por gênero 467, 475-478, 479
  - nas escolas 233-237, 348, 463
  - perspectiva social construtivista sobre 134-135
  - pornografia e 348, 431
  - teoria evolutiva sobre 38-39, 465
  - teoria feminista sobre 106
  - testosterona e 14, 54-56, 465-466
  doméstica 344, 488-495
  - contra as crianças 211-212, 473, 475
  - contra os homens 473, 475, 488-491
  - taxas de detenção para 464
  do parceiro íntimo 212, 480, 492; cf. tb. Violência doméstica
  entre irmãos 211, 212, 473
Virgens tecnicamente 429
Virgindade 44, 424, 429, 437, 444
Viúvas e viúvos 177
Viziova, Petra 466
Vodu 250
Votação
  lacuna de gênero na 325-326

Wade, Carole 39
Wade, Lisa 416
Waite, Linda 177
Wajed, Sheikh Hasina 322
Walker, Karen 398
Wall Street Journal
  sobre as mulheres como colegas 306
  sobre discriminação de renda 291
Wall, Shavaun 399
Waller, Willard 409, 441
Wallerstein, Judith 203-204
Wang, Yang 367
Warner, R. Stephen 127
Wasserstein, Wendy 406
Watson, James 65
Watson, John 171
Watts, Jonathan 425
Way, Niobe 405
Weber, Max 416
Weinrich, James 53
Weisberg, Deena Skolnick 67
Weitzman, Leonore 203, 352
Wellesley College 217, 239
West, Candace 139-140, 150
Westbrook, Laurel 141
Wethington, Elaine 131
Wharton, Edith 16
Whisman, Vera 65
Whitcomb, Dale 311
Whiting, John W. 80
Whitman, Walt 394
"Who Takes the Floor and Why?" (Brescoll) 324
Wicca 269
Willer, Robb 115

Williams, Alex 187
Williams, Caroline 224f
Williams, Christine 304-305
Williams, Walter 84
Wilson, Edward 35, 36-37
Winfield, Adia Harvey 304
Winfrey, Oprah 31, 358, 373, 418
Winger, Debra 132
Wingfield, Nick 365
Wiswall, Matthew 289
Wolf, Naomi 328, 360, 416
Wolfgang, Marvin 471
Wollstonecraft, Mary 395
"Women as a Minority Group" (Hacker) 127
Woodham, Luke 235, 463, 466
Woodhull, Victoria 322
Worlds of Pain (Rubin) 443
"Worship" (Emerson) 121
Wotanis, Lindsey 370
Wright, Paul 399
Wyden, Barbara 447
Wyden, Peter 447

Xamanismo 268
Xanith 85

Yahoo 318
Yalom, Irvin 58
Yankelovitch
    pesquisa sobre insatisfação no trabalho 276
Yarborough, Jeannette 425
Yeats, William Butler 227
Yllo, Kersti 488, 491
York, Richard 338
You Just Don't Understand (Tannen) 145, 148
Young, Iris 416
Young, Neil 481
YouTube 370

Zeta-Jones, Catherine 132
Zihlman, Adrienne 73
Zimmerman, Don 139, 140, 150
Zona mediana do hipotálamo 51

Conecte-se conosco:

 facebook.com/editoravozes

 @editoravozes

 @editora_vozes

 youtube.com/editoravozes

 +55 24 2233-9033

www.vozes.com.br

Conheça nossas lojas:
www.livrariavozes.com.br

Belo Horizonte – Brasília – Campinas – Cuiabá – Curitiba
Fortaleza – Juiz de Fora – Petrópolis – Recife – São Paulo

EDITORA VOZES LTDA.
Rua Frei Luís, 100 – Centro – Cep 25689-900 – Petrópolis, RJ
Tel.: (24) 2233-9000 – E-mail: vendas@vozes.com.br